金融学译丛
FINANCE

投资学导论（第十二版）

Investments: An Introduction (Twelfth Edition)

赫伯特 · B. 梅奥 (Herbert B. Mayo) ／ 著
路蒙佳／译

中国人民大学出版社
· 北 京 ·

出版说明

作为世界经济的重要组成部分，金融在经济发展中扮演着越来越重要的角色。为了加速中国金融市场与国际金融市场的顺利接轨，帮助中国金融界相关人士更好、更快地了解西方金融学的最新动态，寻求建立并完善中国金融体系的新思路，促进具有中国特色的现代金融体系的建立，中国人民大学出版社精心策划了这套“金融学译丛”，该套译丛旨在把西方，尤其是美国等金融体系相对完善的国家最权威、最具代表性的金融学著作，被实践证明最有效的金融理论和实用操作方法介绍给中国的广大读者。

该套丛书主要包括以下三个方面：

(1) 理论方法。重在介绍金融学的基础知识和基本理论，帮助读者更好地认识和了解金融业，奠定从事深层次学习、研究等的基础。

(2) 实务案例。突出金融理论在实践中的应用，重在通过实务案例以及案例讲解等，帮助广大读者将金融学理论的学习与金融学方法的应用结合起来，更加全面地掌握现代金融知识，学会在实际决策中应用具体理论，培养宏观分析和进行实务操作的能力。

(3) 学术前沿。重在反映金融学科的最新发展方向，便于广大金融领域的研究人员在系统掌握金融学基础理论的同时，了解金融学科的学术前沿问题和发展现状，帮助中国金融学界更好地认清世界金融的发展趋势和发展前景。

我们衷心地希望这套译丛的推出能够如我们所愿，为中国的金融体系建设和改革贡献一份力量。

中国人民大学出版社

译者序

在现代经济社会中，投资几乎与我们形影不离：当我们获得收入并将其存入银行，为了退休后的生活更有保障而购买保险，或是看好某家新上市的公司而购买它的股票时，都是在自觉或不自觉地进行投资。但如果没有经过任何风险收益分析，在本金和收益没有保证的情况下贸然投入资金，那么，即使这种行为的目的是获得预期收益，也不能被称为投资，而只能叫作投机或赌博。经济环境复杂而瞬息万变：股市繁荣的背后可能隐藏着泡沫；企业信贷链条可能因为某个脆弱环节而忽然断裂；监管机构的调控措施可能改变整个金融市场的走势。我们可以用一些经济模型和经济指标来预测这些变化、衡量企业的财务状况、计算和比较金融资产的成本与收益，等等。同时，投资者还需要在不同的投资对象之间进行选择，以确定最适合实现自身投资目的的投资组合。对于上述内容，你在这本《投资学导论》中均可以找到详细的介绍，本书有助于你了解投资学的基本概念和原理、制订符合自身情况的投资计划、构建理性投资组合并最终实现投资目的。

本书分为六个部分，共二十章。第一部分说明了投资过程和基本金融概念。即使是没有经济学背景的学生也可以轻松入门，对金融市场和投资组合管理形成初步认识。第二部分介绍了各类投资公司，包括共同基金、交易所交易基金（ETF）、房地产投资信托基金（REIT）、对冲基金和私募股权基金等。第三部分是关于股票投资的内容。第四部分介绍了固定收益证券。第五部分说明了衍生工具及其应用。最后一部分是全书总结。

本书作者赫伯特·B. 梅奥（Herbert B. Mayo）现任新泽西学院（The College of New Jersey）金融学与国际商务教授。身为学者和教育家，他撰写过《金融机构、投资与管理》《投资学》《金融学》等多本广受欢迎的金融学与投资学专著。作为一本投资学教科书，本书从财务规划的角度入手，重视理论与实用性的结合。因此，在系统阐述投资学原理之外，本书还涉及财务会计、税收、金融监管等领域，因为这些都是在实际经济环境中进行投资时所必须考虑的内容。书中给出了大量投资实例和图表，每章结尾都有与本章内容紧密结合的习题，许多章节还附有投资案例，以加强读者运用理论知识解决实际问题的能力。对于某些投资学教科书中并未收入的内容，例如税收法规和避税手段等，作者认为它们也是影响投资决策的重要因素，因此在书中也进行了详尽的阐述。在第三部分中，专门有一章介绍行为金融学的内容。行为金融学是近年新兴的一个金融研究领域，融合了金融学、心理学、社会学等学科。了解行为金融学有助于投资者克服不利于做出理性投资决策的情绪，更好地实现投资目的。

与前几版相比，本版对部分案例进行了更新，加入了更能反映当今金融市场变化的内容，例如，更深入地介绍了交易所交易基金和新型期权投资策略等。

对于刚刚接触投资学的读者，本书可以作为一本入门教材，由浅入深的合理结构安排能帮助读者循序渐进地全面了解投资学基本概念。同时，书中也介绍了衍生工具等扩展内容，富有启发性的文字可引导有兴趣的读者深入探索更高级的投资学问题，并可作为国际金融理财师（CFP）考试的参考教材。当你通过阅读本书，逐渐熟悉各种投资组合管理与投资决策方法，提高面对当今全球金融市场的自信，并能在实际投资中熟练运用所学知识，成为一个优秀的投资者，成功实现投资目标时，相信本书的目的就已达到了。

最后，在本书翻译完成之际，我要感谢一直给予我支持的家人，感谢中国人民大学出版社编辑们的辛勤工作以及所有读者，并衷心欢迎各位读者对译文中存在的问题提出指正。

路蒙佳

2019 年 10 月

序

许多人觉得投资令人着迷，因为他们能积极参与决策过程，并能见到自己所做选择的结果。当然，不是所有的投资都会获利，因为你不会一直做出正确的投资决策。此外，一次重大的投资成功，以及在你卖出或没有买入某只股票后股价的大涨，都会让你的情绪波动巨大。你抓住的大鱼和从手中溜走的大鱼都会成为精彩的故事。

当然，投资不是游戏，而是对你未来的幸福有重大影响的严肃问题。基本上，每个人都会投资。即使人们不选择美国电话电报公司（AT&T）的股票或美国联邦政府债券等特定资产，他们也会通过参与养老金计划、员工储蓄计划或购买终身寿险或住房进行投资。这些投资具有共性，例如，投资者会获得潜在收益，也必须承担风险。未来是不确定的，你必须决定你愿意承担多高的风险，因为收益越高，必须接受的风险也越高。

你可能发现投资令人却步，因为你必须懂得专业术语，或者与老练的专业人士共事。本书的一个主要目标就是通过解释术语，阐明可能的选择，并讨论专业人士用来为资产估值、构建投资组合的许多方法，让投资变得不那么困难。尽管本书不能教授你发财的捷径，却能减少你做出无知投资决策的概率。

本书使用了普通投资者通常都能获得的大量投资实例和数据图表。这些信息被认为是准确的，但你不应认为提到某家企业及其证券就是买入或卖出这些证券的建议。选择这些例子是为了说明具体问题，而不是为了对个人投资做出判断。

许多投资学教科书都是为拥有一定的会计学、金融学和经济学知识的学生而编写的，并不是每个上投资学课程的学生都拥有这种背景。这些学生无法读懂高级投资学教科书中的内容（也不能期望他们能读懂这些内容）。《投资学导论》的对象正是这些学生，它涵盖了从介绍性内容到投资组合构建理论与有效市场理论的投资学知识。有些概念（例如，投资组合理论）和某些投资选择（例如，衍生品）是难以理解的。学习这些内容没有捷径，但这本书假设你渴望解决引人入胜的问题，并愿意真正花精力投入学习的过程之中。

《投资学导论》的结构

我最初想把《投资学导论》写成一本由许多短小章节组成的教科书。然而随着时间的推移，很多教师要求书中涵盖更多内容，我也认为某些地方需要详加说明。结果就是本书越来越厚，但基本方法从未改变。

第一部分为第一章到第五章，说明了投资过程和基本金融概念，例如，货币的时间价值和风险的衡量。第二部分为第六章和第七章，介绍了投资公司。本书中经常提到像交易所交易基金这样的投资公司。第三部分为第八章至第十二章，分析了股票投资。第四部分为第十三章至第十六章，介绍了固定收益证券。第五部分为第十七章至第十九章，分析了被称为衍生工具的投机性资产和金融资产。第六部分以一章作为结束，总结了金融规划过程、风险管理，以及投资者对金融市场有效性信念的作用。

与以前版本相比的变化

本版基本上延续了之前版本使用的教学过程。主要变化在于阐明了交易所交易基金的附加内容等，并修订了用于财务报表比率分析的案例。其他修订包括删除了不再适用的内容（例如，纽约证券交易所专家）并进行了更新。在涉及税法变化等需要更新的内容中，重点更新了案例。但当重点是某个与时间无关的具体问题时，案例并未变化。多数脚注都被并入正文中，因为我的学生告诉我，他们不看脚注。

上一版加入了两个新板块。第一个板块是“关系题”，它要求学生确定两者之间的关系。例如，利率增加将____债券价格并____本金金额。答案是“降低”和“不影响（无变化）”。认识到何时不存在关系是很重要的，因此有大量例子的答案是“不影响”。第二个板块是“基本习题”。它们是在章节中出现过，并在章末习题中再次出现的基本概念案例。例如，如果面值为1 000美元的债券的息票利率为5%，并在10年后到期，那么如果类似债券的当前利率为7%，该债券的价格应为多少？所有“关系题”和“基本习题”都附有答案。此外，还提供了解题必需的步骤。对于上述案例，书中同时给出了使用利率表和财务计算器的解题过程。让我惊喜的是，几名学生告诉我，他们发现这些教学方法很有用，因此我决定在多数章节中增加一些此类习题。

教学特色

除了“关系题”和“基本习题”板块，本教科书还有许多特色，它们都是为了在学习过程中向读者提供帮助。每章前面都列出了学习目标，强调了本章涵盖的问题。每个需要记忆的术语，在本书最后的术语表中都会给出其定义。各章还附有问题，并在适宜的地方列出了习题。这些问题和习题简单明了，目的是复习和应用各章的内容。附录B中给出了部分习题的答案。

多数章节都有短的案例。这些案例不是通常意义上给出环境、让学生们确定合适的问题并找出答案或策略的案例，而基本上是投射到现实环境中的问题。它们的主要目的是举例说明如何在实际投资决策环境中应用所学到的知识。

许多教师都让学生们构建纸面上的投资组合。本书中有一个叫作“投资作业”的栏目。它基本上是一种买入持有策略。随着学习的进展，我们将在作业中加入更多的内容。

可能的投资课程安排

本书有二十章，但很少有教师能在一学期中讲完整本书。许多章节是独立的，因此可以跳过（或调换顺序），而不会丧失连续性。但也有例外，例如，债券定价使用了关于货币时间价值的内容。普通股估值运用了关于风险的章节中讲到的统计学概念。

课程范围也取决于学生的背景或他们在以前的课程中学过的知识。其他金融学或会计学课程中可能介绍过货币的时间价值（第三章）、风险的衡量（第五章）和财务报表分析（第八章）。这些章节可以快速复习或跳过，而其他章节则不能轻易省略。证券市场（第二章），普通股的分析、估值与选择（第三部分）以及固定收益证券（第十三章和第十四章）是投资学的支柱，必须讲到。由于投资公司（第二部分）已经成为退休计划等储蓄项目的一大部分，因此应包括到对投资学的介绍中。

剩下的章节为教师们提供了很大的选择余地。我偏向于在讲课内容中包括对期权的介绍（第十七章），许多学生都发现这一章虽难但有意思。我个人也偏向于包括财务规划和税收的内容，因为我认为它们在构建投资组合和资产选择时起着重要的作用。

补充材料

《投资学导论》的资料库包括一些补充材料，供使用本书的教师和学生参考。

教师手册和试题库（见教师参考网站）

教师手册包括回答问题时应考虑的要点，以及问题的完整解答。此外，它还对在课堂上使用“投资作业”专栏给出了建议，并提供了案例教学注释。该手册的试题库包括约 1 000 道判断题和多选题。在本书网站上，还可以找到 Word 格式的文档以供进行简单的文字处理。读者也可在 Cognero 中找到试题库。

Cognero™ 测试软件

Cognero™ 开发的圣智学习测试系统是一套灵活的在线系统，它让用户可以根据多个圣智解决方案创建、编辑和管理题库内容，即时创建多套试题，以及在你的学习管理系统、课堂或其他任何你希望的地方进行考试。

PowerPoint™ 幻灯片

网站上有供教师提升讲课效果的幻灯片。这些幻灯片显示了各章的重点。它们也包括正文中的重要图表，这可以帮助学生们理解重要概念。本版的幻灯片由安妮·彼得罗夫斯基（Anne Piotrowski）修订。

网站

《投资学导论》（第十二版）的支持网站（www. cengage. com/international）包括下列专栏：

- 产品介绍；
- 教师手册；
- 试题库；
- 幻灯片。

致　谢

一本教科书需要许多人的付出与协助。多年来，出版商向我反馈了来自审稿人的各种真诚的建议。遗憾的是，不同审稿人的建议有时相互矛盾。由于我无法同时令所有审稿人满意，因此我希望意见没有被采纳或无法被采纳的审稿人不会因此而不悦。

安妮·彼得罗夫斯基制作了幻灯片。她愿意尝试不同风格与可能的呈现方式，这令最终成品大为增色。苏珊·戴维森（Suzanne Davidson）和玛格丽特·特雷霍（Margaret Trejo）是文字编辑和校对。在此特向安妮、苏珊和玛格丽特致以我诚挚的感谢。

接着我要按照赞例感谢帮助本书面世的其他编辑人员和出版人员。我尤其要感谢产品经理迈克·雷诺兹（Mike Reynolds）、内容开发者阿黛尔·朔尔茨（Adele Scholtz）和高级项目经理约瑟夫·马尔科姆（Joseph Malcolm）。

这些人为帮助本书成稿而付出的努力值得我的衷心感谢。

目　录

第一部分

投资过程与金融概念

投资是个人构建资产组合，以满足特定财务目标的过程。这些目标包括维持退休后的开销、支付子女的教育费用、开办企业、准备应对财务紧急状况的资金等。明确财务目标很重要，因为这有助于确定在投资组合中购入哪些资产是恰当的。

本书的第一部分介绍了买卖金融资产的机制、做出投资决策的法律环境和税收环境，以及用于资产配置和投资组合管理的关键金融概念。第一章介绍了在全书中出现的重要定义和概念。第二章介绍了投资机制，包括发行证券以及随后买卖证券的过程。接下来，第三章介绍了金融学中最重要的概念之一——时间价值。所有投资都是现在做出的，但是收益却出现在将来。把将来和现在联系起来是货币时间价值的本质。

第四章综合了几个迥然不同的问题。第四章先介绍了财务规划与资产配置的重要性。不过，你要在存在税收的环境与有效金融市场中执行财务规划。长期资本收益和短期资本收益的税率不同，有些投资可以递延纳税，有些则可以避税。这些税收上的差异影响了你保有的收益金额。此外，税法的某些规定每年都会变动，这让投资决策更为复杂，并会影响投资策略。

由于未来是未知的，因此所有投资都有风险。第五章介绍了风险的来源、如何衡量风险以及如何管理风险。配置资产和构建分散化投资组合可能是你必须面对的最重要的金融学课题，如果投资者无法分散投资组合，就会在无法创造额外收益的情况下面临更多风险。你的目标应该是构建一个在给定风险水平上最大化收益的投资组合。当然，这要求你确定你愿意承担多高的风险。金融资源不同、财务目标迥异的人愿意接受的风险水平可能也不同，但在每种情况下，目标都是在投资者承担的风险水平下使收益最大化。

在你开始阅读第一部分之前，还有最后一个告诫。第四章介绍了投资者在竞争激烈的市场中进行投资的概念。信息的迅速传播和投资者的激烈竞争产生了有效市场。有效市场意味着你不能期望在较长时期内获得畸高收益。尽管你的绩效可能胜过市场，但持续呈现这种绩效是很少见的。或许你的绩效会出乎寻常地好，但也可能出乎寻常地差。本书的重点不是教你如何胜过市场，而是如何运用金融资产实现财务目标。也就是说，你学习的重点应该是，构建满足你的财务目标的分散化组合，并获得能补偿你所承担的风险的收益。

第一章

投资学简介

学习目标

学习完本章后，你应能：

1. 解释为何投资者应该明确投资目标。
2. 区别初级市场和二级市场、风险和投机、流动性和流通性。
3. 识别风险来源和收益来源。
4. 区分有效市场和无效市场。

1986 年，微软（Microsoft）公司第一次向公众发行股票。在 10 年内，该公司的股价增幅便超过了 5 000%。也就是说，一笔 10 000 美元的投资价值已超过 500 000 美元。同年，奇妙世界（Worlds of Wonder）公司也向公众发行了股票。10 年后，这家公司已不复存在。也就是说，一笔 10 000 美元的投资已一文不值。这是两家新兴公司的例子，它们可能成功，也可能失败。那么投资于声誉稳固的大公司是否会产生更持续的收益？答案当然取决于你购买的是哪只股票，以及购买股票的时间。1972 年，施乐（Xerox）公司的股票达到了每股 171.87 美元的高位。这一价格随后下跌，现在徘徊在低于该历史高位的价位上。

如今，投资环境甚至更加多变。世界大事会迅速改变特定资产的价值。有太多资产可以选择。投资者可以获得的信息量参差不齐，并在持续增加。个人计算机的普及和网络信息的传播提高了人们跟踪投资、进行投资分析的能力。此外，1990—1991 年和 2008—2009 年的经济衰退、2007—2009 年的股价大跌、2001—2003 年和 2008—2009 年的历史性利率下降，以及税法的频繁变动提高了投资者对财务规划、资产选择和配置，以及投资组合构建的重要性的认识。

本书将介绍和说明许多投资选择和投资策略。但一本教科书不能替你做出投资决策，它只能为你的投资选择提供信息。本书介绍了对金融资产的分析和估值技术、金融资产的风险来源，以及如果风险没有被消除，如何管理这些风险。你的责任是学习这些内容，确定哪些部分最重要，并将它们应用到你所处的金融环境中。

投资组合构建与规划

投资决策离不开选择：应该花掉收入还是把它存起来？如果你选择存起来，那么你就面临着第二个决策：如何处理这些储蓄？每个储蓄者都必须决定如何投资这些当前未使用的资源（商品和服务）。这是一项重要的决定，因为这些资产是投资者将今天的购买力转移到未来的方法。实际上，你必须决定要持有的**投资组合**（portfolio）。投资组合是一组用来储存价值的资产。糟糕的资产管理会破坏投资组合的价值，使你无法实现财务目标。

你可以在投资组合中加入许多资产（例如，股票、债券、衍生工具）。本书将讨论其中的许多内容，但重点是长期金融资产。尽管你在投资组合中可能持有一部分短期资产（例如，储蓄账户），但这些资产并未体现出伴随着购买股票或债券的决策产生的估值与选择问题。理解如何买卖长期证券、如何估计它们的价值、如何使用它们构建投资组合，是本书的重点。

几种因素会影响投资组合的构建。它们包括投资者的目标、相关风险、对收益征收的税款，以及对不同投资选择的了解。本书介绍了这些投资选择、它们在投资组合中的应用、持有这些投资的风险，以及对这些投资的估值。

投资者的目标主要是确定投资组合的构建和管理。投资必须有目标，没有目标的投资组合就像一艘没有舵的船。必须有某个目标来指导投资组合的构建。

储蓄和积累资产有许多理由。个人可能会延迟当期消费，把钱存起来支付住房的首付、为子女交学费、开办企业、满足紧急资金需要、维持退休后的开销、留下一大笔遗产，甚至是为了存钱而存钱。不管出于何种理由，人们都要构建投资组合，而不是花掉所有当期收入。

储蓄的动机会决定，至少会影响投资组合的构成。并非所有资产都适合满足特定的财务目标。例如，为了满足紧急资金需要（例如，慢性疾病或失业）而持有的储蓄不应投资于收益和本金安全不确定的资产。相反，它们应重点投资于本金安全、可以随时转换为现金的资产，例如，储蓄账户或货币市场共同基金。投资重点不应放在增长和高收益上。然而，资金不应白白放在一边，而应投资于能提供适中收益的安全资产。

其他目标，例如，维持退休以后的开销或为子女交学费，时间一般相对较长且更确定。投资者知道大概何时需要资金，因此能够构建长期投资组合。在需要资金时到期的债券或有增长潜力的普通股比储蓄账户或银行存单更合适。目标的长期性意味着个人可以购买提供更高收益率的长期资产。

多数投资者都有多个必须同时满足的财务目标。因此，看到他们的投资组合包括多种资产并不令人意外。当然，其优先性和需求各有不同。在周期性行业中工作，且可能在经济衰退时被裁掉的人可能比终身教授更重视用于弥补失业后开销的资金。身体不好的人可能比身体好的人更希望持有短期投资。医疗保险或伤残保险也会影响个人的短期应急资金需求。如果投资者有这种保障，那么投资组合中的更多部分就可以投向其他财务目标。

除了个人目标外，承担风险的意愿在构建投资组合时也起着重要作用。有些人更有能力承担风险。例如，如果储蓄者想建立一只退休基金，他可以在许多可能的投资中进行选择。然而，并不是所有投资的风险和潜在收益都相等。更愿意承担风险的投资者可以构建资产风险更高、收益也可能更高的投资组合。

税收也会影响个人投资组合的构成。利息和已实现资本收益等收入都需要缴税。当某人去世时，美国联邦政府将对遗产价值征税，许多州都对个人遗产征税。税收和减少税款的愿望影响了每个投资者的投资组合的构成。

投资组合决策显然十分重要。它为投资组合中不同类型投资的资产配置确定了一般框架。然而，个人很少一次性构建起整个投资组合，而是每次购买一种资产。决策的中心是购买哪种资产：哪只共同基金？哪只债券？哪只股票？证券分析考虑的是单笔资产的价值。投资组合管理确定的是特定资产对投资组合的影响。

本书的一大部分被用于介绍和分析单只证券，因为不首先了解一项资产的特征，就无从得知它对投资组合的影响。股票和债券在风险、潜在收益和估值上都不同。即使在一种资产（例如债券）内部，这些特征也会有很大差异。例如，公司债券与市政债券不同，而可转换债券与没有转换特征的普通债券不同。你需要知道和理解这些差异，以及与每种资产相关的相对优点和风险。在理解了如何计算单笔资产的价值后，你就能构建一个投资组合，帮助你实现财务目标。

基本定义

我去看医生，他说："你有挫伤。"我问："什么是挫伤?"他说："淤血。"我想：换个名字的淤血不还是淤血吗？于是我马上想问（但是没问）："为什么不叫它淤血?"

每门学科或专业都有它自己的术语。投资学也不例外。有些术语很生动（例如，牛市和熊市），有些术语是描述性的（例如，初级市场和二级市场），还有些术语，比如挫伤，看来会引起混淆或混乱（例如，购买力风险，即与通货膨胀导致的损失有关的风险）。为了继续分析，我们应该了解某些关于投资的基本概念，现在就是学习并开始应用这些概念的最佳时机。

投资（investment）的含义不止一种。在经济学中，它是指购买一种实物资产，例如，企业购买厂房、设备、存货，或个人购买一栋新住宅。对于非专业人士，这个词是指购买股票或债券（甚至可能是一栋房屋），但它指的可能不是购买厂房、设备或存货。

无论哪种情况，公司和个人都想要收益性资产。定义的区别在于投资导致的收益性资产的总变化。当公司投资于厂房和设备时，收益性资产会产生净增加。当个人购买股票和债券时，通常不会出现这种增加。相反，对于买方进行的每笔投资，卖方都有一笔金额相等的负投资。这些买方和卖方是用一种资产交易另一种资产。卖方用证券交易现金，买方用现金交易证券。这些交易在二手市场上进行，因此证券市场通常被称为**二级市场**（secondary market）。只有当证券在**初级市场**（primary market）上首次发行并出售后，才存在具有经济意义的投资。只有在此之后，公司才能收到货币，而这些货币接下来可以被用于购买厂房、设备或存货。

在本书中，使用投资这个词时是指其非专业含义。为了储存价值（并希望该价值逐渐增加）而购买资产被称为投资，即使总体上只有所有权从卖方向买方的转移。购买股票、债券、期权、商品合约，甚至是古董、邮票和房地产都被视为投资，只要购买者的目的是将购买力转移到未来。如果这些资产的作用是储存价值，那么它们就是购买者的投资。

资产之所以有**价值**（value），是因为它能提供未来收益。确定资产现值的过程被称为**估值**（valuation）。投资者评估某笔资产或将当期价值赋予该资产，是因为他相信该资产将产生现金流（例如，利息）或价格将上升。在计算出该价值之后，投资者将比较该价值与当前的市场价格，以确定现在这笔资产是定价过高还是定价过低。

在某些情况下，这种估值是相对简单的。例如，美国联邦政府债券每年支付固定金额的利息，并在特定日期到期。因此，它的未来现金流是已知的。然而，其他资产的未来现金流并不那么容易确定。例如，尽管你可以对未来的股利进行预测，但是否会支付股利以及股利的金额都无法确知。预测未来收益是困难的，但对于估值过程是至关重要的。没有预测和资产估值，你就无法知道应该购买还是卖出资产。

由于某些资产的估值很复杂，且未来是不确定的，因此人们对未来现金流可能有不同的估计。因此，很容易理解为何两个人可能对某种特定资产的价值持有完全不同的观点。一个人可能认为，某种资产价值过高，因此希望卖出这种资产，而另一个人可能认为其价值过低，因此希望买入这种资产。估值可能是主观的，这导致一个人买入这种资产，而另一个人卖出这种资产。这并不意味着一个人必定是非理性的或者能力差的。人们对资产潜力的感受或估计可能会变化，这影响了他们对这种特定资产的估值。

投资者进行投资，是因为他们预期会获得**收益**（return）。投资的总收益就是投资者获得的金额。收益的形式可能是**收入**（income），例如，股利和利息，如果资产价格上升，那么收益的形式也可能是**资本收益**（capital gain）或升值。并非所有资产都能同时提供收入和资本升值。某些股票不支付当期股利，但是价值会上升。还有些资产，包括储蓄账户，是不会升值的。它们的收益只包括利息收入。

收益经常以百分比表示，例如，**收益率**（rate of return），它是指投资获得的年收益与成本之比。在购买资产之前，投资者预期其收益率将高于风险类似的其他资产的收益率。如果没有这种预期，投资者就不会购买这种资产。当然，实际收益率可能和预期收益率会大不相同。这就是风险因素。

风险（risk）是指实现预期收益的不确定性。正如第五章将讨论的，风险来源有许多种，投资者必须愿意承担这些风险，以实现预期收益。即使相对安全的投资也会涉及某种风险，没有绝对安全的投资。例如，有保险的储蓄账户也会涉及某种损失风险。如果通货膨胀率超过这些有保险账户获得的利率，投资者就会遭受购买力损失。

尽管风险这个词有负面含义，但不确定性的作用却是双向的。例如，可能会发生导致资产价值升高到预期水平以上的事件。当然，当乐柏美（Rubbermaid）宣布该公司将与纽威尔（Newell）合并时，它的股东获得了高于预期的收益。对该股票支付的价格大大高于宣布合并消息前该股票的价格。

经常与风险一同使用的一个词是**投机**（speculation）。多年以前，基本上所有投资都被称为“投机”。今天，投机这个词意味着高度风险。然而，风险并不等同于投机。投机有赌博的含义，投机者的胜算不大。许多证券都有风险，但投资者在一段时期内应获得正收益。投资者并非胜算不大，而且这种投资也不是投机。

本书中很少用到投机这个词，当用到这个词时，其含义是个人投资于投机性资产的资金有很大可能产生损失。尽管某笔投机可能会获得丰厚收益，但投资者不应期望许多投机都能获得高额收益。在投资者根据持有这种投机性资产必须承担的大量风险进行调整以后，预期收益可能并不值得冒这些风险。

除了涉及风险并提供预期收益外，这种价值储存方式还有流通性或流动性。这些术语有时可以互换，但它们的含义也可能不同。**流通性**（marketability）是指买卖资产的容易程度。许多金融资产（例如，AT&T 的股票）的市场流通性都很好。

资产转换为货币的容易程度被称为**流动性**（liquidity）。遗憾的是，流动性这个词的含义是模糊的。在关于投资学的学术文章中，流动性通常是指将资产转换为现金而不会产生损失的方便程度。商业银行的储蓄账户是流动性的，但 IBM 公司的股票不是流动性的，因为你可能会遭受损失。在专业文章中，流动性通常是指卖出资产而不影响其价格的能力。在这种情况下，流动性是指该资产市场的深度。你或许能够买入或卖出 1 000 股 IBM 的股票，而不影响其价格，在这种情况下该股票是流动性的。这个词使用的环境通常表明了它的具体含义。

所有作为价值储存工具的资产都拥有以下某些特征：流通性、流动性、产生未来现金流或升值的潜力。当在个人投资组合中加入某种资产时，应该考虑这些特征，以及与每种资产相关的风险。由于资产的特征不同，因此你需要了解每种资产的特征。本书的很大篇幅都在介绍每种资产的特征及其风险和收益的来源，以及如何在充分分散化的投资组合中运用这些资产。

分散化与资产配置

第五章将指出，资产特有风险的影响可以被分散掉。正如本章所详细说明的，为了实现分散化，投资收益必须不是高度相关的。会对某种证券产生负面影响的因素必定会对其他证券产生正面影响。例如，对于埃克森美孚（ExxonMobil）公司利好的油价升高对于达美航空（Delta Air Lines）公司来说则是坏消息。通过组合各种有差异的资产，你可以实现分散化并降低风险。

资产配置是指购入各式各样的资产。个人用有限的资源购买各类资产，包括股票、债券、贵金属、收藏品和房地产。即使在一类资产（例如，股票）中，投资组合也被配置于不同的部门或地区。例如，你可能拥有本国股票和新兴国家公司的股票。看上去“资产配置”和“分散化”意思相同，从某种程度上讲的确如此。通过配置不同类型的资产，将促进投资组合的分散化。然而，资产配置和分散化通常在不同的环境下使用。例如，如果你预期油价升高，你的资产配置就可能倾向于能源股，远离航空股。你在股票、债券和其他资产之间的配置仍然相同，但在两个部门之间的配置有所变化。

本书中经常用到分散化和资产配置这两个词。分散化是重要的，因为它降低了风险敞口。资产配置也是重要的，因为它对投资组合收益有重要影响。在做出任何投资决策的时候，都需要考虑它对投资组合分散化和资产配置的影响。二者都是投资组合管理的关键组成部分。

有效市场与竞争市场

你钓过鱼吗？（如果没有，用高尔夫或其他类似活动代替。）你钓到过鱼吗？你谈论过哪种鱼？这个问题的答案可能是“大鱼”或“溜走的大鱼”。当然，更重要的是鱼的平均大小（或高尔夫球平均分）。如果你钓过多次鱼，就不会每次钓到“大鱼”，甚至不会经常钓到“大鱼”。你所钓到鱼的平均大小成为标准。其他在同一片水域钓鱼的人所钓到鱼的大小也会差不多。除非你拥有特殊技能或知识，否则多数人钓到的鱼的平均大小都是类似的。

从许多方面看，这个钓鱼的比喻适用于股票投资。人们愿意谈论高收益（“我买了公司 X 的股票，股价在一周内就翻番了”）或丧失机会（“我买了公司 Y 的股票。它一小时内就涨了 80%，我却没卖掉”）。但重要的是你在长期进行许多投资后获得的收益。除非你拥有特殊技能或知识，否则这种收益往往与其他投资者在可比投资上获得的收益类似。

为什么会这样？答案在于，在现实中，投资者参与的是有效的和竞争的金融市场。经济学告诉我们，参与者（即买方和卖方）众多且进入和退出自由的市场是竞争市场。这样的描述当然符合金融市场的情况。投资者可以自由购买和出售股票和债券。基本上任何人，从小孩子到老奶奶，都可以拥有金融资产，即使它只是一个储蓄账户。许多企业，包括银行、保险公司和共同基金，都为获得投资者的资金而竞争。金融市场是所有市场中竞争性最强的市场之一（或许就是竞争性最强的市场）。

金融市场通常是有效市场。正如本书所介绍的，证券价格取决于未来现金流，例如，利息或股利。如果新信息显示这些现金流将产生变化，那么市场将会迅速调整该资产的价格。因此，有效金融市场意味着证券的当前价格体现了特定资产潜在收益与风险的所有已知信息。如果一种资产（例如，股票）的价值被低估，且提供了超额收益，那么投资者将试图买入它，这将驱使价格上涨，降低后来进入的投资者的收益。相反，如果资产的价值被高估，且提供的收益较低，那么投资者将试图卖出它，这将驱使价格下降，增加后来进入的投资者的收益。存在掌握充分信息的投资者，意味着证券价格将反映投资大众对资产真实价值的共识，也反映出预期收益将与投资者为获得收益必须承担的风险一致。

有效金融市场的概念有着重要且发人深省的推论。有效市场意味着投资者（至少是绝大多数投资者）无法期望平均投资绩效持续胜过市场。当然，这并不意味着人们无法选择表现超乎寻常好的资产。个人可以在特定资产上获得高额收益，正如许多公司的股东知道的那样。当然，在2006年8月18日（周五）以12.93美元买入金柜（Gold Kist）公司的股票，并在一个交易日后，也就是2006年8月21日（周一）将其以19.02美元卖出的投资者会在这笔投资上获得高额收益[8月18日收市后，该公司宣布了朝圣至尊（Pilgrim's Pride）公司将以每股20美元的价格购买金柜公司的消息]。有效市场的概念意味着，该投资者无法持续选择这些能获得畸高收益的个股。

尽管投资者不能期望投资绩效持续胜过市场，但是他们的投资绩效也不应持续差于市场。（也就是说，你不会总是那个恰好在金柜公司股价大幅上涨之前把它卖掉的投资者。）当然，有些证券的价格可能会下降，使持有者遭受大额损失，但有效市场意味着构建充分分散化投资组合的人不会总选择失败公司的股票和债券。如果确实存在这种投资者，那么他们将很快失去资源，不再有能力参与金融市场。

尽管有效金融市场的概念已经深入投资者心中，但问题依然存在：市场的有效程度有多高？有效市场假说是否存在例外情况？后面章节涉及的许多不同的投资技术和分析方法的目的在于帮助识别可能的异常情况，并提高投资收益。当然，你必须自己确定你心目中的金融市场的有效程度，因为这种观点将决定采取诸多投资策略中的哪一种。越坚信市场的有效性，就说明越有理由采取消极策略。如果你认为市场无效，或存在局部无效，那么你就可以利用这些机会，并希望采取更进取、更积极的策略。

投资组合评估

许多大众媒体都强调收益，而不考虑风险。共同基金经常是按收益率排名的。像“成长型基金X的投资组合经理在过去3个月中获得了最高收益率”这样的文字经常出现在大众金融媒体上。业绩最好的基金投资组合经理的名字也会出现在彭博社（http://www.bloomberg.com）或美国全国广播公司财经频道（CNBC）的新闻中。显然，有些基金经理必定会在上一季中获得最高的收益率。（有些学生也会在我的上次考试中获得最高分数。）

尽管对收益进行排序和比较可能有用，但投资也有风险。你肯定不会在《货币》(*Money*)杂志或电视上看到达到最高风险水平的基金X的投资组合经理！但对风险和收益进行排序和比较是很有用的。在本书中，风险和收益经常被联系起来。你进行投资是为了获得预期收益，也必须承担与这笔投资相关的风险。在出售（或赎回）投资之后，已实现收益和这些收益的变异性都可以计算出来。尽管本书的某些章节可能只讨论风险或收益，但很快也会谈到二者的结合。

现在你就应该开始在风险背景下思考收益。这一投资决策如何影响风险敞口？能否在不降低收益的情况下降低风险？如何在风险调整的基础上比较收益率？关于投资公司的第六章提供了对风险调整收益率排序的几种方法。在专业投资环境和学术投资环境下，这些风险调整都很重要。作为一个明智的投资者，你也应该希望在风险调整的基础上比较收益率和投资组合绩效。

“交易”与“投资”

如果你购买了100股IBM的股票，那么称其为“交易”是顺理成章的。你可能不会称其为“投资”。当你出售这些股票时也是如此，即使你已持有它们多年。交易这个词已经成为日常词汇，并且似乎已经取代了投资这个词。交易通常指买入或卖出证券，而且所涉及的时期很短。一个极端例子是“日内交易”，它指买卖在一天之内发生。

投资则有不同的含义。你购买资产是为了满足特定的金融需求，例如用来满足应急财务需求的储蓄账户或退休账户中的股票。它的基本前提不是买入资产然后卖出资产，而且投资期较长。尽管你可能会卖掉股票，但目的是持有股票以实现潜在增长，并在退休后需要资金时将其出售。

一些人，尤其是学者，将交易称为“零和交易”。这些人强调，金融市场需要两种参与者，买方和卖方。(就像歌里唱的：“探戈是两个人的舞蹈”。) 由于交易既包括买入又包括卖出，因此意识到双方不能都正确很重要。假设你在上午10点购买了一只股票，目的是在中午以更高的价格卖出它。如果价格的确上升了，并且你出售股票获得了利润，那么卖给你股票的人就丧失了这个机会。当然，如果股价下跌了，并且你出售股票遭受了损失，最初的卖方就赢了，因为股票现在的价值更低了。一方的收益就是另一方的损失，因此叫零和交易。

尽管过去人们购买股票和其他金融资产是为了持有其数年之久，但如今人们持有股票的时间明显短于一年，有时只有几分钟。这就是交易的本质。买入是为了快速卖出。然而，本书不是为交易员而写的。它的重点是投资；也就是说，购买特定资产以实现金融目标。为了进行这些投资，你必须了解关于金融资产的基本信息、它们的收益来源以及你承担的风险。本书不能教给你如何成功交易，但它能提供帮你实现金融目标的基本金融信息。

假　设

后面章节中介绍的大部分用来做出投资决策的金融分析都建立在假设的基础上。下面以一个例子说明：假设你每年向退休账户中存入1 000美元，如果你的年收益率为4%，那么10年后账户中将有多少钱？这个问题的答案取决于下列假设：(1) 你每年存入1 000美元，不多也不少；(2) 你存了 10 年钱；(3) 10 年中每年的收益率为 4%。还有另一个没有说明，但为了回答问题必须做出的假设：这 1 000 美元是在每年的年初、年中还是年末存入的？如果你假设在每年年初存钱，那么你就收取了 10 年利息。如果你在每年年末存钱，那么你就只收取了 9 年利息。显然，终值取决于存钱的时间。

在本书中，始终必须做出假设以说明概念。在某些例子中，假设隐藏在字里行间。例如，投资者预期收益率为 $x\%$。在另一些例子中，假设历史数据或当期数据适用于未来。例如，年历史股票收益率为 $y\%$。然后，分析假设历史收益率可以用于预测未来收益率。实际结果将取决于假设的有效性。这样做显而易见的意义是，金融模型及其应用的有效性取决于用于完成分析的假设准确性。

专业头衔与证书

你可能知道 CPA 是指注册会计师。尽管你可以在没有通过注会考试的情况下从事会计工作，但成为一个 CPA 是作为公共会计师的最低要求。(还有管理会计方面的 CMA。)

理财规划、投资组合管理和投资等职业也有职业证书和执照要求。例如，如果你想成为注册代表（经纪人），也就是为客户服务的业务代表，就需要通过美国金融业监管局（Financial Industry Regulatory Authority，www. finra. org）举行的系列 7 考试。为了成为投资顾问，提供关于证券与证券市场的研究与观点，你就必须通过系列 66（或类似的）考试。[关于系列 66 考试的信息，参见北美证券管理者协会（North American Securities Administrators Association，NASAA）的网页 www. nasaa. org。]

尽管你并不需要职业头衔来买卖证券和构建投资组合，但如果你计划从事某种投资方面的职业，就应该考虑获得这样一个头衔。按字母排序的以下列表给出了几种金融专业头衔，你可以从中获得关于它们的信息。

- CAIA：特许另类投资分析师，由 CAIA 协会颁发（http://www. caia. org）。
- CFA：特许金融分析师，由 CFA 协会颁发（http://www. cfainstitute. org）。
- CFP：特许金融理财师，由特许金融理财师准则委员会颁发（http://www. cfp. net）。
- ChFC：特许金融咨询师，由美国学院（American College）颁发（http://www. chfc-clu. com）。

互联网

本书很多地方都会出现网址。许多信息都可以从网上免费获得，但有些网站对提供的内容收费。尽管本书中提供的许多网站都是免费的，但其中也包括一些收费网站。有些收费网站可能有对你有用的信息。

有了互联网，你将面临几个重要的问题。第一，可以获得的信息太多了，你还可能从不同网站获得相互矛盾的信息。某个确定的问题（例如，成长型共同基金）会产生超出你消化能力的信息和数据。由于成长型共同基金与其他投资领域（例如，税收和理财规划）有联系，因此信息问题会变得更复杂。选择成长型共同基金（或任何投资）可能与心理学有关，因为心理学有助于解释为何有些投资者偏好某种基金或采用某种金融策略。行为金融学这一金融学新兴领域认为，你会选择支持你已经形成的投资理念的信息。

第二个与通过互联网获得的信息有关的问题是信息的准确性。你可能不知道信息提供者的动机是什么！如果你访问的是某家公司或政府机构的网页，那么信息应该是准确的。如果你泛泛地搜索关于某家公司的信息，那么你找到的数据、分析和建议就可能是不准确的，甚至是有意误导的。此外，误导性信息还可能通过互联网直接发给你。《华尔街日报》（*Wall Street Journal*）有一篇报道讲的是某人收到一封电子邮件，推荐一家叫 Maxnet 的公司的股票。该公司的股票售价为 3 美元，但一个不知姓名的分析师认为该股票的价格将达到 50 美元。在这封假冒电子邮件带动的买入风潮下，Maxnet 公司的股价快速升高，但当这场骗局被揭穿后，股价又以同样快的速度跌落。

根据这种送上门来的建议购买股票，无异于开门迎祸。无耻之徒为了说服人们购买股票，抬高它的价格，会编造出许多故事，这样编故事的人便可将这只股票脱手。这种做法并不新鲜。向毫无戒心的投资者吹捧某只股票的做法可能自有股票交易以来就有了。然而，互联网创造了进行大规模此类诈骗的可能性。我的经纪人告诉我，他经常收到通过电子邮件发来的股票投资建议。尽管有些建议可能来自合法的金融分析师，但剩下的看来都是诈骗邮件。

你（或其他人）可能无力阻止不准确的信息在网上传播，但你也不一定非得这么做。如果你将搜索范围缩小到可靠资源中，那么互联网（或其他数据或建议来源）就能帮你做出投资决策。如果你不加选择地使用互联网（或其他来源）做出投资决策，那么你可能很快就会成为某个推高股价以在高价时卖出股票的骗局的牺牲品。

本书的计划与目的

由于你将参与有效金融市场，并与消息灵通的投资者，包括专业证券分析师和投资组合经理竞争，因此你需要关于投资的基本信息。本书将帮助你增加关于各种投资选择的风险和收益的知识。或许由于投资与投资者的资金及产生大量收益或损失的可能性有关，因此它看起来比其本质更神秘。通过介绍各种投资及其分析、估值和购买方法，本书揭开了与投资有关的神秘面纱。

可能的投资选择数量实际上是无限的。交易活跃的公司股票有成千上万种，如果某个投资者不想选择个股，他仍然可以选择 8 000 多家投资公司。公司、联邦政府、州政府和地方政府发行了各种债务工具，期限从几天到 30 年或 40 年不等。10 000 多家商业银行和储蓄机构（例如，储蓄银行）提供了多种储蓄账户和存单。房地产、期货、期权和应收款项进一步扩大了投资的选择范围，而且即使国内的投资选择不够，投资者也可以选择购买外国证券。问题不在于可得性，而在于选择。你不能拥有每种资产，而必须在不同资产中进行选择。

不同的投资通常被分类为短期投资（1 年）和长期投资（1 年以上）、可变收益投资和固定收益投资、消极投资和积极投资（甚至是投机性投资）。短期资产，例如储蓄账户和货币市场共同基金份额，可以随时转换为现金，并提供少量收益。债券和股票的投资期较长，并被称为长期投资。普通股也被称为可变收益证券，因为股利和资本收益每年都会波动。债券是指固定收益证券。尽管投资者从这种投资中获得的收益可能会变动，但债券和优先股产生的收入流是固定的，因此这些证券被称为固定收益证券。期权、可转换债券和期货可以被视为积极投资，因为它们可以提供高收益，但需要投资者承担巨大风险。其他可能的投资包括非金融资产（有形资产或不动产），例如，房地产、黄金和应收款项。

投资对象有时被认为很复杂，但本书的方法是区别每类资产。本书介绍了各种资产的收益来源、风险和特征的区别。多数内容对于所有投资者来说都是非常重要的信息，不管他们拥有的投资组合是大是小。

本书分为几个部分。第一部分介绍了证券选择和投资组合管理的基础，包括证券如何产生、接下来如何买卖（第二章）。第三章介绍了复利和贴现的过程。由于估值是确定未来现金流现值的过程，且理财规划涉及预测未来的现金需求，因此在学习投资学时，没有哪个问题比货币的时间价值更重要。（如果你已经了解了该内容，你可以继续学习下一章，但你这样做要自行承担风险！）第四章介绍了理财规划、资产配置和税收的影响。第五章的内容包括风险的分析和衡量。由于计算和解释风险指标需要了解某些统计学知识，因此第五章的附录介绍了衡量风险的统计学方法。

本书的第二部分介绍了投资公司。第六章介绍了共同基金及其投资组合、收益、买入与赎回份额、对与风险相应的收益进行标准化的指标。第七章分析了传统共同基金以外的其他投资方式：封闭式投资公司、交易所交易基金（exchange-traded funds，ETF）和房地产投资信托基金（real estate investment trusts，REIT）。

第三部分至第五部分介绍了特定类型的金融资产。第三部分介绍了股票投资。第八章和第九章讨论了普通股的分析和估值。接下来的两章介绍了股票市场指标和历史收益率（第十章）以及宏观经济环境（第十一章）。第三部分的最后一章（第十二章）增加了行为金融学的内容以及帮助选择资产的技术分析的作用。

第四部分分析了固定收益证券。第十三章介绍了所有债务工具的共同特征和各种公司债券。第十四章介绍了债券定价、收益率、利率变动的影响和风险管理。第十五章介绍了各种联邦债券、州政府债券和地方政府债券。第四部分的最后一章（第十六章）介绍了可用于交换发行公司普通股的固定收益证券。

第五部分考察了价值与另一种资产相关（并根据该资产衍生出）的衍生工具。第十七章对期权（看涨期权和看跌期权）进行了一般介绍。第十八章将内容扩展至期权估值与期权策略。第十九章介绍了期货，这可能是本书介绍的所有投资中风险最高的投资。

第二十章重新回到为了实现个人投资者的金融目标而进行的理财规划和资产配置问题上。本章既是总结，也是复习，因为它包括分散化投资组合的构建、投资资源的配置、在有效市场环境下对个人投资组合的积极管理和消极管理。

小　结

本章介绍了用于投资和投资决策的重要金融概念。这些概念包括：

- 设置金融目标的重要性。
- 以未来现金流的现值计算资产价值。
- 风险与收益之间的权衡。
- 通过资产配置和构建分散化投资组合管理风险。
- 金融市场的有效性。
- 评估风险调整绩效的需要。

以上每个问题都在本书不同部分重复出现。尽管每章可能只介绍一个特定问题，例如，共同基金或可转换证券，但这些具体资产最终都必须进入某个投资组合。了解具体证券的特征、风险和收益很重要，但你需要记住，每笔资产都只是投资组合的一部分。尽管特定投资可能会表现得特别好或特别差，但帮助你实现金融目标的是整体的投资组合。

理财顾问的投资案例

投资作业（第一部分）

1. 你有100 000美元投资于10只股票，每只股票投资10 000美元（没有共同基金）。你在这个学期不能改变你的选择，也不能持有现金。（对不起，本作业的目的不是教你交易。随着学习的进行，将加入更多材料。）请选择一个网站并建立一个“观察账户”。可能提供公司信息的网站包括：

- 彭博社（Bloomberg）：http://www.bloomberg.com。
- 美国有线电视新闻网/货币频道（CNN/Money）：http://money.cnn.com。
- 福布斯（Forbes）：http://www.forbes.com。
- 谷歌（Google）：http://www.google.com/finance。
- 市场观察（MarketWatch）：http://www.marketwatch.com。
- 晨星（Morningstar）：http://www.morningstar.com。
- MSN货币专栏（MSN Money）：http://money.msn.com。
- 路透社（Reuters）：http://www.reuters.com。
- 雅虎金融（Yahoo! Finance）：http://finance.yahoo.com。

这个观察账户将帮助你跟踪股票的变化，并记录你的收益或损失。

2. 彼得·林奇（Peter Lynch）是一个成功的投资组合经理，他建议你买进你了解或使用过其产品的公司的股票。由于这种策略对于任何学习投资的人来说都可能是一个良好的起点，因此我选择了5只我了解或使用过其产品的公司的股票。你应该选择5只股票，并跟踪你选择的股票和我选择的股票。请利用上题中的信息，建立一个包括两组股票的观察账户。

我选择的股票及股票代码为：

- 可口可乐（KO）。
- 埃克森美孚（XOM）。
- 默克（MRK）。
- 特百惠（TUP）。
- 华盛顿房地产投资信托（WRE）。

由于信息披露对于投资很重要，因此你应该知道我在本书付印之时持有上述每只股票的头寸。

第二章

证券市场

学习目标

学习完本章后，你应能：

1. 解释做市商的作用，并区分证券交易所和场外市场。

2. 区别证券指令类型和计算证券投资成本。

3. 比较现金账户与保证金账户。

4. 比较多头与空头，并说明每种头寸的利润来源。

5. 定义美国存托凭证（ADR），并说明其优点。

6. 说明证券交易委员会（SEC）和证券投资者保护公司（SIPC）的目的和证券市场监管的作用。

7. 找出将证券销售给大众所必备的要素。

8. 分析首次公开募股（IPO）的价格波动性。

2015 年 2 月 13 日，IBM 的 370 万股股票在纽约证券交易所交易。当天，纽约证券交易所交易的股票总共超过 34 亿股。这些销售收入一分钱也没有落入发行这些股票的公司囊中。相反，所有交易都是在投资者之间进行的。显然，许多人都通过买入或卖出这些现有证券改变了他们的投资组合。

买入和卖出证券对新老投资者都有某种神秘感或吸引力。投资者可能被证券交易产生的兴奋感所吸引。投资者也可能为通过股票和债券投资赚到或损失许多钱而情绪波动。不管出于何种原因，被吸引到华尔街上的投资者必须理解证券市场的运行方式和买卖证券的机制。

本章的目的是说明向公众销售证券的过程以及买卖证券的机制。第一节介绍了证券交易商和纽约证券交易所等二级市场的作用。接下来，介绍了个人如何交易证券、经纪商的作用、各种指令、保证金账户与现金账户，以及买卖证券的成本。尽管你可以通过低买高卖赚钱，但必须先买入或卖出。第三节介绍了卖空，这是一种在未来交割的卖出交易。投资者最初卖出股票，并期望以较低的价格回购股票。

证券市场就像许多金融市场一样，是受监管的。接下来将介绍关于证券市场的联邦法规和证券交易委员会的作用。本章最后讨论了首次公开募股（IPO），资金将在这个过程中从投资者转移到企业。研究重点是首次发售的过程、投资银行的作用和接下来证券价格在二级市场上的波动性。

二级市场与做市商的作用

尽管证券是在初级市场上发行的，但所有后续交易都是在二级市场上进行的。如果一个投资者买入某只股票，那么它极不可能是首次公开募股的股票，而很可能是二级市场上的股票。

本节介绍了证券交易商（做市商）及其在二级市场上的作用。素未谋面的投资者每天都在买卖证券。市场将股票和债券从卖方手中转移到买方手中。这种转移可能发生在某个有组织的交易所中，例如有时被称为“大行情板”的纽约证券交易所（2007 年，纽约证券交易所的母公司纽约证券交易所集团与泛欧交易所合并，成立了纽约泛欧证券交易所——全球最大的证券交易所）。在一家交易所中的交易不是自动进行的。公司必须申请交易所接受该公司的证券交易。如果该公司符合交易所设置的条件，那么这些证券就被“挂牌”，可以通过交易所买卖了。

一旦股票已获准进行交易而此后公司未能保持满足上市要求，就可能被退市。2015 年 2 月，考林西恩教育集团（Corinthian Colleges）因未向证券交易委员会提交必要文件而从纳斯达克（Nasdaq）退市。通用汽车进行破产重组时从纽约证券交易所退市。在通用汽车完成重组后，重组后的公司新股票上市并继续交易。

没有在交易所上市的公众公司的证券是在**场外市场**（over-the-counter，OTC）上交易的。最重要的场外市场是纳斯达克股票市场（http://www. nasdaq. com）。纳斯达克是全国证券交易商协会自动报价系统（National Association of Securities Dealers Automated Quotation system）的缩写，它是一个交流场外报价的系统。（有些公司，例如，微软和英特尔，选择不在这些交易所交易其股票。）纳斯达克股票市场包括所有主要的未上市股票。投资者只需在系统中输入证券代码，就可以方便地获得许多 OTC 股票和债券的买价和卖价。

不管是上市证券还是未上市证券，专业证券交易商都对股票和债券做市，并促进它们从卖方手中转移到买方手中。1934 年《证券交易法》将**交易商**（dealer）定义为从事“用自己的账户买卖证券业务”的人。用自己的账户买入和卖出证券可以产生对该证券做市的效果。从卖方手中购买证券并将证券卖给买方的交易商被称为“做市商”。实际上，做市商从事的是“用自己的账户买卖证券的生意”。

每只在纽约证券交易所上市的股票都有“指定做市商”（DMM）。指定做市商交易某家公司的股票以确保交易（买卖）平稳进行。如果交易即将发生波动，指定做市商将介入并用自己的账户买卖股票，实际上是从卖方买入证券，再将证券卖给买方。通过对个股做市，指定做市商让投资者可以买卖股票。

证券可以按整股交易，也可以按零股交易。**整股**（round lot）是交易的一般单位，对于股票来说通常是 100 股。更小额的交易，例如，37 股，被称为**零股**（odd lot）交易。证券交易中绝大多数是按“整股”或“整股”的倍数进行交易的。许多股票的交易量和交易额都非常大。例如，2015 年 2 月 13 日，市场上交易了约 190 万股谷歌公司（代码：GOOG）的股票。在 549 美元的收盘价上，交易的总价值约为 10.4（=549×0.019）亿美元。然而，也有一些股票的交易并不活跃。这种股票被称为“稀薄股”，它们通常是流通股数较少的小公司的股票。

证券交易商以**买价和卖价**（bid and ask）作为报价基础。它们以某个价格（买价）买入证券，再以另一个价格（卖价）卖出证券。例如，做市商愿意以 20 美元买入某只股票，然后以 21 美元卖出该股票。那么，这只股票的报价便为 20～21 美元，即买价和卖价。例如，如果全国零售物业（National Retail Properties）公司的报价为 41.05～41.10 美元，那么我现在就能以 41.10 美元的价格买入该股票，然后以 41.05 美元的价格卖出该股票。

买价与卖价之差被称为**价差**（spread，例如，全国零售物业公司的买价 41.10 美元与卖价 41.05 美元之差，即 0.05 美元）。价差，就像经纪商佣金一样，是投资成本的一部分。这两种成本不应混淆。价差是对维持证券市场的报酬。经纪商佣金则是对执行买卖指令的报酬。

尽管价差是做市商报酬的主要来源，但不是唯一来源。当做市商从它们持有的证券中获得股利和利息时，也会获得收入。另一种利润来源是证券价格的增加，因为交易商投资组合的价值会上升。这些利润是证券市场的必要因素，因为它促使做市商执行买卖证券的重要职能。这些做市商保证以它们公布的价格买卖证券。因此，投资者知道证券在任何给定时间的价格，并可以确保有卖出目前持有的证券或购买更多证券的场所。

确定价格

尽管买价和卖价是由做市商报出的，但证券价格是由证券的所有买方需求和卖方供给决定的。做市商试图报出令供求相等的**均衡价格**（equilibrium price）。如果做市商报价过低，股票供给将会过少而无法满足需求。如果做市商报价过高，购买股票的人会过少，导致投资组合中的股票供过于求，或产生超额股票。

做市商能制定某只股票的均衡价格吗？对于大公司的股票来说，答案或许是不能。如果做市商试图将价格定在供需决定的均衡价格之上，那么他们就必须吸收人为抬高价格所产生的全部超额证券供给。相反，如果做市商试图将价格定在均衡价格以下，那么他们就必须卖掉足够多的证券，以满足人为压低价格所产生的超额需求。买入证券需要交割卖出的证券。做市商并没有无限资金来买入证券，也没有无限证券可供交割。他们可以增加或减少证券库存，但不能通过买入证券无限支持价格，也不能通过卖出证券阻止价格上涨。

尽管做市商无法制定市场价格，但它们可以起到一个极其重要的作用：维护有序的证券市场，使买卖双方有一个稳定的交易场所。为了建立这种有序市场，做市商以报出的买价和卖价进行买卖，但只确保以这些价格进行一整批交易。如果做市商对某只股票制定的价格过低，投资者就会产生大量需求。做市商只需以该价格卖出一整批股票，就可以提高买价和卖价。股价上升将：(1) 促使某些股票持有者卖出股票；(2) 促使某些希望购买该股票的投资者退出市场。

如果做市商对股票制定的价格过高，那么就会有人出售大量股票，但这些股票卖不出去。如果做市商不能吸收或不想吸收所有这些股票，那么证券交易商就可以购买一整批，然后降低买价和卖价。股价下跌将：(1) 促使某些潜在卖家持有股票；(2) 促使某些投资者通过购买股票进入市场，因而降低做市商的盈余库存。

复合交易

随着在线交易的发展，各种交易所和场外市场之间的区别正在消失。[美国证券交易所（American Stock Exchange，AMEX）和纳斯达克于 1998 年 11 月的合并减少了交易所和场外市场的区别。］由于纽约证券交易所的证券也在其他交易所交易，因此实际报告的在纽约证券交易所上市的股票包括所有交易，并被称为纽约证券交易所复合交易。

除了初级市场（证券的初始销售场所）和二级市场（证券的后续销售场所）以外，还有**三级市场**（third market），也就是交易上市证券的场外市场。尽管在交易所以外的上市证券交易可以被称为三级市场，但其中大多数都是大额交易。这种大额交易（即 10 000 股及以上的交易）被称为大宗交易，组织和执行这些交易的做市商被称为大宗头寸商。

三级市场的参与者通常为机构投资者，例如，养老金计划、共同基金和保险公司，其希望买入或卖出大量上市证券，例如，在纽约证券交易所交易的 IBM 股票。机构投资者通过某家大型经纪公司运作，由后者完成交易。如果投资者希望买入大额头寸，那么经纪公司（或证券交易商）将会寻找潜在卖方。找到所需的卖方（对于非常大宗的交易而言，是多个卖方）以后，证券将在交易所以外进行交易。

金融机构还可以通过 Instinet 等计算机系统交易证券，该系统仅限订购该服务的金融机构使用。大宗交易、三级市场交易和计算机系统为金融机构提供了两点好处：更低的手续费和更快的执行速度。经纪公司的竞争降低了手续费，计算机交易降低了执行交易所需的时间。

尽管大宗交易和计算机系统与大额交易相关，但交易额极低的证券也存在市场。当迈朗（Mirant）公司宣布破产，纽约证券交易所暂停交易该公司的股票时，该公司的股票仍在“粉单市场”上交易和报价。当公司陷入困境，股票被退市时，这种情况很常见。粉单最初是用粉纸印刷的，它每日都会列出不在纳斯达克上交易的场外股票。多数这些股票的交易价格仅有数美分。它们的交易量很小，日交易价值可能低于 100 万美元。显然，这些证券只适于愿意承担低价股的高风险的投机者。

华尔街的“买方”和“卖方”

投资者以卖价买入股票，以买价卖出股票。买卖交易由经纪商执行，通过证券交易商做出。这些参与者是华尔街的“买方”还是“卖方”？如果一个金融分析师为华尔街的“买方”或“卖方”工作，这是否意味着他在买入或卖出股票和债券？

答案是否定的。金融分析师（或证券分析师、投资分析师——三个名称都在使用）是通过分析财务报表、采访公司管理层，利用其他信息来源进行利润估计，并提出证券买卖建议的人。这些分析师不是经纪商，也不是证券交易商，他们也没有用自己的账户买卖证券。他们是领取薪水（高薪）的雇员，为资金管理公司和经纪公司工作。

买方分析师为管理面向公司客户或个人投资者的共同基金、养老金计划或信托公司的非经纪公司工作。买方分析师向公司中买卖证券的投资组合管理者提出建议。由于这些分析师为雇主提供买入建议，因此他们为华尔街的“买方”工作。

卖方分析师做的是相同类型的工作，但他们受雇于经纪公司。卖方分析师的建议是提供给经纪商的，经纪商又将建议提供给投资者。卖方分析师报告的目的是创造销售交易，因此得名“卖方”。

由于买方分析师的报告只供其雇主使用，因此这些建议可能是保密的。然而，卖方分析报告是公开的，这可能会产生利益冲突，至少可能会在分析中产生偏见。产生这种偏见有几种可能的原因。第一，分析师可能发布有利的报告，以维持与公司管理层的良好关系，因为高管是分析师的信息来源之一。第二，公司可能雇用承销商来发行新证券。分析师不想让他们的经纪公司丢掉这笔未来的买卖。第三，分析师报告的目的是促进交易，尤其是鼓励经纪公司的客户购买证券。这些原因中的任何一条都可能导致分析师发布对某家公司及其证券有利的报告。由于发布的有利报告多于不利报告，因此人们可以轻易地得出这一结论。

证券投资机制

个人投资者通常会通过**经纪商**（broker）购买股票和债券，经纪商用其顾客的账户买卖证券。（有些经纪公司使用不同的头衔，例如，"业务代表"或"副总裁助理"。这些人执行的是传统的"经纪商"职能。）尽管一些公司（例如，埃克森美孚公司）向投资者提供了直接从公司购买股票的选择，但多数购买交易还是通过经纪公司进行的，例如，美林（Merrill Lynch）公司或嘉信理财（Charles Schwab）。许多经纪公司还担任做市商，因此可能被称为"经纪交易商"，因为公司中的不同部门同时执行这两种职能。在这种公司里，有人负责以公司账户买卖证券（即证券交易商），也有人负责以客户账户买卖证券（即经纪商）。

经纪商为个人账户服务，是执行买卖指令的投资者的代理人。为了获得买卖证券的许可，经纪商必须通过美国证券交易商协会（National Association of Securities Dealers）组织的职业考试。一旦通过这一考试，经纪商就能被称为**注册代表**（registered representative），并能以客户的账户买卖证券。

尽管注册代表必须通过这种职业考试，但投资者不应认定经纪商就是专家。投资包括许多方面，即使花了很大一部分工作时间做账户服务的人也不可能是所有方面的投资专家。因此，许多建议是基于经纪公司雇用的分析师，而不是销售人员进行的研究。

投资者应该意识到，经纪商是通过交易（即用顾客的账户买卖证券）谋生的。在经纪公司和销售人员之间主要有两类工作关系。第一类是，公司支付基本薪酬，但销售人员必须赚得规定金额的佣金，这些佣金归公司所有。完成最低销售任务以后，注册代表的薪酬与他创造的额外佣金同比例增长。第二类是，销售人员的收入完全与他创造的佣金挂钩。在两类情况下，投资者都应该意识到经纪商的生计取决于证券销售。因此，经纪商的投资建议可能受到确保佣金的愿望的影响。然而，投资者应对投资决策最终负责。尽管建议可能是投资者要求经纪商提供的，有时甚至是经纪商主动提供的，但投资者必须权衡具体投资决策对实现其金融目标的影响。

选择经纪公司可能是一项困难的任务。不同公司提供的服务也不同。例如，有些公司的特长是债券交易，有些经纪公司提供全面服务，包括遗产规划和寿险，以及股票和债券交易。还有些公司除了以折扣佣金（即较低的佣金）执行指令以外，实际上不提供任何服务。因此，每个投资者都需要明确个人的投资目标，并决定实现这些目标的策略，以选择最适合个人需求的公司。

选择注册代表或理财顾问是比选择经纪公司更困难的任务。注册代表或理财顾问必须了解特定信息，包括投资者的收入、其他资产和未清偿债务以及金融目标，以向账户提供最好的服务。人们不愿讨论这种信息，因此对注册代表的信任和信心可能是选择注册代表或理财顾问时最重要的考虑因素。如果想让经纪商与投资者之间成为双赢关系，那么他们之间的融洽相处就尤为重要。

多头与空头

基本上，投资者只有两种行为方式，涉及相反的头寸。它们通常被称为多头和空头，并分别用纽约证券交易所外的雕像代表，即正在进行殊死搏斗的一头公牛和一头熊。（“牛”和“熊”的词源已佚失。“熊”可能来源于熊皮交易，其中熊皮在熊被抓住之前就已卖出。逗牛游戏和逗熊游戏也是18世纪的体育活动。）

如果投资者预期某只证券的价格上涨，就会购买该证券。投资者持有该证券的**多头**是因为预期价格会上升。投资者为**多头**（long position）是因为他认为价格将上涨。如果购买证券后价格上涨，那么**看涨**（bullish）就会为投资者赢得收益。例如，如果投资者以55美元的价格购买了100股AB&C公司的股票（即5 500美元加上经纪费），且股价上涨到60美元，那么多头的利润将为每股5美元（即扣除佣金前，100股的利润为500美元）。

与多头相反的是**空头**［short position，**看跌**（bearish）］，此时投资者预期证券价格将下跌。投资者卖出证券，持有现金，或将资金投入短期附息证券（例如，国库券或储蓄账户）中。有些特别悲观的投资者或愿意对价格下跌进行投机的投资者甚至会“卖空”，这是一种在未来交割的卖出交易。（卖空过程将在下一节中讨论。）

指令的类型

投资者在决定购买一只证券后，就会向经纪商下达买入指令。在下达指令前，你应该获得报价。尽管你的经纪商将提供报价，但也可以从互联网上获得买价和卖价。在输入股票代码后，你将获得买卖报价和最后一笔交易的价格。（务必确定这些报价是当前报价而不是延迟报价！）你可以要求经纪商以当前可以获得的最优价格，也就是做市商规定的卖价买入证券。这种要求就是**市场指令**（market order）。当你输入市场指令时，你可以确保交易将会执行，但不能确保交易价格。在输入指令和执行指令时，报价可能会随时间变化。不过，指令的执行价格通常等于或非常接近于卖价。

除了最后一笔交易的价格以及买价与卖价，你可能还获得了其他信息，例如股票交易量以及可以按买价和卖价获得的股票数量（被称为“指令簿”）。该信息可能会影响你的投资策略。例如，假设做市商希望以10美元的价格购买700股，并以10.05美元的价格卖出300股，而你希望购买1 000股。尽管购买1 000股的市场指令确保买入交易得以执行，但你不会以10.05美元的价格买入1 000股。相反，你将以10.05美元的价格购买300股，而以更高价格买入剩下的700股。为了避免这种情况，你可以输入指令，要么以每股10.05美元的价格买入1 000股，要么根本不买。尽管你可能以10.05美元的价格买入股票，但你无法确保该指令被执行。实际上，你必须决定是接受以现行价格买入需要数量的股票，还是规定股票数量及其价格（“买入所有或根本不买”）但冒订单无法被执行的风险。

你还可以输入**限价指令**（limit order），规定一个低于当前卖价的价格，并等到价格跌到该规定水平之时交易。这种指令可以持续一天［即**当日指令**（day order）］，也可以一直保持有效［即**一直有效指令**（good-till-canceled order）］。这种指令保留在经纪商的指令簿中，直到被执行或撤销。如果证券价格没有下降到该规定水平，那么就永远不会买入该证券。尽管一直有效指令实际上可以一直保持有效，但经纪公司通常都有时间限制（例如，1个月或3个月），规定如果到期指令未被执行，就撤销指令。

投资者在购买证券后，可以下达**依限买卖指令**（stop order），以较高或较低的价格卖出该证券。一旦股票达到该价格，依限买卖指令就变成市场指令。想要控制潜在损失的投资者可以下达止损指令，该指令规定了经纪商有权卖出证券的低于证券成本的价格。例如，如果投资者以每股50美元的价格购买了一只股票，那么45美元的止损指令就将损失限制为每股5美元加上买卖交易的手续费。如果股价下跌至45美元，那么止损指令就将变成市场指令，而股票将被出售。(由于该指令现在是市场指令，因此不能确保投资者将获得45美元。如果卖单大量涌入，那么就可能以低于45美元的价格成交。)这种卖出交易保护投资者免受股价跌到40美元以下的损失。当然，如果股价从45美元反弹到50美元，那么投资者也会以底价卖出。

投资者也可以下达高于买价的指令。例如，以50美元购买股票的投资者可能下达60美元的卖出指令。如果股价达到60美元，该指令就会变为市场指令，股票就会被出售。这种指令限制了潜在利润，因为如果股价继续上升，已经卖出股票的投资者将不能继续获得收益。然而，投资者已经确保了股价从50美元上涨到60美元所产生的利润。在许多情况下，投资者都会对股价上升采取观望态度，决定不出售，然后看着价格随之下跌。卖出指令的目的是降低这种可能性。

下达卖出指令可能是投资者策略的一个重要组成部分。例如，在之前的例子中，以50美元购买股票的投资者可能以45美元或60美元的价格下达卖出指令。如果股票价格随后上升，那么该投资者可以更改这些卖出指令。例如，如果股价上升到每股56美元，那么投资者可以将卖出指令改为52美元和64美元。这将对投资形成保护，因为不会出现股价跌到52美元以下而不启动卖出指令的情况，但价格现在可以上升到60美元以上，60美元是卖出指令之前的上限。通过在股价上升时不断提高卖出指令的价格，投资者可以不断从股价上升中获利，同时保护投资于证券的资金不受股价下跌风险的威胁。

由于限价指令和依限买卖指令都规定了价格，因此它们很容易混淆。限价指令规定的价格是将要买入或卖出的股票的价格。(可以以更低的价格买入，也可以以更高的价格卖出。)限价指令是填写在收款单上的。如果其他投资者在此之前输入了10美元的买入指令，那么以10美元购买股票的限价指令可能不会被执行。(因为人们往往会想到简单的数字，例如，10美元或15美元，因此，聪明的策略是输入10.05美元的买入指令，这样该指令就将在所有定为10美元的指令之前执行。卖出指令也是同样的道理。一旦股价上升到13美元，以13美元为限价的卖出指令就会被执行，之前的卖出指令也会被执行。在所有13美元的卖出指令被执行之前，12.90美元的卖出指令会先被执行。)

依限买卖指令也规定了价格。一旦达到该价格，指令就会变为市场指令，并被执行。由于依限买卖指令变为市场指令，因此实际执行价格不一定是规定的价格。例如，投资者以25美元买入一只股票，并填写了一份以20美元卖出股票的“止损指令”，以限制可能的损失。如果股价跌到20美元，那么止损指令就变为市场指令，股票被卖出。正如上面所提到的，投资者可能预期收到20美元，但并不确保该股票能以该价格卖出。例如，如果该股票报出较低的收益，且价格立即从25美元跌到19美元，那么止损指令就会以19美元执行，而不是规定的20美元。

如果投资者不愿意接受低于20美元的价格，那么他可以将卖出指令作为“止限”指令，这种指令综合了止损指令与限价指令。然而，如果在执行限价指令以前，股价降到规定价格以下，那么股票就不会被卖出。如果公布利润之后，价格立即从22美元跌到19美元，那么20美元的止限指令就不会被执行，除非股价随后上升到20美元。任何限价指令都不确保指令将被执行。换言之，投资者无法拿到蛋糕并吃掉它。一旦达到规定价格，依限买卖指令确保指令会被执行而不是确保价格，而限价指令能确保价格，但不确保会执行交易。

一旦买入证券，经纪商就会向投资者发出**确认书**(confirmation statement)，例如表2.1所示。该确认书给出了所购证券的股数和名称[100股克利夫帕克公司(Clevepak Corporation)的股票]、单位价格(12.13美元)和应付总金额(1 264.76美元)。该应付金额既包括证券价格，也包括交易费用。主要的交易费用是经纪公司的佣金，但也可能有州过户费和其他杂费。

投资者在交易日（购买证券的日期——201×年4月12日）之后有三个工作日的时间支付应付金额。交割日（应付日期——201×年4月15日）为交易日之后三个工作日，这一时间差通常被称为T+3。确认书中的CUSIP（1667661）指统一证券识别程序委员会（Committee for Uniform Securities Identification Procedures），它为每只证券指定了唯一号码。

表 2.1　购买 100 股克利夫帕克公司股票的确认书

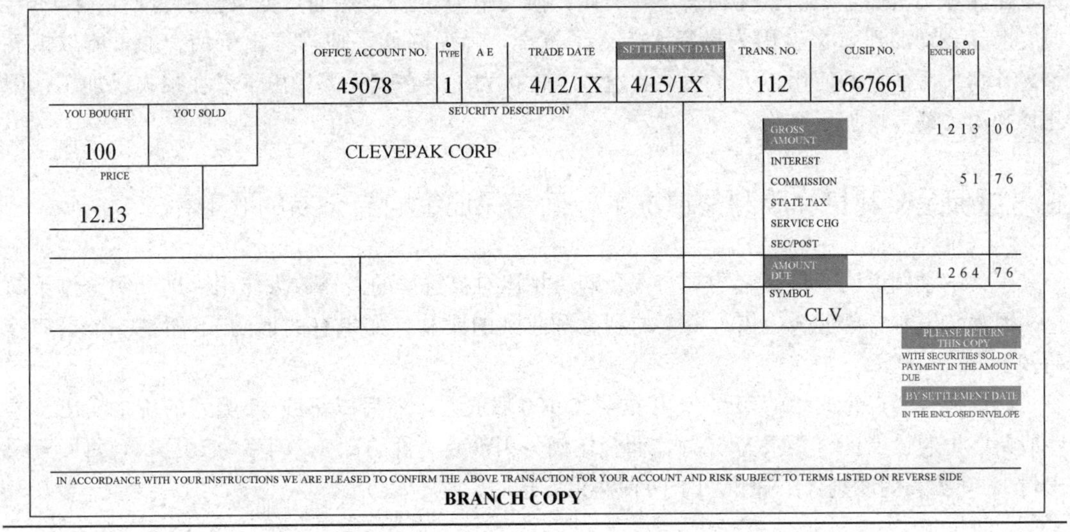

OFFICE ACCOUNT NO.	TYPE	A E	TRADE DATE	SETTLEMENT DATE	TRANS. NO.	CUSIP NO.	EXCH	ORIG
45078	1		4/12/1X	4/15/1X	112	1667661		

YOU BOUGHT	YOU SOLD	SEUCRITY DESCRIPTION
100		CLEVEPAK CORP

PRICE: 12.13

GROSS AMOUNT	1213	00
INTEREST		
COMMISSION	51	76
STATE TAX		
SERVICE CHG		
SEC/POST		
AMOUNT DUE	1264	76

SYMBOL: CLV

PLEASE RETURN THIS COPY WITH SECURITIES SOLD OR PAYMENT IN THE AMOUNT DUE BY SETTLEMENT DATE IN THE ENCLOSED ENVELOPE

IN ACCORDANCE WITH YOUR INSTRUCTIONS WE ARE PLEASED TO CONFIRM THE ABOVE TRANSACTION FOR YOUR ACCOUNT AND RISK SUBJECT TO TERMS LISTED ON REVERSE SIDE

BRANCH COPY

资料来源：© Cengage Learning.

现金账户与保证金账户

投资者在购买证券时必须付款。他们可以用现金付款，也可以用现金加上借入资金来付款。后者被称为**保证金**（margin）购买。然后，投资者可以拥有现金账户或保证金账户。现金账户的含义正如它的名字所示：投资者用现金支付证券的全部成本（即表2.1中的1 264.76美元）。

当投资者使用保证金时——购买证券时，部分使用现金付款，部分使用经纪商提供的贷款付款——他首先支付一笔类似于住房首付的款项，然后借入完成买入交易所必需的剩余资金。为了开立保证金账户，投资者与经纪商签署协议，赋予经纪商证券的使用权和控制账户的部分权利。证券作为贷款的担保品。如果账户的担保品金额跌到规定水平以下，经纪商就会要求投资者在账户中存入更多资产。这被称为追加保证金要求，追加保证金要求可以用现金或追加证券来满足。如果投资者无法满足追加保证金的要求，经纪商就会卖掉账户中的部分证券，以筹集保护贷款所需的现金。

保证金要求（margin requirement）是指投资者必须支付的现金占总价格的最低百分比，由美国联邦储备委员会（Federal Reserve Board，以下简称“美联储”）规定。然而，个人经纪商可能要求更多保证金。投资者需要支付的最低金额为证券价值乘以保证金要求。因此，如果保证金要求为60%，且每100股的价格为1 000美元，那么投资者就必须支付600美元现金，并从经纪商那里借入400美元，经纪商再从商业银行借入资金。投资者向经纪商支付400美元本金的利息。利率取决于经纪商必须向贷款机构支付的利率。

投资者使用保证金来提高投资的潜在收益。当他们预期证券价格上升时，有些投资者用借入资金支付部分购买证券的款项。如果股价从 10 美元上升到 14 美元，那么利润为 400 美元。如果投资者支付 1 000 美元，则收益率为 40%（=400/1 000）。然而，如果投资者使用保证金，并用 600 美元的现金和 400 美元的借入资金来购买股票，那么投资者的收益率就会增加到 67%（=400/600）。此时，使用保证金是有好处的，因为它提高了资金的投资收益率。

当然，如果股价下跌，就会发生相反的情况——损失率升高。如果股价下跌到 7 美元，投资者在计算卖出佣金之前就会损失 300 美元，损失率为 30%。然而，如果投资者使用保证金，损失率就会增加到 50%。因为投资者借入了资金，因而降低了他需要出资的金额，所以损失率会升高。保证金的使用扩大了潜在收益率，也扩大了潜在损失率。由于潜在损失增加了，因此贷款购买证券增加了风险。

在考虑佣金、利息和股利的情况下，确定保证金购买交易的收益率

正文中举例说明了保证金购买与现金购买相比对收益率的潜在放大作用。这个例子过于简化，因为它没有考虑佣金、借入资金的利息和收到的股利（如果有的话）。下面是一个更完整的例子。

假设投资者以每股 10 美元的价格购买了 100 股股票，然后以每股 14 美元的价格卖出了这些股票。再假设保证金要求为 60%，佣金比例为买价或卖价的 5%，利率为 10%，且每股股票支付 1.00 美元的股利。下表说明了两种购买方式的头寸。

单位：美元

	现金	保证金
卖价	1 400	1 400
佣金	70	70
销售收入	1 330	1 330
贷款金额	0	420
收到的现金	1 330	910
收到的股利	100	100
支付的利息	0	42

用现金购买时的收益率为：

$$\frac{1\ 330+100-1\ 050}{1\ 050}=36.2\%$$

用保证金购买时的收益率为：

$$\frac{1\ 330-1\ 050+100-42}{630}=53.7\%$$

注意，买入和卖出股票的利润［280（=1 330－1 050）美元］及股利支付在两种情况下都相等。收益率的差异是必须支付的利息（42 美元）以及投资者只需投入资金（630 美元）的 60%并借入 420 美元导致的。投资者可以以低于全价的价格加上佣金和借入资金买入股票，这是收益率被放大的原因。

这里计算出的收益率也不同于正文中的简化例子。当计入佣金、利息和股利时，全现金投资的收益率为 36.2%，相比之下，简化例子中的收益率为 30%。保证金投资的收益率为 53.7%，而不是 67%，因为佣金和利息消耗了一部分收益。

维持保证金

保证金要求确定了投资者购买证券时必须存入的最低金额（以及投资者可以借入的最高金额）。如果股价随后上升，那么投资者的头寸就会改善，因为股票总价值中的借入金额所占比例下降了。然而，如果股价下跌，那么投资者的头寸就会恶化，所欠金额占股票价值的比例也会增加。

为了保护经纪商免受投资者违约（不偿还贷款）的影响，第二个保证金要求应运而生。**维持保证金**（maintenance margin）规定了投资者在仓位中必须持有的最低权益金额。如果股价下降太多，投资者违反了维持保证金要求，那么投资者就会收到追加保证金的通知，且必须追加资金，否则经纪商就会卖掉股票并平仓。（维持保证金适用于账户整体。当投资组合的价值不满足维持保证金要求时，投资者就会收到追加保证金的通知。）

假设上例中的维持保证金要求为35%。初始保证金要求为60%，因此投资者支付了600美元现金（投资者在头寸中持有的权益），并通过经纪商借入了400美元。如果投资者的权益比例跌到35%以下，就需要追加现金。假设股价跌到7美元，那么股票价值将为700美元。由于投资者借入了400美元，因此投资者的权益是300美元，即股票价值的42.9%（=300/700）。由于42.9%高于35%，因此投资者满足维持保证金要求。然而，如果股价为6美元，那么投资者的权益就为200美元——仅为股票价值的33.3%（=200/600）。由于维持保证金要求为35%，因此必要保证金为210（=35%×600）美元。投资者将收到追加保证金通知，并需要追加10美元的投资，以将权益提高到210美元，满足维持保证金要求。

式（2.1）计算了引发追加保证金通知的股票价格（P），其中，B 为每股借入金额，MM 为维持保证金要求。在本例中，产生追加保证金要求的价格为：

$$\begin{aligned} P &= B/(1-MM) \\ &= 4/(1-0.35) = 6.15(\text{美元}) \end{aligned} \tag{2.1}$$

在6.15美元的价格上，投资者的权益为215美元，即股票价值的35%（=215/615）。只要股价维持在高于6.15美元的水平，投资者就不会收到增加现金以满足维持保证金要求的追加保证金通知。正如之前的讨论所说明的，保证金账户可以提高你的投资收益率。通过借入部分投资成本，你可以对收益实行杠杆化。然而，以保证金方式购买股票的投资者应该知道以下事实：

（1）借入资金的利率是你的经纪商规定的短期利率，该利率可能随着利率的普遍提高而增加。

（2）尽管美联储规定了最低保证金要求，但你的经纪商可能规定更高的最低保证金要求，并可能在不书面通知你的情况下提高该最低保证金要求。

（3）如果你收到追加保证金要求，经纪公司可以确定卖出你账户中的哪些资产以满足保证金要求。

（4）如果你收到保证金要求，就无权要求延长支付期限。

（5）你的资金损失可能超过存在经纪商处的资金，你可能要对该额外损失负责。

证券的交割

一旦投资者购买了股票并付过款，就必须决定是将证券交给经纪商，还是进行交割。（在有保证金账户时，投资者必须将证券交给经纪商。）如果将股票交给经纪商，它们就会以经纪商的公司名称［即**行号代名**（street name)］登记。然后经纪公司就成为证券托管人，对其负责，并向投资者寄送（通常是用电子方式寄送）以行号代名持有的证券的报表。该报表（通常为月报表）也包括交易与收到的股利和利息。有些经纪公司发送的报表还包括更多信息，例如，投资组合的资产配置、年初至今的绩效、账户中的证券成本、未实现损益，以及将会收到的股利。

将证券交给经纪公司的主要优点是方便，而且绝大多数投资者都用行号代名登记其证券。然而，经纪公司并不要求投资者以行号代名登记证券。(有些债务工具，例如，市政债券，仅以“账面”记录的形式发行。这些“证券”没有凭证，因此必须以行号代名登记。）以经纪公司的名称持有这些证券有一个重要缺点。如果经纪公司破产或丧失偿付能力，投资者将很难将证券转到自己的名下，并且更难获得应计股利和利息。［证券投资者保护公司（Securities Investor Protection Corporation，SIPC）降低了经纪公司破产给投资者带来的损失风险。本章后面将对其进行讨论。］

如果投资者选择交割证券，就会收到股票或债券凭证。由于凭证可能是可转让的，如果凭证被盗，投资者可能会遭受损失。因此，应该将它们小心储存在一个安全的地方，例如，加锁箱或银行的保险箱。如果凭证丢失或被毁，也可以重办，但必须花费大量的时间和精力。例如，道明尼资源（Dominion Resources）公司的财务报表建议丢失凭证的股东致信过户代理人咨询如何重办凭证。如果丢失的证券重新进入流通，就需要用债券来保护股东和过户代理人。债券成本是股票当前市值（不是投资者的成本）的 2%加上手续费。

投资成本

投资，就像其他事情一样，不是免费的。投资者必须支付特定成本，最明显的成本就是**佣金**（commission)，还可能有过户费，尽管这些费用往往很低，但会随着交易额或交易量的增加而增加。

佣金并非无关紧要，尤其是对小型投资者而言。佣金费率应由供给方和需求方确定，但实际上只有大型投资者（例如，保险公司或共同基金等金融机构）有能力与经纪公司协商佣金。这些金融机构的交易量非常之大，因此它们有能力通过协商获得较低的费率。对于这些金融机构而言，佣金费率（为交易金额的一定百分比）可能很低。然而，个人没有这种影响力，通常必须接受经纪公司提供的费率。

通常，佣金费率是以 100 股整股交易报价的。多数公司也会规定最低佣金（例如，50 美元)，这可以覆盖所有 1 000 美元以下的交易。也就是说，当 100 股股票的价值升到 1 000 美元以上时，佣金也会上升。然而，佣金占交易金额的百分比通常将下降。

有些经纪公司，即**折扣经纪商**（discount broker)，提供较低的佣金。(全方位服务经纪商也可能提供折扣，但投资者必须主动要求折扣。能否得到要求的折扣取决于投资者的交易量等因素。）折扣经纪公司不提供全方位服务经纪公司所提供的服务，但如果投资者不需要这些服务，那么折扣经纪商可以帮助他们降低投资成本，因为其佣金较低。

投资者可以通过在线交易进一步降低手续费成本。提供这种服务的公司收取的佣金低得多。喜欢使用在线交易的投资者和不需要经常使用经纪服务的投资者可以在买卖证券时大幅降低成本。

价差对投资成本的影响

佣金和其他费用为显性成本，而投资还有重要的隐性成本。这种成本就是证券的买价与卖价之间的价差。正如本章前面所介绍的，在卖出证券时，投资者支付卖价，但收到的只是买价。该价差可以被视为投资成本。因此，如果投资者希望买入报价为20～20.50美元的100股股票，那么他必须支付2 050美元加上佣金，以购买现在价值仅为2 000美元（如果它能卖出去的话）的股票。如果买卖交易的佣金为60美元，那么证券一买一卖的成本将会很高。表2.2说明了总交易成本。投资者支付2 110美元购买股票。如果接下来卖出股票，投资者将得到1 940美元。购买股票以及其后卖出股票的总成本为170美元。因此，在投资者实现资本升值之前，股票的买价必须升高到足以补偿佣金和价差的水平。

表2.2　价差对投资成本的影响　　单位：美元

买价	经纪商佣金	总成本
2 050	60	2 110
卖价	佣金	收到的总金额
2 000	60	1 940
净损失（＝总成本－收到的总金额） 2 110－1 940＝170		

另一种可能的投资成本是对股价的影响。如果一家共同基金的投资组合经理希望买入（或卖出）50 000股股票，那么执行该指令很可能影响股票价格。为了执行买入指令，做市商必须提高股价，以促使其他投资者卖出股票。这种价格影响甚至会发生在日交易量超过100万股的股票上。对于只有少量流通股的股票而言，执行这种指令肯定会提高股价（在卖出股票时为降低价格）。对证券价格的影响可以被视为投资成本。

为了理解这种潜在成本，可考虑以下情况：以12美元的卖价购买600股场外交易小盘股的市场指令。预期总支出为7 200美元（在计算佣金之前）。然而，交易商以12美元购买了350股，而以12.10美元购买了250股，从而完成指令，总支出为7 225美元。多出的25美元是购买股票的额外成本。市场深度无效，因此可以接受市场指令而不影响股票价格。

卖　空

投资者如何在证券市场上赚钱？显而易见的答案是低买高卖。对于多数人而言，这意味着投资者首先买入证券，然后在某个未来的日期卖出证券。投资者可以先卖出证券，然后再以较低的价格将它买回来吗？答案是肯定的，因为**卖空**（short sale）是一种逆向指令。投资者首先卖出证券，目的是在将来以较低的价格买回该证券。

由于卖出交易发生在买入交易之前，因此投资者并不拥有被卖空的证券。卖出一个人不拥有的东西听上去像非法行为，但在普通商业关系中有许多这种卖空的例子。杂志社事先收取订购款；律师、工程师或作家等专业人士签署合同承诺在未来提供服务，并收取预付款；制造商签署合同承诺在未来交货；这些都是卖空交易。当你的学校收取这学期的学费时，就建立了一个空头；学校订立了在未来提供交易服务的合同。如果履行合同的成本增加，那么卖空者就会遭受损失。如果履行合同的成本降低，那么卖空者就会获得利润。卖空证券基本上也是相同的：它是一种签订合约、承诺在未来交割并在现在卖出证券的交易。如果随后以较低的价格买入证券，卖空者就会获利。然而，如果证券成本在未来上升，卖空者就会遭受损失。

卖空交易的机制可以用一个简单的例子来说明。假设股票 XYZ 的当前价格为每股 50 美元，那么投资者可以以每股 50 美元的价格买入 100 股，总成本为 5 000 美元。这种买入交易表示持有股票的多头。如果随后股价升高到每股 75 美元，并卖出股票，那么投资者将获利 2 500（=7 500−5 000）美元。

空头将这个过程反过来：投资者先卖出股票，然后在未来某个时间将它买回来。例如，投资者以 50 美元的价格卖空 100 股股票 XYZ（5 000 美元）。之所以进行这笔交易，是因为投资者认为该股票定价过高，因此股价将下跌。在卖空交易中，投资者并不持有 100 股卖出的股票。然而，股票买方当然期望交割股票凭证。（实际上，买方不知道股票来自卖空的投资者，还是变现股票头寸的投资者。）卖空者必须借入 100 股股票，以交割给买方。股票通常是从经纪商处借入的，经纪商接下来可能又从将证券交给它们保存的客户那里借入股票。（经纪商可以使用保证金账户中的股票，其中一种可能的用途就是将股票借给卖空者。然而，经纪商不能将现金账户中的股票借给卖空者。）

尽管投资者已经卖出了证券，但销售收入并没有交给卖方，而是由经纪商持有。这些收入随后被用于回购股票。[在证券市场的术语中，这种回购被称为**抛补卖空交易**（covering the short sale）。] 此外，卖空者必须在经纪商那里存入与购买股票所需的保证金要求等额的资金。因此，如果保证金要求为 60%，那么本例中的卖空者就必须在经纪商那里存入 3 000（=5 000×0.6）美元。这笔资金为经纪商提供了保护（即它是卖空者的担保品），在卖空者购买股票并将它们返还给经纪商时，将加上利润或减去亏损返还给卖空者。图 2.1 说明了证券和资金的流向。经纪商从卖空者（3 000 美元的担保品）和股票购买方（5 000 美元的销售收入）那里收到资金。卖空股票的投资者分文未得，但通过该投资者的账户借入的证券流向买方。然后，买方收到证券并付款。

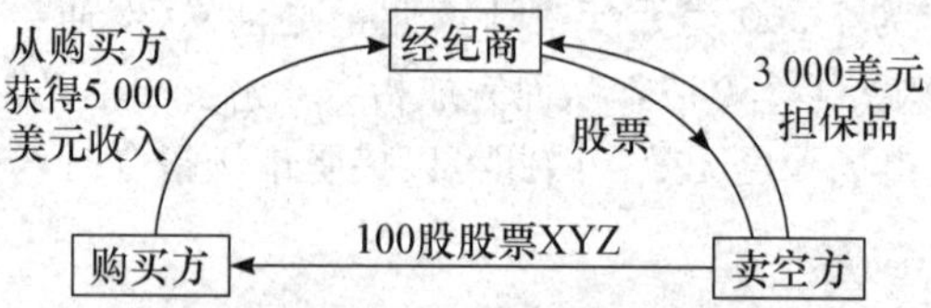

图 2.1　卖空交易的股票与资金流动

资料来源：© Cengage Learning.

如果股价下跌到 40 美元，那么卖空者可以花 4 000 美元买入股票。这笔买入交易与在交易所或场外市场进行的买入交易并无不同。然后，股票被返还给经纪商，以偿还借入的股票。卖空者将获利 1 000 美元，因为股票买价为 4 000 美元，卖价为 5 000 美元。然后，经纪商将担保品和 1 000 美元利润返还给投资者。图 2.2 说明了这些。卖空者花 4 000 美元购买了 100 股股票 XYZ。当收到 100 股股票时，卖空者将股票返还给经纪商（经纪商接下来又将股票返还给借给它股票的人）。经纪商返还了投资者作为担保品存入的 3 000 美元。由于投资者只使用了卖空交易的 5 000 美元收入中的 4 000 美元来购买股票，因此经纪商交给投资者剩下的收入（1 000 美元利润）。

如果股价上升到每股 60 美元，且卖空者购买了股票并将其返还给经纪商，那么空头就会有 1 000 美元的损失。卖空交易的收入将不足以购买股票。卖空者除了这部分收入外，还不得不用 1 000 美元的担保品来购买股票并抛补空头。经纪商欠卖空者的只是在完成交易后剩余的担保品（2 000 美元）。

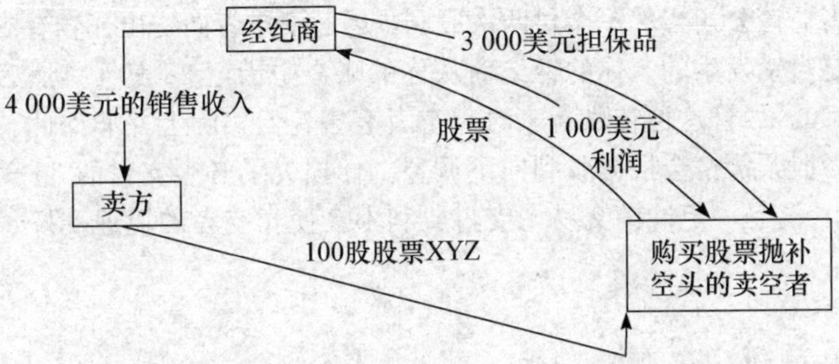

图 2.2　抛补获利卖空交易时的资金与股票流动

资料来源：© Cengage Learning.

尽管之前的交易听上去很复杂，但它实际上并不复杂。所发生的不过是投资者买入并卖出一只证券。投资者不是先买入证券再卖出证券，而是先卖出证券，然后买回证券，以抛补空头。由于首先发生的是卖出交易，因此需要进行额外的会计记录以核算借入证券，但交易本身并不复杂。

遗憾的是，许多投资者都认为卖空是赌博。他们认为，如果投资者卖空且股价显著上升，损失就会导致财务危机。然而，卖空者可以通过下达止损买入指令，在股价上升到特定水平时抛补空头以进行自我保护。此外，如果这些投资者没能下达止损指令，一旦他们的担保品缩水，无法再支持空头，经纪商也会为他们抛补空头。实际上，卖空者将收到追加保证金通知。因此，投资者可能损失的金额仅限于必要的保证金金额。

尽管卖空的风险通常并不比购买股票高，但仍存在发生股价急剧上升，导致大额损失的可能。假设投资者以 50 美元卖空某只股票，然后该公司成为收购目标，收购价为 75 美元。股价立即从 50 美元跃升至 72.67 美元，并以稍低于 75 美元的收购价折价卖出。由于在 50 美元和 72.67 美元之间没有发生交易，因此卖空者无法进行抛补，直到交易以 72.67 美元的价格继续进行。在这种可能的情况下，卖空者可能会遭受超过满足保证金要求所必需的担保品的损失。

尽管仍然存在遭受重大损失的可能性，但卖空基本上与选择证券的理性方法一致。如果投资者分析一家公司时发现其证券定价过高，那么这个投资者肯定不会买入证券，而现在持有证券的人将会卖出证券。此外，如果投资者相信分析结论，并认为股价将会下跌，那么投资者可能会卖空。此时，卖空就是基于基本分析的合理策略。应该考虑对定价过高的证券卖空，正如投资者买入他们认为定价过低的证券是合理选择一样。

卖空不限于个人投资者；做市商也会卖空。如果涌入大量买单，做市商可能会通过卖空满足该需求。之后，做市商会在未来回购股票，在买单风潮回落之后抛补空头。通常，这种交易会获利。在需求增加导致投机性价格上涨之后，证券价格可能会下跌。在发生这种情况后，做市商将会获利，因为他们在价格上涨时卖空，但在价格随后下跌时抛补空头。

卖空与股利

假设你卖空了 100 股南方公司（Southern Company）的股票，该公司随后支付了每股 0.35 美元的季度股利。购买 100 股南方公司股票的投资者将收到 35 美元股利，因为该投资者是记名所有者。然而，借给你南方公司股票的投资者预期也会收到 35 美元股利。这笔钱从哪儿来？

答案是卖空者。该公司当然不会付两次股利，因此卖空者向贷出证券者支付相当于股利的金额。这个过程是自动发生的。你的经纪商从你的账户中借记 35 美元，然后在贷出股票方的账户中贷记 35 美元。尽管这种转账看来对卖空者有害，但实际上并非如此。正如关于股利的第九章所说明的，股票价格会根据股利向下调整。你损失了必须支付的 35 美元，但股票价值也下降了 35 美元。这是一笔冲销交易，支付股利不会使卖空者的境遇变好，也不会使其境遇变差。

空头净额比率

卖空股票要求股票最终必须被回购。这种回购意味着未来对股票的需求，这可能会提高股价。当然，也可以从反方向来表示这一观点。卖空增加意味着消息灵通者预期股价将降低。不管出于何种原因，有些投资者追踪卖空交易，将其作为预测价格变动的一种手段。

这种追踪要求获得卖空交易的数据。卖空股数被称为空头净额。由于公司的流通股金额不同，因此卖空的绝对股数可能并没有意义。人们经常用卖空股数除以流通股数表示空头净额比率。另一个比率是卖空股数与日均交易量之比。如果该比率高于 1.0，就表明卖空股数高于日均交易量。如果该比率低于 1.0，则表示相反的含义：日均交易量超过卖空股数。

空头净额比率的数值很容易解释。比率为 2.5 意味着（平均）2.5 天的交易才能抛补目前的卖空。然而，该比率的含义是模糊的。比率升高意味着股价会上涨还是下跌？这个问题可以从两个方面来解答。该比率的数值较高意味着要花数日才能抛补全部现有空头。卖空者在未来买入股票将推动股价上升，因此高空头净额比率是利多的。然而，也有恰好相反的解释。高空头净额比率意味着消息灵通的投资者预期股价下跌而卖空股票，因此，高空头净额比率是利空的，并预测了股价的下跌。

卖空股数和空头净额比率很容易获得。关于空头净额比率的数据可以在彭博社（Bloomberg）和雅虎（Yahoo!）上找到。输入股票代码，点击公司的主要统计数据即可。根据投资者的解释，空头净额比率增加表明卖空者最终必须回购股票，或者表明投资者更加看空，并因为他们预期股价下跌而卖出股票。

如果投资者确实卖空，那么总会有无法回购股票的可能性。这种情况被称为挟仓。当卖空者无法买入股票平仓时，就会发生挟仓。这会导致他们在股价进一步上升之前抢购股票，从而推高股价。有许多流通股且交易活跃的股票不太可能发生这种挟仓。然而，如果股票只有少数股份公开交易，那么卖空者仍有可能无法买入股票，这在卖空者发生恐慌、不断报出更高价格以平仓的情况下，将推高股价。（挟仓主要适用于商品市场。如果多头可以控制商品供给，即获得商品的垄断地位或“市场地位”，那么它们实际上就能从空头那里要求任何价格，而空头必须进行支付以平仓。）

外国证券

外国公司，比如美国公司，会发行各种证券作为获得资金的一种手段。这些证券随后将在外国交易所或外国场外市场上交易。例如，伦敦、巴黎、东京和其他金融中心都有证券交易所。除非美国人和其他外国人被禁止购买这些证券，否则美国人就能以非常类似于购买美国国内股票和债券的方式通过这些交易所买卖股票。因此，可以利用有权在这些交易所交易的美国经纪商购买外国证券。在许多情况下，这种权利是通过外国证券交易商和经纪公司的代理关系获得的。

美国投资者获得外国股票的最简单方式是购买公司股票，例如佳能或索尼这种股票在美国交易所或纳斯达克中交易的公司。(外国证券交易所也会挂牌交易美国证券。伦敦证券交易所是最自由的，实际上鼓励外国股票挂牌交易。)美国证券市场实际上并不交易外国股票，但交易股票凭证，这种凭证被称为**美国存托凭证**（American Depositary Receipts，ADR）或美国存托股票。这些凭证是由商业银行等大型金融机构创建的。美国存托凭证被发售给公众，并继续在美国交易。

美国存托凭证有两类。参与型美国存托凭证是在企业希望证券在美国交易时创建的。企业雇用银行准备文件资料以创建美国存托凭证，并担任过户代理人。在这种情况下，成本由企业负担。所有在纽约证券交易所上市的美国存托凭证都是参与型美国存托凭证。非参与型美国存托凭证是在经纪公司认为市场对某只股票或债券有足够兴趣，能够对该证券做市的情况下创建的。经纪公司买入一批证券，雇用一家商业银行创建美国存托凭证并担任过户代理人。然而，支付这笔服务费，或支付将股利从外币兑换为美元的费用的是股东，而不是发行公司。

如果投资者希望购买的股票没有发行美国存托凭证，那么就必须购买实际的外国证券。投资者指示经纪商在合适的外国市场上购买外国股票。和购买其他证券一样，股票和债券是通过交易所或场外市场从对该证券做市的交易商手中买入的。国外交易所采用的交易方法不一定与美国相同。例如，在购买股票后，交割日被确定为付款日。这种交割日规定不一定符合美国的做法，美国规定在交易三个工作日后付款。然而，这种差异更多的是细节差异而不是实质差异，并会通过全球投资的增加而减少。

监　管

和其他行业一样，证券业受到联邦政府和州政府相当大程度的监管。由于多数证券是跨州交易的，因此多数监管是联邦层面的监管。

这些法律的目的是确保诚实、公平交易，以保护投资者。法律要求向投资者提供信息，作为其判断的基础。因此，这些法律通常被称为**完全披露法**（full disclosure laws），因为上市公司必须告知公众与该公司相关的事实。监管的目的还在于防止欺诈和操纵股价。然而，这样做的目的并不是为投资者自己的愚蠢和贪婪买单。依法管理证券业的目的不是确保投资者从投资中获利，而是保障公平的市场行为，同时也允许投资者自己犯错误。

当前的联邦监管建立于20世纪30年代，它是20世纪30年代早期证券市场崩溃的直接产物。州监管始于1911年，首先立法的是堪萨斯州。这些州法律通常被称为蓝天法，因为有欺诈行为的证券被称为蓝天碎片（pieces of blue sky)。尽管州法律之间存在差异，但它们通常都要求：(1) 证券公司和经纪商持有执照；(2) 在州监管机构备案新发行证券的财务信息；(3) 新证券发售前应满足特定标准；(4) 建立监管机构以执行法律。

联邦证券法

管理证券业的第一部现代联邦法案是1933年《证券法》，它所规范的主要是新证券的发行。该法案要求新证券在美国证券交易委员会“登记”。正如之前所讨论的，登记包括向证券交易委员会提供关于公司、业务与竞争性质及其财务状况的信息。然后，招股说明书将总结该信息（见后面的表 2.4），它发出了向公众出售证券的正式要约。

一旦证券交易委员会认定所有可能影响公司价值的重大事实已披露，证券就被放行发售。当投资者对新发行证券的投资遭受损失时，如果在证券交易委员会登记的招股说明书或登记表包含错误信息或有误导的信息，投资者就可以提起诉讼以挽回损失。公司及其高管和董事、卖出证券的经纪公司或受雇撰写文件的专家（例如，会计师、评估师）可能要承担这种损失的责任。由于负有这种法律责任，因此他们需要谨慎勤勉地编写招股说明书和登记表。

尽管 1933 年《证券法》只适用于新发行证券，但 1934 年《证券交易法》（及其后续修正案）将监管范围扩展至现有证券。《证券交易法》禁止操纵市场、伪造和错误陈述事实以及实施欺诈。该法案还成立了证券交易委员会以执行关于证券业的法律。表 2.3 总结了证券交易委员会的目标。

表 2.3　证券交易委员会目标总结

(1) 确保投资者拥有足够信息来做出明智的投资决策。
(2) 通过公司证券登记，在向公众出售证券前向公众提供信息，并要求定期及时披露公司信息和财务报表。
(3) 通过监管证券市场上的交易、要求内部人登记证券买卖情况和监管公司高管与董事行为，防止操纵证券价格。
(4) 监管投资公司（如共同基金）和投资顾问。
(5) 与美联储合作限制赊购证券。
(6) 与美国证券交易商协会（经纪商和交易商的自律协会）合作，监督管理会员公司、经纪商和证券交易商。

根据 1934 年《证券交易法》，上市公司需要在证券交易委员会备案当前信息。做法是公司及时向证券交易委员会备案报告。最重要的报告可能是**10-K 报告**（10-K report），它是公司向证券交易委员会提交的年报。由于它给出了公司财务状况的详细报表，因此 10-K 报告是专业金融分析师的基本数据来源。10-K 报告的内容包括经审计的财务报表、按产品分解的销售收入和费用、关于法律诉讼的信息以及管理层薪酬（包括递延薪酬和激励性期权）。尽管 10-K 报告不会被自动发送给股东，但当股东提出书面要求时，公司必须向股东提供该文件，它通常发布在公司网站上。（一些公司将 10-K 报告作为公司年报发送给股东。）

10-Q 报告（10-Q report）是公司向证券交易委员会提交的季报。与 10-K 报告一样，它是关于公司财务状况的详细报告。公司向其股东发送的季报基本上是 10-Q 报告的总结。（多数公司已停止向股东发送季报，而通过网站提供 10-Q 报告。）**8-K 报告**（8-K report）提供了实质影响公司证券价值的事件的具体信息，并且必须在此类事件发生 15 日内在证券交易委员会登记。该文件通常详细说明了之前通过新闻发布会公布的内容。

投资者和公司必须在证券交易委员会登记表格。购买 5%上市公司股票的股东必须提交**13-D 报告**（13-D report）。该文件要求提供关键信息，例如股东收购大比例股票的目的。许多收购行为都是由在公司中积累了大量股份的股东发起的。要求填写 13-D 报告意味着，一旦头寸达到流通股的 5%，买方目的就无法再隐藏。

所有在证券交易委员会登记的表格都可以通过电子数据收集、分析及检索（Electronic Data-Gathering，Analysis，and Retrieval，EDGAR）系统获得。所有公众持股公司（和共同基金）都需要对信息进行电子登记。投资者（和其他利益相关方）都可以从证券交易委员会的网站（www. sec. gov）登录 EDGAR，下载公司的 10-K 报告或 10-Q 报告。（你应该意识到，你将获得文件副本。让数据有用是另一个问题。一些公司将数据处理为更有用的形式，并通过用户订阅出售服务。例如，可以参见 EDGAR 网站，网址为 www. edgar-online. com）。

表 2.4　雅虎公司普通股发行招股说明书首页

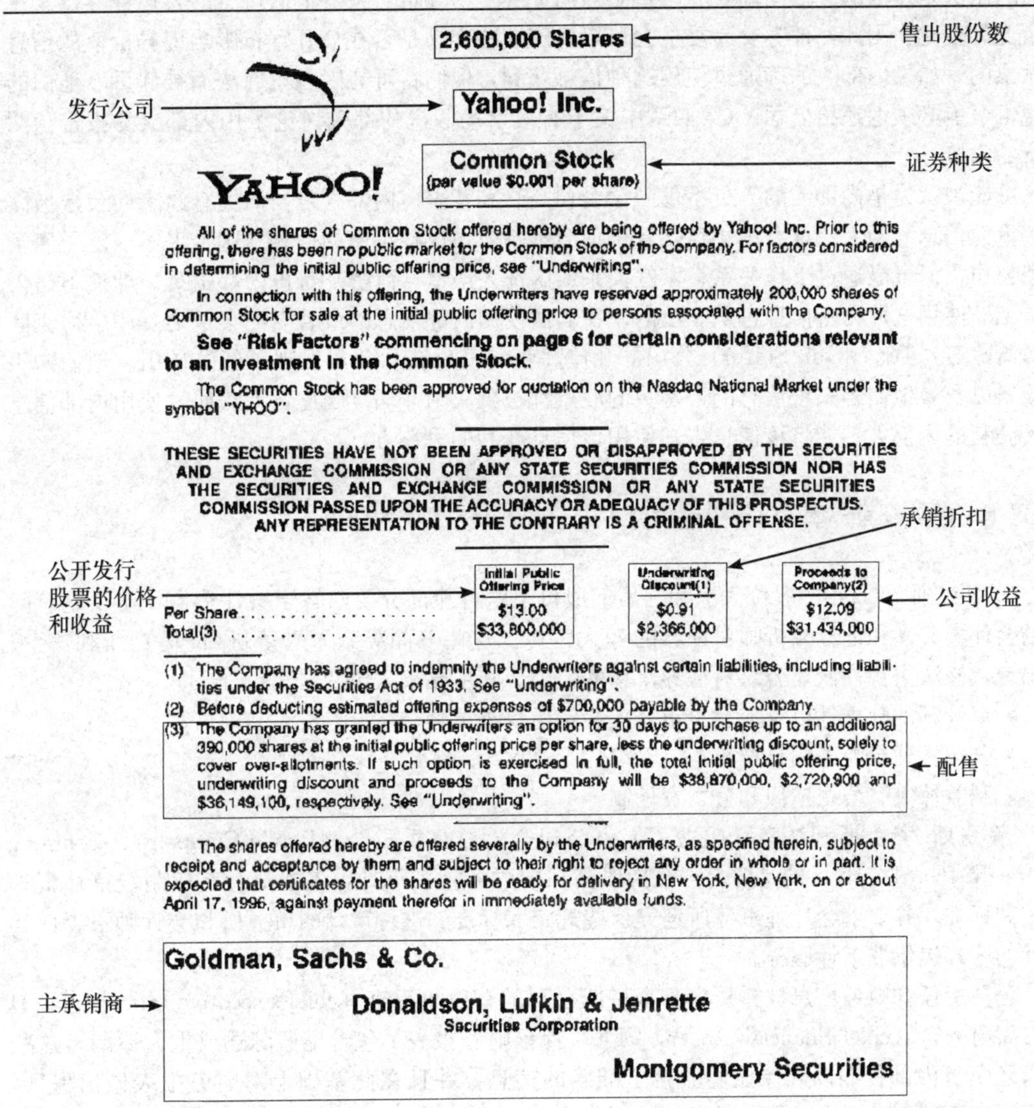

2,600,000 Shares

Yahoo! Inc.

YAHOO!

Common Stock
(par value $0.001 per share)

All of the shares of Common Stock offered hereby are being offered by Yahoo! Inc. Prior to this offering, there has been no public market for the Common Stock of the Company. For factors considered in determining the initial public offering price, see "Underwriting".

In connection with this offering, the Underwriters have reserved approximately 200,000 shares of Common Stock for sale at the initial public offering price to persons associated with the Company.

See "Risk Factors" commencing on page 6 for certain considerations relevant to an Investment in the Common Stock.

The Common Stock has been approved for quotation on the Nasdaq National Market under the symbol "YHOO".

THESE SECURITIES HAVE NOT BEEN APPROVED OR DISAPPROVED BY THE SECURITIES AND EXCHANGE COMMISSION OR ANY STATE SECURITIES COMMISSION NOR HAS THE SECURITIES AND EXCHANGE COMMISSION OR ANY STATE SECURITIES COMMISSION PASSED UPON THE ACCURACY OR ADEQUACY OF THIS PROSPECTUS. ANY REPRESENTATION TO THE CONTRARY IS A CRIMINAL OFFENSE.

	Initial Public Offering Price	Underwriting Discount(1)	Proceeds to Company(2)
Per Share	$13.00	$0.91	$12.09
Total(3)	$33,800,000	$2,366,000	$31,434,000

(1) The Company has agreed to indemnify the Underwriters against certain liabilities, including liabilities under the Securities Act of 1933. See "Underwriting".

(2) Before deducting estimated offering expenses of $700,000 payable by the Company.

(3) The Company has granted the Underwriters an option for 30 days to purchase up to an additional 390,000 shares at the initial public offering price per share, less the underwriting discount, solely to cover over-allotments. If such option is exercised in full, the total initial public offering price, underwriting discount and proceeds to the Company will be $38,870,000, $2,720,900 and $36,149,100, respectively. See "Underwriting".

The shares offered hereby are offered severally by the Underwriters, as specified herein, subject to receipt and acceptance by them and subject to their right to reject any order in whole or in part. It is expected that certificates for the shares will be ready for delivery in New York, New York, on or about April 17, 1996, against payment therefor in immediately available funds.

Goldman, Sachs & Co.

Donaldson, Lufkin & Jenrette
Securities Corporation

Montgomery Securities

资料来源：转载经雅虎公司许可。© 2000 by Yahoo! Inc. YAHOO! 和 YAHOO! 标识为雅虎公司商标。

公司还需要在年中发布可能实质影响证券价值的信息。公司必须将关于新发现、诉讼或兼并的信息告知公众。如果证券交易委员会认为出于保护公众利益和投资者的目的有必要暂停公司证券交易，那么它有权暂停公司证券交易，期限最长为 10 天。如果公司未能始终告知投资者这些信息，证券交易委员会可以暂停交易直到其发布必要信息。这种暂停交易是重大行为，很少使用，因为多数公司都会经常发布新闻，告知投资公众影响公司的重大变化。有时公司本身会要求暂停交易其证券，直到准备好新闻发布会并发布消息。

信息披露法律不要求公司公布关于其经营的一切信息。所有公司都有不希望竞争对手知道的商业秘密。完全披露法的目的不是限制公司，而是：(1) 将信息告知投资者，以便他们做出明智决策；(2) 防止公司员工使用秘密信息获取个人利益。

显然，从首席执行官到门房的员工都有可能在信息到达公众前获得它。这种信息（被称为内部信息）可能显著提高员工在公布信息前通过买卖公司证券获利的能力。这种通过内部信息获利的做法是违法的。公司高管和董事必须向证券交易委员会报告他们持有的公司证券以及持有情况的变化。因此，证券交易委员会可以确定这些交易是否在公开宣布影响证券价值的信息前做出的。如果内部人的确通过使用这种信息获利，他们将可能因触犯刑法而被起诉，他们的收益也可能必须返还给公司。（第四章中关于有效市场假说的部分讨论了用内部交易报告预测股价的内容。）

可能被认为是内部人的人员不仅限于公司高管和董事。内部人是任何拥有尚未向公众披露的“重大信息”的人。重大信息隐含着按理会影响公司证券价值的信息。这个人不一定受雇于这家公司，但可能通过工作关系、家庭关系或内部人渠道（泄密）获得内部信息。即使不是公司员工，使用这种秘密信息也是非法的。在非法使用内部信息的最著名的案例之一中，得克萨斯海湾硫黄（Texas Gulf Sulfur）公司的几位高管和董事获悉公司发现了新的矿山。他们购买的股票以及被他们告知该信息的人购买的股票都被判决为非法。因此，无法通过使用内部信息直接获利的内部人不能将该信息告知使用该信息获利的另一方。

2002 年《萨班斯-奥克斯利法案》

1998 年到 2000 年的股价大涨和之后的股价下跌可能部分要归咎于会计造假（至少是有问题的会计实务）和证券分析师对证券的夸大宣传。这些丑闻导致了《萨班斯-奥克斯利法案》的出台，该法案旨在恢复公众对证券市场的信心。其主要条款包括：

- 审计师的独立性以及成立上市公司会计监督委员会；
- 公司责任与财务信息披露；
- 利益冲突、公司造假和公司责任制。

《萨班斯-奥克斯利法案》成立了上市公司会计监督委员会（Public Company Accounting Oversight Board），其目的是监督公众持股公司的财务报表审计。该委员会有权制定审计报告规定和标准，并要求会计师事务所遵守这些规定和标准。进行审计的事务所和会计师不得向其审计的客户提供非审计服务。

公司责任和财务信息披露要求公众持股公司的首席执行官（chief executive officer，CEO）和首席财务官（chief financial officer，CFO）保证财务报表不包含虚假陈述或重大遗漏。这些高管还负责内部控制以确保他们获得了准确的信息，并且在此基础上对财务报表做出保证。公司员工不能对审计师施加不当影响，让他们接受有误导性的财务报表。高管和董事也不得在不允许公司员工交易证券的静默期中交易公司证券。不得向高管和董事提供私人贷款，高管必须在两个工作日内披露买卖公司证券的信息。（之前的要求为日历月结束后 10 天内公布该信息。）

利益冲突会随着证券分析师和投资银行扮演的角色而变化。投资银行为公司筹资提供便利。分析师负责确定证券价值被低估还是高估。两种角色都由美林公司等金融公司来扮演。如果证券分析师认为某只股票价值被高估，这会伤害投资银行和希望出售证券的公司之间的关系。因此，证券分析师和为同一家金融公司工作的投资银行之间存在明显的利益冲突。

这两个部门必须彼此独立。尽管金融公司声称在投资银行和证券分析师之间存在“防火墙”，但证券分析师的行为往往与之背道而驰。《萨班斯-奥克斯利法案》旨在增强防火墙。投资银行提前批准分析师研究报告的能力受到限制。与投资银行业务有关的人不能监督证券分析师。禁止对出具负面报告的证券分析师进行打击报复。证券分析师必须披露他是否拥有证券或是否从证券分析师研究的公司处获得薪酬。违反《萨班斯-奥克斯利法案》和现有反公司欺诈法律（禁止破坏文件、阻止或妨碍调查）的惩罚更重，包括罚金和最长 20 年的有期徒刑。

其他法规

尽管 1933 年《证券法》、1934 年《证券交易法》、2002 年《萨班斯-奥克斯利法案》是美国证券法规的支柱，但美国也颁布了其他关于特定投资领域的法律。这些法律包括 1935 年《公用事业控股公司法》，该法案要求通过采用更好的财务会计方法、进行更全面的报告以及限制债务融资对公用事业行业进行重组。1940 年《投资公司法》扩展了法规范围，加入了共同基金和其他投资公司。1970 年《投资者保护法》旨在保护投资者免受经纪公司破产的影响。该法案还成立了证券投资者保护公司，下一节将对其进行讨论。

除了影响证券发行及其后续交易的法律，还有要求投资顾问披露信息的法律（1940 年《投资顾问法》）。投资咨询服务机构和“为他人提供证券咨询业务而领取薪酬的人应该在证券交易委员会登记”。这项登记要求将投资顾问置于证券交易委员会的监管之下。根据这项法律，投资顾问必须披露其背景、商业伙伴和对服务收取的报酬。没有在证券交易委员会登记可能导致被禁止提供服务或被控违反证券法。

除了州证券法和联邦证券法，该行业本身也会对成员进行监管。证券交易所和交易协会——全国证券交易商协会（National Association of Securities Dealers，NASD）为会员制定了行为规范。这些行为规范包括经纪商和客户之间的关系、审计会员账户以及经纪商水平测试。尽管这些规定可能没有法律效力，但它们可能对行业及其代表的质量和信誉度有显著影响。

证券投资者保护公司

多数投资者都知道，基本上所有商业银行中的账户都有联邦存款保险公司（Federal Deposit Insurance Corporation，FDIC）的保险。截至 2015 年，如果一家有保险的商业银行破产，那么联邦存款保险公司会向存款人提供最高 250 000 美元的损失补偿。如果存款人在商业银行破产时的账户余额高于 250 000 美元，那么存款人就将成为多出的这部分钱的一般债权人。

这种保险大大提高了商业银行系统的稳定性。小型存款人知道他们的资金是安全的，因此在商业银行破产时（银行偶尔会破产）不会恐慌。这种稳定性在成立联邦存款保险公司之前并不存在。当恐慌的投资者试图取款时，有些商业银行无法满足突然产生的现金需求，许多银行不得不关门，而这只会增加恐慌，导致爆发提款风潮。然而，自从出现联邦存款保险公司之后，就不会有这种恐慌和挤兑现象了，因为联邦存款保险公司会对存款人遭受的任何损失进行补偿（以最高金额为限）。

就像商业银行一样，经纪公司也得到了美国联邦政府成立的一家机构——**证券投资者保护公司**（Securities Investor Protection Corporation，SIPC）——的保险。证券投资者保护公司（网址为 http：//www. sipc. org）是由 7 人董事会管理的。5 名董事由美国总统任命，他们的任命必须得到参议院的确认。这 5 名董事中的 2 名代表公众，3 名代表证券业。剩下的 2 名由美国财政部部长和美联储理事会选派。

证券投资者保护公司的作用类似于联邦存款保险公司。它的目标是保持公众对证券市场和证券业的信心。尽管证券投资者保护公司不能保护投资者免受证券价格波动导致的损失，但可以保护投资者免受经纪公司破产导致的损失。证券投资者保护公司为客户的现金和证券提供的保险最高为500 000美元。(在500 000美元的保险金额中，只有100 000美元是为账户余额提供的保险。）如果一家经纪公司破产，那么证券投资者保护公司将对该公司的客户进行补偿，最高补偿金额为该规定的限额。如果客户的索偿金额高于500 000美元的限额，那么这个客户将成为剩余资金的一般债权人。

保险成本由身为证券投资者保护公司会员的经纪公司支付。所有经纪商和交易商都在美国证券交易委员会注册，所有全国性证券交易所的会员都必须是证券投资者保护公司的会员。因此，多数证券交易商都有证券投资者保护公司的保险。有些公司甚至选择从私人保险公司处购买额外保险，以作为这种保险的补充。

首次公开募股

证券和其他金融资产为存款从有资金的人手中转移到需要资金的人手中提供了方便。有两种方法可以促进这种转移。第一种方法是直接投资，即人们创办自己的企业，直接将储蓄投入企业的经营中。当证券在初级市场上通过投资银行首次卖给投资者时，也会发生直接转移。正如本章前面所介绍的，这些证券随后还可以在二级市场上进行买卖。

通过银行等**金融中介**（financial intermediary）将储蓄转化为投资被称为间接转移。个人将资金贷给银行（例如，在储蓄账户中存入资金），接下来，银行将这笔资金贷给最终借款人。金融中介处于资金的最终供给者和最终使用者之间，它促进了供给者和使用者之间的资金和信贷流动。通过该过程，借款人可以获得资金，因为金融中介发行了以自己为债务人的索偿权（例如，账户），索偿权的接受方为存款人。

将整笔债券或股票直接卖给投资者或养老基金、寿险公司等金融机构被称为**私募**（private placement）。对于发行公司而言，私募的主要优点是消除了向公众发售证券的成本，以及可以方便地获得大量现金。此外，公司还不用满足向公众出售证券的公司所必须满足的信息披露要求。这种信息披露可以保护投资公众；它假设金融机构可以通过要求提供信息作为发放贷款的先决条件来保护自己。当公司向公众发行证券时，披露要求既是公司的成本，也是公司竞争者的可能信息来源，而发行公司希望避免泄露这种信息。私募对公司和金融机构的另一个好处是，证券发行条件可以根据双方的需求量身定制。

对进行投资的公司来说，私募有类似的好处。私募可以一次投入大量资金，并可以规定到期日以满足贷款者的需求。此外，也可以避免与购买证券有关的经纪费用。金融中介可以在协议中规定限制性条款，从而对获得资金的公司施加更多控制。这些限制性条款可以限制公司在未经贷款人允许的情况下发行更多的证券，也可以限制公司的股利发放、并购活动以及可以进行的投资类型。所有限制性条款的目的都是保护贷款人免受损失的风险，而且是公司向金融机构私下发售证券的组成部分。由于每笔销售交易都是单独协商的，因此根据协议双方的谈判实力和签订协议时的经济条件，协议的条款也会各不相同。

私募对于小型新兴公司尤其重要。这些公司的规模或与之有关的风险往往会阻碍它们从商业银行等传统资金来源处筹资。对新兴公司发行的证券进行私募的公司被称为**风险投资公司**

(venture capitalist)。风险投资是小型公司或新技术公司的主要融资来源。因此，风险投资公司可以通过购买有出众增长潜力的小公司发行的证券填补这一空白。

当然，许多小公司没有认识到这种潜力，风险投资公司的投资常常会遭受巨额损失，然而，在成功的情况下也能创造非常高额的收益。从某种意义上说，这是一个数字游戏。如果风险投资公司投资于五个项目，四个失败，那么一笔高额收益就足以抵消对四家失败公司的投资。

一旦新兴公司成长起来，风险投资公司购买的证券就可以通过公开发行出售给公众。(后面将介绍将新证券出售给公众的过程。)许多首次公开募股都将为公司筹集额外资金而出售新证券和当前股东出售证券结合起来。这些当前持有的证券通常包括风险投资公司最初购买的股票，风险投资公司将首次公开募股作为实现投资利润的一种手段。

投资银行

公司除了通过私募获得资金外，也可以发行新证券并将它们卖给公众，这通常是通过**投资银行**（investment banker）进行的。如果这种交易是普通股第一次向公众出售，那么就被称为**首次公开募股**（initial public offering，IPO）。当从内部产生的资金不足以筹集到理想的投资金额时，或者当公司认为从公众而不是从金融中介处获得外部融资更有利时，公司就会发售证券。这种外部融资可以提高公众在公司及其证券中的权益，也可以绕过金融机构要求的某些限制性条款。

下一节介绍了通过投资银行向公众出售新证券的过程，内容包括投资银行扮演的角色、出售新证券的机制以及新发行市场的潜在波动性。

公司可以将其证券直接出售给公众，但直接将证券出售给公众的计划需要费用，因此许多公司都雇用投资银行来推销新证券。实际上，投资银行是将资金从投资者转移给需要资本的公司的中间商。尽管投资银行是资金流动的管道，但它们并不是金融中介，因为它们并不产生对自身的索偿权。投资者对金融中介有索偿权。然而，对于投资银行而言，投资者的索偿权是针对发行证券的公司的，而不是针对首次发行证券的投资银行的。

投资银行是一个重要但经常引起混淆的金融概念，这部分是由命名不当造成的。投资银行通常不是银行，并且通常不进行投资。投资银行并不用自己的账户购买和持有新发行证券以进行投资。(当投资银行不花自己的钱来购买证券进行投资时，它被称为商人银行，其活动被称为商人银行业务。)

承销机制

如果一家公司需要从外部来源获得资金，那么它可以联系一家投资银行商讨承销。**承销**（underwriting）是指卖出新证券的过程。在承销中，卖出证券的公司而不是发行股票的公司承担与发售股票有关的风险。投资银行购买证券的目的是重新卖掉它们。如果投资银行未能卖掉证券，就必须在发行（即卖出）证券时向公司支付协议金额。没能卖出证券的损失由承销商承担，承销商必须支付没有卖出的证券的价款。

需要融资的公司和投资银行讨论所需资金金额、发行证券的类型、证券的价格和特征，以及公司发行证券的成本。所有这些因素都由需要资本的公司和投资银行协商确定。如果它们达成了双方接受的条款，投资银行就将作为公司向公众发售证券的中介。

由于承销是从管理承销的特定公司开始的，因此这种公司被称为**发起行**（originating house）。如果协商过程涉及多家投资银行，那么发起行不一定是一家公司。在这种情况下，几家公司可以共同承销并将证券出售给公众。

发行人并不经常自己发售所有证券，而是组成一个**辛迪加**（syndicate）来推销证券。这种辛迪加是一群共同承销特定证券的经纪公司。辛迪加成员可以介绍更多经纪公司加入以帮助其分销证券。管理销售的公司通常被称为主承销商。主承销商将特定数量的证券分配给辛迪加中负责销售的每个成员。

使用辛迪加有几个优点。首先，辛迪加可以接触到更多潜在的证券买家。其次，使用辛迪加可以减少每家经纪公司必须出售的证券数量。潜在客户数量的增加和每家经纪商必须销售的证券数量的减少提高了卖出所发行的全部证券的可能性。因此，辛迪加既可以卖出大量证券，也可以降低每个成员承担的风险。

在有些情况下，希望筹资的公司可能不选择与承销商协商证券条款，而是对证券发行进行设计，并将证券卖给在拍卖中出价最高的投资银行。在准备竞拍时，投资银行将组成一个辛迪加，并确定愿意支付的价格。赢得拍卖并购买证券的承销商和辛迪加将抬高证券价格并将其卖给公众。显然，如果投资银行出价过高，将无法卖出证券获利。当承销商降低证券价格以卖出证券时，就可能遭受损失。

协议的类型

投资银行和公司之间的协议可能为以下两种类型之一。投资银行可以签订**尽力推销协议**（best-efforts agreement），根据这种协议，投资银行同意尽最大努力销售证券，但不保证能筹集到规定金额的资金。出售证券的风险由发行证券的公司承担。如果投资银行找不到买家，公司就得不到需要的资金金额。

另一种类型为**全额包销协议**（firm commitment）。在这种承销中，投资银行以规定价格购买（即承销）所有证券，然后将它们卖给公众。多数新证券是通过全额包销协议的方式出售的，而尽力推销通常仅限于较不知名的公司发行的小额证券。在承销中，投资银行支付费用，期望通过出售证券收回这些成本。由于承销商已经同意购买所有证券，因此，即使辛迪加无法卖出证券，它们也必须向公司支付所有证券的价款。因此，出售证券的风险由承销商承担。

出于这个原因，被承销证券的定价是至关重要的。如果初始发行价过高，辛迪加就无法卖出证券。如果发生这种情况，那么投资银行将面临两种选择：(1) 保持发行价不变，持有证券直到它们被卖出去；(2) 让市场找到一个更低的价格水平，促使投资者购买证券。这两种选择都对投资银行不利。如果承销商购买了证券并持有它们，那么就必须占用自己的资金，而这些资金本可以在别处获得收益；或者，承销商必须借入资金支付证券的价款。与任何其他公司一样，投资银行要对借入资金支付利息。因此，支持证券发行价的决定需要投资银行投入自己的资本，更可能的情况是，借入大量资本。在任何一种情况下，承销的利润都会大幅降低，而投资银行甚至可能遭受承销损失。

承销商也可能不支持价格，而是选择让证券价格下跌。之后，承销商就可以卖出未售出证券，这样承销商不用占用资金，也不用从债权人那里借入资金。如果承销商做出这种选择，那么当证券以低于成本的价格出售时，就要承担损失，也会造成以初始发行价购买证券的客户遭受损失。承销商当然不希望这些客户遭受损失，因为如果他们持续遭受损失，承销商的未来证券发行市场就会消失。因此，投资银行尽量不对新发行的证券定价过高，因为定价过高最终会导致自己遭受损失。

承销商也有避免对新证券定价过低的动机。如果证券定价过低，所有证券将很容易被卖出，而它们的价格将上升，因为需求将超过供给。证券买方将很满意，因为由于定价过低，证券价格将升高。最初购买证券的投资者将会获得暴利，但这些收益是以证券定价过低的公司遭受损失为代价的。如果承销商对证券制定更高的价格，公司本可以筹集到更多的资本。承销是一个竞争性很高的行业，每笔证券发行都是单独协商的。因此，如果一家投资银行对证券持续定价过低，公司就会选择它的竞争者来承销其证券。

尽管承销商避免定价过低或定价过高都有理由，但它们更有动力对证券定价过低。定价过低可以促进销售，令原始股买家立即得到利润。研究发现，原始股买家会获得更高的收益率，因为买家获得了鼓励他们购买新发行股份的价格激励。然而，后来的买家没有获得这种价格激励，在初始发行后，任何初始定价过低的情况都会很快消失。此外，在初始发行之后的前几年内，许多首次公开募股股票的表现都会差于市场表现。[在 Hoover's IPO Central 可以找到关于当前首次公开募股的信息（www. hoovers. com/global/ipoc/）。]

招股说明书

一旦就销售条款达成协议，管理行就可以发行**初步招股说明书**（preliminary prospectus）。初步招股说明书通常被称为“红鲱鱼”，这个词意味着应谨慎阅读文件，因为文件并不是最终版本且不完整。（“红鲱鱼”这个词来自英国逃亡者用鲱鱼擦拭脚印，以混淆追杀者的典故。）初步招股说明书告知潜在买家，证券已经在**证券交易委员会**（Securities and Exchange Commission，SEC）登记，以及出售收入的用途。**登记**（registration）是指披露有关公司的资料、出售的证券以及出售所得款项的用途。尽管存在例外，但通常未登记公司证券不能出售给公众。然而，政府债务（例如，州债券和市政债券）不在证券交易委员会登记，且可以出售给公众。

编写初步招股说明书的费用由发行公司承担。初步招股说明书介绍了公司和即将发行的股票；它包括公司的利润表和资产负债表、当前的活动（例如，待决收购或劳资谈判）、该公司的监管部门、竞争性质。因此，初步招股说明书是一份关于公司的详细文件，所以很遗憾，它读起来通常也冗长无味。

初步招股说明书不包括证券价格。证券价格是在证券发行当日确定的。如果证券价格下跌或上涨，那么新证券的价格可以根据市场条件的变化而调整。实际上，如果价格降幅足够大，公司就可以选择推迟甚至取消承销。

在证券交易委员会接受登记表后，将发布最终招股说明书。证券交易委员会不是根据投资价值批准发行，而是要看是否提供了全部信息，以及招股说明书的格式和内容是否完整。除了证券交易委员会要求做出的变更以外，它基本上与初步招股说明书相同。增加的内容包括证券价格、承销折扣、公司获得的证券销售收入，以及最近的财务数据。发行公司经常向承销商提供超额发售权，以在有充足需求时满足销售更多股票的需要。

承销成本（也称发行成本或承销折价）为证券向公众销售的价格和公司获得的证券销售收入之差。承销费用往往会根据被承销证券的价值和所出售证券的类型而变化。有些费用为固定费用（例如，编写招股说明书的费用），因此大型承销的单位成本较小。同样，由于卖出投机性债券比卖出优质债券更难，因此投机性债券的承销费用往往也较高。

除了费用以外，承销商还可能会得到间接补偿，其形式可能是购买额外证券的选择权（被称为“权证”)。这种超额配售类似于将于第十七章讨论的期权，但向承销商提供的权证没有公开交易。(当首家公司向承销商提供这种选择权后，权证有时被称为“绿鞋”。)

权证的运作原理很简单。假设初始协议要求出售 1 000 000 股，价格约为每股 10 美元。发行公司向承销商提供额外购买 10%股份的选择权。如果证券受欢迎，承销商可以额外出售 100 000 股。当然，承销商不必出售额外股票，如果它执行选择权，也不必出售全部 100 000 股。如果平衡最初市场对股票的需求只需 45 600 股，那么承销商可能只购买 45 600 股。

超额配售很重要，因为它将承销商和公司统一到一起。在初始发售之后，承销商通常会成为证券的做市商，这对于投资大众来说尤为重要。没有销售证券的二级市场，投资者一开始买入证券的兴趣就会降低。通过维持证券的市场，经纪公司可以减轻最初销售证券的重任。

首次公开募股的波动性

新股市场(尤其是普通股的新股市场)极具波动性。有些时候投资大众似乎愿意购买任何在市场上销售的新证券。也有些时候新公司根本无法筹资，而大型知名公司也只能在苛刻的条件下筹资。

首次公开募股市场的波动性不仅体现在发售的证券数量上，也体现在新股的价格变化上。股价剧烈上升的情况并不罕见。2013 年 11 月，推特(Twitter)以 26 美元的价格上市。该股票的开盘价为 45.10 美元，在以 44.90 美元收盘前曾达到 50.09 美元的高点。然而，这只股票的表现与雅虎相形见绌，后者在第一个交易日的首次发行价为 13 美元，在达到 43 美元的高点后以 33 美元报收。

很少有新股票的表现像推特和雅虎这么好，而且许多最初表现优异的股票之后表现很差。2015 年 1 月，云箱(Box)公司以 14 美元的价格上市。之后，它立即开始以 20.20 美元的价格交易并涨至 24.72 美元。一周后，股票报收于 18.51 美元。这个例子的明显含义是，第一个交易日在二级市场上购买股票并持有头寸一周的每个人都亏了钱。波士顿炸鸡公司[波士顿市场(Boston Markets)公司的运营商]以每股 20 美元的价格上市，并涨到 48.50 美元。然而，该公司的迅速扩张拖垮了它维持盈利业务的能力。波士顿炸鸡公司最终宣布破产，其股价跌到了每股 1 美元以下。

当然，高额收益正是它们吸引投机者的原因。所有公司都曾经是小公司，每家公司都必须上市才能产生本公司股票的市场。当 IBM、微软(Microsoft)和强生(Johnson & Johnson)上市时，有人购买了这些公司的股票。新股市场提供了投资新兴公司的机会，并将继续提供这种机会，其中有些公司会为投资者或愿意承担风险的投机者创造高额收益。产生这种高额收益的可能性令新股市场魅力无穷。然而，如果过去是未来的指示器，那么许多上市的新兴小公司也会倒闭，使通过购买证券承担这种风险的投资者遭受巨额损失。

禁售期

除了投机性购买首次公开募股股票导致价格波动以外，还存在着内部人将新公开发行的证券作为一种出售股票手段的可能性。这种卖出股票的行为也可能导致股票价格波动，尽管在这种情况下，价格将会下降而不是上升。(还存在一个内部人以投资公众的损失为代价获利的道德问题。)为了理解价格波动的可能来源，以一家正在考虑上市的私人持股公司为例。在首次公开募股之前，经理和其他员工被允许在“非公开”交易或“私人”交易中购买股票(例如，每股 1 美元）或得到以低价购买股票的选择权。由于这种股票没有市场，因此无法确定价格，所以对内部人的售价可以被人为地定得很低。（这种首次公开募股之前的股票销售交易和赋予选择权的行为通常被视为对这些有特权员工的“补偿”。）

私人销售证券是非法的，但证券交易委员会指南显示，通过非公开交易购买的股票不能公开出售，除非持有至少一年。如果首次公开募股发生在一年以后，那么股票可以作为承销的一部分出售，或在完成承销后立即在二级市场上出售。例如，如果对公众的初始发行价为每股 10 美元，那么以 1 美元的价格购买股票的内部人可以卖出股票来赚取巨额利润。这种销售会使市场不稳定，导致股价下跌。

为了避免这种可能的价格波动性（以及利益冲突），承销商可以与内部人签订协议，禁止内部人在一段时期内出售所持有的股票。由于内部人被禁止出售股票，所以这一时期被称为禁售期。显然，禁售期不可能是无限长的，一旦到期，员工就可以卖掉所持有的股票。这表明，一旦禁售期到期，股票就会面临卖出压力。

尽管禁售期并不是证券交易委员会的要求，而是发行公司与承销商协商的结果，但完全披露法的确要求发行公司披露内部人可能进行的销售交易。由于大量抛售可能会令市场不稳定并导致股价下跌，因此承销商偏好较长的禁售期。禁售期从 90 天至 365 天不等，但最常见的是 180 天。如果没有禁售期协议，那么只要内部人符合证券交易委员会关于披露出售之前受限制股票的要求，就可以立即出售股票。

缓行注册

前面的讨论针对的是首次将股票出售给公众的公司（即“首次公开募股”或“上市”）。之前发行过证券、现在已经上市的公司也可以通过出售新证券筹资。如果是对公众出售证券，那么就适用同样的基本程序。新证券在向公众发售之前，必须在证券交易委员会登记并获得批准，而公司经常使用投资银行的服务以促进其销售。

然而，首次公开募股和公众持股公司增发证券之间仍有区别。第一个主要区别涉及证券价格。由于公司股票已经存在市场，因此增发股票的合适价格这个问题实际上已经不存在了。该价格将接近发行日的股票市场价格。第二，由于公司必须定期发布信息（例如，年报），并在证券交易委员会备案，因此对详细招股说明书的需求也降低了。许多公众持股公司都编写了介绍拟发行新证券的招股说明书并在证券交易委员会备案。这种文件提供过程被称为缓行注册。在证券交易委员会接受缓行注册后，公司可以在对资金的需求增加的任何时候卖掉证券。例如，UDR 公司对 15 亿美元的债券、优先股和普通股进行了缓行注册。该缓行注册为发行公司提供了弹性。公司不一定要发行证券，但如果管理层认为情况适合发售证券，就可以快速发售证券。此外，公司不必卖出所有证券。UDR 公司的管理层可以选择卖出债券而不是股票，或者只卖出普通股（以登记时的数量为限）。当条件可以保证销售时，再卖出剩余的证券。

小　结

本章介绍了证券市场以及购买证券的机制。证券是在有组织的交易所（例如，纽约证券交易所）或非正式的场外市场（包括纳斯达克股票市场）中交易的。证券主要是通过经纪商购买的，经纪商用客户的账户买卖证券。经纪商从对证券做市的交易商那里获得证券。这些交易商以特定价格（报价）买卖证券，这些价格被称为买价和卖价。经纪商和投资者通过一个复杂的电子系统获得这些价格，该系统可以传送来自不同交易商的报价。

在购买证券以后，投资者必须用现金或现金加上借入资金支付价款。当投资者使用借入资金时，是利用保证金进行购买的。利用保证金进行购买增加了投资者的潜在收益率和潜在损失风险。

投资者可以交割证券，或将它们交给经纪公司。用行号代名登记证券提供了便捷性，因为经纪公司成为证券的托管人。由于证券投资者保护公司的出现及其提供的保险保护，投资者将证券交给经纪公司的损失风险很低。

投资者建立多头或空头。多头是指投资者预期股价上涨而购买股票。如果股价上涨，那么投资者就会卖掉股票，获取利润。空头是指投资者预期股价下跌而卖掉借入的股票。如果股价下跌，投资者就会以较低的价格重新买入股票并将其还给贷款人。头寸产生利润，是因为卖价高于买价。

多头和空头都是证券分析的合理结果。如果投资者认为股票定价过低，就应该建立多头（即买入股票）。如果投资者认为股票定价过高，就应该建立空头。如果投资者判断正确，头寸就会产生利润。然而，如果价格变动方向与投资者的预期相反，头寸就会产生损失。

住在美国的投资者可以用全球视角来考虑投资问题，并购买在外国发行的股票和债券。这些证券可以通过美国经纪商买卖，方式和投资者购买本国证券基本一样。美国存托凭证是指为方便交易外国股票而创建的外国证券。这些美国存托凭证以美元标价、用美元报价，其交易单位与美国证券的交易单位相同。

管理证券业的联邦法律由证券交易委员会执行。这些法律的目的是确保个人投资者能获取作为投资决策基础的信息。公众持股公司必须向投资者提供财务报表，并及时披露可能影响公司证券价值的信息。

投资者在经纪公司中的账户由证券投资者保护公司（SIPC）提供保险。该保险承保最高保额为 500 000 美元的证券，这些证券是经纪商为投资者持有的。证券投资者保护公司的目的是通过降低投资者由于经纪公司破产而遭受损失的风险，从而提高公众对证券业的信心。

公司可以通过商业银行等金融中介间接获得资金。金融中介发行债务（例如，存款）来获取资金，然后将资金借给需要资金的企业、政府和个人。公司也可以将证券卖给公众，从而直接获得资金。

当一家公司发行新证券时，它通常会利用投资银行提供的服务，以促进首次公开募股的销售。投资银行为公司和投资者之间的中间商。在许多情况下，投资银行会承销新证券；它们买入证券，然后将其卖给公众，确保发行公司可以获得特定金额的证券销售收入。由于承销商必须交付特定金额的资金，因此它们承担了销售风险。首次公开募股市场的波动性很大。有些新发行证券的价格急剧上升，随后又下跌。

问　题

1. 以下每对名词之间有何区别？

a）上市证券与未上市证券。

b）经纪商与做市商。

c）全面服务经纪公司与折扣经纪公司。

d）初级市场与二级市场。

e）市场指令与一直有效指令。

f）现金账户与保证金账户。

2. 你什么时候会用到止损指令？

3. 为什么用保证金购买股票风险更高？

4. 请回答下列关于卖空的问题：

a）投资者什么时候应该卖空？

b）投资者如何卖出他们不持有的股票？

c）如何平掉空头？

d）投资者如何从卖空中获利？

e）与空头相关的风险是什么？

5. 证券投资者保护公司和联邦存款保险公司的相似之处是什么？为什么证券法常常被称为“完全披露法”？证券交易委员会的作用是什么？

6. 在承销中，下列各项担任什么角色？

a）投资银行。

b）辛迪加。

c）初步招股说明书和最终招股说明书。

d）证券交易委员会。

7. 证券的承销和“尽力推销”之间有何区别？在两种销售交易中，分别由谁承担风险？如果投资银行对新发行证券定价过高，谁将遭受损失？

8. 你可以在 Hoover's IPO Central（http://www.hoovers.com/global/ipoc）或 IPO Monitor（http://www.ipomonitor.com）等网站上查找到等待首次公开募股的证券的信息。请查阅新发行证券的日程表并选择一家刚刚上市或准备上市的公司。股价涨幅超过 10%发生在一天、一周还是一个月后？如果你访问该网站时没有股票上市，那么如何解释这种不活跃性？

关系题与基本习题示例

关系题

1. 利差增加将____投资成本。

2. 使用在线经纪公司而不是全面服务经纪公司将____佣金。

3. 保证金要求增加将____投资者最初必须投入的资金。

4. 保证金要求降低将____投资者用来购买股票的借款金额。

5. 以保证金方式购买股票将____潜在投资收益率并____风险。

6. 如果以保证金方式购买的股票价格下跌，投资损失率将____。

7. 如果投资者以保证金方式购买了一只股票，之后该股票价格上涨，那么准备金要求将____。

8. “利差”增加将____投资成本。

9. 在线交易增加将____佣金成本。

10. 如果投资者卖空股票后股价上涨，则交易损失将____。

11. 如果一家公司提高股利，那么股票空头的潜在损失将____。

12. SIPC 保险将____经纪公司破产给投资者造成的风险。

基本习题

在下列每种情况中，初始价格均为 50 美元，最终价格为 70 美元或 30 美元，价格变化为 20 美元。每笔交易的收益率是多少？（不应混淆这种“持有期收益率”与年收益率。持有期收益率不考虑投资者持有股票的时间。第十章介绍了年收益率。）

1. 你花 50 美元购买了一只股票，然后以 70 美元的价格卖出它。

2. 你花 50 美元购买了一只股票，然后以 30 美元的价格卖出它。

3. 你以保证金方式花 50 美元购买了一只股票，然后以 70 美元的价格卖出它；保证金要求为 60%。

4. 你以保证金方式花 50 美元购买了一只股票，然后以 30 美元的价格卖出它；保证金要求为 60%。

5. 你以保证金方式花 50 美元购买了一只股票，然后以 70 美元的价格卖出它。保证金要求为 60%，借款利率为 10%。

6. 你以 50 美元的价格卖空一只股票，并以 70 美元的价格回购它。

7. 你以 50 美元的价格卖空一只股票，并以 30 美元的价格回购它。

习　题

1. 一只股票的售价为每股 10 美元。你以每股 10 美元的价格购买了 100 股股票（即 1 000 美元），一年后，股价上升到 17.50 美元。如果你以保证金方式购买股票，且保证金要求为（a）25%、（b）50% 和（c）75%时，你的投资收益率分别是多少？（不考虑佣金、股利和利息费用。）

2. 重新计算第 1 题，以确定你的投资收益率，但在本题中，假设股价下跌到每股 7.50 美元。从你对第 1 题和第 2 题的答案中能推导出什么一般结论？

3. 你以 100 美元的价格购买了 100 股股票（10 000 美元）；保证金要求为 40%。在下列条件下，收益金额和收益率分别为多少？

a）你以 112 美元的价格卖出股票，并以现金买入股票。

b）你以 90 美元的价格卖出股票，并以保证金方式买入股票。

c）你以 60 美元的价格卖出股票，并以保证金方式买入股票。

4. 投资者 A 以每股 35 美元的价格购买了 100 股 SLM 公司的股票，并持有该股票一年。投资者以保证金方式购买了 100 股股票。保证金要求为 60%，且借入资金的利率为 8%。

a）投资者 A 的利息成本是多少？

b）投资者 B 的利息成本是多少？

c）如果一年后他们都以 40 美元的价格卖出股票，那么每个投资者获得的投资收益率是多少？

d）在两种情况下，股价上升幅度都相同，为什么收益率会不同？

5. 投资者 A 以每股 55 美元的价格用现金购买了 100 股 AB&C 公司的普通股。投资者 B 也购买了 100 股 AB&C 公司的股票，但使用了保证金。每个投资者都持有该股票一年，其间发放了每股 5 美元的股利。佣金为交易金额的 2%。保证金要求为 60%，借入资金的年利率为 10%。如果投资者一年后以（a）40 美元、（b）55 美元、（c）60 美元和（d）70 美元的价格卖出股票，那么他们获得的收益率分别是多少？如果保证金要求为 40%，那么年收益率应为多少？从这些收益率中可以得出什么结论？

6. 小盘股公司（SmallCap Inc.）的股价为每股 4 美元，泰加・甘地（Tejal Gandhi）女士认为这只股票定价过高，并希望对其卖空。由于该价格相对较低，无法用保证金执行卖空交易，因此甘地女士在卖空时必须支付股票的全价。

a）如果股价上涨到 8 美元，那么损失率为多少？

b）如果股价上涨到 10 美元，那么损失率为多少？

c）如果该公司破产解散，那么收益率为多少？

d）卖空者可以获得的最高收益率为多少？卖空者可以承受的最高损失率为多少？

e）从卖空者的角度看，最好和最坏的情况是什么？

7. 一个投资者以每股 36 美元的价格卖空一只股票。一年后，该投资者以每股 30 美元的价格平仓。如果保证金要求为 60%，那么该笔投资的收益率为多少？假设投资者平仓时股价为 42 美元，请重新进行计算。

8. 一个投机者以每股 50 美元的价格卖空一只股票。该公司每年支付 2 美元的现金股利。一年后，卖家以 42 美元的价格平掉了空头。该头寸的收益率为多少（不考虑利息费用和佣金的影响）？

理财顾问的投资案例

遗产投资

维克多・凯莱赫（Victor Kelleher）和达林・凯莱赫（Darin Kelleher）这对兄弟性格迥异。维克多非常自信而且爱冒风险，而达林保守且极其厌恶风险。两个人都拥有高薪工作和优厚福利，包括医疗保险和养老金计划。你是他们祖父遗产的执行人，并知道他们每人很快将继承 85 000 美元的遗产。他们谁都不急需现金，两人继承的遗产都可以进行投资以实现长期理财目标。

一旦他们得到这笔钱，你预期维克多会进行某些风险极高的投资（如果他不立即把钱挥霍掉的话）。然而，如果达林选择什么也不做，只是把钱放在低收益率的储蓄账户中，你将会感到惊讶。两种选择对你来说都没有金融意义，因此在分配资金之前，你决定提出理财建议，降低维克多的风险敞口，增加达林的潜在收益。

给定这对兄弟的年龄和财务状况，你认为股票投资是合适的。这种投资可以满足维克多的冒险倾向，也可以增加达林的潜在收益，而不会过多地增加他的风险敞口（承担风险的意愿）。现在，选择美味果汁（Choice Juicy Fruit）公司的股票售价为 60 美元，且每年支付每股 1.50 美元的股利。该公司的低糖及无糖型果汁有可观的市场潜力。美联储规定的保证金要求为 60%，经纪公司对以保证金方式购买股票的资金收取 7%的佣金。尽管不同经纪商收取的佣金不同，但你认为，作为举例说明，对买卖 100 股股票收取 70 美元佣金是合理的。现在，商业银行对储蓄账户仅支付 3%的利率。

为了突出重点，你决定回答下列问题：

1. 如果达林购买了 100 股股票，持有股票一年，然后以 80 美元的价格卖出股票，那么他获得的收益率为多少？

2. 如果维克多以保证金方式购买了 100 股股票，持有股票一年，然后以 80 美元的价格卖出股票，那么他获得的收益率为多少？维克多以保证金方式购买股票的优点是什么？

3. 如果股票售价在 50 美元和 100 美元之间，那么收益率将是多少？

4. 两兄弟必须用行号代名登记股票吗？如果不是，那么将股票交给经纪商的优点是什么？将股票交给经纪商会增加他们的风险敞口吗？

5. 如果经纪商收取的费率增加到 10%，那么对这对兄弟的收益率的影响是什么？

6. 如果维持保证金要求为 30%，且股价跌到 50 美元，那么对兄弟二人的头寸的影响是什么？当股价为多高时，他们会收到追加保证金通知？

7. 为什么对这对兄弟来说，购买股票比你预期他们选择的其他投资更有利？

第三章

货币的时间价值

学习目标

学习完本章后，你应能：

1. 解释为何明天收到的1美元在价值上不等于今天收到的1美元。
2. 区分复利和贴现。
3. 区别1美元的终值、1美元年金的终值、1美元的现值和1美元年金的现值。
4. 解决关于货币时间价值的问题。

40年来，你每年都不辞辛劳地在本地银行的退休账户中存入2 000美元。银行每年向你支付4%的利息。然而，如果你把这笔钱投资于收益率高出1倍（8%）的共同基金，那么你在共同基金中的财富将多出391 062美元。在银行账户中的资金价值为190 051美元，但在共同基金中的资金价值为581 113美元。本·富兰克林（Ben Franklin）说："钱生钱。钱生的钱能生出更多钱。"然而，富兰克林并未指出金钱增殖速度的重要性。

货币的时间价值是金融学中最重要的概念之一。投资决策是现在做出的。你现在购买了IBM的股票，但卖出股票的行为和投资收益率是在未来实现的。你认为你需要50 000美元来付房屋的首付。你想知道你每年必须存下多少钱。如果你每年存4 000美元，多久才能攒够50 000美元？你存了50 000美元并购买了一幢300 000美元的房屋，现在你有一笔250 000美元的抵押贷款。这笔贷款要求的分期付款额是多少？有一种方法可以表示这些未来款项的现值。表示未来款项的现值以及表示现在款项的终值的过程是货币时间价值的本质。

本章介绍了四个概念：（1）1美元的终值；（2）1美元的现值；（3）年金的终值；（4）年金的现值。书中举出了将这些概念应用于投资的实例。

你可以使用财务计算器或Excel等计算机程序来解决这些问题。计算机程序可以方便计算，但你必须正确地设定问题。即使这样，程序可能也无法解答具体问题，你必须自己计算这些数字或解释它们。

理解货币时间价值的目的是促进对投资的理解，并解决关于资产估值和财务规划的问题。

如果你已经了解了这个问题，那么可以直接阅读下一章。如果你不了解货币的时间价值，那么认真学习本章就很重要，因为关于这个问题的知识和解决相关问题的能力对于领悟重要的投资学概念是非常重要的。

1美元的终值

如果在储蓄账户中存入100美元，且年利率为5%，那么年底账户中的钱将价值多少？答案很容易确定：100美元加上5美元的利息，总计105美元。获取这个答案的计算方法是：先用100美元乘以5%，得出当年获得的利息，然后将利息加上初始本金，即

初始本金+(利率×初始本金)=1年后的本金

两年后账户中的钱价值多少？获取这个答案的计算方法相同，也是用第二年获得的利息加上第二年年初的本金——105美元加上0.05×105美元，即110.25美元。两年后，100美元的初始存款将增加到110.25美元，储蓄账户获得了10.25美元的利息。这笔总利息由10美元和0.25美元组成，前者表示初始本金的利息，后者表示第一年中获得的5美元利息在第二年中产生的利息。这种利息的利息被称为**复利**（compounding）。存在储蓄账户中的货币通常被认为以复利计息，因为本金和之前获得的利息都会产生利息。

利息和复利这两个词经常一起使用。例如，银行可能会宣传储蓄账户每日以复利计息，贷款成本也可以表示为每季度8%的复利。在前面的例子中，每年只获得一次利息，因此这是一个每年复利一次的例子。在许多情况下，利息不是每年复利一次，而是每季度、每半年甚至每天复利一次。复利的计算越频繁（即利息越频繁地加到本金上），利息赚取更多利息的速度就越快。

25年后，账户中的金额将是多少？继续运用上述方法，就可以确定在25年甚至更长时间后账户中的金额，但这样做显然需要进行大量运算。幸运的是，在确定给定年数后，账户中的金额有更简单的计算方法。第一种方法是使用利息表，即1美元的终值表。

附录A中的第一张表格给出了1美元终值的利息系数。我们可以在表格第一行中按水平方向读出1美元定期复利的利率。沿表格左侧可以按垂直方向读出时期数（例如，年数）。要确定在利率为5%、每年复利一次的情况下，100美元在25年后将增加到多少金额，可以用100美元乘以利息系数3.386，这样就可以得到答案338.60美元。因此，如果将100美元存入每年支付5%利率的储蓄账户中，25年后账户中就会有338.60美元。

1美元终值的利息表基于一个简单的等式。如果以每年复利一次计算，1美元在n年后增至金额的一般计算公式为：

$$P_0(1+i)^n=P_n \tag{3.1}$$

因此，计算任何年数后1美元终值的一般公式由以下部分组成：(1) 初始金额（P_0）；(2) 利率（$1+i$）；(3) 年数（n）。将利率和时间结合起来，$(1+i)^n$就是利息系数。附录A的利息表中给出了部分利率和时期的利息系数。

正如在附录A的第一张表格中所看到的，1美元的价值随着时间长度和利率的增加而增加。图3.1显示了这种关系。如果1美元以5%的利率计算复利（图中的曲线AB），5年后将增加到1.28美元，10年后将增加到1.63美元。然而，如果以10%的利率计算复利（图中的曲线AC），那么10年后将增加到2.59美元。这些例子说明了复利的基本性质。资金持续增加的时间越长、利率越高，终值就越高。

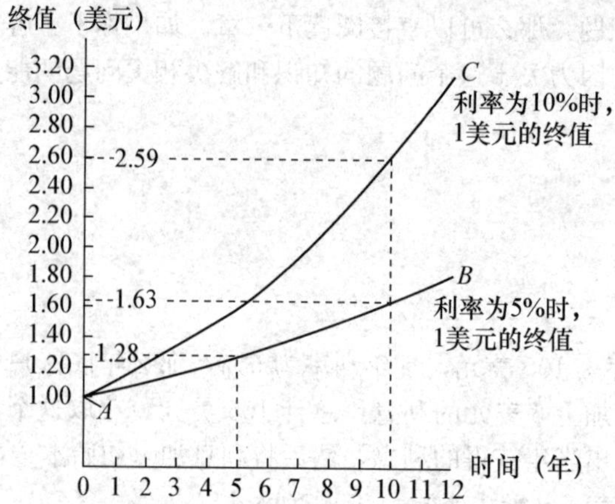

图 3.1　1.00 美元的终值

资料来源：© Cengage Learning.

你还应该注意到，利率翻倍使几年内的利息金额提高了不止一倍。在刚才给出的例子中，利率从 5%升高到 10%，翻了一番，而 10 年中积累的利息金额从 5%利率水平下的 0.63 美元增加到 10%利率水平下的 1.59 美元。这是因为复利涉及几何级数。利息 $(1+i)$ 以幂的形式 (n) 增加。

时间价值问题可以用时间线来解释，它将时期和支付额放在一条水平线上。前例的时间线为：

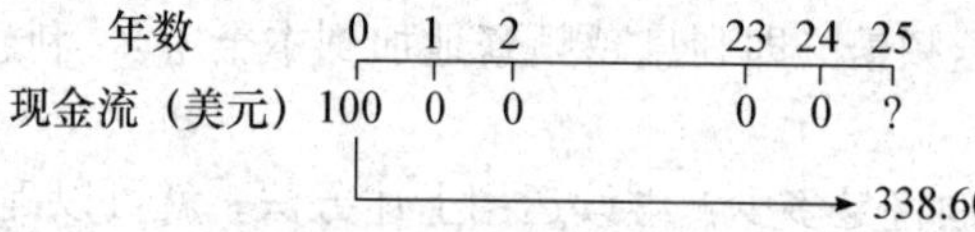

以 5%的利率投资的 100 美元初始现金流在 25 年后增加到 338.60 美元。注意，箭头表示时间的方向。当这个过程逆转，从未来倒算回现在时，箭头将指向左边。

上例解释了复利。分清“单利”和“复利”很重要。单利是用一笔金额乘以利率和时间。在上例中，如果用单利计算，获得的金额将为：

$$100\times0.05\times25=125\text{（美元）}$$

账户中的总金额为：

$$100+125=225\text{（美元）}$$

该终值显然低于用复利计算出的 338.60 美元。在用复利计算利息时，获得的金额为 228.60 美元，而不是 125 美元。

只有在每期都提取利息因而没有复利，或者在只有一期的情况下，单利才是合适的。显然，可能会出现每期提取利息和只支付一次利息的情况。然而，在本书使用的多数例子和习题中，都没有出现提取资金的情况且分多个时期支付利息。因此，在本书中使用复利是适宜的。

使用为商业应用而设计的财务计算器，可以轻松解出终值问题。这些计算器的程序设计就是为了解决时间价值问题。（一些财务计算器还可以用于解决其他商业问题，例如确定折旧费用和统计分析。许多雇主希望新员工能使用财务计算器，因此如果你不会使用它，就会处于劣势。）

尽管模型之间存在区别，但财务计算器通常有五个特殊的功能键：

N　　I 或%　　PV　　PMT　　FV

这些键表示时期（N）、利率（I 或%）、当前金额（PV 表示现值）、定期支付额（PMT 表示年金，本章后面将会对其进行讨论）和未来金额（FV 表示终值）。

为了说明财务计算器使用起来有多方便，我们仍采用之前 1 美元终值的例子，在这个例子中，当年利率为 5%时，100 美元在 25 年后增至 338.60 美元。使用财务计算器，输入现值（$PV=-100$）、利率（$I=5$）和时间（$N=25$）。由于没有年支付额，因此请确保 PMT 设置为零（$PMT=0$）。然后让计算器计算终值（$FV=?$），计算器将得的终值为 338.64 美元，它和使用 1 美元的终值表得出的金额基本相同。（差异是利息表四舍五入到小数点后三位的结果。）

你可能奇怪，为什么要将现值输入为负值。财务计算器将支付当作现金流入或现金流出。现金流入输入为正值，而现金流出输入为负值。在这个例子中，初始金额为现金流出，因为投资者投资了 100 美元。得到的终值为现金流入，因为投资者得到了终值。也就是说，投资者放弃了 100 美元（现金流出），并在 25 年后得到了 338.64 美元（现金流入）。

关于时间价值的问题渗透在本书的内容中，并用利息表和财务计算器加以说明。使用利息表的案例阐明了基本概念，而使用财务计算器的案例说明了得出答案有多容易。财务计算器案例使用下列一般形式：

$PV=?$

$FV=?$

$PMT=?$

$N=?$

$I=?$

后面的是答案。将其套用在前例中，形式就是：

$PV=-100$（美元）

$FV=?$

$PMT=0$

$N=25$

$I=5$

$FV=338.64$（美元）

最终答案与输入的数据分离。

1 美元的现值

在上一节中，1 美元会随着时间的推移而增加，或者说会产生复利。本节考虑了相反的情况。未来收到的 1 美元在今天的价值是多少？例如，如果年利率为 10%，那么 20 年后的 1 000 美元在今天的价值是多少？这个问题体现了货币的时间价值，但它问的不是 1 美元在未来某个日期的价值是多少，而是未来的 1 美元在今天的价值是多少。这是一个关于**现值**（present value）的问题。回答这个问题的过程被称为**贴现**（discounting）。贴现计算的是未来收到的资金的现值。

在上一节中，我们用式（3.1）计算了 1 美元的终值：

$$P_0(1+i)^n=P_n \tag{3.1}$$

贴现是将该式反过来。现值（P_0）由终值（P_n）除以利息系数 $(1+i)^n$ 得出。用公式表示就是：

$$P_0=\frac{P_n}{(1+i)^n} \tag{3.2}$$

终值是用适当的利息系数贴现以确定现值。例如，如果利率为10%，那么从今天起5年后收到的100美元的现值为：

$$\begin{aligned}P_0&=\frac{100}{(1+0.1)^5}\\&=\frac{100}{1.611}\\&=62.07\text{（美元）}\end{aligned}$$

正如1美元的终值一样，利息表也方便了现值的计算。附录A的第二张表格给出了部分利率和时期下1美元现值的利息系数。从第一行按水平方向读出利率，从左侧按垂直方向读出时期。为了确定当期利率为10%时，5年后收到的1美元的现值，用1美元乘以利息系数（表中10%一列与时期5一行的交点）。100美元的现值为：

$$100\times0.621=62.10\text{（美元）}$$

因此，如果利率为10%，那么5年后收到的100美元的现值仅为62.10美元。这与式(3.2)得出的结果相同（除去四舍五入的因素）。

为了解答这个问题，使用财务计算器，输入终值（$FV=100$）、利率（$I=10$）和年数（$N=5$）。令支付额等于零（$PMT=0$），用计算器计算现值（$PV=?$）。计算器算出的现值应为−62.09；再一次这个答案与用利息表算出的答案基本相同。注意，计算器将现值表示为负数。如果你在5年后得到100美元现金流入，且利率为10%，那么这将要求当前的现金流出为62.09美元。

正如从式(3.2)中可以看到的，1美元的现值取决于：(1)收到这1美元之前的时间长度；(2)利率。收到1美元所花的时间越长，利率越高，1美元的现值越低。图3.2解释了在不同利率下，1美元的现值与时间长度之间的关系。曲线AB和曲线AC分别给出了利率为4%和7%时1美元的现值。正如从图3.2中可以看到的，当以相同的利率贴现时，20年后收到的1美元的现值显著低于5年后收到的1美元的现值。当利率为4%时（曲线AB），20年后收到的1美元的现值仅为0.456美元，而5年后收到的1美元的现值为0.822美元。同样，利率越高（即贴现系数越高），1美元的现值越低。例如，当利率为4%时，5年后收到的1美元的现值为0.822美元，但当利率为7%时，5年后收到的1美元的现值仅为0.713美元。

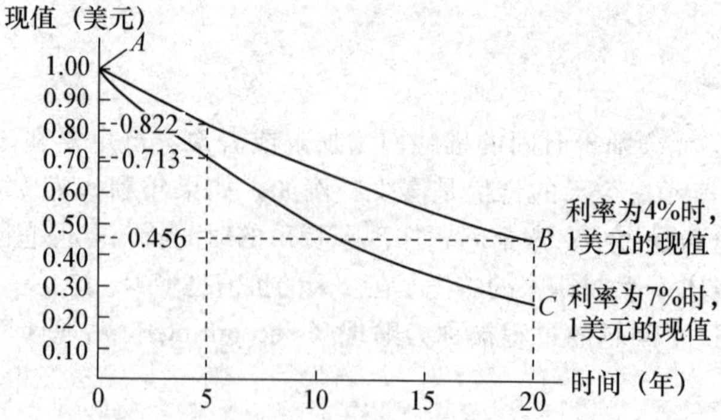

图3.2 未来收到的1美元的现值

资料来源：© Cengage Learning.

年金的终值

如果账户支付5%的利率，且每年存入100美元，那么3年后储蓄账户中将有多少钱？这与计算1美元的终值类似，不过在这种情况下不是一次性付款，而是一系列付款。如果支付的款项相等，那么这一系列支付便被称为**年金**（annuity）。这个问题是对**年金终值**（future sum of an annuity）的举例说明。

为了确定账户中将有多少钱，我们不仅必须考虑利率，而且要考虑是在年初还是年终时存款。如果每笔款项都在年初支付，那么该系列支付被称为**期初年金**（annuity due）。如果每笔款项都在年末支付，那么该系列支付被称为**普通年金**（ordinary annuity）。如果从现在起在账户中每年存入100美元，那么3年后的年金终值为多少？如果从第一年年末开始在账户中每年存入100美元，那么3年后的年金终值为多少？第一个问题是关于期初年金的，而第二个问题是关于普通年金的。

表3.1举例说明了这两类年金的支付流。在两个例子中，都是每年将100美元存入支付5%利率的储蓄账户中，为期3年。该表的上半部分表示期初年金，下半部分表示普通年金。在两种情况下，当计算终值时，从现在起都已过去3年，且进行了三笔支付。但支付时间的不同导致了所获得利息的不同。由于期初年金是在每年年初进行支付的，因此期初年金获得了更多利息（31.01美元，相比于15.25美元），也有了更高的终值（331.01美元，相比于315.25美元）。正如本章后面将要说明的，利率越高、时期越长，终值的这种差异就越大。

表3.1　期初年金与普通年金终值的支付流　　单位：美元

	期初年金				
	1/1/×0	1/1/×1	1/1/×2	1/1/×3	总计
	100.00	5.00	5.25	5.51	115.76
		100.00	5.00	5.25	110.25
			100.00	5.00	105.00
账户中的金额	100.00	205.00	315.25	331.01	331.01
	普通年金				
	1/1/×0	1/1/×1	1/1/×2	1/1/×3	总计
	—	100.00	5.00	5.25	110.25
			100.00	5.00	105.00
				100.00	100.00
账户中的金额	—	100.00	205.00	315.25	315.25

式（3.3）和式（3.4）分别给出了计算期初年金终值（future sum of an annuity due，FSAD）和普通年金终值（future sum of an ordinary annuity，FSOA）的正规公式。在这两个公式中，*PMT*表示等额定期支付，*i*表示利率，*n*表示从现在到期末的年数。期初年金终值的计算式为：

$$FASD=PMT(1+i)^1+PMT(1+i)^2+\cdots+PMT(1+i)^n \tag{3.3}$$

将该式用于前面的例子，其中，$i=0.05$，$n=3$，年支付额$PMT=100$美元，可以得出累计总额为：

$$\begin{aligned}FASD&=100\times(1+0.05)^1+100\times(1+0.05)^2+100\times(1+0.05)^3\\&=105+110.25+115.76\\&=331.01\text{（美元）}\end{aligned}$$

普通年金的计算式为：

$$FSOA=PMT(1+i)^0+PMT(1+i)^1+\cdots+PMT(1+i)^{n-1} \quad (3.4)$$

将该式用于前面的例子，可以得出累计总额为：

$$\begin{aligned}FSOA &=100\times(1+0.05)^0+100\times(1+0.05)^1+100\times(1+0.05)^{3-1}\\ &=100+105+110.25\\ &=315.25\text{（美元）}\end{aligned}$$

注意，两个公式都涉及三笔 100 美元的支付。期初年金获得了 3 年利息，幂为 1、2 和 3。然而，普通年金只获得了两年利息，幂为 0、1 和 2。最后一笔支付没有获得任何利息，因此 $(1+i)$ 的幂为 0［即 $(1+i)^0$］。

尽管可以用这种方式算出年金总额，但这种计算方法非常烦琐。幸运的是，利息表和财务计算器可以让运算过程变得简便。［“利息系数公式”中提供了普通年金终值和普通年金现值的利息系数公式，分别可见式（3.8）和式（3.9）。］在附录 A 的第三张表格中，我们可以找到部分时期和利率的普通年金终值的利息系数。（通常只提供普通年金的利息表。然而这些利息表也可以用于后面讨论的期初年金。）从左侧按垂直方向读出时间，从第一行按水平方向读出利率。为了计算上例中的普通年金终值，可以按以下方式使用该表。利率为 5%、年数为 3 年的普通年金终值（每年支付 100 美元，共支付 3 次，获得 2 年的利息）为 100 美元乘以附录 A 第三张表中利率为 5%、期数为 3 时的利息系数。该利息系数为 3.153。因此，该普通年金的终值为 100 美元乘以 3.153，即 315.30 美元。这与先算出每笔 100 美元存款的终值，然后将其加总得出的答案相同。（两个答案的少许不同是四舍五入的结果。）

在使用财务计算器计算普通年金时，输入年数（$N=3$）、利率（$I=5$）和每笔支付的金额（$PMT=-100$）。由于没有单笔初始支付额，因此输入零计算现值（$PV=0$），让计算器计算终值（$FV=?$）。在输入这些数据后，计算器将算出终值为 315.25 美元。（计算器要求你将 100 美元支付额输入为负值，因为它假设你每期有 100 美元现金流出，并在 3 年后收到 315.25 美元现金流入。）

每年复利一次的 1 美元普通年金的价值取决于支付次数（即存入存款的期数）和利率。时期越长、利率越高，在未来积累的总额就越高。图 3.3 举例说明了这一点。曲线 AB 和曲线 AC 分别显示了 1 美元年金在利率为 4% 和 8% 时的价值。当利率为 8% 时，5 年后年金的价值将增加到 5.87 美元，而当利率为 4% 时，5 年后年金的价值仅增加到 5.42 美元。如果继续支付 5 年年金，它们的价值将分别为 14.49 美元和 12.01 美元。因此，年金复利的速度和时间长度都会影响年金的价值。

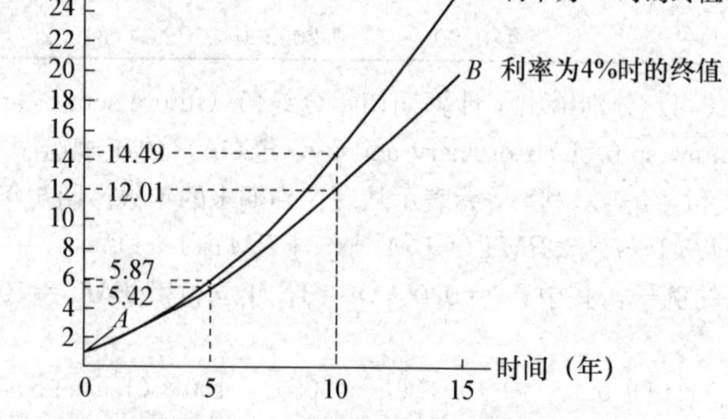

图 3.3　1 美元普通年金的终值

资料来源：© Cengage Learning.

尽管附录 A 中的第三张表是为普通年金设计的，但也可以转换为计算期初年金的表格，方法是将表中的利息系数乘以（$1+i$）。例如，在储蓄账户中每年存入 100 美元、共存 3 年的例子中，普通年金的利息系数为 3.153。该利息系数可以转换为利率为 5%时的 3 年期年金的利息系数，方法是用 3.153 乘以（1+0.05）。即

$$3.153\times(1+0.05)=3.3107$$

将该利息系数用于计算利率为 5%、每年在银行存入 100 美元、共存 3 年且立即开始存钱的例子时，得出的终值为：

$$100\times3.3107=331.07\text{（美元）}$$

这与分别算出每笔支付的终值并将其加总的答案相同。（两个答案的少许不同是四舍五入造成的。）

在使用财务计算器计算期初年金终值时，要使用表示在每期期初而非期末进行支付的按键。输入支付额（$PMT=-100$）、利率（$I=5$）和年数（$N=3$）。将现值设定为零（$PV=0$），并让计算器计算终值。

随着年数的增加和利率的提高，两种年金终值之间的差异可能会非常大。假设存款人每年向某个退休账户中存入 2 000 美元，共存了 20 年。如果在年末存款（普通年金），且利率为 7%，那么终值将为：

$$2\,000\times40.995=81\,990\text{（美元）}$$

然而，如果在每年年初存款（期初年金），那么终值将为：

$$2\,000\times40.995\times(1+0.07)=87\,729.30\text{（美元）}$$

两者相差 5 739.30 美元！如果存款人在每年年初而不是年末存款，获得的利息多出近 6 000 美元。

如果利率上升，普通年金与期初年金之差会变得更大。假设账户提供的利率为 12%而不是 7%。如果在每年年末存款，那么终值为：

$$2\,000\times72.052=144\,104\text{（美元）}$$

如果在每年年初存款，那么终值为：

$$2\,000\times72.052\times(1+0.12)=161\,396.48\text{（美元）}$$

现在的差额为 17 292.48 美元。

年金的现值

在投资分析中，投资者通常不关心年金的终值，而关心**年金现值**（present value of an annuity）。收到定期付款的投资者往往希望知道现值。正如年金终值一样，年金现值取决于在每年年初进行支付（期初年金）还是在每年年末进行支付（普通年金）。

年金的现值是每笔现金流的现值之和。每笔现金流入以恰当的贴现系数贴现到现在，然后将贴现金额加总。假设你期望在未来 3 年的每年年末收到 100 美元，并希望知道如果你能在另一笔投资中得到 8%的收益率，那么这一系列款项的价值为多少。为了回答该问题，你将每笔款项按 8%的贴现率贴现：

支付额（美元）	年数	利息系数	现值（美元）
100	1	0.926	92.60
100	2	0.857	85.70
100	3	0.794	79.40
			257.70

通过计算，得出现值为 257.70 美元。也就是说，如果你现在投资 257.70 美元，且每年的收益率为 8%，那么你在未来 3 年中可以在每年年末提取 100 美元。

该过程可以用式（3.5）中更一般的形式表示。用恰当的利率（i）贴现 n 期支付额，可以得到年支付额（PMT）的现值（PV）。

$$PV = \frac{PMT}{(1+i)^1} + \cdots + \frac{PMT}{(1+i)^n} = \sum_{t=1}^{n} \frac{PMT}{(1+i)^t} \tag{3.5}$$

将上例中的数值代入公式得到：

$$PV = \frac{100}{(1+0.08)} + \frac{100}{(1+0.08)^2} + \frac{100}{(1+0.08)^3}$$
$$= \frac{100}{1.080} + \frac{100}{1.166} + \frac{100}{1.260}$$
$$= 257.70\ (\text{美元})$$

由于支付额相等，且为年支付额，因此这个例子是一笔年金，且现值是支付额和利息系数之积。利息表是为计算年金现值的利息系数而设计的（见附录 A 中的第四张表）。部分利率是从第一行按水平方向读出的，时期在左侧按垂直方向读出。为了确定当利率为 8%时，100 美元的 3 年期年金的现值，需要找出当利率为 8%时 3 年期年金的利息系数（2.577），然后用 100 美元乘以该利息系数。该笔年金的现值为 257.70 美元，这与计算出每笔支付额的现值，然后将其加总得到的值相等。当其他投资的收益率为 8%时，为了换取三笔未来的 100 美元年支付额，人们现在愿意支付的金额为 257.70 美元。

使用财务计算器计算普通年金的现值，输入年数（$N=3$）、利率（$I=8$）和每笔支付额（$PMT=100$）。由于没有单笔未来支付额，因此将终值输入为零（$FV=0$），让计算器计算现值（$PV=?$）。在输入这些数据后，计算器将算出现值为－257.71。（计算器再一次将 257.71 美元显示为负值，因为它假设你有一笔 257.71 美元的初始现金流出，并且每期收到 100 美元的现金流入。如果你将 100 美元支付额输入为负值，那么现值将为正数。计算器将假设你最初通过贷款收到了 257.71 美元现金流入，并且每期偿还 100 美元现金或有 100 美元现金流出。）

正如 1 美元的现值一样，年金的现值也与支付年金的利率和时间长度有关。利率越低、年金的持续期越长，年金的现值就越高。图 3.4 说明了这些关系。正如比较曲线 AB 和曲线 AC 时所看到的，利率越低，现值越高。例如，如果支付期为 5 年，那么在利率为 4%时，1 美元

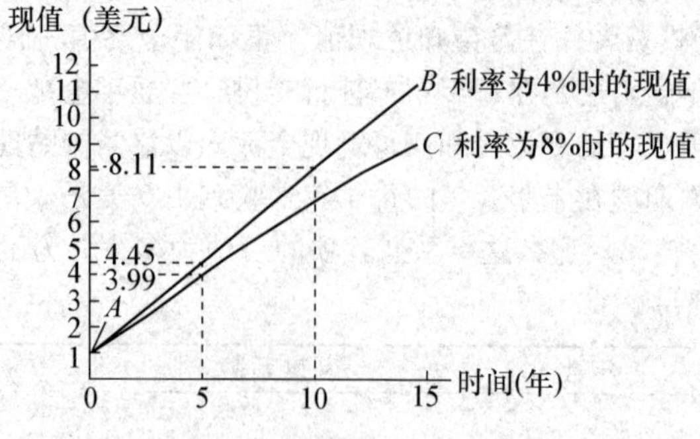

图 3.4　1 美元普通年金的现值

资料来源：© Cengage Learning.

年金的现值为 4.45 美元，而在利率为 8%时，1 美元年金的现值仅为 3.99 美元。年金的持续期越长，现值越高。因此，在利率为 4%时，5 年期 1 美元年金的现值为 4.45 美元，而 10 年期 1 美元年金的现值为 8.11 美元。

投资中的许多款项是在期末而不是期初收到的，因此它们是普通年金的例子。例如，债券的年利息是在持有债券一段时期以后收到的，而收益的分配（例如股利）则是在一段时期之后，而不是在期初进行的。然而，也有一些支付可能在期初进行，例如，退休金计划的年度分配，它们是期初年金的例子。

表 3.2 举例说明了普通年金和期初年金的支付流差异和现值的计算。在两种情况下，年金都为每年 2 000 美元，为期 3 年，利率为 10%。在表格上半部分，支付是在年末进行的（普通年金），而在表格下半部分，支付是在年初进行的（期初年金）。正如在总计中所看到的，期初年金的现值较高（为 5 470 美元，相比于普通年金的 4 972 美元）。这是因为收到款项的时间较早，所以年金价值更高。正如在这个例子中所看到的，由于期初年金的首笔付款是立即进行的，因此其现值是实际收到的金额。由于普通年金的第一笔付款是在第一年年末进行的，因此该笔金额被贴现后，其现值低于收到的实际金额。

表 3.2　当利率为 10%、期限为 3 年时，普通年金和期初年金的支付流和现值的计算

单位：美元

普通年金			
1/1/0	1/1/×1	1/1/×2	1/1/×3
1 818 ←	0.909×2 000		
1 652 ←		0.826×2 000	
1 505 ←			0.751×2 000
4 972			
期初年金			
1/1/0	1/1/×1	1/1/×2	1/1/×3
2 000			
1 818 ←	0.909×2 000		
1 652 ←		0.826×2 000	
5 470			

本书中提供的年金现值利息表也适用于普通年金。通过将这些利息系数乘以 $(1+i)$，可以把它们转换为期初年金系数。因此，当利率为 10%时，计算 3 年期的 1 美元普通年金现值的利息系数（2.487）可以转换为计算利率为 10%的 3 年期 1 美元期初年金的利息系数：

$$2.487\times(1+i)=2.487\times(1+0.1)=2.736$$

当用该利息系数计算利率为 10%的 3 年期 2 000 美元期初年金的现值时，可以算出现值为：

$$2\ 000\times2.736=5\ 472\text{（美元）}$$

当利率为 10%时，3 年期的 2 000 美元普通年金的现值为：

$$2\ 000\times2.487=4\ 974\text{（美元）}$$

这与表 3.2 给出的答案基本相同。少许差异是四舍五入的结果。

在使用财务计算器计算期初年金现值时，要使用表示在每期期初而非期末进行支付的按键。输入支付额（$PMT=2\ 000$）、利率（$I=10$）和年数（$N=3$）。将终值设定为零（$FV=0$），并用财务计算器计算现值。

股票和债券的现值与估值

资产估值是本书的一个主题。投资者和金融分析师必须能分析证券以确定其现值。这一过程需要预测未来现金流入，并将其贴现回现在。因此，投资的现值与未来收益相关，不管未来收益的形式是收入还是资本增值。例如，购买股票是为了获得未来的股利和潜在资本收益，而不是为了以前的股利和价格表现。购买债券是为了获得未来的收入。购买房地产是为了在未来使用房地产并获得潜在升值。将未来现金流入贴现的概念也适用于所有投资：重要的是未来而不是过去。过去的意义仅在于它可以被用来预测未来。

某些类型的分析（包括第十二章讨论的选择投资的技术分析方法）使用过去的数据，因为这些分析认为过去可以预测未来。技术分析师使用过去的股价变化等信息确定买卖证券最有利的时机。然而，本书中讨论的多数分析方法是对未来现金流贴现以确定资产价值的。

债券的当期价格和一系列利息支付与本金偿还有关，两者都是按当期市场利率贴现的。当前的股价与企业的未来收益和股利以及个人的其他投资机会有关。现金流按照恰当的贴现系数贴现回现在。由于这些原因，将当前的价格视为未来现金流入的现值很重要。本书将讨论不同投资（包括股票和债券）的各种特征，并用现值分析其价格。如果你不理解本章中关于货币时间价值的内容，就无法理解后面章节中分析的内容。

复利与贴现的例子

上一节说明了时间价值的不同计算方法，本节将用一系列你可能会遇到的问题解释它们。这些例子类似于本书中经常用到的例子。理解这些例子将使你更容易理解本书中其余部分的内容，因为当你阅读它们时，就可以把重点放在分析具体资产的价值而不是定价方法上。

你可以用“货币时间价值计算器”在互联网上搜索更多关于货币时间价值的解释、习题和应用。

例 3.1　一个投资者以每股 10 美元的价格买入了一只股票，并预期股票价值每年增长 9%，10 年后，该投资者计划卖出该股票。预期售价是多少？这个例子需要计算 1 美元在每年 9%的收益率下 10 年后的终值。该终值为：

$$P_n = P_0(1+i)^n$$

$$P_{10} = 10\times(1+0.09)^{10}$$

$$= 10\times 2.367 = 23.67\text{（美元）}$$

其中，2.367 是 1 美元以 9%的收益率增值 10 年后的终值的利息系数。投资者预期将以 23.67 美元的价格卖出股票。

例 3.2　一个投资者以 23.67 美元的价格卖出一只 10 年前购买的股票，并获得了 9%的收益率。这笔投资的初始成本是多少？这个例子说明了在利率为 9%、期限为 10 年时，如何计算 1 美元的现值。该初始价值为：

$$P_0 = \frac{P_n}{(1+i)^n}$$

$$=\frac{23.67}{(1+0.09)^{10}}$$

$$=23.67\times 0.4224=10\text{（美元）}$$

其中，0.422 4 为当利率为 9%、期限为 10 年时，将 1 美元贴现为现值的利息系数。在 10 年前购买该股票时，投资成本为 10 美元。

你应该意识到，例 3.1 和例 3.2 是对同一笔投资的两种视角。在例 3.1 中，10 美元的投资增加到 23.67 美元。在例 3.2 中，卖出股票时的股价被贴现回初始投资的价值。这个问题的另一种变形如下。如果一个投资者以 10 美元的价格购买了股票，持有 10 年，然后以 23.67 美元的价格卖出，那么该笔投资的收益率是多少？在这种情况下，买入和卖出股票时的股票价值是已知的，但增长率（收益率）是未知的。使用 1 美元终值表或 1 美元现值表都可以得到答案。

如果使用终值表，那么问题就是 10 美元以多快的速度（x）在 10 年中增长到 23.67 美元。答案是：

$$P_0(1+x)^n=P_n$$

$$10\times(1+x)^{10}=23.67\text{（美元）}$$

$$(1+x)^{10}=2.367$$

利息系数为 2.367，根据 1 美元终值表中 10 年所对应的终值，增长率应为 9%。该利息系数位于“9%”这列与时期“10”这行的交叉点。

如果使用现值表，问题将是当期限为 10 年时，贴现系数（x）为多少，可以将 23.67 美元贴现为 10 美元。答案为：

$$P_0=\frac{P_n}{(1+x)^n}$$

$$10=\frac{23.67}{(1+x)^{10}}$$

$$0.4224=\frac{1}{(1+x)^{10}}$$

利息系数为 0.422 4，位于 1 美元现值表的“9%”这列与时期“10”这行的交叉点（即增长率为 9%）。因此，通过正确运用终值表或现值表，就可以解答该问题。

例 3.3　一家企业为一个 45 岁的员工创建了养老金计划。该计划需要企业在每年年末投资 1 000 美元。如果该笔投资的年收益率为 8%，那么当该员工 65 岁退休时，账户中积累的养老金将为多少？

这是一个普通年金终值的例子。每年的支付额为 1 000 美元，以 8%的速度增长，为期 20 年。这笔资金的终值为：

$$FV=PMT(1+i)^0+\cdots+PMT(1+i)^{n-1}$$

$$=1000\times(1+0.08)^0+\cdots+1000\times(1+0.08)^{19}$$

$$=1000\times 45.762=45762\text{（美元）}$$

（45.762 为 1 美元普通年金按每年 8%的复利计算 20 年后的终值的利息系数。）

例 3.4　这家企业决定进行一笔收益率为 8%的投资，并每年从投资中提取资金支付这 1 000 美元。20 年后，账户中的所有资金将被耗尽。账户中最初必须存入多少钱？

这是一个计算普通年金现值的例子。年金为每年 1 000 美元，收益率为 8%，期限为 20 年。因此，现值（即初始投资的金额）为：

$$PV=\sum_{t=1}^{n}\frac{PMT}{(1+i)}+\cdots+\frac{PMT}{(1+i)^{n}}$$

$$=\frac{1000}{1+0.08}+\cdots+\frac{1000}{(1+0.08)^{20}}$$

$$=1\ 000\times 9.818=9\ 818\text{（美元）}$$

其中，9.818为1美元普通年金在利率为8%、期限为20年时的现值利息系数。因此，企业只需现在向收益率为8%的账户中投资9 818美元，就可以满足在接下来20年中每年支付1 000美元养老金的要求。

注意例3.3和例3.4之间的差异。在例3.3中，一系列支付将获得利息，因此终值大于20笔1 000美元支付之和。在例3.4中，计算了一系列未来支付的现值。由于未来支付在现在的价值较低，因此当期价值小于20笔1 000美元支付之和。

还应注意到，如果企业现在存入9 818美元，并获得8%的年收益率，那么20年后的终值为45 761.28美元，这与例3.3得出的金额基本相同。从企业的角度看，这9 818美元可以用来支付每年1 000美元的年金，也可以用于积累，以获得所需的45 672美元终值。基本上，每种方法都能得到所需要的终值。

例3.5　一笔投资每年支付50美元，为期10年，然后向投资者返还1 000美元。如果投资者可以获得9%的收益率，那么这笔投资的成本是多少？这个问题实际上包含两个问题：当收益率为9%时，一笔10年期的普通年金的现值是多少？当收益率为9%时，10年后的1 000美元的现值是多少？答案为：

$$PV=\sum_{t=1}^{n}\frac{PMT_1}{(1+i)^1}+\cdots+\frac{PMT_n}{(1+i)^n}+\frac{FV_n}{(1+i)^n}$$

$$=\frac{50}{(1+0.09)}+\cdots+\frac{50}{(1+0.09)^{10}}+\frac{1\ 000}{(1+0.09)^{10}}$$

$$=50\times 6.418+1\ 000\times 0.422=742.90\text{（美元）}$$

（6.418和0.422分别是当利率为9%、期限为10年时，1美元普通年金现值和1美元现值的利息系数。）

这个例子说明，投资可能既涉及一系列支付（年金部分），又涉及一次性支付。这种特别的投资类似于债券，第十四章将讨论债券的定价。第八章和第九章给出了普通股投资中的估值和收益率计算的例子。

例3.6　一家公司的股利年增长率为5%。如果维持该增长率，且当期股利为5.40美元，那么10年后的股利将是多少？这是一个简单的1美元终值问题。股利将增加到：

$$P_n=P_0(1+i)^n$$

$$=5.40\times(1+0.05)^{10}$$

$$=5.40\times 1.629=8.80\text{（美元）}$$

（1.629为当增长率为5%时，1美元在10年后的终值的利息系数。）尽管未来股利未必能达到这一增长率，但这个问题说明，每年增加很少的金额，也会导致投资者多年后的股利收入大幅增加。（在用计算器求解时，如果你将5.40输入为正值，答案将是−8.80。只要你正确解释答案，两者都是可接受的。）

例3.7　你借入80 000美元购买了小镇上的一栋房子。贷款期限为25年，年还款额为7 494.30美元，包括利息和年本金偿还额。贷款利率为多少？注意，现值和未来还款额都是已知的。（终值也是已知的；终值为0，因为在期末贷款将被还清。）为了回答这个问题，可以使用年金的现值公式：

$$PV=\frac{PMT}{(1+i)}+\cdots+\frac{PMT}{(1+i)^n}$$

$$80\ 000=\frac{7\ 494.30}{(1+i)}+\cdots+\frac{7494.30}{(1+i)^{25}}$$

计算利息系数，得出：

$$PV=PMT(PVAIF)$$

$$IFPVA=80\ 000/7\ 494.30=10.675\text{（美元）}$$

在1美元年金现值的利息表中找到“25”一行中该值所对应的利率，即8%。你使用年金的现值，是因为贷款是现在取得的。

这是你在本书中经常会面对的最重要的问题之一。它以不同形式出现；在这个例子中，问题是确定贷款的利率。例如，在关于股指和收益率的第十章中，问题是确定股票的年收益率或由股票指数衡量的市场年收益率。在关于债券估值的第十四章中，这个问题变为计算债券的到期收益率。

前面的例子说明了利息表和财务计算器的使用。如果你能使用有“y^x”和（或）“logs”键的电子计算器，那么不用利息表或财务计算器也能解答这些问题。计算机程序和Excel等电子表格也可以替代利息表或财务计算器来解题。（下一节将讨论如何使用非财务计算器计算利息表中没有的利息系数。）

利息系数公式

所有时间价值问题都由现值、终值或一系列支付加上利息系数组成。所有利息系数都由利率和期数组成。财务计算器和电子表格对解答时间价值问题大有帮助。然而，在有些情况下你需要使用利息系数公式。例如，科学计算器的程序不是为计算利息系数设计的，但可以用来推导出需要的利息系数。下面是实际公式［式（3.6）～式（3.9）］以及每个利息系数的示例。

1美元终值的利息系数（*FVIF*）公式为：

$$FVIF=(1+i)^n \tag{3.6}$$

为了计算出当利率为6%时的3年期利息系数［即$(1+0.06)^3$］，首先输入1与利率之和，即“1.06”。显示屏读数应为“1.06”。接下来，计算该金额的三次幂，方法是按“y^x”键，然后按数字“3”。按“=”键，显示屏读数应为“1.191”，这就是附录A第一张表格在6%这一列与时期3这一行交叉点上的利息系数。

1美元现值的利息系数（*PVIF*）公式为：

$$FVIF=\frac{1}{(1+i)^n} \tag{3.7}$$

现值的利息系数为1美元终值利息系数的倒数。为了推导出当利率为6%、期限为3年时1美元现值的利息系数，需要进行上述步骤以计算1美元的终值，然后取倒数。如果计算器有“1/x”这个键，那么按这个键，将会自动计算出倒数。如果计算器没有这个键，倒数的计算方法是用1除以刚才计算出来的数字。在本例中，1.191的倒数为0.839 6（即1/1.191），这就是利率为6%、期限为3年时1美元现值的利息系数。你可以在附录A第二张表的利率为6%、时期为3的那一栏中找到1美元现值的利息系数，对其加以验证，利息系数为0.840。当然，差异是四舍五入的结果。

年金终值利息系数（FVAIF）的公式为：

$$FVIF=\frac{(1+i)^{n-1}}{i} \tag{3.8}$$

因此，如果利率为5%、年数为4年，那么利息系数为：

$$FVAIF=\frac{(1+0.05)^4-1}{0.05}=\frac{1.215\,5-1}{0.05}=4.310$$

这与利息表中利率为5%、年数为4年的年金终值利息系数相同。

年金现值利息系数（PVAIF）的公式为：

$$PVAIF=\frac{1-\frac{1}{(1+i)^n}}{i} \tag{3.9}$$

如果利率为6%、年数为3年，那么利息系数为：

$$PVAIF=\frac{1-\frac{1}{(1+0.06)^3}}{0.06}=\frac{1-0.839\,6}{0.06}=2.673$$

这与利息表中利率为6%、时期为3的年金现值利息系数相同。

除了方便计算利息系数外，财务计算器和电子表格与利息表相比还有一个重大优点。利息表仅适用于整数利率（例如，5%）和整年（例如，6年）。除非我们在给定利息系数之间插入数值，否则利息表不能提供利率为6.7%、年数为5年零3个月时的利息系数。然而，通过使用电子计算器或电子表格，可以计算出该利息系数。利率为6.7%、年数为5年零3个月时1美元终值的利息系数计算方法如下：

（1）输入“1.067”。

（2）计算1.067的5.25次幂（即 $y^x=1.067^{5.25}$）

（3）按“=”键，计算出利息系数为：1.405 6。

因此，如果以6.7%的利率投资100美元，每年计算复利，为期5年零3个月，那么终值将为140.56美元。

尽管财务计算器和电子表格可以消除数学计算的负担，但它们不能设定需要解决的问题。你仍然必须确定这是终值问题还是现值问题，以及问题涉及的是一次性支付还是年金。如果无法正确设定问题，只会导致错误结果，因此你必须能够确定特定问题应使用哪种公式，以及适用于哪种情况。

非年复利

你应该注意到，在前面的例子中，每年只复利一次。由于复利次数可能更频繁而且事实上往往也更频繁——例如，**半年复利**（semiannual compounding）一次——因此必须调整前面介绍的公式。本节将扩展对1美元复利价值的讨论，将非一年期的复利也包括在内。

将年复利转换为其他时期的复利需要做出两项调整。首先，一年被划分为相等长度的时期，在此期间对资金计算复利。对于半年复利一次而言，一年包括两期，而对于每季度复利一次而言，一年包括四期。

其次，在调整期数后，投资者还要调整利率，算出每期的利率。方法是用票面利率除以期数。如果利率为 8%，每半年复利一次，那么用 8%除以 2，可以得出每期的利率为 4%。如果年利率为 8%，每季度复利一次，那么四期中每期的利率为 2%（即 8%÷4）。将式（3.1）做如下修正，可以更正式地表示这些调整：

$$P_0\left(1+\frac{i}{c}\right)^{n\times c}=P_n \tag{3.10}$$

公式中唯一的新符号是 c，它表示复利次数。利率（i）除以复利次数 c，可以得出每期的利率。年数（n）乘以复利次数，可以得出期数。

用一个简单的例子可以说明如何应用该式。某人投资 100 美元于某种资产，该资产的收益率为 8%，每季度复利一次。5 年后，该资产的终值为多少？也就是说，如果收益率为 8%，每季度复利一次，那么 5 年后 100 美元将增加到多少？代数计算式为：

$$\begin{aligned}P_n&=P_0\left(1+\frac{i}{c}\right)^{n\times c}\\&=100\times\left(1+\frac{0.08}{4}\right)^{5\times 4}\\&=100\times(1+0.02)^{20}\text{（美元）}\end{aligned}$$

在本式中，投资者投资 20 期，每期获得的收益率为 2%。为了解出该式，用当利率为 2%、期数为 20 年时 1 美元终值的利息系数（1.486）乘以 100 美元。因此，终值为：

$$P_5=100\times 1.486=148.60\text{（美元）}$$

比较本问题与除了每年复利一次以外其他数值相等的问题，可以看到年复利与更频繁的复利之间的差异。问题是，当利率为 8%且每年复利一次时，5 年后 100 美元会增加到多少？答案为：

$$\begin{aligned}P_5&=100\times(1+0.08)^5\\&=100\times 1.469\\&=146.90\text{（美元）}\end{aligned}$$

146.90 美元小于每季度复利时获得的金额，这证明了复利的计算越频繁、终值越高的一般结论。

本书中的讨论通常仅限于年复利。然而，有一个重要的例外：债券的估值。债券每半年支付一次利息，这会影响其价值。因此，在第十四章介绍的债券估值模型中，包括半年复利一次的情况。

不等额现金流

除了例 3.5 以外，本章中的习题和案例都是单笔支付或一系列等额支付。（例 3.5 既涉及单笔支付，也涉及一系列等额支付。）在现实中，现金流经常是不等额的。股利会随着时间的推移而增加。公寓租金每年都会根据入住率和对租户收取的租金率而变化。人们每年都要向子女的教育基金或退休账户投入不同的金额。

当然，在使用单笔支付或等额现金流时，说明时间价值问题更容易。其主要原因是，利息表假设为单笔支付或等额支付。使用多笔不等额支付的利息系数需要进行大量的计算。由于目的是说明时间价值及其应用，因此单笔支付或年金支付足以实现教学目的。

接下来是一系列问题，这些问题说明了投资者在涉及不等额支付时可能遇到的情况。你可以用 Excel 解决这些问题。如果你需要用 Excel 解决时间价值问题，可参考本章关于电子表格的附录。

例 3.8 你在每年年末进行下列投资，并获得 7%的收益率。5 年后，账户中的金额将是多少？

年份	年投资额（美元）
1	2 000
2	2 500
3	3 000
4	3 000
5	3 500

例 3.9 你在每年年初进行下列投资，并获得 7%的收益率。5 年后，账户中的金额将是多少？

年份	年投资额（美元）
1	2 000
2	2 500
3	3 000
4	3 000
5	3 500

例 3.8 和例 3.9 说明了向子女教育基金账户或退休账户中存钱之类的投资。它们的终值分别为 15 829 美元和 16 937 美元。

例 3.10 你期望从一笔投资中获得下列现金流入。如果你希望自己的资金获得 10%的收益率，那么你应为资产支付的最高金额是多少？

年份	现金流入（美元）
1	25 000
2	37 500
3	43 000
4	33 000
5	37 500

例 3.11 你进行了一笔成本为 100 000 美元的投资。如果年现金流入如下，那么收益率将是多少？

年份	现金流入（美元）
1	25 000
2	37 500
3	43 000
4	33 000
5	37 500

例 3.10 和例 3.11 使用了相同的投资（例如，一栋房屋）。例 3.10 说明了你应支付的最高金额（这是一个估值问题），例 3.11 说明了给定初始现金流出和估计现金流入时，你将获得的

收益率。答案分别为 131 850 美元和 21.2%。

例 3.12 你从现在起定期买入一只股票，持有 5 年，并在第 5 年年末卖出股票，获得 100 000 美元。这笔投资的收益率为多少？现金流如下所示。

年份	现金流出（美元）	现金流入（美元）
现在	15 000	
第 1 年年末		
第 2 年年初	17 500	
第 2 年年末		
第 3 年年初	23 000	
第 3 年年末		
第 4 年年初	13 000	
第 4 年年末		
第 5 年年初	7 500	
第 5 年年末		100 000

这笔投资的收益率为 8.6%。该答案是资金加权收益率。正如第十章对收益率的解释那样，另一种方法是计算时间加权收益率。这两种计算方法的结果不一定相同。

正如例 3.8～例 3.12 所说明的，可能存在现金流并非单笔支付或等额年支付的情况。然而，时间价值原则仍是相同的。现值可以通过计算复利变为终值，而终值可以贴现回现值。本书中的多数例子和习题都是单笔支付或者年金。

小　结

货币具有时间价值。未来收到的 1 美元的价值低于现在收到的 1 美元的价值。只有当资金可能在未来增值时，人们才会放弃当期消费。投资会获得利息，而利息会获得更多利息——这个过程被称为复利。资金复利时间越长，复利速度越快，未来的终值就越高。

复利的反义词是贴现，它确定了在未来收到的资金的现值。未来资金的现值取决于未来多久才能收到资金和贴现率。时间越长、贴现率越高，资金的现值越低。

复利和贴现可以用于单笔支付（一次性支付），也可以用于一系列支付。如果支付是等额的，那么该系列支付就被称为年金。当支付从每期期初开始时，该系列支付被称为期初年金；当支付从每期期末开始时，该系列支付被称为普通年金。

尽管投资是在现在进行的，但收益是在未来获得的。这些收益（例如，利息和股利的未来现金流）必须以适当的贴现率贴现，以确定投资的现值。通过这个贴现过程，确定了投资的价值。正如本书始终强调的，资产估值是选择在投资者的投资组合中购买并持有何种资产的关键步骤。

问　题

1. 一次性支付和年金之间的区别是什么？普通年金和期初年金的区别是什么？所有的系列支付都是年金吗？

2. 复利（终值的确定）和贴现（现值的确

定）的区别是什么？

3. 在给定利率下，随着时间的推移，下列各项将如何变化？

a）1美元的终值。

b）年金的终值。

c）1美元的现值。

d）年金的现值。

4. 在给定时期内，当利率升高时，下列各项会如何变化？

a）1美元的终值。

b）年金的终值。

c）1美元的现值。

d）年金的现值。

5. 正如接下来的章节所说明的，利率升高将导致资产价值下降。为何你预期会出现这种关系？

关系题与基本习题示例

关系题

1. 如果利率增加，1美元的终值将______，1美元的现值将______。

2. 随着年数的增加，1美元的终值将______，1美元的现值将______。

3. 随着利率的增加，1美元年金的终值将______，1美元年金的现值将______。

4. 如果年数增加，1美元年金的终值将______，1美元年金的现值将______。

5. 如果在年初进行支付，年金终值将______。

6. 如果在年初收到支付，年金现值将______。

7. 复利次数增加将______年金终值。

8. 利率降低将______积累到特定金额所需的时间。

9. 保证金要求增加将______年金的现值。

10. 利率降低将______普通年金的终值且______期初年金的终值。

11. 1美元现值增加可能是利率______的结果。

12. 年金终值减少可能是利率______或年支付额______的结果。

13. 如果股价从10美元升至20美元，那么随着年数的增加，复利收益率将______。

14. 对退休账户的年供款减少将______给定利率下的终值。

15. 对于给定利率和期限（年数），在年初而非年末支付将______终值。

基本习题

1. 你在年收益率为5%的退休账户中投资了1 000美元。20年后该账户中将有多少钱？

2. 你每年在年收益率为5%的退休账户中投资1 000美元，20年后该账户中将有多少钱？

3. 在退休账户中积攒了33 066美元后，如果收益率为4%，每年从该账户中取款，为期20年，你每年可以取多少钱？如果收益率为8%，你每年可以取多少钱？

4. 在退休账户中积攒了33 066美元后，如果收益率为4%，每年从该账户中取5 000美元，你可以取多少年？如果收益率为8%，你可以多取多少年？

5. 某只公司债券承诺每年支付你50美元，为期5年，并在5年后偿还1 000美元。如果利率为8%，那么你最多需要支付多少钱买这只公司债券？

6. 你有10 000美元可以投资。选择A在1年后向你提供12 400美元，但选择B在3年后向你提供15 609美元。哪种选择的收益率更高？

7. 特德（Ted）希望有100 000美元送他现在3岁的孩子以后上大学。他建立了529储蓄计划，并希望知道如果这笔钱的收益率为5%，他必须在接下来15年的每年年末投资多少钱。如果他的收益率为7%，他每年必须投资的钱会少多少？

8. 一笔投资能每年产生10 000美元回报，为期25年。如果你的资金收益率为10%，且这笔投资的成本为100 000美元，你是否应该购买它？如果你的收益率仅为7%，答案是否会不同？

9. 消费价格指数（Consumer Price Index，CPI）衡量了通货膨胀率，它是指物价的普遍上涨。下面是几个与价格上涨相关的问题。

a）1984年CPI为100；30年后（2014年）CPI为235。年通货膨胀率是多少？

b）凯茜（Cathy）和安妮（Anne）现在的年收入为 100 000 美元。如果年通货膨胀率为 4%，那么 10 年后，她们每人的年收入必须为多少，才能维持购买力？

c）你的父母在 1985 年花 50 000 美元买了一栋房子，并在 2015 年以 250 000 美元的价格将其出售。在 30 年中房价的年涨幅是多少？

10. 你从大学毕业了，但遗憾的是背上了 32 000 美元贷款。贷款要求每年偿还 3 245 美元，包括利息和本金。如果利率为 4%，那么你多久才能还完贷款？如果利率升至 6%，那么你需要多花多少年才能还完贷款？

习　题

1. 一个存款人在 20 年后到期的存单中存入 1 000 美元，该存单每年支付 4% 的利息，每年复利一次，直到存单到期。

a）如果留着利息不取，那么存款人将获得多少利息？

b）如果存款人每年提取利息，那么存款人将获得多少利息？

c）为什么 a）和 b）的答案不同？

2. 一个个体经营者每年年末在退休账户中存入 1 500 美元，该账户的年收益率为 7%。

a）如果他在 45 岁时开始存钱，那么当他 65 岁退休时，账户中将有多少钱？

b）如果他在 65 岁时停止存钱，但延迟到 70 岁才退休，那么账户中会多出多少钱？

c）如果他继续存钱，但延迟到 70 岁才退休，那么账户中会多出多少钱？

d）请比较 b）和 c）的答案。继续存钱的影响是什么？两个答案相差多少？

3. 一个存款人希望在 10 年后获得 100 000 美元，并认为他可以获得 8% 的年投资收益率。

a）如果（1）在每年年初进行支付，（2）在每年年末进行支付，那么他每年必须投资多少钱，才能攒够 100 000 美元？

b）如果预期收益率仅为 5%，那么每年必须投资多少钱？

4. 一笔投资每年可以获得 10 000 美元的收益，期限为 20 年。如果投资者的其他投资可以获得 6% 的年收益率，那么这笔投资的当期价值为多少？如果它的当期价格为 120 000 美元，那么投资者是否应该进行这笔投资？

5. 应届毕业生每年可以赚 45 000 美元。如果年通货膨胀率为 2%，那么这些毕业生在 20 年后必须赚多少钱，才能维持当前的购买力？如果通货膨胀率上升到 4%，那么他们在 20 年后赚 100 000 美元能够维持当前的生活水平吗？

6. 一个人在 65 岁时退休，并拥有 200 000 美元，他希望留下一笔至少为 30 000 美元的遗产。如果资金收益率为 8%，且他的预期寿命为 85 岁，那么他可以每年从 200 000 美元中取出多少钱（从当年年末开始）？

7. 一个 40 岁的投资者建立了一个退休账户，预期年收益率为 7%。他每年年初向账户存入 2 000 美元。最初，存款人希望从 60 岁时开始从账户中取款。

a）当存款人 60 岁时，账户中将有多少钱？

b）如果投资者发现了一笔风险更高的投资，收益率为 10%，那么他能多获得多少钱？

c）投资者选择了收益率为 10% 的投资，并在 60 岁时退休。如果他的预期寿命为 85 岁，且资金继续保持 10% 的收益率，那么他在每年年初可以从账户中取出多少钱？

8. 从现在起 5 年后你将得到 900 美元，或在未来 5 年的每年年末获得 150 美元。如果你可以获得 6% 的资金收益率，那么你会接受哪一种方案？如果你可以获得 14% 的资金收益率，那么你将接受哪一种方案？为什么你的答案有所不同？

9. 下列问题说明了非年复利问题。

a）投资者向利率为 12% 的账户存入 100 美元。如果每年复利一次、每半年复利一次、每月复利一次，那么 1 年后账户中将分别有多少钱？

b）投资者 1 年后将收到 100 美元。如果你可以获得 12% 的收益率，那么在每年复利一次、每半年复利一次、每月复利一次的情况下，这笔钱的现值分别是多少？

10. 每年年末，汤姆都向退休账户投资 2 000 美元。琼每年也向退休账户投资 2 000 美元，但她是在每年年初存款。他们的资金收益率都是 9%。20 年后，他们的账户中分别有多少钱？

11. 你购买了一张 100 000 美元的寿险保单，并一次性支付了 35 000 美元。如果你希望获得 9%的投资收益率，那么你最早在何时去世才能使这张保单成为最优投资选择？如果你在 10 年内去世，那么这笔寿险投资的收益率为多少？（这些问题很病态，但你或许希望将寿险看作一种投资选择。正如一个理财规划师告诉作者的："只考察数字；将寿险当作投资来分析。"）

12. 你得到了一笔每年 12 000 美元的年金，期限为 15 年。该笔年金从现在起 5 年后开始支付。年金的成本为 75 000 美元，如果你可以获得 7%的收益率，那么这笔年金是否合算？

13. 你花 800 美元购买了 1 000 美元的资产。该资产在 7 年中每年获得 60 美元的收益。7 年后，你收到了 1 000 美元的本金。请证明该笔投资的年收益率不是 9%。

14. 你以 6%的收益率每年投资 1 000 美元，期限为 10 年，然后以 6%的收益率继续每年投资 2 000 美元，期限为 10 年。20 年后，你将攒到多少钱？

15. 你每年收到 10 000 美元，期限为 6 年，之后你将每年收到 5 000 美元，期限也为 6 年。如果你的年收益率为 8%，那么该系列支付的现值为多少？

16. 一个小镇上有 5 000 个居民，预计人口将以 5%的年增长速度增加。目前，每个小镇居民的支出为 300 美元，但由于通货膨胀和工资增加，预期人均支出的年增长率为 7%。10 年、15 年和 20 年后，该镇的预算将是多少？

17. 假设你花 350 000 美元买了一栋房子。支付了 50 000 美元的首付后，你以 8%的利率借入了一笔抵押贷款支付剩余价款，期限为 20 年。这笔抵押贷款要求的年支付额为多少？如果你可以获得一笔 25 年期贷款，但必须每年支付 9%的利息，那么每年的支付额相差多少？（第十五章关于吉利美证券的部分详细介绍了抵押贷款。内容包括计算支付金额、支付的利息、本金偿还额和每年年末的欠款。见表 15.2。）

18. 你有一个上了年纪的姨妈奇蒂，她刚以 365 000 美元的价格卖掉她的房子，并加入了一个每年收费 100 000 美元的退休人员社区。如果她可以获得 6%的资金收益率，那么她卖房子的钱可以支付加入退休人员社区的费用多久？

19. 一个鳏夫最近得到了 107 500 美元，年收益率为 8%。在今后 10 年中，他能每年取出 18 234 美元吗？如果不能，那么他必须获得多高的收益率，才能每年取出 18 234 美元？

20. 你希望在 8 年后获得 100 000 美元，以创办一家企业。现在你有 26 000 美元，可以以 7%的年收益率进行投资。假设这些钱的收益率也是 7%，你必须每年多存多少钱才能实现在第 8 年年末攒到 100 000 美元的目标？如果你在每年年初而不是年末进行投资，那么答案会差多少？

21. 你在退休账户中攒了 325 000 美元，且继续保持 8%的投资收益率。

a）如果你的剩余预期寿命为 20 年，那么从今天起你每年能取出多少钱？第一年年末账户中将有多少钱？

b）假设你今天只取出了 5%的钱（16 250 美元），其余资金继续保持 8%的收益率。第一年年末账户中将有多少钱？请比较本问和 a）的答案。为什么两个答案不同？

22. 你的第一个孩子现在 1 岁。现在念四年制公立大学的学费共 60 000 美元。如果学费每年提高 5%，那么当你的年收益率为 10%时，每年必须投资多少钱，才能在 18 年后承担得起学费？

23. 在购买价格为 30 000 美元的汽车时，以下哪种选择更好？

a）利率为 6%的 4 年期贷款；

b）2 000 美元的即时返现和利率为 10%的 4 年期贷款。

24.（这道题结合了第二章和第三章的内容。）你花 50 美元购买了一只股票，并在 3 年后以 70 美元的价格卖出了该股票。

a）如果你在现金账户中购买股票，那么你的年投资收益率是多少？

b）如果你用保证金方式购买了股票且保证金要求为 60%，那么你的年投资收益率是多少？

c）如果该股票支付每股 1 美元的年股利，请证明如果你在现金账户中购买股票，年收益率不是 10%。你发现这道题和第 13 题有类似之处了吗？

25. 养老院的费用很高。你母亲希望有一个带独立卫生间的单间。年估计成本为 100 000 美元，但你母亲预期不会在四年内入住养老院。她入住养老院后的寿命预期为 3 年。现在，她有 200 000 美元资产，收益率为 6%。她每年必须投资多少钱才能满足预期财务需求？

26. “72法则”是回答本题的捷径。“如果已知收益率，例如为10%，那么我的钱花多久才能翻番？用72除以收益率，该法则将得出年数近似值：72/10=7.2年。正确答案是7.3年。当收益率为5%、7%、12%和20%时，这种便捷方法的准确性如何？”

27. 上述问题可以用附录A提供的利息表解答。为了检验你计算利息系数或使用财务计算器的能力，请回答下列问题。

a）你在年收益率为5.3%的储蓄账户中存入1 300美元。在6年零3个月后，你的账户中将有多少钱？

b）你每年投资1 000美元，期限为7年，年收益率为7.65%。7年后你将攒到多少利息？

c）一笔投资承诺每年支付10 000美元，期限为10年。如果你希望获得8.42%的投资收益率，那么你最多应为这笔资产支付多高的价格？

d）你以每股10美元的价格购买了一只股票，并在5.5年后以25.60美元的价格出售该股票。你的年投资收益率（年增长率）是多少？

e）你可以获得7.2%的年收益率；你需要每年投资多少钱，才能在5年后攒到50 000美元？

理财顾问的投资案例

为养老金计划融资

艾琳·奥赖莉（Erin O'Reilly）最近被一家中型工程公司的人力资源部门雇用。管理层正在考虑采用一项固定收益养老金计划。其中，如果员工在公司的工作时间满25年，公司将支付该员工最后一年工资的75%。工作年限比25年每少一年，养老金就减少3%，因此为公司工作了15年的员工将得到相当于最后一年工资45%［=75%−(10×3%)］的养老金。假如员工已退休，养老金将从65岁开始支付。没有提前退休的规定。如果员工的工作年限不足25年或工资升高，那么在65岁以后继续工作可以提高员工的养老金。

奥赖莉得到的第一批任务之一就是估计公司现在必须存多少钱才够支付养老金。尽管管理层计划雇用精算师来进行最终计算，但管理层认为，试算可以突出一些问题，以便与精算师讨论。奥赖莉按照要求选择了两个代表性员工，并估计了他们的年养老金，以及为了支付养老金，每年需要存入多少钱。

奥赖莉决定选择阿诺德·伯格（Arnold Berg）和瓦尼萨·巴伯（Vanessa Barber）。伯格今年58岁，已经为这家公司工作了27年，现在的年薪为34 000美元。巴伯今年47岁，已经为这家公司工作了3年，年薪为42 000美元。奥赖莉认为，伯格会在这家公司工作直到退休。他是一个称职的员工，年薪增长率不超过4%，预期他将于65岁退休。巴伯是一个更有价值的员工，奥赖莉预期巴伯的工资至少每年增加7%才能留住她，直到她65岁退休。

为了确定为每人的养老金融资每年必须投资多少钱，除了估计养老金金额以外，奥赖莉还需要估计养老金将发放多久（即预期寿命）以及投资收益率。由于公司必须为借入资金支付8%的利率，因此她确定投资收益率应至少为8%。

尽管奥赖莉认为她能执行好这项任务，但她要求你协助她回答下列问题。

1. 如果两个人都在65岁退休，那么他们各自的估计养老金金额为多少？

2. 如果两个员工在65岁时的预期剩余寿命均为15年，若该公司从一家保险公司购买了一笔年金，为每人的养老金融资，且保险公司声称对这笔年金的投资可以获得9%的收益率，那么购买年金需要的成本或金额为多少？

3. 如果该公司每年为养老金融资而必须投资的资金可以获得8%的收益率，那么该公司每年必须投资多少钱，才能获得购买年金所需的资金？

4. 下列各项条件如何影响该公司每年为养老金融资而必须投资的金额？

a）剩余预期寿命增加到20年。

b）与保险公司签订的年金合约利率降低到7%。

c）巴伯在62岁退休，而不是65岁。

附录3　使用 Excel 解答时间价值问题*

时间价值问题可以用 Excel 这种电子表格来解答。在 Excel 里，可以用“插入”下的“fx”函数解决时间价值问题。找到“金融”函数类别，并针对具体问题输入合适的数据。然后，Excel 就会给出答案。它的格式类似于财务计算器的格式。根据现金流入或现金流出输入金额，现金流出为负数。需要输入的数据为：

Rate	每期的利率（%）
Nper	期数
Pmt	定期支付
FV 或 PV	终值或现值
Type	普通年金或期初年金

（对于普通年金，设 type=0；对于期初年金，设 type=1。）

还可以通过在电子表格的单元格中输入数据和适当的指令，用 Excel 解答时间价值问题。首先输入未知变量，其次是 Rate、Nper、PV 或 FV 和 type。例如，解答问题“当利率为 10% 时，1 000 美元 10 年后将增加到多少?”时，使用下列格式：FV（Rate，Nper，PMT，PV，Type）。未知变量（FV）在括号外，已知变量在括号内。

解答该问题的过程如下：

列	A	B	C
行			
1	FV(Rate，Nper，PMT，PV，Type)		
2	每期的收益率%	10%	
3	期数 N	10	
4	支付额	0	
5	现值	1 000	
6	类型	0	

为了解答该问题，输入单元格名称或实际数据。也就是说，在空白单元格（例如，B7）中输入=FV（b2，b3，b4，−b5，b6）或输入=FV（10%，10，0，−1 000，0）。现值为负数，因为假设 1 000 美元的投资为现金流出，该金额将增长为终值。然后，在 10 年年末将收到这笔终值（现金流入）。一旦输入了 B2 到 B6 中的数据和 B7 中的计算式，就能得出答案为 2 593.74 美元。

下面是一系列说明如何应用 Excel 的例子。在每个例子中，都将先给出一个简单的问题。给定 Excel 表格，并按每个数据的输入顺序给出数据。表中的单元格 B7 和 B8 将分别列出用单元格和数字表示的 Excel 计算式。（在实际计算时没有必要同时列出两种计算式。）最后的输入值为数字答案。

Excel 用这个基本格式解答货币的时间价值问题。电子表格与财务计算器相比，优势在于它的便捷性和潜在用途。例如，电子表格中的内容可以拷贝到其他文件中，而财务计算器无法做到这一点。

* 本附录中字母都为正体，与 Excel 电子表格中的形式一致。——译者注

案例 1：计算 1 美元的终值

（当收益率为 10%时，1 000 美元在 10 年后的终值是多少?）

FV(Rate，Nper，PMT，PV，Type)

每期的收益率	10%
期数 N	10
支付额	0
现值	1 000
类型	0

Excel 计算式：

以单元格表示：=FV(b2，b3，b4，−b5，b6)

以数字表示：=FV(10%，10，0，−1 000，0)

答案：2 593.74（美元）

案例 2：计算 1 美元的现值

（当收益率为 10%时，10 年后收到的 1 000 美元的现值是多少?）

每期的收益率	10%
期数 N	10
支付额	0
终值	1 000
类型	0

Excel 计算式：

以单元格表示：=PV(b2，b3，b4，−b5，b6)

以数字表示：=PV(10%，10，0，−1 000，0)

答案：385.54（美元）

案例 3：计算 1 美元普通年金和 1 美元期初年金的终值

（假设收益率为 10%，每年收到 2 000 美元，这笔钱 10 年后的终值为多少?）

FV(Rate，Nper，PMT，PV，Type)

普通年金

每期的收益率	10%
期数 N	10
支付额	2 000
现值	0
类型	0

FV(Rate，Nper，PMT，PV，Type)

期初年金

每期的收益率	10%
期数 N	10
支付额	2 000
现值	0
类型	1

Excel 计算式：

以单元格表示：=FV(b2，b3，−b4，b5，b6)

以数字表示：=FV(10%，10，−2 000，0，0)

答案：31 874.85（美元）

Excel 计算式：

以单元格表示：=FV(b2，b3，−b4，b5，b6)

以数字表示：=FV(10%，10，−2 000，0，1)

答案：35 062.33（美元）

案例 4：计算 1 美元普通年金和 1 美元期初年金的现值

（假设收益率为 10%，每年收到 2 000 美元，期限为 10 年，这笔钱的现值为多少?）

PV(Rate，Nper，PMT，FV，Type)

普通年金	
每期的收益率	10%
期数 N	10
支付额	2 000
终值	0
类型	0

Excel 计算式：

以单元格表示：=PV(b2，b3，−b4，b5，b6)

以数字表示：=PV(10%，10，−2 000，0，0)

答案：12 289.13（美元）

PV(Rate，Nper，PMT，FV，Type)

期初年金	
每期的收益率	10%
期数 N	10
支付额	2 000
终值	0
类型	1

Excel 计算式：

以单元格表示：=PV(b2，b3，−b4，b5，b6)

以数字表示：=PV(10%，10，−2 000，0，1)

答案：13 518.05（美元）

案例 5：计算单笔支付和年金的终值

（当收益率为 10%时，现在的 1 000 美元加上每年支付的 2 000 美元在 10 年后的终值为多少?）

FV(Rate，Nper，PMT，PV，Type)

普通年金	
每期的收益率	10%
期数 N	10
支付额	2 000
现值	1 000
类型	0

Excel 计算式：

以单元格表示：=FV(b2，b3，－b4，－b5，b6)
以数字表示：=FV(10%，10，－2 000，－1 000，0)
答案：34 468.59（美元）
FV(Rate，Nper，PMT，PV，Type)

期初年金	
每期的收益率	10%
期数 N	10
支付额	2 000
现值	1 000
类型	1

Excel 计算式：
以单元格表示：=FV(b2，b3，－b4，－b5，b6)
以数字表示：=FV(10%，10，－2 000，－1 000，1)
答案：37 656.08（美元）

案例 6：计算单笔支付和年金的现值

（当收益率为 10%时，每年支付的 2 000 美元加上 10 年后的 1 000 美元的现值为多少?）
PV(Rate，Nper，PMT，FV，Type)

普通年金	
每期的收益率	10%
期数 N	10
支付额	2 000
终值	1 000
类型	0

Excel 计算式：
以单元格表示：=PV(b2，b3，－b4，－b5，b6)
以数字表示：=PV(10%，10，－2 000，－1 000，0)
答案：12 674.68（美元）
PV(Rate，Nper，PMT，FV，Type)

期初年金	
每期的收益率	10%
期数 N	10
支付额	2 000
终值	1 000
类型	1

Excel 计算式：
以单元格表示：=PV(b2，b3，－b4，－b5，b6)
以数字表示：=PV(10%，10，－2 000，－1 000，1)
答案：13 903.59（美元）

案例 7：给定 PV、FV 和 N，确定 I

a. 单笔支付
（如果你投资了 500 美元，并在 10 年后收到 1 000 美元，那么利率为多少?）

Rate(Nper，PMT，PV，FV，Type)

期数 N	10
支付额	0
现值	500
终值	1 000
类型	0

Excel 计算式：

以单元格表示：=RATE(b2，b3，-b4，b5，b6)

以数字表示：=RATE(10，0，-500，1 000，0)

答案：7.18%

b. 普通年金

(如果你投资了 10 000 美元，并在今后 10 年内每年收到 2 000 美元，那么利率为多少?)

Rate(Nper，PMT，PV，FV，Type)

普通年金

期数 N	10
支付额	2 000
现值	10 000
终值	0
类型	0

Excel 计算式：

以单元格表示：=RATE(b2，b3，-b4，b5，b6)

以数字表示：=RATE(10，2 000，-10 000，0，0)

答案：15.10%

c. 期初年金

(如果你投资了 10 000 美元，并在今后 10 年内的每年年初收到 2 000 美元，那么收益率为多少?)

Rate(Nper，PMT，PV，FV，Type)

期初年金

期数 N	10
支付额	2 000
现值	10 000
终值	0
类型	1

Excel 计算式：

以单元格表示：=RATE(b2，b3，-b4，b5，b6)

以数字表示：=RATE(10，2 000，-10 000，0，1)

答案：20.24%

d. 单笔支付和普通年金

(如果你投资了 10 000 美元，并在 10 年后收到 1 000 美元，且在 10 年中每年收到 2 000 美元，那么收益率为多少?)

Rate(Nper，PMT，PV，FV，Type)

期数 N	10
支付额	2 000
现值	10 000
终值	1 000
类型	0

Excel 计算式：

以单元格表示：＝RATE(b2，b3，－b4，b5，b6)

以数字表示：＝RATE(10，2 000，－10 000，1 000，0)

答案：15.72%

e. 单笔支付与期初年金

(如果你投资了 10 000 美元，并在 10 年后收到 1 000 美元，且在每年年初收到 2 000 美元，那么收益率为多少?)

Rate(Nper，PMT，PV，FV，Type)

期数 N	10
支付额	2 000
现值	10 000
终值	1 000
类型	1

Excel 计算式：

以单元格表示：＝RATE(b2，b3，－b4，b5，b6)

以数字表示：＝RATE(10，2 000，－10 000，0，1)

答案：20.84%

案例 8：给定 PV、FV 和 I，确定 N

a. 单笔支付

(当收益率为 8%时，500 美元增至 1 000 美元要花多久?)

NPER(I，PMT，PV，FV，Type)

利率	8%
支付额	0
现值	500
终值	1 000
类型	0

Excel 计算式：

以单元格表示：＝NPER(b2，b3，－b4，b5，b6)

以数字表示：＝NPER(8%，0，－500，1 000，0)

答案：9.01 (年)

b. 普通年金

(当收益率为 8%时，如果你每年提取 2 000 美元，那么 10 000 美元可以提取多久?)

NPER(I，PMT，PV，FV，Type)

普通年金

利率	8%
支付额	2 000

现值	10 000
终值	0
类型	0

Excel 计算式：

以单元格表示：=NPER(b2，b3，-b4，b5，b6)

以数字表示：=NPER(8%，2 000，-10 000，0，0)

答案：6.64（年）

c. 期初年金

（当收益率为 8%时，如果你每年年初提取 2 000 美元，那么 10 000 美元可以提取多久?）

NPER(I，PMT，PV，FV，Type)

普通年金	
利率	8%
支付额	2 000
现值	10 000
终值	0
类型	1

Excel 计算式：

以单元格表示：=NPER(b2，b3，-b4，b5，b6)

以数字表示：=NPER(8%，2 000，-10 000，0，1)

答案：6.01（年）

d. 单笔支付和普通年金

（当收益率为 8%时，如果你每年提取 2 000 美元，在最后一年年末提取 1 000 美元，那么 10 000 美元可以提取多久?）

NPER(I，PMT，PV，FV，Type)

普通年金	
利率	8%
支付额	2 000
现值	10 000
终值	1 000
类型	0

Excel 计算式：

以单元格表示：=NPER(b2，b3，-b4，b5，b6)

以数字表示：=NPER(8%，2 000，-10 000，1 000，0)

答案：6.11（年）

e. 单笔支付和期初年金

（当收益率为 8%时，如果你每年年初提取 2 000 美元，在最后一年年末提取 1 000 美元，那么 10 000 美元可以提取多久?）

NPER(I，PMT，PV，FV，Type)

普通年金	
利率	8%
支付额	2 000

现值	10 000
终值	1 000
类型	1

Excel 计算式：

以单元格表示：＝NPER(b2，b3，－b4，b5，b6)

以数字表示：＝NPER(8%，2 000，－1 000，10 000，1)

答案：5.52（年）

第四章

理财规划、税收与金融市场的有效性

学习目标

学习完本章后，你应能：

1. 确定可能的理财目标。
2. 构建个人资产负债表与现金预算表。
3. 说明资产配置对投资组合收益的重要性。
4. 找出影响投资决策的税种。
5. 说明如何用资本亏损抵消资本收益和普通收入。
6. 说明养老金计划、个人退休账户、基奥账户和401(k) 账户为何是避税手段。
7. 说明价格变化速度对有效市场的重要性。
8. 区别三种形式的有效市场假说。
9. 说明与有效市场假说不一致的几种异常现象。
10. 区别积极投资组合管理策略与消极投资组合管理策略，以及投资者对金融市场有效性的信心。

投资组合不是目标，而是实现理财目标的途径。投资者需要一个目的或理财目标，它要求投资者储蓄，而不是消费。在储蓄之后，投资者面临着一个重要的抉择：如何处理储蓄？投资者在这个问题的答案的指导下选择购买特定资产。理财规划和投资组合构建不应在真空中进行。投资组合的目的是实现个人的特定理财目标。

理财规划是个人具体确定理财目标、识别金融资源和债务，并将资产分配到分散化投资组合中以实现目标的过程。当然，这个过程受外部因素的影响，例如，通货膨胀预期与税收预期。此外，个人经济环境或家庭环境的变化也可能对理财规划有重要影响。这些变化可能需要而且的确经常需要改变投资组合及对不同资产的配置。

本章讨论的是理财规划。本章先简要介绍了理财目标的确定，以及如何确定个人的资产、负债和现金流。第二节介绍了资产配置对理财规划和投资组合构建的重要性。第三节介绍了影响投资决策的部分税收问题。本节强调了资本收益和避税措施。第四节介绍了养老金计划和退休账户。本章最后介绍了有效市场假说。投资组合的目的是实现在有效金融市场中建立的特定理财目标。投资者需要认识到，投资绩效持续胜过市场是非常少见的，而且承担超额风险很可能导致投资者无法实现特定理财目标。

理财规划过程

为了构建投资组合，投资者首先要确定投资目标。必须有某个（或某些）目标指导投资者选择加入投资组合的资产。确定切合实际的具体理财目标后，下一步是确定哪些资产适合实现这些目标。在确定投资目标并找出可以实现目标的资产后，投资者应该确定必须利用的资源和收入来源。然后，投资者就可以构建理财计划，以在约束条件下实现投资目标。

具体确定投资目标

投资的目的是将购买力从现在转移到未来。投资组合是一种价值储存工具，是为了满足投资者将对商品和服务的消费从现在推迟到未来的目的而设计的。可能的投资目标包括：

（1）能够满足应急财务需要。

（2）为具体的未来购买活动而融资，例如，支付住房的首付款。

（3）在退休后提供收入。

（4）能够为继承人或慈善机构留下一笔可观的遗产。

（5）能够从积累和管理财富中投机或获得享受。

除了具体投资目标外，许多人还有与他们的年龄、收入和财富有关的一般理财目标。人会经历不同阶段，这些阶段通常被称为**金融生命周期**（financial life cycle）。金融生命周期包括三个阶段，即投资者资产的积累期、维持期以及使用期或消耗期。

在积累期，人们创造收入，但对住房、交通和教育的支出经常超过现金流入，这增加了债务。然而，有债务（例如，抵押贷款、汽车分期付款或学生贷款）的人通常也会开始积累资产，尤其是参与税收递延型养老金计划。这种参与，尤其当员工缴款与雇主缴款相匹配时，可能是个人可以采取的最好的投资策略之一。

在维持期，收入经常超过支出。人们减少债务（例如，还清住房抵押贷款）并继续积累资产。然而，除了继续积累财富以外，理财重点可能改为维持现有资产。由于投资者在退休前需要一大笔财富，因此他们必须继续适当或谨慎地承担风险，以获得足够的收益，为他们的退休生活提供资金。

在使用期或消耗期，多数人将不再有工资或薪金收入。即使养老金和社会保险取代了失去的收入，许多人仍必须利用他们的资产来满足支出需要。尽管资产仍继续获得收益，但风险和收益金额都下降了，因为本金的安全性变得越来越重要。然而，这些人仍需要某种程度的财富增长。一对年龄均为 65 岁的夫妇的剩余预期寿命之和至少为 20 年。如此长的时期说明，在投资组合中加入股票是有必要的。

个人环境与金融资源分析

理财规划需要分析个人所处的环境与金融资源。个人环境包括年龄、健康、工作和家庭等因素。除了环境以外，投资者还应准确核算金融资源。通过构建两张财务报表，就可以做到这一点。一张报表列出了投资者的资产和负债，另一张报表列出了现金收支。当然，前者就是资产负债表，后者是现金预算表。

表 4.1 给出了资产负债表的填写方式，它考虑了个人目前的财务状况和未来某个时间的财务状况，例如，预期退休时或当子女上大学时的财务状况。为了进行理财规划，个人既应构建当期的财务状况表，也应预测未来的财务状况。预测资产负债表需要做出以下假设：(1) 偿还债务和积累资产的能力；(2) 资产将获得的收益率。尽管预测依赖于假设，但它通常可以突出个人的金融需求，并有助于制定投资策略。

表 4.1　个人的简化资产负债表

	现在	未来
资产		
1. 银行存款		
a. 支票账户	____	____
b. 储蓄账户	____	____
c. 存单	____	____
小计	====	====
2. 流动性金融资产		
a. 货币市场共同基金	____	____
b. 国库券	____	____
c. 退税和其他应收款项	____	____
小计	====	====
3. 退休与储蓄计划		
a. 个人退休账户	____	____
b. 员工退休账户	____	____
c. 员工储蓄计划	____	____
d. 递延薪酬	____	____
e. 公司期权	____	____
小计	====	====
4. 长期金融资产		
a. 国债	____	____
b. 公司债券	____	____
c. 市政债券	____	____
d. 公司股票	____	____
e. 共同基金	____	____
小计	====	====
5. 有形资产		

续表

	现在	未来
a. 房地产：住房	____	____
b. 房地产投资	____	____
c. 汽车	____	____
d. 应收款项	____	____
e. 个人有形财产	____	____
小计	====	====
总资产	____	____
负债		
1. 短期负债		
a. 信用卡余额	____	____
b. 当期到期的汽车贷款	____	____
c. 当期到期的抵押贷款	____	____
d. 其他	____	____
小计	====	====
2. 长期负债		
a. 汽车贷款余额	____	____
b. 抵押贷款余额	____	____
c. 其他长期负债	____	____
小计	====	====
总负债	____	____
总计		
总资产	____	____
总负债	____	____
净值（财产价值；资产减去负债）	____	____

表 4.1 中的资产负债表详细程度无法满足理财规划的需要，但是它说明了相关概念。构建资产负债表的方法相对简单。困难的部分是列出资产并确定它们的价值。这种估值对于公开交易的证券（例如，股票和债券）来说比较容易。困难的是确定应收款项和房地产等有形个人资产的价值。由于构建资产负债表的目的是确定个人的财务状况，因此保守估计此类资产的价值是明智的。例如，如果某人必须卖掉古董，为支付生活费用筹钱，那么低估将要卖出的资产价格比高估它们的价格要好。

在列出资产和负债后，下一步就是构建**现金预算表**（cash budget）。现金预算表列出了一段期间内（例如，一个月或一年）的收支情况。表 4.2 说明了构建简化现金预算表所需的数据。它列出了个人的收入来源（例如，薪金、利息收入和股利）和个人的支出（例如，抵押贷款还款、生活费用和税收）。和资产负债表一样，现金预算表分为现在的现金预算表和未来特定时间的现金预算表两类。

表 4.2　个人的简化现金预算表

	现在	未来
现金收入		
1. 工资（扣除后）	______	______
2. 社会保险	______	______
3. 养老金	______	______
4. 利息	______	______
5. 股利	______	______
6. 退休账户的分配	______	______
7. 年金	______	______
8. 其他收入	______	______
总收入	______	______

	现在	未来
现金支出		
1. 住房		
a. 抵押贷款还款	______	______
b. 租金	______	______
c. 维修费用	______	______
d. 公用设施费用	______	______
e. 经营费用	______	______
f. 财产税	______	______
g. 保险	______	______
2. 个人费用		
a. 餐费	______	______
b. 个人保健	______	______
c. 汽车	______	______
d. 服装	______	______
e. 娱乐	______	______
f. 爱好	______	______
g. 其他	______	______
3. 医疗费用		
a. 保险	______	______
b. 就医	______	______
c. 其他	______	______
4. 其他现金支出		
a. 赠与	______	______
b. 捐赠	______	______
c. 估计税款	______	______
d. 其他	______	______
总计		
总收入	______	______
总支出	______	______
收入与支出之差	______	______

如果个人的收入超过支出，那么多出的部分就成为可以用于投资、为未来需求进行融资的资金来源。如果支出超过收入，那么花掉的钱就超过收到的钱。这表明个人的未清偿债务正在增加或资产正在被消耗。因此，构建现金预算表可以确定资金从哪里来、到哪里去。该信息可以帮助人们了解增加收入、减少支出的方法，从而产生更多可用于投资的资金。

资产配置

一旦个人确定了理财目标并找到了用以投资的资源，他就可以建立一个投资组合以实现这些目标。个人将资金分配给不同的资产，以同时实现通过分散化降低风险和构建实现理财目标的投资组合的目标。该过程通常被称为资产配置。资产配置是确定应将多少比例的投资组合投资于不同种类的资产的过程。也就是说，要确定投资组合中多少比例应投资于股票、多少比例应投资于债券、多少比例应以现金或可随时转换为现金的账户形式持有，例如，第六章中介绍的货币市场共同基金。

这一资产配置过程可以被进一步细化，以涵盖股票在不同部门中的分配。例如，一个理财规划师可能建议客户将投资组合中的60%投资（分配）于股票，30%投资于债券，10%投资于现金。然后，以股票形式持有的60%的投资可以分配给经济中的不同部门。然而，如果投资者偏好某个特定部门，例如，消费品部门或科技部门，那么在分配资产中的股票投资时，便可以较多地投资于偏好的部门，而较少地投资于其他部门。

一旦确定了理想的资产配置并构建好投资组合，证券价格变化就会改变资产配置。例如，股价升高会使资产配置变为70%投资于股票、23%投资于债券、7%投资于现金。初始的60/30/10资产配置不再成立，因此投资者卖出部分股票，将所得投资于债券并增加现金，从而使投资组合重新平衡。股价降低将导致相反的重新平衡过程：投资者卖出部分债券，用所得和现金购买股票。

然而，初始资产配置并非一成不变。随着投资者情况的变化和年龄的增长，资产配置也应该变化。子女的出生或退休的临近意味着之前的配置不再合适，应该确定新的资产配置。当然，新的配置可能需要改变投资组合。确定合适的资产配置并对投资组合进行调整的这个动态过程提高了实现个人理财目标的可能性。

资产配置的重要性很明显，因为投资组合的收益率受到用于实现理想资产配置的具体资产的影响。正如本书所解释和说明的，有许多方式可以实现资产配置。共同基金、指数基金、交易所交易基金、股票和债券的存在，以及买卖这些资产的方便性，有利于投资者构建实现特定资产配置目标的投资组合。如果特定资产的价值发生变化，投资组合偏离了特定配置，那么资金也能方便地从一种资产转移到另一种资产，从而保持了理想的平衡。

本书中大部分内容都被用于分析这些特定资产，因为你需要了解它们的特征，在掌握充分信息的情况下做出投资决策。股票和债券的风险、潜在收益和估值方法都不同。即使在一类证券（例如，债券）内部，也可能存在巨大差异。公司债券不同于市政债券，而可转换债券不同于没有转换特征的普通债券。你需要了解和理解这些特征，以了解资产对投资组合可能产生的影响。当你理解如何确定单笔资产的价值、潜在收益来源以及与每种资产相关的风险后，就可以配置资源以构建投资组合，从而实现特定的金融目标了。

税　收

本章剩下的部分介绍了税收、养老金计划和有效市场假说。税收分为许多层次：联邦税、州税和地方税。这里的讨论只适用于联邦税，且仅限于影响投资决策的税收：对证券销售产生的资本损益征收的税以及与养老金和退休计划有关的避税措施。正如下面的讨论所强调的，长期收益和短期收益之间存在着重要的差异。这些税收改变了净投资收益。还有些避税措施与养老金计划有关，而后者可能影响你关于如何在不同账户之间配置资产的决策。了解这些税法可能无法使你成为一个更出色的投资者，但能使你意识到投资决策的税收含义。

资本损益

许多投资都是先买入，然后卖出的。如果卖出时获得了利润，那么这笔利润就被视为**资本收益**（capital gain）；如果卖出时遭受了损失，那么这种损失就被视为**资本亏损**（capital loss）。如果损益是在一年之内实现的，那么就是短期资本损益。如果是在买入之日起一年后卖出的，那么就是长期资本损益。

短期资本收益的税率为个人的边际税率。因此，如果一个投资者购买了 10 000 美元的股票，并在 9 个月后以 13 000 美元的价格卖出了这些股票，那么 3 000 美元的短期资本收益需要和其他应税收入一样纳税。如果持有股票 15 个月，那么 3 000 美元的长期资本收益的税率将更低，具体税率则取决于投资者的边际税率。因此，处于 33%税率等级的人应对长期资本收益缴纳 15%的税款，对 3 000 美元的短期资本收益缴纳 990 美元的税款，而对 3 000 美元的长期资本收益缴纳 450 美元税款，后者比前者少 540 美元。（这些税率为截至 2015 年 1 月的数据，并随美国税法的变化而改变。）

投资者可以用资本亏损来抵消资本收益。如果投资者以 15 000 美元购买了第二只股票，并以 12 000 美元的价格将其卖出，那么 3 000 美元的资本亏损就可以抵消 3 000 美元的资本收益。这种用资本亏损抵消资本收益的方法既适用于短期资本收益，也适用于长期资本收益。不过，用亏损抵消收益有特定的顺序。

最初，短期亏损被用于抵消短期收益，长期亏损被用于抵消长期收益。如果有净短期亏损（即短期亏损超过短期收益），那么可以用它来抵消长期收益。例如，如果投资者实现了 3 000 美元的净短期亏损，那么该短期亏损可用于抵消最高为 3 000 美元的长期资本收益。如果净短期亏损小于长期收益，那么应将抵消后的净资本收益作为长期资本收益征税。

如果有净长期亏损（即长期亏损超过长期收益），那么亏损将被用来抵消短期收益。例如，3 000 美元的净长期资本亏损被用来抵消最高为 3 000 美元的短期资本收益。如果一对夫妇申请分别报税，那么每人最多可以抵消 1 500 美元的收益。分别报税不能将可抵扣亏损翻倍至 6 000 美元。如果净长期亏损小于短期收益，那么会将抵消后的净资本收益作为短期资本收益征税。

如果投资者在扣除短期资本收益或长期资本收益后有净短期资本亏损或净长期资本亏损，那么可以用该净资本亏损抵消其他来源的收入，例如，股利或利息。然而，在一年中只能用 3 000 美元资本亏损抵消其他来源的收入。如果亏损更大（例如，5 000 美元），那么当年只能使用 3 000 美元。剩下的部分（2 000 美元）被向后结转以抵消未来年份中的资本收益或收入。

在这种向后结转的制度下，10 000 美元的当期资本亏损只能抵消 3 000 美元的当期收入，剩下的 7 000 美元被向后结转，抵消以后年份中的资本收益和收入。如果第二年没有资本收益，那么只有 3 000 美元的剩余亏损可以抵消第二年的收入，余额（4 000 美元）被向后结转至第三年。当资本亏损额较大时，这 3 000 美元的限额可能是投资者在当年获得收益，而不是向后结转亏损的动机。

即使资本收益的税率与普通收入的税率相同，它仍是一种避税方法。对资本收益征收的税款可以无限期递延，因为投资利润只有在实现后才被征税。许多证券的利润只是**账面利润**（paper profit），因为某些投资者没有卖掉证券并实现收益。税法只在实现收益时征税，从而鼓励投资者继续持有这些证券。

如果投资者持有证券直至去世，那么就能完全避免缴纳资本收益税。证券价值被作为逝者遗产的一部分征税。然后，这些证券将被按照逝者的遗嘱过户给其他人，例如，他的子女或孙辈，成本基础为该投资者死亡当日的证券价值。例如，假设一个人拥有在 20 世纪 80 年代买入的 IBM 股票。这些股票的当前价值可能是其成本的许多倍。如果投资者卖出这些股票，那么他将实现高额资本收益。然而，如果投资者持有这些股票直至去世，那么新的成本基础就变为股票的当前价值，从而避免对股票升值部分缴纳资本收益税。

虚　售

假设一个投资者以每股 50 美元的价格购买了默克（Merck）公司的股票，该股票现在的售价为 30 美元，那么，这个投资者就有账面亏损。他能卖出股票产生亏损，然后立即回购吗？答案是可以，但投资者的这笔交易无法用亏损抵税。卖出股票产生亏损然后立即回购是“虚售”，其亏损不得抵税。尽管美国联邦税法不禁止投资者回购股票，但如果纳税人在卖出股票之日前后 30 天内回购股票，则不允许用亏损抵税。

还有其他选择吗？第一，投资者可以卖出股票，并在 30 天后将其回购。当然，股价可能在这 30 天内上升，此时投资者放弃了潜在收益。第二，投资者可以再购买 100 股默克公司的股票，持有 200 股股票满 30 天，然后卖掉最初的 100 股。与该策略相关的风险是价格继续下跌，此时投资者最初购买的股票和第二次购买的股票都遭受了损失。第三，投资者可以购买类似公司的股票（例如，卖出默克公司的股票，购买强生公司的股票）。这种策略的风险是，默克公司和强生公司可能不是彼此的完全替代品。当强生公司的股价下跌时，默克公司的股价可能上升。

关于虚售的规定不仅适用于股票交易，还适用于其他金融资产，例如，债券和共同基金。基本原则是，投资者不能在交易前后 30 天内购买“实质上相同”的证券。卖出默克公司的股票然后立即回购显然是对实质上相同证券的交易。卖出默克公司的股票然后立即购买强生公司的股票显然不是对实质上相同证券的交易。然而，卖出 2025 年到期、利率为 6%的 AT&T 债券，然后买入 2024 年到期、利率为 5.8%的 AT&T 债券就很难判断了。这两种债券十分相似，因此可能被认为是“实质上相同”的。如果利率为 5.8%的债券是由威瑞森（Verizon）发行的甚至是由 AT&T 发行但是在 2035 年到期的，那么这两种债券就不是实质上相同的。

确定卖出或赎回股数的具体股数法

如前所述，卖出股票的收益需要缴纳资本收益税。当投资者只卖出部分股票时，应该卖出哪些股票，留下哪些股票？一般的规则是使用先进先出法。由于股票价值趋于上升，因此先进先出法通常会产生更多税款。以下用一个简单的例子说明税收的潜在差异。假设投资者购买了 3 次股票，每次买入 100 股：

	成本（美元）	持有期（年）
100股	1 000	4
100股	2 000	3
100股	3 000	2

越近购买的股票成本越高。

一只股票的当前价格为40美元，投资者卖出100股，获得4 000美元。在先进先出法下，卖出的是4年前买入的股票，资本收益为3 000美元。显然，此时需要缴纳的税款高于先卖出最后买入的股票时需要缴纳的税款，后者的资本收益仅为1 000美元。投资者可以卖出最近买入的股票，保留最先买入的股票吗？如果投资者能卖出最后买入的股票而不是最先买入的股票，那么应缴纳的资本收益税将明显降低。（如果最后买入的股票持有时间不满一年，且需要缴纳短期资本收益税率，也就是投资者的边际所得税率，那么，使用先进先出法就更有利。根据收益金额，长期资本收益税可能更低。）

这个问题的答案是肯定的。投资者不必使用先进先出法。投资者可以使用“具体股数法”，它确定了卖出的具体股数。然而，美国国税局（Internal Revenue Service，IRS）不接受投资者卖出最近买入的股票的要求。投资者必须用书面方式告知经纪商卖出哪些股票，并收到书面交易确认函。如果没有基金或经纪商的书面确认函，那么就适用先进先出法。共同基金的投资者还有另一种选择。他们可以计算基金份额成本的平均值，并用该值作为成本基础。股票投资者不能通过计算平均值的方法来确定成本基础，他们必须使用先进先出法或具体股数法。

养老金计划

还有一种可以减轻退休后财务负担的避税方法，那就是养老金计划。公司具体规定了每位员工的年度养老金，例如，对于某位在该公司工作了25年的员工而言，他的年度养老金为最后一年工资的75%。如果某位员工在该公司工作了20年，那么他的年度养老金为最后一年工资的50%。由于公司确定了养老金的金额和条件，因此这种养老金被称为固定福利养老金。

固定福利养老金计划对雇主和员工都有明显的优势。为了最大化收益，员工需要留在公司里，这降低了员工流动率。固定福利计划不要求员工缴款。当然，员工可以储蓄并积累更多资产，但他们不必向雇主的养老金计划缴款。

然而，固定福利计划也有重大的缺点。为了获得最高福利而留在公司中降低了员工换工作的能力。这在今天的就业环境中是一个重大缺点，因为多数人都会以某种频率更换工作。固定福利计划也要求公司将钱存起来为养老金“融资”。并不是所有企业都做到了这一点。它们有“未融资”养老金负债，这意味着它们可能无法支付承诺的养老金。此外，有些公司破产了，几乎没有资产来支付承诺的养老金。

另一种公司养老金形式是401(k)计划，这是一种固定缴款计划。这种计划允许员工向储蓄计划中存入一部分收入（存入金额有最高限制）。在许多情况下，公司都会按缴款的一定比例存入相应金额。员工缴款可以在计算应税收入之前扣除，这降低了员工的联邦所得税。当个人取款时，取出的钱需要缴税。这种所得税的递延意味着401(k)计划是一种避税方法。缴款可以投资于公司提供的一种或多种选择，例如，股票基金、债券基金或货币市场基金。员工可以选择如何在这些投资之间分配缴款，该计划还允许员工每隔一段时间在不同投资之间进行资金转移。

非营利组织（例如，医院、宗教组织、公立学校和私立学校以及基金会）可能也会提供类似的工资扣除计划，它被称为 403(b)计划。该计划的运作原理与 401(k) 计划相同。在两种情况下，员工的缴款都可以从收入中扣除，因此可以递延到提取资金时再缴纳联邦所得税。对缴款进行投资所获得的投资收益的应纳税款也可以递延到提取资金时再缴纳。

个人退休计划

对雇主出资养老金计划的一种批评是，不是所有员工都能获得这种计划。然而，美国国会通过法案规定所有员工和自谋职业者均可建立自己的养老金计划；因此，现在所有人都能获得这种之前只能通过雇主出资养老金计划提供的避税方法。没有被养老金计划覆盖的员工可以建立**个人退休账户**（individual retirement account，IRA）。1981 年，美国国会通过补充法案，将个人退休计划扩展至所有员工，即使他们已经参与了雇主出资养老金计划。

截至 2015 年 1 月，员工可以在一家金融机构（例如，商业银行、经纪公司或共同基金）开立账户，每年最多可存入 5 500 美元。这笔钱必须是劳动所得，也就是说，工资等于或高于 5 500 美元的员工在 IRA 中最多只能存入 5 500 美元。然而，如果员工的收入来源是股利或利息，这笔钱就不能存入 IRA。

投资于 IRA 的金额可以从员工的应税收入中扣除。该账户中的资金获得的收入也不用纳税。所有税款都递延至从 IRA 中取款时缴纳，届时这些钱将作为普通收入纳税。如果员工提前取款（在 59.5 岁之前），那么这笔钱将作为普通收入纳税并加征罚款。

IRA 很快成为最常用的避税方法之一，但美国国会对 IRA 缴款的可抵扣性施加了严格的限制。对于养老金计划覆盖的员工，（2015 年）只有在夫妻填写的联合纳税申报表中的调整后总收入少于 98 000 美元时，才能进行全额扣除。（对于养老金计划覆盖的单身员工，该限额为 61 000 美元。）注意，这里使用的是调整后总收入，而不是劳动所得。如果某位员工获得的工资较低，但利息或股利收入很高，那么在计算 IRA 缴款可抵扣额度时，这笔额外收入将被计算在内。一旦达到收入界限，缴款的可抵扣额度就会降低。

必须强调的是，只有联合纳税申报表中的收入超过 183 000 美元的夫妻员工才会完全无法扣除 IRA 缴款。对于绝大多数员工来说，IRA 缴款仍然是可以扣除的。而且不管收入水平是多少，未被雇主出资养老金计划覆盖的个人仍然可以扣除 IRA 缴款。

最初，可抵扣 IRA 要求个人有工作才能建立账户。对于已婚夫妻，这意味着两人都必须有工作，才能利用可扣税 IRA。根据现在的税法，只要夫妻中有一人获得等于退休金缴款的收入，夫妻双方就都可以拥有可扣税 IRA。现在出现了一个问题：这笔钱应放在丈夫还是妻子的账户中？从税收的角度看，答案是放在较年轻者的账户中。由于在 70.5 岁以前不用提款，因此这笔钱可以存在账户中更长时间，继续获得递延纳税的好处。此外，妻子在年老时可能更需要钱，因为她活得更久的可能性更大。当然，一旦将这笔钱存在妻子名下，那么她就是这笔钱的所有者和账户控制者。

尽管员工建立 IRA 的能力受到资金可获得性的约束，但建立账户的时间越早越好。由于许多年轻员工常常有比存钱更优先的事务（例如，住房首付）且没有考虑退休以后的生活，因此他们可能推迟开立 IRA。这是很遗憾，因为如果在年轻时存款，账户中的最终金额将大大提高。

下例说明了终值的这种区别。假设某人在 25 岁时开始在 IRA 中每年存入 1 000 美元，并继续缴存 40 年（即缴存到 65 岁）。如果基金年收益率为 4%，那么账户将增至 95 026 美元。

如果同一个人在 45 岁时开立账户并每年缴存 2 000 美元，直到 65 岁，那么最后账户中将有 59 556 美元。尽管在两种情况下的总缴存金额均为 40 000 美元，但最终金额显著不同。如果存钱的时间更早，他们获得的利息更多，这将产生更大的终值。因此，即使缴存金额较少，尽早开始向 IRA 中缴存也符合个人利益。

基奥账户

自谋职业者可以开立一种叫作**基奥账户**（Keogh account）的账户，或称之为 **HR-10 计划**（HR-10 plan）。基奥账户得名自推动与其相关的法案的国会议员。基奥账户类似于 IRA 或公司资助的养老金计划。个人在账户中存入资金，并从应税收入中抵扣该金额。存入账户的资金获得的收益（比如初始缴款）在提取前不用纳税。和 IRA 的情况一样，在 59.5 岁之前取款需要缴纳罚款，必须在 70.5 岁之后才能开始取款。

个人向基奥账户缴存金额的计算容易令人混淆。个人最多可以存入净收入的 25%，但计算净收入时应将养老金缴款作为商业费用扣除。其影响是，个人可以存入缴存前净收入的 20%。假设一个自谋职业者在缴纳养老金前的收入为 100 000 美元。如果他向账户中存入 20 000 美元（即 100 000 美元的 20%），那么他在扣除养老金缴款之后存入的金额即为收入的 25%：

扣除缴款后的净收入：100 000－20 000＝80 000（美元）

缴款占净收入的百分比：20 000/80 000＝25%

计算某人最高可以缴存的金额时，在缴存之前扣除 20%的收入可能比计算 25%的净收入更容易。①

除了基奥账户外，自谋职业者还可以开立 IRA。然而，如果收入超过了上面介绍的限额，那么向 IRA 的缴款就不能从应税收入中扣除。如果自谋职业者的钱只能够存入一个账户，那么建立基奥账户可能更有利，因为可以存入基奥账户（因而可以避免缴纳当期所得税）的资金金额更大。

如果自谋职业者开立了基奥账户，那么他雇用的其他人也可以使用该账户。有一些例外，比如，新员工和年轻员工；但如果自谋职业者为自己开立了基奥账户，那么其他固定员工就不能被排除在外。建立这种账户后，自谋职业者便承担了为其员工管理基奥账户的受托责任。

自谋职业者建立简化员工养老金（Simplified Employee Pension，SEP）计划可以避免承担这些责任。SEP 是由美国国会设计的，旨在鼓励小业主为员工建立养老金计划，同时避开了复杂的养老金法律。在 SEP 计划中，雇主代表员工向 IRA 缴存款项，因此避免了建立自己的养老金计划的管理成本。向常规 IRA 缴款的限制不适用于 SEP 计划。除了员工缴款外，税法还允许雇主用减少的工资向 SEP 缴款，因此 SEP-IRA 也可以作为 401(k) 计划。

不可抵扣 IRA——罗斯 IRA

1997 年，授权法建立了罗斯 IRA，它以发起人——特拉华州的议员罗斯（Roth）——的

① 计算最高缴存金额的公式为：$\frac{收入\times 0.25}{1+0.25}$。

如果个人收入为 100 000 美元，那么最高缴存金额为：$\frac{100\ 000\times 0.25}{1+0.25}=\frac{25\ 000}{1.25}=20\ 000$（美元）。

名字命名。和可抵扣 IRA 一样，罗斯 IRA 旨在鼓励人们为退休后的生活储蓄，并且是一种避税手段。然而，与提前扣除缴款的传统 IRA 不同，罗斯 IRA 的优点在提取资金时显现出来。尽管缴款不能抵扣税款，但提款不用缴纳所得税。正如我们之前所说明的，从可抵扣 IRA 中提款需要缴纳所得税。

和可抵扣 IRA 一样，罗斯 IRA 的缴款金额也有限制。2015 年，个人账户的年缴款限额为 5 500 美元。只要调整后总收入少于 183 000 美元（单身者为 116 000 美元），就可以进行缴款。对于超过这些水平的调整后总收入，缴款将逐渐停止。

你可以同时拥有两类 IRA，但不能对每个账户都缴款 5 000 美元。你应该对每个账户投资 2 500 美元，总计为 5 000 美元，但这种策略避开了一个重要问题：哪种账户更好，可抵扣 IRA 还是不可抵扣 IRA？可抵扣 IRA 可以立即减免税款，但以后要纳税。不可抵扣 IRA 要求你现在纳税，以后可以减免税款。哪种账户更好取决于你现在的税级以及你的预期税级，正如附录 4 所说明的，两种选择之间可能没有区别。

延期纳税年金

除了延期纳税养老金计划以外，投资者还可以购买**延期纳税年金**（tax-deferred annuity），这是一种规定在未来收到一系列款项，而收益不必缴纳当期所得税的合同。延期纳税年金是由寿险公司出售的，它的原理类似于反向的寿险。拥有年金的人不是定期缴纳保险，而是定期从保险公司收到款项。延期纳税年金有两个要素：资金积累期和保险公司向年金所有者付款期。

投资者向保险公司付款购买年金（例如，养老金计划的一次性分配可以用来购买年金）。然后，保险公司用这笔钱进行投资，并在合同中规定还款计划，可以立即开始还款，也可以从合同中规定的其他时间开始还款。尽管资金留在保险公司，但可以为年金所有者创造收益。投资者就这笔钱应缴纳的个人所得税可以递延到保险公司实际支付收益时缴纳。由于收益应纳税款被递延，因此实际缴纳的税款低于将收益累计起来纳税时的税款。

许多人用年金为退休后的生活攒钱。如果退休后他们的收入下降，税级也会降低。在这种情况下，从年金中取出的资金将以较低的税率纳税。当然，如果投资者已经通过养老金计划、IRA、基奥账户和个人存款储蓄了足够资金，那么从避税账户（包括延期纳税年金）中取款时，个人的税级也可能升高而不是降低。但即使投资者在未来适用的税率提高，也可以在递延纳税的期间内享受积累资金而无须纳税的好处。

有效市场假说

本章第一节简要介绍了理财规划、资产配置和影响投资决策的税收。首先，你应确定理财目标并分析财务状况。其次，你应进行资源配置以构建投资组合、实现理财目标。你对税收的了解有助于配置资源、更好地管理应纳税款。然而，你的所有投资决策都是在竞争的金融市场中做出的。你需要意识到竞争性和它的一个重要含义：金融市场是非常有效的。

某些人认为他们能胜过市场的想法可能有些自负。然而，从理财规划角度看，一个重要的考虑是：不要追求胜过市场，而要获得与你承担的风险相对称的收益。如果你承担了更多的风险，那么就应该获得更高的收益，但这并不必然意味着经过风险调整后，你的收益率仍能高于市场收益率。

“胜过市场”与“在风险调整基础上胜过市场”之间的区别很重要。大众传媒经常比较收益率与市场收益率，并宣称 X 的绩效胜过（或不如）市场。这种比较经常是以绝对数为基础的，而非经过风险调整的。当然，如果某个投资组合经理追求高风险策略，那么他应获得较高的收益率（即绝对收益率高于市场）。相反，如果某人管理着保守、低风险的投资组合，那么他就应获得较低的收益率。不考虑风险实际上就等于忽略了投资和投资组合构建中最重要的考虑因素之一。为了胜过市场，投资组合经理或个人投资者的收益率必须高于投资者所承担风险水平下的预期收益率。这意味着投资者可能获得低于市场的收益率，但经过风险调整后，他的收益率仍然高于市场收益率。

本章的最后一节介绍了**有效市场假说**（efficient market hypothesis，EMH）。该假说认为，投资者不能期望在风险调整基础上持续获得高于市场的收益率。注意，该假说并没有说个人无法胜过市场，因为很显然，某些投资者在一段时间内可以获得出众的投资绩效。偶尔成为赢家并不重要。

有效市场假说基于几个假设条件，包括：（1）证券市场中有大量彼此竞争的参与者；（2）信息容易获得且获取信息基本无需成本；（3）交易成本很低。前两个条件看上去是显而易见的。经纪公司、保险公司、投资公司和资产管理公司，以及许多投资者都花费了无数时间分析财务报表，以确定公司的价值。投资者可以获得的投资信息源源不绝，而获得多数证券分析所需信息的成本往往很低。

第三个条件对于个人投资者可能不成立，因为他们要向经纪公司支付佣金以执行指令。这个条件对于信托公司和共同基金等金融机构来说是成立的。这些金融机构每股只支付几美分佣金，这么低的成本不会影响它们的投资决策。现在，由于有了电子交易，甚至个人投资者也能以堪比金融机构的成本买卖股票。然而，沿用传统全方位服务经纪商的投资者仍需要支付高额佣金，而这些佣金的确会影响投资收益。

由于证券市场高度竞争，信息容易获取，而且执行交易的成本很低，因此有效市场假说认为，证券价格会根据新信息迅速调整，且必然会反映出关于公司的所有已知信息。由于证券价格完全包含了已知信息且变化迅速，因此每天的价格变化将遵循随机漫步模式。随机漫步主要是指，价格变化是不可预测的，且模式是偶然形成的。如果价格遵循随机漫步模式，那么交易规则就没有用，而各种技术（例如，移动平均线）也无法帮助投资者选出更好的证券。（第十二章将讨论这些技术。）

传统上选择用随机漫步描述证券价格变化模式的做法可能是不恰当的，原因有两个。第一，有理由预期在一段时期后，股价将上升。除非收益完全是股利产生的，否则股价必然会上涨而产生正收益。此外，随着公司和经济的发展，股价往往也会随时间推移而上涨。

第二，随机漫步这个词经常被错误地解释为证券价格是随机确定的，这种解释完全是后顾性的。随机的是证券价格的变化。证券价格本身是由收益、利率、股利政策和经济环境等基础因素理性而有效地确定的。这些变量的变化迅速反映在证券价格中。所有已知信息均内含于当前的价格中，只有新信息会改变该价格。新信息必然是不可预测的，如果它可以预测，那么该信息就是已知的，股价应该已根据该信息进行了调整。因此，新信息必须是随机的，而证券价格应根据该信息随机变化。如果证券价格不是随机的，而是可以预测的，那么某些投资者的绩效就能持续胜过市场（即获得高于给定风险水平下预期收益率的收益率），而证券市场就不是有效的。

价格调整速度

由于证券市场是有效的，因此价格必须迅速调整。有效市场假说认为，当新消息散布出来之后，市场价格将会以极快的速度调整。在通信发达的世界中，信息会在投资圈内迅速散播，然后市场将根据消息对公司未来利润和股利的影响调整证券价格。当个人投资者了解到该信息时，证券价格可能已经变化了，因此，投资者无法就该信息采取行动而获利。

图 4.1 说明了该调整过程，图中画出了谷歌公司的股价。当该公司宣布每股收益从 0.71 美元上升到 1.22 美元后，股票交易价格为 433 美元左右，尽管这么大的增幅应该是利好消息，但它却低于分析师的预期。第二天，该股票以 389 美元开盘，比前一日收盘价下降了 10%。这种价格行为恰恰是有效市场假说所显示的。价格根据新信息迅速调整。一旦消息被公布，证券交易商就会立即根据新信息调整买价与卖价。当普通投资者得知新信息时，做出反应已经太迟了。

如果市场无效，且价格并非迅速调整，那么某些投资者就能调整他们持有的投资组合，并利用投资者所掌握信息的差异获利。以图 4.1 中的虚线为例。如果某些投资者知道利润增加低于预期而其他投资者不知道，那么前者便可以将他们持有的股票卖给那些不知道这一信息的投资者。然后，价格可能会在一段时间内下降，因为了解信息的卖方逐渐接受了降低的价格，以将股票脱手。当然，如果足够多的投资者迅速了解了该信息，那么当这些投资者根据新信息调整他们对股票的估值时，价格将会迅速下降。这恰好是现实中发生的情况，因为大量投资者迅速得到了信息，而有效市场迅速调整了股价。

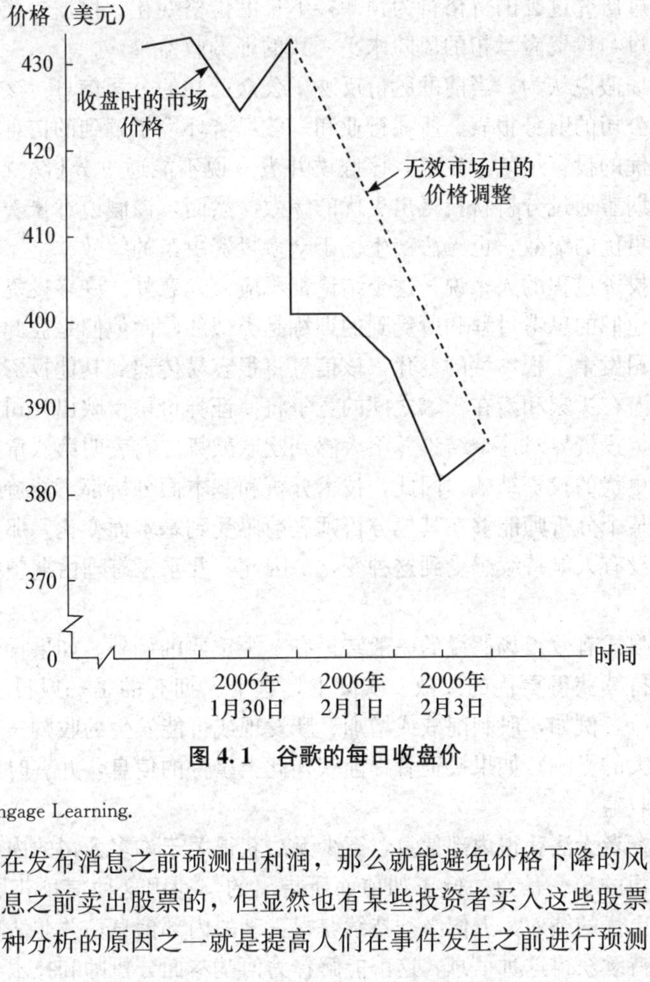

图 4.1　谷歌的每日收盘价

资料来源：© Cengage Learning.

如果投资者能在发布消息之前预测出利润，那么就能避免价格下降的风险。显然，有些投资者正是在发布消息之前卖出股票的，但显然也有某些投资者买入这些股票。当然，学习本书中的内容并进行各种分析的原因之一就是提高人们在事件发生之前进行预测的能力。然而，投资者应该意识到，证据支持有效市场假说，并强烈表明几乎没有投资者的绩效能在一段时期内持续胜过市场。

有效市场假说的形式

前面对有效市场假说的讨论表明，金融市场是有效的。投资者之间的竞争、信息的迅速传播和证券价格根据该信息进行迅速调整产生了有效金融市场，在有效金融市场中，个人无法期望其投资绩效持续胜过市场，但可以期望获得与所承担的风险水平一致的收益。

尽管你可能知道金融市场是有效的，但你可能不知道它的有效程度。有效程度很重要，因为它决定了个人投资者对所选证券分析方法的评价。如果金融市场无效，那么许多技术可能有助于选择证券，而且运用这些技术将取得更好的绩效。然而，当市场变得更有效、各种分析工具更为人熟知时，它们对证券选择的用处就降低了，因为它们不再能产生更好的绩效（即在风险调整的基础上胜过市场）。

你可能认为金融市场是弱式有效的、半强式有效的或强式有效的。弱式有效市场假说认为，第八章和第九章讨论的基本面分析可以产生更优的投资绩效，但第十二章讨论的技术分析则不行。因此，研究历史价格行为和其他市场技术指标不会产生更优的投资绩效。例如，当股价升高时，无法通过研究过去的价格行为预测接下来的价格变化。根据弱式有效市场假说，技术指标不会产生超过与投资者承担的风险水平一致的证券收益。

半强式有效市场假说认为，当前的股价反映了公众已知的公司信息。该信息包括公司的历史信息及通过研究公司的财务报表、所在行业和一般经济环境了解到的信息。不能期望通过分析这些材料得出更优的投资绩效。注意，该假说并没有说不能通过分析材料得出更优的绩效，它只是断言，不能期望通过分析材料得出更优的绩效。然而，该假说意味着，即使信息分析在某些情况下产生了更优的绩效，也无法产生优于众多投资决策的绩效。

对于任何考虑投资过程的人来说，这个结论都不应令人意外。许多投资者和分析师研究的都是相同的信息。他们的思考过程和所受到的训练是类似的，而他们是彼此竞争的。当然，如果某人感觉某家公司发生了根本性的变化，该信息将很容易传递到其他投资者那里，而证券价格也会发生改变。潜在买家和潜在卖家之间的竞争将使证券价格反映出公司的内在价值。

正如人们所料，投资界对这个结论并不太感到欢欣鼓舞。它表明第八章和第九章介绍的基本面分析不能产生更优的投资绩效。因此，技术分析和基本面分析都不能持续产生更优的投资绩效。当然，如果某个分析师能够在其他分析师之前感受到基本面变化，那么他就能胜过整个市场。然而，几乎没有人能持续感受到这种变化。因此，几乎没有理由期望投资者能持续实现更优的投资绩效。

然而，这种半强式有效市场假说的一般结论有一个重要的例外。如果投资者能获得内部信息，那么他就可以持续获得更优的绩效。实际上，这个人拥有的是一般投资公众不知道的信息。这种秘密信息——例如，股利削减或增加、新发现或可能发生的收购——可能对公司及其证券的价值产生重大的影响。如果投资者提前获知此类事件的信息，并有时间行动，那么他就能获得更高的投资收益。

当然，多数投资者无法获得内部信息，至少无法获得关于许多公司的内部信息。某个人或许能获得他所在公司的秘密信息。但正如前面所指出的，利用这种信息获取个人收益是非法的。为了持续获得更优的绩效，人们必须持续获得正确的内部信息，并非法使用这种信息。可能很少有投资者能持续获得这种信息，这就能解释为何基本面分析师和技术分析师都将内部人的买卖交易视为收集公司管理层眼中的公司真实未来潜力线索的方法。

强式有效市场假说认为，当前的股价反映了所有已知（公开）信息和所有关于公司的秘密信息或内部信息。因此，即使某人能获得内部信息，也不能预期他能获得更优的投资绩效。同样，这也不意味着根据内部信息行动的人不能获得更优的投资绩效。它意味着不能期望获得这种绩效，且一种情况下的成功往往会被另一种情况下的失败抵消，因此从长期来看，投资者不能获得更优的绩效。

该结论依赖于一个非常重要的假设：内部信息无法保留在内部！了解公司活动的人太多了。大量投资者都会觉察出该信息，而公司的证券价格将根据该内部信息的内容进行调整。注意，股价仍反映其内在价值这个结论并不要求所有投资者都知道该内部信息。只要有足够多的人了解该信息就够了。此外，该信息不一定是非法获得的。对某些信息保密基本上是不可能的，总会有关于公司活动的各种传言。公司否认这些传言并不足以停止它们的传播，而当某些传言后来被证实时，只是增加了未来传言作为获得内部信息手段的可信性。

尽管许多实证研究都是为了验证各种形式的有效市场假说，但这些检验通常只支持弱式有效市场假说和半强式有效市场假说。使用秘密信息可能会导致更优的投资绩效，但不能期望使用公开已知的信息能产生更优的投资绩效。因此，技术分析和基本面分析可能都不会对个人投资者有帮助，因为当前的股价已经充分包含了这些信息。

有效市场假说的实验证据：异常现象

尽管人们普遍认为证券市场是有效的，但关于市场有效程度的问题仍然无解。这提出了第二个问题：如果金融市场不是完全有效的，那么例外情况是什么？这个问题引导我们找出市场有效性的例外情况，即异常现象。市场异常是无法解释的，但如果有效市场假说成立，按照预期不应出现某些情况或策略。例如，如果投资者买入一只宣布增加股利的公司的股票导致投资者获得超额收益，那么这种策略就意味着证券市场并非完全有效的。

多数对不同类型技术指标的实证检验都支持弱式有效市场假说，而第十二章介绍的技术不会导致更优的投资绩效。证据表明，连续价格变化是随机的，一个时期和下一个时期的股价之间基本上是无关的。因此，过去的价格行为几乎无法为预测未来股价提供有用的信息。

在另一种极端情况下，强式有效市场假说认为，即使能获得内部信息，也不会导致投资者获得超额收益。最初的实证并不支持强式有效市场假说，并认为内部人可以通过交易本公司的股票获利。最近的实证证明了该结论，即可以通过内部人交易预测出股价变化。在股价上升之前，内部人买入股票的情况将增加，而在股价下跌之前，内部人卖出股票的情况将增加。这种实证表明，金融市场并非完全有效的。

迄今为止，多数研究的对象还是半强式有效市场假说。对使用公开可得信息（例如，公司财务报表数据）策略的研究结论一般是，这种信息不会产生更优的绩效。一旦信息被公开，价格就会迅速变化，因此证券价格包含了所有已知信息。如果投资者可以预测到新信息，并在信息被公开前采取行动，那么他的投资绩效就可能胜过市场，一旦信息被公开，就很难用这种信息来创造更优的投资绩效。

尽管实证通常支持半强式有效市场假说，但也有例外。两种最重要的异常情况就是市盈率效应和小企业效应。市盈率效应表明，由低市盈率股票组成的投资组合的平均收益率高于由高市盈率股票组成的投资组合。（第九章详细介绍了市盈率。）小企业（或低市值公司）效应显示，随着企业规模的增大，收益率将会降低。企业规模通常用股票市值衡量。如果将纽约证券交易所的所有普通股分为五组，那么最小一组企业规模（所有企业中最小的 20%）的股票投资收益率往往超过最大一组企业规模的股票投资收益率，即使经过风险调整也是如此。

后来的研究发现，小企业效应主要发生在一月，尤其是前五个交易日。这种异常现象被称为一月效应。然而，并不存在相对应的十二月效应（即小企业股票在十二月的绩效不会持续差于市场），即与十二月卖出、一月买入一致的效应。一月效应通常可以用投资者在十二月由于税收原因卖出股票并在一月又买入股票来解释。有一些证据可以证明，对于某种规模的企业，前一年价格下跌最多的股票往往在来年一月反弹得最多。

被忽略公司效应表明，被大型金融机构（例如，共同基金、保险公司、信托公司和养老金计划）忽视的小公司往往会创造出比这些金融机构投资的公司更高的收益率。研究人员（根据持股金融机构的数量）将公司股票分为被研究最多的股票、被适度研究的股票和被忽略的股票三种，并发现最后一组的绩效优于被研究最多的股票。这种异常现象可能是小企业效应的另一种变形，被忽略公司效应和小企业效应都表明，当企业规模变小时，市场的有效程度将会降低。由于大型金融机构可能将这些公司排除在考虑范围之外，因此缺少它们的参与降低了市场有效性。

除了一月效应以外，还有周内效应。按理说，没有理由预期一周内每天的收益率不同，除非跨周末，跨周末的收益率应超过上一个工作日的收益率。然而，研究表明，周末并非导致收益率升高，而是降低。如果这种异常情况成立，那么就表明预期买入股票的投资者不应在周五买入股票，而应等到周一。预期卖出股票的投资者应该采取相反的行动。如果确实存在这种异常情况，可以通过投资者在周五卖出股票、在周一补仓的行为消除（即消除异常情况的套利行为）。异常情况的存在通常可以通过超额收益太少而不足以弥补交易成本来解释。

过度反应效应是指证券价格对新信息反应过度的趋势，它也与有效市场假说不一致。有许多发布新信息后证券价格发生大幅变动的例子。证据支持这种异常现象，即市场的确反应过度，但这种反应过度是不对称的。投资者对坏消息反应过度，但对好消息则不会。

还有证据表明，在一段时期内证券价格会沿着特定的方向漂移（漂移异常），尤其在发布某种程度的意外消息之后。市场对坏消息的解释是：即使公司的基本面之后发生变化，这种趋势仍在延长，股价将继续下降。相反的情况也成立：市场假设好消息将无限继续。前一种情况创造买入机会，而后一种情况则创造卖出机会。按理说，在有效市场中，变化将立即发生，因为新价格包含了新信息。（过度反应和漂移异常看起来矛盾，但这种解释不一定正确。在初始价格发生变动并继续产生价格漂移之后，可能很快会出现股价反弹。）

尽管实证支持有效市场假说，但之前的讨论表明，仍存在例外情况。然而，即使证据支持异常情况，结果也可能是模糊不清的。以一月效应为例，在 1980—2014 年的 35 年中，市场有 23 次在一月上涨，而在这 23 年中，有 21 年的年末市场涨幅为正。这一结果似乎表明，存在一月效应。遗憾的是，在其余 12 个一月中，市场都呈下跌趋势，但在这 12 年中，只有 5 年的年末市场是下跌的。合理的预期似乎是，如果存在一月效应，那么它既会预测出正收益率，也会预测出负收益率。或许一月正的收益率是市场随着时间推移而上涨的趋势造成的，而非一月效应的结果。

在你急着利用这些所谓的无效性之前，应该记住几个发人深省的要点。第一，实证结果只是与无效性一致，但它们不能证明存在无效性。第二，如果要利用无效性，那么它必须是持续的。一旦无效性被投资者发现和利用，就可能消失。第三，交易成本很重要，你必须支付与投资策略相关的交易成本。如果需要进行大量交易，那么超额收益就可能会被交易成本消耗掉。

第四，你仍然必须选择个股。即使小企业在一月第一周的表现胜过市场，你也不能购买所有小企业的股票。不能保证你选择的股票就是那一年表现胜过市场的股票。

有效市场假说的含义

最终，你必须自己决定市场的有效程度，以及异常情况是否可以作为特定策略的基础。任何倾向于采取积极投资管理策略的投资者都可能将异常情况视为机会。而偏好消极投资管理的投资者可能只将其看作趣闻。

不管你采取消极策略，还是采取利用异常情况的策略，都需要了解有效市场假说。第一，有效市场表明投资者和金融分析师利用已知信息正确估计出了证券的价值。你可能无法利用公开信息获得更优的投资绩效，因为投资界已经利用了这些信息并做出了行动。如果投资界没有利用这些信息恰当地为证券估值，那么个人投资者就可以获得更优的投资绩效。投资者整体是有能力的，并试图胜过彼此这一事实有助于产生有效金融市场。

第二，尽管证券市场是有效的，但其他市场不一定有效。例如，投资者可能会在无效市场上买卖非金融资产。这意味着这些资产的当前价格不一定反映其内在价值，也就是说，价格不一定反映资产的潜在未来收入或升值空间。如果非金融资产的市场是分散的，且所有交易实际上都在场外进行，那么信息和价格的传播就是有限的。这往往会降低市场的有效性，导致价格过高或过低。尽管这种情况可以为精明或知识丰富的投资者提供极好的机会，但这也可能是新手的灾难。

第三，也许有效市场假说的最重要的含义是关于个人投资组合的。有效市场假说认为个人投资者可以随机选择分散化证券组合，并获得与市场整体一致的收益率。此外，一旦选定投资组合，就没有必要更改。因此，这种策略是买入并持有策略。这种策略有降低手续费的好处。

这种幼稚策略的问题是，它没有考虑投资者储蓄以及购买证券和其他资产的原因。它没有考虑投资组合背后的目标，而不同目标需要不同的投资组合构建策略。此外，目标和条件会变化，这要求个人投资组合也随之变化。根据情况变化改变投资组合将导致手续费增加，还可能导致应纳税款增加，而且不一定产生更优的投资收益。然而，当投资者的目标或财务状况变化时，应该以与新目标和财务状况一致的方式变更投资组合的资产配置。

对个人投资者来说，有效市场假说的重要性并不在于投资决策没有用这一含义。相反，它强调了投资者必须做出决策时的环境的重要性。该假说应该让投资者意识到，证券投资可能不会产生更优的收益。投资者应该在一段时期内获得与市场整体和投资者承担的风险一致的收益率。这意味着，个人投资者应该花更多的时间和精力确定其投资目标并为实现这些目标选择证券，而不是对单只证券进行分析。由于不能期望这种分析产生更优的绩效，因此它占用了考虑我们为何储蓄和投资这个重要问题的资源和时间。

小　结

由于投资是在有效市场上进行的，因此投资者的投资绩效很难持续胜过市场。然而，这并不意味着应该随机购买金融资产。相反，投资者应该制订理财计划，规定理财目标并确定优先次序。接下来，投资者应通过构建个人资产负债表和现金预算表来分析财务状况。资产负债表列出了个人的资产和负债，现金预算表列出了收支情况。这些财务报表可能是对当前情况的反映，也可能是对未来某段时期情况的预测。一旦采取了这些步骤，就可以确定资产配置以实现理财目标。

税收对投资决策有重大影响。尽管税法是由各级政府制定的，但影响投资的重要税法基本上是经联邦政府批准的，包括对长期资本收益和短期资本收益规定不同税率的税法。长期资本收益的税率较低。养老金计划和个人退休计划也提供税收优惠。在许多情况下，联邦所得税都可以延迟至个人从退休账户中取款时再缴纳。

投资是在竞争的金融市场中进行的。这种竞争，加上信息的迅速传播和证券价格的迅速变化，产生了有效市场。有效市场假说认为，个人投资者不能期望经风险调整后的绩效在长期内胜过市场，而应获得与市场收益率和个人承担的风险水平一致的收益率。

实证倾向于支持有效市场假说，至少是弱式和半强式有效市场假说。然而，也存在着与有效市场假说不一致的异常情况。金融市场可能存在投资者能够利用的无效性漏洞。这种异常情况表明，金融市场并非完全有效的，投资者可以获得超额收益率。这种收益率高于给定市场收益率和投资者所承担风险下的期望收益率。

资本损益抵消小结

本小结举例说明了六种短期损益：(1) 短期收益和长期收益；(2) 短期亏损和长期亏损；(3) 短期亏损低于长期收益；(4) 短期亏损高于长期收益；(5) 短期收益高于长期亏损；(6) 短期收益低于长期亏损。

情况 1　短期收益和长期收益

短期收益：300 美元

短期亏损：200 美元

　净短期收益：100 美元

长期收益：600 美元

长期亏损：400 美元

　净长期收益：200 美元

税收含义：

　将 100 美元作为普通收入征税

　将 200 美元作为长期资本收益征税

情况 2　短期亏损和长期亏损

短期收益：100 美元

短期亏损：200 美元

　净短期亏损：100 美元

长期收益：300 美元

长期亏损：400 美元

　净长期亏损：100 美元

税收含义：

　将 200 美元用于抵消其他来源的应税所得

情况 3　短期亏损低于长期收益

短期收益：300 美元

短期亏损：400 美元

　净短期亏损：100 美元

长期收益：600 美元

长期亏损：400 美元

　净长期收益：200 美元

税收含义：

　将 100 美元短期亏损用于抵消长期收益

　将 100 美元净收益作为长期资本收益征税

情况 4　短期亏损高于长期收益

短期收益：300 美元

短期亏损：500 美元

　净短期亏损：200 美元

长期收益：500 美元

长期亏损：400 美元

　净长期收益：100 美元

税收含义：

　将 200 美元短期亏损用于抵消 100 美元的长期收益

　将 100 美元净亏损用于抵消其他应税所得

情况 5　短期收益高于长期亏损

短期收益：400 美元

短期亏损：200 美元

　净短期收益：200 美元

长期收益：400 美元

长期亏损：500 美元

　净长期亏损：100 美元

税收含义：

　将 100 美元长期亏损用于抵消短期收益

　将 100 美元净收益作为普通收入征税

情况 6　短期收益低于长期亏损

短期收益：300 美元

短期亏损：200 美元

　净短期收益：100 美元

长期收益：400 美元

长期亏损：600 美元

　净长期亏损：200 美元

税收含义：

　将 200 美元的长期亏损用于抵消短期收益

将100美元的净亏损用于抵消其他来源的 应税所得

问　题

1. 制订理财计划的步骤是什么？财务报表在制订理财计划时起的作用是什么？

2. 个人的预测资产负债表和预测现金预算表的区别是什么？下列哪项是个人资产负债表的内容？哪项是现金预算表的内容？

a）抵押贷款。

b）需要偿还的本金。

c）股利支付。

d）股票。

e）社会保障支付。

f）共同基金份额。

g）应付利息。

h）古董。

i）信用卡余额。

j）401(k）计划缴款。

3. 什么是避税手段？避税手段是否意味着个人可以免于纳税？

4. 什么是资本收益？资本收益需要纳税吗？资本亏损可以用于抵消资本收益和其他来源的所得吗？

5. 以下哪项是避税手段？

a）股利收入。

b）储蓄账户获得的利息。

c）以10美元的价格购买、现在价值为25美元的股票。

d）IRA。

e）罗斯IRA。

f）卖出2005年买入的股票，获得1 000美元资本收益。

6. 什么是IRA、401(k）计划和基奥账户？它们对投资者来说的主要优势是什么？

7. 可抵扣IRA和罗斯IRA的区别是什么？哪种条件对罗斯IRA有利？

8. 税收会影响理财规划。请访问如美国国税局的网站（www. irs. ustreas. gov）等机构的网站，并回答下列问题。其他可供参考的网站包括TurboTax（www. turbotax. intuit. com）或1040. com（www. 1040. com）。

a）如果一个单身人士和一对填写联合纳税申报表的夫妻的应税所得分别为50 000美元、75 000美元和150 000美元，那么他们的边际税级是多少？

b）纳税人可以向罗斯IRA缴存的最大金额是多少？

c）短期资本收益和长期资本收益当前的最高税率是多少？

d）你向大学校友基金会捐赠的款项可以抵税吗？

9. 有效市场假说是否认为投资者的投资绩效不能胜过市场？信息传播（按照完全披露法的要求）对金融市场有效性有何影响？在有效市场中，证券价格变化对新信息的反应有多快？

10. 有效市场假说的三种形式是什么？有效市场假说可能有哪些例外（异常）情况？

关系题

1. 在一段足够长的时期之后卖出股票，使收益成为长期收益而非短期收益，这样做将______税款。

2. 实现资本亏损以抵消资本收益将______税款。

3. 卖出股票获得收益并立即回购股票将______对收益征收的税款。

4. 卖出股票以实现短期亏损并立即回购股票将______亏损的税收收益。

5. 对传统IRA缴款将______当期所得税。

6. 从罗斯IRA取款将______所得税。

7. 从固定缴存养老金计划获得分配将______税款。

8. 当期所得税税率提高将______罗斯IRA的

吸引力。

9. 预期所得税税率提高将______偏好传统IRA而非罗斯IRA的理由。

10. 长期资本收益税税率变化将______传统IRA分配应缴纳的税款。

习 题

1. a) 某人适用的联邦所得税税率为28%，长期资本收益税税率为15%，他在当年买卖了下列证券：

单位：美元

	股票成本	销售收入
ABC	24 500	28 600
DEF	35 400	31 000
GHI	31 000	36 000

他应缴纳多少短期资本收益税？

b) 某人适用的联邦所得税税率为35%，长期资本收益税税率为15%，他在当年买卖了下列证券：

单位：美元

	股票成本	销售收入
ABC	34 600	28 600
DEF	29 400	31 000
GHI	21 500	19 000

对于这些交易，他应缴纳多少税款或能节省多少税款？

2. 某个投资者适用的所得税税率为33%，长期资本收益税的税率为15%。在下列各种情况下，该投资者在当前的纳税年度应缴纳多少税款（或在亏损的情况下节省了多少税款）？

a) 净短期资本收益为3 000美元；净长期资本收益为4 000美元。

b) 净短期资本收益为3 000美元；净长期资本亏损为4 000美元。

c) 净短期资本亏损为3 000美元；净长期资本收益为4 000美元。

d) 净短期资本收益为3 000美元；净长期资本亏损为2 000美元。

e) 净短期资本亏损为4 000美元；净长期资本收益为3 000美元。

f) 净短期资本亏损为1 000美元；净长期资本亏损为1 500美元。

g) 净短期资本亏损为3 000美元；净长期资本亏损为2 000美元。

3. 你适用的所得税税率为28%，并缴纳15%的长期资本收益税。下列各笔交易当年应缴纳或节省的税款分别为多少？

a) 你以每股10美元的价格购买了100股ZYX的股票，7个月后，你在201×年12月31日以每股23美元的价格卖出了这些股票。你以每股10美元的价格购买了100股WER的股票，15个月后，你在201×年12月31日以每股7美元的价格卖出了这些股票。你以每股10美元的价格购买了100股DFG的股票，9个月后，你在201×年12月31日以每股15美元的价格卖出了这些股票。

b) 你以每股60美元的价格购买了100股ZYX的股票，7个月后，你在201×年12月31日以每股37美元的价格卖出了这些股票。你以每股60美元的价格购买了100股WER的股票，15个月后，你在201×年12月31日以每股67美元的价格卖出了这些股票。你以每股60美元的价格购买了100股DFG的股票，9个月后，你在201×年12月31日以每股76美元的价格卖出了这些股票。

c) 201×年1月2日，你以每股40美元的价格购买了100股ZYX的股票，22个月后，你以每股31美元的价格卖出了这些股票。201×年1月2日，你以每股40美元的价格购买了100股WER的股票，15个月后，你以每股27美元的价格卖出了这些股票。201×年1月2日，你以每股40美元的价格购买了100股DFG的股票，18个月后，你以每股16美元的价格卖出了这些股票。

d) 201×年1月2日，你以每股60美元的价格购买了100股ZYX的股票。201×年10月2日，你以每股40美元的价格卖出了100股ZYX的股票。201×年10月10日，你以每股25美元的价格购买了100股ZYX的股票。

4. 你适用的所得税税率为25%。如果你采取以下行动，应缴纳或能节省多少税款？

a）向 401(k) 计划缴存 2 000 美元。

b）向罗斯 IRA 缴存 2 000 美元。

c）从传统 IRA 提取 2 000 美元。

d）从基奥账户提取 2 000 美元。

5. 你的传统个人退休账户中有 GFH 的股票，成本为 2 000 美元，是 20 年前你 50 岁时购买的。你非常幸运，这些股票现在价值 23 000 美元。你的所得税税率为 35%，长期资本收益税税率为 15%。

a）股票价值的年增长率为多少？

b）如果你取出钱，那么应缴纳的税款是多少？

6. 假设你今年 66 岁，在此之前的 20 年中，你每年向 401(k) 计划中缴存 3 000 美元，年收益率为 6%。如果你的所得税税率为 20%，那么如果你的资金收益率在接下来 15 年中仍为 6%，当你提取这笔资金时应缴纳的年税款是多少？

7. 假设你今年 60 岁。现在，你在个人退休账户中投资了 10 000 美元，并刚刚从养老金计划中得到了一次性分配的 50 000 美元，你将这笔钱存入个人退休账户中。你继续每年向普通个人退休账户中存入 2 000 美元，并预期这些资金获得 9%的收益率，直到你 70 岁时（即 10 年后）开始从中取钱。在个人退休账户中的滚动投资也将在此期间内获得 9%的收益率。

a）当你 70 岁开始取钱时，你将有多少钱？

b）如果你的资金继续获得 9%的年收益率，且你每年取出 17 000 美元，那么多久将把钱取光？

c）如果你的资金继续获得 9%的年收益率，且你的预期剩余寿命为 18 年，那么你每年最多可以取多少钱？

8. 鲍勃（Bob）每年在他的个人退休账户中存入 1 000 美元，共存 10 年，在接下来的 10 年中，每年投资 2 000 美元。玛丽（Mary）每年在她的个人退休账户中存入 2 000 美元，共存 10 年，在接下来的 10 年中，每年投资 1 000 美元。他们每人都投资了 30 000 美元。如果他们的年收益率为 8%，那么在 20 年后，玛丽的收益比鲍勃高多少？

9. 鲍勃和芭芭拉（Barbara）分别为 55 岁和 50 岁。鲍勃每年向芭芭拉的个人退休账户中存入 1 500 美元。他们计划缴款到鲍勃 65 岁退休时，然后尽可能久地留着这笔钱（为方便计算，假设留到 70 岁）。

迈克（Mike）和玛丽分别为 55 岁和 50 岁。迈克每年向他的个人退休账户中存入 2 000 美元。他们计划缴款到迈克 65 岁退休时，然后尽可能久地留着这笔钱（为方便计算，假设留到 70 岁）。芭芭拉和迈克的个人退休账户的年收益率均为 10%。

这两对夫妇的合并预期寿命均为妻子的 85 岁。根据该预期寿命，每对夫妇每年将从个人退休账户中取出多少钱？（该问题的目的是说明退休理财规划中的一个重要问题，这个重要的问题是什么？）

理财顾问的投资案例

退休计划与联邦所得税

你为几个老练的投资者提供理财规划服务，他们已经积累了可观的资产，但对于可用来降低税款的策略缺乏经验。为了提高他们的意识，一个客户建议你举办一场免费研讨会，说明降低税款的基本方法。你当时的反应是，每个人的纳税情况都不同，因此这种研讨会没有多大用处。然而，经过深思熟虑之后，你认为进行重点介绍可能是有好处的，尤其是如果你将讨论内容限制为退休规划这个主题，就能同时介绍其他税收策略，例如，资本收益或遗产规划，但仅以它们对退休规划的影响为限。

为了说明退休规划的差异，你选择了两个迥然不同的案例进行研究。玛丽·布罗斯特（Mary Brost）是一个单身母亲，她有一个十多岁的儿子。她拥有一份薪酬丰厚且有保障的工作，公司提供了 401(k) 计划、寿险和其他福利。尽管布罗斯特女士有足够的钱供她儿子念大学，但她儿子仍在当地一家会计师事务所打工，这为他提供了足够的日常花销，包括给他的车买保险。

贾森·阿根斯（Jason Agens）有两个小孩，他妻子为了进修回到学校读研究生。他在一个经济周期波动很大的行业里做个体经营。尽管阿根斯先生在上一轮经济衰退中没有遭受损失，但他以前遭受过损失，这影响了他承担风险的意愿。在好年景里，他积累了可观的流动资产，他认为在未来经济衰退时将需要这些流动资产。

你认为这两个人在退休税收规划的许多方面都存在很大差异。为了简化表述，你假设两个人的边际税率均为25%，且至少在20年内不会退休。尽管你希望说明每个人能积攒多少钱，但你认为应该另择时机讨论这个问题，以集中分析可能的退休策略的税收含义。为了启发讨论，你决定从回答下列问题开始你的发言，这些问题已经在研讨会之前分发下去了：

1. 玛丽能否建立IRA，并从应纳联邦所得税的收入中扣除向该账户中存入的款项？贾森可以采用同样的做法吗？玛丽或贾森的子女能拥有IRA吗？

2. 玛丽或贾森能否建立基奥账户，并从应纳联邦所得税的收入中扣除向该账户存入的款项？他们的子女能建立基奥账户吗？

3. 与IRA相比，玛丽或贾森偏好401(k)账户或基奥账户的原因是什么？

4. 玛丽的401(k)账户产生的收入是否需要缴纳当期的联邦所得税？如果贾森建立了一个退休账户，那么他的收入是否需要缴纳当期的联邦所得税？

5. 如果玛丽或贾森要从退休账户中取款，那么他们是否要缴纳联邦所得税和罚款？

6. 如果玛丽或贾森在退休账户以外购买了股票，那么这是否会增加他们的收入或资本收益？在退休账户以外购买股票是理想的策略吗？

7. 购买年金是否能提供类似于退休账户的税收优惠？

8. 对于希望为退休后的生活攒钱的人，你建议他采取何种一般策略？

附录4　可抵扣IRA与不可抵扣IRA

尽管表面上可抵扣IRA更优——因为现在缴存款项可以免缴所得税——但这不一定是正确的选择。实际上，选择取决于投资者当前的所得税税率和提取资金时的未来预期税率。通常，如果缴存时的税率较高，可抵扣IRA就更优。如果投资者预期提取资金时的税率较高，情况将相反。这时，不可抵扣IRA更优。如果税率相同，那么投资者选择哪种IRA就无所谓了。(可抵扣计划和不可抵扣计划之间还有其他差异，例如从70.5岁开始必须从可抵扣IRA中取款。不可抵扣IRA没有强制取款。这种差异将使一种计划优于另一种计划，而与投资者适用的税率无关。)

为了证实这点，考虑下列三个例子。其中，某个投资者有40 000美元的调整后总收入，投资年收益率为8%，投资期为20年。在第一个例子中，投资者的所得税税率为25%，预期提取资金时也适用该税率。(为简化起见，假设25%的所得税税率适用于所有的应税所得，而非按照当前联邦所得税税法的要求，一部分收入以较低税率纳税，另一部分收入以较高税率纳税。)对于可抵扣IRA，向IRA缴存并纳税后的可支配收入如下：

单位：美元

调整后总收入	40 000
可抵扣IRA缴款	2 000
应税所得	38 000
所得税	9 500
可支配收入	28 500

如果这个投资者选择了不可抵扣IRA，分析如下：

单位：美元

调整后总收入	40 000
可抵扣 IRA 缴款	0
所得税	10 000
不可抵扣 IRA 缴款	1 500
可支配收入	28 500

注意，这两个例子的可支配收入相同，因此情况类似。

当利率为 8%时，可抵扣 IRA 中的 2 000 美元年缴款在 20 年后增至 91 524 美元，而不可抵扣 IRA 中的 1 500 美元年缴款增至 68 643 美元。如果提取资金的时间为 20 年，并继续保持 8%的年收益率，那么可抵扣 IRA 每年将产生 9 322 美元。对整笔缴款纳税后，投资者将留下 6 992（=9 322−0.25×9 322）美元。不可抵扣 IRA 的收益率为 6 992 美元，这是投资者留下的金额；没有其他应纳税款。注意，税后得到的净金额同样独立于投资者选择的 IRA 种类。

偏好一种 IRA 而不是另一种 IRA，说明投资金额的假设税率不同。假设投资时的税率为 25%，但提取资金时的税率为 20%，考虑这时的影响。对于可抵扣 IRA，向 IRA 缴款并纳税后的可支配收入如下：

单位：美元

调整后总收入	40 000
可抵扣 IRA 缴款	2 000
应税所得	38 000
所得税	9 500
可支配收入	28 500

如果这个投资者选择了不可抵扣 IRA，分析如下：

单位：美元

调整后总收入	40 000
可抵扣 IRA 缴款	0
所得税	10 000
不可抵扣 IRA 缴款	1 500
可支配收入	28 500

由于最初的所得税税率（25%）不变，因此分析与上文相同。区别产生在提取资金时。

再一次地，可抵扣 IRA 中的 2 000 美元年缴款增至 91 524 美元，不可抵扣 IRA 中的 1 500 美元年缴款增至 68 643 美元。提取资金时，可抵扣 IRA 每年产生 9 322 美元，投资者的税后净收入为 7 457.60（=9 322−0.2×9 322）美元。不可抵扣 IRA 的收益仅为 6 992 美元，因此可抵扣 IRA 是更优的选择，因为它在前期节省了更多税款。

如果向退休账户缴款时的税率为 20%，但提款时的税率为 25%，那么将发生相反的情况。在这种情况下，IRA 缴款和应纳税款如下：

单位：美元

调整后总收入	40 000
可抵扣 IRA 缴款	2 000
应税所得	38 000
所得税	7 600
可支配收入	30 4000

如果这个投资者选择了不可抵扣 IRA，分析如下：

单位：美元

调整后总收入	40 000
可抵扣 IRA 缴款	0
所得税	8 000
不可抵扣 IRA 缴款	1 600
可支配收入	30 400

现在，初始所得税税率为 20%，因此结果发生了变化。由于可抵扣 IRA 的可支配收入增加了，因此不可抵扣 IRA 的缴款也增加了，以保持两者的可比性。

再一次地，可抵扣 IRA 的 2 000 美元年缴款增至 91 524 美元，但不可抵扣 IRA 的 1 600 美元年缴款增至 73 219 美元。提取资金时，可抵扣 IRA 每年产生 9 322 美元，投资者留下 6 992（=9 322－0.25×9 322）美元。不可抵扣 IRA 的收益为 7 458 美元，因此不可抵扣 IRA 是更好的选择，因为提取资金时节省的税款更多（即提款期的税率高于积累期的税率）。

第一个案例说明，如果每个 IRA 的可支配收入均保持不变，且在积累期和提款期的税率不变，那么可抵扣 IRA 和不可抵扣 IRA 没有区别。接下来的例子说明：如果积累期的税率较高，那么可抵扣 IRA 是较优的选择；如果提款期的税率较高，那么不可抵扣 IRA 是较优的选择。

最后一个例子考虑了两种 IRA 税率相同（积累期和提款期的税率均为 25%）且年缴款相同（2 000 美元）的情况。为了在缴款相同的情况下进行比较，投资者必须减少可支配收入，以弥补对不可抵扣 IRA 缴款所要缴纳的所得税。对于可抵扣 IRA，分析如下：

单位：美元

调整后总收入	40 000
可抵扣 IRA 缴款	2 000
应税所得	38 000
所得税	9 500
可支配收入	28 500

对于不可抵扣 IRA，分析如下：

单位：美元

调整后总收入	40 000
可抵扣 IRA 缴款	0
所得税	10 000
不可抵扣 IRA 缴款	2 000
可支配收入	28 000

可支配收入的差异为 500 美元，它是对不可抵扣 IRA 的投资缴纳的所得税。

现在的问题是，选择可抵扣 IRA 的投资者应该如何处理 500 美元？如果花掉这笔钱，不可抵扣 IRA 无疑将在提款期产生较高的收入流。两种情况下的提款金额相同，但可抵扣 IRA 的支付额需要缴纳所得税，而不可抵扣 IRA 的支付额可以免税。如果投资者投资了 500 美元，那么就有一系列的可能性，但除非假设罗斯 IRA 的收益率超过不可抵扣 IRA 的收益率，否则分析将偏好罗斯 IRA。下列分析考虑了两种可能性：（1）将 500 美元投资于一种免税证券；（2）将 500 美元投资于一种不支付股利的股票，因此利润不用被作为长期资本收益纳税。

如果投资者每年向某只免税基金投资 500 美元，为期 20 年，且该基金的收益率为 6%，那么总金额将增至 18 393 美元。（当税率为 25%时，税后收益率为 6%相当于税前收益率为 8%。见第十五章市政债券部分对税收等价关系的讨论。）如果资金继续保持 6%的年收益率，为期 20 年，存款人将可以每年提取 1 604 美元。这 1 604 美元加上可抵扣 IRA 的税后提款额 6 992 美元，将产生 8 596 美元的总现金流，它低于不可抵扣 IRA 产生的 9 322 美元。

如果存款人每年投资于不支付股利的增长型股票 500 美元，且股票年增长率为 8%，那么总额将为 22 881 美元，其中 10 000 美元为投资金额，12 881 美元为需要缴纳长期资本收益税的升值部分。如果长期资本收益税的税率为 20%，那么投资者的总收入 20 305 美元在纳税后的净收入将为 10 305 美元。当收益率为 8%时，20 305 美元在接下来 20 年每年创造的税前收入为 2 068 美元。因此，2 068 美元加上可抵扣 IRA 的税后收入 6 992 美元，总计为 9 060 美元。这笔金额也低于从不可抵扣 IRA 每年提取的 9 322 美元。

在这两种情况下，不可抵扣 IRA 都是较优的选择。为什么是这样？答案在于，从不可抵扣 IRA 中提取额外 500 美元产生的收益时不用纳税。然而，IRA 以外的 500 美元投资需要纳税，在两种策略之间进行选择时，必须考虑这种情况。在第一种情况下，不用纳税的 6%收益率永远不会超过不可抵扣 IRA 的 8%收益率。在第二种情况下，8%的增长率和罗斯 IRA 的收益率相等，但需要缴纳长期资本收益税。在两种情况下，税后收益率都不足以弥补不可抵扣 IRA 的税收减免。除非额外 500 美元投资的收益率更高，否则不可抵扣 IRA 总是更优的选择，因为收益率将不足以抵消税收优惠。（当然，假设收益率较高将使任何策略都变得合理。）

总之，如果投资者可以放弃当期消费（即缴存 2 000 美元并负担该所得缴纳的税款），不可抵扣 IRA 就是更好的选择。然而，如果投资者只能缴存 2 000 美元而无法负担税款，那么两种 IRA 就没有本质区别。只要税率相同，提取的现金就将相同。选择可抵扣 IRA 还是不可抵扣 IRA 将取决于取款时的预期所得税税率。如果预期所得税税率超过当期所得税税率，投资者就应该选择不可抵扣 IRA。如果预期所得税税率低于当前所得税税率，投资者就应该选择可抵扣 IRA。[①]

---

① 罗斯 IRA 为现在收入较少、税率较低的学生提供了一种有意思的选择。例如，如果一个 17 岁的高中生收入为 1 000 美元，这笔收入将无须缴纳联邦所得税。如果将这 1 000 美元投资于收益率为 8%的罗斯 IRA，且让资金留在其中赚取复利直到他 67 岁（50 年后），该账户的价值就将为 46 902 美元。到了那时，这笔钱将可以取出来而且无须缴纳所得税。当然，这个例子假设这个学生不用花这 1 000 美元，且美国国会不改变税法。

第五章

投资组合管理

学习目标

学习完本章后，你应能：

1. 识别风险来源。
2. 识别实现分散化所需的证券之间的关系。
3. 比较收益来源并区别预期收益与实际收益。
4. 说明如何用标准差和β系数衡量风险，并解释β系数为1.5、1.0和0.5时的区别。
5. 比较有效投资组合和无效投资组合，并确定投资者应选择何种投资组合。
6. 根据资本资产定价模型和套利定价理论比较对股票收益率的解释。

2015年2月，“百万大博彩”的头奖达到了5.64亿美元。人们驱车前来，排起长队，只为购买一张彩票。他们每人中奖的概率大约为1.75亿比1。对于一个人来说，这种概率显然太小了。可能他应该看看乔治·巴顿（George Patton）在《我所知道的战争》（*War As I Knew It*）中所写的：“冒风险时要心中有数；这与轻率行事截然不同。”所有投资都涉及风险，因为未来是不确定的，但它们的潜在投资收益率比由国家支持的彩票的收益率更容易确定。

本章介绍了风险的来源和衡量指标，以及如何在投资组合理论中使用这些衡量指标。风险可以用标准差衡量，它衡量了集中趋势（例如，平均收益率）附近的离散程度（或变动性）。风险也可以用β系数来衡量，它是证券收益率相对于市场收益率的波动性指数。本章大部分内容都被用于阐明这些风险指标以及如何通过构建分散化投资组合降低风险。

本章最后讨论了投资组合理论并解释了证券收益率。投资组合理论的主要内容是，投资者如何构建有效的投资组合，使该组合在给定风险水平下提供最高收益率，或在给定收益率水平下承担最低风险。在所有可能的投资组合中，个人投资者将选择可提供最高的满意水平或效用水平的投资组合。

证券收益率模型具体说明了哪些变量影响资产收益率。在资本资产定价模型（Capital Asset Pricing Model，CAPM）中，证券收益率主要取决于利率（例如，安全的国债的利率）、证券价格的整体变动以及个股如何对市场变化做出反应。在套利定价理论中，证券收益率与更多变量有关，这些变量可能包括通货膨胀率或行业产值的意外变化。

收　益

投资的目的是获得收益，但为了获得收益，你必须接受遭受损失的可能性。投资组合理论是关于风险与收益的。它的目的是确定令投资者在给定风险水平下获得最高收益的风险与收益的组合。为了实现这个目的，必须设计出衡量风险和收益的方法。本章首先介绍了收益一词的各种用法，其次全面讨论了风险的衡量。最后，在讨论投资组合理论时，综合考虑了风险和收益。

收益这个词前面经常被加上定语，包括预期收益、必要收益和实际收益。**预期收益**（expected return）是指预期收入流和（或）价格上涨部分。一项投资可以从两个来源提供收益。第一个来源是投资可能产生的收入流。储蓄账户能产生利息收入。第二个来源是资本升值。如果投资者购买了股票，且股价随后上涨，那么投资者将获得资本收益。所有投资都为投资者提供了潜在收入和（或）资本升值。有些投资（例如，储蓄账户）只提供收入，而另一些投资（例如，土地投资）可能只提供资本升值。实际上，某些投资可能要求投资者进行支出（例如，土地的财产税）。

式（5.1）总结了预期收益率：

$$E(r)=\frac{E(D)}{P}+E(g) \tag{5.1}$$

符号含义为：

$E(r)$ 为预期收益率（百分比）。

$E(D)$ 为预期股利（对于债务工具而言是利息）。

P 为资产价格。

$E(g)$ 为资产价值的预期增长率（即资本收益率）。

如果投资者以10美元的价格购买了一只股票，预期获得0.60美元的股利，并以12美元的价格卖出了这只股票，那么资本收益率便为20%［=（12－10)/10]，预期收益率为：

$$E(r)=\frac{0.60}{10}+0.2=0.26=26\%$$

投资者预期在这段时期内获得26%的收益率。（由于没有具体说明这段时期有多长，因此不应将该收益率与年收益率混淆。在第十章中，没有具体说明时期的收益率被称为持有期收益率。第十章也介绍了年收益率的计算。）

意识到该收益率为预期收益率很重要。投资实现的收益直到投资被卖出并转化为现金才是可知的。区别预期收益、必要收益和实际收益也很重要。预期收益是承担风险的动机，它必须与投资者的**必要收益**（required return）相比较，后者是促使投资者承担与特定投资相关的风险所必需的收益。必要收益包括：(1) 投资者的其他投资可以获得的收益，例如，国库券可以获得的无风险收益；(2) 承担风险的溢价，包括对预期通货膨胀率和证券价格波动的补偿。由于必要收益包括风险指标，因此对必要收益的讨论必须推迟到介绍完风险衡量指标以后进行。

实际收益（realized return）是投资实际获得的收益，主要是指资产产生的收入和资本收益之和。实际收益可能（而且经常）不同于预期收益和必要收益。

式（5.2）总结了实际收益率：

$$r=\frac{D}{P}+g \tag{5.2}$$

该式基本上与预期收益率的公式相同，只不过去掉了预期价值 E。如果投资者以 10 美元的价格购买了一只股票，获得了 0.60 美元的股利，且股票升值了 20%，那么实际收益率为：

$$r=\frac{0.60}{10}+0.2=0.26=26\%$$

以概率表示的预期收益率

概率理论衡量或显示了某种情况发生的概率。如果你确定某件事将会发生，那么它的概率就为 100%。（还记得那个关于死亡和税收的老笑话吗?）所有可能结果的概率之和为 100%。预期价值（预期结果）为每个结果与出现概率的乘积之和。例如，某个投资者正在考虑购买一只股票。可能的收益率和投资者对其出现概率的估计值如下所示：

收益率（%）	概率（%）
3	10
10	45
12	40
20	5

所有概率之和为 100%，收益率包括所有可能的结果。预期价值｛在本例中为预期收益率 $[E(r)]$｝是结果出现的概率乘以各收益率之和。预期价值为：

$$\begin{aligned}E(r)&=0.10\times0.03+0.45\times0.10+0.40\times0.12+0.05\times0.20\\&=0.003+0.045+0.048+0.01=0.106=10.6\%\end{aligned}$$

每个预期收益率均用出现的概率进行加权，然后，将结果加总即可得出预期收益率为 10.6%。

尽管股票收益率可能低至 3%，也可能高至 20%，但它们的权数相对较小。它们对预期收益率的贡献很低。在计算预期收益率时，10%的收益率的权数更大（45%）。然而，要注意预期收益率不是 10%，也不是四种可能结果中的任何一种。预期收益率是将每种结果用该结果出现的概率加权后得到的平均值。

投资者也可以用该信息计算累计概率。举例来说，累计概率分布可以回答下列问题：收益率至少为 10%的概率是多少？投资者无法获得 12%的收益率的概率是多少？前一个问题的答案为 90%（=45%+40%+5%），因为该比例包括收益率等于或高于 10%的所有概率。第二个问题的答案为 55%，因为它包括股票收益率低于 12%的所有概率。

概率适用于研究不同的问题。通过改变概率，结果（预期价值）也将改变。例如，上例中的概率可能会发生变化，这将影响加权平均值（即预期收益率）。如果各收益率保持不变，但出现概率发生如下变化：

收益率（%）	概率（%）
3	20
10	35
12	40
20	5

那么预期收益率 $[E(r)]$ 将变为：

$$E(r)=0.20\times0.03+0.35\times0.10+0.40\times0.12+0.05\times0.20$$
$$=0.006+0.035+0.048+0.01=0.099=9.9\%$$

现在，最低收益率的权数升高了，其影响是预期收益率从 10.6%降低到了 9.9%。

除了改变概率和确定预期收益率的影响以外，也有可能通过改变收益率来确定预期收益率对观察值的敏感程度。（这种分析不适用于概率。改变一个概率就需要改变另一个概率，因为概率之和必须等于 100%。）假设第三个收益率（第三个观察值）变化了 1%，从 12%变为 13%，对预期收益率的影响为：

$$E(r)=0.20\times0.03+0.35\times0.10+0.40\times0.13+0.05\times0.20$$
$$=0.006+0.035+0.052+0.01=0.103=10.3\%$$

如果第四个观察值变化了 1%，从 20%变为 21%，那么预期收益率将为：

$$E(r)=0.20\times0.03+0.35\times0.10+0.40\times0.12+0.05\times0.21$$
$$=0.006+0.035+0.048+0.010\,5=0.099\,5=9.95\%$$

当收益率从 12%升至 13%时，在第一种情况下的预期收益率对变化更敏感。在第二种情况下，预期收益率对变化不敏感。

这种敏感性分析在投资组合管理中可以起到重要的作用。举例来说，它有助于回答下列问题：如果股票 A 的收益率下降，那么对投资组合的收益率将产生什么影响？投资组合的收益率对特定股票的收益率有多敏感？例如，当安然公司破产时，若某人投资组合的一大部分都投资于该公司，那么影响将是巨大的。该投资组合收益率对安然公司的破产是敏感的。然而，如果安然公司的股票只占该投资者投资组合的一小部分，那么影响就很小。投资组合收益率对个股收益率不敏感。（投资者可能希望回答下列问题：最糟糕的情况是什么？出现最糟糕情况的概率是多少？如果出现最糟糕的情况，会产生什么影响？）

蒙特卡洛模拟将这个过程推向极端。蒙特卡洛模拟是综合了数学和赌博而得名的，它结合了模拟与概率分布。在蒙特卡洛模拟中，计算机随机选择每个变量的值，并计算预期值和预期值附近的分布。（以标准差衡量预期值附近的变动性或离散性，本章后面将讨论该问题。）这个选择各变量的值，并计算预期值的过程将重复许多次。然后，将结果合并为一个最终预期值和衡量该值附近分布的指标。

风险来源

风险是指投资者实现的实际收益率不同于预期收益率的不确定性。正如表 5.1 所说明的，这种收益率差异的来源通常可以区别为两类风险：系统性风险和非系统性风险。**系统性风险**（systematic risk）是指影响所有可比投资的收益率的因素。例如，当市场价格整体上升时，多数证券的价格也会上升。特定资产收益率和其他所有同类资产（即其他所有可比资产）的收益率之间存在系统性关系。由于存在这种系统性关系，所以通过购买可比资产分散化投资组合并不会降低这种风险；因此，系统性风险通常被称为不可分散风险。尽管构建分散化投资组合对系统性风险几乎没有影响，但你不应断定这种不可分散的风险无法管理。本书的目标之一就是说明有助于管理不同系统性风险的各种方法。

市场风险（market risk）是指证券价格一起变动的趋势。尽管投资于一家表面上价值被低估的公司，然后看着它的股价随着市场整体价格下跌而下跌是件很沮丧的事，但这就是市场风险的本质。证券价格会波动，投资者要么接受与这些波动相关的风险，要么不参与市场。

表 5.1　风险来源

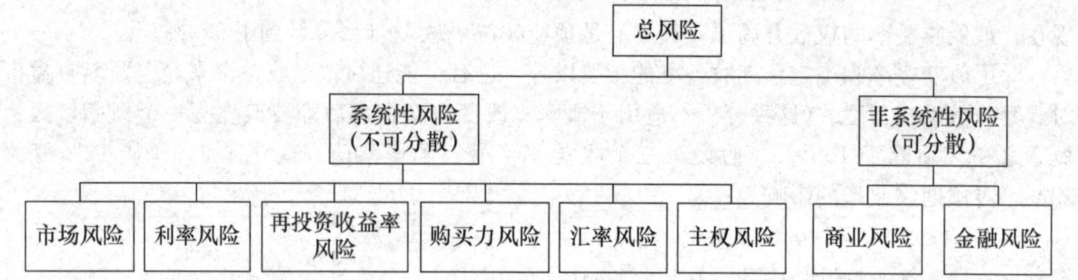

资料来源：© Cengage Learning.

尽管市场风险通常是指股市风险，但这个概念也适用于其他资产，例如贵金属和房地产。这些资产的价格也会波动。如果房价整体上涨，那么特定房屋的价值往往也会上涨。然而，相反的情况也成立，因为房价可能下跌，导致特定房屋的价值下降。如果你购买的资产价格可能会波动，就不能避免市场风险。

利率风险（interest rate risk）是指证券价格，尤其是固定收益证券价格与利率反向变动的趋势。正如第十四章中将详细说明的，债券和优先股的价格部分取决于当期利率。利率升高会降低固定收益证券的当期价格，因为当前的购买者要求竞争性收益率。购买这些证券的投资者必须面对利率变动的不确定性，这反过来又会导致这些固定收益证券的价格产生波动。

再投资收益率风险（reinvestment rate risk）是指将投资产生的资金进行再投资所伴随的风险。如果投资者收到利息或股利，可以将这些资金用于购买商品和服务。例如，许多靠养老金生活的人会消费其资产产生的一大部分收入甚至是全部收入。然而，其他投资者会对投资收益进行再投资，以积累财富。

假设某人希望攒一笔钱，并购买了 1 000 美元债券，该债券的年利息为 100 美元，10 年后到期。根据年利息和投资额得出的预期年收益率为 10%（=100/1 000）。投资者希望将年利息进行再投资，于是问题变为这些再投资资金的收益率将是多少：收益率将高于还是低于最初的 10%？当获得收益并进行再投资时，再投资收益率风险的本质是投资者的收益率低于预期收益率的不确定性。

投资者还必须承担与通货膨胀相关的风险。通货膨胀是由于价格普遍上升而导致的购买力下降。如果商品和服务的价格上升，那么投资者资产和所产生收入的实际购买力就会下降。因此，**购买力风险**（purchasing power risk）是通货膨胀削弱投资者的资产和收入的购买力的风险。通货膨胀的反义词是通货紧缩，即价格的普遍下降。在通货紧缩时期，投资者的资产和收入的实际购买力将上升。

投资者自然会希望保护自己免受购买力下降导致的损失，方法是构建拥有高于预期通货膨胀率的预期收益率的资产组合。注意预期这个词是很重要的，因为它影响了对特定资产的选择。如果预期通货膨胀率为 2%，那么收益率为 3%的储蓄账户就会产生利润，并“打赢”通货膨胀。然而，如果通货膨胀率意外地上升到 7%，那么储蓄账户就会导致购买力下降。实际收益率将为负。如果预期通货膨胀率较高，投资者就不会选择储蓄账户，而会购买其他预期收益率更高的资产。

表 5.1 中的另一种系统性风险是指与外国投资有关的货币风险。一种货币用另一种货币表示的价格被称为**汇率**（exchange rate），货币之间可以互相表示：

国家	等值美元	1美元折合的货币
英国	1.434 5	0.697 1

这些数字表明，英镑的美元成本为 1.434 5 美元，即 1 美元可购买 0.697 1 英镑。0.697 1 是用 1 美元除以英镑价格得出的：1/1.434 5=0.697 1 单位英国货币。

货币是每天交易的，因此汇率基本上随时都在变化。如果英镑的美元成本升至 1.45 美元，那么这就是英镑**升值**（revaluation），也是美元**贬值**（devaluation），因为购买 1 英镑需要的美元更多了。如果英镑的美元价格跌至 1.40 美元，那么这就意味着英镑贬值，也即美元升值。

波动的汇率意味着用其他货币标价的投资价值随着汇率变化而上升和下降。**汇率风险**（exchange rate risk）是指货币终值的不确定性，因为外国投资必须兑换为本币。当然，只有当投资者购买了用另一种货币标价的外国投资（例如，一家巴西公司的股票）时，才存在这种风险。然而，投资者可能无法通过只购买国内公司的股票来避免汇率风险。像可口可乐（Coca-Cola）或特百惠（Tupperware）这种公司一半以上的销售收入和利润来自外国，因此当美国投资者购买可口可乐或特百惠的股票时，间接承担了汇率风险。

主权风险（sovereign risk，也被称为政治风险）是指投资于特定国家政府债务工具的风险（即政府对其金融债务违约的可能）。当多个欧元区国家（葡萄牙、爱尔兰、意大利、希腊和西班牙）陷入财务困境时，这种风险显现出来。其他欧元区国家（以德国和法国为主）采取措施避免了违约的可能性。然而，标准普尔称，希腊已对其债务违约，并将希腊的信用评级降至"选择性违约"。

对经济环境和政治环境不稳定的新兴国家的投资也可能存在主权风险。这种可能性出现在一国政府改变国内资产所有权的重大变化时。当卡斯特罗（Castro）在古巴掌权时，古巴政府对资产实行国有化且不对外国投资者进行补偿。因为主权风险出现在特定的国家中，因此通过分散化可以降低其影响，或通过不投资于不稳定、经济波动性高的国家可完全避免其影响。遗憾的是，主权违约可能溢出到其他国家（常被称为"传染"），在这种情况下，风险将跨过国界传播。对传染的担心促使欧元区国家救助破产国家。

非系统性风险（unsystematic risk）也被称为可分散风险，它取决于具体资产特有的因素。例如，某家公司的利润可能由于罢工而下降。行业中的其他公司可能没有遇到同样的劳资问题，因此它们的利润可能没有受损，甚至还可能由于暂时停止经营公司的顾客转而购买它们的产品而上升。在两种情况下，该公司利润的变化都独立于影响行业、市场或整体经济的因素。由于这种风险只发生在具体公司身上，因此通过构建分散化投资组合可以降低这种风险。

非系统性风险可以分为两个一般类别：商业风险和金融风险。**商业风险**（business risk）是与企业本身的性质有关的风险。并不是所有企业的风险都相同。钻探新油田比经营商业银行的风险更高。找到石油的概率可能很小，而且在许多新油井中，可能只有一个能实际产出石油并使投资者获得正收益。然而，商业银行可以发放由特定资产（例如，住房或存货）担保的贷款。尽管这些贷款不是无风险的，但它们是相对安全的，因为即使债务人违约，债权人（银行）也可以扣押资产以收回债权。有些企业本身的风险性就比其他企业高，因此投资于这些企业的内在风险也更高。

所有资产都必须获得融资。债权人和所有者中至少要有一方提供企业的启动资金和维持资金。企业使用债务融资有两个主要原因。第一，按照当前的税法，利息是可免税的费用，而从利润中向股东支付的股利不是。第二，债务融资是一种财务杠杆，它可以提高股权收益率（即所有者的收益率）。如果企业借入资金的收益高于必须支付的利息，那么股权收益率就会提高。

对于许多企业来说，债务融资是资金的主要来源。杠杆收购和企业重组经常需要发行大量债务，导致高收益证券的出现，这些证券通常被称为垃圾债券。即使管理最保守的企业也会使用债务融资。

基本上每家公司都有一些未清偿债务，即使这些债务仅限于正常经营过程中的应发工资和应付账款。

使用财务杠杆是**金融风险**（financial risk）的主要来源。借入资金为企业融资可能会增加风险，因为债权人要求债务人满足某些条件才能获得资金。在这些要求中，最常见的是支付利息和偿还本金。债权人可以（且通常）要求债务人必须满足更多条件，比如提供担保品或限制股利支付。这些限制意味着利用债务融资的公司承担了更多的风险，因为它们除了其他义务以外，还必须履行这些义务。当销售收入和利润上升时，这些约束可能不会造成负担，但在财务紧张时期，企业无法满足这些条件可能导致违约。显然，没有使用大量借入资金购买资产的公司责任更少，也不存在这种金融风险。

除了商业风险和金融风险，特定事件也可能造成损失。这种风险可能是企业特有的风险，也可能是金融市场普遍存在的风险。例如，达尔康盾（Dalkon Shield）公司的破产以及罗宾氏（A. H. Robbins）公司破产后导致的法律诉讼，但这种事件只影响一家企业。其他事件，例如金融危机，可能影响整个金融市场。尽管可以通过分散化降低只影响一家企业的事件风险，但不能通过构建充分分散化的投资组合降低其他事件风险的影响。

总（投资组合）风险

系统性风险和非系统性风险被称为投资者承担的总风险［**投资组合风险**（portfolio risk）］。非系统性风险可以通过**分散化**（diversification）——投资者购买不同行业中公司的证券——显著降低。购买5家电信公司的股票不被认为是分散化，因为影响一家公司的事件往往也会影响其他公司。分散化投资组合可以由一家通信公司、一家电力公司、一家保险公司、一家商业银行、一家炼油公司、一家零售公司和一家制造公司的股票和债券组成。这是不同行业和不同类型资产的分散化组合。特定事件对一家公司的利润和增长率的影响不一定适用于所有公司，因此，投资组合的损失风险被降低了。

图5.1显示了三只股票和它们的组合的价格表现，说明了分散化是如何降低风险的。股票A的价格最初下跌，之后上涨，然后又开始下跌。股票B的价格最终上涨，但趋向于波动。股票C的价格波动是三者中最小的，但最后的收益很少。购买股票B并持有它将产生高额利润，而购买股票A将产生小额损失。

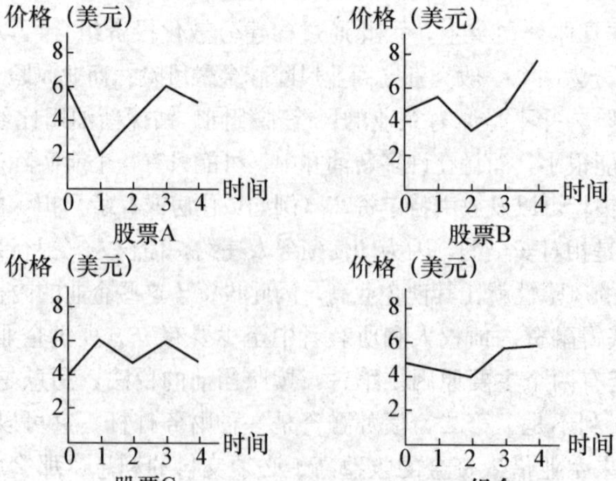

图5.1　三只股票及其组合的价格

资料来源：© Cengage Learning.

图 5.1 中右下角的图说明了投资者购买相同金额的每只股票时的情况（即购买分散化投资组合）。第一，即使单只证券的价值不上升，投资组合整体的价值也可能上升。第二，也是最重要的一点，投资组合的价值波动小于单只证券价格的波动。通过分散化投资组合，投资者可以降低损失风险。当然，投资者也放弃了获得更高收益的可能（比如股票 B 获得的收益）。

实际上，分散化投资组合可以降低非系统性风险。通过积累分散化资产组合，可以降低每笔投资的风险。即使一家公司破产（或表现极其优异），分散化也可以降低对投资组合整体的影响。然而，在不同行业之间分配投资不能消除市场风险和其他类型的系统性风险。一组证券的价格通常会跟随一般市场价格变动。证券价格的变动可以通过分散化投资组合反映出来。因此，投资者不能消除这种系统性风险。

降低并基本消除非系统性风险的分散化投资组合需要多少只证券？答案可能是“令人意想不到的少”。几项研究发现，只需 15 只证券组成的投资组合便可显著降低非系统性风险。

图 5.2 说明了非系统性风险降低的情况。纵轴表示风险大小，横轴表示证券数量。由于系统性风险独立于投资组合中的证券数量，因此这种风险可以用直线 *AB* 表示，这条直线平行于横轴。不管投资者拥有的证券数量为多少，不可分散风险都保持相等。[系统性风险可以用本书中介绍的方法进行管理。例如，通过构建对证券价格变动不那么敏感的投资组合，投资者可以承担较少的市场风险。见本章后面关于 β 系数的讨论。利率风险和再投资收益率风险可以用“久期”或构建阶梯式债券组合（见第十四章）进行管理。汇率风险可以通过使用衍生工具来降低。见第十七章至第十九章关于期权、期货和互换的讨论。]

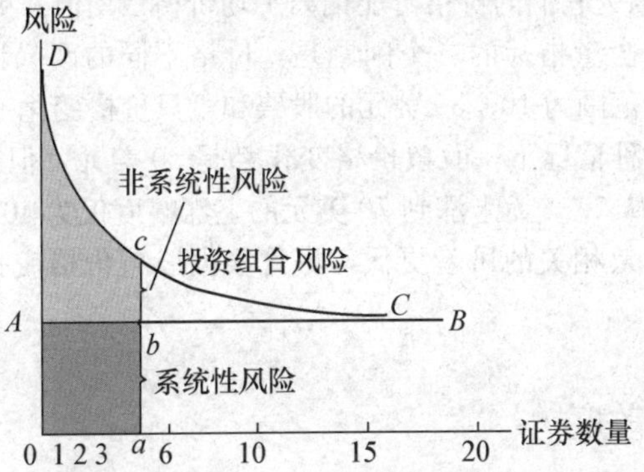

图 5.2　投资组合风险：系统性风险与非系统性风险之和

资料来源：© Cengage Learning.

投资组合风险（即系统性风险与非系统性风险之和）由线 *CD* 表示。线 *AB* 与线 *CD* 之差就是与投资组合中与具体证券相关的非系统性风险。非系统性风险的大小取决于持有证券的数量。当持有证券的数量增加时，非系统性风险将降低；图 5.2 说明了风险降低的情况，其中线 *CD* 趋近于线 *AB*。对于由 10 只或更多只证券组成的投资组合，涉及的风险基本上只有系统性风险。

上述分散化投资组合不是由 10 家公用事业公司的股票组成的，而是由不同行业的公司股票组成的。投资 20 000 美元于 10 只股票（即每只股票投资 2 000 美元）可以构成一个相当分散化的投资组合。尽管这种投资组合的佣金费用高于 2 笔 10 000 美元的投资，但小型投资者获得了分散化证券组合，这能够降低与具体证券投资相关的损失风险。遗憾的是，投资者仍需承担与市场变化相关的系统性风险、通货膨胀导致的购买力降低风险和其他不可分散风险。

风险的衡量

投资组合理论确定了在给定风险水平下实现最高收益的风险与收益组合。上一节介绍了预期收益率与实际收益率，本章接下来的部分将集中讨论风险的衡量。

风险与实际收益率是否等于预期收益率的不确定性有关。风险的衡量强调了收益率与平均收益率的差异程度，或者收益率相对于市场收益率的波动性。收益率变异性由叫作标准差的统计概念衡量，而波动性由 β 系数衡量。(在图 5.2 中，标准差衡量的是总风险，即 ac 的距离。β 衡量的是系统性风险，即 ab 的距离。如图所示，当投资组合变得越来越分散化时，总风险将越来越接近系统性风险，因此在充分分散化的投资组合中，这两种风险指标基本上是相同的。) 本节将标准差作为风险指标。本章后面介绍了 β 系数。

当投资者谈到某种资产价格的年变化范围时，便隐含着风险衡量问题。投资者可能会看到类似的叙述，"这只股票在今年最低点附近交易"或"245 只股票达到新高，而只有 41 只股票跌到新低"。有些投资者假设股票在某个价格变化范围内交易，据此规划其投资策略。如果股价接近今年的低点，那么这可能是买入的好时机。相应地，如果股价接近今年的高点，那么这可能是卖出的好时机。股价范围可以用来指导投资策略，因为股价趋近于这两个极值之间的均值。换言之，股价存在着集中趋势，因此股价的变化范围成为风险衡量指标。股价变化范围较宽的股票"风险更高"，因为它们的价格可能偏离平均价格（均值）更远。

将价格范围作为风险衡量指标的一个问题是，价格不同的两只证券可能价格变化范围相同。例如，一只价格变化范围为 10～30 美元的股票和一只价格变化范围为 50～70 美元的股票价格变化范围相同。在两种情况下，股票价格变化都是 20 美元，但从 10 美元上涨到 30 美元的上涨幅度为 200%，而从 50 美元上涨到 70 美元的上涨幅度仅为 40%。后一只股票的价格看起来更稳定，因此与该股票相关的风险更低，尽管根据股票价格变化范围，两只股票的风险相同。

投资收益率附近的离散度

只使用两个观察值（例如，股票的最高价和最低价）确定风险的内在问题可以通过分析平均值（例如，投资的平均收益率）附近的**离散度**（dispersion）解决。这种技术考虑了所有可能的结果。如果各收益率之间没有太大差异（即收益率彼此非常接近），那么离散度就很小。如果多数收益率都接近极值，且与平均收益率差异很大，那么离散度就很大。离散度越大，与特定股票相关的风险就越高。

这个概念可以用一个简单的例子很好地解释。对两只股票的投资都获得了 15%的平均收益率，但股票也可能有下列收益率：

股票 A (%)	股票 B (%)
13½	11
14	11½
14¼	12

续表

股票 A（%）	股票 B（%）
$14\frac{1}{2}$	$12\frac{1}{2}$
15	15
$15\frac{1}{2}$	$17\frac{1}{2}$
$15\frac{3}{4}$	18
16	$18\frac{1}{2}$
$16\frac{1}{2}$	19

尽管两只股票的平均收益率相同，但个股收益率显然不同。股票 A 的收益率接近于平均值，而股票 B 的收益率接近于最高值和最低值。股票 A 的收益率集中在平均收益率附近。由于收益率的变异性较小，因此股票 A 是两只股票中风险较低的。

图 5.3 说明了风险的差异，该图中横轴为收益率，纵轴为收益率出现的频率。（除了绘制这张图需要更多观察值外，这基本上与前面给出的股票 A 和股票 B 的信息相同。尽管该图只用了 9 个观察值，但绘图时假设有许多观察值。）股票 A 的多数收益率接近于平均收益率，因此频率分布更高、更窄。股票 B 的收益率频率分布更低、更宽，这表明该只股票的收益率离散度更高。

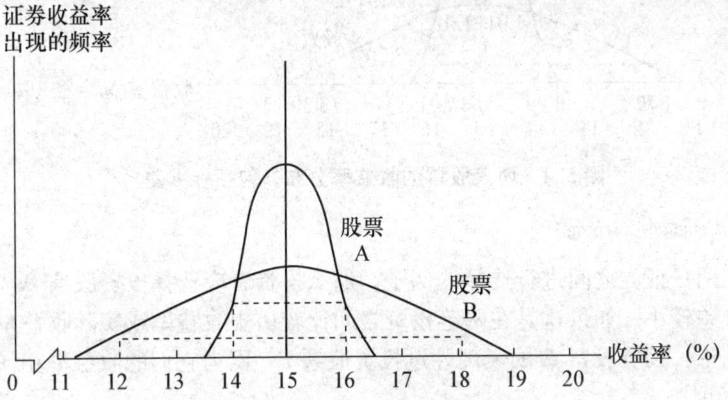

图 5.3　两只股票的收益率分布

资料来源：© Cengage Learning.

平均收益率附近的离散度越高，表明股票的风险也越高，因为投资者对股票收益率的确定程度较低。离散度越高，投资产生大额损失的机会越高，相应地，产生大额收益的机会也越高。然而，收益升高的可能性与风险升高的可能性是相伴随的。股票 A 的风险较低，离散度也较小，但它获得高额收益的可能性也较低。风险降低意味着投资收益率可能降低。

作为风险衡量指标的标准差：一种资产

标准差衡量了均值（即平均收益率）附近的离散度。（方差，即标准差的平方，也可用于衡量风险。）这可参见本章附录中关于方差和半方差的讨论。由于标准差衡量了单个收益率在平均收益率附近聚积的趋势，而且是衡量收益率变异性的指标，因此也可被用作风险衡量指标。离散度越高，标准差和与特定证券相关的风险也越高。

股票 A 收益率的标准差为 1.01。本章附录说明了标准差的实际计算过程。一个正标准差或一个负标准差大约包括 68%的观察值（在本例中，为 68%的收益率）。由于股票 A 的标准差为 1.01，因此约 68%的收益率都位于 13.99%和 16.01%之间。这些收益率为平均收益率（15%）加上 1.01 或减去 1.01（即加上或减去标准差）。

股票 B 的标准差为 3.30，因此约 68%的收益率位于 11.7%和 18.3%之间。股票 B 的收益率距平均收益率的离散度较高，因此它的标准差较高。

图 5.4 说明了标准差的这些差异，该图与图 5.3 基本相同，但加上了标准差。两只股票的平均收益率均为 15%，但股票 B 的标准差高于股票 A 的标准差（即股票 B 的标准差为 3.30，股票 A 的标准差为 1.01）。通过计算标准差，分析师可以量化风险。这有助于选择具体证券，因为投资者偏好在给定预期收益率下风险最低的资产。

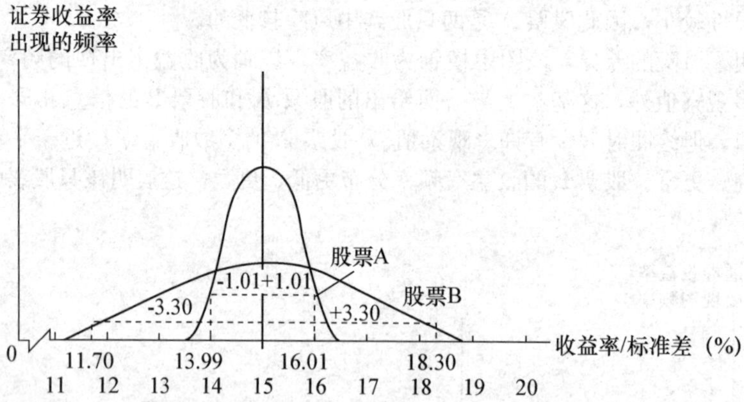

图 5.4　两只股票的收益率分布（包括标准差）

资料来源：© Cengage Learning.

如果这是在两只证券之间进行选择的例子，那么投资者应选择投资股票 A，因为它在给定收益率下的标准差较小。如果这是在两笔投资之间比较历史收益率或实际收益率的例子，那么投资者应得出结论：投资股票 A 的表现胜过投资股票 B，因为它们的收益率相同，但投资股票 B 的收益率变化更大。

当收益率相同时，这种比较是很容易的，因为分析仅限于比较标准差。当标准差相同时，比较也很容易，因为此时分析仅限于比较收益率。但这种简单比较很少见，因为投资收益率和标准差往往不同。可能投资股票 A 的收益率为 10%，标准差为 4%，而投资股票 B 的收益率为 14%，标准差为 6%。由于收益率和标准差都不同，因此无法对其进行比较。投资股票 A 提供了较低的收益率和较低的风险，因此不能断定它是更优的投资。

这种无法比较的缺点可以通过计算变异系数来解决，变异系数是标准差除以收益率的结果。本章附录说明了这一过程，它表示风险与收益之比。变异系数越高，表示风险越高，因为较高的数值意味着每单位收益率的变异性越大。

投资组合的收益率与标准差

尽管前面的讨论仅限于单只证券的收益率和该收益率附近的离散度，但这个概念也可以用于整个投资组合。每个投资组合也有一个平均收益率和该收益率附近的离散度。投资者关心的不仅是每笔投资的收益率和风险，他们也关心投资组合整体的收益率和风险。当然，整体数字是各项投资和它们在投资组合中的权重（即每项资产的价值占投资组合总价值的比例，用百分比表示）相互作用的结果。

考虑由下列三只股票组成的投资组合：

股票	收益率（%）
1	8.3
2	10.6
3	12.3

如果将投资组合总价值的25%分别投资于股票1和股票2，将投资组合总价值的50%投资于股票3，那么股票3收益率的权重就更高。收益率为每个收益率乘以其在投资组合中所占比例的加权平均值。

收益率（%）	×	权重（投资组合中的股票价值占投资组合总价值的百分比）	=	加权平均值（%）
8.3	×	0.25	=	2.075
10.6	×	0.25	=	2.650
12.3	×	0.50	=	6.150

收益率为这些加权平均值之和。

2.075%
2.650%
6.150%
10.875%

式（5.3）归纳了上例，即投资组合收益率 r_p 为单项资产收益率 $[(r_1),\cdots,(r_n)]$ 的加权平均值，每项的权数为其占投资组合的比例（$w_1,\cdots,w_n$）：

$$r_p=w_1(r_1)+w_2(r_2)+\cdots+w_n(r_n) \tag{5.3}$$

相同的一般公式也适用于预期收益率，在这种情况下，投资组合的预期收益率 $E(r_p)$ 为单笔资产预期收益率 $[E(r_1)\cdots E(r_n)]$ 的加权平均值，每项资产的收益率权重为它占投资组合的比例（$w_1\cdots w_n$）：

$$E(r_p)=w_1E(r_1)+w_2E(r_2)+\cdots+w_nE(r_n)$$

因此，如果一个投资组合中有20只证券，那么每只证券对投资组合收益率的确定都有影响。影响的程度取决于每项资产在投资组合中的权重。显然，占投资组合最大权重的证券对投资组合收益率的影响也最大。

遗憾的是，投资组合风险的总体指标（即投资组合的标准差）比加权平均收益率更难构建。这是因为证券价格并非彼此独立的。然而，尽管证券价格会一起变化，但这些价格变化可能存在很大差异。例如，建筑业公司的股价可能比公用事业公司的股价对经济衰退更敏感，后者的股价在经济衰退期可能只会轻微下跌。在构建与整个投资组合有关的风险指标时，必须考虑投资组合中这些资产之间的关系。股票之间的这种内部关系被称为协方差。协方差不仅考虑了单项资产的变异性，也考虑了它与投资组合中其他资产的关系。

由于对拥有许多资产的投资组合来说，计算投资组合的标准差变得很复杂，因此下列例子仅限于只包含两项资产的投资组合。图 5.5 说明了三个案例。在第一个案例中，两项资产的收益率变动恰好相同；在第二个案例中，两项资产的收益率变动恰好相反；在第三个案例中，两项资产的收益率变动彼此独立。尽管这些案例很简单，但它们说明了如何计算投资组合的标准差，以及投资组合中资产之间的关系对投资组合整体风险的影响。

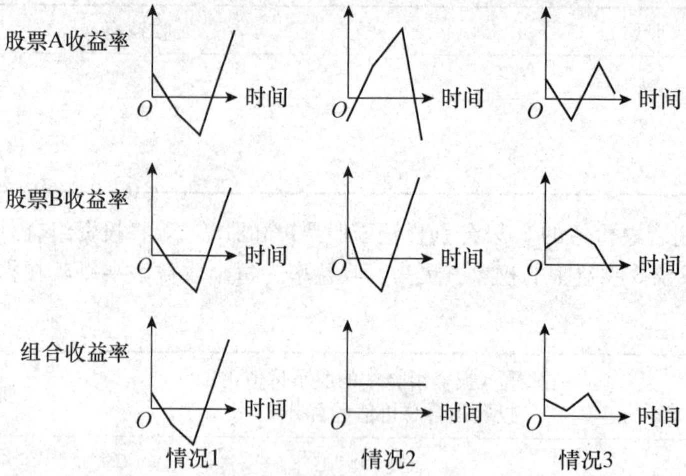

图 5.5 单只股票收益率与合并股票收益率

资料来源：© Cengage Learning.

式（5.4）给出了含有两项资产的投资组合（S_d）收益率的标准差：

$$S_d=\sqrt{w_a^2S_a^2+w_b^2S_b^2+2w_aw_b\text{cov}_{ab}} \tag{5.4}$$

尽管这个公式看上去很难，但它表示的其实就是：投资组合收益率的标准差为下列各项之和的平方根：（1）第一项资产的收益率标准差（S_a）的平方乘以其在投资组合中的权重（w_a）的平方；加上（2）第二项资产的收益率标准差（S_b）的平方乘以其在投资组合中的权重（w_b）的平方；加上（3）2 乘以第一项资产的权重乘以第二项资产的权重乘以两项资产的协方差。①

本章附录说明了如何计算协方差（和计算标准差类似）。该附录还说明，相关系数结合了

① 尽管式（5.4）表示了由两项资产组成的投资组合的标准差，但多数投资组合是由两项以上资产组成的。由更多资产组成的投资组合的标准差计算方法相同，但计算过程要复杂得多。对于由 3 只证券组成的投资组合，需要计算证券 a、证券 b、证券 c 占投资组合的权重，以及 ab、ac 和 bc 的协方差。对于由 6 只证券组成的投资组合，需要计算每只证券的权重，以及 ab、ac、ad、ae、af、bc、bd、be、bf、cd、ce、cf、de、df 和 ef 共 15 个协方差。必需的协方差个数为：

$$\frac{(n^2-n)}{2}$$

式中，n 为投资组合中的证券数量。对于由 6 只证券组成的投资组合，必需的协方差个数为：

$$\frac{(6^2-6)}{2}=15$$

对于由 100 只证券组成的投资组合，必需的协方差个数为：

$$\frac{(100^2-100)}{2}=4\ 950$$

尽管可以由计算机进行这种计算，但由两只证券组成的投资组合足以说明如何计算投资组合的标准差以及它对分散化的意义。

两个变量的标准差和协方差，因此在计算相关系数之前要先计算协方差。然而，用相关系数表示资产 a 和资产 b 的收益率协方差（cov_{ab}）通常是很方便的：

$$\text{cov}_{ab}=S_a\times S_b\times(a\text{ 和 }b\text{ 的相关系数})$$

尽管本章附录说明了如何计算相关系数，但在这里的讨论中，只需知道相关系数的数值范围在＋1.0（完全正相关）和－1.0（完全负相关）之间就可以。

为了说明如何计算投资组合的标准差，考虑接下来三个案例中证券 A 和证券 B 获得的收益率和收益率的标准差。在这些案例中，投资组合在两只证券之间平均分配。图 5.5 中也显示了这三个案例，该图绘出了资产收益率和由投资金额相等的两种资产（即每种资产占投资组合的 50%）组成的投资组合的收益率。

案例 1：完全正相关（相关系数＝1.0）

年份	证券 A 的收益率（%）	证券 B 的收益率（%）	投资组合的收益率（%）
1	10	10	10
2	－12	－12	－12
3	－25	－25	－25
4	37	37	37
平均收益率	2.5	2.5	2.5
证券收益率的标准差	27.16	27.16	?

在这个案例中，证券收益率的变动完全一致（即相关系数为 1.0）。投资组合标准差的计算方法如下所示：

$$\begin{aligned}S_d&=\sqrt{w_a^2S_a^2+w_b^2S_b^2+2w_aw_b\text{cov}_{ab}}\\&=\sqrt{w_a^2S_a^2+w_b^2S_b^2+2w_aw_bS_aS_b\,Correlation\ Coefficient_{ab}}\\&=\sqrt{0.5^2\times27.16^2+0.5^2\times27.16^2+2\times0.5\times0.5\times27.16\times27.16\times1}\\&=27.16\end{aligned}$$

案例 2：完全负相关（相关系数＝－1.0）

年份	证券 A 的收益率（%）	证券 B 的收益率（%）	投资组合的收益率（%）
1	－15	25	5
2	12	－2	5
3	25	－15	5
4	－37	47	5
平均收益率	－3.75	13.75	5
证券收益率的标准差	27.73	27.73	?

在这个案例中，证券收益率的变动完全相反（即相关系数为－1.0）。投资组合标准差的计算方法如下所示：

$$\begin{aligned}S_d&=\sqrt{w_a^2S_a^2+w_b^2S_b^2+2w_aw_b\text{cov}_{ab}}\\&=\sqrt{0.5^2\times27.73^2+0.5^2\times27.73^2+2\times0.5\times0.5\times27.73\times27.73\times(-1)}\\&=0\end{aligned}$$

案例 3：部分负相关（相关系数＝−0.524）

年份	证券 A 的收益率（%）	证券 B 的收益率（%）	投资组合的收益率（%）
1	10	2	6
2	−8	12	2
3	14	6	10
4	4	−2	1
平均收益率	5	4.5	4.75
证券收益率的标准差	9.59	5.97	?

在最后这个案例中，证券收益率并不一起变动。在第一年和第三年中，它们都产生了正收益，但在另外两年中，一年产生了损失，另一年产生了正收益。在这个例子中，收益率之间的相关系数为−0.524。因此，投资组合的标准差为：

$$
\begin{aligned}
S_d &= \sqrt{w_a^2 S_a^2 + w_b^2 S_b^2 + 2w_a w_b \mathrm{cov}_{ab}} \\
&= \sqrt{0.5^2 \times 9.59^2 + 0.5^2 \times 5.97^2 + 2 \times 0.5 \times 0.5 \times 9.59 \times 5.97 \times (-0.524)} \\
&= 4.11
\end{aligned}
$$

注意，在第一个案例中，投资组合的标准差与两种资产的标准差恰好相同。将这些资产加入投资组合对投资组合的风险没有影响。在第二个案例中，投资组合的风险降至 0（即投资组合的标准差为 0）。这表明，将收益率波动方向恰好相反的这些资产放到一起，对投资组合会产生完全消除风险的影响。一种资产的价格波动恰好被另一种资产的价格波动所抵消，因此投资组合的收益率没有波动。

注意，在第二个案例中，消除风险并不会消除正收益。当然，如果一种资产的收益率为+10%，而另一种资产的收益率为−10%，那么净收益率就为 0。然而，这是一个特殊的例子。如果在一个时期内一种资产的收益率为+15%，而另一种资产的收益率为−5%，那么净收益率就为 5%。收益率是单个收益率的加权平均值，因此在这个例子中，收益率为 0.5×0.15+0.5×(−0.05)=0.05=5%。如果在下一个时期内，第一种资产的收益率为−1%，而另一种资产的收益率为 11%，那么净收益率仍为 5%。第一种资产的收益率变化为−16%（从+15%到−1%），而第二种资产的收益率变化为+16%（从−5%到+11%）。变化方向恰好相反，因此它们的相关系数为−1.0，但平均投资于两种证券的投资组合的收益率在两期内均为+5%。

在第三个案例中，也就是在三个案例中最现实的情况下，投资组合的标准差小于单个资产的标准差。投资组合整体的风险小于任何一种资产的风险。尽管资产收益率的确会波动，但部分波动彼此抵消，因此将这些资产一起加入投资组合后，投资者降低了风险敞口，而收益几乎没有降低。

分散化与降低非系统性风险要求资产收益率并非高度正相关。当收益率高度正相关时（如第一个案例所示），就无法降低风险。当收益率完全负相关时（如第二个案例所示），就会消除风险（即合并收益率无波动）。如果一种资产的收益率降低，那么这种降低将完全被另一种资产收益率的增加所抵消。其结果是获得无风险收益率。在第三个案例中，两只证券的收益率既非完全正相关，也非完全负相关。然而，在这种情况下的风险也降低了，因为收益率的相关性很低。收益率的正相关性越低，或收益率的负相关性越高，在投资组合中加入不同资产所降低的风险就越多。

尽管上例经过了扩展，但它指出了选择在投资组合中加入的资产时的一个重要考虑因素。单个资产的预期收益率和风险很重要，但资产对投资组合整体的影响也很重要。应该在投资组合的背景下考虑资产收益率和收益率的变异性。如果某种高波动性资产的收益率与投资组合中其他资产的收益率负相关，那么加入这种资产很可能会降低投资组合整体的风险敞口。如果加入资产降低了投资组合的潜在收益率，而没有降低投资组合收益率的变异性（即没有降低风险），那么不考虑投资组合中的资产关系将会适得其反。资产之间的相关性是投资组合管理中的一个重要问题，并在本书中频繁出现，尤其在考虑通过使用固定收益证券、房地产、应收款项或外国证券进行分散化时。

通过分散化降低风险：示例

上述讨论经过了简化，但对收益率非正相关的证券进行分散化的理念可以通过公共服务企业集团（Public Service Enterprise Group）和美孚公司（Mobil Corporation）这两只股票的收益率示例进行说明。公共服务企业集团主要是一家电力和天然气公用事业公司，当利率和通货膨胀率升高时，其股价将下跌。在与埃克森公司合并之前，美孚公司是一家能源公司，在通货膨胀时期，由于油价升高，其股价随之升高，但在油价下跌、通货膨胀势头消退之时，该公司的股价随之下跌。

图 5.6 给出了这两只股票的年投资收益率（股利加上价格的变化）。如图所示，在几个时期中，两只股票的收益率呈反方向变动。例如，在 1971 年和 1978 年，对公共服务企业集团的投资产生了损失，而对美孚公司的投资产生了收益。然而，在 1981 年发生了相反的情况，当时公共服务企业集团的股价开始上升。从 1980 年至 1985 年，公共服务企业集团的股价翻了一番，但美孚公司的股价下降得非常厉害，以至于在 20 世纪 80 年代中期从美孚股票获得的多数收益只是其股利而已。

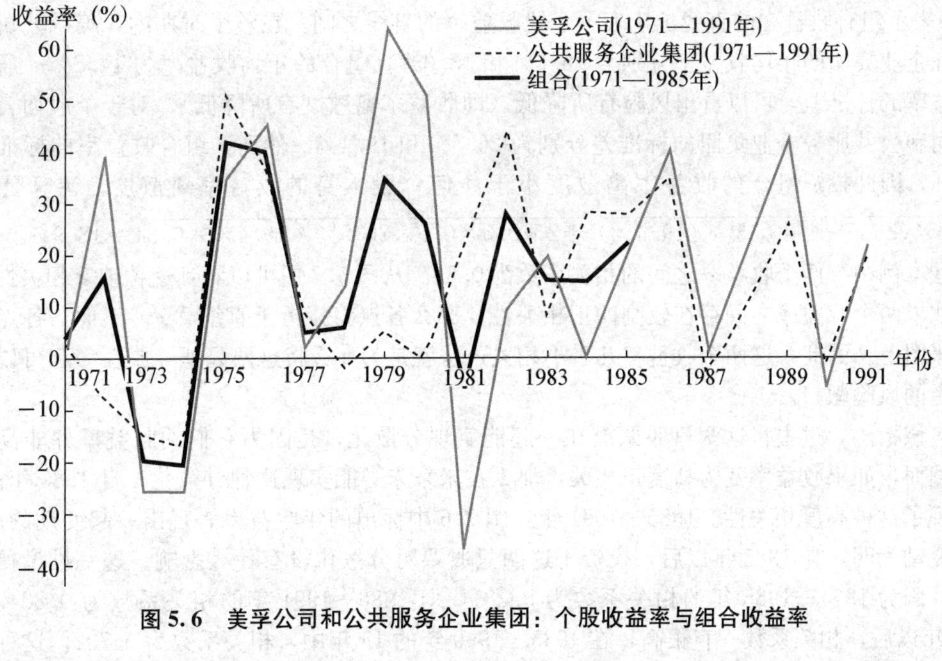

图 5.6　美孚公司和公共服务企业集团：个股收益率与组合收益率

资料来源：© Cengage Learning.

图 5.7 是这两只股票 1971—1991 年的收益率散点图。横轴表示公共服务企业集团的年均

收益率，纵轴表示美孚公司的年均收益率。如图所示，图中各点表示收益率。例如，点 A 表示美孚公司的正收益率，但表示公共服务企业集团的负收益率；点 B 表示公共服务企业集团的正收益率，但表示美孚公司的负收益率。

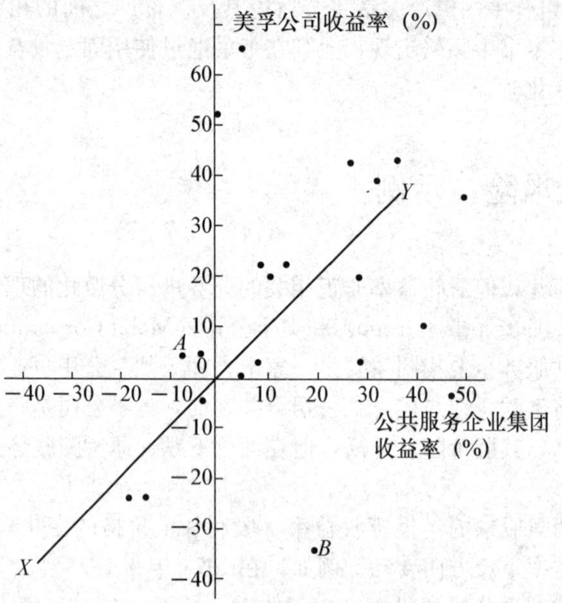

图 5.7　美孚公司和公共服务企业集团的收益率散点图

资料来源：© Cengage Learning.

正如图 5.6 和图 5.7 所示，将这些证券一起加入投资组合降低了投资者的风险敞口。图 5.6 中表示组合收益率的直线位于表示个股收益率的直线之间。在整个时期内，美孚公司和公共服务企业集团的年均收益率分别为 16.6％和 13.0％。组合的年均收益率为 14.8％。通过比较收益率的标准差，可以看出风险有所降低（即收益率离散度有所降低）。对于个股而言，美孚公司和公共服务企业集团的标准差分别为 26.5％和 19.4％。然而，组合收益率的标准差为 18.9％，因此投资组合的收益率离散度小于任何个股本身的收益率离散度。计算公式为 $\sqrt{0.5^2\times(26.5\%)^2+0.5^2\times(19.4\%)^2+2\times0.5\times0.5\times26.5\%\times19.4\%\times0.34}=18.9\%$。

在本例中，两个收益率之间的相关系数为 0.34。从图 5.7 中可以看到这种缺乏相关性的情况。如果两个收益率之间存在较高的正相关性，那么各点将接近于直线 XY。然而，各点散布于整张图上。因此，这两个收益率几乎不相关，这就是为什么将这两只证券放在一起可以降低投资者的风险敞口。

应该指出，过去将这两只股票放在一起能实现分散化，是因为它们的收益率并非高度相关。然而，如果收益率变为高度正相关，那么在未来未必能实现这种分散化。自 1985 年以来，就出现了这种高度相关性。1985—1991 年，图 5.6 中标出的年收益率表现出一起变动的趋势。这种变动表明，在 1985 年以后，投资于这两只股票对分散化没有什么影响。这一推论得到了确认，因为 1971—1985 年的相关系数为 0.231，但 1986—1991 年的相关系数为 0.884。（在 1991 年以后，相关系数一直很高，在 1985—1999 年的 15 年中，相关系数为 0.732。这种高相关性表明，在这个时期内，购买美孚公司和公共服务企业集团的股票对投资组合收益率的变异性至多只有很小的影响。）

有形资产与分散化

购买非金融资产作为投资最有力的原因恐怕就是它们对分散化可能产生的影响。多数金融资产的收益率倾向于正相关。当股价上升时，多数个股的股价会同步上升。导致股价上升的因素通常会导致债券价格上升。利率降低往往对股票和债券都是利好消息。通货膨胀往往会导致股票和债券的价格同时下降，利润被挤出，货币政策收紧将提高利率。

某些实物资产（例如，黄金和其他贵金属、房地产和艺术品）的收益率可能与金融资产的收益率负相关。不利于股票和债券的通货膨胀率可能对贵金属或房地产有利。这表明，这些资产可能在构建分散化投资组合中起着重要的作用。这样，有形资产提供的吸引力可能就不是它们提供的收益率，而是降低风险的可能性，在这种情况下，它们不是金融资产的替代品，而是金融资产的补充。

分散化与资产配置

资产配置的一个目的是对投资组合进行分散化。作为一项投资政策，资产配置确定了应将投资组合中的多少比例投资于不同类别的资产。理财规划师可能建议客户构建包括如下资产的投资组合：10%的流动资产（例如，货币市场共同基金）以满足紧急财务需求、30%的固定收益证券（债券）以创造收入、60%的股票以实现增长。投资组合中的股票可以分配 1/3 给大公司（即大盘股）、1/3 给小公司（即中小盘股）、1/3 给外国股票。外国股票可以在印度尼西亚等新兴经济体和日本等发达经济体之间分配。

一个由 60%的股票、30%的债券和 10%的现金组成的投资组合有助于实现分散化。当然，为了让这种配置实现投资组合的分散化，不同资产的收益率不能有高正相关性。从某种程度上讲，它们本来就应该缺乏相关性。流动性资产的低收益率不应与股票的收益率相关。将这些资产与股票放到一起，应能降低投资组合的收益率变异性，而不一定会降低收益率。

投资组合理论

哈利·马科维茨（Harry Markowitz）被称为使用上述方法、利用收益率和以投资组合标准差衡量的风险建立投资组合理论的第一人。[①] 他的贡献是金融学的一个重大进步，并促进了资本资产定价模型（CAPM）和接下来的套利定价模型［通常被称为套利定价理论（arbitrage pricing theory，APT）］的建立。资本资产定价模型和套利定价模型的目的都是解释投资组合收益率和证券收益率对可识别变量变化的反应。

马科维茨模型

马科维茨模型建立在如下假设上：风险厌恶的投资者构建分散化投资组合，通过在给定风

① Harry M. Markowitz，"Portfolio Selection，" *Journal of Finance*（March 1952）；Harry M. Markowitz，*Portfolio Selection：Efficient Diversification of Investments*（New York：Wiley，1959）.

险水平下最大化投资组合收益，最大化个人满意程度（通常被经济学家称为效用）。图 5.8 至图 5.10 描绘了该过程，它们说明了投资者能获得的最优风险与收益率组合、投资者最大化效用的欲望，以及在现有投资组合的约束下如何确定效用最大化的最优投资组合。

图 5.8 说明了如何确定投资者能获得的最优投资组合。纵轴衡量了投资组合的预期收益率，以百分比表示。横轴衡量了投资组合的风险，用投资组合的标准差（σ_p）表示。在图 5.8 中，阴影区域表示由不同风险证券组成的可能投资组合。该区域通常被称为可获得投资组合或可行投资组合。在这些投资组合中，有些是**无效投资组合**（inefficient portfolio），因为它们在给定风险水平下提供的收益率较低。例如，投资组合 A 就是无效组合，因为投资组合 B 在相同风险水平下提供了更高的收益率。

在给定风险水平下提供最高收益率的所有投资组合被称为**有效投资组合**（efficient portfolio）。将所有这些投资组合连起来的线（图 5.8 中的线 *XY*）就是有效边界，它被称为投资组合的有效集。任何在给定风险水平下提供最高收益率的投资组合都必定位于有效边界上。任何提供较低收益率的投资组合都是无效投资组合，并位于有效边界以下的阴影区域。由于不能选择无效投资组合，因此有效边界就是投资者可以选择的最优投资组合集合。

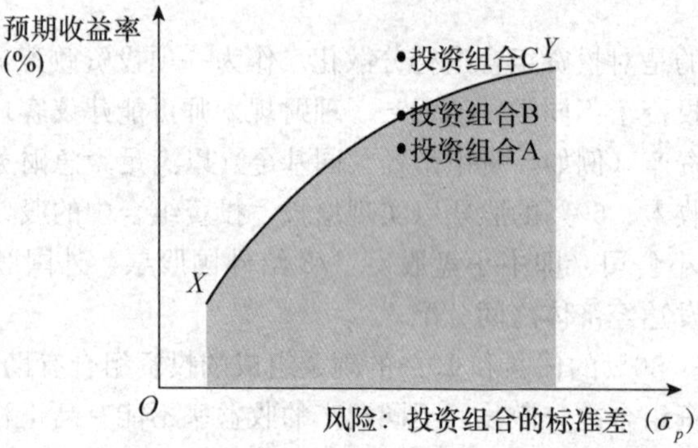

图 5.8 有效边界

资料来源：© Cengage Learning.

像 C 这样的投资组合位于有效边界上方，它在相同风险水平下提供了更高的收益率。与有效边界上的投资组合 B 相比，投资者更偏好该投资组合，因为投资组合 C 在相同风险水平下提供了更高的收益率。遗憾的是，投资组合 C 中的风险与收益率组合并不存在，它并不是一个可行方案。人们无法获得位于有效边界上方的风险与预期收益率组合。

尽管有效边界给出了可以获得的全部最优风险与收益组合，但它并没有告诉投资者应该选择哪种可能的组合。这种选择取决于个人承担风险的意愿。有效边界和承担风险的意愿共同决定了投资者的最优投资组合。图 5.8 只给出了有效边界，它没有说明投资者承担风险的意愿。

这种承担风险的意愿可以用无差异曲线来表示，它常在经济理论中用来表示个人效用水平（即消费者的满足程度）和用一种商品去交易另一种商品的影响。尽管满足程度是无法衡量的，但这种分析允许对满足水平进行排序。能获得更多某种商品，而不会丧失另一种商品，就能实现更高的满足水平。例如，与 5 个苹果和 4 个橘子相比，消费者更喜欢 5 个苹果和 5 个橘子的组合，因为他获得了更多橘子，但没有失去任何苹果。

尽管 5 个苹果和 5 个橘子比 5 个苹果和 4 个橘子更受喜爱，但并不能断定 6 个苹果和 4 个橘子比 5 个苹果和 5 个橘子更受喜爱。为了获得第 6 个苹果，消费者要放弃 1 个橘子。如果与失去的橘子相比，消费者更喜欢多出的苹果，那么就能获得更高的满足水平。如果消费者不喜欢多出的苹果，那么满足水平就降低了。也可能发生这种情况，由于多出的苹果获得的额外满足恰好抵消了失去的满足，因此消费者在5个苹果和5个橘子与6个苹果和4个橘子之间的偏好无差异。注意，这种分析没有衡量满足程度，而是试图确定哪个满足水平更高，也就是说，哪种商品组合更受喜爱。

将消费者行为经济理论运用于投资组合理论时，就建立了风险与收益之间的权衡关系（而不是两种商品之间的权衡关系，例如，苹果和橘子）。这种风险与收益的权衡也可以用无差异曲线来表示。图5.9显示了一组无差异曲线。每条无差异曲线都表示一个满足水平，曲线越高，表示满足水平越高。沿给定曲线的移动表示相同的满足水平（对个人而言无差异）。例如，在无差异曲线 I_1 上，投资者愿意接受较低的收益率，例如 r_1，并承担较低的风险（σ_{p_1}）。同一个投资者也愿意承担更高的风险，以获得更高的收益率（例如，r_2 和 σ_{p_2}）。高出的收益足以吸引投资者承担额外的风险，因此投资者在两种选择之间是无差异的。因此，在同一条无差异曲线上的所有点都表示相同的满足水平。

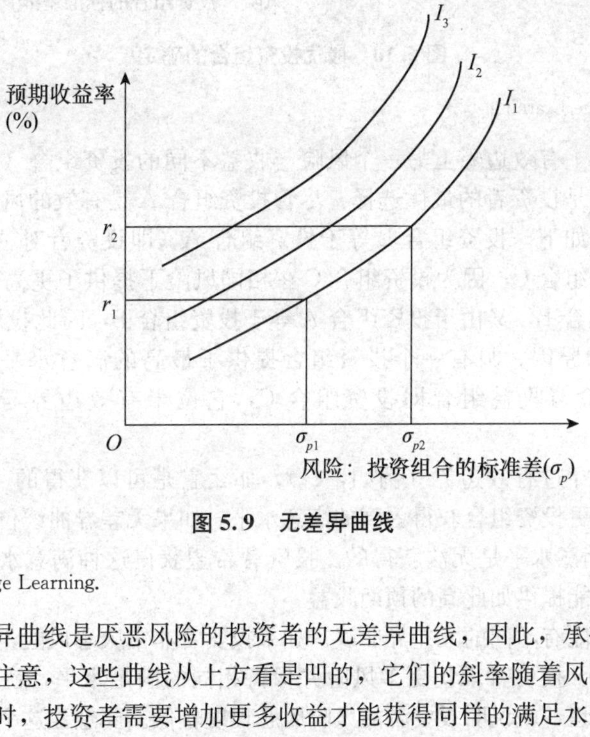

图5.9　无差异曲线

资料来源：© Cengage Learning.

图5.9中的无差异曲线是厌恶风险的投资者的无差异曲线，因此，承担额外风险需要获得更多收益。然而，请注意，这些曲线从上方看是凹的，它们的斜率随着风险的增加而上升。这表明当增加相同风险时，投资者需要增加更多收益才能获得同样的满足水平。

投资者愿意在不承担更高风险的情况下获得更高收益。不承担更高风险而获得更高收益将提高总满足程度。无差异曲线 I_1 上方的无差异曲线 I_2 和无差异曲线 I_3 表示更高的满足水平。投资者对于 I_2 上的任何风险与收益组合也是无差异的。在无差异曲线 I_2 上的所有风险与收益组合都优于无差异曲线 I_1 上的所有风险与收益组合。相应地，无差异曲线 I_3 上的所有点都优于无差异曲线 I_2 上的所有点。由于存在无限量的满足水平，因此投资者也可以构建无限数量的无差异曲线。每条曲线都表示不同的满足水平，曲线越高，满足水平也越高。（这类分析的一个优点是，无差异曲线本身并不衡量满足程度，它们只表示排序，也就是说，I_2 优于 I_1。）

投资者希望获得最高的满足水平，但是，这当然仅限于投资者能获得的满足水平。有效边界给出了投资者能获得的最优风险与收益组合。将无差异曲线与有效边界叠加，就可以得出投资者的最优投资组合。图 5.10 显示了该过程，它结合了图 5.8 和图 5.9。风险与收益的最优组合由点 C 表示，它是投资者的最优风险与收益组合。

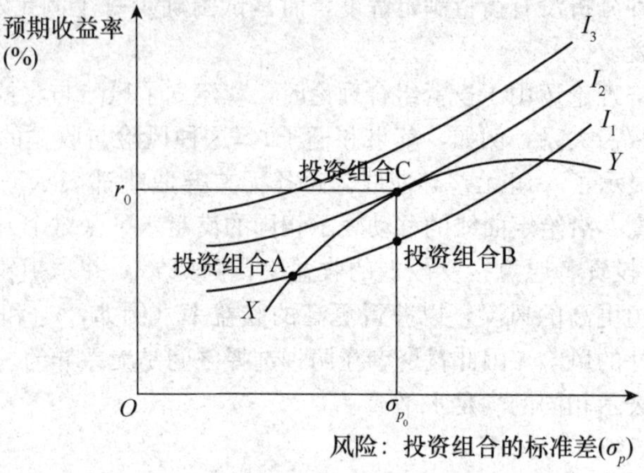

图 5.10　最优投资组合的确定

资料来源：© Cengage Learning.

如果投资者选择了有效边界上另一个风险与收益不同的投资组合（例如，投资组合 A），那么该投资组合不会是投资者的最优选择。尽管投资组合 A 是有效的风险与收益组合，但它不是最优选择，原因如下。投资组合 B 等于投资组合 A（即投资者对 A 和 B 无差异），但 B 是无效的，差于投资组合 C，因为投资组合 C 在相同风险下提供了更高的收益水平。投资组合 C 必然优于投资组合 B，又由于投资组合 A 等于投资组合 B，因此投资组合 C 也优于投资组合 A。由于类似的原因，只有一个投资组合提供了最高的满意水平且位于有效边界上。这个独一无二的风险与收益组合即投资组合 C，它位于有效边界与无差异曲线 I_2 的切点处。

如果无差异曲线穿过有效边界（例如，I_1），那么它是可以获得的，只是满意水平较差，投资者总可以通过变更投资组合获得更高的满意水平。如果无差异曲线位于有效边界上方（例如，I_3），那么这种满意水平是无法获得的。投资者希望获得这种满意水平，但在这种风险水平下，没有投资组合能提供如此高的预期收益。

不同投资者也可能有不同的无差异曲线。如果投资者非常厌恶风险，那么曲线就会变得很陡峭，表明要想让这个投资者承担更多风险并保持相同的满足水平，就需要提供大量额外收益。如果曲线相对平坦，就说明投资者的风险厌恶程度较低。要想让这个投资者承担更多的风险并保持相同的满足水平，只需要提供少量额外收益就可以了。然而，两个投资者仍然厌恶承担风险，区别只在于厌恶风险的程度。

资本资产定价模型

尽管无法观察或估计无差异曲线，但将其与有效边界相结合，使人们向投资组合理论迈出了一大步。马科维茨模型首次说明了如何在经济学家常用的效用最大化框架下构建分散化投资组合。在该模型的启发下，威廉·F. 夏普（William F. Sharpe）、约翰·林特纳（John Lintner）

和扬·莫辛（Jan Mossin）建立了资本资产定价模型。[①] 资本资产定价模型是最重要的金融理论概念之一，它深入研究了有效市场背景下风险与收益的关系，增加了获得无风险收益的可能性，并比马科维茨模型更容易应用。资本资产定价模型脱胎于马科维茨模型，并将最优分散化投资组合的概念扩展至一般市场和个股的定价。也就是说，这个概念既可以被用于说明投资组合中风险与收益关系的宏观环境，也可以被用于说明特定资产的风险与收益关系的微观环境。

资本资产定价模型的宏观层面是提出了资本市场线。图 5.11 首先绘出了风险证券所有可能的有效投资组合，并加入了线 AB，该线的端点位于纵轴上的 r_f，并与有效边界相切。AB 是资本资产定价模型给出的资本市场线，线上的每个点都表示一只无风险证券和一个包括风险证券的投资组合的组合。如果投资者不承担风险，并将全部资产投资于无风险资产，那么他们应获得的收益率为 r_f。当投资者用风险证券代替无风险资产时，风险和收益都会增加（即沿着资本市场线移动）。点 Z 为切点，它表示仅由风险证券组成的投资组合。在点 Z 右侧，投资者使用保证金进一步提高收益，但使用保证金也将继续增加风险。实际上，资本市场线 AZB 成为有效边界。该线上的风险与收益组合表示可获得的最优投资组合，这些投资组合既包括没有风险、只获得无风险收益率的投资组合，也包括由通过保证金购买的证券组成的投资组合。

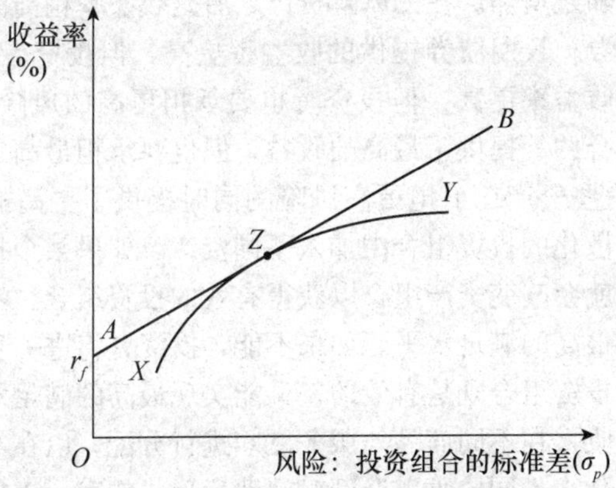

图 5.11　资本市场线

资料来源：© Cengage Learning.

资本市场线公式是基于直线的：

$$Y=a+bX$$

式中，Y 为投资组合的收益率（r_p）；截距 a 为无风险利率（r_f）；X 为风险；b 为直线的斜率。资本市场线的表达式为：

$$r_p=r_f+\left(\frac{r_m-r_f}{\sigma_m}\right)\sigma_p \tag{5.5}$$

该式表明，投资组合的收益率（r_p）为无风险资产（例如，国库券）获得的收益率（无风

---

① 关于资本资产定价模型的开创性工作，参见 William Sharpe, "Capital Asset Prices: A Theory of Market Equilibrium," *Journal of Finance* (September 1964): 425-442; John Lintner, "The Valuation of Risk Assets and the Selection of Risk Investments in Stock Portfolios and Capital Budgets," *Review of Economics and Statistics* (February 1965): 13-37; Jan Mossin, "Equilibrium in a Capital Asset Market," *Econometrica* (October 1966): 768-783。马科维茨和夏普对风险分析和投资组合理论的发展做出了重要贡献，因此他们与默顿·米勒（Merton Miller）一起获得了 1990 年诺贝尔经济学奖。

险收益率$=r_f$）与风险溢价之和，其中风险溢价取决于：（1）市场收益率超过无风险收益率的程度（即r_m-r_f）；（2）投资组合的离散度（σ_p）与市场离散度（σ_m）之比。如果投资组合的离散度等于市场离散度，那么这两个因素即可抵消。这种投资组合的收益率仅取决于无风险利率和证券投资的风险溢价。然而，如果投资组合的离散度高于市场离散度，那么收益率就必须超过市场收益率。风险溢价将更高。因此，资本市场线表示为了获得更高的收益，投资者需要承担更高的风险。

实际的资本市场线

前面的讨论表明，从一方面看，资本资产定价模型是将个人最优投资组合的确定解释为无风险资产与风险证券的组合的理论，其中，资本市场线说明了投资组合风险与收益的关系。资本市场线的斜率显示了每增加一单位风险所增加的收益。有时，类似图 5.12 的例子被用于表明各类资产如何落在资本市场线上，以及替代某类资产如何增加投资者的收益和风险。

尽管本书后面专门讨论了图 5.12 中的各类证券，但该图表明，某些资产（例如，美国国库券或有联邦保险的储蓄账户）可以产生适度收益而没有风险。当向右侧移动时，投资者购买的资产风险升高，收益也随之增加。在无风险资产之后是收益率稍高的货币市场证券，然后是期限为 1～10 年的中期债券。长期债券提供的收益率更高，但投资者也需要承担更高的风险。大公司和小公司的股票的收益率更高，但投资者也要承担更高的风险。在图的最右侧，期权、外国投资、房地产和期货合约等提供了最高的收益，但也要承担最高的风险。

尽管图 5.12 显示，有些资产在承担更高风险的同时提供了更高的收益，但资本资产定价模型建议投资者在有效分散化的投资组合中加入不同资产。如果某个投资者的特定投资组合不位于有效边界上，那么他就会改变资产组合以获得有效的投资组合。然后，这个投资者将确定该有效投资组合能否提供最高的满足水平。如果不能，投资者将进一步改变投资组合，直到两个条件都得以满足，这样投资组合既是有效的，又能实现最高的满足水平。

这个过程与投资者将收入在不同商品与服务之间进行分配，以在给定收入下获得最高的消费者满足水平的过程没有什么不同。收入金额对消费者形成约束，正如有效边界对投资者形成约束一样。给定这些约束条件，投资者仍按照最大化消费者满足水平的方式行动。在投资组合理论中，这种最大化由有效边界和个人投资者无差异曲线的切点表示。

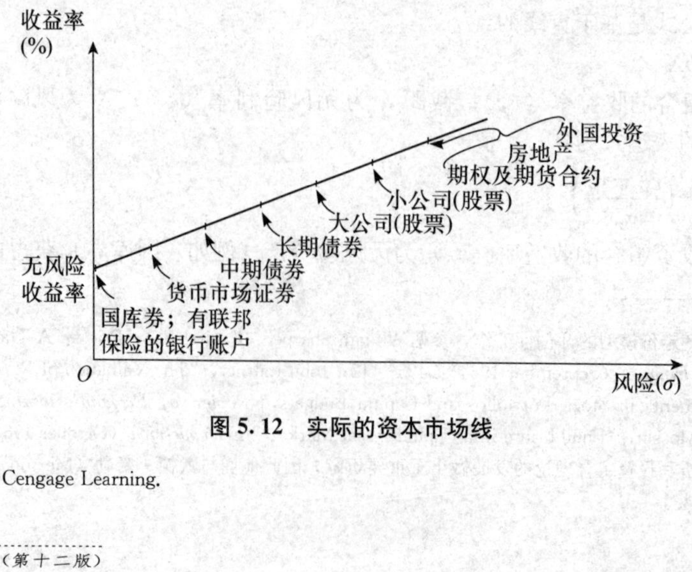

图 5.12　实际的资本市场线

资料来源：© Cengage Learning.

β系数

资本资产定价模型的第二部分说明了单个资产风险与收益的关系。在微观层面上，这种关系被称为证券市场线（security market line，SML）。尽管这种关系非常类似于资本市场线，但它们的区别很重要。在资本市场线中，风险是由投资组合的标准差衡量的。在证券市场线中，单个资产的风险是由 β 系数衡量的。理解证券市场线需要理解 β 系数。因此，在讨论 β 系数在资本资产定价模型中的作用之前，有必要解释这个风险指标。

当投资者构建充分分散化的投资组合时，非系统性风险将被分散。因此，相关风险只剩下系统性风险。**β 系数**（beta coefficient）是系统性风险的衡量指标。它是单个资产波动性与市场波动性之比。具体证券（β_i）的 β 系数定义如下：

$$\beta_i=\frac{\text{股票 } i \text{ 收益率的标准差}}{\text{市场收益率的标准差}}\times \text{股票收益率与市场收益率的相关系数} \tag{5.6}$$

因此，β 取决于：（1）个股收益率的波动性；（2）市场收益率的波动性（用各自的标准差衡量）；（3）证券收益率和市场收益率的相关系数。（本章附录中关于回归分析的部分举例说明了 β 的计算。）

标准差之比衡量了股票相对于市场波动性的波动性。股票收益率相对于市场收益率波动性的波动性越高（即股票收益率的标准差越大），个股风险就越高。显示波动性是否升高的相关系数非常重要。

表 5.2 说明了不同数值的股票收益率标准差和相关系数对 β 系数的影响。该表有两个部分。在第一部分中，股票收益率与市场收益率的变动恰好相等，因此股票收益率与市场收益率的相关系数为 1.0。由于相关系数等于 1.0，因此市场收益率和股票收益率之间为强正相关。股票的市场风险是高还是低，取决于股票收益率波动性与市场收益率波动性之比。当股票市场收益率波动性低于市场收益率波动性时（例如，当标准差为 2%时），β 为 0.2，此时股票波动性低于市场波动性，股票只有少量市场风险。当标准差为 18%时，β 为 1.8，此时股票波动性高于市场波动性，股票有大量市场风险。

表 5.2　β 系数的不同值

第一部分	
市场的标准差	10%
股票收益率与市场收益率的相关系数	1.0
股票的标准差	β 系数
2%	(2/10)×1=0.2
6%	(6/10)×1=0.6
10%	(10/10)×1=1.0
14%	(14/10)×1=1.4
18%	(18/10)×1=1.8
第二部分	
市场的标准差	10%
股票的标准差	10%

相关系数	β系数
−1.0	(10/10)×(−1.0)=−1.0
−0.5	(10/10)×(−0.5)=−0.5
0.0	(10/10)×0.0=0.0
0.5	(10/10)×0.5=0.5
1.0	(10/10)×1.0=1.0

在表 5.2 的第二部分中，股票收益率的标准差和市场收益率的标准差相等，但相关系数不相等。当股票收益率和市场收益率按照完全相反的方向变动时，相关系数为−1.0，β为−1.0。尽管股票收益率和市场收益率的变异性相同，但股票收益率和市场收益率的波动性恰好相反。反之，如果相关系数为+1.0，则β为+1.0。股票收益率和市场收益率的变异性相同，股票收益率和市场收益率的波动性也相同。如果股票收益率和市场收益率无关（即相关系数为0.0），那么β将等于0.0。股票收益率不会对市场变动做出反应，因此没有市场风险。股票收益率会变化，但这种变动必须用其他风险进行解释。

只要股票收益率和市场收益率之间存在强相关性（即相关系数不低），那么β系数就有意义。由于相关系数的数值变化范围为−1.0至+1.0，因此通常取该数值的平方，以获得决定系数，即R^2。正如本章的统计附录所说明的，决定系数给出了一个变量的变化中由另一个变量的变化解释的比例。决定系数较低的β系数表明，β系数对于解释股票收益率变动没有什么用处，因为市场以外的因素是导致股票收益率变动的原因。

如果股票的β系数为1.0，其含义是，股票收益率的变动恰好和市场指数的变动相同。按照预期，10%的市场收益率应使特定股票产生10%的收益率。相应地，市场收益率降低10%，也会导致股票收益率降低10%。小于1.0的β系数表明，股票收益率的波动趋向于小于市场整体收益率的波动。β系数为0.7表明，市场收益率上升10%将导致股票收益率只上升7%，但当市场收益率下降10%时，股票收益率也只下降7%。β系数为1.2表明，如果市场收益率为10%，那么预期股票收益率将为12%，但当市场收益率降低10%时，股票收益率将降低12%。

β系数越大，个股的系统性市场风险越高。较大的β系数可能表明市场收益率上升时将产生更高的利润，但它也表明在市场收益率下降时将产生更高的损失。具有大β系数的股票被称为进取型股票。具有小β系数的股票的情况则相反，在股价上升期，这种股票获得的收益率低于市场收益率，但在股价下降期，这种股票获得的收益率高于市场收益率。这种股票也被称为防御型股票。

具体证券和整体市场指数的收益率之间的这种关系如图 5.13 和图 5.14 所示。在每张图中，横轴表示市场收益率，纵轴表示股票收益率。线 *AB* 表示市场，在两张图中是相同的。它是一条斜率为正的直线，穿过原点，与横轴和纵轴等距（即与横轴和纵轴的夹角均为45°）。

图 5.13 以一只β系数大于1.0的股票为例。线 *CD* 表示收益率上升幅度和下降幅度均高于市场收益率的股票。在这个例子中，β系数为1.2，因此当市场收益率为10%时，该股票的收益率为12%。

图 5.14 以一只β系数小于1.0的股票为例。线 *EF* 表示收益率上升（和下降）幅度小于市场收益率的股票。在这个例子中，β系数为0.8，因此当市场收益率为10%时，该股票的收益率为8%。

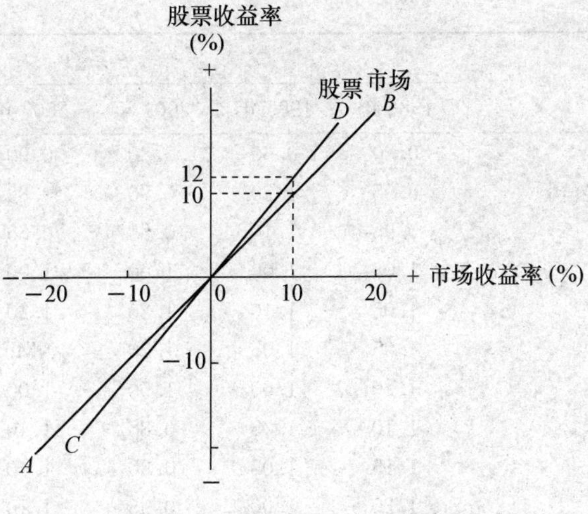

图 5.13　β 系数大于 1.0 的股票

资料来源：© Cengage Learning.

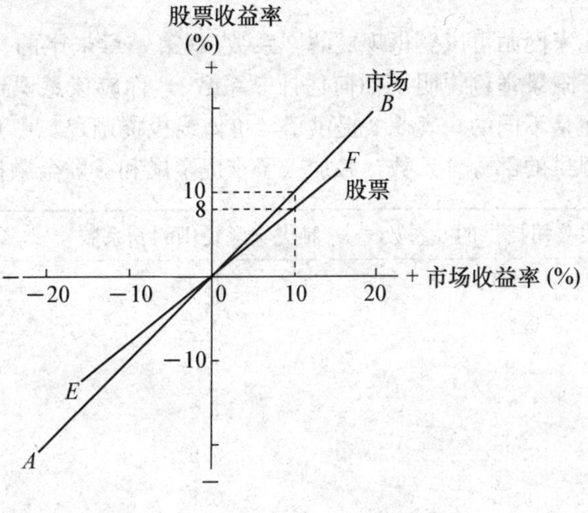

图 5.14　β 系数小于 1.0 的股票

资料来源：© Cengage Learning.

不同公司的 β 系数的确有所不同。表 5.3 说明了这一点，该表列出了用《价值线投资调查》（*Value Line Investment Survey*）计算的部分公司的 β 系数。如表所示，有些公司（例如，麦当劳）的 β 系数相对较小，而另一些公司（例如，美国铝业）的 β 系数较大。愿意承担更多风险的投资者可能被这些 β 系数更大的股票所吸引。不那么愿意承担风险的投资者可能偏好 β 系数较小的股票。尽管这些投资者放弃了市场价格上升时的某些潜在收益，但他们在股价下跌时承担的损失也较小。

表 5.3　《价值线投资调查》计算的部分 β 系数

公司	β 系数					
	1986 年	1995 年	2001 年	2007 年	2012 年	2015 年
AT&T	0.90	0.85	1.00	1.10	0.75	0.75

续表

公司	β系数					
	1986年	1995年	2001年	2007年	2012年	2015年
埃克森美孚	0.80	0.60	0.80	0.90	0.80	0.95
奥驰亚（菲利普莫里斯公司）	0.95	1.20	0.70	0.80	0.55	0.60
强生	0.95	1.10	0.85	0.65	0.65	0.75
IBM	1.05	1.00	1.00	1.00	0.85	0.85
通用电气	1.05	1.10	1.25	1.20	1.20	1.15
维亚康姆	1.05	1.05	1.20	NMF	1.20	1.05
杜邦	1.20	1.00	1.00	1.00	1.15	1.10
麦当劳	1.10	1.05	0.85	1.10	0.65	0.60
美国铝业	1.15	1.05	0.90	1.40	1.45	1.05
波音	1.20	1.00	0.95	1.10	1.05	1.05
平均值	1.04	1.00	0.95	1.03	0.94	0.93

注：NMF=无意义数字。

资料来源：*Value Line Investment Survey*，various issues.

幸运的是，通过几家网站可以获得现成的β系数。（第一章末尾的“投资作业”中提供了可供参考的网站。本章附录举例说明了如何估计β系数。）你应该意识到，不同来源对同一只股票给出的β系数往往是不同的。表5.3提供了《价值线投资调查》中几只股票的β系数。下表摘录了价值线公司提供的部分β系数，并加入了雅虎金融和谷歌金融提供的β系数。

公司	价值线公司提供的β系数	雅虎金融提供的β系数	谷歌金融提供的β系数
美国铝业	1.40	1.05	1.76
AT&T	0.75	0.23	0.44
埃克森美孚	0.95	1.08	0.88
通用电气	1.15	1.25	1.37
IBM	0.85	0.91	0.62
强生	0.75	0.87	0.54

显然，这些估计的β系数不同，且差异也不一致。在某些情况下，雅虎金融提供的β系数较大（例如，埃克森美孚），在另一些情况下，雅虎金融提供的β系数较小（例如，美国铝业）。雅虎金融提供的埃克森美孚的β系数的数值大于1.0，表明该股票的波动性高于市场波动性。谷歌金融提供的埃克森美孚的β系数的数值小于1.0，表明情况相反，即该股票的波动性低于市场波动性。

为什么这些数据不同？这个问题的答案是，β系数是用历史数据估计出来的。β系数是将股票收益率与市场收益率联系起来的直线的斜率。之所以会产生差异，是因为估计值使用了不同的市场指标（例如，价值线公司股票指数或标准普尔500股票指数）。造成差异的另一个可能原因是涵盖的时期不同。一种估计使用的可能是3年中的日收益率，而另一种估计使用的可能是5年中的周收益率或月收益率。

这些差异是否重要，取决于差异大小和β系数的潜在用途。例如，某位希望股价相对稳定的低风险投资者将购买β系数小的证券。如果某个投资者选择了β系数为0.6的股票，那么如果市场价格下跌了10%，但该股票价格下跌了15%，他将感到失望。β系数为0.6表明，当市场价格下跌10%时，股价应下跌6%。β系数也可以被用于为股票估值（第九章）和衡量共同基金的绩效（第六章）。β系数小意味着风险较低、估值较高，或者风险调整绩效更优。当然，不同的β系数可能导致不同估值或对绩效的不同结论。

由于β系数是用历史价格数据计算出来的，因此它们可能会变化。表5.3也说明了这一特性；美国铝业的β系数范围为0.90～1.45。尽管个股的β系数可能不稳定，但实证研究表明，β系数存在向1.0移动的趋势。也就是，风险较高的证券变得波动性更低，反之亦然。

与单只证券的β系数不同，分散化投资组合的β系数是相当稳定的。不同β系数的变化趋于平均；尽管一只股票的β系数在增加，但另一只股票的β系数却在减少。这样，投资组合的历史β系数就可以被用作预测未来β系数的工具，该预测值应该比单只证券β系数的预测值更准确。例如，在1995年和2007年，表5.3中给出的投资组合平均β系数接近于1.0。如果对每只证券的投资金额相同，那么尽管单只证券的β系数大于或小于1.0，投资组合的价值将与市场价值非常接近。即使部分证券的收益率高于（或低于）市场整体收益率，也会出现这种投资组合反映市场表现的趋势。

β系数和证券市场线

β系数在金融中的主要作用是，它在资本资产定价模型中是解释单只证券收益率的关键变量。证券市场线说明了由β系数衡量的风险与资产收益率之间的关系。证券市场线规定，股票收益率（r_s）为：

$$r_s = r_f + (r_m - r_f)\beta \tag{5.7}$$

股票收益率取决于无风险利率（r_f）和风险溢价，后者由市场收益率（r_m）超过无风险利率的程度和个股的β系数组成。图5.15显示了这种关系（即证券市场线）。

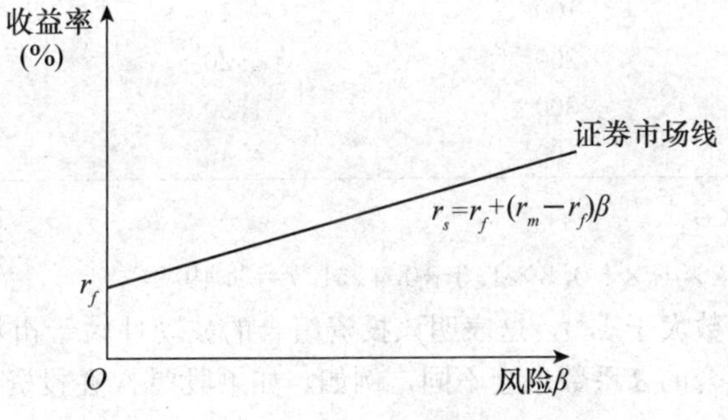

图5.15　证券市场线

资料来源：© Cengage Learning.

为了让这个公式具有可操作性，分析师不仅需要β系数，还需要无风险利率和市场收益率。联邦政府国库券收益率通常被用作无风险利率。标准普尔500股票指数的收益率通常被用作市场收益率指标。尽管标准普尔500指数可能适合于多数证券和投资组合，但它可能不适合于特殊情况，例如黄金公司的证券或在新兴市场上发行的证券。（见第九章关于股票估值的讨论和第十章关于收益率的讨论。）

如果比较图5.15与图5.11，我们立即就能看出资本市场线与证券市场线的类似之处。Y轴是相同的，风险与收益之间的关系用一条直线表示（即$Y=a+bX$）。两张图的差异是X轴上的风险指标。资本市场线使用的是投资组合的标准差，而证券市场线使用的是单只证券的β系数。

然而，这两个概念之间的区别大于两个风险指标之间的区别。资本市场线［式（5.5）］和证券市场线［式（5.7）］都是试图解释证券收益率的资本资产定价模型的一部分。资本市场线，或者说宏观部分，表明充分分散化的投资组合的收益率取决于无风险证券的收益率和投资组合对总体风险指标——投资组合标准差的反应。证券市场线，或者说微观部分，表明单个资产的收益率取决于无风险利率和证券对市场变化的反应，这种反应是用证券的市场风险指数——β系数衡量的。

除了作为确定证券收益率的理论以外，资本资产定价模型在证券估值和投资组合绩效分析中也起了重要的作用。例如，在第九章中，资本资产定价模型的证券市场线部分被用于确定普通股投资的必要收益率。然后，该收益率被用于股利增长模型，以确定普通股的价值。该模型也可以被用于第六章中的投资组合估值，此时需要比较实际收益率与用资本资产定价模型确定的必要收益率。因此，资本资产定价模型不仅是投资组合构建理论和证券收益率确定方法的有机组成部分，还确立了评价投资组合绩效的标准。

投资组合的β系数

证券市场线将特定股票的β系数与证券收益率联系了起来。不过，也可以计算整个投资组合的β系数，并将其与投资组合收益率相联系。如果投资组合是充分分散化的，那么它的β系数就是合适的投资组合风险指数，因为分散化基本上消除了投资组合的非系统性风险。投资组合的β系数是投资组合中每只证券和其β系数的加权平均值。因此，如果一个投资组合有如下股票，且其β系数如下所示：

股票	投资金额（美元）	占投资组合的百分比（%）	β系数
A	100	10	0.9
B	200	20	1.2
C	300	30	1.6
D	400	40	1.7

那么投资组合的β系数为：

$$0.1\times0.9+0.2\times1.2+0.3\times1.6+0.4\times1.7=1.49$$

该投资组合的β系数大于1.0，这表明该投资组合的波动性大于市场波动性。当然，如果权重不同，那么投资组合的β系数也会不同。例如，如果股票A在投资组合中的权重高于股票D，那么β系数就会更小。

除了个股的β系数以外，还可以计算投资组合或共同基金的β系数。例如，晨星（Morningstar）公司的数据库中就提供了共同基金的β系数。对这些β系数的解释基本上与对普通股β系数的解释相同。大于1.0的β值表明该基金是收益率比市场收益率波动性更高的进取型基金。小于1.0的β值含义相反，它表明该基金的市场风险较低。（晨星公司还提供了决定系数R^2，它是估计β值质量的一个指标。较小的R^2表明非系统性因素是引起基金收益率变异的主要因素。参见本章附录对相关系数和决定系数的讨论。）

除了表示市场风险以外，投资组合的β系数还可以在评价投资组合绩效时起到重要的作用，因为β系数是一种对每笔资金的收益与风险之比进行标准化的方法。我们将在关于投资公司的第六章中讲到投资组合评估时介绍对投资组合绩效的评估。

套利定价理论

前面的内容讨论了 β 系数及其在资本资产定价模型中的应用。尽管资本资产定价模型是金融理论的重要组成部分，但也由于限制过多而备受批评。该模型将股票收益率的解释变量减少为两个：(1) 市场收益率；(2) 股票相对于市场变动的波动性（即 β 系数）。当然，在充分分散化的投资组合中，系统性风险是风险的重要来源。然而，如果股价对其他某个变量的变化敏感，那么非系统性风险在决定个股收益率时可能也很重要。例如，通货膨胀率的升高或者欧元相对于美元贬值都可能对个股收益率有重要影响。因此，其他因素在解释证券收益率时也可能起到重要的作用。

套利定价理论试图增加可以解释证券收益率的其他变量。这是一个多变量模型，其中证券收益率除了依赖市场波动性以外，还依赖多个变量。套利定价理论的名字来源于一个经济假设，即两个市场上的价格不能有差异。**套利**（arbitrage）是在买入商品或证券的同时，在另一个市场上将其以更高价格卖出的行为。参与这些交易的人被称为"套利者"。(在关于期权和期货的章节中还将进一步讨论套利。) 如果 IBM 的股票在纽约的售价为 150 美元，而在旧金山的售价为 160 美元，这就为创造无风险利润提供了机会。套利者将在纽约买入股票，同时在旧金山卖出股票，这样就能获得 10 美元的利润，而无须承担任何风险。当然，在纽约买入股票的行为将推高股价，而在旧金山卖出股票的行为将压低股价，直到两个市场的价格相等，套利机会消失。

套利也表明，风险相同的投资组合将产生相同的收益率。如果投资组合 A 和投资组合 B 的风险相同，那么这两个投资组合就是彼此的替代品。正如 IBM 的股票在纽约和旧金山的交易价格必然相同一样，投资组合 A 和投资组合 B 的收益率也必然相同，否则就会出现套利机会。此时，套利的作用也是消除收益率差异。收益率差异必然与投资组合对投资者面临风险变化的反应差异有关。这些风险是投资者获得的收益率的主要决定因素。

在套利中，证券价格变动和收益率并不是由风险和收益的关系解释的。资本资产定价模型建立在关于投资者风险承担意愿的假设上（即要想让投资者承担更高的风险，他们必然期望获得更高的收益）。尽管这个假设可能是合理的，但套利定价理论在解释证券价格变动时，并没有做出关于风险偏好的假设。证券收益率是投资者利用感受到的风险敞口价格差异进行套利的结果。

套利定价理论表明，证券收益率（r_s）取决于预期收益率（r_e）和一系列因素（F_1，…，F_n）。例如，如果因素有四个，那么一般模型将为：

$$r_s = r_e + b_1F_1 + b_2F_2 + b_3F_3 + b_4F_4 + e \tag{5.8}$$

各参数（即估计系数 b_1，…，b_4）衡量的是股票收益率（或投资组合收益率）对各因素变化的反应或敏感性。e 表示误差项。如果模型反映了重要因素，那么误差就趋向于相互抵消（即正误差被负误差抵消），且误差项数值应为零（$e=0$）。如果持续出现误差，那么误差项就不等于零，说明模型的描述有误，也就是说，模型至少漏掉了一项重要因素。

影响股票收益率（或投资组合收益率）的因素非常多。套利定价理论通常将这些变量分为部门影响因素和系统性影响因素。部门变量的一个例子就是公司所在的行业。影响银行股的因素可能不会影响零售业股或航空股。系统性影响因素可能是利率或经济活动水平。例如，支付高股利的股票可能更容易对利率变动做出反应，而周期性股票可能更容易对经济活动水平的变化做出反应。

尽管可能存在大量变量，但实证研究结果显示，只有少数变量对证券收益率有持久或持续的影响。例如，通货膨胀率的变化可能对证券收益率的变化有重要影响。然而，只有未预期到的（而不是预期到的）通货膨胀有这种影响。在竞争的金融环境中，预期通货膨胀率已经包含在证券价格中。如果预期通货膨胀率从 4%上升到 8%，那么证券价格之前应该已经向下调整了，而收益率应该提高。套利定价理论追求的是将未预期到的变化加入收益率决定因素中。预期收益率加上对未预期到的通货膨胀变化（和其他因素）的反应决定了实际收益率。

意外事件总会发生，因此实际收益率经常会与预期收益率发生偏离。投资者不知道的是会发生哪些意外事件，以及个股如何对变化做出反应。此外，不是所有证券或投资组合都会做出相同方向或相同程度的反应。两个投资组合对一个特定因素变化的反应可能是不同的，因此，两个（或更多）投资组合的收益率也可能不同。

考虑下列三变量多因素模型：

$$r_s = 0.12 + b_1F_1 + b_2F_2 + b_3F_3 + e$$

其中，股票收益率为 12%（预期收益率）加上三个风险因素的影响。然而，两只股票的估计参数是不同的。假设股票 A 和股票 B 的估计表达式为：

$$r_{sA} = 0.12 + 0.02F_1 - 0.01F_2 + 0.01F_3$$

和

$$r_{sB} = 0.12 + 0.05F_1 + 0.01F_2 + 0.02F_3$$

误差项被抵消了（即 $e=0$），且两只股票收益率的表达式是不同的。股票对风险因素变化的反应不同，因此每只股票的收益率也必然不同。例如，第二个因素的估计系数的符号不同（负号与正号），表明该因素对两只股票的收益率的影响相反。

假设这些因素的数值分别为 0、1 和 2。股票收益率将为：

$$r_{sA} = 0.12 + 0.02 \times 0 - 0.01 \times 1 + 0.01 \times 2 = 0.13 = 13\%$$

和

$$r_{sB} = 0.12 + 0.05 \times 0 + 0.01 \times 1 + 0.02 \times 2 = 0.17 = 17\%$$

由于因素 1 的数值在该时期内为 0，该因素的预期值和实际值相同（即 $F_1=0$），因此该因素对收益率无影响。因素 2 和因素 3 的实际值和预期值不同，因此这两个变量影响每只证券的收益率。因素 2 对股票 A 有负影响，对股票 B 有正影响，而因素 3 对两只股票都有正影响，且对股票 B 的影响稍大（系数分别为 0.02 与 0.01）。

尽管可能存在许多可能有影响的因素，但研究表明，有四个因素是最重要的。这些因素是：(1) 意外的通货膨胀；(2) 意外的行业产值变化；(3) 意外的风险溢价变化；(4) 意外的收益率结构变化（由利率期限结构曲线的斜率衡量）。（利率期限结构将在第十三章关于收益率的部分和该章附录中讨论。）

由于预期变化已包含在预期收益率中，因此套利定价理论强调了意外变化的重要性。如果实际值和预期值相同，那么因素就会相互抵消。如果上述模型中的因素 1 是实际通货膨胀率和预期通货膨胀率之差，那么表达式将为：

$$r_s = 0.12 + b_1(\text{实际通货膨胀率} - \text{预期通货膨胀率}) + b_2F_2 + b_3F_3$$

如果实际通货膨胀率为 4%，且预期通货膨胀率也为 4%，那么该因素就对股票收益率没有影响，即 $b_1 \times (0.04-0.04)=0$。

只有当实际值和预期值不同时，这些因素才对股票收益率有影响。如果实际通货膨胀率为 7%（从预期的 4%升至 7%），那么该风险因素就变为重要因素，且对股票收益率有影响。影响程度和影响方向取决于估计参数（即估计系数及其符号）。通货膨胀率上升可能会导致某些股票（例如，公用事业股票）的收益率下降，并导致其他股票（例如，能源公司股票）的收益率上升。

每只股票、每个投资组合如何对已实现变量和预期变量的差异做出反应，对能获得的收益率是很重要的。即使两只股票有相同的β系数，对市场变化的反应方式相同，它们对其他因素变化的反应也可能不同。因此，强调固定收益证券的投资组合对通货膨胀变化的反应可能大于强调经济增长的投资组合对通货膨胀变化的反应。这种反应差异对证券选择或投资组合管理起着关键作用。它表明，如果证券对另一个变量的变化反应敏感，那么购买低β系数股票可能不是防御型策略。

遗憾的是，希望应用套利定价理论的投资者或投资组合经理面临的最大问题之一是对意外因素变化的衡量。如果一种因素发生变化（例如，意外的通货膨胀率上升），且金融投资组合经理希望分析市场（或特定股票）对这种变化的反应，那么他们将无法分离预期通货膨胀率变化引起的价格变化和意外通货膨胀率变化引起的价格变化。市场价格变动或股票价格变动可能同时包括这两类因素。这当然是应用该模型的主要障碍。

直观上，套利定价理论很吸引人，因为它的限制比资本资产定价模型少。资本资产定价模型基于风险偏好的假设，并仅根据市场变化解释收益。在资本资产定价模型中，通过构建分散化投资组合，特定资产变量的影响被消除，因此股票波动性与市场波动性之比是解释资产的风险和收益的基本变量。然而，套利定价理论表明，收益率的差异是由套利过程驱动的，且风险相同的两只证券或投资组合必定会产生相同的收益率。套利定价理论允许加入更多解释变量。加入其他因素，尤其是经济变量（例如，意外的行业产值变化），使套利定价理论成为资产收益率的另一个有吸引力的解释。

小　结

由于未来是不确定的，因此所有投资都有风险。投资者通过收入和（或）资本升值预期的收益率可能与实际收益率显著不同。实际收益率和预期收益率的这种偏离就是投资的风险。

风险来自多种来源，包括市场价格波动、利率波动、再投资收益率变化、汇率波动和通货膨胀导致的购买力损失和政府违约。这些风险通常被称为系统性风险，因为资产收益率往往是一起变动的（即证券收益率和市场收益率之间存在系统性关系）。系统性风险也被称为不可分散风险，因为它无法通过构建分散化投资组合而降低。

然而，分散化确实可以降低非系统性风险，非系统性风险是针对具体公司的，并包含公司的经营和融资性质。由于非系统性风险仅适用于单个资产，因此风险来源和市场整体之间没有系统性关系。一个包括10～15种无关资产——例如，不同行业公司的股票或不同类型的资产，如普通股、债券、共同基金和房地产——的投资组合就能基本消除非系统性风险对整体投资组合的影响。

风险可以用标准差衡量，它衡量了中央趋势附近的离散度，例如，资产或投资组合的平均收益率。如果单个收益率显著不同于平均收益率，那么离散度就更大（即标准差更大），且与资产相关的风险将增加。

另一个风险指标是β系数，它衡量了资产收益率相对于市场整体收益率的反应或变异性。如果β系数超过1.0，那么股票收益率的波动性就高于市场收益率的波动性。但如果β系数小于1.0，那么股票收益率的波动性就较小。由于β系数将股票收益率和市场收益率联系起来，因此它是一个与股票相关的系统性风险指数。

投资组合理论是围绕着风险和收益建立起来的。在给定风险水平下提供最高收益率的投资组合是有效投资组合；在给定风险水平下没有提供最高收益率的投资组合是无效投资组合。投资组合理论的一个重要组成部分是资本资产定价模型，它包括宏观部分（总体）和微观部分。在宏观部分中，资本市场线给出了与每个风险水平相关的每个有效投资组合的收益率，用投资组合的标准差衡量。个人投资者选择产生最高满意水平或效用的有效投资组合。

在资本资产定价模型的微观部分中，β 系数被用于解释单只证券的收益率。β 系数较高的高风险证券应有更高的收益率，这样才有理由承担额外的风险。证券市场线给出了与每个风险水平相关的具体资产的收益率，用该资产的 β 系数衡量。

将 β 系数作为证券收益率的主要解释变量被批评为太过局限。另一种解释证券收益率的理论是套利定价理论，它是一种多变量模型。在这种模型中，意外通货膨胀或意外行业产值变化除了影响证券对市场变动的反应外，还可能影响证券收益率。

问　题

1. 不可分散（系统性）风险和可分散（非系统性）风险的区别是什么？

2. 什么是分散化投资组合？哪类风险可以通过分散化降低？降低风险需要多少种证券？这些证券必须拥有什么特征？

3. 投资收益率的来源是什么？预期收益率、必要收益率和实际收益率的区别是什么？

4. 如果两只股票的预期收益率相同，但收益率的标准差不同，那么哪只股票更好？

5. 如果一个投资者想进行分散化，那么他是否应寻求高度正相关的投资？

6. 投资组合理论中使用的无差异曲线将风险与收益联系起来。如何衡量投资组合的风险？如果一个投资者的无差异曲线比另一个投资者的无差异曲线陡峭，那么这表明他们各自承担风险的意愿如何？

7. 什么是 β 系数？0.5、1.0 和 1.5 的 β 系数意味着什么？

8. 如果一只股票和市场的相关系数等于 0，那么与这只股票相关的市场风险是多少？

9. 资本市场线和证券市场线有何不同？它们各自表示什么？

10. 套利定价理论如何加深了我们对证券收益率的理解？

关系题与基本习题示例

关系题

1. 预期收益率增加意味着预期收入______或资本收益______。

2. 投资组合中的证券数量增加将______系统性风险。

3. 非系统性风险随着投资组合的分散化程度增加而______。

4. 收益率标准差下降意味着风险______。

5. 收益率相关性增大将______投资组合的风险。

6. 如果两只证券的收益率相关系数为负，投资组合收益率将______。

7. 分散化将______预期收益率。

8. 分散化将______系统性风险。

9. β 系数增加将______系统性风险。

10. 分散化将______公司的 β 系数。

11. 负 β 系数表明市场收益率上升将______股票收益率。

12. 估计 β 系数的置信度将随着决定系数______而______。

13. β 下降将______股票的必要收益率。

14. 市场收益率下降将______股票的 β 系数。

基本习题

1. 四种可能的投资及其预期收益率如下：

储蓄账户	2%
公司债券	6%
公司股票	8%
高风险衍生工具	15%

你认为，家中老人正确的资产配置应该是20%投资于储蓄账户、50%投资于公司债券、30%投资于股票，不投资于高风险衍生工具。然而，你愿意承担更多风险，并认为你的资产配置应该是5%投资于储蓄账户、30%投资于公司债券、50%投资于股票、15%投资于高风险衍生工具。两种资产配置的预期收益率是多少？

2. 你正在考虑购买股票。在成长型经济体中，潜在收益率为20%，但如果经济停滞，潜在收益率仅为7%。在经济衰退时，你可能遭受损失，预期收益率为−8%。经济增长的概率为60%，而经济停滞和经济衰退的概率分别为30%和10%。这笔投资的预期收益率是多少？

3. 你预期市场将上涨9.3%，且可能获得1.4%的无风险收益率。股票A是相对安全的证券，β系数为0.65，但股票B的波动性显著较高，β系数为1.9。每只股票的必要收益率是多少？如果30%的投资组合投资于股票A，且其余部分投资于股票B，那么投资组合的β系数是多少？

习　题

1. 你正在考虑投资以下三只股票，它们的预期股利收益率和资本收益率如下所示：

	股利收益率（%）	资本收益率（%）
A	14	0
B	8	6
C	0	14

a）每只股票的预期收益率是多少？

b）交易成本和资本收益税对你在三只股票之间的选择有何影响？

2. 一个投资组合中的资产有如下预期收益率：

	预期收益率（%）	在投资组合中的权重（%）
房地产	16	20
低质量债券	15	10
AT&T股票	12	30
储蓄账户	5	40

a）投资组合的预期收益率为多少？

b）如果投资者将AT&T股票的持有比例降低到15%，并将省下的钱投资于房地产，那么预期收益率将为多少？

3. 你得到了两只股票的以下信息：

	A	B
预期收益率	10%	14%
预期收益率的标准差	3.0	5.0
收益率的相关系数	−0.1	

a）40%由股票A组成、60%由股票B组成的投资组合的预期收益率为多少？

b）该投资组合的标准差是什么？

c）请讨论下列投资的风险：(a) 将所有钱投资于股票A；(b) 将所有钱投资于股票B；(c) 将40%投资于股票A、60%投资于股票B。（本题答案必须使用上述答案中的数字信息。）

4. 你获得了下列信息：

股票A的预期收益率	12%
股票B的预期收益率	20%
收益率的标准差：	
股票A	1.0
股票B	6.0
股票A和股票B的收益率相关系数	+0.2

a）由下列资产组成的投资组合的预期收益率和标准差是多少？

①100%投资于股票A。

②100%投资于股票B。

③每只股票各投资50%。

④25%投资于股票A，75%投资于股票B。

⑤75%投资于股票A，25%投资于股票B。

b）请比较上述每个投资组合的收益率和风险。

c）假设两只股票的收益率的相关系数为−0.6，请重新进行计算。相关系数的这种差异有什么影响？

5. 给定下列股票的价格和β系数，从中各选一股组成的投资组合的β系数是多少？

股票	价格（美元）	β系数
A	10	1.4
B	24	0.8
C	41	1.3
D	19	1.8

如果（a）投资者分别购买了200股股票B和股票C，并分别购买了100股股票A和股票D；（b）对每只股票投资相等的金额，那么投资组合的β系数将有何差异？

6. 如果无风险利率为6%，市场收益率为10%，股票的β系数为1.5，那么根据证券市场线，股票收益率为多少？如果β系数为2.0，那么收益率为多少？这一更高的收益率与本章介绍的投资组合理论一致吗？为什么？

7. 当可能的收益率和出现概率如下所示时，你考虑购买两只股票：

投资A	收益率（%）	出现概率（%）
	−10	20
	5	40
	15	30
	25	10
投资B	收益率（%）	出现概率（%）
	−5	20
	5	40
	7	30
	39	10

请比较每笔投资的预期收益率与风险（用标准差衡量），哪笔投资提供的预期收益率更高？哪笔投资的风险更高？请通过计算变异系数比较它们的相对风险。关于必要的计算的解释和示例，见本章附录。

8. 请使用本章附录中提供的关于标准差和变异系数的材料，对下列投资按风险排序。

a)

投资收益率（%）	
股票A	股票B
2.50	7.50
2.75	8.25
3.00	9.00
3.25	9.75
3.50	10.50

b)

投资收益率（%）	
股票A	股票B
1.70	7.40
1.85	7.70
2.00	8.00
2.15	8.30
2.30	8.60

9. 本题说明了如何估计β系数并使用了本章附录中的内容。使用任何可以进行线性回归分析的程序（例如，Excel）都可以解答本题。相关信息如下所示：

时期	市场收益率（%）	收益率（%）	
		股票X	股票Y
1	10	−2	13
2	26	13	41
3	−2	3	3
4	−14	−7	−7
5	7	9	9
6	14	5	19
7	−5	2	−8
8	19	13	13
9	8	−3	17
10	−5	8	−14

请使用回归分析，计算将股票X的收益率与市场收益率相联系的估计公式，以及将股票Y的收益率与市场收益率相联系的估计公式。根据这些公式，各股票的β系数是多少？每个β系数表示的各股票的系统性风险有多高？

时期10的估计公式给出的每只股票的收益率与实际收益率之间的差异是多少？估计收益率与实际收益率有差异的原因是什么？（为了回答本问题，请使用估计公式，并将结果与实际结果相比较。）

每个公式的R^2是多少？请解释R^2。对于股票X和股票Y而言，R^2体现的其他风险是什么？

10. 给定一只国内股票和一只国外股票的收益率，请计算20年期收益率与以下四个时期的收益率的相关系数是多少：1997—2001年、2002—2006年、2007—2011年、2012—2016年。这些系数体现的整个时期和每个5年期的分散化程度是多少？20年间的分散化程度可能变化多少？（这个问题说明了如何计算相关系数以及相关系数对投资的重要性。你可以像本章附录中的示例那样手动计算，也可以用Excel这样的电子表格计算相关系数。）

年份	国内股票收益率（%）	国外股票收益率（%）
1997	31.5	10.6
1998	−3.2	−23.0
1999	30.6	12.8
2000	7.7	−12.1

续表

年份	国内股票收益率（%）	国外股票收益率（%）
2001	10.0	33.1
2002	1.3	8.0
2003	37.4	11.5
2004	23.1	6.3
2005	33.4	2.0
2006	28.5	20.3
2007	21.0	27.2
2008	−9.0	−13.9

续表

年份	国内股票收益率（%）	国外股票收益率（%）
2009	−11.8	−21.2
2010	−22.0	−15.6
2011	28.6	39.1
2012	10.9	20.7
2013	4.9	14.0
2014	15.8	26.9
2015	5.5	11.6
2016	−31.9	−43.1

投资作业（第二部分）

在第一章中，你选择了 10 只股票，并对每只股票投资了 10 000 美元。本作业是在你已完成的工作基础之上增加的内容。

a）请找到每只股票的 β 系数，并计算投资组合的 β 系数。

b）根据投资组合的 β 系数，投资组合趋于按何种方式与市场一起变动？

c）请从另一个来源找出每只股票的 β 系数。这 10 只股票从最低风险到最高风险的排序有无变化？两个投资组合的 β 系数有何不同？投资组合 β 的差异说明你的投资组合的系统性风险指标准确性如何？

d）从你开始做这份作业以来，每只股票的表现是否有变化？投资组合现在的价值是多少？投资组合的百分比变化为多少？

e）标准普尔 500 股票指数等市场指数的表现如何？你的投资组合表现是否与市场表现一致？

f）请比较你的投资组合的价值百分比变化与市场百分比变化。在考虑市场和投资组合的 β 系数变化之后，你的投资组合绩效是更好还是更差了？

g）如果投资者希望构建一个市场风险较低的充分分散化的投资组合，那么你选择的股票实现这个目标了吗？

理财顾问的投资案例（一）

较差的投资选择

尽管投资需要投资者承担风险，但可以通过构建分散化投资组合、去掉给定风险水平下收益率较差的投资组合来控制风险。尽管这个概念看起来显而易见，但你的一个客户劳拉·斯皮格里（Laura Spegele）正在考虑购买一只股票，你认为对于她承担的风险而言，这只股票的收益率过低。为了让她确信购买这只股票不是理想的投资选择，你希望证明风险与收益之间的权衡关系。

尽管显示所有可能组合的权衡关系是不切实际的，但你认为以几个风险与收益组合为例，并用相同的方法分析具体投资可以说服她放弃购买这个投资组合。现在，美国国库券的收益率为 7%。三只可能的股票及其 β 系数如下所示：

证券	预期收益率（%）	β 系数
股票 A	9	0.6
股票 B	11	1.3
股票 C	14	1.5

1. 下列投资组合的预期收益率和 β 系数是多少？

a）投资组合 1～4：所有资金仅投资于一种资产（相应的三只股票或国库券）。

b）投资组合 5：对每种资产投资 1/4 的资金。

c）投资组合 6：将一半资金投资于股票 A，将另一半资金投资于股票 C。

d）投资组合 7：对每只股票投资 1/3 的资金。

2. 有无效投资组合吗？

3. 是否存在优于投资组合 6 的国库券和股票 C 的组合（即一半投资于股票 A，一半投资于股票 C）？

4. 由于客户提出股票的预期收益率为 12%，且 β 系数为 1.4，这些信息支持还是反对购买该股票？

5. 为什么将购买资产作为投资组合的一部分而不是独立行为很重要？

理财顾问的投资案例（二）

外国基金与分散化

弗洛里亚·斯卡皮亚（Floria Scarpia）认为她的许多客户都可以使用国际投资分散化投资组合并从中受益，但许多人对国外投资很犹豫——尤其是因为他们不熟悉国外的经济和商业环境。以前，她提出的所有关于国际化分散化投资的建议都遭遇了抵制。客户们至多愿意投资有国际业务的美国公司，例如，可口可乐或 IBM。

为了让客户不再犹豫，斯卡皮亚决定证明外国投资能降低投资组合的风险。为此，她选择了某个国家的基金，以说明该国基金与基于标准普尔 500 股票指数的指数基金所构成组合的收益率变异性。标准普尔 500 股票指数的平均收益率为 10%，标准差为 10%。该国家的基金专门投资于日本股票，与日本市场的收益率相比，β 系数为 1.0。该基金的平均收益率为 10%，标准差为 14%。该基金没有投资于美国股票，历史上，资金收益率与标准普尔 500 股票指数的相关系数为 0.4。为了分离出基金选择对分散化的影响，斯卡皮亚假设基金收益率和标准普尔 500 股票指数收益率仍为 10%，因此投资者不管做出什么选择，都预期获得 10%的收益率。唯一的考虑因素是收益率变异性降低（即由标准差衡量的风险降低）。为了表示降低程度，当构建美国指数基金与日本基金的组合时，请计算下列各投资比例下的收益率的标准差：

投资于美国基金的比例（%）	投资于外国基金的比例（%）
100	0
90	10
80	20
70	30
60	40
50	50
40	60
30	70
20	80
10	90
0	100

1. 当投资者用外国证券代替美国证券时，投资组合的标准差将发生什么变化？美国股票和日本股票的何种组合将使风险最小化？

2. 假设相关系数为 −0.2 而不是 0.4，请重复上述分析。

3. 只拥有日本股票的日本投资者应该购买美国股票吗？

4. 下列各项条件如何影响美国投资者购买外国股票的意愿？

a）预期美元走强。

b）金融市场全球化进程加速。

附录 5　统计工具

古语道："统计数字从不说谎，但说谎者会利用统计数字"，这句话当然也适用于投资。数学计算和统计经常在金融和证券分析以及投资组合构建中起重要作用。要掌握关于价值线公司或晨星公司等投资服务机构提供的统计数据的基础知识，你不一定非得是统计学家或证券分析师。理解这些基本统计概念能提高你对投资分析的理解。

该附录用金融案例简要解释并说明了本书中出现的统计概念。它们包括变异性指标（如标准差）、回归分析和估计值的可靠性。

标准差

尽管投资分析中经常使用平均值，但它并不能表明个体观察值的变异性。观察值会聚积在平均值附近，还是说各数值存在着巨大差异？以本书中提到的两只股票为例，它们的年收益率如下所示：

年份	收益率（%）	
	股票 A	股票 B
1	13.5	11.0
2	14.0	11.5
3	14.25	12.0
4	14.5	12.5
5	15.0	15.0
6	15.5	17.5
7	15.75	18.0
8	16.0	18.5
9	16.5	19.0

在两种情况下的算术平均值均为 15%，但股票 B 的收益率显然比股票 A 的收益率更分散化。股票 B 中的各观察值聚积在极值附近，因此年收益率的变异性更高。

均值附近的离散度或变异性是由标准差衡量的。计算标准差（σ）的公式为：

$$\sigma=\sqrt{\frac{\sum(r_n-\bar{r})^2}{n-1}} \tag{5A.1}$$

该公式说明，标准差是各观察值（r_n）和平均值（$\bar{r}$）之差的平方值之和除以［观察值个数（n）减 1］之后取平方根。[①] 计算标准差的必要步骤如下所示：

（1）对于可能的收益率范围，用各观察值减去平均收益率。

① 下标 n 表示从 1 到 n 的观察值总数。r 上的横线表示，该数为所有观察值的平均值。$n-1$ 表示自由度，因为只有 $n-1$ 个独立观察值。考虑下列类推。如果你知道：（1）10 个数的平均值；（2）10 个数中的 9 个数，那么就能算出剩下的那个数。它不是独立的，因此只有 10－1（即 $n-1$）个独立数值。

当计算样本数据的标准差时，$n-1$ 通常被当作分母。然而，对于大量观察值来说，n 和 $n-1$ 的差异很小。对大样本来说，n 和 $n-1$ 基本是相同的，可以用 n 代替 $n-1$。当所有观察值都已知时（即当计算总体的标准差时），也可以使用 n。例如，可以参见以下统计学教科书：David R. Anderson，Dennis J. Sweeney and Thomas A. Williams，*Statistics for Business and Economics*，8th ed.（Mason，OH：South-Western Publishing，2002）。

收益率的平均值（及其标准差）是示例的样本，因为并非每个可能的时期都被包括在内。甚至年收益率的计算也是样本，因为年收益率可能是 20×0 年 1 月 1 日至 20×1 年 1 月 1 日的计算结果，但不包括 20×0 年 1 月 2 日至 20×1 年 1 月 2 日、20×0 年 1 月 3 日至 20×3 年 1 月 3 日的计算结果，如此等等。按照假设，如果计算中包括了足够多的时期，那么结果就能代表所有可能的结果（总体的代表）。大样本也意味着 n 和 $n-1$ 之差很小，不会影响均值附近的变异性估计。

(2) 对该差值取平方。

(3) 对差值的平方求和。

(4) 将和除以（观察值个数减 1）。

(5) 取平方根。

股票 A 的标准差的计算方法如下所示：

单个收益率（%）	平均收益率（%）	差值	差值的平方
13.50	15	−1.5	2.250 0
14	15	−1	1.000 0
14.25	15	−0.75	0.562 5
14.50	15	−0.5	0.25
15	15	0	0
15.50	15	0.5	0.25
15.75	15	0.75	0.562 5
16	15	1	1.000
16.50	15	1.5	2.250 0
		差值平方之和：	8.125 0

差值平方之和除以（观察值个数减 1）：

$$\frac{8.1250}{8}=1.0156$$

取平方根得：

$$\sqrt{1.0156}=\pm 1.01$$

因此，标准差为 1.01。[平方根为正数（+）或负数（−）。例如，9 的平方根为+3 和−3，因为 3×3=9，(−3)×(−3)=9。然而，在计算标准差时，只使用正数——差值平方之和——因此平方根必然为正数。]

投资者必须解释这个结果。正标准差和负标准差之间包括了约 68%的观察值（在这种情况下，是指收益率的 68%）。股票 A 的标准差为 1.01，它表明约 2/3 的收益率落在 13.99%～16.01%之间，也就是在平均收益率（15%）加上或减去 1.01%（即加上或减去标准差）的这个范围内。

股票 B 的标准差为 3.30，这意味着约 68%的收益率落在 11.7%～18.3%之间。股票 B 的收益率在平均值附近的分布范围较宽，如更高的标准差所示。

尽管标准差衡量了均值附近的离散度，但它是一个绝对值。在上例中，股票 A 和股票 B 的平均收益率均为 15%，因此股票 B 较高的标准差表明其变异性更大。如果股票 A 和股票 B 的平均收益率不同，那么比较它们的标准差可能显示不出股票 B 的收益率更分散化。

也可以计算标准差的预期值和概率。本章举例说明了预期收益率的计算。在这个例子中，收益率及其概率如下所示：

收益率（%）	概率（%）
3	10
10	45
12	40
20	5

预期值（收益率）为：

$$E(r)=0.10\times0.03+0.45\times0.10+0.40\times0.12+0.05\times0.20$$
$$=0.003+0.045+0.048+0.01=0.106=10.6\%$$

为了计算预期值附近的离散度（标准差），采用以下计算过程：

单个收益率（%）	预期收益率（%）	差值（%）	差值平方乘以概率
3	10.6	−7.6	57.76×0.10=5.776
10	10.6	−0.6	0.36×0.45=0.162
12	10.6	1.4	1.96×0.40=0.784
20	10.6	9.4	88.36×0.05=4.418
			11.14

用单个观察值减去预期值。取差值的平方，并乘以出现概率。加权差值平方之和即为方差(11.14)。标准差为方差的平方根（$\sqrt{11.14}=3.338$）。标准差只是预期值之差的加权平均值。

尽管标准差衡量了均值附近的离散度（或预期均值），但它是一个绝对值。在第一个计算标准差的例子中，股票A和股票B的平均收益率均为15%，因此股票B的标准差较大，表明变异性较大。

假设在几年中，公司A的平均收益为100美元，标准差为10美元，而公司B的平均收益为100 000美元，标准差为100美元。由于10美元小于100美元，因此公司A的收益变化显得较小。然而，这种结论是没有意义的，因为公司B的平均收益比公司A的平均收益大很多。

变异系数（coefficient variation，CV）被用来调整这种规模差异。变异系数是衡量离散度的相对指标，被定义为标准差与均值之比，即

$$CV=\frac{标准差}{均值} \tag{5A.2}$$

公司A和公司B的变异系数为：

$$CV_A=\frac{10}{100}=0.1\text{ 和 }CV_B=\frac{100}{100\ 000}=0.001$$

从这个角度说，公司B的收益比公司A的收益变动小，尽管公司B的标准差更大。（第六章讨论的用于评价投资组合绩效的夏普指数实际上是变异系数，因为它是收益率与标准差之比。）

在某些情况下，方差代替了标准差作为风险指标。（风险/收益模型被称为“均值-方差”模型的情况并不少见。）方差是标准差的平方（方差为差值平方之和）。和标准差一样，方差也可用于对风险水平进行排序，但方差更难解释。均值为25%、标准差为10%表示约2/3的收益率都位于15%～35%之间，但方差没有这么实用的解释。

标准差的确有缺点，它既考虑了正绩效，也考虑了负绩效。如果收益率高于平均值，投资者可能不会失望。负收益率才令他们担心，但正变异性和负变异性的标准差并无差异。计算标准差时对超过平均值的收益率（正差异）和低于平均值的收益率（负差异）均取平方。

半方差

风险通常是用投资平均收益率、投资必要收益率或目标收益率等中心值周围的离散度来衡量的。正如上一节所说明的，离散度可以用方差或标准差来衡量，其中标准差是方差的平方根。标准差更容易进行解释，因为所有观察值的2/3都位于均值的一个标准差之内。如果某只

共同基金的平均收益率为12%、标准差为3，那么在约2/3的时间内，该基金的收益率都位于9%～15%之间。

方差和标准差都不能区别超过平均值的变异性（这是投资者所希望的）和低于平均值的变异性（这是投资者不希望的）。投资者主要关心的是收益率下降的风险、损失的可能性，而不是获得高额收益的可能性。当方差被用作风险指标时，只分析收益率低于平均值或目标值（即考虑收益率下降的变异性）的程度可能更好。

除了方差以外，还有一种衡量指标是半方差，它只考虑降至平均值或目标值以下的收益率。[①] 由于半方差只分离出低于平均值的收益率，因此它是下行风险的指标。考虑下列两笔投资和它们在各期中的收益率：

时期	投资A的收益率（%）	投资B的收益率（%）
1	−7	0
2	−5	−2
3	6	−7
4	8	11
5	13	13

平均收益率、方差和标准差是相同的（分别为3.0%、74.5%和8.6%）。两笔投资的收益率和风险也相同。但投资A的损失更大，它被更高的收益抵消，因此两笔投资的收益率相同。

半方差使用了和方差一样的计算方法，但只包括低于平均值的观察值。只考虑低于平均值的观察值的影响，可以通过计算两笔投资的收益率差值的平方之和，但仅计算低于平均收益率的观察值。投资A的计算方法为：

投资A

单个收益率（%）	平均收益率（%）	差值（%）	差值平方（%）
−7	3	−10	100
−5	3	−8	64
			差值平方之和：164

投资B的计算方法为：

投资B

单个收益率（%）	平均收益率（%）	差值（%）	差值平方（%）
0	3	−3	9
−2	3	−5	25
−7	3	−10	100
			差值平方之和：134

投资A的差值平方之和更大，这表明投资A的风险更高。

① 使用半方差的主要是职业投资组合经理。例如，参见Frank Fabozzi，*The Theory and Practice of Investment Management*：*Asset Allocation*，*Valuation*，*Portfolio Construction*，*and Strategies*.（Hoboken，NJ：John Wiley & Sons，2011）。

协方差与相关系数

有时，投资者不仅希望了解收益率相对于平均收益率的变化，还希望了解其相对于其他收益率的变化。这种变化由协方差或相关系数衡量。为了说明协方差和相关系数的计算，考虑两只共同基金的下列年收益率。

年份	收益率（%）	
	基金 A	基金 B
1	10	17
2	14	3
3	8	16
4	8	21
5	10	3
平均收益率	10	12

基金 A 的算术平均收益率为 10%，基金 B 的算术平均收益率为 12%。（收益率的标准差分别为 2.449 和 8.426。）

两只基金的收益率均为正，基金 B 更高的收益率与更高的变异性——更高的标准差——有关。给定年份的收益率之间也存在差异。例如，基金 A 在第 5 年的绩效很好，而基金 B 在第 5 年的收益率很低。但基金 B 在第 4 年的绩效很好，而基金 A 在第 4 年的收益率很低。协方差和相关系数衡量了基金 A 和基金 B 之间的收益率差异，并表明了它们的收益率是同向移动还是反向移动的。

协方差是通过同时考虑基金 A 的收益率与其平均值的差异以及基金 B 的收益率与其平均值的差异计算出来的。计算方法是将差值相乘、加总，然后除以观察值个数减去 1（即 $n-1$）。上述收益率的协方差的计算方法如下所示：

基金 A 的平均收益率（%）	基金 A 的收益率（%）	差值（%）	基金 B 的平均收益率（%）	基金 B 的收益率（%）	差值（%）	差值之积（%）
10	10	0	12	17	−5	0
10	14	−4	12	3	9	−36
10	8	2	12	16	−4	−8
10	8	2	12	21	−9	−18
10	10	0	12	3	9	0
					差值之积的和：	−62

为了计算协方差（cov_{AB}），用差值之积的和除以观察值个数减去 1：

$$cov_{AB}=\frac{-62}{5-1}=-15.5$$

注意，与标准差的计算不同，这里并没有对差值取平方，因此最终答案为负数。负数表明变量的变动方向相反，正数表示变量的变动方向相同。较高的数值表示变量之间存在强相关关系，较低的数值表示变量之间存在弱相关关系。

由于协方差为绝对数，因此它经常被转换为相关系数，相关系数衡量了关系的强度，并比协方差更容易解释。相关系数（R_{AB}）的定义为：

$$R_{AB}=\frac{AB\text{ 的协方差}}{A\text{ 的标准差}\times B\text{ 的标准差}} \tag{5A.3}$$

通过代数运算，得出协方差为：

$$\text{cov}_{AB}=S_A\times S_B\times R_{AB}$$

本书中经常使用该形式的协方差。

相关系数的数值范围为+1 到−1。如果两个变量恰好一起变动（即两个变量完全正相关），则相关系数的数值为 1。如果两个变量恰好反向变动（即两个变量完全负相关），则相关系数的数值为−1。其他所有可能的值都位于两个极值之间。较低的数值，例如−0.12 或 0.19，表示两个变量之间基本没有关系。在这个例子中，两只基金的相关系数为：

$$R_{AB}=\frac{-15.5}{2.449\times 8.426}=-0.751\ 1$$

相关系数为−0.751 1 表明两个变量之间存在相当强的负相关关系。

相关系数经常被转化为决定系数，决定系数是相关系数的平方，且通常被称为 R^2。决定系数给出了一个变量的变化中可由另一个变量解释的部分。在上例中，决定系数为 0.564 1[=(−0.751 1)×(−0.751 1)]，它表示在基金 A 的收益率变化中，56.41%是由基金 B 的收益率变化决定的。(相应地，在基金 B 的收益率变化中，56.41%是由基金 A 的收益率决定的。决定系数没有给出因果关系。确定哪个变量依赖于另一个变量是分析师的任务。）显然，其他某个（某些）变量必然能解释剩下的 43.59%的变化。

由于 R^2 给出了一个变量的差异中由另一个变量解释的部分，因此它是投资学中的重要统计数据。例如，晨星公司报告了一家共同基金的收益率相对于市场收益率的波动性。这种波动性由本章中被称为 β 系数的指数衡量。如果该基金的收益率和市场收益率的关系很弱，那么 β 系数就没有什么意义。该关系的强度由 R^2 表示。如果 $R^2=0.13$，那么 β 系数就没有什么意义，因为此时收益率变化是由市场变化以外的因素导致的（即股票几乎没有市场风险）。如果 $R^2=0.94$，那么断定收益率变化主要是市场变化的结果（即股票的主要风险来源是市场变化）就是合理的。

回归分析

尽管相关系数和决定系数提供了关于两个变量关系紧密程度的信息，但它们不能用于预测。此外，回归分析估计了可被用于预测的两个变量之间的关系式。回归分析也可被用于估计上一段中提到的 β 系数。正如本章所说明的，β 系数是投资学中非常重要的系统性、不可分散风险指标。①

相关系数不表示任何因果关系。表示 X 与 Y 关系的相关系数与表示 Y 与 X 关系的相关系数相同。回归方程不表示因果关系，因为变量被规定为自变量和因变量。考虑下列与自变量[市场收益率（r_m）]和因变量[股票收益率（r_s）]有关的数据。

---

① 关于回归分析的详细说明，参见专门的统计学教科书，例如，William Mendenhall and Terry Sincich, *A Second Course in Statistics: Regression Analysis*, 7th ed.（Upper Saddle River, NJ: Prentice Hall, 2011)。

市场收益率（r_m，%）	股票收益率（r_s，%）
14	13
12	13
10	12
10	9
5	4
2	−1
−1	2
−5	−7
−7	−8
−12	−10

每对观察值都表示一段时期（例如，一周或一年）内的市场收益率和股票收益率。图5A.1绘制出了这些数据，每个点表示一组观察值。例如，点A表示4%的股票收益率和5%的市场收益率。点B表示−7.0%的股票收益率和−5.0%的市场收益率。

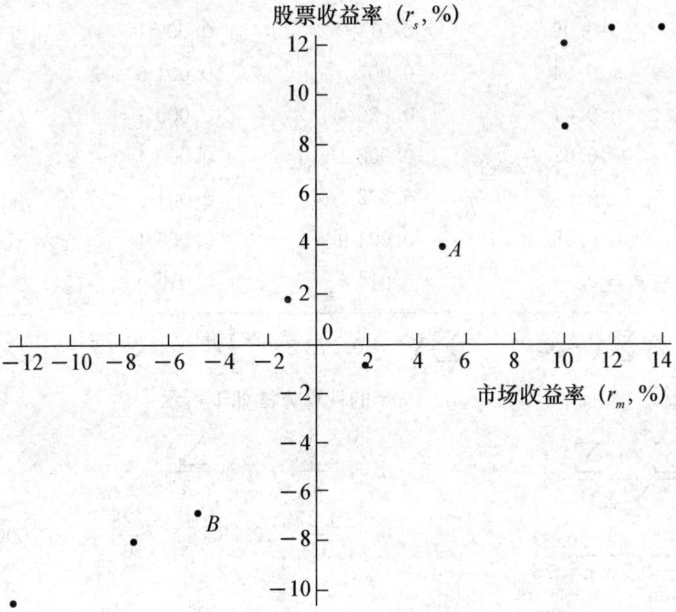

图5A.1　将股票收益率与市场收益率相联系的观察值

资料来源：© Cengage Learning.

像A和B这样的单个点很难说明市场收益率和股票收益率的关系，但所有观察值作为一个整体可以说明这一点。在这个例子中，这些点表明市场收益率和股票收益率之间存在强正相关关系，但靠目测来推断可能是不准确的。

回归分析减少了准确性问题，其中，线性方程总结了单个观察值，该方程将市场收益率（自变量）与股票收益率（因变量）联系起来。（在这个例子中，只有一个自变量。然而，多因素回归结合了多个自变量。）该方程的一般形式为：

$$r_s = a + br_m + e$$

其中，r_s和r_m分别代表股票收益率和市场收益率；a为Y轴上的截距；b为直线斜率；e为误差项。（分析假设误差项等于 0，因为既有正误差，也有负误差，它们趋于抵消。如果误差没有抵消，那么方程就有问题。）

尽管截距和斜率的实际计算是通过计算机进行的，但表 5A.1 还是展示了手动证明过程，从中可以得出下列方程：

$$r_s = -0.000\,597 + 0.985\,6r_m$$

Y 轴上的截距为 $-0.000\,597$，直线斜率为 $+0.985\,6$。在本章中，该斜率是指股票的 β 系数。图 5A.2 中的直线 XY 即表示该式，它与图 5A.1 基本相同，但加上了回归线。如图 5A.2 所示，XY 线穿过各点。有些观察值在线上，有些观察值在线下。有些点离线近，有些点离线远。点离线越近，两个变量的关系越强。

表 5A.1　手动计算简单线性回归方程

$X(r_m)$	$Y(r_s)$	X^2	Y^2	XY
0.14	0.13	0.019 6	0.016 9	0.018 2
0.12	0.13	0.014 4	0.016 9	0.015 6
0.10	0.12	0.010 0	0.014 4	0.012 0
0.10	0.09	0.010 0	0.008 1	0.009 0
0.05	0.04	0.002 5	0.001 6	0.002 0
0.02	−0.01	0.000 4	0.000 1	−0.000 2
−0.01	0.02	0.000 1	0.000 4	−0.000 2
−0.05	−0.07	0.002 5	0.004 9	0.003 5
−0.07	−0.08	0.004 9	0.006 4	0.005 6
−0.12	−0.10	0.014 4	0.010 0	0.012 0
$\sum X = 0.28$	$\sum Y = 0.27$	$\sum X^2 = 0.078\,8$	$\sum Y^2 = 0.079\,7$	$\sum XY = 0.775$

n＝观察值个数（10）

$$b = \frac{n\sum XY - (\sum X)(\sum Y)}{n\sum X^2 - (\sum X)^2} = \frac{10 \times 0.077\,5 - 0.28 \times 0.27}{10 \times 0.078\,8 - 0.28 \times 0.28} = \frac{0.775\,0 - 0.075\,6}{0.788\,0 - 0.078\,4} = 0.985\,6$$

a 的计算方法如下所示：

$$a = \frac{\sum Y}{n} - b = \frac{\sum Y}{n} = \frac{0.27}{10} - 0.985\,6 \times \frac{0.28}{10} = -0.000\,597$$

估计方程为：$r_m = -0.000\,597 + 0.985\,6r_s$

资料来源：

由于单个观察值离估计回归线很近，因此这意味着两个变量之间高度相关。在本例中，实际相关系数为 0.976，这表明在股票收益率和市场收益率之间存在非常强的关系。决定系数 R^2 为 0.952 6，这表明超过 95％的股票收益率可以由市场收益率解释。

较小的 R^2（例如，$R^2=0.25$）表明，还有其他因素影响股票收益率。股票可能有更非系统性、可分散的风险，且 β 系数可能并非预测股票未来表现的良好指标。然而，这并不说明 β 系数没有用。投资组合的 β 系数汇总了各项资产的 β 系数，它可能是投资者根据市场变化得到预期收益率的良好预测指标。对一种证券的收益率有负面影响的因素可以通过提高投资组合中其他证券收益率的因素抵消。实际上，相互抵消的是误差。

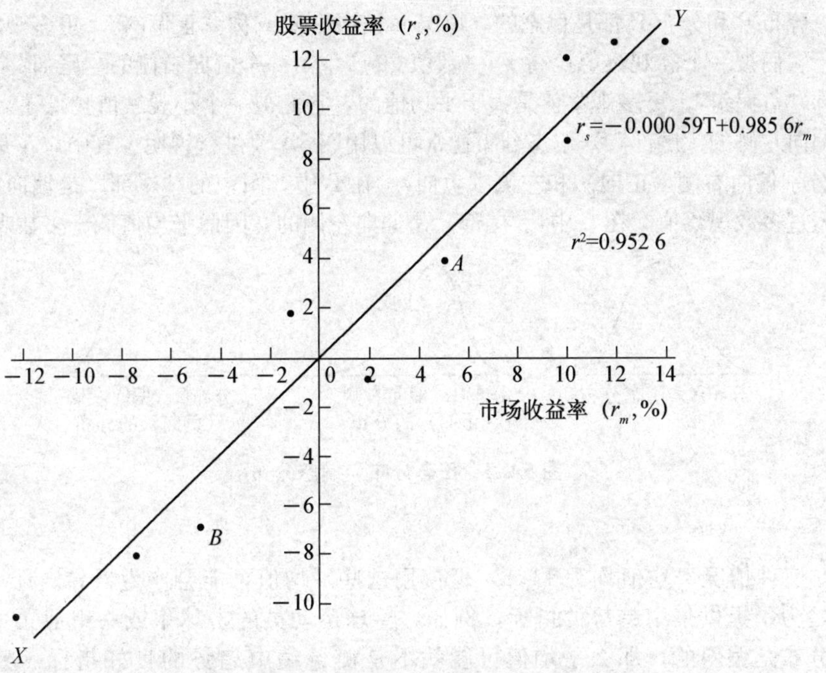

图 5A. 2　将股票收益率与市场收益率相联系的回归线

资料来源：© Cengage Learning.

手动计算回归方程、相关系数和决定系数是乏味且耗时的。幸运的是，像 Excel 这种电子表格中包括了简单的线性回归程序。尽管观察值个数受到限制，有些电子计算器也可以进行回归分析。

偏态分布

平均值是集中趋势的指标，标准差是平均值周围的离散度指标。尽管平均值经常被用于商业和投资中，但也存在潜在问题。考虑下列三组数据：

	A	B	C
	9	6	3
	10	7	12
	11	8	12
	12	9	13
	13	10	14
	14	29	15
平均值：	11.5	11.5	11.5

在所有三种情况下，平均值均为 11.5。然而，单个观察值的分布是不同的。A 组数值是在平均值周围对称分布的。B 组的所有数值，除了一个数值以外，均小于平均值，而唯一的高数值拉高了平均值。C 组的所有数值，除了一个数值以外，均大于平均值，而唯一的低数值拉低

了平均值。分布B和分布C都是偏态的。情况B偏向右侧或称“正偏斜”。更多观察值是小于平均值的，它们被一个高观察值拉高了。(数值29产生了一个偏向右侧的“尾部”。)情况C偏向左侧或称“负偏斜”。更多观察值是大于平均值的，它们被一个小观察值拉低了。(数值3产生了一个偏向左侧的“尾部”。)偏态分布通常可以用图5A.3进行说明。其中，A是对称分布，而B和C分别偏向右侧（正向）和左侧（负向）。在B中，图中的“尾部”是偏向右侧的，因此平均值超过多数观察值。在C中，“尾部”是偏向左侧的，因此平均值低于多数观察值。

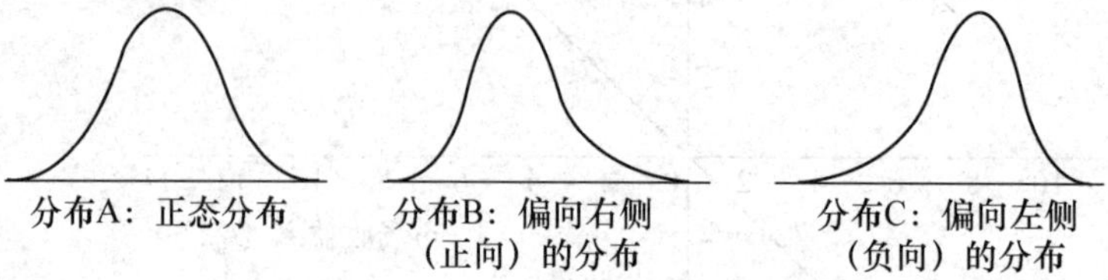

图 5A.3　正态分布和偏态分布

资料来源：© Cengage Learning.

尽管在三种情况下均值均为11.5，但使用这些平均值可能会产生误导。计算平均值的目的通常是为了提供集中趋势的指标，例如，棒球运动员的击球率或一组股票的平均市盈率。如果分布是偏斜的，那么平均值可能就不是衡量集中趋势的良好指标。另一个集中趋势指标是中位数，它将分布分为相等的两半。当数据有偏斜时，经常会使用中位数。例如，平均家庭收入可能不是典型家庭收入的良好指标，因为一些高额收入可能会使分布偏斜。出于这种原因，在报告家庭收入时，通常既使用平均家庭收入，也使用家庭收入的中位数。

如果分布有偏斜，一个衡量方法就是偏态系数。如果分布是对称的，则该系数的数值为0；如果分布偏向右侧，则该系数为正；如果分布偏向左侧，则该系数为负。该系数的绝对值越大，偏斜量越大。

尖峰分布

分布可能是对称的，但多数观察值接近于平均值。在这种情况下，分布可能在平均值附近有一个高峰。如果多数观察值都远离平均值，那么分布将会较为平坦。也就是说，分布是有“宽肩”的。峰度衡量的是该分布相对于正态分布是有峰的还是平坦的。如果分布是有峰的，那么峰度的数值为正。尾部离平均值越远、峰越陡峭，峰度的正值越大。该分布被认为有尖峰和肥尾。

如果分布是平坦的且有宽肩，那么峰度的数值为负。图5A.4说明了峰度的这些差异。A部分说明了有肥尾的尖峰分布。B部分说明了有宽肩的分布。A部分和B部分都包括正态分布，以便进行比较。

偏度和峰度系数通常是描述性统计数据的一部分。如果你使用Excel计算描述性统计数据，那么结果将包括均值、中位数、标准差（以及方差，即标准差的平方），以及偏度和峰度的数值。

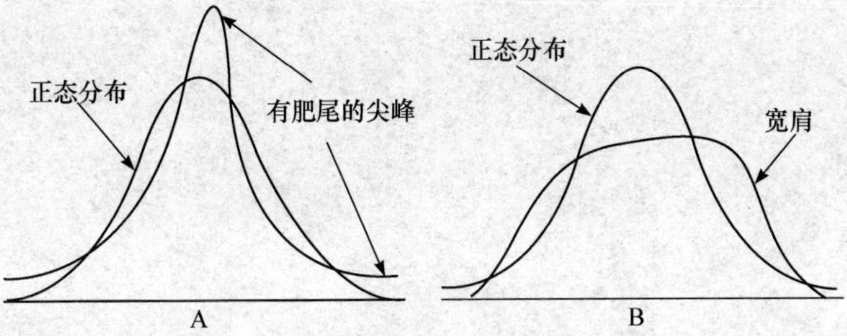

图 5A.4　尖峰概率分布和宽肩概率分布

资料来源：© Cengage Learning.

在投资学中，平均值经常被用作一种工具。例如，平均市盈率可用于比较股票和为股票估值（第九章），以及财务报表分析（第八章）。在每种情况下，分析师都会比较一家公司的财务比率与其他公司的可比比率或行业平均值。在每种用途中，都假设分布没有偏斜，且均值是集中趋势的合适衡量指标。分布实际上是否对称很少提及，因此你必须信任平均值和结果。

对证券进行估值，尤其在对期权估值时也使用正态分布。第十八章介绍的布莱克-斯科尔斯期权估值模型，假设标的股票收益率的对数为正态分布的。如果这个假设不成立，且存在峰度，那么得出的期权价值就可能是错误的。

丛·投资学导论（第十二版） 金融学译丛·投资学导论（第十二版） 金融学译丛·投资学导论（第十二版）

第二部分

投资公司

许多人发现，选择具体证券和管理自己的投资组合很困难。于是，他们让理财规划师和投资公司经理来做出决策。理财规划师和投资公司经理代表这些投资者进行投资。在许多情况下，投资公司的投资组合是充分分散的，它们持有种类丰富的股票、债券或股票与债券的组合。因此，投资者既得到了专业管理的好处，也得到了分散化的好处。

第二部分分析的是投资公司。第六章介绍了“开放式”投资公司，它们通常被称为共同基金。第七章介绍的是“封闭式”投资公司和共同基金以外的其他投资公司，尤其是交易所交易基金。共同基金更常见，但这种常见性更多的是与推销技巧而不是其本质相关。经纪商和某些理财规划师有推荐特定共同基金的动机，因为它们能产生大额佣金。尽管销售其他投资也能产生佣金，但通常营销人员从销售共同基金中得到的利润更高。

你对投资公司的兴趣部分取决于你希望多么积极地管理你的投资组合。如果你希望用自己的账户买卖股票和债券，那么你对共同基金的兴趣可能仅限于利用其进行资产配置。然而，如果你没有意愿或时间选择具体股票或债券，那么投资公司可以提供构建能满足你理财目标的投资组合的方法。如果你认为自己缺少管理投资组合的知识，那么投资公司可能更加重要。在这种情况下，后两章的内容将是你在本书中读到的最重要的内容。

第六章

投资公司：共同基金

学习目标

学习完本章后，你应能：

1. 区别封闭式投资公司与开放式投资公司。
2. 定义净资产价值。
3. 计算共同基金的投资成本。
4. 区别认购费、退出费和 12b-1 费用。
5. 列举共同基金的优点。
6. 根据投资组合或投资策略区分各类共同基金。
7. 区别积极管理的投资组合和消极管理的指数基金。
8. 找出选择具体共同基金时应考虑的因素。
9. 根据风险和收益比较投资绩效。

有两类投资公司：封闭式投资公司和开放式投资公司。开放式投资公司通常被称为共同基金，迄今为止这种投资公司更常见。本章首先讨论了买入和卖出共同基金份额的机制、有佣金基金和无佣金基金的区别，以及投资风格和用于构建基金投资组合的策略。其次，本章介绍了选择共同基金时应考虑的因素，包括历史收益率、收取的费用和所得税。

本章最后介绍了比较共同基金绩效的方法。尽管绝对收益率很重要，但为获得收益而承担的风险也很重要。绩效评估指标既包括风险指标，也包括收益指标。正如上一章所讨论的，风险可以用投资组合收益率的标准差衡量，也可以用 β 系数衡量。这些指标被用于构建基于风险、实际收益率和资本资产定价模型确定的必要收益率的绩效指标。

投资公司：起源与术语

投资公司不是最近才发展起来的，早在 19 世纪 60 年代，英国就建立了投资公司。最初，这些投资公司被称为信托公司，因为证券是作为公司股东的信托资产被代为保管的。信托公司发行特定数量的股票，并使用通过销售股票获得的资金购买其他公司的股票。现在，这些公司演变为**封闭式投资公司**（closed-end investment company），之所以被称为封闭式投资公司，是因为它们的股数是固定的（即不向新投资者发售）。

尽管最初的信托公司出售特定数量的股票，但如今多数投资公司不会这样做。随着投资者从信托公司买入更多股票或把它们回售给信托公司，股数会发生变化。这种**开放式投资公司**（open-end investment company）通常被称为**共同基金**（mutual fund）。这种基金从 1924 年开始出现，当时马萨诸塞州投资者信托（Massachusetts Investor Trust）出售了新股，并根据股东的要求赎回（即买入）已有股票。

投资公司的原理简单且吸引人。公司从许多投资者那里收到资金，将它们汇集起来购买证券。个人投资者得到的好处是：（1）专业化资金管理；（2）持有分散化投资组合；（3）可能会节省佣金，因为投资公司进行的是大宗买卖；（4）托管服务（资金收取与分配）。

这些好处和服务有助于解释为何在过去 40 多年中，共同基金的数量和股票价值急剧增长。根据美国投资公司协会（Investment Company Institute，ICI，网址为 http：//www. ici. org）的数据，1970 年共同基金总数为 361 家。1990 年，该数字增长到 2 362 家，2015 年，共同基金的数量超过了 7 500 家。

和共同基金的数量增长一样，它们的总资产也在增加。除去货币市场共同基金以外，共同基金的资产从 1970 年的 179 亿美元增长到 1990 年的 5 710 亿美元。然后，这个数字暴增到 1999 年的 5.2 万亿美元，1970—1999 年的年复利增长率为 28%。（封闭式投资公司也有所增加，但它们的资产价值不足共同基金资产价值的 10%。）2008—2009 年的熊市给共同基金造成了损失。2008 年的股市下跌使共同基金的资产减少了 2.7 万亿美元。（2008 年，主要的美国股市指数下跌了近 40%。）2011 年，共同基金的总资产回升弥补了损失，并在 2015 年 1 月达到近 16 万亿美元。

投资公司得到了特殊税收优惠。它们的收益（即得到的股利和利息收入）和实际资本收益被免税。这些收益通过其股东申报纳税。股东必须报告他们的股利、利息收入和实际资本收益（不管是否已经分配），由股东缴纳所得税。

因此，投资公司的收入和实际资本收益被分配。然而，投资公司赋予股东对分配到的资金进行再投资的选择权。尽管这种再投资不会消除股东的应纳税款，但它是一种积累股份的方便快捷的方法。第八章将讨论公司提供的股利再投资计划的优点，它也适用于投资公司的股利再投资计划。当然，这些优点中最重要的一条就是强制储蓄。由于股东没有收到钱，因此就没有支出的诱惑。这些钱被立即投入其他赚钱的资产中。

讨论投资公司时，经常用到的一个词就是**净资产价值**（net asset value，NAV）。投资公司的净值是指它的股票、债券、现金和其他资产减去负债（即应计费用）后的总价值。[①] 投资公司份额的净资产价值（NAV）为基金净值除以流通股数。因此，净资产价值的计算方法如下所示：

单位：美元

所持股票价值	1 000 000
所持债务价值	+1 500 000
总资产价值	2 500 000
负债	−100 000
净值	2 400 000
流通股股数	1 000 000
每份净资产价值	2.40

① 有些投资公司用债务融资来实现股东收益的杠杆化。例如，黑石公司高收益率基金（一家封闭式投资公司）在其 2014 年年报中称，债务融资约为该基金总资产的 30%。尽管该投资公司可以借入的金额相对于资产而言并不高，但这种方法提高了潜在收益或亏损，也增加了股东的风险敞口。

净资产价值对于投资公司估值是极其重要的，因为它给出了公司变现时这些份额的价值。因而，净资产价值的变化会改变投资公司份额的价值。因此，如果基金的资产升值了，那么净资产价值也将上升，这可能导致投资公司的股票价值上升。

共同基金

共同基金是一种投资公司，它的份额不像股票和债券那样能在二级市场上交易。投资者以净资产价值加上应缴纳的销售费用直接购买基金份额。销售费用被称为**认购费**（load fee）或手续费。在收到现金后，共同基金将发行新份额并用新获得的资金购买资产。

如果投资者持有基金份额，并希望变现头寸，那么会将份额回售给共同基金，并支付应缴纳的销售费用。（如果投资者持有份额 6 个月以上，多数基金都不收取"退出费"。）份额以净资产价值被赎回，基金用其持有的现金对投资者进行支付。如果基金缺少足够的现金，那么就将出售其持有的部分证券，以赎回份额。除非遇到紧急情况，基金不能暂停这种赎回特征，此时暂停赎回必须经过证券交易委员会的许可。

以净资产价值（加上或减去应缴纳的费用）买入和赎回共同基金份额是极其重要的。当你下单买入时，你不知道你将支付的成本。当你下单赎回时，你也不知道你将收到的金额。当你在交易日下单时，交易是以当日收盘时的净资产价值执行的。如果净资产价值在当天上升（可能由于市场整体上升），那么你支付的金额将高于预期。赎回的情况则相反，你收到的金额将低于预期。由于共同基金的份额没有二级市场，因此也没有价格。你买卖共同基金时不能规定市场指令、限制指令或止损指令。你支付的是净资产价值加上应缴纳的认购费，收到的是净资产价值减去应缴纳的退出费。

认购费范围为：从**无认购费共同基金**（no-load mutual fund）的 0 到**有认购费共同基金**（load fund）的 3%～6%。如果投资者进行一大笔投资，那么认购费通常可以降低。你应该意识到，共同基金是以卖价的百分比表示认购费的。例如，如果净资产价值为 20 美元，且认购费为 5.75%，那么售价就是 20/(1－0.057 5)＝21.22（美元）。由于认购费的多少依据卖价而定，因此你支付的认购费为 1.22（＝0.057 5×21.22）美元，即卖价的 5.75%。将费用定为卖价的某个百分比而非净资产价值的百分比的影响是，增加了实际费率。如果美国平衡基金（American Balanced Fund）的认购费为 5.75%，那么基于该净资产价值的实际认购费就是 5.75%/(1－0.575)＝5.75%/0.942 5＝6.1%，高于 5.75%的票面认购费。（实际费率还可以用认购费除以净资产价值算出来。在这个例子中，为 1.22/20＝6.1%。）

除了认购费以外，共同基金投资者还必须支付各种其他费用。每家共同基金都要在招股说明书中披露这些费用，它们通常被称为"手续费与费用"。研究具体资产会产生成本，基金买卖证券会产生经纪费，管理层薪酬也属于成本，这些都是投资者必须承担的成本。这些费用是持有份额的成本，而且是在投资者购买份额时支付的行销费用（认购费）以外支付的。拥有份额的成本通常以基金资产的百分比表示。总费用比率为 1.6%意味着每 100 美元资产的基金费用为 1.60 美元。显然，基金对每 100 美元资产至少应获得 1.60 美元的利润才足以弥补这些成本，因此如果基金的资产收益率为 11.2%，那么投资者将获得 9.6%的净收益率。

管理费用是投资顾问对基金事务进行一般管理的报酬。这笔费用通常占基金资产的 0.5%～1.0%。运营费用包括记账成本、交易成本、董事费、法律费和审计费。这些费用的总和一般占基金资产的 0.3%～0.7%；包括管理费用和其他费用的总费用增至基金资产的 0.8%～1.7%。

尽管管理费用和其他费用是必要费用，但12b-1费用不是必要费用。正如本章后面将讨论的，它是股票营销的特殊费用。例如，冠鹰美国价值基金（First Eagle US Value Fund）收取12b-1费用，用来作为经纪商出售股票的报酬并支付其他与基金广告及营销相关的费用。（关于费用的部分讨论了12b-1费用。）

共同基金的投资者从股利和资本升值中获得收益。基金从股利和利息中获得的收益（在扣除基金费用后）作为所得进行分配。如果基金资产升值且基金实现了这些收益，它就将作为资本收益被分配。如果资产升值且收益未实现，基金净资产也将升值。投资者可以按更高的净资产价值赎回份额。

共同基金的投资组合

投资公司的投资组合可以是分散化的，也可以是专业化的，例如，本章后面将要介绍的货币市场共同基金。更传统的基金可以根据投资类型或投资风格分类。投资类型是指基金购买的证券类别或类型，例如，收入型债券。投资风格是指基金的投资理念或策略。可能的投资风格包括基金选择的公司的规模或选择证券的方法。

收入型基金强调的是产生股利和（或）利息收入的资产。正如其名称所显示的，价值线收入基金的目标是收入。基本上它的所有资产都是股票，例如，公用事业公司的股票，这些公司将大部分利润进行分配，并随着利润增长定期提高股利。而成长型基金强调的是资产增值，不太强调当期收入。价值线基金的投资组合由有增长潜力的普通股公司构成。这些成长型股票可能包括著名的大公司和可能提供高成长潜力的小公司。

即使在成长型基金内部，也存在着巨大的差异。有些基金强调高风险证券，以获得更快的增值和更高的收益率。例如，骏利创投（Janus Venture）基金寻求通过投资小公司获得资本增值。然而，也有些成长型基金更为保守。富达基金（Fidelity Fund）是一家重点投资于大公司的成长型基金，大公司被认为能够提供资本增值，但利润更稳定、更可靠。

平衡基金拥有不同的证券，这些证券代表了许多类资产的特征。富达平衡基金（Fidelity Balanced Fund）持有各种股票，其中有些提供了成长潜力，而有些主要是产生收入。平衡基金的投资组合也可能包括短期债券（例如，国库券）、长期债券和优先股。这种投资组合的目标是寻求股利和利息收入与资本增值的平衡。

投资风格是围绕着基金买入的公司规模或投资组合的股票选择方法（成长型或价值型）建立的。按公司规模可分为大盘股、中盘股和小盘股。盘（cap）这个词是市值（capitalization）的简称，它是指公司的市场价值。市场价值是流通股数乘以市场价格。大盘股是市场价值超过100亿美元的最大型公司。小盘股则要小得多，公司总价值可能不足20亿美元。当然，中盘股处于两个极端之间（20亿～100亿美元）。有些分类将小盘股进一步分为微盘股或迷你股，用它们来指代更小的公司。

下面用两家公司来说明市值差异。路易斯安那太平洋（Louisiana Pacific，代码为LPX）公司的流通股数为1.42亿股。当股价为17.40美元时，股票总价值（市值）为25亿美元。LPX应被分类为小盘股。可口可乐公司（代码为KO）的流通股数为43.7亿股。当股价为42美元时，股票总价值约为1 840亿美元。可口可乐公司将被分类为大盘股。显然，路易斯安那太平洋公司相对于可口可乐公司是小公司，即使投资组合经理认为该股票价值被低估，它对于大盘股投资组合来说也不是一项可以接受的投资。对大盘股、中盘股和小盘股的定义会随着时间的变化而变化。正如人们的预期一样，被分类为大盘股所需的金额已经有所增加，被分类为小盘股所需的金额也是如此。之前，小盘股的总价值低于 10 亿美元。

另一种基于市值的投资策略基于价值型或成长型"投资风格"。"价值型"经理购买被低估或"便宜"的股票。价值方法强调根据分析工具（例如，第八章介绍的财务报表比较和第九章介绍的市盈率）进行基本面分析。**逆市投资者**（contrarian）可能使用价值法，因为他们试图找出现在不受欢迎的强势股。

"成长型"基金投资组合经理根据行业潜力和公司在行业中的位置找出提供超额增长率的公司。许多科技股都可以说明成长型方法和价值型方法之间的区别。亚马逊（Amazon，代码为 AMZN）可能很吸引成长型投资组合经理，因为该公司在互联网上的主导销售地位和推出的 Kindle（一种提供在线图书而不是传统纸质图书的电子工具）令其拥有增长潜力。而从价值角度看，亚马逊的盈余/股价的值很低，售价远远高于根据其财务报表计算出来的价值。这种股票对价值型投资者不具有吸引力。

一家基金的投资风格可能不止一种，例如"小盘股-价值型"基金表明投资组合经理购买看起来价值被低估的小公司的股票。"小盘股-成长型"基金主要投资于提供超额增长潜力但不一定获得营业利润且不被认为无价值的小公司的股票。

"风格表"是一种总结特定基金的投资组合策略的便捷方法。一般的风格表中包括价值型/成长型和市值。例如，小盘股-价值型基金或平衡大盘股的风格表如下所示：

小盘股-价值型基金

	价值型	混合型	成长型
大盘股			
中盘股			
小盘股	×		

平衡大盘股基金

	价值型	混合型	成长型
大盘股		×	
中盘股			
小盘股			

尽管不同投资风格看起来可能是互补的，但投资组合经理的风格也很重要，尤其在评价绩效时。按理说，有投资风格的投资组合经理将向投资者提供两种东西：(1) 投资风格；(2) 投资技术。如果投资组合经理的风格是强调小盘股的成长性，那么就不应将该基金的绩效与大盘股基金的绩效相比较。只有通过对策略或风格类似的基金进行持续比较，才能看出投资组合经理的投资技术。

专业化投资基金

投资信托公司最初的目的是集中大量存款人的资金，以建立分散化资产组合。这种分散化分散了投资的风险，降低了个人投资者损失的风险。尽管某个共同基金可能有特定目标，例如，获得增长或收入，但投资组合仍然是充分分散的，因此降低了公司特有的非系统性风险。

然而，现在有许多基金已经偏离了这种分散化和降低风险的理念。许多基金不是为投资者提供不同部门的美国公司股票，而是为投资者提供专业化投资。例如，某只共同基金可能只投资特定经济部门［例如，富达精选多媒体（Fidelity Select Multimedia)］或特定行业［例如，专门投资于黄金的景顺黄金（INVESCO Gold）的证券］。还有些基金专门投资于某类证券，例如，债券［例如，美国通用债券基金（American General Bond Fund)］。

除了部门基金、行业基金和债券基金之外，你还可能购买这样一种基金的份额：它投资于被认为“有社会责任”的公司的资产。这些公司生产社会需要的商品和服务或者追求受社会欢迎的政策，这种基金购买它们的证券。当然，什么是受社会欢迎由每个人决定。对于某个投资者而言，国防产品生产商或有核设施的发电厂可能是生产不受社会欢迎产品的公司的例子。然而，另一个投资者可能认为，强有力的国防是对社会负责的，或者核电厂的污染小于石油和煤炭发电厂。

对社会负责的投资也可能体现在商业企业的其他方面。公司在提拔女性和少数族群方面是否有良好的记录？公司是否进行活体动物研究？公司是否资助癌症或艾滋病研究等受社会欢迎的项目？从可持续与负责投资论坛（www. ussif. or）的网站上可以获得对社会负责基金的信息，这是一家致力于促进社会投资的非营利组织。通过绿色美国（Green America）也可以获得关于社会投资与社会经济的信息。

专门投资于某个部门、行业或证券的基金在自己集中投资的领域内通常是分散化的。例如，高收益债券基金可能会购买低质量债券，但它将持有不同行业、不同公司发行的各种此类债券。因此，即使基金进行了专业化投资，投资组合也是分散化的。例如，审慎高收益基金（Prudential High Yield Fund）报告称，其持有约 40 个不同行业的 100 多家公司发行的债券。尽管其投资组合肯定会对利率变动和高收益证券市场变动做出反应，但某只具体证券对投资组合整体的影响是很小的。（第十三章将讨论不同类型的高收益债券。）

然而，也有些基金并没有充分分散化，其投资组合集中投资于一些证券。截至 2015 年 1 月，在 FPA 至上基金（FPA Paramount Fund）的投资组合中，股票数量都少于 35 只。如果基金经理选择得当，基金就能获得高收益。相反，基金就将遭受严重亏损。集中投资于少数证券降低了分散化减少收益率变动的能力。集中型基金的收益率可能在某个时期内异常高，而在另一个时期内异常低。

除了拥有专业化投资组合的基金以外，还有些投资公司向投资者提供真正不同于传统分散化股票共同基金的投资选择。货币市场基金（将在下一节讨论）提供了一种投资于货币市场证券的方法。购买外国证券的基金允许投资者进行外国投资，而不用购买外国股票。房地产投资信托（real estate investment trusts，REIT）公司是专门投资于房地产或抵押贷款的封闭式投资公司。帮助投资者管理风险或参与其他市场的专业化基金的其他例子包括指数基金和市政债券基金。

指数基金（index fund）复制了市场的特定指标（指数）。指数基金的目的几乎与共同基金的传统目的截然相反。这些基金的管理者不是找出要购买的具体证券，而是复制市场指数的构成。先锋指数信托-500 投资组合（Vanguard Index Trust-500 Portfolio）基金就是基于标准普尔 500 股票指数构建的。还有些指数基金试图复制不同的指数。先锋指数信托基金-扩展市场投资组合复制的是威尔希尔 5000（Wilshire 50000）股票指数，它比标准普尔 500 股票指数的基础更广泛。（第十章将介绍股票指数的构成。）

指数基金向投资者，尤其是资金不多的投资者，提供了参与股票市场而无须选择个股的方法。指数基金主要是消极投资，因为它复制了指数。一旦构建起投资组合，就不会经常发生变化，即使发生变化，也是对指数构成变化的反应。这种微小的变化降低了管理基金的成本，因此它是购买大盘的节省成本的办法。

在指数基金初步取得成功后，产生了一个变形：**交易所交易基金**（exchange-traded funds，ETF）。正如其名所示，交易所交易基金是一种份额在交易所交易的投资公司。基本上，ETF 是一种封闭式投资公司，因为投资者不是从基金处购买它们的份额，而是像买卖股票一样在二级市场上进行交易。ETF 已经成为极其流行的投资工具，它向投资者提供了传统金融资产和共同基金以外的一系列其他投资方式。对这种重要投资方式的讨论将被推迟到下一章。

货币市场共同基金

正如其名所示，**货币市场共同基金**（money market mutual funds）是购买**货币市场工具**（money market instrument）的投资公司，货币市场工具是指银行、非银行公司和政府发行的短期证券。货币市场共同基金只专门投资于短期资产，它向投资者提供了银行储蓄和定期存款以外的另一种投资方法。因此，货币市场共同基金直接与商业银行和其他存款机构竞争存款人的存款，而普通共同基金只是提供了另一种持有股票和债券的方法。

货币市场基金投资于短期证券，例如，可转让存单。其他货币市场工具包括联邦政府短期债券（美国国库券）、公司发行的商业票据、回购协议、银行承兑汇票和赋税抵偿债券。当然，个人投资者可以直接购买这些证券，但有些短期证券的高面值（例如，可转让存单和商业票据的最低面值为100 000美元）将多数投资者拒之门外。

最安全的短期证券是美国联邦政府发行的**美国国库券**（U. S. Treasury bill，通常被称为“T-bill”）。在1995年和2011年关于联邦预算的政治对抗之前，联邦政府会按期偿还本金和支付利息是毫无疑问的。（第十五章介绍了国库券的定价和收益率。）国库券的短期性质也表明，如果利率上升，这种上升对国库券的影响是非常微小的，而快速到期意味着投资者可以将投资收入再投资于收益率更高的证券。

可转让存单（negotiable certificate of deposit，通常被称为“CD”或“‘大额’CD”）是由商业银行发行的。正如其名所示，CD是“可转让”的，这意味着它们可以被买卖。投资者可以买卖大额CD，这将它们与多数存款人购买的存单相区别。储蓄存单不能被买卖；人们在发行银行赎回它们，可能还要为提前赎回支付罚款。大额存单与储蓄存单还有一个区别，因为它们的发行面值为100 000美元，这使大部分个人投资者无力购买可转让存单。

有国外业务的大型美国银行也发行**欧洲美元可转让存单**（Eurodollar certificate of deposit，Eurodollar CD）。这些存单类似于国内可转让存单，除了它们是由国内银行在外国的分行或由外国银行发行的以外。欧洲美元可转让存单是用美元（而不是外币）标价的，交易活跃，尤其是在伦敦，即欧洲美元可转让存单市场的中心。由于它们是在外国发行的，因此这些存单的风险被认为高于国内存单的风险，因此欧洲美元可转让存单提供了更高的收益率，以吸引投资者购买它们。

商业票据（commercial paper）是一种公司发行的本票（即债务），是从商业银行借款以外的另一种融资手段。只有信用评级很高的公司才能销售商业票据，因此它的违约风险很低，本金偿还基本上有保证。它的期限也很短，因此商业票据投资几乎没有风险。

回购协议（repurchase agreement，通常被称为“repo”）是卖方同意在特定日期以特定价格买回（回购）证券的证券交易。回购协议通常使用联邦政府证券执行，回购价格高于初始销售价格。卖价和回购价格之差是证券持有者收益的来源。通过签订回购协议，投资者（买方）确切地知道将进行多少投资，什么时候将收回投资。

银行承兑汇票（banker's acceptance）是由银行担保的短期本票。这些承兑汇票是通过国际交易产生的。假设一家公司将商品运往国外，并收到某家银行开出的汇票，承诺在两个月后付款。如果这家公司不想等待付款，就可以将这张汇票拿到商业银行承兑。一旦银行承兑了汇票，就可以将汇票出售。买方以折扣价购买汇票，这成为持有者的收益来源。银行承兑汇票也被视为良好的短期投资，因为它有双方的信用支持：开立汇票的公司和承兑汇票的银行。

赋税抵偿债券（tax anticipation note）是由州政府或市政府在收到税收收入之前，为当前的政府机构运行融资而发行的。当收到税款时，所得税税款被用于偿还债务。当预期会从未来发行的债券和其他来源处获得收入（例如，与联邦政府分享的税收）时，政府也会发行类似的票据。这些赋税抵偿债券不像国库券那样安全，但利息可以免缴联邦所得税。（第十五章将讨论州市政债券和地方市政债券的利息税收减免。）商业银行和证券交易商负责维持赋税抵偿债券的二级市场，因此如果国库券持有者需要现金，就可以将它们变现。

货币市场共同基金可以投资于任何一种货币市场工具（可转让存单、欧洲美元可转让存单、国库券、商业票据、回购协议、银行承兑汇票和赋税抵偿债券）。然而，有些基金进行专业化投资，例如，嘉信美国财政部货币基金（Schwab U. S. Treasury Money Fund）只投资于美国政府证券或由美国联邦政府担保的证券。还有些基金则投资于更多样化的短期债务工具。例如，截至2015年1月，在嘉信现金储备基金（Schwab Cash Reserves Fund）的资产中，21.0%为国债，47.0%为可转让存单，12.8%为商业票据，剩下的则投资于其他各种短期资产，例如，回购协议。

货币市场基金投资获得的收益率非常类似于短期证券的收益率。由于嘉信美国财政部货币基金只投资于政府证券或政府支持证券，因此它向投资者提供的收益率类似于这些政府证券的收益率。这种关系必然会出现，因为当基金持有的短期债务到期时，其收益只能以短期政府证券支付的现行利率进行再投资。因此，这些证券支付的短期利率的变化将很快转移到货币市场共同基金中。

在2008年之前，人们认为货币市场共同基金投资基本不存在亏损风险。货币市场共同基金份额总被定价为1.00美元的净资产价值。基金持有的短期债务工具价格可能会下降，并导致净资产价值跌到1美元以下（被称为“跌破1美元”）。在水星金融公司（Mercury Finance Corporation）对其商业票据违约之前，这种情况曾发生过一次，但斯特朗基金家族（Strong family of funds）弥补了其货币市场共同基金的亏损，并维持了1美元的净资产价值。

随着金融危机的到来，这种情况在2008年发生了改变。当雷曼（Lehman）兄弟公司破产时，该公司对其商业票据违约。几家货币基金的价值跌到1美元以下，这导致投资者争相提取资金。这种取款和20世纪30年代的银行挤兑的影响相同。货币基金无法以面值变现足够的资产，以维持共同基金份额1.00美元的净资产价值。为了停止对货币市场共同基金的挤兑，美国财政部为多数货币市场基金提供了临时担保，美联储为某些商业票据发行商提供了担保。美国联邦政府的这些行为制止了从货币基金大规模取款的风潮。

这些担保达到了和联邦存款保险公司（Federal Deposit Insurance Corporation，FDIC）相同的目标。FDIC为银行存款提供了特定限额的保险。如果一家银行破产，FDIC将在最高限额内赔偿每位存款人。由于多数存款人的存款并不高于存款限额，因此这些投资者知道他们的本金是安全的，不会到银行进行大规模挤兑以提取存款。（你应该意识到，存款保险不是自动获得的，而必须由银行向FDIC购买。一些银行选择不购买这种保险。如果你很关心本金的安全，那么就应该将资金只存在由FDIC提供保险的账户中。）

选择共同基金

多数共同基金是由为机构投资者（例如，养老金计划、基金会和捐赠基金）管理资金的投资管理公司创建的。这些资金管理公司包括商业银行、保险公司和投资顾问/规划公司（例如，富达投资公司）。在共同基金成立之后，它将由自己的投资组合经理选择加入基金投资组合的资产。创始投资管理公司此时便成为基金的顾问。

许多投资管理公司都提供种类丰富的共同基金，它们通常被称为“基金家族”。每只基金都有独立的金融目标，因此拥有不同的投资组合。例如，富达投资公司向投资者提供了在涵盖各种证券的超过 175 只不同基金中进行选择的机会。希望获得收入的投资者可以购买股权收入基金、政府债券基金或公司债券基金的份额。这些不同的投资选择向投资者提供了由收入型资产组成的分散化投资组合。

除了提供各种可供选择的基金外，基金家族通常还允许投资者将投资从一家基金转移到家族内的另一家基金，而无须支付费用。现在拥有成长型基金的投资者可以在到期时将其转换为收入型基金。这种转换是通过赎回成长型基金中的份额、买入收入型基金中的份额实现的。尽管赎回是需要纳税的（除非份额在 IRA 等延期纳税账户中），但投资者可以进行转换而无须缴纳交易佣金。

可以获得的共同基金如此之多，因此你无法购买所有基金，而必须在它们之间选择。尽管共同基金可以使投资者不用选择特定股票和债券，但投资者仍得选择符合理财目标和资产配置目标的基金。

下面介绍了选择共同基金时需要考虑的因素。这些因素包括基金获得的收益、收取的费用，以及所得税和资本收益税。显然，这些因素是彼此相关的，因为费用增加会降低收益，税收也会降低投资者能留存的收益。只考虑其中一种因素，例如，基金的历史收益率，会产生误导。正如本章将要说明的，将所有成本和税收计入公式时，报告收益率很少等于实际收益率。

共同基金的收益率

共同基金投资的优点之一是专业化管理，但这种管理不能保证共同基金的绩效胜过市场。某家基金可能在某个年份绩效优异，但在接下来的年份绩效糟糕。学者们已经进行了多项研究，以确定投资组合经理的专业化管理能否产生更好的共同基金绩效。

最初的研究发现，共同基金的绩效与未经管理的类似资产组合没有显著不同。约一半基金的绩效优于标准普尔指数，但另一半基金的绩效低于这些市场总体指标。此外，没有证据证明哪家基金的绩效能在多年内保持优异。后来的研究证实了最初的结论。当在分析中考虑认购费时，投资者获得的收益率往往低于通过随机选择证券获得的收益率。

表 6.1 提供了几类基金在四个相互重叠的五年期内的年收益率和标准差：1996—2000 年、1998—2002 年、2001—2005 年、2004—2008 年。2000—2002 年和 2008 年的熊市对收益率的影响是显而易见的。在每段时期中，许多基金收益率都低于标准普尔 500 股票指数的收益率，且标准差更高。

类似结果也发生在 2010—2014 年，当时专门投资于成长型大盘股和价值型股票的共同基金分别实现了 15.4%和 13.8%的年收益率。在同一时期内，美国个人投资者协会（American Association of Individual Investors，AAII）报告的标准普尔 500 指数的收益率为 15.5%。（美国个人投资者协会是一家非营利公司，目标是“通过教育课程、信息和研究协助个人成为自身资产的有效管理者”。美国个人投资者协会不是支持共同基金业的行业组织。）表 6.1 提供的数据和 2010—2014 年的数据支持有效市场假说和总体上共同基金的表现没有胜过市场的一般结论。

表 6.1　各类低费用共同基金和无费用共同基金的收益率（%）

基金类别	收益率（1996—2000 年）	收益率的标准差	收益率（1998—2002 年）	收益率的标准差	收益率（2001—2005 年）	收益率的标准差	收益率（2004—2008 年）	收益率的标准差
大盘股	17.0	18.8	−0.9	19.1	0.8	10.3	−2.4	17.2
小盘股	15.1	31.1	1.2	23.8	8.5	14.9	−2.4	21.0
成长型	16.1	19.5	−1.5	26.7	−0.8	12.9	−2.8	20.0
价值型	14.4	18.1	2.6	17.4	8.8	11.6	−1.2	17.1
平衡型	11.8	11.0	2.5	10.9	4.7	6.6	0.9	11.0
标准普尔 500	18.3	17.7	−0.5	18.8	0.6	9.2	−2.2	15.3

资料来源：*The Individual Investor's Guide to Low-Load Mutual Funds*，20th ed.（Chicago：American Association of Individual Investors，2001），30；*The Individual Investor's Guide to Top Mutual Funds*，22nd ed.（Chicago：American Association of Individual Investors，2003），71；*The Individual Investor's Guide to the Top Mutual Funds*，25th ed.（Chicago：American Association of Individual Investors，2006），69；*The Individual Investor's Guide to the Top Mutual Funds*，28th ed.（Chicago：American Association of Individual Investors，2009），69.

收益率的持续性

最近，基金绩效的持续性问题被提了出来。即使基金的总体绩效并不优于市场，某些基金也可能获得了高收益率，且表现持续良好。也就是说，某些基金的投资组合经理的绩效持续胜过市场。绩效最好的基金将继续表现良好这一假设为购买这些绩效优异的基金的份额提供了支持。大众金融媒体对某段时期内绩效良好的基金的大量宣传鼓励人们投资于这些基金（即购买"热门基金"）。当然，资金会流入历史绩效斐然的基金中，而且当托管基金增加时费用也会增加，因此，当你听到共同基金标榜自身绩效超群时，不应感到意外。

共同基金绩效的持续性有直观的吸引力。生活中的许多领域都能见到这种持续性。例如，几家棒球队的成绩不错，基本上每年都会打入季后赛。然而，有效市场假说认为，相反的情况也适用于共同基金。问题主要是：如果股市价格没有记忆、过去的股票表现没有预测力，为什么共同基金的历史绩效会有预测力？答案当然是基金经理的高超技巧。如果基金经理拥有出众的管理技巧，那么他们管理的基金的绩效应该持续胜过技术较差的投资组合经理的绩效。

为了确定基金收益率的持续性，人们进行了许多研究。非学术研究往往认为存在持续性。例如，经济研究学会（Institute for Economic Research）进行的研究表明，历史绩效的确能够预测出未来绩效。结果在不同时期内是一致的，例如，26 周的收益率能预测出之后 26 周的收益率，1 年期收益率能预测出下一年的收益率。在最长的时期内，结果往往是最好的。在 5 年内收益率最高的基金的绩效在接下来 2 年中将持续优于收益率最低的基金。

然而，学术研究的结果是模棱两可的。根据基金的投资目标或风格，而不是根据投资组合经理的技术，可以解释观察到的持续性。例如，假设大盘股表现良好，而小盘股表现糟糕，那么，大盘股共同基金的表现应持续优于小盘股基金。一旦根据投资风格对收益率进行了标准化，收益率的持续性就将消失。大盘股共同基金的优异绩效是市场变动的结果，而不是投资组合经理技术高超的结果。大盘股持续表现更好，给人们以大盘股共同基金持续表现更好的印象。当然，这些结果支持有效市场的概念。一批投资组合经理并不比另一批投资组合经理高明。他们在一段时期内绩效更佳，并不意味着他们在下一时期中的收益率也会更高。这再一次说明了历史绩效不能表明未来绩效。过去的价格没有记忆，无法预测出未来的价格。

所有关于收益率持续性的研究面临的一个主要问题是“生存偏差”(survival bias)。假设一家投资管理公司有两只基金：基金A和基金B，它们的收益率分别是20%和5%。由于某种原因（可能是技术，也可能是运气），基金A的管理者比基金B的管理者表现得更好。投资管理公司能否抹除基金B的绩效？答案是可以！一种可能是将基金B并入基金A。由于基金A生存下来，因此基金B的绩效数据就被抹除了。这就是生存偏差的本质——绩效糟糕的基金不再存在，它们的绩效数据消失了。

这种事会发生吗？答案毫无疑问是“会”，而且有一些令人震惊的例子可以证明。价值3.34亿美元的普特南战略收入基金（Putnam Strategic Income Fund）曾被并入普特南股权收入基金（Putnam Equity Income Fund）。在并购之前，普特南股权收入基金只有100万美元的资产，因此并购抹除的是一家大得多的基金的绩效。正如人们所料，2008年的市场下跌产生了基金并购。先锋投资公司合并了22家基金。例如，亏损了32%的先锋选择股权基金被并入先锋全球股权基金，这家基金抹除了先锋选择股权基金的绩效。

从投资者的角度看，当解释关于绩效持续性的数据时，清算和并购很重要。如果绩效差的基金不再存在，而绩效好的基金继续经营，那么投资者就可能得出结论，认为基金绩效比实际情况好，而忽略了绩效较差的基金的收益率。当然，持有绩效差的基金的投资者将获得低于生存下来的基金报告的收益率的实际收益率。

费　用

费用显然会影响投资者的收益率。管理费、经纪商执行基金交易的佣金和12b-1费用（下面将讨论）是在计算股东可获得的基金利润之前支付的。这些费用涉及所有份额，而且在核算基金报告收益率时已经计入。按理说，较低的费用会导致较高的收益率，而基金之间的费用差异可能是选择某只特定基金的原因。

前期认购费是在购买份额时支付的，退出费是在赎回份额时支付的。这些费用只适用于购买和赎回份额的投资者，而不适用于既不购买份额也不赎回份额的其他投资者。然而，这些费用影响投资者的实际收益率，并提高了比较基金报告绩效与投资者实际收益率的难度。

以一家收取前期费用且费率为6.0%的共同基金为例。如果该基金的净资产价值为10美元，那么投资者购买一份必须交纳0.64美元的费用。这笔份额成本的计算方法如下：

$$10/(1-0.06)=10/0.94=10.64\text{（美元）}$$

认购费为0.64美元，即投资金额的6%［10.64×0.06＝0.64（美元）］。正如我们在本章前面讨论过的，认购费的计算基础是投资金额而非净资产价值。

当年，共同基金的每份利润为1美元，因此每份净资产价值增至11美元。该基金的管理层报告了10%的收益率，但投资者当然不会获得10%的收益率。实际投资金额（10.64美元）增至11美元，增长率低于3%。在多年期间，认购费将会显著降低收益率。例如，如果该基金在7年中的年复利收益率为12%，那么其净资产价值将从10美元增至22.11美元。然而，随着实际投资金额（10.64美元）增至22.11美元，投资者的收益率仅为11% 。

如果满足下列条件，那么对于无认购费共同基金，费用引起的这个比较问题会显著减轻：(1) 无认购费基金的管理费不高于有认购费基金的管理费；(2) 无认购费基金没有退出费。部分无认购费基金在投资者赎回份额时收取销售费。由于这种基金不收取传统的前期认购费，因此可能自称为无认购费基金。

尽管费用可能仅表示为2%或3%，但后期认购费的影响可能很大。仍以前例说明，其中基金净资产价值在7年中从10美元增至22.11美元，年增长率为12%。如果这家基金收取3%的后期费用，那么投资者将收到21.44（=22.11−0.03×22.11）美元，因此实际年收益率从12%降至11.5%。

如果该基金既有前期认购费，也有后期认购费，那么投资者的收益率就会进一步降低。继续前例，假设投资者花了每份10.64美元购买每份净资产价值为10美元的份额。当年收益率为12%时，经过7年的复利，净资产价值增至22.11美元，且该基金收取3%的后期认购费。投资者收到21.44美元，因此该投资者实际上投资了10.64美元，而在7年后收到21.44美元。这相当于年收益率为10.5%，几乎比该基金报告的净资产价值增长率（12%）低2个百分点。

实际上，只要费率相同，后期认购费和前期认购费对基金投资终值的影响就是相同的。例如，基金A收取3%的前期认购费，而基金B收取3%的退出费。每只基金的初始每股净资产价值为10美元，年增长率为12%，为期12年。投资者花每股10.31［=10/(1−0.03)］美元购买基金A的份额，花每股10美元购买基金B的份额。两只基金的终值均为：

$$10\times3.8960=38.96\text{（美元）}$$

然而，基金B的投资者只收到每股37.79（=38.96−0.03×38.96）美元。然而，每笔投资的收益率为11.72%：10.31美元增至38.96美元，收益率为11.72%；10.00美元增至37.79美元，收益率为11.72%。在两种情况下，收益率都相同。

当收益率差异在多年中计算复利时，认购费的影响将会很显著。假设对某只基金投资了50 000美元，复利为12%，为期20年。50 000美元将增至482 315美元。然而，如果该基金收取6.0%的初始认购费，那么投资者对该基金的实际投资仅为47 000美元［47 000/(1−0.06)=50 000（美元)］。当年复利为12%、投资20年时，终值将为453 376美元。这比无认购费基金的收益少28 939美元。

假设投资者购买了退出费为3%的无认购费基金。在这种情况下，投资者收到了467 846（=482 315−14 469）美元。如果投资者购买了前期认购费为6.0%、后期认购费为3%的有认购费共同基金，那么他将只能收到439 775美元的净值，比投资无退出费的无认购费基金少收到42 540美元。显然，即使在每种情况下的净资产价值增长幅度相同，认购费对投资者最终获得的净收益也有显著影响。

卖出有认购费基金的投资者可能不同意这种说法，但前例表明，投资者不应将认购费看作分摊在不断增长的投资中、从而其影响随时间减小的一次性费用。相反的情况也是如此。投资者持有份额的时间越长，有认购费基金和无认购费基金之间的终值绝对差异越大。无认购费基金在更长的时间内计算复利；因此，无认购费基金的终值更高。

12b-1费用

尽管这里的讨论建议，和有认购费共同基金相比，投资者应该购买无认购费共同基金，但投资者仍需留意部分无认购费基金收取的费用，事实证明，在一段时期内，这些费用可能比认购费还高。认购费的目的是作为基金份额营销人员的报酬。无认购费基金没有销售团队，因此没有这种费用。然而，它们可以使用其他营销手段，例如广告，这是必须支付费用的。

某些有认购费基金和无认购费基金采用了证券交易委员会的规定，该规定允许管理层使用基金资产支付这些市场营销费用。这些费用被称为**12b-1费用**（12b-1 fee），它通常被业内称为

12b-1 计划。12b-1 费用是以一项证券交易委员会规定命名的，这项规定允许基金收取费用，它实际上是股东支付的一笔持续费用。这项费用包括多种成本，例如广告费、基金文件分发费，甚至是经纪商销售佣金。和认购份额时收取的前期认购费不同，12b-1 费用可能是持续收取的年度费用。因此，在多年期间，基金投资者支付的这种费用可能比认购费更高。

在一段时期内，12b-1 费用可以显著降低投资者的收益率，因为不仅在好年景要支付这笔费用，而且在基金遭受亏损、净资产价值下降时也要支付这笔费用。你选择共同基金时必须留意 12b-1 费用，因为这笔费用可能降低基金净资产价值的增长率。假设某只基金收取的费用平均为总资产的 1.0%，而另一只基金不收取这笔费用。在两只基金收费前的资产收益率均为 12%，那么在收费后，不收取 12b-1 费用基金的收益率为 12%，但收取 12b-1 费用的基金的收益率为 11%。显然，收益率降低了，而且随着时间的推移，这种降低幅度的影响可能非常惊人。考虑初始投资为 1 000 美元的情况。20 年后，在不收取 12b-1 费用的基金中，收益率为 12%的 1 000 美元将增至 9 646 美元，但在收取 12b-1 费用的基金中，收益率为 12%的 1 000 美元将仅增至 8 062 美元。当然，差值（1 584 美元）是 12b-1 费用的结果。

A 类份额、B 类份额和 C 类份额

某些基金采用了不同类型的份额，每类份额的费用不同。A 类份额有前期认购费，但 12b-1 费用和年费往往较低。B 类份额没有前期认购费，但有退出费和较高的 12b-1 费用。C 类份额没有前期认购费或后期认购费。然而，它有较高的 12b-1 费用和年费。如果持有多年，C 类份额的成本将更高，因为 12b-1 费用抵消了无认购费的好处。如果投资者预期持有份额多年，A 类份额将较优，但投资者在进行投资时无法得知哪种投资将是最优的，只有在事后才能知道。

共同基金的监管法规

共同基金依据 1940 年《投资公司法》运营，受证券交易委员会管理。这项法规的一般目的和证券市场法规相同：披露信息，使散户投资者可以做出明智的决策。共同基金必须在证券交易委员会登记份额，并向潜在股东提供招股说明书。招股说明书列明了基金的投资目标、投资组合的构成、投资者支付的费用、基金董事会的构成和内部交易。

这些法规没有规定最高费用，也不适用于基金目标的执行或其绩效。法规假设超额费用或不良绩效将导致基金倒闭，就像糟糕的公司管理将导致公司破产一样。法规不能确保投资者会盈利，也不能保护投资者不因自己的愚蠢或贪婪而遭受损失。

税　收

投资公司不缴纳所得税和资本收益税，而是由股东缴纳应纳税款。共同基金（以及封闭式投资公司）的分配款项在发给每位股东的 1099 表格上被归为收入或资本收益，这样投资者就可以知道分配款项的准确类别以便纳税。此外，销售基金份额需要缴纳资本收益税。尽管基金将包括 1099 表格上的交易，但确定资本损益所必需的份额成本是每个投资者的责任。

共同基金不知道其股东适用的税率，它报告的是税前收益率。即使基金报告的是税后收益

率，所使用的税率可能也不适用于所有投资者。因此，投资者可能无法比较他们的实际税后收益率与基金报告的收益率。

除了基金收益率和投资者实际收益率的不可比性以外，税收还对特定基金的选择有重要影响。即使基金的目标与投资者的理财目标一致，基金管理层也可能采取不符合投资者税收策略最优利益的投资策略。隐含的资本损益、年终购买的时间、基金的年终分配和基金的税收效率等因素都会影响购买一只基金而不是另一只基金的决策。投资者也需要意识到赎回基金份额的税收含义，尤其是当他只变现部分基金头寸而不是全部基金头寸时。

隐含的资本收益

共同基金的投资组合可能要缴纳可观的税款，但投资者不容易发现这点。在某些情况下，这种税收负担可能会落在没有得到收益的投资者身上。投资组合存在账面利润（即未实现利润）的基金就有这种潜在税收负担。只要收益还没有实现，就不会有税收，只有在投资公司卖出升值资产并实现资本收益时才需要缴纳税款。

用一个简单的例子可以最清楚地看出这种潜在税收负担。如果一只共同基金最初以 10 美元的价格（不含成本）卖出份额，那么一份的净资产价值就为 10 美元。这只基金投资于各种证券，年内这些证券升值。年末，一份的净资产价值为 14 美元。由于该基金没有卖出持有的份额，因此股东没有税收负担。

该基金是一家持续经营的公司，并像所有共同基金一样，向投资者赎回份额并出售更多份额。假设一个初始投资者以 14 美元的净资产价值赎回份额。这个投资者获得了资本收益，因为每份价格从最初的 10 美元上升到了 14 美元。这种资本收益与基金的投资组合是否实现了资本收益无关，因为投资者实现了收益。

然而，假设这个投资者没有赎回份额，而是继续持有份额。然后，基金实现了每份 4 美元的利润，并分配了资本收益。此时该投资者必须缴纳资本收益税。这两个例子就是你应该期望的情况。如果你赎回份额并实现了收益，或基金实现了收益，你就要负责纳税。

然而，投资者在没有获得资本收益的情况下可能也需要纳税。假设你购买了现在净资产价值为 14 美元的份额，其成本为 14 美元。第二天，基金管理者实现了投资组合的利润（即卖出证券），并分配了资本收益。以 10 美元的价格购买原始份额的投资者获得了利润，并必须缴纳资本收益税。而刚刚按 14 美元的价格购买份额的投资者也分配到了资本收益，因此也需要缴纳资本收益税。尽管你支付的价格为每股 14 美元，但也是分配登记时的份额持有者，因此需要纳税。

对资本收益进行分配后，份额价值将降低。在本例中，份额净资产价值降低了 4 美元（即为分配金额），降至 10 美元。你以 14 美元的价格购买份额，但可以通过赎回份额抵消 4 美元的分配金额。由于成本为 14 美元的份额现在仅值 10 美元，因此你将遭受 4 美元的亏损。这种交易抵消了分配金额，因此你不再需要纳税。

你能预测到这种可能的税收负担吗？当投资者意识到税收来源于共同基金净资产价值中的未实现资本收益时，答案是可以。如果基金的投资组合价值上升，那么基金就有未实现资本收益。当实现资本收益后，分配到这些资本收益的投资者就会享有资本收益。这些股东不一定是股票升值时持有股票的股东。如果投资者将基金投资组合的成本与投资组合的当前价值相比较，那么未实现资本收益将很明显。例如，如果一只基金拥有 100 000 000 美元的资产，而这些资产的成本仅为 60 000 000 美元，那么未实现收益就为 40 000 000 美元。如果实现了这些利润，那么现在——而不是以前——的股东就需要纳税。

隐含资本亏损

尽管未实现资本收益表明未来可能存在税收负担，但未实现资本亏损也可能让投资者不用为收益纳税。假设一只共同基金最初的净资产价值为 10 美元，但由于市场下跌，目前的净资产价值为 6 美元。最初以 10 美元的价格购买份额、现在以 6 美元的价格赎回份额的投资者遭受了资本亏损，他将用这笔亏损抵消其他资本收益或收入（最高以当前税法允许的金额为限）。

然而，如果投资者以 6 美元的当前净资产价值购买份额，那么投资组合的价值将升高，而不一定会使该投资者产生应纳税款。假设投资组合的净资产价值升回 10 美元，此时共同基金卖出证券。由于卖出证券的基金的成本为 10 美元，因此基金没有资本收益。股东的净资产价值从 6 美元上升到 10 美元，而没有由于共同基金产生任何应纳税款。

如果净资产价值继续上升到 12 美元，且基金卖出证券，那么它将实现 2（＝12－10）美元的收益。以 6 美元的价格购买份额的投资者只需对 2 美元的资本收益缴纳资本收益税，因为基金的成本为 10 美元。投资者的投资价值从 6 美元上升到 12 美元，却只需对从 10 美元到 12 美元的升值缴税。即使共同基金卖出了证券，只要投资者没有赎回以 6 美元购买的份额，那么就可以对从 6 美元升至 10 美元的 4 美元升值延期纳税。因此，如果基金有未实现亏损，就可能为投资者提供节税机会，正如未实现资本收益可能产生未来应纳税款一样。

投资者应该意识到，有未实现亏损的基金不一定是有吸引力的投资。亏损可能是管理无效的结果，如果这种绩效继续，基金将产生更大的损失。然而，如果投资者认为该基金将被并购，或者绩效转好，净资产价值将增加，那么内含于基金投资组合的未实现税收亏损就将放大投资者的税后收益。

年终分配与所得税

共同基金的分配需要缴纳所得税或资本收益税。多数共同基金都进行两种分配。第一种是 6 个月所得分配。第二种是年终分配，由所得和资本收益构成。收到分配的投资者需要对股利收入缴纳所得税并对资本收益缴纳资本收益税。如果你在分配之前刚刚以净资产价值（34 美元）购买了份额，那么即使在购买之前发生了升值，你也必须纳税。因此，推迟到支付股利之后再购买份额是更可取的。（当然，如果是在延期纳税退休账户中持有份额，那么这种税收问题就无关紧要了。）

赎回共同基金份额的决定因素

尽管赎回共同基金份额被作为资本收益征税，但这个过程比报告表 1099 中的基金信息更为棘手。一般规则是先买先卖。例如，如果投资者在 1 月份买入了 100 份，在 2 月份买入了 100 份，然后在 12 月赎回 100 份，那么在 1 月份买入的份额将被视为已经卖出。如果它的成本降低，那么应纳税款将增加。

为确定应纳税款，投资者必须保留详细的买卖记录。如果投资者只有几笔买入交易，则不需要为纳税保留很多记录。然而，如果通过对分配金额进行再投资购买更多的份额，那么保留准确记录就是一项重要的日常工作。以下列买入交易为例：

日期	买入份额（份）	购买方式	平均价格（美元）	成本（美元）
20×0年1月2日	100	初次购买	20	2 000
20×0年12月30日	4	分配100美元	25	100
20×1年6月6日	50	第二次购买	72	3 600
20×1年12月30日	6	分配360美元	60	360
20×2年1月31日	40	第三次购买	155	6 200

投资者购买了200份，总成本为12 260美元，其中包括买入和分配的金额。注意，通过对分配金额进行再投资而购买的股票的成本就是分配金额。每笔分配金额都在收到分配金额当年纳税，即使资金被再投资也是如此。如果投资者没有将分配金额（460美元）计入成本，那么他可能认为份额的总成本为11 800美元。如果所有份额都被卖出，而投资者只使用11 800美元作为成本，那么资本收益将被高估，因此应纳税款将增加。

现在投资者卖出了40份。在先买先卖的原则下，100份中最先买入的40份被卖出，因此被卖出的40份的成本为800（＝20×40）美元。如果最后40份被卖出，那么成本应为6 200美元。资本收益将降低（或资本亏损将升高）。为了提高成本，投资者给基金或经纪商下达书面指令，要求在20×2年1月31日卖出购买的份额。基金或经纪商将确认赎回在20×2年1月31日购买的份额。如果投资者为了节税而希望卖出在20×2年1月31日买入的份额而不是在20×0年1月2日买入的份额，那么这种文件就是必要的。

现在，考虑如果投资者卖出150份，将发生什么情况。在先买先卖的情况下，将卖出在20×0年1月2日购买的100份、在20×0年12月30日购买的4份及100美元分配金额，以及在20×1年6月6日购买的50份中的46份，成本为5 412［＝2 000＋100＋(46/50)×3 600］美元。如果投资者经常买入（例如，每月买入计划）并将分配到的资金进行再投资，那么保留记录就很重要。

另一种技术让投资者可以计算所有份额的平均成本，并使用它作为成本基数。在前面的例子中，1份的平均成本为61.30（＝12 260/200）美元。如果卖出40份，则成本基数为2 452美元，如果卖出150份，则成本基数为9 195美元。计算平均成本使投资者不再能选择卖出哪只股票。例如，如果投资者希望卖出最后买入的成本最高的40份，那么一旦投资者开始计算平均成本基数，就无法再使用这种策略。

保留共同基金报表

你必须保留关于投资成本的信息，直至用它填完纳税申报表。例如，如果你在2000年购买了1 000美元股票，那么你应该保留购买确认书，因为卖出股票时，必须在1040表中填写股票的成本。（确认声明还将在审计时证明股票成本。）这条保留原则适用于共同基金报表，尤其是你将分配金额进行再分配时。

尽管分配金额可能被再分配，但它需要纳税。如果你没有保留这些说明购买情况的报表，就无法在需要提交的纳税申报表上填写成本。你甚至可能忘记购买的是税后基金的份额，并对整笔出售收入纳税。没有保留共同基金报表只会增加你忘记份额成本的概率。

如果你获取了现金分配并且没有对其进行再投资，那么就不必保留报表以确定成本基数。

（你只需要保留初次购买的报表。）你可能发现这没有那么麻烦，尤其是当你每月从固定收益基金收到分配金额，并定期用支票购买份额时。当然，如果你对递延纳税退休账户中持有的份额和分配金额进行再投资，那么直到你提取资金前都不用纳税——当你提取资金时，整笔分配金额需要纳税，而份额成本将无关紧要。

赎回共同基金份额

多数关于共同基金的讨论都关系到购买份额，并涉及不同基金的目标与策略、费用和历史收益率等问题，而关于赎回基金头寸的讨论则比较少见。然而，没有理由假定一旦购买了基金份额，就会永远持有这些份额。的确，投资者赎回份额有许多原因。

假设投资者为了实现理财目标而购买份额，那么赎回份额最显而易见的原因就是投资者已经实现了目标。例如，赎回为支付大学学费而购买的基金，是为了筹措学费。当投资者退休并需要债券基金或平衡型基金提供的收入时，投资者可能会赎回他在工作时购买的成长型基金。

实现理财目标只是赎回份额的许多原因之一。尽管购买特定基金可能是为了满足特定目标，但这些目标并不是静态的。子女出生、家人去世、工作变动、离婚或大病都可能改变投资者的财务状况，从而使投资者有必要改变投资组合。满足之前的理财目标的共同基金可能不再适合——此时，投资者将变现头寸，将基金用于满足当前需要。

投资者也可能由于税收目的赎回份额。如果投资者有其他来源的资本亏损，那么投资者可以变现共同基金中的头寸，以抵消税收亏损。相反，如果投资者的基金有亏损，那么投资者可以赎回份额，以抵消从其他来源获得的资本收益。如果投资者没有用来抵消的资本收益，那么可以用亏损降低普通收入（以第四章讨论的用资本收益损失抵消普通收入的限额为限）。所得收入可以被用于投资另一只目标相同或类似的基金。

前三个变现头寸的理由（已实现理财目标、改变理财目标、税收考虑）适用于个人投资者。还有些变现头寸的理由适用于基金。基金的具体目标可能会改变，基金的投资组合也可能无法再实现其目标。例如，投资者可能会质疑成长型基金购买 AT&T 等受监管电信公司股票的适当性。这个投资者的反应可能是赎回份额，将所得投入另一只投资组合更合适的基金。

基金可能在维持目标的情况下改变投资策略。例如，成长型基金可能会为了提高收益率而开始使用衍生证券。基金投资组合的一大部分可能被投资于外国证券或新兴经济体的公司证券。尽管这些策略可能与基金的目标一致，但它们可能与投资者承担风险的意愿不一致，此时投资者可能会赎回份额。

基金管理层的变动也可能是变现头寸的原因。尽管公司管理层可能被替换，但公司的转型可能需要很多年——如果它有所转变的话。例如，好时食品（Hershey Food）公司或亨氏（Heinz）公司的新管理层不太可能改变这些公司出售的基本产品。然而，基金投资组合经理的更换可能会产生直接影响，因为投资组合可以很容易地更改。当投资组合经理更换后，绩效糟糕的基金可能会有所改善，而绩效良好的基金可能会变差。例如，支持基金绩效持续性理论的投资者会认为基金投资组合经理的变更极其重要，并可能由于这种变更而赎回份额。

过往绩效也可能导致投资者赎回份额。如果基金的绩效持续差于同业，那么投资者可能会赎回份额，并将所得投资于别处。这种变化的理由再次支持了持续性观点：绩效糟糕的基金将继续表现出糟糕的绩效。然而，投资者需要定义糟糕绩效和持续期。糟糕绩效是指比其他基金的绩效差0.5%、2%还是更多？持续性是指两个季度、两年还是更长？

赎回份额还有其他可能的原因：(1) 基金费用高于类似基金；(2) 基金规模变得过大；(3) 基金与另一只基金合并或购买了另一只基金。投资者不得不再次对“费用升高”、“规模过大”或并购是否有潜在不利影响做出判断。如果这些问题有明显的答案，那么投资就是件简单而机械的事了。然而，投资既不简单又不机械，而购买共同基金的份额也不能免除投资者做出投资决策的责任。尽管投资者不能决定在投资组合中加入哪些资产，但投资共同基金需要进行某些积极管理。共同基金的投资组合可能比股票和债券的投资组合需要的监管少，但不应被视为消极的投资策略。

经风险调整的绩效指标

投资是为了获得收益，但进行投资需要投资者承担风险。更高的收益率本身并不一定意味着更好的绩效。它只是承担更多风险的结果。遗憾的是，许多投资者和大众媒体似乎更强调收益，而忽视了风险。

目标不同的基金的收益率显然不可比。债券基金的收益率显然与成长型基金的收益率不可比。即使是目标相同的基金（例如，资本升值）的收益率，如果风险不同，也是不可比的。从投资者的角度看，低风险投资组合获得的15%的收益率优于高风险投资组合获得的15%的收益率。如果你对绝对收益率进行比较，就相当于假设两只基金的风险相同。为了比较收益率，投资者需要对风险差异进行标准化，以确定这只基金的管理是否优于另一只基金或者市场。

在关于绩效的表述中，经常用到“绩效优于市场”或“胜过市场”这样的句子，但这样说可能会产生误导。在大众媒体中，这种说法主要是比较投资组合经理的收益率与市场收益率。这表明基金的目标是获得超过市场收益率的收益率。此外，这种表述还忽略了两个因素：(1) 什么是合适的市场收益率或基准收益率？(2) 风险有多高？在学术和（通常的）专业文献中，这种表述意味着超过市场收益率的风险调整后收益率。如果投资组合经理的风险调整后收益率超过市场收益率，那么基金的绩效就优于市场（即胜过市场）。

有三种既考虑了风险，又考虑了收益的绩效指标。这些指标通常被称为“复合绩效指标”，它们是：(1) 詹森指数（Jensen index）；(2) 特雷诺指数（Treynor index）；(3) 夏普指数（Sharpe index）。每个指标都用首个使用该方法衡量绩效的人的名字命名。全部三个指标都解决了合适的市场指数和根据投资组合的风险调整收益率的问题。因此，全部三个复合指标都属于风险调整后绩效衡量指标。它们包括投资绩效的两个因素：收益率和获得该收益率需要承担的风险。

最常被用于衡量市场的基准是标准普尔500股票指数，因为它是一个全面的价值加权指数。由于许多投资组合，尤其是共同基金、信托账户和养老金计划都是由标准普尔500指数中的证券组成的，因此该指数被视为市场的合适替代品。然而，如果投资组合包括债券、房地产和多种货币市场证券，那么标准普尔500股票指数可能就不是评价投资组合绩效的合适基准。

三种复合绩效指标的区别主要在于对风险的调整和对评价指标的设计。风险的衡量尤为重要，因为低收益率并不必然意味着绩效差。显然，货币市场共同基金的收益率应该低于证券价格上升期间成长型基金获得的收益率。更重要的问题是：成长型基金经理的绩效是否高到值得为此承担额外风险的程度？

全部三个复合指标都是根据第五章介绍的资本资产定价模型得出的。该模型提出，投资收益率（r）依赖于：（1）无风险资产（例如，美国国库券）的收益率；（2）风险溢价。这种风险调整后收益率为：

$$r=r_f+(r_m-r_f)\beta$$

式中，r_f 表示无风险利率，r_m 表示市场收益率。风险溢价取决于市场收益率超过资产的系统性风险（即 β 系数）调整后无风险利率（即 $r_m=r_f$）的程度。图 6.1 显示了这种关系，该图与图 5.15 中的证券市场线相同。Y 轴表示收益率，X 轴表示用 β 衡量的风险。线 AB 给出了在每个给定风险水平下收益率的所有组合。如果投资者没有承担风险，那么 Y 轴上的收益率表示无风险利率，随着所承担风险的提高，对应的收益率也随之升高。

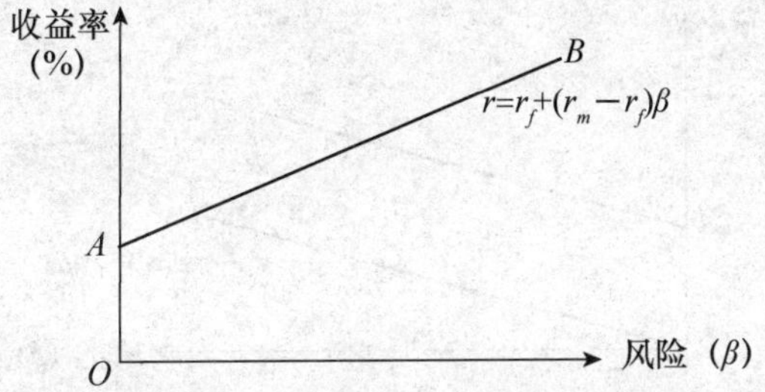

图 6.1　风险调整后 CAPM 收益率

资料来源：© Cengage Learning.

詹森绩效指数

尽管 CAPM 被用于计算进行投资所需的收益率，但它也可用于评价充分分散化投资组合的实际绩效。也就是说，给定实际收益率和风险，投资是否获得了足够高的收益率？詹森绩效指数由实际收益率与 CAPM 要求的必要收益率之差决定。投资组合的实际收益率（用于单笔资产的收益率时，指具体投资的收益率）（r_p）为：

$$r_p=r_f+(r_m-r_f)\beta+e \tag{6.1}$$

式（6.1）基本上与 CAPM 的公式相同，除了两点外：（1）用实际收益率代替了必要收益率；（2）加入了随机误差项（e）。[①] 这种形式的模型被用于评价绩效，而不是确定进行投资所必需的必要收益率。[②]

---

① 第十章讨论了计算收益率的两种方法：价值加权收益率和时间加权收益率。价值加权收益率（内部收益率）计算的是令投资的所有现金流入与现金流出相等的收益率。时间加权收益率计算的是每期的收益率，并对这些持有期收益率进行平均。计算方法可能是算术平均或几何平均，后者更优，因为它考虑了复利。

尽管价值加权收益率和时间加权收益率可用于比较，但投资者需要持续计算。例如，如果投资者按照投资管理与研究协会（Association for Investment Management and Research）的要求计算时间加权收益率，那么必须与用相同方法计算的收益率进行比较。如果投资者或投资组合管理者将他的绩效与另一个来源得出的收益率（例如，晨星公司报告的共同基金收益率）进行比较，那么投资者需要确定所有收益率都是用相同的计算方法计算出来的。

② 应用詹森模型可能需要调整无风险利率。通常，短期证券（例如，美国国库券）是该利率的合适替代指标。然而，如果评价涵盖的时期长于 1 年，那么使用短期利率就不合适，而需要为评价期内的每个时段选择不同的无风险利率。例如，如果要评价 5 年中两个投资组合经理的绩效，那么就应该对评价期内的每个 5 年使用不同的无风险年利率。

如果从公式两侧减去无风险收益率，那么该式变为：

$$r_p - r_f = (r_m - r_f)\beta + e \tag{6.2}$$

式（6.2）表明，投资组合获得的实际风险溢价等于市场风险溢价乘以 β 再加上误差项。由于假定误差项是随机的，因此 e 的值应为 0。

图 6.2 与图 6.1 相似，并加入了线 CD，它表示式（6.1）。AB 和 CD 这两条线是平行的，且由于式（6.1）两侧减去了无风险利率以得出式（6.2），因此线 CD 在 Y 轴上没有正截距。式（6.2）表明，减去无风险利率后，收益率升高只与投资组合的风险溢价升高相关。然而，实际绩效可能不同于式（6.2）隐含的收益率。下式表示实际收益率不同于预期收益率的可能性：

$$r_p - r_f = \alpha + (r_m - r_f)\beta \tag{6.3}$$

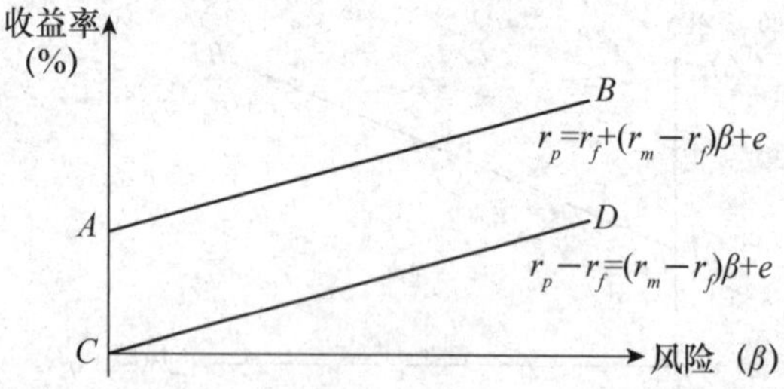

图 6.2 詹森绩效指数——包括和剔除无风险利率的风险调整后收益率

资料来源：© Cengage Learning.

式中，α（通常被称为“阿尔法”）表示实际收益率与必要收益率或给定风险水平下的预期收益率之差。

整理后，式（6.3）通常被表示为以下形式：

$$\alpha = r_p - [r_f + (r_m - r_f)\beta] \tag{6.4}$$

它被称为**詹森绩效指数**（Jensen performance index）。由于 α 是实际收益率与应获得的风险调整后收益率之差，因此 α 的数值表示绩效较优或较差。

如果投资组合经理的绩效持续优于资本资产定价模型的预测，那么 α 将为正值。如果投资组合经理的绩效持续差于资本资产定价模型的预测，那么 α 将为负值。例如，当市场收益率为 14.6%、无风险利率为 7%时，如果投资组合经理 X 获得了 15.0%的收益率，且 β 为 1.1，则 α 为：

$$\alpha = 0.15 - [0.07 + (0.146 - 0.07) \times 1.1] = -0.003\,6$$

这表示绩效较差。如果投资组合经理 Y 获得了 13.5%的收益率和 0.8 的 β，则 α 为：

$$\alpha = 0.135 - [0.07 + (0.146 - 0.07) \times 0.8] = 0.004\,2$$

这表示绩效较优。尽管投资组合经理 Y 的实际收益率较低，但他的风险调整后绩效较优。

詹森绩效指数让人们可以比较一个投资组合经理相对于另一个投资组合经理或市场的绩效。α 的数值允许人们进行绩效排序，分数越高，表明绩效越好。α 的符号表示投资组合经理的绩效在经过风险调整后是否优于市场。正 α 值表示绩效优于市场，负 α 值表示绩效差于市场。因此，在上例中，投资组合经理 Y 的绩效不仅优于投资组合经理 X 的绩效，还优于市场绩效。换言之，投资组合经理 Y 的风险调整后绩效优于市场。

通过互联网可以方便地获得 α 的数据。2015 年 2 月，雅虎金融和谷歌金融报告富达蓝筹股成长型基金（Fidelity Blue Chip Growth Fund，代码为 FBGRX）的 α 为 0.81。由于 α 为正数，因此这表明该基金的风险调整后绩效优于市场。然而，先锋美国成长型基金（Vanguard US Growth，代码为 VWUSX）的 α 为－0.37，这表明该基金的风险调整后绩效不如市场。

詹森绩效指数用 β 衡量风险溢价，因此该指数假设投资组合是充分分散的。由于充分分散投资组合的总风险主要是系统性风险，因此 β 是衡量该风险的合适指数。因此，詹森绩效指数是衡量投资组合充分分散的大型成长型共同基金的合适指标。如果投资组合并非充分分散的，那么投资组合风险就既包括非系统性风险，也包括系统性风险，而投资组合收益率的标准差将是更合适的风险指标。

特雷诺绩效指数

特雷诺绩效指数和夏普绩效指数是不同的投资组合评价指标。给定时期内的**特雷诺绩效指数**（Treynor performance index，T_i）为：

$$T_i=\frac{r_p-r_f}{\beta} \tag{6.5}$$

式中，r_p 为投资组合的实际收益率；r_f 为无风险利率。特雷诺绩效指数等于实际收益率大于无风险利率的程度（即实际风险溢价）除以投资组合的 β（即系统性风险指标）。因此，如果投资组合经理 X 实现了 15%的收益率，且无风险收益率为 7%，投资组合的 β 为 1.1，则特雷诺绩效指数为：

$$T_x=\frac{0.15-0.07}{1.1}=0.0727$$

如果投资组合经理 Y 实现了 13.5%的收益率，且 β 为 0.8，则特雷诺绩效指数为：

$$T_y=\frac{0.135-0.07}{0.8}=0.08125$$

[计算特雷诺绩效指数和夏普绩效指数时，可以不考虑分子中的小数。在这些特雷诺绩效指数的例子中，计算式为（15－7）/1.1＝7.27 和（13.5－7）/0.8＝8.125。]

这表示投资组合经理 Y 的风险调整后绩效优于投资组合经理 X，这与詹森绩效指数得出的两个投资组合经理的相对绩效结论相同。然而，不能根据特雷诺绩效指数得出结论，认为哪个投资组合经理的绩效优于或差于市场，因为没有比较来源。必须计算出市场的特雷诺绩效指数，才能确定投资组合经理的绩效是否优于市场。如果在这段时期内的市场收益率为 14.6%，那么市场的特雷诺绩效指数为：

$$T_M=\frac{0.146-0.07}{1.0}=0.076$$

（注意，市场的 β 值为 1.0。）由于市场的特雷诺绩效指数为 0.076，因此经过风险调整后，投资组合经理 X 的绩效差于市场，而投资组合经理 Y 的绩效优于市场。

图 6.3 说明了这一结论。AB 线表示在给定无风险利率、市场收益率和不同 β 水平下使用资本资产定价模型预期的收益率（r_p）。Y 轴上的截距表示无风险收益率，在上例中为 7%。市场收益率为 14.6%，X 轴给出了不同水平的 β。因此，AB 线的公式为：

$$r_p=r_f+(r_m-r_f)\beta=0.07+(0.146-0.07)\beta$$

如果投资组合经理的风险调整后绩效优于市场，那么风险和实际收益率的组合将位于线 AB 上方。相反，如果投资组合经理的风险调整后绩效差于市场，那么风险和实际收益率的组合将位于线 AB 下方。

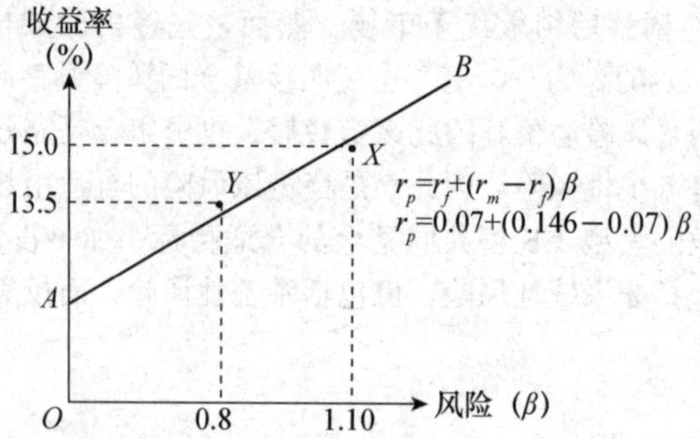

图 6.3　实际收益率与市场收益率的比较

资料来源：© Cengage Learning.

投资组合 X 的 β 为 1.1，因此预期收益率为：

$$r_x=0.07+(0.146-0.07)\times1.1=15.36\%$$

实际收益率为 15.0%，低于 15.36%的预期收益率，且投资组合的风险调整后绩效差于市场。该实际收益率由图 6.3 中的点 X 表示，该点位于线 AB 下方。

投资组合 Y 的 β 为 0.8，因此预期收益率为：

$$r_y=0.07+(0.146-0.07)\times0.8=13.08\%$$

实际收益率为 13.5%，它高于 13.08%的预期收益率。因此，投资组合的风险调整后绩效优于市场。实际收益率由图 6.3 中的点 Y 表示，该点位于线 AB 上方。

詹森绩效指数和特雷诺绩效指数类似。它们包含相同的信息：投资组合收益率、该时期内获得的无风险利率和市场收益率、投资组合的 β。特雷诺绩效指数计算的是相对值，即超过无风险利率的收益率除以风险指标。尽管特雷诺绩效指数可用于确定投资组合的风险调整后绩效是否优于市场，但该指数的值可能难以解释。例如，在上例中，投资组合 X 和投资组合 Y 的特雷诺绩效指数分别为 0.072 7 和 0.081 25。当比较这些值与市场的特雷诺绩效指数（0.076）时，显示出差于市场或优于市场的结果，但结果并不是由每个投资组合差于或优于市场的绝对量表示的。

詹森绩效指数计算的是绝对值，即 α，它可能更容易解释，并能表示投资组合绩效优于或差于市场的程度。在这个例子中，投资组合 X 和投资组合 Y 的 α 分别为−0.003 6 和 0.004 2。投资组合 X 的绩效比市场差 0.36%，而投资组合 Y 的绩效比市场好 0.42%。詹森绩效指数还有另外一个优点。通过运用回归分析，可以确定 α 在统计上是否显著。例如，投资组合 Y 的 α 为 0.42%——但该差异可能是运气的结果。如果 α 在统计上显著，那么该差异就不是运气的结果，并能证实投资组合经理的风险调整后绩效优于市场。

夏普绩效指数

第三个绩效指标**夏普绩效指数**（Sharpe performance index，S_i）为：

$$S_i=\frac{r_p-r_f}{\sigma_p} \tag{6.6}$$

该指数中唯一的新符号为 σ_p，它表示投资组合的标准差。继续考虑上面的例子，假设投资组合经理 X 的收益率标准差为 30%（即 0.3），而投资组合经理 Y 的收益率标准差为 25%，那么他们各自的指数将为：

$$S_x=\frac{0.15-0.07}{0.3}=0.267$$

和

$$S_y=\frac{0.135-0.07}{0.25}=0.260$$

[夏普绩效指数也可以用百分比计算。在这些例子中，计算式为（15－7)/0.3＝26.7和(13.5－7)/0.25＝26.0。] 由于投资组合经理X的值更高，因此他的绩效优于投资组合经理Y的绩效。高出的收益率（即15%高出13.5%的部分）在弥补了高出的风险（即更高的标准差）之后还有富余。

夏普绩效指数将投资组合X排在投资组合Y前面，这与用特雷诺绩效指数和詹森绩效指数得出的排名相反。在这些衡量指标中，投资组合经理Y得分更高，这表示他的绩效更优。排名不同的原因在于衡量风险的指标不同。夏普指数使用收益率的标准差作为风险指标。由于夏普指数使用的是标准差，因此它并未假定该投资组合是充分分散化的。实际上，该指数将高于无风险利率的收益率除以收益率的变异性，从而对其进行标准化。特雷诺绩效指数使用投资组合的β并假定投资组合是充分分散化的。实际上，它是将高于无风险利率的收益率除以收益率的波动性，从而对其进行标准化的。

认识到变异性和波动性的含义不同是很重要的。（至少在学术用途中是如此；在大众媒体中，这两个词可能会被互换。）变异性比较的是一个时期的收益率和投资组合的平均收益率，也就是各期之间的收益率有多大变化。可变收益率表示随着时间的推移，年收益率可能存在很大差异。波动性比较的是相对于其他收益率的收益率，也就是股票收益率与市场收益率相比波动性有多大。波动收益率表示投资组合的收益率比某个基准的波动性更高（即投资组合收益率比市场收益率的波动性更高）。投资组合的β可能很低；它的收益率与市场收益率相比波动性可能并不高（即市场收益率的波动性更高）。然而，投资组合收益率各年之间的变异性可能很大，因此即使投资组合的波动性低于市场，它的收益率也是可变的。

由于夏普绩效指数和特雷诺绩效指数使用的风险指标不同，因此这两个指数对绩效的排序也可能不同。假设一家公用事业基金的平均收益率为8%，标准差为9%。这表示在68%的时间内，收益率的变化范围为－1%～17%。收益率的变化范围为－1%～17%既表明这种基金的收益率变异性较大，又表明该基金特有的风险很高（即存在大量可分散风险)。然而，该基金的β可能只有0.6，这表示与市场收益率相比，它的收益率波动性较低。该基金的不可分散系统性风险较低。在使用夏普绩效指数时，高标准差可能产生较低的风险调整后绩效，因为基金有超额可分散风险。在使用特雷诺绩效指数时，低β值可能产生较高的风险调整后收益率，因为该指数只考虑了基金的不可分散风险。

和特雷诺绩效指数一样，夏普绩效指数并不表示投资组合经理的绩效是否优于市场。除非也计算出市场的夏普绩效指数，否则无法比较基金与市场的绩效。如果市场收益率的标准差为20%（即0.2)，那么市场的夏普指数将为：

$$S_M=\frac{0.146-0.07}{0.2}=0.38$$

由于该值高于计算出的投资组合经理X和投资组合经理Y的数值（例如，0.267和0.26)，因此结论是，二者的风险调整后绩效都差于市场。

对一种绩效指数的偏好可能取决于所评价的投资组合和评价应基于总风险还是可分散风险。如果具体投资组合由投资者的全部资产组成，那么总风险就是合适的指标。这时适合使用夏普绩效指数，因为它使用的是衡量总风险的收益率的标准差。例如，如果某个投资者的大部分资金投资于401(k) 计划中的成长型股权基金，那么夏普绩效指数将表明该基金基于投资者承担的总风险的绩效。

如果被评价的投资组合经理代表的只是投资者持有的诸多投资组合之一，那么特雷诺绩效指数或詹森绩效指数可能更合适。如果投资者已经购买了几只不同基金的份额，那么该投资者就已经实现了分散化——每只基金都不代表该投资者的总风险。投资者关心的是每只基金的不可分散风险，此时 β 是合适的风险指标。实际上，投资者评价的是投资组合经理为投资者承担的系统性风险创造收益的能力。

负夏普比率

夏普比率用投资组合的标准差对超过无风险利率的收益率进行标准化，从而比较投资组合的绩效。通过提高收益率或降低标准差（降低风险）获得的更高数值表明绩效更优。例如，考虑下列投资：

投资	收益率	标准差	夏普比率
A	10%	5%	0.2
B	5%	5%	0.1

两种投资的风险相同，但投资 A 的收益率更高，夏普比率的数值较高，表明其绩效更优。

尽管该比率对市场上涨期的风险调整后收益率进行了正确排序，但在夏普比率数值为负的市场下跌期未必如此。考虑下列三个例子。

案例 1：收益率不同但风险相同

投资	收益率	标准差	夏普比率
A	−10%	5%	−0.2
B	−5%	5%	−0.1

两笔投资的风险相同，但投资 A 的损失较大。它的夏普比率数值为负且绝对值较高。由于−0.1 与−0.2 相比绝对值较小且为负值，因此夏普比率表明投资 B 优于投资 A。（绝对值较小的负数是两个数中的较大者；−0.1 比−0.2 更大。）该结果在直观上是正确的，因为在相同风险水平下，损失较大者表明绩效较差。

案例 2：收益率相同但风险不同

投资	收益率	标准差	夏普比率
A	−10%	5%	−0.2
B	−10%	10%	−0.1

两笔投资的收益率相同，但投资 A 的风险较低。它的夏普比率数值为负且绝对值较大。由于−0.1 和−0.2 相比是绝对值较小的负值，因此夏普比率表明投资 B 优于投资 A。两笔投资产生的收益率相同，但由于投资 B 本应损失较多却没有，因此投资 B 的绩效优于投资 A。从投资者的角度看，这个结果不合理。由于投资者不希望承担损失，所以在相同损失的情况下，较低风险优于较高风险。或许案例 2 只是个数学上的异常情况。

案例 3：两笔投资的收益率和风险都不同

投资	收益率	标准差	夏普比率
A	−8%	2%	−0.4
B	−10%	10%	−0.1

和投资 B 相比，投资 A 的损失更小，风险更低；但是，它的夏普比率是绝对值较大的负值。夏普比率再次表明，投资 B 的风险调整后绩效优于投资 A。这个结论必然是错误的。投资 A 的风险较低，损失较小。它的绩效必然更优，但投资 A 的夏普比率是绝对值较大的负值，表明其绩效较差。造成绝对值较大的负值的原因是，随着风险的降低，分母减小。分母减小会提高比率。

在市场上涨且收益率为正时，夏普比率能准确对绩效排序。然而，在下跌的市场中，必须认真解释负夏普比率，因为它可能表明较低的风险和较小的损失意味着较差的绩效。[关于夏普比率的可能调整，参见："Sharpening the Sharpe Ratio," *Financial Planning* (January 2003), available through www.financialplanning.com。]

小　结

投资者可以不直接投资于证券，而是购买投资公司的份额。这些投资公司转而将资金投资于不同资产，例如，股票和债券。

投资公司分为两种。封闭式投资公司拥有特定数量的份额，买卖这些份额与买卖 AT&T 等公司的股票的方式相同。开放式投资公司（即共同基金）拥有可变数量的份额，直接向投资者出售。希望变现所持份额的投资者可以将其回售给投资公司。

共同基金有几个优点，包括专业化管理、分散化和托管服务。公司资产获得的股利和利息被分配给股东。此外，如果基金资产的价值上升，那么作为资本收益的股东利润将被实现和分配。

共同基金可以按照其拥有的资产类型分类。有些共同基金侧重于收入型资产，例如债券以及分配大部分收入的公司的优先股和普通股。还有些共同基金侧重于净资产价值的成长，它们投资于有成长潜力、能创造资本收益的公司来实现这种成长。有些投资公司专门在某种情况下进行投资，或专门投资于特定的经济部门。还有些共同基金以复制股市指数为目标。

尽管投资公司是专业化管理的，但共同基金在长期内获得的收益率不一定持续高于市场，尤其是在考虑了费用和认购费以后。

通过比较实际收益率和应获得的风险调整后收益率，可以用詹森绩效指数判断绩效。如果实际收益率超过风险调整后收益率，那么就实际存在超额收益率，这说明投资者在这段时期内的绩效胜过了市场。其他投资组合评价方法用风险指标对实际收益率进行标准化，例如，投资组合的标准差（夏普绩效指数）或 β（特雷诺绩效指数）。得到的绩效指数可以与共同基金或市场的类似的标准化绩效指数进行比较，以确定在这个时期内特定投资组合是否绩效超群。

问　题

1. 共同基金是否需要缴纳联邦所得税？共同基金的分配是否应纳税？
2. 什么是认购费？所有投资公司都收取这项费用吗？
3. 什么是专业化共同基金？大型基金和小型基金的区别是什么？价值型基金和成长型基金的区别是什么？
4. 基金"家族"的优点是什么？

5. 商业银行的传统储蓄账户和货币市场共同基金有何区别？对货币市场基金的投资和商业银行的储蓄账户及存单一样安全吗？

6. 货币市场共同基金购买哪些资产？拥有 12 345 美元、希望投资于短期安全证券的个人投资者可以购买这些资产吗？

7. 投资者应该期望共同基金的绩效优于市场吗？如果不能，为什么投资者要购买共同基金的份额？

8. 认购费、退出费和 12b-1 费用有何不同？

9. 基金净资产价值的年增长率为何与个人投资者获得的收益率不可比？

10. 如何用 β 系数对与风险相对应的收益率进行标准化，以比较共同基金的绩效？

11. 假设当市场上涨 12%时，投资组合经理获得了 15%的收益率，那么这是否证明这个经理的绩效优于市场？

12. 要判断风险调整后投资绩效，如何针对风险调整实际收益率？

关系题与基本习题示例

关系题

1. 证券价格上升将____共同基金的净资产价值。

2. 共同基金认购费增加将____该基金的净资产价值。

3. 共同基金的 12b-1 费用增加将____该基金的认购费。

4. 共同基金的 12b-1 费用或认购费增加将____投资者的收益率。

5. 共同基金的退出费减少将____投资者的收益率。

6. 股价上升将____公司的市值。

7. 资本收益税税率提高将____共同基金的收益率。

8. 资本收益分配将____共同基金的净资产价值。

9. 与短期资本收益分配相比，共同基金的长期资本收益分配将____投资者的应纳税款。

10. 股票的 β 增加将____必要收益率。

11. 根据詹森绩效指数，共同基金的 α 增加表明绩效____。

12. 基金收益率的标准差增加将____收益率。

13. 基金收益率的变异性减少将____收益率的标准差。

14. 基金收益率的标准差增加将____夏普绩效指数并表明风险____。

基本习题

1. 如果一只共同基金有 1.65 亿美元资产、1 000 万美元应计负债、250 万股流通股，那么一份的净资产价值（NAV）是多少？

2. 你以每份 17.23 美元的价格购买了一只共同基金的份额。该基金的每份净资产价值为 17.00 美元。（认购费为每份 0.23 美元。）之后，该基金的每份净资产价值增至 21.56 美元，你赎回了份额。你的投资收益率是多少？

3. 你购买了每份净资产价值为 17.00 美元的一只无认购费共同基金。你赎回份额时，该基金每份分配了 2.13 美元，每份净资产价值增至 21.56 美元。你的投资收益率是多少？

4. 一只共同基金创造了 10.8%的收益率。在同一时期内，市场上涨了 8.8%。如果无风险利率为 2%，且该基金的 β 系数为 1.2，那么该基金的绩效是否胜过市场？

5. 一只共同基金创造了 10.8%的收益率。在同一时期内，市场上涨了 8.8%，且无风险利率为 2%。市场收益率和基金收益率的标准差分别为 20%和 25%。该基金的 β 系数为 1.2。根据夏普绩效指数和特雷诺绩效指数，该基金的绩效是否胜过市场？

习　题

1. 拥有 10 000 000 美元资产、790 000 美元当期负债和 1 200 000 股流通股的投资公司的净资产价值为多少？

2. 如果一只共同基金的净资产价值为 23.40 美元，且基金以 25 美元的价格出售其份额，那么认购费占净资产价值的百分比为多少？

3. 如果投资者以 31.40 美元的价格购买了无认购费共同基金的份额，且一年内份额价值升至 44.60 美元，那么投资收益率应为多少？如果基金收取 1%的退出费，那么该笔投资的收益率为多少？

4. 一个投资者以每份 20 美元的价格购买了一只共同基金的份额。年底，这只基金分配了 0.58 美元的股利。在分配后，每份净资产价值为 23.41 美元。这个投资者在这笔投资上的收益率为多少？

5. 考虑下列四笔投资。

a) 你每年向一只共同基金投资 3 000 美元，该基金的年收益率为 10%，你将所有分配金额进行再投资。20 年后，你的账户中将有多少钱？

b) 你每年向一只共同基金投资 3 000 美元，该基金收取 5%的认购费，因此实际投资于基金的钱只有 2 850 美元。该基金的年收益率为 10%，且你将所有分配金额进行再投资。20 年后，你的账户中将有多少金额？（假设所有分配金额均不用缴纳认购费。）

c) 你每年向一只无认购费共同基金投资 3 000 美元，该基金收取 1%的 12b-1 费用。该基金的费前年收益率为 10%，你将所有分配金额进行再投资。20 年后，你的账户中将有多少金额？

d) 你每年向一只无认购费共同基金投资 3 000 美元，该基金收取 5%的退出费。该基金的费前年收益率为 10%，你将所有分配金额进行再投资。20 年后，你的账户中将有多少金额？

在每种情况下，你每年都投资相同金额（3 000 美元）；该基金每年的收益率相同（10%），你在同一时期（20 年）内进行每笔投资。20 年后，你提取了资金。为什么每只共同基金中的终值不同？

6. 你得到的几只共同基金的信息如下所示：

基金	超过国库券利率的收益率（%）	β 系数
A	12.4	1.14
B	13.2	1.22
C	11.4	0.90
D	9.8	0.76
E	12.6	0.95

在该时期内，标准普尔股票指数超过国库券利率 10.5 个百分点（即 $r_m - r_f = 10.5\%$）。

a) 请使用特雷诺绩效指数，在不调整风险和调整风险的情况下对每只基金的绩效排序。哪只基金的绩效优于市场？（记住，市场的 β 系数为 1.0。）

b) 第 a) 问中的分析假设每只基金都是充分分散化的，因此适用的风险指标为 β 系数。然而，假设该假设并不成立，且每只基金收益率的标准差如下所示：

基金	收益率的标准差
A	0.045（=4.5%）
B	0.031
C	0.010
D	0.014
E	0.035

因此，基金 A 获得了 12.4%的收益率，但在约 68%的时间内，该收益率的变化范围为 7.9%～16.9%。市场收益率的标准差为 0.01（即 1%），因此在 68%的时间内，市场收益率的变化范围为 9.5%～11.5%。请用这种风险指标对基金进行排序。在风险调整的基础上，哪只基金的绩效优于市场？

理财顾问的投资案例

退休计划与投资选择

肯·萨法夫（Ken Saffaf）22 岁的女儿波佐娜（Bozena）刚刚接受了医生医疗系统（Doctor Medical Systems，DMS）的工作，这是一家专门为医生提供计算机服务的公司。DMS 为员工提供了 401(k) 计划，根据该计划员工可缴纳薪水的 5%。员工每缴纳 1 美元，DMS 将缴纳 0.50 美元。波佐娜的起薪为 32 000 美元，因此她最多缴纳 1 600 美元，DMS 将再缴纳 800 美元。如果她决定根据该计划缴款，那么可以选择下列基金，这些基金均由卓越投资公司管理。她可以选择任何基金的组合，并可以每季度更改基金组合。

a）美国价值基金：一只仅投资于管理者认为股价被低估的美国公司股票的基金。

b）研究与技术基金：一只专门投资于主要从事计算机服务和编程的公司的股票的基金。

c）全球股票基金：一只仅投资于有国际业务的公司（例如索尼）的股票的基金。

d）政府债券基金：一只仅投资于由联邦政府发行或担保的债务的基金。

e）高收益债务基金：一只仅投资于非投资级债券的基金。

f）货币基金：一只仅投资于短期货币市场工具的基金。

每只基金的历史收益率、收益率的标准差、基金的β系数（相对于标准普尔500股票指数计算出的β系数）和β系数的R^2如下所示：

	收益率（%）	收益率的标准差（%）	β 系数	R^2
a）USVF	13	20	0.7	0.3
b）RTF	12	10	1.1	0.9
c）GE	15	40	1.5	0.6
d）GBF	7	8	0.3	0.2
e）HYD	10	12	0.4	0.3
f）MF	4	1	0.0	0.0

肯的雇主提供了固定福利养老金计划，其中，他的退休收入取决于他工作时最后5年的平均薪水。由于雇主对该计划提供了担保和资金，因此肯无法理解波佐娜的选择。他认为她应该参与该计划，但不知道每种选择的优点和风险。由于肯是你的表兄，因此他问了你下列问题，以说服波佐娜参与401(k)计划，并帮助她在6只基金中进行选择。

1. 如果波佐娜参与该计划且401(k)实现了10%的年收益率，那么即使她的工资没有变化，45年后（到67岁时）她将攒到多少钱？

2. 如果她没有参与该计划且每年在自己的账户中存入1 600美元，那么如果她实现10%的年收益率（税前），且适用20%的联邦所得税税率，那么她将攒到多少钱？

3. 如果她67岁退休，给定1和2中的数据，那么在每种情况下，波佐娜在20年中每年能取多少钱、花多少钱？假设她继续实现10%的收益率（税前），且仍适用20%的联邦所得税税率。

4. 如果她的工资增加，那么工资增加对401(k)计划将产生什么影响？为了说明对她所积累的资金的影响，假设她的工资每5年增加5 000美元，因此她在第41～45年（63～67岁）时，工资收入为每年72 000美元。

5. 这6只基金各自的风险和潜在收益率是多少？

6. 谁承担了与波佐娜的退休收入相关的风险？

7. 为什么肯不必进行这些投资决策？与他的退休计划相关的风险是什么？

8. 在波佐娜生命中的这个阶段，你建议她选择哪只（些）基金？

第七章

封闭式投资公司、房地产投资信托和交易所交易基金

学习目标

学习完本章后，你应能：

1. 比较和对比封闭式投资公司与开放式投资公司。

2. 描述以净资产价值折价出售的份额和以净资产价值溢价出售的份额的区别。

3. 区别不同类型的房地产投资信托(REIT)。

4. 描述交易所交易基金（ETF）的特征与优点。

5. 说明为何交易所交易基金基本上不以（净资产价值的）折价或溢价交易。

6. 说明为何交易所交易基金产生的营业费用可能低于许多共同基金产生的营业费用。

7. 区别对冲基金、私募股权基金与其他投资公司。

8. 利用投资公司，尤其是交易所交易基金持有外国金融市场的头寸。

9. 说明用外国投资分散国内投资组合的必要条件。

上一章介绍了共同基金份额，这些份额是直接从共同基金处买卖的。本章将介绍封闭式投资公司、房地产投资信托和交易所交易基金。这些投资公司的份额是在纽约证券交易所或纳斯达克这种二级市场上交易的。这种交易的方便性大大提高了投资者对这些投资公司，尤其是交易所交易基金的兴趣。

封闭式投资公司拥有开放式共同基金的许多主要特征和优点，例如，分散化和专业化管理。然而，封闭式投资公司的份额在证券市场上交易，这与共同基金明显不同。许多封闭式投资公司都是专业化的；有些只投资于特定地区（例如，亚洲）或特定国家（例如，韩国）的证券。还有些专门投资于债务工具，例如，在弗吉尼亚州或新泽西州发行的市政债券。

房地产投资信托通常被称为 REIT（发音为 REET)，是专门投资于房地产权益（例如，抵押贷款、公寓或购物中心）的封闭式投资公司。房地产投资信托允许投资者持有房地产头寸，而不用自己实际拥有或经营房地产。

交易所交易基金（通常被称为ETF）是一种相对较新的投资工具。最初，交易所交易基金是作为一种指数基金创建的，它的份额在二级证券市场上交易。这些交易所交易基金追踪的是标准普尔500股票指数或外国证券指数等指数。不过，现在交易所交易基金的数量暴增，因此交易所交易基金几乎涉及每种可能的投资，包括对不同经济部门、国家、债券、货币和商品的投资。甚至有些交易所交易基金强调特定的投资策略，例如，持有空头而不是多头。

本章最后一节将简要介绍有外国投资的投资公司、对冲基金和私募股权公司。多种多样的投资公司为投资者提供了分散和管理投资组合的方法。投资公司的存在使投资者可以构建充分分散的投资组合，更改不同类型的证券、不同经济部门、不同国家，甚至是不同投资策略所占的比例，而无须选择单只证券。因此，这些投资公司在投资者的投资组合构建和资产配置中起着极其重要的作用。

封闭式投资公司

共同基金的份额是从基金处购买的，并将其回售给基金。封闭式投资公司的份额是通过证券市场买卖的。这些份额最初是通过首次公开募股出售给公众的，然后在交易所交易或通过场外市场交易。当投资者购买股票时，没有产生新股票，因为股票是从另一个投资者那里购买的，而不是从投资公司处购买的。

封闭式投资公司拥有固定的资本结构，它可以全部由股票组成，也可以由股票和债券组成。公司可以发行的股票数量和债券金额是特定的。（在共同基金中，当投资者购买和赎回份额时，股票数量是变化的。）由于封闭式投资公司的股票数量是特定的，因此希望投资于特定公司的投资者必须从现有股东手中购买份额。相反，希望拥有份额和变现头寸的投资者必须将份额出售给另一个投资者。投资者可以通过输入股票代码获得股票的当前价格，就像获得IBM股票价格的方法一样。

折价与溢价

尽管共同基金的份额是以基金净资产价值（加上或减去适用的认购费）购买和赎回的，但封闭式投资基金的股价不一定等于净资产价值。该价格可能高于或低于净资产价值，这取决于股票的供求。如果市场价格低于份额的净资产价值，那么份额就以**折价**（discount）出售。如果市场价格高于净资产价值，那么份额就以**溢价**（premium）出售。

表7.1说明了投资公司的每股净资产价值和股价之差。表中给出了几家封闭式投资公司的价格、净资产价值，以及折价或溢价。这三笔交易都是以折价（即低于净资产价值的价格）出售的。折价的原因并不清楚，但被认为是税收的结果。下例将说明资本收益税对股价的影响。

表7.1　部分封闭式投资公司截至2015年3月1日的净资产价值和市场价格

公司	价格（美元）	净资产价值（美元）	（折价或）溢价占净资产价值的百分比（%）
亚当斯特快	14.19	16.45	(13.7)
基石进取型收益基金	15.79	15.57	1.4
全美投资者综合基金	35.67	41.26	(13.6)
罗伊斯价值信托	14.73	16.35	(9.9)

资料来源：*Barrons*, March 1, 2015.

封闭式投资公司最初以每股 10 美元的价格出售股票，并用所得资金购买其他公司的股票。如果忽略交易成本，且每股净资产价值为 10 美元，那么股票将在二级市场上以 10 美元的价格进行交易。然后，公司的投资组合价值升至 16 美元（即净资产价值为 16 美元），则该公司的潜在资本收益为每股 6 美元。如果这些资本收益已实现并分配，那么净资产价值将回归到 10 美元，且每位股东都将获得 6 美元的资本收益，并缴纳相应的资本收益税。

然而，假设资本收益没有实现（即净资产价值仍为 16 美元），那么股票的市场价值将为多少？这难以确定，但它可能低于 16 美元。为什么？假设一个投资者以 16 美元的价格购买了一股，而公司实现并分配了 6 美元的资本收益。在分配了 6 美元后，投资者将负责缴纳资本收益税，但份额的净资产价值将减少到 10 美元。

显然，这对于买方来说并不是优点。投资者可能只愿意以折价的方式购买份额，这会降低实际资本收益和其后的资本收益税的潜在影响。假设该份额的成本为 14 美元（即相对于净资产价值以 2 美元的折价出售），且该基金实现并分配了该收益。现在，支付 14 美元的买方持有净资产价值为 10 美元的份额，并获得了 6 美元的资本收益。尽管这个投资者必须缴纳相应的资本收益税，但影响降低了，因为投资者购买总价值为 16 美元（10 美元的净资产价值加上 6 美元的资本收益）的份额时只支付了 14 美元。

尽管许多封闭式投资公司都以折价的方式出售份额，但有些也以溢价的方式出售份额。在表 7.1 中，当基石进取型（Cornerstone Progressive）收益基金的净资产价值为 15.57 美元时，它以 15.79 美元的价格出售其份额，溢价为净资产价值的 1.4%。通常，以溢价的方式出售的封闭式投资公司拥有对某些投资者有吸引力的专业化投资组合。例如，截至 2015 年 3 月，印度基金（India Fund）公布的溢价为 33.7%。该基金主要投资于对外国投资有限制的国家。如果投资者希望购买这种国家的公司的股票（可能是为了追求潜在增长率或分散化），那么封闭式投资公司就是可行的投资方法。其效果可能是抬高股价，因此封闭式投资公司可以按高于净资产价值的溢价卖出份额。

由于份额可以按相对于净资产价值折价或溢价出售，因此封闭式投资公司的市场价格波动性可能高于或低于净资产价值的波动性。例如，所罗门兄弟基金（Salomon Brothers Fund）的每股净资产价值从 10.75 美元上升到 14.04 美元（上升了 30.6%），但当折价从 16.2%降低到 14.3%时，股价只增加了 31.9%（从 9.12 美元增加到 12.03 美元）。由于市场价格与净资产价值之比可能发生变动，因此投资者要承受额外的风险。投资价值的下降可能不只是因为净资产价值下降，还可能因为份额以净资产价值的更大折价出售。

有些投资者将市场价格与净资产价值之比视为买卖封闭式投资公司份额的指南。如果份额以很高的折价出售，那么他们就考虑买入。如果这些份额以很低的折价或以溢价出售，那么他们就考虑卖出。当然，确定适合卖出的溢价或适合买入的折价并不简单（甚至可能带有很大的随意性）。

封闭式投资公司的首次公开发行

正如第二章所说明的，公司份额最初是通过投资银行以首次公开发行（即 IPO）的形式出售给公众的。封闭式投资公司的份额也是通过相同程序发行的。这些份额最初以高于净资产价值的溢价出售给公众。如果出售给公众的价格为 15 美元，而投资银行费为 0.85 美元，那么净资产价值就从 15.00 美元跌至 14.15 美元。实际上，份额售价相对于净资产价值的溢价为 6%。

尽管一些首次公开发行的份额在二级市场上表现不错，但也有许多表现不佳。这些封闭式投资公司的份额价格下跌直到溢价消失，份额甚至可能以折价出售。据证券交易委员会报告，在交易前四个月，债券封闭式投资基金和股票封闭式投资基金的份额分别下跌了6%和23%。这些结果表明，购买封闭式投资公司的首次公开发行份额并非审慎的选择。尽管投资者为何要支付初始溢价尚无令人满意的解释，但通常可以用为投资银行出售证券的经纪商的说服力来解释。

封闭式投资公司的投资收益率来源

投资于封闭式投资公司涉及几种成本。第一，由于份额是在二级市场上买入的，因此投资者必须为购买份额和将来出售份额支付经纪费。第二，投资公司会收取投资组合管理费。这笔费用将从公司资产获得的收入中减除。这种管理费通常占净资产价值的0.5%～2%。第三，当投资公司购买或出售证券时，它也必须支付经纪费，这些成本将转嫁给投资者。

封闭式投资公司的投资者可以通过多种方式获得收益。第一，如果投资公司的投资组合获得了股利和利息，该收入将被分配给股东。第二，如果公司的资产价值增加，公司可以出售资产并实现收益。然后，这些利润将作为资本收益被分配。这种分配通常为日历年（对投资者来说，也是纳税年）年底的单笔分配。第三，投资组合的净资产价值可能增加，这将导致公司股票的市场价格上升。在这种情况下，投资者可以在二级市场上出售份额，并实现资本收益。第四，份额的市场价格相对于净资产价值可能上升（即溢价上升或折价下降），那么，投资者就可以通过出售份额获得利润。

表7.2说明了这些收益来源。该表列出了某家封闭式投资公司几年间的分配金额和价格变化。如表所示，该投资公司在20×2年分配了0.27美元的现金红利和2.63美元的资本收益。净资产价值从17.26美元上升至18.51美元，份额价格也同样上升了（从16美元上升到17.625美元）。在20×1年12月31日购买份额的投资者在该笔投资上获得了28.3% [=(17.625+0.27+2.63−16)/16]的年总收益率。

表7.2　某家封闭式投资公司的年投资收益率

分配金额与价格变化	20×5年	20×4年	20×3年	20×2年	20×1年
每份收入分配金额（美元）	0.14	0.18	0.27	0.27	0.33
每份资本收益分配金额（美元）	2.41	3.63	3.19	2.63	2.09
年末净资产价值（美元）	16.27	19.24	18.76	18.51	17.26
年末市场价格（美元）	16.25	20.375	18.19	17.625	16.00
基于上一年市场价格的年收益率					
a. 红利收益率（%）	0.7	1.0	1.5	1.7	2.5
b. 资本收益收益率（%）	11.8	20.2	18.1	16.4	15.6
c. 价格变化率（%）	−20.2	12.0	3.2	10.2	19.6
总收益率（%）	−7.7	33.2	22.8	28.3	37.7

资料来源：© Cengage Learning.

表7.2还说明了亏损的可能性。如果投资者在20×4年12月31日购买了份额，那么他在20×5年将遭受亏损。尽管基金分配了0.14美元的现金红利和2.41美元的资本收益，但净资产价值和份额价格的下降幅度足以抵消分配的收入和资本收益。

注意，在表7.2中，这家公司持续以折价出售份额。除了20×4年以外，年末市场价格

（第 4 行）均低于年末净资产价值（第 3 行）。持续的折价使得某些股东要求该基金从封闭式转为开放式共同基金。由于开放式共同基金是以基金的净资产价值买入和赎回的，因此这种转换将结束以折价的方式出售份额的情况。例如，所罗门兄弟基金就曾从封闭式投资公司转换为开放式共同基金，并以根据适用的认购费进行调整后的净资产价值买卖份额。

单位信托基金

封闭式投资公司的一个变形是固定单位信托投资公司，通常被称为**单位信托基金**（unit trust）或单位信托投资基金（unit investment trust，UIT）。这种信托投资基金是由经纪公司组成的，并向投资者出售份额，它们持有固定的证券投资组合。投资组合的目的是实现特定的投资目标，例如，产生利息收入，此时投资组合应包括联邦政府债券或公司债券、市政债券或抵押贷款。

单位信托基金是一种消极投资，因为它的资产不可交易，而是被冻结的。没有新证券可以购买，而最初购买的证券也极少被出售。单位信托基金收取收入（例如，投资组合的利息），并最终偿还本金。单位信托基金具有自偿性，因为收到的资金没有被再投资，而是被分配给股东。这种信托基金吸引的主要是寻求稳定的定期收入的退休人员。如果投资者提前需要资金，那么可以将份额以当前净资产价值回售给信托基金，该价格可能低于初始成本。

单位信托基金对理财目标与信托基金目标相匹配的投资者也有吸引力。这种投资者购买以投资者可承担的单位出售的分散化资产组合的份额。营业费用会减少信托基金所有者的当前收入，而与其他投资公司不同，固定投资组合意味着营业费用很低。

然而，和其他投资一样，单位信托基金也有缺点。在组建信托基金时，投资者要支付 3%～5%的初始前期成本，尽管管理费很低，受托人也要收取托管费，而托管费是用信托基金利润支付的。尽管信托基金可以购买高质量证券，但并不能确保债券不会违约。单位信托基金仍存在实际收益率可能低于预期收益率的风险。

单位信托基金的概念已扩展至更多种类的证券。例如，美林公司建立了一家仅由新兴成长型股票组成的信托基金。在一段时期后，股票将被出售，资金将被分配给单位信托基金的持有者。这种信托基金仍是消极投资，它在特定时期内持有某个投资组合，然后将其变现。这种信托基金吸引的是通过分散化投资组合追求资本升值但在未来某个时间（例如，退休时）需要资金的投资者。由于变现日期是特定的，因此投资者知道何时将会收到资金。

尽管投资者知道何时将收到资金，但他不知道将收到多少资金。信托基金持有的股票价格可能上升，也可能下降。如果股价上升，投资者将获得利润。然而，如果股价下降，信托基金的管理者不能等到股票的变现日之后来收回亏损的价值。

房地产投资信托基金

房地产投资信托基金（real estate investment trust，REIT）是专门投资于房地产资产（主要是房屋或抵押贷款）的封闭式基金。房地产投资信托基金为投资者提供了持有房地产头寸而无须购买和经营房地产的方法。由于房地产投资信托基金是封闭式的，因此它的税务处理与其他投资公司（例如，共同基金）相同。只要房地产投资信托基金 75%的收入来自房地产（例如，抵押贷款的利息和租金），并将至少 90%的收入作为现金红利进行分配，那么该房地产投资信托基金就可以免缴联邦所得税。因此，房地产投资信托基金与共同基金及其他封闭式投资公司一样，是将利润转移给股东的导管机构。

房地产投资信托基金的份额买卖方式与其他公司的股票买卖方式类似。有些份额是在纽约证券交易所交易的（例如，美国房地产投资信托基金），而有些是在纳斯达克交易的。这些市场的存在意味着房地产投资信托基金的份额可以很容易地出售。这种流动性当然使房地产投资信托基金的份额不同于其他类型的房地产投资。

由于房地产投资信托基金基本上分配了获得的所有收入以维持其税收地位，因此其红利收益率高于多数股票投资能获得的股利收益率。表 7.3 给出了房地产投资信托基金提供的部分红利收益率，可以看出超过 5%的房地产投资信托基金收益率是很常见的，尤其是投资于抵押贷款的房地产投资信托基金，例如，分析资本管理基金。

表 7.3　部分房地产投资信托基金及其红利收益率

房地产投资信托基金	价格（美元）	年红利（美元）	红利收益率（%）
安纳利资本管理基金（NLY）	10.62	1.20	11.31
全国零售物业公司（NNN）	40.24	1.68	4.1
老年人住房信托基金（SNH）	22.35	1.56	7.0
UDR 基金（UDR）	31.94	1.04	3.3
华盛顿房地产投资信托基金（WRE）	28.20	1.20	4.2

资料来源：http：//finance.yahoo.com，March 1，2015.

房地产投资信托基金的分配、经营产生的资金与税收

房地产投资信托基金支付给股东的金额通常被称为“分配”而非股利，因为这些分配和AT&T 等公司支付的股利不同。公司股利是用税后收入支付的，截至 2015 年，按最高 20%的联邦税率纳税。由于房地产投资信托基金不缴纳联邦所得税，因此其利润被分配给投资者。然后，房地产投资信托基金必须分配利润以保持税收地位，并按投资者的边际税率纳税。可以假定该税率高于公司股利 20%的优惠税率。

房地产投资信托基金的分配不仅来自利润，还来自资本收益和资本退还。房地产投资信托基金持有的房地产（例如公寓大楼、办公楼或购物商城）可以出售获利，资本收益被分配给股东。按理说，由于房地产投资信托基金可以持有建筑多年，因此可以按投资者适用的长期资本收益税税率对资本收益纳税。

房地产投资信托基金还可以进行属于“资本退还”的分配。这种分配目前不用纳税。资本退还可能是基金提取折旧费用的结果。折旧将购物中心等长期固定资产的成本分摊至一段时期。尽管折旧是一种费用，但它不涉及现金支出。（在购买房地产时，就会产生现金支出。）正如在第八章现金流分析一节中所说明的，折旧等非现金费用被加回利润中，以计算公司经营产生的现金流。

这种折旧通常构成房地产投资信托基金的一大部分费用，现金流——通常被称为“经营产生的资金”——常用来代替利润分析房地产投资信托基金。如果这笔现金流被支付给股东，那么分配既不是来自利润，也不是来自盈利销售（即资本收益）。实际上，这种分配将投资者用于购买长期资产的资金退还给投资者，因此是资本退还。

由于房地产投资信托基金的分配可能来自利润、资本收益或资本退还，因此应纳税款比公

司股利或资本收益的应纳税款要复杂得多。假设一只房地产投资信托基金的每份利润为1.00美元，每份资本收益为0.60美元，经营产生的资金为2.10美元。经营产生的2.10美元为1.00美元利润、0.60美元资本收益和0.50美元非现金折旧费用之和。房地产投资信托基金将1.90美元分配给其投资者。向投资者分配的这笔资金的应纳税款是多少？1.00美元为收入，按投资者的边际税率（即税级）纳税。0.60美元按投资者的资本收益税税率纳税，这可能低于利润分配的税率。

1.00美元的收入加上0.60美元的资本收益，只占1.90美元分配中的1.60美元。剩下0.30美元的应纳税款是多少？答案是不用纳税。这0.30美元是投资者的资本退还，不用纳税。投资者的份额成本基数降低了0.30美元。如果投资者为份额支付了13.45美元，那么调整成本基数就变为13.15（=13.45−0.30）美元。当投资者出售份额，且必须对收益缴纳资本收益税时，这种调整很重要。由于资本退还降低了成本基数，因此潜在资本收益税增加了。当然，只要投资者保留份额，就没有资本收益税。

房地产投资信托基金偶尔会吹嘘其分配金额部分免税。从某种程度上说，这是对的，因为目前资本退还不用纳税。但这种说法也有误导性，因为分配金额中的资本退还降低了成本基数。这部分减少的成本基数可能在未来需要缴纳资本收益税。然而，信息充分的投资者会意识到，房地产投资信托基金分配的不是传统意义上的股利，非应税分配可能产生未来的资本收益税。[如果投资者需要知道房地产投资信托基金的过往分配是否应税并构成资本退还，通常可以通过信托基金主页或美国房地产投资信托基金协会（National Association of Real Estate Investment Trusts）获得该信息。]

房地产投资信托基金的分类

房地产投资信托基金可以根据其购买的资产类型或其资本结构进行分类。**权益型信托基金**（equity trust）拥有房地产并将其租赁给其他公司。**抵押贷款型信托基金**（mortgage trust）发放贷款以开发房地产，并为房地产融资。这两种房地产投资方法有显著差异。为房地产融资的贷款，尤其是开发贷款，可以获得高利率，但在这些贷款中，有些贷款的风险可能非常高。承包商可能无法出售或出租完工的建筑，这可能导致它们对贷款违约。此外，持有固定债权的贷款人无法享受房地产升值的收益。

在权益型信托基金中，房地产投资信托基金拥有房地产和出租场地。这也是有风险的，因为房地产可能一直空置。当然，未出租的房地产不产生收入，但所有者仍要支付费用，例如，保险、维修费和折旧。这些固定费用会使权益型信托基金的利润产生大幅波动。然而，如果房地产价值上升的话，信托基金的资产也可能升值。

区别房地产投资信托基金的第二种方法是依据其资本结构或使用债务融资的程度。有些信托基金使用少量债务融资，而有些信托基金使用大量杠杆。后者可能是风险很高的投资。如果抵押贷款质量下降且借款人违约，或者房地产变为空置，那么信托基金偿还自身债务就可能面临困难。因此，尽管使用债务融资放大了房地产投资信托基金的现金流和利润的波动性，但很少使用财务杠杆表明房地产投资信托基金能更好地挨过衰退期和经济增长放缓期。当然，这正是2008年房主对抵押贷款违约时发生的情况。新世纪金融（New Century Financial）等主要投资于高风险“次级”抵押贷款的抵押贷款信托基金申请破产，这给其股东和债权人造成了巨大的损失。

表7.4说明了房地产投资信托基金之间的差异，该表列出了房地产占信托基金资产的百分

比，以及对债务融资的使用情况（以债务与总资产之比衡量）。数值根据其债务比率按降序排列。安纳利资本管理基金（Annaly Capital Management）是一只抵押贷款型信托基金，不拥有房地产。UDR基金是一只权益型信托基金（以公寓为主），超过50%的资产通过债务融资。全国零售物业公司（National Retail Properties，代码为NNN）也是一只权益型信托基金，但资产中通过债务融资的比例较小。尽管全国零售物业公司使用的债务融资较少，表示它与UDR基金相比风险较低，但其商业房地产可能受空置率上升的影响。它的商业风险高于UDR基金。

表7.4　按资产类型和资本结构分类的部分房地产投资信托基金

房地产投资信托基金	房地产占总资产的百分比（%）	债务占总资产的百分比（%）
安纳利资本管理基金（NLY）	0	84.9
华盛顿房地产投资信托基金（WRE）	80.9	61.8
UDR基金（UDR）	88.1	55.5
老年人住房信托基金（SNH）	92.8	41.7
全国零售物业公司（NNN）	96.1	37.4

资料来源：Yahoo! Finance，March 1，2015.

房地产投资信托基金和证券化

房地产投资信托基金是证券化的一个例子，证券化是将非流动性资产转化为流动性适销资产的过程。即使投资者拥有资源，也很少有投资者愿意拥有公寓大楼或办公楼。能拥有购物中心的人就更少了。承包商和开发商能将这些类别的房地产打包到一起，并将它们分拆为房地产投资信托基金。通过这一过程，它们将不容易出售的资产（例如，公寓大楼）转换为有现成市场的资产（即房地产投资信托基金份额）。例如，基石房地产收入信托基金［现在合并为美中公寓社区（Mid-America Apartment Communities）公司］就是通过将房地产业务转换为信托基金而组建的。由于信托基金的份额可被个人持有，因此方便了信托基金通过发行公开交易股票交换房地产以购买更多房地产。个人所有也意味着信托基金可以通过将更多份额卖给公众来筹集更多资金。

公司可以把房地产投资信托基金的形式作为出让经营权而无须实际出售资产的手段，从而避免对销售产生的任何收益缴纳所得税。还有些公司成立房地产投资信托基金是为了去掉不能实现其战略计划的资产（和负债）。例如，盖蒂石油（Getty Petroleum）公司分立为两家公司。一家获得了服务站（以及与服务站相关的抵押贷款等债务），而另一家经营机构被重新命名为盖蒂房地产（Getty Realty，代码为GTY）公司，并重组为房地产投资信托基金。实际上，盖蒂房地产公司的所有资产都是长期租赁给盖蒂的服务站。信托基金的所有者将得到租赁产生的现金流，而盖蒂公司将剥离服务站及其相关负债。实际上，该公司将服务站这项非流动性资产转化为一项适销资产——信托基金份额。

交易所交易基金

许多共同基金的绩效无法胜过市场（或胜过适用的基准），从而导致人们对指数基金的兴趣提高，后者可以完全反映市场（或市场的某个部分）。它的吸引力显而易见，其优点包括：

(1) 投资组合实现了分散化；(2) 它是换手率低的消极投资组合，因此营业费用也较低；(3) 低税收，因为指数基金的实际资本收益很少。截至 2000 年，约有 50 只指数基金追踪标准普尔 500 指数和其他指数，例如，德雷福斯标准普尔中盘股指数基金 (Dreyfus S&P MidCap Index Fund)，它专门投资于与标准普尔中盘股 400 指数匹配的中盘股股票。先锋平衡指数基金模拟的是股票与债券的组合，而嘉信国际指数基金追踪的是 350 家最大的非美国公司。

金融市场不是静态的，新产品层出不穷。指数基金的产生导致了交易所交易基金 (ETF) 的产生。指数基金允许投资者持有整个市场的头寸，而不必选择单只证券。然而，只有当一天结束，确定了基金的净资产价值时，才会出现购买和赎回。标准普尔存托凭证 (Standard & Poor's Depositary Receipt，SPDR) 克服了这一局限，它使得在营业时间也可以在交易所买卖份额。实际上，标准普尔存托凭证是像股票和债券一样交易的指数基金，因此得名"交易所交易基金"或"ETF"。

第一只标准普尔存托凭证由标准普尔股票指数中的所有股票组成。第二只标准普尔存托凭证基于标准普尔中盘股股票指数，随后又出现了 9 只基于标准普尔 500 股票指数子部门的"部分部门标准普尔存托凭证"，包括基础工业、消费品、公用事业、医疗、金融、科技和能源部门的股票。如果你认为大型能源公司将表现良好，那么你不用选择具体公司，你可以购买能源类标准普尔存托凭证。由于每只标准普尔存托凭证基本都包括相应子部门的全部股票，因此标准普尔存托凭证没有选择过程。标准普尔存托凭证的营业费用很低，而标准普尔存托凭证的绩效恰好反映出该子部门（例如，能源部门）获得的收益率。

交易所交易基金的份额可以由大型金融机构和黑石 (BlackRock)、道富 (State Street)、先锋 (Vanguard) 和景顺 (Invesco) 等投资管理公司创建（和赎回）。当对交易所交易基金的需求上升时，被授权参与者发行最低为 50 000 股的"最小申购赎回单位"。然后，金融机构购买构成交易所交易基金投资组合的证券，并用其交换交易所交易基金的份额。其净影响是创建了新份额，这满足了对交易所交易基金不断增长的需求。（当对交易所交易基金的供给相对于需求上升时，将会发生相反的情形。）和日末以净资产价值创建和赎回的共同基金份额不同，交易所交易基金的创建与赎回过程是在一天之内持续进行的。

既然交易所交易基金与封闭式基金份额一样在二级市场上交易，那么它们的份额可以以净资产价值的折价或溢价出售吗？答案是有条件的可以，但折价和溢价的程度应该很低。由于交易所交易基金允许大型机构交易那些构成交易所交易基金投资组合的公司的股份，因此交易所交易基金价格和净资产价值之间的差异将在创建或赎回交易所交易基金份额的过程中消失。假设由于需求增加，交易所交易基金以溢价出售。金融机构将购买构成交易所交易基金投资组合的标的公司的股份，并创建新的交易所交易基金份额。金融机构得到的是标的股票成本与交易所交易基金新份额销售收入之差。

假设某只交易所交易基金希望以折价出售份额，那么金融机构采取的交易过程则相反。金融机构应买入交易所交易基金的份额，然后用它们交换标的公司的股份。同时，金融机构将出售被交换的份额，并得到交易所交易基金成本与出售标的股票所得之差。金融机构的这些行为实际上确保交易所交易基金的价格近似等于其净资产价值。剩余的折价或溢价将很小，可能是微不足道的。例如，威力股动态石油 (PowerShares DB Oil) 基金追踪的是石油价格指数，当其净资产价值为 14.34 美元时，份额售价为 14.42 美元，溢价仅为 0.56%。

同时买入和卖出交易所交易基金的份额和标的证券是套利的一个例子。第五章将套利定义为同时买入和卖出相同的证券或商品，以利用价差。如果证券价格和交易所交易基金的净资产价值不同，那么套利就确保价差将会被消除。套利是金融学和经济学中的一个重要概念，正是由于存在套利，相同资产的价格不可能存在差异。本书中套利出现了许多次。第一次提到套利是在关于套利定价理论的部分。它还出现在关于可转换债券的第十六章，在这部分内容中，套利决定了可转换债券的最低价格。在关于期权和期货的第十七章至第十九章中，套利确保衍生证券的售价至少为标的资产的价值。

尽管套利的可能确保了交易所交易基金将以近似其净资产价值的价格出售，但净资产价值的变化可能与指数并不同步。考虑一只跟踪外国股票指数①的交易所交易基金。假设该指数升高了10%，交易所交易基金的股票价格也会升高10%吗？注意，这个问题没有问“收益率将为10%吗？”收益率可能较低的一个原因是交易所交易基金的营业费用。在扣除营业费用后，收益率可能为9.6%。当然，所有投资公司都有营业费用，因此应该预期到投资者的收益率和基准指数变化之间可能存在差异。（在投资公司之间进行选择的一种方法是选择费用较低的基金，例如上一章介绍的12b-1费用。）

然而，交易所交易基金的价值变化可能不等于基准指数的变化有一个重要原因。假设交易所交易基金模拟的指数包括100只股票。为了实现和基准指数相同的百分比变化，交易所交易基金必须持有全部100只股票且持有每只股票的比例和指数相同。交易所交易基金很少这样做，而是持有与指数高度相关的股票。例如，iShares美国医疗设备基金（iShares US Medical Devices，IHI）跟踪的是道琼斯美国医疗设备指数。该基金通常将90%的资产投资于该指数中的股票。然而，该基金并不投资于该指数中的所有股票，其超过50%的资产只投资于10只股票。该基金还投资于管理者认为将跟踪指数的其他资产。由于这个原因，交易所交易基金的价格变化可能偏离指数的变化，其差异被称为“跟踪误差”。如果你购买了一只跟踪误差很大的交易所交易基金，就可能不会获得标的指数产生的收益率。

除了跟踪误差以外，交易所交易基金与标的指数的收益率也可能不同，因为交易所交易基金并不追求模拟指数。正如关于股票指数的第十章所说明的，标准普尔500指数是一个价值加权指数，它更侧重于微软和埃克森美孚这种大公司。你可能期望基于标准普尔500指数的交易所交易基金会给予大公司更高的权重，但实际情况不一定如此。RevenueShares大盘股交易所交易基金（RevenueShares Large Cap ETF，代码为RWL）根据销售额而不是市值对指数中的股票进行排序。该交易所交易基金的投资组合给予沃尔玛这种公司更高的权重。Rydex标准普尔等权重交易所交易基金（Rydex S&P Equal Weight ETF，代码为RSP）给予每只股票的权重相等，因此小公司对该交易所交易基金绩效的影响大于对模拟标准普尔500股票指数股票权重的交易所交易基金的影响。

专业化交易所交易基金

在指数基金和标准普尔存托凭证取得初步成功后，顺理成章的下一步就是将这个概念扩展到其他领域。巴克莱全球投资者（Barclays Global Investors）创建了“iShares”，它将这个概念扩展至外国股票指数。投资者可以根据iShares MSCI EAFE指数基金（iShares MSCI EAFE Index Fund，代码为EFA）等国际股票市场或iShares德国指数基金（iShares Germany Index Fund，代码为EWG）等特定国家股票市场的总体情况购买iShares。（MSCI是指摩根士丹利资本国际。）交易所交易基金还可以针对地区［例如iShares标准普尔欧洲350指数基金（iShares

① 例如，欧洲（Europe）、澳大拉西亚（Australasia）和远东（Far East）交易的主要股票指数EAFE。澳大拉西亚是大洋洲的一个地区，包括澳大利亚、新西兰、新几内亚和邻近岛屿。

S&P Europe 350 Index Fund，代码为 IEV)] 以及新兴市场 [例如 iShares 巴西指数基金 (iShares Brazil Index Fund，代码为 EWZ)] 创建指数。

美林公司创建了"持股公司存托凭证"(Holding Company Depositary Receipt，HOLDR)，每份凭证持有由约 20 只某个部门（例如生物科技、制药或地区银行）的股票组成的固定投资组合。[制药投资组合包括雅培（Abbott Laboratories）公司、爱力根（Allergan）公司、强生公司和默克公司。] 一旦购买了投资组合，组合就将无限期保持下去，因此不对投资组合进行积极管理，这降低了年费用。

持股公司存托凭证是交易所交易基金的另一种变型。购买持股公司存托凭证的投资者被认为拥有投资组合中的股票。投资者可以交割个股。如果要以净资产价值的折价卖出持股公司存托凭证，投资者可以卖空股票、以折价购买持股公司存托凭证、交割个股，并用收入支付卖空交易的成本。这一套利过程将确保获利，购买持股公司存托凭证的行为将其价格推至标的证券的价值。尽管其他交易所交易基金为大型金融机构提供了这种套利机会，但它们实际上没有对散户投资者提供相同的套利机会：必要的最小交易规模对于散户投资者来说太大，因此他们被排除在外。HOLDR 为所有股东提供了套利机会。

除了标准普尔存托凭证、iShares 和持股公司存托凭证，其他交易所交易基金还包括 streetTracks，它跟踪道琼斯成长型小盘股或威尔希尔房地产投资信托基金指数等专业化指数。这些不同的交易所交易基金已成为投资者的常用工具。基于标准普尔 500 指数和纳斯达克 100 指数（通常被称为 QQQ 或"QQQs"）的交易所交易基金是各种证券市场上交易最活跃的证券之一。

尽管 2000 年年初只有 30 只交易所交易基金，但之后交易所交易基金的数量暴增。根据投资公司协会（Investment Company Institute）的统计，2013 年年底，交易所交易基金的数量增至 1 332 家。交易所交易基金管理的总资产从 2000 年的 60 亿美元增至 2013 年的超过 1.675 万亿美元。最初交易所交易基金模拟广义金融市场指数，但新的交易所交易基金越来越专业化，覆盖的金融市场部门越来越小、越来越专业化。例如，农业综合企业交易所交易基金可能涵盖从牲畜养殖场、商品生产者到木材管理公司等各种公司。如果投资者希望投资于特定的农业部门，那么很可能存在满足这种需求的交易所交易基金。

尽管交易所交易基金并非没有风险（B2B 持股公司存托凭证从 2000 年 8 月的 60 美元高点跌至 2001 年 8 月的不到 5 美元），但它们的确提供了指数共同基金没有的优点。尽管指数基金和交易所交易基金的营业费用都不高且都能促进资产分配策略，但投资者可以方便地交易交易所交易基金。投资者可以轻松地从一种交易所交易基金转为投资另一种交易所交易基金，就像买卖公司股票一样。而指数共同基金只有在交易日结束时才能购买和赎回一次。此外，认为某个领域或部门的价格被高估的投资者可以卖空交易所交易基金的份额。对共同基金就无法进行这种卖空交易，并且如果卖空的股票数量很多，就需要大量佣金。

在某种意义上，交易所交易基金让消极投资者可以积极管理其头寸。投资者不必选择单只证券（像积极投资组合管理所要求的那样），而是可以在不同类型的部门和证券之间转移。即使投资者希望购买特定部门中的资产，交易所交易基金也提供了灵活性。投资者可以先购买交易所交易基金的份额，然后研究个股。一旦找到理想的公司，投资者就可以平掉（卖出）交易所交易基金的头寸，并替换为理想的股票。这个过程可能持续一段时间，此时投资者通过交易所交易基金保留对该部门的敞口。随着更多个股被加入投资组合，交易所交易基金的头寸将被变现。

杠杆交易所交易基金

广受欢迎的一类交易所交易基金是杠杆交易所交易基金，它的目的是复制多倍的指数日变化。例如，Proshares 超级道指基金（Proshares Ultra Dow，代码为 DDM）创造的收益率双倍于道琼斯工业平均指数的日表现。如果该平均指数上涨 3%，那么 DDM 将产生 6%的收益率。假设道琼斯指数为 10 000 点，交易所交易基金为 100 点。如果道琼斯指数上涨 3%，涨至 10 300 点，那么该交易所交易基金将上涨 6%，涨至 106 点。当然，杠杆作用是双向的，因此如果道琼斯指数下跌 2%，Proshares 超级道指基金将下跌 4%。也就是说，如果道琼斯指数从 10 000 点下跌 2%，降至 9 800 点，那么该交易所交易基金将从 100 点跌至 96 点。

你可能认为，道琼斯指数下跌 2%将被上涨 2%抵消。然而，上涨 2%和下跌 2%的绝对价格变化并不相同。假设道琼斯指数将从 10 000 点上涨 2%，涨至 10 200（=1.02×10 000）点，然后下跌 2%，跌至 9 996（=0.98×10 200）点。交易所交易基金最初将上涨 4%，从 100 点涨至 104 点，然后下跌 4%，跌至 99.84（=0.96×104）点。（关于平均变化率的解释，见第十章关于指数和收益率计算的部分。）

这种数学现实的含义之一是，这些证券只适用于短线交易商。在价格波动但没有特定方向趋势的萧条市场上，杠杆交易所交易基金将使持有证券多头的投资者遭受损失。交易所交易基金的价格实际上将随着指数疲软而趋于下跌。这个过程被称为“侵蚀”。为了了解这种影响，请解答习题 4，在该题中，指数价格始于 100 点，波动并收报于 100 点。然而，杠杆交易所交易基金的价格下跌了！

几家经纪公司承认，杠杆交易所交易基金不适合许多客户。瑞银财富管理（UBS Wealth Management）公司暂停购买杠杆交易所交易基金，声称其强调短线的目标与客户的长期投资目标不一致。LPL 投资控股（LPL Investment Holdings）公司禁止出售杠杆产品，阿默普莱斯金融（Ameriprise Financial）公司让其金融顾问停止对杠杆交易所交易基金询单。

对冲基金与私募股权基金

对冲通常是指为了降低风险而采取的行为，而“对冲基金”这个词可能是指一类追求低风险策略的共同基金，但两种推论都不正确。对冲基金（和私募股权基金）都是被用于购买各种资产以获得更高收益的资金池。产生更高收益所必需的策略通常需要承担高额风险。

对冲基金的组织形式通常为有限合伙制，基金经理为一般合伙人，而投资者为有限合伙人。对冲基金是“私人”组织，通常将投资者人数限制在 100 人以下。每个投资者（或捐赠基金、养老金计划等金融机构）必须满足特定标准才能参与。这些标准通常规定了最低净值（例如，1 000 000 美元）和最低年收入。必要投资额也很高，通常最低为 1 000 000 美元。

由于对冲基金是私人性质的，因此它并不用遵守许多披露要求和其他与公众投资公司相关的规定。然而，2008 年的金融危机催生了许多关于金融市场监管和对冲基金等金融机构的新法规。这些法规最终如何影响对冲基金是未知的。对冲基金也有可能迁往监管较少、成本较低的国家。

你可能认为，不必满足许多金融监管和披露要求意味着对冲基金投资者的成本很低。这个推论也是不正确的。对冲基金投资组合经理的薪酬和绩效奖金非常丰厚。通常的手续费为所管理资产价值的 2%和基金绩效的 20%。投资者的高成本和支付给投资组合经理和组建基金的公司的高报酬可以解释为何许多投资公司愿意建立对冲基金。

如果基金没有产生正收益，投资者仍需要支付管理费。如果基金亏损了 10%，经理仍将继续收取净资产价值的 2%。（价值 10 亿美元的投资组合就将产生 20 000 000 美元的费用！）在许多情况下，基金在弥补10%的亏损前不会发放绩效奖金，但基金经理可以通过关闭和变现基金，然后建立一只新对冲基金来绕开这种不便。这个过程清除了不良绩效，也消除了在继续获得绩效奖金前弥补亏损的必要。

由于对冲基金是属于私人的，因此其股票没有二级市场。一旦投资者投资于对冲基金，就无法卖出股份。对冲基金通常有“撤资”政策，按照该政策，投资者可以变现头寸。然而，撤资有严格限制。例如，对冲基金可能拒绝在某段时期内回购份额。(一年的“锁定期”很常见。）基金还可能规定回购的份额不能超过流通股的某个百分比。这些退出政策应在对冲基金的普通募股说明书中详细说明，潜在投资者显然应在购买份额前仔细阅读该说明书。

传统共同基金被禁止使用高风险策略，例如，卖空或买入破产企业的股票和债券，但对冲基金可以采用这种策略。对冲基金的普通做法是在买入特定股票的同时卖空另一只股票。如果基金分析师认为家得宝（Home Depot）相对于劳氏（Lowe's）的价值被低估了，那么该基金应该买入家得宝并卖空劳氏。(卖空交易的收入将用来弥补多头的成本。）当然，两只股票的一致变动将彼此抵消。只要买入和卖空的股数相同，家得宝股价每增加1美元，就将被劳氏股价增加的1美元抵消。但这不是问题的关键。家得宝的股价应该相对于劳氏的股价增加，或者劳氏的股价应该相对于家得宝的股价下降。如果分析是正确的，且家得宝的股价确实相对于劳氏被低估，那么收益在抵消亏损之后还有富余。家得宝的股价上升超过了劳氏，两个头寸产生了净利润。

尽管多头和空头的这种组合看起来是对冲头寸，但实际上并不是。该策略可能产生高额亏损，而且肯定无法与关于期货合约的第十九章所说明的对冲头寸比较。使用期货的对冲是为了消除价格变化的影响。例如，田里有庄稼（多头）的农民卖出期货合约（空头）以锁定价格。上述使用家得宝的头寸并没有锁定价格，而是利用了一只股票相对于另一只股票的预期价格变动。如果发生预期价格变动，那么这种策略将产生利润。然而，如果劳氏的股价相对于家得宝上升，那么劳氏股票空头的亏损将超过家得宝股票多头的收益，该策略将产生净亏损。

由于对冲基金投资组合经理实际上拥有基金运营方式的完全自由裁量权，因此他们的策略导致了某些巨额对冲基金亏损。2006年，阿马兰斯（Amaranth）基金在几天内亏损了60亿美元。该基金持有许多高度杠杆化（即使用了债务融资）的天然气头寸。当天然气价格下降时，阿马兰斯基金的资产价值从90多亿美元下降到了35亿美元。

1998年发生的对冲基金破产可能是最重要的对冲基金破产事件。长期资本管理公司（Long-Term Capital Management，LTCM）拥有45亿美元股权，但得以借入2 000多亿美元。尽管如此高的杠杆化最初为投资者创造了惊人的绩效，但俄罗斯金融体系的崩溃导致低质量债务被广泛抛售。长期资本管理公司无力变现其头寸并遭受了高额亏损。在找不到更多融资的情况下，长期资本管理公司不得不宣布破产，并被迫清算。破产意味着长期资本管理公司2 000亿美元债务的持有者将得不到偿付。最后，美联储进行干预，实际上是迫使大型银行注入更多的资金。对这种大型破产事件可能导致金融市场恐慌（例如，20世纪30年代的大恐慌）的担心迫使银行接受了美联储提出的为长期资本管理公司注入更多资金的要求。

私募股权基金也是大型现金池，但它们与对冲基金不可比。尽管对冲基金使用各种提高收益率的策略，但私募股权基金的主要目标是进行大型集中投资。例如，私募股权基金可以使用其现金购买一家公司并使其变为私有。其目的是让被购买的公司获得高额利润（通常通过积极地削减成本），然后将该公司卖给另一家公司，或者通过首次公开募股将这家公司重新卖给公众股东。如果被购买的公司股价确实上涨，且该公司被出售，那么这家私募股权基金就能获得很高的投资收益率。在这种策略的一个变形中，公众股东占少数的公司可能会变为私有。而多数股东（通常是一个家族或公司管理层）将接受私募股权基金的帮助。当少数股东被收购后，该公司变为私有。一旦公司变为私有，就不再受美国证券交易委员会和《萨班斯-奥克斯利法案》披露要求的约束。管理层可以直接管理公司，而不用接受对公众持股公司的监督和管理。

对冲基金和私募股权基金显然并不适合广大投资者，也无法为其所用。然而，它们对某些投资者有吸引力，而投资于对冲基金和私募股权基金的金额也显著增长。它们所谓的优势包括高收益率和对传统投资组合进行分散化的潜力。这里用了“所谓”这个词，因为收益率无法加以验证。对冲基金自己报告其收益率。高收益率的基金有公布优异绩效的动力，但低收益率的基金没有必要公布绩效。所有共同基金都必须报告收益率，因此平均基金收益率既包括最好的绩效，也包括最差的绩效。然而，如果绩效差的基金没有被计入，那么对冲基金的平均收益率可能会上偏。

为了证实对冲基金能分散投资者的投资组合，需要了解收益率之间的相关性。没有报告收益率或选择性地报告收益率增加了估计有意义的相关系数的困难程度。正如投资者需要相信对冲基金对获得高收益率的保证一样，投资者也必须相信对冲基金的确能通过使投资组合分散化降低投资者的风险。

克服或至少减少这些缺点的一种方法是购买投资于不同对冲基金的基金份额。这种“基金的基金”提供了分散化的可能，因为它持有多家对冲基金的头寸。按理说，基金的基金的管理层可以更方便地获取信息，并能做出信息更充分的投资决策。然而，从投资者的角度看，投资于这些基金的成本很高，因为投资者要支付两笔管理费，一笔支付给基金的基金的经理，另一笔支付给基金的基金购买的对冲基金的经理。

投资公司与国外投资

共同基金、封闭式投资基金和交易所交易基金为美国投资者提供了购买外国发行的证券的简单便捷的方法。尽管投资者仍要承担与国外投资相关的风险（例如，外币价值波动的风险和各国的政治风险），但他们不必为选择股票和债券而进行分析。这项任务将由投资公司的经理完成。

有四种进行国外投资的共同基金。**全球基金**（global fund）投资于外国证券和美国证券。许多美国的共同基金都是全球基金，因为它们的投资组合中一直有一部分是外国投资。尽管这些基金并非专门投资于外国证券，但它们的确为个人投资者提供了外国投资的好处：通过全球经济增长获得的收益、从收益并非正相关的资产处获得的分散化，以及低效率外国金融市场可能产生的超额收益。

除了全球基金以外，还有**国际基金**（international fund），这种基金只投资于外国证券，不持有美国证券，而**地区基金**（regional fund）专门投资于特定地区，例如亚洲。地区基金显然有专门的投资方向，而国际基金也可能在特定时期内有专门投资方向。因此，基金将1/4或更多的资产投资于某个特定国家的公司股份并非不寻常的事。

最后一种进行国际投资的共同基金是**新兴市场基金**（emerging market fund），这种基金专门投资于位于欠发达国家的公司证券。在许多情况下，新兴市场基金都专门投资于特定国家，例如，印度尼西亚基金或土耳其投资基金。这种基金给了美国投资者投资于特定市场而无须拥有关于该国当地企业或证券交易法律的专业知识的机会。此外，在某些有新兴证券市场的国家，政府禁止外国人持有证券（可能是为了避免被外国控制或影响）。然而，这些政府可能会向投资公司提供持有该国发行的证券的权利。在这种情况下，美国投资者参与这种市场的唯一途径就是持有新兴市场基金的份额。

许多地区基金和新兴市场基金都是封闭式投资公司。这些封闭式投资公司的价格可能是波动的，因为价格既取决于基金的净资产价值，也取决于投资者对份额的投机兴趣。例如，1989年11月，德国基金（Germany Fund）的每份价格为10.63美元。该基金的每份净资产价值为9.46美元，因此每份溢价为12%。在10周内，该基金的价格上涨至23.50美元，以高于其净资产价值12.69美元的85%的溢价出售。对这种高溢价的解释是德国政治环境的重大转变（柏林墙的倒塌）。尽管政治变化使对德国证券的投机兴趣急剧增加，但这种高溢价并未维持。在一年之内，该基金份额的交易价就变为11美元，几乎等于11.03美元的净资产价值。

如此高的溢价并不是德国基金仅有的。很多时候，许多专门投资于某个国家的封闭式投资公司份额都以高于其净资产价值很多的溢价出售。以高于净资产价值的高溢价购买这些份额似乎不合情理。然而，这些基金可能是个人投资者参与一国证券市场的唯一途径，因为当地法律可能禁止或严格限制外国人持有该国证券。

交易所交易基金提供了另一种投资于专门投资外国证券的共同基金和封闭式投资公司的方法。最早的外国交易所交易基金叫作“iShares”。（你可以在 http：//us. ishares. com 上找到关于 iShares 的信息。）每只 iShares 基金都跟踪一个特定指数。例如，iShares MSCI 澳大利亚指数基金（MSCI Australia Index Fund）跟踪的是澳大利亚证券交易所的指数。MSCI 是指摩根士丹利资本国际（Morgan Stanley Capital International），其指数授权巴克莱全球投资者公司使用。巴克莱全球投资公司是最大的指数化投资产品的管理者之一，它创建了在美国证券交易所中交易活跃的 MSCI iShares。

尽管 iShares 的价值随着标的指数的变化而波动，但基金并不需要与基础指数相同，而是由保荐人构建一个与指数高度相关的投资组合。这种交易所交易基金通常能得到充足投资，投资组合很少更改。这种低换手率也降低了基金的管理成本，因此股东必须报缴所得税的资本收益也较少。

由于这种交易所交易基金是在美国交易的，因此其价格是用美元表示的。然而，它们拥有的证券是用本地货币标价的，因此美国投资者的收益率既受汇率变化的影响，也受指数价值和投资组合中股票分配变化的影响。接下来，交易所交易基金收到的股利将在支付基金费用后分配给投资者。如果美元价值上升，那么 iShares 投资组合的美元价值将下降。因此，即使该国股市上涨，投资者也可能遭受损失。

当然，所有外国投资都会遇到这种汇率风险，但 iShares 基金的管理者无法采取行动来抵消这种风险。由于 iShares 投资组合得到了充分投资，因此其管理者无法在预期美元升值时，卖出证券并兑换为美元。如果发生这种情况，那么基金将不再跟踪指数。然而，专门投资于某个国家的共同基金或封闭式基金的经理可以积极地管理投资组合。如果他们预期美元将升值，他们可以变现证券并将资金转换为美元资产。这些经理也可以持有看跌期权或看涨期权（第十七章和第十八章）以及货币期货合约（第十九章）等衍生产品的头寸，以对冲汇率波动产生亏损的风险。

小 结

封闭式投资公司中的股票最初是通过首次公开募股发售给公众的。然后，这些股票在二级证券市场上交易。尽管这些股份可以按高于净资产价值的溢价出售，但它们也经常按低于净资产价值的折价出售。封闭式基金的投资收益来自分配、基金市场价格的上涨及与基金净资产价值相关的折价或溢价变动。

单位信托基金是对固定投资组合的消极投资，它通常是自偿性的。房地产投资信托基金是专门投资于房地产的封闭式投资公司。房地产投资信托基金发放贷款以开发房地产、发放和购买抵押贷款，或管理公寓和购物中心等房地产，并将楼宇出租给沃尔玛这样的租户。房地产投资信托基金还为投资者提供了投资于房地产而无须拥有和经营房地产的方式。当前税法允许房地产投资信托基金在其75%的收入由房地产创造，且将90%的收入分配给股东时免缴所得税。

交易所交易基金结合了共同基金和封闭式投资公司的特征。它的份额是通过二级证券市场交易的，因此投资者可以方便地买卖这些份额。作为套利过程的结果，交易所交易基金的价格与其净资产价值趋同。最早的交易所交易基金追踪的是总体市场指数，例如标准普尔500股票指数。接下来，产生了追踪标准普尔500股票指数不同部门的交易所交易基金和追踪其他指数或复制投资策略的交易所交易基金。

对冲基金和私募股权基金为一小部分投资者提供了传统资产以外的投资方式。对冲这个词表示降低风险的投资策略。而实际情况不一定如此，因为对冲基金可能采取高风险策略以提高收益。对冲基金的参与者仅限于有大量现金进行投资的个人投资者和捐赠基金或养老金计划等机构投资者。对冲基金和私募股权基金并不公开交易，过去也不用遵守许多与公开交易证券相关的法规。这些投资只适合于理解并能接受与这些基金相关的风险的投资者。

投资公司是持有外国证券头寸的好方法。投资者不用选择外国股票和债券，而是购买持有外国证券的投资公司的份额。有些基金专门投资于特定国家或地区的股票。还有些投资公司进行全球投资。投资者也可以购买跟踪外国证券指数[例如，欧洲指数、澳大拉西亚指数和远东指数]的交易所交易基金的份额。外国交易所交易基金的收益率应该恰好反映出标的指数，而不是依赖投资组合管理者选择外国证券的能力。

问　题

1. 封闭式投资公司和共同基金的区别是什么？对封闭式投资公司的投资的收益来源是什么？

2. 为什么封闭式投资公司可以以净资产价值的折价出售，而共同基金不能以折价出售？

3. 房地产投资信托基金与建设、开发和拥有房地产的公司有何区别？抵押贷款信托基金与权益型信托基金有何区别？与直接投资于房地产相比，房地产投资信托基金为投资者提供了什么好处？

4. 根据关于房地产投资信托基金分配的税收信息，梅溪木材（Plum Creek Timber，代码为PCU）、UDR公司（UDR Inc.，代码为UDR）和华盛顿房地产投资信托基金（代码为WRE）最近年分配的税收地位如何？

5. 交易所交易基金和共同基金的区别是什么？为什么它们可以被视为指数共同基金的替代投资方式？

6. 为什么套利实际上确保了交易所交易基金将按净资产价值出售？

7. 如何使用共同基金、封闭式投资公司和交易所交易基金持有外国证券的头寸？

8. 为什么多数投资者对对冲基金和私募股权基金不感兴趣？

9. 为什么投资于如各种iShares等交易所交易基金是比购买进行外国投资的共同基金份额更好的选择？

10. 几家封闭式投资公司和iShares投资于同一国家（地区），例如亚伯丁日本股权基金（Aberdeen Japan Equity Fund，代码为JEQ）和iShares MSCI日本（iShares MSCI Japan，代码为EWJ）指数。请比较它们三年中的月价格变化率（即月收益率），并计算两组收益率的相关系数。请用美国股票指数（例如，标准普尔500股票指数）重复这一过程。你如何用这种信息来分散化投资组合？还有哪些信息是你需要的？你可以从雅虎金融等来源处获得历史价格和红利的信息。

关系题与基本习题示例

关系题

1. 对封闭式投资公司支付的折价增加表示股价与净资产价值之差____。

2. 经纪佣金将____封闭式投资公司的投资收益率。

3. 封闭式投资公司的价格增加将____净资产价值。

4. 税率增加将____房地产投资信托基金的应纳税款。

5. 房地产投资信托基金的分配额增加将____信托基金的收入并____收款人的应纳税款。

6. 房地产投资信托基金的资本分配退还将____收款人的当期税款。

7. 房地产投资信托基金的资本分配退还将____份额的成本基数。

8. 房地产投资信托基金的债务与总资产之比增加将____信托基金的风险。

9. 指数上涨将____基于该指数的交易所交易基金的净资产价值。

10. 由于套利，交易所交易基金的净资产价值增加将____交易所交易基金的股价。

11. 如果某个投资者卖空了交易所交易基金，股价升高将____投资收益率。

12. 交易所交易基金投资组合跟踪的指数上涨将____交易所交易基金的净资产价值。

13. 交易所交易基金的跟踪误差增加将____投资该交易所交易基金的理由。

14. 汇率波动将____全球共同基金的风险。

基本习题

1. 假设你花 25 美元购买了一家封闭式投资公司的份额。该份额的净资产价值（NAV）为 26.50 美元。当净资产价值为 31.24 美元时，你收到了 1.00 美元分配额，并以 30 美元的价格出售了份额。你的投资收益率是多少？净资产价值在确定收益率的过程中起什么作用？

2. 假设你以每份 46 美元（4 600 美元）购买了 100 份某家房地产投资信托公司（REIT）的份额。你收到每份 2.00 美元的分配额，包括 0.70 美元的普通所得、0.30 美元的资本收益和 1.00 美元的资本退还。

a）如果你以每份 50 美元的价格出售份额，你的投资收益率是多少？

b）如果你的所得税税率是 25%，长期资本收益税税率为 15%，那么这笔分配额的应纳税款是多少？

c）如果你出售份额以获得长期资本收益，那么这笔收益的应纳税款是多少？

习　题

1. a）一家封闭式投资公司正在以每份 10 美元的价格出售，其净资产价值为 10.63 美元。你决定购买 100 份。当年，该公司分配了每份 0.75 美元红利。年末，你以每份 12.03 美元的价格出售了份额。出售份额时的净资产价值为 13.52 美元。你的投资收益率是多少？净资产价值在确定收益率的过程中起什么作用？

b）一家封闭式投资公司正在以每份 10 美元的价格出售，你购买了 100 份。当年，该公司分配了每份 0.75 美元红利。年末，你以每份 12.03 美元的价格出售了份额。每笔交易的手续费为 50 美元。你的投资收益率是多少？

c）你以每份 10 美元的净资产价值购买了 100 份某只共同基金的份额。该基金收取 5.5%的认购费。当年，该公司分配了每份 0.75 美元红利。你以每份 12.03 美元的价格赎回份额，该基金不收取退出费。你的投资收益率是多少？

d）你以每份 10 美元的净资产价值购买了 100 份无认购费共同基金的份额。当年，该基金分配了每份 0.75 美元的红利。你以每份 12.03 美元的价格赎回份额，但该基金收取 5.5%的退出费。你的投资收益率是多少？

e）你以每份 10 美元的净资产价值购买了 100 份某只无认购费共同基金的份额。该基金收取 5.5%的认购费。当年，该公司每份分配了 0.75 美元。你以每份 12.03 美元的价格赎回份额，该基金不收取退出费。你的投资收益率是多少？

f）请比较 a）至 e）的答案。通过这些比较能说明什么问题？以下各项条件对收益率的影响是什么？

- 你通过一家在线经纪商而非全面服务经纪商买卖股票。
- 你的联邦所得税税率为 25%。
- 该分配被分类为长期所得而非短期所得。
- 买卖发生在你的退休账户（例如，IRA）中。

2. 你以 50 美元的价格购买了一只房地产投资信托基金的份额。它分配了 3 美元，其中，1 美元为收入，0.50 美元为长期资本收益，0.30 美元为短期资本收益，1.20 美元为资本退还。1 年后，你以每份 56 美元的价格卖掉了这只基金。如果你适用的所得税税率为 30%，适用的长期资本收益税税率为 15%，那么你应缴纳的税款为多少？

3. 房地产投资信托基金支付红利以维持其税收地位。正如关于股票的下一章将要说明的，公司股利来自利润。房地产投资信托基金的红利通常不来自利润，但分配金额来自经营所得资金（fund from operation，FFO）。对折旧等非现金费用进行调整后，可以根据房地产投资信托基金的会计利润计算出经营所得资金。此外，房地产投资信托基金还可以出售房地产，并将所得进行分配。由于这些原因，金融分析师经常用经营所得资金代替利润来分析房地产投资信托基金。分配金额通常与每份经营所得资金，而不是每份利润（EPS）高度相关。以华盛顿房地产信托基金的下列经营所得资金与每份利润为例：

单位：美元

年份	分配金额	经营所得资金	每份收益
1999	1.16	1.57	1.24
2000	1.23	1.79	1.26
2001	1.31	1.96	1.38
2002	1.39	1.97	1.32
2003	1.47	2.04	1.13
2004	1.55	2.05	1.09
2005	1.60	2.07	1.84
2006	1.64	2.12	0.88
2007	1.68	2.31	1.34
2008	1.72	2.12	0.67
2009	1.73	2.06	0.71
2010	1.74	1.96	0.60
2011	1.74	1.95	1.58
2012	1.47	1.84	0.35
2013	1.20	1.69	0.55
2014	1.20	1.51	1.67

为了证实红利分配与经营所得资金的相关性强于与每份利润的相关性，请计算红利分配与经营所得资金和每份利润的相关系数。

4. 现在，股指为 100 点，杠杆式交易所交易基金的股价为 100 美元。交易所交易基金应产生两倍于指数日收益率的收益率。在接下来 21 天中，指数价值及其日变化率如下所示：

天数	指数价值	日变化率（%）
1	100	—
2	110	10.0
3	100	−9.1
4	90	−10.0
5	80	−11.1
6	70	−12.5
7	90	28.6
8	110	22.2
9	130	18.2
10	100	−23.1
11	105	5.0
12	101	−3.8
13	99	−2.0
14	105	6.1
15	98	−6.7
16	105	7.1
17	98	−6.7
18	106	8.2
19	109	2.8
20	126	15.6
21	100	−20.6

每天结束时交易所交易基金的价值是多少？注意，在21天后，该指数回到了初始价值：100点。21天后交易所交易基金的价值是多少？假设在第22天，该指数上升了50%，从100点升至150点。从第1天至第22天，交易所交易基金的变化率是多少？如果你在第1天购买了交易所交易基金并一直持有到第22天，你是否获得了预期的杠杆收益率？

5. 阿瑞斯资本公司（Ares Capital Corporation，代码为ARCC）宣布，该公司收购了联合资本公司（Allied Capital，代码为ALD）。收购条款规定，1股ALD的股票将换为0.325股ARCC的股票。在宣布此项收购声明之前，两只股票的收盘价如下所示：

单位：美元

在宣布之前的天数	ALD	ARCC
4	2.85	10.81
3	2.82	10.60
2	2.85	10.89
1	2.73	10.69

在宣布之后，两只股票的每股收盘价如下所示：

单位：美元

在宣布之后的天数	ALD	ARCC
1	3.61	11.99
2	3.52	11.73
3	3.20	10.61
4	3.38	11.19

a）在宣布收购之前，用ARCC股票表示的ALD股票的价值是多少？

b）在宣布收购之后，用ARCC股票收盘价表示的ALD股票的价值是多少？ALD的实际股价和用ARCC股票表示的价格有区别吗？

c）在宣布收购当天，一个投资组合经理建立了两个头寸，他购买了1 000股ALD的股票，并卖空了325股ARCC的股票。这两个头寸的现金流入和现金流出是多少？

d）如果收购已完成，那么当ARCC的股价分别为8美元、9美元、10美元、11美元和12美元时，两个头寸的利润或亏损是多少？

e）如果收购被取消，那么潜在利润或亏损是多少？在宣布取消收购前，股票收益率与股价之比是多少？

理财顾问的投资案例

投资公司和资产配置

你的客户伊娃·萨克斯（Eva Sachs）和沃尔瑟·萨克斯（Walther Sachs）经营着一家成功的餐饮企业，这家企业专门提供德式食品和东欧食品。它是一家家族企业，高峰期聘用兼职员工。多数兼职员工都有稳定的全职工作，做兼职只是因为喜爱特色食品。这家企业已盈利多年，并占据了伊娃和沃尔瑟的大量时间。他们积攒了超过250 000美元，这笔钱全部投资于一只大盘股成长型共同基金。他们没有退休账户，也没有考虑过出售或变现企业的退出策略。

你意识到，萨克斯夫妇热爱他们的企业，它可以说是他们的生命，因此此时讨论退出策略并不明智。然而，你认为他们的资产配置需要进行重大调整，并建议他们对投资组合做出根本性改变。由于萨克斯夫妇将全部资金投入一只大盘股成长型共同基金，因此他们没有实现分散化，如果大盘股市场下跌，而他们需要变现股份，就将遭受巨额损失。此外，由于他们没有退休账户，因此丧失了降低当期联邦所得税的机会。表7.5提供了几家交易所交易基金和它们所跟踪指数的历史收益率的相关系数矩阵。

表7.5　部分交易所交易基金收益率的相关系数

	大盘股	小盘股	公司债券	货币市场	房地产	外国股票	指数收益率（%）
大盘股	1.00						10.0
小盘股	0.78	1.00					12.0

续表

	大盘股	小盘股	公司债券	货币市场	房地产	外国股票	指数收益率（%）
公司债券	0.23	0.12	1.00				6.0
货币市场证券	0.10	0.05	0.65	1.00			4.0
房地产	0.26	0.35	0.14	0.03	1.00		14.0
外国股票	0.35	0.26	0.17	0.14	0.28	1.00	12.0

资料来源：@ Cengage Learning.

根据表7.5中的信息，你必须提出一个简单的资产配置示例，这个示例应使用不同的投资公司，并包括下列问题和考虑因素：

1. 交易所交易基金和其他投资公司的区别是什么？买卖交易所交易基金份额是否方便？它们以净资产价值的溢价还是折价出售？

2. 如果萨克斯夫妇卖出他们当前持有的证券，并用这笔钱投资于其他对象，那么应纳税款是多少？

3. 伊娃和沃尔瑟应该开立一个退休账户吗？哪种交易所交易基金最适合用退休账户购买？

4. 请举一个资产配置的例子。（用美元和百分比表示配置内容。）你的配置中各部分的目的是什么？

5. 收益率相关系数的重要性何在？

6. 假设现在大盘股共同基金的成本为250 000美元。如果维持表7.5的收益率，那么10年后该投资组合的价值将是多少？资产配置是否发生了改变？如果有所改变，那么可以采取什么措施？

7. 根据你对上述问题的答案，你建议伊娃·萨克斯和沃尔瑟·萨克斯采取何种做法？

第三部分
普通股投资

对许多投资者而言，投资和买卖普通股是同义词。尽管其他投资也是可行的，但普通股仍是主要的投资工具，这可能是由于投资者持有数量可观的股票。报纸报道股票交易，晚间新闻引用股市平均值，经纪公司宣传股票投资的吸引力，互联网上几乎随处可以获得关于股票的信息。

与支付固定利息的债券不同，普通股可以支付股利并提供升值潜力。当经济繁荣、公司利润上升时，股利和普通股的价值也会增加。出于这个原因，普通股对于不太需要当期收入但想要资本升值的投资者来说是不错的投资。

本部分讨论了普通股投资。我们用不同技术分析了公司及其财务报表，以找出最有潜力或定价最偏低的股票。本部分还考察了如何构建市场指标，以及在一段时期内投资者的整体收益率。

第八章

股票

学习目标

学习完本章后，你应能：

1. 描述并对比普通股与优先股的特征。
2. 说明为何股利支付通常在利润变化之后进行。
3. 列出重要的股利支付日期，并列举股利再投资计划的优点。
4. 确定现金股利、股票股利和股票分拆对公司盈利能力和股价的影响。
5. 区分：(a) 流动比率和速动比率；(b) 应收账款周转率和平均收款期；(c) 毛利润率、营业利润率和净利润率；(d) 资产收益率和股权收益率。
6. 用上述比率分析一家公司的财务状况，并找到提供公司财务报表分析的网络资源。
7. 分析公司的资金来源与用途以及现金头寸变化状况。

投资公司可以让你持有并管理投资组合，而无须选择股票和债券。选择过程将交给投资公司的投资组合经理进行。对于多数投资者而言，这种策略是有意义的。他们可能缺少时间、知识或积极为投资组合选择证券的意愿。他们可以利用不同的投资公司来构建充分分散化的投资组合，以实现其理财目标。

然而，有些投资者希望在金融资产管理中扮演更积极的角色。想必这些投资者认为他们可以比投资公司经理做得更好或至少不比他们差。金融理论表明，这些投资者并没有错，因为投资是在有效市场的公平竞争环境下进行的。随着时间的推移，他们的收益率在根据所承担的风险进行调整后，趋于与市场收益率相同。此外，如果你管理自己的金融资产，还不用支付费用，并能获得投资的兴奋感。

不管是哪种情况，你都需要了解关于证券分析和选择的基础知识，这也是本书其余部分的主题。对于多数投资者而言，投资意味着买卖股票，但债券（第四部分）和衍生工具（第五部分）可能也是你投资策略的一部分。本章首先从介绍普通股的特征开始。其次，本章分析了股利。许多公司都不分配现金股利，而是将利润留存起来为成长提供资金。多数大公司（例如，可口可乐和 IBM）都有分配部分利润的政策，并且连续多年每年都会提高股利。

再次，本章分析了优先股。尽管“股票”这个词通常指普通股，但有些公司也发行优先股。正如其名所示，优先股在支付股利和公司清算分配资产时的地位优于普通股。

最后，本章大部分都是关于运用财务比率进行的财务报表分析。财务分析师可以计算许多比率，但每个比率都可以被分为五类中的一类。流动性比率表明公司能否偿还到期金融负债。经营比率表明使资产流过企业的速度。盈利能力比率衡量的是绩效。杠杆比率衡量的是公司使用债务融资的程度。偿债能力比率衡量的是公司支付（“负担”）特定款项的能力。

企业法人形式和普通股股东权利

公司是由州批准建立（即颁发执照）的合法经济单位。**股票**（stock），不论是普通股还是优先股，都代表在公司中的所有权或权益。根据美国的州法律，公司将获颁一份**公司执照**（certificate of incorporation），标明公司名称、注册办公地址、营业目标和获准发行的股票数量（即公司可以发行的股数）。除了公司执照以外，公司还会获得一张**许可证**（charter），详细规定了公司和州之间的关系。在召开首次股东会议时，将确定**公司章程**（bylaw），规定公司的管理规则，包括股东**投票权**（voting right）等问题。

公司可以发行优先股和普通股。正如其名所示，优先股的地位优于普通股。例如，优先股在普通股之前收到股利，而且在清算时，优先股股东在普通股股东之前获得补偿。尽管优先股在法律上是权益，因而代表所有权，但它的特征更类似于债务而不是普通股。

根据法律，公司是一个独立于所有者的法律实体。它可以签订合同，并对其债务负法律责任。如果公司对债务违约，债权人可以提起诉讼，要求公司偿还债务，但债权人不能起诉股东。因此，投资者知道，如果他购买了通用电气等公众持股公司的股票，那么他能损失的最高金额就是投资额。如果一家大公司［例如，伊士曼·柯达（Eastman Kodak）公司］破产，那么有限责任意味着它的股东可以免受公司债权人追责。（将私人资产作为贷款担保品的私人持股公司股东并非承担有限责任。如果公司违约，债权人可以没收股东抵押的资产。在这种情况下，股东责任就不限于其对公司的投资。）

由于股票代表在公司中的所有权，因此投资者拥有全部所有权。这些权利包括投票权。股东选出**董事**（director）会，董事会选出公司的管理层。然后，管理层对董事会负责，而董事会对公司股东负责。如果股东们认为董事会不能胜任其职责，可以选出另一个董事会来代表他们。

对于公众持股公司而言，这种民主程序很少实行。股东通常是广泛分散的，而公司管理层和董事会通常形成一个有机整体。个人投资者的投票基本上没有什么作用。然而，总是存在例外情况。例如，股东拒绝了西蒙地产（Simon Property）首席执行官的薪酬计划。2014 年，一群持不同意见的股东发起了代理权之争，撤换了共富房地产投资信托基金（Common Wealth REIT）的整个董事会。在其后的投票中，81%的股东意见一致，投票撤换了该公司的董事会。

一些公司有两类或两类以上的普通股。例如，伯克希尔·哈撒韦（Berkshire Hathaway，BRK）公司有 A 类普通股和 B 类普通股。有不同类别的普通股便于少数股东控制公司，因为两类股票之间的投票权不同。对于伯克希尔·哈撒韦公司来说，B 类普通股股东每有一张投票权，A 类普通股股东就有 10 000 张投票权。

即使没有代理权之争，也总存在着当一家公司经营不善时，另一家公司提出购买公众持有的流通股的可能。一旦该公司购买了这些股票，股票的新所有者就可以换掉董事会，建立新的管理层。从某种程度上说，这鼓励公司的董事会和管理层追求增加公司股票价值的目标。

股东通常每持有一股就拥有一票的投票权，但分配这一投票权有两种方法。在传统的投票方法中，每股赋予股东投票选举一个董事会席位的权利。在这种制度下，如果多数群体集体投票，那么少数群体就永远无法选出代表。而另一种制度，**累计投票制**（cumulative voting）是赋予少数股东在公司董事会中的代表权的方法。

用一个简单的例子可以最好地解释累计投票制的工作原理。假设一家公司的董事会由 5 人组成。在传统投票方法下，拥有 100 股的股东可以对每个席位的候选人投 100 票。总计 500 票被分给 5 个席位。在累计投票制下，股东可以将全部 500 票投给一个席位的候选人。当然，这个股东就不能再对剩下 4 个席位的候选人投票了。

少数股东可以运用累计投票制选出公司董事会的代表。通过集中选票，并将所有票投给一个特定候选人，少数股东将可能赢得一个席位。尽管这种方法不能用于赢得多数席位，但提供了一个选出代表的机会，而传统的选票分配方法（即对每个候选席位投一票）不能提供这种机会。正如人们所预料到的，管理层很少支持累计投票制。

由于股东是所有者，因此他们有权获得公司的利润。这些利润可以按现金股利的形式分配，或留存在公司中。如果收益被留存下来，那么股东在公司中的投资就会增加（即股东权益增加）。然而，对于每类股票来说，个人投资者的相对地位不会改变。有些普通股所有者不能获得现金股利，而有些普通股所有者会将其利润进行再投资。分配或留存利润对所有股东都平等适用。

尽管有限责任是投资于公众持股公司的一个优点，但股票所有权的确有风险。只要公司欣欣向荣，就可以支付股利并不断成长。然而，如果利润是波动的，那么股利和增长率也会波动，是所有者——股东——承担了与这些波动相关的商业风险。如果公司对债务违约，债权人可以将它告上法庭，迫使其偿还债务。如果公司破产，股东对其资产拥有最后索偿权。只有在所有债权人都得到支付后，股东才能收到钱。在许多破产的情况下，这一金额为零，即使公司撑过了破产程序，股东能拿到的钱也是不确定的。

优先认购权

有些股东拥有**优先认购权**（preemptive right），这是股东维持其在公司中的所有权比例的特权。如果公司希望向公众出售更多股份，那么这些新股必须通过**配股**（right offering）的发售方式首先提供给现有股东。如果股东希望维持其在公司中的所有权比例，就可以通过购买新股来行使其权利。然而，如果他们不希望利用这种机会，就可以将其权利卖给希望购买新股的人。

优先认购权也可以用一个简单的例子来说明。如果一家公司有 1 000 股流通股，一个投资者持有 100 股，那么这个投资者就拥有该公司股票的 10%。如果该公司希望出售 400 股新股，且股东拥有优先认购权，那么这些新股必须在向公众出售之前先提供给现有股东。拥有 100 股的这个投资者有权购买 40 股，即新股的 10%。如果购买了这些股票，那么这个股东的相对地位就得以维持，因为他在发行新股前后都拥有公司股份的 10%。

尽管在美国的某些州，优先认购权是组建公司所必需的，但其重要性已经有所降低，而优先认购权数量也有所下降。有些公司修改了章程，以取消优先认购权。例如，AT&T 要求其股东放弃这些权利。提出这种要求的原因在于，通过优先认购权发行新股比通过承销向公众出售股票成本更高。希望维持相对地位的投资者仍然可以购买新股，而所有股东都可以从节约的成本和赋予公司管理层的灵活性中受益。多数股东接受了管理层的要求，并投票放弃其认购权。现在，AT&T 在公开发行新股时不用再向现有股东提供这些新股了。

现金股利

公司可以向股东支付股利，股利形式可以是现金或增发的股份。**股利**（dividend）是对利润的分配。如果公司支付现金股利，那么它的股利政策通常是投资公众已知的。即使管理层并未明确阐述该政策，每季度持续支付股利的做法也表明存在这样一种政策。

尽管多数分配现金股利的美国公司都按季度支付**固定股利**（regular dividend），但也有其他类型的股利政策。例如，有些公司除了每季度支付股利以外，还支付**超额股利**（extra dividend）。2015 年，有限品牌（L Brands，LB）公司宣布每季度发放每股 0.50 美元的固定股利加上每股 2.00 美元的超额股利，因为该公司有充足的现金流。这种政策适合现金流波动较大的公司。管理层可能不希望增加股利，从而使得公司难以维持高股利。通过支付现金股利加上在经营状况好的年份发放超额股利，管理层可以维持相对确定的固定股利，也可以在利润和现金流能够保证支付超额股利时补充现金股利。

公司也会偶尔分配财产作为现金股利的补充或替代。例如，自由港麦克莫兰（Freeport-McMoran）公司曾分配两家子公司——自由港麦克莫兰能源合伙有限公司（Freeport-McMoran Energy Partners Ltd.）和自由港麦克莫兰铜金公司（Freeport-McMoran Copper and Gold Company）的股票。这些财产分配补充了该公司通常支付的季度现金股利。分配财产（即子公司的股票）允许股东从子公司的市场价值（两家子公司的股票都是公开交易的）和子公司的现金股利中直接受益。

还有些公司支付的股利可能是**不固定股利**（irregular dividend），即没有规定股利支付额。例如，法律要求房地产投资信托基金（第七章曾进行过讨论，通常被称为“REIT”）分配红利以维持其优惠税收地位。由于这种信托基金的利润可能是波动的，因此现金红利也可能是波动的。适用于房地产投资信托基金的特殊税法导致其不定期支付红利。例如，盖蒂房地产公司在 2010 年对每份支付 1.90 美元红利，在 2011 年对每份支付 1.46 美元红利。2012 年第一季度，该公司暂停支付红利。2013 年，该公司恢复支付红利，对每份支付 0.85 美元红利，并在 2014 年对每份支付增至 0.96 美元的红利。

许多公司都持续多年支付股利。AT&T、埃克森美孚和礼来（Eli Lilly）公司从 19 世纪 80 年代开始支付股利。宝洁公司、高露洁-棕榄（Colgate-Palmolive）公司和通用电气公司从 19 世纪 90 年代开始支付股利。可口可乐公司不仅在 100 多年时间里一直支付现金股利，而且在 50 年中每年增加股利。尽管这些可能是例外情况，但它们的确表明，管理层可能非常重视支付现金股利。

股利是用利润支付的。这种股利支付减少了公司的现金和留存收益。这些资金可被用于购买更多资产或偿还债务。如果这些资产产生了更多利润，那么公司就将成长并能在将来支付更多股利。现金股利和留存收益是互斥的。如果公司将利润留存下来，成长能力就将提高。如果公司将利润分配，就得从其他地方获得成长所需的资金。

利润分配取决于谁能更好地使用资金，股东还是公司。如果管理层能获得更高的资金收益率，那么留存收益并将其进行再投资就是合理的选择。然而，管理层并不知道股东对资金的其他用途，而是采取他们认为最符合股东和公司利益的政策。不喜欢股利政策的股东可以卖出股票。如果卖方数量超过买方，股价就会下跌，管理层将意识到投资者对股利政策的态度。

有些管理者将股利视为盈余。道理是简单且实际的。如果管理者不知道股东的偏好，公司也没有有吸引力的投资机会，那么就可以通过留存收益融资。在进行了所有有吸引力的投资之后，剩下的盈余再分配给股东。这种政策重视成长，如果公司确实有不错的投资选择，就可能导致一段时期内的股价上升。

管理者还可能将股利政策视为对一定比例的公司利润的分配。这种政策可以用**股利支付率**（payout ratio）来表示，它是公司分配的利润所占比率。相反，**留存比率**（retention ratio）是指没有被分配而是留存起来的利润所占比率。例如，好时食品公司在2014年的每股利润为3.77美元，并对每股支付2.14美元的现金股利。那么，股利支付率为56.8%（=2.14/3.77），留存比率为1.63/3.77=43.2%。留存比率也等于1减去股利支付率，对于好时食品公司来说，为100%−56.8%=43.2%。

对某些公司来说，股利支付率在一段时期内保持相对稳定。这种持续性意味着，管理者将股利政策视为将公司一定比例的利润分配给股东。例如，SCANA公司的管理层称其“目标是以反映主营业务增长率的速度提高普通股股利，同时维持50%～55%的利润分配率”。2015年，道明尼资源公司的董事会制定了更慷慨的股利政策，其目标为2015—2020年分配70%～75%的股利。其明显的含义是，利润越高，将导致越高的股利，因为管理层希望维持股利支付率。

然而，当利润提高时，管理层很少立即增加现金股利，因为管理层希望确保更高水平的利润率得以维持。许多公众持股公司的管理层都不愿降低股利，因为降低股利可能被解释为财务困难的标志。此外，利润降低不一定表示公司支付股利的能力也下降。例如，非现金费用（例如折旧）的增加，会降低利润但不会减少现金，资产账面价值减记也是同样的道理。在两种情况下，公司支付股利的能力都没有受到影响，因此这种费用并不会影响现金。管理层将维持股利支付，以表明公司的财务状况并没有恶化。

图8.1说明了这一模式，它表明了1998—2012年，好时食品公司每季度的每股利润（剔除异常损益）和每股股利。如图所示，每股利润的波动性高于每股股利。每年前两个季度每股利润的下降并没有导致股利下降。后两个季度每股利润的上升也没有导致股利上升。相反，每股利润上升的模式与每股股利每年的稳定增长有关。

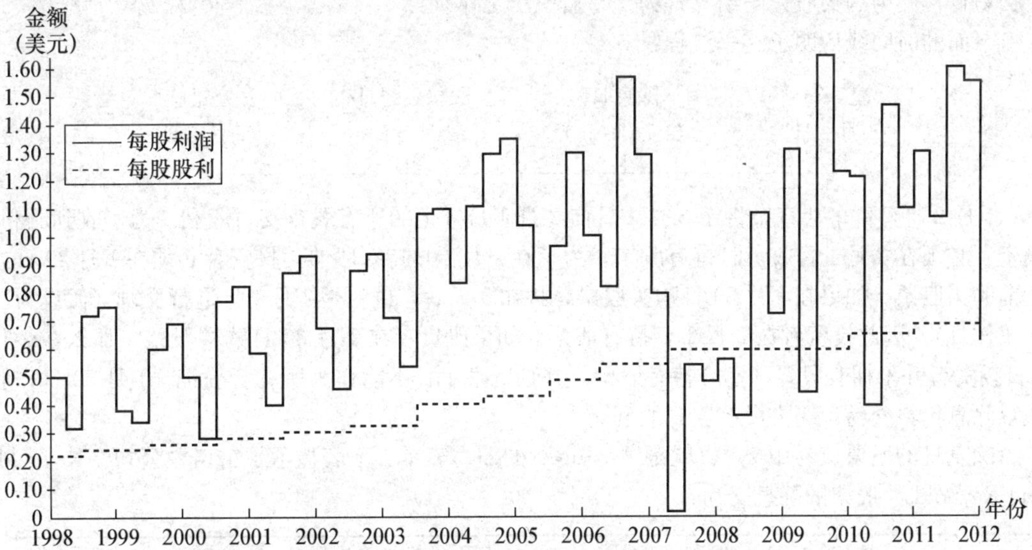

图8.1　好时食品公司的每股股利和每股利润（1998—2012年）

资料来源：好时食品公司各期年报。

注意，在图 8.1 中，好时食品公司每年的股利增长在 2008 年停止了。（2010 年股利继续增长。）2007 年和 2008 年的利润明显低于之前的年份。即使利润降低，管理层也维持了现金股利。这种行为与管理层不愿降低股利的心情一致。然而，在 2008—2009 年，股利降低不再是件耻辱的事。经济衰退和公司利润的大幅降低导致几家公司的管理者降低了现金股利并在某些情况下取消了现金股利。富国银行和美国银行等银行遭受的巨额损失导致它们降低了股利。通用电气等大型制造公司和辉瑞等制药公司也降低了股利。之前，这种股利降低会引起剧烈反应，并产生不良后果，导致股价下跌。然而，2009 年，管理层降低或暂停发放股利以保留现金的行为产生了相反的效果。在这些股票中，许多股票的价格上升了！

尽管美国公司通常采取每季度分配股利的政策，但其他国家的公司可能并非如此。许多外国公司通常只进行两次股利支付。第一次支付被称为“预付”股利，第二次支付被称为“最终”股利（在企业财年年底分配）。例如，阿斯利康公司（Astrazeneca PLC）在 2014 年 8 月支付了每股 0.90 美元的股利，然后在 2015 年 2 月分配了每股 1.90 美元的股利。

即使外国公司定期支付现金股利，其金额也往往是变化的。这种变化是每种货币的美元价值波动的结果。例如，如果美元相对于欧元的价值下跌，那么在将欧元换算为美元时，用欧元分配的股利就能换算为更多的美元。相反的情况也成立。如果欧元的美元价值下跌，那么在将欧元换算为美元时，股利能买到的美元就会减少。希望获得可预测股利的美国人通常会被建议购买美国股票，并避免购买外国证券。

股利分配

股利分配是一个过程。公司的董事们将先开会。当他们确认将分配股利时，将确定两个重要日期。第一个日期确定了收到股利的对象。在**股权登记日**（date of record），将停止公司所有权登记，每个持有公司股票的人将在该日结束时收到股利。

如果在股权登记日之后购买股票，那么买方不会收到股利。股票是以**除息**（ex-dividend）价格交易的，即股票价格不包括股利支付。该**除息日**（ex-dividend date）为股权登记日之前两个交易日，因为购买股票的结算日为交易后三个工作日。

下面的时间线说明了这一过程：

宣布日	除息日	股权登记日	分配日
（1 月 2 日）	（1 月 30 日）	（2 月 1 日）	（3 月 1 日）

1 月 2 日，董事会宣布将于 3 月 1 日向 2 月 1 日登记的所有股东支付股利。为了收到股利，投资者必须在 2 月 1 日收盘时持有股票。为了在 2 月 1 日持有股票，投资者必须在 1 月 29 日或之前购买股票。如果在 1 月 29 日购买股票，将在 3 天后，也就是 2 月 1 日进行交割（假设为三个工作日），因此投资者在 2 月 1 日持有股票。如果投资者在 1 月 30 日购买股票，那么在 2 月 1 日投资者并不拥有股票（卖方持有股票）并在 2 月 1 日不能作为所有者登记。1 月 30 日，股票以除息价格交易，买方没有收到股利。

除息日的股票交易用 x，也就是“ex-div”的缩写表示。下表显示了雷诺兹公司（Reynolds and Reynolds）股票的除息交易：

	股利（美元）	最后价格（美元）	净变化（美元）
雷诺兹公司 REY x	0.44	22.50	+0.31

0.11（=0.44÷4）美元的季度股利将支付给在除息日前一天购买股票的投资者，而不会支付给在除息日购买股票的投资者。

投资者应该意识到，在除息日买卖股票不会导致巨额收益或亏损。如果某只支付了1.00美元股利的股票在除息日前一天的价格为100美元，那么它在除息日的价格不可能为100美元。如果它在这两天的价格都为100美元，那么投资者就可以在除息日前一天以100美元的价格购买股票，然后在除息日以100美元的价格卖出这只股票，并收取1美元的股利。如果投资者可以这样做，那么股价就会被抬高，在除息日前一天的价格超过100美元，在除息日当天的价格低于100美元。实际上，这种价格模式不会出现，因为股票将以100美元的价格出售，然后在除息日价格变为（100－1）美元。

上一个例子说明了这种价格变化。在除息日，雷诺兹公司的股票价格将上升。这表明正如人们所料，该股票在前一天的收盘价为22.30美元，而不是22.19（=22.50－0.31）美元。由于现在的买家不会收到股利，因此股价的净变化减少了，减少金额相当于股利金额。净变化来自价格调整（22.30美元减去0.11美元的股利）。如果股票以23.00美元收盘，那么净变化将为＋0.81美元，如果股票以22.00美元收盘，那么净变化将为－0.19美元。

宣布发放股利时确定的第二个重要日期是支付股利的日期，也就是**分配日**（distribution date）。分配日可能在股权登记日的数星期之后，因为公司必须确定在股权登记日谁是所有者，并进行股利检查。公司不一定自己执行这项任务，而可能利用其商业银行的服务，银行将会对这种服务收费。因此，股东收到股利的日期很可能在董事会宣布支付股利的多个星期之后。例如，在7月17日宣布发放股利的百得（Black & Decker）公司的分配日为9月25日，几乎是股权登记日（9月14日）的两个星期之后。

许多公司试图保持股利支付日的一致性。德事隆（Textron）集团在1月、4月、7月和10月的第一个工作日支付股利。公共服务企业集团（Public Service Enterprise Group）在3月、6月、9月和12月的最后一天支付股利。这种股利支付的一致性有利于投资者和公司，因为二者都可以对收付股利做出计划。

股利再投资计划

许多支付股利的公司还有**股利再投资计划**（dividend reinvestment plan，DRIP），在这项计划中，现金股利被用于购买更多股份。股利再投资计划始于20世纪60年代初，但计划的推广是在20世纪70年代初，因此现在许多公司、经纪公司和共同基金都提供某种形式的股利再投资计划。

股利再投资计划有两种一般类型。第一种，在多数计划中，银行代表公司及其股东行事。银行为股东收取现金股利，在某些计划中还向股东提供增加现金投资的选择。银行将所有资金集中起来，在公开市场（即二级市场）上购买股票。银行对其服务收取手续费，但这种手续费通常较低，而且在某些情况下是由公司支付的。

在第二种再投资计划中，公司发行新股以支付现金股利，所得资金将重新回到公司。投资者也可以选择增加现金投资。这类计划为投资者提供了完全规避经纪费的好处，所有现金股利都被用于购买股票，同时公司要为发行新股付出成本。

股利再投资计划为投资者提供了多种好处。在许多情况下，发行公司或为股东购买股票的经纪公司不收取手续费或佣金。在另一些情况下，手续费可能很低。然而，投资者应该意识到，如果存在独立于所购买股票数量的手续费或佣金，那么净影响可能很大。例如，如果佣金为每笔交易10美元，而股利金额为100美元，那么佣金占投资额的比例就是10%。如果股利金额较低，该比例还会增大。

对投资者而言，最重要的好处可能是，这种计划是自动进行的。投资者不会收到股利，因为股利收入会自动进行再投资。对于没有存钱习惯的投资者来说，这种被迫储蓄可能是按部就班积累股份的一种方法。对于公司而言，其主要好处是通过为股东提供另一种服务而获得的商誉。发行新股的计划也能筹集到新的股本。这种自动获得新股本的方法降低了通过承销出售股份的需求。

美国国税局将用于再投资的股利视为收到的现金股利。这种股利要缴纳联邦所得税。有人认为，将来修改税法时有可能允许用于再投资的股利所得免缴联邦所得税，但截至 2015 年，用于再投资的股利仍需缴纳联邦所得税。

股票股利

有些公司用支付股票股利作为现金股利的补充或替代。**股票股利**（stock dividend）是**资本结构调整**（recapitalization）的一种形式，不影响公司的资产或负债。由于资产和资产管理为公司创造了收入，因此股票股利本身不会提高公司潜在的盈利能力。然而，有些投资者可能认为股票股利会提高公司的盈利能力，从而提高股价。

下面的资产负债表说明了公司发放股票股利时发生的交易：

单位：美元

资产		负债与权益	
总资产	10 000 000	总负债	2 500 000
		权益：面值为 2 美元的普通股	2 000 000
		（2 000 000 股注册资本；1 000 000 股流通股）	
		额外实收资本	500 000
		留存收益	5 000 000

由于股票股利只是一种资本结构调整，因此资产和负债不受宣布发放股票股利和支付股票股利的影响。然而，资产负债表权益部分的数值会受到影响。股票股利将款项从留存收益转移到普通股和额外实收资本中。转移的金额取决于：（1）通过股票股利发行的新股数量；（2）股票的市场价格。

如果上例中的公司在普通股价格为每股 20 美元时发行了 10%的股票股利，那么将发行 100 000 股，市场价值为 2 000 000 美元。该金额将被从留存收益中扣除，并转化为普通股和额外实收资本。转为普通股的金额为 100 000 乘以股票面值［2×100 000＝200 000（美元）］。剩余金额（1 800 000 美元）被转化为额外实收资本。资产负债表变为：

单位：美元

资产		负债与权益	
总资产	10 000 000	总负债	2 500 000
		权益：面值为 2 美元的普通股	2 200 000
		（2 000 000 股注册资本；1 100 000 股流通股）	
		额外实收资本	2 300 000
		留存收益	3 000 000

注意，没有资金（即款项）被转移。尽管流通股股数有所增加，但现金和可以用于获得利润的资产没有增加。发生的只是资本结构的调整：股权数字有所变化。

关于股票股利的主要误解是，它提高了企业成长能力。如果股票股利是现金股利的替代，那么这种想法可能是部分正确的，因为公司留存了宣布发放现金股利的情况下本可以支付给股东的现金。然而，公司仍然持有现金，即使它并没有支付股票股利。因此，支付股票股利的决定并没有增加现金金额，是不支付现金股利的决定保留了现金。当用股票股利代替现金股利时，它甚至可以被解释为一种保护屏：股票股利隐藏了管理层不愿支付现金股利的意愿。

尽管股票股利不会增加股东的财富，但它会增加股东持有的股数。在上例中，在发放股票股利前持有 100 股股票的股东相当于拥有 2 000 美元的股票。在分配股票股利后，该股东拥有 110 股股票，价值仍为 2 000 美元，而股价从 20 美元跌至 18.18 美元。股价下跌是因为流通股增加了 10%，但公司的资产和盈利能力并没有增加。原有的股份被稀释了，因此股价必须下降以表示这种**稀释**（dilution）。

如果股价没有因为发放股票股利而下降，那么所有公司都可以通过宣布发放股票股利来使股东的财富增加。然而，由于股票股利并不会增加公司的资产或盈利能力，因此投资者不愿为增加的股份支付以前的价格。因此，市场价格必须下跌，以就原有股份的稀释进行调整。

股票股利也有一些明显的缺点。主要的缺点就是费用。与股票股利相关的成本包括发行新股的费用、对零散股份支付的款项、新股需要缴纳的税款和上市费，以及修订公司股东登记册的费用。这些成本是由股东间接承担的。还有一些成本由股东直接承担，包括增加的转让费和佣金（如果股东出售新股的话）。

股票股利的主要优点可能是，它让现有股东注意到公司正在留存现金以用于成长。以后股东可以通过公司留存的资产和提高的盈利能力获得回报。通过留存资产，公司可以获得比将资金分配给股东更多的收益。这应能提高未来的股价。然而，不用花费与股票股利相关的费用，也可能获得相同的结果。

股票分拆

在股价显著上升之后，管理层可能会决定分拆股票。**股票分拆**（stock split）的原因在于，它降低了股价，使投资者更容易承受。例如，当芬诺瓦（Finova）公司将其股票 1 拆 2 时，管理层在年报中提出：“股票分拆将有助于拓宽我们的投资者基础。”思泉（MindSpring）公司的管理层甚至做得更明显，他们在媒体发布会上宣布了 1 拆 2 的消息：“这一行动将有助于拓宽分配范围，提高思泉公司普通股的流通性，并将股价带入……能为现有股东和新股东产生更多利益的范围。”这段话阐述的理由隐含着投资者喜欢低价股票，以及降低股价将拓宽该公司股票的市场从而令现有股东受益的观点。

与股票股利类似，股票分拆也是一种资本结构调整。它不会影响公司的资产或负债，也不会提高公司的盈利能力。只有当投资者喜欢低价股票，从而增加对这种股票的需求时，股东的财富才会增加。

前面用于解释股票股利的资产负债表也可以用来说明 1 拆 2 的股票分拆。在 1 拆 2 的股票分拆中，1 只旧股变为 2 只新股，旧股票的面值被平分。额外实收资本或留存收益没有变化。新的资产负债表变为：

单位：美元

资产		负债与权益	
总资产	10 000 000	总负债	2 500 000
		权益：面值为1美元的普通股	2 000 000
		（2 000 000股注册资本；2 000 000股流通股）	
		额外实收资本	500 000
		留存收益	5 000 000

现在，流通股股数变为原来的两倍，每只新股的价格为旧股的一半。如果在分拆前股票的售价为80美元，那么每股价格将变为40美元。现在，拥有价值8 000美元的100股旧股的股东将拥有价值8 000（=40×200）美元的200股股票。

计算分拆后股价的一个简便方法是用分拆前的股价乘以分拆比例的倒数。例如，如果一只股票的售价为每股54美元，且分拆比例为2拆3，那么分拆后的股价将为54×2/3=36（美元）。这种价格调整必然会发生，因为旧股被稀释，而公司的盈利能力没有增加。

股票分拆可以使用任何比例的组合。最常见的是1拆2，2拆3或1拆3也比较常见。除了管理层希望使股价降到某个特定水平并选择实现理想价格的分拆比例以外，特定的分拆比例并没有明显的解释理由。

还有一些逆向分拆，比如2009年弗里德曼、比林斯、拉姆齐集团（Friedman，Billings，Ramsey Group）执行了20合1股票分拆。逆向分拆减少了股数，并提高了股价。这种分拆的目的是提高股票的声誉（即将股价提升到高于“低价股”的水平）。由于许多金融机构、养老金计划和捐赠机构都不投资于低价股，因此逆向分拆将股价提高到足以让这些潜在买家考虑购买的水平。怀疑论者可能认为逆向分拆是为了隐藏不良业绩。在进行20合1的逆向分拆后，弗里德曼、比林斯、拉姆齐集团也更名为阿灵顿资产管理集团（Arlington Asset Management Group）。正如人们所预料的，在2008—2009年股价严重下跌后，市场上出现了普遍的逆向分拆。

股票分拆和股票股利一样，不会增加企业的资产或盈利能力。但分拆的确会降低股价，因而可以提高其流通性。因此，分拆股票可以被更广泛地分配，这提高了投资者对公司的兴趣。这种更广泛的分配可能会逐渐增加现有股东的财富。其他因素，例如利润增加、现金股利增加或市场价格普遍上涨也可能导致个股价格上涨。实际上，股票分拆通常发生在股价上涨之后。它并非预示着好消息，而是反映了公司的利润增加和成长。

从投资者的角度看，股票分拆和股票股利之间基本没有关系。在两种情况下，股东都得到了更多股份，但他们在公司中的所有权比例不变。此外，股价根据新股引起的每股利润稀释进行了调整。

然而，会计师的确会区别股票分拆和股票股利。股票股利通常小于20%～25%*。50%的股票股利将被作为2拆3的股票分拆处理。只有公司流通股的面值和数量会受影响。公司的留存收益不会变化。10拆11的股票分拆将作为10%的股票股利处理。在这种情况下，留存收益将减少，减少的金额将被转入其他账户（即普通股和实收资本账户）。不过，总权益不会受到影响。

联邦所得税与股票股利及股票分拆

联邦政府对现金股利征税。它是否也对股票股利和股票分拆中收到的股份征税？答案是否

* 英文原文如此。——译者注

定的。除非投资者出售股份，否则股票股利和股票分拆不用纳税。

如果你花 5 000 美元购买了 100 股（每股价格为 50 美元），且公司支付了 10%的股票股利，那么你的 100 股将变为 110 股。总成本保持为 5 000 美元，且每股成本基数为 45.45（=5 000/110）美元。只要你不卖出股份，就没有应税交易。如果你卖出了全部 110 股，那么成本基数为 5 000 美元。然而，如果你只卖出了 110 股的一部分，你的成本基数就要使用调整后的每股 45.54 美元的成本计算。如果你卖出了 50 股，那么成本基数为 2 272.50 美元。

如果公司进行了股票分拆，那么投资者的成本基数也要根据股票分拆调整。如果你拥有 100 股，成本为 5 000 美元（每股 50 美元），股票分拆比例为 1 拆 2，那么你现在有 200 股，成本为 5 000 美元。成本基数调整为每股 25 美元。如果你卖出 100 股，每股价格为 40 美元，你的资本收益为 1 500（=4 000－2 500）美元，且需要以适用的资本收益税税率纳税。如果你卖出了 50 股，每股价格为 10 美元，那么你的资本损失为 750（=500－1 250）美元。该损失可以用于抵消其他交易的资本收益。

股票回购与清算

拥有多余现金的公司可以选择回购某些流通股。这种回购通常被认为是支付现金股利的一种替代方式。公司不是将资金作为现金股利分配，而是从股东那里回购股票。如果股东不想卖出股份并缴纳应纳的资本收益税，那么可以保留股票。如果股东更想获得现金，那么可以卖出股票。卖出股票的决定由股东做出，而分配现金股利的决定由公司管理层做出。

认为回购优于分配现金股利的通常理由是：流通股股数的减少。股数减少增加了每股利润，因为利润被分摊到更少的股份上。反过来，更高的每股利润将导致更高的股价，尤其当市盈率保持不变时。

股票回购是否会导致股价升高是不确定的。泰里达因（Teledyne）公司以 200 美元的价格回购了 870 万股股票，支出超过 17 亿美元。在发出回购要约时，股票的售价为 156 美元，因此回购价格表示高于市场价格 28%的溢价。回购使每股利润的增加超过 7 美元。在回购之后，股票价格没有跌回到 156 美元，而是继续升高，在几周内达到了每股 240 美元。有限品牌公司以 24.92 美元的均价回购了超过 1.25 亿股股票，总支出超过 31 亿美元。然而，该股票在 1 年后的交易价几乎相同，因此在这个例子中，回购没有增加剩余股份的价值。

回购股份通常被存放在公司的“库存”中，以供未来使用。尽管回购股份的成本降低了公司的权益，但这些股份并没有被变现，而是被公司持有。如果股份被变现，且接下来管理层希望向员工和公众发行股票，那么这些股票必须先在证券交易委员会登记备案才能公开交易。

向员工发行股票或将股票回售给公众抵消了回购对利润的影响。许多公司用回购来获得员工执行股票期权时需要发行的股票。在这种情况下，现有股东的境况可能变糟，因为在执行期权时公司得到的收入少于回购股票所支付的金额。

管理层回购股票还有其他原因，这可以解释为何股票价格没有上升。管理层可以回购股票以抬高股价。这种行为通常会导致公司支付被人为抬高的股价。管理层可以回购股票以降低被收购的不利的可能性。如果公司有大量现金，就可能成为其他公司的猎物。执行并购的公司从其他来源（例如，一群商业银行）处借入所需的现金以执行并购，购买目标公司，然后使用并购获得的现金偿还贷款。如果管理层认为本公司受到了恶意并购的威胁，那么回购股份可以起到两个作用：现金减少，降低了被收购的可能性；而流通股股数减少增加了管理层的所有权比例，增强了管理层对公司的控制。这些回购原因都有利于管理层，而以牺牲股东利益为代价，也可以解释为何即使每股利润增加，股票回购也不会导致股价上升。

偶尔，公司也会进行清算。最后分配的公司资产有时被称为清算股利。这有点令人误解，因为这种分配并不是真正的股利。它在税收上被当作资本分配，并需按适当的资本收益税率纳税。因此，在计算联邦所得税时，清算股利的处理方法与实际销售收入相同。

一个简单的例子可以说明这种股利的原理。假设一家公司决定清算并出售所有资产，换成现金。然后股东将收到现金。如果这笔销售交易筹集到每股 25 美元的现金，那么股东将交出股票并获得每股 25 美元的现金。资本收益的计算方法是用 25 美元减去股东的每股成本。如果股东为每股支付了 10 美元，那么资本收益就将是 15 美元。然后，股东将缴纳相应的资本收益税。如果每股成本为 40 美元，那么投资者就将遭受 15 美元的资本亏损，这可用于抵消其他资本收益或收入应缴纳的税款。这两种情况与股东卖出股份的情况没有什么不同。然而，在回购中，股东不能选择拒绝出售股票并推迟缴纳资本收益税。在清算中，股东必须实现收益或损失。一旦公司采取清算计划，就必须执行计划或面临罚款。当公司清算时，股东不能推迟缴纳资本收益税。

在上例中，清算股利为现金。然而，股利不一定是现金，也可能是财产。例如，房地产持股公司可以分配其拥有的房地产，或者积累了其他公司股票的公司可以分配股票而不是出售股票。如果股东想要分配特定资产，那么这种分配可能是理想的。然而，如果股东想要或需要现金（可能是为了缴纳资本收益税），那么清算资产的负担就将转移到他们身上。

进行清算的公司的一个例子是铁狮门地产（Tishman Realty）。该公司的股东采用了清算计划，然后将大部分公司资产以 2 亿美元的价格出售给衡平寿险（Equitable Life Assurance）公司。该公司先支付了每股 11 美元的清算股利。在分配了更多现金后，该公司建立了一家合伙公司以持有剩余资产，这些资产主要由已出售房地产的抵押贷款组成。之后，合伙公司的股份被分配给股东，以完成清算。

优先股

优先股（preferred stock）是一种股权工具，它通常支付固定股利，这种支付是没有保证的，但优先性高于普通股。当公司停止存续并被清算，或者当公司重组时，优先股也拥有公司资产的优先索偿权。由于优先股是一种股权形式，因此优先股持有者享有投票权。例如，世纪通信（CenturyTel）的优先股股东拥有对其股票投票的权利，就像普通股股东拥有对其股票投票的权利一样。

尽管多数公司只发行一次普通股，却可能多次发行优先股。（有些公司还发行次优先股，它次于优先股，但在股利支付上优于普通股。这种股票是另一个等级的优先股，本书没有对二者进行区分。）如表 8.1 所示，弗吉尼亚州电力（Virginia Electric and Power）公司发行过 8 次优先股，其中，7 次的股利都是固定的。因此，对于股利为 5 美元的优先股系列，年股利为 5.00 美元，它以每季度 1.25 美元的速度被稀释。在优先股货币市场上，股利每 49 天根据货币市场利率的变化重新规定一次。

表 8.1　弗吉尼亚州电力公司的优先股

不会被强制变现的优先股	
每股年股利（美元）	流通股（千股）
4.04	13
4.20	15

续表

不会被强制变现的优先股	
每股年股利（美元）	流通股（千股）
4.12	32
4.80	73
5.00	107
7.05	500
6.98	600
货币市场优先股（可变利率）	1 250

资料来源：2014 Dominion Resources Form 10-Q，p. 61.

股利可以用美元表示，也可以用优先股面值的百分比表示。面值是股票的票面价值，也是股票初次出售的价格。对优先股股利为 5.00 美元的弗吉尼亚州电力公司的股票来说，面值为 100 美元，因此股利率为面值的 5.0%。

优先股股利是用公司利润支付的。如果公司没有利润，就不能宣布发放并支付优先股股利。如果公司漏发优先股股利，就称股利被拖欠。公司不必补发这种**拖欠股利**（arrearage）。然而，在多数情况下，在未来向普通股股东支付股利之前，必须支付这种漏发的股利。优先股股利被累计的情况被称为**累计优先股**（cumulative preferred stock）股利。多数优先股是具有累计性的，但也有**非累计优先股**（noncumulative preferred stock）的例子，这种优先股的股利如果没有被支付，不必补发。例如，第一资本（Capital One）公司在 2014 年发行了一笔永续非累计优先股。年股利为 6.25%，但支付股利并不是该公司的法律义务，第一资本公司也不必补发任何漏发的股利。

如果投资者持有存在财务困难的公司的优先股，那么累计优先股和非累计优先股之间的差异就无关紧要。迫使公司支付股利以减少拖欠股利可能进一步削弱该公司的财务实力，并给优先股持有者带来比少收股利更严重的损害。一旦公司重获盈利能力，补发拖欠股利对股东和公司来说就可能变得重要，尤其是当公司需要筹措外部资金时。例如，优利系统（Unisys）公司在重获盈利能力后，就支付了拖欠的优先股股利。

优先股可能是永续的，也可能是有限期的，在后一种情况下，公司必须清偿优先股。两者都有优点和缺点。如果股票是永续的，那么公司就必须筹措资金以清偿股票。然而，如果管理层希望清偿永续股票以消除股利支付义务，那么就必须提供溢价，以吸引投资者将股票回售给公司。对于有限期的优先股，公司必须能产生足够的资金来清偿股票。

由于优先股支付固定股利，因此它的购买者主要是想要固定收入的投资者。然而，优先股的风险高于债券，且收益率通常高于债务工具。例如，2014 年北方信托（Northern Trust）公司发行的永续优先股的收益率比 10 年期国债高 3.33%，比该公司的债券高 3.589%。

尽管优先股是一种权益工具，但它的特征更类似于债务（债券），而不是普通股。正如第十四章将说明的，固定收益证券的价值是将未来收入流和本金偿还额贴现的价值。出于这个原因，我们将在第四部分讨论完债务工具之后，再讨论优先股的分析和定价。

财务报表分析

财务比率可能是最常用来分析公司的工具。它们容易理解，也容易计算。此外，财务比率分析中使用的信息也容易获得，因为财务比率使用的是可以从公司年报和季报中获得的数据。财务比率的使用者不仅有投资者和财务分析师，还有公司的管理者和债权人。管理者可以使用比率分析来制订计划、进行控制和找出公司内部的弱点。债权人使用比率分析来确定借款人支付利息、偿还债务的能力。股东关心的主要是公司的绩效，并会用比率分析来衡量公司的盈利能力。

尽管不同的人都使用比率分析，但他们应该选择最适合其具体目的的比率。债权人关心的主要是公司支付利息和偿还本金的能力，而不太关心公司设备的使用率。尽管固定资产周转率可能会影响公司支付利息、偿还本金的能力，但一般的债权人更关心公司产生现金的能力。

投资者可能发现，特定行业需要更多的财务比率或更复杂的某种比率。例如，用于分析公用事业的比率不同于用于分析铁路的比率。尽管这两个行业都受到高度监管，也具有相似性，例如，对厂房和设备的大额投资，但这两个行业的性质是不同的，包括对劳动力的要求、竞争和对每种服务的需求等因素。因此，对不同因素（例如，铁路公司每吨货物的运输里程和电力公司的高峰用电需求量与平均用电需求量之比）的强调程度也不同。

人们可以从两个角度计算和解释这些比率。第一种是将数据按年编列，以发现其中的趋势，这种方法被称为**时间序列分析**（time-series analysis）。第二种是比较给定时间内同一行业内多家公司的比率，这种方法被称为**横截面分析**（cross-sectional analysis）。当分析师比较某家公司及其所在行业在一段时期内的数据时，可以同时使用时间序列分析和横截面分析。

财务比率本身的意义不大，但同时考察多个财务比率就可以得出公司实力和弱点的清晰状况。所有财务比率很少显示出相同的一般趋势。然而，一起分析这些财务比率时，通常可以发现公司的发展方向，以及公司相对于所在行业中的其他公司的财务状况。

本章接下来的部分分析了各种财务比率。这些财务比率的例子使用了克洛伊上装（Chloe'sCoatS，代码为 CCS）公司资产负债表和利润表的数据。该公司 20×0 和 20×1 年的资产负债表和利润表见表 8.2 和表 8.3。

表 8.2 克洛伊上装公司截至 12 月 31 日的年度综合资产负债表 单位：百万美元

	20×1 年	20×0 年
资产		
流动资产		
现金与现金等价物	998.2	1 081.6
应收账款	399.5	390.0
存货	648.9	533.6
流动资产总计	2 046.6	2 005.2
房地产、厂房和设备	1 559.7	1 437.7
其他资产	805.9	829.8
资产总计	4 412.2	4 272.7
负债与股东权益		
流动负债		
应付账款	420.0	410.7
应计负债	612.2	593.3
短期债务	141.6	294.8
流动负债总计	1 173.8	1 298.8

续表

	20×1 年	20×0 年
长期债务	1 748.6	1 541.8
其他长期负债	617.3	494.5
负债总计	3 539.5	3 335.1
股东权益		
普通股	359.9	359.9
附加实收资本	490.8	434.8
留存收益	4 699.6	4 374.7
以成本购买的库存股	(4 677.7)	(4 231.9)
股东权益总计	872.6	937.6
负债与股东权益总计	4 412.2	4 272.7

资料来源：© Cengage Learning 2015.

表 8.3 克洛伊上装公司 12 月 31 日的利润表

	20×1 年	20×0 年
净销售收入（百万美元）	6 080.8	5 671.6
成本与费用		
销货成本（百万美元）	3 548.9	3 255.8
销售费用、营销费用与管理费用（百万美元）	1 476.9	1 510.5
息税前利润（EBIT）（百万美元）	1 055.0	905.3
利息费用（百万美元）	92.2	96.4
所得税（百万美元）	333.9	299.1
净收入（百万美元）	628.9	509.8
每股净收入（美元）	2.85	2.29

资料来源：© Cengage Learning 2015.

在继续学习之前，你需要注意，有些比率的定义不止一个。一个分析师使用的定义可能不同于其他分析师使用的定义。这些差异可能来自计算数据平均值的过程。（例如，可参见后面讨论的两种计算存货周转率的方法。）差异还可能来自所包含或去掉的内容。（例如，可参见债务比率的不同定义。）正如本章后面所说明的，你不能假设从一个来源处获得的分析可以与另一个来源提供的分析相比较。这个问题在分析从互联网上找到的财务报表时尤为突出。当然，你可以通过自己分析来避免这个问题！

流动性比率

流动性是资产迅速转化为现金而公司不会遭受损失的容易程度。如果一家公司拥有高度流动性，就能在债务到期时偿还债务。因此，流动性比率是关心能否得到还款的公司债权人的有用工具。之所以被称为流动性比率，是因为它们表明了公司资产的流动性程度或“货币性”。

流动比率

流动比率（current ratio）是流动资产与流动负债之比。

$$流动比率=\frac{流动资产}{流动负债}$$

它表示流动负债，即必须在一年内偿还的负债，被流动资产“覆盖”的程度。对于 CCS 公司来说，20×1 年的流动比率为：

$$\frac{2\ 046.6}{1\ 173.8}=1.74$$

它表示该公司在一年内对于需要偿还的每 1 美元，当年有 1.74 美元的现金或可以转换为现金的资产。

对于多数行业而言，流动资产多于流动负债是理想的。有时可以说，公司每拥有 1 美元的流动负债，至少应拥有 2 美元的流动资产，也就是说，流动比率至少为 2∶1。如果流动比率为 2∶1，那么当公司的流动资产价值减少 50%时，公司仍能偿还短期债务。

尽管这种经验法则很方便，但它不一定适用于所有行业。例如，电力公司的流动负债通常高于流动资产（即流动比率小于 1∶1)。这会让短期债权人担心吗？不，因为电力公司的短期资产主要是电力用户的应收账款，而且是高质量资产。如果某个顾客没能支付电费账单，电力公司可以威胁中断服务，而这种威胁通常能有效地促使客户缴纳电费。流动资产的质量越高（即这些资产以票面价值转化为现金的可能性越高)，流动比率超过 1∶1 的必要性就越低。因此，选择流动比率至少为 2∶1 这种经验法则的原因是为了保护债权人，他们意识到实际上不是所有的流动资产都能转化为现金。

债权人和股权投资者都想知道公司是否有足够的流动资产来偿还负债。显然，低流动比率是不理想的，因为它表明公司财务实力较弱，但高流动比率可能也是不理想的。高流动比率可能表明，公司没有将资金用在最有利的地方。例如，公司可能发行了长期债务，并用其为过多的存货或应收账款融资。高流动比率还可能表示，公司没有利用可得的短期融资，或对流动资产管理不当，这会导致其盈利能力降低。对于债权人和股东来说，流动比率过高或过低都预示着应该修正短期资产和短期负债的管理方法。

兴趣点 ☞

公认会计准则

会计报表提供了关于企业的财务信息。尽管本书的重点是用财务报表分析公司，但政府（例如，地方政府)、非营利组织（例如，大都会歌剧院）或个人也可以编制财务报表。在所有情况下，这些报表都显示了实体的财务状况及其资产，以及资产是如何融资的。该信息可以被用于辅助财务决策。

为了对决策有帮助，财务报表必须是可靠的、容易理解的和可比的。可靠性要求报表是客观且无偏的。报表中包括的数据应经过独立专家的验证。这并不意味着使用相同信息的两位会计师将构建出完全相同的财务报表。个人观点和判断也会导致财务报表产生差异。涉及会计师判断的一个例子是允许应收账款存疑。两位会计师可能会算出不同的金额，这将影响公司财务报表。然而，不应得出这样的结论：两位会计师编制的财务报表会有许多地方不同。尽管财务报表可能有差异，但差异金额应该不大。

会计师的第二个目标是让财务报表容易理解。财务报表应以有序方式编制，并能被信息灵通的外行和专业人士读懂。投资者和其他使用财务报表的人不需要了解编制财务报表时使用的全部原则。然而，聪明人应能看出公司的盈利性、资产、负债以及现金流。

可比性要求财务报表可以与在不同会计期间编制的相同财务报表比较。用于编制某一年的财务报表的原则也应用于以后的年份。如果应用的原则没有变化，那么以前年份的报表应该进行重新编制。如果公司的经营发生变化，那么财务报表应反映出这些变化。例如，如果公司停止经营部分业务，那么它之前年份的销售收入、费用和利润也应进行重新计算。如果不进行这种调整，财务报表的使用者就不能比较一段时期内的持续经营业务的财务状况和绩效。

为了提高财务报表的客观性，财务会计准则委员会（Financial Accounting Standards Board，FASB）建立了会计和财务报告的一般框架。公认会计准则也得到了美国注册会计师协会和证券交易委员会的支持。尽管这些机构建立了编制财务报表的准则，但不应据此认为这些准则是静态的。它们的概念框架会随着商业环境和报表使用者的需求变化而变化。例如，当外国投资增加、外币价值波动时，需要有更好的核算这些外国投资的方法。这个问题，加上通货膨胀、养老金负债和股票期权等其他问题，导致会计业在改进财务报表的信息内容时，会计准则也随之改变。

速动比率

流动比率显示了公司在流动负债到期时偿还流动负债的能力，但它有一个主要缺点。它是衡量流动性的总体指标，并没有区别不同类型流动资产的流动程度，这些流动资产可能是现金、应收账款或存货。现金是流动性资产，但存货售出并转化为现金之前可能要花许多个月时间。流动比率无法区别流动程度的缺点导致了速动比率的诞生，它将存货从计算公式中去掉。**速动比率**（quick ratio）或酸性测试（两个名称都可以使用）的计算公式为：

$$速动比率=\frac{流动资产-存货}{流动负债}$$

CCS公司的速动比率为：

$$\frac{2\,046.6-648.9}{1\,173.8}=1.19$$

它低于1.74的流动比率。当然，区别在于该公司拥有存货，而在计算酸性测试时去掉了存货。

速动比率也可以定义为：

$$\frac{现金+现金等价物+应收账款}{流动负债}$$

表面上两个定义相同，但如果公司拥有的是流动资产而不是现金、现金等价物、应收账款和存货，那么它们就不同。第二个定义不包括预付费用等其他流动资产，而本书中的定义则包括。如果将第二个定义用于克洛伊上装公司，那么速动比率将为（998.2+399.5)/1 173.8=1.19，结果相同，因为该公司没有其他流动资产。

低速动比率意味着，当流动负债到期时，如果公司必须依靠存货转换为现金，那么可能难以偿还流动负债。然而，低速动比率并不表示公司无法偿还债务。影响偿债能力的因素包括：（1）现金流入公司的速度；（2）负债到期的时间；（3）公司与债权人的关系以及债权人对债务展期的意愿；（4）公司筹集额外资本的能力。酸性测试只表示流动负债由现金和可以相对快地转换为现金的高流动性资产保障的程度。由于该比率考虑到并非所有流动资产的流动性都相同，因此它是比流动比率更精确的流动性指标。

经营比率

经营比率表示公司将存货和应收账款转换为现金的速度。公司存货和应收账款的周转速度越快，获得现金的速度就越快。高周转率表示公司可以迅速地获得现金，并且在负债到期时有更强的偿还能力。然而，这种高周转率并不必然表示公司可以最大化利润。例如，高存货周转率可能表示公司正在以过低的价格出售物品，以快速销售。高应收账款周转率可能表示公司对偿还账款提供了高折扣，这可能导致利润降低。

存货周转率

存货周转率（inventory turnover）的定义为年销售收入除以平均存货，即

$$存货周转率=\frac{销售收入}{平均存货}$$

该比率使用了整年的平均存货。这种平均值降低了存货水平波动的影响。如果只使用年终存货，且在财年年末的存货畸高，那么周转就会显得较慢。相反，如果存货在年末低于正常值，那么周转就会显得比实际情况快。对存货进行平均降低了这种波动的影响。管理者可以使用任何数量的观察值（例如，月数据或周数据）来计算平均存货。然而，投资者可以获得的信息仅限于公司季报或年报提供的存货水平。

20×0 年，CCS 公司的存货为 533.6 美元，20×1 年，CCS 公司的存货为 648.9 美元。两年的平均值为：

$$\frac{533.6+648.9}{2}=591.3（美元）$$

因此，CCS 公司的存货周转率为：

$$\frac{销售收入}{平均存货}=\frac{6\ 080.8}{591.2}=10.3$$

这表明年销售收入约为存货的 10 倍。因此，每年存货周转 10.3 次，约每 35 天（5 周）周转一次。

存货周转率也可以定义为销货成本除以存货，即

$$存货周转率=\frac{销货成本}{平均存货}$$

如果使用该定义，那么 CCS 公司的存货周转率为：

$$\frac{3\ 548.9}{591.2}=6.0$$

该定义更强调弥补商品成本。然而，债权人可能更愿意使用销售收入，因为销售能产生偿还债务的资金。

应收账款周转天数（平均收款期）

平均收款期（average collection period，ACP）也被称为**应收账款周转天数**（days sales outstanding)，它衡量的是公司收取应收账款所花费的时间。公司收账越快，收到现金也就越快，从而偿还债务（例如，利息费用）的速度就越快。平均收款期的计算公式如下所示：

$$ACP=\frac{\text{应收账款}}{\text{日销售收入}}$$

日销售收入为总销售收入除以 360（或 365）天。CCS 公司的平均收款期为：

$$\text{应收账款周转天数}=\frac{399.5}{6\ 080.8\div 360}=23.7$$

这表示该公司将应收账款转换为现金需要 24 天。

应收账款周转率（receivables turnover）是考察平均收款期的另一种方法，它可以被定义为年赊账销售收入除以应收账款。有些分析师更喜欢用计算存货周转率时对存货进行平均的方法对应收账款进行平均。按照这种定义：

$$\text{应收账款周转率}=\frac{\text{年赊账销售收入}}{\text{应收账款}}$$

应收账款周转率的另一种定义用年销售收入代替了年赊账销售收入，即

$$\text{应收账款周转率}=\frac{\text{年销售收入}}{\text{应收账款}}$$

只要在使用时保持一致，两种定义都可以接受。尽管管理者可以获取两个公式中使用的信息，但投资者可能只能得到公司提供的信息。如果公司没有报告年赊账销售收入，那么投资者将没有选择，只能使用年销售收入。

由于 CCS 公司的利润表没有给出年赊账销售收入，第一个定义不能使用。因此，对于 CCS 公司：

$$\text{应收账款周转率}=\frac{6\ 080.8}{399.5}=15.2$$

这表明年销售收入是应收账款金额的 15.2 倍。该比率越大，公司将赊账销售收入转换为现金的速度也就越快。每年周转 15.2 次表示，平均不到一个月就付清一次应收账款。这和计算平均收款期得出的信息相同，因为 23.7 天近似等于每年 15 次（360/23.7=15.2）。

尽管应收账款周转天数和应收账款周转率表面上可能和股东没什么关系，但这个结论是错误的。应收账款周转天数的增加（应收账款周转率的下降）表示应收账款相对于销售收入增加。公司可能提供了更慷慨的赊账条件以促进销售，或在收款政策上表现出松懈。尽管这些赊销可能有利可图，但直到收到应收账款之前都不会产生现金。因此，股东（和债权人）可以将应收账款周转天数的增加视为未来将产生问题的预警！

固定资产周转率

存货和应收账款周转率强调了流动资产在资产负债表中流转的速度。高存货周转率意味着存货可以迅速被出售并转化为现金或应收账款。平均收款期显示出公司收取应收账款所花费的时间（即从赊账销售中收取现金所花费的时间）。

长期资产也有周转率公式，这种比率被称为**固定资产周转率**（fixed asset turnover）。

$$\text{固定资产周转率}=\frac{\text{年销售收入}}{\text{固定资产}}$$

固定资产是公司的厂房和设备，该比率表示用于产生公司销售收入的厂房和设备的金额。CCS 公司的固定资产周转率为：

$$固定资产周转率=\frac{6\,080.8}{1\,559.7}=3.9$$

这表明 CCS 公司每投资 1 美元于厂房和设备（即固定资产），就会产生 3.90 美元的销售收入。

许多公司，例如，公用事业公司，必须进行大量的厂房和设备投资，以生产出它们销售的产品。也有些公司，尤其是提供服务的公司，只需要少量的固定资产。因此，该比率对公司所在的行业非常敏感。固定资产周转率也很难被解释。它是衡量管理者有效利用长期资产的能力的指标，但该比率的值较低并不一定就差，相反，该比率的值较高也不一定就好。随着时间的流逝，厂房和设备会贬值。它们的账面价值减少，这将增加该比率的数值。对厂房和设备的新投资也会降低固定资产周转率。较低的固定资产周转率可能表示对厂房和设备的投资增加，但并不必然表明对固定资产的使用效率低下。因此，分析师应该考虑固定资产周转率的变化，而不是该比率的绝对值。

总资产周转率

总资产周转率（total asset turnover）考察的是公司的销售收入与所有资产之比：

$$总资产周转率=\frac{年销售收入}{总资产}$$

CCS 公司的总资产周转率为：

$$总资产周转率=\frac{6\,080.8}{4\,412.2}=1.4$$

和其他周转率一样，总资产周转率告诉分析师创造公司的销售收入需要多少资产。然而，由于它加总了公司的所有资产，因此没有区分流动比率与长期比率。由于它加总了资产，因此不能显示出应收账款周转率、存货周转率或固定资产周转率能显示出的问题。

解释所有周转率时都要谨慎。这些比率是静态的，因为它们使用的是给定时间的信息（即资产负债表的年末数据）。然而，这些比率是关于动态事件的；它们与事件发生的时间长度有关。由于存在这种时间问题，因此如果公司存在下列情况，这些基于年末数据的周转率就可能会产生误导：(1) 季节性销售；(2) 财年中发生的零星销售；(3) 财年中存货和销售收入有所增长。债权人和债券持有者需要意识到这些潜在问题，因为它们可能导致对公司的偿债能力得出错误结论。

盈利能力比率

公司的盈利金额对投资者而言尤为重要。属于股东的利润被作为股利分配给他们，或者被留存下来。留存收益表示股东对公司的额外投资。显然，公司的绩效是基本分析的关键因素。

盈利能力比率是表示公司利润与某种基数（例如，销售收入、资产或权益）之比的绩效指标。**毛利率**（gross profit margin）为：

$$毛利率=\frac{销售收入-销货成本}{销售收入}$$

20×1 年，CCS 公司的毛利率为：

$$毛利率=\frac{6\,080.8-3\,548.9}{6\,080.8}=41.6\%$$

它表示在考虑管理费用、折旧和融资成本之前，每销售 1 美元公司将盈利 0.416 美元。

营业利润率（operating profit margin）为营业利润除以销售收入。

$$营业利润率=\frac{营业利润}{销售收入}$$

营业利润通常被定义为息税前利润（earnings before interest and taxes，EBIT），在多数情况下这已经足够了，除非公司在息税前利润中还包括非经常性科目或非重复性科目。尽管管理者可以单独报告这些科目，但它们可以包括在息税前利润中。如果营业利润包括非经常性科目，那么它就不代表营业利润。

20×1 年，CCS 公司的营业利润为 1 055.0 美元，因此营业利润率为：

$$营业利润率=\frac{1\ 055.0}{6\ 080.8}=17.3\%$$

这表示在考虑利息费用和所得税之前，CCS 公司每销售 1 美元，就获得约 0.173 美元的利润。

净利润率（net profit margin）为税后利润与销售收入之比，即

$$净利润率=\frac{税后利润}{销售收入}$$

CCS 公司的净利润率为：

$$净利润率=\frac{628.9}{6\ 080.8}=10.3\%$$

该净利润率表示 CCS 公司每获得 1 美元的销售收入，就获得 0.103 美元的利润。

尽管计算全部三个利润率似乎没有必要，但它们告诉了分析师关于利润率的不同信息。毛利率只对销货成本的变化敏感。营业利润率受所有营业费用的影响。广告费用或折旧的变化影响营业利润率，但不影响毛利率。通过计算两个比率，财务分析师可以确定销货成本的变化或其他营业费用的变化是否影响营业收入。①

净利润率增加了融资费用和税收对盈利能力的影响。所得税税率的变化影响净利润，但不影响营业利润。这种影响对于关心末行数字（净收入）的股东来说可能很重要，但是对于在缴纳所得税前收回利息的债券持有者来说并不重要。债券持有者可能关心影响营业收入而不是影响净收入的费用。

还有些盈利能力比率衡量了**资产收益率**（return on asset）和股权收益率。资产收益率为净利润除以资产，即

$$资产收益率=\frac{税后利润}{总资产}$$

CCS 公司的资产收益率为：

$$\frac{628.9}{4\ 412.2}=14.3\%$$

因此，CCS 公司每 1 美元的资产可以获得 0.143 美元的利润。该比率衡量了公司资源（即资

---

① 有些财务分析师还用利息、税收、折旧和摊销前利润（earnings before interest，taxes，and depreciation and amortization，EBITDA）计算利润率。折旧是有形资产（例如，厂房和设备）成本在一段时期内的分配。摊销是无形资产（例如，商誉）成本在一段时期内的分配。折旧和摊销都是非现金费用。正如本章稍后在现金流量表部分中所解释的，非现金费用被加回到利润中，以计算经营产生的现金。通过使用 EBITDA 而不是营业利润（EBIT），财务分析师只从收入中减去了现金费用（例如，销货成本）。如果两家公司的 EBIT 相同，但其中一家公司的折旧费用更高，那么它的现金费用将较低。较低的现金费用意味着 EBITDA 较高，公司的现金流出较少。通过使用利息、税收、折旧和摊销前利润、营业利润和净利润，财务分析师可以更好地确定公司创造现金的能力。这种现金可以被用于偿还债务、向股东分配，或投资于可能盈利的资产。

产）的收益率。它是一个包括所有因素的绩效指标，表示管理者能从公司全部资产中获得的所有收益。该资产收益率考虑了利润率和资产周转率（即公司出售存货并收取应收账款的速度）以及税收和非经常性科目。

尽管资产收益率给出了衡量公司绩效的总体指标，但它没有显示出管理者为股东实现的绩效的好坏。这种绩效是由**股权收益率**（return on equity）表示的。股权收益率使用的是税后利润，即公司股东可以获得的利润。CCS 公司的股权收益率为：

$$股权收益率=\frac{税后利润}{股权}=\frac{628.9}{872.6}=72.1\%$$

股权是股票、额外实收资本（如果有的话）和留存收益（如果有的话）之和。股权收益率衡量的是公司为股东投资获得的利润。72.1%的股权收益率是非常高的了。因此，计算一段时期内的股权收益率，以更准确地表示管理者能够持续为股东获得的收益率是很可取的。

许多股东关心的可能不是公司的总股权收益率，而是普通股的收益率。为了计算普通股收益率，必须对公司流通的优先股进行调整。首先，必须从利润中减去支付给优先股股东的股利，以获得普通股股东的利润。其次，必须减去优先股对公司股权的贡献，以得到普通股股东对公司的投资。因此，普通股股东的收益率为：

$$普通股收益率=\frac{税后利润-优先股股利}{股权-优先股}$$

当然，如果公司没有优先股，那么股权收益率和普通股收益率将相等。

20×1 年，CCS 公司的普通股收益率为：

$$普通股收益率=\frac{628.9-0}{872.6-0}=72.1\%$$

该比率表示，CCS 公司的普通股股东每投资 1 美元，CCS 公司就获得 0.72 美元的收益。因此，尽管 CCS 公司的总资产仅获得 14.3%的收益率，但它的股东可获得 72.1%的投资收益率。

杠杆（资本化）比率

一家公司如何放大股东的投资收益率？一种方法是使用**财务杠杆**（financial leverage）。通过成功地使用债务融资，管理者可以提高所有者和普通股股东的收益率。财务杠杆可以以资本化比率衡量，它显示了公司用债务为资产融资的程度。这种比率也被称为**债务比率**（debt ratio）。

由于债务融资可能对公司有此类影响，因此每个债务比率在分析公司的财务状况时都极有价值。最常用的资本化比率为：(1) 债务-股权比率；(2) 债务-总资产比率。这些比率为：

$$\frac{债务}{股权} \quad 和 \quad \frac{债务}{总资产}$$

20×1 年，CCS 公司的这些比率为：

$$\frac{债务}{股权}=\frac{3\,539.5}{872.6}=4.06$$

$$\frac{债务}{总资产}=\frac{3\,539.5}{4\,412.2}=80.2\%$$

CCS 公司的债务-股权比率表示每 1 美元股票对应 4.06 美元的债务。债务-总资产比率表示该公司 80.2%的资产是用债务融资的。

由于这些比率衡量的是相同的对象（即债务融资的使用），因此你可能拿不准哪种更好。

实际上，两者都是可以接受的。债务-股权比率用债务占股权的比例来表示债务融资情况，而债务-总资产比率给出了公司总资产中用债务融资的比例。财务分析师或投资者应该选择他们使用起来最顺手的比率。

这些资本化比率是总体指标。它们都使用了总债务，因此没有区分短期债务与长期债务。债务-股权比率使用了总股权，没有区分优先股和普通股提供的资金。债务-总资产比率使用了总资产，因此没有区分流动资产和长期资产。

有些债务比率定义只使用了长期债务（即长期债务/总资产）。其理由是，短期债务必须很快偿还，因此不是公司永久资产结构的一部分。反驳这种推理的理由有三个。第一，公司总会有某种流动负债（即应付账款），而这种负债是其永久资产结构的一部分。第二，在利率升高的时期，管理者可以发行短期债务，在利率降低、进行再融资之前作为暂时的资金来源。第三，在发行长期债务前，有些时期可以使用短期债务。例如，当建设一间厂房时，一旦厂房完工、投入使用，就可以在进行永久融资之前使用短期债务融资。在本书中，债务比率一词总是包括短期债务和长期债务。

还有一个问题，是否应将递延所得税包括在债务结构中，以及是否应将其包括在债务比率的计算中？将递延所得税排除在外的理由是，它可能被无限期递延。是否包括递延所得税最终取决于财务分析师认为是否会缴纳所得税。税法或公司业务的变化可以加速或延缓缴纳递延所得税。当然，如果是加速，那么就有理由将其加入计算中。

尽管债务比率的定义是多种多样的，但所有比率衡量的都是资产由债权人融资的程度。总资产由债权人融资的比例越小，资产价值下降不会威胁债权人状况的可能性就越大。因此，资本化比率是一种风险指标。权益资本较少的公司被视为风险较高，因为如果资产价值减少，可以用来保护债权人的缓冲垫就较小。例如，CCS 公司的债务-总资产比率为 80.2%。这表示在留下足够的资产偿还债务之前，资产价值可能会下降 19.8%（=100%−80.2%）。如果债务比率为 60%，那么资产价值下降 40%时就可能会威胁债权人的状况。

资本化比率对投资者显示的风险和对债权人显示的风险相同，因为拥有高财务杠杆的公司属于高风险投资。如果资产价值下降，或公司出现销售收入下降和亏损，那么使用财务杠杆的公司的股权价值下跌将快于没有使用债务融资的公司。因此，债务比率对于投资者和债权人来说都是重要的风险指标。

表 8.4 说明了不同公司资本化比率的区别，它表示了四家公司的债务比率。该表按公司使用债务融资的数量从高（福特汽车公司）到低（VF 公司）降序排列。如表所示，福特汽车公司近 90%的资产是由债务融资的。尽管有大量债务融资，但已比 2008 年债务比率为 107.8%时有所改善。这种债务比率表示负债超过资产，因此股权为负。这种负股权发生在公司资产负债表的累计赤字（负留存收益）超过其他股权项目时。

表 8.4 中使用的债务比率定义为总债务与总资产之比。如果在计算中只使用长期债务（即长期债务与总资产之比），那么这些比率将显著不同。如果债务比率中不包括流动负债，那么可口可乐公司的债务比率将从 63.2%下降到仅为 32.3%。

表 8.4　部分公司 2014 年 9 月的总债务-总资产比率

公司	债务比率（%）
福特汽车公司	88.0
好时食品公司	70.2
可口可乐公司	63.2
VF（Vanity Fair）公司	46.0

资料来源：Yahoo! Finance.

财务理论表明，存在着最大化公司价值的最优债务与权益融资组合。通过提高公司的每股利润，并允许更快的增长和更高的股利，优化使用财务杠杆可以使普通股股东受益。然而，如果公司使用过多的财务杠杆，或**资本化不足**（undercapitalized），那么债权人就会要求更高的利率，以补偿提高的风险。只有当预期收益率较高时，投资者才会将资金投资于财务杠杆更高的公司。因此，衡量公司使用财务杠杆程度的债务比率是管理者、债权人和股东计算的最重要的比率之一。

偿债能力比率

尽管杠杆比率衡量了公司对债务融资的使用程度，但偿债能力比率衡量了公司偿还债务和优先股的能力。对于债务而言，偿债能力比率向债权人和债券持有者表明公司从业务中获得的利润相对于公司债务的比率。利息偿还比率被称为**利息保障倍数**（times-interest-earned）。利息保障倍数是可以用于偿还利息的利润（即息税前利润）除以利息费用的金额得出的比率，即

$$利息保障倍数=\frac{息税前利润}{年利息费用}$$

该比率为 2，表示公司在支付其他费用后，有 2 美元来支付 1 美元的利息。利息保障倍数越高，公司支付利息的能力就越强。

CCS 公司的利息保障倍数为：

$$\frac{1\ 055.0}{92.2}=11.44$$

它表明公司每 1 美元利息费用对应 11.44 美元的营业收入。

支付利息费用的能力很重要，因为利息到期时无法支付可能令公司破产。利息保障倍数下降表示收入相对于债务下降或收入稳定但使用的债务增加了。对于债权人、投资者和管理者而言，它可以作为财务状况恶化、利息支付违约的可能性上升的早期预警信号。

对于优先股而言，偿债能力比率表示公司支付股利的能力。优先股股利依赖于净利润。（利息保障倍数使用的是营业收入，因为利息是在税前支付的。）优先股的偿债能力比率，即**股利保障倍数**（times-dividend-earned）为：

$$股利保障倍数=\frac{税后利润}{优先股股利}$$

该比率越大，优先股股利越安全。注意，分子由总利润构成。尽管从总利润中减去优先股股利将得到普通股股东可以获得的利润，但所有公司利润都可以用来支付优先股股利。

该比率的变形为**每股优先股利润**（earning per preferred share）。该比率为：

$$每股优先股利润=\frac{税后利润}{流通优先股股数}$$

每股优先股利润越高，股利支付越安全。然而，这些比率均不表示公司是否有足够的现金支付股利。它们只能表示利润覆盖优先股股利要求的程度。

由于 CCS 公司没有优先股，因此不适用偿债能力比率。然而，可以用下面这个简单的例子说明如何计算各比率。一家适用税率为 40%的公司的所得税前利润为 600 万美元。它拥有 100 000 股流通优先股，每股支付 5 美元的股利。股利保障倍数为：

$$\frac{6\ 000\ 000-2\ 400\ 000}{500\ 000}=7.2$$

每股优先股利润为：

$$\frac{6\ 000\ 000-2\ 400\ 000}{100\ 000}=36\text{（美元）}$$

实际上，这两个比率显示的是相同的内容。第一个，优先股的股利保障倍数为7.2∶1。第二个比率显示每股优先股利润为36美元，7.2倍于每股支付的5美元股利。

与利息保障倍数一样，高数值表示股利是安全的。利润越高、流动性越强，意味着股利支付越有保障。即使保障比率较低、为负值，或者公司遭受亏损，只要公司有足够的现金，管理者就可以继续支付优先股股利。在遭受亏损的情况下仍可能支付优先股股利，表明亏损被认为是暂时性的，而公司在财务上仍是稳健的。

财务报表分析、证券选择与互联网

如果你不想计算用于分析公司财务报表的比率，那么你可以在雅虎金融等网站上找到许多分析。金融企业，尤其是电子经纪公司，例如，嘉信（Schwab）公司或史考特（Scottrade）公司，也提供这种信息，但你必须拥有一个账户来获取这些信息。

表8.5展示了网上提供的好时食品公司的部分财务比率。并非所有比率都能在网上找到，而且不同网站提供的数值可能不同（例如，营业利润率）。这种差异可能是使用不同时期比率的结果，例如，过去12个月，这被称为"连续12个月"（trailing twelve months，TTM），即公司的过去一个财政年度。计算中可以使用不同的数据。例如，一个来源可能使用没有调整非营业损益和其他损益的利润，而另一个来源可能使用经过调整的利润。特定比率的不同定义也可以解释这些差异。

表8.5　从不同网络来源处得到的好时食品公司的财务比率

比率	MSN货币	路透社	雅虎	史考特
流动比率（倍）	1.2	1.2	1.2	1.2
营业利润率（%）	17.3	18.1	19.6	18.7
净利润率（%）	11.27	11.4	11.4	11.4
资产收益率（%）	15.1	15.4	16.5	15.4
股权收益率（%）	57.6	54.2	54.0	54.2

资料来源：http://moneycentral.msn.com；http://www.reuters.com；http://finance.yahoo.com；http://scottrade.com.

这些差异向希望进行比较的投资者提出了一个问题。一个明显的解决办法是，由投资者计算这些比率，这样可以使定义和时期保持一致。一个更实际的解决方法是，只使用一种信息来源，即只需选择提供最优数据的来源即可。例如，某个信息来源可能既提供了公司的财务比率，也提供了行业的财务比率。

一旦你确定了合适的数据来源，那么就可以用财务比率筛选出符合特定标准的公司。例如，你可以规定股权收益率至少为20%，股利收益率为2.5%。然后，计算机就会搜索数据库，找出所有符合这些特定标准的公司。如果数量很多，那么就可以将标准制定得更严格，或者在筛选过程中加入更多标准。

遗憾的是，数据搜索并不能回答以下基本问题：股票是定价过低还是定价过高？搜索只能挑出符合特定标准的股票。如果你希望找出所有股利收益率为2.5%且股权收益率为20%的股票，那么得出的名单将基于当期股利。然而，并不能确保当期股利将会维持下去。股权收益率将基于公司的利润表和资产负债表，两者都是历史信息。下一年的收益可能会降低，因此可能无法维持理想的股权收益率。尽管筛选限制了符合标准的股票的数量，但这些过滤技术是分析加入投资组合的证券的最好起点。

现金流分析

上一节分析的是公司的利润表和资产负债表，强调了盈利能力和普通股股东所能获得的净利润。然而，财务分析师对公司营业利润和现金流的兴趣正在提高。净利润可能受许多因素的影响，而这些因素与公司的营业前景没有多大关系。例如，使用直线折旧法而不是加速折旧法将提高利润（和税收），但不会影响公司的经营。其他项目，例如，出售升值资产、弥补应收账款亏损的准备金增加，或存货价值的变化，都可能影响公司的净收入，但这些事件并不一定影响当期经营或未来经营。

上例表明，在不影响经营的情况下，利润也可能受到影响。由于这些例子可能不会反复出现（例如，资产出售只发生一次），因此不同时期的净收入可能不可比。此外，公司可能会反复获得利润，但仍然不能创造现金。例如，如果公司 A 拥有公司 B 的股票，那么这笔投资可能影响利润而不是经营。公司 A 可能将部分利润报告为公司 B 的利润（即公司 A 获得其在公司 B 利润中的相应份额），但这不一定意味着公司 A 将收到现金。如果公司 B 将利润留存，那么公司 A 显然不会就其报告的利润收到任何现金。对于像伯克希尔·哈撒韦公司这样对其他公司有大量股权投资的公司，其大部分利润都独立于自身的经营，且不代表现金收入。

由于净利润可能受非经常性科目的影响或不代表现金，因此许多财务分析师更强调现金流。理由在于，公司经营产生的现金流是衡量其盈利能力和价值的更好的指标。这些分析师不计算收入，而是确定公司创造现金的能力，并用该信息为公司估值。

现金流量表

对现金创造能力的日渐重视导致了**现金流量表**（statement of cash flows）的产生。现金流量表确定了公司持有的现金和现金等价物（即短期流动性资产，例如，国库券）的变化。其重点不是收入或公司的资产与负债，而是公司的经营决策、投资决策和融资决策产生的现金流入与流出。

表 8.6 给出了克洛伊上装公司的现金流量表。该表分为三个部分：(1) 营业活动；(2) 投资活动；(3) 融资活动。每部分都列出了现金流入与现金流出。现金流入情况如下所示：

(1) 资产减少。

(2) 负债增加。

(3) 权益增加。

现金流出情况如下所示：

(1) 资产增加。

(2) 负债减少。

(3) 权益减少。

现金流量表从公司的利润开始，并通过不同项目的数据计算出公司的现金和现金等价物的变化。如表 8.6 所示，克洛伊上装公司从 628.9 美元的利润开始。由于利润并不等于现金，因此必须进行调整，以计算现金变化。第一项调整是加回所有非现金费用，并扣除非现金收入。这些调整中最重要的通常是折旧，即将厂房和设备的成本分摊至一段时期的非现金费用。其他非现金费用可能包括原材料损耗和商誉等无形资产的摊销。在本例中，折旧为 176.6 美元，该费用被加到公司的利润中。

表 8.6　克洛伊上装公司截至 20×1 年 12 月的年度综合现金流量表　　单位：美元

	20×1 年	
净收入	628.9	
折旧	176.6	
现金流	805.5	
营业资本与负债的变化		
应收账款	(9.5)	流出
存货	(115.3)	流出
应付账款	9.3	流入
应计费用	18.9	流入
营业活动提供（使用）的净现金	(96.6)	净流出
投资活动		
购买的厂房与设备	(122.0)	流出
其他	23.9	流入
投资活动提供（使用）的净现金	(98.1)	净流出
融资活动		
短期借款	(153.2)	流出
长期借款	206.8	流入
股票回购	445.8	流出
额外实收资本	56.0	流入
股利支付	(358.0)	流出
融资活动提供（使用）的净现金	694.2	净流出
年初的现金	1081.6	
年末的现金	998.2	
现金变化	(83.4)	

资料来源：© Cengage Learning 2016.

下一组数据是指公司经营产生的流动资产和流动负债的变化。其中有些变化会产生现金，而有些会消耗现金。如果应收账款增加，就意味着公司的赊账销售净增加。这些赊账销售在收到应收账款前并不产生现金。如果应收账款下降，公司收取的款项将增加，这是现金流入。20×1 年，好时食品公司的应收账款增加了 9.5 美元，这是现金流出。

存货的增加和应收账款的增加一样，属于现金流出。购买的存货多于销售的存货，因此产生了现金流出。如果公司的存货减少，那么将产生现金流入。存货减少表示购买的存货少于销售的存货。应加上这种现金流入，以计算营业活动产生的现金。20×1 年，存货增加了 115.3 美元，在计算营业活动产生的现金时，应减去这笔现金流出。

应收账款和存货的变化对现金的这种影响也适用于其他流动资产。流动资产——而不是现金或现金等价物的增加——是现金流出，而它们的减少则是现金流入。例如，如果公司在月初预付了保费或缴纳了租金，那么这些支付为现金流出。然而，它们也增加了预付费用这项资产。因此，资产增加表示现金流出。

除了流动资产的变化外，普通日常经营也会改变公司的流动负债，如应计工资和其他交易账款的增加。公司应付账款的增加是现金流入，因为尚未支付现金。在支付账款时，应付账款将减少，因此将变为现金流出。克洛伊上装公司的应付账款和其他应计费用（18.9 美元）增加了 9.3 美元。

所有对收入、营业流动资产和流动负债变化的调整之和为营业活动提供的净现金。克洛伊上装公司在 20×1 年的营业活动产生的净现金流出为 96.6 美元。

对收入、营业流动资产与流动负债的变化进行调整后，现金流量表考虑了投资活动产生的现金。购买厂房和设备需要现金流出，而出售厂房和设备将产生现金（现金流入）。公司扩张通常需要追加对厂房和设备的投资，这需要消耗现金。有多余能力但生产停滞不前的公司可以卖掉厂房和设备，这将产生现金。克洛伊上装公司购买了厂房和设备（122.0 美元），这是现金流出。其投资决策的净效应为 98.1 美元的现金流出。

现金流量表的第三部分涉及公司的融资决策。融资活动可以是长期的，也可以是短期的。发行新债务将产生现金流入，因此短期负债（例如，银行贷款）或长期负债（例如，债券）的增加是现金的来源。减少银行贷款或未清偿债券要求现金流出。发行新股票（股权增加）产生现金流入，而赎回股票或支付股利为现金流出。

克洛伊上装公司融资决策产生的现金流入和现金流出包括短期借款的减少（153.2 美元）和长期债务的增加（206.8 美元）。该公司回购了股票（445.8 美元的现金流出），并支付了 358.0 美元的股利。

现金流量表的最后一行表示该公司在会计期末的现金状况。如果营业活动、投资活动和融资活动产生的现金流入之和为正，那么该公司将有现金流入。如果总和为负，那么结果将为现金流出。克洛伊上装公司的现金流出超过现金流入 83.4 美元，这使现金和现金等价物从 1 081.6 美元降低到了 998.2 美元。

现金流量表为财务分析师提供了哪些信息？通过强调现金流入和现金流出，现金流量表强调了公司产生现金的来源和如何使用这些资金。克洛伊上装公司营业活动产生的现金（805.5 美元）有所增加，这些现金被用于购买厂房和设备、支付股利和回购股票。然而，这些现金流出超过了现金流入，因此净效应是减少了该公司的现金。

小　结

公司是由州批准创建（即颁发执照）的经济实体。公司的所有权是由股票表示的，它可以方便地从一个人转移到另一个人。此外，公众持股公司的投资者具有有限责任。

在一家公司产生利润之后，它可以将其作为股利进行分配，也可以将其留存起来用于为未来成长或偿还债务融资。当利润增加时，股利也可能增加，但利润的增加和现金股利的增加之间通常会有滞后。

除了现金股利外，某些公司还分配股票股利。这些股利和股票分拆并不会提高公司的盈利能力。它们是改变公司流通股股数的资本结构调整。由于股票股利和股票分拆不会改变公司的盈利能力，因此股价必须根据股数的变化做出调整。

财务比率经常被用于分析公司的财务报表。这些财务比率容易计算，并使用了可以方便地从公司财务报表中获得的信息。这些财务比率为比较提供了方便。公司目前的财务状况可以与以前年份或行业内其他公司的财务状况相比较。下文总结了本章介绍的财务比率。

财务分析也强调了公司产生现金的能力。现金流量表列出了公司的现金流入和现金流出。负债或权益的增加和资产的减少是现金流入。负债或权益的减少和资产的增加是现金流出。通过详细列出现金流入和现金流出，现金流量表表示了资金来自何处、如何使用。它表明公司的现金状况是改善还是恶化了。

尽管这些比率经常被用于分析公司的财务状况，但它们并未回答下列问题：应该买入还是卖出股票？财务比率本身并没有回答这个问题。高股权收益率、低债务比率或足以偿还当期债务的流动性都是积极因素，但它们并不会增加股票的价值。股票定价是下一章的内容。

财务比率定义小结

1. 流动性比率

(1) 流动比率：

$$\frac{\text{流动资产}}{\text{流动负债}}$$

(2) 速动比率：

$$\frac{\text{流动资产}-\text{存货}}{\text{流动负债}}$$

2. 经营比率

(1) 存货周转率：

$$\frac{\text{销售收入}}{\text{平均存货}}$$

或

$$\frac{\text{销货成本}}{\text{平均存货}}$$

(分母可以被定义为年末存货，而不是平均存货。)

(2) 平均收款期：

应收账款周转天数

$$\frac{\text{应收账款}}{\text{日销售收入}}$$

应收账款周转率

$$\frac{\text{年赊账销售收入}}{\text{应收账款}}$$

或

$$\frac{\text{年销售收入}}{\text{应收账款}}$$

(如果没有给出赊账销售金额，那么就不能计算第一种定义下的应收账款周转率。)

(3) 固定资产周转率：

$$\frac{\text{年销售收入}}{\text{固定资产}}$$

(4) 总资产周转率：

$$\frac{\text{年销售收入}}{\text{总资产}}$$

3. 盈利能力比率

(1) 毛利率：

$$\frac{\text{销售收入}-\text{销货成本}}{\text{销售收入}}$$

(2) 营业利润率：

$$\frac{\text{营业利润}}{\text{销售收入}}$$

(3) 净利润率：

$$\frac{\text{税后利润}}{\text{销售收入}}$$

(4) 资产收益率：

$$\frac{\text{税后利润}}{\text{总资产}}$$

(5) 股权收益率：

$$\frac{\text{税后利润}}{\text{股权}}$$

普通股收益率：

$$\frac{\text{税后利润}-\text{优先股股利}}{\text{股权}-\text{优先股}}$$

4. 杠杆比率

(1) 债务/净值：

$$\frac{\text{债务}}{\text{股权}}$$

(2) 债务比率：

$$\frac{\text{债务}}{\text{总资产}}$$

5. 偿债能力比率

(1) 利息保障倍数：

$$\frac{\text{息税前利润}}{\text{年利息费用}}$$

(2) 股利保障倍数：

$$\frac{\text{税后利润}}{\text{优先股股利}}$$

(3) 每股优先股利润：

$$\frac{\text{税后利润}}{\text{流通优先股股数}}$$

问　题

1. 购买 IBM 股票的投资者拥有有限责任是什么意思？

2. 下列各项的目的是什么？

a）优先认购权。

b）累计投票制。

c）董事会。

3. 为什么股利增加可能会滞后于利润增加？为什么一家公司即使在利润下降时也可能分配股利？

4. 除息日、股权登记日和分配日之间的区别是什么？

5. 与股利再投资计划相关的好处是什么？

6. 股票股利与现金股利有何不同？股票股利与股票分拆有何不同？

7. 下列各项的税收含义是什么？

a）股利再投资计划。

b）股票股利。

c）股票分拆。

d）公司股票回购。

8. 优先股和普通股的区别是什么？

9. 如果优先股被拖欠，那么股利支付的含义是什么？

10. 下列各项的区别是什么？

a）横截面分析和时间序列分析。

b）流动比率和速动比率。

c）应收账款周转率、存货周转率和固定资产周转率。

d）毛利率、营业利润率和净利润率。

e）资产收益率和股权收益率。

f）债务-总资产比率和债务-股权比率。

g）利息保障倍数和股利保障倍数。

11. 现金流量表为分析师提供了关于公司的何种信息？

12. 请选择某个行业（例如，制药业或房地产业）的三家公司，并比较这三家公司的下列比率：流动比率、债务比率、资产收益率、股权收益率和净利润率。每个行业的公司之间存在相似性吗？你可以用表 8.5 中提供的网站来获得这些比率。

关系题与基本习题示例

关系题

1. 留存且未被作为股利分配的利润将____公司的权益。

2. 留存利润并使用收入清偿债务将____公司的总资产。

3. 股票在除息日交易时股价将____。

4. 股票股利将____流通股股数并____股票价格。

5. 1 拆 2 的股票分拆将____公司资产、公司负债并____公司权益。

6. 10 合 1 的股票分拆将____股票价格。

7. 利润增加将____股利支付率。

8. 3 拆 4 的股票分拆将____每股利润。

9. 股票回购将____公司负债。

10. 如果某家公司回购股票，其股权将____。

11. 利率增加将____现有优先股支付的股利。

12. 普通股现金股利增加将____优先股股利。

13. 现金股利将____每股利润，____现金并____长期债务。

14. 股票股利将____现金，____短期债务，____长期债务并____总股权。

15. 股利支付率将随着长期债务的增加而____。

16. 股票 A 为 1 拆 2，股票 B 为 2 合 1。在两种情况下，债务都将____，股权都将____。

17. 如果一家公司发行了长期债券，并使用发行收入减少银行短期贷款，那么流动比率和速动比率将____。

18. 如果一家公司收取应收账款，流动比率将____。

19. 存货减少将____存货周转率并____固定资产周转率。

20. 经营亏损将____债务比率。

21. 所得税增加将____利息保障倍数。

22. 应收账款周转天数增加将____公司的流动性。

23. 利息费用增加将____营业利润率并____净利润率。

24. 折旧费用增加将____利润且____现金流。

25. 资产____是现金流入。

26. 负债____是现金流入，股权____是现金流出。

27. 分配股票股利将____现金流入。

28. 存货以成本出售。债务比率将____，速动比率将____。

29. 一家公司回购了公众持有的股票。速动比率将____，总资产周转率将____，应纳税款将____。

30. 税收增加将____利息费用，____营业收入并____净收入。

基本习题

1. 某家公司过去两年的资产负债表如下：

20×1 年

资产（美元）		负债与权益（美元）	
现金	19 000	应付账款	12 000
		应计费用	10 000
应收账款	11 000	当期银行票据	10 000
存货	20 000	长期债务	32 000
厂房和设备	50 000	普通股	14 000
		留存收益	22 000
	100 000		100 000

20×2 年

资产（美元）		负债与权益（美元）	
现金	2 000	应付账款	12 000
		应计费用	10 000
应收账款	28 000	当期银行票据	30 000
存货	20 000	长期债务	10 000
厂房和设备	50 000	普通股	14 000
		留存收益	24 000
	100 000		100 000

20×1 年的销售收入为 300 000 美元。20×2 年的销售收入为 300 000 美元。

a）根据流动比率和速动比率，该公司的流动性下降了还是上升了？

b）应收账款周转天数（应收账款周转率）恶化了还是好转了？

c）请在不做计算的情况下判断存货周转率是否恶化了。你是怎么知道的？

d）如果该公司 2012 年的利润为 5 000 美元，那么利润的分配比例是多少？

e）长期债务的变化是现金流入还是现金流出？

2. HDM 将其股票 1 拆 4。在股票分拆之前一天，股票售价为 246.00 美元。当分拆生效时，该股票的预期价格是多少？在分拆生效日，HDM 的股票收盘于 61.00 美元。该股票的价格变化是多少？

3. 某家公司的资产负债表有如下科目：

单位：美元

现金	1 000 000
总资产	3 000 000
普通股（流通股股数为 300 000 股，面值为 1 美元）	300 000
实收资本	50 000
留存收益	450 000

a）该公司的负债是多少？

b）如果该公司的股票 2 拆 2，对留存收益的影响是什么？

c）如果该公司分配了每股 1 美元的现金股利，请重新编制资产负债表科目。

单位：美元

现金	____
总资产	____
普通股（流通股股数为____股，面值为____美元）	____
实收资本	____
留存收益	____

4. 请使用这里给出的利润表和资产负债表，计算下列比率。请比较你的结果与行业平均值。明显的优点和缺点有哪些？

比率	行业平均值
流动比率	2∶1
酸性测试（速动比率）	1∶1
存货周转率	
a. 年销售收入	4.0×
b. 销货成本	2.3×
应收账款周转率	
a. 年赊销收入	5.0×
b. 年销售收入	6.0×
c. 平均收款期	2.5 个月
营业利润率	26%
净利润率	19%
资产收益率	10%
股权收益率	15%
债务比率	
a. 债务/股权	33%
b. 债务/总资产	25%
利息保障倍数	7.1×

截至 20×1 年 12 月 31 日的 XYZ 公司的利润表

单位：美元

销售收入	100 000
销货成本	60 000
总利润	40 000
销售费用与管理费用	15 000
营业利润	25 000
利息费用	5 000
税前利润	20 000
应纳税款	3 200
股东可获得的利润	16 800
流通股股数	10 000
每股利润	1.68

（为了计算存货周转率，假设前一年的存货为 40 000 美元。）

20×1 年 12 月 31 日 XYZ 公司的资产负债表

单位：美元

流动资产		
现金与有价证券		10 000
应收账款	32 000	
减去呆账准备金	2 000	30 000
存货		
产成品	30 000	
在制品	5 000	
原材料	7 000	42 000
流动资产总计		82 000
投资		10 000
长期资产		
厂房与设备	100 000	
减去累计折旧	30 000	70 000
土地		10 000
长期资产总计		80 000
资产总计		172 000

负债与股东权益 单位：美元

流动负债	
应收账款	10 000
应计工资	11 000
银行票据	15 000
应计应付利息	4 000
应计税款	1 000
流动负债总计	41 000
长期债务	15 000
负债总计	56 000
股东权益	
普通股（面值为 1 美元；注册股数为 20 000 股，流通股股数为 10 000 股）	10 000
额外实收资本	20 000
留存收益	86 000
股东权益总计	116 000
负债与权益总计	172 000

习 题

1. 一个投资者以每股 40 美元的价格购买了 100 股股票，年现金股利为每股 2 美元（股利收益率为 5%），并签署了股利再投资计划。

a）如果股利和股价都没有变化，那么投资者在 10 年后将拥有多少股票？股票价值将为多少？

b）如果股价每年上涨 6%，但股利保持为每股 2 美元，那么在接下来的 10 年中投资者每年将购买多少股股票？10 年后的股票总价值为多少？

c）如果股价每年上涨 6%，但股利每年只升高 3%，那么在接下来 10 年中投资者每年将购买多少股股票？10 年后的股票总价值为多少？由于股利计划允许存在零股，因此在 b）和 c）中使用三位小数。

2. 一家公司的资产负债表上有如下科目：

单位：美元

现金	20 000 000
存货	134 000 000
应付银行票据	31 500 000
普通股（面值为 10 美元，流通股为 1 000 000 股）	10 000 000
留存收益	98 500 000

请描述在下列情况下，每个账户将如何变化？

a）现金股利为每股 1 美元。

b）股票股利为 10%（股票的公允市场价值为每股 13 美元）。

c）1 拆 3 的股票分拆。

d）2 合 1 的逆向股票分拆。

3. 一家公司的股票售价为 60 美元，该公司的资产负债表如下所示：

单位：美元

资产	30 000 000	负债	14 000 000
		优先股	1 000 000
		普通股（面值为 12 美元；流通股为 100 000 股）	1 200 000
		实收资本	1 800 000
		留存收益	12 000 000

a）请编制一张新的资产负债表，显示出股票 1 拆 3 时的影响。股票的新价格是多少？

b）请编制一张新的资产负债表，显示出股票股利为 10%时的影响。新股价格大约为多少？

4. 你从一家公司的财务报表中得出了以下信息。作为这家公司债务工具的投资者，你关心的是它的流动性状况和对财务杠杆的使用。你能从这些信息中得出什么结论？

单位：美元

	20×2 年	20×1 年	20×0 年
销售收入	1 700 000	1 500 000	1 000 000
现金	18 000	7 000	5 000
应收账款	152 000	130 000	125 000
存货	200 000	190 000	200 000
流动负债	225 000	210 000	175 000
营业收入	170 000	145 000	90 000
利息费用	27 000	23 000	20 000
税收	53 000	45 000	25 000
净收入	90 000	77 000	45 000
债务	260 000	250 000	200 000
权益	330 000	300 000	200 000

5. 一家总债务为 700 000 美元、权益为 300 000 美元的公司的债务/股权比率和债务比率为多少？

6. 一家公司的销售收入为 500 000 美元，平均存货为 200 000 美元。该行业的平均存货周转率为 1 年 4 次。如果这家公司要实现与行业平均值相当的周转率，那么存货应减少多少？

7. 如果一家公司一年的销售收入为 42 791 000 美元，且该行业的平均收款期为 40 天，那么如果该公司与行业水平相当，该公司的应收账款应为多少？

8. 两家公司的销售收入均为 100 万美元。其他财务信息如下所示：

单位：美元

	公司 A	公司 B
EBIT	150 000	150 000
利息费用	20 000	75 000
所得税	50 000	30 000
股权	300 000	100 000

这两家公司的营业利润率和净利润率是多少？它们的股权收益率是多少？它们为何不同？如果两家公司的总资产相同，那么你能从它们各自对债务融资的应用中得出什么结论？

9. 给定下列信息，请确定股利保障倍数：

- 公司所得税税率为 30%；
- 息税前利润为 10 000 美元；
- 应付利息为 2 000 美元；
- 优先股股利为 2 000 美元。

10. 一家公司的息税前利润为 500 000 美元，

该公司需要 100 万美元的额外资金。如果该公司发行债务，那么债券将在 20 年后到期，利率为 8%。该公司还可以发行股利率为 8%的优先股。该公司有 100 000 股流通的普通股，适用的所得税税率为 30%。请计算以下比率：(1) 在两种情况下的每股普通股收益率；(2) 该公司利用债务融资时的利息保障倍数；(3) 该公司利用优先股融资时的股利保障倍数。

11. 本章使用了克洛伊上装公司（一家服装生产商与经销商）的财务报表作为示例计算财务比率。廷克裤装（Tinker'sTrouserS）公司也生产服装。给定廷克裤装公司的部分财务数据，请计算下列财务比率：

a）流动性比率：流动比率和速动比率。

b）经营比率：存货周转率、应收账款周转率、应收账款周转天数（平均收款期）、固定资产周转率、总资产周转率。

c）盈利能力比率：营业利润率、净利润率、资产收益率和股权收益率。

d）杠杆比率：债务/股权比率、债务比率（总债务/资产）。

e）偿债能力比率：利息保障倍数。

请比较这些数字结果与本章中计算的克洛伊上装公司的财务比率。它们是否存在明显差异？

资产负债表（截至 20×1 年 12 月 31 日）

（单位：美元）

流动资产	
现金与现金等价物	1 330
应收账款	994
存货	1 329
其他流动资产	229
流动资产总计	3 882
厂房和设备	2 484
其他非流动资产	5 717
资产总计	11 983
流动负债	2 648
长期负债	6 411
权益	2 811
负债与权益总计	11 983
（上一年的存货：1 452）	

利润表（截至 20×1 年 12 月 31 日的财政年度）

单位：美元

销售收入	11 649
总利润	7 650
营业收入	1 460
利息费用	294
税收	243
净收入	923

投资作业（第三部分）

在第一部分中，你对 10 只股票中的每只股票投资了 10 000 美元，并在雅虎金融等网站上建立了一个观察账户。有些网站提供了本章介绍的比率。本作业要求你确定你选择的股票是否满足了下列比率要求：

流动比率	至少为 1∶1
利润率	至少为 8%
资产收益率	至少为 10%
股权收益率	至少为 15%
长期债务与总资产之比	不超过 40%

（多数来源使用的都是长期负债，而不是总负债。如果你希望使用总负债计算债务比率，可以在该公司的资产负债表上找到该信息。）

尽管这些比率并不表示该股票的定价是过高还是过低（下一章将解决这个问题），但它们是良好的出发点。例如，如果资产收益率或股权收益率为负，你可能就会掂量一下你是否希望持有一只经营亏损的股票。

理财顾问的投资案例

增加权益的策略

克里斯蒂娜·莫里托利斯（Christina Molitoris）正在为切萨皮克湾公司（Chesapeake Bay Corporation）的董事会会议做准备。这家公司是切萨皮克湾地区的中等价位房屋和度假别墅的开发商。由于该地区毗邻大都市地区，再加上切萨皮克湾拥有娱乐设施，因此这家公司成为该国最成功的房地产商之一。在过去的5年中，该公司的现金股利从每股2.10美元上升到每股3.74美元，其股价从36美元上升到75美元。由于该公司有12 000 000股流通股，因此股票市值为90 000 000美元。由于该公司所在行业具有波动性，因此其股价和股利的增加实属巨大成就。

然而，该公司的管理层正在考虑进入非建筑领域，以实现多元化。这些新投资需要更多的融资。尽管增加债务融资是有可能的，但管理层认为只发行新债务，而不增加公司的股权基础是不明智的。新股权可以通过发行更多股票或减少股利，从而留存更高比例的公司利润实现。之前，反对这种策略的观点主要有两个：发行更多股票可能会稀释股票而降低现有股东的地位；减少股利会导致股票价格下降。

尽管公司有可能不做任何变化而维持现有状况，但董事会认为充分讨论各种可能性是更好的选择。上司已要求莫里托利斯女士在两周后的下一次董事会上提出上述两种策略以外的其他选择。

这么短的准备期意味着不可能进行全面充分的分析，尤其是分析削减股利对股票价值的可能影响，但是莫里托利斯女士认为还有一些其他选择。她的一个助手建议该公司制订一项股利再投资计划，向股东出售更多的股票，以筹集更多的股权资本。她的另一个助手建议公司用5%的股票股利代替现金股利。在向董事会提交任何一项（或全部两项）建议之前，莫里托利斯女士决定寻求你的帮助。你需要回答以下几个问题：

1. 执行这些建议会降低现有股东的地位吗?

2. 每种行为将筹集多少新股权?

3. 股价将发生什么变化?

4. 每种策略的成本是什么?

5. 同时使用股票分拆和任何一种策略有助于提高额外股权融资额吗?

6. 同时增加现金股利并推行股利再投资计划有助于提高额外股权融资额吗?

7. 有理由偏好或排除四种策略（即发行新股、降低股利、制订股利再投资计划、用股票股利代替现金股利）中的任何一种吗?

第九章

普通股估值

学习目标

学习完本章后，你应能：

1. 识别出投资者必要收益率的组成部分。
2. 区别必要收益率和预期收益率。
3. 研究股价的决定因素。
4. 用简单现值模型计算股票的价值。
5. 说明如何使用市盈率、市销率、市账率和PEG比率选择股票。
6. 找出市盈率、市销率和市账率等比率的缺点。
7. 辨别法马-弗伦奇（Fama-French）对投资收益率的研究的意义。

你正在考虑购买一只股票，并希望获得信息来帮助自己决策。在彭博社、雅虎金融或谷歌金融等网站上，输入股票代码，就能看到报价和各种链接，例如，公司资料、分析师评级和财务数据。财务数据看上去很枯燥，而且你认为你已经了解公司的基本情况了。接下来你发现该股票当前的价格55美元处于“买入区间”，股价下跌25%后仍处于买入区间。你还发现利润估计为每股5.25美元到每股6.14美元，且利润增长率为5.5%～7.4%。由于这些估计存在差异，因此你访问了第二个网站，希望弄明白这个问题。你重复这个过程，结果发现第二个网站报告的分析师评级不同于前一个网站报告的利润与增长率估计。

这个信息能否帮你决定是否应该购买股票？你正面临着每个投资者都要面对的最难以捉摸和复杂的问题之一。股票到底值多少钱？它现在的价值是多少？不对当前价值进行估计，就只能靠预感、直觉和窍门来做出买入决定了。你会怎么做？金融哲学家（或爱嘲讽的人）可能会建议你获取具体信息以确定是否真想购买这只股票。但在任何情况下，你都必须对股票价值有所了解，才能决定是否应该购买这只股票。

从概念上看，股票估值和债券或其他资产估值一样。在每种情况下，未来现金流都被贴现为现值。对于债务工具而言，这个过程相对简单，因为债务工具支付固定金额的利息，并在特定日期到期。然而，普通股并不支付固定股利，也不会到期。这两个因素使普通股估值的难度显著增加。

为股票估值的方法有两种（通常被称为"基本面分析"）：贴现现金流和财务报表分析。贴现现金流模型需要估计未来销售收入、费用、利润和股利，并将这些值表示为现值（即贴现未来现金流）。将该现值与股票当期价格比较，以做出买卖决策。财务报表分析使用各种比率，例如市盈率（P/E）、市账率（P/B）、市销率（P/S）、股权收益率（ROE）和债务股权比率（D/E）。这些比率可以与行业平均值或预先确定的临界值比较，以确定应该买入还是卖出股票。

本章先列出了与基本面分析相关的基本逻辑框架。接下来，本章考察了投资者的预期收益率，即预期股利与资本收益之和。在股票估值的贴现未来现金流模型中，这种收益率被作为必要收益率。在进行初步介绍之后，股利增长模型进行了扩展，加入了资本资产定价模型，它根据股票的系统性风险调整了必要收益率。

许多公司不支付现金股利，因此不适用贴现股利模型。相反，需要估计未来利润和现金流，然后进行贴现，以确定股票价值。然而，投资者需要意识到，这些价值极为依赖预测未来利润和现金流所必需的假设。

本章接下来考虑了财务报表分析和用于选择股票的不同乘数。金融媒体常常报道这些比率，投资者可以通过互联网方便地获得它们的数值。然而，投资者必须选择使用哪种比率并确定何种值表示股票价值被低估或被高估。本章最后讨论了基本面分析和有效市场假说。有些证据表明，市场并非完全有效，使用公司财务状况和增长潜力分析可能导致更高的风险调整收益率。

证券估值的逻辑过程

财务规划是从一般到具体的逻辑过程。它首先确定财务目标，并对投资目标按优先顺序排序，接着分析投资者可获得的资源。其次，在不同资产之间分配资金，以构建分散化投资组合，实现投资者的财务目标。

证券基本面分析和估值也遵循从一般到具体的逻辑过程。股票估值从经济环境开始，包括对公司经营所在的经济增长环境、就业环境、通货膨胀环境和地理政治环境的估计。然后，证券分析师继续提出更具体的问题，例如监管问题以及政府政策和干预的影响。当然，政府干预不限于监管，因为补贴和税收政策的目的往往是刺激对特定产品（例如燃油效率更高的汽车）的需求。公共政策经常改变对特定商品与服务的供求，还可能影响价格，使公司的投资转向特定产品和服务。

在考虑宏观经济环境和监管环境后，证券分析师将继续分析经济的不同部门。这些部门是广义经济部门，例如能源部门、技术部门或健康部门。经济对不同部门的影响不同。属于生产必需消费品的公司（例如亨氏公司）受经济环境的影响可能小于生产非必需消费品的公司（例如福特公司）。部门可以被细分为行业。例如，"健康部门"包括制药业、健康服务提供业（例如医院）和医疗设备生产业。"能源部门"包括石油与天然气钻探业、炼油业、分销业和零售业。在每个行业内，证券分析师都需要意识到竞争程度、成本结构、定价环境和预期增长率。这种背景是在分析个体公司前所必需的。

在考虑宏观经济、部门和行业后，证券分析师将继续考虑具体公司。生产组合、管理、资金来源、绩效指标（例如资产收益率和股权收益率）和现金创造能力都是公司估值过程的一部分。最终，分析的目的是确定公司证券（即股票和债券）的价值是否被低估，以及是否应该购买它们加入投资者或投资公司的投资组合。该估值过程是本章其余部分的内容。

投资者的预期收益率

投资者购买股票，是为了得到由股利收益和资本收益构成的总收益。股利收益是股票支付的股利收入。资本收益是股票价值的增加，它与利润的增加相关。如果公司能实现利润的增长，那么股利就会增加，而股票价值也会逐渐增加。

第五章讨论过并用式（5.1）表示的预期收益率可以写为：

$$E(r)=\frac{E(D)}{P}+E(g)$$

预期收益率 $E(r)$ 是股利收益率之和，即预期股利 $E(D)$ 除以股票价格（P），再加上预期增长率 $E(g)$。如果公司的股利为每股 0.93 美元，预期增长率为 7%，并将增加为每股 1 美元，且股票价格为 25 美元，那么股票投资的预期年收益率为：

$$E(r)=\frac{1}{25}+0.07=0.11=11\%$$

如果想使投资有吸引力，那么预期收益率必须等于或高于投资者的必要收益率。（本章后面将讨论必要收益率的具体内容。）如果投资者要求类似风险的普通股投资的收益率为 11%，那么该股票将满足投资者的要求。然而，如果投资者的必要收益率超过 11%，那么该股票的预期收益率就较低，而投资者将不会购买该股票。相反，如果可比普通股的必要收益率为 10%，那么该股票就是一项很不错的投资，因为它的预期收益率超过了必要收益率。

在没有佣金费用，且股利的税率与资本收益的税率相等时，投资者对其收益的构成是无所谓的。如果资本收益率为 11%，那么获得 11%的资本收益率的投资者愿意接受为 0 的股利收益率。相反，如果股利收益率为 11%，那么为 0 的资本收益率也可以接受。当然，任何实现 11%的收益率的资本收益率与股利收益率的组合也是可以接受的。

然而，由于存在佣金和税收，投资者可能会关心收益率的构成。为了实现股票价值的增长，投资者必须出售证券并支付佣金。该成本意味着投资者将偏好股利收益。此外，资本收益出现在未来，可能没有当期股利那么确定。未来资本收益与当期股利相比的不确定性也使投资者更偏好股利，而不是资本增值。

在 2003 年美国联邦税法修改之前，股利的税率高于长期资本收益的税率。2015 年，二者的最高税率均为 20%。（短期资本收益的税率为个人的边际税率。这种短期资本收益与长期资本收益的税收差异是至少持有股票 1 年零 1 天的明显动机。）对股利和长期资本收益征收 20%的税收当然会为公平竞争创造条件。然而，仍然存在偏好长期资本收益的税收理由。资本收益税可以递延到收益实现之时再缴纳，而股利税收无法递延。（由于联邦所得税法修改频繁，你需要跟踪最新的税收法规信息，并重新考虑其对投资组合造成的影响。）

股票估值：股利现值

价值投资关注的主要是资产价值，也就是资产的内在价值。贴现现金流方法将未来现金流入（例如，股利）以适当的贴现系数贴现回现在，从而对股票估值。对于个人投资者而言，该贴现系数为必要收益率，也就是投资者认为购买股票所需要的收益率。该收益率为投资者在无风险证券（例如，国库券）上可以获得的收益率加上承担与普通股投资相关的风险所需的溢价。

估值和证券选择的过程类似于比较预期收益率和必要收益率的过程，除了前者的重点是确定投资者认为证券价值是多少外。未来现金流将以必要收益率贴现回现在。然后，得到的价值将与股票的当前价格比较，以确定股价是被低估还是高估了。因此，估值比较的是金额，即比较股价金额与其价值。收益率比较的是百分比，即比较预期收益率与必要收益率。在两种情况下，决定都将是相同的。如果估值金额超过股价，那么预期收益率也将超过必要收益率。

估值和证券选择过程可以用一个简单的例子来解释，在这个例子中，股票支付 1 美元的固定股利，预期股利不会发生变化。也就是说，预期现金流入为：

年份	1	2	3	4	…
股利（美元）	1	1	1	1	…

这笔无限支付流（例如，股利）的现值取决于贴现率（即投资者的必要收益率）。如果该贴现率为 12%，则股票的价值（V）为：

$$V=\frac{1}{(1+0.12)^1}+\frac{1}{(1+0.12)^2}+\frac{1}{(1+0.12)^3}+\frac{1}{(1+0.12)^4}+\cdots$$

$$V=8.33\text{（美元）}$$

这个过程可以用下列公式表示，其中新的变量是股利（D）和必要收益率（k）：

$$V=\frac{D}{(1+k)^1}+\frac{D}{(1+k)^2}+\cdots+\frac{D}{(1+k)^\infty} \tag{9.1}$$

该式可以简化为：

$$V=\frac{D}{k} \tag{9.2}$$

如果股票支付 1 美元的股利，且投资者的必要收益率为 12%，则股票价值为：

$$\frac{1}{0.12}=8.33\text{（美元）}$$

任何高于 8.33 美元的价格都将导致低于 12%的收益率。因此，为了让投资者获得 12%的必要收益率，股票价格必须超过 8.33 美元。

然而，没有理由预期普通股股利在未来将固定不变。普通股提供了增长潜力，无论是价值还是股利。例如，如果投资者预期当前的 1 美元股利每年以 6%的速度增长，那么预期股利支付流将为：

年份	1	2	3	…
股利（美元）	1.06	1.124	1.191	…

该无限增长支付流（即增长的股利）的现值也取决于贴现率（即投资者的必要收益率）。如果该贴现率为12%，那么股票的价值为：

$$V=\frac{1.06}{(1+0.12)^1}+\frac{1.124}{(1+0.12)^2}+\frac{1.191}{(1+0.12)^3}+\cdots$$

$$V=17.67\text{（美元）}$$

式（9.1）可以根据股利增长率进行修改。式（9.3）和式（9.4）表示了这一过程。唯一的新变量是股利（g）的增长率。如果假设该增长率是固定的，且在未来永远保持不变，那么**股利增长估值模型**（dividend-growth valuation model）为：

$$V=\frac{D(1+g)^1}{(1+k)^1}+\frac{D(1+g)^2}{(1+k)^2}+\frac{D(1+g)^3}{(1+k)^3}+\cdots+\frac{D(1+g)^\infty}{(1+k)^\infty} \tag{9.3}$$

该式可以简化为：

$$V=\frac{D_0(1+g)}{k-g} \tag{9.4}$$

股票的内在价值取决于：(1) 当期股利；(2) 利润增长率和股利增长率；(3) 必要收益率。注意，当期股利为D_0，下标0表示当期。可以用一个简单的例子说明如何应用该股利增长估值模型。如果必要收益率为12%，且股票现在支付每股1美元的股利，年增长率为6%，那么股票的价值为：

$$V=\frac{1\times(1+0.06)}{0.12-0.06}=17.67\text{（美元）}$$

任何高于17.67美元的价格都将导致低于12%的总收益率。相反，任何低于17.67美元的价格都将导致高于12%的总收益率。例如，如果股价为20美元，那么预期收益率将为：

$$E(r)=\frac{1\times(1+0.06)}{20}+0.06$$
$$=11.3\%$$

[注意，预期股利为1.06美元，即1美元的当期股利加上0.06（$=1\times6\%$）美元的预期增加股利。] 由于该收益率低于投资者的必要收益率12%，因此该投资者不会购买股票，而且如果他拥有股票，会将其卖掉。

如果股价为15美元，则预期收益率为：

$$E(r)=\frac{1\times(1+0.06)}{15}+0.06$$
$$=13.1\%$$

该收益率高于投资者的必要收益率12%。由于证券提供了更高的收益率，因此它的定价过低。该投资者应尽量买入该证券。

只有在股价等于17.67美元时，该股票才提供12%的收益率。在该价格上，该收益率等于风险相同的其他投资可以获得的收益率。该投资的收益率将等于12%，因为当年的股利收益率为6%，且利润和股利的年增长率为6%。图9.1显示了这些关系，它给出了能产生12%的固定收益率的股利增长率和股票价格。12年后，股利将涨至2.02美元，股价将为35.55美元。该笔投资的总收益率仍为12%。当年，股利将涨至2.14美元，股利收益率为6%，且股价将继续以6%的利润增长率和股利增长率每年上涨。

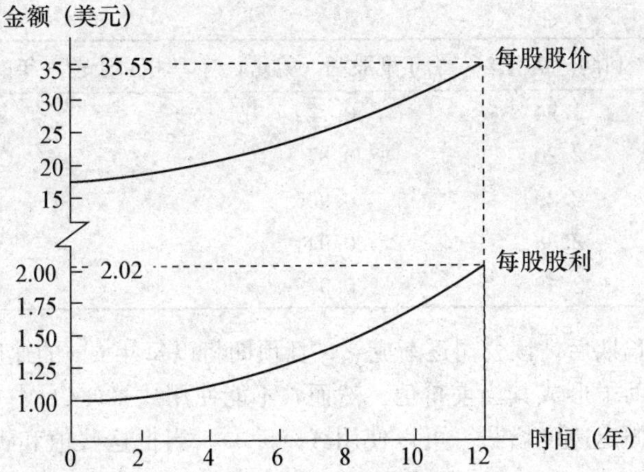

图 9.1　年收益率为 12%时的利润、股利和股价

资料来源：© Cengage Learning.

如果增长率变化（且其他变量保持不变），那么股票价值也将发生变化。下面的例子给出了不同增长率下的股票价值：

增长率（%）	股票价值（美元）
0	8.83
3	11.78
9	35.33
11	106.00
12	未定义（分母=0）

当增长率提高时，股票价值也会增加，直到增长率等于必要收益率时，该价值变为未定义的（极大的数值）。该正向关系表明，当股票提供更多资本收益潜力时，它的价值将增加。（如果股利和必要收益率不受增长率的影响。）

股利增长估值模型假设必要收益率高于增长率（即 $k>g$）。尽管这看似一个限制性假设，却是合理的。股利增长估值模型的目的是确定股票价值，并比较该价值与实际股价，以确定是否应购买股票。如果投资者的必要收益率为 12%时股票的收益率为 14%，则股票价值是不重要的。股票的成本无关紧要。股价是 1 美元还是 100 000 美元都没有关系，因为当必要收益率仅为 12%时，你对投资的预期收益率为 14%。股票价值只有当增长率（即潜在资本收益）小于必要收益率时才是重要的。

尽管之前的模型假设该公司的利润将无限增长，且股利政策将维持不变，但实际情况不一定如此。股利增长估值模型可以被修正为包括增长上升期、增长下降期或股利稳定期。模型中可以加入更多可能的增长模式变化。尽管这些变形改变了模型，使其看上去复杂得多，但估值的基本原理没有变化。估值仍然是以适当的贴现率将未来现金流贴现回现在的过程。

为了说明这种变形，考虑下列预期利润和股利模式：

年份	利润（美元）	年度股利（美元）	相对于前一年的股利变化率（%）
1	1.00	0.40	…
2	1.60	0.64	60.0

续表

年份	利润（美元）	年度股利（美元）	相对于前一年的股利变化率（%）
3	1.94	0.77	20.3
4	2.20	0.87	13.0
5	2.29	0.905	4.0
6	2.38	0.941	4.0
7	2.48	0.979	4.0

在初始的快速增长期后，该公司逐渐成熟，且预期将以每年4%的速度增长。每年该公司都会支付股利，这有助于形成其当前价值。然而，不能使用式（9.4）中总结的简单模型，因为利润和股利并不以固定速度增长。可以使用式（9.3），当把这些值和12%的必要收益率代入该式时，股票价值为：

$$V=\frac{0.40}{(1+0.12)^1}+\frac{0.64}{(1+0.12)^2}+\frac{0.77}{(1+0.12)^3}+\frac{0.87}{(1+0.12)^4}+\frac{0.905}{(1+0.12)^5}+\frac{0.941}{(1+0.12)^6}+\frac{0.979}{(1+0.12)^7}+\cdots$$
$$=9.16\text{（美元）}$$

该答案是通过将股利分为两个时期：超级增长期（第1年到第4年）和普通增长期（第5年及以后）得出的。前4年的股利的现值为：

$$V_{1-4}=\frac{0.40}{(1+0.12)^1}+\frac{0.64}{(1+0.12)^2}+\frac{0.77}{(1+0.12)^3}+\frac{0.87}{(1+0.12)^4}$$
$$=0.36+0.51+0.55+0.55$$
$$=1.97\text{（美元）}$$

股利增长估值模型被用于第5年及以后的股利，因此普通增长期的股利的价值为：

$$V_{5-\infty}=\frac{0.87\times(1+0.04)}{0.12-0.04}=11.31\text{（美元）}$$

这11.31美元是第4年年末的价值，因此必须贴现回现在以确定股利支付流的当前价值，即

$$\frac{11.31}{(1+0.12)^4}=11.31\times0.636=7.19\text{（美元）}$$

股票价值是两部分之和：[①]

$$V=V_{1-4}+V_{5-\infty}$$

---

① 该估值过程可以被总结为下列一般式：

$$V=V_s+V_n$$

V_s 是超级增长期的股利现值，即

$$V_s=\sum\frac{D_0(1+g_s)^t}{(1+k)^t}$$

V_n 是普通增长期的股利现值，即

$$V_n=\left[\frac{D_n(1+g)}{k-g}\right]\left[\frac{1}{(1+k)^n}\right]$$

该股票的价值是一系列现值之和，即

$$V_s=\sum\frac{D_0(1+g_s)^t}{(1+k)^t}+\left[\frac{D_n(1+g)}{k-g}\right]\left[\frac{1}{(1+k)^n}\right]$$

$=1.97+7.19=9.16$（美元）

正如本例所说明的，该估值模型可以被修正，以考虑不同的增长期和股利，也可以根据风险差异进行调整。你应该意识到，这个模型本身并不会根据不同的风险程度进行调整。如果一个证券分析师将该模型应用于多家公司，以确定哪只股票定价过低，那么这就意味着投资于所有公司的风险都相同。如果这个分析师对每家公司都使用相同的必要收益率，那么就没有做出风险调整。假设每家公司的风险因素都相同。

风险调整必要收益率和股票估值

对风险进行调整的一种方法是将之前第五章中介绍的证券市场线加入估值模型。在那一章中，β 系数，即与证券相关的市场风险指数，被作为资本资产定价模型的一部分来解释收益率。在此背景下，β 系数和资本资产定价模型被用于具体说明一笔投资的风险调整必要收益率。

必要收益率包括两个部分：投资者在美国国库券等无风险证券上可以获得的无风险利率（r_f）和风险溢价。风险溢价也包括两个部分：（1）证券投资提供的高于无风险利率的额外收益率；（2）特定证券相对于整个市场的波动性（即 β 系数）。额外收益率是市场收益率（r_m）超过无风险利率的部分（r_m-r_f）。因此，必要收益率（k）为：

$$k=r_f+(r_m-r_f)\beta \tag{9.5}$$

式（9.5）和第五章中用来说明股票收益率的证券市场线是同一个公式。在那一章中，资本资产定价模型说明，实际收益率取决于无风险利率、与股票投资相关的风险溢价和与特定股票相关的市场风险。在本章中，我们用相同的变量来确定投资者进行投资所必需的收益率。该收益率包括无风险资产的预期收益率、与股票投资相关的预期风险溢价和与具体股票相关的预期市场风险。这两者之间的差别在于时间以及是历史价值还是预期价值。在一种情况下，预期价值被用于确定现在是否应购买某只特定股票。在另一种情况下，历史价值被用于说明之前进行的投资的实际收益率。

下列例子说明了如何用该公式计算必要收益率。无风险利率为 3.5％，投资者预期该市场将增长 10％。（历史收益率表明在一段时期内，股票的收益率为 6％～7％，高于美国国库券的收益率。因此，如果国库券目前的收益率为 3.5％，那么 10％的预期市场收益率就是合理的。关于政府证券的第十五章将更详细地介绍国库券。）股票 A 的风险相对较高，β 系数为 1.8，而股票 B 的波动性较低，β 系数为 0.8。购买股票所必需的收益率是多少？当然，对两者来说，要求 10％的收益率都是不正确的，因为这是预期市场收益率。由于股票 A 的波动性高于市场，因此它的必要收益率应超过 10％。然而，股票 B 的必要收益率应低于 10％，因为它比整体市场的波动性低（风险较低）。

给定关于无风险利率和预期市场收益率的信息，股票 A 和股票 B 的必要收益率为：

$$k_A=3.5\%+(10\%-3.5\%)\times1.8=3.5\%+11.7\%=15.2\%$$

和

$$k_B=3.5\%+(10\%-3.5\%)\times0.8=3.5\%+5.2\%=8.7\%$$

因此，股票 A 和股票 B 的必要收益率分别为 15.2％和 8.7％。这些必要收益率彼此不同，与预期市场收益率也不同，因为现在的分析明确考虑了风险（即个股相对于市场的波动性）。股票 A 的必要收益率高于预期市场收益率（分别为 15.2％和 10％），因为股票 A 的波动性高于市场。股票 B 的必要收益率低于预期市场收益率（分别为 8.7％和 10％），因为股票 B 的波动性低于整体市场。

图 9.2 说明了式（9.5）中表示的必要收益率和风险的关系。X 轴表示用 β 系数衡量的风险，Y 轴衡量的是必要收益率。直线 AB 表示与每个风险水平相关的必要收益率。AB 使用了上例中给出的信息：Y 轴上的截距为无风险收益率（3.5%），直线斜率为市场收益率与无风险收益率之差（10%－3.5%）。如果 β 系数为 1.80，那么该图表示，必要收益率将为 15.2%；如果 β 系数为 0.8，那么必要收益率将为 8.7%。

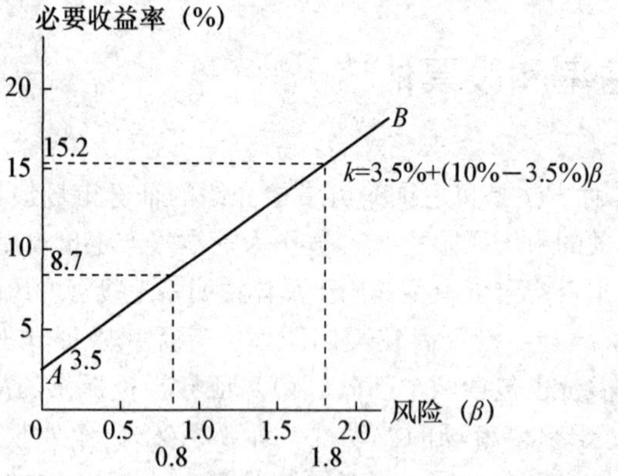

图 9.2　风险和必要收益率之间的关系

资料来源：© Cengage Learning.

下面的例子说明了如何用股利增长模型将风险调整必要收益率用于计算特定股票的价值。一家公司当前的股利为 2.20 美元，预期年增长率为 5%。无风险利率为 3.5%，预期市场增长率为 10%。如果 β 系数为 0.8，则必要收益率为 8.7%。投资者愿意为该股票支付的最高价格是多少？如果使用股利增长模型，则答案如下所示：

$$V=\frac{D_0(1+g)}{k-g}$$

$$=\frac{2.20\times(1+0.05)}{0.087-0.05}$$

$$=\frac{2.31}{0.037}$$

$$=62.43\text{（美元）}$$

当价格为 62.43 美元（且仅为 62.43 美元）时，预期收益率和必要收益率相等。如果市场价格低于 62.43 美元，那么股票应被视为定价过低，是不错的购买选择。相应地，如果价格超过 62.43 美元，则股票定价过高，不应购买。投资者应将其卖空。

股票估值：贴现利润法或现金流法

除了股利模型以外，还有贴现利润法和现金流法，它们使用估计利润或现金流入。这些估计值被贴现回现在以计算股票现值。执行这些模型需要证券分析师预测收入和费用以确定利润。估计值可以扩展至未来任何年数，但 5 年期估计值较为常见。

考虑一家公司的下列估计每股利润：

年份	1	2	3	4	5
利润（美元）	1.23	1.45	2.22	1.98	2.25

注意，由于分析师可能预期某个变量的变化（例如就业率或美元相对于外币的币值变化）可能会影响某家公司，因此估计值不一定以相同的年速度增长。完成估计后，分析师以适当的必要收益率将其贴现回现在。这基本上就是上一节中介绍的股利增长估值模型使用的过程。

如果必要收益率为10%，那么估计利润的现值为：

$$\frac{1.23}{(1.1)}+\frac{1.45}{(1.1)^2}+\frac{2.22}{(1.1)^3}+\frac{1.98}{(1.1)^4}+\frac{2.25}{(1.1)^5}$$

$$1.23\times0.909+1.45\times0.826+2.22\times0.751+1.98\times0.683+2.25\times0.621=6.73\text{（美元）}$$

该值（6.73美元）只考虑了5年的利润，而公司应该永远存在。

接下来，财务分析师将估计出该公司在5年后的股票价值。如果该价值为17.89美元，那么必须以10%的贴现率将其贴现回现在。得到的现值为：

$$\frac{17.89}{(1.1)^5}=17.89\times0.621=11.11\text{（美元）}$$

该股票的价值为两个部分之和：

$$6.73+11.11=17.84\text{（美元）}$$

如果股票售价低于17.84美元，那么股票价值被低估了，应该购买。如果股票售价高于17.84美元，那么股票价值被高估了，投资者不应该购买，而应该将其卖出。

在上一个例子中，使用了估计利润，但分析师可以使用现金流而不是利润。现金流的定义为利润加上折旧。由于折旧是非现金费用，因此它被加回利润，以确定营业产生的现金流。（其他定义可能会减去必要本金偿还额）。然而，用现金流替代利润不会改变将未来估计值贴现回现在以确定当期价值的实质过程，后者的结果意味着是否应采取行动。

由于贴现利润和现金流的模型建立在假设基础上，因此它们存在许多与股利增长模型相关的问题。然而，让这些模型可行的问题不是抛弃这些方法的足够理由。分析师必须找出真正的经济动力（例如，利润和增长率）以及替代投资的收益率（例如，无风险利率和市场收益率）。没有这些分析，投资者可能就必须依赖预感、直觉或猜测来选择投资。这种方法没有概念基础或理论基础。

估值与唯一价值

在之前的章节中，我们计算出了一个可以与股价比较的唯一价值。遗憾的是，在使用不同假设时，不同方法可以得出不同价值。通常，证券分析会产生一系列价值而非唯一价值。考虑下列极端例子。生命科技（Life Technologies）公司从德克斯特（Dexter）公司得到以每股37美元的价格购买股票的报价后，希望高盛公司对其进行估值。生命科技公司的董事会希望确定该报价对生命科技公司的股东是否公平合理。

高盛公司使用多种方法，例如贴现现金流法和可比分析法（本章接下来的部分将对其进行介绍），确定股票价值。贴现现金流模型将未来现金流的估计贴现回现在。可比分析使用市盈率等比率对该公司和类似公司进行比较。使用这些方法确定的价值范围从7.74美元到64.85美元不等！

该例子的含义应该很明显。用于股票估值的方法常常产生不同金额，在最终分析中，这些价值通常用一个范围而非唯一数字表示（尽管这个范围通常小于本例中的范围）。估值不是一门精确的科学。如果它是，投资决策就将显而易见，错误定价的股票也将不复存在。

此外，财务分析师（以及投资组合经理或散户投资者）可能会使用证明预想结果的假设。人类的本性是这样的，你可能找到一只价值被低估的股票，但是没有购买它。或者，你可能购买了一只不符合既定数学标准或价值的股票。尽管散户投资者可能无法克服个人偏差，但存在只根据计算机进行的定量分析进行投资的共同基金。“量化基金”不对投资组合进行积极的人为管理，而是根据对公司财务报表的基本面分析和贴现现金流模型选择股票。计算机不从公司产品或管理者面谈中取样。它们使用挖掘股票样本得到的数据，以确定哪只股票的价值可能被低估。如果你对这种投资方法感兴趣，可以考虑下列量化基金：先锋战略权益基金（Vanguard Strategic Equity，代码为 VSEQX，一只中盘股基金）或桥路成长型小盘股基金（Bridgeway Small-Cap Growth，代码为 BRSGX）。

股票估值：财务报表分析和价格乘数

股利增长模型在理论上是稳健的：它以必要收益率将未来现金流贴现回现在，以确定资产（例如股票）的当期价值。然而，未来现金流分析需要做出重要假设，这些假设显然影响结果。例如，使用资本资产定价模型需要分析师选择 β 系数。遗憾的是，估计 β 系数存在差异，而这些系数的数值也会逐渐变化。

同样的问题也适用于无风险利率。尽管可以使用联邦政府证券短期利率，但股票的投资期通常较长。于是这提出了一个问题：应使用短期利率还是长期利率？或者说，使用短期利率计算长期投资的价值合适吗？即使分析师使用了短期利率，仍然存在使用哪个短期利率的问题：3 个月利率、6 个月利率还是其他无风险短期利率？

市盈率

另一种方法是使用财务报表，并用价格乘数选择股票。最常见的乘数之一是股价与每股利润之比，通常被称为市盈率。下列简单公式总结了如何用市盈率为股票估值：

$$P=(m)(EPS) \tag{9.6}$$

式（9.6）说明，股票价值是每股利润（earnings per share，EPS）与某个乘数之积。这个乘数就是适当的市盈率。一旦确定利润和适当的乘数，就可以确定股票的价值。例如，如果分析师确定适当的市盈率为 10，且公司的每股利润为 4.5 美元，那么股票的价值就为：

$$10\times4.50=45\text{（美元）}$$

该式的含义是，如果股票的当前售价为 35 美元，那么它的价格就被低估了，应该购买这只股票。如果股票的售价为 55 美元，那么它的价格就被高估了，应该卖出这只股票。

财务分析师经常用未来利润表示市盈率。例如，假设当估计的每股利润为 4.50 美元时，股票的价格为 36 美元，用来估计利润的市盈率为 36/4.5=8.0。如果适当的市盈率为 10，那么市盈率为 8 表示该股票的价格被低估了，当实现预期利润时，股价将逐渐升高。这两种方法的差异就是出发点。在第一种情况下，用当期利润和适当的市盈率确定股票价值，然后将其与当前价格相比较。在第二种情况下，用当前价格除以估计利润，以确定市盈率，然后将其与适当的市盈率相比较。在两种情况下，分析的关键都是：（1）合适的市盈率；（2）利润。

在金融媒体（如果不是学术媒体的话）上经常可以见到使用市盈率方法进行估值和证券选

择的报道。例如，一个财务分析师在推荐购买 IBM 股票时可能这样说："股票交易价格 12.7 倍于我们的每股利润估计值：4.90 美元。"类似的说法还可能为："该股票的价格看上去被低估了，其现价为我们每股利润估计值 4.90 美元的 13 倍。"这是经纪公司对普通股的典型购买建议。

前面的分析考虑的是唯一的市盈率，但股票可能以不同的市盈率交易。例如，在一段时期内，百时美施贵宝（Bristol-Myers Squibb）公司的平均市盈率从最高的 29.3 到最低的 21.8 不等。如果当前的市盈率移动到该范围以外，那么投资者可能希望更深入地分析百时美施贵宝公司。例如，2015 年的市盈率（49.3）显然高于平均市盈率。除非某些基本因素发生变化，例如，美国食品和药品监督局（Food and Drug Administration，FDA）不再批准百时美施贵宝公司开发的重大新药上市，否则市盈率表明该股票的价格被高估。

使用市盈率的缺点

关于使用市盈率的第一个重要问题就是选择适当的市盈率。前面的例子使用的市盈率为 10，但没有解释为何 10 是合适的市盈率。百时美施贵宝公司的例子说明平均市盈率从 29.3 至 21.8 不等，但不能解释为何这些数字是合适的市盈率，或者为何市盈率应处在这个范围内。

一个可能的解决方法是使用行业平均市盈率。这是确定适当市盈率问题的通常解决方法。然而，这种方法隐含的假设是，特定的公司与用于确定平均市盈率的公司可比。尽管一个行业中的许多公司都是相似的，但每家公司在某个方面都是独特的。沃尔玛、塔吉特（Target）、西尔斯（Sears）和有限品牌公司都是零售商店，但每家商店都努力使自己与其他零售商店不同。零售商店的行业平均市盈率适合用于分析其中每家公司的情况吗?

使用市盈率的另一个问题关系到利润。主要的问题围绕着应该使用哪些利润。公司会报告总利润和每股利润，但这些"账本底线"数字可能包括不会重复发生的临时事件。例如，出售一家子公司可能增加利润、降低市盈率，可能表明股票价值被低估。如果去掉这些利润，每股利润将降低，市盈率将提高，这可能显示股票价格没有被低估。相反的情况出现在从收入中扣除费用时。每股利润降低导致市盈率升高，因此股票可能表现为价值被高估。

一种可能的解决办法是根据临时事件调整每股利润，并用调整后数字计算市盈率。如果这些事件是独特的，那么这就是一种合理的方法。然而，一家公司可能会重复出现收入调整。在第一年中，不良投资可能被核销。在第二年中，管理层可能卖出一家子公司并遭受亏损。在第三年中，外汇交易损失可能会减少利润。重复发生的临时损失可能表明管理状况很糟糕，因此使用实际、未调整后利润率可能是合适的。

即使分析师可以确定使用哪种报告利润，仍然存在着使用历史数据选择在未来获得收益的投资是否合适的问题。分析师可以用预测利润代替历史利润，但这种方法需要估计未来利润。预测利润可以通过互联网获得，有些网站同时基于历史利润和估计利润报告市盈率。例如，可以参见 MSN 货币（http://money.msn.com）和雅虎金融（http://www.finance.yahoo.com）。

价格/现金流

除了使用利润对证券估值以外，还可以使用现金流和公司创造现金的能力。（第八章介绍了强调公司现金头寸变化的现金流量表。）对于成长型公司而言，创造现金的能力最初可能和利润一样重要，因为创造现金意味着公司不需要外部融资就可以成长。经过最初的营业亏损但产生正现金流的时期之后，公司可能会进入繁荣、盈利的经营时期。

除了用现金流代替利润外，使用现金流估值的过程基本和使用市盈率估值的过程相同，它的重点是现金流增长而不是利润增长。例如，在刊物《私人客户月刊》（*Private Client Monthly*）的某期上，Scott & Stringfellow 公司的一个分析师建议购买 XTO 能源的股票。除了该公司成功地勘探并开采出天然气以外，该分析师还指出，XTO 的交易价“低于 5 倍的自由现金流”。在这个例子中，使用的是 5 倍现金流，而不是 5 倍利润作为购买股票的依据。

当然，未来现金流的估计和合适乘数的确定取决于投资者或分析师的判断。对于大量投资于厂房或自然资源的公司来说，非现金折旧（和折耗费用）有助于反映这些投资的成本和它们对公司现金流的贡献。相同的情况也适用于房地产投资，在对房地产和房地产投资信托基金估值时，经常使用营业产生的资金而不是利润。这种估值方法是沃伦·巴菲特（Warren Buffett）等人采用的价值投资的精髓。在有效市场的部分中将说明价值方法是否优于成长方法。

市账率

尽管金融媒体提到最多的可能是市盈率，但财务分析师经常将其和其他比率一起使用，例如，股价与每股账面价值的比率。（账面价值是公司资产负债表上的股票、额外实收资本和留存收益之和。）基本上其使用的方法和市盈率相同。证券分析师将股价与其每股账面价值相比较。例如，2015 年，第一资本公司的每股账面价值为 81.67 美元。截至 2015 年 1 月，该公司的股价为 76.77 美元，因此股票售价低于账面价值。较低的比率可能表明该股票价格被低估，而较高的比率可能表明相反的情况。确定什么是“较低”或“较高”的比率取决于分析师的判断。通常，如果股票的售价低于其账面价值（即该比率小于 1），那么该股票的价格就被认为是低估的。然而，仅仅由于第一资本公司的股票售价低于其账面价值，而市账率为 5.4 的可口可乐公司的股票售价高于其账面价值，并不一定表示第一资本公司的股票定价过低，而可口可乐公司的股票定价过高。

市盈率和市账率是比较股票的便捷方法，而且对于证券选择的价值方法很重要。价值型投资重视预期增长低于平均值，但可能以低价出售（即价格被低估）的股票。这些股票的市盈率和市账率通常较低，公司所在行业通常是基础行业或低科技行业。这种方法的实质是，市场忽视了这些股票。价值型策略显然与成长型策略相反，后者的重点是选择成长潜力高于平均值的股票。

市销率

第三种估值比率是股票价格与每股销售收入之比。2014 年，美国铝业公司的每股销售收入为 18.95 美元。由于股价为 15.79 美元，因此市销率为 0.83（=15.79/18.95）。（可口可乐公司的市销率为 3.9。）市销率与市盈率相比有一个特别的优点。如果一家公司没有利润，市盈率就没有意义，这个比率就无法被作为估值和比较的工具。而市销率即使在公司经营亏损时也可以计算，因此它允许对所有公司进行比较，包括那些没有盈利的公司。

即使公司有利润，因而市盈率为正，市销率也是一个有用的分析工具。利润最终与销售收入有关。低市销率表示低估值，说明股市并没有对公司销售收入赋予很高的价值。即使公司经营亏损，低市销率也可能表明投资价值被低估。盈利能力的小幅增加可能将这些销售收入转化为股价的大幅增加。当公司转而盈利时，市场将对利润做出反应，市盈率和市销率都会增加。

因此，当前较低的市销率可能表明，股价有巨大的上升潜力。如果股票以较高的市销率出售，那么这种潜力将不复存在。

尽管市销率被用作证券选择工具，但它也有市盈率（和市账率）所具有的缺点。基本上，股票估值并没有所谓的合适比率或正确比率。尽管有些财务分析师认为低市盈率是金融脆弱性的指标，但也有证券分析师得出相反的结论。同样的情况也适用于市销率。有些财务分析师将低市销率的公司挑出来，认为这些公司的股票价值被低估。然而，有些分析师会提出相反的观点，认为低市销率是绩效糟糕、不值得拥有更高股价的公司的特征。他们认为，低市销率不表示公司股票价格被低估，而是金融脆弱性的反映。

表 9.1 说明了如何综合使用市销率、市账率和市盈率。该表给出了三家电话服务提供商的市销率、市账率和市盈率。正如该表所示，斯普林特通信（Sprint Nextel）公司拥有最低的市销率和最低的市账率。但是这些最低的数值并不是斯普林特通信公司优于其他公司的充分理由。例如，AT&T 公司的经营有盈利，并可能优于斯普林特通信公司，后者的经营有亏损（无法获得市盈率）。然而，威瑞森（Verizon）公司的市销率是三家公司中最高的。正如通常的情况一样，这些比率很少表明一家公司是最优的投资对象。如果是这种情况，那么投资者将买入这只股票，抬高它的价格，而分子中含有该价格的所有比率都会升高。

表 9.1　市销率、市账率和市盈率

		市销率	市账率	市盈率
AT&T 公司	(T)	1.4	2.1	29.2
斯普林特通信公司	(S)	0.6	0.9	N/A
威瑞森公司	(VZ)	1.6	16.6	20.4

资料来源：Yahoo! Finance，http://finance.yahoo.com，February 9，2015.

结合了两种比率的比率

市盈率、市账率和市销率估算了股票相对于其利润、账面价值和销售收入的价值。还有一些方法结合了不同的分析工具，例如，PEG 比率。本部分就介绍了这些方法中的几种，但与市盈率、市账率和市销率一样，这些估值技术不能找出应买入或卖出哪些股票。然而，它们可以减少你选择进行深入分析的股票的数量。

PEG 比率

PEG 比率（PEG ratio）的定义式为：

$$\frac{\text{市盈率}}{\text{利润增长率}}$$

如果股票的市盈率为 20，每股利润增长率为 10%，那么该比率的值为：

$$\frac{20}{10}=2$$

PEG 比率用增长率对市盈率进行了标准化。它给出了一个价值的相对指标，有助于比较增长率不同的公司。

如果增长率超过了市盈率，那么该数值就将小于 1.0，这表明股票的价格被低估。如果市盈率超过增长率，那么 PEG 比率将大于 1.0。该数值越高，股票价格越高，股票的吸引力就越低。1.0～2.0 的 PEG 比率表示该股票的定价合理，高于 2.0 的 PEG 比率表明该股票的定价过高。（什么数值表明股价被低估或高估取决于财务分析师或投资者。）

与市盈率、市销率和市账率一样，PEG 比率也存在着严重的问题。当然，所有问题都是关于用市盈率计算 PEG 比率的，因为市盈率是 PEG 比率的分子。利润应该包括非经常性事件吗？应该对非经常性事件进行调整吗？分析师应该使用历史利润还是预期利润（即市盈率应基于历史利润还是未来利润）？增长率应该是历史利润增长率还是未来利润增长率？分析师在计算 PEG 比率时通常使用 5 年预期增长率，但这提出了如何估计未来增长率的问题。

由于 PEG 比率根据增长率进行了标准化，因此它与市盈率相比有一个主要优点。PEG 比率有助于比较增长率不同的不同行业中的公司。现在，迅速增长的公司可以与增长率较低的公司进行比较。表 9.2 说明了这种比较，该表给出了几家公司的 PEG 比率和市盈率。几家公司（例如，道明尼资源公司）的市盈率较高，仅靠该比率就可以认为它们的股票定价过高。然而，有些公司（例如，EMC 公司）的预期增长率更高，因此用增长率对市盈率进行标准化后，就显得股票定价没有过高。还有些公司（例如，可口可乐公司）的 PEG 比率和市盈率相对较高，这表明它们的股票定价过高。在另一个极端，福特汽车公司拥有较低的 PEG 比率，而康宁公司拥有较低的市盈率，这表明这些股票的定价过低。当然，投资者可能想问，为什么这些比率都那么低？低 PEG 比率和低市盈率可能是一个很好的出发点，但可能不足以得出该股票值得购买的结论。

此外，数据可能还存在不一致性。计算市盈率需要利润数据。计算 PEG 比率既需要市盈率数据，也需要增长率数据。因此你可能问，怎么可能存在 PEG 比率而不存在市盈率？最可能的解释是，市盈率是基于报告的利润的。如果一家公司在前一年经营亏损，那么根据历史利润可能就没有正市盈率。然而，PEG 比率是基于预测利润的，在这种情况下，数据来源可以提供该比率的数值。

表 9.2　部分 PEG 比率与市盈率

	PEG 比率	市盈率
ADM 公司	1.5	13.9
可口可乐公司	5.6	22.9
康宁公司	1.5	14.0
道明尼资源公司	3.1	29.2
EMC 公司	1.4	20.8
福特汽车公司	0.7	20.0
霍尼韦尔公司	1.7	19.1
伊利诺伊工具公司	1.5	13.3

资料来源：Yahoo! Finance，http://finance.yahoo.com，February 9，2015.

调整后 PEG 比率

前一节介绍的 PEG 比率为市盈率除以增长率。然而，收益既包括增长，也包括股利，因此，PEG 比率的另一个定义包括股票的股利收益率，即

$$\frac{\text{市盈率}}{\text{增长率}+\text{股利}}$$

在上一节的例子中，一只股票的市盈率为 20，利润增长率为 10%，因此，PEG 比率为 2.0。如果股利收益率为 2%，则调整后 PEG 比率为：

$$\frac{20}{10+2}=1.7$$

较低的调整后 PEG 比率比较高的 PEG 比率好，因为它表示投资者为利润、增长和股利支

付的金额较少。然而，基本问题仍然存在：对于调整后 PEG 比率来说，理想的数值是什么？该数值低到什么程度才能说明购买股票是合理的？

股权收益率与市账率之比

股权收益率是利润除以公司股权得到的值，它是一个绩效指标。尽管利润升高增加了股权收益率，但股东获得的投资收益率受股票价格的影响。由于股票可以以高于账面价值的价格出售（即市账率可能超过 1.0），因此从股东的角度看，股权收益率可能不是一个很好的绩效指标。

为了克服这个问题，财务分析师和投资组合经理可以计算调整后股权收益率：

$$\frac{\text{股权收益率}}{\text{市账率}}$$

例如，如果一家公司的股权收益率为 10%，且市账率为 2.0，那么调整后股权收益率为：

$$\frac{10\%}{2.0}=5\%$$

该比率的作用是降低基于股价的股权收益率。如果股票售价低于账面价值（例如，市账率＝0.8），那么调整后股权收益率为：

$$\frac{10\%}{0.8}=12.5\%$$

基于股价的股权收益率增加了。尽管高股权收益率很重要，但调整投资者购买股票所支付的价格也很重要。公司股票很少以其账面价值出售。用实际股价调整账面价值收益率向投资者更好地显示了管理者在当前的股票市价下为股东实际实现的绩效。

利润率与市销率之比

公司的利润率是利润与销售收入之比。该比率告诉了投资者公司每 1 美元销售收入所获得的利润，它是盈利能力指标。尽管高销售利润率很重要，但股东获得的利润率（收益率）受到股价的影响。如果股票售价高于每股销售收入，那么高利润率可能不会提高投资者的收益率。因此，从股东的角度看，利润率可能不是一个很好的衡量盈利能力的指标。

为了解决这个问题，财务分析师和投资组合经理可以计算调整后利润率：

$$\frac{\text{利润率}}{\text{市销率}}$$

例如，如果一家公司的销售利润率为 10%，且市销率为 2.0，那么调整后利润率为：

$$\frac{10\%}{2.0}=5\%$$

其影响是降低了投资者的利润率。如果股票售价低于每股销售收入（例如，市销率为 0.8），那么调整后利润率为：

$$\frac{10\%}{0.8}=12.5\%$$

基于销售收入和股价的利润率提高了。尽管高利润率可能很重要，但调整投资者购买股票所支付的价格也很重要。由于公司股票的售价经常高于或低于每股销售收入，因此对利润率进行调整可以更好地向投资者显示出管理者为股东实际获得的利润率。

表 9.3 说明了对这些比率的应用。（a）部分给出了股权收益率与市账率之比。用市账率对可口可乐公司和康宁公司创造的高股权收益率进行调整后，它们看上去就没那么突出了。两家公司的股票市价都超过了账面价值。尽管公司的账面价值获得了高收益率，但你支付的金额高于账面价值，因此市场价格收益率较低。

表 9.3 部分公司修正后的股权收益率和利润率

(a) 股权收益率和调整后股权收益率

	股权收益率（%）	市账率	股权收益率/市账率
ADM 公司	11.3	1.5	7.5
可口可乐公司	24.4	5.4	4.5
康宁公司	11.5	1.6	7.2
道明尼资源公司	13.3	3.8	3.5
EMC 公司	12.2	2.5	4.9
埃克森美孚公司	18.3	2.2	8.3
霍尼韦尔公司	24.2	4.5	5.4
伊利诺伊工具公司	22.9	5.5	4.2

(b) 部分公司的利润率和调整后利润率

	利润率（%）	市销率	利润率/市销率
ADM 公司	2.8	0.4	7.0
可口可乐公司	17.4	3.9	4.5
康宁公司	25.5	3.2	8.0
道明尼资源公司	11.8	3.5	3.4
EMC 公司	11.1	2.2	5.0
埃克森美孚公司	8.5	1.0	8.5
霍尼韦尔公司	10.5	2.0	5.3
伊利诺伊工具公司	20.3	2.6	7.8

资料来源：Yahoo! Finance，http：//finance. yahoo. com，February 9，2015.

(b) 部分给出了净利润率与市销率之比。当你意识到可口可乐公司和康宁公司的股价高于每股销售收入后，它们的高销售利润率看上去也没那么突出了。当你意识到你为 ADM 公司的股票支付的价格较少时，因为它的市销率小于 1.0，该公司的低利润率看上去也没那么差了。

估值与有效市场假说

上一节介绍的估值方法和财务比率给人的印象可能是，股票选择是机械的。这与事实相去甚远。股票估值通常是主观的，而人们可以操纵分析技术以获得任何预想的结果。如果你希望购买一只股票，那么提高估值将会很容易地让购买股票变得合情合理。提高增长率、降低 β 系数、增加估计利润、降低 PEG 比率都会令股票显得更好，从而使购买该股票显得更合理。如果你想卖出股票，那么情况将相反。

股票估值和证券选择不是机械的。它们都是不科学的。个人判断和预期会在选择过程中起很大作用，而且个人偏见经常会影响决策。即使一个投资者可以克服这些偏见并有条不紊地进行分析，也很少有投资者（如果有的话）和财务分析师能持续正确。当然，这是有效市场假说的基本观点。证券市场是极具竞争性的。价格倾向于反映出当前的信息和预期，而信息和预期的变化将会迅速影响证券价格。其结果是，很少有投资者和证券分析师能在风险调整的基础上持续胜过市场。

然而，一些证据（至少在学术研究中的证据）表明，使用基本面分析可能会得出很高的风险调整收益率。研究发现，市账率较低的股票往往表现优于市账率较高的股票。被分类为成长型股票的公司往往有较高的市账率，这些恰恰就是收益率较低的股票。其含义是，遵循“价值”法选择股票的投资者实现的收益率将高于遵循“成长”法选择股票的投资者实现的收益率。此外，结果还表明，在不承担额外风险时将实现较高的收益率。这种结果与有效市场假说不一致，后者断言只有当投资者承担更高的风险时才能实现更高的收益率。[关于股票选择的价值法的基本讨论，参见：Robert A. Haugen，*The New Finance*：*The Case Against Efficient Markets*，4th ed.（Upper Saddle River，NJ：Prentice Hall，2009）]。

在得出价值型策略总是优于成长型策略的结论之前，你应该问问自己，这些结论是否经得起时间的检验。仅仅因为过去的某种策略看上去产生了较高的收益率，并不意味着它在未来也将产生较高的收益率。此外，一种分析可能在一种环境下适用，而另一种分析在另一种环境下适用。然而，研究结果的确表明，本章介绍的基本面分析和股票估值可以产生更高的收益率。当然，证券分析师、投资组合经理和个人投资者需要了解基本面分析和股票估值的基本工具。

小　结

普通股投资者预期从股利和资本（价格）升值中获得收益。资本收益税法给予价格升值比现金股利更大的优惠。现金股利在被收到时就要缴税，而资本收益税可以递延至出售股票时缴纳。

在金融学中，估值是确定未来现金流现值的过程。股利增长模型按投资者的必要收益率将未来股利和未来利润增长贴现到现在，从而确定了普通股的现值。必要收益率包括无风险投资的收益率、预期市场收益率和用 β 系数衡量的公司的系统性风险。

另一种更简单的估值和股票选择方法使用的是市盈率、市账率、市销率和市盈率与利润增长率之比等比率。这些比率方便了公司之间的比较，但不能显示出股票是定价过高了还是过低了，需要分析师或投资者进行判断才能得出结论。证据表明，应用估值技术可以导致更高的收益率。这种证据与认为投资者不能期望持续获得更高的风险调整后收益率的有效市场假说不一致。

上一章的表 8.5 提供了几个网络资源，它们中的许多数据都是应用本章介绍的估值技术所必需的。除非你自己进行计算，否则网络资源是对可能买卖的股票进行估值的实用参考资料。

公式小结

普通股估值（固定股利）：

$$V=\frac{D}{k} \qquad (9.2)$$

普通股估值（固定增长率）：

$$V=\frac{D_0(1+g)}{k-g} \qquad (9.4)$$

必要收益率：

$$k=r_f+(r_m-r_f)\beta \qquad (9.5)$$

使用乘数进行估值（例如，市盈率）：

$$P=(m)(EPS) \qquad (9.6)$$

问　题

1. 预期收益率和必要收益率的区别是什么？这两种收益率什么时候相等？

2. 股票价值和股票价格的区别是什么？这两者什么时候相等？

3. 根据股利增长模型，哪些变量会影响股票的价值？利润在该模型中起什么作用？

4. 在资本资产定价模型中，利率和风险如何影响股票价格？

5. 有效市场假说认为，投资者的绩效很难持续胜过市场。关于普通股估值的假说是否可能有例外情况？

6. 股票价格通常被表示为相对于某个基准（例如，利润）的形式，然后用得出的结果对股票进行估值。请访问提供下列信息的网站：市盈率、市销率、市账率、PEG 比率、股利、估计增长率、利润率和股权收益率。请比较同一行业内的多家公司，例如，电信行业（如 AT&T 公司和威瑞森通信公司）、食品业［如德尔蒙特（Del Monte）、亨氏和家乐氏（Kellogg）］或零售业（百惠买、有限品牌公司、塔吉特和沃尔玛）。请比较这些公司的股票价值和绩效比率。在各组公司中，哪些股票看起来是最值得买入的？（记住，某个特定网站可能无法提供所需的全部信息，因此你可能需要访问多个网站。）

关系题与基本习题示例

关系题

1. 预期股利增加将____收益。

2. 资本收益税税率提高将____未实现收益。

3. 必要收益率提高将____股利，但____股票的估值。

4. 增长率提高将____必要收益率。

5. 股价提高将____必要收益率。

6. β 系数提高将____必要收益率并____股票的估值。

7. 必要收益率提高将____公司利润。

8. 现金流增加将____必要收益率。

9. 必要收益率提高将____股利。

10. 利润增加将____ P/E 比率。

11. 销售收入增加将____ P/E 比率。

12. 公司每股权益增加将____市账率。

13. 对价值投资者而言，市销率提高将____股票的吸引力。

14. 公司增长率提高将____ PEG 比率并____市销率。

15. 股价降低将____公司的利润率。

16. 股票的 β 系数提高将____公司股利。

17. β 系数的数值降低表示股票的非系统性风险____。

18. 预期市场收益率提高将____股票的估值。

19. 市盈率提高将____股票的 β 系数。

20. 对于给定股价，利润增加将____市销率，____市账率，____市盈率。

基本习题

1. 根据股利增长模型，如果公司现在支付每股 1.30 美元的股利，且股利年增长率为 5%，必要收益率为 9%，那么股票价值是多少？

2. 如果你花 31.21 美元购买了第 1 题中的股票，那么投资收益率是多少？

3. 一个财务分析师建议你以 24.49 美元的价格购买 DUDDZ 的股票。该股票支付每股 1.60 美元的股利，该股利预期将以每年 4% 的速度增加。如果你希望获得 10% 的资金收益率，那么根据股利增长模型，这是否是一笔合算的买入交易？

4. 如果无风险利率为 2.3%，且预期市场收益率为 9.0%，那么如果 β 系数为 0.92，第 1 题中的股票价值是多少？

5. 如果无风险利率为 2.3%，且预期市场收益率为 9.0%，那么如果 β 系数为 1.23，第 1 题中的股票价值是多少？

6. 给定下列信息，请计算下列比率：市盈率、市账率、市销率和 PEG 比率。

销售收入（美元）	10 000
利润（美元）	1 500
总资产（美元）	5 000
权益（美元）	2 000
流通股股数	1 000
估计利润增长率（%）	6
股价（美元）	20

习　题

1. 你得到了下列数据：

必要收益率（%）	10
股利（美元）	1
增长率（%）	5

a）股票价值是多少？

b）如果增长率升至6%，且股利仍为1美元，那么股价应该是多少？

c）如果必要收益率降至9%，且股利仍为1美元，那么股价应该是多少？如果股票售价为20美元，那么这意味着什么？

2. 一个投资者的风险证券必要收益率为12%。一只股票的售价为25美元，并支付1美元的股利，以7%的年利率计算复利。这个投资者会认为这只股票有吸引力吗？这个投资者应为这只股票支付的最高价格为多少？

3. 一家公司的股票利润为每股2美元，该公司将40%的利润作为现金股利进行分配。其股利的年增长率为7%。

a）如果必要收益率为10%，那么股价为多少？

b）该公司借入了资金，因此其每股利润和股利增长了20%。如果增长率和必要收益率不受影响，那么该公司的股价会发生什么变化？使用财务杠杆并将股利提高到1美元，当必要收益率上升到10%以后，该公司的股价将是多少？导致必要收益率上升的因素是什么？

4. 无风险年收益率为2%，投资者认为市场将每年上涨7%。如果一只股票的β系数为1.5，且当期股利为1美元，股票的利润和股利的年增长率为4%，那么该股票的价值应该是多少？

5. 你在分析两只股票。两只股票都支付1美元的股利，但股票A的β系数为1.5，而股票B的β系数为0.7。你的必要收益率为：

$$k=8\%+(15\%-8\%)\beta$$

a）每只股票的必要收益率是多少？

b）如果股票A的售价为每股10美元，你预期利润和股利的增长率为5%，那么它是一个好的买入选择吗？

c）股票B的利润和股利预期以每年10%的速度增长。你会以30美元的价格购买该股票吗？

d）如果股票A的利润和股利预期以每年10%的速度增长，以30美元的价格买入该股票是一个好的选择吗？

6. 你被推荐了两只股票。股票A的β系数为1.4，而股票B的β系数为0.8。两只股票的利润增长率和股利增长率分别为10%和5%。股利收益率分别为5%和7%。

a）由于股票A提供的潜在增长率更高，是否应购买股票A？

b）由于股票B提供的股利收益率更高，是否应购买股票B？

c）如果无风险收益率为7%，且市场预期收益率为14%，那么应该购买哪只股票？

7. 你的经纪商认为，QED的股票在股价为25美元时是一个很好的买入选择。你对该公司进行了分析，确定1.40美元的股利和利润将继续以每年5%的速度无限增长。该公司的β系数为1.34，而国库券的收益率为1.4%。如果你预期市场收益率为8%，那么你应该听从经纪商的建议吗？

8. 一笔投资的必要收益率为12%。你估计公司X的股利增长率如下所示：

年份	股利（美元）
1	1.20
2	2.00
3	3.00
4	4.50

你预期在接下来的年份中，股利将继续增长，但年增长率为较低的4%。你应该为该股票支付的最高价格为多少？

9. 管理层最近宣布，接下来三年的预期股利如下所示：

年份	股利（美元）
1	2.50
2	3.25
3	4.00

在接下来的年份中，管理层预期股利的年增长率为5%。如果无风险利率为4.3%，市场收益率为10.3%，且该公司的β系数为1.4，那么你应该为这只股票支付的最高价格为多少？

10. 管理层最近宣布，未来三年的预期股利如下所示：

年份	股利（美元）
1	3.00
2	2.25
3	1.50

然后，该公司就可以变现资产，将所得收入投资于其他公司的优先股，这样该公司就可以无限期地支付1.25美元的年股利。如果你对普通股投资的必要收益率为10%，那么你应为该股票支付的最高价格是多少？

投资作业（第四部分）

前一章的投资作业（第三部分）要求你求出股权收益率和利润率等比率。高利润率和高股权收益率是理想的，但这些数据来自公司的资产负债表，且没有考虑你必须为股票支付的实际价格。下列比率加入了股票价格，以帮助你确定应该买入还是卖出股票。

1. 请在下列表格中填写你的每家公司的信息。

股票	市盈率	市净率	市账率	PEG比率

2. 请将股票按各比率从最好到最差排序（例如，最低的市盈率到最高的市盈率，最低的市账率到最高的市账率，等等）。

股票	市盈率	市净率	市账率	PEG比率

3. 这些排序一致吗？根据估值比率，哪些股票看起来是最好的？哪些股票看起来是最差的？你得出结论有困难吗？

4. 请在初始表格中加入β系数。

股票	市盈率	市净率	市账率	PEG比率	β系数

β系数和每个比率之间有关系吗？低β系数和低估值比率可能表明该股票的价格被低估了。

5. 下表是关于股利和利润的。

股票	股利	股利收益率	估计增长率	历史增长率

你可能很难获得增长率，尤其是当公司经营亏损时。高股利收益率和高增长率增加了股票的吸引力。

6. 根据你获得的信息，你会卖出你选择的10只股票中的任何一只吗？

理财顾问的投资案例（一）

牛仔裤和股票选择

H.B.巴巴洛拉（H.B.Babalola）经常发现他女儿和她朋友们穿的衣服是用牛仔布做的。不管款式如何，用牛仔布做的牛仔裤和其他衣服都很流行。尽管某些款式只会流行很短一段时期，但牛仔布却长盛不衰。巴巴洛拉据此推断，牛仔布生产商的股票可能是一项很有潜在吸引力的投资，因为在他看来，牛仔布的需求波动很小。

巴巴洛拉发现，牛仔布的主要生产商和进口商是丹泰克斯（Dentex）。丹泰克斯专门生产牛仔布，也生产少量其他布料。该公司销售的牛仔布占国内外总体牛仔布市场的1/3。表9.4显示了丹泰克斯过去两年的资产负债表和利润表。表9.5给出了丹泰克斯的每股利润和股利。除了最近的2015年和2012年以外，每股利润都在稳定增长，而且过去10年中股利每年都有增长。这种利润和股利增长模式令巴巴洛拉印象深刻，他以前认为纺织业是一个增长潜力很小、死气沉沉的行业。

巴巴洛拉意识到，这家公司如果要成为一项好的投资，必须有强大的财务基础和财务稳健性。因此他决定使用财务比率来分析这家公司的财务报表。他从其他来源处找到了表9.6给出的行业平均数据。

现在，丹泰克斯的股票售价为每股50美元。巴巴洛拉可以投资于收益率为3.5%的美国国库券，但他认为股市可能会在一段时期内提供9.5%的收益率。他应该购买丹泰克斯的股票吗？为了帮助巴巴洛拉做出决定，请回答下列问题：

1. 比率分析显示出什么结论？

2. 该公司目前的股利支付率与历史股利支付率相比如何？

3. 每股利润和股利的年增长率是多少？

4. 有理由认为该公司改变了股利政策吗？

5. 风险受很多种因素的影响。下列因素中，哪些因素会影响丹泰克斯的公司特定（非系统性）风险？

a）它的产品线。

b）它对债务融资的使用。

c）外国竞争。

6. 丹泰克斯的市盈率表明该公司的股票价格被低估了吗？

7. 为什么股利增长率是不可持续的？

8. 如果可以保持4%的股利增长率，那么当必要收益率为9.5%时，该股票是一项好的购买选择吗？

9. 如果β系数为0.8，且假设可持续增长率为4%，那么当无风险利率为3.5%，且市场预期收益率为9.5%时，应该购买该股票吗？

表9.4 丹泰克斯的财务报表

单位：千美元

综合利润表（截至年底）	2015年	2014年
销售收入	668 000	730 000
销货成本	531 000	571 000
销售费用与管理费用	54 000	52 000
折旧	24 000	22 000
（净）利息费用	3 000	3 000
	612000	648 000
税前收入	56 000	82 000
所得税	24 000	35 000
净收入	32 000	47 000
每股利润	5.87	8.82
每股股利	2.22	2.00

综合资产负债表（截至12月31日）	2015年	2014年
资产		
流动资产		
现金与短期投资	23 000	5 000
应收账款	80 000	114 000
存货	120 000	118 000
流动资产总计	223 000	237 000
房地产、厂房和设备		
土地	3 000	3 000
建筑物和设备	177 000	156 000
其他	20 000	17 000
	200 000	176 000
总资产	423 000	413 000
	2015年	2014年
负债		
流动负债		
1年内到期的长期债务	6 000	4 000
应付账款	22 000	22 000
应计费用	30 000	35 000
应纳所得税	3 000	10 000
流动负债总计	61 000	71 000
长期债务	20 000	22 000
股东权益		
普通股	57 000	57 000
实收资本	5 000	5 000
留存收益	280 000	258 000
股东权益总计	342 000	320 000
负债和股东权益总计	423 000	413 000

表9.5 丹泰克斯的每股利润和股利

单位：美元

年份	每股利润	股利
2015	5.87	2.20
2014	8.82	2.00

续表

年份	每股利润	股利
2013	7.49	1.80
2012	6.21	1.60
2011	6.75	1.35
2010	4.90	0.95
2009	3.97	0.75
2008	2.51	0.70
2007	1.58	0.55
2006	1.33	0.51
2005	1.00	0.50

表 9.6 部分比率的行业平均值

流动比率	3.2∶1
速动比率	1.6∶1
平均收款期（天）	55
存货周转率（销售收入/平均存货，次/年）	3.7
固定资产周转率（次/年）	4.5
债务比率（债务/总资产，%）	33
利息保障倍数	10×
净利润率（%）	3.3
资产收益率（%）	4.5
股权收益率（%）	7.0

理财顾问的投资案例（二）

确定一家企业的价值

阿曼达·摩纳哥（Amanda Monaco）刚刚继承了她父亲的公司。在摩纳哥先生去世之前，他是唯一的股东，他将整家公司留给了他唯一的女儿。尽管阿曼达已经作为商业艺术家为这家公司工作了许多年，但她感觉自己还不够格管理公司业务。她考虑在公司经营得不错、父亲的去世导致公司价值下跌之前将公司卖掉。阿曼达知道出售公司将导致失去控制权，但她父亲给了她一份长期合约，以保证她的工作，即使她被解雇，也能得到一笔高额遣散费。此外，如果阿曼达将公司出售来换取现金，她会得到一大笔钱，因此她的财务状况是安全的。

尽管阿曼达希望将公司卖掉，但她清楚自己不知道如何对公司出价。美国国税局确定她父亲公司的股价为每股 100 美元，由于他拥有 100 000 股，因此计算遗产税所依据的公司价值为 10 000 000 美元。阿曼达认为这是个很合理的价格，但她决定咨询一下为她填报遗产税税单的注册会计师苏菲·莱（Sophie Ryer）。

莱建议用贴现现金流法对公司进行估值，也就是将当期股利和未来股利贴现回现在，以确定公司的价值。她向阿曼达解释道，股利增长模型是一种对公司估值的重要理论模型。此外，她建议可以用类似公司的市盈率作为计算公司价值的参考。阿曼达请莱根据市盈率和股利增长模型估算该公司的价值。尽管阿曼达意识到她只能得到一个价格，但她还是要求算出从最优价格到最低价格的一系列价值。

为了辅助估值，莱收集了下列信息。该公司的每股利润为 8.50 美元，并在最近一个财年以现金股利的形式分配了 60%的利润。该股利支付率维持了数年，40%的利润被留存下来为未来增长融资。过去 5 年的每股利润如下所示：

年份	每股利润（美元）
20×1	6.70
20×2	7.40
20×3	7.85
20×4	8.20
20×5	8.50

该行业中的公众持股公司的平均市盈率为 12，最高市盈率为 17，最低市盈率为 9。这些公司的 β 系数大多低于 1.0，通常为 0.85。尽管该公司并非公众持股公司，但其结构类似于该行业中的其他公司。然而，它的规模被认为小于公众持股公司。当前的国库券利率为 5.2%，多数财务分析师预期市场整体的平均收益率将比国库券利率高 6%～6.5%。

阿曼达请你在出售公司后帮忙设计一项财务计划。这项计划包括构建一个拥有足够资源以满足临时现金需求的充分分散化投资组合。你不希望盲目地接受美国国税局定下的 10 000 000 美元的遗产价值。显然，如果该公司能被卖出更多钱，这将有利于你的客户。此外，你还希望得到莱算出的公司价值，因此你打算回答下列问题。

1. 根据背景信息，基于市盈率的股票最高价值和最低价值是多少？

2. 该公司前 5 年的利润增长率（即从 6.70 美元到 8.50 美元的增长率）是多少？

3. 基于股利增长模型的股票最高价值和最低价值是多少？

4. 用这两种方法确定这些价值必须做出哪些假设？

5. 请说明下列各种情况对股票价值的影响：

a) 预期市场收益率上升。

b) 增长率下降。

c) 平均市盈率是 15，而不是 12。

6. 如果遗产税税率为 35%，若每股股价低于 100 美元，那么股票估值的含义是什么？

附录 9　检验有效市场假说：事件研究

用于检验有效市场假说的一种方法是研究股票如何对某个变量的变化（例如，意外利润增加或意外股利减少）做出反应。这种方法被称为事件研究。如果市场预期到该事件，那么价格应该已经做出了调整（即信息被充分贴现），且宣布该事件不会有影响。如果市场没有预期到该事件，那么价格应立即对新信息做出调整，因此很少有（如果有的话）投资者能通过对该事件的宣布做出反应来获利。如果市场并非完全有效，那么在宣布该事件之前，价格应朝着事件暗示的方向移动，但不会充分贴现该事件。

图 9A.1 说明了这三种情况。其中，图（a）说明了信息被充分贴现，价格已在事件发生（即 t_1 时）前进行了调整的情况。尽管某些投资者可能在宣布前就购买了股票，但股价从图（a）中的 A 上升到 B 之间的时间间隔足以让货币的时间价值消耗任何可能的超额收益。例如，如果预期股利将增加 1 美元的投资者购买了股票并推高了股价，那么增加的股利中隐含的任何超额收益都会被持有证券的成本消耗掉，直到该事件被宣布。该模式与有效市场理论一致。

图（b）说明了在事件发生前价格没有变化的情况，此时价格迅速根据新信息做出调整。由于价格变化［即图（b）中的纵轴截距 AB］很迅速，且变化金额等于事件的价值，因此一旦信息公布，就没有机会获得超额收益。该价格模式也与有效市场理论一致。

图（c）说明了市场并非有效的情况；有些价格变化［例如，图（c）中从 A 到 B 的移动］发生在事件之前，但增加的金额和时间都不足以完全贴现宣布事件的影响。因此，在宣布事件之前购买股票的投资者获得了超额收益。如果多个事件（例如，所有股利增加的情况）都存在这种模式，那么感受到这种模式的个人投资者就可以持续获得超额收益。这种无效性若要存在，并不需要每个投资者甚至不需要许多投资者都感受到这种模式。如果某些投资者——不管是老练的投资者还是掌握关于该事件特定信息的投资者——能够持续胜过市场，那么市场就不是完全有效的。

检验图 9A.1 说明的模式看起来很简单，但需要进行两项重要的观察。第一，在任何时候，许多因素（例如，市场变化、利率变化、预期通货膨胀率变化或政治事件）都会影响股价，因此必须分离出一个事件的影响，以确定它对股价以及收益率是否有影响。第二，收益率必须根据风险进行调整。一个投资者可能会购买风险非常高的投资组合，并获得比市场高的收益率。另一个投资者可能会购买由存单构成的投资组合，并获得较低的收益率。这些投资者获得的收益率不同不是前者绩效胜过市场，而后者绩效不如市场的充分证据。较高（或较低）的收益率可能是风险不同的结果。因此，收益率必须对风险进行调整。为了证明市场是无效的，投资者必须在风险调整的基础上持续获得较高（或较低）的收益率。因此，收益率可能低于市场收益率，但在经过风险调整后仍被视为较高的收益率，在这种情况下，该收益率表示市场无效。

使用事件研究检验有效市场假说的方法假设，股票收益率（r_S）是证券对市场收益率做出反应时获得的收益率（$a+1+br_m$）与下式中的 e 代表的公司特定事件影响的函数：

$$r_S = a + br_m + e$$

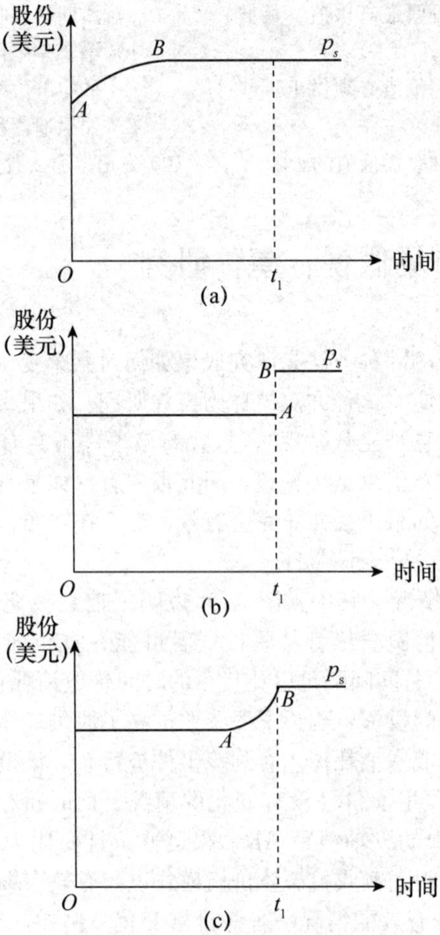

图 9A.1　股价对事件的反应

资料来源：© Cengage Learning.

a 衡量的是市场收益率等于 0 时的股票收益率。r_m 衡量的是该期内的市场收益率，b 给出的是个股收益率对市场收益率的反应（即股票的 β 系数）。误差项 e 表示的是公司特定事件（例如，股利降低）的影响。

整理该式并解出 e，可以得出对公司特定收益率的估计：

$$e = r_S - (a + br_m)$$

该式表示，如果从实际收益率（即 r_S）中减去与市场变化有关的收益率（即 $a+br_m$），那么留下的就是公司特定收益率。当然，留下的这部分在投资组合分散化原理中起着重要的作用。由于分散化消除了公司特定事件的影响，因此当证券数量上升时，e 的值趋近于 0。

然而，在事件研究中，e 被用于检验公司特定事件（例如，降低股利）的影响。如果事件对股票收益率有影响，那么 e 的值就不会等于 0。例如，如果降低股利对股票收益率有负面影响，那么在减去市场变化产生的收益率后，e 将为负值。如果市场赞同降低股利，并导致股票收益率超过与市场整体变动相关的收益率，那么 e 也有可能为正值。如果公司特定事件没有影响，那么 e 为 0，股票收益率完全可以由市场变动来解释。

即使投资者在某个单独事件上可以获得超额收益或遭受超额亏损，这也不足以证明市场无效。为了解决这个问题，研究人员通过计算投资者获得的“累计超额收益率”衡量优异绩效。

如果投资者的绩效持续胜过市场，那么这些超额收益率就会逐渐增加。图 9A.2 说明了三种可能的模式（即持续较优超额收益率、持续较差收益率、无超额收益率）。有效市场假说认为，累计超额收益率的模式看上去应该像图（c）那样，收益率在 0 附近波动。如果投资者的绩效持续胜过市场，那么累计超额收益率将增加［即图（a）］。相反，如果投资者的绩效持续较差，那么累计超额收益率将为负并减少［即图（b）］。

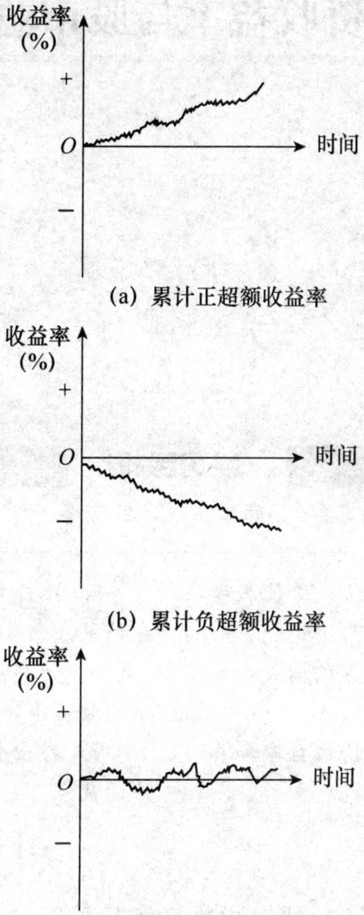

(a) 累计正超额收益率

(b) 累计负超额收益率

(c) 无累计超额收益率

图 9A.2　累计收益率

资料来源：© Cengage Learning.

使用一种技术指标，例如，200 天移动平均值，可以说明如何用累计超额收益率检验市场无效性。（第十二章将介绍技术分析。）200 天移动平均值表示股价在 200 天移动平均线上变化时股票的买卖情况。例如，如果移动平均值降低，那么日股价将低于移动平均值。如果股价涨得足够高，先涨到等于移动平均值的水平，然后涨到移动平均值以上，那么这种变化可以被解释为买入信号。相反，如果移动平均值已经上升，那么日股价将高于移动平均值。如果股价降得足够低，先跌到等于移动平均值的水平，然后跌到移动平均值以下，那么这种变化可以被解释为卖出信号。这种买入和卖出信号亟待检验。这种策略产生的股票收益率应该与市场在每期产生的收益率相比较。也就是说，应分离出剩余部分（即超额收益率）并加总。如果这种策略的表现胜过市场，那么累计超额收益率就将逐渐上升。这种模式将显示出优异绩效并表示市场无效，至少就被检验的特定买入-卖出策略来说是如此。

第十章

投资收益率与股市总体指标

学习目标

学习完本章后，你应能：

1. 区别简单价格加权平均值、价值加权平均值和几何平均值。
2. 对比股市总体指标的计算式构成和计算方法。
3. 说明持有期收益率、平均收益率和真实年收益率的差异。
4. 计算投资收益率。
5. 比较关于普通股投资收益率的各种研究结果。
6. 区别价值加权平均收益率和时间加权平均收益率。
7. 找出成本平均法和低于平均价格买进法的优点。

1996—1999 年，标准普尔 500 股票指数每年上涨 26.435%。预期股票价格将继续以 26.435%的速度上涨是合理的吗？按照该速度，1 000 美元将在 20 年后增长到 108 980 美元。如果你能每年投资 1 000 美元，连续投资 20 年，那么你将攒到 408 473 美元。

事实证明，在 2000—2002 年和 2007—2008 年，这种收益率并没有无限延续。假设出现多高的收益率是合理的？股市在长期（例如，20 年）内获得的收益率是多少？正如本章后面将分析的，在 2000—2012 年之前，构成标准普尔 500 股票指数的大公司的年均增长率约为 10%。即使按照这个速度，1 000 美元也会在 20 年后增至 6 727 美元，而每年投资 1 000 美元，连续投资 20 年后，总额将增至 57 275 美元。即使州所得税和联邦所得税共消耗了总金额的 20%，投资者仍能分别得到 5 381 美元和 45 820 美元。

历史收益率很重要，因为它给了你一种视角。当前的高收益率和低收益率是无法维持的。收益率通常会回归历史水平。因此，历史收益率在预测未来收益率时很有用，至少对于长期来说如此，而且它可以被用于前面章节介绍的股利增长模型等估值模型中。

市场总体指标和股票投资的历史收益率是本章的要点。第一节讨论了证券市场总体指标的构建。这些指标包括道琼斯平均指数、标准普尔500股票指数、纽约证券交易所指数、威尔希尔5000总体市场股票指数和部分最近出现的专门指数。

之后分析了证券投资的历史收益率。研究范围包括计算和显示收益率使用的各种方法和对实际已实现收益率的学术研究。本章最后讨论了通过有计划、有步骤地购买股票平滑各年价格与收益率波动的做法。

股票绩效指标：平均值和指数

构建总体股价指标看起来可能很容易，但是有几个重要问题需要考虑。第一个重要问题是加入哪些股票。除非指数包括所有股票，否则必须选择将哪些股票加入指数。第二个重要问题是确定每只证券的权重。例如，考虑两只股票。公司A有100万股流通股，股票售价为10美元。公司B有1 000万股流通股，股票售价为20美元。公司A的总市值为1 000万美元，而公司B的总市值为2亿美元。如何赋予这两只股票权重？有几种选择：(1) 平等考虑每只股票的价格；(2) 对公司B较多的股数进行调整；(3) 对每只股票投资相等的金额。

价格加权算术平均法

第一种选择是对两只股票进行算术平均，价格被同等对待，价格平均值为：

$$\frac{10+20}{2}=15\text{（美元）}$$

如果股票价格分别升至18美元和22美元，那么新的平均价格为：

$$\frac{18+22}{2}=20\text{（美元）}$$

在两个计算式中，简单平均都赋予每只股票价格相等的权重，而且没有考虑流通股股数的差异。

价值加权平均法

另一种衡量股票绩效的方法是构建一个考虑每家公司的流通股股数差异的平均值。如果使用上述数值，那么股票A和股票B的总价值为：

股价×股数＝总价值

$$10\times1\,000\,000=10\,000\,000$$

＋

$$20\times10\,000\,000=200\,000\,000$$

$$210\,000\,000\text{（美元）}$$

股票的价值加权平均价格为：

平均价格＝所有股票的总价值÷总股数

$$\text{平均价格}=\frac{210\,000\,000}{(10\,000\,000+1\,000\,000)}$$

$$=19.09\text{（美元）}$$

如果股价分别升至 18 美元和 22 美元，那么所有股票的新总价值为：

$$
\begin{array}{l}
18\times 1\ 000\ 000=18\ 000\ 000\\
+\\
\underline{22\times 10\ 000\ 000=220\ 000\ 000}\\
\qquad\qquad\qquad 238\ 000\ 000\ (\text{美元})
\end{array}
$$

股票的每股平均价格变为：

$$
\begin{aligned}
\text{平均价格}&=\frac{238\ 000\ 000}{10\ 000\ 000+1\ 000\ 000}\\
&=21.64\ (\text{美元})
\end{aligned}
$$

价值加权平均法赋予流通股数量更多的公司更多的权重，这将影响平均值。

几何平均值法

第三种计算证券价格总体指标的方法是计算几何平均值。几何平均值不是将不同股票的价格加总然后除以价格个数，而是将不同价格相乘，然后取 n 次方根，n 等于股票数。例如，如果两只股票的价格分别为 10 美元和 20 美元，那么它们的几何平均值为：

$$\text{平均价格}=\sqrt{10\times 20}=14.14\ (\text{美元})$$

如果股价升至 18 美元和 22 美元，那么新的几何平均值为：

$$\text{平均价格}=\sqrt{18\times 22}=19.90\ (\text{美元})$$

注意，在每个计算式中，平均值和平均值的变化都不同。简单平均值从 15 美元升至 20 美元（上升了 33.3%），但价值加权平均值从 19.09 美元升至 21.64 美元（上升了 13.3%）。几何平均值从 14.14 美元升至 19.90 美元，上升了 40.7%。所有这些平均值都可以被用于构建股市总体指标。例如，道琼斯工业平均指数是简单算术平均值；标准普尔 500 股票指数使用的是价值加权平均值，而价值线股票指数是用几何平均值构建的。

尽管市场总体指标可以使用任意平均值，但算术平均值和几何平均值之差对于计算收益率是十分关键的。考虑下列股价和百分比变化。在这段时期内，股价从 20 美元升至 30 美元。

年份	股价（美元）	变化率（%）
1	20	—
2	34	70.0
3	25	−26.5
4	30	20.0

变化率显示了投资者每年获得的金额，它可被用于计算收益率。三年平均收益率为：

$$\frac{70.0\%-26.5\%+20.00\%}{3}=21.17\%$$

你认为，如果投资者每年获得 21.17%的收益率，那么总收益将为：

$$20\times 3\times 0.211\ 7=12.70\ (\text{美元})$$

现在，20 美元的价值变为 32.70 美元，而不是 30 美元。显然有什么地方出了错，而且如果使用复利计算，错误还会更大：

$$20\times(1+0.211\ 7)^3=35.58\ (\text{美元})$$

这种错误是平均值加上和减去变化率的结果。从 20 美元到 25 美元的价格变化获得了 25%的收益率。从 25 美元到 20 美元的价格变化则是 20%的亏损率。将两个变化率平均得到的平均值为 2.5%，但从 20 美元到 25 美元再到 20 美元的变化显示没有变化且没有收益。在两种情况下，股价的变化都是 5 美元，但是变化率却不同，因为基数或起始价格不同——因此使收益率产生了向上的偏差。

如果计算几何平均收益率，就可以避免这个问题。计算方法如下所示：

$$\sqrt[3]{(1+0.70)\times[1+(-0.265)]\times(1+0.2)}=\sqrt[3]{1.4994}=1.1446$$

几何平均收益率为：

$$1.1446-1=14.46\%$$

注意，计算式不是：

$$\sqrt[3]{70\times(-26.5)\times20}=\sqrt[3]{-37100}$$

该式没有考虑小数（例如，70%不等于 70），且可能产生负值。正确的计算方法需要将被表示为小数的百分比与 1 相加。正变化率相加之和高于 1。负变化率相加之和低于 1，但所有数值必须为正。在确定合适的根号后，减去 1 以获得几何平均收益率，在本例中为 14.46%的年收益率。

14.46%看起来合理吗？答案是合理。假设 20 美元的投资获得了 14.46%的年收益率，那么收益将为：

$$20\times3\times0.1446=8.676\ (\text{美元})$$

这 20 美元现在的价值为 28.676 美元。仍有些地方有错误，一旦考虑复利，就能得出正确的收益率：

$$20\times(1+0.1446)^3=29.99\approx30\ (\text{美元})$$

由于使用几何平均法产生了正确的收益率，因此它的使用对于投资是十分重要的。

道琼斯工业平均指数

查尔斯·道（Charles Dow）建立的平均指数是最早的股价指标之一。[①] 最初，该平均指数仅包括 11 家公司，但后来它进行了扩展，加入了更多的公司。今天，该平均指数被称为道琼斯工业平均指数（简称“道指”，代码为^DJI），它可能是最著名、引用最广泛的股价平均指数。

道琼斯工业平均指数是简单价格加权平均指数。最初，它是通过加总 30 家公司的股价，然后除以 30 算出来的。随着时间的推移，除数也发生了变化，因此用一家公司代替另外一家公司［例如，2013 年用高盛公司、耐克公司和威士（Visa）公司代替了美国铝业公司、美国银行和惠普公司，2015 年用苹果公司代替了 AT&T 公司］或者股票分拆不会对平均指数产生影响。如果计算方法仅仅是加总 30 家公司的当前价格然后除以 30，那么用一只股票代替另一只股票或者股票分拆就会影响平均指数。

为了了解用一只股票代替另一只股票的可能影响，考虑用三只价格分别为 12 美元、35 美元和 67 美元的股票（A、B 和 C）计算的平均值。计算出的平均价格为 38 美元。由于某种原

① 1882 年，爱德华·琼斯（Edward Jones）与查尔斯·道组建了一家合伙公司，这家公司最后变为道琼斯公司。关于道琼斯平均指数的信息可参见 http://www.djindexes.com。

因，平均指数的构成发生了变化。股票B被剔除，由价格为80美元的股票D代替。现在，平均价格为53［=(12+67+80)/30］美元。用股票D代替股票B导致平均价格上升，尽管股价并没有变化。为了避免这个问题，除数从3变为不会影响平均价格的数字。为了算出该除数，解以下方程：

$$\frac{12+67+80}{X}=38\text{（美元）}$$

解 X，得到除数为4.184 2。当股票A、股票C和股票D的价格加总并除以4.184 2后，平均价格为：

$$\frac{12+67+80}{4.1842}=38\text{（美元）}$$

因此，平均价格不会因为用股票D代替股票B而改变。

当一只股票被分拆时，也会出现类似情况。（第八章介绍了股票分拆及其对股价的影响。）假设股票D被1拆2，因此其价格变为40美元，而不是80美元（2股40美元的新股=1股80美元的旧股）。投资者的财富没有变化；投资者继续持有总价值为159（=12+67+40+40）美元的股票。然而，股票的平均价格变为（12+67+40)/4.184 2=28.44（美元），而不是38美元。根据该平均价格，股票价格降低了。该平均价格受价格变化以外因素的影响——在这种情况下，是股票分拆。通过改变除数，使平均价格维持在38美元的水平上，这个问题再一次得以解决。为了算出该除数，建立以下方程：

$$\frac{(12+67+40)}{X}=38\text{（美元）}$$

解 X，得到除数为3.131 6。加总股票A、股票C和股票D的价格，然后除以3.131 6，得到平均价格为：

$$\frac{(12+67+40)}{3.1316}=38\text{（美元）}$$

因此，平均价格没有因为股票分拆而改变。

尽管道琼斯工业平均指数会对股票分拆、超过10%的股票股利和用一家公司代替另一家公司进行调整，但是没有对现金股利分配进行调整。因此，当埃克森美孚等股票进行除息（支付股利）且价格下降时，道琼斯工业平均指数也会下降。（第八章解释了当一家公司支付股利时股价下降的原因。）

不考虑股利支付意味着道琼斯工业平均指数的年变化率低估了真实收益。当考虑复利时，不包括股利可能产生惊人的影响。假设不包括股利时道琼斯工业平均指数每年上涨8%，但当包括股利且对股利进行再投资时，收益率为10%。（截至2015年1月，道琼斯工业平均指数的股利收益率为2.73%。）在20多年中，1 000美元以8%的速度增加到4 661美元，但是以10%的速度可以增加到6 728美元。如果将时期延长至50年，那么该价值将分别变为46 902美元和117 391美元。[①]

当然，对于所有不加回股利的股票指数来说，都会低估真实年收益率。对于涵盖最大公司的指数来说，这种偏差更大，因为它们往往会支付股利。尽管有些小盘股也支付股利，但股利

---

① 一项研究发现，从道琼斯工业平均指数创始之时到1998年12月31日，道琼斯工业平均指数从40.94点上涨到9 181.43点，年增长率为5.42%。然而，如果对股利进行再投资，道琼斯工业平均指数应为652 230.87点，年增长率应为9.89%。参见Roger G. Clarke and Meir Statman, "The DJIA Crossed 652 230," *Journal of Portfolio Management* (Winter 2000)：89-93。

占利润的比例往往较小，且股利只占总收益的一小部分，甚至是可以忽略不计的一部分。

图 10.1 显示了 1950—2011 年的道琼斯工业平均指数，图中标出了每年的道琼斯工业平均指数的最高点和最低点。20 世纪 70 年代，道琼斯工业平均指数（和股市）并未经历稳定增长。(1970 年和 1974 年，道琼斯工业平均指数甚至跌破了 1959 年的最高点。）然而，1985—1999 年这段时间呈现出不同的模式，股价暴涨，道琼斯工业平均指数在 1999 年底升至 11 497 点。这种持续上涨在 2000 年戛然而止，当年道琼斯工业平均指数下跌了 6.2%，并在 2002 年继续下跌。即使在 2005 年，道琼斯工业平均指数的交易价仍比 1999 年的收盘价低 15%。

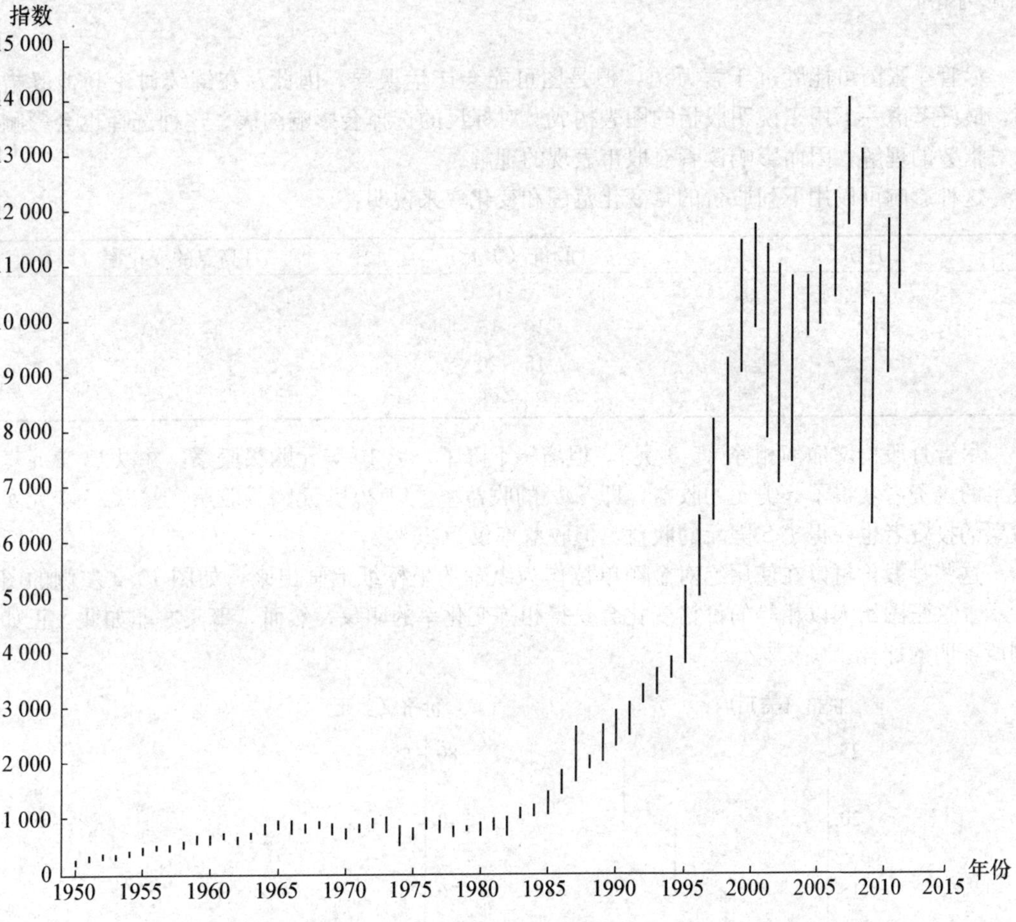

图 10.1 道琼斯工业平均指数的年价格范围（1950—2011 年）

资料来源：http://stockcharts.com/freecharts/historical/djia1900.html.

2008 年，道指的表现甚至更差！在 2007 年到达超过 14 200 点的高位之后，道指在 2008 年暴跌。2008 年的低点刚刚超过 2002 年的低点，且低于 1997 年的高点。道指的这一表现说明，许多投资者在 2008 年的业绩还不如 1997 年。如果一个投资者在 1997 年购买了道指成分股，那么这些股票在 2008 年的价值还不如 1997 年的成本高！

2009 年，道指继续下跌，并在 3 月跌至 6 440 点，在不到 3 个月的时间内又下跌了 26%。从这个最低点，道指反弹回 10 606 点的高位，并在该年年底以 10 494 点收盘。尽管道指收回了 2008 年年底到 2009 年 3 月的失地，但仍然大大低于 2007 年达到的 14 200 点的高位。为了重回该水平，道指必须反弹超过 100%。（比较负变化率和正变化率仍然会产生误导。从 14 200

点跌至6 440点的损失率是55%，但弥补损失则需要120%的增长率。)

股市最近的表现和其在20世纪70年代的表现存在着有趣的相似之处。1972年，道琼斯工业平均指数突破了1 000点，并在1973年达到1 052点。然后，它在1974年跌到578点，跌幅为45%，直到1982年也没有突破之前的高点。2007年，道指升至14 280点，然后开始下跌，到2009年3月跌至6 440点的底部，跌幅超过55%。如果历史重演，那么道指在2017年之前都不会达到之前的高点！然而，道指的确在2013年4月达到了新高，距2009年的低点仅仅4年。

图形示例

尽管一张图可能胜过千言万语，但是图可能会产生误导。因此，在继续讨论其他股指之前，最好考虑一下用于说明股指的图表构成。对标尺的选择会影响图表。这种选择也会影响读者对指数的理解，因而影响读者对股市表现的理解。

这种影响可以用下列股价的月变化范围和变化率来说明：

月份	股价（美元）	月高点的变化率（%）
1	5～10	—
2	10～15	50
3	15～20	33
4	20～25	25

尽管月股价增加额相等（5美元），但增幅下降了。以10美元购买股票，并以15美元卖出股票的投资者获得了5美元的收益，即50%的收益率。以20美元购买股票，并以25美元卖出股票的投资者也获得了5美元的收益，但收益率仅为25%。

这些月股价可以在使用绝对金额单位作为纵轴的坐标纸上画出来，如图10.2左侧的图形所示。这张图给人以相等的价格变化会获得相等变化率的印象。然而，事实并非如此，正如上例所证明的那样。

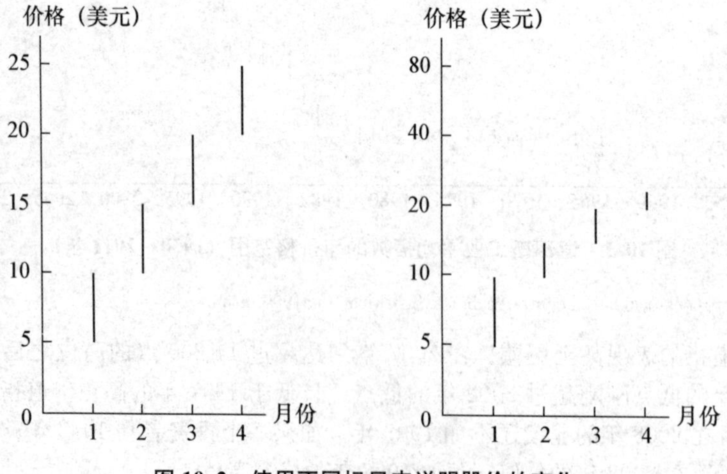

图10.2 使用不同标尺来说明股价的变化

资料来源：© Cengage Learning.

为了避免这个问题，可以使用不同的标尺，正如图10.2右侧的图形那样。在这张图中，纵轴上相等的单位表示变化率。因此，从10美元到15美元的价格变化看起来大于从20美元到 25 美元的价格变化，因为从百分比的角度看它的变化更大。

比较图 10.1 和图 10.3，可以看到使用百分比标尺的影响。这两张图都显示了道琼斯工业平均指数的年价格变化范围，但图 10.1 使用的是绝对标尺，而图 10.3 使用的是相对标尺。两个例子中的一般图形相同，但 20 世纪 90 年代末道琼斯工业平均指数绝对值的大幅上涨在图 10.3 中远没有那么惊人。因为绝对价格变化被降为相对价格变化，所以像图 10.3 那样的图形是证券价格变化和投资者获得的收益率的更好指标。

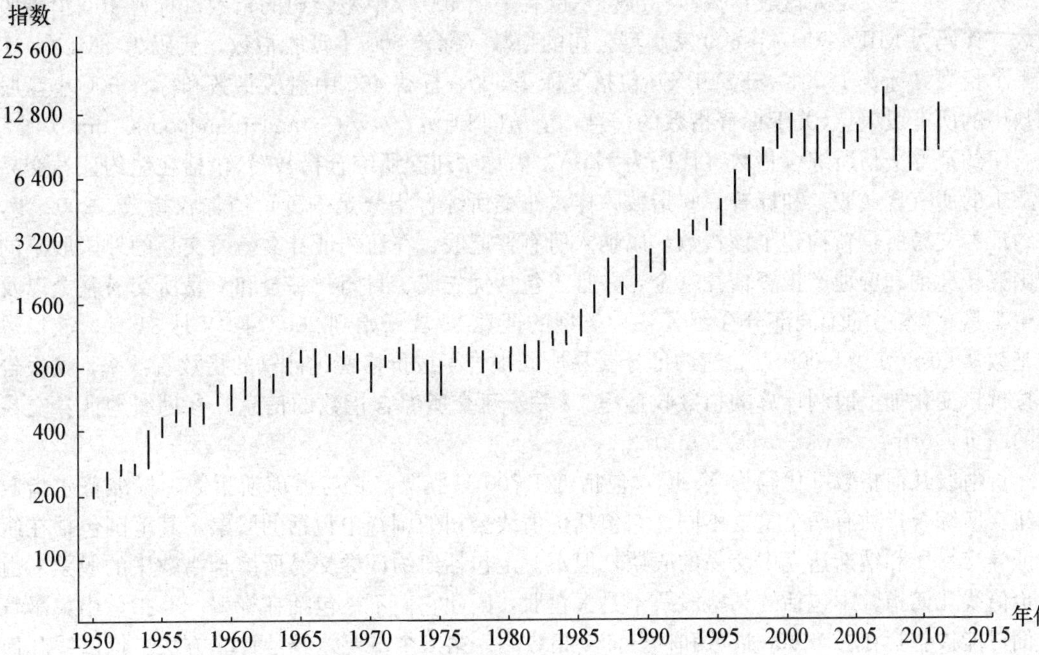

图 10.3 道琼斯工业平均指数的年价格变化范围（1950—2011 年）

资料来源：http://stockcharts.co/freecharts/historical/djia1900.html.

其他总体股价指数

与道琼斯工业平均指数不同，标准普尔 500 股票指数（代码为^GSPC，通常被称为“标普500”）是一种价值加权指数。该指数在基年——1943 年——为 10 点。因此，如果该指数现在为 100 点，那么这些股票的价值就 10 倍于它们在 1943 年的价值。标准普尔公司还计算 400 种工业股票、20 种运输股票、40 种公用事业股票和 40 种金融公司股票的指数。

由于标普 500 是一种价值加权指数，因此像微软和埃克森美孚这种高市值股票（截至 2015 年 3 月，它们的市值分别为 3 597 亿美元和 3 714 亿美元）比市值为 181 亿美元的美国铝业公司对指数的影响更大。[截至 2015 年 4 月，苹果公司是标普 500 指数中市值最高的股票，约占指数总价值的 4%。钻石离岸钻探公司（Diamond Offshore Drilling）是标普 500 指数中市值最低的股票，仅占指数总价值的 0.02%。] 尽管标普 500 的股票数量维持不变，但指数构成会随着时间变化。并购是导致指数变化的一个因素，此时指数中的公司可能被另一只股票收购和取代。一家股票价值大幅下跌的财务脆弱的公司可能被剔除，代之以另一家财务状况更好的公司。同样，如果一家公司的市值下降，它也可能被从指数中剔除，并由另一家市值更高的公司代替。例如，麦克德莫特国际（McDermott International）公司的股票就被剔除，加入了美可保健（Medco Health Solutions）公司的股票。出现这种转变的原因是麦克德莫特国际公司的股票市值下降。

被加入指数对股票的价格影响通常是正面的。然而股价上涨并不是该公司更被认可的结果，而是指数基金买入的结果，指数基金现在必须在投资组合中包括这只股票。相反，如果公司从指数中剔除，那么指数基金将卖掉其头寸，这可能导致该股票的价格下跌。

标普 500 主要是大盘股指数。标准普尔也有一个 400 家中型公司的指数（标普 400 中盘股指数，代码为^MID）和一个 600 家小型公司的指数（标普 600 小盘股指数，代码为^SML）。还有一个指数（标普 1500，^SPSUPX）包括了标普 500、标普 400 中盘股指数和标普 600 小盘股指数中的所有股票。（关于标普指数的信息，请访问 http://www.standardandpoors.com。）

纽约证券交易所综合指数（代码为^NYA，简称“纽交所综合指数”）包括在纽约证券交易所上市的所有普通股。和标普 500 指数一样，纽交所综合指数是一种价值加权指数。2002 年，纽约证券交易所重新构建了该指数，以纳入所有普通股、在纽约证券交易所交易的外国股票的美国存托凭证和房地产投资信托基金，并且不包括优先股、封闭式基金和交易所交易基金以及衍生工具。（本书的不同部分介绍了各种类型的证券。）从开始到 2002 年 12 月 31 日，该指数的基数从 50 点变为 5 000 点。纽约证券交易所既报告了按价格变化计算的指数收益率，又报告了按价格变化加上股利计算的指数收益率。（关于纽交所综合指数的信息，参见纽约证券交易所的网页：http://www.nyse.com。）

价值线几何指数（代码为^VLIC）包括近 1 700 只股票，它与道琼斯指数、标准普尔指数和纽交所综合指数有两个重要不同。它包括价值线公司的调查中包括的股票。其范围包括在纽约证券交易所和纳斯达克中交易的股票，但不一定包括纽约证券交易所综合指数中的股票。由于价值线几何指数中包括的某些股票不是大盘股，因此它们不被包括在标普 500 指数中，尽管它们可能被包括在标普 400 指数和标普 600 指数中。第二个重要差异是计算方法。价值线几何指数使用的是几何平均法，它对平均指数中的每只股票赋予相同的权重。道琼斯工业平均指数和标准普尔指数是算术平均值和价值加权平均值。（价值线公司也公布算术平均值，代码为^VAY。）

其他总体指标包括罗素指数和纳斯达克指数。罗素指数（代码为^RUI）包括在纽约证券交易所和纳斯达克交易的 1 000 家最大公司的股票。“最大”是用市值衡量的，罗素 1000 指数中的股票平均市值约为 800 亿美元。罗素 2000 指数（代码为^RUT）由接下来 2 000 家最大的公司构成，罗素 3000 指数（代码为^RUA）综合了罗素 1000 指数和罗素 2000 指数中的股票。由场外交易股票组成的纳斯达克综合指数（代码为^IXIC）包括 3 000 多只股票。最广泛的总体股价指数可能是道琼斯威尔希尔 5000 指数（代码为^DWC），它是用在纽约证券交易所和在纳斯达克中交易活跃的股票（即基本上包括每家公开交易的美国公司）构建的。尽管该指数的名称表示总共有 5 000 只股票，但实际股票数量超过了 5 000 只。

专门指数

前面考虑了总体市场指数或基于公司规模或市值的指数。标普 500 和纽约证券交易所综合指数显然是强调大盘股的总体指数，而道琼斯威尔希尔 5000 指数是范围非常广泛的股票指数。除了这些总体指数以外，还有许多基于市场特定部门的平均值或指数。最初，道琼斯指数只计算由 30 只股票组成的工业股平均指数，但也计算 20 只运输股的平均指数（代码为

^DJT)、15 只公用事业股的平均指数（代码为^DJU）和所有 65 只股票的总平均指数（代码为^DJA)。近年来，道琼斯指数还对不同行业建立了专门指标，例如，互联网综合指数（代码为^DJINET)、国家指数（例如，道琼斯日本泰坦 100 信托指数，代码为^XLJNTR）或世界市场指数（例如，道琼斯亚太大盘股指数，代码为^P1LRG)。

专门市场指数不是道琼斯的专利。标准普尔也有基于经济部门的指数。标准普尔 500 指数中的每只股票都根据公司最大的收入来源被归类为 10 个部门之一。在现实中，有许多涵盖证券市场子部门的指数。大量的专门指数意味着个体投资者、财务分析师或投资组合经理基本上可以随心所欲地监测任何领域的市场变化。通过雅虎金融或谷歌金融等网络资源可以方便地获得关于特定指数的信息。利用代码可以获取特定指数的信息。

或许除了利用道琼斯工业平均指数之外，个人投资者无法购买总体市场指数中的所有股票。然而，个人投资者可以购买复制指数的交易所交易基金的股份。例如，iShares 罗素 1000（iShares Russell 1000，代码为 IWB）跟踪罗素 1000 指数，先锋 FTSE AW 除美国公司外交易所交易基金（Vanguard FTSE AW ex-US ETF，代码为 VEU）跟踪不包括美国公司的全球股票指数。然而，这些交易所交易基金不需要购买特定指数中的所有股票。相反，它们建立了复制指数的头寸，因此向投资者提供了以基准指数表示的收益率（计算费用前）。

尽管看起来没必要有这么多指数（显然一个人无法跟踪所有这些指数），但每个指数都可以服务于某个重要目的。在关于共同基金的第六章中，评估投资组合经理的绩效需要一个比较基准。尽管大盘股成长型基金可以与标准普尔 500 指数比较，但对于专门投资于能源股或小盘股的基金经理来说，这样比较就不合适了。这个比较问题适用于任何专门投资组合。如果评估是以市场比较为基础的，那么就需要合适的相关市场绩效指标。当然，大量指数都可以满足这个目的。

然而，个人投资者应该意识到一个潜在缺点。有如此多可以利用的总体指标，投资经理或许可以找到一个指标，使该经理的绩效显得更漂亮。例如，如果标准普尔 500 指数显示的绩效较差，但道琼斯威尔希尔 5000 指数显示的绩效较好，那么当报告绩效比较结果时，投资组合经理显然有动机使用威尔希尔 5000 指数。从一个指数转换为另一个指数可能是一种预警，而且必然会引起关于比较有效性的疑问。当然，如果投资组合经理始终如一，且在连续多年内使用同一个指数，那么可能会有绩效较差的年份。有效市场假说认为，这种绩效是可以预见的，因为很难持续获得优于市场的绩效。

部门指数

除了总体市场指数，还有经济部门指数。然而，部门的定义或构成不同。下表提供了道琼斯、标准普尔和晨星列出的部门。

道琼斯	标准普尔	晨星
基础材料	基础材料	工业材料
—	通信服务	电信
—	—	媒体
消费品	必需消费品	消费品
消费者服务	周期性消费品	消费者服务
金融	金融	金融服务
医疗	医疗	医疗

续表

道琼斯	标准普尔	晨星
工业	—	—
石油与天然气	能源	能源
科技	科技	软件
运输	运输	—
公用事业	公用事业	公用事业
—	—	硬件

尽管存在明显的重叠，但部门的构成的确不同。例如，标准普尔和晨星都有能源部门，但道琼斯只有石油与天然气部门。这表明，指数中包括的公司不同，因此没有理由假设部门构成之间存在完全相关性。

交易所交易基金（ETF）的存在表明，投资者可以持有某个特定部门的头寸，而不必购买该部门中的公司个股。如果投资者认为经济扩张将导致必需消费品的收益增加，就不必购买可口可乐或卡夫食品的股票。这个投资者可以购买先锋必需消费品指数基金（Vanguard Consumer Staples Index Fund，代码为 VCSAX）的份额。同理，他也可以购买先锋医疗指数基金（Vanguard Health Care Index Fund，代码为 VHCIX）［该基金持有默克公司、联合保险集团（UnitedHealth Group）和安进（Amgen）公司的头寸］的份额。

股价和相关性的总体指标

正如人们所料，美国股票市场总体指标之间的相关性很高。图 10.4 说明了这一点，该图显示了 1980—2000 年的道琼斯工业平均指数、标准普尔 500 股票指数和纽约证券交易所综合指数。（道琼斯平均工业指数的价值被除以 10，以使其与其他两个指数基础相同。）

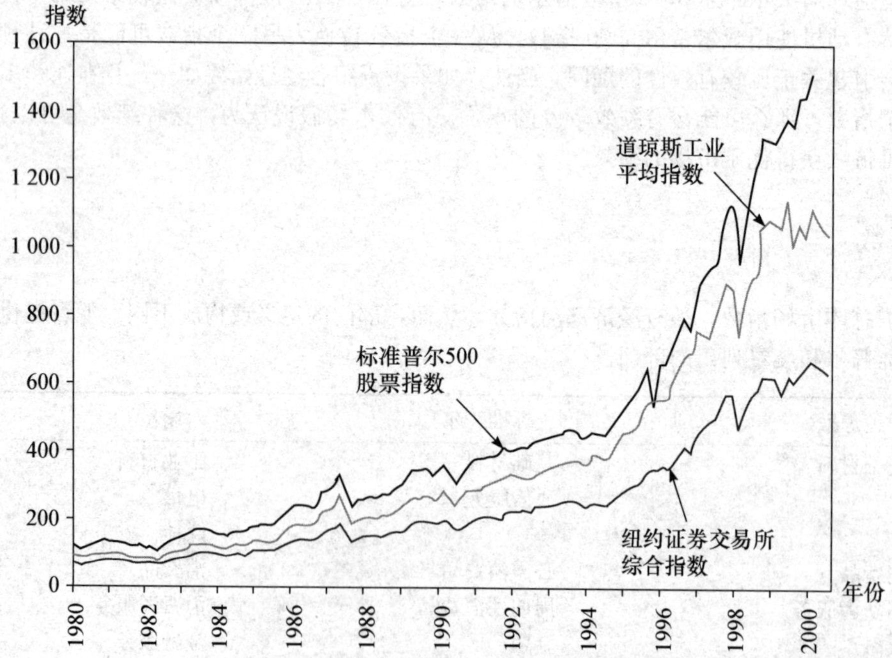

图 10.4　总体股价指数（1980—2000 年）

资料来源：*Federal Reserve Bulletin*，various issues.

从表面上看，总体指数之间的相关性很高。图 10.4 中标准普尔 500 股票指数和纽约证券交易所综合指数所使用数据的月价格变化的相关性为 0.99。美林定量分析估计标准普尔 500 股票指数和道琼斯工业平均指数的相关系数为 0.95，而标准普尔 500 股票指数和纽约证券交易所综合指数的相关系数约为 1.0。纽约证券交易所报告的纽约证券交易所综合指数与标准普尔 500 股票指数的相关系数为 0.968。

债券平均价格和指数

除了股票指数以外，还有债券市场总体指数。这些平均值和指数在几方面不同于股票指数。第一方面是单位。债券平均值可以用收益率而不是价格表示。图 10.5 说明了这点，该图给出了 1978—2000 年的道琼斯 200 债券平均指数和穆迪 Aaa 级债券平均收益率，平均指数用指数表示，平均收益率用百分比表示。该图生动地说明了债券价格和平均收益率的反向关系。例如，从 1979 年 1 月到 1981 年 9 月，当收益率从 9.3%上升到超过 15%时，债券平均指数从 85.4 下降到 55.4。然后，平均收益率开始下降，债券指数开始上升。该模式一直延续到 21 世纪初，此时债券平均收益率处于几十年以来的低点。（关于固定收益证券估值的第十四章说明了利率和债券价格的这种负向关系。）

用收益率表示的债券市场指数显然不能与标准普尔 500 指数这种基于价格的股票指数相比较，即使是用价格表示的债券市场指数也不能与股票指数相比较。与获得股票升值不同，债券投资者收取利息。他们的收益主要由利息收入构成，而股东的主要收益来源是价格上升。

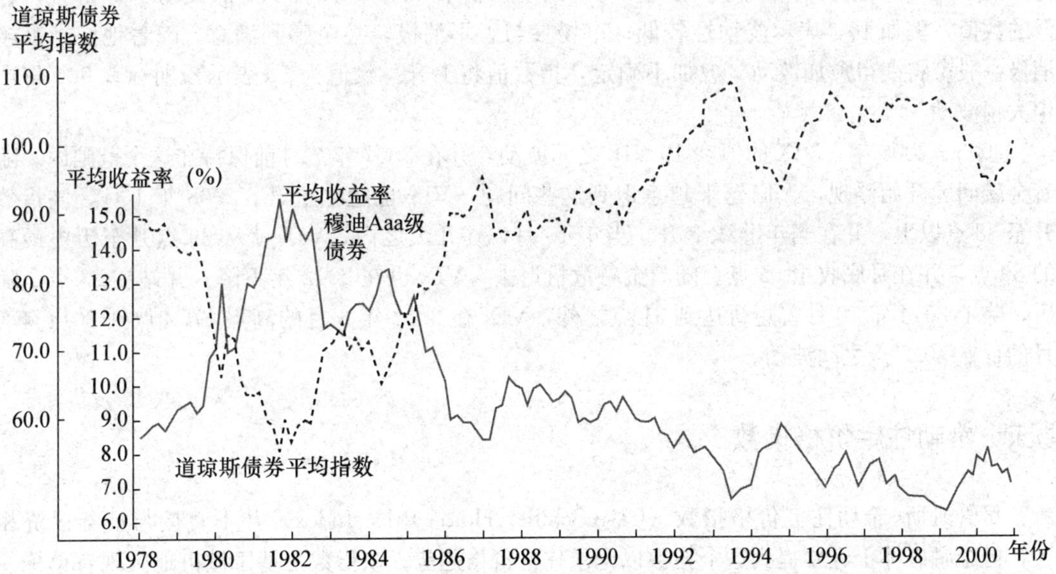

图 10.5　道琼斯债券平均指数和摩根特（穆迪）Aaa 级债券平均收益率（1978—2000 年）

资料来源：*Moody's Bond Record*，various issues，1978—1999；*Mergents Bond Record*，various issues，2000；*The Wall Street Journal Index*（Ann Arbor，MI：UMI Company），1978—2000.

解决这种可比性问题的一种方法是选择一个起始点，例如，200×年 1 月，然后用价格加上已获得并被再投资的利息。债券平均价值将随着复利过程而逐渐增加。道琼斯公司债券指数的结构已被重新调整，以包括利息再投资，这使债券平均指数与道琼斯股票平均指数更可比。

和股票指数一样，除了道琼斯债券平均指数外，还有其他债券市场总体指数。美国国债的部分此类指标及其代码如下所示：

30年期国债	^TYX
10年期国债	^TNY
5年期国债	^FVX
13周短期国库券	^IRX

你可以在提供股票价格的网站上输入代码，轻松地获得这些指数。公司的债券指数包括巴克莱综合债券指数（代码为AGG）和巴克莱高收益率债券指数（代码为JNK）。你可以方便地买卖、跟踪这些指数的交易所买卖基金。使用指数后提供的代码即可查询相关信息。

波动性指数

在金融危机期间广受关注的一个指数是波动性指数（Volatility Index），它通常用其代码VIX表示。（你可以使用^VIX获得该指数的值。）VIX是投资者对近期股市波动性的预期或"感受"。由于VIX是投资者预期的指标，因为它也衡量了市场心理，且通常被称为"恐惧"指数。

VIX的实际计算是基于标普500指数期权，并用百分比表示。（第十七章和第十八章解释了期权。）例如，数值为20表示市场参与者预期在未来12个月标普500的波动率为20%。较低的数值，例如10，表示波动性较低；市场参与者不消极，甚至感到满意。随着他们越来越消极，股市将变得愈加波动、愈加不确定，指数值将上升。数值为50表示预期标普500将产生大幅波动。

2005—2006年，VIX的值在10～18之间波动，并在2007年7月前保持在这个范围内。随着金融问题开始浮现，人们越来越意识到这些问题，VIX也随之上升。2008年1月，该指数升至38点以上，并在当年继续上升。当年10月，在几天之内，VIX就从39点升至历史最高的89点，并在月底收报55点。随着金融危机退去，VIX也在2012年下降，并站在23点。随后，除了2014年10月曾短暂达到31点之外，VIX在2012年6月的高点27.2点到2014年6月的低点10.3点之间波动。

凯斯-希勒住宅价格指数

尽管凯斯-希勒住宅价格指数（Case-Schiller Home Price Index）并不直接与证券投资相关，但金融媒体上经常提到这个指数以记录住宅价格趋势。该指数是基于城市地区现有单栋住宅的售价计算的。除了总体指数，凯斯-希勒指数还报告一个10城指数和20个城市住宅市场指数。

凯斯-希勒住宅价格指数明确记录了2000—2006年的房价大幅上涨以及随后的价格下降。该指数从2000年的基数100点开始，在2006年升至189点以上，涨幅超过89%（年涨幅为11.1%）。该指数在2011年跌至130点。截至2015年1月，该指数站在173点，并始终低于2006年的高点189点。尽管不能得出结论，认为所有房价涨跌都如此剧烈，但该指数明确记录了房价的迅速上涨和随后的下跌。

普通股的投资收益率

你的证券投资收益率是多少？为了回答这个问题，你应该考虑证券的买价、卖价、收入（例如，股利或利息）以及持有资产的时间长度。最简单（可能也是最具误导性）的收益率是**持有期收益率**（holding period return，HPR）。它是用收益（或损失）与收入之和除以资产价格得出来的。

$$HPR=\frac{P_1+D-P_0}{P_0} \tag{10.1}$$

式中，P_1 为卖出价；D 为收入；P_0 为买入价。如果一个投资者以 40 美元的价格购买了一只股票，获得了 2 美元的股利，并以 50 美元的价格卖出该股票，那么持有期收益率为：

$$HPR=\frac{50+2-40}{40}=30\%$$

持有期收益率有一个重大的缺陷，因为它没有考虑获得收益需要的时间长度。如果上例中的信息为：股票成本为 40 美元、每年支付 1 美元的股利，并在第二年年底以 50 美元的价格卖出股票，那么这个问题立即就会变得很明显。给定该信息，收益率是多少？尽管持有期收益率保持不变，但 30%显然高于真实年收益率。如果这段时期长于 1 年，那么持有期收益率就夸大了真实年收益率。（相反，对于短于 1 年的时期而言，持有期收益率低估了真实年收益率。）

由于持有期收益率容易计算，因此它经常被使用，并产生了误导性结论。考虑下面的例子。你以每股 10 美元的价格购买了一只股票，并在 10 年后以 20 美元卖出该股票。该笔投资的持有期收益率为多少？这个简单的问题可以产生几种误导性答案。你可能会有如下回答："我的钱翻倍了！"或者"我赚了 100%！"这听上去当然令人印象深刻，但它完全没有考虑让你的钱翻倍所需的时间长度。你可以计算算术平均值，然后断定你的年收益率为 10%（=100%÷10）。该数字没有收益率为 100%那么令人印象深刻，但它仍然是有误导性的，因为它没有考虑复利。第一年获得的某些收益在接下来的年份中将继续获得收益，而当你计算 10 年中的平均收益率时，没有考虑这些因素。

正确计算获得的**收益率或内部收益率**（rate of return or internal rate of return，IRR）的方法是提出下面的问题："10 美元以什么速度才能在 10 年后增长为 20 美元？"你应该认识到，这是另一个货币时间价值的例子。用来回答这个问题的公式为：

$$P_0(1+r)^n=P_n$$

式中，P_0 为证券成本；r 为每期的收益率；n 为期数（例如，年）；P_n 为证券卖出价。将这些值代入公式时，解为：

$$10(1+r)^{10}=20$$

$$(1+r)^{10}=2$$

$$r=\sqrt[10]{2}-1=1.0718-1=7.18\%$$

因此，年收益率为 7.18%。正确的投资收益率（除去股利收入）远不如"我的钱翻倍了"或"我每年的平均收益率为 10%"那么令人印象深刻。

加入股利收入令计算收益率更加困难。假设你以 40 美元的价格买入股票、获得 2 美元的股利，然后在两年后以 50 美元的价格将股票卖掉。收益率是多少？持有期收益率被高估了，因为它没有考虑货币的时间价值。如果你计算增长率且只考虑了初始成本和终值，那么收益率就会被低估，因为没有考虑股利。

通过投资的所有未来现金流入的现值等于投资成本现值来计算投资的内部收益率，可以避免这个问题。股票内部收益率（r）的一般公式为：

$$P_0=\frac{D_1}{(1+r)}+\cdots+\frac{D_n}{(1+r)^n}+\frac{P_n}{(1+r)^n} \tag{10.2}$$

式中，D 为 n 年中得到的年股利；P_n 为股票在第 n 年的价格。在第十四章中，相同的公式被用来计算到期收益率。到期收益率是今天购买、到期时赎回的债券投资的内部收益率。

若要计算上面的例子中成本为 40 美元、年股利为 1 美元，并在第二年年底以 50 美元卖出的股票的内部收益率，那么需要解的公式为：

$$40=\frac{1}{(1+r)}+\frac{1}{(1+r)^2}+\frac{50}{(1+r)^2}$$

注意，一共有三笔现金流入：每年收到的股利和卖出价。内部收益率使所有现金流入和投资成本相等。这些现金流入包括期间支付，也包括卖价。（持有期收益率的计算结合了股利和投资资本收益，并将其视为在期末发生的一笔现金流入。）

解该方程的过程很烦琐，尤其是当年数很多时。选择一个收益率（例如，12%）并将其代入公式，如果使公式两侧相等，那么就能确定内部收益率。如果两侧不等，那么就选择另一个收益率，并重复该过程。例如，如果选择了 12%的收益率，那么：

40＝1×（利率为 12%的 2 年期年金现值的利息系数）
　＋50×（利率为 12%的 2 年后 1 美元现值的利息系数）
　＝1×1.690＋50×0.797＝41.54（美元）

由于两侧不等，因此 12%不是内部收益率。由于 41.54 美元高于 40 美元，因此该收益率太低了，应该选择一个较高的收益率并重复该过程。

使用财务计算器或计算机程序可以让这个烦琐的过程大大简化。在计算器上输入数据时，投资的内部收益率 14.17%已经确定了。这 14.17%是投资的真实年收益率。（使用财务计算器方便了内部收益率的计算，但计算器也有缺点。在这个例子中，年支付额相等，并作为年金输入计算器。如果年支付额不等，那么就必须单独输入每笔支付额。由于计算器限制了输入值的数量，因此无法用它来计算有很多笔现金流入的问题的内部收益率。）

内部收益率有两个潜在问题。第一个问题是关于投资者收到的现金流入的再投资。内部收益率假设现金流入以内部收益率进行再投资。在上例中，这意味着第一年收到的 1 美元以 14.7%的收益率进行再投资。如果以较低的收益率对股利进行再投资或者不进行再投资（即花掉），那么投资的实际收益率将低于该式算出的收益率。相反，如果将 1 美元进行再投资，投资者获得的收益率高于 14.17%，那么投资的实际收益率将超过该式算出的内部收益率。

第二个问题出现在你多次购买某只股票时。尽管这个问题不是不可克服的，但它让计算更加困难。假设你在第一年年初以 40 美元的价格购买了一只股票，在第一年年末以 42 美元的价格购买了第二只股票，然后在第二年年末以每只 50 美元的价格卖出了这两只股票。该公司每年支付 1 美元股利，因此在第一年年末收到 1 美元，在第二年年末收到 2 美元。这笔投资的收益率是多少？

为了使用内部收益率回答该问题，你必须令现金流入和现金流出的现值相等。现金流如下所示：

单位：美元

	第一年年初	第一年年末	第二年年末
现金流出	40	42	—
现金流入	—	1	2+100

有两笔现金流出（购买股票时支付的40美元和42美元），分别发生在现在（第一年年初）和第一年年末。有两笔现金流入，分别是第一年年末收到的1美元股利和第二年年末收到的2美元股利加上第二年年末卖出股票收到的现金（100美元）。内部收益率的公式为：

$$40+\frac{42}{(1+r)}=\frac{1}{(1+r)}+\frac{2+100}{(1+r)^2}$$

内部收益率为16.46%。

在本例中，你在第一年中拥有1股，在第二年中拥有2股。第二年的收益率对总体收益率的影响大于第一年你只拥有1股时的收益率对总体收益率的影响。由于股数和投资金额每年都不一样，因此这种确定收益率的方法有时被称为**价值加权收益率**（dollar-weighted rate of return）。

除了价值加权收益率或内部收益率外，还有**时间加权收益率**（time-weighted rate of return），它没有考虑每个时期的投资金额。这种方法计算每期的收益率，然后对结果进行平均。实际上，这种方法计算的是每期的持有期收益率，然后将其平均。在这个例子中，初始价格为40美元；投资者获得了1美元股利，并在年末拥有价值为42美元的股票。第一年的收益率为：

$$(42+1-40)\div 40=7.5\%$$

在第二年中，股票价值从42美元升至50美元，且支付了1美元股利。收益率为：

$$(50+1-42)\div 42=21.43\%$$

简单平均收益率为：

$$(7.5\%+21.43\%)\div 2=14.47\%$$

几何平均收益率为：

$$\sqrt{1.075\times 1.2143}-1=\sqrt{1.3054}-1=1.1425-1=14.25\%$$

正如前面所讨论的，几何平均收益率是真正的复利收益率，而简单平均收益率往往会高估真实年收益率。

在本例中，价值加权收益率（即内部收益率）高于时间加权收益率。这是投资者拥有更多股票时，股票在第二年的表现更好的结果。如果股票在第一年的表现好于第二年（即在第一年的收益率为21.4%，而在第二年的收益率为7.5%），那么结果将相反。在这种情况下，更高的投资金额将获得更低的收益率，因此价值加权收益率将低于时间加权收益率。

兴趣点 ☞

当75%的收益率产生亏损时

你向年收益率为25%的一家共同基金投资了100美元，为期三年。遗憾的是，在第四年这笔投资亏损了75%，但在接下来三年中又止住亏损并获得了25%的收益率。总收益率为75%。由于获得75%的收益率需要7年时间，因此平均收益率为10.7%。

遗憾的是，算式6×25%−75%的结果的确为75%，但这并不是收益率。这笔投资的实际情况如下所示：

年份	投资价值（美元）
0	100.00
1	125.00
2	156.25
3	195.31
4	48.83
5	61.04
6	76.29
7	95.37

你亏损了，因为真实收益率是负的！这个例子指出了两点。第一，将变化率相加是有误导性的。这个问题可以通过下列计算避免：

$$1.25\times1.25\times1.25\times0.25\times1.25\times1.25\times1.25=0.9537$$

年收益率为：

$$100(1+r)^7=95.37$$

$$r=0.9537^{0.14286-1}=-0.7\%$$

第二，一个坏年份可以抵消多个好年份的收益。第四年75%的亏损要求300%的涨幅来抵消。如果你的股票价格从195.31美元跌到48.83美元（75%的跌幅），那么该股票从48.83美元上涨到195.31美元需要300%的涨幅。

你的股票可能跌得没这么惨。然而，如果你想要卖出证券时发生这种下跌，那么产生的巨额亏损显然将对你的财富产生影响。如果你希望为实现某个特定目的而卖出证券，那么应该考虑最坏情况（即需要资金时发生巨额亏损）的发生概率。例如，如果你的目标是为你女儿的大学教育融资，那么就应该提早获取利润，以免在交学费时产生巨额亏损！

价值加权收益率和时间加权收益率这两种方法哪种更好？这个问题没有绝对正确的答案。由于投资者关心所有投资获得的收益率，因此价值加权收益率看上去更好。然而，也有人主张用时间加权收益率评价投资组合经理的绩效。例如，一家公司可能定期向员工养老金计划缴款。由于现金流入的时间和金额不受养老金计划经理的控制，因此使用价值加权收益率是不合适的。因此，投资组合经理经常使用时间加权收益率而不是价值加权收益率来评价投资组合的绩效。

对投资收益率的研究

几项研究对普通股投资的年收益率进行了估计。最初的研究发现，普通股投资的年收益率接近9%，但也有些时期的年收益率升至15%。

伊博森（Ibbotson）和辛克菲尔德（Sinquefield）扩展了之前的研究成果，加入了公司债券、联邦政府债券、短期国库券的收益率和通货膨胀率。伊博森公司每年在《股票、债券、票据和通货膨胀年鉴》[*The Stocks*，*Bonds*，*Bills*，*and Inflation*（*SBBI*）*Yearbook*]上更新这些结果。

1926—2009年，用标准普尔500股票指数衡量的普通股年收益率为9.8%，但年收益率的变化非常大。收益率的标准差为20.5，这表明68%的收益率在−10.7%～30.3%之间。（两个标准差表示年收益率超过 50%和小于－30%的年份。例如，股票在 1954 年上涨 52.6%，在 2008 年下跌 37.0%。）公司债券和国债的收益率及其波动性较低，但小盘股的收益率波动性较高。例如，1967 年，小盘股上涨了 83.6%，但在 1973 年下跌了 30.9%。（小盘股的定义并不是通过纳斯达克交易的廉价股票。小盘股是标准普尔 500 股票指数中市值最小的那些股票。）

随着时期的增加，收益率的范围将缩小。高收益率年份的影响将被低收益率年份抵消，因此一段时期内的平均值趋近于整段时期的平均值。此外，当年数增加时，负收益率会降低甚至消失。在 2009 年之前，如果你考虑长度为 10 年的时期，没有哪段时期是遭受损失的。1965—1974 年的情况较差，当时的年收益率仅为 1.4%。然而，2000—2009 年的情况改变了这个结论，当时标准普尔 500 股票指数下跌了 0.9%，令这 10 年成为该指数表现最差的 10 年。（20 世纪 30 年代该指数仅下跌了 0.3%。）

尽管历史结果显示，在长期内的收益率为正，但投资者可能有这样的疑问："在某些市场（例如，纳斯达克股票市场）上交易的证券会产生比在另一个市场（例如，纽约证券交易所）上交易的证券更高的收益率吗?"一个更重要的问题是："过去的收益率可以预测未来的收益率吗?"

选择的时期很重要。考虑图 10.6，该图对比了纳斯达克市场指数与标普 500 股票指数。尽管一些股票（例如，微软）同时被收入两个指数，但每个指数的主要构成是不同的。图 10.6 有两个部分，每只股票都经过调整，以确定共同的初始价值：1980—1994 年为 100，1995—2000 年为 100。图（a）涵盖了 1980—1994 年，该图表明纳斯纳克市场指数的涨幅稍高于标普 500 指数，在这段时期内，前者的年增长率约为 11%，后者的年增长率约为 10%。该图还显示出两个指数之间的高度相关性，它们基本上是一起变化的。纳斯达克市场指数获得的收益率可能更高，这是因为该市场由风险较高的证券组成。

图（b）显示出从 1995 年初到 2004 年初的期末价值的类似结果。然而，如果选择不同的时期作为比较收益率的起点或终点，那么这些收益率就不再成立。图 10.6 明确说明了纳斯达克股票市场从 1998 年开始并延续到 2000 年的大幅上涨，当时股指在 2000 年 5 月超过了 5 000 点。随后股指于 2000 年开始大幅下跌并持续到 2002 年。如果一个投资者在 1999 年购买了纳斯达克市场的股票（尤其是科技公司的股票），并将其持有至 2003 年年底，那么这位投资者可能遭受损失。该指数始终保持在低于历史最高点的水平，12 年后（2012 年）收盘于 2 816 点，只比 2000 年的收盘价高 14%。2015 年 3 月，该指数接近历史最高点，达到了 5 000 点，随后回落。2015 年 4 月 23 日，该指数最终冲破历史最高点，收盘于 5 056 点。

历史收益率能否被用于预测，这当然是一个重要的问题。在图 10.6 的图（b）中，纳斯达克市场指数在大幅上涨后回落，回到了之前的模式（这有时被称为"回归平均"）。这种模式表明，历史收益率有预测力。一个明显的含义是，2008—2009 年经历的大幅市场下跌是对图 10.6 的图（b）模式的另一种说明，只不过方向相反。关键问题是："市场会回归其历史模式，并延续接近 10%的年收益率吗?"

对年总投资收益率感兴趣的投资者可以通过黑石（BlackRock）轻松地获得这些数据［搜索关键词"Black Rock asset class returns"（黑石资产类别收益率）］。表 10.1 提供了 20 年期、10 年期和 5 年期的历史年收益率。正如人们所料，各年的年收益率不同。尽管黑石提供的是年数据，但下列收益率是 20 年、10 年和 5 年的年化收益率。

20 年期间的收益率表示，平均股指收益率范围为 9.1%～10.5%，这与本章前面报告的收益率一致。这些收益率还表明，在 20 年中，在大盘价值股、大盘核心股、大盘成长股和小盘股之间存在非常高的相关性。正如人们所料，包括债券和股票的分散化投资组合产生了较低的收益率。或许最令人惊讶的是，国际投资组合产生的收益率较低。

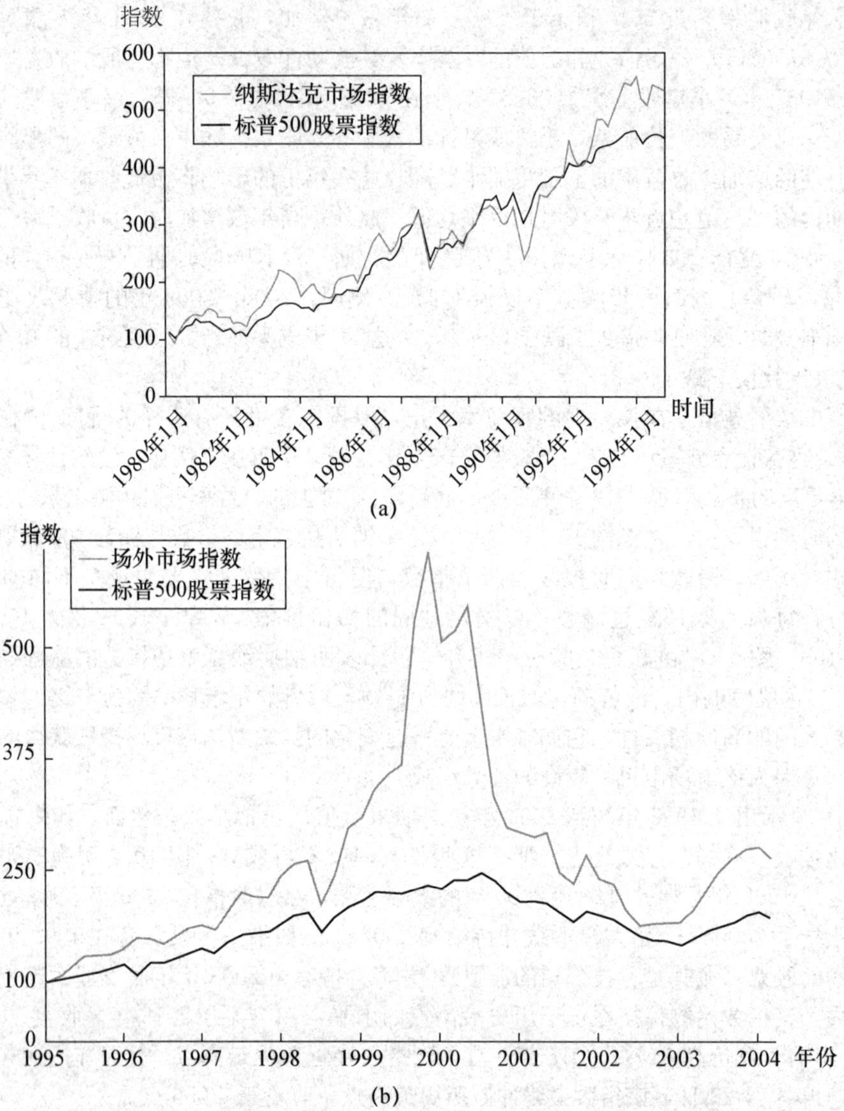

图 10.6　标普 500 股票指数和纳斯达克市场指数（1980—2003 年）*

资料来源：商品系统公司（Commodity Systems，Inc.，CSI）提供的数据。在雅虎金融（www. finance. yahoo. com)的“History Prices”(历史价格)栏目内可以获得这些数据。

表 10.1　20 年期、10 年期和 5 年期的历史收益率

类型	20 年期（1995—2014 年，%）	10 年期（2005—2014 年，%）	5 年期（2010—2014 年，%）
大盘价值股	10.5	3.6	15.4
罗素 1000 价值股指数			
大盘核心股	9.9	3.8	15.5
标准普尔 500 股票指数			
大盘成长股	9.1	4.2	15.8

* 原书数据如此，指数的数据可能进行了一定比例的缩放。——译者注

续表

类型	20 年期（1995—2014 年，%）	10 年期（2005—2014 年，%）	5 年期（2010—2014 年，%）
罗素 1000 成长股指数			
小盘股	9.6	3.8	15.6
罗素 2000 指数			
国际	5.0	2.2	5.4
MSCI EAFE 指数			
分散化投资组合	8.7	3.5	10.9
巴克莱美国综合债券指数、MSCI EAFE 指数、罗素 2000 指数、罗素 1000 成长股指数和罗素 1000 价值股指数的加权平均值			
固定收入证券	6.2	2.3	4.4
巴克莱美国综合债券指数			
现金	2.8	0.1	小于 0.1
美国 3 个月期国库券			

资料来源：© Cengage Learning.

再投资假设

在得出投资者在股市上将获得多高的收益率的结论之前，你应该意识到，投资收益率研究是总体性研究。你的投资组合收益率可能不会与市场收益率完全相同。此外，历史收益率可能不是未来收益率的预测指标。历史收益率研究做了一个投资者可能无法满足的关键假设。该研究计算了内部收益率，假设现金流入（即股利和利息收入）不能以内部收益率进行再投资。对于多数投资者来说，这个假设并不适用。显然，当你花掉这些收入时，这个假设并不适用，但即使收入被再投资，这个假设也不适用。因为你必须对股利和利息收入缴纳所得税，因此可被用于再投资的资金减少了。如果所有资金都被再投资，那么你必须从其他来源处获得缴纳税收的资金。在任何一种情况下，历史收益率与投资者获得的收益率的可比性都降低了。（当然，这和第六章涉及的是同一个问题。在第六章的讨论中，共同基金的收益是在税前列报的，而投资者必须在分得股利时缴纳所得税，因此实际收益率是税后收益率。）

历史收益率最多可以被当作股票估值的起点。它可以在资本资产定价模型中被用于确定必要收益率，继而被用作股利增长模型中的贴现系数。因此，历史收益率对于确定股票价格被低估还是被高估是很重要的。

时间分散化

历史收益率可能会导致关于风险的错误结论。随着时期的增加，收益率的变异性看起来降低了，这表明风险也在降低。这种错误印象有时被称为“时间分散化”，它表明随着时期的增加，风险将降低。这个关于风险降低的结论与直觉不符。时间越长，应该意味着不确定性越大、风险越高。未来 6 个月的确定性当然应该小于未来 12 个月，而未来 1 年的确定性当然应该小于未来 10 年。这种不确定性应随着时期的增加而增加。

实际上，时间分散化的概念是标准差的数学计算结果。考虑下列某股票的价格和年收益率：

价格（美元）	1年期收益率（%）	2年期收益率（%）	4年期收益率（%）	5年期收益率（%）
100	—	—	—	—
120	20.0	—	—	—
130	8.3	14.0	—	—
160	23.1	15.5	—	—
140	−12.5	3.8	8.8	—
170	21.4	3.1	9.1	11.2
几何平均收益率	11.2	9.0	9.0	11.2
收益率的标准差	14.9	6.6	0.2	0.0

在本例中，收益率的标准差随着年数的增加而下降。实际上，这5年间收益率没有变化。标准差为0.0，表明没有变化也没有风险。当然，这只是通过一个观察值——5年期收益率——得出的结论。

认为没有风险的结论是错误的。当然，现在进行投资的投资者并不知道投资组合在期末的价值。风险是卖出资产时终值的不确定性。我们不能确定地知道这个未来价格，而随着时期的增加，未来的价格会变得更不确定。标准差衡量了收益率的变异性，也是比较绩效的重要工具（正如第六章中介绍的对投资组合经理的风险调整后绩效排序的夏普指数一样）。然而，用它来证明为了降低风险应该进行更长期的投资是对重要数学工具的错误运用。

时间的重要性并不在于降低风险，而在于让投资安排符合投资者的喜好。多数投资者的资源有限；通过投资积累财富需要时间。伊博森的研究表明，随着时间的流逝，与其他金融资产的投资者相比，股票投资者会获得最高的收益率。时期越长，复利的影响越大。这些因素显然支持投资者进行长期投资。

尽管长期投资很重要，但不得不在2002年下半年至2003年或2008—2009年变现的投资者会明白，即使是长期积累的资产也会有风险。“时间分散化”以及风险会随着时期的增加而降低的结论是令人遗憾的，因为管理和分散化是投资学中最重要的概念。构建分散化投资组合降低了与特定证券相关的风险。一旦投资者对资产进行了适当的分配并构建了充分分散的投资组合，风险敞口就主要取决于市场变化和投资组合对这些变化的反应。即使投资者的投资期很长，这种风险也不会降低。

降低价格波动的影响：平均法

积累股票并降低价格波动影响的一种策略是“拉平”头寸价格。通过在不同时间购买股票，投资者积累了不同价格的股票。通过共同基金和许多公司提供的股利再投资计划，可以实现这种策略。另一种策略是有计划、有步骤地购买股票。平均法有两种基本方法：定期购买股票和在低于平均价格时买进。

定期购买股票

在定期购买计划下，投资者在固定间隔购买更多的股票。例如，你可能选择在每个季度或每个月购买价值 2 000 美元的股票。不管股价是多少，你都会在合适的时间间隔买入股票。由于每次买入股票的金额相同，因此这种方法被称为**美元成本平均法**（dollar cost averaging）。

表 10.2 说明了这种计划的影响，该表显示了每季度投资 2 000 美元，以不同价格购买的 EMEC 股票的股数。第一列列出了购买日期，第二列列出了不同的股票价格；第三列和第四列列出了买入股数和累计持有股数。最后一列给出了所持股票的平均价格。你应该注意到，当股价下跌时，2 000 美元可以购买更多的股票。例如，当每股为 33 美元时，2 000 美元只能买 60 股。但当每股为 18 美元时，你可以购买 111 股。由于股价下跌时可以购买更多的股票，因此这有拉低股票平均成本的影响。在这个例子中，两年后，股票平均价格跌至 23.85 美元，而你积累了 671 股。如果股票价格随后上涨，你的这些价格较低的股票就可以获得更多的利润，因而提高了整个头寸的收益率。

表 10.2　每季购买 2 000 美元 EMEC 股票的平均头寸

日期	股价（美元）	买入股数	累计持有股数	平均股票成本（美元）
20×0 年 1 月 1 日	25	80	80	25.00
20×0 年 4 月 1 日	28	71	151	26.50
20×0 年 7 月 1 日	33	60	211	28.44
20×0 年 10 月 1 日	27	74	285	28.07
20×1 年 1 月 1 日	21	95	380	26.32
20×1 年 4 月 1 日	18	111	491	24.44
20×1 年 7 月 1 日	20	100	591	23.69
20×1 年 10 月 1 日	25	80	671	23.85

低于平均价格买进

有些投资者发现，定期购买股票很困难，尤其是当股价上涨时。相反，他们只愿意在股价下跌时购买更多的股票。这种投资者采取的是“低于平均价格买进”策略。低于平均价格买进是投资者在股价下跌时购买更多的股票，使股票的平均成本降低，从而降低特定证券平均投资成本的一种方法。如果股价随后上涨，那么这种方法的收益率将非常高，因为你已经积攒了价格较低的股票，因此股价上涨时将获得收益。你可以使用成本平均法，这意味着你每次购买股票时花费的是相同的金额。你也可以每次购买相同数量的股票，从而实现低于平均价格买进[即**股份平均法**（share averaging）]。

表 10.3 说明了低于平均价格买进策略。第一列给出了股票价格。第二列使用了成本平均法；每当股价下跌 5 美元时，投资者就买入价值 1 000 美元的股票。正如第二列所示，之后每次买入的股票数量都更多。该列最后一行给出了投资者花费的总金额（5 000 美元）、买入的总股数（289 股）和股票的平均成本（17.30 美元）。总头寸的平均成本已低于 30 美元的初始投资价格。然而，如果股票价格涨到 30 美元，那么整个头寸的价值将为 8 670 美元。你将获得 3 670 美元的利润，而整个头寸将获得 73%的收益率。

表 10.3　低于平均价格买进策略

股价（美元）	购买的股数（每次购买 1 000 美元）	100 股的成本（美元）
30	33	3 000
25	40	2 500
20	50	2 000
15	66	1 500
10	100	1 000
	289 股	10 000
	（成本为 5 000 美元，平均成本为每股 17.30 美元）	（500 股，成本为 10 000 美元，平均成本为每股 20 美元）

表 10.3 的第三列说明了股份平均法，它是指每次买入相同数量的股票。当股价下跌 5 美元时，投资者购买 100 股。如果股价下跌到 10 美元，那么使用股份平均法的投资者将积累 500 股，总成本为 10 000 美元。如果股价回到 30 美元，那么整个头寸的价值将为 15 000 美元，利润将为 5 000 美元，收益率为 50%。

在成本平均法下，整个头寸的平均成本比在股份平均法下降低得更多。当投资者使用成本平均法时，花费的金额保持不变，而购买的股数有变化。当投资者使用股份平均法时，购买的股数保持不变，而金额有变化。由于投资者在股份平均法下不管股价跌到多低都会购买固定数量的股票，因此该头寸的股票平均成本不会低于成本平均法下的股票平均成本。

上面的讨论和例子解释了平均法的主要内容。你可以选择这一基本概念的任意一种变形。例如，你可以选择在股价下降任何金额时以低于平均价格买进股票，或者选择以任何金额定期购买股票或以低于平均价格买进股票。效果是一样的，即降低该特定证券头寸的平均成本。

低于平均价格买进策略显然要求你在股价下跌时有钱购买更多股份。当考虑佣金时，这种购买或许并不划算。允许增加投资的股利再投资计划或许能减轻佣金成本问题，但投资者不能以特定的理想价格购买股票。相反，你必须接受投资当天的价格。

如果你采取低于平均价格买进策略，就不能假定这种策略将产生正收益。股价可能继续下跌，或在股价回到过去的水平之前要经过许多年。你应该将初始投资视为不会影响买入更多股票决定的固定成本或沉没成本。这种理论很难付诸实践。许多人不愿承认他们进行了糟糕的投资。遗憾的是，他们接下来采取了低于平均价格买进策略，因为他们认为这能证明他们最初的投资决策是正确的。

兴趣点 ☞

成本平均法和共同基金

共同基金的一个优点是可以采用成本平均法。你可以进行定期等额投资。通过这种策略，你在价格上涨时买入较少股票，但在价格下跌时买入较多股票。购买的股票越多，就越能降低股票的平均成本，而且如果股价随后上升，那么低成本股票就会产生更多的资本收益。

尽管你可以通过经纪商购买股票来实施这种策略，但交易费用会降低成本平均法的吸引力，尤其是当你的投资金额较低（例如，低于 500 美元）时。使用共同基金可以消除或至少降低交易成本。无认购费基金显然不用缴纳费用，而有认购费基金也可以降低成本。假设你希望每月投资 300 美元；许多经纪商都不接这么小的单。如果他们买入价值 300 美元的股票，那么经纪公司（包括折扣经纪公司）将收取最低佣金。因此，即使有认购费，共同基金也仍可以向投资金额很低的投资者提供成本低廉同时又能获得成本平均法好处的方法。

你不应自动采用低于平均价格买进策略。在买入更多股票之前，应该对股票进行重新分析。如果该公司的潜力下降（这可能是股价下跌的原因），那么停止以低于平均价格买入股票，卖掉股票，然后承受税收亏损可能更明智。如果股票缺乏潜力，那么在浪费坏投资（之前投资于该股票的资金）之后浪费好投资（购买更多股票的资金）是没有意义的。你应该问的问题包括："这家公司仍然有潜力吗?"或者"有维持该股票当前头寸的客观理由吗?"如果答案是肯定的，那么低于平均价格买入策略和定期买入策略是在积累股票的同时降低平均成本的两种方法。这种策略降低了价格波动的影响，但不能假定这种策略会产生更高的收益率，因为超额收益率与有效市场假说不一致。然而，平均法提供了一种储存证券并有序积累证券的方法。

小　结

证券价格每天都会波动。许多平均值和指数都是为了跟踪这种价格变动而建立的。市场总体指标包括道琼斯工业平均指数、标准普尔股票指数、纽约证券交易所指数、罗素股票指数和价值线股票指数。也有一些市场（例如，大盘股）或部门（例如，科技股）的子指数。

每种指数的构成和计算方法都不同。它们包含的范围从道琼斯工业平均指数的 30 家公司到道琼斯威尔希尔 5000 指数的 7 000 多家公司不等。计算方法的基础是平均法，它包括价格加权平均法（例如，道琼斯工业平均指数）、价值加权平均法（例如，标准普尔 500 股票指数）和几何平均法（例如，价值线指数）。

指数可被用于计算股票收益率。正如有多种方法可以计算平均值一样，也有多种方法可以计算收益率。持有期收益率是投资价值在整个时期内的变化率。持有期收益率也可以包括投资产生的任何收入。由于持有期收益率没有考虑时间，因此它不包括复利的影响，而且经常高估真实的复利收益率。价值加权收益率（或内部收益率）令投资的现金流入的价值百分比和投资的现金流出的价值百分比相等。时间加权收益率是每期收益率的几何平均值。

尽管关于普通股收益率的研究发现，投资者获得的年收益率接近 10%，但各年之间的差异非常大。20 世纪 90 年代末产生了超过 25%的超高年收益率，但 2007—2009 年产生了投资者经历过的最强大的市场逆转之一，2009 年底，股市指数大大低于历史最高点。

平均法是用于降低证券价格波动影响的一种策略。你可以定期购买股票（成本平均法）或在价格下跌后买入更多股票（低于平均价格买进策略）。这些策略可以降低头寸中的股票平均成本，并产生更高的收益率。但为了获得更高的收益率，股价必须上涨，而这种价格上涨是没有保证的。

问　题

1. 什么是价值加权平均法？为何与其他公司相比，这种平均法更重视微软和埃克森美孚这种公司?

2. 道琼斯工业平均指数的计算与标准普尔 500 股票指数和价值线指数的计算有何不同?

3. 为何平均变化率会产生不准确的真实收益率指标?

4. 从历史上看，投资者的普通股投资获得的收益率有多高?

5. 使用相对标尺而不是绝对标尺绘制证券价

格图的优点是什么？

6. 什么是成本平均法？什么是低于平均价格买进策略？为什么低于平均价格买进策略会导致糟糕的投资决策？

7. 1999年年底的几个股市指标值如下所示：

道琼斯工业平均指数	(^DJI)	11 497
标普500股票指数	(^SPX)	1 469
纳斯达克股票指数	(^IXIC)	4 069

2004年年底、2009年年底和2014年年底，这些股市指标的变化率是多少？

8. 你在2005—2010年（共6年）每季度末购买1 000美元的IMB股票。在不考虑佣金的情况下，你积累了多少股？截至2015年1月，IBM的卖出价为161美元。在2015年1月，该头寸的价值为多少？（关于问题7和问题8，你可以从雅虎金融上获得历史价格数据。）

9. 下列相关系数矩阵给出了标普500股票指数中多个部门的相关系数。关于在这些部门中投资以分散化投资组合的策略，你能得出什么结论？

	必需消费品部门	金融部门	医疗部门	公用事业部门
必需消费品部门	1.00	—	—	—
金融部门	0.72	1.00	—	—
医疗部门	0.69	0.59	1.00	—
公用事业部门	0.31	0.36	0.23	1.00

关系题与基本习题示例

关系题

1. 去掉一只价格为40美元的股票，用一只价格为60美元的股票代替它，将____道琼斯工业平均指数。

2. 去掉一只有2 000 000股流通股、价格为40美元的股票，用一只有2 000 000股流通股、价格为80美元的股票代替它，将____标准普尔500股票指数。

3. 价格波动性增加将____VIX指数。

4. 如果股价从45美元增至50美元，第二天又回落到45美元，那么这将____使用简单平均值计算的日收益率。

5. 如果股票的日价格从45美元升至50美元，然后又回落到45美元，那么这将____用几何平均法计算的日收益率。

6. 年数增加将____持有期收益率。

7. 投资成本增加将____持有期收益率并____年化收益率。

8. 股利支付额降低将____持有期收益率并____年化收益率。

9. 如果股价在2年内从56美元升至87美元，那么持有期收益率将____，年收益率将____。

10. 对于给定的股价增加额，内部收益率将随着年数增加而____。

11. 当投资者购买更多股票时，时间加权收益率将____。

12. 为了让低于平均价格买进策略生效，股价必须____。

13. 如果股价____，成本平均法将导致投资者买入较少股票。

14. 风险降低表明收益率的标准差将____。

基本习题

1. 你花60美元购买了一只股票，并在5年后以90美元的价格将其卖出。持有期收益率、年均收益率和年复利收益率是多少？

2. 你得到了关于三只股票的下列信息。

股票	价格（美元）	流通股股数
A	30	1 000 000
B	25	8 000 000
C	20	5 000 000

a）请计算价值加权平均值和几何平均值。

b）一年后，股票A的售价为25美元，股票B的售价为30美元，股票C继续以20美元的价格交易。这两个总体股价指标将发生什么变化？为什么这两个指标变化不同？

3. 你花89.33美元购买了某只共同基金的份额。该基金每年分配每股8美元的股利，为期8年，之后你以100美元的价格赎回了份额。你的年化投资收益率是多少？

习 题

1. 你以 20 美元的价格购买了一只股票。一年后，该股票的价格涨至 25 美元，但在第二年年底又跌回 20 美元。平均收益率是多少？实际年收益率是多少？

2. 2008 年，标准普尔 500 股票指数下跌了 38.49%，这是它历史上第三差的表现。（跌幅最高的两次分别是 1931 年的 47.07%和 1937 年的 38.59%。）必须有多高的增长率才能弥补这 38.49%的损失？

3. 你进行了一笔投资，年收益率如下所示：

年份	收益率（%）
1	25
2	3
3	−18
4	−10
5	15

平均年收益率为 3%。实际年收益率是多少？

4. 你获得了四只股票的下列信息：

	价格（美元）	股数
股票 A	10	100 000
股票 B	17	50 000
股票 C	13	150 000
股票 D	20	200 000

a）请计算简单价格加权平均值、价值加权平均值和几何平均值。

b）如果股价变为如下情况，那么每个平均值将增加多少（以百分比表示）？

ⅰ. A：10 美元，B：17 美元，C：13 美元，D：40 美元。

ⅱ. A：10 美元，B：34 美元，C：13 美元，D：20 美元。

c）为什么ⅰ和ⅱ中的变化率不同？

5. 你得到了关于四只股票的下列信息：

股票		A	B	C	D
流通股股数		1 000	300	2 000	400
价格（美元）	20×0 年	50	30	20	60
	20×1 年	50	30	40	60
	20×2 年	50	60	20	60

请以 20×0 年作为基年，构建三个模拟道琼斯工业平均指数、标准普尔 500 股票指数和价值线股票指数的市场总体指标（即一个简单平均值、一个价值加权平均值和一个几何平均值）。

a）20×0—20×1 年和 20×0—20×2 年，每个市场总体指数的变化率是多少？为什么即使只有一只股票的价格发生变化且每种情况下价格变化都翻倍，结果也会不同？

b）如果你是基金管理者并希望借助某个指标来比较你的绩效，那么你更愿意在 20×2 年使用哪个市场指标？

6. 一个投资者以 35 美元的价格购买了一只股票，并在 5 年后以 56.38 美元的价格卖出了该股票。

a）持有期收益率是多少？

b）实际年收益率是多少？

7. 你以 980 美元的价格卖出了在 5 年前以 795 美元购买的一只证券。持有期收益率是多少？请证明该收益率高估了年复利收益率。

8. 你投资 1 000 美元于一家大公司的股票，又投资 1 000 美元于一只公司债券。如果你的股票获得了 10.0%的收益率，债券获得了 6.0%的收益率，且每只证券持有 10 年，那么每笔投资的终值是多少？如果你继续持有每只证券，并在 20 年中获得相同的收益率，那么在整个时期中，股票创造的收益将比债券高多少？（当你为退休以后的生活投资或为子女的大学教育融资时，你应该考虑这个问题的答案。）

9. 2000 年，道琼斯工业平均指数的范围为 9 796～11 723 点。如果股票的历史收益率为 10.4%，若 2000—2009 年股票继续维持该收益率，那么 2009 年道琼斯工业平均指数的范围应该是多少？请比较你估计的范围与实际范围。你能得出什么结论？1973 年，道琼斯工业平均指数的范围为 788～1 052 点，1982 年，该范围为 766～1 074 点。你认为这两个时期（1973—1982 年和 2000—2009 年）有相似性吗？在这些时期中应该运用买入并持有策略还是指数策略？

10. 请计算你今年生日和上一次生日时的道琼斯工业平均指数的价值。两个日期之间的平均年收益率是多少？由于该收益率不包括股利收入，因此它低估了收益率。假设你得到了 2%的股利，并比较了道指的收益率（包括股利）和 10.4%的历史收益率。关于道琼斯工业平均指数和其他指数的信息可参见 www.djindexes.com。

11. 一只股票的成本为 80 美元，且在三年中每年支付 4 美元的股利。

a）如果一个投资者以 80 美元的价格购买了该股票，并预期在三年后以 100 美元的价格卖出该股票，那么预期年收益率是多少？

b）如果买价为 60 美元，那么收益率是多少？

c）如果年股利为 1 美元，且买价为 80 美元、卖价为 100 美元，那么收益率是多少？

12. 你以 100 美元的价格购买了 1 股股票，年股利为 5.50 美元。在第二年年初，你又以 130 美元的价格增购了 1 股。在第二年年底，你以 140 美元的价格卖出了这两股股票。请计算这笔投资的价值加权收益率和时间加权复利收益率（即几何收益率）。重复该过程，但假设第二股的买价是 110 美元，而不是 130 美元。为什么收益率会不同？

13. 你以 40 美元的价格购买了一只股票，持有 5 年后以 50 美元的价格出售。在这段时期内，你每年收到 2 美元的股利。你的投资是否获得了高于 12%的收益率？年价值加权收益率是多少？

14. 你以每股 35 美元的价格购买了一家投资公司（例如，一只共同基金）的股票。该基金进行了下列现金支付（“分配”）：

年份	分配（美元）
1	1.00
2	3.15
3	2.09
4	1.71

在第四年年底，你以每股 41 美元的价格卖出了股票。你的投资的价值加权收益率是多少？

15. 你对一只共同基金投资了 100 美元，该共同基金以 10%的年收益率增长了 4 年。然后，该基金经历了一个极差的年份，股价下跌了 60%。在坏年份之后，该基金在接下来的 4 年中恢复了 10%的年收益率。

a）9 年中的平均变化率是多少？

b）如果你在 9 年后变现了该基金，你将得到多少钱？

c）使用价值加权平均法和时间加权平均法计算的该笔投资的年收益率分别是多少？

16. 你以 50 美元的价格卖空一只股票，并保持该头寸 2 年，其间该股票每年支付 2 美元的股利。2 年后，你平仓并以 35 美元的价格卖出该股票。卖空交易的保证金要求为 100%，因此你不能借入任何资金。不考虑佣金的影响，该笔投资的年收益率是多少？

17. 你看到股票 A 的交易价格为 50 美元，且该股票的价格在当年下跌了 50%。股票 B 的交易价格也为 50 美元，但该股票的价格在当年上涨了 100%。如果投资者在年初分别购买了 1 股股票 A 和 1 股股票 B，你认为该投资组合的价值将如何变化？

18. 你认为 QED 的股票是一项很好的投资，并决定以每股 40 美元的价格购买 100 股该公司的股票。之后，每当股价降低 5 美元时，你就购买价值 4 000 美元的该股票。如果股价跌至 28 美元，然后反弹回 44 美元，此时你卖出持有的股票，那么你将获得多少利润？（假设不能购买零股。）

19. 2001 年 1 月 31 日，你以每股 17.50 美元的价格购买了 100 股 AVAYA（AV）的股票。后来 AV 的股价为：

2002 年 1 月 1 日	8.60 美元
2003 年 1 月 1 日	2.50 美元
2004 年 1 月 1 日	17.50 美元

你拥有这只股票的时间为 3 年。

（1）你的持有期有多长？

（2）平均收益率是多少？

（3）该笔投资的实际收益率是多少？

理财顾问的投资案例

收益率的计算

作为一个投资组合经理，你需要向客户提供你的绩效指标、与市场的比较结果和风险指标。最初，你的投资组合价值为每股10美元。在过去的5年中，投资组合的终值、分配的现金和市场年收益率如下所示：

年份	你的投资组合的终值（美元）	分配的现金（美元）	市场年收益率（%）
1	10.50	0.30	12
2	12.00	1.00	17
3	11.25	0.50	2
4	12.50	1.00	−3
5	14.00	1.25	14

1. 在整个5年中，时间加权复利年收益率和可比市场收益率是多少？

2. 你的收益率的波动性比市场更高还是更低？你的投资者承担的系统性风险比市场更多还是更少？

3. 你的收益率变异性比市场收益率更大还是更小？

4. 你对第2题和第3题的答案表明你的投资组合风险比市场更高还是更低？

5. 在整个5年中，价值加权复利年收益率是多少？

6. 如果一个投资者在第一年年初购买了100股（即1 000美元），那么在第五年年底，该投资者的账户中将有多少钱？假设所有现金分配都以年终价值进行了再投资。根据这些期初价值和期末价值计算的年收益率是多少？

7. 为什么第1题、第5题和第6题计算出来的收益率不同？

8. 如果一个投资者在每年年初投资1 000美元，且现金分配也被再投资，那么在第五年年末，该投资者的账户中将有多少钱？（假设年终价值就是接下来一年的期初价值。）使用该方法算出的价值加权内部收益率几乎为20%。为什么这个年收益率比投资者只进行初始投资时高出那么多？当投资者每年投资1 000美元时，这些收益率中的哪个能最好地体现出你的绩效？

第十一章

投资决策的宏观经济环境

学习目标

学习完本章后，你应能：

1. 定义国内生产总值并列出它的组成部分。

2. 找出影响具体利率的因素。

3. 区别贴现率、联邦基金利率和目标联邦基金利率。

4. 描述货币政策工具和公开市场操作的机制。

5. 对比不同的货币供给指标。

6. 解释货币政策、财政政策和联邦政府赤字如何影响证券价格。

7. 确定在通货膨胀环境下哪种投资是理想的投资。

许多事件都会影响投资决策。有些事件会引发证券市场的反应，但这种反应是多变并难以预测的。2001 年 4 月 18 日，美联储意外降低了利率，道琼斯工业平均指数上升了 372 点。之后，在 5 月 15 日和 7 月 26 日，美联储再次降低利率，但股市只是打了个哈欠，市场并未做出反应。2007 年，经济继续增长，但增长率下降了。经济是否进入衰退是 2008 年上半年争论的焦点。这场争论发生在既成事实之后！2007 年 12 月，经济进入衰退期，结束了于 2001 年开始的经济增长期。

这些事件会影响投资者的观点吗？对 4 月 18 日利率下降的正面反应影响了持有股票的投资者，但 5 月 15 日的利率下降没有产生即时影响。自 2007 年开始的衰退当然对投资者有影响。股市在 2008—2009 年迎来了其历史上第三差的年份，50%以上的股票交易价低于 2007 年的高点。2009—2011 年的市场反弹只部分地弥补了 2008 年产生的损失，2015 年，道琼斯工业平均指数和标准普尔 500 指数达到新高。

本章简要介绍了做出投资决策时的总体经济环境。首先，本章介绍了国内生产总值、消费者信心指数和消费价格指数等经济活动指标。其次，重点是美联储的货币政策及其对利率和货币供给的影响。由于无风险利率是资本资产定价模型中必要收益率的一部分，因此影响利率的因素也会影响证券价格。最后，本章介绍了在金融危机后美国联邦政府的财政政策和经济环境。

经济环境

所有投资决策都是在一定的经济环境中做出的。随着经济体经历经济繁荣和增长阶段，这种环境将会发生变化。这个过程曾被称为“经济周期”，这个词是个不恰当的选择，因为“周期”这个词意味着定期重复的一系列事件，例如，一年四季。经济并不会定期重复一系列事件，而是存在着增长期、停滞期，甚至是紧缩期。

在这些时期中，每个时期的长度和严重性都不一样，而且在一个时期中影响经济的环境可能在接下来的时期中不复存在或影响很小。20 世纪 70 年代的石油禁运及其导致的石油价格突然大幅上涨严重影响了经济。之后是一段石油价格稳定期，但经济继续经历了增长期和停滞期。截至 1999 年 1 月，石油价格为每桶 19 美元，但到 2004 年年底，石油价格达到了每桶 53 美元。2006 年 7 月，石油价格攀升至每桶 77 美元，一年后，石油价格超过了每桶 90 美元。2008 年 7 月，石油价格达到了每桶 147 美元。如此大的价格上涨是造成自 2007 年年底开始并持续到 2009 年的经济衰退的因素之一。

20 世纪 30 年代，许多商业银行破产，对经济造成了巨大影响，并导致了大衰退。20 世纪 80 年代末，许多储蓄与贷款协会以及商业银行的破产导致了金融危机，但与 20 世纪 30 年代的经济危机不同，这次金融危机对总体经济的影响很小。而 2008 年的信贷危机和银行危机则并非如此，这场危机——就像油价大幅攀升一样——造成了经济的严重衰退。

在许多情况下，股价和总体经济都存在强相关性。2007—2009 年总体经济的暴跌说明了这一点，这次股价下跌是历史上最严重的股价下跌之一。然而，现在回想起来，1987 年 10 月并未发生人们所预期的股价跳水。当时，有预测称市场大幅下跌预示着将发生另一次衰退，但这种衰退并未发生。相反，经济继续繁荣，股市反弹回新高。当然，1987 年 10 月，有些投资者的确遭受了重大损失，但在股市下跌后购买股票的投资者却赚了不少。然而，这种投资者之间的转移并没有对国家产生相同的影响，这与经济活动总体水平的下跌有关。

在这些事件中，每个事件都很重要。油价暴涨、银行部门和金融体系崩溃以及股价严重下跌的确在 2007—2009 年给投资者造成了损失。然而，这些事件有可能不会再重复或同时重复发生；下一场经济危机可能不同于之前的危机。如果发生这种重复，那么投资者将很快意识到这种模式并据此进行调整。当然，这种调整将确保未来不会是过去的重演。

经济活动指标

经济活动是由生产水平和国民产出等总体指标衡量的。最常被引用的指标可能就是**国内生产总值**（gross domestic product，GDP），它是在一国境内用国内生产要素新生产的全部最终产品和服务的总价值。丰田公司在美国生产的汽车被包括在美国 GDP 中，而在欧洲或亚洲生产的 IBM 计算机则不被包括在美国 GDP 中。国内生产总值代替了国民生产总值（gross national product，GNP）成为一国总体国民产出的主要衡量指标。（GNP 是经济体新生产的全部最终产品和服务的总价值，包括在国外产生的收入，也就是说，包括美国公司在国外获得的收入，但不包括外国公司在美国获得的收入。）从 GNP 向 GDP 的转变强调了一国在本国地理边界内的产品和服务产出。还有一些经济活动指标强调了价格和就业。其重点通常在于就业，尤其是衡量了产出损失的失业率。

GDP 可以通过加总经济体中各部门的支出或加总所有收入来源计算出来。从投资者的角度看，前者更有用，因为公司利润与不同经济部门的支出有关。这些支出是个人消费（C）、私人国内总投资（I）、政府支出（G）和净出口（E）。它们的和，即 GDP，通常由以下公式表示：

$$GDP=C+I+G+E \tag{11.1}$$

式（11.1）指出了个人支出，公司的厂房、设备和存货投资，政府支出和商品出口等经济活动的重要性。当然，政府税收降低了个人和公司的消费能力，但税收收入最终也被消费了——它们对国家的 GDP 有贡献。相应地，进口商品增加了其他国家的 GDP，而外国消费增加了国内生产总值。（从某种角度看，15 世纪至 17 世纪的重商主义说的是对的：出口商品并收取黄金。他们可能错误地强调了积累财富和国家实力。他们应该说："出口商品并通过增加产出和就业促进国内经济发展。"）

由于 GDP 是每个部门的消费之和，因此如果一个经济部门衰退，其他部门又没有增长，那么 GDP 也会下降。例如，美国联邦政府减少支出对企业增加就业岗位和投资于厂房设备造成了压力。没有商业部门的扩张来抵消政府支出的下降，消费者收入和支出可能就不会上升，而经济可能会陷入停滞。

式（11.1）还指出了财政政策和货币政策对一国经济的重要性。除去政府支出的直接影响外，一项具体政策的作用在于它对公司和消费者支出能力或意愿的影响。例如，降低利率鼓励公司增加对厂房、设备和存货的投资，并鼓励个人对耐用品（例如，汽车和住房）的投资。提高利率的影响相反。这些企业支出和消费者支出的变化对总体产出水平有直接影响；也就是说，它们影响 GDP 水平。

随着时间的推移，GDP 逐渐增加，但增长率会变化。当经济扩张时，就业率也趋于上升。然而，也有经济紧缩、失业率上升的时期。如果紧缩期持续长于两个季度，就被称为**衰退期**（recession）。美国国家经济研究局（National Bureau of Economic Research，NBER）确定，1964—1990 年，美国经济经历了四个衰退期：1969 年 12 月—1970 年 11 月、1973 年 11 月—1975 年 3 月、1980 年 1 月—1980 年 7 月、1981 年 7 月—1982 年 11 月。这些衰退期的长度短到 1980 年中的几个月，长到 1981—1982 年中的几乎一年半。经济增长期也从 1980 年年底至 1981 年中期的短增长期到从 1982 年底开始并持续到 1990 年 7 月的长增长期不等。这次衰退在 1991 年 3 月结束，经济增长持续了 10 年，直到 2001 年春为止。

2001 年的衰退结束于 11 月；这次衰退期非常短暂、温和，之后经济继续增长。21 世纪初，过度宽松的信贷导致房价剧涨。这种情况在 2007 年年底彻底改变，在第二次世界大战后从未下跌过的房价开始下跌。许多房主无法偿还抵押贷款，贷款人取消了房产赎回权。美国和全世界的银行破产浪潮导致信贷减少和紧缩，这加速了流动性危机和偿付能力危机。许多大公司被迫破产，还有些大公司从政府处获得资金以求生存。每桶原油的价格飙至新高，失业率急剧上升。

在这段期间内，股价经历了历史上最剧烈的下跌。道琼斯工业平均指数从 2007 年超过 14 200 点的高点跌至 2009 年的 6 500 点以下，在不到两年的时间里跌幅超过 50%。由于股价和经济活动之间存在联系，因此证券分析师和投资组合经理根据不同经济活动指标制定可能的投资策略。这些投资者需要在经济发生变化之前了解经济变化的方向。因此，重点是经济活动的先行指标。美国国家经济研究局（www. nber. org）汇总了一系列经济指标，其中 11 个为先行指标，4 个为同步指标，7 个为滞后指标。美国国家经济研究局分别报告每个系列的数据，然后将其汇总为三个综合指数。

世界大企业联合会（Conference Board）也公布综合经济指标。和 NBER 指标一样，部分是先行指标，其他是同步指标和滞后指标。10 个先行指标如下：

（1）制造业工人平均每周工作小时数。

（2）失业保险平均每周初次申领数。

（3）制造业新订单数（消费品和材料）。

（4）交货时间。

（5）生产商的非国防生产资料新订单数。

（6）建筑许可发放数、新私人住宅单位数。

（7）股价（标准普尔 500 股票指数）。

（8）货币供给（M2）。

（9）利差（10 年期国债收益率与短期利率之差）。

（10）消费者预期指数。

在世界大企业联合会的网站（www. conference-board. org）上可以找到这些指标的信息。然而，还有两个重要事项需要注意。第一，指数初次下跌与随后的衰退期开始之间存在时滞。1973 年的衰退在指数下跌 9 个月后开始，而在 1990 年的衰退开始前超过 1 年半指数就开始下跌了。第二，指数可能给出错误信号。在 1984 年和 1987 年，指数均出现下降，然而经济并未出现类似的下跌。

消费者信心指标

受到特别关注的一个先行经济指标是消费者情绪指标或消费者信心指标。消费者信心会影响支出，这对公司利润和就业水平都有影响。消费者信心指数（Consumer Confidence Index，CCI）和消费者情绪指数（Consumer Sentiment Index，CSI）就是这样两个指数。世界大企业联合会消费者研究中心（www. conference-board. org）每月在《消费者信心调查》（*Consumer Confidence Survey*）和《统计公告》（*Statistical Bulletin*）上发布 CCI；密歇根大学调查研究中心（www. sca. isr. umich. edu）每月发布 CSI。美国商务部将 CSI 作为其先行指标之一。CCI 和 CSI 都提供了消费者态度指标，它们关注的是：（1）消费者对商业环境的感受；（2）消费者对自身财务状况的感受；（3）消费者购买耐用品（例如，汽车、住房和其他高成本物品）的意愿。信心增加预示着消费者将增加支出，这将导致经济增长。

任何指数的绝对水平都不如指数的变化重要。也就是说，指数的变化表明消费者乐观情绪或悲观情绪的改变。消费者信心下降预示着经济活动水平的降低。担心丢掉工作或预期收入下降的人将需要较少的商品和服务，且不会借钱购买耐用品。当然，指数增加的含义相反。从某种程度上讲，消费者信心的降低和由此导致的对商品与服务需求的下降可能是一种自我应验的预言。如果消费者购买的商品和服务减少了，那么公司就必须紧缩、裁员并削减工资。

从投资者的角度看，消费者信心变化导致的经济变化会导致个人投资组合的变化。导致经济紧缩的信心下降说明应该采取停止投资成长型公司、转而投资公用事业公司或大公司（IBM 或默克公司）等防御型股票和债务工具。经济活动水平的降低会减少公司的利润，并降低其支付股利或再投资的能力。然而，经济活动水平下降可能导致美联储采取刺激性货币政策。至少在一开始，当美联储向经济中投入货币时，宽松的货币政策会降低利率。当债券价格由于利率降低而上升时，投资组合中有长期债务工具的投资者将获得资本收益。

尽管投资者可能采用先行指标来制定投资策略，但先行指标指数对股票交易的作用是有限的，因为股票指数就是先行指标之一。当指标指数给出信号时，股价（可能）已经变化了。然而，仍可能有某种特定的先行指数领先于股票市场。例如，如果股市变化发生在经济活动变化的四个月之前，且货币供给变化发生在经济活动变化的七个月之前，那么货币供给变化就可能在事件发生前三个月预测出股市变化。遗憾的是，先行指标的组成是会变化的。尽管某个特定指标可能会领先于某次衰退三个月，但它也可能领先于另一次衰退九个月。一个指标本身并不是一个准确的预测器。（如果它是，那么先行指标指数就没有存在的必要了。）

此外，说出指标变化的时间基本上是不可能的。波峰和波谷（即指标的变化）通常是在事后确定的。在变化发生之前，不可能说出衰退何时开始（或结束），相同的原则也适用于特定指标对股价变化的预测。

无法预测股价变化与有效市场假说是一致的。如果可以用一个变量或一个由多个变量组成的指数预测股价变化的方向，那么使用这种技术的投资者就可以持续胜过市场。使用公开已知信息不可能实现这种绩效，因此无法使用经济数据来预测股价进一步支持了半强式有效市场假说。

消费价格指数

除了经济活动总体指标和先行指标以外，通货膨胀指标也对投资者行为有重要影响。通货膨胀是指价格的普遍上涨，之前的讨论中曾将其作为重要的风险来源。尽管价格是用货币单位（例如，美元）表示的，但通货膨胀通常是用指数衡量的。两个常用的指数是消费价格指数（Consumer Price Index，CPI）和生产者价格指数（Producer Price Index，PPI）。CPI 是由美国劳动统计局计算的，它衡量了一段时期内一篮子商品和服务的成本。PPI 是由美国劳动部计算的，它衡量了一段时期内的商品批发成本。由于商品在销售给消费者之前就制造出来了，因此生产者价格指数通常可以预测消费价格指数的变化。在劳动统计局的网站上可以找到关于消费价格指数等美国联邦政府统计数据的信息：stats. bls. gov。

除了 CPI 外，还有一个通货膨胀指标是经济分析局（Bureau of Economic Analysis，BEA，网址为 www. bea. gov）计算的个人消费支出（Personal Consumption Expenditure，PCE）指数。注意用词的不同。消费价格指数是用一篮子商品和服务的价格变化衡量通货膨胀。PCE 指数衡量的是消费支出。PCE 指数的目的是考察消费者对价格变化的反应。通过衡量这种反应，PCE 指数衡量了支出和价格变化对消费者行为的影响。

尽管总体价格是由指数衡量的，但通货膨胀率是由指数变化衡量的。如果 CPI 在年内从 100 升至 105.6，那么年通货膨胀率为 5.6%。随着时间的推移，通货膨胀率将发生很大的变化。1930 年，通货膨胀率为 −6.0%（即总体价格下降）。1980 年，通货膨胀率为 12.4%。1955—2008 年，没有消费价格指数下降的年份。

通货膨胀对个人的影响随着其消费的商品和服务的变化而变化。由于通货膨胀是价格的普遍上涨，且消费价格指数衡量的是一篮子商品和服务的价格，因此通货膨胀对个人的影响取决于他们消费的特定商品价格上涨的程度。例如，住房成本降低对个人的影响并不相同。希望买房的人可以从价格下降中获益，但这是以希望卖房的人的卖房收入下降为代价的。不同地域的价格上涨幅度也不平均。供暖成本在北方的上涨幅度可能高于在南方的上涨幅度，相应地，空调成本在南方的上涨幅度可能高于在北方的上涨幅度。这些差异和其他问题——例如，如何计算该指数，以及无法根据所消费商品的技术变化调整指数——导致某些分析师认为 CPI 高估了实际通货膨胀率。（劳动局每 10 年调查一次购买模式，并重新构建一般家庭消费的商品和服务篮子。）

在通货紧缩时期，价格普遍下降，由于商品和服务的价格下降，资产和收入的实际购买力上升。自第二次世界大战以来，通货膨胀经常发生，但通货紧缩却很少见。尽管特定商品和服务的价格可能在需求降低或生产成本降低时下降，但一般价格趋于“刚性”——不会下降。这种刚性在劳动力市场上很明显，劳动力需求的总体下降不会导致工资降低。相反，员工被裁，人们无法找到工作，因此失业水平会上升。

尽管 20 世纪 50 年代以来没有发生过通货紧缩，但它在 2008—2009 年发生的可能性是政策制定者和金融市场参与者经常担心的问题。CPI 在 2007 年上升了近 4%，但在 2008 年中基本没有变化。此外，还有为期 12 个月的 CPI 实际下降的时期。例如，2008 年 7 月—2009 年 7 月，该指数下降了 2%。然而，事实是一般消费价格非常稳定，而且有下降的可能。这种通货紧缩的可能性引起了对经济活动和就业率下降的担心。

美国联邦储备系统

除了总体经济活动预测外，投资者还关心**美国联邦储备系统**（Federal Reserve，简称“美联储”）的货币政策。美国联邦储备系统是美国的中央银行（其网址为 www.federalreserve.gov）。尽管在许多国家中，中央银行都是联邦政府的组成部分，但在美国它是独立的。然而，美国联邦政府和美联储的一般目标是相同的，那就是充分就业、物价稳定和经济增长。

美联储通过其对货币供给和信贷成本的影响追求这些经济目标。货币政策是指货币和信贷供给的变化。当美联储希望增加货币和信贷供给，以帮助提高收入和就业水平时，它将采取宽松的货币政策。当美联储希望收缩货币和信贷供给，以帮助对抗通货膨胀时，它将采取紧缩的货币政策。

利率的决定

美联储货币政策的影响可以通过其对利率的影响——对借入资金成本的影响——感受到。利率是由可贷资金供求决定的。当利率降低时，可贷资金的需求量增加。利率降低增加了对厂房、设备和存货等资产投资的盈利能力，降低了住房抵押贷款的成本，并增加了对借入资金的需求量。当利率上升时，情况相反。利率升高鼓励公司和个人少消费、多储蓄。

借款人支付（投资者获得）的实际利率取决于几个变量，例如，贷款条件或借款者的风险。本书第四部分介绍了债券的类型和特征，以及利率波动对债券价格的影响。具体利率可以由一个简单公式表示：

$$i = i_r + p_i + p_d + p_l + p_t \tag{11.2}$$

当期名义利率（i）是实际无风险利率（i_r）和一系列溢价之和，包括：预期通货膨胀溢价（p_i）、违约风险溢价（p_d）、流动性溢价（p_l）和剩余期限溢价（p_t）。因此，观察到的当期利率是几个复杂变量相互作用的结果，其中每个变量都会同时影响利率。

实际无风险利率是投资者在非通货膨胀环境中无须承担任何风险就能获得的收益率。尽管不存在准确的实际无风险利率指标，但分析师通常使用短期国库券利率来表示无风险利率。实际无风险利率随着一般经济活动水平的变化而变化，在经济扩张期上升，在经济停滞期下降。

通货膨胀溢价取决于未来的通货膨胀预期。预期通货膨胀率升高说明利率将升高。由于每年的通货膨胀率都会变化，因此预期通货膨胀率也会变化。如果某年的预期通货膨胀率为4%，而第二年的预期通货膨胀率为6%，那么溢价就将变化。在这种情况下，1年期利率将低于2年期利率。投资者的1年期贷款只能获得4%的利率来弥补预期通货膨胀率，但会对2年期贷款要求更高的利率以弥补第二年更高的预期通货膨胀率。如果下一年的预期通货膨胀率为6%，且再下一年的预期通货膨胀率为4%，那么它们之间的关系将相反。在这种情况下，2年期债务工具的利率将低于1年期证券的利率。（1年期证券的通货膨胀溢价应为6%，以弥补当年的通货膨胀率，而2年期证券的溢价应为5%，以弥补两年中10%的预期通货膨胀率。）

违约风险溢价取决于投资者的预期或贷款人不还本付息的可能性。违约概率越高，促使投资者购买证券所需的利率就越高。评级体系给出了一些违约风险指标，第十四章中的图14.1说明了评级不同的债券的收益率的差异。

流动性/流通性溢价与资产以接近于初始成本的价格转化为现金的容易程度有关。尽管债券交易有活跃的二级市场，但这些市场的深度有差别。像AT&T这样的知名公司的债券可以很方便地被出售，但小公司债券的二级市场可能并不活跃。债券发行规模也会影响其流通性。5亿美元的大型债券将拥有活跃的二级市场。然而，发行规模较小的债券可能没有活跃的二级市场。

剩余期限溢价与赎回债券的时间（或剩余期限）有关。投资者更喜欢短期债券而不是长期债券。正如第十四章中所说明的，当利率上升时，债券价格下跌，且价格下跌的程度高于期限较长的债券。为了弥补利率升高给债券持有者造成资本损失的可能性，投资者在债券期限增加时，将要求更高的利率。

正如上述讨论所显示的，利率受许多因素的影响。实际观察到的当期名义利率是所有这些因素同时相互作用的结果。因此，债券收益率有可能出现异常。例如，如果长期债券的剩余期限溢价超过违约风险溢价，那么在1年内到期的低质量债券的利率就可能低于在10年后到期的高质量债券的利率。对收益率差异的另一个可能的解释是，低质量债券的交易活跃，而高质量债券的规模较小，二级市场也不活跃。还有一种可能是投资者预期通货膨胀率将上升。这种预期可能导致10年期债券的利率升高，但对1年内到期的债券支付的利率几乎没有影响。

美联储对利率的影响

利率的确定由于美联储的行为而变得复杂。美联储希望通过改变利率影响经济活动水平。美联储通过其对信贷成本的影响来控制通货膨胀或刺激就业与经济增长。美联储通过其使用货币政策工具改变货币供给的权力影响利率，这些货币政策工具包括：银行准备金要求、贴现率和公开市场操作。

美联储通过部分准备金银行制度中的放贷能力影响货币供给和利率。存款机构（商业银行和储蓄机构，例如，储蓄与贷款协会）必须对其存款负债持有准备金。这些准备金分为法定准备金和超额准备金两种。这种划分取决于**准备金要求**（reserve requirement），即美联储规定的存款机构必须对存款负债持有的准备金比例。[存款负债主要是支票存款和储蓄存款，但美联储也对其他存款（例如，定期存款）规定了准备金要求。] 如果准备金要求是 10%，且存入了 100 美元现金，那么银行必须对这笔存款持有 10 美元的准备金（法定准备金），而 90 美元可以被用于放贷（超额准备金）。对于新增存款负债，存款机构只需持有占其一部分的准备金（10%）。

当商业银行体系贷出超额准备金时，货币和信贷供给便得到扩张。当准备金要求提高，银行被迫收缩贷款时，就会出现相反的情况。当超额准备金离开银行体系时，货币和信贷供给就会下降。通过改变准备金要求，美联储影响了银行的放贷能力，进而影响了信贷的供给和成本。

贴现率（discount rate）是美联储对存款机构借入准备金收取的利率。当银行从美联储借款时，它们将收到超额准备金。当这些超额准备金被贷出时，它们就扩张了货币与信贷供给。当存款机构确定它们没有足够的准备金以满足准备金要求时，它们也可以从美联储借款。在这种情况下，借入法定准备金不会扩张货币与信贷供给，因为这种扩张在进行贷款时已经发生了。通过借入法定准备金，银行不用变现资产以获得满足准备金要求所需的资金。这种变现将导致银行体系收缩，因此在这种情况下，从美联储借入准备金维持了货币和信贷供给。

尽管美联储改变了贴现率，但这种变化的象征意义大于实质意义。还有其他更有效（更灵敏）的方法来改变货币和信贷供给。美联储并不依赖于贴现率和准备金要求，而是使用**联邦基金利率**（federal funds rate）和公开市场操作。尽管联邦基金利率这个词包括了“联邦”和“利率”，但不应将联邦基金利率与贴现率或联邦政府债券利率相混淆。联邦基金利率是银行彼此贷出准备金时收取的利率。拥有超额准备金的银行可以通过将这些资金贷给联邦基金市场上的其他银行来利用这些资金，而需要准备金的银行也可以购买它们，无须从美联储借款。

与贴现率不同，联邦基金利率不是由美联储制定的，而是根据联邦基金市场上可得资金的供求关系确定的。然而，美联储可以影响资金供给，从而影响联邦基金利率。在 21 世纪初，美联储制定了目标联邦基金利率，并将该目标作为货币政策的主要指标。

图 11.1 说明了联邦基金利率的波动，该图给出了 1998—2012 年的目标利率。尽管联邦基金利率在 2000 年 1 月达到了 6.5%，但针对之后萧条的经济表现，美联储做出了降低利率的反应。在 2003 年经济增长率上升后，美联储将目标利率提高了 0.25 个百分点，因此到 2006 年中期，该利率达到了 5.25%。这一模式在 2007 年发生了逆转，2007—2008 年目标利率迅速降低，因此到该年年底，联邦基金目标利率实际上为 0（0～0.25%）。该利率实际保持到 2015 年。这种利率是对金融危机和之后失业率、违约、取消房屋抵押品赎回权和破产增加的前所未有的反应。

美联储通过其最重要的货币政策工具——公开市场操作——实现对联邦基金利率的预期影响。**公开市场操作**（open market operation）是美联储对证券（主要是短期国库券）的买卖。美联储可以在任意时间买卖任何数量的这种证券。当美联储采取扩张性政策时，会买入证券。当美联储为这些证券付款时，资金将被存入商业银行，向银行体系注入准备金。由于存款负债只需要一部分准备金，因此剩下的部分就成为超额准备金。当银行体系贷出这些新创造的超额准备金时，货币和信贷供给就增加了。

紧缩货币政策的目的是从银行体系中提取准备金。美联储卖出证券，然后公众或银行购买这些证券。当投资者支付证券价款时，资金从存款账户流向美联储。其影响是减少了存款机构的准备金。准备金的减少降低了银行的贷款能力，并减少了货币和信贷供给。

公开市场操作对利率有直接且即时的影响。购买证券提高了证券价格，同时压低了收益率。当美联储卖出证券时，会发生相反的情况，即降低证券价格，提高收益率。收益率的变化被转移到其他利率上。正如前面所说明的，利率是无风险利率、违约风险溢价、流动性/

流通性溢价和剩余期限溢价等几个因素作用的结果。由于短期美国国库券是所有债务工具中最安全的，因此它们的收益率通常被作为无风险利率。该无风险利率的变化必然对一般利率有影响。

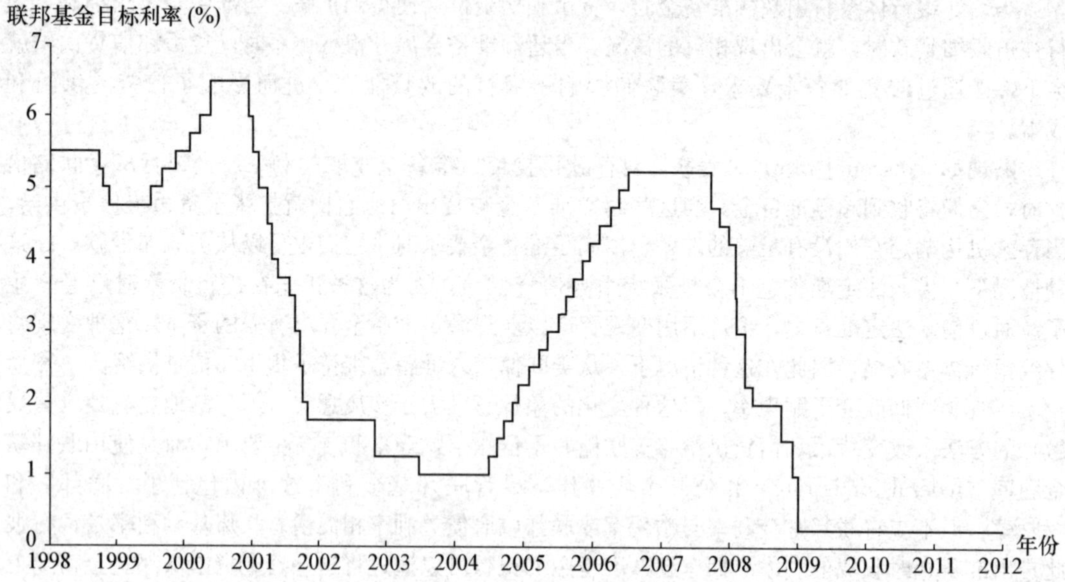

图 11.1　联邦基金目标利率（1998—2012 年）

资料来源：美联储。

货币政策的变化也会影响股价。这种影响可能是被用于贴现未来现金流的必要收益率变化的结果。例如，在资本资产定价模型中，无风险利率升高将导致必要收益率升高、股价降低。货币政策也可能通过其对公司盈利能力的影响而影响股价。降低信贷成本的宽松货币政策可能会提高利润，导致股利升高并通过留存收益提高增长率。紧缩性货币政策的影响则相反。利率提高将降低利润，这降低了公司扩张和支付股利的能力。

关注美联储的行动

由于利率变化会对证券价格产生重大影响，因此投资者密切关注美联储的行动，以期确定货币政策接下来的变化并不令人意外。关注的内容主要包括联邦公开市场委员会的会议和美联储理事会主席的声明。

联邦公开市场委员会是美联储最有权力的部门，因为它拥有对公开市场操作的控制权。该委员会包括 12 名委员，其中 7 人是美联储理事会的理事，剩下 5 人是 12 家美联储地区银行中部分银行的行长。11 家地区银行行长轮流担任公开市场委员会的委员，纽约地区银行行长是永久委员。

美联储最重要的成员就是理事会主席。理事会主席是美联储的首席发言人，经常在国会上作证，投资者仔细研究这些证言（以及理事会会议的公告与会议记录）以得出未来美联储行动的线索。市场可能对美联储主席的声明做出反应，正如艾伦·格林斯潘（Alan Greenspan）评论当时的股价增长显示出“非理性繁荣”时那样，市场立即做出了下跌反应。然而，这种影响可能非常短暂。在有关“非理性繁荣”的讲话后 6 个月内，道指上涨了 1 000 多点。

货币供给

除了“关注美联储的行动”，分析师还跟踪货币供给的变化，以了解货币政策的变化。货币统计数据每周发布，且包括货币供给的数据。美联储使用两种定义。货币供给最简单的定义（通常被称为“**M1**”）是公众持有的通货、硬币和支票存款（包括有息支票存款）之和。广义货币（**M2**）在这个定义的基础上增加了储蓄存款。因此，如果存款人将资金从储蓄账户转移到支票账户，那么狭义货币（M1）定义下的货币供给就会增加，但对广义货币（M2）定义下的货币供给没有影响。

另一种确定货币政策变化方向的指标是“基础货币”或“高能货币”。基础货币是硬币、纸币（通货）和在银行或美联储中存有的银行准备金之和。由于银行的贷款能力最终与银行准备金有关，因此基础货币的变化反映了当前的货币政策。

货币供给指标可能体现出信号的冲突，但人们一致认为，美联储一直在有步骤地扩大货币供给，以维持经济增长。从个人投资者的角度看，货币供给增长率与经济增长率相关，而经济增长率与股价相关。如果货币供给增长得太缓慢，那么经济增长就将受到约束，这将降低股价。如果货币供给增长得太迅速，就会导致通货膨胀，这与利率升高、股价降低相关。目标是确定多高的货币供给增长率能够维持经济增长，而不会产生停滞或通货膨胀。

尽管美联储的货币政策可能对债券和股票投资有重要影响，但根据货币政策制定成功的投资策略即使有可能，也是极其困难的。此外，股市是经济活动的先行指标。市场预测货币市场将会发生变化，且通常不会对货币政策变化做出反应，除非该变化是预料之外的。因此，为了将货币政策变化作为投资策略的指南，有必要区别对股价有影响的预期变化——已经内含于股价中的影响——和预期外变化（这将对股价产生影响）。这意味着投资者必须在预期外变化发生之前做出正确的预期和反应。在有效金融市场中，投资者必须有远见卓识或好运，以利用货币政策变化来持续产生较高的股市收益率。

财政政策

除了美联储的货币政策以外，联邦政府的财政政策也可能对证券市场有重要影响。**财政政策**（fiscal policy）是联邦政府的税收、支出和债务管理。经济顾问委员会每年发布《总统经济报告》（Economic Report of the President），该报告详细说明了联邦政府的财政政策（即税收和支出），可以通过此网址获得：www. gpo. gov。和货币政策一样，财政政策可被用于追求价格稳定、充分就业和经济增长等经济目标。

显然，税收会对股价产生影响。企业所得税降低了公司利润，因而降低了公司支付股利、留存收益用于增长的能力。个人所得税降低了可支配收入。这降低了对商品和服务的需求，也减少了可以投资于某种资产的储蓄。联邦所得税也会影响对特定证券的需求，例如，第十五章中讨论的免税债券。因此，税收政策不仅影响证券的价格水平，还影响相对价格，因为特定类型的资产可以得到税收优惠。

联邦政府财政政策的潜在影响不仅限于税收。支出也会影响证券价格。在政府购买特定产品方面，这是显而易见的。这种购买可能增加特定企业的利润，因而提高其股价。然而，一般支出，尤其是支出超过收入的**赤字支出**（deficit spending），可能影响金融市场和证券价格。

当联邦政府的支出超过收入时，联邦政府可以从三种来源处获得资金来为这种赤字融资：(1) 公众；(2) 银行；(3) 美联储。当联邦政府将证券卖给公众来为赤字融资时，这些证券直接与其他所有证券竞争存款人的资金。增加的联邦政府证券供给趋于降低证券价格并提高其收益率。

类似的结论适用于向银行销售国债的情况。如果银行向联邦政府贷款，就不能将这些钱贷给个人和企业。其影响是提高贷款成本，因为银行对其可贷资金供给进行了配给。高借款成本将降低证券价格，原因有以下几点。第一，借款成本升高降低了公司利润，这将影响股利和增长率。第二，借款成本提高将降低贷款购买证券的吸引力（即利润），因而降低对证券的需求。第三，借款成本提高将鼓励银行提高它们对存款者支付的利率。由于所有短期利率都是高度相关的，因此一种利率提高将导致其他利率随之提高。这再一次说明，通常利率升高会降低证券价格。

如果美联储要为联邦政府的赤字融资，那么其影响将与美联储通过公开市场操作购买证券的影响相同。在这两种情况下，货币供给都将增加。实际上，当美联储购买为联邦政府赤字融资而发行的证券时，美联储是在将债务转化为货币，因为新的货币被创造出来。这基本上正是美联储在金融危机后实行量化宽松政策时期发生的情况。联邦政府出现了大规模赤字，必须为其融资。金融市场上基本每周都会出售联邦政府证券，然后将其卖给美联储。美联储购买这些证券增加了货币供给并创造了流动性，这将降低利率。其净影响是使利率保持在历史低水平上，如前面的图 11.1 所示。

赤字支出的反义词是**盈余**（surplus），即政府收入超过政府支出。在 20 世纪 90 年代末之前，从尼克松政府开始，联邦政府就未有过预算盈余。然而后来，联邦政府盈余时期并未维持很长时间，支出就再一次超过了收入。

2008—2012 年的经济环境

财政政策和赤字支出对 2007—2008 年经济事件的反应有全新的意义。金融危机、房价下跌和失业率大幅上涨导致美国联邦政府采取了前所未有的措施以刺激经济活动。当时新上任的总统奥巴马提出了一揽子刺激方案，这些方案在 2009 年获得国会通过，并产生了超过 1 万亿美元（即 1 000 000 000 000 美元）的联邦赤字。

同时，美联储将利率推向历史新低，追求高度扩张性货币政策。截至 2009 年，贴现率为 0.5%，联邦基金利率基本为 0。之前，公开市场操作集中于买卖国债；然而，现在美联储的购买范围增加了多种债务工具。这种购买增加了货币供给。图 11.2 显示了 6 个月期 M1 和 M2 的变化率。M1 和 M2 的大幅增加很明显。从 2000 年 1 月到 2007 年，M1 增加了 22.9%，即平均每年增加 2.9%。从 2008 年 1 月到 2011 年 12 月，M1 增加了 58.5%，月增幅接近 1%。

货币供给的大幅增加导致部分投资者和金融顾问预期通货膨胀率将显著增加。在前 20 年中，年通货膨胀率为 2%～4%。然而，这些人预期，当 CPI 的年增幅超过 13%时，通货膨胀率将超过 1978—1981 年的通货膨胀率。

这种通货膨胀预期通常会改变投资者的心理和策略，使投资重点从金融资产向实物资产转移。尽管最常被建议投资的金属是黄金，但也可以投资于银和铜等其他金属，以及石油和天然气等商品。通货膨胀预期还鼓励投资者购买将相对于美元升值的货币和与通货膨胀率挂钩的债务工具。利息支付额和本金偿还额将随着利率的升高而增加，这是消费价格指数上升导致的。

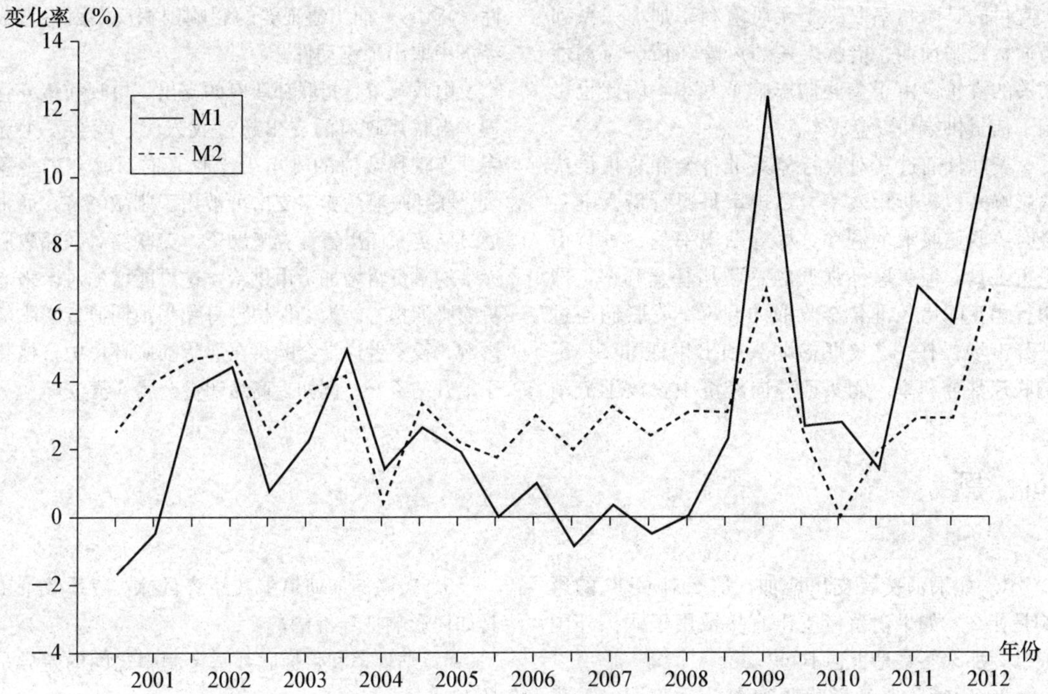

图 11.2　6 个月期 M1 和 M2 的变化率（2000—2011 年年底）

资料来源：美联储。

尽管投资者可以购买黄金等资产或开采金矿的公司，但他们可能已经通过购买标准普尔存托凭证黄金份额（SPDR Gold Shares，代码为 GLD）等交易所交易基金的股份建立了贵金属头寸。为了投资于货币或可变利率债券，他们可以选择货币份额欧元信托（Currency Shares Euro Trust，代码为 FXE）、加拿大元（代码为 FXC）或 iShares 巴克莱通货膨胀保值国债（iShares Barclays TIPS bond，代码为 TIPS）。正如介绍了交易所交易基金的第七章所示，存在着几乎无限的投资可能，投资者可以用它们来执行头寸，以利用通货膨胀率上升的预期。

然而，通货膨胀率在金融危机和货币供给大幅增加后并未上升。CPI 从 2007 年 12 月的 210.2 升至 2014 年年底的 233.9，增幅仅为 11.3%（年增幅低于 2%）。2007 年年底，黄金价格为每盎司 833 美元，在 2010—2012 年确有大幅上升，高点出现在 2011 年 9 月的 1 862 美元。遗憾的是，当 2014 年黄金价格收报每盎司 1 181 美元时，在 2010—2012 年购买黄金并保持头寸的投资者遭受了损失。然而，在同一时期内，标准普尔 500 股票指数从 2010 年年初的 1 115 点上涨至 2014 年年底的 2 059 点，达到该指数的历史高点。

小　结

投资组合规划、证券分析和投资决策是在经济环境中做出的，任何分析的起点都应该是宏观经济。它影响了个人的就业、收入和财富，并影响了公司的资金成本和利润。经济产出和国民收入指标包括国内生产总值（GDP）。其他经济指标还包括消费者信心指数（CCI）、消费者情绪指数（CSI）和消费价格指数（CPI）。

美联储是美国的中央银行。其目标是充分就业、经济增长和物价稳定。美联储希望通过其对利率或货币供给的影响实现这些经济目标。借款人支付的具体利率取决于无风险利率加上一系列与通货膨胀预期、借款人违约风险和债务流动性相关的溢价。由于美联储影响了利率，因此也影响了信贷供给和资金成本。

美联储通过其对银行体系准备金和货币供给的影响来执行货币政策。贴现率是银行借入准备金时美联储收取的利率。尽管贴现率是一种货币政策工具，但美联储强调的是联邦基金利率，即银行相互间借入准备金收取的利率。美联储通过公开市场操作——美联储购买和出售证券——影响联邦基金利率。购买证券向经济中投放了流动性（货币），而出售证券的影响则相反，因为它从经济中取出了流动性。

财政政策是指联邦政府的支出、税收和债务管理。当联邦政府的支出超过收入时，就会发生赤字。当联邦政府的支出少于收入时，就会产生盈余。联邦政府的赤字支出可被用于刺激经济，通常通过向美联储出售证券来融资。美联储对联邦政府赤字的融资将增加货币供给，这可能增加对未来通货膨胀的担心。为了保护自身免受预期通货膨胀的影响，投资者通常会购买在通货膨胀环境中价格趋于上升的资产，例如，商品和贵金属（黄金）。

问　题

1. 如果消费者支出增加，那么对 GDP 的影响是什么？如果消费者支出直接被用于购买外国商品，那么答案是否会不同？

2. 通货膨胀和通货紧缩有什么不同？如果 GDP 和失业率同时上升，那么这段时期是否可以被归类为衰退期？

3. 除了预期通货膨胀率以外，还有什么因素可能影响借款人支付的利率？

4. 什么是美联储？它的经济目标是什么？

5. 美联储如何追求其经济目标？货币政策工具如何影响证券价格？

6. 贴现率和目标联邦基金利率之间的差异是什么？

7. 什么是 M1 和 M2？美联储如何改变 M1 或 M2？

8. 财政政策的基本经济目标和货币政策的基本经济目标有何不同？如果美联储为联邦政府的赤字融资，那么货币供给将发生什么变化？

关系题

1. 消费者的支出增加将____ GDP。

2. 股价上升将____ GDP。

3. 出口降低将____ GDP。

4. 衰退期表示失业率____。

5. 消费者情绪指数上升表示消费者信心____。

6. CPI 上升表示购买力____。

7. 通常，剩余期限越长，表示利率____。

8. 美联储出售证券将____货币供给。

9. 准备金要求降低将导致货币供给____。

10. 超额准备金减少表示银行贷款能力____。

11. 目标联邦基金利率提高表示短期利率将____。

12. 证券购买（美联储的公开市场操作）增加表示货币供给____。

13. 存款人将资金从支票账户转移到储蓄账户将____ M1 并____ M2。

14. 美联储融资的联邦政府赤字增加将____银行准备金。

15. 股价变化将____货币供给并____商业银行准备金。

16. 为了扩张经济，美联储购买证券，这将____流动性并____货币供给。

17. 经济衰退与失业率____相关。

18. 美联储的量化宽松政策将____利率。

第十二章

行为金融学与技术分析

学习目标

学习完本章后，你应能：

1. 解释行为如何影响投资决策。
2. 说明技术分析的目的。
3. 区别各种技术指标。
4. 计算并使用移动平均值。
5. 解释阻力线和支撑线。
6. 根据道指狗股理论构建投资组合。
7. 解释技术分析研究的目的。

艾伦·格林斯潘认为金融市场正在经历“非理性繁荣”的评论抓住了人类行为影响金融市场的实质。尽管股票市场和债券市场受到为了最大化收益而进行投资决策的理性投资者的驱动，但在所承担风险一定的情况下，希望、恐惧和贪婪等人类情绪也会影响投资。行为金融学将心理学原理应用于金融，并研究人类行为如何影响金融决策。一旦投资者意识到情绪可能导致糟糕的投资决策，就有可能克服这些情绪，至少可以降低其影响。

消除投资过程中的情绪的一种方法是使用技术分析。由于这些技术用各种图表积累和总结数据，因此给人以“技术”的印象，正如其名所示。而使用这些技术的投资者通常被称为图表分析专家。技术分析关注的是股价趋势或特定价格模式，以确定这种模式是否发生了变化。一旦技术指标发出买入或卖出信号，投资者就执行适当的交易，将情绪从买卖决策中去除。

本章简要介绍了行为金融学与技术分析。本章先介绍了行为特征以及它们如何影响投资决策。然后，本章介绍了技术分析中使用的几种方法。这些技术（例如，移动平均法）可被用于总体金融市场分析或个股分析。本章也包括表明技术分析不一定导致更优的投资结果的实证研究。

行为金融学

许多金融模型，例如，第五章中的资本资产定价模型和第十八章中的布莱克-斯科尔斯期权估值模型有其经济学基础。这些模型假设投资者是理性的，也就是说，假设他们会做出无偏预测，且金融市场是竞争性的。尽管在总体上这些假设通常足够正确，以产生有效市场，但它们不一定适用于个人投资者、证券分析师或投资组合经理，而且还存在着投资者的行为看似不理性的时期。在这些泡沫中，投资者似乎愿意把谨慎抛到脑后，将证券价格抬高到从基本定价角度看不可理喻的水平上。

行为金融学是一门融合了金融学与心理学的新兴学科，它研究的是投资者的行为。投资者是人、会犯错误，而且可能做出不理性的行为。这些现实影响了决策过程，从而会降低收益。通过研究行为并找出错误，行为金融学有助于提高收益或降低投资者的风险。

行为金融学使用的术语基于心理学，而不是金融学。它包括“认知失调”和“熟悉度偏差”等术语。如果你阅读过关于行为金融学的资料，会发现偶尔才会遇到像成长型股票或市盈率这种词。行为金融学研究的重点不是股票估值或构建投资组合，而是可能对投资者获得的收益有害的行为。本章简要讨论了行为金融学对投资的几项重要贡献，你可以找出其中数项并将其用于你的决策过程。

过度自信

进行投资决策需要信心，但过度自信会让投资者高估其知识和能力。如果你问投资者他们的股票绩效是否胜过市场或胜过他们决定不购买的股票，那么答案经常是肯定的。这种答案是显而易见的。如果投资者预期其他股票表现得更好，那么他们为什么还会买自己购买的股票？

过度自信的投资者往往认为，他们知道的比其他投资者多。通过互联网可以获得海量信息，因此投资者可以获知具体公司、交易技术或估值过程的信息。这些投资者对其选择证券或应用投资工具的能力变得过于自信。如果他们成功了，那么这些投资者就会将成功归功于他们分析市场、选择优秀股票和策略的能力。他们会变得更自信。如果他们做出了糟糕的决策，就可能将损失归咎于“坏运气”，而不是缺乏能力。

自信增加，往往会导致投资者承担更高的风险。这些投资者经常进行集中投资，而不是充分分散化投资组合。他们也会更频繁地交易证券，这提高了佣金成本，并降低了短期收益。这些收益适用的税率为边际税率，而不是长期收益适用的较低税率。其结果是税后收益降低了，因此过度自信的投资者实现的收益更低，而承担的风险更高。

知识幻觉

深思熟虑的投资者通常会在投资前做功课。他们在投资前研究一家公司或一种新策略。尽管这种方法显然很理想，但可获得的信息数量很多，甚至多到令人却步。由于信息和数据都容易获得，因此投资者可以方便地根据最容易获得的信息做出决策。这给予投资者知识幻觉；他们认为自己的研究必然导致更优的决策。一旦这些投资者购买了一只股票，在心理上就投资于它。这使得卖出这只股票更加困难，尤其是当他们遭受损失时。这就是处置效应。

处置效应

假设你购买了四只股票。三只股票的价格温和上涨，而另一只价格下跌。你卖出了三只价格上涨的股票，却留下了价格下跌的股票。那么，你刚刚违反了一句重要的华尔街格言："让损失降低，让利润奔跑。"许多投资者经常做出恰恰相反的举动。他们的收益很低，却让亏损增加。心理学家认为，投资者对其成功感到自豪，因此希望实现收益；然而，对其损失会产生遗憾感。投资者希望延迟这种感受，因此他们继续持有已经产生亏损的股票。即使可能产生税收亏损并导致应纳税款减少（减少额最高为法定限额），这些也不会诱使投资者出售股票。

如果投资者购买了一只股票，然后这只股票在市场行情上涨时下跌，那么保留亏损头寸的倾向尤其强烈。投资者对买入这只股票感到后悔，却不愿承认这个错误。如果在投资者购买股票后市场行情下跌，那么处置效应就更弱了。投资者可能理所当然地认为买入的股票很好，是市场导致股价下跌的。由于原因在于市场而不是投资者的决策，因此处置效应更低。投资者可能说："如果股票回到初始价格，我就会卖出股票。"遗憾的是，可能不会发生股价上涨的情况，或者在许多年后才会发生。

鸵鸟效应

鸵鸟效应是投资者不情愿砍掉亏损头寸的处置效应的变形。在市场行情上涨期，投资者乐于观察证券价格并跟踪其投资组合的价值。这种体验是快乐的。在市场行情下跌期，投资者将停止观察行情。他们不想知道或承认发生了坏事。如果你不知道投资组合的价值下跌了，那么就更容易否认你遭受了损失。你避免了痛苦。这种行为类似于鸵鸟把头埋在沙子里的做法。你假装亏损不存在，但承认这些亏损是采取正确行为的第一步。

赌资效应

赌输的赌徒会加倍投注，试图挽回损失。如果他们损失了1美元，就会下2美元的注。如果他们再次损失，就会下4美元的注。这个过程会持续到他们赌赢并"盈亏平衡"为止。注意，每多加一次注，赌徒就会增大其风险敞口。

如果赌徒赢了，他们也可能提高赌注。他们不将赢得的钱作为自己的钱，而是"赌资"。如果他们输掉了赢得的钱，就会辩称他们不会比开始时境况更差。赌徒增加赌注，将小赢变为大赢。以赌马为例。你对一匹赔率为3∶1的马下了1美元赌注，然后赢了。你的1美元产生了3美元，其中2美元是"赌资"。在下一轮比赛中，你对一匹赔率为15∶1的马下了2美元的赌注，如果你赢了，你就将2美元变为30美元。如果你输了，你仍拥有最初的1美元。注意，赌赢会让你赌得更多，并提高风险。

投资者会采取类似的策略。如果他们购买股票并亏损了，那么他们会买入风险更高的股票，以弥补最初的损失并达到盈亏平衡。如果他们购买股票并盈利了，那么他们就可能购买风险更高的股票以放大收益。还应注意，最初的盈利提高了投资者的信心。他们显然知道如何选择股票，因此这种过度自信导致他们购买风险更高的证券。

熟悉度

对如何执行某项任务或解决某个问题的熟悉度会让人们建立信心和控制感。投资者经常购买他们熟悉的公司的股票。美国的许多公司都有看得见的产品，例如，福特公司、可口可乐公司或威瑞森通信公司。本地股票也是看得见的，本地报纸会报道它们的消息。朋友和邻居在这些公司里工作或在其商店里购物。这种可见性提高了投资者对公司的熟悉程度，并促使他们购买这些公司的证券。

极端地说，许多人最熟悉的公司就是他们为之工作的公司。员工持有本公司的股票并不罕见。尽管对被授予股票期权的经理来说这很明显，但许多通过养老金计划持有公司股票的员工也是这种情况。通常，401(k) 退休计划向员工提供公司股票作为可能的选择之一，数量惊人的员工投资于公司股票。

这种投资当然会增大风险敞口。这种投资不会分散投资组合，而是提高投资组合的集中度并提高风险。正如许多员工通过安然公司、通用汽车和伊士曼柯达公司的破产所学到的，投资本公司的股票是一种高风险的做法。投资者可能既丢掉工作，又丢掉投资的钱。常识表明，这种策略并不明智，但对公司的熟悉度提高了投资者的安全感，而这可能对他们有害。

心理预算

最简单的预算形式就是一张收支表。不同类型的收支被分类。个人的预算可能包括食品、抵押贷款还款、保费、娱乐、服装和慈善捐赠等。注意，每个项目都应单独处理。每类支出都有一个空格需要填写。尽管收支总额提供了底线数字（现金或需要借入的资金的变化），但项目之间的相互影响可能会消失，因为每个项目都被单独处理了。

投资者经常将不同的投资放在独立的心理账户中。他们可能在当地银行的储蓄账户或货币市场共同基金中存钱以满足应急需求。他们的 401(k) 计划可能包括各种共同基金；大学学费储蓄计划中的钱也可能投资于类似的共同基金。他们趋于将每笔投资看作彼此独立的，而不是一个投资组合的一部分。心理预算降低了投资者感知分散化机会和节税的能力。如果 401(k) 计划和大学学费储蓄计划中的钱都被投资于成长型大盘股票，就丧失了分散化机会。投资者可能用一个账户持有一类证券，而用另一个账户持有另一类证券。对账户的心理分割增加了将每笔投资看作整个投资组合一部分的难度。

这样做还可能有负面税收含义。从 401(k) 计划中提取的资金需要按照投资者适用的税率纳税。长期资本收益可获得优惠税收待遇。如果成长型大盘股票升值，那么就丧失了获得长期资本收益的潜力。从税收角度看，个人最好在税收递延账户中保留固定收益的有息投资。在从账户中去掉这种投资之前，利息不用交税，而在之后将按投资者的税率交税。此时没有产生长期资本收益的可能，而长期税率较低的税收优惠也与之无关。在税收递延账户以外可以持有成长性基金，而已实现的长期收益将获得长期资本收益的税收优惠。

认知失调

认知失调是指记忆，尤其是选择性记忆的趋势。你趋向于记住好的投资，它们让你看上去见多识广，头脑聪明。坏投资会产生相反的效果，因而产生了失调。头脑会记住成功的投资决策，但会压抑失败的投资决策。这种认知失调的含义是，投资者记忆中获得的收益往往超过实际实现的收益。

与历史相关的一句著名格言是："如果你不记住前车之鉴，就注定会再一次犯错。"如果你不记住你的投资错误以及导致你做出这种决策的原因，你可能就会重复这种错误。你的思想对令人不快的信息的压抑只会增加你重复相同投资错误的概率。

羊群效应

前面介绍的特征是个人投资者的特征，但人们可以采取一致行动，产生羊群效应，即许多投资者达成一种共识，以相同的方式行动。投机泡沫就是这种羊群效应的结果。当个人投资者蜂拥购买网络股时，这些股票价格暴涨。股价暴涨加剧了羊群效应。最终，泡沫破裂，许多投资者遭受了巨额亏损。当买家减少、投资者试图卖出股票时，类似于问问基维斯（Ask Jeeves）和艾瑞巴（Ariba）等股票已暴跌了。

羊群效应放大了个人投资者的偏差。如果投资者购买了一只看来会继续上涨的股票，那么事后后悔的概率就较低，尤其是当其他许多投资者也购买这只股票时。"感觉"取代了分析；旧的股票选择方法被看作过时的。"新范式"或"新经济"这种词取代了市盈率、市账率、估计利润和贴现现金流等传统证券分析工具。

在这种时期，旧估值技术甚至更重要。它们经常显示，当前价格违反了逻辑感觉。一家销售额为 1 000 万美元且没有利润的公司怎么能价值 10 亿美元？如果你在一个只支付 2%利率的储蓄账户中投资了 10 亿美元，就可以获得 2 000 万美元，这超过了该公司的销售额！传统分析将指出当前价格的荒谬之处，但在泡沫期，个人投资者很难持有这种相反的观点。这种观点要求他们在极度乐观期持悲观态度，并卖出证券而不是买入证券。

在极度悲观期与羊群效应反其道而行（即在价格下跌时买入股票）甚至更困难。然而，逆市投资者可能说："当每个人都冲向大门、卖出证券时，为他们把着门，但不要跟着他们走。"当然，2009 年年初发生的股市大跌是因为许多投资者卖出了他们持有的股票。然而，当后来股价反弹，并以高于 2009 年低点的价格收盘时，逆市买入者的绩效非常好。

克服个人偏差

人类行为显然会影响投资决策，而这种影响对投资结果有害。投资者的行为经常是非理性的，并进行在给定风险水平下不会最大化收益的投资。这种实际情况与第五章中介绍的投资组合理论不一致。该理论认为投资者确定的资产组合会最大化效用，并在给定风险水平下产生最高收益。然而，一个显而易见的问题是：投资者如何在投资决策中去除感情因素？

当然，很容易得出这样的结论：应用第九章中的估值方法是避免偏差的一种方法。然而，情况不一定如此，因为模型中使用的数据可能被人为操纵，以获得理想的结果。提高对增长率的估计可能令一只股票的当前价格看起来被低估，以说明购买该股票是有道理的。利润反弹并导致股价上升的可能性有助于说明维持投资者的亏损头寸的合理性。应用估值模型可以令投资者对自己并不可靠的能力建立自信，尤其是当人为使数据产生偏差以获得预先确定的结果时。

适应性市场假说

适应性市场假说［由安德鲁·洛（Andre Low）提出］将有效市场假说和行为金融学等金

融理论的要素与生物进化理论结合起来。适应性市场假说成为调和行为金融学与有效市场假说的一种方法。行为金融学强调了表面上非理性且与有效市场理论基础不一致的人类行为。这种行为导致糟糕的投资决策，因而无法使给定风险水平上的收益最大化。当然，有效市场假说假设投资者做出能使给定风险水平上的收益最大化的理性决策。

适应性市场假说认为，投资者使用试错法，并抛弃那些不管用的方法。通过这个过程，投资者从变化的市场环境中学习并据此调整自己的行为。证券市场、金融分析和估值方法以及投资产品都在不断发展变化。如果无法适应，市场参与者就必然失败并被市场淘汰，因此留下的参与者都是能够学习和适应的参与者。行为偏差和人为偏差不再被视为对理性的偏离。相反，它们是投资者发展变化和市场保持效率这一过程的一部分。

正如你可能预期的，行为金融学不乏资料支持。下面是一个涵盖行为金融学和投资的不同方面的样本。

- Woody Dorsey，*Behavior Trading*（Thomson，2004）. 研究了衡量投资者情绪的方法。
- Mark Fenton-O'Creevy et al.，*Traders：Risk，Decisions，and Management in Financial Markets*（Oxford University Press，2007）. 讨论了专业交易员和做市商的偏差，个人投资者中基本上也存在相同现象。
- John R. Nofsinger，*Investment Blunders of the Rich and Famous*（Pearson Education，2002）. 为一本富人、专业金融分析师和投资组合经理的重大损失编年录。
- John R. Nofsinger，*The Psychology of Investing*，5th ed.（Prentice Hall，2013）. 一本关于行为金融学的易读、简明的入门读物。
- Harlan D. Platt，*Counterintuitive Investing*（Thomson，2005）. 检验如何从投资者过度反应的趋势中获利。

Hersh Shefrin，*Beyond Greed and Fear*（Oxford University Press，2007）. 或许是最全面的行为金融学著作，广泛参考了证实行为金融学概念的实证研究。

本章剩下的部分考察了技术分析，这是在投资决策中去除感情的另一种方法。严格应用这些方法可以去除感情因素，因为决策取决于不同技术指标给出的买卖信号。然而，很少有投资者会只用一种股票选择方法，而使用哪种方法、何时使用这种方法的决定会再次令结果产生偏差。投资者可能也很难遵守买卖信号，尤其是当卖出信号表明投资者犯了错误时，他一定感到十分后悔。

技术分析

在比才（Bizet）的《卡门》（*Carmen*）中，三个吉普赛人用纸牌预测未来。一个人预测有个年轻人让她坠入永不休止的爱河。另一个人预测有个年老的有钱绅士娶了她，她将拥有钻石和黄金，并马上成为寡妇。卡门预测到了死亡。

如果我们会解读卡片并预测未来，投资会变得更容易吗？或者，我们能否找到一项交易规则来告诉我们何时该进行买卖？然后，你就不必进行前面章节所介绍的分析，并可以避免令投资决策有误的个人情感了。证券选择的技术分析方法正起着这个作用。通过分析市场（或分析某只具体股票）的表现，投资者可以预测出市场或股票在未来的表现。对历史价格和数量数据的研究取代了对经济、行业、财务报表以及利润和股利增长估计的分析。

技术分析师经常称，技术分析衡量（或至少反映）的是无法衡量的对象：供给和需求。证券价格最终取决于具体股票或债券的供求。需求增加将导致价格升高，而供给增加将导致价格下降。遗憾的是，供给和需求无法衡量，但股票模式和趋势反映了它们的影响，因此技术分析师经常说，他们衡量的是供给和需求。此外，人们经常说技术分析衡量的是人类心理。这种分析假设人类心理是不变的，因此和天气预报一样，从过去的行为可以预测出未来的行为。投资者的情绪和恐惧不会变化。如果市场行情（或某只具体股票的价格）上涨，那么它将继续上涨。惯性驱使价格升高，除非该模式被打破，否则当前的价格方向将不变。技术分析还承认，证券价格将会震荡，因此直到该模式被打破，股价都将继续在可识别的范围内交易。

注意，技术分析只使用历史数据。它强调已经发生的价格变化，并使用该信息预测未来价格的方向。它不预测未来利润，以将这些利润贴现回现在。技术分析基本上是贴现现金流分析的反义词。技术分析认为，其方法比使用贴现现金流法为证券估值更客观。关于未来销售收入、成本、利润和适当贴现率的假设都不属于技术分析。

技术分析有许多种方法；本章后面的部分只涉及了其中几种。这些方法被分为两类。第一类技术的目的是显示一般市场的方向。由于证券价格是一起变化的，因此市场方向是决定买卖证券的一个重要的甚至是决定性的因素。第二类技术方法的目的是辨别市场和具体证券的变化方向。从互联网上可以获得许多这种资料，因此个人投资者不一定需要进行大量计算或画出各种图表，而这些是技术分析的主要内容。

在继续阅读之前，你应该意识到重要的两点。第一，对不同方法的介绍让它们的应用看上去很容易。在实际应用中，信号可能没那么明显。技术指标是根据可以获得的数据得出的。你可以经常回顾历史，并看到已建立的模式（例如，卖出信号）。你如果已经卖出了，那么就做出了正确决定。然而，后见之明没有什么了不起。在事后看出价格模式和在事前发现价格模式是两码事。当然，你必须在指标形成时发现它，才能根据它行动。

第二，计算机基本上在同时计算不同的技术指标。一旦可以获得数据，它们就立即被处理，并由计算机输入适当的买卖指令。当你意识到变化时，很可能已经太晚了。尽管承认这个现实对经常交易的投机者很重要，但技术分析或许是长期投资者的一种宝贵工具。例如，假设某个指标认为出现了某种特定趋势，例如2008—2009年的股市下跌。即使你在市场开始下跌时没有执行卖出指令，该信息也可能很有用。因此，技术分析很少断言其方法能预测市场顶部和底部。相反，它认为这种方法能在市场下跌时保护你免遭大额损失，并在市场上涨时让你充分投资。

如果你想了解后续资料，可以从市场技术分析师协会（Market Technicians Association）获得更多信息。市场技术分析师协会是“从事金融技术分析……且将技术分析作为决策过程基础”的专业人士的组织。该协会出版《技术分析杂志》（*Journal of Technical Analysis*）。附属会员资格向对技术分析感兴趣的个人开放。关于该组织的信息参见网址：www.mta.org。

市场指标

道理论（Dow Theory）是最古老的证券价格技术分析方法之一。它是证券价格的总体指标，因此并不预测个股价格的变化方向。它显示的是市场的变化方向。因此，这是一种识别牛市峰顶和熊市谷底的方法。

道理论是从创建了道琼斯公司并担任《华尔街日报》（*Wall Street Journal*）第一任编辑的查尔斯·道（Charles Dow）的研究发展而来的。道识别出了证券价格的三种变化：初级变化、二级变化和三级变化。初级价格变化与证券的内在价值相关。这种价值取决于公司的盈利能力和股利分配。二级价格变化或“价格摇摆”由暂时影响价值的当前事件和股价操纵决定。这些价格摇摆可能持续数星期甚至数月之久。三级价格变化是每日价格波动，道认为它没有重要意义。

尽管查尔斯·道相信基本面分析，但道理论演化成了一种股市分析技术方法。它认为股价显示了 4～5 年间的模式，这些模式由股价指数反映。道理论使用了两个道琼斯平均指数，即工业平均指数和运输业平均指数。它通常不考虑公用事业平均指数。

道理论建立在股价指标趋向于共同变化的论断上。如果道琼斯工业平均指数上升，那么运输业平均指数也会上升。这种同时发生的价格变动表明市场是强牛市。相反，工业平均指数和运输业平均指数同时下降表明市场是强熊市。然而，如果平均指数的变化方向相反，那么市场的未来股价变化方向就是不确定的。

如果在股价上涨一段时期之后，某个平均指数开始下降，那么这两个指数就将不一致。例如，工业平均指数上升而运输业平均指数下降。这表明工业股可能不会继续上涨，而可能立即开始下跌。因此，聪明的投资者可以利用该信号卖出证券并将其转换为现金。

相反的情况是，在证券价格下跌一段时间以后，一个平均指数开始上升，而另一个平均指数继续下跌。根据道理论，这种分歧表明熊市结束，一般证券价格将很快开始上升。投资者将预期价格上涨并买入证券。

巴伦信心指数

巴伦信心指数（Barron's confidence index）基于的是高质量债券和低质量债券的收益率之差能预测未来价格变化的信念。在乐观期，投资者更愿意承担风险，因此将高质量债券投资转换为更具投机性但收益率更高的低质量债券投资。卖出高质量债券将抑制其价格、提高其收益率。同时，购买低质量债券将提高其价格、降低其收益率。因此，两种债券的收益率之差将减小。当投资者感到市场将转为熊市时，将发生相反的情况。投资者将卖出低质量债券、购买高质量债券。这将产生收益率之差增大的影响，因为低质量债券的价格相对于高质量债券下降了。

巴伦信心指数是用高质量债券和低质量债券的巴伦收益率指数构建的。当收益率差异很小时（即当高质量债券的收益率接近低质量债券的收益率时），该比率将上升。这可以被解释为显示出投资者有信心。这种信心意味着证券价格趋于上升。相反，当该指数下降时，就表明证券价格将下跌。

和道理论一样，巴伦信心指数可能显示出一种趋势；然而，它并未给出结论性的信号。由于巴伦信心指数的信号往往是模糊的，或者由于信号和所预测的变化之间存在明显的时滞，因此该指数对投资者的作用有限。和许多技术指标一样，它可以指出证券价格变动的方向，但并不是未来股价的完全可靠的预测指标。

投资顾问意见理论

投资顾问意见理论认为财务分析师往往是错的。这种方法通常被称为逆市观点，因为它与多数财务分析师的意见相反。该理论认为，当多数财务分析师持熊市观点并预测证券价格下降时，就是时候购买证券了。当大多数财务分析师持牛市观点并预测证券价格上升时，聪明的投资者就应该变现了（即卖出证券）。这种技术指标看起来是违反常理的，因为它认为最可能了解信息的人是最不能准确预测证券价格变化方向的人。

涨跌累计序列

涨跌累计序列是基于价格升高的股数与价格下降的股数的累计净差异指标。考虑纽约证券交易所的下列总计日交易数据：

	第一天	第二天	第三天	第四天
上涨股数	1 200	820	480	210
下跌股数	400	760	950	1 190
不变股数	200	220	370	400
净上涨（下跌）股数	800	60	(470)	(980)
累计净上涨（下跌）股数	800	860	390	(590)

在第一天中，上涨的股票比下跌的股票多 800 只。尽管上涨比下跌的股票多这个模式在第二天继续，但上涨的股数少于前一天，因此登记的累计总股数只有小幅增长。第三天，市场走弱，股价下跌的股票多于股价上涨的股票。然而，累计总数仍然是正数。第四天，下跌的股数增加得更多，因此现在的累计总数变为负数。

根据技术分析，净上涨股数的累计总数是给出一般市场方向的指标。如果市场行情上涨，那么净累计总数将为正数并增加；然而，当市场方向变化时，累计总数将开始减少，并当价格继续下跌时变为负数。当然，在市场谷底会出现相反的情况。当市场下跌时，净上涨股数将下降（即负累计总数增加）。一旦市场达到谷底，证券价格开始上涨，上涨股数就开始超过下跌股数，这将导致净上涨股数增加。涨跌方向变化将成为市场趋势的晴雨表。（这种技术类似于移动平均法，本章后面将讨论该内容，这种方法也被用于衡量个股和整体股市的价格变化方向。）

具体的股票指标

上面讨论了几种关于市场整体的技术方法。本节将介绍几种既可以用于分析市场又可以用于分析单只证券的技术。当应用于分析市场时，它们的目的是识别一般趋势。当应用于分析单只证券时，这些技术的目的是找出买入和卖出的时间，以及何时应保持某只证券的现有头寸。

点数图（X-O 图）

多数技术分析都有经济基础。实际上，这些分析技术试图衡量供求。由于需求增加将导致价格升高，而供给增加将导致价格降低，因此反映出供求变化的分析将能预测出未来价格的变化。**点数图**（也被称为 **X-O 图**）［point-and-figure chart（X-O chart)］试图通过绘制证券价格变化的图形来确定供求变化。

如果股价上涨，那么这种变化是由需求超过供给导致的。如果股价下跌，那么就表明供给超过需求。如果股价稳定，交易价格在窄幅内波动，那么市场上的股票供给就恰好抵消了当前的需求。然而，当股价打破这种稳定的价格变化趋势时，就会产生根本性的供求转变。因此，上升趋势表明需求相对于供给的变化，而下降趋势则表明相反的情况。

点数图通过构建由 X 和 O 组成的图形识别出这些基本变化。这种 X-O 图在股价升高某金额（例如，1 美元或 2 美元）时，在图上画 X，当股价降低该金额时，在图上画 O。（有些图只使用 X。）注意，只有当价格变化特定金额时，才在图上做出标记。这个过程避免了小幅价格变化的影响，并有利于识别出供求变化。

图 12.1 说明了买卖信号。在价格稳定期之后的偏离显示出根本性变化。左侧的图（a）说明需求增加。在交易价格处于 52～58 美元的时期之后，股价升至 60 美元的新高；交易范围被打破。这表明新的价格上升趋势确立了，这是一个买入信号。右侧的图（b）说明了相反的情况。股价跌到 52 美元以下，这表明新的价格下降趋势确立了。如果投资者持有股票，应该将股票卖出。

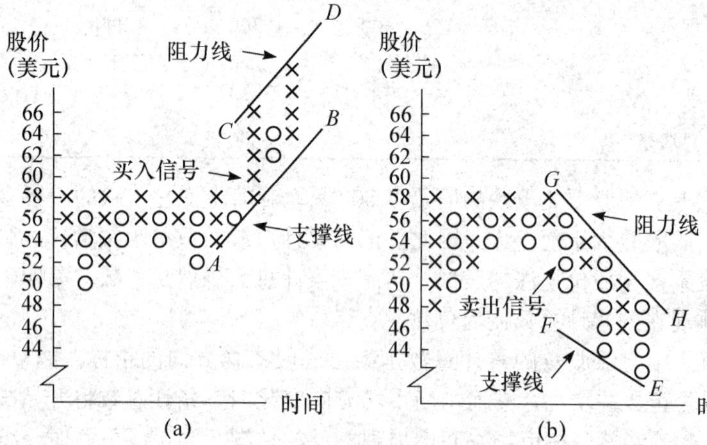

图 12.1　买入信号和卖出信号

资料来源：© Cengage Learning.

在图 12.1 的两个例子中，购买和出售看起来都是在错误的时间进行的。其中，购买是在股票已经涨价之后进行的。相反，出售则是在股价已经下跌之后进行的。因此，购买不是在低点买进，出售也不是在高点卖出。相反，购买是在股票达到新高时进行的，而出售是在股票达到新低时进行的。做出这些行为的理由主要在于投资者认为图表显示出了新趋势。股票的供求已经发生了根本性的变化。尽管事实是投资者错过了在高价卖出和在低价买入的机会，但如果预测的价格变化被证明是准确的，即使买卖不是在准确的转折点进行的，那么投资者也做出了正确的投资决策。

除了在确定趋势时显示出买卖信号以外，这些图形还显示出趋势中可能的交易策略，图 12.1 也说明了这点。尽管左侧的图形显示价格明显正在上升，但价格仍在波动。右侧的图形显示出下降趋势，但价格也在波动。在上升趋势中，每个高点都高于之前的高价，每个低点都高于之前的低价。显然，如果一个投资者购买了这只股票并持有它，那么在这段时期内的收益将为正。然而，通过明智地逢低买入、逢高卖出，并在该趋势下的周期重复时重复这个过程，可以提高收益率。

为了找出这些机会，图 12.1 画出了一组直线，将股价达到的高点和低点相连。这些直线被认为有特殊意义，因为它们显示出应在何时做出买入和卖出决策。底部的直线（AB 和 EF）连接了最低价格，它们表示对股价产生“支撑”的价格。技术分析认为，当股价接近支撑线时，购买数量将增加，这将阻止价格进一步下降。因此，股价接近支撑线表明买入机会正在形成。如果价格到达支撑线并随后开始爬升，那么投资者就应该买入股票。

顶部的直线（CD 和 GH），即“阻力线”，表示相反的情况。由于股价已经上升到该水平，因此更多的投资者希望卖出股票，这阻碍了股价进一步上涨。因此，投资者应在股价到达阻力线时卖出股票。在股票被卖出之后，投资者应等待股价降到价格支撑线的水平。

股价从线 *AB*、线 *EF* 或线 *CD*、线 *GH* 反弹所显示出的买入和卖出信号不应与阻力线和支撑线被打破时发出的买入和卖出信号相混淆。前者是交易信号，你在交易范围内买入和卖出。打破阻力线或支撑线表示供求变化。阻力线被打破不是卖出股票的信号，而是强力买入信号。一旦买入，该多头就将维持到新价格模式形成。当支撑线被打破时，会发生相反的情况。任何多头都会被卖出。

柱形图

柱形图（bar graph）与 X-O 图类似。和 X-O 图一样，它需要汇总每日的数据，并使用基本相同的信息。偏好哪一种图形只是一个选择问题。

柱形图是用三种价格观察值构建的——每日的最高价、最低价和收盘价。如果价格为：

	周一	周二	周三	周四	周五
最高价（美元）	10	9.50	9.88	10.50	12.00
最低价（美元）	9	9.00	9.25	9.88	10.13
收盘价（美元）	9	9.37	9.87	10.00	11.50

那么每天的柱形图将为：

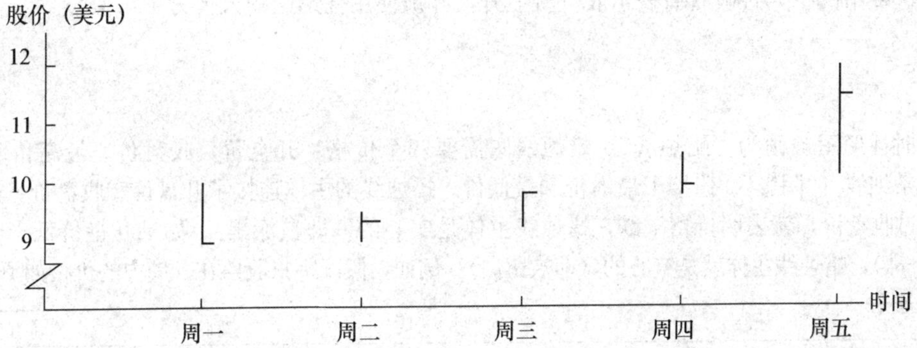

垂直线表示股价范围（即最高价和最低价），水平线表示收盘价。

和 X-O 图一样，人们认为柱形图的图形模式可以表示出未来的股价变化。柱形图有几种可能的模式，每种都有形象的名称，例如，头肩式、圆顶式和下降三角形。受篇幅所限，这里只讨论一种模式：头肩式。如果你对不同的模式感兴趣，可以参考介绍了不同模式以及如何用它们预测未来股价的资料。①

头肩式（head-and-shoulder pattern）的特点恰如其名：它的图形就像头和肩一样。图 12.2 说明了这种模式。最初，股价上升，然后在升至新高之前保持平稳；之后股价下降，保持平稳，然后再开始下降。为了说明头肩式，图中画出了几条直线。这些直线类似于 X-O 图中的

① 例如，可参见 Robert D. Edwards，John Magee，and W. H. C. Bassetti，*Technical Analysis of Stock Trends*，10th ed.（New York：CRC Press，2012）；Michael N. Kahn，*Technical Analysis Plain and Simple*，3rd ed.（Upper Saddle River，NJ：Pearson Education，2010）；Richard Lehman，*Far from Random*（New York：Bloomberg Press，2009）；Martin Pring，*Technical Analysis Explained：The Successful Investor's Guide to Spotting Investment Trends and Turning Points*，5th ed.（New York：McGraw-Hill，2014）。

阻力线和支撑线，这些图也形成了头肩式。AB 线表示左肩，也表示阻力线。然而，阻力线一旦被打破，股价就会上升到新高，在那里遇到新的阻力线（CD 线）。

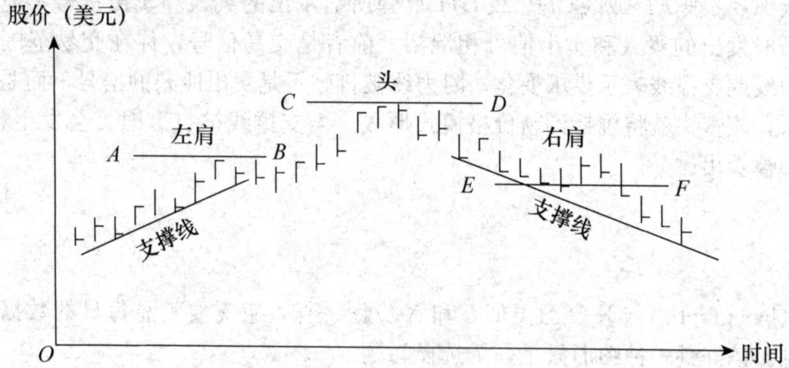

图 12.2　头肩式

资料来源：© Cengage Learning.

当股票无法打破这条新的阻力线时，股价就开始下降并形成头部。然而，在初始价格下降后，股价到达了新的支撑线，它形成了右肩（线 EF）。当股价跌到 EF 线以下时，头肩式就完成了。这可以被解释为股价将继续下跌，并被采用这类分析的人视为熊市信号。

尽管图 12.2 的头肩式显示出股价随后将下跌，但把同样的模式颠倒则表示恰好相反的情况。在这种情况下，打破右肩表示股价将上升，并被使用柱形图的人视为牛市信号。

蜡烛线

有时柱形图被画为“蜡烛线”。蜡烛线图需要四个价格：开盘价、收盘价、最高价和最低价。一条细线（“阴影”）连接了最高价和最低价。蜡烛线的主体连接了开盘价和收盘价。如果开盘价超过收盘价，就表明价格下跌，蜡烛线主体是实心的（即被涂黑）。如果开盘价低于收盘价（价格上涨），蜡烛线主体就是空心的（即被留白）。例如，假设一只股票在一周内的价格如下所示：

	周一	周二	周三	周四	周五
最高价（美元）	10.00	9.50	10.00	10.00	10.00
开盘价（美元）	9.50	9.50	9.50	9.25	9.50
收盘价（美元）	9.25	9.25	9.75	9.50	9.50
最低价（美元）	9.00	9.00	9.50	9.00	9.00

每天的蜡烛线图为：

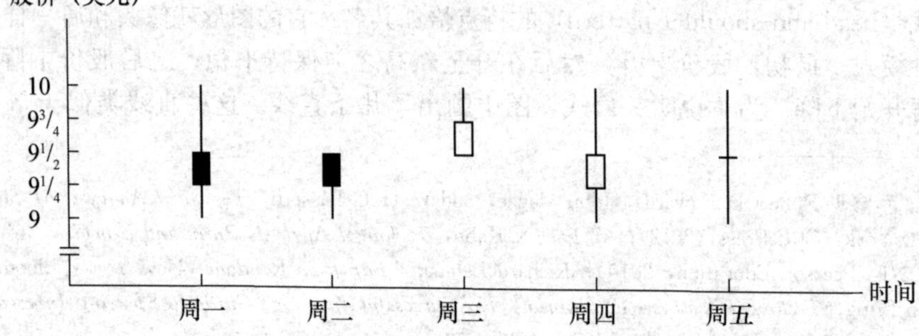

正如人们可能预期的那样，黑色的蜡烛线（尤其是表示从开盘价到收盘价有大幅度下跌的长蜡烛线）是熊市信号，而白色的蜡烛线是牛市信号。蜡烛线也可以被用于构建头肩式图形和技术分析师预测股价变化方向的其他图形。

移动平均法

移动平均法（moving average）是计算一段时期内的平均值的方法。例如，假设某只股票的日收盘价如下所示：

日	收盘价（美元）	日	收盘价（美元）	日	收盘价（美元）	日	收盘价（美元）
1	92.87	4	92.58	7	93.47	10	93.74
2	92.84	5	93.15	8	93.34	11	94.72
3	92.67	6	93.35	9	93.28	12	95.47

6 天移动平均值的计算方法如下所示：

$$\frac{92.87+92.84+92.67+92.58+93.15+93.35}{6}=92.91\text{（美元）}$$

然后，再一次计算平均值，但加上第 7 天的数据（93.47 美元），并去掉第 1 天的数据（92.87 美元）：

$$\frac{92.84+92.67+92.58+93.15+93.35+93.47}{6}=93.01\text{（美元）}$$

现在，平均值为 93.01 美元，高于之前 6 天的平均值（92.91 美元）。

为了获得下一个数据，再一次计算平均值，加上第 8 天的数据，去掉第 2 天的数据。此时平均值变为 93.09 美元。继续使用这种方法，加上最近的数据，去掉最旧的数据，平均值就会逐渐变动。（你可以对价格进行加权。例如，你可以对近期价格赋予更高的权重，对较早的价格赋予较低的权重。）

图 12.3 既给出了假想的日股价，又给出了 6 个月移动平均值。如图所示，移动平均值的趋势与日股价相同。然而，当日股价下降时，移动平均值的增速放慢，在一段时滞之后，移动平均值开始下降。当日股价上升时，情况则相反，移动平均值还将改变方向。这两条线在几个点上相交。技术分析师很重视这种交叉点，因为他们认为这显示出证券价格方向的根本变化。如果日股价从上方穿过，降至移动平均值以下，表示股价将下跌。相反的结论是，当股价从下方穿过，升至移动平均值以上时，表示股价将上涨。

移动平均值包括 50 天、100 天和 200 天移动平均值。这些平均值可以一起使用。例如，如果日股价升到 50 天移动平均值以上，那么这可以被解释为买入信号。然而，投资者可能会等到日股价升到 100 天移动平均值以上，才确认最初的买入信号。如果日股价也超过了 200 天移动平均值，那么这就可以被视为更强的买入信号。（当 50 天移动平均值穿过 200 天移动平均值时，就发生“黄金交叉”，它被技术分析师认为是非常强烈的买入或卖出信号。）

移动平均值也可以与其他技术指标（例如，点数图）一起使用。由于互联网的产生，投资者可以方便地获得这些平均值，而无须自己进行计算。然而，几乎没有证据证明使用不同久期的移动平均值能产生更好或更差的结果。如果一种移动平均值优于其他移动平均值，那么只应跟踪这种移动平均值。大量移动平均值的存在可能会让投资者提出一个问题：“为什么有这么多移动平均值？”

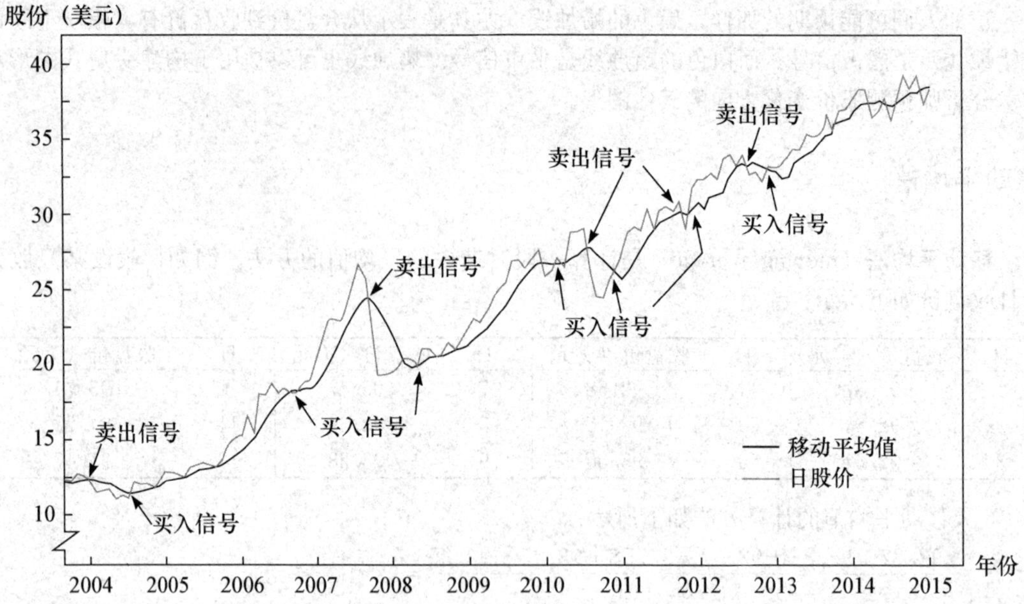

图 12.3　日股价和 6 个月移动平均值

资料来源：© Cengage Learning.

交易量

上面介绍的技术强调了由点数图、柱形图和移动平均值衡量的价格变化。技术分析师还很重视交易量及其与特定股票正常交易量的偏差。与正常交易量相差很远可以被解释为该股票的供求发生了变化。

由于价格变化既可能在交易量很低的时候发生，又可能在交易量很高的时候发生，因此价格变化本身不能说明供求变化的范围。任何低交易量股票的价格上升都不如高交易量股票的价格上升那么“牛”，相反，低交易量股票的价格下降也不如高交易量股票的价格下降那么“熊”。当低交易量股票的价格下降时，它表明所销售股票的供给相对于需求只有小幅增加。然而，如果高交易量股票的价格下降，这表明许多投资者都希望卖出股票，这可以被视为熊市的信号。

平滑异同移动平均线

点数图、柱形图和移动平均线的构建都相对简单。然而，还有其他各种更复杂的技术指标，例如，平滑异同移动平均线（moving average convergence divergence，MACD）。幸运的是，雅虎金融或谷歌金融等网站为希望运用它们的投资者提供了这些指标。你只需键入股票代码，例如，对于美国铝业公司只需键入“AA”，然后点击进入技术分析的链接，很快你就能看到 MACD 等各种技术指标。

MACD 是一种“振荡指标”，它以股价围绕某个值上下波动的趋势为前提。这种振荡指标被用于识别短期价格逆转。MACD 的构建使用了两个指数移动平均值，一个是一段时期（例如，12 天）的平均值，另一个是另一段时期（例如，26 天）的平均值。尽管算术移动平均值对每天的价格赋予相等的权重，但指数移动平均值赋予近期价格更大的权重。MACD 指标不太重视较早的股价，而更重视最近的股价。在确定两个移动平均值后，MACD 便利用这两个移动平均值之差。当差值为正且增加时，它就是牛市指标，说明股票的短期需求超过短期供给。当 MACD 为正但下降时，平均值就是趋同的。这表明短期供给超过短期需求，这是熊市指标。当差值为负时，情况相反。负差值增加表明价格下跌，但如果差值减小，就表明需求超过供给，价格将会上升。

这类技术指标有几种变形。正如 50～200 天移动平均值所使用天数的变化会改变隐含的投资策略一样，MACD 中的天数变化也会影响结果，并可能改变隐含的投资策略。对采用不同类型振荡指标和其他技术指标感兴趣的投资者可以参考本章前面脚注中列出的几本书。

有效市场环境中的技术分析

第一眼看上去，技术分析非常吸引人。你只需获得一些图表并遵从分析给出的信号即可。然而，你必须意识到，有效市场假说认为技术分析不会导致出众的投资结果。此外，技术分析可能需要频繁买卖，这产生了佣金。收益率必须明显高于成本，才能让你的绩效在风险调整的基础上胜过市场。

我们可以用几种方法衡量技术分析的有效性。例如，如果资产 A 和资产 B 的收益率为：

时期	A（%）	B（%）
1	15	12
2	10	10
3	6	8
4	−4	−9
5	−8	−6

在两个收益率序列之间存在明显的正相关关系。在这个例子中，相关系数的数值为 0.96。本书中经常出现这种相关系数，以说明分散化的可能。如果资产收益率缺乏强正相关性，那么将资产加入投资组合就能降低风险，因为缺乏相关性降低了投资组合收益率的变异性。

序列相关性衡量了一个变量的数据之间的相关性。A 的收益率看起来是序列相关的，因为后面每个时期的收益率都比前面时期的收益率小（例如，时期 1 中为 15%，时期 2 中为 10%）。序列相关性可被用于检验技术分析，尤其是可以断定股价按趋势移动或有沿某个方向变化的惯性。如果股票遵循某个特定模式，那么各观察值就应该是序列相关的。

《股票、债券、票据和通货膨胀年鉴》的数据显示，股票收益率之间的序列相关性基本上为零。这种结果与弱式有效市场假说一致。也就是说，技术分析不会导致出众的投资结果。其他研究也趋向于支持收益率之间没有序列相关性。然而，尽管大公司股票的收益率可能缺乏序列相关性，但小公司股票的收益率仍可能存在序列相关性，这表明投资者可以通过采用某种涉及小股票的交易策略获得超额收益率。

大多数关于技术指标的研究都无法验证技术投资方法的有效性。[参见 Burton G. Malkiel, *A Random Walk Down Wall Street*, 11th ed.（New York：W. W. Norton，2015）总结的实证。]如此多的实证研究结果导致许多受过学术训练的金融学教师拒绝技术分析。此外，许多投资者也得出结论，认为技术分析不会导致更好的投资绩效。随机选择投资组合并永久持有该组合的投资者的绩效可以一样好！

技术方法可能无法提高投资绩效的一个主要原因是证券价格的变化速度。信息在投资者之间传播得非常快，价格也会随之变化。因此，如果投资者要找出一种绩效胜过市场的方法，那么只有抢在其他人了解该技术之前打时间差。一旦其他投资者使用了这种方法，就无法再实现最初的结果了。只有当不为许多投资者所知时，一种有效方法才能成功（如果能找到这种方法的话）。因此，投资者认为他能用已知的技术方法胜过市场是很天真的。投资者需要全新的未知方法。然而，当你意识到许多投资者都在寻找并检验不同的方法时，很难相信个人投资者能找到胜过市场的技术方法。

即使实证结果不支持使用技术分析，有些投资者和投资组合经理仍然继续使用这类分析方法。使用技术分析有可能影响证券价格。例如，打破趋势线可能表明存在着买入（或卖出）的机会。即使公司的基本面没有变化，也可能出现重仓买入（或卖出）的现象。在了解技术交易规则后，投资者可以避免在技术分析师买入股票并可能人为地提高股价时买入股票。

即使投资者和投资组合经理没有将技术分析作为投资决策的唯一标准，他们也可能用这种分析来确认基于基本面分析的决策。继续使用技术分析的一种可能原因是实证检验的准确性。这些检验必须规定一个置信水平，例如，95%。考虑一种在平均收益率为12%时产生12.2%的收益率的技术方法。投资者能在95%的置信水平下断定这0.2%的差异是由于该方法能够胜过市场还是纯属运气吗？[用击球命中率来类比或许有助于阐明这一点。假设一位球手的击球命中率为0.256，季度命中率为0.298。由于棒球是连续多场的比赛，因此高击球命中率是技术提高还是机会（也就是在赛季中碰上了一连串的好运气）的结果？答案显然是重要的，因为管理层会为技术提高而付钱，但如果球手的击球命中率提高只是运气的结果，就会把他转会出去。] 即使收益率分别为15%和12%，且差异在统计上显著的概率更高，3%的差异仍然可能是运气的结果。

实证检验通常以95%作为置信水平，以90%作为最低可接受水平。如果在最低为90%的置信水平上不能证明绩效归功于技术指标，那么实证检验的结论将认为这种差异是运气的结果。技术分析的支持者可能认为，将置信水平定为95%甚至是较不严格的90%太高了。如果一项技术只在70%的时间内有效，那么它仍能产生较高的收益率。如果该收益率比平均收益率高0.2%，那么经过若干年，该差异将产生较高的终值（即在20年后，100 000美元以6.2%的年收益率增加到333 035美元，但以6.0%的年收益率只增加到320 714美元）。即使增加的收益是运气的结果，但投资者也不太可能这样说："我不想要多出的12 321美元。它不是挣得的，而是运气的结果！"

关于技术分析有效性的争论将继续，互联网让个人投资者进行技术分析变得更方便。你可以方便地获得数据，这让你可以追踪股票并应用技术分析。即使你不使用技术分析，技术分析的术语也充斥在大众投资媒体（如果不是学术媒体的话）上。因此，即使你从未使用技术分析作为投资策略的一部分，你也需要认识技术分析。

道指狗股理论

一种脱颖而出的投资策略是道指狗股理论。[①]（弱股或低价股有时被称为"狗股"。）这种

① 道指狗股理论因迈克尔·奥希金斯（Michael O'Higgins）的著作《击败道指》（*Beating the Dow*）（New York：Harper Perennial，1992）而为人们熟知。关于道指狗股的信息，例如哪些股票现在构成了道指狗股投资组合，可参见 www.dogsofthedow.com。

简单策略既不是选择证券的技术法，也不是基本面法。由于它不需要分析过往股价、交易量或其他技术分析方法，因此它不能被简单分类为技术方法。然而，道指狗股也避免了对财务报表、现金流估值和未来增长率估计的基本面分析。由于道指狗股策略是机械性的，因此和选择股票的估值方法比，它与技术方法更可比，并被收入本章中。

道指狗股策略要求投资者对道琼斯工业平均指数中的全部 30 只股票按照其股利收益率（股利除以股价）从高到低排序。然后，投资者购买相同金额的 10 只股利收益率最高的股票。（另一种策略是购买 10 只股利收益率最高的股票中的 5 只价格最低的“小狗股”。）1 年后，重复该过程。对道指股票再次排序，如果股票仍然属于 10 只股利收益率最高的股票，则保留它们。如果股票不再属于其列，则卖出股票，用属于股利收益率最高的 10 只股票的一只新道指狗股代替它。

这种策略显然很有吸引力。第一，由于每年只进行一次再平衡，因此佣金成本不高。第二，通过多等一天，使投资组合调整发生在 1 年后，所有资本收益都是长期收益。（股利支付也需纳税。）第三，通过购买股利收益率最高的道指股票，该收益率可以为价格进一步下跌提供部分下行保护。第四，购买道指狗股是购买目前不受欢迎的道指股票，并与逆向投资策略一致。

这种方法管用吗？有证据表明，道指狗股策略的收益率高于道指本身。然而，证据也表明，道指狗股的收益率标准差高于道琼斯工业平均指数和标准普尔 500 股票指数的收益率标准差。（道指狗股投资组合的分散化程度较低，因此预期收益率波动性更高。）当然，该结果与有效市场理论一致：承担更多风险将会产生更高的收益。实证结果也表明，在长期（例如 10 年）内，买入并持有所有道琼斯股票是考虑风险、税收和交易成本后的更优选择。

小　结

行为金融学结合了心理学和金融学，并指出影响投资决策的人类特征。这些情绪包括过度自信、当投资决策产生亏损时感到后悔，以及将收益看作“赌资”。投资者往往会购买他们熟悉的资产，他们分离出个人投资决策（心理预算），并选择性地记住投资绩效。投资者还会有从众心理。有些个人特质常会导致糟糕的投资决策。

技术分析的目的是通过检验市场或单只证券过去的表现找出有潜力的投资。技术分析师或“图表分析师”强调将过去作为预测未来的手段。技术分析去除了感情因素，它与强调以适当的贴现率贴现未来利润和股利（即现金流）的基本面分析完全相反。

几种技术分析手段，例如，道理论和巴伦信心指数试图找出市场方向的变化。由于个股价格是一起变动的，因此市场方向变化的决定因素将决定个股价格的未来变化。还有些技术指标，例如，点数图、柱形图和移动平均值可被用于分析市场和单只证券。通过构建不同的图表，技术分析师可以确定何时应该买卖特定的证券。

市场时机和股票选择的技术方法是否会导致出众的收益率是一个实证问题。除了某些例外情况外，学术研究几乎不支持技术分析。这些结果表明，投资者通过购买并持有充分分散的证券组合可以实现类似甚至更优的绩效。

问　题

1. 经常会影响投资决策的几个人类特征是什么？

2. 为什么行为金融学的支持者认为情绪会导致较差的投资决策？

3. 技术分析的目的是什么？为什么使用技术分析的人被称为图表分析师？

4. 在道理论和巴伦信心指数中，什么变化会产生卖出信号？

5. 什么是移动平均线？当某只股票的股价穿过移动平均线时，其意义是什么？

6. 技术分析时滞的问题是什么？为什么技术分析可以导致自我应验的预测？

7. 技术分析中的“支撑”和“阻力”有什么区别？

8. 为什么投资学的学术研究几乎不支持技术分析？

9. 哪些道琼斯工业平均指数应该被视为“狗股”？请确定截至1月1日的道指狗股；对每只狗股投资1 000美元。在一段时期结束（例如一学期或一年）时，比较狗股的绩效与道指的绩效。请一定记住在计算时考虑股利。

10. 请找到IBM公司股票和思科公司股票的移动平均线。根据移动平均值，对这两只股票应该看涨还是看跌？在回答这个问题后，请继续跟踪股价一段时间。事实证明你的头寸是盈利的吗？本书中给出的许多网站都提供了各种移动平均值。

关系题

1. 信心增加将____承担的风险。

2. “加倍下注”要求____后续投资的规模。

3. 对某家公司更加熟悉将____投资者购买该公司股票的意愿。

4. 适应性市场假说认为，减少使用某种投资技术表示该技术的成效____。

5. 根据道理论，如果工业股票平均值和运输业股票平均值开始下降，未来的股价将____。

6. 如果股价穿过支撑线，股价将____。

7. 如果股价形成头肩式，股价将____。

8. 如果200天移动平均值超过股价，股价将____。

9. 如果股价低于50天移动平均值，股价将____。

10. 股价减少将____股票被纳入道指狗股的概率。

投资作业（第五部分）

在投资作业的第四部分中，你找出了你认为最好和最差的股票。假设你将购买前者，卖出后者。技术分析可以帮你确定买入和卖出的时间。请在www.finance.yahoo.com等网站上找到每只股票价格的50天、100天和200天移动平均值。仅根据每个移动平均值，你应该买入还是卖出股票？全部三个平均值都验证了每只股票价格隐含的变化方向了吗？

第四部分

固定收益证券投资

第四部分考察了对支付固定年收益的证券（即债券和优先股）的投资。尽管优先股的确会支付固定股利，但第四部分的重点是支付固定年利率的债券。接下来的四章关于这些债券的内容包括：(1) 所有债务工具的共同特征；(2) 与债券投资相关的风险；(3) 债券的购买机制；(4) 债券的清偿；(5) 债券的定价。和股票一样，债券最初可以通过私募或公募方式购买。一旦证券被发行，就建立了证券的二级市场。尽管许多股票都是通过有组织的股票市场交易的，但债券的二级市场主要是场外交易市场。这一事实并未限制个人投资债券的能力。投资者可以像买卖股票那样方便地买卖许多公司和政府发行的债券。

有些投资者可能认为，债券不是激动人心的投资，还有些投资者可能认为债券不适合他们的投资组合。投资者的两种想法可能都错了。债务工具的特征五花八门，而且可以通过投资特定的债务工具获得高额收益，这些都说明了证券可能是激动人心的投资。债券价格在 21 世纪最初 10 年许多公司违约时发生了大幅波动，当利率下跌时债券价格的上涨表明：债券可以产生大额损失，也可以产生大额收益。债券可以是激动人心的投资，但许多债券不能被视为适合追求收入和保护资本的保守投资者的安全投资。

债券也可以在投资组合分散化中扮演重要角色。在某些情况下，例如，在递延纳税退休账户中购买债券可能就比购买提供潜在长期资本收益的股票更合适。利息所得税可以递延到取出资金时再缴纳，而如果通过递延纳税退休账户获得收益，就丧失了优惠的长期资本收益税税率。因此，债券通常是所有投资者构建投资组合时都应该考虑的一种可行的选择。

第十三章

债券市场

学习目标

学习完本章后，你应能：

1. 描述所有债券的共同特征。
2. 说明契约的目的和受托人的作用。
3. 找出债券持有者的风险来源。
4. 介绍购买债券和支付或收取应计利息的程序。
5. 区别不同类型的公司债券。
6. 区别各种高收益债券、它们的风险来源和实际收益率。
7. 区别清偿债券的方法。

在《威尼斯商人》(*Merchant of Venice*)中，安东尼奥(Antonio)用“一磅肉”为他欠夏洛克(Shylock)的债务作担保。而你还认为你的信用卡利率太高了！可能这就是为什么在《哈姆雷特》(*Hamlet*)中，波洛尼厄斯(Polonius)建议雷欧提斯(Laertes)“永远也别做借款人或债主”。贷款条件可能很苛刻，但公司和政府通常要在如此苛刻的条件下借款为投资厂房、设备或存货，或者为建设道路和学校融资。内部产生的资金通常不足以一次付清这种投资。而到期期限长于1年的债券允许公司和政府现在购买资产，并在一段时期之后偿还债务。然后，这种长期债务将由公司用厂房和设备产生的现金流，或者由政府用收缴的费用或税收偿还。

本章讲的是债券。首先，本章介绍了：(1)所有债务工具的共同特征；(2)与债券投资相关的风险；(3)债务投资的机制。其次，本章介绍了公司发行的各种债券，最后讨论了债务的清偿。第十四章介绍了固定收益证券估值。该章的重点是公司债券。第十五章详细介绍了美国联邦政府债券、州政府债券和市政债券。

和股票一样，债券最初是由金融机构通过私募或投资者以公募方式购买的。一旦将债券出售给公众，这些债券就能在有组织的交易所或场外市场上进行买卖。许多债券都存在活跃的二级市场，因此投资者可以方便地增加或变现债券头寸。

债券的一般特征

利息与期限

所有**债券**（bond，即长期债务工具）都有类似的特征。它们代表发行人为换取特定金额的资金而承担的债务（负债），即**本金**（principal）。基本上所有债务都有**到期日**（maturity date），这是必须还清债务的特定日期。在发行债务时，就规定了距离到期日的时间长度，这段时间从一天到 20 年或 30 年，甚至更长。（迪士尼有一只在 2093 年到期的债券。）如果到期日距离发行日的时间在一年以内，那么该债券便被称为短期债券。长期债券的到期日距离发行日的时间在一年以上。（期限在 1～10 年的债券有时被称为中期债券。）作为对资金的使用权的交换，债务工具持有者将收到一系列款项，它们被称为**利息**（interest）。我们不应混淆利息与其他形式的收入，例如，普通股和优先股支付的现金股利。股利是对利润的分配，而利息是借款的成本。

在发行债券等债务工具时，借款人支付的利率就被确定了。这种利率经常被称为债券的**息票利率**（coupon rate，例如，表 13.2 中杜克能源公司债券的息票利率为 4.3%）。在债券存续期内，利息金额通常是固定的。（也有例外；例如，可参见本章后面介绍的可变利率债券。）然而，投资者获得的收益率不一定等于规定的利率，因为债券价格会变化。债券可以以折价（低于面值或本金的价格）或溢价（高于债券面值的价格）购买。获得的收益率实际上取决于收到的利息、购买价格和投资者卖出或赎回债券得到的资金。

债券提供的潜在收益率被称为收益率。收益率通常可以用两种方法表示：**当期收益率**（current yield）和**到期收益率**（yield to maturity）。当期收益率仅指年利息或年收入的收益率。到期收益率是指债务工具从购买之时持有至到期日按平价（面值）赎回时投资者将获得的收益率。当期收益率和到期收益率将在第十四章的债券定价中讨论。

通常，距离到期日越久，利率越高。图 13.1 说明了这种关系，该图画出了不同美国政府证券在 2004 年 4 月的收益率。该图通常被称为**收益率曲线**（yield curve），它表明期限最长的债券收益率最高。例如，2004 年 4 月，短期债券（距离到期日 3 个月）的收益率为 0.92%，1 年期债券的收益率为 1.19%，20 年后到期的债券的收益率接近 4.8%。该图还说明了在 2008—2009 年金融危机之后的利率大幅下降。1 个月期债券至 12 个月期债券的收益率几乎为零（低于 0.15%）。尽管长期债券的收益率高于短期债券，10 年期债券的收益率仅为 1.98%，20 年期债券的收益率也仅为 2.73%。

收益率和到期期限之间的正向关系很直观。距离到期日越久，投资者的资金被占用的时间就越久。为了使投资者贷出更长时期的资金，通常有必要向他们支付更多的利息。同样，购买距离到期日较长时期的债券涉及的风险也较高，因为发行人的未来财务状况在长期更不确定。这意味着投资者通常需要额外的补偿来匹配承担长期债务的风险。

尽管时间和收益率之间通常的确存在这种关系，但是也存在情况相反的时期（即短期利率超过长期利率的时期）。1978—1979 年就出现了短期利率高于长期利率的情况，1981 年再次出现了这种情况。图 13.2 说明了 1981 年 6 月的美国国债（美国财政部发行的证券）收益率。在这个例子中，收益率曲线的斜率为负，表示当距离到期日的时间增加时，利率下降。因此，距离到期日不足 1 年的证券的收益率高于 14%，而 10 年后到期的长期债券的收益率为 13%。

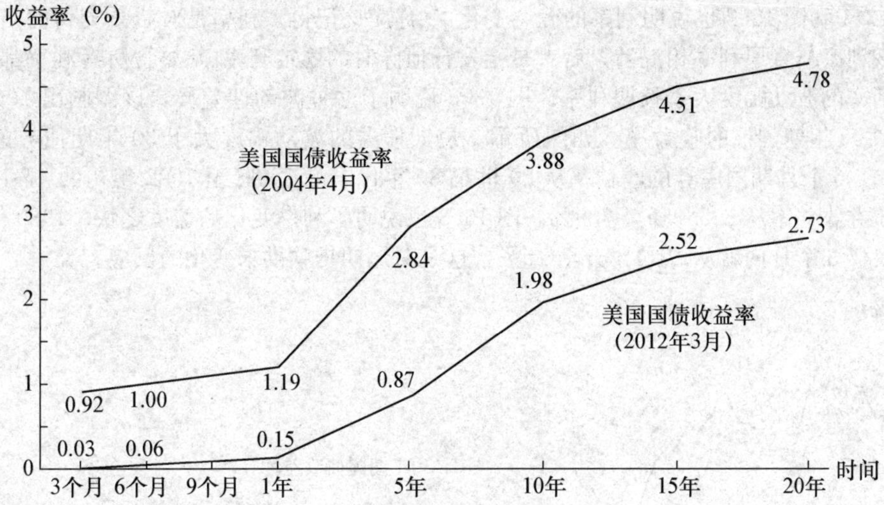

图 13.1　正斜率的收益率曲线

资料来源：数据来自《华尔街日报》。

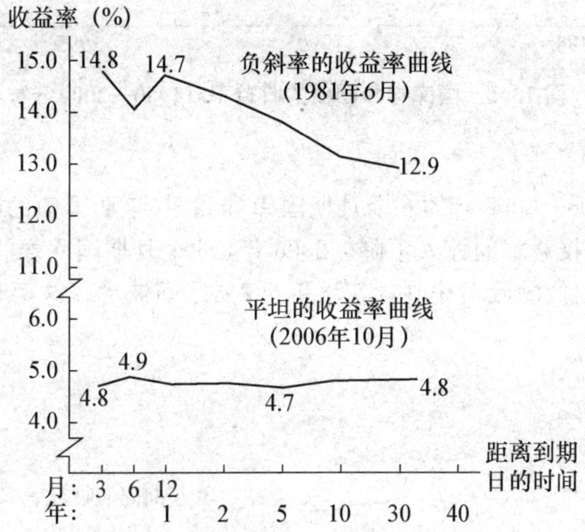

图 13.2　收益率曲线（美国国债收益率）

资料来源：数据来自《华尔街日报》。

这种收益率曲线可以用通货膨胀率解释，1981—1982 年，通货膨胀率超过了 10%。美联储理事会采用了紧缩的货币政策以对抗通货膨胀。美联储出售短期政府证券（例如，国库券），以降低商业银行的贷款能力。这抑制了所有固定收益证券的价格，导致收益率提高。（正如第十四章所说明的，当债务工具的价格下降时，收益率将升高。）短期债券的收益率升幅大于长期债券，这和货币市场与资本市场上的其他事件共同导致了负斜率的收益率曲线。当 20 世纪 80 年代中期通货膨胀率降低时，收益率曲线回到了正斜率，并在大部分时期得以维持。

历史上也有收益率曲线平坦的时期。图 13.2 中 2006 年 10 月的收益率曲线就是个例子。在该图中，距离到期日还有 3～6 个月的短期债券的收益率约为 4.8%，而距离到期日还有 20～30 年的债券的收益率也约为 4.8%。尽管收益率略有差异，但实际上，收益率曲线是平坦的。

图 13.1 和图 13.2 也说明利率的确会变化。(你应该记得，利率是对贷款支付的当期利率。不应将该利率与息票利率相混淆，后者是指发行债券时的固定利率。)尽管所有利率都会波动，但短期利率的波动幅度大于长期利率。图 13.3 说明了这种波动性差异，该图画出了 6 个月期国库券和 30 年期国债的收益率。如图所示，短期债券的波动幅度大于 30 年期债券的波动幅度。例如，6 个月期国库券的收益率从 20 世纪 80 年代末的 7%降至 1992 年初的 4%以下，而同期的债券收益率从 8.5%降至 7.9%。图 13.3 也说明了利率变化的速度之快。1980 年，短期利率在仅仅 3 个月内就从 10.1%升至 15%，这是对短期贷款供求变化的反应。

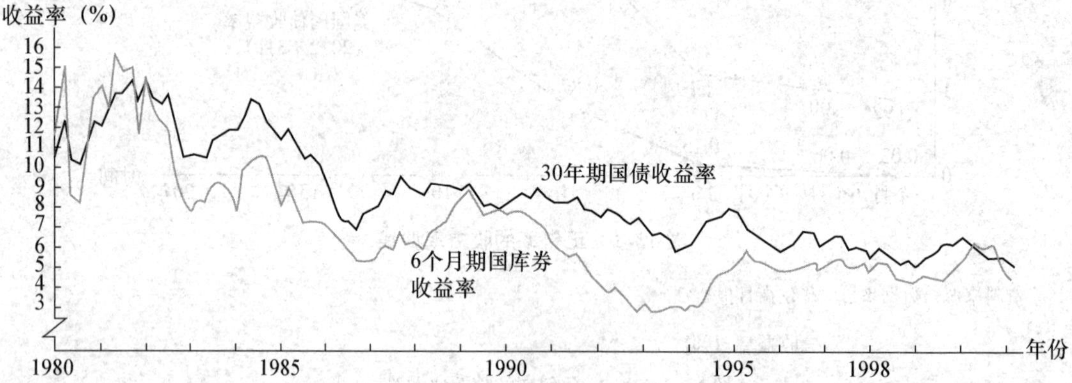

图 13.3　国库券和国债的收益率 (1980—2000 年)

资料来源：各期《美联储公告》。

图 13.4 给出了 2006—2008 年的 6 个月期国库券和 30 年期国债的收益率。从图中可以明显看到 6 个月期国库券收益率的惊人下降。2006 年，6 个月期国库券收益率在 4.3%和 5.0%之间波动，而 30 年期国债的收益率在 4.7%和 5.2%之间波动。这两种收益率之间几乎没有差异。

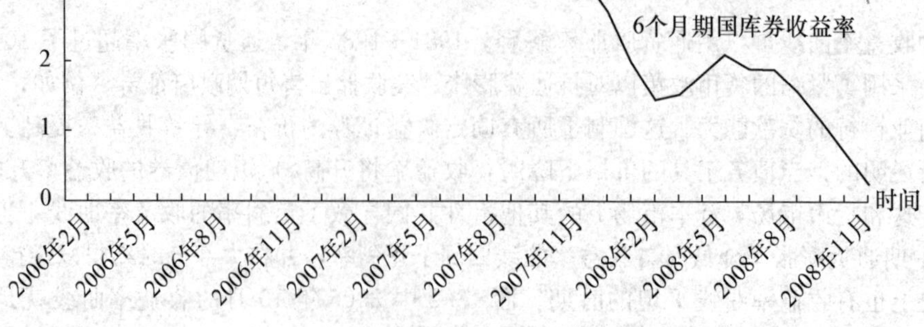

图 13.4　国库券和国债的收益率 (2006—2008 年)

资料来源：美联储。

2008 年，30 年期国债的收益率从 4.7%降至 2.9%。然而，6 个月期国库券的利率从 2.7%剧跌至基本为零（0.26%）。这些低利率延续到 2015 年。尽管在 2009 年，30 年期国债的收益率升至 4%，但 6 个月期国库券的收益率在 0.05%和 0.45%之间波动。截至 2015 年 1 月，30 年期国债的收益率约为 3%，但 6 个月期国库券的收益率低于 0.15%。基本上，购买 6 个月期国库券的投资者什么也赚不到。尽管 5.00%的收益率表示投资者的 100 000 美元投资将获得 5 000 美元收益，但当收益率为 0.15%时，100 000 美元投资只能产生 150 美元收益！

契　约

每份债务合约都附有债务人必须履行的条款。这些条款被载于称为**契约**（indenture）的法律文件上。（对于公众持有的公司债券来说，契约是与美国证券交易委员会签订的。）这些条款包括息票利率、到期日和债务人需要满足的其他条件。在这些要求中，常见的一项是担保品，即借款人必须提供的为贷款提供担保的财产。例如，抵押贷款的担保品是房屋。借款人拥有的其他资产，例如证券或存货，也可以作为担保品为贷款提供担保。如果借款人对债务违约，那么债权人就可以扣押担保品，将其出售以收回本金。当借款人不仅无法支付利息，而且无法履行契约条款时，就发生了**违约**（default）。契约的其他条件和按时支付利息一样重要，而且通常债务人更难满足这些条件。

普通贷款限制的例子包括：(1) 对支付股利的限制；(2) 对发行债务的限制；(3) 对未经债权人同意并购或显著改变公司性质的限制。此外，贷款协议通常还规定，如果公司对任何其他未清偿债务违约，那么该债务也将处于违约状态，在这种情况下，债权人可能要求借款人立即偿还贷款。对一笔债务违约，通常就会令所有未清偿债务处于违约状态。

这些例子没有穷尽给定贷款的所有可能条件。由于每笔贷款都是单独协商签订的，因此贷款协议很容易产生差异。在信贷匮乏的时期，贷款协议的条款将更严格，而在利率较低、容易得到信贷的时期，限制将趋于更宽松。然而，重要的一点是，如果违反了贷款协议的任何一部分，债权人就可能声称债务违约，并可能请求颁布强制执行契约条款的法院令。

受托人的作用

个人投资者购买债务工具时，往往没有注意契约条款。为了保护他们的利益，每只公众持有债券都被指定了一位**受托人**（trustee）。受托人的职责是监督契约条款是否被遵守，并在公司违反贷款条款时采取补救行为。受托人从债务发行人处获得报酬，作为提供这些服务的补偿。

受托人通常是同时为债务人和债券持有者服务的商业银行。当债券所有权通过二级市场上的买卖发生变更时，它们担任过户代理人。这些银行从债务人那里收到资金以支付利息，随后这笔钱被分配给债券持有者。当公司不再满足契约条款时将之告知债券持有者也是受托人的职责。在违约时，受托人可以将债务人告上法庭，以强制执行合约条款。如果公司之后进行重组或变现，受托人将继续代表债券持有者行事，以保护其本金。

债务形式

债务工具的发行形式有两种：(1) **记名债券**（registered bond）；(2) **附有息票的无记名债**

券［bearer bond，因此它也被称为**息票债券**（coupon bond)］。记名债券类似于股票凭证；债券以债券所有者的姓名登记。债券被交割给登记的所有者，他们也是从受托行收到利息的人。当卖出债券时，债券将被过户代理行重新登记在新所有者的名下。

尽管许多债券都是以持有者姓名登记的，但多数记名债券是以记账式发行的。这种发行形式并不印制实际债券，而是由发行人或发行人的代理人（例如，一家银行）保留所有者的计算机记录。如果债券仅以记账式发行，那么投资者将无法获得交割的债券，而债券必须以投资者经纪公司的行号登记或以为投资者持有债券的机构名称登记。这种方法显然比发行实体债券更有效率。

无记名债券则完全不同。所有权只由占有权证明，只通过将债券从卖方交给买方而转移，不发行新凭证。这种形式的证券很容易转移。如果丢失，它就像现金一样（无法补回)，因此失窃风险是一个真正的问题。如果债券被盗，就无法追踪。由于这个原因，许多经纪公司不接受出售或存入无记名债券，除非个人拥有购买证明。

由于无记名债券发行人不知道证券所有者的姓名，因此债券附有息票。所有者撕下息票，用其换取利息。过去，多数债券都是以这种方式发行的。依靠固定收益生活的投资者通常被称为“剪息票者”，而“息票”这个词沿用至今，它指债券支付的利息。

根据目前的联邦法律，所有新发行的公司债券和市政债券都必须以所有者或代所有者持有债券者（例如，经纪公司）的名称登记。禁止发行附息票无记名债券的主要原因是，它是一种简单的避税方法。当息票转换为现金时，没有利息支付记录，因此就不用缴纳所得税。由于占有权表示所有权，因此债券也可以被用于逃避遗产税。当所有者死亡时，债券可以被转交给继承人，而不用计入遗产。由于避免了通过遗产转移所有权，因此在计算遗产税时就可以不报告债券价值。由于这种债券可以很方便地帮助避税，因此联邦政府宣布无记名债券非法并不令人意外。

风　险

所有债务的一个重要特征是风险：无法支付利息的风险（即违约风险)；无法偿付本金的风险；债务工具价格下降的风险；通货膨胀持续下去，从而降低偿付利息和本金时的购买力的风险；债券在到期日之前被清偿（即赎回)，从而拒绝按照债券条款向投资者支付利息的风险；利率下降导致对收入进行再投资时利息收入降低的风险。不同类型债务的风险也不同。例如，即使在 2011 年美国联邦政府被信用降级时，人们也普遍认为联邦政府债务的利息和本金偿付没有违约风险。这种绝对安全的原因是，联邦政府拥有征税和创造货币的能力。政府总能在必要的时候发行货币以支付利息和偿还本金。(美元在国外的价值下降可能降低美国联邦政府债券的吸引力。美元价值的波动使投资于美国联邦政府债券的外国人面临更多的风险。)

这个过程比只是印制新货币要微妙。联邦政府发行新债券，并将其卖给美联储。联邦政府利用债券销售收入偿还旧债券。货币供给增加了，因为新产生的货币被用于偿还债务。将债券卖给美联储，然后用所得收入偿还现有债券（或为当前赤字融资）的影响无异于印制并支出新货币。在两种情况下货币供给都会扩张。因此，联邦政府总能支付利息并在债券到期时偿还债券。

尽管联邦政府可以偿还其债券，因此没有违约风险，但联邦政府债券的价格会波动且的确在波动。此外，美元的购买力可能由于通货膨胀而降低，因此，投资于债券的资金的购买力也可能下降。因此，联邦政府证券投资不是没有风险的，因为投资者可能遭受债券价格波动或通货膨胀带来的损失。

公司、个人、州政府和当地政府债务的风险更高，因为所有这些债务人都可能对其债务违约。为了给债务工具购买者提供帮助，几家公司建立了**信用评级体系**（credit rating system）。这些服务机构中最重要的是穆迪、邓白氏和标准普尔。尽管这些公司并不对所有债务工具进行评级，但它们的确会对许多债券的风险程度进行评级。[信用（credit）这个词来自拉丁语 credo，意思是“我相信”。其含义是债权人相信借款人将支付利息并偿还本金。]

表 13.1 给出了穆迪和标准普尔提供的风险分类。它们的评级体系非常类似，几乎没有风险的债券类别（高质量债券）得到 3A 评级，而风险较高的债券（低质量债券）得到递减的评级。评级为 3B 或更高的债券被视为投资级债券，而评级更低的债券通常被称为垃圾债券或高收益证券。这种低质量债券的增长是 20 世纪 80 年代金融市场的现象之一。（本章后面将介绍垃圾债券的各种特征。）

表 13.1　债券评级

穆迪的债券评级			
Aaa	最高质量的债券	B	缺乏理想投资特征的债券
Aa	高质量债券	Caa	状况糟糕、可能违约的债券
A	本金和利息保障被视为充分的，但可能在未来减值	Ca	通常会违约的投机级债券
Baa	保障程度不好不坏的中等级债券	C	任何投资价值前景都很糟糕的债券（最低的评级）
Ba	未来不能被视为得到充分保障的投机质量的债券		
从 Aa 级到 B 级的每个评级类别中，1 表示高级，2 表示中级，3 表示低级			
标准普尔的债券评级			
AAA	最高质量的债券	BB	几乎不具有理想投资特征的中低级债券
AA	高质量债券	B～CCC	如果暴露在不利条件下，具有高度不确定性和重大风险的债券，主要为投机性债券
A	有很强的支付利息和偿还本金的能力，但容易受不利影响的债券		
BBB	有充分的支付利息和偿还本金的能力，但更容易受不利经济条件或环境变化影响的债券	C	不支付利息的收益债券
		D	违约债券
加号（+）和减号（－）被用于显示同一评级类别内的相对强度和弱度			

资料来源：①穆迪的债券评级摘自《穆迪债券记录》。
②标准普尔的债券评级摘自《标准普尔债券指南》。

在给定评级内，穆迪和标准普尔还会对评级进行细分。穆迪用数字 1～3 表示一个评级内的质量等级，1 表示最高等级，3 表示最低等级。因此，评级为 A1 的债券比评级为 A3 的债券等级高。标准普尔用＋和－来区别质量。因此，评级为 A＋的债券比评级为 A 的债券等级高，而评级为 A 的债券比评级为 A－的债券等级高。

由于评级服务机构分析的是类似的数据，因此对具体债务的评级往往一致。表 13.2 说明了这种一致性。该表给出了几只不同债券的评级。通常，穆迪和标准普尔都会给出类似的评级，例如，苹果公司债券的评级分别为 AA＋和 A2。当评级不同时，差异也很小。穆迪对通用汽车金融公司债券的评级为 BBB－，稍低于标准普尔给出的 Ba1 评级。

表 13.2　部分 2025 年到期的债券的评级（截至 2015 年 3 月）

发行人	息票利率（%）	穆迪的评级	标准普尔的评级
苹果公司	2.500	AA＋	A2
美国银行	4.000	BBB＋	Baa3
联邦快递	3.200	BBB	Baa1
通用汽车金融公司	4.000	BBB－	Ba1
默克公司	2.75	AA	A2
废物管理公司	3.125	A－	Baa2

资料来源：*Schwab*.

这些评级在债券销售中起到了重要的作用。由于违约概率对于低质量债务很重要，因此有些金融机构和投资者不会购买低信用评级的债券。许多金融机构，尤其是商业银行，被法律禁止购买评级低于 Baa 的债券。因此，如果公司或市政府发行的债券评级较低或低于初始评级，发行人可能就难以卖出债券。公司和市政府努力维持良好的信用评级，因为高评级能降低借款成本、提高债券的流通性。

尽管多数公司债券和市政债券都有评级，但也有例外。如果公司和市政府认为不用评级就能将债券卖出去，那么它就可能选择不支付债券评级所必需的成本。未评级债券往往是小型债券，而且由于没有评级所隐含的认可，因此可能被视为有高度风险。

除了违约风险以外，债权人还面临着价格波动风险。一旦债券发行，债券的市场价格就会上涨或下跌，这取决于市场环境。如果利率上升，现有债券的价格就必然下跌，以使其固定利息与价格之比在高利率下变得更有竞争力。当利率下降时，情况相反。债券的固定利息更高，使债券变得比新发行的可比债券更有吸引力，购买者将愿意为债券支付更高的价格。讨论债务工具定价的第十四章将详细说明债务工具价格波动的原因。

然而，债券的一个特征部分弥补了价格波动的风险。持有者知道债券最终会到期：本金必须被偿还。如果债券价格下降，债券以折价（即低于面值的价格）出售，债券价格必然会在临近到期日时上升，因为在到期日，全部本金必须被偿还。

由于利率是波动的，因此债券持有者也要承担再投资的利率风险。当然，如果投资者在收到款项的同时支出这笔款项，那么就没有这种风险，但情况往往不是如此。相反，这笔款项会被再投资，而利率降低意味着投资者获得的金额减少，因而积累的终值也减少。如果利率升高，则会发生相反的情况。再投资将获得更多收入，而投资者将积累起更多终值。

债券持有者和债权人也承担了与通货膨胀相关的风险，而通货膨胀降低了货币的购买力。在通货膨胀时期，债务人用于偿还贷款的货币购买力降低。债权人必须得到至少等于通货膨胀率的利率才能维持其购买力。如果贷款人预期会发生通货膨胀，他们会要求更高的利率以保护其购买力。例如，如果通货膨胀率为 3%，那么债权人可能会要求 6%的利率。尽管通货膨胀仍会引起资本的实际价格下降，但利率升高可以部分地抵消通货膨胀的影响。

如果债权人没有预期到通货膨胀，那么利率可能不足以弥补购买力的损失。这时，通货膨胀就会给债权人造成损害，并有利于债务人，因为后者可以用购买力较低的货币偿还贷款。

认为债权人不能预测出通货膨胀的假设导致这样一种看法，即通货膨胀对债务人更有利。然而，债权人总会通过要求提高利率来保护他们的债权。只有当债权人没有充分预期到通货膨胀，且没有要求足够高的利率时，购买力才会从债权人转移到债务人身上。在相反的情况下，也会发生购买力从债务人向债权人的转移。如果债权人预期会发生通货膨胀，但通货膨胀没有发生，那么许多债务人就会支付被人为提高的利率，这将购买力从债务人转移到债权人身上。债务人可以通过使债券具有可赎回性来避免自己受到未发生的预期通货膨胀的影响。本章后面将讨论赎回特征。因此，如果某方没有准确地预测出未来的通货膨胀率，那么购买力就可能向任意一方转移。

如果投资者购买了用外币标价的债券，那么还有该货币相对于美元的价值下降的风险。以日元、欧元或英镑收到的款项必须在美国消费之前兑换为美元，因此货币价值的波动影响投资者将收到的美元数量。当然，外币价值可能上升，这意味着投资者将收到更多美元，但外币价值也可能下降。

债券持有者的所有风险来源（违约、由于利率波动产生的债券价格波动、再投资利率风险、通货膨胀导致的购买力损失和汇率风险）基本上和股票投资者的风险来源一样。然而分散化的债券投资组合降低了特定资产所特有的风险（即违约风险），与债券投资相关的风险通常不会因为分散化而降低。即使是分散化债券的投资者也必须承担利率和再投资利率波动、通货膨胀导致的购买力损失和汇率下降的风险。

购买债券的机制

购买债券和购买股票的方式基本相同。投资者可以通过经纪公司购买债券，有些债券（例如，联邦政府证券）可通过商业银行购买。可被用于购买股票的各种购买指令（例如，市场指令或指定价格的限制指令）也可被用于购买债券。债券可以用现金或通过保证金购买。在购买债券后，经纪商发出确认声明书。表 13.3 给出了购买面值为 10 000 美元的特索罗石油（Tesoro

表 13.3　债券买卖的简化确认声明书

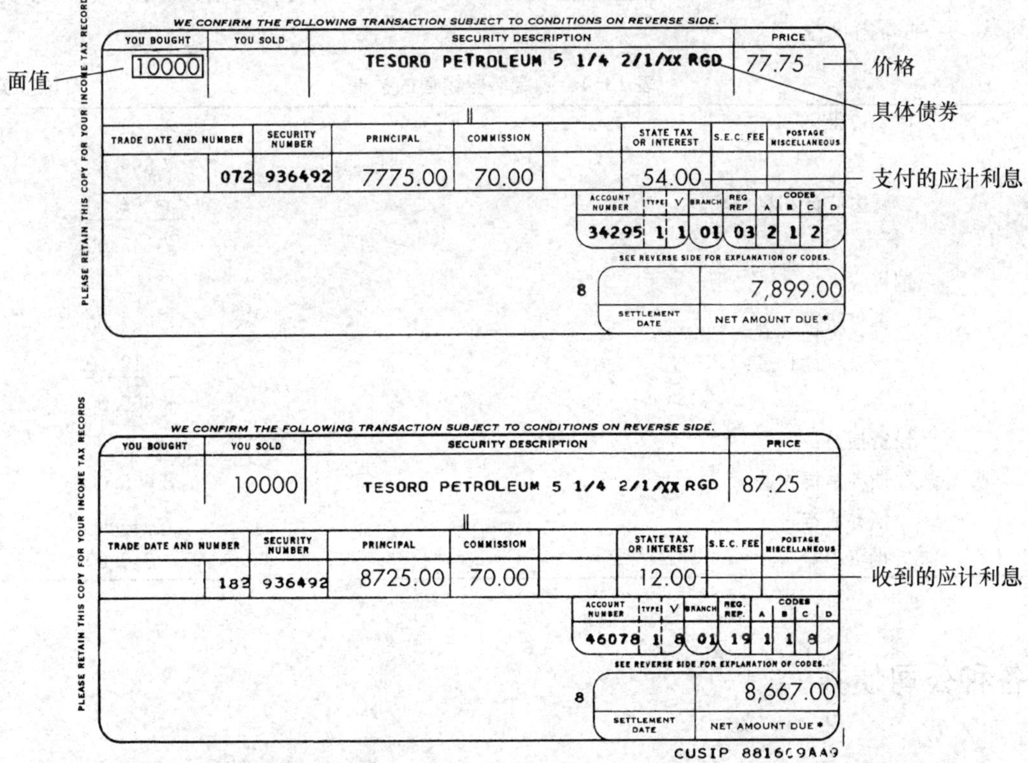

资料来源：© Cengage Learning.

Petroleum）公司债券，然后又卖出该债券的简化确认声明书。除了对证券的描述以外，简化确认声明书还包括价格、佣金、应计利息和净债务金额。

债券每天获得利息，但是公司每年只支付两次利息。因此，当购买债券时，买方就欠前所有者持有债券期间的**应计利息**（accured interest）。在首次交易时，购买是在最后一次利息支付之后进行的，因此应计利息为 54.00 美元。该利息被加到买方必须支付的买价中。当债券被卖出时，卖方收到应计利息。第二笔交易在支付利息后立即发生，此时应计利息仅为 12.00 美元，它被加到卖价中。

债券每天都产生利息。在 5.25%的利率下，10 000 美元的利息为 525 美元，大致相当于每天 1.44 美元。如果在付息日后 37 天购买债券，那么所欠的应计利息就为 53.28 美元。如果在支付利息后 8 天卖出证券，那么收到的应计利息就为 12.52 美元。表 13.3 中的应计利息金额被四舍五入了，以方便计算表 13.4 中的收益（或亏损）。

投资损益不能被看作销售收入和购买后应付款项之差（即 8 667.00 美元－7 899.00 美元）。相反，必须根据应计利息做出调整。表 13.4 说明了这个过程。首先，必须从应付款项中减去应计利息，以获得债券成本。因此，7 899.00 美元减去 54.00 美元是所购买债券的成本（7 845.00 美元）。其次，还必须从销售收入中减去应计利息。因此，8 667.00 美元减去 12.00 美元就得到了销售收入。为了确定损益，必须从售价中减去成本。在这个特定例子中，是 8 655.00 美元（售价）减去 7 845.00 美元（成本），这表示收益为 810.00 美元。

一些债券交易时没有应计利息。这些债券现在处于违约状态且没有支付利息。这种债券被称为**无息交易债券**（flat bond）。金融媒体在报道这些交易时，将在其后面注明“F”。除了投机者外，几乎没人对这些债券感兴趣。购买它们的风险很高，但有些无息交易债券会继续支付利息，产生高额收益。

表 13.4　确定债券销售的损益　　单位：美元

债券成本：	
欠款	7 899.00
减去应计利息	－54.00
	7 845.00
销售收入：	
销售所得	8 667.00
减去应计利息	－12.00
	8 655.00
投资损益：	
债券销售收益	8 655.00
债券成本	7 845.00
投资损益	810.00

各种公司债券

公司发行许多类型的债券：抵押贷款型债券、设备信托凭证、信用债券和次级债券、收益债券、可转换债券、可变利率债券以及零息债券。这些公司债务工具或者是有担保的，或者是无担保的。如果债务工具是有担保的，债务人会将一项资产作为担保品。当违约时，债权人可以扣押该担保品（通过法律程序）。没有特定资产担保的债券是无担保的。如果债务人违约，债权人没有特定资产可以扣押来满足其对借款人的索偿要求。这种无担保债务工具由公司的一般偿债能力（即支付利息和偿还本金的能力）支持。因此，借款人产生营业利润（即息税前利润）的能力对于无担保债券的安全是至关重要的。

抵押贷款型债券

发行**抵押贷款型债券**（mortgage bond）是指为了购买特定的固定资产，这些固定资产随后被抵押以作为债券的担保。这类债券通常是由公用事业公司发行的。卖出债券筹得的款项被用于建造发电厂，这些厂房是债券的担保。当厂房产生收入时，公司将获得支付利息和偿还债务所需的现金流。如果公司违约而没有支付利息或偿还债务，那么债权人就可以占有被抵押的财产。他们可以选择持有该资产并用其获得收入（经营固定资产）或将其卖掉。这些选择让投资者思考：多少债权人能经营一家发电厂？如果投资者选择将其卖掉，那么谁会购买它？

这两个问题说明了公司债券投资的一个重要问题。尽管作为债务担保而被抵押的财产可以降低贷款人的损失风险，但债权人对占有和经营财产并不感兴趣。贷款人通过利息而不是经营固定资产获得收入。就算债权人占有这些财产，也极少有经营资产的资质。如果他们被迫扣押并出售资产，可能会发现几乎没有买家，必须将其压低价格出售。尽管抵押资产作为债务担保提高了本金的安全性，但贷款人更愿意接受立即支付的利息和本金。

设备信托凭证

并非所有担保品的再出售都很困难。与公用事业公司发行的抵押贷款型债券不同，**设备信托凭证**（equipment trust certificate）是由拥有实质再出售价值的资产担保的。这些凭证是为特定设备融资而发行的，这些设备被作为担保品。设备信托凭证主要是由铁路或航空公司为铁路车辆（火车车厢）和飞机融资而发行的。当设备被用于产生现金流时，这些凭证就得以偿还。支持这些凭证的担保品通常被认为质量很高，因为与某些固定资产（例如，前面提到的公用事业厂房）不同，当公司对凭证违约时，这种设备可以被方便地转移和销售给其他铁路公司和航空公司。

然而，投资者应该意识到，尽管设备可以比发电厂更方便地出售，但仍可能遭受损失。例如，当东方航空公司、泛美航空公司和几家小航空公司破产时，它们向市场出售了大量飞机，因此二手飞机的价格随之下跌。当然，这意味着即使是有担保的债权人也不能通过卖出飞机的收入收回本金。

其他资产支持证券和证券化

设备信托凭证由火车车厢等设备担保，抵押贷款由房地产担保，而其他资产也可以作为债券的担保品。例如，公司可以发行并出售由其应收账款担保的债券。（公司也可以直接向金融机构或代理商出售应收账款，后者将发行由这些资产担保的债券。）当公司收到应收账款时，所得资金被用于偿还债券并支付利息。发行公司得到的好处很简单。它立即获得了资金而不必等到收到应收账款时。投资者获得的好处，尤其是大型养老金计划获得的好处是，他们收到了一笔相对安全的付息证券，因为它是有相关资产担保的。

将应收账款等非流动性资产转换为流动性资产的过程被称为**证券化**（securitization）。德事隆是一家生产贝尔直升机、赛斯纳飞机、汽车产品和紧固系统的生产商，它出售多种产品，并产生应收账款。德事隆2014年的10-K表称该公司对1.72亿美元的资产进行了证券化。然后，销售收入被用于偿还德事隆之前发行的债务。

信用债券

信用债券（debenture）是由公司的一般信用支持的无担保本票。这类债券的风险高于有担保品支持的债券。当发生违约或破产时，无担保债券只有在所有有担保债券都得到偿付后才被偿还。有些信用债券是次级债券，这些债券的风险甚至更高，因为它们要在公司的其他一般债务被偿还后才能被偿还。即使是无担保债券的地位也高于次级信用债券。后者属于公司发行的风险最高的债务工具，通常利率较高或拥有其他有吸引力的特征，例如，可以转换为公司股票，以补偿贷款人承担的高风险。

金融机构，例如，商业银行或保险公司，更愿意公司向公众出售信用债券。由于信用债券是公司的一般债务，因此它并不占用公司的特定资产。如果公司需要从商业银行处获得额外资金，就可以用特定资产作为担保品，在这种情况下银行将更愿意贷出资金。如果资产之前已经被抵押了，那么公司在融资时就会缺乏这种弹性。

尽管使用信用债券可能不会降低公司发行其他债务的能力，但是信用债券违约通常意味着所有高级债务也违约。普通的契约条款会写明，如果公司的任何债务违约，所有债务也将同时违约，在这种情况下债权人可以声明所有未清偿债务到期。出于这个原因，公司不应发行大量无担保债务从而避免自身承担过多的经济责任。

收益债券

收益债券（income bond）是公司发行的风险最高的债券。只有在公司有收益时才支付利息。公司如果无法支付其他费用，就没有对这些债券支付利息的法律责任。由于与收益债券相关的风险很高，因此收益债券很少由公司发行。一个著名的例外是迪士尼发行的债券，如果迪士尼的20部电影打包的总票房超过8亿美元，那么该债券每年就会支付利率高达13.5%的利息。然而，如果票房没有那么多，债券的年利率就只有3%。

尽管公司很少发行收益债券，但州政府和市政府经常发行类似类型的债券。这就是收益公债，它被用于对预期将产生收入的特定改良性资本支出（例如，收费公路或市医院）进行融资。如果收入不够，那么就不支付利息。

然而，收益债券和收益公债存在一个显著的区别。在收益债券中，无法支付利息并不导致违约，但对于收益公债来说却意味着违约。多数由收益公债融资的项目都能产生足够资金来偿债，但也有一些著名的例外。可能最著名的违约就是华盛顿公共电力供应系统高达数十亿美元的违约，其违约债券实际上已变得一文不值。

可转换债券

可转换债券（convertible bond）是一种混合型债券。从技术上讲它是债务：债券支付利息，这是公司的固定债务，而且它还有到期日。但这些债券有一个特殊特征：投资者可以选择将债券转换为特定数量的普通股。例如，在全护公司（Omnicare Inc.）发行的2025年债券中，

3.75%可以转换为36.440 9股全护公司的普通股。可转换债券的市场价既取决于股票价值，也取决于债券支付的利息。如果普通股价格上升，那么债券价格也必定上升。因此，如果普通股价格上升，投资者就有机会获得资本收益。然而，如果普通股价格没有上升，那么投资者仍持有公司的债券，因此拥有债券投资的安全性。

可转换债券在某些投资者中很受欢迎，因此公司发行这些债券作为筹资手段。然而，由于可转换债券是混合型证券，因此难以分析。因此，详细讨论将被放在不可转换债券之后、期权之前，推迟到第十六章再进行。

可变利率债券

通常，债券支付的利率在发行日就固定下来了；然而，有些公司发行的是**可变利率债券**(variable interest rate bond)。花旗集团（Citicorp）是第一家向公众发行可变利率债券的大型美国公司。花旗集团的债券在发行时有两个特征：(1）与国库券利率挂钩的可变利率；(2）持有者以面值赎回债券的权利。

花旗集团债券支付的利率被定为特定时期内的美国国库券平均利率加上1%。利率的这种可变性意味着，如果短期利率上升，那么债券支付的利率必然上升。债券持有者可以分享到短期利率上升的好处。当然，如果短期利率下降，那么债券的利率也会降低。

花旗集团债券的第二个特征是，在它被发行的两年后，持有者可以选择以面值或本金赎回债券。该选择每六个月发生一次。如果所有者需要更快地获得现金，可以在二级市场上卖出债券，因为它在纽约证券交易所中交易。可变利率债券的一个重要特征是，它的市场价格的波动小于固定利率债券价格的波动。正如下一章所要说明的，固定利率债券的价格波动方向与利率相反。这种价格变化不会出现在可变利率债券上，因为这种债券的利率和一般利率一起波动。因此，这种债券避免了债券投资的一个主要风险：压低债券市场价格的高利率。

零息债券

1981年，一类新的债券被开始向公众出售。这种债券不支付利息，并以很高的折扣出售。这种开创性债券就是J. C. 彭尼（J. C. Penney）公司的**零息债券**（zero coupon bond）。这种债券最初是以折价发行的（330美元），但在1989年到期时支付1 000美元。投资者的资金在8年后从330美元增加到1 000美元。年增长率（即债券收益率）为14.86%。①

在首次成功发行这种债券后，其他公司，包括IBM信贷公司（IBM的融资机构）和ITT金融公司，都发行了类似的债券。这些债券都不定期支付利息。债券以折价出售，投资者的收

---

① 零息债券的收益率或利率可以使用时间价值公式计算：

$$P_0(1+i)^n=P_{n'}$$

解 i。在本例中，

$$330(1+i)^8=1\,000$$

$$(1+i)^8=1\,000/330=3.030$$

$$i=\sqrt[8]{3.030}-1$$

$$i=1.148\,6-1$$

$$i=0.148\,6=14.86\%$$

如果你的计算器没有“y^x”键，或者没有财务计算器，那么可以使用终值表，但你将得到近似值15%。

益来自债券到期时的增值。

由于零息债券的投资收益率只取决于公司清偿债务的能力，因此公司的质量极为重要。IBM 信贷公司这类公司发行的零息债券的质量都非常高，而且应该会在到期时偿还。在这种情况下，投资者将在债券到期时获得预期收益。然而，如果投资者购买了低质量零息债券，那么这些债券可能永远不会被赎回。如果公司破产，投资者可能会一无所得。因此，购买零息债券的投资者可能损失全部投资，连一笔利息都收不到。

欧元债券

许多美国公司还在外国发行债券，为外国投资（例如，厂房和设备）融资。[①] 这些债券根据标价货币分为两种基本类型。美国公司可以出售以当地货币（例如，英镑或欧元）标价的债券。例如，埃克森美孚公司在 2000 年 10-K 报告中称，在其 116.10 亿美元的长期债务中，6.17 亿美元（5.3%）是以外币标价的。公司还可以出售以美元标价的外国债券，这些债券被称为**欧洲债券**（Eurobond）。即使债券是在亚洲而不是欧洲发行的，也使用该名称。

当一家公司发行欧洲债券时，美国公司承诺以美元进行支付。这意味着美国投资者不必将收到的款项从当地货币（例如，英镑）兑换为美元。正如第五章所说明的，一种货币相对于另一种货币的价值波动是每位购买外国证券的投资者都必须承担的主要风险。美国投资者通过购买欧洲债券避免了这种货币风险。然而，外国投资者却要承担这种风险。他们必须将美元兑换为本国货币，因此，欧洲债券的收益率往往比类似的国内证券高。较高的收益率是某些投资者发现欧洲债券有吸引力的主要原因。

LIBOR

LIBOR 是伦敦银行同业拆借利率（London InterBank Offer Rate）的缩写，它由英国银行家协会每天确定。LIBOR 是大型国际银行愿意彼此贷出期限为 1 天（称为“隔夜”）到 1 年的资金的利率。通常，LIBOR 约高于相同期限的美国联邦政府债券利率 0.5 个百分点。这种差异在如 2008 年最后一个季度等金融危机时期会增加。

LIBOR 很重要，这有两个基本原因。第一，LIBOR 是用 10 种货币计算的，且已经成为全球贷款和利率的全球基准。第二，尽管 LIBOR 不是对某个特定类型的债务工具支付的利率，但它对于确定借款成本，进而确定收益率起着重要作用。许多债务工具都具有与 LIBOR 挂钩的可变利率。因此，LIBOR 的提高会传递到全球所有与 LIBOR 挂钩的债务工具。这些债务工具包括后面介绍的高收益公司债券、小企业贷款、学生贷款和可调整利率抵押贷款。这些贷款的利率通常高于 LIBOR 利率数个百分点，这意味着如果 LIBOR 从 2%升到 3%，利率高于 LIBOR 5 个百分点的可调整利率抵押贷款的利率就会从 7%升到 8%。

高收益证券

高收益证券［high-yield security，有时被称为“垃圾债券”（junk bond）］不是特定类型的

---

① 外国公司也可以在美国发行债券，这些债券有时被称为“扬基债券”。在其他国家市场上发行的外国债券也有生动形象的名称：在英国发行的外国债券被称为“猛犬债券”，在日本发行的外国债券被称为“武士债券”。

债券，而是低质量债券（即评级低于 BBB 级的债券）。这种债券有与投资级债券相关的一般特征。除了利息支付（息票利息）和到期日以外，垃圾债券通常还有赎回特征和偿债基金。尽管垃圾债券通常是信用债券，且在地位上低于公司的其他债券，但有些垃圾债券有担保品（即它们为抵押贷款型债券）。正如下面将要讨论的，有些高收益证券在债券的基本特征上有所变化。

垃圾债券的低质量要求它支付高收益率，至少是相对于投资级债券较高的收益率。通常，BBB 级或评级更高的债券被视为投资级债券，而许多金融机构，例如，商业银行的信托部门，都只能购买投资级债券。任何更低的信用评级都是不可接受的风险。

垃圾债券（和高收益优先股）通常是为了给并购或几乎没有信用记录的初创企业融资而发行的。垃圾债券的购买者是金融机构和习惯于投资低质量债券，以及愿意接受更高风险以获得更高收益率的个人投资者。这些投资者可能将债券作为当公司产生现金流并存续时能产生潜在收益的股权工具。在许多情况下，垃圾债券的收益率可能比投资级债券的收益率高 3%～4%。

高收益证券可以分为两类。第一类是最初为投资级，但当发行公司出现财务问题时评级被降低的债券。这类高收益债券通常被称为**“堕落天使”**（fallen angel）。当 RJR 纳贝斯克（RJR Nabisco）公司被收购并变为私有的时，存续下来的公司发行了大量新债券，导致未清偿的 RJR 纳贝斯克公司债券被降级。之前高质量的债券价格急剧下降，变为高收益证券。当然，获得高收益率的是新买家，而不是之前发行的债券价格下跌时承受损失的原买家。

有些堕落天使最终走向了破产。曼维尔（Manville）公司、新汉普郡公共服务（Public Service of New Hampshire）公司和德士古（Texaco）公司都破产了，并对债务违约。然而，违约债券继续在交易，而且总有公司起死回生、债券价格上升的可能。这种事的确发生在了德士古公司的身上。高收益证券市场的一个诱人之处就在于，发行公司的财务状况存在改善的可能性。评级升高将对公司债券持有者有利，因为当公司的财务状况改善时，债券价格将上升。

第二类高收益证券由信用评级低于投资级的公司发行的债券和优先股组成。这些证券的期限从短期（即高收益商业票据）到长期（即债券和优先股）不等。

分息债券

分息债券（split coupon bond）结合了零息债券和高息票债券的特征。在前 3～5 年中，这种债券不支付利息（或只支付很少的利息）。在这段时间内的利息特征类似于零息债券。在初始期过后，债券支付高利息。例如，澎泉（Dr Pepper）公司发行了一只分息债券，该债券在前四年不支付利息，但在后六年内必须支付 11.5%的利息，直到债券到期。

公司发行分息债券的优点是，在初期不用偿还债务。分息债券保留了现金，但产生的利息对于发行公司来说是可以扣税的。分息债券通常在杠杆收购和其他导致公司发行大量债务的资本重组时发行。

分息债券对于发行公司来说成本往往很高。投资者的高收益率就意味着发行人的高资金成本。公司有尽快清偿债券的动机。因此，多数分息债券都有允许公司在证券到期前清偿证券的赎回特征。例如，塞夫韦商店（Safeway Stores）在发行次级信用债券仅仅 11 个月后，就赎回了半数债券。

重置债券和利率增加债券

尽管发行多数高收益证券时利息是固定的，但也有例外。**重置债券**（reset bond）的利息是定期调整的，例如，每6个月或每年调整一次。息票通常标有具体利率（例如，6个月期国库券利率加上5%），且经常有最低利率和最高利率。例如，美国共享医院服务（American Shared Hospital Service）公司就发行了一只息票利率为14%～16.5%的重置票据。

由于息票利息可以变化，因此与利率变化相关的价格波动减少了。然而，最低利率意味着如果利率跌到可比高风险证券以下，那么债券价格将升高，因为利率下限是固定的。当利率升高时也会出现相同的情况。如果利率达到上限，那么可比收益率的进一步升高将降低债券的价格。然而，在特定范围内，利率变化将有助于稳定债券价格。当然，如果公司的财务状况发生变化，那么债券价格将独立于利率变化而变化。

利率增加债券（increasing rate bond）是利率随着时间的推移而增加的债券。例如，RJR控股公司发行了50亿美元的利率增加债券。一只债券的初始利率为14.562 5%，但未来利率将是13.437 5%和3个月伦敦银行同业拆借利率（LIBOR）加4%的较高者。在之后的两年中，利率每季度增加0.5%，在第三年和第四年中，利率每季度增加0.25%。除非收益率急剧下降，使利率变为13.437 5%，否则该债券的收益率将逐渐提高。显然，利率增加债券是一种高成本的公司筹资方法，因此投资者可以预料到，发行人希望尽快清偿债务，这正是之前发生的情况，即RJR控股公司在利率下跌、财务状况改善后进行了再融资。

可展期证券

在之前的讨论中，高收益证券有不同的息票利率，但距到期的天数是固定的。分息债券有孳生利息但不支付利息的时期。重置证券和利率增加债券的息票利率是变化的。每类高收益证券都有固定的到期日。然而，公司可以发行**可展期证券**（extendible security），这种证券的到期期限可以由发行人延长。例如，美泰（Mattel）公司发行过一只初始到期日为1990年的债券，但该公司可以将债券期限延长1期、2期或3期，最终到期日为1999年。因此，购买该债券的投资者不知道债券还将存在1年、6年还是更长时间，只有最终到期日1999年是已知的。

当然，延长到期日的能力对发行人有利。如果公司没有能力在初始到期日清偿债务，到期日就可以延长。这为公司争取到了找到资金或为债务再融资的时间。当然，无法在最终到期日偿还债券将使债券违约。

利差与收益率

高收益证券的利率是承诺收益率或预期收益率。在许多情况下，当公司及时支付利息并按期清偿债券时将实现承诺收益率。然而，证券市场和公司都是动态实体。变化无时无刻不在发生，因此投资者获得的实际收益率经常不同于预期收益率。实际收益率可能更高，尤其是当利率下降或公司的财务状况改善时。在两种情况下，高收益证券的价格都会上升，因此投资者将获得更高的收益率。

尽管获得更高的收益率是有可能的，但投资者通常更担心发生某些问题从而使获得的收益率降低。发行高收益证券的公司显然财务实力不够强，有些公司甚至将无法存续。如果投资者非常不幸地选择了这些公司，那么他可能会损失一大笔钱——可能是投入的全部资金。投资者显然不希望得到这种结果，这也是分析发行人的财务状况、确定债务质量的目的。

投资级债券分析围绕着公司当前和未来的偿债能力而展开。这种分析可以从负债比率或利息保障倍数等比率开始。对于高收益证券而言，重点通常是现金流（营业利润加上折旧等非现金费用)，因为利息是用营业利润而不是收入支付的。即使公司经营存在会计亏损，也可能继续产生足够的现金来偿债。

高收益债券和投资级债券的收益率之差可能很高。该差异通常是用基点表示的。一个**基点**(basis point) 是 0.01%，因此 50 个基点的差异就是 0.5%。如果 AAA 级债券的收益率为 4.6%，B 级债券的收益率为 5.2%，那么差异就是 60 个基点。如果收益率分别为 4.6%和 7.2%，那么差异就是 260 个基点（2.6%）。

2008 年 12 月，高收益垃圾债券和 AAA 级债券的收益率之差达到了 2 100 个基点以上。换言之，如果高质量债券的收益率为 4%，那么垃圾债券的收益率就超过了 25%。在 18 个月之前，收益率之差约为 200 个基点（2%）。即使在 2009 年 6 月金融危机看起来好转时，收益率之差仍超过了 1 000 个基点。利差继续缩小，2015 年 1 月，基于标准普尔高收益公司债券指数的垃圾债券收益率接近 7%，而 AAA 级债券的收益率为 3.8%。该利差为 3.2%，然而它仍然超过金融危机前的利差。

投资者可以用收益率之差来指导投资策略。当收益率之差增加时，投资者卖出高质量债券、买入低质量债券。当收益率之差减小时，这个过程相反。基本上，收益率之差必须足以补偿额外的风险。即使只有 5%的债券违约，每只债券的总损失仍可能抵消很高比例的收益率优势。

研究结论认为，高收益债券投资组合的收益率将产生高于投资级债券的收益率。即使对违约进行调整以后，收益率仍然更高。当然，这是可以预料的，因为投资者承担了更高的风险。如果收益率持续较低，那么没有人会购买低质量债券。然而，令人意外的是，高收益债券的波动性较低。在利率变化期间，它们的价格波动性并不高。

这种低波动性看起来与高风险、高收益债券的概念不一致。然而，正如下一章将要讨论的，高利率债券的价格波动性低于低利率债券。高收益债券的息票利率高于投资级债券，因此其价格对利率变化没有那么敏感。其主要风险来源是企业特定风险（即非系统性风险），而不是市场风险或利率风险。通过构建充分分散的高收益证券投资组合，降低了（如果不是消除的话）公司的特定风险。

尽管研究结论认为，高收益债券的表现不错，并表现出较低的价格波动性，但你仍应意识到，历史收益率不是未来收益率。即使高收益债券在有些时期产生了高于投资级债券的收益率，但你不应断定这些债券会继续表现良好。许多发行垃圾债券的公司最终都违约了，有些公司进行了重组并生存下来，但许多没有生存下来，它们的债券变得一文不值。2007—2009 年，许多公司都违约并登记破产了。它们的债券价格变为以美分而不是美元计的。这种价格表明，市场预期这些公司及其债券不会再存在。

应计利息、零息债券、初始发行折价债券和所得税

债券每天都产生利息，这一事实影响了税收。当然，税收会影响理财规划和投资组合管理。正如关于债券购买机制的部分所说明的，你要向之前的债券所有者支付应计利息。在表 13.3 中，支付的应计利息为 54.00 美元。当你收到 262.50 美元的 6 个月利息［(10 000×0.052 5)/2=262.50 (美元)］时，只有 208.50 美元需要缴纳所得税。当你卖出债券时，你收到的应计利息（表 13.3 中的 12.00 美元）应缴纳所得税。

零息债券最初的售价低于面值，且不用每年支付利息。然而，零息债券每天都会产生利息，投资者将在债券到期时收到利息。然而，应计利息每年都会产生应纳税款，就像已收到利

息一样。考虑在利率为10%、每年付息一次时，一只面值为1 000美元、售价为683美元的4年期零息债券。（$FV=1\ 000$，$N=4$，$I=10$，$PMT=0$，$PV=$？见下一章对债券定价的介绍。）一年后，如果利率没有变化，那么债券价格将为751美元。从683美元到751美元的升值（68美元）为应计利息，这68美元应纳所得税。在第二年年末、第三年年末和第四年年末，债券价格分别为826美元、909美元和1 000美元。每年的应计利息分别为75美元、83美元和91美元。

注意，每年获得的利息不是折价的平均数：(1 000－683)/4＝79.25（美元）。每年，应根据本金计算应计利息，并将其与去年的本金相加。因此，第一年获得的68美元与683美元相加，变为第一年年末所欠的本金（751美元）。这个过程将不断重复，直到到期时以1 000美元赎回债券。然而，应计利息每年仍要继续纳税。

在计算前一个例子中的债券价格时，假设利率没有变化，且债券价格随着应计利息的增加而上升。在第一年后，债券售价可能高于或低于751美元。如果债券的售价为773美元，而不是751美元，那么就有90（＝773－683）美元的收益。然而，升值金额不是资本收益，因为68美元是应计利息的结果。这68美元被作为所得征税，如果债券被出售，22美元将按适用的资本收益税税率征税。

如果债券的价格为723美元，且投资者卖出债券，那么升值金额仅为723－683＝40（美元）。然而，应计利息仍为68美元，因此投资者遭受了资本亏损，亏损金额为68－40＝28（美元）。该亏损被用于抵消其他资本收益和普通收入。（第四章讨论了如何用资本亏损抵消资本收益和普通收入。）

初始折价债券结合了零息债券和息票债券的特征。它们发行时的息票利率低于可比债券的收益率，因此债券是折价发行的。由于债券支付部分利息，因此折价金额低于零息债券的折价金额。随着时间的推移，利息逐渐积累，折价逐渐消失，债券在到期时以面值被赎回。对初始折价债券利息的税收处理与零息债券相同。

产生但未收到的应计利息直到债券到期时才纳税，这表明投资者几乎没有理由购买零息债券。然而，有一个重要例外：递延纳税养老金计划。在递延纳税养老金计划中，应计利息的税款被递延到从账户中取款时才缴纳。因此，购买零息债券的一个主要原因是将它们作为递延纳税退休账户的一部分。

清偿债券

债券最终必然会到期，清偿债券必然发生在债券到期日或到期日之前。在发行债券时，通常会规定定期清偿方法，因为很少有债券是在到期日一次性清偿的。相反，每年都会有序地清偿部分债券。这种有序清偿可以通过发行系列债券或设立偿债基金实现。

系列债券

在**系列债券**（serial bond）中，每年都有部分债券到期。（优先股也可能按系列发行。）这种债券通常是公司为特定设备（例如，作为担保品抵押的铁路车厢）融资而发行的。当设备升值时，利润和折价费用产生的现金流将被用于在到期时偿还系列中的债券。

表13.5中的广告是联合太平洋铁路公司（Union Pacific Railroad Company）发行的设备信

托凭证。这些设备信托凭证的设计使得每年有 1/15 的债券到期。因此，随着该债券中的每个系列到期，公司每年偿还 2 337 000 美元凭证。15 年后，全部凭证被清偿。

表 13.5　系列债券的例子（设备信托凭证）

This announcement is under no circumstances to be construed as an offer to sell or as a soliciatation of an offer to buy any of these securities. The offering is made only by the Offering Circular Supplement and the Offering Circular to which it relates.

NEW ISSUE　　July 17, 1985

$35,055,000

Union Pacific Railroad Company

Equipment Trust No. 1 of 1985

Serial Equipment Trust Certificates
(Non-callable)

Price 100%
(Plus accrued dividends, if any, from the date of original issuance.)

MATURITIES AND DIVIDEND RATES.

(To mature in 15 equal annual installments of $2,337,000, commencing July 15, 1987.)

1987	6.500%	1992	7.500%	1997	7.800%
1988	7.000	1993	7.600	1998	7.800
1989	7.125	1994	7.700	1999	7.875
1990	7.300	1995	7.700	2000	7.875
1991	7.375	1996	7.750	2001	7.875

These Certificates are offered subject to prior sale, when, as and if issued and received by us, subject to approval of the Interstate Commerce Commission.

Merrill Lynch Capital Markets

Thomson McKinnon Securities Inc.

资料来源：经联合太平洋铁路公司的许可引用。

然而，很少有公司发行系列债券。它们主要是由州政府和地方政府为资本性改良支出（例如，建设新学校）融资而发行的，或者是由专门的政府机构（例如，纽约港务局）为新设施或其他资本改良性支出融资而发行的。这些债券将由一段时期中的税收收入或投资产生的收入（例如，收费公路收取的过路费）清偿。

偿债基金

偿债基金通常被用于为长期公司债券的清偿提供方便。**偿债基金**（sinking fund）是定期支付，被用于偿还部分债券的款项。一类偿债基金要求公司向受托人进行支付，受托人将资金进行投资，以获得利息。定期支付和累计利息被用于在到期日偿还债券。

另一类偿债基金要求公司存入一笔规定金额的资金，并随机选择要清偿的债券。被选中的债券将被赎回和清偿，持有者放弃该债券是因为一旦债券被赎回，就停止获得利息。表 13.6 以《华尔街日报》上的一张广告为例说明了这类偿债基金。被偿还的具体债券是抽中的。一旦被选中，这些债券就被赎回。所有者必须放弃债券，以获得本金。如果债券没有被赎回，就仍然是未清偿债券和公司的债务，但债务人的责任仅限于偿还本金，因为在赎回日就停止支付利息了。

表 13.6　利用偿债基金偿还债券的例子

NOTICE OF REDEMPTION
To the Holders of

发行人 →

New York State Urban Development Corporation

债券名称 → **Project Revenue Bonds (Center for Industrial Innovation)**

息票利率、到期日 → **Series 1982 Bonds $11\frac{1}{8}\%$ Due January 1, 2013**

(CUSIP NO. 650033BD4)*

NOTICE IS HEREBY GIVEN THAT, pursuant to the provisions of a resolution adopted by the New York State Urban Development Corporation (the "Corporation"), on November 18, 1982, as amended and restated on December 10, 1982, and entitled "Project Revenue Bond (Center for Industrial Innovation) General Resolution" (the "General Resolution"), as supplemented by a resolution of the Corporation entitled "Series 1982 Project Revenue Bonds (Center for Industrial Innovation) Series Resolution" (the "Series Resolution") authorizing the issuance of the above described Bonds, the Corporation will redeem and the Trustee under the General Resolution has drawn by lot for redemption on January 1, 1993 (the "Sinking Fund Redemption Date"), through the operation of the sinking fund created under the Series Resolution, $465,000 aggregate principal amount of the above described Bonds as set forth below.

偿债基金条款

将赎回金额

Coupon Bonds called for redemption each bearing the Prefix A and each in the Denomination of $5,000, are as follows:

386　424　854　3472　3987　4417　5417　5438　5513　6024　6304　6746　6920

Registered Bonds called for redemption, in whole or in part, each bearing the Prefix AR, are as follows:

被清偿的具体债券

Bond Number	Denomination	Amount Called	Bond Number	Denomination	Amount Called
26	$ 500,000	$15,000	87	$2,435,000	$30,000
39	50,000	5,000	88	2,460,000	30,000
51	5,000	5,000	89	2,435,000	35,000
81	490,000	10,000	90	2,465,000	20,000
82	95,000	5,000	91	2,405,000	40,000
84	2,430,000	40,000	92	2,450,000	35,000
85	2,420,000	35,000	93	1,945,000	30,000
86	2,480,000	20,000	94	2,415,000	45,000

On the Sinking Fund Redemption Date, there shall become due and payable on each of the above mentioned Bonds to be redeemed, the sinking fund redemption price, namely 100% of the principal amount thereof. Interest accrued on such Bonds to said Sinking Fund Redemption Date will be paid in the usual manner. From and after the Sinking Fund Redemption Date, interest on the Bonds described above shall cease to accrue.

将停止产生的利息

IN ADDITION THE CORPORATION HAS ELECTED TO REDEEM ON JANUARY 1, 1993 (THE "REDEMPTION DATE") ALL REMAINING OUTSTANDING BONDS NOT HERETOFORE CALLED FOR SINKING FUND REDEMPTION AT A REDEMPTION PRICE EQUAL TO 103% OF THE PRINCIPAL AMOUNT THEREOF. INTEREST ACCRUED ON SUCH BONDS TO THE REDEMPTION DATE WILL BE PAID IN THE USUAL MANNER. FROM AND AFTER THE REDEMPTION DATE, INTEREST ON THE BONDS SHALL CEASE TO ACCRUE.

The Bonds specified herein to be redeemed shall be redeemed on or after both the Sinking Fund Redemption Date and the Redemption Date upon presentation and surrender thereof, together, in the case of coupon Bonds, with all appurtenant coupons attached, if any, maturing after January 1, 1993, to Bankers Trust Company, as Trustee and Paying Agent, in person or by registered mail (postage prepaid) at the following addresses:

IN PERSON:

Bankers Trust Company
Corporate Trust and Agency Group
First Floor
123 Washington Street
New York, New York

BY MAIL:

Bankers Trust Company
Corporate Trust and Agency Group
P.O. Box 2579
Church Street Station
New York, NY 10008
Attn: Bond Redemption

If any of the Bonds designated for redemption are in registered form, they should be accompanied by duly executed instruments of assignment in blank if payment is to be made to other than the registered holder thereof.

Coupons maturing January 1, 1993 appertaining to the coupon Bonds designated for redemption should be detached and presented for payment in the usual manner. Interest due January 1, 1993 on registered Bonds designated for redemption will be paid to the registered holders of such registered Bonds in the usual manner.

NEW YORK STATE URBAN DEVELOPMENT CORPORATION
By: BANKERS TRUST COMPANY, *as Trustee*

资料来源：纽约州开发公司。

由于每笔债券都不同，因此偿债基金可能有很多变形。实力强的偿债基金会在到期日之前清偿大部分债券。例如，如果债券发行额为1 000万美元，10年后到期，那么实力强的偿债基金可能要求该公司每年清偿100万美元，即10%的债券。因此，到期时，仅有100万美元债券仍未清偿。对于实力弱的偿债基金而言，大部分债券是在到期时清偿的。例如，一笔金额为1 000万美元、10年后到期的债券的偿债基金可能要求在5年后开始每年偿还100万美元。在这个例子中，到期前只有500万美元被偿还。债务人必须支付大笔金额来偿还剩下的500万美元。这样一笔大额的最终支付被称为**气球型支付**（balloon payment）。

GT&E公司发行的两只债券说明了偿债基金的这些差异。（GT&E公司之后与贝尔大西洋公司合并，组成了威瑞森公司。）其中一只利率为9.125%的债券要求公司每年偿还12 500 000美元，因此在到期时仅有5%的债券仍未被清偿。然而，在2027年到期的利率为7.9%的债券没有偿债基金。除非GT&E公司采取措施来清偿债券（例如本章中讨论过的赎回特征），否则整笔债券将在2027年到期。

偿债基金的实力影响了风险要素。实力强的偿债基金要求意味着在债券存续期内，大量债券都被清偿，这使得整笔债券更安全。债券的偿债基金特征是确定特定债务工具投资的风险大小的重要因素。

回购债券

如果债券价格下降，且债券售价低于面值（即折价出售），那么公司可以在公开市场上购买债券来清偿债券。公司随时都可以购买债券，此时债券卖方不必知道公司是购买还是清偿债券。公司还可以提出在特定时期内以特定价格购买特定金额的债券。然后，债券持有者以卖价清偿债券，然而他们不必卖出债券，仍可以继续持有债券。如果清偿的债券多于公司准备购买的债券，那么公司将按比例分配其用于购买债券的资金。

回购以折价出售的债券的优点是公司可以节省资金。如果公司发行了1 000万美元面值的债券，且现在1美元面值债券的售价为0.60美元，那么公司可能只需支付600美元就可以减少1 000美元的债务，因此每购买1 000美元债券就节省了400美元。这笔节省下来的资金被转化为收入，并在“其他损益”项下报告。例如，根据通用电影（General Cinema）公司的报告，作为收购哈考特·布雷斯·约万诺维奇（Harcourt Brace Jovanovich）出版公司计划的一部分，该公司以折价购买这家出版商的债务获得了4.196亿美元的收益。21世纪初的低利率导致债券价格上升。（参见下一章对利率变动及其对债券价格的影响的解释。）债券价格上升意味着以折价回购债券的机会消失了。

即使利率下降，债券价格上升，公司仍可以回购未清偿债券。如果公司能以较低利率发行债务、支付必要的溢价，用更高的利息成本回购现有债券就可能是有利的。2014年，默克公司提出以超过本金的价格回购多种未清偿债券。例如，默克提出以1 297美元回购利率为6.3%、2028年到期的信用债券，以1 394美元回购利率为5.76%、2037年到期的信用债券。和下一节讨论的赎回特征不同，债券持有者不必出售债券。当然，这些投资者承担了债券价格随后下跌的风险。

赎回特征

某些债券可能拥有**赎回特征**（call feature），该特征允许在到期日前赎回债券。（没有赎回特征的债券可被称为“子弹型债券”。）在多数情况下，在债券发行一段时间后（例如，5 年），发行人就有权赎回并清偿债券。在特定日期，债券被赎回。在该日期后，不再产生利息，这迫使债权人让渡债券。

这种通过赎回特征提前赎回债券的行为往往发生在高利率时期之后。如果债券在这种时期发行，且利率随后下降，那么公司以较低利率发行新债券就可能是有利的。发行收入可被用于清偿息票利率较高的债券。这种**再融资**（refunding）降低了公司的利息费用。

当然，提前清偿债券对失去高收益债券的债券持有者造成了损害。为了保护这些债权人，赎回特征通常带有**赎回罚款**（call penalty），例如，支付一年的利息。如果最初发行的债券利率为 9%，那么公司必须支付 1 090 美元才能清偿价值为 1 000 美元的债券。这种赎回罚款通常会随着债券存续时间的增加而下降。表 13.7 列举了利率为 8.125%、2020 年到期的 AT&T 公司债券的赎回罚款。2005 年，罚款为每 1 000 美元 33.09 美元，但到 2015 年，罚款便降为 0 美元。这种赎回罚款的确保护了债券持有者，而如果利率降到足够低，使得支付赎回罚款有利，那么债务人有权赎回债券，并对债务进行再融资。

表 13.7　AT&T 公司利率为 8.125%、2020 年到期的信用债券的赎回罚款表

年份	面值的百分比（%）	清偿 1 000 美元债务所需的金额（美元）	赎回罚款金额（美元）
2005	103.309	1 033.09	33.09
2010	101.655	1 016.55	16.55
2015	100.000	1 000.00	0.00

21 世纪初，当利率降到 20～40 年内从未有过的低点时，发生了几笔此类再融资。贝尔大西洋公司清偿了 1.25 亿美元息票利率为 7.5%的债券。该公司对每只债券支付了 101.5%的价款（即每 1 000 美元债券的价款为 1 015 美元），并对每只债券支付了 15 美元的罚款。得克萨斯工具公司清偿了该公司息票利率为 12.7%的 2 亿美元债券。该公司每清偿面值为 1 000 美元的债券，就支付 1 047 美元（即每只债券的溢价为 47 美元）。这些再融资充分降低了公司的利息费用，使得支付赎回溢价是合理的。

由第三方托管至到期

正如前一节所说明的，曾在利率较高时发行过债券的许多公司、州政府和地方政府都会在利率下降后对债券进行再融资。这种再融资主要是发行新债券以清偿旧债券。当然，再融资选择是赎回债券的原因之一，但赎回债券并不一定意味着再融资。公司可能从利润或发行新股等其他来源处获得资金，并可以用这些资金清偿债务。（有些债券契约允许公司在到期日前赎回并清偿债券，但不允许用发行新债券清偿现有债券的方法进行再融资。）

尽管当利率下降时，再融资可能是有利的，但在债券变为可赎回之前利率也有可能下降。例如，假设一家公司在 2006 年发行了一只在 2026 年到期、在 2016 年可赎回的债券。2007—2011 年，利率显著下降，因此管理层希望对最初的债券进行再融资。由于在 2016 年之前不能赎回债券，因此存在着利率随后升高、节省利息费用的机会消失的风险。

管理层可以按当前利率和更低的利率发行新债券，并用销售所得购买到期日与赎回日相同的美国政府债券，从而避免这种风险。在上例中，管理层可以将销售所得投资于 2016 年到期的国债。当国债到期时，所得收入将被用于赎回旧债券。现在，最初的这只债券将被称为“由第三方托管至到期的债券”，因为资金被分离出来并专门用于清偿债券。美国国债获得的利息可能抵消全部，至少是部分旧债券的利息费用，因此公司可以节省利息。

这种策略会让人们认为公司正在使用更多的金融杠杆吗？现在公司有两种债券：原债券和新债券。这个问题的答案是否定的。由于原债券被托管至到期，因此它们被视为已经清偿，并被从发行人的资产负债表中去除。尽管实际的清偿发生在将来，但从会计角度看，债券已经被清偿了，这避免了公司财务杠杆增加的表象。

获得关于债券的信息

通过使用互联网获得关于债券的信息和获得关于股票的信息一样容易。很多网站都提供债券价格、金融分析、导览和评论等数据。例如，雅虎金融债券中心（finance. yahoo. com/bonds）提供收益率和新闻，并可以筛选特定类型的债券。由于雅虎是一家重要的免费股票信息网站，因此是你搜索债券信息的一个良好起点。债券投资网站（www. investinginbonds. com）是由债券市场协会主办的，它是债券市场的行业协会，也是证券业与金融市场协会的一部分。除了数据，它还提供关于债券的当前信息。其他可以参考的网站包括债券在线（www. bondsonline. com）和 Briefing. com（www. briefing. com）。你的经纪公司应能向你提供买卖各种现有债券所需的充足信息，以实现你的金融目标。

小　结

本章讨论了长期债券的一般特征。债券发行条款包括息票利率和到期日。每只债券都指定了一个受托人，负责保护个人投资者的权利。债券投资的风险源于价格波动和通货膨胀，以及利息和本金偿付违约的可能性。为了帮助投资者，几家公司建立了评级服务机构，根据风险对债券进行分类。

购买债券的机制非常类似于购买股票的机制。然而，尽管股票是通过经纪公司购买的，但某些债务工具（例如，联邦政府证券）可以通过银行购买。

债券可以通过多种方式清偿。有些债券是以系列债券的形式发行的，每年都有特定金额的债券到期。还有些债券有偿债基金，用于在到期前偿还部分债券。对于某些债券而言，公司有权在到期前赎回债券。债务人也可以要求在债券到期前从投资者手中赎回债券。由于债权人和关心利息支付一样关心本金的收回，因此公司或政府清偿债务的能力是确定债券投资风险的最重要的因素之一。

问　题

1. 下列各项的区别是什么？

a）契约和受托人。

b）息票利率和当期利率。

c）信用债券和担保债券。

d）偿债基金和赎回特征。

e）抵押贷款型债券和设备信托凭证。

f）系列债券和长期债券。

g）零息债券和附息债券。

h）高收益债券和投资级债券。

2. 利率和距离到期日的时间长度的关系是什么？图 13.1 至图 13.3 给出了美国国债的各种收益率曲线。美国国债的当期收益率曲线是哪条？你可以从下列网站找到本题的答案：彭博社［www. bloomberg. com 的“市场数据：利率与债券”（Market Data：Rates & Bonds）栏目］或 TreasuryDirect（www. treasurydirect. gov 的数据访问栏目）。

3. 尽管债券是债务，但投资债券也有风险。风险来源有哪些？评级服务机构在管理风险中的作用是什么？

4. 你如何购买公开交易的债券？

5. 当你购买债券时，为何必须支付应计利息？

6. 赎回罚款保护的对象是谁？保护其免受何种风险？为什么许多公司都选择在到期前清偿债务？你预期可赎回债券的息票利率高于还是低于不可赎回债券？

关系题

1. 正收益率曲线表示距到期的时间越长，收益率将____。

2. 通货膨胀率增加将____利息支付的购买力。

3. 信用评级从 BBB 级变为 A 级表示风险____。

4. 如果债券有担保（即有担保品的支持），风险将____。

5. 次级债券与风险____有关。

6. 随着时间的流逝，债券的应计利息将____。

7. 如果利率下降，可变利率债券支付的利息将____，固定利率债券支付的利率将____。

8. 欧元的美元成本增加将____欧洲债券支付的利息。

9. 债券利差（买卖价差）增大将____投资者获得的收益率。

10. 如果某家公司以折价回购了未清偿债务，其利润将____。

习 题

1. 贝尔公司（Bell Corp.）发行了具有下列特征的债券：

本金（美元）	1 000
利率（%）	0
期限（年）	5

可比债券的当期利率为7%，因此债券的最初售价为713美元。在接下来的5年中，每年债券的应计利息是多少？

2. 你以9 180美元加上156美元应计利息的价格购买了利率为6%的10 000美元债券，总支出为9 336美元。然后，你收到了300美元的利息。你适用的所得税税率为20%。你的这笔利息应缴纳多少税？

3. 你以9 180美元加上156美元应计利息的价格卖出了一只利率为6%、票面价值为10 000美元的债券，总售价为9 336美元。很快该公司支付了300美元的利息。你适用的所得税税率为20%。

a）你获得的利息应缴纳多少所得税？

b）请比较第2题和第3题的答案。为何它们有所不同？

4. 莫莉事务公司（Molly Matters Inc.）发行了1 000美元的分息债券，7年后到期。利息为每年80美元（8%），自发行三年后开始支付。债券最初以794美元的折价发售。

a）你适用的所得税税率为30%，并购买了这只债券。利息每年应缴纳的税款是多少？

b）你适用的所得税税率为30%，并在个人退休账户中购买了这只债券。利息每年应缴纳的税款是多少？

理财顾问的投资案例

作为可行投资工具的公司债券

新泽西州索尔兰山（Sourland Mountain）投资俱乐部最近请你就公司债券投资讲一次课。俱乐部会员之前只投资过公司股票，但几位会员表示出对通过投资债券分散化投资组合感兴趣。尽管你并不经常讲课，但你认为这是一个难得的机会，你可以将你的理财规划服务介绍给潜在客户。

由于你不了解这个俱乐部会员的背景和他们对讲座的预期，因此你建议他们发给你几个问题，作为一般讨论的开场。你收到了如下问题：

1. 公司股票投资和公司债券投资的主要不同是什么？

2. 由于债券支付利息，这是否意味着债券投资者的风险敞口小于股票投资者的风险敞口？

3. 购买债券的机制是什么？投资者可以将债券交给他的经纪人管理吗？

4. 既然债券有到期日，这是否意味着投资者要持有债券至到期？

5. 投资者能期望获得比股票收益率更高的公司债券收益率吗？

6. 对于一个投资俱乐部或其会员来说，高收益证券是一项可接受的投资吗？

这些问题显然涵盖了进行债券投资时需要考虑的许多方面。你认为，如果你说明债券投资是递延纳税退休账户的一部分，或者是实现分散化的一种方法，那么会改进你的讲稿，于是你提出了以下附加问题：

7. 从税收角度看，投资者应该在退休账户中选择何种投资，公司股票还是公司债券？

8. 如果个人投资者持有股票并购买了同一家公司发行的债券，那么这笔购买分散化了投资者的投资组合吗？

9. 个人投资者如何构建分散化的债券组合？投资者如何用债券来分散化总体投资组合？

附录 13　利率期限结构

利率和距离到期日时间长度的关系通常被称为利率期限结构。在历史上的多数时期，距离到期日的期限越长，利率就越高（例如，参见图 13.1 中的收益率）。对这种关系可以解释为，投资者有流动性偏好。为了促使这些投资者进行更长期的投资，利率必须更高，以弥补他们的流动性损失。

这个解释很有说服力，但也存在短期利率高于长期利率的时期。这导致了另一种对收益率结构的解释，这种解释建立在投资者对未来利率预期的基础上。这种预期理论认为，长期利率是当前短期利率和预期未来短期利率的平均值。

考虑一个面临着下列两种投资选择的投资者：

1 年期债券利率（%）	6
2 年期债券利率（%）	8

如果投资者购买了 2 年期债券，那么收益率被锁定为 2 年。然而，如果投资者购买了 1 年期债券，那么当债券到期时就必须对所得进行再投资。他希望使下列两种投资选择获得相同的收益率：(1) 1 年期债券和另一只 1 年期债券的组合；(2) 2 年期债券。因此，在这二者间的选择取决于 1 年期债券的预期未来利率将是多少。

为了让两种投资在两年中产生相同的收益率，当 1 年期债券到期时，再投资的资金在第二年必须获得 10%的收益率。在两种情况下，平均收益率均为 8%。2 年期债券的收益率等于收益率为 6%和收益率为 10%的 1 年期债券组合的收益率。

然而，假设投资者预期未来的 1 年期债券利率将为 12%。如果购买了当前的 1 年期债券，那么投资者在债券到期时可以对资金进行再投资，并在 1 年中获得 12%的收益率。两年的平均收益率为 9%，高于 2 年期债券 8%的年收益率。显然，两只 1 年期债券更好。然而，如果投资者预期未来 1 年期债券利率将为 9%，那么两年的平均年收益率就为 7.5%，这低于 2 年期债券获得的8%的年收益率。

尽管投资者可以在1年期债券和2年期债券之间选择，但整体上看并不是这样。投资者在整体上不能通过卖出一只债券、购买另一只债券改变其投资组合。这种改变投资组合的努力会改变债券的价格和收益率。如果所有投资者都预期未来的1年期债券利率为12%，那么他们会试图卖出2年期债券。其影响是推高收益率。可能出现的1年期债券和2年期债券的收益率为：

1年期债券收益率（%）	8
2年期债券收益率（%）	10

在这种情况下，两只1年期债券的平均收益率为10%（一年的收益率为8%，另一年的收益率为12%）。2年期债券的平均收益率为10%。由于两种投资选择（在给定风险水平下）的平均收益率相同，因此未来利率升高的预期要求收益率曲线的斜率为正。如果投资者预期下一年的1年期债券利率将为12%，且2年期债券支付10%的利率，那么现在1年期债券的利率必须为8%。在8%的利率水平上，两种投资选择的平均收益率均为10%。如果1年期债券的当期利率为8%，且2年期债券支付12%的利率，那么收益率和距离到期日的时间之间就存在正向关系。

然而，如果投资者预期未来的1年期利率为7%，而2年期债券支付10%的年利率，那么当前的1年期利率必须为13%。只有当当期利率为13%时，该利率与预期未来1年期利率7%的组合才等于2年期债券提供的平均年收益率。如果当前的1年期债券利率为13%，那么当前的收益率期限结构为负。1年期债券提供了13%的利率，2年期债券提供了10%的利率，这表明收益率和距到期的时间之间存在负向关系。因此，预期未来利率降低，要求现在的收益率曲线斜率为负。

除了流动性偏好和收益率期限结构的预期理论以外，还有第三种解释。这种理论被称为市场分割理论。该理论认为，收益率取决于金融市场不同板块对信贷的供求。例如，假设资金将从储蓄与贷款协会和其他储蓄机构流向货币市场共同基金。由于储蓄与贷款协会发放抵押贷款，但货币市场共同基金只发放短期贷款，而不是抵押贷款，因此两个市场的信贷供给有变化。抵押贷款的供给减少了，而对这些贷款收取的利率提高了。同时，短期信贷的供给增加了，这趋向于降低短期利率。因此，收益率结构取决于不同经济部门的信贷供求。资金从一个部门流向另一个部门改变了这种信贷供给，导致收益率（即利率期限结构）发生变化。资金从发放短期贷款的金融机构流向发放长期贷款的金融机构，这将导致收益率曲线具有负斜率。

关于这三种理论哪种正确尚没有一致意见。每种理论都有吸引人之处，但没有充足的实证证据表明收益率结构仅由三种理论中的一种解释。稳妥的做法可能是假设三种理论在利率期限结构决定中都起到了某些作用。①

① 本附录中的预期理论的例子时期为2年。它可以推广至更长时期，使当前的收益率结构反映未来3年、4年、5年甚至更长时期的预期短期利率。关于预期理论更全面的解释，参见金融机构提供的信息或货币银行学专著，例如，David S. Kidwell, David W. Blackwell, David A. Whidbee, and Richard W. Sias, *Financial Institutions, Markets, and Money*, 11th ed.（New York：Wiley, 2011）。

第十四章

固定收益证券估值

学习目标

学习完本章后，你应能：

1. 确定债券的价格。
2. 分离出影响债券价格的因素。
3. 说明利率变化和债券价格的关系。
4. 区别当期收益率、到期收益率和赎回收益率。
5. 说明如何用折价债券为个人退休后的生活融资。
6. 说明已获利息的再投资如何影响投资者的实际收益率。
7. 说明债券的久期与价格波动性的关系。
8. 区别债券投资组合管理的积极策略和消极策略。
9. 比较并对比债券和优先股。

2015 年 1 月，一只 10 年期、1 000 美元的联邦政府债券的售价为 1 525 美元。一只 15 年期、1 000 美元的联邦政府债券的售价为 1 528 美元。一只 IBM 发行的 1 000 美元债券的售价为 1 286 美元。为什么有人愿意为 1 000 美元的债券支付这么高的价格？这些投资者在债券到期时只能得到 1 000 美元。他们本可以用 1 000 美元购买另一只面值为 1 000 美元的联邦政府债券。

正如你从前一章所学到的，公司会发行各种债务工具，将其卖给公众。这些债券存在着活跃的二级市场。既然债券是每天交易的，那么什么决定了它们的价格？为什么有些债券的交易价格高于 1 000 美元，而有些债券的交易价格低于 1 000 美元？哪些债券的价格波动性更高？有些重要问题是关于固定收益证券——尤其是债券——投资的。

尽管存在着各种各样的债务工具，但每种都有特定的名称和特征，在本章中，债券代表所有类型的债务工具。正如本章将要详细说明的，可比债券是以相同的收益率被定价的。重要的是你获得的金额，而不是支付的金额。（给定风险类别的）债券的价格主要与以下因素有关：(1) 债券支付的利息；(2) 投资者在可比竞争性债券上可能获得的利率；(3) 到期日。在介绍完债券定价之后，本章讨论了收益率一词的不同用途，包括当期收益率、到期收益率和赎回收益率。

在介绍了债券定价和收益率之后，本章讨论了优先股的定价。优先股支付固定股利，这类似于债券支付的固定利息。因此，优先股的定价基本上与债券的定价相同。

本章剩下的部分分析了与债券投资相关的风险。该部分先讨论了风险及其对收益率的影响。接下来讨论了再投资利率风险的影响。在计算债券的到期收益率时，假设利息以债券的到期收益率进行再投资。这一假设很少成立，而债券的久期是管理这种风险的一种方法。本章最后介绍了其他方法，包括为降低债券投资组合的利率风险而设计的阶梯式策略和匹配策略。

永续证券

有些证券的期限是无限的。一家公司及其普通股可能存在许多个世纪。许多优先股没有到期日，而是永续的。甚至有些债券也是永续的。发行人永远不用清偿本金，只需支付利息并履行债券契约中的其他条款。英国政府发行过叫作统一公债的永续债券，为支持拿破仑战争而举借的债务进行再融资（即合并）。这些债券永远不会到期，但它们会支付利息，而且它们还存在活跃的二级市场。

尽管很少有永续债券，但它们有利于说明债务工具的定价。债券定价基本上与普通股定价相同：未来现金流入被贴现回现在。贴现率为投资者在可比证券上能获得的收益率。（也就是说，永续利息以相同风险程度的债券支付的当期利率贴现回现在。）以一只每年支付下列利息的永续债券为例：

单位：美元

第1年	第2年	……	第20年	……	第100年	……	第1 000年	……
80	80		80		80		80	

这些利息现在价值多少？为了回答这个问题，投资者必须知道不同投资可能获得的利率。如果投资者在别的投资上能获得10%的利率，那么价格（P）的现值为：

$$
\begin{aligned}
P &= \frac{80}{(1+0.10)^1}+\frac{80}{(1+0.10)^2}+\cdots+\frac{80}{(1+0.10)^{20}}+\cdots+\frac{80}{(1+0.10)^{100}} \\
&\quad +\cdots+\frac{80}{(1+0.10)^{1\,000}} \\
&= 80\times0.909+80\times0.826+\cdots+80\times0.149+\cdots+80\times0.000 \\
&\quad +\cdots+80\times0.000 \\
&= 72.72+66.08+\cdots+11.92+\cdots+0 \\
&= 800\text{（美元）}
\end{aligned}
$$

最近收到的80美元利息对债券现值的贡献最大。在遥远的未来收到的利息的当期价值微乎其微。所有这些现值之和为800美元，这意味着如果其他投资的收益率为10%，那么投资者将愿意支付800美元，以换取在无限的未来中每年得到80美元的承诺。

我们可以用更正式的形式来表述这种收入。如果PMT为年利息，i为可比投资获得的收益率，那么现值为：

$$P=\frac{PMT}{(1+i)^1}+\frac{PMT}{(1+i)^2}+\frac{PMT}{(1+i)^3}+\cdots$$

这是一个几何序列，它的和可以表示为：

$$P=\frac{PMT}{i} \tag{14.1}$$

式（14.1）给出了无限等额利息支付流的当期价值。如果将该等式用于前面的年利息等于80美元且其他投资能获得10%利率的例子，那么债券的现值应为：

$$P=\frac{80}{0.10}=800(\text{美元})$$

如果其他投资的市场利率增加到20%，那么这笔永续利息的价值将会下降；如果市场利率跌至8%，那么债券价值将上升。之所以会发生这些变化，是因为债券支付了固定收入流，也就是说，债券支付的利息金额是固定的。利率降低意味着需要更多资金来购买这笔固定利息支付流；而利率升高意味着购买这笔固定收入流需要的资金减少了。

表14.1说明了利率和债券价格的逆向关系，这表示上述永续债券在不同利率下的价值。如表所示，当期市场利率上升时，债券的现值下降。因此，如果利率为8%，现值为1 000美元，那么该债券的价值将在利率升至20%时降至400美元。

表14.1　利率与永续债券价格之间的关系

当期利率（i，%）	债券支付的年利息（PMT，美元）	债券的当期价格 $\left(P=\frac{PMT}{i}\text{，美元}\right)$
4	80	2 000
6	80	1 333
8	80	1 000
10	80	800
15	80	533
20	80	400

一个简单的例子可以说明为何债券价格和利率之间存在这种逆向关系。假设两个投资者要卖出两只不同的债券。第一只债券是每年支付100美元利息的永续债券。第二只债券也是永续债券，但每年支付120美元的利息。如果每只债券的售价都是1 000美元，那么哪只债券更好？如果它们除了利息以外的各方面都相同，那么买方将偏好支付120美元利息的第二只债券。那么第一只债券的卖方如何能让债券对买方更具吸引力？显而易见的答案是，降低卖价，使两只债券的买方得到的收益率相同。因此，如果卖方对每年支付100美元的债券只要求833美元的卖价，那么买方购买哪只债券就无所谓了。两只债券提供的收益率都为12%（即第一只债券为100÷833，第二只债券为120÷1 000）。

有到期日的债券

多数债券不是永续的，而是有限期的。它们会到期，这实际上必定会影响其价值。债券价格不仅与其支付的利息有关，还与其面值（即本金）有关。债券的当期价格等于利息的现值加上到期时收到的本金的现值。尽管多数债券都是半年付息一次，但初始讨论使用了年复利，以方便说明。后面将说明半年复利一次的情况。一些债券每季度付息一次，还有每月付息的债券。

有限期的债券的价值是其现金流（利息和本金偿付）的现值。式（14.2）用第三章中讨论过的现值公式表示该价值。债券价值为：

$$P_B=\frac{PMT}{(1+i)^1}+\frac{PMT}{(1+i)^2}+\cdots+\frac{PMT}{(1+i)^n}+\frac{FV}{(1+i)^n} \tag{14.2}$$

式中，P_B 为债券的当期价格；PMT 为支付的利息；n 为距离到期日的年数；FV 为终值或本金偿付；i 为当期利率。

一个简单的例子可以说明如何用式（14.2）计算债券价格。一家公司有 1 000 美元的未清偿债券，将在 3 年后到期，息票利率为 10%（年利息为 100 美元）。确定债券价格所需要的全部信息就是当期利率，这是距离到期日时间长度相同、风险程度也相同的新发行可比债券支付的利率。如果可比债券的收益率为 10%，那么该债券的价格将等于面值，即 1 000 美元：

$$\begin{aligned}P_B&=\frac{100}{(1+0.10)^1}+\frac{100}{(1+0.10)^2}+\frac{100}{(1+0.10)^3}+\frac{1\,000}{(1+0.10)^3}\\&=100\times0.909+100\times0.826+100\times0.751+1\,000\times0.751\\&=999.60\approx1\,000\text{（美元）}\end{aligned}$$

如果可比债券的收益率为 12%，那么该债券对投资者就不具吸引力。当他们能以相同价格购买收益率为 12%的可比债券时，就不会支付 1 000 美元购买收益率为 10%的债券。这只债券要想与其他债券竞争，其价格必须降到足够低，使收益率等于 12%。在式（14.2）中，债券价格必须为：

$$\begin{aligned}P_B&=\frac{100}{(1+0.12)^1}+\frac{100}{(1+0.12)^2}+\frac{100}{(1+0.12)^3}+\frac{1\,000}{(1+0.12)^3}\\&=100\times0.893+100\times0.797+100\times0.712+1\,000\times0.712\\&=952.20\text{（美元）}\end{aligned}$$

债券价格必须降到 952 美元左右；也就是说，债券必须以**折价**（discount，低于票面本金的价格）出售，以使该债券可以与可比债券竞争。在该价格上，投资者将在 3 年内获得每年 100 美元的利息和近 50 美元的资本收益，他们的年收益率总计为 12%。之所以会有资本收益，是因为债券买价为 952.20 美元，但当债券到期时，债券持有者将得到 1 000 美元。

如果可比债券的收益率为 8%，那么上例中的债券价格必定会上升。在这种情况下，债券价格应为：

$$\begin{aligned}P_B&=\frac{100}{(1+0.08)^1}+\frac{100}{(1+0.08)^2}+\frac{100}{(1+0.08)^3}+\frac{1\,000}{(1+0.08)^3}\\&=100\times0.926+100\times0.857+100\times0.794+1\,000\times0.794\\&=1\,051.70\text{（美元）}\end{aligned}$$

因此，债券必然以**溢价**（premium，高于票面本金的价格）出售。尽管以溢价卖出债券似乎是难以置信的，但如果市场利率跌到债券的息票利率以下，就必然会发生这种情况。

[正文中的答案与使用财务计算器算出的答案稍有不同。差异是四舍五入的结果。例如，在利率表中，$1/(1+0.08)^1$ 和 $1/(1+0.12)^1$ 的数值只保留三位小数（分别为 0.893 和 0.926），而财务计算器对数字保留更多位小数。]

计算价格的公式很长，但如果你意识到债券价格由两个部分——利息支付和最终的本金偿付——组成，那么就可以减少计算量。由于利息是固定的且是每年支付的，因此可以被当作年金。本金偿付可以被当作一笔简单的一次性支付。如果 1 000 美元的债券每年支付 100 美元的利息且在 3 年后到期，那么它的当期价值就是为期 3 年的 100 美元年金的现值和 3 年后收到的 1 000 美元的现值。如果利率为 12%，那么债券的当期价值为：

$$P_B = 100 \times 2.402 + 1\,000 \times 0.712 = 952.20\text{（美元）}$$

其中，2.402 是当利率为 12%、期限为 3 年时，1 美元年金现值的利息系数，0.712 是当利率为 12%、期限为 3 年时，1 美元现值的利息系数。这与前面得出的答案相同（除了四舍五入误差以外），但算式数量减少了。

这些例子说明了一个一般性结论，它与前面关于债券价格和利率变化的分析结论相同，即债券价格和利率变化是逆向相关的。当当期利率升高时，现有债券的价格下降；当市场利率下降时，债券价格上升。表 14.2 说明了这种关系。该表给出了息票利率为 10%、在 3 年后到期的 1 000 美元债券在不同利率下的价格。如表所示，利率升高压低了债券的当期价值。因此，当利率从 10%升高到 12%时，债券价格从 1 000 美元降至 951.96 美元；当利率下降到 8%时，债券价格升至 1 051.54 美元。（本章后面将介绍影响债券价格变化大小的因素。）

债券价格和利率之间的逆向关系显示出一种在债券市场上赚钱的方法。投资者只需知道利率的未来变化方向。如果投资者预期利率下降，他们就会预期之前发行的距离到期日时间和风险确定的债券价格将上升。这种价格上升必然会发生，以使之前发行的债券和当前发行的债券收益率相等。反之也成立，如果投资者预期利率上升，那么他们也将预期当前可得的债券价格下降。这种价格下降必然会发生，以使之前发行的债券和当期发行的债券有相等的收益率。因此，如果投资者能预期利率的变化方向，那么他们也能预期债券价格的变化方向。

表 14.2　利率与 3 年后到期、息票利率为 10%、面值为 1 000 美元的债券的关系

当期利率（%）	债券的当期价格（美元）
4	1 166.51
6	1 106.92
8	1 051.54
10	1 000.00
12	951.96
14	907.13
18	826.06
20	789.35

然而，投资者的预期可能错误，因而在债券市场上遭受损失。如果他们买入债券且利率上升，那么这些债券的市场价值必然下降，投资者将遭受资本亏损。然而，这些人也获得了某些好处：债券最终必须被清偿。由于本金必须被清偿，因此当债券临近到期、债券价格上升时，在债券市场上犯的投资错误可能被纠正。资本亏损最终将被消除。然而，对错误的纠正可能要经历许多年，在这段时间内投资者已经损失了在初始投资后发行的债券可以获得的更高的收益率。

半年复利

式（14.2）给出的有限期债券估值公式具有一定的误导性，因为多数债券都是每年付息两次（即半年付息一次），而该式假设每年只付息一次。不过，可以方便地对式（14.2）进行修改，以考虑半年复利一次（甚至是季度复利一次或周复利一次）的情况。通过调整每笔支付的金额和支付的总次数，可以做到这一点。为了对前面的例子进行调整，如果每半年付息一次，那么每笔利息支付将为50美元，而且债券不是支付三笔年利息，而是总计支付六笔利息，每半年付息一次，每次支付50美元。因此，该债券的支付流为：

单位：美元

第1年		第2年		第3年		
50	50	50	50	50	50	1 000

这笔支付流将被贴现回现在，以确定债券的当前价值。然后问题就来了，合适的贴现系数是多少？

如果可比债券的收益率为12%，那么合适的贴现系数就不是12%，而是每期6%。每年付息两次，每笔利率为6%，半年复利一次的债券年收益率为12%。因此，为了确定该债券的现值，可比利率被分为两半（正如年利息被分为两半一样）。然而，利率为6%的半年期利息支付次数加倍了（正如支付次数加倍一样）。因此，这只每年付息两次（半年复利一次）的债券的当期价值为：

$$
\begin{aligned}
P_B &= \frac{50}{(1+0.06)^1}+\frac{50}{(1+0.06)^2}+\frac{50}{(1+0.06)^3}+\frac{50}{(1+0.06)^4}+\frac{50}{(1+0.06)^5} \\
&\quad +\frac{50}{(1+0.06)^6}+\frac{1\,000}{(1+0.06)^6} \\
&= 50\times 0.943+50\times 0.890+50\times 0.840+50\times 0.792 \\
&\quad +50\times 0.747+50\times 0.705+1\,000\times 0.705 \\
&= 47.15+44.50+42.00+39.60+37.35+35.25+705 \\
&= 950.85\text{（美元）}
\end{aligned}
$$

当半年复利一次时，债券的当期价值会稍微降低（即从952.20美元降到950.85美元）。这是因为债券价格必须下降得更多，以弥补更频繁的复利。与每年付息一次、每次支付100美元利息的债券相比，投资者更喜欢每年付息两次、每次支付50美元利息的债券，因为投资者可以更快地使用部分资金。因此，如果利率上升，将导致债券价格下降，如果债券半年付息一次而不是每年付息一次，那么债券价格会下降得更多。

可以对式（14.2）进行修改，以考虑半年复利的情况。式（14.3）为修改后的公式，式中只加入了一个新变量 c，它表示复利的频率（即每年的付息次数）。

$$
P_B=\frac{\frac{PMT}{c}}{\left(1+\frac{i}{c}\right)^1}+\frac{\frac{PMT}{c}}{\left(1+\frac{i}{c}\right)^2}+\cdots+\frac{\frac{PMT}{c}}{\left(1+\frac{i}{c}\right)^{n\times c}}+\frac{FV}{\left(1+\frac{i}{c}\right)^{n\times c}} \tag{14.3}
$$

将式（14.3）用于之前的例子，则债券价格为：

$$
\begin{aligned}
P_B &= \frac{\frac{100}{2}}{\left(1+\frac{0.12}{2}\right)^1}+\frac{\frac{100}{2}}{\left(1+\frac{0.12}{2}\right)^2}+\cdots+\frac{\frac{100}{2}}{\left(1+\frac{0.12}{2}\right)^{3\times 2}}+\frac{1\,000}{\left(1+\frac{0.12}{2}\right)^{3\times 2}} \\
&= 50\times 0.943+50\times 0.890+\cdots+50\times 0.705+1\,000\times 0.705 \\
&= 950.85\text{（美元）}
\end{aligned}
$$

这与前面的例子得出的答案相同。

债券价格的波动

正如前面的例子所说明的，债券价格取决于支付的利息、债券的到期日和可比证券获得的当期收益率。这个例子还证明，当利率升高时，债券价格下降；当利率下降时，债券价格上升。

价格波动的大小取决于：(1) 债券支付的利息金额；(2) 距离到期日的时间长度；(3) 风险。利息金额越低，相对价格波动往往越大。期限越长，或距离到期日的时间越长，价格波动越大。风险越高的债券，价格波动也可能越大。

本节讨论的是影响价格波动的前两个因素，利息金额和距到期的时间。后面将分析风险的影响。下面的例子可以说明利息金额和距到期的时间的影响。在情况 1 下，考虑两只期限相同（即距离到期日均为 10 年）但息票利率不同的债券。债券 A 每年支付 80 美元（息票利率为 8%），债券 B 每年支付 140 美元（息票利率为 14%）。表 14.3 给出了每只债券在不同利率下的价格。例如，如果利率从 10%升至 14%，那么债券 A 的价格就从 877 美元降至 687 美元。债券 B 的价格从 1 246 美元降至 1 000 美元。降幅分别是 22%和 20%。如果利率继续上升，那么债券价格将进一步下降。当利率为 20%时，债券价格分别为 497 美元和 748 美元。息票利率较低的债券价格下降的百分比较高。（极端情况是债券价格只取决于本金偿付的零息债券。）

距离到期日的时间长度也会影响债券价格的波动。考虑表 14.3 的情况 2 中的两只债券。两只债券每年都支付 100 美元的利息（息票利率为 10%），但债券 A 在 1 年后到期，债券 B 在 10 年后到期。如果利率为 10%，那么每只债券都以其本金价值（1 000 美元）出售。如果利率升至 12%，那么债券价格将降至 982 美元和 887 美元。然而，债券 A 较短的期限缓冲了利率变化的影响。在利率为 20%的极端情况下，债券 A 的价格只下降到 917 美元，而债券 B 的价格下降至 581 美元。

表 14.3　债券价格的波动

情况 1：息票利率不同、到期日相同		
	价格（美元）	
当期利率（%）	债券 A（息票利率为 8%、10 年后到期）	债券 B（息票利率为 14%、10 年后到期）
4	1 324	1 811
6	1 147	1 589
8	1 000	1 403
10	877	1 246
12	774	1 113
14	687	1 000
16	613	903
18	551	820
20	497	748

情况 2：到期日不同、息票利率相同		
	价格（美元）	
当期利率（%）	债券 A（息票利率为 10%、1 年后到期）	债券 B（息票利率为 10%、10 年后到期）
4	1 058	1 487
6	1 038	1 294
8	1 018	1 134
10	1 000	1 000
12	982	887
14	965	791
16	948	710
18	932	640
20	917	581

如果利率下降，那么两只债券的价格都会上升，但期限长的债券价格上升较多。出于这个原因，预期利率下降的投资者更喜欢期限长的债券，但既关心利息收入又关心本金安全的投资者更喜欢短期债券。这些投资者将接受较低的利息收入，以换取安全性和流动性。当然，这种投资的极端形式是货币市场共同基金，在这种共同基金中，投资者只进行短期投资（例如，商业票据和国库券），因为这种投资提供了长期债券投资无法获得的流动性。

对非传统债券进行估值

在前面的估值例子中，所有债券都是每年付息一次，在到期日清偿。在上一章中，债券特征不仅限于固定支付和到期日。例如，零息债券产生应计利息，但并不分配利息。高收益证券（例如，分息债券、重置债券和可展期债券）拥有不同于传统债券的特征。

尽管债券可能有不同特征，但它们的估值方法是相同的，那就是计算未来现金流的现值。例如，投资者会为一只面值为 1 000 美元、10 年后到期的零息债券支付多少钱？答案一定是 1 000 美元的现值，也就是未来现金流的现值。如果投资者要求 7%的收益率，那么该价值为：

$$P_B=\frac{1\ 000}{(1+0.07)^{10}}=1\ 000\times 0.508=508\text{（美元）}$$

如果必要收益率为 10%，那么债券价值将为 1 000×0.386＝386（美元）。

分息债券和重置债券的估值方法基本上相同。考虑前一章中用来说明分息债券的澎泉公司债券。该债券在前 4 年中支付 0 美元利息，在接下来的 6 年中每年支付 115 美元利息，并在 10 年后到期。如果必要收益率为 15%，那么投资者将支付多少利息？答案为：

115×收益率为 15%、期限为 6 年时的年金现值×收益率为 15%、期限为 4 年时 1 美元的现值
＋1 000×收益率为 15%、期限为 10 年时 1 美元的现值
＝115×3.785×0.572＋1 000×0.247
＝496（美元）

如果利率下降（或公司的财务状况改善），使可比利率变为 12%，那么债券价格将升至：

$$115 \times 4.111 \times 0.636 + 1\,000 \times 0.322 = 623\text{（美元）}$$

其增幅为25.6%。当然，相反的情况也成立：收益率升高将导致分息债券的价格下降。

零息债券和分息债券的估值与普通息票债券的估值基本没有区别，因为支付的金额和时间是已知的。对于重置债券和可展期债券，支付的金额和时间是未知的。利息支付和到期日都是可以变化的。尽管估值过程仍然是计算未来现金流入的现值，但投资者必须做出关于这些现金流入的假设。例如，对于可展期债券，投资者必须假设特定的偿还日。如果投资者预期债券到期日将被延长，那么将用较长的期限对债券进行估值。使用较短的期限将算出较高的债券价值，此时投资者支付的价格过高，而且如果债券展期，那么他能实现的收益率将降低。

优先股的估值

对优先股估值的过程基本与对债券定价的过程相同，因为优先股是固定收益证券。未来支付以合适的贴现率贴现回现在。如果优先股没有必要的偿债基金或赎回特征，那么可以被视为永续债券。固定股利（D）将继续无限增加。这些股利必须用新发行的优先股获得的收益率（k）贴现。这个计算优先股现值（P）的过程为：

$$P = \frac{D}{(1+k)^1} + \frac{D}{(1+k)^2} + \frac{D}{(1+k)^3} + \cdots$$

对于永续债券而言，该式可简化为：

$$P = \frac{D}{k}$$

这与用来给永续债券定价的式（14.1）相同。如果优先股支付4美元的年股利，且适合的贴现率为8%，那么优先股的现值为：

$$P = \frac{4}{(1+0.08)^1} + \frac{4}{(1+0.08)^2} + \frac{4}{(1+0.08)^3} + \cdots$$

$$= \frac{4}{0.08} = 50.00\text{（美元）}$$

如果投资者以50.00美元购买了该优先股，那么他的这笔投资预期能获得8%的收益率[50.00×0.08=4（美元）]。当然，在投资者卖出股票并根据资本损益调整这8%的收益率之前，实际投资收益率都是未知的。然而，优先股以当期价格出售时的股利收益率为8%。

如果优先股的期限有限，那么必须在计算股票价值时考虑这点。和长期债券估值一样，清偿优先股时偿付的金额必须被贴现为现值。因此，当优先股有限期时，估值公式将变为：

$$P = \frac{D}{(1+k)^1} + \frac{D}{(1+k)^2} + \cdots + \frac{D}{(1+k)^n} + \frac{S}{(1+k)^n}$$

式中，S表示在n年后清偿优先股时返还给股东的金额。

这与为有限期的债券估值的式（14.2）相同。如果20年后上例中的优先股以每股100美元的价格清偿，那么当期价值将为：

$$P = \frac{4}{(1+0.08)^1} + \cdots + \frac{4}{(1+0.08)^{20}} + \frac{100}{(1+0.08)^{20}}$$

$$= 4 \times 9.818 + 100 \times 0.215$$

$$= 60.77\text{（美元）}$$

式中，9.818 是当利率为 8%、期限为 20 年时，1 美元年金的现值系数，0.215 是当利率为 8% 时，20 年后收到的 1 美元的现值。非永续优先股的售价不是 50.00 美元，而是 60.77 美元。在 60.77 美元的价格上，收益率仍为 8%，但在这种情况下，收益率由 6.58%（=4÷60.77）的当期股利收益率和 20 年后清偿股票时股价从 60.77 美元升至 100 美元的资本收益率组成。

收益率

收益率这个词常被用于债券投资的场合。有三类投资者必须熟悉的重要收益率：当期收益率、到期收益率和赎回收益率。本节将区分这三种收益率。

当期收益率

当期收益率是投资者获得的年收益率。它的表达式很简单：

$$\frac{\text{年利息支付}}{\text{债券价格}} \tag{14.4}$$

之前讨论过的折价债券的息票利率为 10%。因此，当债券价格为 952 美元时，当期收益率为：

$$\frac{100}{952}=10.5\%$$

当期收益率很重要，因为它向投资者显示了投资将获得的当期收益。追求高当期收益的投资者更喜欢提供高当期收益率的债券。

然而，当期收益率可能会产生误导，因为它没有考虑持有债券至到期时可能产生的债券价格变化。显然，如果以折价购买债券，那么当债券临近到期时，债券价值必定会上升。如果以溢价购买债券，那么将会发生相反的情况，因为当临近到期时债券价格将下降。因此，投资者希望了解债券的到期收益率。

到期收益率

到期收益率考虑了债券产生的当期收益和持有债券至到期时的债券价格变化。如果前面提到的债券的买价为 952 美元，并被持有至到期，那么 3 年后，投资者将获得 12% 的收益率。这是到期收益率，因为该收益率不仅考虑了 10.5% 的当期利息收益率，还考虑了购买时价格为 952 美元的债券在到期时涨到 1 000 美元的价格升值。由于到期收益率既考虑了利息收入，又考虑了价格变化，因此它是衡量特定债券向投资者提供的收益率的更准确的指标。

到期收益率可以用式（14.2）计算。该式为：

$$P_B=\frac{PMT}{(1+i)^1}+\frac{PMT}{(1+i)^2}+\cdots+\frac{PMT}{(1+i)^n}+\frac{FV}{(1+i)^n}$$

到期收益率是对第十章中讨论的内部收益率的具体应用。式（14.2）只是对计算投资内部收益率的式（10.2）的重新表述。i 是具有相同期限、相同风险程度的新发行债券支付的当期利率。如果投资者购买了一只债券并持有至到期，那么新发行债券支付的收益率（i）也将为到期收益率。

计算息票利率、债券价格和到期日已知的债券的到期收益率并不容易，除非使用财务计算器。例如，如果债券售价为952美元，且投资者希望知道到期收益率，那么计算公式应为：

$$952=\frac{100}{(1+i)^1}+\frac{100}{(1+i)^2}+\frac{100}{(1+i)^3}+\frac{1\,000}{(1+i)^3}$$

解该式可能是一项令人望而却步的任务，因为不能用简单的算术方法计算出 i 的值。投资者要选择 i 的值并将其插入等式中。如果该值使公式的左侧和右侧相等，那么这个 i 值就是到期收益率。

如果这个值不能使公式两侧相等，那么就必须选择另一个值。这个过程将不断重复，直到找出使公式两侧相等的 i 值。显然，这会是一个漫长的过程。例如，假设投资者选择了14%并将其代入等式右侧。结果为：

$$\begin{aligned}P_B&=\frac{100}{(1+0.14)^1}+\frac{100}{(1+0.14)^2}+\frac{100}{(1+0.14)^3}+\frac{1\,000}{(1+0.14)^3}\\&=100\times2.321+1\,000\times0.675\\&=232.10+675\\&=907.10\text{（美元）}\end{aligned}$$

遗憾的是，907.10美元不等于952美元。这意味着选择的到期收益率太高，因此投资者选择了另一个较低的到期收益率。如果投资者选择了12%，那么：

$$\begin{aligned}P_B&=100\times2.402+1\,000\times0.712\\&=240.20+712\\&=952.20\text{（美元）}\end{aligned}$$

因此，12%为到期收益率（每年复利一次）。如果你算出的价格高于正确价格，那么到期收益率就太低，这时你应该选择一个较高的到期收益率。

使用财务计算器可以方便地计算到期收益率。在计算到期收益率时，输入每笔利息支付额（$PMT=100$）、未来本金偿还额（$FV=1\,000$）、距到期的时间（$N=3$）、当期债券价格（$PV=-963.66$），并让计算器算出利率（I）。（现值应输入为负值，因为计算器的程序把价格视为现金流出，把利息和本金偿付视为现金流入。）在输入这些数字后，计算器将算出利率——或到期收益率——为11.50%。这个程序比使用利率表的过程要简单得多。

如果债券每半年付息一次，则输入6个月期利息支付额（$PMT=50$）、本金偿付额（$FV=1\,000$）、债券期限（$N=6$）和当期债券价格（$PV=-963.66$）。让计算器算出利率（I）。计算器将算出到期收益率为每期5.73%或每半年复利的11.46%。注意，到期收益率较低，因为利息支付时间稍快（6个月后支付50美元，12个月后再支付50美元，而不是等到12个月后支付整笔100美元）。为了让收益率均等，每半年付息一次的债券将以稍低的价格（963美元而不是963.66美元）出售。由于每半年付息一次，因此你不必投资那么多钱就可以获得特定收益率（即11.5%），因此价格将较低。如果两只债券的价格相同（963.66美元），那么你对每半年付息一次的债券支付的价格就过高了，你的收益率将会降低（从11.5%降至11.46%）。

当期收益率与到期收益率的比较

只有当债券的售价等于本金或面值时，当期收益率才等于到期收益率。如果债券以折价出售，那么到期收益率将超过当期收益率。这可以用上例中的债券来说明。当债券以折价（例如，952美元）出售时，当期收益率仅为10.5%。然而，到期收益率为12%。因此，到期收益率将超过当期收益率。

如果债券以溢价出售，那么当期收益率将超过到期收益率。例如，如果债券售价为 1 052 美元，那么当期收益率为 9.5%（=100÷1 052），且到期收益率为 8%。在本例中，到期收益率较低，因为当债券价格从 1 052 美元降至到期时的 1 000 美元时，计算中包括了投资者必须承担的损失。

表 14.4 给出了年息票利率为 8%的 10 年期债券在不同价格下的当期收益率和到期收益率。如表所示，折价越大（或溢价越小），当期收益率和到期收益率就越高。例如，当债券售价为 850 美元时，到期收益率为 10.49%，但当价格降至 750 美元时，到期收益率将升至 12.52%。

表 14.4　年息票利率为 8%的 10 年期债券的当期收益率和到期收益率

债券价格（美元）	当期收益率（%）	到期收益率（%）
1 100	7.27	6.60
1 050	7.62	7.28
1 000	8.00	8.00
950	8.42	8.77
900	8.89	9.60
850	9.41	10.49
800	10.00	11.46
750	10.67	12.52

折价债券为投资者提供了有吸引力的理财规划机会。例如，现在 60 岁的人可以购买 5 年后到期的折价债券，为退休后的生活融资。该投资者可以购买多只在 5 年后、6 年后、7 年后……到期的债券。当投资者退休后，该投资组合将在债券到期时产生连续的资金流。

折价债券通常是利率升高的结果。如果利率下降，那么债券将以溢价出售，因此不能执行前面的策略。另一项类似的策略使用了零息债券，零息债券总是以折价出售。表 14.5 说明了这种策略，在该表中，投资者在 20×1—20×5 年需要资金，且购买了一系列零息债券。当总支出为 4 271 美元时，投资者将每 5 年得到 1 000 美元。

尽管例子中的两种策略类似，但也有不同。第一，正如前面所说明的，当利率变化时，高息票利率债券的价格波动较小，因此零息债券策略使投资者面临更高的价格波动性。只有当利率升高、投资者需要在到期日前卖出债券时，价格波动才有关系。第二，折价债券每年都支付部分利息，而零息债券不支付利息。如果投资者希望在债券到期日之前获得现金，那么折价债券可能是更好的选择。

表 14.5　部分美国零息国债（截至 2009 年 6 月）

息票利率（%）	到期年份	价格（每 1 000 美元面值，美元）	到期收益率（%）
0	20×1	944	1.56
0	20×2	907	2.09
0	20×3	836	2.80
0	20×4	821	2.95
0	20×5	763	3.43

资料来源：© Cengage Learning.

赎回收益率

某些债券永远不会到期，但会在到期前被清偿。在某些情况下，发行人将在到期前赎回并清偿债券。在另一些情况下，偿债基金会随机赎回部分债券并清偿这些债券。由于这些原因，**赎回收益率**（yield to call）这个指标可以更准确地估计被持有直至赎回的债券投资获得的实际收益率。

赎回收益率的计算方法与到期收益率相同，除了以下两项外：(1) 用预期赎回日代替到期日；(2) 用本金加上赎回罚金（如果有的话）代替本金。注意，这里使用的是预期赎回日。与已知的到期日不同，赎回日只能是预期的。

下例说明了如何计算赎回收益率。在 10 年后到期、支付 8%的年利率的债券现在的售价为 935.00 美元。到期收益率为 9%。然而，如果投资者认为公司或政府将在 5 年后赎回该债券，并对每 1 000 美元的债券支付 50 美元的罚金，以永久清偿债券，那么到期收益率（i_c）为：

$$935=\frac{80}{(1+i_c)^1}+\cdots+\frac{80}{(1+i_c)^5}+\frac{1\ 050}{(1+i_c)^5}$$

$$i_c=10.55\%$$

在本例中，赎回收益率高于到期收益率，因为：(1) 投资者获得了赎回罚金；(2) 本金被提前赎回，折价很快就消失了。因此，在折价债券中，如果债券被赎回并在到期前被清偿，那么投资者获得的实际收益率将超过到期收益率。

然而，如果该债券以溢价出售，例如，1 147 美元，到期收益率为 6%，且公司将在 5 年后赎回该债券，那么赎回收益率将为：

$$1\ 147=\frac{80}{(1+i_c)^1}+\cdots+\frac{80}{(1+i_c)^5}+\frac{1\ 050}{(1+i_c)^5}$$

$$i_c=5.46\%$$

该收益率低于 6%的预期到期收益率。提前赎回使投资者的收益率降低，因为溢价被摊到更少的年份中，这降低了投资收益率。如果投资者预期债券在 5 年后以 1 050 美元被赎回，且希望获得 6%的收益率，那么债券价格必须为 1 122 美元。

哪种情况更有可能发生？如果一家公司希望在到期前清偿以折价卖出的债券，那么购买债券而不是赎回债券就可能对其更有利。（参见上一章关于回购债券的部分。）通过这样做，公司可以避免缴纳赎回罚金，还可以按低于面值的价格购买债券。如果公司希望清偿以溢价出售的债券，那么赎回债券并缴纳罚金可能就是有利的。如果债券以高于面值加上赎回罚金的价格出售，那么这显然将是经过选择的行为。

投资者不应期望一家公司提前赎回以折价出售的债券。然而，如果利率下降，债券价格上升，那么公司可能会对债券进行再融资。该公司将以更低的（当期）利率发行新债券，并用发行收入清偿成本更高的旧债券。在这种情况下，与到期收益率相比，预期赎回收益率可能是债券提供的潜在收益率的更好指标。

上例还说明了赎回罚金的重要性。如果投资者购买了债券，并预期债券的到期收益率为 6%（即投资者支付 1 147 美元），且债券在 5 年后以本金（1 000 美元）赎回，那么投资收益率仅为 4.6%。尽管 50 美元的赎回罚金不足以补偿 6%的收益率，但投资者确实得到了 5.46%的收益率，这大大高于 4.6%的收益率。

风险与收益率波动

只有当股票投资者预期有足够的收益来补偿风险时，他们才会承担风险，而较高的预期收益率是促使他们承担更多风险的必要条件。这一原则也适用于购买债券的投资者。风险较高的债券必须提供更高的收益率，以吸引投资者。因此，最高信用评级的债券支付的收益率最低，而低信用评级则与高收益率相关。

由于利率会随着时间的推移而变化，因此所有债券的预期收益率也会变化。然而，风险更高的债券收益率往往波动性也更高。图 14.1 说明了这点，该图上面的曲线为 1980—2010 年穆迪 Baa 级债券的收益率，下面的曲线为这段时期穆迪 Aaa 级债券的收益率。在这一特定时期中，到期收益率发生了显著变化。在利率升高时期，低质量债券提供了较高的收益率，收益率之差也较高。例如，在 1982 年，收益率从 14.8%升至 14.9%，债券利差也升至 2.1%。

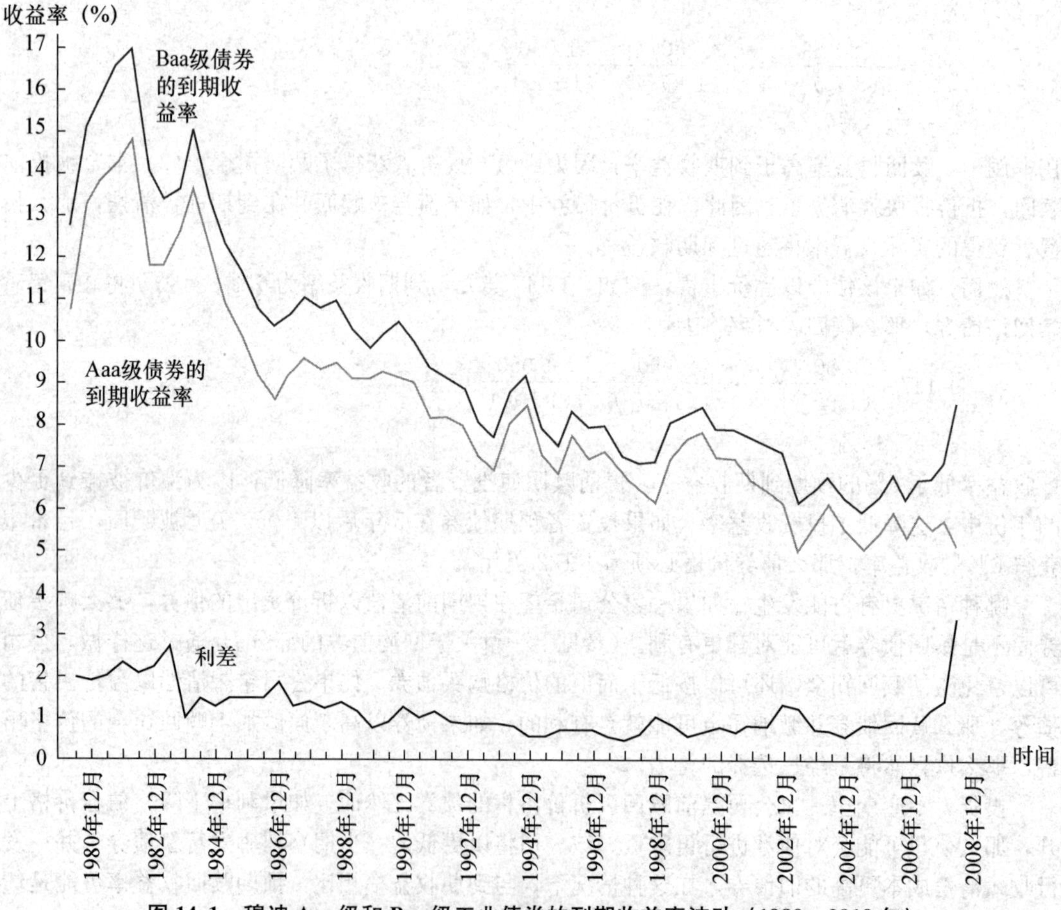

图 14.1　穆迪 Aaa 级和 Baa 级工业债券的到期收益率波动（1980—2010 年）

资料来源：1980—2010 年各期《穆迪债券记录》，各期《摩根特债券记录》。

在 1982 年以后，收益率和利差都有所下降。20 世纪 90 年代，穆迪 Aaa 级和 Baa 级工业债券的平均利差低于 1.0%（低于 100 个基点）。21 世纪初，利率下降了，但利差实际上增加了，到 2008 年年底，利差超过了 3%（超过 300 个基点）。在 2008 年的金融危机中，投资者从投资低质量债券转而投资高质量债券。(图 14.1 使用了平均收益率数据，其中有大量 Baa 级债券以远远高于平均收益率的收益率被出售的例子。例如，1 美元面值的 Aa2 级 AMBAC 信用债券的售价不到 0.50 美元，到期收益率超过 17.1%。显然，投资者不相信它的评级。这种不信任当然是有道理的。标准普尔随后降低了对它的评级，2010 年，AMBAC 宣布破产。）在金融危机后，利率再次下跌。2011—2014 年，AAA 级债券的收益率为 3.6%～4.6%。BBB 级债券的收益率为 4.7%～5.4%，因此两个收益率之差通常小于 1.0%。

风险变化

前面的章节说明，当利率变化时，债券价格会向相反方向波动。如果在债券发行后利率上升，那么债券将以折价出售，使价格调整到令到期收益率与当前发行的债券的到期收益率可比的水平。如果在债券发行后利率下跌，那么债券将以溢价出售，以使到期收益率再次与当期利率可比。

价格变化的大小取决于息票利率、债券期限和风险。息票利率越低，给定期限和风险水平下的债券价格波动越大。债券期限越长，给定息票利率和风险水平下的债券价格波动越大。对于给定的息票利率和到期日，风险越高的债券价格波动性越大。

债券的息票利率和到期日是在债券发行时确定的。然而，债券的违约风险会随着发行人财务状况的变化而变化。在发行债券时财务稳健的公司可能会在困难时期财务状况恶化。它们的信用评级会下降。也有些公司的财务状况可能会改善。当然，这些风险变化会影响未清偿债券的价值。

实际收益率和再投资假设

到期收益率有一个重要的假设，该假设回答了下列问题：在第一年、第二年和以后收到的利息有什么变化（即收取利息者将钱存起来还是再投资）？如果资金被再投资，那么它获得的收益率是多少？在计算到期收益率时，假设所有利息都以到期收益率进行再投资。这是一个极其重要的假设，因为如果没有以该收益率对利息进行再投资，那么就不会实现到期收益率。这还意味着当投资者购买债券时，到期收益率是一个预期收益率，而不一定是实际收益率，即使债券被持有至到期。[1] 债务人可以支付所有利息并在到期时赎回债券，但债券存续期中的收益率可能不同于投资者购买债券时预期的到期收益率。

再投资利率假设是复利和非复利的主要区别。如果投资者以平价购买了息票利率为 8%、面值为 1 000 美元的债券，并花掉了收到的利息，那么投资者将获得 8%的单利。然而，到期收益率假设收到的利息将以 8%的利率进行再投资（即以 8%计算复利）。如果资金没有被再投资，那么复利收益率将低于 8%的单利。

投资者获得的再投资利率可能高于或低于预期到期收益率。如果利率上升（且该债券的价格下降），那么投资者可以按现在更高的利率对利息进行再投资。在债券存续期内获得的收益

---

① 再投资假设还适用于赎回收益率，赎回收益率假设现金流入以赎回收益率进行再投资。所有时间价值计算方法都假设现金流入以贴现率或利率进行再投资。如果没有实现该再投资利率，那么为了解答特定问题而计算出的现值、终值、收益率或年数就是不准确的。

率将超过预期到期收益率。如果利率下跌（且该债券的价格上升），那么投资者只能以较低的利率对利息进行再投资。在债券存续期内获得的收益率将低于预期到期收益率。

或许，了解再投资利率假设重要性的最好方法就是用几个例子加以说明。在下列每个案例中，投资者都购买了利率为8%、面值为1 000美元、在10年后到期的息票债券。投资者希望将资金积累起来，也想知道10年后将得到的金额的大小。基本上，这个问题可以用如下形式重新表述：如果我以某个利率每年投资80美元，期限为10年，并在10年后收到1 000美元，那么我将攒到多少钱？最终金额将取决于每年获得的利率。这就是再投资利率。

案例1：所有利息都以8%的利率进行再投资

在这种情况下，终值将为80美元乘以1美元年金以8%的利率投资10年的终值利息系数。该笔年金的终值为：

80×14.487=1 158.96（美元）

该金额将与到期时收到的1 000美元本金相加，因此投资者在10年后总共获得2 158.96美元。

这笔初始成本为1 000美元，并增至2 158.96美元的投资的收益率是多少？这是1美元终值的问题：

1 000×(利率为i、期限为10年的利息系数)=2 158.96

1 000IF=2 158.96

IF=2.159

1美元终值的利息系数（IF）为2.159，这表示当利率为8%时，1 000美元将在10年后增至2 159美元。这笔投资在其存续期内的收益率（即到期收益率）为8%的预期收益率。

案例2：所有利息都以12%的利率进行再投资

假设在购买债券以后，利率立即升至12%。当然，现在债券将以折价出售，且投资者遭受了损失。但购买债券是为了获得一系列利息，投资者希望以当期利率对这些利息进行再投资。因此价值损失只是纸面上的亏损。债券没有被卖出，而亏损也没有实现。相反，现在投资者持有债券，并以更高的利率对利息进行再投资。这笔投资的收益率将是多少？该收益率是否将等于购买债券时预期的8%的到期收益率？

在这种情况下，利息的终值将为80美元乘以1美元年金在利率为12%、期限为10年时的终值之和的利息系数。该笔年金的终值为：

80×17.549=1 403.92（美元）

将该金额与到期时收到的1 000美元本金相加，于是投资者在10年后共收到2 403.92美元。

这笔初始成本为1 000美元并增至2 403.92美元的投资的收益率为多少？这还是一个1美元终值的问题：

1 000×(利率为i、期限为10年时的利息系数)=2 403.92

1 000IF=2 403.92

IF=2.404

利率表表明，2.404的利息系数意味着当利率为9%～10%（更准确地说，是9.17%）时，1 000美元在10年后将增至2 404美元。该笔投资在其存续期内的实际收益率（即实际到期收益率）将超过8%的预期收益率。因此，预期到期收益率为8%的债券投资者实际上获得了更高的收益率。即使利率上升，导致债券的市场价值下跌，债券存续期内的收益率也将超过预期的到期收益率。

案例3：所有利息都以5%的利率进行再投资

在这种情况下，利息的终值将为80美元乘以1美元年金以5%的利率投资10年的终值利息系数。该笔年金的终值为：

$$80\times 12.578=1\,006.24\text{（美元）}$$

该金额加上到期时收到的 1 000 美元本金，为 2 006.24 美元。

这笔初始成本为 1 000 美元并增至 2 006.24 美元的投资的收益率为多少？答案为：

$$1\,000\times(\text{利率为 } i\text{、期限为 10 年时的利息系数})=2\,006.24$$

$$1\,000IF=2\,006.24$$

$$IF=2.006$$

利息系数为 2.006，表示 1 000 美元以不到 8%的利率（更精确的值为 7.21%）在 10 年后增至 2 006 美元。即使利率下跌，债券价格最初上升，该债券投资的收益率也仅为 7.21%。实际收益率低于预期到期收益率（即 8%的预期到期收益率）。

图 14.2 比较了这三个例子，该图显示了初始的 1 000 美元以及以不同再投资利率进行的利息投资获得的终值。线 *OA*、线 *OB* 和线 *OC* 表示每笔投资分别以 12%、8%和 5%的利率再投资时的增长。图的右侧分别显示了对利息收入进行再投资获得的终值为 2 403.92 美元、2 158.96 美元和 2 006.24 美元。当然，在以最高的再投资利率进行再投资时，将出现最高的终值以及最高的实际收益率。

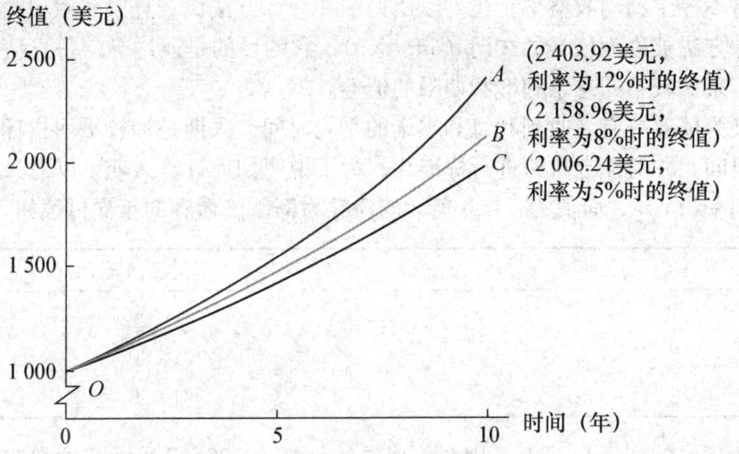

图 14.2 不同再投资利率下的终值

资料来源：© Cengage Learning.

实际上，几乎没有理由去预期投资者将获得的预期到期收益率。为了获得该收益率，利率必须保持不变，且投资者必须持有债券至到期。满足这些条件的可能性很小。利率基本上每天都会变化，而几乎没有债券在到期时还未被清偿。多数债券都会通过偿债基金清偿或被赎回。在任何一种情况下，都只有少数初始发行的债券在到期时仍未被清偿。

由于许多债券都在到期前被清偿，因此投资者可能只希望购买不可赎回的债券。有些债券将这种特征写入债券契约。它们不能在到期前被清偿，这样，这些债券的赎回时间就不存在不确定性了。由于消除了这种不确定性，因此这种债券往往会以较低的收益率出售。因此，投资者放弃了一些利息收入，购买了债券清偿时间的确定性。

即使投资者购买了不可赎回债券，也仍然存在与利率变化有关的不确定性。因此，这些不可赎回债券在存续期内的实际到期收益率可能不等于在购买债券时的预期到期收益率。不可赎回特征可能会降低一种风险，但不能消除所有与债券投资有关的风险。

只有一种债券能同时消除债券清偿时间和再投资利率的不确定性。这种债券就是不可赎回的零息债券。整笔债券的收益产生在到期时，且折价考虑了隐含利息的复利。这种债券提供了等于预期收益率的实际到期收益率。只要发行人不违约（即在到期日偿还本金），那么到期收益率就将为实际收益率。

久 期

息票利率相同、期限不同的债券的价格波动性可以基于时间进行比较。对于给定风险类别，距离到期日时间越长的债券价格波动性越大。期限相同但息票利率不同的债券可以基于利息进行比较。对于给定风险类别，息票利率越低的债券价格波动性越大。然而，债券可能有不同的息票利率和到期日。计算到期收益率是比较债券的一种方法。[①] 然而，期限和息票利率不同的债券的到期收益率可能是不可比的，而到期收益率不表明哪些债券的价格波动性更大。

上述讨论还表明，如果再投资收益率不同于到期收益率，那么投资者在债券存续期内获得的实际收益率将不等于到期收益率。还可以用另一种计算方法比较息票利率和距到期的时间不同的债券。这种方法被称为债券的**久期**（duration），它的目的是通过确定每只债券价格对利率变化的敏感性，来比较不同息票利率和期限的债券。

久期被定义为债券持有者收到利息和本金的平均时间。久期是加权平均指标，包括债券支付总额和支付时间，并对债券价格进行标准化。为了说明如何计算久期，以一只距离到期日还有 3 年、息票利率为 9%、面值为 1 000 美元的债券为例。该债券的年支付额如下所示：

年份	支付额（美元）
1	90
2	90
3	1 090

现在，可比债券的利率为 12%，因此该债券的价格为 927.95 美元。债券久期是每笔支付的现值根据收到支付的时期进行加权的结果之和再除以债券价格。因此，该债券久期的计算方法如下所示：

每笔支付的序号		支付额（美元）		利率为 12%时的现值利息系数		
1	×	90	×	0.893	=	80.37
2	×	90	×	0.797	=	143.46
3	×	1 090	×	0.712	=	2 328.24
						2 552.07

$$久期=\frac{2\ 552.07}{927.95}=2.75\ (年)$$

① 正如本章第二篇附录中所介绍的，相同风险类别、相同期限但息票利率不同的债券可能有不同的到期收益率。因此，不能假设所有到期日和风险相同的债券都提供相同的收益率。

久期为 2.75 年，这表明债券持有者收回所有款项的平均时间为 2.75 年。显然，并非所有支付都恰好是在未来 2.75 年时进行的。债券持有者在第一年年末收到 90 美元，在第二年年末收到 90 美元，在第三年年末收到 1 090 美元。所有支付的加权平均时间为 2.75 年。还可以计算半年付息一次时的久期，此时将年支付额和可比债券的利率除以 2，将支付次数乘以 2。如果在本例中每半年复利一次，那么债券价格将为 926.24 美元，久期的计算方法为：

每笔支付的序号		支付额（美元）		利率为 6%时的现值利息系数		
1	×	45	×	0.943	=	42.44
2	×	45	×	0.890	=	80.04
3	×	45	×	0.840	=	113.40
4	×	45	×	0.792	=	142.56
5	×	45	×	0.747	=	168.08
6	×	1 045	×	0.705	=	4 420.35
						4 966.87

$$\text{久期}=\frac{4\ 966.87/2}{926.24}=5.362\ 4/2=2.68\ (\text{年})$$

久期的数值稍小，因为在每半年复利一次的情况下，收到现金流的速度稍快。

久期（D）的正式计算公式为：

$$D=\frac{\sum_{t=1}^{m} PVCF_t \times t}{P_B} \tag{14.5}$$

其分子表示，每年的现金流 CF_t 用现值（PV）表示，并用收到支付的期数（t）加权。将从 $t=1$ 到 $t=m$（期限）的现值加总，然后将得到的金额除以债券的当期价格 P_B，即得到久期。

注意，久期不是每笔支付的现值之和。（该和为债券价格。）久期使用的是每笔支付的现值，并根据收到支付的时间对其进行加权。越晚收到的支付在计算公式中的权重越高。如果两只债券支付相同的息票利率，但一只债券的期限为 10 年，而另一只债券的期限为 20 年，那么赋予第 11 年至第 20 年的权重将产生更大的加权平均值。对于第二只债券而言，久期或收到所有支付的时间加权平均值更大。

上述久期的计算过程可能很烦琐。另一种方法简化了该问题。

$$D=\frac{1+y}{y}-\frac{(1+y)+n(c-y)}{c[(1+y)^n-1]+y} \tag{14.6}$$

尽管该式看上去很复杂，但应用起来相对容易。其中的变量的含义如下所示：

c＝年息票利率(以百分比表示)

n＝距离到期日的年数

y＝到期收益率(再投资利率)

代入上例中的数字，得到：

$$\text{久期}=\frac{1+0.12}{0.12}-\frac{(1+0.12)+3\times(0.09-0.12)}{0.09\times[(1+0.12)^3-1]+0.12}$$

$$=2.75\ (\text{年})$$

这与之前得出的答案（2.75 年）相同。

通过对不同息票利率和期限的债券进行这种计算，投资者可以对价格波动进行标准化。久期相等的债券价格波动性相似，而久期较长的债券价格波动性较高。例如，考虑下列两只债券。债券 A 的息票利率为 10%，在 20 年后到期，现在的价格为 1 000 美元。债券 B 的息票利率为 7%，在 10 年后到期，现在的价格为 815.66 美元。（本例假设债券以相同的到期收益率出售。然而一般而言，长期债券将提供更高的收益率，该假设有利于对给定利率变化下的债券进行比较。）如果利率升高，两只债券的价格都将下降，但哪只债券的价格将下降得更多？由于债券的到期日和息票利率不同，因此投资者不知道哪只债券的价格波动性更大。

通常，期限越长，债券价格的波动性越大。由于这个原因，债券 A 的波动性较大。然而，低息票利率也与高价格波动性相关。因此，债券 B 的价格波动性应该较大。因此，投资者不能根据期限和息票利率判断两只债券中哪只债券的价格波动性更大。然而，一旦算出它们的久期（分别为 9.36 年和 7.22 年），投资者就知道当利率上升时，债券 A 的价格将下降得更多。例如，如果利率升至 12%，那么这两只债券的价格将分别变为 850.61 美元和 717.49 美元。当债券 B 的价格下降 12%时，债券 A 的价格将下降 15%，因此债券 A 的价格波动性更大。

也可以用久期计算利率变动较小时债券价格的波动性。当到期收益率变化时，债券价格的变化率为：

$$\frac{\Delta P_B}{P_B}=-D\times\frac{\text{到期收益率的变化}}{1+y}$$

$$\frac{\Delta P_B}{P_B}=-D\times\frac{\Delta y}{1+y}$$

式中，P_B 为债券的当期价格；D 为债券的久期；y 为到期收益率。整理该公式，得到债券价格变化的计算公式：

$$\Delta P_B=-D\times\frac{\Delta y}{1+y}\times P_B \tag{14.7}$$

该式可以用上面的债券 A 来说明，当到期收益率为 10%时，债券 A 的售价为 1 000 美元，久期为 9.36 年。如果利率升至 10.2%，那么债券 A 的价格变化为：

$$\Delta P_A=\frac{(-9.36)\times 0.002}{1.1}\times 1\,000=-17\ (\text{美元})$$

利率从 10%升至 10.2%导致债券价格从 1 000 美元降至 983 美元。如果利率从 10%降至 9.8%（即降低了 0.002），那么债券价格将升至 1 017 美元。[①]

由于久期更大的债券价格波动性更大，因此投资者可以通过购买久期较短的债券来降低与利率变化有关的风险。然而，这并不等于购买期限较短的债券。[②] 如果两只债券距离到期日的期限相同，那么息票利率较低的债券将具有较大的久期，因为债券总支付的一大部分为本金偿付。如果两只债券的息票利率相同，那么期限较长的债券将有较大的久期，因为其支付被分摊至较长的时期。然而，如果一只债券有较低的息票利率和较短的期限，那么其久期可能大于也可能小于息票利率较高、距离到期日较长的债券的久期。因此，购买久期较小、距离到期日较长的债券是有可能的。在这种情况下，期限较长的债券将比期限较短但久期较大的债券的价格波动幅度小。

---

① 当利率变化增加时，久期预测给定利率变化导致的债券价格变化的作用也减小了。例如，如果利率从 10%升至 12%，那么式（14.7）表明债券 A 的价格应下降 170 美元，但债券估值公式表明，债券价格应为 851 美元，降低了 149 美元。（参见下一节关于债券凸性的内容。）

② 久期只有在债券不支付利息（即零息债券）时才等于距到期的时间。此时所有支付都发生在到期时。

久期和投资组合免疫

养老金计划经理和有些投资组合经理（例如，寿险公司的债券组合经理）将久期作为风险管理工具。这些职业投资者很清楚地知道分配所需资金的时间和金额。然后，他们将投资组合的久期与需要资金的时间相匹配。这种策略通常被称为“免疫策略”，因为它降低了与利率波动和利息再投资有关的风险。

以一个 7 年后需要 2 200 美元的投资组合经理为例，他以面值购买了一只息票利率为 12%、在 7 年后到期的债券。如果利率维持为 12%，那么投资者将获得 2 211 美元，因为息票利息以 12%的再投资利率被再投资。终值为：

1 000＋120×10.089＝2 211（美元）

（1 000 美元为偿还的本金，而 120×10.089 美元为所有利息以 12%的利率每年复利一次得到的终值。）

如果利率升高，投资组合经理以 14%的利率进行再投资，那么终值为：

1 000＋120×10.730＝2 288（美元）

投资组合经理的情况甚至更好。当利率下降、息票利息以较低的利率进行再投资时，将产生一个问题。例如，如果利率降至 8%，那么终值为：

1 000＋120×8.923＝2 071（美元）

投资组合经理没有必需的 2 200 美元。较低的利息再投资导致终值不足。

投资组合经理可以通过购买久期（不是期限）等于 7 年的债券来避免这种不足。例如，如果投资组合经理购买了息票利率为 12%、在 12 年而不是 7 年后到期的债券，那么当需要 2 200 美元时，这只久期为 6.9 年的债券就几乎能满足需要。（利率为 12%的 7 年期债券的久期为 5.1 年。）正如接下来将要说明的，购买 12 年期债券而不是 7 年期债券降低了再投资风险。

由于 7 年后将卖出 12 年期债券，因此显而易见的一个问题是：以多高的价格卖出？该价格可能上升（如果利率下降）或下降（如果利率上升）。投资组合经理是否应该担心利率风险（即债券价格波动）？如果债券在 7 年后到期，这种风险就不会产生。答案是否定的。当然，债券价格会变化，但价格波动的影响将被利息再投资的变化抵消。然后，再投资利率风险和利率风险的影响都将被消除。

假设投资组合经理购买债券后，利率立即升至 14%。投资组合经理持有该债券 7 年，然后以 14%的利率将利息进行再投资。7 年后投资者将拥有多少钱？答案是以 14%的利率再投资 7 年的金额［120×10.730＝1 288（美元）］与债券售价之和。由于债券还有 5 年到期，因此其价格为：

120×3.433＋1 000×0.519＝931（美元）

因此，投资组合经理有 1 288＋931＝2 219（美元），这满足了所需金额（2 200 美元）。当以更高的利率对年利息进行再投资时，销售债券的损失被增加的利息所抵消。

假设购买债券后利率立即降至 8%。投资组合经理持有债券 7 年，并以 8%的利率对利息进行再投资。投资者在 7 年后将收到多少钱？本例的答案是以 8%的利率对利息再投资 7 年的金额［120×8.923＝1 071（美元）］与债券售价之和。由于债券还有 5 年到期，因此其价格为：

120×3.993＋1 000×0.681＝1 160（美元）

因此，投资组合经理有 1 071＋1 160＝2 231（美元），这也满足了所需金额（2 200 美元）。当以较低的利率对利息进行再投资时，债券销售收益抵消了减少的利息。

注意，在两种情况下，投资者在7年后都会实现2 200美元的投资目标。利率降低导致的再投资收入减少被债券价格的增加抵消，而利率增加导致的再投资收入升高被债券价格的下降抵消。因此，再投资利率风险和利率风险的影响被消除了。当然，投资组合经理也丧失了获得更高收益率的机会，但该策略的目的是确保在未来能获得特定的金额。

正如该讨论所显示的，久期的概念对于知道何时需要资金、需要多少资金的投资者极其重要。养老金经理既知道何时必须支付，也知道支付金额。寿命表可以帮助寿险公司确定相同的信息。投资组合经理对风险敞口进行了免疫，并确保需要资金时能获得所需资金。（当然，这些投资组合经理仍面临违约或预测错误的风险，例如，寿命表发生变化。）

个人投资者可能会发现久期没有那么有用。例如，即使父母知道子女何时会上大学，也不一定知道学费有多高——因为终值是未知的。此外，每只债券的久期都不是现成可得的，而且如下一节所示，久期会随着每只债券价格的变化而变化。因此，希望应用该概念的个人投资者必须自己进行计算，并在投资组合中每只债券的久期波动时经常调整投资组合。

债券价格的凸性和久期

久期可以用来对债券的价格波动性排序，并计算它们在给定利率变化下的价格变化。然而，价格变化的准确性会随着利率波动大小而变化。以一只现在以面值（1 000美元）出售、利率为8%的10年期债券为例。表14.6的前三列列出了不同的利率、基于利率的债券价格和相对于初始面值的价格变化。正如我们所料，债券价格随着利率降低而升高，随着利率升高而降低。

表14.6　用久期和实际价格预测的债券价格

利率（%）	债券价格（美元）	债券价格的变化（美元）	久期（年）	预测价格变化（美元）	误差（美元）
20.0	497	−503	6.000	−805	302
15.0	649	−397	6.524	−470	119
12.0	774	−226	6.837	−268	42
11.0	823	−176	6.941	−201	25
10.0	877	−123	7.044	−134	11
9.0	936	−64	7.146	−67	3
8.8	948	−52	7.166	−53	1
8.4	974	−26	7.207	−27	1
8.2	987	−13	7.227	−13	—
8.0	1 000	—	7.247	—	—
7.8	1 014	14	7.267	13	1
7.6	1 027	26	7.287	27	1
7.2	1 056	56	7.327	53	3
7.0	1 070	70	7.347	67	3
6.0	1 147	147	7.445	134	13
4.0	1 324	324	7.637	268	56
2.0	1 539	539	7.823	403	136
1.0	1 663	663	7.912	470	193

第四列给出了不同价格下的债券久期。该值可以代入式（14.7）来预测给定利率变化下的债券价格变化。第五列给出了用式（14.7）预测的价格变化，并从以面值出售、久期为 7.247 年的债券开始。第六列给出了预测价格变化和第三列的实际价格变化的绝对差。正如第六列所示，当利率变化较小时，预测误差也较小。例如，利率从 8%变至 9%或从 8%变至 7%将产生 3 美元的误差。然而，当利率变化增大时，实际价格变化与预测价格变化之差将增大。如果利率上升 4 个百分点，升至 12%，或下降 4 个百分点，降至 4%，那么误差分别为 42 美元和 56 美元。实际价格变化与预测价格变化的这些差异降低了久期的作用。

误差的来源可见图 14.3。线 *BB* 画出了不同利率下的不同债券价格。（实际上，线 *BB* 与表 14.6 中的第二列对应。）线 *AA* 表示用久期预测的债券价格，线 *AA* 和线 *BB* 之差即为误差。注意，当利率进一步升至 8%的初始利率以上或降至 8%的初始利率以下时，误差将会增大。

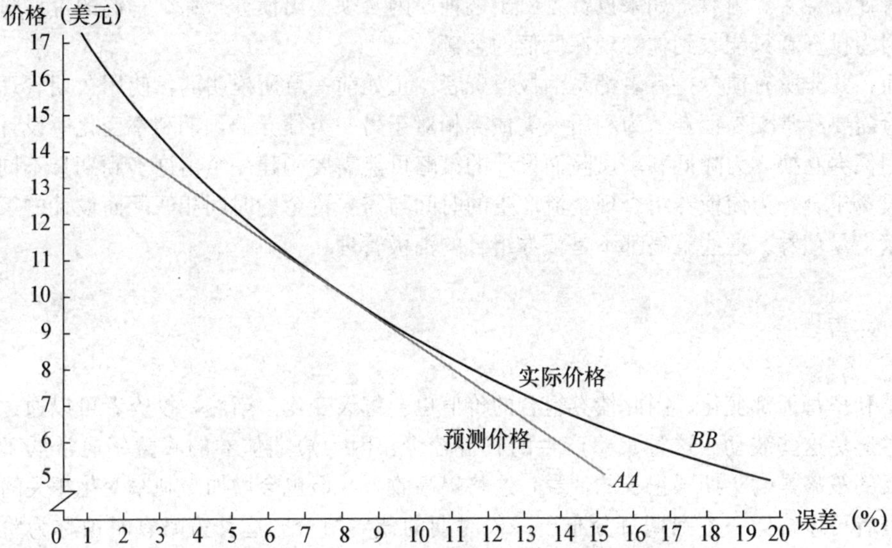

图 14.3　用久期和实际价格预测的债券价格

资料来源：© Cengage Learning.

之所以会产生误差，是因为久期预测利率每变化 1%价格将会发生相同的变化，但实际价格变化各有不同。如图所示，线 *AA* 为直线，而线 *BB* 为曲线且凸向原点。债券价格沿着曲线移动。此时在给定的利率变化下（例如，从 8%变至 9%或从 9%变至 10%），价格变化大小将会改变。而预测价格将沿着直线移动。此时在给定的利率变化下（例如，从 8%变至 9%或从 9%变至 10%），价格变化大小是相同的，因此预测误差将会增大。

线 *BB* 的"凸性"降低了使用特定的久期值（例如，用于构建表 14.6 和图 14.3 的 7.247 年）预测价格变化的实用性。用于计算久期数值的式（14.5）在分子中使用了债券价格。当债券价格变化时，久期也必然会变化。表 14.6 的第四列也说明了债券久期的这种变化。尽管债券以 1 000 美元出售时的初始久期为 7.247 年，但当利率降至 6%时升为 7.445 年，并在利率升至 15%时降为 6.524 年。

为了将久期作为管理债券投资组合的工具，投资者必须对债券久期值的变化进行调整。久期变化的直接含义是，当需要特定的久期数值时，更改债券投资组合构成的需求。这种投资组合的变化表明，积极管理的债券投资组合需要持续监管，且这种投资组合不可能是投资组合经理积攒一批债券、坐等收取利息的消极投资。尽管债券投资组合可以进行消极管理，但如果想让投资组合的久期与需要资金的特定时间相匹配，那么为在特定日期产生特定金额资金而设计的投资组合就不可能是消极管理的。

债券组合管理

由于债券支付固定收益且在特定日期到期，因此有助于进行消极管理。投资者可以购买债券组合，并持有至到期（即买入并持有策略）。投资者每年都会收到利息，且在到期日收到偿还的本金。在投资期中，债券组合的价值可能升高（即利率下跌），也可能下降（即利率上升）。这种债券组合价值的波动对消极持有债券组合，且直到债券到期时才收取利息的投资者可能没有什么意义。当然，如果投资者出于某种原因必须卖出债券，那么它们的价格将变得很关键，因为投资者只能收到债券现在所值的金额。

然而，并非所有债券持有者都是消极投资者。正如前一章所说明的，使用久期管理再投资利率风险需要经常交易债券。为利用一类债券相对于另一类债券的预期利率变化所设计的策略需要使用债券互换。为降低利率风险而设计的策略可能需要构建一个由许多到期日不同的债券组成的投资组合。为使债券组合现金流产生的时间与需要资金的时间相匹配而设计的策略可能需要频繁交易债券。这些策略都不是债券组合的消极管理。

利率风险管理

由于利率每天都变化，因此债券组合的价值也会每天变化。当然，投资者可以通过只购买短期债券避免这些波动。这种策略产生的收益较少，因为短期债券的收益率通常低于长期债券。相反的策略是购买期限很长的债券，这将提高收入，但也会增加与利率变化相关的风险。

投资者可以构建一个到期日分布于一段时期的债券组合。这种策略有时被称为阶梯式策略。例如，一个 1 000 000 美元的投资组合可以购买接下来 10 年中每年都有价值 100 000 美元的债券到期的债券组合。如果利率变化，那么期限较短的债券（即距离到期日还有 1～5 年的债券）的价格波动将小于期限较长的债券（即距离到期日还有 6～10 年的债券）的价格波动。因此，这种债券组合降低了利率变化的影响。

除了降低利率波动对投资组合价值的影响外，阶梯式投资组合还有两个重要的优点。第一，由于收益率结构通常为正，因此债券获得的利息往往大于短期债券组合获得的利息。（相应地，也小于仅由长期债券构成的投资组合获得的利息。）第二，有些债券每年都会到期。如果投资者需要资金，就能得到资金。如果投资者不需要资金，就可以进行再投资。如果每年都再投资于 10 年期债券，那么就能保持债券组合的初始结构。

上例介绍了阶梯式策略。在这种策略中，（阶梯上）每一步的宽度都相等，每步之间的距离也相等。但宽度和距离可能会变化。例如，假设投资者预期未来还需要更多的资金。此时阶梯顶部可能会拓宽，而底部可能会缩窄。投资者可以构建价值为 1 000 000 美元的 10 年期阶梯式债券，使第 1 年有 50 000 美元到期，且该金额每年增加（第 2 年为 75 000 美元，第 3 年为 100 000 美元，第 4 年为 125 000 美元，等等）。如果收益率曲线斜率为正，那么该策略将提高年收入，但也使投资者面临更高的利率风险。如果利率的确上升，那么期限最长的债券价值下降得最多。如果利率上升，那么大部分投资于长期债券的投资组合将产生更大的损失，投资者必须卖掉阶梯式债券。

利率升高的可能性表明相反的策略将拓宽阶梯底部。投资者可以对 1 000 000 美元的“阶梯”进行分配，使第 1 年到期 200 000 美元，第 2 年到期 175 000 美元，第 3 年到期 150 000 美元，等等。如果利率确实上升了，那么短期债券到期时收到的资金可以以更高的利率再投资。当然，如果利率没有上升，那么该策略产生的收入将低于更多地投资于未来的阶梯式策略。当然，投资者对资金的需求或对利率上升的预期会影响阶梯形状的构建。

阶梯式策略的一个缺点是，如果投资者希望（或需要）更改投资组合，那么基本上所有债券都必须变现。如果投资者预期利率降低，那么投资组合最好只包括长期债券。所有从短期到中期的债券都必须被卖出，并再投资于长期债券。如果投资者预期利率升高，那么情况将相反。此时，投资者可能只想要短期债券，因此必须卖出所有中期到长期的债券。

如果投资者希望利用预期的利率变化，那么缺少弹性和改变大部分投资组合的要求就会导致完全不同的债券组合管理策略。这种策略有时被称为杠铃式策略，采用这种策略的投资者购买由期限很长的债券和期限很短的债券组成的投资组合。如果投资者有 1 000 000 美元的投资，那么就可以用 500 000 美元购买短期债券（例如，还有 6 个月至 1 年到期的债券），用 500 000 美元购买 20 年期债券。如果投资者预期利率将产生变化，那么只需要改变一半的投资组合。预期利率降低意味着卖出短期债券，将所得投资于长期债券。如果投资者预期利率升高，那么他应采取相反的策略：卖出长期债券，投资于短期债券。

如果投资者预期正确，那么杠铃式策略将降低利率波动的影响。如果投资者预期错误，那么杠铃式策略会放大利率波动的影响。恰好在利率升高之前转而投资长期债券可能造成投资组合的巨大亏损。这种策略还有第二个主要缺点：随着时间的流逝，短期债券将到期，而长期债券的期限将缩短。因此，这种债券策略要求进行积极管理，因为到期债券产生的收入必须被再投资，而某些长期债券必须被卖出，将收入投资于期限更长的债券。不采取这些步骤就意味着投资者的现金头寸将增加，而剩余债券的期限将缩短。

匹配策略

“杠铃式策略”的目的是方便不同期限的债券互换，以从预期的利率变化中受益。前面讨论的“免疫投资组合”将债券组合的久期与投资者的现金需求相匹配。这种特定策略要求投资者监控投资组合，并在久期与需要资金的时间产生差异时调整投资组合。

除了免疫投资组合外，还有“专项债券组合”，它将现金流收入与资金需求相匹配，将利息和本金偿付与投资者预期需要用这些现金流入进行支付的时间相匹配。例如，父母可以构建零息债券组合，每只债券都在子女需要交学费时到期。尽管这可能是一个非常明显的例子，但这种策略也可以被用于养老金计划的受托人。在这种情况下，退休人员收到支付的时间和金额是已知的。受托人可以购买债券，使利息支付和本金偿付与必要支付相匹配。

投资者可以对个人退休账户中的资金采取类似的策略。尽管投资者不知道需要资金的确切时间，但他可以估计现金需求。例如，假设一个退休人员拥有一幢没有抵押贷款的房子、一辆新车和补充医疗保险。这个退休人员可能不知道未来的每笔支付将是多少，但他知道应该缴纳财产税和保险费的时间。这个退休人员还可以估计出房屋和汽车的年保养费需求以及更换汽车的时间。购买需要支付这些费用时支付利息或到期的债券能方便支付。

利率风险与免疫投资组合和专项债券组合都无关。通过将债券组合的久期与投资者负债的久期匹配或将收到现金的时间与现金需求匹配，利率波动的影响被降到最低。这种策略优于简单的买入并持有策略，因为这种策略的目的是将债券组合与资金需求相匹配。由于简单的买入并持有策略没有考虑需要资金的时间，因此投资者将面临利率风险。在利率升高时期，投资者可能需要资金，此时投资者无法实现初始投资的价值。

利率互换

利率互换是最近出现的一项主要金融创新，第十九章中将讨论利率互换。几乎没有投资者关心利率互换市场。利率互换是商业银行或储蓄与贷款机构等金融机构管理风险的手段。

许多金融机构的资产和负债都是错配的。例如，抵押贷款房地产投资信托（mortgage real estate investment trust，mREIT）或储蓄与贷款机构的主要资产可能为长期抵押贷款，而主要负债为中短期负债（即存款和定期存单）。当利率升高时，储蓄与贷款机构在两个方面都有损失：利率升高降低了其资产价值，并增加了其必须支付以吸引存款人的利息。为了降低这种风险，储蓄与贷款机构需要一系列随着利率变化而变化的收入，这样储蓄与贷款机构就可以用收到的抵押贷款的固定利息换取一系列可变收入。

互换是与需要进行固定支付的公司进行的。例如，假设一家公用事业公司有大量未清偿固定利率债券。该公司同意向储蓄与贷款机构支付可变金额，以换取固定利息。现在，这家公用事业公司将收到资金以支付利息。实际上，这家公司用向储蓄与贷款机构支付的可变利息替代了它必须向债券持有者支付的固定利息，而储蓄与贷款机构用收到的可变利息替代了抵押贷款的固定利息。这种互换帮助两家公司更好地匹配了收支并管理其资产和负债。

小　结

债券价格取决于支付的利息、到期日和可比债券提供的收益率。如果利率升高，那么现有债券的价格将下降。相反的情况也成立——如果利率下降，现有债券的价格将上升。

当期收益率只考虑了利息收入与债券价格之比。到期收益率既考虑了利息收入，也考虑了持有债券至到期时的价格变化。赎回收益率类似于到期收益率，但它用赎回日和赎回价格代替了到期日和本金。

折价债券对希望获得当期收入、资本增值并在特定日期收回本金的投资者有吸引力。由于许多此类债券都在到期时被赎回，因此投资者知道收到本金的时间。

所有债券价格都会随着利率和风险的变化而波动，但息票利率较低、期限较长或信用评级较低的债券价格往往波动性更大。这些债券可能以比期限较短或信用评级较高的债券更大的折价或更高的溢价销售。这种债券可以吸引希望获得更高收益和愿意承担额外风险的投资者的投资。

投资者可以计算债券的久期，以确定哪只债券的价格波动性更大。久期是用债券价格标准化的所有债券利息和本金偿付的加权平均值。久期较小的债券在利率变化时的价格波动性往往较小。久期也可以被用来管理再投资利率风险，方法是将债券的久期定为需要资金的时间。

投资者可以消极或积极地管理债券组合。消极策略既包括买入并持有策略，又包括由不同到期日的债券组成的阶梯式投资组合，等等。积极策略包括不同债券的互换，以利用错误定价、预期的利率变化和税收亏损来匹配资金需求和收到的利息与本金偿付。

优先股是法律意义上的股票，但由于其支付固定股利，因此类似于债务。优先股的价值随着利率变化而波动。当利率上升时，优先股的价格下降。当利率下降时，优先股的价格上升。由于其价格行为与债券的价格行为相同，因此优先股被当作长期债券的替代品进行估值和分析。

对公司来说，发行优先股的主要优点是它的风险低于债务，因为优先股不表示有无条件支付股利的义务。发行优先股的主要缺点是，股利是不可扣税的费用。

购买优先股主要是为了获得股利收入。然而，由于优先股的风险高于债务（从个人投资者的角度看），因此个人投资者并不经常进行优先股投资。多数优先股是由公司，尤其是保险公司购买的，后者收到的优先股股利可以获得税收优惠。

公式小结

永续债券（即永续固定收益证券）：

$$P=\frac{PMT}{i} \tag{14.1}$$

有限期的债券——年利息支付：

$$P_B=\frac{PMT}{(1+i)^1}+\frac{PMT}{(1+i)^2}+\cdots+\frac{PMT}{(1+i)^n}+\frac{FV}{(1+i)^n} \tag{14.2}$$

有限期的债券（半年计算一次复利，$c=2$）：

$$P_B=\frac{\frac{PMT}{c}}{\left(1+\frac{i}{c}\right)^1}+\frac{\frac{PMT}{c}}{\left(1+\frac{i}{c}\right)^2}+\cdots+\frac{\frac{PMT}{c}}{\left(1+\frac{i}{c}\right)^{n\times c}}+\frac{FV}{\left(1+\frac{i}{c}\right)^{n\times c}} \tag{14.3}$$

当期收益率：

$$当期收益率=\frac{年利息支付}{债券价格} \tag{14.4}$$

久期：

$$D=\frac{\sum_{t=1}^{m}PVCF_t\times t}{P_B} \tag{14.5}$$

$$D=\frac{1+y}{y}-\frac{(1+y)+n(c-y)}{c[(1+y)^n-1]+y} \tag{14.6}$$

债券价格变化：

$$\Delta P_B=-D\times\frac{\Delta y}{1+y}\times P_B \tag{14.7}$$

问　题

1. 导致债券价格波动的原因是什么？

2. 请定义当期收益率和到期收益率。它们的区别是什么？

3. 折价债券为投资者提供了什么好处？如果债券以溢价出售，为什么它可能被赎回？

4. 尽管所有债券价格都会波动，但哪种债券的价格波动性更大？

5. 什么是赎回收益率？它与到期收益率有何不同？

6. 债券期限和久期的区别是什么？如果债券A的息票利率为10%，而债券B的息票利率为5%，且它们都在10年后到期，那么哪只债券的久期较短？

7. 如果投资者预期利率下降，为什么杠铃式策略比阶梯式策略更灵活？

8. 如果利率上升，债券价格将下降。给定下列各组债券，请说明哪只债券的价格下降得更多。

a) 债券A　息票利率：10%；
　　　　　期限：5年。
　 债券B　息票利率：6%；
　　　　　期限：5年。

b) 债券A　息票利率：10%；
　　　　　期限：7年。
　 债券B　息票利率：10%；
　　　　　期限：15年。

c) 债券A　息票利率：10%；
　　　　　期限：5年。
　 债券B　息票利率：6%；
　　　　　期限：8年。

d) 债券A　息票利率：10%；
　　　　　期限：1年。
　 债券B　息票利率：0；
　　　　　期限：10年。

关系题与基本习题示例

关系题

1. 利率增加将导致债券价格____。

2. 通常，债券距到期的时间增加将____债券的息票利率。

3. 当债券以溢价出售时，表明利率____。

4. 如果投资者购买债券，那么如果利率____，投资者将遭受损失。

5. 当利率变化时，距到期的时间相同但息票利率较低的债券的价格波动性____。

6. 当利率变化时，息票利率相等，但距到期的时间较短的债券的价格波动性____。

7. 利率上升将____优先股的价值。

8. 利率上升将____现有债券的息票利率。

9. 如果利率下降，债券价格将____，其到期收益率将____。

10. 如果利率上升，债券的当期收益率将____。

11. 如果当期收益率下降，表明利率____，债券价格____。

12. 当到期收益率增加时，债券的利息支付（息票利息）和期限将____。

13. 如果债券以溢价出售，则债券价格将逐渐____。

14. 如果当期收益率超过到期收益率（债券以溢价出售），表明利率将____。

15. 如果购买债券后再投资利率提高，初始到期收益率将____，实际收益率将____。

16. 赎回特征的存在与息票利率的____相关。

17. 随着零息债券临近到期，折价将____。

18. 距到期的时间相同但息票利率较低的债券的久期数值____。

19. 购买久期等于需要收入的时间（匹配久期与资金需求）的债券将____再投资收益率风险。

20. 阶梯式债券组合将____利率风险。

基本习题

1. 一只1 000美元的债券息票利率为5%，10年后到期。如果可比利率为7%、5%或3%，债券的价格是多少？

2. 一只1 000美元的债券售价为857美元。如果该债券每年支付40美元的利息，并在6年后到期，到期收益率是多少？

3. 你花1 222美元购买了利率为7%、面值为1 000美元的债券。该债券在20年后到期。当期收益率是多少？你认为发行债券后会发生什么？请证明你对前几题的答案。

4. 一只1 000美元的债券息票利率为5%，8年后到期。该债券现在的售价为881美元。到期收益率比当期收益率高多少？为什么两个收益率不同？

5. 如果债券在7年后到期，且当期可比债券的利率为7%，那么零息债券的价格是多少？如果利率降至6%，下一年债券的价格将上升多少？

6. 一只100美元的永续优先股每年支付5美元的股利。如果其他优先股的收益率为8%，那么股价应该是多少？如果优先股必须在10年后清偿，股价应该是多少？

7. 一只面值为1 000美元的不可赎回债券的息票利率为8%，一只面值为1 000美元的可赎回债券的息票利率为8%。两只债券都在20年后到期，但可赎回债券可以在10年后赎回。如果利率为9%，且预期将保持在该水平，那么每只债券的价格应该是多少？如果利率为6%且预期将保持在该水平，那么每只债券的价格应该是多少？

习 题

在解答这些习题之前，先要说明两点。第一，多数债券都是半年付息一次的，但这些习题说明的问题既适用于每年付息一次的情况，也适用于半年付息一次的情况。请询问你的老师你应该使用每年付息一次还是半年付息一次的设定来解答问题。附录B提供了在每年付息一次和半年付息一次的假设下部分问题的答案。第二，有几个习题包括本章没有明确涉及的内容，例如，偿债基金、赎回特征和收益率计算。如果有必要，请复习上一章中介绍债券特征的内容或第十章中关于收益率计算的内容。

1. 一只面值为1 000美元的债券的息票利率为4%，在10年后到期。

a）如果可比利率为4%，那么债券的当期价格为多少？

b）如果可比利率为6%，那么债券的当期价格为多少？

c）给定a）和b）算出的价格，请问当期收益率为多少？

d）为什么a）和b）中的价格与c）中的当期

收益率不同？

2. 一只面值为 1 000 美元、利率为 7%的债券在 8 年后到期。当期利率为 5%。

a）如果每年付息一次，那么这只债券的价格将为多少？

b）如果投资者预期 2 年后该债券将被赎回，且不用缴纳赎回罚款，那么这只债券的价格将为多少？

c）如果投资者预期 2 年后该债券将被赎回，且赎回罚款为 1 年的利息，那么这只债券的价格将为多少？

d）为什么 a）、b）、c）的答案不同？

3. 一家公司有两只未清偿债券。第一只债券在 5 年后到期，息票利率为 8.25%。第二只债券在 10 年后到期，息票利率为 8.25%。当期利率为 10%。面值为 1 000 美元的这两只债券的当期价格分别为多少？为什么它们的价格会不同？

4. 如果面值为 1 000 美元、息票利率为 5%（每年付息一次）、到期日为 10 年后的债券的售价为 859 美元，那么当期收益率和到期收益率为多少？

5. 一只 1 000 美元的零息债券售价为 519 美元，且在 5 年后到期。当期收益率和到期收益率为多少？

6. 如果你以 519 美元的价格购买了一只零息债券，且该债券在 5 年后以 1 000 美元的价格被赎回，那么持有期收益率和年复利收益率为多少？请比较本题和第 5 题的答案。

7. 给定下列信息：

XY 公司利率为 5%的债券；

AB 公司利率为 14%的债券。

两只债券的面值均为 1 000 美元，在 20 年后到期，且均为 AAA 级。

a）如果 AAA 级债券的利率为 10%，那么每只债券的当前市场价格应为多少？

b）哪只债券的当期收益率高于其到期收益率？

c）如果利率为 10%，那么你预期哪只债券将被赎回？

d）如果 CD 公司有一只息票利率为 5%、期限为 20 年但评级为 BBB 级的未清偿债券，那么你预期该债券的价格与 XY 公司的债券价格相比如何？

8. a）一只股票的成本为 900 美元，并每年支付 40 美元的现金股利。如果你预期在 5 年后以 1 000 美元的价格卖出该股票，那么该笔投资的预期收益率为多少？

b）一只 1 000 美元的债券的息票利率为 4%，当期售价为 900 美元。该债券将在 5 年后到期。该债券的预期收益率为多少？请比较该收益率与 a）的答案。

9. a）如果优先股支付 6 美元的年股利，且投资者在其他可比投资上能获得 10%的收益率，那么投资者应为这只股票支付的最高价格是多少？

b）如果 a）中的优先股具有赎回特征，且投资者预期在 10 年后以 100 美元的价格赎回该股票，那么投资者应为这只股票支付的最高价格是多少？

c）如果投资者在可比投资上可以获得 12%的收益率，那么 a）中的优先股价格应为多少？如果可比收益率为 8%，那么 a）中的优先股价格应为多少？从这些答案中可以得出什么一般性结论？

10. 如果可比证券的收益率为 6%、8%和 10%，那么下列优先股的价格应为多少？

a）MN 公司，优先股股利为 4 美元（面值为 100 美元）。

b）CH 公司，优先股股利为 4 美元（面值为 100 美元，并要求该公司必须在 20 年后清偿优先股）。

为什么这些证券的价格不同？

11. 公司 X 有下列未清偿债券：

债券 A		债券 B	
息票利率	8%	息票利率	可变利率——每年都变化，以与当期利率可比
期限	10 年	期限	10 年

最初，两只债券的售价均为 1 000 美元，到期收益率为 8%。

a）2 年后，可比债券的利率为 10%。每只债券的价格将为多少？

b）又过了 2 年（即距离发行日 4 年后），可比债券的利率为 7%。每只债券的价格将为多少？

c）从 a）和 b）的价格中可以得出什么一般性结论？

12. 一只高收益债券拥有如下特征：

本金金额	1 000 美元
利率（息票利率）	11.50%
期限	10 年
偿债基金	无
赎回特征	2 年后
赎回罚金	1 年的利息

a）如果可比收益率为 12%，那么该债券的价格将为多少？

b）如果收益率为 12%，那么你预期该公司会赎回债券吗？

c）如果可比收益率为 8%，那么债券价格应为多少？

d）如果收益率为 8%，那么你预期公司现在会赎回债券吗？

e）如果你预期债券将在 3 年后被赎回，那么如果当期利率为 8%，你将支付的最高价格是多少？

13. 如果可比收益率为 12%，那么以下分息债券的价格是多少？

本金	1 000 美元
期限	12 年
年息票利息	第 1～3 年为 0（0 美元）
	第 4～12 年为 10%（100 美元）

如果可比收益率降至 10%，那么债券价格将提高多少？

14. 一只债券的条款如下所示：

本金金额	1 000 美元
年利息	从 5 年后起（即第 6 年）为 140 美元
期限	12 年
可以以 1 140 美元的价格（即面值＋1 年期利息）赎回	

a）你认为债券条款为何会如此构建？

b）如果可比债券的收益率为 12%，那么债券的价格应为多少？

c）债券的当期收益率是多少？

d）尽管利率已经下跌，但你为何预期债券不会被赎回？

15. 廷克斯派公司（Tinker Spy Corp.）有一只高收益垃圾债券，特征如下所示：

本金	1 000 美元
息票利率	第 1～5 年为 0，第 6～10 年为 10%
期限	10 年

可比债券的当期利率为 10%。你预期 5 年后的利率将为 8%，如果你的预期正确，5 年后的利率为 8%，那么你的潜在收益或亏损为多少？

16. 一只可展期债券有如下特征：

本金	1 000 美元
息票利率	9.5%（年利息为 95 美元）
期限	8 年，但发行人可以将期限延长 5 年

a）如果可比收益率为 12%，那么若投资者预期该债券在 8 年后被清偿，该债券的价格将为多少？

b）如果可比收益率为 12%，那么若投资者预期该债券在 13 年后被清偿，将会对该债券的当期价格产生什么影响？

c）如果可比收益率维持在 12%的水平上，那么你预期该公司会在 8 年后清偿该债券吗？

17. 斯黛拉狗饼干公司（Stella's Dog Biscuits Inc.）有一只高收益债券，特征如下所示：

本金	1 000 美元
息票利率	10%
期限	5 年
特征：	公司可以将债券期限延长至 10 年

可比债券的当期利率为 8%。

a）如果你预期 5 年后的利率将为 8%，那么你现在将为这只债券支付多少钱？

b）如果你根据该预期购买债券，但 5 年后的利率为 12%，那么你的潜在收益或亏损为多少？

18. 你购买了一只利率为 7%、面值为 1 000 美元、期限为 10 年的债券，并对所有利息进行再投资。如果你购买该债券后利率升至 10%，那么这笔债券投资的收益率为多少？

19. 长期债券的价格波动性大于息票利率相等的短期债券的价格波动性。息票利率较低的债券的价格波动性大于期限相同但息票利率较高的债券的价格波动性。然而，你不能比较息票利率和期限不同的债券的相对价格变化，除非你考虑它们的久期。考虑下列债券：

债券	息票利率（%）	期限（年）
A	8	8
B	14	10

如果利率从当期收益率升至8%的到期收益率，那么哪只债券的价格下降得更多？为了回答这个问题，请计算两只债券的久期。

20. 请计算债券C的久期，并根据债券的价格波动性对其排序。当期利率为8%，因此债券A和债券B的价格分别为1 000美元和1 268美元。

债券	息票利率（%）	期限（年）	久期（年）
A	8	10	7.2
B	12	10	6.74
C	8	5	?

请计算利率从8%升至12%时，每只债券的价格变化率，以此证实你的排序。（债券A和债券B的价格分别变为774美元和1 000美元。）

21. a）如果当期利率为9%，那么下列各只债券的价格为多少（本金为1 000美元）？

公司A	息票利率	6%
	期限	5年
公司B	息票利率	6%
	期限	20年
公司C	息票利率	15%
	期限	5年
公司D	息票利率	15%
	期限	20年
公司E	息票利率	0（零息债券）
	期限	5年
公司F	息票利率	0（零息债券）
	期限	20年

b）每只债券的久期是多少？

c）请按照价格波动性为债券排序，根据每只债券的久期判断，波动性最小的债券排在第一，波动性最大的债券排在最后。

d）请计算当利率升至12%时，每只债券的价格变化率，以此证实你的波动性排序。

e）根据以上习题，你可以对以下债券的久期得出什么一般性结论：低息票利率债券与高息票利率债券；中期债券与长期债券；零息债券？

22. 当利率为9%时，一只息票利率为9%的10年期债券将以1 000美元的价格被出售。这只债券的久期是多少？请根据债券定价模型，用久期预测利率为9.2%、9.4%、9.6%、9.8%、10%、10.5%、11%和12%时债券价格的变化，并计算预测价格变化与实际价格变化之差。

23. 你拥有以下1 000美元的债券：

债券A	3年后到期，息票利率为4%
债券B	5年后到期，息票利率为5%
债券C	10年后到期，息票利率为7%

现在的收益率结构为正，因此每只债券均以面值出售。然而，你预期通货膨胀率将上升，并导致利率上升，因此收益率结构将发生逆转（即收益率曲线的斜率变为负）。你预期3年期、5年期和10年期债券的利率将分别为10%、9%和8%。

a）假设当前每只债券的价格均为1 000美元，那么每只债券的久期为多少？

b）给定每只债券的久期，债券的预期价值变化为多少？

c）如果利率变化的确如你所料，那么每只债券的新价格为多少？

d）基于久期和每只债券的实际价格变化，预测误差为多少？

24. 投资组合A完全由在8年、9年和10年后到期的1 000美元零息债券构成。投资组合B由息票利率为8%，并在10年、15年和20年后到期的1 000美元债券构成。

a）根据该信息，哪个投资组合看起来风险更高？为什么？

b）如果可比债券的利率为8%，那么每只债券的价格和久期是多少？

c）根据每只债券的久期，每个投资组合的平均久期是多少？这一信息是否会改变你对第（a）问的答案？

d）如果可比利率升至10%，那么每个投资组合的损失率是多少？

e）上一问的答案表明久期风险管理有多重要？

25. 在介绍赎回收益率的部分中，债券支付80美元的年利息，并在10年后到期。如果可比利率为6%，且债券被持有至到期，那么债券的价值将为1 147美元。然而，如果投资者预期债券在5年后以1 050美元被赎回，那么债券价值将为1 122美元。投资者A预期债券将被赎回，而投资者B预期债券不会被赎回。投资者A以1 122美元的价格将债券卖给投资者B。如果债券没有被赎回，那么投资者B获得的年收益率是多少？为什么该收益率高于可比证券获得的6%的年收益率？

26.（本题使用了附录14B中关于债券定价的资料。）两只债券有如下特征：

债券A		债券B	
本金	1 000美元	本金	1 000美元
息票利率	6%	息票利率	12%
期限	5年	期限	5年

收益率结构为：

期限（年）	利率（%）
1	6
2	7
3	8
4	9
5	10

a）根据5年期债券的到期收益率，每只证券的价值是多少？

b）根据收益率结构，每只证券的价值是多少？

c）给定b）中的价值，每只债券的到期收益率是多少？

d）c）中的到期收益率是否彼此不同？它是否与a）中设定的到期收益率不同？

e）给定a）中债券A的价格，你会怎么做？为什么？

理财顾问的投资案例（一）

高收益证券和相对风险

斯蒂芬妮·沃尔德伦（Stephanie Waldron）是一个积极投资者，也是一个自由执业的管理咨询师，生意欣欣向荣。沃尔德伦既愿意也能够承担大量风险，以获得更高的收益。她也十分独立，更愿意在考虑不同选择后做出自己的投资决策。她有一个自己管理的基奥账户。尽管她可以选择不同类型的共同基金作为账户投资工具，但她更愿意选择具体资产。账户价值超过200 000美元，沃尔德伦最近变现了几只证券，其价格已经升至足够高，因此她认为价格不太可能进一步上升。

作为她的财务规划师，你认为最近价格升高的高收益债券是除股票以外有吸引力的选择。高收益证券提供较高的收益，但风险也可能很大。高风险与高收益的结合同沃尔德伦的投资理念相符，因此她请你推荐几只可选的高收益债券。几只B级债券的条款如下：

公司	息票利率（%）	到期日（年）	价格（美元）	到期收益率（%）
A	10	10	900	11.750
B	15	15	1 200	12.055
C	0	7	487	10.825
D	7	10	772	10.847

沃尔德伦对每只债券都感兴趣，但对于它们的风险有几个问题。由于每只债券评级都相同，因此认为每只债券的违约概率大致相同看起来是合理的。然而，其价格波动性差异可能很大。沃尔德伦请你对每只债券按价格波动性从小到大排序。她还希望你比较这些债券与相同期限的AAA级债券的价格波动性。为此，你找到了四只有如下条款的A级债券：

公司	息票利率（%）	到期日（年）	价格（美元）	到期收益率（%）
E	6.50	10	900	7.99
F	10.05	15	1 200	8.143
G	0	7	587	7.908
H	4.05	10	772	7.879

如果利率普遍上升3%，8只债券的新价格分别是多少？这些新价格说明高收益债券与高质量债券的价格波动性相比如何？为了回答最后这个问题，请比较债券A与债券E，债券B与债券F、债券C与债券G、债券D与债券H。哪只债券的价格波动性更大？如果两只期限相同的债券售价相等，哪只债券会让投资者承担更多利率风险？购买较高信用评级、较低违约风险的债券是否也表明投资者的利率风险较小？

理财顾问的投资案例（二）

通过积极管理债券组合降低风险

菲奥娜·科科伦（Fiona Corcoran）负责满足EMM健康与寿险公司（EEM Health and Life Insurance Company）的分配安排。精算师罗伯特·邦桑德（Robert Bjornsund）预测一份保单将在10年后需要210 000美元。当期利率为8%，而RPM复兴设备信托凭证（即担保债券）可以用来投资。它的条款为

债券A：息票利率为0%，10年后到期；

债券B：息票利率为8%，10年后到期；

债券C：息票利率为8%，18年后到期。

有投资学专业背景的邦桑德怀疑这三种选择能及时满足现金需求的可行性，并提出了几个问题。

1. 设备信托凭证的含义是什么？

2. 如果债券收益率为8%，那么每只债券的成本为多少？

3. 必须投资多少钱来购买零息债券，才能实现目标？

4. 假设将第3题中计算出的金额投资于每只债券，且收益率不变，每只债券都能实现目标吗？能否证明你的答案？

科科伦的答案并没有解决邦桑德关心的问题，他又问了以下问题。

5. 债券价格会变化吗？

6. 如果利率升至10%，且保持10年不变，那么每只债券都能实现目标吗？

7. 如果利率降至5%，且保持10年不变，那么每只债券都能实现目标吗？

科科伦指出，债券管理不仅限于债券定价，并告诉邦桑德了解债券久期也很重要。久期很重要，是因为它降低了利率风险和再投资利率风险，并有助于选择债券以实现理财目标。

8. 给定每只债券的当期价格，每只债券的久期是多少？

9. 给定久期，哪只债券（如果有的话）将满足投资目标？你能证明本问的答案吗？

10. 从第8题和第9题的答案中，能得出什么一般结论？

如果你是科科伦，你将如何回答这些问题？

附录14A　债券折价/溢价与久期比较

本章的讨论说明了利率增加如何导致现有债券的价格下降。利率下降的影响相反，它使债券价格上升。对于息票利率相等的债券，债券价格的高低将随着债券期限而变化。期限越长，价格波动越高。这一讨论还表明，久期越长，价格波动性越大。由于两种讨论都与价格波动性有关，因此两种讨论都与风险有关。

然而，这两个概念并不相同。考虑表14A.1和图14A.1中的两只债券。两只债券的息票利率均为8%，它们的区别在于期限：一只债券的期限为10年，另一只债券的期限为20年。表14A.1和图14A.1显示了每只债券在不同利率下的溢价或折价与久期。在3%的当期利率水平下，两只债券都以溢价出售，但20年期债券以更高的溢价出售。当当期利率升高时，两只债券的价格都会下降。当息票利率和当期利率都等于8%时，它们均以面值出售。当市场利率继续上升时，两只债券均以折价出售。期限较长的债券的折价和溢价都更高，但当利率继续上升时，折价之间的差异将消失。由于最高可能折价为债券面值（1 000美元），因此期限较短的债券的折价接近于期限较长的债券的折价。

表 14A.1　息票利率为 8%、期限为 10 年和 20 年的债券在不同利率下的溢价（或折价）

利率（%）	10 年期债券		20 年期债券	
	溢价/(折价)（美元）	久期（年）	溢价/(折价)（美元）	久期（年）
3	429	7.60	748	12.65
4	327	7.50	547	12.18
5	234	7.39	377	11.71
6	149	7.29	231	11.23
7	71	7.18	107	10.76
8	0	7.07	0	10.29
9	(65)	6.95	(92)	9.83
10	(125)	6.84	(172)	9.39
11	(179)	6.73	(241)	8.95
12	(229)	6.61	(301)	8.53
13	(275)	6.49	(354)	8.13
14	(318)	6.37	(400)	7.75
⋮	⋮	⋮	⋮	⋮
20	(511)	5.65	(587)	5.85

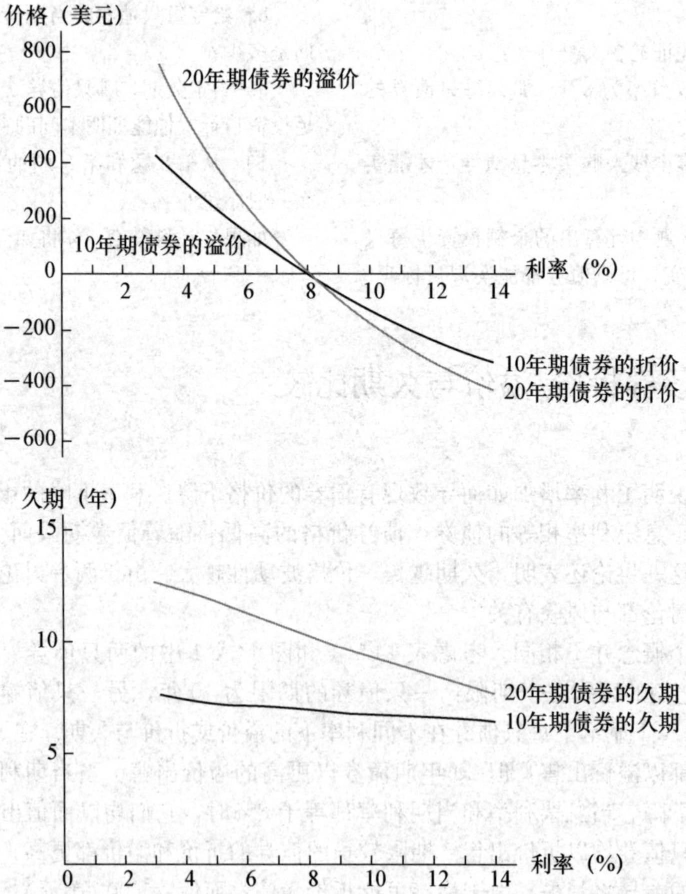

图 14A.1　息票利率为 8%、期限为 10 年和 20 年的债券在不同利率下的溢价（或折价）

资料来源：© Cengage Learning.

当市场利率上升时，两只债券的久期都会下降。尽管 10 年期债券的久期也会下降，但变化较小（例如，当利率从 3%升至 14%时，久期从 7.60 年降至 6.37 年）。20 年期债券的久期下降得更多（例如，当利率从 3%升至 14%时，久期从 12.65 年降至 7.75 年）。20 年期债券的久期接近期限较短的债券的久期。当利率为 21.5%时，债券的久期相等，而当利率更高时，20 年期债券的久期实际上会低于 10 年期债券的久期。

表 14A.2 和图 14A.2 表示当当期利率为 8%时，不同息票利率、期限分别为 10 年和 20 年的债券的溢价、折价和久期。表 14A.1 保持债券的息票利率不变，而利率是变化的；表 14A.2 保持利率不变，而息票利率是变化的。息票利率较低的债券折价较高，而期限越长，折价越高。20 年期零息债券的价格为 208 美元（折价为 792 美元），而 10 年期债券的售价为 446 美元，折价为 554 美元。当息票利率提高时，折价也增加。当息票利率超过当期利率时，债券以溢价出售，债券期限越长，溢价越高。例如，息票利率为 12%的 10 年期债券和 20 年期债券将分别以 272 美元和 396 美元的溢价出售。

息票利率也会影响每只债券的久期。息票利率增加表明收到现金的速度加快，因此，当息票利率上升时，久期将减小。表 14A.2 也证明了这种关系。尽管久期等于零息债券的期限，但当息票利率增加时，久期将减小。而且如表所示，20 年期债券的久期数值下降得比 10 年期债券的久期更快。

表 14A.2　当期利率为 8%时，期限为 10 年和 20 年的债券在不同息票利率下的溢价（折价）和久期

息票利率（%）	10 年期债券		20 年期债券	
	溢价/(折价)（美元）	久期（年）	溢价/(折价)（美元）	久期（年）
0	(554)	10.00	(792)	20.00
2	(407)	8.76	(594)	14.03
3	(340)	8.33	(495)	12.79
4	(272)	7.99	(396)	12.00
5	(204)	7.70	(297)	11.38
6	(136)	7.45	(198)	10.92
7	(68)	7.25	(99)	10.57
8	0	7.07	0	10.29
9	68	6.91	99	10.06
10	136	6.78	198	9.87
11	204	6.65	297	9.71
12	272	6.61	396	9.57
13	340	6.44	495	9.45
14	407	6.35	594	9.34
⋮	⋮	⋮	⋮	⋮
20	815	5.96	1 188	8.91

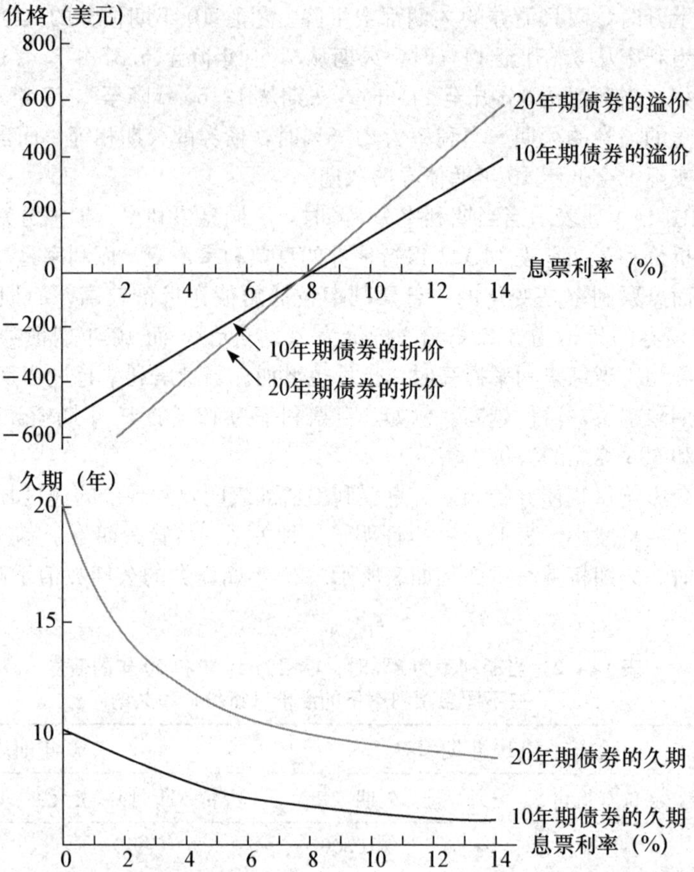

图 14A.2　期限为 10 年和 20 年的债券在不同息票利率下的折价、溢价和久期（当期利率为 8%）

资料来源：© Cengage Learning.

注意，当表 14A.1 和表 14A.2 左列的数值，即利率或息票利率上升时，久期将会减小。利率越高（即债券价格越低、折价越大）、息票利率越高，久期就越小。投资者将更早收到更多现金，因此久期减小。这种关系不同于左列与溢价/折价列中数值的关系。更高的利率和更低的息票利率将产生较大的折价，而较低的利率和较高的息票利率将产生较大的溢价。

附录 14B　用收益率结构为债券定价

在本章中，一旦债券价格已知，就能确定到期收益率。该收益率为令债券的现金流入（利息和到期时的本金偿付）等于其价格（初始现金流出）的贴现率。该讨论还说明了如何确定债券价格。债券价格为以适当的贴现系数（即利率）将所有现金流贴现的现值。

然而，使用到期收益率计算该价值可能会对债券错误定价。错误定价的原因是假设到期收益率是贴现所有未来支付的合适利率。为了应用该假设，收益率曲线（收益率结构）必须是平坦的，使所有款项都可以用该唯一利率——到期收益率——进行贴现。（在说明再投资利率变化对终值的影响的例子中，做出了相同的假设。由于所有利息都以相同利率被再投资，因此必须假设收益率曲线是平坦的。也就是说，所有期限的债券的收益率都相同。）

如果收益率曲线的斜率为正，那么用到期收益率为债券定价就会低估证券价值。考虑一只息票利率为 8%的 5 年期债券。该债券的收益率结构如下所示：

期限（年）	利率（%）
1	6
2	7
3	8
4	9
5	10

如果用 10%（5 年期债券的收益率）计算债券价值，那么债券价值为 924.18 美元。（$PMT=80$；$FV=1\ 000$；$N=5$；$I=10$；$PV=-924.180$。）这个价值准确吗？由于债券价值为现金流的现值，因此第一笔 80 美元的价值应该以 6%的贴现率贴现。第二笔、第三笔和第四笔利息支付应该分别以 7%、8%和 9%的贴现率贴现。在第五年年底收到的 1 080 美元应该以 10%的贴现率贴现。将每笔现金流以不同的贴现率贴现，得到的这些现金流入的现值是多少？答案是 936.13（$=80\times0.943+80\times0.873+80\times0.794+80\times0.708+1\ 080\times0.621$）美元。

给定收益率结构，债券售价应为 936.12 美元，而不是用 10%贴现所有现金流入时算出的 924.18 美元。如果投资者确实以 936.13 美元的价格买入债券，那么到期收益率应为 9.67%。（$PMT=80$，$FV=1\ 000$，$N=5$，$PV=-936.13$；$I=9.670$。）实际到期收益率低于 10%。使用 10%的贴现率低估了债券价格，高估了收益率。

如果债券确实以 924.18 美元的价格卖出，那么将存在通过套利获利的机会。[①] 投资者可以购买债券并剥离息票（将本金和利息相分离）。每笔息票利息和本金都被独立出售，就像它是零息债券一样。也就是说，在 1 年后，80 美元的息票利息被当作收益率为 6%的 1 年期零息债券出售（价格为 75.47 美元）。第二笔息票利息被当作收益率为 7%的 2 年期零息债券出售（价格为 69.88 美元）。第三年、第四年和第五年的息票利息被作为 3 年期、4 年期和 5 年期零息债券出售。本金也被作为收益率为 10%的 5 年期零息债券出售。所有这些零息债券的价值是多少？答案为 936.13 美元，即用收益率结构为债券定价时的债券价格。因此，如果投资者可以以 924.18 美元的价格（使用基于债券期限的到期收益率时得到的价值）购买债券，分离出各笔现金支付，并将每笔支付作为零息债券出售，那么投资者就肯定能获得利润。当然，这种利润来自使用到期收益率为债券定价所产生的债券价值低估。

当用到期收益率计算债券价值时，所有相同期限和风险类别（即相同信用评级）的债券必然有相同的收益率。即使债券的息票利率不同也如此。当债券价值基于收益率结构时，不同息票利率的债券必然有不同的到期收益率。考虑两只 5 年期债券，第一只的息票利率为 4%，另一只的息票利率为 10%。当期收益率结构如下所示：

期限（年）	当期收益率（%）
1	5
2	6
3	7
4	8
5	9

① 套利是在一个市场上买入，同时在另一个市场上卖出，以利用两个市场的价格差的行为。在关于期权内在价值、看跌期权-看涨期权平价、程序交易和指数套利的部分中将详细说明套利。

它们基于收益率结构的价值分别为 811.72 美元和 1 054.30 美元。给定这些价格，息票利率为 4%的债券的到期收益率为 8.82%。（PV=－811.72，PMT=40，FV=1 000，N=5；I=8.82。）息票利率为 10%的债券的到期收益率为 8.62%。（PV=－1 054.3，PMT=100，FV=1 000，N=5；I=8.62。）息票利率的差异和使用收益率结构为债券定价导致它们的到期收益率不同，尽管它们距到期的时间相同。

第十五章

政府证券

学习目标

学习完本章后，你应能：

1. 区别不同类型的联邦政府债券。
2. 找出联邦政府证券投资的风险来源。
3. 区别联邦政府的道德义务及对其机构债务的十足信用担保义务。
4. 找出州政府债券和地方政府债券的主要优点。
5. 举例说明如何令公司债券、州政府债券和地方政府债券的收益率相等。
6. 区别收入债券与一般责任债券。
7. 比较国债、国库券、与通货膨胀挂钩的证券、联邦政府机构债券、市政债券和预期票据。

在 2012 年大选期间，美国最大的政治问题之一就是美国联邦政府的赤字规模。在 20 世纪 90 年代末，这个问题是相反的：如何处理美国联邦政府的盈余？当支出超过收入时，就会产生政府赤字。当产生赤字时，就必须为其融资。为了筹集资金来弥补赤字，美国联邦政府发行了各种债务工具。这些工具利用了货币市场和资本市场上能获得的不同资金来源。

第十三章讨论了各种公司债券。本章将讨论扩展至美国联邦政府、政府机构、州政府和市政府发行的债券。政府债券也具有许多与公司债券相关的特征（例如，利息、到期日和赎回特征）。本章的内容并非重复，而是强调与公司债券不同的政府债券的特征。

本章首先讨论了美国联邦政府发行的各类债券。这些债券既有小面值的 EE 债券，也有短期国库券和长期国债。其次，美国联邦政府也建立了政府国民抵押贷款协会（Government National Mortgage Association）等机构。这些政府机构也发行债券，它们的利率通常高于美国联邦政府债券支付的利率。本章最后分析了州政府和地方政府发行的债券。这些债券通常被称为"市政债券"，它们提供了公司债券和联邦政府债券以外的投资选择，因为它们支付的利息可以免缴联邦所得税。

各种联邦政府债券

根据《总统经济报告》(Economic Report of the President),美国联邦政府在 2013 年支付了 3 237 亿美元的债务利息。这个金额是很高的,相当于美国联邦政府当年总支出的 9.4%左右。购买这些债务的投资者各种各样,包括个人、公司和金融机构等。为了使这些分散化的投资者群体购买其债务,美国联邦政府发行了不同类型的债务工具以吸引各种潜在买家。[关于公共债务的信息可以参见美国财政部公共债务网站:www.treasurydirect.gov,该网站上的信息还包括储蓄债券和国库券的收益率(截至拍卖日),以及投资者如何直接从美国联邦政府购买这些国债。]

对于投资者来说,美国联邦政府债券提供的独特优点是其安全性:这些债务工具在所有可能的投资中是最安全的,因为美国财政部支付利息和偿还本金的能力没有问题。这种安全性来源于宪法赋予美国联邦政府的征税权和发行货币权。由于对联邦政府创造货币的能力没有具体的限制,因此只有国会能立法(即设立债务上限)来限制联邦政府偿还债务或对债务再融资的能力。

表 15.1 举例说明了不同类型的联邦政府债务以及每种联邦政府债务的未清偿金额。如该表所示,美国财政部主要使用中短期(5 年或更短)融资。这种对中短期债务的强调可以部分由利息成本解释。短期债务的利率通常低于长期债务的利率。因此,使用短期融资降低了财政部的利息费用。此外,国会限制财政部对长期债务支付的利率,但不限制其对短期债务支付的利率。因此,在高利率时期,财政部可能不被准许出售长期证券,即使它想这样做。

表 15.1　2015 年 1 月 1 日的联邦政府债务的种类与金额

	距到期的时间	价值(10 亿美元)	占总债务百分比(%)
国库券	最长 1 年	1 410	8.4
中期债券	1~10 年	8 160	48.8
长期债券	10 年或更长	1 534	9.2
通货膨胀保值债券	不同期限	1 045	6.3
其他①	不同期限	4 570	27.3
		16 719	100.0

资料来源:美国公共债务局。

①主要是美国政府机构、信托基金,以及州政府和地方政府持有的债务。

不可流通联邦政府债务

或许最被广泛持有的联邦政府债务就是**系列 EE 债券**(series EE bond)。系列 E 债券最初于 1941 年发行,目的是为第二次世界大战融资。它以小面值(例如 25 美元、50 美元和 100 美元)折价发行,因此基本上每个人都可以省下钱支援战争。

1980 年 1 月 2 日,美国财政部开始发行系列 EE 债券,以代替系列 E 债券。1982 年 11 月,美国财政部改变了计算 EE 债券利息的方法,从固定利率变为可变利率,后者每 6 个月变更一次。(关于 E 债券和 EE 债券的信息见 www.savingsbonds.com,该网站提供的服务包括提供所有 E 债券和 EE 债券的已获得利息、兑现价值和最终到期日。这项服务还能告诉你哪些债券已停止支付利息。)可变利率允许小型投资者在利率升高时参与高收益债券投资,但获得的收益将在利率下降时减少。

EE 债券在 17 年后到期。如果债券没有在到期时赎回，就将继续在接下来的 13 年中获得利息，总共 30 年。每年的 5 月 1 日和 11 月 1 日公布利率，该利率适用于接下来的 6 个月。新的利率为前 3 个月 5 年期国债支付的平均利率的 90%。在投资者购买债券后每 6 个月，利息将加入债券的价值。

系列 EE 债券和其他债券的一个重要区别是，它缺少二级市场。如果投资者现在需要现金，债券无法被出售，而是在商业银行等金融机构被赎回。债券也不能被赠予而转让，尽管它可以通过遗产形式转让。财政部还禁止使用 EE 债券为贷款担保。尽管公司债券可以作为担保品，但 EE 债券不行。

系列 I 债券在被出售时的面值为 50～10 000 美元，美国财政部每 6 个月规定一次利率，公布时间分别为每年 5 月和 11 月。利息包括固定利息和一个基于消费价格指数的附加金额。因此，该债券提供了担保最低利率加上通货膨胀的调整利率。到期日为发行日 20 年后，但可以延长 10 年，此后将停止支付利息。利息不用缴纳州所得税，如果利息被用于支付合格高等教育费用，则可以免缴联邦所得税。

国库券

短期联邦政府债券是以**国库券**（Treasury bill）的形式发行的。这种国库券的发行面值为 10 000～1 000 000 美元，期限为 3～12 个月。和系列 EE 债券一样，国库券是以折价出售的，但和系列 EE 债券不同，其折价后的价格不是事先确定的。美国财政部连续拍卖国库券，将之卖给出价最高的买方。例如，如果投资者出价 9 700 美元获得了国库券，那么当国库券到期时他将收到 10 000 美元，即持有期的收益率为 3.1%（=300÷9 700）。如果买价更高，那么国库券的利息成本（即买方的收益率）就会更低。

一旦国库券被拍卖，就可以在二级市场上买卖。国库券以记账形式发行，并且可以方便地买卖。这些国库券有活跃的二级市场。下表给出了国库券的报价。

到期日	距离到期日的天数（天）	买方折价收益率（%）	卖方折价收益率（%）	卖出收益率（%）
201×年 12 月 6 日	126	3.49	3.47	3.56

报价表明，对于在 201×年 12 月 6 日到期的国库券来说，买方愿意报出折价收益率为 3.49%的折价。然而，卖方愿意以较低的折价（较高的价格）出售，该价格对应的折价收益率为 3.47%。基于卖价的国库券年收益率为 3.56%。

折价收益率和年收益率产生差异的原因在于国库券是以折价卖出，并以折价收益率报价的。折价收益率与国库券的年收益率或到期收益率不同（可能没有可比性）。折价收益率是根据国库券的面值，以 360 天为一年计算的。年收益率有时被称为“债券等值收益率”，它取决于国库券的价格，并以 365 天为一年计算。

从下例中可以看出两种计算方法的区别。假设一只面值为 10 000 美元的 3 个月期国库券的售价为 9 800 美元。折价收益率（i_d）为：

$$i_d=\frac{\text{面值}-\text{价格}}{\text{面值}}\times\frac{360}{\text{距离到期日的天数}} \tag{15.1}$$

$$\frac{10\ 000-9\ 800}{10\ 000}\times\frac{360}{90}=8\%$$

年收益率（i_a）为：

$$i_a=\frac{面值-价格}{价格}\times\frac{365}{距离到期日的天数} \tag{15.2}$$

$$\frac{10\,000-9\,800}{9\,800}\times\frac{365}{90}=8.277\%$$

由于折价收益率使用的是面值并以 360 天为 1 年，因此它低估了投资者获得的收益率。折价收益率可以通过下式转化为年收益率：

$$i_a=\frac{365\times i_d}{360-(i_d\times 距离到期日的天数)}$$

因此，如果 3 个月期国库券的贴现率为 8%，那么年收益率为：

$$i_a=\frac{365\times 0.08}{360-0.08\times 90}=8.277\%$$

这与使用年收益率公式得出的答案相同。

年收益率是一种单利，不应与年复利收益率混淆。如果你获得的年单利利率为 8.277%，那么复利利率将更高，因为第一期获得的利息将被用于在接下来的时期赚取利息。复利（i_c）的计算公式为：

$$9\,800\times(1+i_c)^n=10\,000$$

其中，$n=90/365$。解为：

$$9\,800\times(1+i_c)^{90/365}=10\,000$$

$$(1+i_c)^{0.246\,6}=\frac{10\,000}{9\,800}=1.020\,4$$

$$i_c=(1.020\,4)^{4.055\,6}-1=0.085\,4=8.54\%$$

对特定利率的偏好可能取决于投资者的用途。如果你购买国库券的时间仅为 3 个月，那么年单利收益率就足够了。然而，如果你在到期时要滚动投资国库券（即将收入进行再投资），那么复利收益率可能更好。

国库券可以通过经纪公司、商业银行和任何联邦储备银行购买。投资者购买的可能是新发行的国库券或在二级市场上交易的国库券。期限为 1 年的国库券每个月拍卖一次。期限更短的国库券每周拍卖一次。如果买方直接从联邦储备银行处购买国库券，那么就不用支付佣金费用。经纪公司和商业银行收取佣金，但和其他投资交易（例如，购买股票）收取的佣金相比较低。

国库券是偏爱安全性和利息收入的投资者可以获得的最佳短期债务工具之一。国库券到期的速度很快，而且投资者有许多国库券可以选择。因此，投资者可以购买在需要本金时到期的国库券。例如，现在手头有现金但必须在 3 个月后进行支付的投资者可以购买在适当时间到期的国库券。通过这样做，投资者可以让现金在 3 个月内物尽其用。

或许令国库券不同于其他所有投资的一个特征是风险。这些国库券被视为所有可能的投资中最安全的。投资者在购买国库券时，并不担心本金的安全。联邦政府总有能力为国库券再融资或偿还国库券，因为它有征税权和创造货币的权力。

国库券的主要买方是有多余短期现金的公司、有未使用贷款能力的商业银行、货币市场共同基金和为资金寻找避风港的外国投资者。个人投资者也可以购买国库券。然而，国库券的最低面值为 10 000 美元，这让许多存款人望而却步。想要这种安全短期投资的个人投资者可以购买专门购买短期证券（包括国库券）的货币市场共同基金的股份。

中期国债与长期国债

中期联邦政府债券的形式为**中期国债**（Treasury note）。这些票据的发行面值从 1 000 美元到 100 000 美元以上，在 1～10 年后到期。**长期国债**（Treasury bond）是政府的长期债务工具，发行面值为 1 000～1 000 000 美元，这些债券自发行日起 10 年以后到期。这些债券是最安全的中长期投资，购买者包括养老基金、金融机构或主要关心适中收入和资金安全性的存款人。由于这些债务工具非常安全，因此它们的收益率通常低于高质量公司债券（例如，IBM 债券）可以获得的收益率。例如，2014 年，埃克森美孚债券的评级为 AAA 级，收益率为 2.9%，而期限几乎相同的美国国债的收益率为 2.2%。

美国中期国债和长期国债支付固定利率。2013 年 1 月，美国财政部发行了首只浮动利率中期国债。和本章后面介绍的与通货膨胀挂钩的债券不同，这种浮动利率中期国债支付的利率每周调整，并与最近的 13 周国库券利率挂钩。如果国库券利率增加，浮动利率中期国债的利率也会增加，反之亦然。国库券利率降低将降低浮动利率中期国债支付的利率。因此，这种债券对预期短期利率增加的投资者很有吸引力。

新发行的国债可以通过商业银行和经纪公司购买。这些公司将收取佣金，但个人投资者可以从任何联邦储备银行或其分支机构购买债券，从而避免缴纳这种佣金。然而，投资者必须在购买之前进行支付。除非个人投资者提出有竞争力的买价，否则买价将是竞价购买债券的机构提出的平均价格。通过接受这种非竞争性买价，个人投资者确保所购债券的收益率与试图以可能的最低价格（最高收益率）购买债券的金融机构获得的平均收益率相匹配。

一旦买入债券，投资者就可以方便地再次将其售出，因为存在着活跃的美国国债二级市场。然而，它们的报价不同于股票的报价，因为国债是以$\frac{1}{32}$为单位报价的。如果债券的报价为 107:13－107:15，那么这意味着买价为 $107\frac{13}{32}$，卖价为 $107\frac{15}{32}$。对每 10 000 美元面值的债券而言，这些金额相当于 10 740.63 美元和 10 746.88 美元。

国债是投资者可以获得的最安全的投资之一，但中期国债和长期国债的持有者也有可能遭受损失。这些债务工具支付固定利息，其金额是在发行中期国债和长期国债时确定的。固定利息意味着债券面临着利率风险。如果利率随后上升，那么现有债券就没有原来那么有吸引力，其市场价格就将下跌。如果投资者必须在到期前卖出债务工具，那么价格就将低于本金金额，而投资者将遭受资本亏损。

国债支付的利率会随时间的推移而发生变化。第十三章中的图 13.3 说明了这种变化的程度，该图显示了国库券和国债的收益率。收益率也可能迅速波动。例如，3 个月期国库券收益率在 1980 年 3 月达到高点 15%仅仅 2 个月后，就跌到 8.7%。这种收益率波动的原因是货币市场和债券市场上的信贷供求变化。由于供求发生了变化，因此所有债务工具，包括联邦政府债务的市场价格和收益率都会波动。当债券需求变强并超过旧价格上的供给时，债券价格就会上升，而收益率将下降。当供给超过需求时，将发生相反的情况：债券价格下降，而收益率上升。

当通货膨胀率超过债券利率时，投资者的国债投资也可能遭受损失。例如，在 1974 年，国债收益率升至 7.3%，但消费品的通货膨胀率超过了 10%。2014 年，几乎不存在通货膨胀，但通货膨胀率（0.8%）仍然超过短期国库券支付的利率（0.1%）。只有长期债券（例如 30 年期国债）的收益率（2.8%）超过通货膨胀率。显然，购买短期国库券的投资者遭受了损失，因为收益率不足以弥补通货膨胀。

波动的收益率和通货膨胀两个因素说明了联邦政府债券投资和所有类型的投资一样，都使投资者面临利率风险和购买力风险。因此，尽管在利息支付和本金偿付的确定性方面，联邦政府债券是所有投资中最安全的，但仍然存在某些风险因素。

当外国投资者购买美国联邦政府证券时，还存在着汇率风险。如果其货币价值相对于美元上升，那么当美元被兑换为该国货币时，利息和本金偿付也会减少。然而，美元价格也可能上升，此时投资收益率将上升。在其他国家的经济不确定时期，外国投资者将购买美元，这既是为了将美元作为避风港，也是为了在其货币贬值、美元升值时获得更高的收益。

联邦政府债券收益率的波动性

20 世纪 80 年代，联邦政府债券的收益率波动性提高。图 15.1 说明了这种波动性的增加，该图画出了 3 个 10 年期的股票和长期政府债券的月收益率年标准差，这三个时期是：1950—1958 年；1980—1988 年；1994—2002 年。在 1950—1958 年，长期债券的平均标准差为 4.2%，且持续低于股票收益率的标准差。从 20 世纪 70 年代末开始，政府债券收益率的波动性显著提高，其收益率的标准差在几年中超过了 20%（平均值为 15.3%）。债券收益率的标准差在 1981 年甚至超过了股票收益率的标准差，当时利率显著上升，压低了债券价格。

图 15.1　股票和长期联邦政府债券的收益率标准差

资料来源：数据来自 *Stocks*，*Bonds*，*Bills and Inflation 2003 Yearbook*（Chicago：Ibbotson Associates）。

20 世纪 80 年代末，这种波动性降低了。尽管收益率的标准差没有回到 20 世纪 50 年代的水平，但它显著低于 1980—1988 年的水平。尽管 1980—1988 年是异常情况，但数据表明当联邦政府债券的波动性提高时，它们的风险也更高了。

零息国债

随着个人退休账户（IRA）的出现，公司开始发行零息债券。由于美国财政部当时不发行这种债券，因此部分经纪公司创造了自己的零息国债。例如，美林公司创造了国债投资增长收据（Treasury Investment Growth Receipt，TIGR，通常被称为“Tigers”），即美林公司购买一批国债，去掉所有息票，并在特定年份向投资者支付利息或在债券到期时向投资者支付本金。由于仅限于在未来某个特定时间发放一笔支付，因此这些 Tigers 是以折价出售的。实际上，它们是以美林最初购买并由受托人持有的国债支持的零息债券。

其他经纪公司通过从现有国债中去除息票创建出类似的证券。某些零息国债的缩写很有意思，例如，所罗门兄弟的美国国债利息证书（Certificates of Accrual on Treasury Securities，CATS)。有时，它们也被称为国债收据（Treasury Receipts，T. R. s)。然而，在每种情况下，经纪公司都拥有标的国债。投资者实际购买的债券是经纪公司的债务，而不是联邦政府的债务。

STRIPS

之后，美国财政部推出了自己的零息债券，即本息分离债券（Separate Trading of Registered Interest and Principal Security，STRIPS)。购买这种 STRIPS 的投资者购买的是联邦政府的直接债务。由于这些证券是直接债务，因此收益率往往稍低于经纪公司创建的 Tigers、CATS 和其他零息证券。

无论如何，这些证券的主要优点都在于它们在退休账户中的用途。零息债券获得的利息在产生时即被征税，尽管持有者并未收到用现金支付的年利息。因此，几乎没有理由用无法避税的账户购买这些证券。不过，对于退休账户来说它们是不错的工具，因为所有资金（即本金和应计利息）都是在到期时一次性支付的。由于退休账户是在取出资金时缴税的，因此规避了零息债券的税收缺点。投资者可以购买在理想日期到期的证券，以满足退休后的资金需求。例如，一个 40 岁的投资者可以购买在他 65 岁、66 岁……时到期的零息政府证券。这种阶梯式债券策略将确保他在退休后收到资金，那时它们将代替投资者在退休时停止获得的收入。

如果投资者购买了零息债券，就应该意识到这些债券是所有联邦政府债券中价格波动性最大的。正如第十四章中讨论的那样，利率变化导致了债券价格的波动。期限越长、息票利率越低，价格波动性越大。零息债券不定期支付利息，因此，对于给定期限，其价格比相同期限的息票债券更具波动性。例如，如果年复利利率为 4%，那么 10 年期零息债券的售价将为 675.56 美元，而利率为 4%的 10 年期息票债券的售价将为 1 000 美元。如果利率升至 8%，那么零息债券的价格将跌至 463.19 美元，跌幅近 31%。息票利率为 4%的息票债券的价格将跌至 731.60 美元，跌幅近 26.8%。

零息债券的价格波动性在利率变化时增加的原因是，在到期一次性支付时其整体收益率下降。由于任何债券的当期价格都是利息和本金偿付的现值，因此零息债券的价格只是在到期时收到的单笔支付的现值。在债券存续期早期不会收到利息，也就不会降低债券价格对利率变化的反应程度。

这种价格波动性表明，零息债券可以很好地服务于阶梯式债券策略，并可以作为预期利率降低时买入债券的不错选择。阶梯式策略不是为了在到期前卖出债券。相反，投资者预期在债券到期时收到支付，因此价格波动性并不重要。预期利率降低而买入债券是为了获得可能伴随利率降低而产生的价格上升的好处。

与通货膨胀挂钩的证券

除了传统可交易债务工具外，联邦政府还发行了**与通货膨胀挂钩的证券**（inflation-indexed security），这种证券有时被称为通货膨胀保值国债（Treasury Inflation Protection Security，TIPS）。有两种基本的与通货膨胀挂钩的可交易联邦政府债券。第一种是与通货膨胀挂钩的中期国债，它在每年1月15日和7月15日发行，并在10年后到期。第二种是与通货膨胀挂钩的长期国债，它是每年10月15日发行的30年期债券。

与通货膨胀挂钩的中期国债和长期国债支付适中的利率，并根据消费价格指数（CPI，即通货膨胀率）的变化进行调整。该利率为投资者获得的“实际收益率”。这种调整是通过改变联邦政府所欠本金金额实现的；对半年期利率没有进行调整。本金变化金额取决于当期CPI与发行证券时的CPI之比。例如，假设10年期中期国债的实际利率为3.875%，CPI为164。两年后CPI为174，因此本金的增加系数为1.060 98（=174/164）。1 000美元的中期国债增至1 060.98美元。然后，投资者将收到41.113（=1 060.98×0.038 75）美元的利息而不是38.75美元，这是发行中期国债时最初获得的金额。[①] 由于收到的本金和利息金额随着通货膨胀率的上升而增加，因此投资者的购买力得以维持。

与通货膨胀挂钩的长期国债吸引的是主要担心通货膨胀率上升使传统固定利率债券投资产生购买力损失的投资者。例如，如果通货膨胀率为2%，投资者购买了利率为5%的10年期债券，且该通货膨胀率升至6%，那么利率就不足以弥补升高的通货膨胀率。投资者本金的购买力也被削弱了。如果该投资者购买了一只与通货膨胀挂钩的证券，那么本金和获得的利息的上升幅度就足以弥补上升的通货膨胀率，并能提供适度收益。

尽管与通货膨胀挂钩的联邦政府中期债券和长期债券是管理购买力风险的一种方法，但与通货膨胀挂钩的债券也存在风险，即债券支付的固定实际利率低于传统债券投资能获得的名义利率。例如，2015年的20年期债券的利率为2.24%，这高于与通货膨胀挂钩的20年期债券的实际利率。当然，如果通货膨胀率上升，那么传统中期债券的实际收益率将降低，而与通货膨胀挂钩的中期债券将获得更高的利率，保持投资者的购买力。然而，如果通货膨胀率没有上升，那么与通货膨胀挂钩的债券产生的收益率将较低。

当然，与通货膨胀挂钩的联邦政府中期债券和长期债券说明了投资者必须进行的一个重要的取舍。为了获得保值并降低通货膨胀风险，投资者可以购买与通货膨胀挂钩的债券。然而，如果通货膨胀率没有上升，那么这种策略就会获得较低的利率。投资者可以不购买与通货膨胀挂钩的债券，从而获得较高利率，但他们就要承担通货膨胀风险。尽管传统债券可能产生更多的当期利息收入，但更愿意购买它们而不是与通货膨胀挂钩的债券的投资者要承担通货膨胀造成的购买力损失风险。

---

① 这个例子假设每年付息一次，而中期国债（和长期国债）半年付息一次。在网站 www.treasurydirect.gov 上可以找到调整本金的指数系数。

CPI 也可能降低。如果发生通货紧缩，与通货膨胀挂钩的本金就会减少，这降低了定期利息。如果与通货膨胀挂钩的本金低于债券到期时的初始面值，那么联邦政府就会偿还初始面值。如果买方将与通货膨胀挂钩的债券持有至到期，那么就肯定能获得（债券发行时的）初始投资金额。只有定期利息会减少。

除了这些风险外，与通货膨胀挂钩的联邦政府债券还存在税收缺点。超过本金的部分被视为应税收入，即使投资者到债券到期（或出售）时也没有收到这些金额。在上例中，本金从 1 000 美元升至 1 060.89 美元。这 60.89 美元是 2 年中产生的应税收入，即使投资者只收到本金价值 3.875%的利息，也会产生这部分金额。除非使用税收递延退休账户，否则对增加的本金价值的这种税收处理会降低与通货膨胀挂钩的中期国债和长期国债的吸引力。

联邦机构债券

除了联邦政府发行债券外，某些联邦政府机构和联邦政府资助的公司也发行债券。这些债券包括各种期限，从短期债券到长期债券不等。和许多美国国债一样，这些机构的某些债券也存在着活跃的二级市场，而且金融媒体上每天都会登载许多此类债券的报价。

为了满足特定金融需求，几家联邦机构应运而生。例如，银行合作组织是根据《农场信贷法案》(Farm Credit Act) 组建的。这些银行提供农场企业服务，并对农场合作社提供贷款以帮助它们购买物资。1972 年创建的学生贷款市场协会（Sallie Mae）是为了向商业银行、储蓄与贷款协会和参加“担保学生贷款计划”的学校根据该计划向投保学生发放的贷款提供流动性。这种流动性将扩大学生从私人来源处可获得的资金。（2004 年，学生贷款市场协会成为一家独立的上市公司。）

联邦机构债券（federal agency bond）不是由联邦政府发行的，也不是联邦政府的债务。因此，它往往提供高于美国国债的收益率。然而，这些债券是极其安全的，因为它们有政府作担保。在某些情况下，这只是**道德担保**（moral backing），这意味着在违约时，联邦政府不必为该债务提供支持（即支付利息，并履行债券契约条款）。然而，某些债券是由美国财政部担保的。如果这些债券违约，那么联邦政府就要依法承担债券契约的责任。

债券是否有联邦政府的法律担保或道德担保可能是个学术问题。所有这些债券的信用风险都很低，因为很难相信联邦政府会任由其机构的债务违约。由于这些债券的收益率稍高于美国国债的收益率，因此联邦机构债券是对追求更高收益率的保守投资者有吸引力的投资。这不仅适用于希望保护其资本的个人投资者，而且适用于金融机构，例如，商业银行、保险公司或信用合作社，这些机构在做出投资决策时必然非常关注本金的安全。

投资者可以购买联邦机构债券，但极少有个人投资者真正拥有这些债券，除非通过养老金计划、共同基金和其他持有这些债券的机构间接拥有。许多个人投资者可能甚至没有意识到这种债券的存在和它提供的潜在好处。任何希望构建强调收入和本金相对安全性的投资组合的投资者都应该考虑这些债务工具。

吉利美债券

由政府机构发行、联邦政府支持的最重要、最常见的一种债券就是**吉利美债券**（Ginnie Mae bond），即政府国民抵押贷款协会［Government National Mortgage Association，GNMA，吉利美，为美国住房与城市发展部（Department of Housing and Urban Development，HUD）的一家分支机构］发行的债券。通过销售吉利美债券筹集的资金被用于购买联邦住房管理局或退伍军人事务部（Federal Housing Administration or Department of Veterans Affairs，FHA/VA）担保的抵押贷款池。这些抵押贷款由私人贷款机构（例如，储蓄与贷款协会和其他储蓄机构）发行，并打包为证券，出售给公众，由协会担保。向公众出售的单笔吉利美债券的最低金额为 25 000 美元。可投资金额较少的投资者可以购买投资于抵押贷款支持证券的共同基金的股份。由于吉利美将非流动性资产（抵押贷款）转化为可交易证券，因此这是证券化的一个例子。很少有投资者愿意持有抵押贷款，因为抵押贷款票据很难出手。然而，吉利美债券可以很方便地被出售。因此，通过它可以将非流动性资产转化为可交易资产。（参见第十三章中关于证券化的讨论。）

为了了解吉利美债券［或任何**抵押贷款支持债券**（mortgage-backed bond）］是如何运作的，有必要了解抵押贷款产生的支付。表 15.2 说明了这个过程。投资者分期付款购买了一幢房屋，并通过抵押贷款为房价余额融资。房主定期支付相等金额的款项，以支付利息并偿还本金。在发放抵押贷款时，支付额是固定的。在表 15.2 中，抵押贷款为 150 000 美元，利率为 8%，抵押贷款期限为 25 年（300 个月）。每个月的支付额为 1 157.72 美元，由利息和本金组成。表中的第一列给出了支付序号。这些数字从 1 到 300 不等，因为贷款需要每年按月支付 12 次，共支付 25 年，总支付次数为 300 次。第二列给出了利息支付额，第三列给出了本金偿付额。最后一列给出了贷款余额。由于利息是根据所欠余额计算的，因此支付的利息金额会逐笔下降，而用于偿还本金的支付额将会上升。例如，支付的第 3 笔利息额为 997.89 美元，但支付的第 148 笔利息额为 738.84 美元。由于利息额下降，因此本金偿付从第 3 笔的 159.83 美元升至第 148 笔的 418.89 美元。抵押贷款前几年的支付基本上还清了所欠利息，但接近贷款期限结束时的支付降低的主要是贷款余额。

表 15.2 利率为 8%、期限为 25 年、面值为 150 000 美元的抵押贷款计划的部分支付额（月支付额：1 157.72 美元）

单位：美元

支付序号	利息支付额	本金偿付额	贷款余额
1	1 000.00	157.72	149 842.28
2	998.95	158.78	149 683.50
3	997.89	159.83	149 523.67
—	—	—	—
—	—	—	—
—	—	—	—
148	738.84	418.89	110 407.01
149	736.05	421.68	109 985.33
150	733.24	424.49	109 560.84
—	—	—	—
—	—	—	—
—	—	—	—
298	22.85	1 134.88	2 292.50
289	15.28	1 142.44	1 150.06
300	7.67	1 150.06	0.00

如果利率为 4%，月支付额将降至 791.76 美元。该金额明显低于 1 157.72 美元，但总欠款（150 000 美元）保持不变。利率降低不会影响所欠本金，但影响利息，这导致月支付额下降。当然，利率升高的影响相反，因为它会增加利息和必要的月支付额。

支付利息、偿还贷款所需要的定期支付是通过使用第三章中介绍的现值计算公式计算出来的。下面这个简单的例子说明了这种计算方法。某人借入 10 000 美元，期限为 10 年，并同意每年支付一次来偿还贷款，并对不断减少的欠款余额支付 12%的利率。（目前的抵押贷款利率显著低于例子中的 12%。然而，12%的利率便于说明脚注中用利率表计算月供金额的例子。）年支付额是多少？答案为：

$$10\ 000=\frac{PMT}{(1+0.12)^1}+\cdots+\frac{PMT}{(1+0.12)^{10}}$$

由于定期支付额相等，因此该式可以用年金现值表解答。该问题变为：

$$10\ 000=PMT\times 1\text{ 美元年金在利率为 }12\%\text{、期数为 }10\text{ 时的现值利息系数}$$

$$10\ 000=PMT\times 5.650$$

$$PMT=\frac{10\ 000}{5\ 650}=1\ 769.91\text{（美元）}$$

每笔金额为 1 769.91 美元、为期 10 年的年支付额将还清贷款，并对不断下降的欠款余额支付 12%的利息。①

吉利美债券作为一种通道，可以通过它收取房屋所有者的利息和本金偿付，并将其分配给投资者。投资者购买部分吉利美债券池。当利息和本金偿付进入池中时，资金就被导入吉利美的所有者那里。投资者每个月得到吉利美债券池收到的本金和利息中属于他的份额。由于每个月流入池中的支付额不同，投资者收到的金额每个月都会变化。因此，吉利美是定期支付金额不固定的长期债务工具的一个例子。（参见本章结尾讨论的抵押贷款问题。）

吉利美债券很受为退休后的生活融资或在退休账户中积累资金的投资者的欢迎。它受欢迎的原因是其具有安全性，因为联邦政府对它的本金和利息支付提供保险。因此，如果抵押贷款支付者违约，那么联邦政府将进行必要的支付。这种担保基本上确保了吉利美债券持有者能及时获得利息和本金支付。

除了安全性以外，吉利美还提供比联邦政府证券更高的收益率。由于这些收益率最终与债券池购买的抵押贷款有关，因此它取决于抵押贷款利率，而不是国库券或国债的收益率。该收益率最多可比长期联邦政府债券提供的收益率高 2 个百分点（通常被称为 200 个基点）。

吉利美债券对于希望获得定期支付流的投资者也很有用，因此利息和本金偿付额是每月分

---

① 本例是过度简化的，因为利息（至少是抵押贷款的利息）通常每月支付一次，而不是每年支付一次。可以进行调整来计算月利息支付额。用利率除以 12 个月，然后再用期数乘以 12。在本例中为：

$$10\ 000=\frac{PMT}{\left(1+\frac{0.12}{12}\right)}+\cdots+\frac{PMT}{\left(1+\frac{0.12}{12}\right)^{10\times 12}}$$

$$10\ 000=x\times 1\text{ 美元年金在利率为 }1\%\text{、期数为 }120\text{ 时的现值利息系数}$$

$$10\ 000=x\times 69.698$$

$$x=143.48\text{（美元）}$$

月支付额为 143.48 美元，而不是 1 769.91 美元除以 12 个月（147.49 美元）。由于贷款偿还速度提高（即每个月本金都会减少），因此效果是降低支付的利息的总金额，使月总支付额降至 143.48 美元，而不是 147.49 美元。

这个例子同时说明了使用利率表的局限性，因为利率表中的利率百分比和时期数都是有限的。财务计算器允许使用任何利率和时期进行计算。例如，利率为 7.35%、期限为 11.5 年的 10 000 美元贷款的支付额为每年 1 318.06 美元或者每月 107.56 美元。

配的。抵押贷款偿付表规定了预期支付的最低金额。然而，如果房主在抵押贷款到期前就加速支付或清偿贷款，额外资金就被转移到吉利美债券的持有者手中。

吉利美债券虽然有美国联邦政府的十足信用担保，但也存在风险，其中之一就是由于通货膨胀而丧失购买力。当然，如果预期收益率低于预期通货膨胀率，投资者就不会购买吉利美债券。

即使预期收益率足以证明购买债券是合理的，利率上升时投资者仍可能遭受损失。特定抵押贷款池中所有抵押贷款的利率都相同，而且由于吉利美债券为固定收益债券，因此其价格将随着利率波动。利率升高将压低其价格。因此，如果投资者希望在二级市场上卖出证券（且存在活跃的吉利美债券二级市场），那么他可能会遭受利率升高导致的资本损失。当然，如果利率下降，进而导致证券价值上升，那么投资者也可能获得资本收益。

最后一种风险来源与再投资利率有关，它降低了月支付额的确定性。房主可以（而且确实会）在到期前偿还抵押贷款。当房主搬家并卖掉房子和利率下跌时，就会发生这种情况。利率降低鼓励房主对抵押贷款进行再融资（即以更低的当期利率获得新的抵押贷款，并偿还利率更高的旧抵押贷款）。由于旧贷款被清偿，因此吉利美债券持有者得到了更多的本金偿付，但只能按较低的当期利率重新贷出资金。如果利率升高，将会发生相反的情况。房屋所有者不会进行再融资，而提前还款额将减少，因此吉利美债券持有者收到的本金偿付将减少。

这种支付时间的不确定性影响了吉利美债券的估值。吉利美债券的定价基本上和其他债券的定价相同：利息和本金偿付以当期利率贴现。由于存在再投资利率风险，每笔本金偿付金额都是不确定的。如果大量房主迅速还清抵押贷款，那么这些钱将很快还清吉利美债券。（购买抵押担保债券可以弥补吉利美债券的这种缺陷，这点将在稍后讨论。）

这种未来支付的不确定性可以导致估计收益率的差异。假设一只吉利美债券的预期寿命为 12 年[①]，且现在以折价出售（如果在积累并出售这个吉利美债券池之后利率提高，就会出现这种情况）。在这种情况下，吉利美债券的价格将下降，使预期收益率与当前发行的证券的收益率可比。对于以折价出售的吉利美债券，收益率将取决于利息支付流和还清抵押贷款的速度。

如果还清抵押贷款的速度快于预期（即抵押贷款池的期限短于预期的 12 年），那么实际收益率将升高，因为折价将更快地消失。然而，如果抵押贷款的清偿速度减慢，那么实际收益率将低于预期收益率。因此，当购买证券时，实际收益率可能不同于假设收益率。这使得两个交易商可以对以相同折价出售的相同吉利美债券给出不同的收益率。如果一个交易商假设抵押贷款将更快被清偿，那么就会预期更高的收益率。然而，另一个交易商可能对清偿抵押贷款的速度做出更保守的假设。

抵押贷款的清偿速度部分取决于对抵押贷款支付的利率。如果吉利美抵押贷款的利率相对较高，那么利率下降时房主就可能希望对这些贷款进行再融资，因此初始的抵押贷款被迅速清偿。当吉利美抵押贷款的利率低于当期利率时，将发生相反的情况。在这种情况下，几乎没有提前清偿抵押贷款的动机，这趋向于延长抵押贷款池的期限。因此，由于抵押贷款利率降低而以折价出售的吉利美债券往往比由于抵押贷款利率升高而以溢价出售的吉利美债券期限更长。

购买吉利美债券的投资者应该意识到，他收到的金额既代表获得的利息收入，又代表投资的收益。如果投资者花掉了所有款项，那么就等于消耗了本金。因此，投资者应该充分意识到，收到的各笔款项是由利息和本金偿付组成的，只有当投资者有理由消费本金时，才应该花掉它。

---

① 尽管吉利美债券的期限可能为 25～30 年，但平均寿命（根据吉利美的数据）为 12 年。

抵押担保债券

尽管吉利美债券由联邦政府支持，投资者知道自己能得到利息和本金偿付，但每月的支付额仍然是未知的。由于房主对房屋进行再融资时，本金偿付也会变化，因此投资者收到的本金偿付每个月都会变化。这种月现金流的变化对于任何希望获得合理确定的月现金支付流的人（例如，一位退休者）来说可能都是一个缺点。

抵押担保债券（collateralized mortgage obligation，CMO）可以降低，但不能消除这种不确定性。抵押担保债券是由持有吉利美债券和其他联邦政府支持的抵押贷款的信托公司支持的。当创建出一只抵押担保债券后，它便被分为不同类别［被称为**组别**（tranche）］。例如，一只 1 亿美元的抵押担保债券可能被分为每组 2 500 万美元的四个组别。抵押担保债券收到的本金偿付首先支付给第一个组别，直到该组别被完全清偿。一旦第一个组别被清偿，便向第二个组别的抵押担保债券持有者偿付抵押贷款本金。这个过程将重复，直到所有组别都被偿付。

在一个组别中，本金可能是按比例偿付的，也可能是通过抽选偿付的。在抵押担保债券的契约中详细说明了用比例法还是抽选法确定偿付金额；因此，投资者知道对特定的抵押担保债券使用哪种方法偿付。在两种情况下，在清偿对第一个组别的所有欠款之前，都不会对下一个组别偿付本金。

下列拥有四个组别的抵押担保债券说明了这种支付模式。每个组别由价值 200 000 美元的贷款（未清偿总额为 800 000 美元）组成，每年清偿 100 000 美元。对每个组别中的未清偿贷款金额将每年支付利息。利率随着每个组别的预期寿命而变化。利率从组别 A 的 7%开始，升至组别 D 的 10%。为了收到后来的本金偿付，投资者可能预期获得更高的利率。预期寿命最短的组别获得最低的利率，而预期寿命最长的组别获得最高的利率。

如果制订了预期支付计划，那么每个组别的年支付额如下所示：

单位：美元

年份	组别支付额							
	A		B		C		D	
	利息	本金	利息	本金	利息	本金	利息	本金
1	14 000	100 000	16 000	0	18 000	0	20 000	0
2	7 000	100 000	16 000	0	18 000	0	20 000	0
3	0	0	16 000	100 000	18 000	0	20 000	0
4	0	0	8 000	100 000	18 000	0	20 000	0
5	0	0	0	0	18 000	100 000	20 000	0
6	0	0	0	0	9 000	100 000	20 000	0
7	0	0	0	0	0	0	20 000	100 000
8	0	0	0	0	0	0	10 000	100 000

该表表明，组别 D 是金额为 200 000 美元、利率为 10%的贷款，因此前 7 年的年利息支付额为 20 000 美元，第 8 年的年利息支付额为 10 000 美元。直到前面所有组别被清偿之前都不会发生本金偿付。根据预期支付计划表，100 000 美元的本金偿付发生在第 7 年和第 8 年，这就是为什么第 8 年的利息偿付为 10 000 美元，而不是 20 000 美元。

在这8年中，借款人为使用这些资金共支付了326 016美元的利息，并清偿了800 000美元的贷款。尽管不同组别的所有者得到的利率不同，但借款人对整笔贷款支付相同的利率。受托人调整组别的结构，以与贷款支付相协调。在这个例子中，借款人的偿付表如下所示：

单位：美元

年份	年末所欠本金	利息支付额	本金偿付额
0	800 000		
1	700 000	72 448	100 000
2	600 000	63 392	100 000
3	500 000	54 336	100 000
4	400 000	45 280	100 000
5	300 000	36 224	100 000
6	200 000	27 168	100 000
7	100 000	18 112	100 000
8	0	9 056	100 000
		326 016	

不断降低的贷款余额的贷款利率为9.056%。（9.056%是一个强制规定的数值。通常，贷款条件已经确定，受托人划定组别，以匹配借款人的支付金额。由于本例的目的是说明对组别的支付，因此规定贷款金额必须大致等于对投资者支付的金额。）

借款人支付的总利息为326 016美元，利息支付额接近各组别收到的金额。注意，借款人9.056%的利率适用于整笔800 000美元的贷款，而每个组别都会得到不同利率。实际上，较早的组别会补贴较晚的组别。购买较早组别的投资者获得的利率较低、本金偿付速度较快，而购买较晚组别的投资者获得的利率较高、本金偿付速度较慢。然而，借款人的支付不做这种区分。向借款人贷款的受托人建立了组别，并将借款人的债务转化为金融需求不同的投资者认为可以接受的一系列证券。

在投资者购买抵押担保债券后，就能知道估计的本金偿付窗口。正如前例所示，预期支付计划表估计了投资者预期收到本金偿付的时间和特定组别被完整赎回的时间。和吉利美债券的支付一样，抵押担保债券的支付计划表基于历史偿付数据，但投资者不知道确切的实际偿付时间。当房主再融资时，利率降低趋向于加速支付，而利率升高趋向于延缓本金偿付。

由于实际偿还本金的时间未知，因此抵押担保债券降低了但没有消除这种风险。然而，与吉利美债券相比，抵押担保债券的时间风险更低。当投资者购买吉利美债券时，偿付额被摊至整笔债券的持续期内。对于抵押担保债券而言，偿付额被摊至每个组别中。购买抵押担保债券的投资者可以更好地匹配预期现金需求。例如，一个65岁的退休人员对现金的即时需求少于80岁的人。后者可能购买抵押担保债券的第一个组别，而前者可能购买抵押担保债券的第三个组别。65岁的人将收到当期利息，但本金偿付将被递延到第一个组别和第二个组别被完全清偿之时。

基于风险的组别

基于本金偿付的组别的一种变型是基于风险的组别。假设价值为100 000 000美元的抵押贷款组合包括从非常安全的抵押贷款到风险很高的抵押贷款。可以根据风险构建组别并将其卖给投资者。组别A由最安全的抵押贷款组成；组别B和组别C包括风险次高的抵押贷款；组别D是风险最高的抵押贷款。投资者将获得的预期利率随着每个组别的风险升高而升高（例如，组别A的预期利率为6%，组别B、组别C和组别D的预期利率为7%、8%和9%）。组别A显然是风险最低的组别，应该获得预期利息和本金偿付，但一个附加特征增加了它的安全性：在向组别B支付任何款项前，必须向组别A支付所有必要的利息并偿付本金。该模式延续到组别C和组别D，因此违约最初只落在购买组别D的投资者身上。

这种结构与投资者的风险承担行为及其预期收益率一致。然而，在2010年之前几年，房地产市场的危机导致了许多违约。购买了组别D并希望获得较高收益率的个人投资者、投资公司和退休基金遭受了巨大亏损，之后，他们中有些宣告破产。然而，也有投资者意识到这些风险并找出了他们预期将会违约的抵押贷款。这些投资者卖出证券并赚了钱。迈克尔·刘易斯(Michael Lewis)的著作《大空头》(*The Big Short*)(New York: W. W. Norton, 2010)记录了他们的成功，这是在金融危机中涌现的最激动人心的书之一。

州政府债券和地方政府债券

美国的州政府和地方政府也会发行债券来为资本支出（例如，学校或道路建设）融资。之后，政府将在使用这些设施时清偿债券。被用于清偿债券的资金可能是通过税收（例如，财产税）或通过这些设施本身产生的收入筹集的。

与联邦政府不同，州政府和地方政府都没有创造货币的权力。这些政府必须筹集必要的资金以支付利息并偿还债务，但它们这样做的能力随着每个政府财政状况的变化而变化。行政区划内有富裕居民或高价不动产的城市就更容易以较低的利率发行债券，因为这些债券更安全。这些社区的税基更大，且能够支持这些债务。

免　税

州政府债券和地方政府债券区别于其他形式债务的主要因素就是它们向投资者提供的税收优惠。州政府债券和地方政府债券获得的利息免缴联邦所得税。因此，这些债券通常被称为**免税债券**(tax-exempt bond)或**市政债券**(municipal bond)。尽管州政府和地方政府可以对利息征税，但联邦政府不能对利息征税。这种免税是法律性的而非财务性的。最高法院判定，联邦政府无权对州政府债券和地方政府债券支付的利息征税。由于其他所有债务（包括公司债券）支付的利息都需要缴纳联邦所得税，因此这种免税对于州政府和地方政府而言是一个优势，因为它们可以发行利率显著较低的债务。

投资者愿意接受州政府债券和地方政府债券较低的收益率，是因为它们的税后收益率与公司债券较高的收益率相当。例如，如果投资者适用28%的联邦所得税税率，那么支付10%的利率的公司债券的税后收益率就和支付7.2%的利率的州政府债券或地方政府债券相等：在两种情况下的税后收益率均为7.2%。

投资者愿意购买州政府债券和地方政府债券而不是公司债券和美国国债与其适用的所得税税率有关。如果投资者的联邦所得税税率为28%，那么利率为4.5%的非应税市政债券给予投资者的税后收益率就和利率为6.25%的公司债券相等，后者的利息需要缴纳联邦所得税。投资者可以通过下式确定免税债券和非免税债券的等价收益率：

$$i_c(1-t)=i_m \tag{15.3}$$

其中，i_c 是公司债券支付的利率，是市政债券支付的利率，t 是投资者适用的税率（即边际税率）。该式的使用方法如下。如果投资者适用的税率为 28%，免税债券的利率为 4.5%，则等价公司债券收益率为：

$$i_c(1-0.28)=0.045$$

$$i_c=\frac{0.045}{0.72}=6.25\%$$

如果投资者生活在征收所得税的州中，那么可能需要修改式（15.3）以考虑地方税的影响。式（15.4）包括联邦所得税税率（t_f）以及州所得税税率和（或）地方所得税税率（t_s）的影响：

$$i_c(1-t_f-t_s)=i_m \tag{15.4}$$

如果投资者适用的联邦所得税税率为 25%，适用的州所得税税率为 6%，那么收益率为 10%的高收益低质量债券的税后收益率就低于收益率高于 6.9%［=10%×(1−0.25−0.06)］的地方市政债券。

这些债券的利息免缴联邦所得税受到了指责，因为这显然是“富人”逃避联邦所得税的一种手段。由于市政债券的最低面值为 5 000 美元，且交易商可以要求更高的购买额（例如，25 000 美元），因此，除非投资于投资免税债券的投资公司（市政基金和交易所交易基金），可投资金额较少的投资者可能被排除在这个市场之外。然而，免缴所得税降低了发行债券的州政府和地方政府的利息成本，这实际上为这些政府提供了补贴。从经济角度看，重要的问题是，免缴所得税是不是对州政府和地方政府提供补贴的最优方式。其他方法，例如联邦收入共享，也可以实现该目的。因此，利息免税主要是一个政治问题。法律结构的变化可能会改变未来的免税地位。然而，截至此时，州政府债券和地方政府债券仍然免缴联邦所得税，其影响是：(1) 州政府和地方政府可以以低于投资者和公司必须支付的利率的利率发行债券；(2) 这些债券为社会上的富人提供了一种获得避税收入的途径。

尽管州政府债券和地方政府债券的利息免缴联邦所得税，但它可能需要缴纳州所得税。州政府对自己发行的债券利息免税，但对其他州政府和地方政府发行的债券的利息征税。纽约州不对纽约市政府发行的债券的利息征税，但是对新泽西州发行的债券的利息征税。尽管新泽西州对纽约市政府发行的债券利息征税，但它对新泽西的市政债券的利息免税。

还应该指出，州政府和地方政府不能对联邦政府债券支付的利息征税。尽管联邦政府对系列 EE 债券和国库券、中期国债和长期国债的利息征税，但州政府和地方政府不能对这些利息征税。在所得税较低或没有所得税的州，这种免缴所得税规定没有意义。然而，在高所得税税率的州，例如马萨诸塞州或纽约州，这种免税规定可能是购买美国国债的一个主要原因。例如，国库券的税后收益率可能超过有联邦存款保险的存单或货币市场共同基金的收益率。在这种情况下，税法肯定会鼓励投资者购买国库券，因为投资者既能获得较高的税后收益率，又承担较低的风险（即联邦政府提供十足的信用担保）。

市政债券的收益率

和其他债券的收益率类似，免税债券的收益率也会随着时间的推移而变化。图 15.2 显示了从 2002 年到 2011 年 1 月穆迪评级为 Aaa 级和 Baa 级的市政债券的平均收益率。1990—2011

年，Aaa 级债券的收益率从不到 4%到高于 6%不等。然而，这些收益率显著低于 1982 年时 Aaa 级债券 12%的收益率和 Baa 级债券 14%的收益率。除了显示出收益率波动外，这些数字还显示出收益率的差异或利差。正如预期的那样，Baa 级债券的收益率高于 Aaa 级债券的收益率。尽管这种利差会变化，但在 2008 年金融危机前都相对稳定。2008 年，该利差从不足 1%（100 个基点）升至 2009 年和 2011 年的 2%（200 个基点）以上。尽管 AAA 级债券和 BBB 级债券的利差随后下降，但仍然超过 2002—2007 年的平均值。

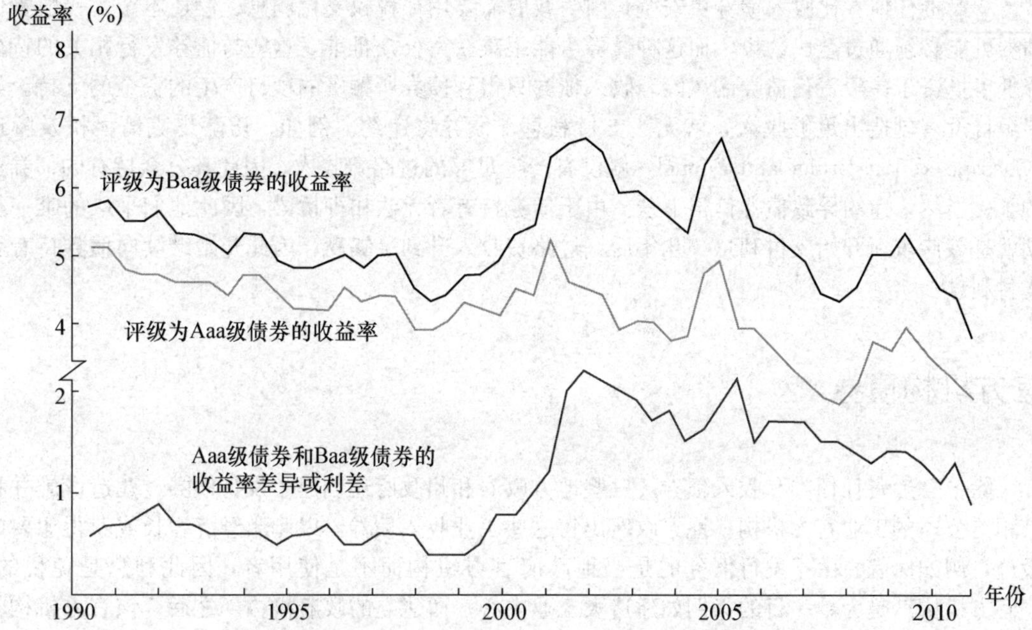

图 15.2　Aaa 级市政债券和 Baa 级市政债券的平均收益率与利差（1990—2010 年）

资料来源：*Moody's Bond Record*，various issues.

Aaa 级市政债券的收益率和美国长期国债的模式类似。通常，应税联邦政府债券的收益率高于非应税市政债券的收益率。随着时间的推移，当联邦所得税税率降低、降低了市政债券相对于联邦政府债券的吸引力时，这种差异也会随之减少。在有些时期（从 2008 年到 2009 年中期），非应税市政债券提供了较高的收益率（即利差为负）。

一类债券相对于另一类债券的吸引力的变化表明，债券的收益率和价格最终取决于不同类型债券的需求和供给。如果许多州政府和地方政府都需要信贷资金并发行债券，那么免税债券的收益率就会上升。此外，金融市场环境的变化和所得税税率的变化也会影响需求，进而改变债券价格和收益率。

当然，需求增加意味着现有债券的价格也必然上升，且其收益率必然下降。相反，需求降低意味着价格升高、收益率降低。用于计算债券价格及其收益率的公式也适用于市政债券和州债券的定价。和公司债券一样，这些债券可以折价或溢价出售，这取决于利率变化的方向。因此，免税债券的投资者同样承担了利率波动的风险。

免税证券的类型

州政府和地方政府发行各种债务工具；这些债务工具可以根据证券获得的支持或者根据距

到期的时间长度（即短期还是长期）分类。州政府债券和市政债券获得了发行政府征税权或债务所融资的设施产生的收入的支持。如果债券由征税权担保，那么债券就是政府的**一般责任债券**（general obligation bond）。

由债务所融资的项目产生的收入支持的债券被称为**收入债券**（revenue bond）。发行收入债券，是为了给特定改良性资本支出融资，例如，自身产生收入的收费公路。这些收入在被获得后，就被用于支付利息、偿还本金。

一般责任债券比收入债券更安全，因为政府需要用征税权支付利息、偿还本金。一般责任债券可能必须通过全民公投，而这种债券可能很难获得公众批准。这些与债券发行相关的特征降低了投资于一般责任债券的风险。收入债券只得到债券所融资的项目产生的资金的支持。如果项目没有创造出足够收入，就无法支付利息，债券将违约。例如，切萨皮克湾大桥及隧道（Chesapeake Bay Bridge and Tunnel）就没有产生足够的过路费收入，因此其公众持有的债券违约了。当然，违约导致债券价格下跌。由于债券持有者无法扣押桥梁，因此他们采取的唯一行动就是等待重新开始支付利息。几年后，过路费收入升到足够高，因此开始继续向债券持有者支付利息。

官方机构债券

除了一般责任债券和收入债券，一些地方政府和州政府还创建了发行债券、建造设施并将其租给公司的工业官方机构。地方政府出售这些工业收入债券，以刺激经济增长或获得想要的设施，例如医院。由于发行债务的是当地政府官方机构而不是使用者，因此利息是免税的。[“官方机构”是为单一目的（例如建造大工业中心）而建立的政府机构。之后，该官方机构将设施出租给公司。建立官方机构的目的还包括建造和运营收费公路、桥梁、隧道、港口和机场。例子包括纽约港务局和新泽西收费高速公路管理局。] 支付利息是工业官方机构的责任，而不是创建该官方机构的地方政府或州政府的责任（即债券是官方机构的收入债券，而不是州政府或地方政府的一般责任债券）。如果使用设施的公司没有进行必要支付，工业官方机构就无法向债券持有者支付利息。尽管这表明工业收入债券可能是高风险投资，但许多这种债券都属于最安全的市政债券，因为利息支付得到了大公司的支持。例如，弗吉尼亚州韦恩斯伯勒（Waynesboro）的工业官方机构债券得到了杜邦（DuPont）公司的支持。

尽管市政债券通常免缴联邦所得税，但某些非应税债券的利息需要缴纳某些投资者必须缴纳的最低替代税。这种替代税是为了确保在普通税法下不缴纳联邦所得税的投资者需要进行某些联邦所得税支付。因此，免税利息可能需要缴纳替代税。

免税债券需要缴纳最低替代税（alternative minimum tax，AMT）的一个例子是弗吉尼亚州里士满开发与住房局出售的债券。该债券筹集的资金被用于开发共管公寓、普通公寓和商铺。部分融资（包括私人参与和公共参与）来自1亿美元的官方机构债券。尽管其利息免缴普通联邦所得税，但需要缴纳最低替代税。

外国政府债券

美国投资者不仅可以投资联邦政府、政府机构、州政府及其下属政府部门发行的债券，还可以购买外国政府的债券。这些外国债券可以提供更高的收益率，因为它们有更多风险，例如，与汇率变化和违约有关的风险。

外国政府债券投资的一种风险是汇率风险，即与债务的标价货币有关的风险。除非债务用美元标价，否则美国投资者将承担与汇率波动相关的风险。由于美元相对于其他货币的价值每天都在波动，因此一旦将本币兑换为美元，较高的本币承诺收益率就可能会转化为较低的收益率甚至是负收益率。

另一种风险是违约风险。世界金融强国（例如，英国）的政府基本上不可能不支付利息和赎回债券。然而，有些政府债券的违约风险却明显更高。例如，2015 年 6 月 30 日，希腊对其欧元债务违约。违约也可能是政治事件的结果。例如，当卡斯特罗掌权时，古巴对美国公司持有的资产进行了国有化。（古巴债券甚至在到期之后仍在美国交易，尽管没有支付利息。）

政府证券和投资公司

投资公司是为政府证券投资而定制的。尽管也有股票投资公司，但有些人更愿意管理自己的投资组合。不可否认，购买股票然后看着它们的价格上升会令人兴奋或感到满足。（如果投资者卖空股票，然后其价格下跌，那么将发生相反的情况。）投资者即使在一段时期内的表现并未胜过市场（有效市场理论认为个人无法在经风险调整的基础上胜过市场），从证券选择和对投资组合的个人管理过程中也能得到满足。

然而，即使这些人也可能更愿意通过共同基金购买政府债券。本章中提到了几个原因，其中两个是某些政府证券缺乏流通性和缺少进行投资决策所需要的、方便可得的信息。第三个原因是交易单位大小的限制，第四个原因是分散化。

尽管联邦政府证券有活跃的二级市场，但许多免税证券并没有活跃的二级市场。即使投资者能购买这些证券，买卖价格之差也可能很大，尤其对于小型债券或投资者购买小面额债券（例如，5 000 美元面值）的情况而言更是如此。

投资者无法获得关于发行政府机构的财务信息，这也与债券规模有关。市政债券不在证券交易委员会登记。许多债券的信息都不是现成可得的。它们没有报价，尽管经纪商可能在投资者月度报表上提供债券价值，但这些价值至多是估计值，不表示实际交易价格或可以获得的买价。

第三个缺点是交易单位大小的限制，最小交易单位有分散化的含义。例如，吉利美债券以 25 000 美元为单位出售，而市政债券以 5 000 美元为单位出售。购买吉利美债券所需的交易单位较大，这表明，投资者可能更愿意购买专门投资于这种抵押贷款支持债券的共同基金的份额。当然，这种共同基金的交易单位很小，但它有另一个优点。基金的投资组合包括许多债券，这提高了分散化程度。由于吉利美债券是由联邦政府支持的，所以分散违约风险的需求很小。分散化的吉利美债券组合增加了月支付额的确定性。由于这些支付是利息与本金偿付的结合，因此提前偿付和再融资意味着月现金流是不确定的。投资者拥有的吉利美债券越不同，月支付额就越确定。每笔债券的偿付额和再融资额都可能不同；因此，吉利美债券组合应比单笔吉利美债券具有更确定的月现金支付流。

对市政债券组合分散化也需要购买不同的债券。然而，如果投资者将债券限制为投资级债券，那么分散化可能就没那么重要了，因为拥有这些评级的债券不会违约。（当然，投资者仍需承担与利率变化有关的风险，因为所有债券价格都会随着利率的升降而变化。）分散化债券组合也需要各种特征不同的债券，以使其收益率之间并非完全相关。如果投资者构建了一个由低于投资级的市政债券组成的投资组合或由外国政府债券组成的投资组合，那么分散化显然就很重要了。这种分散化投资组合要求大额投资，因为最小交易单位增加了分散化投资组合的总成本。

通过购买投资公司的份额，可以避免这些与管理单个政府债券组合有关的缺点。这些份额可以被方便地买入和赎回（在共同基金的情况下）或者买卖（在封闭式投资公司的情况下）。当然，投资者可以很方便地获得关于投资公司的信息，例如，其规模、过往绩效、管理和费用。投资公司持有的具体债券的信息可能与个人投资者无关，而与基金的职业经理有关。

单位大小对投资者来说也不是一个问题。按照假设，基金有足够的资源按照有成本效益的交易单位买卖债券。然后，投资者在公开市场上购买封闭式投资公司的份额，或直接从开放式共同基金购买份额。投资者想购买多小的金额都可以，只要符合从基金购买份额的最小金额（例如，1 000 美元）或购买封闭式投资公司公开交易份额所需的有成本效益的最低金额要求就可以。

最后，分散化是投资公司提供的优点之一。除非投资者只购买专业化投资公司的份额，否则投资者将持有一部分分散化投资组合。即使投资者购买了专业化基金的头寸，该投资组合在其专业投资领域内也是分散化的。

专业化政府投资公司

许多投资公司都有专门投资特定债务工具的投资组合。尽管许多货币市场共同基金都持有不同部门的短期债务工具，但有些货币市场共同基金只持有国库券和其他由美国政府担保的短期债券。这些基金支付货币市场基金可以获得的最低利率，但它们也绝对是所有货币市场基金中最安全的。

有些共同基金专门投资中期联邦政府债券，而有些共同基金专门投资长期联邦政府债券。如果投资组合经理预期利率上升，那么后者可能转而投资中期债券。这种转变将在长期利率上升时保护投资者。该投资组合经理将在预期利率降低时采取相反的策略，因为最长期债券的价格在利率降低时提高得最多。还有些投资组合经理可能采取更消极的策略，这种策略强调收取利息和偿付本金，而不是利率变化的时间。

专门投资市政债券的基金是最重要的政府债券基金之一。这些基金包括：（1）购买短期市政债券的货币市场共同基金；（2）持有不同部门的市政债券的一般债券基金；（3）完全投资于在特定州发行的政府债券的州市政债券基金。短期市政债券基金总是开放式共同基金，但一般债券基金和专业化州债券基金可能是开放式投资基金，也可能是股份在二级市场上交易的封闭式投资基金。

一般市政债券基金吸引的主要是希望免缴联邦所得税的投资者。例如，在德雷福斯·穆尼债券基金（Dreyfus Muni Bond Fund，代码为 DRTAX）持有的资产中，100%都是在不同州发行的市政债券。2014 年，该基金每股分配了 0.403 美元的利润，收益率为 3.32%。所有收入都免缴联邦所得税。然而，被分配的金额需要缴纳州所得税，但如果投资者生活在无所得税的州，那么其分配到的金额就不用缴纳州所得税。

生活在高州所得税的州的投资者可能更偏好专门投资于市政债券的基金。这些专业化基金显然是为了吸引生活在特定州的投资者的资金。例如，纽文新泽西股利优势市政债券基金（Nuveen New Jersey Dividend Advantage Municipal Fund，代码为 NXJ）是一家封闭式投资公司，持有新泽西州及其下属政府部门发行的投资级市政债券。NXJ 的股份在纽约证券交易所上交易，尽管任何投资者都可以购买其股票，但它主要吸引的是新泽西州的居民，他们既要缴纳联邦所得税，又要缴纳州所得税。对于税率最高的居民而言，总税率为 43.97％（35％的联邦税率加上 8.97％的州税率）。如果税率最高的投资者购买了 NXJ 的股票并获得 3.5％的收益率，那么就相当于应税投资获得 6.22％的收益率。

小　结

为了利用不同来源的资金，美国联邦政府发行了各种债务工具，其中既有小面值的系列 EE 债券和 I 债券，也有大面值的短期国库券和长期国债。

由于联邦政府债券几乎不可能违约，因此它是所有可能的投资中最安全的。然而，投资者仍然承担了利率波动和通货膨胀（与通货膨胀挂钩的债券除外）引发损失的风险。如果利率上升，联邦政府债券的价格就会下降。如果通货膨胀率高于债券收益率，投资者就会遭受购买力损失。

除了联邦政府本身发行的债券外，还有其政府机构发行的债券。这些债券提供的收益率往往略高，但它们实际上和联邦政府的直接债务一样安全。在某些情况下，政府机构的债券甚至有美国财政部的十足信用担保。

联邦政府机构发行的最常见的证券是吉利美发行的抵押转手债券，即吉利美债券。这些债券是房主向债券持有者支付利息和偿还本金的通道。支付每月进行一次，因此吉利美债券很受需要现金收入流的投资者的欢迎。这些债券使投资者面临利率波动或通货膨胀造成损失的风险，但利息支付和本金偿付由联邦政府机构担保。

除了吉利美债券外，还有抵押担保债券（CMO），它是由持有联邦政府担保的抵押贷款的信托公司发行的。抵押担保债券是以系列或组别发行的，期限最短的组别的债务将在下一系列抵押担保债券被清偿之前被清偿。

州政府和地方政府发行长期债务工具为改良性资本支出（例如，学校和道路建设）融资。这种债务用税收或收入在一段时期内偿还。其中部分债券由发行政府的征税权支持，但许多仅由用债券融资的设施产生的收入支持。

州政府债券和地方政府债券不同于其他投资，因为它们的利息可以免缴联邦所得税。这些债券支付的利率低于应税债券（例如，公司债券），但它们的税后收益率可能与应税债券的收益率相等，甚至更高。非应税债券对高所得税税率的投资者尤其有吸引力，因为这些债券提供了所得税避税工具。

免税债券可能是高风险投资，因为州政府和地方政府的偿债能力不同。穆迪和标准普尔的评级服务机构根据政府支付利息和偿还本金的能力分析了这种债券。这种评级显示了与投资特定债券相关的风险。此外，投资者还必须承担与证券价格波动相关的风险并忍受免税债券缺乏流动性的缺点。

问　题

1. 为什么联邦政府债券被视为所有可能的投资中最安全的投资？

2. EE 债券和国库券有什么区别？

3. 当利率升高时，联邦政府债券的价格会发生什么变化？州政府债券和地方政府债券的价格会发生什么变化？

4. 下列各组债券的区别是什么？

a）由道德义务担保的债券和由十足信用担保的债券。

b）收入债券和一般责任债券。

由道德义务担保的债券和收入债券有相似之处吗？

5. 投资于下列债券的风险是什么？

a）联邦政府债券。

b）市政债券。

6. 与通货膨胀挂钩的国债如何帮助投资者管理风险？

7. 定期债券和系列债券有什么区别？为什么州政府和地方政府的许多改良性资本支出都通过系列债券融资？

8. 什么是抵押贷款转手债券？投资于吉利美债券有什么风险？抵押贷款转手债券获得的支付由什么组成？

9. 如果利率上升，那么下列项目会发生什么变化？

a）吉利美债券的价格和市政债券的价格。

b）吉利美债券收到的支付和市政债券收到的支付。

请比较你对 a）和 b）的答案。

10. 请指出哪种政府债券适合下列投资者？

a）希望获得收入的退休夫妇。

b）希望进行流动性投资的高税率投资者。

c）希望在个人退休账户中加入政府债券的投资者。

d）没有收入、可用于投资的钱也很少的孩子。

e）有 100 000 000 美元进行 3 个月以下投资的公司。

f）希望投资于一只小型捐赠基金的教堂。

11. 在圣路易斯联邦储备银行的主页 www.stlouisfed.org 的“美联储经济数据”（Federal Reserve Economic Data，FRED）中可以找到部分利率。根据该信息，6 个月期国库券与 10 年期国债及 30 年期国债的当期收益率之差是多少？穆迪评级为 Aaa 级和 Baa 级的公司债券的收益率之差是多少？

12. 系列 EE 债券现在提供的收益率是多少？（通过美国财政部的网站 www.treasurydirect.gov 可以获得关于 EE 债券的信息。）

关系题与基本习题示例

关系题

1. 通货膨胀率增加将____投资于国债的风险。

2. 如果国库券价格下降，贴现率和收益率将____。

3. 如果利率增加，10 年期美国中期国债的价格将____，本金将____。

4. 债券价格的标准差增加表示风险____。

5. 通货膨胀率增加将____ TIPS 支付的利率并____债券的本金价值。

6. 如果零息美国国债的价格提高，说明利率已____。

7. CPI 降低将导致 TIPS 支付的利率____。

8. 如果利率降低，吉利美债券的偿付金额将____。

9. 随着借款人已支付的抵押贷款利息次数增加，支付的利息将____。

10. 随着传统抵押贷款所欠余额减少，月支付额将____。

11. 将利率为 5%的 25 年期抵押贷款的期限降至 15 年，将____月支付额，____支付的利息总额并____所欠本金。

12. 税率增加将____市政债券的吸引力。

13. 市政债券的收益率下降可能是所得税税率____的结果。

14. 购买一般责任债券而不是收入债券将____风险。

15. 美元价值上升将____欧元主权债务投资的收益率。

基本习题

1. 你花 9 814 美元购买了一只面值为 10 000 美元、期限为 90 天的美国国库券。贴现收益率、年单利收益率和年复利收益率是多少？

2. 某个投资者适用的所得税税率为 20%，公司债券的收益率为 5.9%。市政债券的税后可比收益率是多少？

3. 如果某个投资者的免税债券收益率为 4%，那么如果该投资者适用的所得税税率为 25%，公司债券的收益率必须为多高才能获得相等的税后收益率？

4. 成本为 675 美元、在 10 年后到期的 1 000 美元零息债券获得的复利收益率是多少？

5. 假设你购买了一栋房屋，并借入了 200 000 美元抵押贷款，期限为 20 年，利率为 5%。

a）抵押贷款要求每年定期支付多少金额？

b）第一年支付的利息是多少？

c）第一年偿还的本金是多少？

d）第一年年底所欠的余额是多少？

e）第二年支付的利息和偿还的本金是多少？

f）第二年年底所欠的余额是多少？

g）第二年支付的利息和偿还的本金为何会变化？

习　题

1. 如果一只6个月期国库券的买价为0.967 5美元（即100 000美元国库券的价格为96 750美元），那么折价收益率、年利率和年复利收益率为多少？如果1美元面值国库券的折价跌至0.94美元（即100 000美元国库券的价格为94 000美元），那么收益率将为多少？

2. 一个投资者适用的所得税税率为28%，且持有的非应税债券能获得3.3%的收益率。应税债券的可比收益率为多少？如果同一个投资者的应税债券可以获得5.9%的收益率，那么非应税债券的收益率必须为多少，才能让税后收益率相等？

3. 税率为35%的投资者可以购买收益率为6.0%的A级公司债券。该投资者也可以购买收益率为3.9%的A级市政债券。为什么投资公司债券可能更好？（假设债券期限相同。）

4. 如果利率为4%、7%和10%，那么下列零息债券的价格是多少？

- 债券A：零息债券，期限为5年。
- 债券B：零息债券，期限为10年。
- 债券C：零息债券，期限为20年。

关于零息债券的期限和价格与利率水平变动的关系，可以得出什么一般性结论？

5. 你现在的联邦所得税税率为28%。一只公司债券为你提供的收益率为6.8%，而信用评级相同、期限相同的免税债券提供的收益率为4.1%。根据税法，哪只债券更好？请解释。

6. 一只面值为10 000美元的国库券售价为9 844美元。根据贴现法，其年收益率是多少？该收益率是低估还是高估了真实年收益率？请解释。

7. 联邦政府发行了两只4年期中期国债。第一只为传统类型的债券，支付6%的年利率（每1 000美元中期债券的年利息为60美元）。第二只债券支付3%的实际收益率，利息金额根据CPI的变化调整。当最初发行中期国债时，CPI为100。

a）如果CPI如下所示，那么每只债券每年支付的利息金额为多少？

年份	CPI
1	102
2	96
3	103
4	110

b）每只中期债券在到期时偿还的本金金额是多少？

c）用第十章中介绍的价值加权收益率计算的每只债券的名义年收益率是多少？

d）根据c）的答案，哪种选择会产生较高的收益率？为什么？

8.（本题说明了本章附录中介绍的“骑乘收益率曲线”。）美国财政部发行了一只10年期零息债券。

a）如果可比收益率为6%，那么初始发行价为多少？（假设每年复利一次。）

b）如果可比收益率保持为6%，那么在3年后、6年后和9年后，该零息债券的价格为多少？如果在3年后、6年后或9年后卖出债券，那么投资者获得的年收益率为多少？

c）在发行债券时，收益率结构如下所示：

距到期的年数（年）	收益率（%）
1	3
4	4
7	5
10	6

如果该收益率结构未改变，那么在3年后、6年后和9年后，债券价格将是多少？如果在3年后、6年后和9年后卖出债券，那么投资者获得的年收益率是多少？

d）假设债券收益率结构变为如下所示：

距到期的年数（年）	收益率（%）
1	2
4	3
7	4
10	5

那么在3年后、6年后和9年后，债券价格将是多少？如果在3年后、6年后和9年后卖出债券，那么投资者获得的年收益率是多少？

e）假设债券收益率结构变为如下所示：

距到期的年数（年）	收益率（%）
1	4
4	5
7	6
10	7

那么在3年后、6年后和9年后，债券价格将是多少？如果在3年后、6年后和9年后卖出债券，那么投资者获得的年收益率是多少？

f）为什么b)～e）中的年收益率不同？

9.（本题说明了赎回特征的影响。如果有必要的话，请复习前面章节中的内容。）2005年，一家经纪公司出售了一只新泽西州海洋城的免税债券，该债券的利率为4.5%，在11年后到期，价格为105.30美元，到期收益率为3.89%。该债券的赎回特征如下所示：

4年后可以以101.00美元赎回；
5年后可以以100.50美元赎回；
6年及以后的年份可以以100.00美元赎回

在每年年末，可以进行赎回。

截至出售日，可比债券的收益率结构如下所示：

距到期的年数（年）	收益率（%）
4	2.35
5	2.65
6	3.07
7	3.18

可赎回债券是否会产生比可比债券更高或更低的收益率？为了回答这个问题，请计算可赎回债券在每个赎回日的潜在收益率。你的结论有何重要含义？

第10～13题说明了可能影响吉利美债券的因素。第10题涉及抵押贷款支付计划表——也就是吉利美债券收到的支付额——的确定。另外三题说明了吉利美债券的寿命可能受再融资的影响和对债券价格的可能影响。第11题考虑了再融资，它降低了抵押贷款未清偿的年数。第12题说明了基于抵押贷款池预期寿命的不同假设的估值。第13题说明了更迅速地定期清偿抵押贷款可能为房主节省的利息。

10. 请计算下列每种情况前两年的年偿付计划表（即利息支付额、本金偿付额和所欠余额）。（假设每年只进行一次支付。）比较每笔抵押贷款要求的支付额。你能得出什么结论？

a）期限为25年、利率为5%、面值为100 000美元的传统抵押贷款。

b）期限为20年、利率为5%、面值为100 000美元的传统抵押贷款。

c）期限为25年、利率为6%、面值为100 000美元的传统抵押贷款。

11. 由于利率降低，你在考虑对抵押贷款进行再融资。现有抵押贷款的利率为12%。所欠余额为50 000美元，剩余期限为18年，年支付额（即利息加上本金）为6 897美元。一家银行愿意以10%的利率向你贷款，以清偿旧贷款。新贷款的期限将为18年，因此你没有增加清偿抵押贷款所需的年数。（年数没有理由相同。如果你的抵押贷款支付额降低，那么你可以恢复原来的支付额并更快地清偿贷款。你也可以增加贷款金额，并用多余的资金装修房产。）遗憾的是，银行将向你收取1 000美元的申请费和相当于2%的抵押贷款的额外费用（点数）。还有约为750美元的额外成本（例如，新抵押贷款的法院文书成本）。为了帮你确定进行再融资是否有利，请回答下列问题：

a）获得新贷款的总费用是多少？

b）当加入再融资费用时，你必须借入多少钱来清偿贷款？新贷款要求的年支付额将是多少？

c）新抵押贷款和旧抵押贷款的年支付额有何区别？这意味着应采取什么行动？

12. 你购买了一只债券，它是对抵押贷款池（例如，吉利美转手证券）的索偿权。抵押贷款支付9%的利率，距到期的年数为20年。现在，利率为9%，因此投资成本为其面值：100 000美元。

a）这笔投资的预期年支付额为多少？

b）如果利率跌至7%，假设贷款将于20年后到期，那么抵押贷款池的当期价值为多少？

c）如果利率跌至7%，且你预期房主将在4年后通过偿还贷款进行再融资，那么抵押贷款的当期价值为多少？（为了回答本题，你必须确定4年后的欠款余额。）

d）你计算出的价值为何不同？

e）你以c）中计算出的价格购买了债券，但房主没有进行再融资，因此支付期为20年。你的投资的年收益率是多少？你获得了预期收益率吗？

13.（本题的目的是说明加速清偿抵押贷款所能节省的金额。除了该收益是为你节省的利息而不是你获得的利息外，它可以被视为有担保无风险收益的例子。）

你有一笔利率为9%、期限为20年、金额为100 000美元的抵押贷款。（为了缩短本题的长度，假设每年支付一次而不是抵押贷款在通常情况下的每月支付一次。）

a）请确定偿付计划表。

b）10年后所欠金额是多少？

c）在20年中支付的总金额将是多少？

d）在20年中支付了多少利息？

e）如果你增加了第一年的支付额，包括了下一年的本金偿付，那么你在第二年年末将支付多少利息？

f）如果你每年的支付额包括当期必要支付额和下一年的本金偿付额，那么抵押贷款的存续期将为多长？

g）如果你采取f）中的过程，那么在抵押贷款存续期内的总支付额和利息支付额是多少？

h）这种提前支付策略的优点和缺点是什么？

i）如果利率跌至7%，假设清偿贷款需要20年，那么抵押贷款的当期价值是多少？（也就是说，如果你作为一项对抵押贷款池的投资买入该抵押贷款，你愿意支付多少钱？）

j）如果利率跌至7%，且你采取f）中的策略，那么抵押贷款的当期价值为多少？

k）如果利率跌至7%，且你预期在4年后进行再融资（即偿付贷款而且没有提前偿付罚款），那么抵押贷款的当期价值为多少？

l）你对i）～k）中计算出的价值为何不同？

理财顾问的投资案例

建立债券组合

最近退休的克里斯·特雷霍（Kris Trejo）到你这里寻求理财建议。在最初的咨询中，你意识到他是一个对风险容忍程度很低并希望增加当期收入的投资者。特雷霍投资300 000美元购买了期限为1～3年，利率为3%的定期存单。尽管你认为将这么多资金投资于一家金融机构的一种资产是一种极差的策略，但也意识到特雷霍不愿意改变投资组合，因为这使风险受到较大影响。

由于他主要关心的是收入和本金的安全性，因此你认为一开始最好的策略是用高质量债券代替大部分定期存单，从而改变投资组合。因此，你建议将250 000美元投资于阶梯式债券组合。在这250 000美元中，25 000美元将投资于期限为1年的AAA级债券和AA级债券，25 000美元将投资于期限为2年的AAA级债券和AA级债券，直到最后的25 000美元投资于期限为10年的AAA级债券和AA级债券。因此没有债券的期限超过10年，也没有债券的评级低于AA级，每年都有25 000美元的债券面值金额到期。

特雷霍同意这种基本策略，但要求所有债券均为联邦政府债券。现在，利率结构如下所示：

期限（年）	息票利率（%）
1	4.0
2	4.0
3	4.0
4	5.0
5	5.0
6	5.0
7	6.0
8	6.0
9	7.0
10	7.0

现在所有债券均以面值出售（每1 000美元面值的售价为1 000美元）。特雷霍对本金损失风险仍然有疑问，但他对于较高息票利率的债券能产

生额外的收入感到满意。为了说服他这是一项可接受的策略，请回答下列问题：

1. 如果定期存单的利息为 9 000 美元，那么该阶梯式策略产生的收入增加了多少？

2. 投资 25 000 美元于每年到期的债券，而不是将整笔 250 000 美元投资于 10 年期债券的优点是什么？

3. 如果他采取了这种策略，而且 1 年后，利率上升了 1%（100 个基点），那么特雷霍的这 250 000 美元会损失多少？

4. 额外获得的利息能否抵消利率上升造成的损失？

5. 如果特雷霍将 250 000 美元全部投资于 10 年期债券，且 1 年后利率升至 10%，那么损失将比第 3 问里的损失高出多少？

6. 如果特雷霍发现他不需要本金，那么他应该如何处理 1 年后到期的债券产生的 25 000 美元？

附录 15　使用收益率曲线

收益率曲线与给定风险类别的债券期限（或距离到期日的时间）以及到期收益率（不是息票利率或名义利率）有关。图 13.1 和图 13.2 绘出了这些曲线，该图给出了美国国债在三个不同时期的收益率和到期时间。图 13.1 给出了正斜率的收益率曲线，表明期限较长的债券提供的收益率更高。图 13.2 给出了：（1）负斜率的收益率曲线，该曲线表明当债券期限增加时，到期收益率将降低；（2）平坦的收益率曲线，其收益率基本相同，不管债券期限为多久。

收益率曲线与积极的债券策略

通常，收益率曲线斜率为正，但曲线会移动，也会改变形状。这些波动可能为投资者提供了通过调整债券组合增加收益率或降低风险的机会。例如，在图 15A.1 中，初始的负斜率收益率曲线（YC_1）转变为一条正斜率收益率曲线（YC_2）。尽管所有收益率都降低了，但收益率曲线的形状也改变了。短期利率的下降幅度大于长期利率，而收益率曲线变为向上倾斜的，这表明现在长期收益率超过了短期收益率。（从 YC_2 移动到 YC_1 表明了相反的情况：现在短期利率超过了长期利率。）

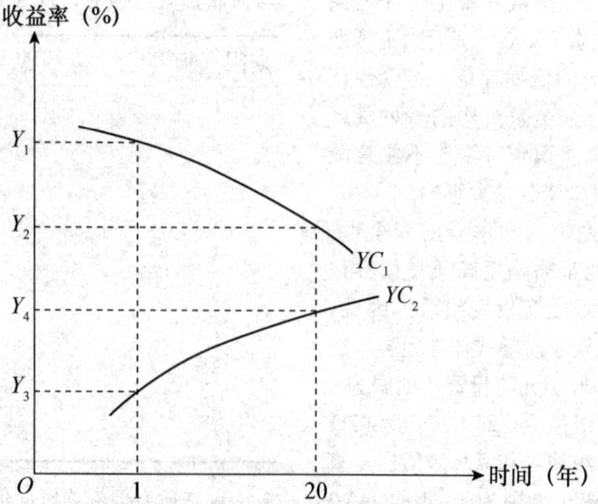

图 15A.1　移动的收益率曲线

资料来源：© Cengage Learning.

投资者可以推断，收益率曲线斜率为负说明应该投资于短期债券，避免投资于长期债券，以获得更高的利率（例如，将资金从长期债券转移到短期债券中）。如果投资者希望利率保持不变或上升，那么他可以执行这种策略。

然而，从投资长期债券转而投资短期债券将不能得到利率下降的好处。如果收益率曲线回到正常的正斜率（即从 YC_1 移动到 YC_2），那么购买短期证券就失去了维持当前较高长期利率的机会。例如，如果投资者购买了提供收益率为 Y_1 的 1 年期证券，那么，如果收益率曲线从 YC_1 移动到 YC_2，他的收益率将大幅下降。如果投资者购买了收益率为 Y_2 的 20 年期债券，那么他将维持较高的收益率。如果投资者最初购买了更高收益率的短期证券，若保留短期证券，那么他只能获得 Y_3 的收益率；如果将资金投资 20 年，他将能获得 Y_4 的收益率。①

购买长期债券的确存在利率下降后债券被赎回、收益率曲线回到正常形状的风险。即使债券被赎回，投资者也可以进行再投资，而任何赎回罚款都会抵消（至少是部分抵消）损失的利息。（公司的财务经理意识到，如果他们以 YC_1 上的较高利率借入短期资金，然后以 YC_2 上的较低利率进行再融资，就能节省利息费用。YC_1 上的短期利率高于长期利率的一个原因就是，财务经理预期利率下降，因此不愿借入长期资金。但实际上，财务经理提高了对短期资金的需求，这增加了短期利率。）

图 15A.2 说明了另一种可能的收益率曲线的变化，在这张图中，收益率曲线从 YC_1 上移到 YC_2。尽管两条曲线的正收益率都表明，最长期限的债券仍提供了最高的收益率，但较短期限的曲线也能获得较高的收益率。投资者可以获得 Y_1，但只能承诺投资 10 年，而不是 20 年。通过缩短投资组合的期限，投资者可以降低利率波动、再投资利率波动、到期前赎回债券和购买力发生损失带来的风险。投资者不用放弃利息收入就能降低这种风险。

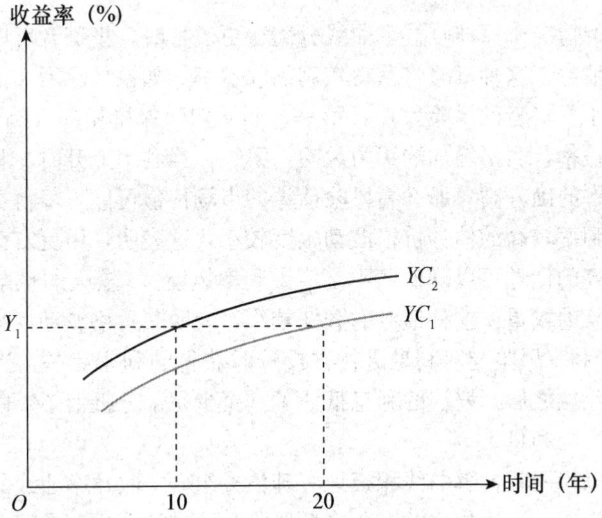

图 15A.2　收益率曲线的上移

资料来源：© Cengage Learning.

当然，如果投资者在收益率曲线从 YC_1 移动到 YC_2 之前已经购买了 20 年期债券，那么他

① 这些收益率曲线的波动也说明了再投资风险。如果投资者购买了长期债券（例如，图 15A.1 中收益率为 Y_2 的 20 年期债券），若收益率曲线从 YC_1 移动到 YC_2，那么实际收益率将降低，因为投资者无法以收益率 Y_2 对利息进行再投资。

就会遭受资本损失。在这种情况下，更好的策略是购买短期债券，并放弃部分利息收入。遗憾的是，很少有投资者能预测出利率变化的方向，且必须承担与利率波动相关的风险。

前面的讨论仅限于违约风险相同的债券的收益率曲线（即拥有类似评级的债券，例如，美国国债）。图 15A.3 说明了拥有不同信用评级的债券的收益率曲线的两种情况。在两种情况下，收益率曲线的斜率均为正，且利率越低，收益率越高。情况 1 和情况 2 的区别是收益率曲线之间的距离或利差。图 14.1 说明了 Aaa 级公司债券和 Baa 级公司债券的收益率波动。图 15.2 也给出了 Aaa 级市政债券和 Baa 级市政债券的收益率波动。质量较低的债券的收益率总是高于质量较高的债券，但收益率之差（即收益率曲线的利差）是随时间波动的。

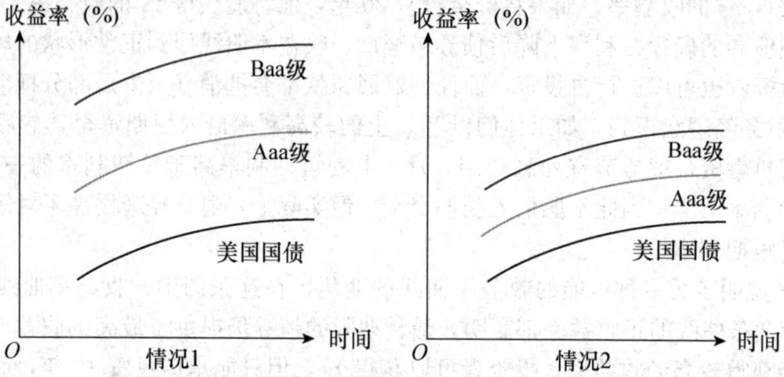

图 15A.3　不同风险类别的收益率曲线

资料来源：© Cengage Learning.

当利差增加（即像情况 1 那样收益率曲线分离得更远）时，投资者可以卖掉相对安全的债券，购买风险较高的债券。这种策略将获得较高的收益率。如果排除增加的违约风险，那么这种债券互换也可能减小投资者的风险敞口。第一，如果期限保持相同（例如，10 年），那么投资者将获得较高的收益率，而不增加购买力风险。第二，当利率上升时，利率风险与债券价格的下降相关。如果利率的确升高，那么高风险债券的市场价值可能下降得更少，因为它支付较高的息票利率。息票利率较高的债券价格波动幅度较小，这表明，用更安全、息票利率更低的债券交换息票利率较高的债券可以降低而不是增大利率风险。（较高的息票利率对债券存续期早期的现金流赋予更高的权重。这种债券的久期较小，表明其价格波动性小于息票利率较低的债券。）第三，再投资利率风险与对利息进行再投资时获得的利率相关，当利率下降时，就会出现再投资风险。在互换之后，增加的利息抵消了（至少是部分抵消了）以较低的利率对息票利息进行再投资所损失的利息。

这表明投资者可以使用收益率曲线积极地管理债券组合。收益率曲线的移动可能会鼓励投资者改变债券组合的构成，以增加收益率或降低风险。这种计划反对在第十四章中关于管理利率风险的部分讨论过的阶梯式策略。在阶梯式策略中，投资者错开证券的到期期限，采用了消极策略，且不关心收益率曲线的形状或移动。

骑乘收益率曲线以提高短期收益率

除了积极的债券策略外，投资者还可以使用正斜率的收益率曲线作为放大短期投资收益率的一种方法。假设一个投资者有 10 000 美元可以投资于国库券。以下是四种可能的投资：

期限（月）	价格（美元）	年收益率（%）
3	9 800	8.41
6	9 500	10.80
9	9 100	13.40
12	8 800	13.64

注意，在这个例子中，图 15A.4 中的收益率曲线斜率为正，因为当国库券期限增加时，收益率也变得更高。3 个月期国库券的收益率为 8.41%，12 个月期国库券的收益率为 13.64%。夸大收益率差异的目的是说明这个概念——实际收益率差异通常不会这么大。年（复利）收益率的计算方法为：

$$9\ 800(1+i)^{n}=10\ 000$$

其中，$n=0.25$。解为：

$$9\ 800(1+i)^{0.25}=10\ 000$$

$$(1+i)^{0.25}=\frac{10\ 000}{9\ 800}=1.020\ 4$$

$$i=(1.020\ 4)^{4}-1=0.084\ 1=8.41\%$$

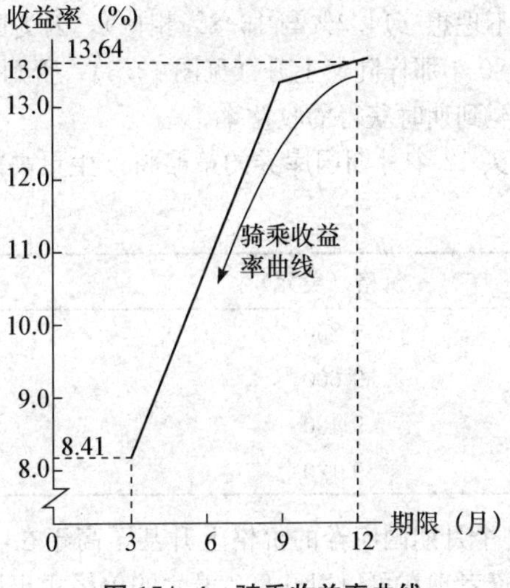

图 15A.4　骑乘收益率曲线

资料来源：© Cengage Learning.

投资者可以购买四只国库券中的任意一只。例如，如果投资者希望进行 1 年期投资，那么可以购买 12 个月期国库券或购买 3 个月期国库券，然后当 3 个月期国库券到期时，再投资 9 个月。即使投资者只希望投资 6 个月，也可以购买国库券，因为 3 个月期国库券在到期后可以滚动投资于另一只国库券，而 9 个月期国库券或 12 个月期国库券可以在 6 个月之后被出售。由于国库券有活跃的二级市场，因此投资者可以购买 12 个月期国库券，持有 6 个月，然后将其出售。

不管投资者希望投资 3 个月、6 个月，还是 1 年，都可以通过购买 12 个月期国库券并在一段时间后将其出售来增加收益率。这种策略被称为骑乘收益率曲线。为了解如何提高收益率，假设投资者购买了 12 个月期国库券，并希望在 6 个月后将其出售。当国库券被出售时，它的价格将为多少？有三种可能性：（1）收益率结构保持不变；（2）收益率上升；（3）收益率下降。

如果6个月后收益率结构没有变化，那么12个月期国库券就将变为价格为9 500美元、年收益率为10.80%的6个月期国库券。（记住：当国库券接近到期时，将会以逐渐下降的折价出售。）国库券已经经历了前面的价格与收益率表中的前两步，并沿图15A.4中的收益率曲线向下移动。这意味着投资者应该出售国库券，获得700（=9 500－8 800）美元的利润，6个月持有期的收益率为7.95%（=700/8 800）。年收益率为16.54%。[①] 该收益高于以9 500美元购买6个月期国库券并在到期时以10 000美元赎回该国库券获得的500美元收益，后者的年收益率相当于10.80%。

如果利率上升，那么国库券价格不会升高那么多。例如，假设6个月后收益率结构为：

期限（月）	价格（美元）	年收益率（%）
3	9 750	10.66
6	9 410	12.93
9	9 000	15.08
12	8 600	16.28

现在，最初的12个月期国库券的售价为9 410美元，这产生了14.3%的年收益率。在这种情况下，投资者的情况并不理想（14.3%与16.8%相比），因为国库券的价格上升得没有那么多。然而，除非利率像1980年那样陡然上升（见图13.3），否则投资者获得的收益率将超过购买6个月期国库券并持有至到期时获得的收益率。

如果利率下降，那么购买12个月期国库券的策略将产生更高的收益率。假设6个月后收益率结构为：

期限（月）	价格（美元）	年收益率（%）
3	9 850	6.23
6	9 600	8.51
9	9 400	8.60
12	9 120	9.65

由于利率下降，因此12个月期国库券的价格上升甚至高于在收益率结构没有变化时的价格上升。在这种情况下，投资者现在可以以9 600美元的价格卖出国库券，产生800美元的利润和19.0%的年收益率。这显然是最好的情况，因为投资者同时从骑乘收益率曲线和降低的利率中受益。

通过骑乘收益率曲线提高收益率的机会表明，正斜率的收益率曲线可能是不稳定的。如果许多投资者都试图利用骑乘收益率曲线，那么他们将卖掉较短期的国库券，以购买较长期的国库券。卖出行为将压低短期国库券的价格，并增加其收益率，同时提高长期国库券的价格，并

---

① 年化（复利）利率（i）为：

$$8\ 800(1+i)^n=9\ 500$$

其中，$n=0.5$。解为：

$$8\ 800(1+i)^n=9\ 500$$

$$(1+i)^{0.5}=\frac{9\ 500}{8\ 800}=1.079\ 55$$

$$i=(1.079\ 55)^2-1=0.165\ 4=16.54\%$$

降低其收益率。这些力量趋向于令收益率曲线变得平坦。

收益率曲线在某个时点上的实际形状取决于许多因素的相互影响。这些因素包括美联储的利率政策、投资者的流动性偏好和他们对未来利率的预期，以及借款人对短期资金或长期资金的需求。这些因素以及投资者和投资组合经理通过骑乘收益率曲线追求更高收益率的影响最终决定了收益率结构。

第十六章

可转换债券与可转换优先股

学习目标

学习完本章后，你应能：

1. 描述所有可转换债券的共同特征。
2. 确定可转换债券的下限，即最低价格。
3. 列出影响可转换债券价格的因素。
4. 识别为可转换债券支付的两种溢价。
5. 说明为何这两种溢价负相关。
6. 比较可转换债券与可转换优先股。
7. 说明可回售债券的优点。

前面的章节讨论了各种债券和优先股以及这些证券的定价。本章考察了有特殊特征的债券和优先股：持有者可以将这种证券转换为发行公司的普通股。通常，可转换证券提供的收入高于公司普通股（更高的利息或股利）。此外，如果标的股票的价格上升，那么可转换证券将可能获得资本收益。可转换债券由各种公司发行，既有高质量可转换债券，也有风险极高的可转换债券。

本章讨论了对可转换债券和可转换优先股的投资。首先，本章介绍了可转换债券的特征和期限。其次，讨论了可转换债券的定价，这包括可转换债券支付的溢价，以及可转换债券的价格和它们可以被转换为股票的价格之间的关系。再次，介绍了可转换优先股。这种优先股类似于可转换债券，但缺乏可转换债券的债务要素隐含的安全性。接下来简要介绍了三种可转换债券的历史，以说明投资这些可转换债券的潜在收益和风险。最后，介绍了允许持有者在到期前将证券以面值回售给发行人的债券。

可转换债券的特征

可转换债券是可以根据持有者的选择转换为发行公司股票的信用债券（即无担保债务工

具)。例如，阿瑞斯资本公司（Ares Capital Corporation）发行了 1.5 亿美元无担保可转换证券。该债券利率为 4.878 5%，每 1 000 美元债券可以转换为 51.705 股，转换价格为每股 19.34 美元。由于公司为持有者提供了转换债券的权利，因此这些债券通常是无担保的，且优先顺序次于公司的其他债务。它们提供的利率（即息票利率）往往也低于非可转换债券。因此，可转换特征意味着公司可以以较低的利息成本发行低质量债券。投资者愿意接受这种低质量和低利息收入，因为如果股票的价格上升，债券的市场价值将上升。因此，这些投资者用质量和利息交换了可能的资本收益。

尽管可转换债券可以转换为固定数量的股票，但转换价格（即股数）是可以调整的。通常，如果公司发行新股，转换价格就会降低。这种调整保护债券持有者免受发行新股产生的稀释影响。如果公司支付股票股利或分拆股票，转换价格也将调整。例如，2013 年，3D 系统(3D Systems，代码为 DDD）公司将股票 2 拆 3。在分拆前，其可转换债券能交换 46.6 股股票。在 2 拆 3 的股票分拆后，可交换股数增至 69.9(=46.6×1.5）股。

由于可转换债券是长期债务工具，因此它具有所有债券共有的特征。它通常是以 1 000 美元面值发行的，每半年付息一次，而且有固定的到期日。如果债券被转换为股票，那么到期日就无关紧要，因为债券被转换时已经被清偿。可转换债券通常有偿债基金要求，这与到期日一样，一旦债券被转换就没有意义了。

可转换债券总是可赎回的。公司通过赎回迫使持有者转换债券。一旦债券被赎回，持有者就必须转换债券，否则股价升高产生的任何增值就会丧失。这种被迫转换对于发行公司而言是极其重要的，因为它不必再支付利息和清偿债券。

可转换债券对某些投资者具有吸引力，因为它提供了债券的安全特征。公司必须满足契约条款，如果债券没有被转换，就必须被清偿。利息收入通常高于公司股票可以获得的股利收益。此外，由于债券可以被转换为股票，因此持有者将享受公司成长带来的收益。如果公司成长时股价相应升高，那么可转换债券的价值也必然升高。安全性和提供资本收益的潜力共同使可转换债券成为有吸引力的投资，尤其对于希望获得收入和资本增值的投资者而言。

和所有投资一样，可转换债券的持有者需要承担风险。如果公司破产，那么债券持有者就会损失投资于债券的资金。对于可转换债券而言尤其如此，因为它在优先顺序上通常次于公司的其他债务。因此，可转换债券比高级债务或由特定担保品担保的债务风险更高。在违约或破产的情况下，可转换债券的持有者至多只能收回一部分投资的本金。然而，他们的地位仍旧高于股东。

除了违约风险外，可转换债券的价格也会波动。正如下一节将要说明的，它的价格尤其与它可以被转换的股票的价值相关。股价波动产生了可转换债券的价格波动。这些波动是在利率变化导致的价格变化以外的变化。利率上升，对可转换债券是雪上加霜。它的低息票利率导致其价格下降得比高息票利率的非可转换债券更多。再加上标的股票的价值下降，导致了可转换债券的价格大幅下降。

可转换债券有三种可能的结果：如果股价上升，那么债券价值也会上升，债券被转换；如果公司违约，那么债券将作为重组的一部分被重新发行，或变得一文不值；如果股价没有上升，那么债券将保持未清偿状态，直到发行公司清偿债券。

可转换债券的估值

可转换债券的估值取决于：(1) 债券可以转换的股票的价格；(2) 债券作为债务工具的价

值。尽管每个因素都会影响债券的市场价格，但每个因素的重要性都会随证券市场条件的变化而变化。在最后的分析中，可转换债券的定价很难，因为它是一种结合了债券和股票的混合型证券。

本节分为三个小节。第一小节考察了可转换债券仅作为股票的价值。第二小节考察了可转换债券仅作为债务工具的价值，第三小节结合了这些价值，以显示可转换债券的混合特征。为了区别可转换债券作为股票的价值与作为债券的价值，使用的符号加了下标。S 表示股票，D 表示债券。尽管这可能令公式看上去更复杂，但它可以明确地区别可转换债券作为股票的价值和作为债券的价值。

可转换债券作为股票的价值——转换价值

可转换债券作为股票的价值，即**转换价值**（conversion value）（C_s）取决于：（1）债券的面值或本金（FV）；（2）债券的转换价格（或执行价格）（P_e）；（3）普通股的市场价格（P_s）。用面值除以债券的转换价格，得出了债券可以转换的股数。例如，如果 1 000 美元的债券以每股 20 美元的价格转换，那么可以转换为 50(=1 000÷20）股。股数乘以每股市场价格得出以股票衡量的债券价值。如果债券可以被转换为 50 股，且股票售价为每股 15 美元，那么债券以股票衡量的价值为 750(=15×50）美元。

债券作为股票的转换价值可以用公式表示。债券可以转换的股数称为转换比率，即

$$转换比率=\frac{FV}{P_e}$$

债券的转换价值为转换比率与股价的乘积。[①] 式（16.1）表示了债券作为股票的转换价值。

$$C_s=\frac{FV}{P_e}\times P_s \tag{16.1}$$

如表 16.1 所示。在这个例子中，1 000 美元的债券被转换为 50 股（即转换价格为每股 20 美元）。第一列给出了不同的股票价格。第二列给出了债券可转换的股数（即 50 股）。第三列给出了以股票表示的债券价值（即前两列的乘积）。如表所示，当股价提高时，以股票表示的债券价值也将增加。

表 16.1　股价与可转换债券转换为股票后的价值的关系

股票价格（美元）	债券可被转换的股数（股）	用股票表示的债券价值（美元）
0	50	0
5	50	250
10	50	500
15	50	750
20	50	1 000
25	50	1 250
30	50	1 500

图 16.1 说明了股价和债券转换价值之间的这种关系。横轴给出了股价（P_s），纵轴给出了债券转换价值（C_s）。当股价上升时，债券的转换价值也将增加。图中的线 C_s 说明了这点，它表示用股票表示的债券内在价值。线 C_s 是一条通过原点的直线。如果股票没有价值，那么用

① 转换价格（面值除以债券可转换的股数）可以用转换比率表示，即

$$转换价格=\frac{FV}{转换比率}$$

股票表示的债券也没有价值。如果债券的执行价格和股票的市场价格相等（即 $P_s=P_e$，在这种情况下为 20 美元），那么债券作为股票的价值将等于本金金额（即债券面值）。当股票价格升至债券执行价格以上时，债券以股票表示的价值将升至债券本金金额以上。

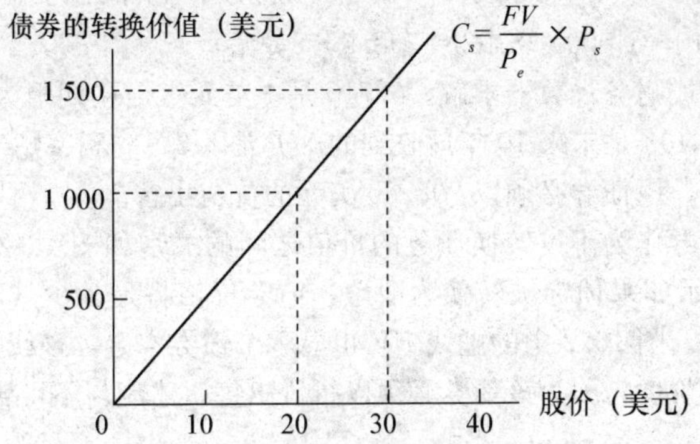

图 16.1　股价与债券转换价值的关系

资料来源：© Cengage Learning.

可转换债券的市场价格不会低于债券的转换价值。如果债券价格低于其转换为股票后的价值，那么就存在套利机会。套利者会卖空股票，购买可转换债券，执行转换，并用通过转换购买的股票抛补卖空交易。然后，他们将获得等于可转换债券价格与债券转换价值之差的利润。例如，如果在上例中，当股票售价为每股 20 美元时，债券售价为 800 美元，那么套利者就会进入市场。当每股价格为 20 美元时，债券转换为股票的价值为 1 000(＝20×50）美元。套利者将卖空 50 股股票，得到 1 000 美元。同时，他们将以 800 美元的价格购买债券并执行选择权（即转换债券）。通过转换债券购买股票后，套利者将抛补空头，获得 200 美元（在支付佣金前）。

当套利者购买债券时，他们会抬高债券价格。价格将继续上升，直到没有获利机会。当债券价格等于或大于债券转换为股票的价值时，将会发生这种情况。因此，债券转换为股票的转换价值设定了债券的最低价格。由于套利，可转换债券的市场价格至少等于其转换价值。

然而，可转换债券的市场价格很少等于债券的转换价值。债券经常以高于其转换价值的溢价出售，因为可转换债券也可以有债务工具的价值。作为纯债券（即不可转换债券），它与其他非可转换债券竞争。像转换特征一样，这种债务要素可以影响债券的价格。其影响很重要，因为它也有为可转换债券设定最低价格的作用。它是价格下限，给予可转换债券投资者股票所缺乏的安全要素。

可转换债券作为债务的价值——投资价值

可转换债券的**投资价值**（investment value）（C_D）与下列因素有关：(1) 债券支付的年利息（*PMT*）；(2) 可比非可转换债券支付的当期利率（i）；(3) 如果债券没有被转换，本金（*FV*）在到期时（n 年后）被清偿的要求。至于现值的计算，式（16.2）给出了可转换债券作为不可转换债务时的价值：

$$C_D=\frac{PMT}{(1+i)^1}+\frac{PMT}{(1+i)^2}+\cdots+\frac{PMT}{(1+i)^n}+\frac{FV}{(1+i)^n} \tag{16.2}$$

[式（16.2）计算的只是在第十四章中讨论的债券的当期价格。]

式（16.2）可以用下列例子解释。假设表 16.1 中的可转换债券在 10 年后到期，并支付

5%的年利率。相同风险类别的可转换债券的当期收益率为8%。当把这些值代入式（16.2）时，可转换债券作为不可转换债务的投资价值为798.50美元：

$$C_D=\frac{50}{(1+0.08)^1}+\frac{50}{(1+0.08)^2}+\cdots+\frac{50}{(1+0.08)^9}+\frac{50}{(1+0.08)^{10}}+\frac{1\ 000}{(1+0.08)^{10}}$$

$$C_D=50\times6.710+1\ 000\times0.463=798.50\ (\text{美元})$$

该式可以用现值表或财务计算器求解。6.710是1美元年金在期限为10年、利率为8%时的现值利息系数，而0.463是未来10年后收到的1美元以8%的利率贴现的现值利息系数。为了与不可转换债券竞争，该债券必须以798.50美元的价格出售。

普通股价格和该债券作为不可转换债务的价值之间的关系如图16.2所示。该图包括一条水平线（C_D），该线显示如果债券被转换为股票，债券价格将是多少（798.50美元），此时债券价格独立于股票价值。图16.2中的虚线 FV 也显示了债券本金，该线位于 C_D 上方。本金超过了作为纯债务的债券价值，因为该债券必须以折价出售，才能与不可转换债券竞争。

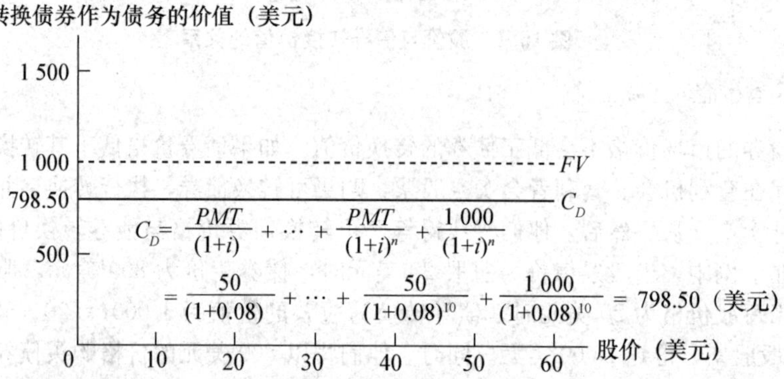

图16.2　普通股价格和债券作为不可转换债务的价值的关系

资料来源：© Cengage Learning.

可转换债券作为债务的投资价值随着市场利率的变化而变化。由于债券支付的利息是固定的，因此债券作为债务的价值与利率反向变化。利率上升将导致该价值下降，利率下降将导致该价值上升。

上述可转换债券作为债务的价值和不同利率的关系如表16.2所示。第一列给出了不同的利率；第二列给出了名义利率（即息票利率）；最后一列给出了债券作为不可转换债务的价值。这种反向关系很明显，因为当利率从3%上升到12%时，债券价值从1 170.60美元降至604.48美元。

表16.2　利率与债券投资价值之间的关系

利率（%）	息票利率（%）	10年期债券的投资价值（每年支付的利息，美元）
3	5	1 170.60
4	5	1 081.11
5	5	1 000.00
6	5	926.40
7	5	859.53
8	5	798.70
10	5	692.77
12	5	604.48

债券作为不可转换债务的价值很重要，因为它确定了债券在市场上的另一个最低价值。在该价格上，可转换债券可以与相同期限和风险程度的不可转换债券竞争。如果债券价格低于该价格，就将提供比不可转换债券更有吸引力（即更高）的收益率。投资者将寻求购买可转换债券，以获得更高的收益率。他们将竞价推高可转换债券的价格，直到其收益率与不可转换债券相当。因此，可转换债券作为不可转换债务的价值成为可转换债券价格的下限。即使债券可以转换的股票的价值下跌，该下限也会阻止可转换债券价格的下跌。

可转换债券的实际最低价格结合了它作为股票的价值和作为债券的价值。图 16.3 说明了这点，该图结合了图 16.1 和图 16.2 中以股票和不可转换债务表示的债券价值。可转换债券价格总是高于或等于这两个价值中的较高者。如果可转换债券的价格低于其作为普通股的价值，那么套利者就会竞价推高其价格。如果可转换债券的价格低于其作为债务的价值，那么债券投资者就会竞价推高其价格。

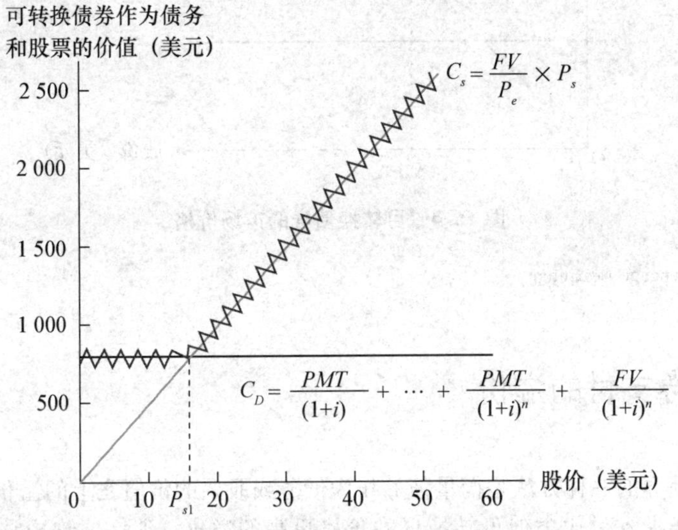

图 16.3　可转换债券的实际最低价格

资料来源：© Cengage Learning.

可转换债券的最低价格要么是其作为股票的价值，要么是其作为不可转换债务的价值，但这些决定因素的重要性有所不同。对于较低的股票价格（即低于图 16.3 中的 P_{s1} 的股价）而言，最低价格是由可转换债券作为债务的价值决定的。然而，对于高于 P_{s1} 的股价而言，最低价格是由可转换债券作为股票的价值决定的。

债券作为混合式证券的价值

可转换债券的市场价格（P_m）结合了债券的转换价值和其作为不可转换债务的投资价值。如果股价降到显著低于债券执行价格的程度，那么可转换债券的市场价格将主要受债券作为不可转换债务的价值的影响。实际上，债券将被当作纯债务工具定价。当股价上升时，债券的转换价值也会上升，并在确定可转换债券的市场价格时起着日益重要的作用。当股价足够高时，债券的市场价格与转换价值相同。

图 16.4 说明了这些关系，该图与图 16.3 基本相同，并增加了可转换债券的市场价格（P_m）。

对于低于 P_{s1} 的普通股价格，市场价格与债券作为不可转换债务的价值相同。对于高于 P_{s2} 的普通股价格，债券价格与其作为普通股的价值相同。在这些极端的股价上，债券可以被当作纯债务或股票来分析。对于位于这两个极端之间的所有价格，可转换债券的市场价格既受债券作为不可转换债务的价值的影响，也受债券作为股票的价值的影响。这种双重影响令可转换债券分析变得很困难，因为投资者支付了债券作为股票和债务的价值的溢价。

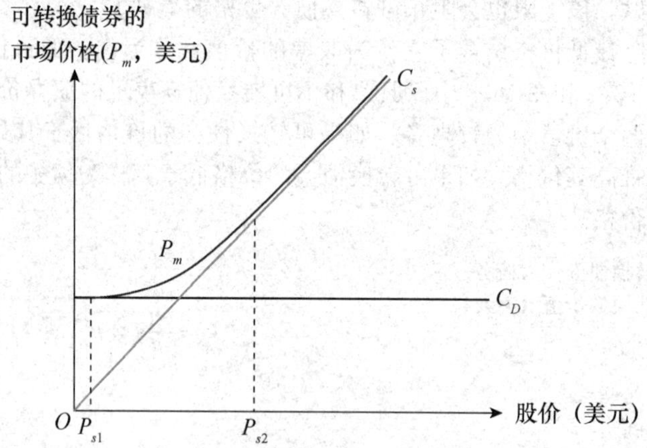

图 16.4　可转换债券的市场价格

资料来源：© Cengage Learning.

为可转换债券支付的溢价

分析可转换债券的一种方法是衡量债券作为债务或股票的价值之上的溢价。例如，如果特定的可转换债券要求支付比类似可转换证券价格更高的溢价，那么或许应该卖出该债券。相反，如果要求的溢价相对较低，那么该债券可能就是很好的投资。

表 16.3 说明了可转换债券支付的溢价，与表 16.1 基本相同，并加入了债券作为不可转换债务的投资价值（第四列）和可转换债券的假设市场价值（第五列）。投资者为可转换债券支付的溢价可以按两种方法理解：高于债券作为股票的价值的溢价或高于债券作为债务的价值的溢价。第六列给出了债券作为股票的溢价。这是可转换债券的假设市场价值与其作为股票的转换价值之差（即第五列的值减去第三列的值）。当股价升高时，该溢价下降，并在确定债券价格时起到更重要的作用。第七列给出了债券作为不可转换债务的溢价。这是可转换债券的假设市场价值与其作为不可转换债务的投资价值之差（即第五列的值减去第四列的值）。当股价升高时，该溢价也增加，因为债券的债务要素的重要性降低了。

表 16.3　为可转换债券支付的溢价

股价（美元）	债券可以转换的股数（股）	债券作为股票的转换价值（美元）	债券作为不可转换债务的投资价值（美元）	可转换债券的假设市场价值（美元）	债券作为股票的溢价[①]（美元）	债券作为不可转换债务的溢价[②]（美元）
0	50	0	798.50	798.50	798.50	0.00
5	50	250	798.50	798.50	548.50	0.00

续表

股价（美元）	债券可以转换的股数（股）	债券作为股票的转换价值（美元）	债券作为不可转换债务的投资价值（美元）	可转换债券的假设市场价值（美元）	债券作为股票的溢价①（美元）	债券作为不可转换债务的溢价②（美元）
10	50	500	798.50	798.50	298.50	0.00
15	50	750	798.50	900.00	150.00	101.50
20	50	1 000	798.50	1 100.00	100.00	301.50
25	50	1 250	798.50	1 300.00	50.00	501.50
30	50	1 500	798.50	1 500.00	0.00	701.50

①债券作为股票的溢价等于可转换债券的假设市场价值减去债券作为股票的转换价值。

②债券作为不可转换债务的溢价等于可转换债券的假设市场价值减去债券作为不可转换债务的投资价值。

图 16.5 也说明了两种溢价之间的逆向关系。溢价由表示市场价格（P_m）的直线和表示可转换债券作为股票的价值（C_s）的直线以及表示可转换债券作为不可转换债务的价值（C_D）的直线之差表示。

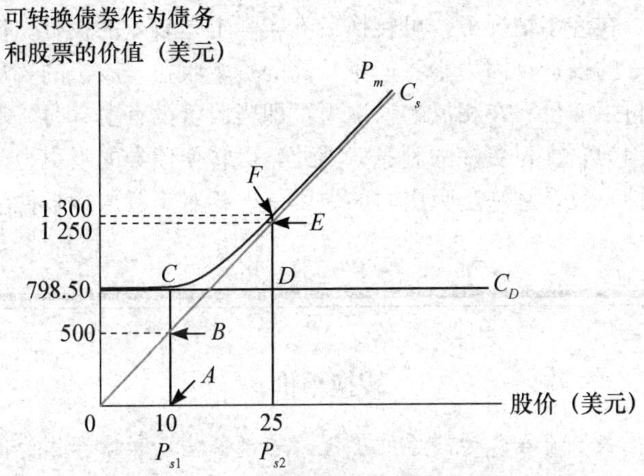

图 16.5　为可转换债券支付的溢价

资料来源：© Cengage Learning.

当股票价格较低，且债券的售价接近其作为债务的价值时，债券作为股票的内在价值之上的溢价将很大，但债券作为债务的价值之上的溢价很小。例如，在 P_{s1} 上，股价为 10 美元，作为股票的债券价值为 500 美元（图 16.5 中的线 AB），溢价为 298.50 美元（线 BC）。然而，债券的售价为其作为不可转换债务的价值（798.50 美元），而作为债务的价值之上没有溢价。当股票价格为 25 美元，债券售价为 1 300 美元时，作为股票的溢价仅为 50 美元（线 EF）。然而，债券作为不可转换债务的价值之上的溢价为 501.50 美元（线 DF）。

正如这些例子所说明的，对债券支付的其作为股票的价值之上的溢价随着股价升高而下降。这种溢价下降是转换价值对债券市场价格的影响不断上升、债务要素对债券价格的影响不断下降的结果。

当股价上升时，债务的安全特征逐渐减小。如果普通股的价格停止上升并开始下降，那么可转换债券的价格会在到达不可转换债务设定的下限价格之前大幅下降。例如，如果股价从 30 美元降至 15 美元（降低 50%），那么可转换债券的价格会从 1 500 美元降至 798.50 美元（降幅为 46.8%）。这种价格下降表明，798.50 美元的下限价值对债券价格下降几乎没有影响。

此外，当股价上升（因此可转换债券的价格也上升）时，债券被赎回的可能性也将增大。当债券被赎回时，其价值可能仅为其作为股票的价值。赎回迫使持有者将债券转换为股票。例如，当股价为30美元时，债券作为股票的价值为1 500美元。如果公司赎回债券，并提出以面值（1 000美元）赎回债券，没有人会接受这个出价。相反，他们会将债券转换为价值1 500美元的股票。如果投资者支付高于该转换价值的溢价（例如，1 600美元）且债券被赎回，那么投资者将遭受损失。因此，当赎回的可能性增大时，投资者将不再那么愿意支付高于债券作为股票的价值的溢价，而可转换债券的价格最终将与其作为股票的价值趋同。

溢价的下降也意味着股价将比债券价格上升得更快。如表16.3和图16.5所示，可转换债券的市场价格随着股价变化而上升和下降，因为债券的转换价值将上升和下降。然而，可转换债券的市场价格并不像债券的转换价值上升得那么迅速。例如，当股价从20美元上升至25美元（上涨25%）时，可转换债券的价格从1 100美元上升至1 300美元（增幅为18.2%）。这种增幅差异的原因是为可转换债券支付的溢价下降了。由于股价上升时溢价下降了，因此股价的增幅必然超过债券价格的增幅。

有些投资者可能有这样一个错误的概念，即可转换债券同时提供了两个最好的特征：高收益率和债务的安全性。在许多情况下，可转换债券实际上是较差的投资。例如，如果股价迅速上升，那么股票是较好的投资，因为它将产生较高的资本收益。股票的表现好于债券，因为投资者对可转换债券支付了溢价。在相反的情况下，即当股价没有上升时，不可转换债券的表现将优于可转换债券，因为它支付更多的利息。因此，可转换债券的吸引力来源（即潜在的资本增长加上债务的安全性）也是它缺乏吸引力的原因（即相对于股票增长性较差，而相对于不可转换债券利息收入较少）。

兴趣点 ☞

转换平价

在本章中，分析是基于债券作为股票的价值（转换价值）和债券作为债务工具的价值（投资价值）的。这种分析也可以反过来，以表示股票用债券价格表示的价值，它也被称为转换平价。转换平价表示给定债券价格下股票的价值，即

$$\text{转换平价}=\frac{\text{债券价格}}{\text{转换比率}}$$

如果债券价格为900美元，且债券被转换为20股（即以每股50美元的价格转换），则转换平价为：

$$\frac{900}{1\,000/50}=\frac{900}{20}=45\text{（美元）}$$

转换平价表示，一股股票作为债券的价值为45美元。如果股价为35美元，则债券以每股10美元的溢价出售（即基于债券可转换股数的总溢价为200美元）。

转换平价提供了另一种确定可转换债券支付的溢价的方法。在表16.3中，债券高于其作为股票的价值的溢价为债券价格减去债券的转换价值［在本例中为900－700＝200（美元）］。转换平价将该过程反过来。如果债券价格为900美元，那么股票价值为每股45美元。由于股票售价为35美元（比45美元少10美元），那么债券高于其作为股票的价值的溢价为200(＝10×20)美元。在两种情况下，溢价均为200美元。

如果购买可转换债券是为了获得其作为债务的价值（即高于其投资价值）之上的高额溢价，那么也存在损失的可能性。例如，当表16.3中的股价为30美元时，债券售价将为1 500美元（其转换价值）。在该价格上，投资者将支付债券作为债务的价值之上的溢价，即701.50美元。如果股价降至10美元，那么债券的价值将降至798.50美元，导致投资者遭受701.50美元的资本损失。尽管债券价值的下降低于股票价值的下降（降幅分别为47%与67%），但如此高的降幅当然意味着可转换债券的投资者可能遭受大幅损失，即使利率不变且公司没有违约。

这些风险表明，投资者应该谨慎购买可转换债券。然而，可转换债券的确同时提供了潜在资本收益、利息收入和债务的安全性。如果股价上升，那么债券价格也必定上升，且投资者将得到利息收入。如果股价没有上升，那么可转换债券最后必定会被清偿，因为它是公司的债务。因此债券的确提供了股票投资所没有的安全性，也提供了不可转换债券投资所没有的某些增长潜力。

可转换优先股

除了可转换债券以外，许多公司还发行**可转换优先股**（convertible preferred stock）。正如其名所示，这种股票可以转换为发行公司的普通股。例如，鲁斯公司（Rouse Company）利率为6%的优先股可以转换为1.311股该公司的普通股。（还有强制可转换优先股。拥有这种股票的投资者必须在规定日期将优先股转换为该公司的普通股。）

在这些可转换优先股中，部分是并购的结果。税法允许公司通过交换股票合并，这是不用缴税的（即为免税交易）。如果一家公司用现金购买了另一家公司，那么卖出股份的股东就显然实现了销售交易。销售交易的损益需要缴纳资本收益税。然而，美国国家税务局规定，类证券交换不是实际销售交易，因此投资者在卖出新股之前不用缴纳资本收益税。

这种税收规定鼓励通过股票交换进行并购。在许多情况下，收购公司（存续下来的公司）向被收购公司的股东提供用他们的股票交易新的可转换优先股的机会。由于股票可以转换为存续下来的公司的普通股，因此它是“类似”的证券。因此，这种交易不用缴纳资本收益税。为了鼓励股东提供股份，存续下来的公司可能对可转换优先股提供丰厚的股利收益率。因此，许多可转换优先股都有比投资普通股更丰厚的股利收益率。

可转换优先股类似于可转换债券，但也有某些重要差异。这些差异基本和不可转换优先股及不可转换债券的差异相同。优先股被当作股权工具。因此，公司没有支付股利的法定义务。此外，优先股可能是永续证券，而且和债务不同，它可能不用清偿。然而，许多可转换优先股确实要求有偿债基金，而且所有可转换优先股都是可赎回的，因此公司可以迫使股东进行转换。

可转换优先股（和可转换债券一样）的价值与它可以转换的股票价格有关，也与竞争的不可转换优先股的价值有关。和可转换债券一样，这些价值设定了可转换优先股的价格下限。它不能像普通股那样长时间以低于其价值的价格出售。如果出现这种情况，投资者就会进入市场并购买优先股，这会提高其价格。因此，可转换优先股的最低价值（和可转换债券的最低价值一样）必然等于股票的转换价值（P_c）。以公式表示为：

$$P_c=P_s\times N \qquad (16.3)$$

式中，P_s 为可转换优先股可以转换的股票的市场价格；N 为投资者通过转换获得的股数。式

(16.3) 类似于式 (16.1)，它给出了可转换债券作为股票的内在价值。

可转换优先股作为不可转换永续优先股的价值（P_{pfd}）与其支付的股利（D_{pfd}）有关，也与适当的贴现系数（k_{pfd}）有关，后者是竞争的不可转换优先股获得的收益率。以公式表示为：

$$P_{pfd}=\frac{D_{pfd}}{k_{pfd}} \tag{16.4}$$

该式与作为债务的可转换债券的价值公式基本相同，除了优先股没有明确的到期日外。然而，该价值确实设定了可转换优先股的价格下限，因为在该价格上，它可以与不可转换优先股竞争。

和可转换债券一样，可转换优先股是结合了作为普通股的价值和作为不可转换优先股的价值的混合型证券。可转换优先股往往会以高于其作为普通股和普通优先股的价值的溢价卖出。图 16.4 和图 16.5 说明了可转换债券在其可以转换的股票的不同价格下的价值，这也适用于可转换优先股。唯一的不同是优先股在普通股价值之上的溢价，该溢价往往较小。溢价较小的原因是，优先股没有债务要素。其特征更类似于普通股，而不是可转换债券。因此，其要求的高于普通股价值的溢价通常较小。

可转换-可交换优先股

可转换-可交换优先股是一种包括两种选择权的证券。持有者可以将股票转换为公司的普通股，公司也可以强迫持有者用股票交换公司的债券。[①] 例如，联邦纸板（Federal Paper Board）公司 2.312 5 美元的可转换-可交换优先股可以根据持有者的选择转换为 2.51 股普通股。然而，该公司也可以选择用每股交换该公司价值为 25 美元、利率为 9.25%的可转换债券。

交换选择给予公司对优先股的更多控制权，因为它是在普通股价格上升或下降时，强迫清偿股票，而不用支付现金的一种方式。如果普通股价格上升，那么投资者可以自愿转换优先股。然而，公司可以执行其用债券交换优先股的选择权，从而迫使股东进行转换或损失优先股的价值升值。在这种情况下，交换选择权起到了赎回特征的作用——它强迫进行转换。

如果普通股的价值下降，那么没有人可以执行选择权以转换股票。没有交换选择权，除非回购这些股票，否则公司不能清偿股票并摆脱必要的股利支付义务。然而，交换选择权允许公司强迫优先股股东用股票交换债券。现在，公司必须支付利息，但这些是可以扣税的费用，而优先股股利是从利润中支付的，不可扣税。

优先权益赎回累计股

优先权益赎回累计股（preferred equity redemption cumulative stock，PERCS）是用于在未来交换发行公司普通股的优先股。和可转换优先股一样，它结合了优先股的要素和某些增长潜力。优先权益赎回累计股支付的现金股利是在发行证券时确定的，通常约为普通股支付的股利

① 可转换-可交换优先股的一种变型是溢价收入权益证券（premium income equity security，PIES）。这种证券由持有者必须履行的股票购买合同和发行人必须履行的债务组成。例如，道明尼资源公司发行了息票利率为 9.5%、必须以 61.20 美元的价格转换为普通股的溢价收入权益证券。如果股票价格升至 61.20 美元以上，溢价收入权益证券的价值将上升。但也会发生相反的情况。如果股价降至 61.20 美元以下，持有者必须用溢价收入权益证券交换股票。如果投资者购买了可转换债券，且标的股票价格下降，那么投资者可以持有债券，并在到期时收到本金。而持有溢价收入权益证券的投资者必须用该证券交换标的股票。

金额的两倍。由于股票支付固定股利，因此该证券类似于优先股。

增长潜力是通过赎回特征产生的。这种优先股不能由持有者选择转换，也不能由公司赎回。相反，这种优先股是在规定的未来日期赎回（即交换）为公司的普通股（通常是在发行日3年后）。例如，西尔斯（Sears）公司在1992年2月21日发行的优先权益赎回累计股可以在1995年2月21日交换为西尔斯公司的普通股。优先权益赎回累计股支付每股3.75美元的年股利，而普通股支付每股2.00美元的年股利。3年后，只要普通股股价为59.00美元或更低，该股票就将交换为1股普通股。如果普通股股价超过59美元，交换的普通股股数就会进行调整，因此优先权益赎回累计股的持有者将收到0.786 7（=59/75）股。1995年2月21日，西尔斯公司的股票售价没有超过59美元，因此每股优先股交换为1股普通股。

优先权益赎回累计股为投资者提供了什么好处？主要的好处是较高的股利收益率。假设西尔斯公司的股价停滞不前；3年后，投资者获得价值没有变化的1股普通股，但投资者在3年中收到的股利高于对普通股股东支付的股利。如果普通股价值下降，多收到的股利将抵消部分价值下降。因此，如果股价保持稳定或下降，优先权益赎回累计股投资者的情况将好于标的普通股股东。

兴趣点 ☞

其他混合式证券

混合动力汽车的发动机结合了汽油和替代能源（例如电池提供的电力）。债务权益混合式证券结合了债务要素和权益要素。它类似于可转换债券，但它不能按投资者的选择转换为公司的标的股票，而是有模糊债务与权益区别的特征。

“信托优先证券”（Trust Preferred Security，被称为“TruPS”）是优先股，但被认为是债务，尽管它的名字使用了“优先”这个词。这种证券像传统债券一样定期进行支付，律师（在美国国税局的允许下）称这些支付金额可以抵扣公司税款。信托优先证券的期限很长（通常为发行日之后50年或更久到期），这使其更像股票而非债券，前者的寿命更长。信用评级机构在对公司评级时，将一部分信托优先证券视为债务，将另一部分信托优先证券视为股票。按比例划分这种证券让公司使用的财务杠杆看上去较低。

美联银行资本信托Ⅲ（Wachovia Capital Trust Ⅲ）发行收入信托证券（Income Trust Security，被称为“WITS”）。这种证券是作为支付固定利率的次级债券发行的。5年后，该债券转换为支付可变利率的永续优先股。这种证券的其他变型包括从债务转换为股票时支付金额随之增加的债券。注意，公司没有赎回债券，投资者也没有转换债券。如果公司不赎回债券，转换将会自动发生。

如果普通股价格上升，优先权益赎回累计股的价值也会升至规定的最高价格，这为价格上升设定了上限。如果普通股价格继续上升，优先权益赎回累计股的价格不会再上升，因为进一步的价格上升被优先权益赎回累计股即将转换的股数下降所抵消。因此，希望获得超额股利收入和不认为标的股票价格会在该时期内显著上升的投资者对优先权益赎回累计股感兴趣。当然，优先权益赎回累计股投资者的最优结果是股价升至最高交换价格。然后，投资者将收到更高的股利，并实现最高的可能资本收益。唯一的损失是失去了普通股股价升至交换价格以上的机会。

选择可转换债券

由于可转换债券为混合式证券，因此它们比不可转换债券更难分析。这种证券是债务工具，并支付固定的利息收入，因此它们对以收入为导向的保守投资者具有吸引力。然而，由于债券以高于其作为债务的投资价值的溢价出售，因此投资者放弃了某些与不可转换债券相关的利息收入和安全性。

如果债券可以转换的股票价值上升，那么可转换债券也提供了资本收益的可能。可能的资本收益增加了债券对寻求资本增值的投资者的吸引力。由于投资者支付了高于债券作为股票的价值的溢价，因此潜在升值金额小于通过投资公司普通股可以获得的升值金额。然而，购买债券的投资者能收到利息，这种利息通常高于对债券可以转换的相等数量股票支付的股利。

通过考察皮特里商店（Petrie Stores）发行的利率为8%的可转换债券，可以看到这种利息优势。该公司的每只债券都可以转换为45.2股普通股。股票支付每股0.20美元的股利（即对于45.2股来说相当于9.04美元），但债券支付80美元的利息。债券持有者收取的利息收入比股东对同等数量股票收取的股利多70.96美元。

兴趣点 ☞

联邦所得税与可转换债券

美国联邦政府将可转换债券的利息视为收入，对其征税，且对出售债券获得的利润征收资本收益税。美国联邦政府是否也在投资者将债券转换为股票时征税？答案是否定的。债券的成本将被转移到股票上。

你以1 000美元的价格购买了一只可转换债券，然后它被转换为40股。债券的成本为1 000美元，在出售债券时，该成本被用来计算资本损益。如果你转换了债券，那么40股股票的成本也为1 000美元（每股25美元）。只要你持有股票，那么就没有应税交易。如果你以1 600美元的价格卖掉40股（每股40美元），那么你的资本收益为600(＝1 600－1 000）美元。如果你以每股10美元的价格卖出40股，那么你的资本损失为600(＝1 000－400）美元。这些资本损益是短期的还是长期的取决于你持有证券的总时间。因此，长期或短期的确定既包括你持有债券的时间，也包括你拥有股票的时间。

这一额外收入流提供了一种分析可转换债券支付的溢价的方法。如果债券被持有足够长的时间，那么额外的收入将抵消溢价。该时期有时被称为回收年数或盈亏平衡时期。下例说明了如何计算该盈亏平衡时期。假设有一只1 000美元、息票利率为7%的可转换债券，该债券可以转换为50股股票。现在股票的售价为每股16美元，且支付每股0.40美元的股利。转换为股票后，债券价值为800(＝50×16）美元。如果债券价格为1 000美元，那么债券作为股票的价值之上的溢价为200(＝1 000－800）美元。债券持有者每年收到70美元的利息，但只收到20(＝0.40×50）美元的股利。因此，购买债券而不是相等数量的股票将产生50美元的额外收入，这抵消了4（＝200/50）年中债券作为股票的价值之上的溢价。

这一系列计算可以总结如下：

单位：美元

债券的市场价值	1 000
减：债券的转换价值	800
转换价值之上的溢价	200
债券的年收入	70
减：股票的年收入	20
债券的年收入优势	50

$$投资回收期=\frac{转换价值之上的溢价}{年收入优势}$$

$$=\frac{200}{50}=4（年）$$

如果在一段较短的时期内（例如，3～4 年），额外收入抵消了债券作为股票的价值之上的溢价，那么可转换债券可能是一种具有吸引力的替代股票的投资。（当然，此时假设股票也足够有吸引力，且提供了增长潜力。）如果收回溢价所需的时期为许多年（例如，10 年），那么不应将债券作为替代股票的投资选择来购买，而应仅仅将其视为债务工具并进行相关分析。

投资者应该意识到这种方法相对简单，并且没有考虑：(1) 购买债券而不是股票的佣金成本差异；(2) 现金股利的可能增长，这将增加收回溢价所必需的时间；(3) 货币的时间价值。溢价在现在（即购买债券时）支付，但利息收入发生在未来。然而，这种方法可以比较不同的可转换债券。如果投资者计算收回几种债券的溢价所需的时间，那么他可以找出更具潜在投资吸引力的特定可转换债券。

部分可转换债券的历史

理解可转换债券投资的最佳方法或许就是分析几只可转换债券的历史。第一只是成功的例子，其中普通股价格上升，因此债券价格也上升。第二只是不那么成功的例子，因为股价下降，债券价格也下降。然而，这只债券的故事不是悲剧，因为债券仍是公司的债务，并在到期时被清偿，尽管它没有转换为股票。第三只债券是更典型的案例，其中债券价格上升，但价格上升发生在很长的时期内。

美国类星体可转换债券

美国类星体（American Quasar）公司是一家致力于勘探和开采石油天然气的公司。事实证明，发现油井的利润非常丰厚，但是大部分只能开采到枯井（即没有发现石油或天然气）。由于其经营性质，美国类星体公司最多是一家投机公司。然而，投机公司需要资金经营，因此该公司发行了面值为 17 500 000 美元的可转换债券。债券的息票利率被定为 7.25%，执行价格为 21 美元（即它可以转换为 47.6 股），这与发行日的股票大致价格（18 美元）相比，溢价为 17%。

在发行该债券后，美国类星体公司的股票表现尤为优秀，股价升至 32 美元。可转换债券的价值也随着股票价格上升。债券价格和股票价格密切联动，发行不到两年后，债券被赎回，迫使债券转换为股票。

这些证券的投资者能获得多高的收益率？显然，股票投资或债券投资的利润都很高，因为股价上升非常迅速。债券价格在流通期间从初始售价 1 000 美元升至近 1 500 美元。债券支付 72.50 美元利息。15 个月中的债券持有期收益率为：

$$\frac{\text{价格浮动}+\text{利息收入}}{\text{成本}}=\frac{1\,500-1\,000+72.50}{1\,000}$$

$$=\frac{572.50}{1\,000}=57.25\%$$

股票的持有期收益率为：

$$\frac{\text{价格浮动}+\text{股利}}{\text{成本}}=\frac{32-18+0}{18}=\frac{14}{18}=77.7\%$$

（债券只支付了 1 年的利息，因为它在下一次支付利息前被转换，股票在债券存续期间没有支付现金股利。）正如这些计算所示，两个收益率均为正。股票收益率较高，因为债券最初按高于其作为股票的价值的溢价出售。然而，购买该可转换债券的投资者没有什么可抱怨的。

泛美航空可转换债券

尽管上一个例子说明了可转换债券的价格可能随着股价上升而上升，但泛美航空（Pan American World Airways）可转换债券说明了相反的例子。当泛美航空的生意蒸蒸日上时，发行了利率为 4.5%的可转换债券。但购买其股票或债券的投资者发现，泛美航空的人气逐渐下降，在持续多年赤字后，其股价剧烈下跌。股票和债券都跌至“大甩卖”价，市场预期该公司将违约。当时，债券达到了 1 000 美元面值售价仅为 130 美元的低点！

然而，泛美航空没有违约，债券仍然是必须被清偿的债务。因此，当泛美航空赎回债券时，最初以 1 000 美元购买它的投资者获得了本金。在 2010 年到期的泛美航空可转换债券持有者以及在 2003 年和 2004 年到期的泛美航空不可转换债券持有者则没有那么幸运，因为该公司最终破产并停止经营。因此，这些债券说明，购买了财务脆弱公司的可转换债券和不可转换债券的投资者可能在公司破产时损失了整笔投资。

希捷科技可转换债券

美国类星体可转换债券只存在了很短时间，因为标的股价上升，债券发行后不久就被转换为股票。泛美航空可转换债券持续了整个期限，并以面值被赎回。在这两个极端之间是希捷科技（Seagate Technology）可转换债券。该债券于 1993 年发行，利率为 6.75%，它继续交易，价格趋于接近标的股票的价格。希捷科技可转换债券说明了债券持有者预期债券收益率高于股票收益率时持有债券多年的重要性。例如，投资者可以在 1993 年花 860 美元购买债券，当时股票售价为 16 美元。由于该债券可以转换为 23.529 股，因此其作为股票的价值为 376(=23.529×16) 美元。在该价格上，债券以超过标的股票价值 484(=860−376) 美元的溢价出售。由于债券支付 67.50 美元的年利息，因此需要 7(=484/67.50) 年时间利息才能抵消溢价。

1996 年，股价升至 60 美元以上，希捷科技以 1 013.50 美元加上应计利息的价格赎回债券。当股价为 60 美元时，债券价值为 1 411.74 美元，因此进行转换显然是有利的。赎回发生在发行债券 3 年后，因此利息无法弥补溢价。以 16 美元的价格购买股票并以 60 美元的价格卖出股票的投资者将获得超过55%的年收益率。以860美元的价格购买债券，收取利息，并以1 412美元的价格卖出债券的投资者将获得24.7%的年收益率。

赎回可转换债券

前面的两个例子（美国类星体可转换债券和希捷科技可转换债券）导致债券被赎回。为什么公司会赎回其可转换债券？它们什么时候会这样做？第一个问题的答案几乎是不言自明的。赎回债券并迫使其转换为股票将节省利息支付。一旦债券被转换，利息支付就停止了。强迫转换也改善了公司的资产负债表。未清偿债务减少了，而股权增加了。债务比例下降了，这表明公司的财务杠杆降低了。这种债务的减少是在不用支出现金偿还本金的情况下实现的。

赎回机制有两个考虑因素。第一，股价必须超过债券的执行价格。如果价格为1 000美元的可转换债券的执行价格为50美元，且股价为40美元，那么没有人会进行转换。该可转换债券可以转换为20(=1 000/50）股，且这些股票仅价值800美元。没有投资者会转换债券，而是会接受赎回价格。如果股价为80美元，那么基本上所有投资者都将进行转换。20股的价值为1 600美元。例如，2013年，全国零售物业公司赎回了其在2028年到期的利率为5.125%的可转换债券。转换价格为每股25.29美元（39.54股），股价为34.50美元。在该价格上，债券价值必须为1 364(=34.50×39.54）美元。注意，没有进行转换的持有者将损失价格上升带来的收益。他们将只能收到1 000美元本金和应计利息。因此，假设很少有人（如果有的话）不转换债券是稳妥的。

一旦债券被赎回，那么股价就有可能下降。赎回不是立即发生的，它发生在一段时期内，比如说4周。如果上述股票的价格为53美元，那么可转换债券转换为股票后的价值仅为1 060美元。如果公司赎回债券，且股价下降到49美元，那么投资者将不会进行转换。这违反了赎回债券以强迫进行转换的目的。管理层将等到股价升至足够高时，此时基本上可以肯定股价不会降至债券持有者接受赎回价格而不是进行转换的水平上。

第二个考虑因素是实际赎回时间。赎回实际上总发生在支付利息之前。如果债券每到6月1日和12月1日都支付利息，那么在12月10日赎回债券就发生在支付利息之后。最好在12月1日前赎回债券。即使在11月15日赎回债券也不能避免利息的支付。债券持有者可以进行转换的4周时间将导致他们持有债券直到支付利息，然后转换债券。因此，赎回往往发生在支付利息前1个月以上的时间（例如，在上例中为10月15日），但很少发生在支付利息后。

或有可转换债券

可转换债券的一种变形为"或有可转换债券"（contingent convertible bond），或被称为CoCo债券。与发行时就具有可转换特征的普通可转换债券不同，CoCo债券只有在债券发行日后公司股价升高到特定金额（例如，30%）时，才成为可转换债券。

2013年到期的德事隆4.5可转换高级中期债券（Textron 4.5 Convertible Senior Note）可以用来说明或有债券。该债券的转换价格为13.125美元（76.19股德事隆的股票）。一旦股票连续30天的交易价格高于17.06美元（高于转换价格30%的溢价），债券就可以转换为普通股。这发生在2009年12月，因此债券在2010年1月变为可转换债券。股票的交易价格约为

19 美元，因此债券转换为股票的价值为 1 448 美元。

债券持有者应该怎样做？转换选择权将持续 90 天，之后债券将不再可转换，直到股票的交易价格再次连续 30 天超过转换价格的 30%。如果投资者将其转换为德事隆的股票，那么股票价值将下降。该投资者可能决定不进行转换，而是继续持有债券，并收取利息。然而，现在投资者会损失债券的升值部分（除非股票继续以超过转换价格 30%的溢价交易）。当然，投资者可以选择卖出债券，或在转换债券后卖出股票。然而，这笔交易是应税交易。和许多投资选择一样，在投资者根据他的投资目标和投资策略分析投资选择之前，没有哪个选择是更好的。

可回售债券

本章大部分内容都被用于分析可转换债券，对于这种债务工具，投资者可以选择是否将其交换为股票。如果股价上升，投资者就会获利，因为债券的转换价值升高了。

20 世纪 80 年代，产生了另一类附有一种不同选择权的债券。这种**可回售债券**（put bond）允许持有者将债券卖回给发行人。实际上，公司必须在规定日期以面值赎回债券。由于这些债券的所有者可以选择将债券卖回给公司，因此这种选择权类似于看跌期权，因此它的名字叫可回售债券。（下一章将说明卖出股票的看跌期权。）可回售债券的一个典型例子是道明尼资源公司的债券，投资者在债券发行 5 年后可以兑现该债券获得本金。可回售债券也有赎回特征，这给予公司赎回债券的权利。因此，发行人和买方都有在规定日期以面值赎回债券的选择权。

对利率上升使债券持有者遭受损失的担心导致了可回售债券的产生。公司和政府需要长期融资，但某些投资者不希望资金被长期占用，尤其是当他们担心利率上升时，可回售债券让公司和政府可以将长期债券卖给不愿购买在未来 20～30 年到期的债券的投资者。

如果在发行这些可回售债券后，利率上升，压低了债券价格，那么投资者将在特定的赎回日执行回售选择权。他将得到本金，并立即以当期利率（或更高的利率）对其进行投资。当然，如果利率下跌，那么投资者不会执行选择权。如果利率下降，那么投资者没有理由寻求提前赎回本金。相反，投资者可以在市场上出售债券，以求比本金更高的价格（即溢价）。

公司和政府愿意向投资者提供这种回售选择权，原因主要与他们愿意提供可转换性的原因相同：这样做能降低利息成本。如果投资者购买选择权，他必须按照某个价格支付。对于普通回售选择权和赎回选择权而言，价格（或按期权的行话称为溢价）等于购买选择权支付的价格。可转换债券或可回售债券的选择权价格更加微妙。其价格是投资者为购买选择权所必须接受的利息减少额。（该价格可以以现值表示——它是有选择权的债券价值和没有选择权的债券价值之差。参见习题 4。）没有选择权，可回售债券的息票利率必须更高，才能吸引投资者购买长期债券。

当利率波动时，回售选择权对债券价格的潜在影响可以从下例中看出来。假设一家公司发行了一只在 20 年后到期，息票利率为 10%的债券。它为投资者提供了在 5 年后以面值赎回债券的选择权。如果投资者没有执行选择权，那么债券将继续保持未清偿状态 15 年。（这是一个简单的例子，投资者只能在一个未来日期执行回售选择权。某些债券可能向债券持有者提供更频繁的赎回债券的选择权，例如，每 5 年一次。）

如果当期利率为 8%，那么债券的价值为：

$$100\times9.818+1\ 000\times0.215=1\ 196.80\text{（美元）}$$

期限为 20 年、利率为 8%的年金现值和 1 美元的现值利息系数为 9.818 和 0.215。20 年是合适的年数，因为利率已经下降，投资者不会赎回债券。因此，选择权对债券价格的增加没有影响。

如果当期利率为12%，那么债券的价值为：

$$100\times3.605+1\,000\times0.567=927.50\text{（美元）}$$

期限为5年、利率为12%的年金现值和1美元的现值利息系数为3.605和0.567。5年是合适的年数，因为如果当期利率超过10%，那么投资者将执行选择权，赎回债券。

回售选择权对债券价值的影响可以通过比较上述价值和没有看跌期权时的债券价值看出来。在这种情况下，如果当期利率为12%，那么债券的价值将为：

$$100\times7.469+1\,000\times0.104=850.90\text{（美元）}$$

期限为20年、利率为12%的年金现值和1美元的现值利息系数为7.469和0.104。20年是合适的年数，因为债券没有回售选择权。在这个例子中，回售选择权使债券价值增加了76.60(＝927.50－850.90)美元。因此，回售选择权影响了利率增加时的债券价值。其影响是降低债券价格下降的金额，因为债券预期寿命是赎回日，而不是到期日。

由于有回售选择权的债券是相对较新的债券，因此人们只能根据其未来受欢迎程度进行投机。然而，提供选择权并不会改变支付的利率，因此参与者之一（即发行人或投资者）将从选择权中获利。如果利率保持在低于息票利率的水平上，那么发行人将获利，因为公司（或政府）可以按比卖出没有回售选择权的债券所必需的利率低的利率卖出债券。然而，如果利率升高，那么投资者将获利，因为他们不用再锁定于收益率较低的债券。发行人将不得不支付更高的利率，以重新借入资金。显然，如果投资者预期利率升高，或者对于未来利率变动方向非常不确定，并想对升高的利率进行对冲，那么附有回售选择权的债券可能就是比其他类型的长期债务工具更有吸引力的选择。

可回售债券与可赎回债券的比较

可回售债券和可赎回债券都是嵌有选择权的债券的例子。在可回售债券中，选择权被给予有权在一段时期后将债券以本金回售给发行人的投资者。这种特征保护债券持有者免受利率上升的影响。利率升高意味着债券的市场价格下降，这对债券持有者有害。回售选择权保护投资者免受利率上升的伤害。

可赎回债券给予发行人赎回债券的权利（通常是以面值加上罚金的价格）。这种特征保护发行人免受利率下降的影响。利率下降意味着发行人对现有债券支付的金额高于其现在发行新债券支付的金额。赎回债券的能力表明，发行人可以对要求更高利息的现有债券进行再融资，并代之以利息较低的新债券。

在两种情况下，选择权都需要一方付出代价。也就是说，选择权是有成本的。回售选择权有利于投资者，因此可回售债券的利率应该更低。选择权的成本为损失的利息。赎回选择权有利于发行人，因此可赎回债券的利率更高。选择权的成本是更高的利息支付。在两种情况下，一方都必须放弃某种东西，并相应获得另一种东西。对于可回售债券，投资者放弃了利息，以换取回售债券的权利。对于可赎回债券，发行人支付更高的利息，以换取在到期前赎回债券的权利。在每种情况下，都必须有一方判断错误。如果利率没有上升，那么发行人的可回售债券的利息成本将降低。发行人获利而投资者受损。对于可赎回债券，如果利率没有下降，那么发行人将遭受损失。投资者将收到更高的利息。

选择权的收益和成本不仅限于债务工具。它们是所有衍生证券的主要组成部分。衍生证券的市场很大，而且对投机和风险管理都起着重要作用。在关于期权和期货的特征、定价以及运用它们买卖证券和其他资产的策略的后面三章中，将更详细地分析利用期权买卖股票的收益和成本。

可转换、可赎回、可回售债券

债券可以同时拥有可转换和可回售特征吗？投资者可以选择转换债券吗？公司可以选择赎回债券并强迫债券持有者进行转换吗？投资者可以选择将债券回售给发行人吗？这些问题的答案都是肯定的。

新计划超越信托（New Plan Excel Trust）公司发行了一只具有全部三种特征的债券。该债券支付 3.7%的息票利率，于 2026 年到期。一只面额为 1 000 美元的债券可以转换为 30.553 股股票，转换价格为 1 000/30.553=32.73（美元）。（转换价格比到期时的股价 26.83 美元高 22%。）如果股价上升，那么债券持有者可以将债券转换为股票。如果股票支付的股利高于债券支付的利息，那么这种转换就有意义。

5 年后，新计划超越信托公司可以赎回债券。通过赎回债券，公司可以在股价升高时强迫进行转换。债券持有者可以要求新计划超越信托公司在 2016 年 9 月和 2021 年 9 月回购债券。如果股价没有上升，且利息收益率低于其他投资选择，那么强迫赎回就有意义。因此这笔新计划超越信托公司的债券有全部三种特征：债券持有者可以自愿进行转换；债券持有者可能被迫进行转换；债券持有者也可以强迫公司回购债券。因此，这笔债券是可转换、可赎回、可回售的。

投资公司与可转换证券

尽管投资者可以购买可转换证券，但它并不像标的股票那样交易活跃，且可转换证券的买卖价差往往高于股票。此外，21 世纪初证券价格的大幅上升导致许多可转换证券都被赎回，因此现有可转换债券和优先股的供给减少了。

这些因素表明，希望购买可转换证券的投资者可能更愿意购买持有可转换债券的投资公司的股票。既有专门投资于可转换债券和可转换优先股的共同基金，也有专门投资于可转换债券和可转换优先股的封闭式投资公司。

富达可转换证券基金（Fidelity Convertible Securities，代码为 FCSX）是专门投资于可转换证券的无认购费共同基金的一个例子。该公司至少 80%的投资组合都由可转换证券组成。安宏克雷默可转换证券与收入基金（Advent Claymore Convertible Securities and Income Fund，代码为 AVK）和卡拉莫斯可转换证券与高收入基金（Calamos Convertible and High Income Fund，代码为 CHY）是同样专门投资于可转换证券的封闭式投资公司的例子。然而，与共同基金不同，封闭式投资公司的份额可以按净资产价值的溢价或折价出售。截至 2012 年 1 月，安宏克雷默基金的份额以 6.7%的折价出售，卡拉莫斯基金的份额以 3.2%的折价出售。

正如人们所料，存在专门交易可转换证券的交易所交易基金（ETF）。与共同基金和封闭式投资公司不同，交易所交易基金复制了指数。例如，强力股可转换证券（PowerShares Convertible Securities，代码为 CVRT）的目标是复制 BofA 美林可转换债券指数（BofA Merrill

Lynch convertible bond index)。甚至还有专门交易外国可转换债券的交易所交易基金，例如克雷默优势可转换债券交易所交易基金（Claymore Advantaged Convertible Bond ETF，代码为 CVD. TO)，它复制了一个加拿大可转换债券指数。

小　结

可转换债券是一种可以转换为股票的债务工具。该债券的价值取决于债券可以转换的股票的价值，也取决于债券作为债务工具的价值。

当股价上升时，可转换债券的转换价值也上升。如果股价下降，可转换债券的转换价值也将下降。然而，股价将下降得更快，因为可转换债券作为债务的投资价值将阻止债券价格下跌。

由于可转换债券的价格随着股价上升而上升，因此可转换债券为投资者提供了在公司价值上升时升值的机会。此外，可转换债券作为债务的价值还设定了债券价格的下限，这降低了投资者遭受损失的风险。如果股价下降，那么债务要素将降低债券持有者遭受损失的风险。

可转换债券可以按溢价出售。对于这些债券而言，溢价是相对于债券作为股票或债务的价值而言的。这两种溢价是负相关的。当股价上升时，可转换债券高于其作为股票的价值的溢价将减少，但高于其作为债务的溢价将增加。当股价下跌时，可转换债券高于其作为股票的价值的溢价将增加，但高于其作为债务的溢价将下降。

可转换优先股除了没有债务工具隐含的安全性以外，类似于可转换债券。可转换优先股的价格与转换价值、股利收入和投资者在不可转换优先股上可能获得的收益率有关。

债务工具市场上最近的一项创新是可回售债券，这种债券允许持有者在未来的特定时间以本金赎回债券。如果利率上升，那么债券持有者将执行回售选择权。他将赎回债券、得到本金，因此能以更高的当期利率进行再投资。然而，如果利率下降，那么债券持有者将不会执行选择权，因为他没有理由在到期之前赎回债券。因此，可回售债券为投资者提供的优点是在未来利率升高时，保护投资者免于被锁定在较低利率上。

可转换债券公式小结

$$转换比率=\frac{FV}{P_e}$$

$$转换价格=\frac{FV}{转换比率}$$

转换价值（债券转换为股票后的价值）为：

$$C_s=\frac{FV}{P_e}\times P_s \tag{16.1}$$

转换溢价＝债券价格－转换价值

转换溢价（百分比）

$$=\frac{债券价格-转换价值}{转换价值}$$

转换平价（基于债券价格的股票价值）

$$=\frac{债券价格}{转换比率}$$

投资价值（债券作为债务的价值）为：

$$C_D=\frac{PMT}{(1+i)}+\cdots+\frac{PMT}{(1+i)^n}+\frac{FV}{(1+i)^n} \tag{16.2}$$

投资溢价＝债券价格－投资价值

投资溢价（百分比）

$$=\frac{债券价格-投资价值}{投资价值}$$

投资回收期（盈亏平衡时间）

$$=\frac{转换溢价}{债券收入-股票收入}$$

问　题

1. 可转换债券和其他债券的区别是什么？

2. 如何计算可转换债券的股票价值？该转换价值对债券价格的影响是什么？

3. 如何计算可转换债券的债务价值？该投资价值对债券价格的影响是什么？

4. 为什么公司可以赎回可转换债券？这些债

券最可能在什么时候被赎回？

5. 为什么可转换债券的风险低于股票，但通常高于不可转换债券？

6. 为什么当股价升高时，高于债券转换价值的溢价会降低？

7. 可转换优先股与可转换债券有何区别？

8. 可转换债券为投资者提供了什么好处？与可转换债券投资相关的风险是什么？

9. 为什么投资者可能更喜欢附有回售特征的债券，而不是附有赎回特征的债券？

10. 如果你预期一只普通股的价格在一段时期后将上升，那么你更愿意投资于该公司发行的可回售债券、可赎回可转换债券，还是可转换-可交换优先股？

关系题与基本习题示例

关系题

1. 利率上升将____可转换债券作为股票的价值。

2. 股价降低将____债券的转换价值。

3. 股价提高将____可转换债券作为债务的价值。

4. 随着股价的增加，可转换债券作为股价的价值之上的溢价将____。

5. 债券转换（执行）价格提高将____转换比率。

6. 如果股价提高，可转换债券的投资（股票）价值将____。

7. 可转换债券作为债务的价值之上的溢价增加表明其作为股票的价值之上的溢价____。

8. 可转换债券作为债务的价值随着利率的增加而____。

9. 可转换债券作为债务的价值之上的溢价增加，表示损失可能____。

10. 当股价____时，可转换优先股的转换价值将增加。

11. 债券可以转换的股票支付的股利____了补偿时间溢价所需的回收期。

12. 利率上升将____可转换债券被赎回的概率。

13. 股价上升将____公司可回售债券的价值。

14. 利率上升将____债券回售期权被执行的概率。

15. 通过赋予回售特征和转换特征，发行公司将____利息成本。

基本习题

1. 给定以下信息，请回答下列问题。

一只可转换债券有下列特征：

本金	1 000 美元
到期日	10 年
利息	40 美元（息票利率为 4%）
赎回价格	1 040 美元
转换价格	每股 50 美元

a）该债券可以转换为多少股？

b）如果股价为 55 美元，那么该债券作为股票的价值是多少？

c）如果可比不可转换债券的年收益率为 6%，那么该债券作为债务的价值是多少？

d）如果股价为 55 美元，你是否预期债券将以其作为债务的价值出售，即 c）中算出的价值？

e）如果债券价格为 1 210 美元，其作为股票的价值和作为债务的价值之上的溢价是多少？

f）如果股价升至 73 美元，债券价格将如何变化？

g）如果股价为 73 美元，那么如果债券被赎回，且投资者没有进行转换，投资者将收到多少金额？

h）如果债券没有被赎回，那么当债券到期时，投资者将收到多少金额？

2. 给定以下信息，请回答下列问题。

一只可转换债券有下列特征：

本金	1 000 美元
到期日	15 年
利息	35 美元（息票利率为 3.5%）
赎回价格	1 035 美元
转换价格	每股 40 美元

该公司的股票支付每股 0.20 美元的现金股利，且股票售价为 30 美元。该公司发行的不可转

换债券的收益率为6%，且该债券售价为950美元。

a）该债券作为股票的价值是多少？

b）该债券作为股票的价值之上的溢价是多少？

c）该债券作为债务的价值之上的溢价是多少？

d）如果股价跌至15美元，那么债券的最低价格是多少？

e）债券相对于股票的收入优势是什么？

f）如果股价翻番为每股60美元，你预期债券作为债务的售价是多少？

g）实际上让投资者确信债券不会被赎回的股价范围是多少？

3. 泰迪玩具（Teddy's Toys）有下列未清偿不可转换债券：

息票利率	4%
本金	1 000美元
期限	15年
转换价格	10美元
赎回价格	1 000美元+1年期利息

可比不可转换债券的收益率为6%。泰迪玩具的股票售价为13美元，不支付利息。

请回答下列问题。

a）如果债券售价为1 000美元，你将怎么做？

b）如果股票售价为13美元，是否有理由预期该公司将赎回债券？

c）如果债券被赎回且你不进行转换，你将收到多少金额？

d）如果债券是可转换优先股，转换特征与债券相同，那么你会改变上述哪些答案？

习　题

1. 一只可转换债券的信息如下所示：

本金	1 000美元
息票利率	5%
期限	15年
赎回价格	1 050美元
转换价格	37美元（即27股）
普通股的市场价格	32美元
债券的市场价格	1 040美元

a）该债券的当期收益率为多少？

b）基于普通股市场价格的债券价值是多少？

c）基于债券市场价格的普通股价值是多少？

d）当投资者购买可转换债券而不是股票时，投资者支付的以股票表示的溢价是多少？

e）不可转换债券出售时的到期收益率为7%。如果该债券没有转换特征，那么该债券的估计价格是多少？

f）当投资者购买可转换债券而不是不可转换债券时，投资者支付的以债务表示的溢价是多少？

g）如果普通股价格翻番，那么可转换债券的价格会翻番吗？请简要解释你的答案。

h）如果普通股的价格下降50%，那么可转换债券的价格会下降同样的幅度吗？请简要解释你的答案。

i）该公司赎回该债券的可能性有多高？

j）为什么投资者愿意支付d）和f）中提到的溢价？

2. 一只可转换债券的信息如下：

息票利率	6%（每1 000美元的债券为60美元）
执行价格	25美元
期限	20年
赎回价格	1 040美元
普通股的价格	30美元

a）如果该债券为不可转换债券，那么当可比利率为12%时，其估计价值为多少？

b）该债券能转换为多少股？

c）该债券用股票表示的价格是多少？

d）该债券的当前最低价格是多少？

e）如果该债券的当前市场价格为976美元，那么你会怎么做？

f）是否有理由预期该公司将赎回债券？

g）如果投资者在公司赎回债券时不对其进行转换，那么他将得到什么？

h）如果该债券被赎回，那么进行转换是否有利？

i）如果利率上升，是否会影响该债券的当期收益率？

j）如果股价为 10 美元，那么你对 i）的答案是否会有所不同？

3. 给定下列关于价格为 2.00 美元的可转换优先股的信息：

一股优先股可以转换为 0.5 股普通股	
普通股的价格	34 美元
可转换优先股的价格	25 美元

a）优先股用普通股表示的价值是多少？

b）优先股价值高于普通股价值的溢价是多少？

c）如果优先股是永续的，且可比优先股提供了 10%的股利收益率，那么如果该股票不可转换，它的最低价格将是多少？

d）如果普通股的价格升至 60 美元，那么你预期优先股的价值最少增加多少？

4. 两只债券的条款如下所示：

债券 A	
本金	1 000 美元
息票利率	8%
期限	10 年

债券 B	
本金	1 000 美元
息票利率	7.6%
期限	10 年

债券 B 还有一个附加特征：它可以在 5 年后以面值赎回（即具有回售特征）。两只债券最初均以面值出售（即 1 000 美元）。

a）如果利率跌至 7%，那么每只债券的价格将是多少？

b）如果利率升至 9%，那么每只债券比初始价格下跌了多少？

c）给定你对 a）和 b）的答案，债券 B 的回售选择权隐含的权衡关系是什么？

d）债券 B 要求投资者每年放弃 4 美元（如果债券存在 10 年，即为 40 美元）。如果利率为 8%，那么放弃的这笔利息的现值是多少？如果债券没有回售特征，但息票利率为 7.6%且期限为 10 年，当利率为 8%时，该债券将以 973.16 美元的价格出售。那么，回售选择权的隐含成本是多少？

5. 两家公司有普通股和未清偿的可转换债券。这些证券的信息如下所示：

	公司 A	公司 B
普通股		
普通股的价格（美元）	46	30
现金股利（美元）	无	1
可转换债券		
本金（美元）	1 000	1 000
转换价格（美元）	50	33⅓
	（20 股）	（30 股）
期限（年）	10	10
息票利率（%）	7.5	7.5
市场价格（美元）	1 100	1 100

a）每只可转换债券以股票表示的价值为多少？

b）对每只可转换债券作为股票的价值支付的溢价是多少？

c）每只可转换债券相对于该债券可以转换的股票的收入优势是什么？

d）收入优势抵消 b）中算出的溢价需要多久？

e）如果 4 年后公司 A 的股票售价为 65 美元，且该公司赎回债券，那么持有期收益率和该股票或债券投资获得的年收益率为多少？（你可能希望复习第十章中介绍的关于计算收益率的内容。）

6. 公司 RTY 有下列未清偿的可转换债券：

息票利率	7%
本金	1 000 美元
期限	10 年
转换价格	64.516 美元
赎回价格	1 000 美元+1 年期利息

债券的信用评级为 A 级。该公司发行的其他债券的评级为 AA 级。可比 AA 级债券的收益率为 9%，A 级债券的收益率为 10%。公司股票的售价为 60 美元，且支付每股 2 美元的股利。可转换债券以面值（1 000 美元）出售。

a）该债券以股票表示的价值是多少？

b）对债券作为股票的价值支付的溢价是多少？

c）该债券的收入优势是什么？

d）给定该债券的收入优势，投资者必须持有该债券多久，才能抵消该债券作为股票的价值之上的溢价？

e）该公司现在赎回债券的概率是多少？

f）如果3年后，股价每年上升10%，升至80美元，那么债券价格将如何变化？

g）如果债券价格在3年后升至1 240美元，那么投资者持有的股票和债券的总收益率（即持有期收益率）是多少？

h）为何持有期收益率会产生误导？

i）如果债券价格在3年后升至1 240美元，那么投资者获得的年收益率是多少？该收益率是否高于股票获得的收益率？

j）如果股票被1拆2，那么对可转换债券价格的影响是什么？

k）如果可转换债券被持有至到期，那么投资者将收到多少钱？年收益率是多少？

l）如果股价升至每股90美元，而A级债券的利率升至12%，那么利率增加对该可转换债券的影响是什么？

7. 戴什公司（Dash Incorporated）有下列未清偿的可转换债券：

息票利率	5%
本金	1 000美元
期限	12年
转换价格	33.34美元
转换比率	30股
赎回价格	1 000美元+1年期利息

该债券的信用评级为BB级，且可比BB级债券的收益率为9%。该公司的股票售价为25美元，且支付每股0.50美元的股利。可转换债券的售价为1 000美元。

a）债券作为债务的价值之上的溢价是多少？产生这种溢价的原因是什么？

b）给定该债券的收入优势，投资者必须持有该债券多久才能抵消可转换债券作为股票的价值之上的溢价？

c）如果股价下降50%，那么债券最差的表现是什么？为什么？

d）如果4年后股价升至40美元，那么债券价格的最低涨幅是多少？

e）如果公司支付20%的股票股利（并非现金股利），那么支付该股利对可转换债券的价格的影响是什么？

f）如果债券没有被转换，那么当债券到期时投资者将收到多少钱？这笔投资的年收益率是多少？

g）是否有理由预期该公司现在将赎回债券？

h）如果价格翻番，债券被赎回，且投资者们没有进行转换，那么他们将收到多少钱？

8. 一家公司发行了一只价格为100美元的优先权益赎回累计股，年股利为8美元。该优先股可以换为2股普通股，只要股价不高于60美元。如果股价高于60美元，那么就要对股数进行调整，使投资者收到的股票每股价值60美元。如果股价低于40美元，那么就要对股数进行调整，使投资者收到的股票每股价值30美元。现在优先股的售价为95美元。普通股的售价为40美元，且不支付股利。

a）根据普通股的当期价格，可交换优先股的价值是多少？

b）优先股是否以其作为普通股的价值之上的溢价出售？

c）如何解释溢价的存在？

d）优先股的当期收益率是多少？

e）如果普通股的售价为20美元、30美元、35美元、40美元、45美元、50美元、60美元和70美元，那么优先股在每个价格上的最低价值为多少？

f）如果4年后普通股的售价为每股75美元，那么哪种投资会产生更高的年收益率？

g）如果4年后普通股的售价为每股45美元，那么哪种投资会产生更高的年收益率？

h）如果普通股的价格降至25美元，那么除去股利后的优先股遭受的最大可能损失是多少？如果包括股利，那么优先股的总损益是多少？

理财顾问的投资案例（本章）

投资可转换债券的优点与缺点

你的许多客户都拥有中小型私人企业。你的一个客户，莫里斯·罗塞尔（Maurice Roussel），正计划为他10岁和12岁的两个孩子筹集学费。现在，两个孩子都没有资产，因此罗塞尔正在考虑和妻子莉莉（Lili）作为托管人，在他们名下投资少量可转换债券。莉莉·罗塞尔有疑虑，因为她认为将他们辛苦赚来的钱进行风险投资是不明智的。罗塞尔认为投资的钱很少，因此风险很低。此外，他对UT&T发行的可转换债券很感兴趣，（保守地讲）这是一家信用评级不错的大公司。

现在，UT&T的债券以面值（1 000美元）交易，息票利率为8%，10年后到期，且可以按每股10美元的价格转换为股票（每1 000美元债券可转换为100股股票）。该公司发行的其他债券支付10%的利息；其股票售价为8.5美元，且不支付现金股利。尽管罗塞尔认为股票是不错的投资，但罗塞尔夫人有疑虑，并提出了几个问题，希望你回答。

1. 如果债券不可转换，那么它们的价值是多少？

2. 既然债券可转换，那么它们的股票价值是多少？

3. 如果股票价值升至15美元，那么债券价值将如何变化？

4. 如果股票价值降至5美元，那么债券价值将如何变化？

5. 如果投资于不可转换债券，且股票价格发生了变化，那么债券价格将如何变化？

6. 如果股价上升，那么罗塞尔夫妇是否必须用债券交换股票？

7. 如果罗塞尔夫人改主意了，那么她是否能拿回本金？

8. 如果该公司破产了，那么债券将会怎样？

9. 购买债券是否好于投资该公司的股票？

10. 购买债券是否好于投资有联邦存款保险的商业银行存单？

11. 拥有可转换债券需要缴纳多少联邦所得税？用子女的名字购买债券可以节税吗？

考虑罗塞尔夫人提出的问题的性质，你是否认为这笔钱应投资于可转换债券？

理财顾问的投资案例（第十三章至第十六章综合版）

各种债券及其对投资决策的影响

尼古拉斯·斯鲍尔（Nikolas Sporer）是一个财务分析师，在一家专门投资固定收益证券的投资公司工作。这家公司的投资组合经理对宠物帮手（PetSupport）公司发行的债券很感兴趣，这是一家迅速成长的公司，专门帮出生在"婴儿潮"时期的人照看宠物。宠物帮手公司有几只未清偿的债券。每只债券都将在20年后到期，且以1 000美元为单位出售。每只债券的当期价格为1 000美元，该公司的股价为8.50美元。每只债券的特征如下所示：

A 利率为4%的可转换债券；
转换价格为10美元
（债券可以在任何时间进行转换）；
赎回价格为1 000美元+1年期利息；
10年后，偿债基金开始每年清偿10%的债券。

B 利率为8%的次级债券；
赎回价格为1 000美元+1年期利息；
没有偿债基金。

C 利率为6%的抵押贷款债券；
赎回价格为1 000美元+1年期利息；
偿债基金每年清偿5%的债券。

D 利率为7%的可赎回债券；
在10年后可以以面值赎回；
偿债基金每年清偿5%的债券。

E 利率为6%的可回售债券；
10年后可以进行回售；
10年后，偿债基金开始每年清偿10%的债券。

现在，该公司的每股利润为0.85美元，但不支付现金股利。利息保障倍数为5.4，且斯鲍尔预期股票至少以10%的年增长率增长，该增长率与可比股票指数相符。

之前与投资组合经理召开的会议提出了几个关于该公司债券的问题，尤其是关于债券价格波动性与违约可能的问题。为了做好充分准备，斯鲍尔需要回答以下几个问题：

1. 斯鲍尔预期哪些债券拥有最高的信用评级？哪些债券拥有最低的信用评级？利息保障倍数的数值表示债券在近期违约的概率有多高？5.4的利息保障倍数是否适用于每只债券？

2. 每只债券距离到期日的时间均为20年，

且以面值出售。如何解释收益率的差异？这些收益率是当期收益率还是预期收益率？

3. 既然久期是一种价格波动性指标，那么每只债券的久期是多少？为了回答这个问题，必须做出什么假设？为什么久期对某些债券并不适用？它们是哪些债券？

4. 如果1年后利率基本上没有发生变化，且股价仍低位徘徊在8.50美元左右，那么每只债券的价格将是多少？

5. 如果5年后利率升高了2个百分点（200个基点），那么每只债券的价格将是多少？为了回答这个问题，必须做出什么假设？

6. 如果10年后利率降低了2个百分点，且股指每年升高9%，那么每只债券的价格将是多少？为了回答这个问题，必须做出什么假设？

7. 给定第6题的价格，每只债券的年收益率是多少？如果斯鲍尔认为第6题的情况是最可能发生的情况，那么现在应该建议他采取什么行动？

第五部分

衍生工具

第五部分分析了衍生证券。正如其名所示，衍生工具以另一种资产为基础，且衍生工具的价值依赖于标的资产的价值。第五部分先介绍了期权。期权是一种给予持有者在特定时期内以特定价格买卖证券的权利的合约。

期权可能是投机性很强的工具，而且只有愿意且能够承担风险的投资者应该考虑买卖期权，以利用预期价格的变化。然而，期权也可以与其他证券结合使用，以管理风险。因此，期权既是对股价波动进行投机的手段，也是降低风险的手段。第十七章介绍了使用期权的基本特征和头寸。第十八章介绍了布莱克-斯科尔斯期权估值模型和使用期权的各种策略。由于期权提供了高收益的可能性，因此愿意承担风险的投资者可能会发现这部分内容是本书中最吸引人的。

第十九章介绍了另一种投资：期货合约。这种合约的目的是交割某种商品（例如小麦）或某种金融资产（例如美国国库券）。和期权一样，期货合约的价值源于标的商品的价值。期货合约可能产生暴利或巨亏，而且它要求投资者积极参与日常投资管理。尽管期货合约被视为投机性很强，但它也可以与其他资产结合使用以对冲头寸和降低风险。因此，期货合约和期权一样，可以被用作投机或管理风险的手段。

第十七章

期权简介[①]

学习目标

学习完本章后，你应能：

1. 定义期权这个词应用于证券时的含义，以及期权的市场价值与内在价值的差异。
2. 识别与买入或卖出期权相关的风险和影响期权时间溢价的因素。
3. 区别卖出抛补看涨期权和卖出无担保看涨期权的损益。
4. 说明股价和看跌期权价格之间的关系。
5. 比较买入看跌期权和卖空。
6. 指出股票指数期权的优点。
7. 区别权证与看涨期权。

假设2005年10月，你花170美元买入了一只以320美元的价格购买谷歌股票的期权。第二天，期权售价为1 990美元（为前一天的价格的10倍以上）。如果你购买了一只以320美元卖出股票而不是买入股票的期权，那么期权成本将为1 830美元。第二天，期权价值为5美元。为什么这些期权的价格会变动得如此剧烈，而且方向相反？本章将会帮你解答这些问题。

期权通常被定义为选择权。在证券市场中，期权是在特定时期内以特定价格买入或卖出股票的权利。期权的价值源自（即取决于）期权有权买卖的标的证券。因此，期权通常被称为衍生证券。期权有各种形式，包括看涨期权、看跌期权和权证。有些证券，例如在上一章中讨论过的可转换债券，包含嵌入式期权。

期权投资者不会得到拥有标的股票时能得到的收益。这些投资者购买期权是因为他们预期期权价格将上升（或下降）得比标的股票更快（以百分比表示）。由于期权提供了这种潜在杠

① 本章使用了以下资料：Herbert B. Mayo，*Using the Leverage in Warrants and Calls to Build a Successful Investment Program*（New Rochelle，NY：Investors Intelligence，1974）。非常感谢出版商允许使用这些内容。

杆，因此它们也是风险更高的投资；投资者可能很容易就损失投资于期权的全部资金。

本章是对期权投资的一般性介绍。本章先介绍了所有期权的共同特征（内在价值、期权提供的杠杆和期权要求的时间溢价）。接下来，本章讨论了特定的期权：看涨期权和看跌期权。随着芝加哥期权交易所（Chicago Board Options Exchange，CBOE）的建立，买卖看涨期权和看跌期权的二级市场也随之诞生。这些期权允许投资者持有多头和空头头寸，并构建对冲头寸以降低风险。芝加哥期权交易所通过为准备买卖期权的投资者创造机会而改变了证券市场。

芝加哥期权交易所最初的成功导致其他交易所开始交易期权，并产生了新类型期权，例如股票指数期权，它不是基于哪家具体公司的证券，而是基于整体市场指数。这些指数期权允许投资者在市场上持有多头或空头头寸，而不必交易单只证券。本章最后讨论了购买公司发行的股票的权证。尽管权证类似于看涨期权，但公司并不经常用它来筹集资金。

看涨期权

期权（option）是在特定时期内以特定价格买卖股票的权利。当该时期结束时，期权在**到期日**（expiration date）被执行。**看涨期权**（call option）是买入特定数量股票（通常是 100 股）的权利。[①] 相反，**看跌期权**（put option）是在特定时期内以特定价格卖出特定数量股票（通常是 100 股）的权利。因此，看跌期权是将股票卖给他人的权利。（本章后面将讨论看跌期权。）

注意“在特定时期内”这句话。美式看跌期权和看涨期权可以在到期前的任何时间被执行。欧式期权只能在到期时被执行。这种区别意味着投资者可以在支付股利和收到股利之前执行看涨期权，而欧式期权的情况并非如此。尽管到期前几乎没有美式期权被执行，但这增加了灵活性，让美式期权比欧式期权更值钱。

看涨期权要求的最低价格为其作为期权的**内在价值**（intrinsic value）。对于购买股票的期权而言，该内在价值是股价与期权的每股**执行价格**［exercise（strike）price］之差。期权的市场价格通常被称为**期权费**（premium）。如果期权是以每股 30 美元的价格购买股票的权利，且股票售价为 40 美元，那么内在价值就为 10(＝40－30）美元。

如果股票售价高于每股执行价格，那么看涨期权的内在价值就为正。这可以被称为期权在价内。如果普通股的售价等于执行价格，那么期权为平价。如果股价低于执行价格，那么看涨期权就没有内在价值，期权在价外。当可以以低于执行价格的价格购买股票时，没有人会购买和执行期权。然而，正如接下来所要说明的，这种期权仍然可以交易。

股价、执行价格和期权的内在价值的关系如表 17.1 和图 17.1 所示。（尽管看跌期权和看涨期权通常以 100 股为单位交易，但本书中的所有例子均为每股数据。金融媒体上报告的期权价格也为每股数据。）在本例中，看涨期权是以每股 50 美元的价格购买股票的权利。表中第一列（图中的横轴）给出了不同的股价。第二列给出了看涨期权的执行价格（50 美元），最后一列给出了看涨期权的内在价值（即第一列和第二列的价值之差）。第三列的价值由图中的线 *ABC* 表示，该线显示了股价与期权内在价值的关系。表 17.1 和图 17.1 都证明了当股价升高时，期权的内在价值也将升高。然而，当所有股价都低于 50 美元时，内在价值将为

① 实际上，看涨期权并非新鲜事物。它们在 17 世纪 30 年代就已存在。当时郁金香球茎的期权在横扫荷兰的郁金香球茎投机狂潮中推波助澜。关于这一投机时期的精彩介绍，参见 Burton G. Malkiel，*A Random Walk Down Wall Street*，11th ed.（New York：W. W. Norton & Company，2015）。

零，因为证券价格永远不会是负数。只有当股价升到50美元以上时，看涨期权的内在价值才会变为正数。

表 17.1 股票价格和以每股50美元的价格购买股票的看涨期权的内在价值

股票价格（美元）	减去	期权的每股执行价格（美元）	等于	期权的内在价值（美元）
0		50		0
10		50		0
20		50		0
30		50		0
40		50		0
50		50		0
60		50		10
70		50		20
80		50		30
90		50		40

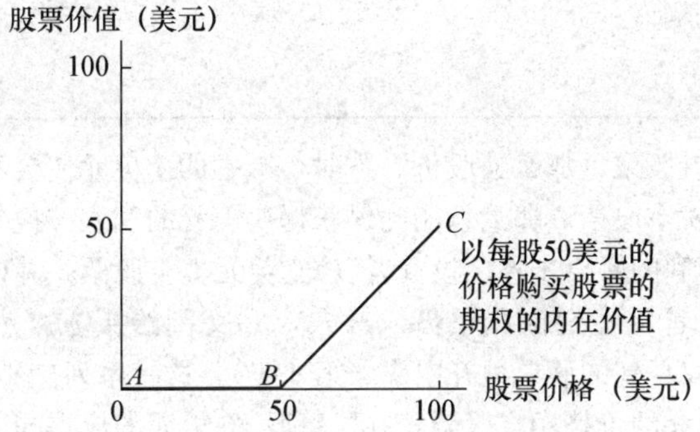

图 17.1 股票价格和以每股50美元的价格购买股票的看涨期权的内在价值之间的关系

资料来源：© Cengage Learning.

当期权接近到期日时，看涨期权的市场价格必然接近其内在价值。在执行期权那天，市场价格只能是期权作为股票的价值。它的价值只能是股票市场价格与期权执行价格之差。这个事实意味着，投资者可以将看涨期权的内在价值作为期权未来价格的预测指标，因为投资者知道当期权接近到期日时，看涨期权的市场价格必然接近其内在价值。

由于套利，内在价值确定了证券的最低价格。正如第五章所介绍的，套利是在两个不同的市场上同时买卖商品或证券，以从市场提供的不同价格中获利的行为。对于期权而言，这两个市场是股票市场和期权市场。套利头寸的本质是在股票上卖空，而在期权上做多（即购买期权）。在交易生效后，套利者将执行期权。然后，通过执行看涨期权购买的股票将被用于抛补空头。

这种套利行为可以通过用表17.2中的简单例子来说明。如果股价为60美元，且期权的执行价格为50美元，那么期权的内在价值就为10美元。如果期权的当前市场价格为6美元，那么投资者可以买入期权，并执行期权以购买股票。通过这样做，投资者节省了4美元，因为股票的总成本为56美元（即期权成本为6美元，执行期权的成本为50美元）。之后，投资者便可以拥有市场价值为60美元的股票。

表 17.2 套利要求的步骤

给定		
股票价格		60 美元
期权的每股执行价格		50 美元
期权价格		6 美元
第 1 步		
以 6 美元的价格购买看涨期权		
以 60 美元的价格卖空股票		
第 2 步		
执行期权，并以 50 美元的价格购买股票		
第 3 步		
在购买股票后，抛补空头		
计算损益		
股票销售收入		60 美元
股票成本		
看涨期权成本	6 美元	
执行期权的成本	50 美元	
总成本		56 美元
净利润		4 美元

如果投资者继续持有股票，那么当股价下跌时，节省的 4 美元便会蒸发。然而，如果投资者同时买入看涨期权并卖空股票，那么就能确保获得 4 美元的利润。换句话说，投资者使用了套利，表 17.2 列出了套利的必要步骤。投资者以 60 美元卖空股票，并以 6 美元的价格购买看涨期权（第 1 步）。投资者从经纪商那里借入股票，并交割给买方。然后，投资者执行期权（第 2 步），并用执行期权买到的股票抛补空头（第 3 步）。这一系列交易将利润锁定为 4 美元，因为投资者以每股 60 美元的价格卖空股票，并以每股 56 美元的成本同时购买和执行期权。通过同时卖空股票并买入看涨期权，投资者确保他将获得期权内在价值和其价格之间的差价。通过套利，投资者确保了利润。

当然，买入期权和卖空股票的行为会推高期权的价格，并形成股价下跌压力。因此，套利机会将消失，因为套利者将把期权的价格抬高到至少等于其内在价值的水平。一旦看涨期权价格升至其内在价值，可以获利的套利机会就消失了。然而，如果看涨期权的价格再次跌到内在价值之下，那么套利机会将再次出现，并重复该过程。因此，期权的内在价值成为期权要求的最低价格，因为一旦期权价格跌至期权内在价值以下，套利者就将进入市场。

如果期权价格超过其内在价值，那么套利就不会产生利润，投资者也不会执行期权。如果在上例中买入股票的看涨期权在普通股价格为 50 美元时的售价为 5 美元，那么没有人会执行期权。通过执行看涨期权购买股票的成本将为 55(＝50＋5) 美元。投资者直接购买股票比购买看涨期权然后执行它要划算。

实际上，典型的投资者执行有利润套利的机会极其罕见。做市商知道套利可能获得的利润，并且利用可能出现的获利机会最方便。因此，如果存在以低于内在价值的价格购买看涨期权的机会，那么看涨期权将会被做市商买走，而公众是得不到套利机会的。对于一般投资者而言，套利的重要性不是其提供的获利机会，而是它为期权价格设定的下限，该下限就是最低价格或内在价值。正如关于布莱克-斯科尔斯期权估值模型的下一章将要介绍的，在到期日之前，最低价格必然会超过期权的内在价值。

杠 杆

期权为投资者提供了**杠杆**（leverage）优势。看涨期权投资的潜在收益率可能高于标的股票（即由期权提供购买权的股票）投资的潜在收益率。和使用保证金类似，这种对潜在收益的放大是杠杆的一个例子。

表 17.3 说明了股价和看涨期权内在价值之间的关系，也证明了看涨期权提供的潜在杠杆。例如，如果股价从 60 美元升至 70 美元，那么期权的内在价值将从 10 美元升至 20 美元。股票的价格增加百分比为 16.67% [＝(70－60)÷60]，而期权内在价值的增加百分比为 100% [＝(20－10)÷10]。看涨期权内在价值的增加百分比超过了股价的增加百分比。如果投资者以内在价值购买了期权，然后股价上升，那么看涨期权投资的收益率就将超过股票投资的收益率。

然而，杠杆的作用是双向的。尽管它可能增加投资者的潜在收益，但当股价下跌时，它也可能增加潜在损失。例如，如果表 17.3 中的股价从 70 美元跌至 60 美元，下降了 14.3%，那么看涨期权的内在价值就会从 20 美元降至 10 美元，降幅为 50%。和任何投资一样，投资者必须决定杠杆所增加的潜在收益率是否值得冒更多的风险。

表 17.3 股价、看涨期权价格和期权的假设市场价格之间的关系 单位：美元

普通股的价格	期权			
	每股执行价格	内在价值	假设市场价格	时间溢价
10	50	0	0	0.00
20	50	0	0.02	0.02
30	50	0	0.25	0.25
40	50	0	1	1.00
50	50	0	6	6.00
60	50	10	15	5.00
70	50	20	23	3.00
80	50	30	32	2.00
90	50	40	41	1.00
100	50	50	50	0.00

看涨期权支付的时间溢价

如果期权提供的潜在收益率高于股票，那么投资者可能更愿意购买期权。投资者购买期权的做法将抬高其价格，因此市场价格将超过期权的内在价值。由于期权的市场价格经常被称为期权费*，因此该价格超过期权内在价值的程度就被称为**时间溢价**（time premium）或时间价

* 期权费和溢价的英文都是 premium。——译者注

值。投资者愿意为期权提供的潜在杠杆支付该时间溢价。然而，这种时间溢价降低了潜在收益，并增加了潜在损失。

表 17.3 说明了看涨期权的时间溢价，它比表 17.1 多了第四列中的假设市场价格以及第五列中的时间溢价。假设市场价格高于看涨期权的内在价值，因为投资者抬高了价格。为了购买看涨期权，投资者必须支付市场价格，而不是内在价值。因此，在本例中，当股票的市场价格为 60 美元，且期权的内在价值为 10 美元时，看涨期权的假设市场价格为 15 美元。投资者必须支付 15 美元以购买看涨期权，这比期权的内在价值高 5 美元。

图 17.2 说明了表 17.3 中股价与看涨期权内在价值和假设价格之间的关系。从图中可以很容易地看出时间溢价，因为它是表示看涨期权市场价格的直线（线 *DE*）与表示看涨期权内在价值的直线（线 *ABC*）之间的阴影部分。因此，当股价和看涨期权的价格分别为 60 美元和 15 美元时，时间溢价为 5 美元（15 美元的期权价格减去 10 美元的内在价值）。

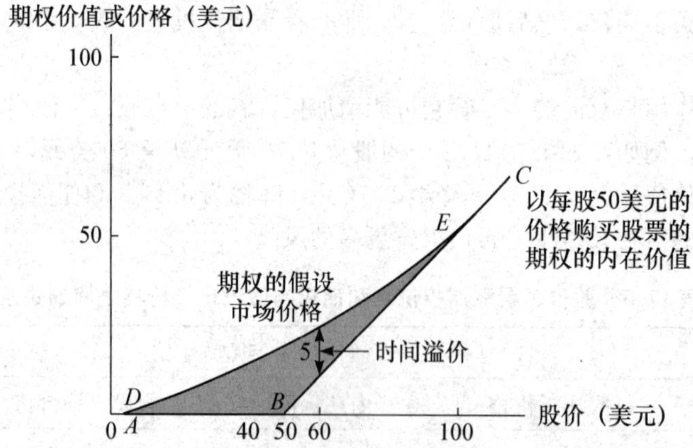

图 17.2　股价与看涨期权内在价值和假设市场价格之间的关系

资料来源：© Cengage Learning.

如图表所示，时间溢价随着股价水平的变化而变化。然而，当股价上升到期权的执行价格之上时，时间溢价会随之下降。一旦股价显著上升，看涨期权基本上就不会要求高于其内在价值的溢价。当每股价格为 100 美元时，期权售价将接近其 50 美元的内在价值。时间溢价下降的主要原因是股价和期权的内在价值上升，潜在杠杆下降。此外，如果股价下降，那么价格越高，看涨期权的潜在价格就下降得越多。因此，当股价上升时，投资者不愿抬高看涨期权的价格，因而时间溢价将会下降。

时间溢价降低了潜在杠杆和期权的投资收益率。例如，如果该股票的价格从 60 美元升至 70 美元，获得 16.7%的收益率，那么看涨期权的价格将从 15 美元升至 23 美元，获得 53.3%的收益率。期权价格的增加百分比将超过股价的增加百分比；然而，两个增加百分比之差减小了，因为看涨期权的售价高于其内在价值。时间溢价显著降低了看涨期权为投资者提供的潜在杠杆。

考虑购买看涨期权的投资者应该自问，如果标的股票的价格上升，那么他们预期期权价格将增加多少？为了让看涨期权变得有吸引力，其预期价格增加百分比必须超过股价的预期增加百分比。看涨期权为投资者提供的杠杆必须能让投资者值得为此承担更多的风险。显然，如果预期股价上升得比期权价格更快，那么投资者不应购买看涨期权。上例说明，期权支付的时间溢价可能会显著降低潜在杠杆。因此，意识到期权对其内在价值要求的时间溢价是选择期权投资时需要考虑的最重要的因素之一。

看涨期权的价值决定了时间溢价（即该价值决定了图 17.2 中的线 DE 在连接股价和期权价值的平面上的位置）。有几个因素影响期权的价值；由于不同公司的这些因素不同，因此期权对其股票要求的时间溢价也不同。尽管对期权定价（以及时间溢价）的详细讨论被推迟到下一章进行，但下文概述了期权时间溢价的决定因素。

当期权临近到期时，其市场价格必定会接近期权的内在价值。当看涨期权到期时，不能要求高于基于标的股票内在价值的价格。因此，当期权临近到期时，将以较小的时间溢价出售，而该溢价将于期权到期时消失。

期权的时间溢价的其他决定因素包括现金股利支付、标的股票的波动性和利率。支付现金股利的公司的期权往往会以较小的时间溢价出售。对这种关系有两种可能的解释。第一，留存（而不是分配）收益的公司将有更多的钱可供投资。通过留存收益并进行再投资，公司可以更迅速地成长，这种成长可以反映在其股价上。因此，如果公司留存收益且不支付现金股利，那么看涨期权价格的潜在收益可能会更高。第二，如果公司支付股利，那么期权所有者将不会收到现金支付。看涨期权将不如普通股那么有吸引力，因为期权所有者必须放弃股利。因此，投资者不愿为看涨期权支付那么多钱，看涨期权将以较小的时间溢价出售。

另一个影响期权支付的时间溢价的因素是普通股的价格波动性。（在下一章中，这种波动性将由以收益率标准差表示的股票收益率变异性衡量。）如果股价大幅波动，那么期权可能就更具吸引力，并要求较高的时间溢价。因为看涨期权的价格跟随标的股票价格的变化而变化，因此股票价格的波动将反映在期权的价格中。股票价格的波动性越大，期权价格提高的机会就越大。因此，价格波动的股票的期权往往更具吸引力（至少对投机者来说如此），并要求比股价更稳定、波动性更小的股票的期权更多的时间溢价。

利率通过影响执行期权所必需的资金现值影响期权。由于期权是在未来执行的，因此利率提高意味着投资者必须为执行看涨期权而预留的钱将减少。由于看涨期权的内在价值是股价减去执行价格，因此执行价格降低必然会增加期权价值。实际上，利率提高降低了执行价格的现值，这让看涨期权更值钱。

购买看涨期权

希望对股票头寸进行杠杆化的投资者可能会购买看涨期权。如果股价上升，那么看涨期权的价格也会上升。由于看涨期权的成本小于股票的成本，因此看涨期权的价格提高百分比可能超过股票，使投资者在看涨期权上获得的收益率高于标的股票。如果股价下跌，那么看涨期权的价值也会下跌，因此投资者在期权上遭受的损失率也高于股票。然而，由于看涨期权的成本低于股票的成本，因此看涨期权投资的绝对损失可能小于股票投资的绝对损失。

图 17.3 说明了在股票售价为 60 美元时，购买价格为 15 美元的看涨期权在到期时的潜在损益。只要股价为 50 美元或更低，就会损失整笔看涨期权投资（15 美元）。当股价升至 50 美元以上时，损失将减少。投资者在 65 美元的价格上达到盈亏平衡，因为此时看涨期权的内在价值为 15 美元——期权成本。当股价继续升至 65 美元以上时，投资者将获利。（记住，在这个例子中，股票的初始价格为 60 美元。股价只有至少升高 5 美元，才能确保投资者的看涨期权获利。）

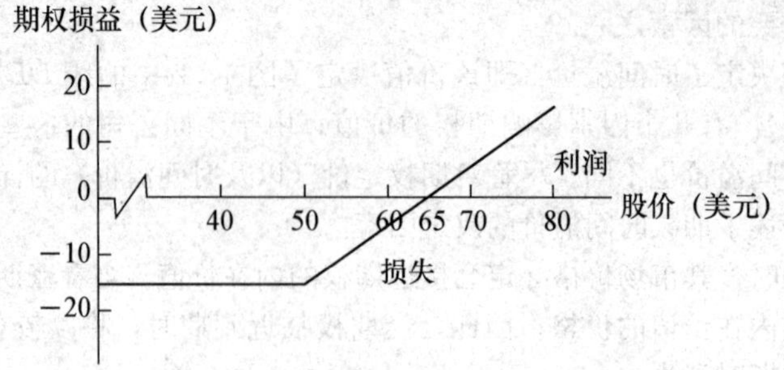

图 17.3　看涨期权到期时买方的损益

资料来源：© Cengage Learning.

图 17.4 和图 17.3 基本相同，并加入了以 60 美元购买股票时的损益。两种投资都涉及买入，因此持有的是证券多头。如果股价升至 60 美元以上，或降至 60 美元以下，那么投资者将获利或遭受损失。两种证券中表示多头损益的直线的重要差异是，购买股票可能产生大额损失，而购买看涨期权只会产生有限损失。在最差的情况下，投资者的股票可能损失 60 美元，而看涨期权只会损失 15 美元。

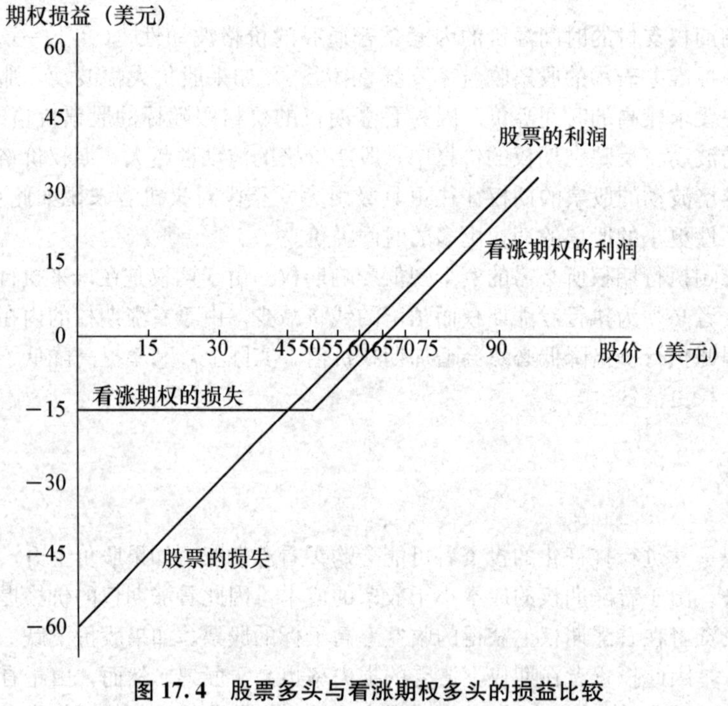

图 17.4　股票多头与看涨期权多头的损益比较

资料来源：© Cengage Learning.

卖出看涨期权

上一节分析了购买看涨期权以获得杠杆的情况；本节将介绍相反的情况：卖出看涨期权。在期权术语中，发行和出售看涨期权被称为卖出期权。看涨期权多头给了投资者从期权提供的杠杆中获利的机会，而看涨期权空头（即卖出看涨期权）也会让投资者从卖出期权中获得收入。

有两种卖出期权的方法。第一种是风险较低的策略，被称为**卖出抛补期权**（covered option writing）。投资者买入（或已经拥有）标的股票，然后卖出期权、买入股票。如果执行期权，那么投资者将提供之前购买的股票（即用股票抛补期权）。第二种方法是在不持有股票的情况下卖出看涨期权，这被称为**卖出无担保期权**（naked option writing），因为投资者将暴露在巨大的风险之下。如果股价上升，看涨期权被执行，那么期权卖方必须以更高的市场价格购买股票，以将其提供给买方。卖出无担保期权的潜在损失远高于卖出抛补期权。

卖出期权的原因是，可以通过卖出期权获得收入。卖出抛补期权的潜在利润见表 17.4，该表沿用了在买入看涨期权的讨论中使用的例子。在这个例子中，投资者以每股 60 美元的当期市场价格购买了普通股，同时以 15 美元的价格卖出了以 50 美元的执行价格购买股票的看涨期权。第一列给出了看涨期权到期时股票的可能价格。第二列给出了投资者购买股票的净利润。第三列给出了看涨期权到期时的价格。第四列给出了投资者卖出看涨期权获得的利润。如第四列所示，只要普通股的价格维持在每股 65 美元以下，那么卖出看涨期权就是对投资者有利的。最后一列给出了整笔头寸的净利润。只要普通股的价格保持在每股 45 美元以上，那么在计算佣金费用前，整笔头寸就将获利。然而，利润的最大值不超过 5 美元。因此，通过卖出看涨期权，投资者放弃了获得大额收益的可能性。例如，如果股价升至每股 70 美元，那么看涨期权持有者将执行期权，从卖方那里以每股 50 美元的价格购买 100 股。然后，卖方将获得 5 美元的净利润（来自股票的 50 美元＋来自卖出看涨期权的 15 美元－股票成本 60 美元）。

表 17.4　由购买股票和卖出以每股 50 美元购买股票的看涨期权组成的抛补看涨期权（到期时）的利润

单位：美元

看涨期权到期时的可能股价	股票的净利润	到期时看涨期权的价格	卖出看涨期权获得的净利润	头寸的净利润
35	－25	0	15	－10
40	－20	0	15	－5
45	－15	0	15	0
50	－10	0	15	5
55	－5	5	10	5
60	0	10	5	5
65	5	15	0	5
70	10	20	－5	5

如果股价跌至 45 美元以下，那么整笔头寸将导致卖方亏损。例如，如果普通股价格跌至 40 美元，那么投资者购买股票将损失 20 美元。然而，卖出看涨期权将得到 15 美元。因此，净损失仅为 5 美元。投资者仍拥有股票，且现在可以卖出该股票的另一只看涨期权。只要投资者拥有股票，那么就可以不断用相同的股票来抛补卖出的期权。因此，即使股价下跌，投资者也可以继续用其卖出更多期权。可以卖出的期权越多，股票的利润就越高。对于卖出期权的投资者而言，最好的情况是股价保持稳定。在这种情况下，投资者可以获得卖出期权的收入，而永远不会遭受股票价格下降使卖出期权产生的资本损失。

图 17.5 说明了股价和卖出抛补看涨期权的损益之间的关系，该图画出了表 17.4 中第一列

和第五列的数据。如图所示，对于所有价格高于 45 美元的股票，卖出抛补期权均产生了利润（在计算佣金前）。然而，最高利润（在计算佣金前）仅为 5 美元。

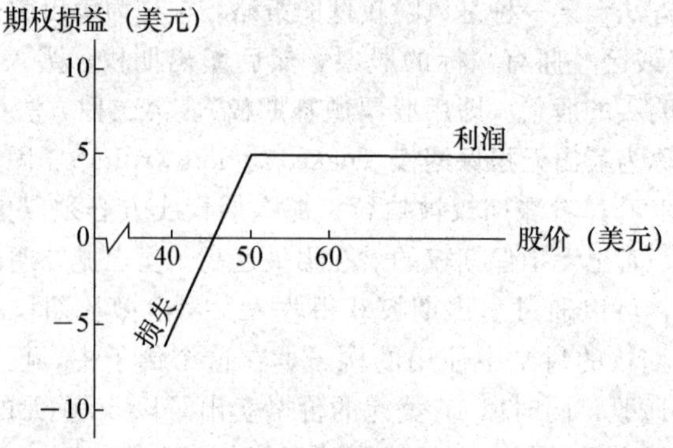

图 17.5　卖出抛补看涨期权的损益（在期权到期时）

资料来源：© Cengage Learning.

卖出期权的人不必拥有与他们卖出的看涨期权对应的普通股。尽管卖出这种无担保期权或无抛补期权将使投资者暴露在高风险下，但收益也可能很高。如果上例中的期权卖方不拥有股票，且以 15 美元的价格卖出期权，那么只要在看涨期权到期时，普通股的价格保持在低于每股 65 美元的水平，那么这个头寸就会获利。

然而，潜在损失理论上是无限的，因为股价每高于看涨期权执行价格 1 美元，无担保期权就会损失 100 美元。例如，如果股价升至每股 90 美元，那么看涨期权的价值就将为 4 000（=40×100）美元。看涨期权所有者将执行期权，并以 5 000 美元的价格购买 100 股。看涨期权卖方将不得不在公开市场上以 9 000 美元的价格购买股票。由于在卖出看涨期权时卖方只得到 1 500 美元，而执行看涨期权时，卖方将得到 5 000 美元，因此损失为 2 500 美元。因此，如果股价上升，那么卖出无抛补期权会将卖方暴露在巨大风险下。（通过下达以 65 美元购买股票的指令，可以降低这种风险。如果股价上升，这个指令将被执行，这样，期权卖方将购买股票，看涨期权头寸不再无担保。）

股价和卖出无担保看涨期权损益的关系见图 17.6。在这种情况下，只要股价在看涨期权到期时不超过 65 美元，期权卖方就会获利（在计算佣金之前）。注意，如果股价跌至 50 美元以下，那么投资者就会获得全部 15 美元。然而，如果股价上升，那么潜在损失就会很巨大。

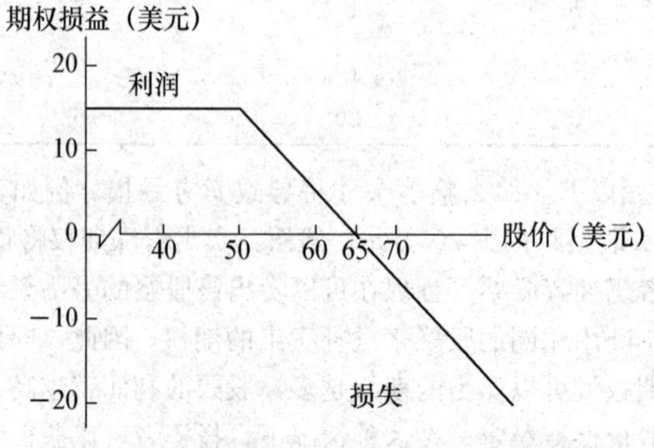

图 17.6　无担保看涨期权卖方在到期时的损益

资料来源：© Cengage Learning.

兴趣点 ☞

高利润、高损失

在期权交易中，投资者可能会很迅速地得到利润或遭受损失。将期权与公司并购相结合，可能的价格变化就会被放大。考虑海湾石油（Gulf Oil）公司并购城市服务（Cities Service）公司的例子。1982 年 6 月 16 日（周三），当城市服务公司的股票售价为 37.75 美元时，发生了下列期权交易：

单位：美元

6 月期权的执行价格	期权的收盘价（1982 年 6 月 16 日）
20	$17\frac{1}{8}$
25	12
30	$7\frac{3}{8}$
35	2
40	$\frac{7}{16}$
45	$\frac{1}{8}$
50	$\frac{1}{16}$
55	$\frac{1}{16}$

1982 年 6 月 17 日（周四），城市服务公司发表股票暂停交易声明。后来人们得知，发表该声明的原因是海湾石油公司将以每股 63 美元的价格购买城市服务公司，交易在 1982 年 6 月 18 日（周五）继续进行时，城市服务公司的股价升至 53.125 美元。期权价格的增加情况（以及与之前的收盘价相比的增幅）如下所示：

6 月期权的执行价格（美元）	期权的收盘价（1982 年 6 月 18 日，美元）	价格增幅（%）
20	$33\frac{1}{4}$	94.2
25	$28\frac{1}{2}$	137.5
30	$22\frac{7}{8}$	210.2
35	18	800.0
40	$13\frac{1}{8}$	2 900.0
45	$9\frac{1}{2}$	7 500.0
50	$3\frac{1}{2}$	5 500.0
55	$\frac{1}{16}$	—

这一事件的讽刺之处在于，期权将于 1982 年 6 月 18 日到期。因此，以 0.437 5 美元的价格（一手即为 43.75 美元）购买还有 2 天就到期、执行价格为 40 美元的期权的投资者通常会损失这笔钱。但由于并购交易，投资者在 2 天内就赚了 2 900%！

尽管很少有投资者能获得这么高的收益率，但据《纽约时报》（*New York Times*，June 19，p. 33）报道，几位不拥有股票而卖出这些期权（即卖出无担保期权）的交易商遭受了重大损失。如果交易商在周三以每份合约 43.75 美元的价格卖出 100 份执行价格为 40 美元的合约，那么这些期权的价值将为 4 375（＝100×43.75）美元。周五，这些看涨期权的价值为

131 250(＝100×1 312.50) 美元。无担保看涨期权卖方的损失将为 126 875(＝131 250－4 375) 美元。因此，城市服务公司股票的无担保看涨期权卖方在发生意外情况时遭受了重大损失，并使在到期时原本应该一文不值的期权拥有了价值。

只有当投资者预期股价下降（或至少没有上升）时，才应该卖出无担保看涨期权。当投资者认为股价会上升，但不确定股价会上升时，可以卖出抛补看涨期权。当投资者认为股价很有可能上升时，可以购买股票（或期权），而不是卖出看涨期权。

当图 17.7 将图 17.3 和图 17.6 结合在一起时，可以很明显地看出，卖出无担保看涨期权的潜在损益恰好是购买看涨期权的损益的镜像。空头（卖出看涨期权）的曲线恰好是多头（买入看涨期权）的曲线的镜像。除去佣金的影响，一个投资者获得的利润正好是持有相反头寸的投资者的损失。买方预期股价将上升，并希望利用看涨期权的潜在杠杆。卖方预期股价不会上升。两者不可能都正确，因此一个投资者的利润来源必然是另一个投资者的损失来源。

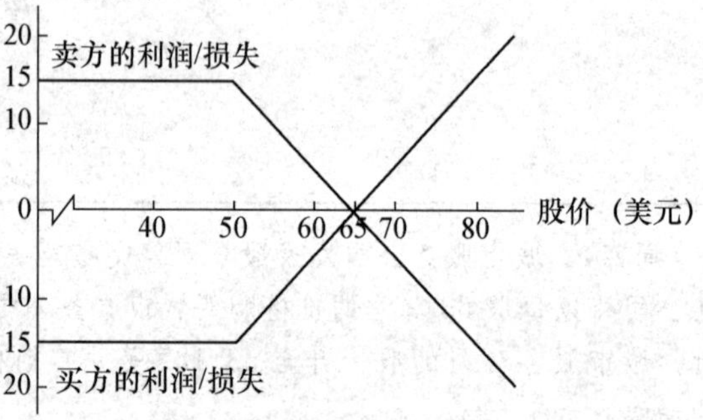

图 17.7　购买看涨期权和卖出无担保看涨期权的损益

资料来源：© Cengage Learning.

然而，如果卖方卖出抛补看涨期权，损益并非完全相反。抛补看涨期权卖方有一种对冲头寸，这种头寸降低了与股价波动相关的风险。抛补看涨期权卖方希望利用期权的时间溢价，并接受较小的利润。在上例中，最大利润为 5 美元——期权的时间溢价。然而，如果股价下跌，无担保看涨期权卖方能获利 15 美元，即使股价没有上升（即保持稳定），也能获得 5 美元的时间溢价。无担保看涨期权卖方和抛补看涨期权卖方的潜在利益和风险显然不同。理论上，无担保看涨期权卖方可能遭受的损失是无限的，而抛补看涨期权卖方只有在股价跌至 0 这种几乎不可能出现的事件下才会出现最坏的情况。

看跌期权

看跌期权是在特定时期内以特定价格卖出股票（通常为 100 股）的期权。和看涨期权一样，看跌期权的期限很短，包括：3 个月、6 个月或 9 个月。和所有期权一样，看跌期权有内在价值，这是看跌期权的执行价格与股票价格之差。注意，看跌期权的内在价值是买入期权（例如，看涨期权）内在价值的相反数。比较表 17.1 和表 17.5。

表 17.5　股价与看跌期权内在价值的关系

执行价格（美元）	减去	股价（美元）	等于	看跌期权的内在价值（美元）
30		15		15
30		20		10
30		25		5
30		30		0
30		35		0
30		40		0

表 17.5 说明了股价和看跌期权内在价值之间的关系。该看跌期权是以每股 30 美元的价格卖出 100 股股票的期权。第一列给出了看跌期权的执行价格，第二列给出了股票的假设价格，第三列给出了看跌期权的内在价值（即执行价格减去股价）。

如果股价小于执行价格，那么看跌期权的内在价值便为正数，并被称为在价内。如果股价高于执行价格，那么看跌期权就没有内在价值，并被称为在价外。如果股价等于执行价格，那么看跌期权便为平价。和看涨期权一样，看跌期权的市场价格被称为期权费。

如表 17.5 所示，当股价下跌时，看跌期权的内在价值将上升。由于看跌期权所有者可以按期权协议中规定的价格卖出股票，因此当股价下跌时，看跌期权的内在价值将会上升。因此，如果股价为 15 美元，且看跌期权的执行价格为 30 美元，那么看跌期权作为期权的内在价值必然为 1 500 美元（100 股）。投资者可以在股市上用 1 500 美元购买 100 股股票，然后将其以 3 000 美元的价格卖给看跌期权的发行人。因此，看跌期权的买卖价格之差必然为 1 500 美元。

买入看跌期权

为什么投资者应该买入看跌期权？原因与购买其他投机性期权一样：看跌期权为投资者提供了潜在杠杆。从表 17.5 的例子中可以看到这种杠杆。当股价从 25 美元降至 20 美元（跌幅为 20％）时，看跌期权的内在价值从 5 美元升至 10 美元（升幅为 100％）。在这个例子中，20％的股价跌幅使看跌期权的内在价值产生了更大的升幅。正是潜在的杠杆使看跌期权对投资者有吸引力。

和看涨期权一样，投资者愿意支付高于看跌期权内在价值的价格：看跌期权要求高于其作为期权的内在价值的时间溢价。和看涨期权一样，该时间溢价取决于股价波动性、距离看跌期权到期的时间和股价下跌的可能性等因素。

表 17.6 说明了股价、看跌期权的执行价格和看跌期权的假设价格之间的关系。前三列与表 17.5 相同。第一列给出了看跌期权的执行价格，第二列给出了股价，第三列给出了看跌期权的内在价值，第四列给出了看跌期权的假设价格。如表 17.6 所示，看跌期权的假设价格高于内在价值，因为看跌期权要求高于其作为期权的内在价值的时间溢价。（第五列表示时间溢价。）

表 17.6　股价、看跌期权的执行价格和看跌期权的假设价格之间的关系　单位：美元

看跌期权的执行价格	股价	看跌期权的内在价值	看跌期权的假设价格	时间溢价
30	15	15	15.25	0.25
30	20	10	12	2.00

续表

看跌期权的执行价格	股价	看跌期权的内在价值	看跌期权的假设价格	时间溢价
30	25	5	8	3.00
30	30	0	6	6.00
30	35	0	3.50	3.50
30	40	0	1	1.00
30	50	0	—	—

图 17.8 说明了普通股价格与看跌期权的内在价值和假设市场价值之间的关系。该图显示了股价和看跌期权内在价值之间的负向关系。当股价下跌时，看跌期权的内在价值上升(例如，当股价从 25 美元跌至 20 美元时，看跌期权的内在价值从 5 美元升至 10 美元)。该图还清楚地显示出为期权支付的时间溢价，即看跌期权价格和期权内在价值之差。如果看跌期权的价格为 8 美元，且内在价值为 5 美元，那么时间溢价就为 3 美元。

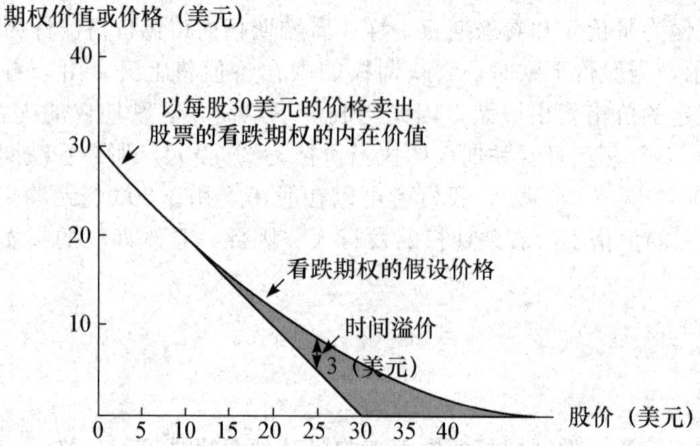

图 17.8　股价与看跌期权的内在价值和假设价格之间的关系

资料来源：© Cengage Learning.

如表 17.6 和图 17.8 所示，当股价下跌时，看跌期权的假设价格与看跌期权的内在价值趋同。如果股价足够高（例如，表 17.6 中的 50 美元），那么看跌期权将没有任何市场价值，因为股价必定会大幅下降，使看跌期权没有内在价值。在另一个极端，当股价很低（例如，15 美元）时，看跌期权的价格将等于看跌期权作为期权的内在价值。这种趋同有两个原因。第一，如果股价上升，那么投资者可能亏掉投资于看跌期权的资金。当股价跌至看跌期权的执行价格以下时，如果股价开始上升，投资者的潜在风险就会增加。因此，看跌期权买方更不愿支付高于看跌期权内在价值的时间溢价。第二，当股价下跌时，看跌期权的内在价值将上升，因此投资者必须花更多钱来购买看跌期权。因此，投资者的潜在收益减少了。由于潜在收益减少，支付时间溢价的意愿也降低了。

表 17.7 和图 17.9 说明了购买看跌期权的潜在损益。如果股价为 25 美元，且看跌期权的执行价格为 30 美元，那么内在价值将为 5 美元（即看跌期权在价内）。假设看跌期权的价格为 8 美元，那么它将要求 3 美元的时间溢价。如表 17.7 和图 17.9 所示，只要股价低于 22 美元，那么购买看跌期权就能获利，而且当股价下降时，利润将上升。在极不可能发生的股价跌至 0 美元的情况下，最大可能利润为 22 美元（执行价格减去看跌期权的成本）。

表 17.7　购买看跌期权在期权到期时的损益　　单位：美元

股价	看跌期权的内在价值	购买看跌期权的净利润（损失）
15	15	7
20	10	2
25	5	−3
30	0	−8
35	0	−8
40	0	−8

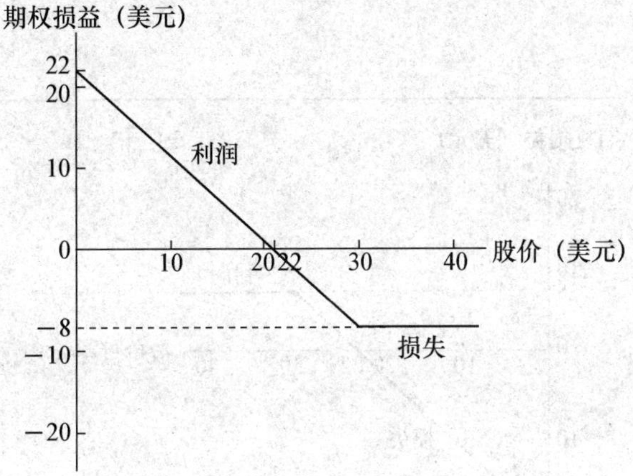

图 17.9　购买看跌期权在期权到期时的损益

资料来源：© Cengage Learning.

如果股价上升，那么头寸将遭受损失。只要股价不低于 30 美元，看跌期权就没有内在价值（看跌期权在价外）。如果股票可以在别处以高于 30 美元的价格出售，那么没人会愿意执行以 30 美元的价格卖出股票的期权。该期权将变得一文不值并到期。在这种情况下，投资者损失了全部期权成本（8 美元）。当然，这是最坏的情况，但它强调了投资者能损失的最高金额是期权成本。正如比较购买看跌期权与卖空股票时所说明的，后一种策略会产生更高的损失。

卖出看跌期权

前一节讨论了买入看跌期权，这一节将讨论相反的情况——卖出看跌期权。和看涨期权一样，投资者可以买入或卖出看跌期权。投资者买入看跌期权，是因为他预期股价将下跌。此外，卖出看跌期权的人认为股价不会下跌。股价可能上升，从卖方的角度看这当然是可以接受的，但重点是股价没有下跌的情况。

卖方可能是无担保的，也可能是抛补的。如果投资者只卖出看跌期权，那么期权就是无担保的。如果卖方同时卖空股票，那么卖方就是抛补的。如果看跌期权被执行，且卖方购买了股票，那么卖方就可以用股票抛补空头。然而，由于卖出抛补看跌期权很少见，因此下列讨论仅限于卖出无担保看跌期权。

通过继续讲述表 17.7 和图 17.9 的例子，可以看出卖出看跌期权的可能损益。在这个例子中，当股票售价为 25 美元时，投资者花 8 美元购买了以 30 美元的价格卖出股票的看跌期权。在相反的情形中，投资者卖出了以 30 美元的价格卖出股票的看跌期权，并获得了 8 美元的收入。

表 17.8 和图 17.10 显示了卖方可能的损益。只要股价超过 22 美元，该头寸就会获利。利润和股价一起上升，并当股价为 30 美元时，达到最高的 8 美元。如果股价低于 22 美元，那么头寸就会遭受损失，且损失随着股价下跌而上升。最高的可能损失为 22 美元，此时股价跌至 0 美元。

表 17.8　卖出看跌期权在期权到期时的损益　　单位：美元

股价	看跌期权的内在价值	卖出看跌期权的净利润（损失）
15	15	−7
20	10	−2
25	5	3
30	0	8
35	0	8
40	0	8

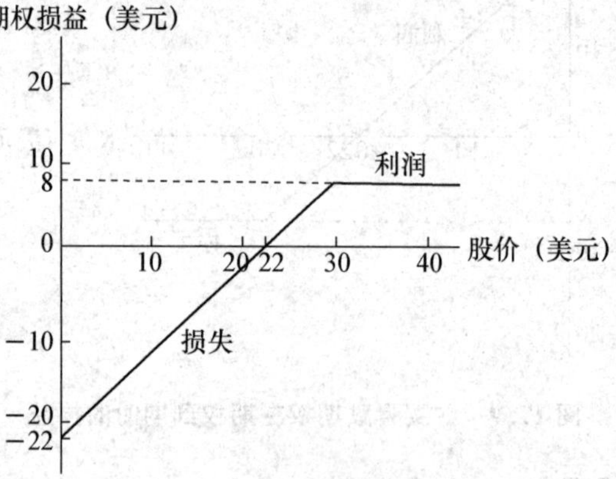

图 17.10　卖出看跌期权的损益

资料来源：© Cengage Learning.

图 17.11 结合了上面两张图，以说明看跌期权买方和卖方的损益。和图 17.7 中的看涨期权买卖一样，很明显，卖方损益恰好是买方损益的镜像。如果股票在看跌期权到期时跌至 22 美元，那么期权的内在价值为 8 美元——这恰好是买方支付的金额和卖方收到的金额。买方和卖方都不会获得利润或遭受损失（在计算佣金前）。如果股价低于 22 美元，那么买方将以卖方

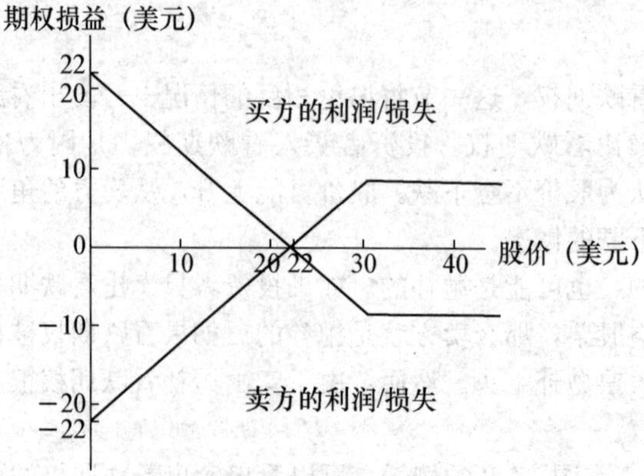

图 17.11　看跌期权买卖双方的损益

资料来源：© Cengage Learning.

遭受损失为代价获得利润。如果股价超过 22 美元，那么卖方将以买方遭受损失为代价获得利润。如果股价为 30 美元甚至更高，那么卖方的最大可能利润为 8 美元，这也是买方的最大可能亏损。如果股价跌至 0 美元，那么买方的最大可能利润为 22 美元，这也是卖方的最大可能亏损。除去交易的经纪佣金的影响，利润和损失将彼此抵消。

看跌期权与卖空交易的比较

当投资者认为股价将下跌时，会购买看跌期权。然而，购买看跌期权不是投资者可以用于从证券价格下跌中获利的唯一方法。如第二章所介绍的，认为股价将会下跌的投资者可以通过卖空从股价下跌中获利。购买看跌期权是另一种空头形式。然而，看跌期权为投资者提供了卖空没有的两个重要优点。第一，潜在损失金额更低；第二，由于看跌期权有杠杆，因此可以为投资者提供更高的资本收益。

为了执行空头，投资者必须卖出股票，交割借入的股票，然后购买股票以抛补头寸。损益为借入股票的卖价与为偿还贷款而购买的股票价格之差。如果股价下跌，那么投资者将获得利润，但如果股价上升，那么投资者将遭受损失。如果股价上升得很多，那么损失可能会很高。例如，如果以 30 美元的价格卖空 100 股，然后以 50 美元的价格购买股票，那么投资者将损失 2 000 美元加上投资的佣金。股价升得越高，投资者的空头遭受的损失就越大。（再一次注意，投资者可以下达当股价升到某个事先确定的水平时购买股票的指令，以限制这种潜在损失的程度。）

购买看跌期权并不会使投资者面临更大的潜在资本损失。如果投资者以 300 美元的价格购买了一只以 30 美元的价格卖出 100 股股票的看跌期权，那么投资者能损失的最大金额为 300 美元。如果普通股价格从 30 美元升至 50 美元，那么看跌期权能损失的最大金额仍然仅为 300 美元。然而，当股价从 30 美元升至 50 美元时，空头的损失为 2 000 美元。看跌期权降低了投资者可能损失的绝对金额。

除了让投资者面临更大的潜在风险以外，卖空交易还占用了大量资金。当投资者卖空时，经纪商会要求投资者提供资金作为担保品。投资者必须提供的最低金额为美联储规定的保证金要求，而经纪商可能要求投资者提供比该最低金额高的担保品。因此，卖空要占用投资者的资金，而占用投资者的资金越多，空头的潜在收益越少。

看跌期权投资要求的资金较少。尽管在不同时期保证金金额会变化，但它肯定不会像看跌期权的价格那样低。因此，购买看跌期权而不是建立空头占用的投资者资金更少。如果股价下降得足够多，能够弥补看跌期权的成本，那么潜在收益将会更高，因为投资的金额减少了。因此，看跌期权为投资者提供了比空头更多的杠杆。

然而，卖空交易与看跌期权相比有一个重要的优点。看跌期权会到期，但空头可以永远维持。如果投资者预期价格会下跌，那么这必须发生在看跌期权短暂的存续期内，这样投资才能获利。而对于卖空交易，投资者不受时间约束，而且可以永久维持头寸。

保护性看跌期权

购买看跌期权可以被视为一种投机性投资策略。买方在标的股票价值下降时获利，这将导致看跌期权价值上升。由于股价的长期趋势是在经济扩张时上涨，因此购买看跌期权似乎是押下与股价的自然趋势相反的赌注。

尽管购买看跌期权本身可能是投机性的，但当它被与购买股票结合使用时，可以缩小个人的风险敞口。这种策略——同时购买股票和看跌期权——被称为保护性看跌期权，因为它保留了投资者的初始投资，同时允许投资者保留股票多头，因此利润可以增长。

假设投资者以 40 美元的价格购买了一只股票，但不想承担与股价下跌相关的风险，那么这个投资者可以购买看跌期权，如果股价下跌，其价值将会上升。假设存在一只执行价格为 40 美元的 6 个月期看跌期权，现在的售价为 2.50 美元。表 17.9 给出了同时购买看跌期权和股票的收益。前两列给出了股价和股票的利润（损失）。第三列和第四列给出了看跌期权在到期时的内在价值和看跌期权的利润（损失）。最后一列给出了净利润（损失），这是股票和看跌期权的利润（损失）之和。

表 17.9　保护性看跌期权的损益　　单位：美元

股价	股票的利润（损失）	看跌期权的内在价值	看跌期权的利润（损失）	净利润（损失）
20	−20	20	17.50	−2.50
25	−15	15	12.50	−2.50
30	−10	10	7.50	−2.50
35	−5	5	2.50	−2.50
40	0	0	−2.50	−2.50
45	5	0	−2.50	2.50
50	10	0	−2.50	7.50
55	15	0	−2.50	12.50
60	20	0	−2.50	17.50

如表中最后一列所示，最糟糕的情况是遭受 2.50 美元的损失。不管股价下跌得多低，投资者的最大损失都为 2.50 美元。如果股价上升，那么可能的最高利润是无限的。唯一的影响是，潜在利润被降低了 2.50 美元，即看跌期权的价格。（比较第二列和第五列，就能看出潜在利润的下降情况。）投资者通过同时购买看跌期权和股票，确保最大损失为 2.50 美元。

这种保护性看跌策略可以被视为下达止损指令，是在 37.50 美元的价格上卖出股票的另一种选择。保护性看跌期权的优点是投资者受到保护，免受了股价下跌、卖出股票后股价上升带来的损失。股价的每日波动对保护性看跌策略没有影响。其缺点是看跌期权最终会到期，而止损指令可以无限保持。一旦看跌期权到期，投资者就不再受到保护，而将再次面临股价下跌带来的风险。为了维持这种保护，投资者可以买入另一只看跌期权。在上例中，看跌期权的成本为 2.50 美元。如果看跌期权存在了 6 个月，然后到期，且投资者以相同价格购买了另一只看跌期权，那么这种保护的年成本将为 5 美元。保护性看跌期权类似于购买汽车或住房保险。投资者必须续保，以维持这种保护。然而，止损指令没有成本——尽管投资者可能必须定期指示经纪商恢复止损指令。

至于止损指令或保护性看跌期权哪种策略更好，尚没有一个明确的答案。止损指令没有成本，但要求投资者在股价下跌时卖出股票。保护性看跌策略避免了在价格暂时下跌时卖出股票的风险，但要求投资者支付期权成本，这降低了股票头寸的潜在利润。

看跌期权/看涨期权比率

存在的期权数量（本章后面将介绍的“未平仓合约数量”）不是静态的。最初，期权数量随着新期权被创造出来而增加，随着期权临近到期和被平仓而减少。尽管这种一般模式适用于所有期权，但看跌期权数量与看涨期权数量之比也可能变化。如果投资者对市场越来越看涨，他们可能会买入更多看涨期权。如果他们对市场越来越看跌，他们可能会买入更多看跌期权。如果看跌期权和看涨期权的数量恰好相等，那么看跌期权/看涨期权比率将等于 1.0。高于 1.0 的比率表明存在比看涨期权更多的看跌期权。看跌期权/看涨期权比率小于 1.0 表明相反的情况——存在比看跌期权更多的看涨期权。

看跌期权/看涨期权比率通常被用作投资者感受指标。随着投资者对市场越来越看涨，该比率下降，但如果投资者对市场越来越看跌，该比率将提高。由于投资者趋于乐观，因此该比率的数值通常小于 1.0。然而，如果该比率高于 1.0，那么这表明投资者感受已经变得悲观。看跌期权/看涨期权比率为 1.6 或 2.0 可以解释为未来股价的熊市指标。投资者预期特定股票的价格将下跌（如果该比率适用于单只股票）或者市场整体将下跌（如果该比率基于股指）。

长期股权预期证券

最初，期权的久期相对较短，为 3 个月、6 个月和 9 个月。然而，之后出现了期限最长为 2 年的期权。这些期权被称为长期股权预期证券（Long-Term Equity AnticiPation Security, LEAPS)，它和传统看跌期权与看涨期权的原理基本相同，但由于期限较长，因此 LEAPS 要求更高的时间溢价。例如，当思科公司的股票交易价为 23.48 美元时，以 25 美元的价格购买股票的 5 个月期看涨期权售价为 3 美元，但是 19 个月期看涨期权售价为 7.10 美元。看跌期权也适用相同的价格关系。思科公司的 5 个月期看跌期权和 19 个月期看跌期权售价分别为 4.10 美元和 7.10 美元。

预期思科公司股价上升的投资者有几种选择。他们可以购买股票或购买期权。如果这些投资者决定购买期权，那么他们可能更偏好 LEAPS 而不是短期期权，因为 LEAPS 为思科公司的股价上升提供了更多的时间。然而，他们为增加的时间支付了更高的价格。（期权卖方可能更愿意卖出长期看涨期权，因为它的期权费更高。）当然，为了让 LEAPS 有利可图，思科公司的股价必须升至足够高，以弥补期权成本。如果价格没有升高，看涨期权卖方就会遭受损失。

看跌期权和看涨期权的价格表现

看跌期权和看涨期权的价格取决于标的股票价格的变化。图 17.12 和图 17.13 说明了美国钢铁（United States Steel，代码为 USX）公司和特利丹（Teledyne）公司的看跌期权和看涨期权。图 17.12 明确说明了 USX 股价下跌的影响。在该时期内，股票价格持续下跌，导致看涨期权的价格下降，而看跌期权的价格上升。最初交易价格为 2.50 美元的看涨期权在到期时分文不值，但在同一时期内，看跌期权的价格从不到 1 美元涨到了 5 美元。

图 17.13 说明了股价发生波动，但当期权到期时股价基本上没有变化的情况。最初，特利丹公司的股价为 34 美元。在接下来的三个半月中，股价跌至 31 美元以下，然后升至 36 美元，期权到期时的交易价格为 35 美元，这是期权的执行价格。如图所示，看跌期权的价格最初迅速攀升（其价格在 1 月翻了一番）；然而，在 2 月看跌期权的价格下跌得几乎同样迅速，且在

到期时看跌期权一文不值。看涨期权的价格最初下跌，然后在 2 月底由于股价上升的影响而上涨。然而，在 3 月底，看涨期权的价格再次下跌，在到期时，看涨期权变得一文不值。

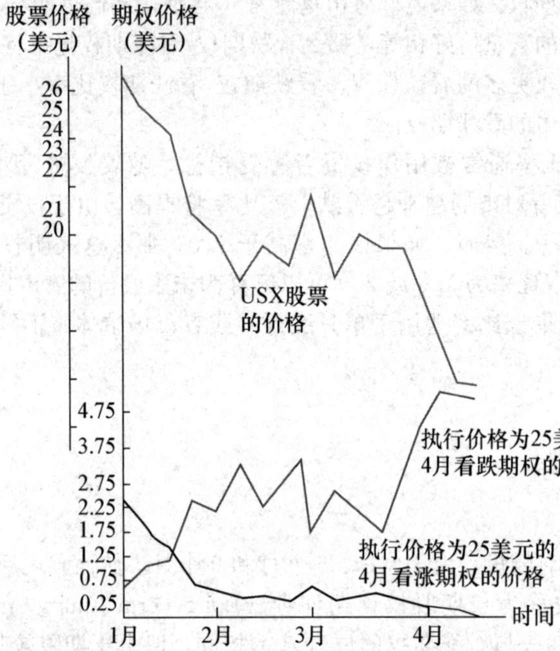

图 17.12　USX 的股价和执行价格为 25 美元的 4 月看跌期权和看涨期权的价格

资料来源：© Cengage Learning.

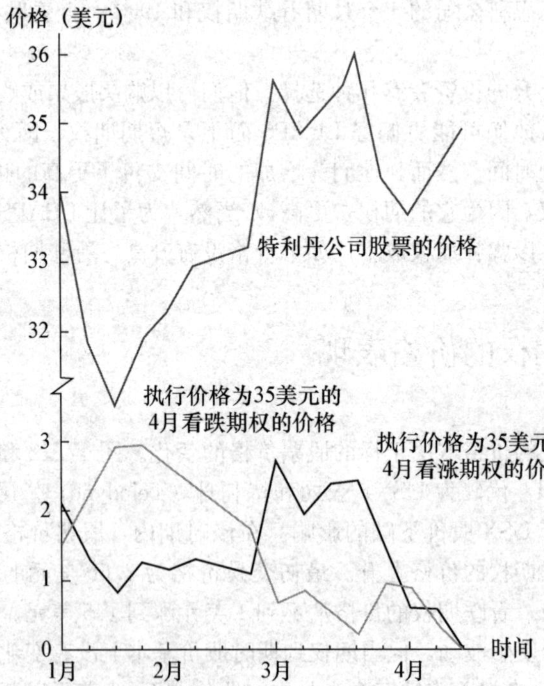

图 17.13　特利丹公司的股价和执行价格为 35 美元的 4 月看跌期权和看涨期权的价格

资料来源：© Cengage Learning.

关于图 17.13，或许最令人惊奇的是，特利丹公司股票的期末价格仅高于期初价格 1 美元。从 1 月到 4 月中旬的这种小于 3%的微小涨幅导致看跌期权的价格从 1.62 美元跌至 0 美元，跌幅为 100%，并导致看涨期权的价格从 2.12 美元跌至 0 美元，跌幅也为 100%。尽管股价从 34 美元升至 35 美元，但增幅不足以抵消看涨期权最初要求的时间溢价，因此看涨期权的价格下降了。

从这些例子中我们可以很明显地看出，期权投资收益率可能有很大的波动。由于一只股票有许多期权，因此投资者可能采取的策略数不胜数。不能预期哪种特定策略会持续得到较高的收益率。如果存在这种策略，那么许多投资者都会希望使用它，这将降低该策略的获利潜力。和其他证券（例如，股票和债券）投资一样，期权投资的利润不会趋向于超过与投资者承担的风险一致的收益。

芝加哥期权交易所

在芝加哥期权交易所（www.cboe.com）成立之前，投资者向期权交易商购买看涨期权。出售的每份期权都不同，因为每笔交易都要单独协商执行价格和到期日。投资者一旦购买了期权，就很难卖掉它，因为期权没有二级市场。

在芝加哥期权交易所出现后，形成了有组织的看跌期权和看涨期权市场。投资者第一次可以通过有组织的交易所买卖看涨期权和看跌期权。在芝加哥期权交易所购买看涨期权的投资者知道，存在期权的二级市场。能够出售之前买入的期权，让期权有了前所未有的流通性。

期权二级市场的诞生导致期权交易大幅增加。芝加哥期权交易所的初步成功超过了人们的预期，它成立后不久，其他交易所就开始挂牌交易期权。

各种媒体持续报道期权交易，投资者可以很容易地获得看跌期权和看涨期权的报价。表 17.10 举例说明了媒体报道的信息类型，尽管格式有所不同。第一列给出了股价（63 美元）。接下来是执行价格和到期日，即给定月份的第三个周五（例如，执行价格为 65 美元的期权在 8 月第三个周五到期）。最后是看涨期权和看跌期权的交易量和价格。对于价格为 65 美元的 8 月看涨期权，有 600 笔看涨期权交易，最后一笔售价为 0.60 美元（共 60 美元）。对于 8 月看跌期权，有 350 笔期权交易，最后一笔交易的价格为 2.60 美元（共 260 美元）。2 月看跌期权没有数据，意味着没有交易或期权不存在。不应将交易数量与现有合约数量混淆，后者被称为**未平仓合约数量**（open interest）。

表 17.10 还显示了期权之间的价格关系。例如，如果你比较执行价格相同，但到期日不同的期权，会发现期限较长的期权价格较高。执行价格为 60 美元的 9 月看涨期权和 9 月看跌期权的价格均高于 8 月到期的看涨期权和看跌期权（9 月看涨期权的价格为 4.50 美元，8 月看涨期权的价格为 3.60 美元）。这从直观上是显而易见的，因为股价有更多时间变化，导致期权价值变化。如果你比较到期日相同但执行价格不同的期权，会发现期权价格之间也存在关系。对于看涨期权而言，执行价格较低的期权价值更高（例如，执行价格为 60 美元和 65 美元的 8 月份看涨期权价格分别为 3.60 美元和 0.60 美元）。对于看跌期权而言，价格关系相反。执行价格为 65 美元的 8 月看跌期权售价为 2.60 美元，而执行价格为 60 美元的看跌期权售价为 0.55 美元。这些关系成立，是因为随着股价的上升，执行价格较低的看涨期权价值升高，但执行价格较低的看跌期权价值降低。（关于布莱克-斯科尔斯期权估值模型的下一章将详细说明期权估值。）

表 17.10 期权交易报告

股价（美元）	执行价格（美元）	到期日	看涨期权		看跌期权	
			交易量（笔）	最近价格（美元）	交易量（笔）	最近价格（美元）
63	60	8 月	1 000	3.60	148	0.55
63	60	9 月	500	4.50	20	1.50
63	65	8 月	600	0.60	350	2.60
63	70	2 月	1 200	2.90	—	—
63	75	2 月	1 400	1.60	—	—

股指期权

尽管看跌期权和看涨期权最初是为股票创造的，但后来也出现了**股指期权**（stock index option）。（如第十九章所介绍的，还有股指期货。）这些股指期权类似于基于个股的期权，但股指期权是基于市场总体指标的，例如，标准普尔 500 股票指数。除了基于总体市场的看跌期权和看涨期权外，还有基于子市场（例如，计算机科技股和制药股）的期权。表 17.11 提供了指数期权、部门期权和行业期权的示例及其期权代码。事实证明，股指期权在日常期权交易中十分流行，而且占日常期权交易的很大一部分。

股指期权很流行，是因为它允许投资者持有市场或某个部门的头寸，而无须选择具体公司。例如，假设一个投资者预期股市将上涨。这个投资者将怎么做？他不能购买每只股票，而必须选择个股。（投资者可以买入指数共同基金或交易所交易基金，因为这些基金构建了真实反映股市总体指标的投资组合。）在第五章对风险的讨论中，我们曾提到有两种与个股相关的风险：不可分散系统性风险和可分散非系统性风险。系统性风险的一个来源就是股价与市场一起变动的趋势。非系统性风险来源于证券产生的独立于市场的价格变化（例如，收购声明、股利削减或利润大幅增加）。

如果投资者预期股市上涨而购买了某只股票，那么当股市上涨时，个股的价格并不一定上升。投资者构建分散化投资组合以降低与单笔资产相关的非系统性风险。当投资组合变得更加分散化时，非系统性风险进一步降低，而投资组合的收益率恰好反映出市场收益率。（投资组合的收益率是否超过市场收益率取决于投资组合的 β 系数。如果投资者选择了高 β 系数的股票，那么分散化投资组合的收益率往往就高于股市上涨时的整体市场收益率，但在股市下跌时也会遭受更大的损失。）

指数期权为投资者提供了另一种建立分散化投资组合以获得与市场变化相关的收益率的投资方式。例如，如果投资者预期股市将在近期上涨，那么他可以购买基于市场整体指数（例如，标准普尔 500 股票指数）的看涨期权。如果股市的确上涨了，那么看涨期权的价值也会增加。投资者避免了与个股相关的非系统性风险。此外，投资者还避免了构建分散化投资组合所必需的佣金成本。

如果投资者预期股市将下跌，那么他将购买股指看跌期权。如果投资者是正确的，且股市的确下跌了，那么股指看跌期权的价值将上升。当然，如果股市没有下跌，而是上涨，那么投资者将亏掉投资于看跌期权的金额，但投资者可能损失的最高金额为期权的成本。如果股价上涨，卖空股票而不是购买股指看跌期权的投资者可能会遭受大额亏损。

表 17.11　部分指数期权及其期权代码

指数期权
道琼斯工业指数期权（DJX）
标准普尔 100 股票指数期权（OEX）
标准普尔 500 股票指数期权（SPX）
纳斯达克 100 股票指数期权（NDX）
纽约证券交易所指数期权（NYA）
罗素 2000 指数期权（RUT）
价值线指数期权（VAY）
部门期权
MS 消费指数期权（CMR）
MS 周期指数期权（CYC）
MS 互联网指数期权（MDX）
行业期权
银行指数期权（BKX）
生物科技指数期权（BTK）
黄金/白银指数期权（XAU）
制药指数期权（DRG）
石油服务指数期权（OSX）
半导体指数期权（SOX）

指数期权也为投资者提供了一种管理现有投资组合的方法。这对于持有大额头寸的投资组合经理或希望降低所持头寸的税款并改善风险管理的个人投资者尤为重要。以一个已经增值的大额股票投资组合为例。如果投资者预期股价下跌并卖出股票，那么这是应税交易。投资者可以不卖掉股票，而是卖出股指看涨期权或买入股指看跌期权（即用股指看跌期权构建保护性看跌期权）。那么，如果股市下跌，这些头寸的利润就有助于抵消个股的亏损。

如果投资者卖掉股指看涨期权，那么当股市下跌时，这些期权的价值也会下降。卖出期权获得的收益将抵消个股的亏损。如果投资者购买股指看跌期权，若股市下跌，那么期权的价值将会增加。投资组合的损失将被看跌期权的收益抵消。（抵消金额取决于投资者购买了多少看跌期权。在下一章中介绍对冲比率的部分我们将讨论对冲投资组合所需的期权数量。）正如这两个例子所说明的，股指期权为投资者提供了为现有投资组合对冲市场下跌、不用变现头寸、产生资本收益税的方法。通过买卖合适的股指期权，投资者的资金获得了保护，而不用卖掉升值的证券。

股指期权和特定股票的看跌期权与看涨期权有一个主要区别。所有者在用看涨期权购买 IBM 的股票时，可以执行期权并购买股票。所有者在用看跌期权卖出 IBM 的股票时，可以通过交割 IBM 的股票执行期权。股指期权不可能进行这种购买或交割。看涨期权的所有者不能执行它并获得指数。相反，股指期权是用现金交割的。例如，假设基于标准普尔 500 股票指数的看涨期权所有者没有在到期前卖出期权（即没有平仓）。在到期时，期权的内在价值被确定，期权卖方向期权买方（所有者）支付该金额。当然，如果期权到期时没有内在价值，那么它就会变得一文不值并到期。期权卖方对期权所有者不再负有义务。在这种情况下，期权支付的溢价（即其价格）将成为卖方的利润。

货币期权与利率期权

尽管多数投资者可能认为期权就是买卖股票的权利，但看跌期权和看涨期权并不限于股票。市场上也有买卖货币的期权和买卖债券的期权（利率期权）。适用于买卖股票的期权的原则也适用于货币期权和利率期权。

投资者可能由于预期价格会发生变化或为了从买卖交易中获得收入而买卖这些期权。假设一个投资者预测英镑价格将会上升，该投资者购买了一只在特定时期内以特定价格买入英镑的看涨期权。如果英镑价格确实上升了，那么期权的价值也会上升。如果投资者预期英镑价格下跌，那么他将购买一只看跌期权，在特定时期内以特定价格卖出英镑。如果英镑价格确实下降了，那么期权价值将会上升。在两种情况下，期权的价格都是其内在价值加上时间溢价。

为了让投资者购买货币期权，必须有人卖掉看跌期权或看涨期权。和买入股票期权的情况一样，卖方可能是无担保或抛补的。看涨期权的无担保卖方预期货币价格不会上升，而看跌期权的无担保卖方预期货币价值不会下降。显然，期权的买方和卖方不可能都正确。如果货币价格确实上升了，那么看涨期权的买方将以卖方遭受损失为代价获利，而看跌期权的卖方将以买方遭受损失为代价获利。

然而，货币期权不只是用于对货币价格的预期变化进行投机，它也被用于管理风险。如果一个投资者持有某种货币的头寸，那么他可以持有相反的货币期权头寸。假设投资者拥有几只英国股票（例如，持有股票多头），并希望降低英镑价值下跌带来的风险。如果该投资者购买了英镑看跌期权，那么当币值下跌时，期权价值就将上升，这有助于抵消币值下跌使投资者遭受的损失。

除了投资者必须反向思考外，利率期权的作用方式基本相同。如果投资者预期利率将会下跌，那么该投资者将买入看涨期权。这似乎是倒退，因为投资者由于预期利率将会下降而买入看涨期权。然而，由于利率下降将增加标的债券的价格，因此买入看涨期权是正确的策略。如果投资者预期利率上升、债券价格下降，那么投资者将买入看跌期权。如果该投资者是正确的，利率的确下降了，那么期权价值将增加，因为投资者拥有以特定价格卖出债券的期权。

拥有债券的投资者可以用这些期权来降低利率风险。如果投资者要购买看跌期权，而利率上升，那么看跌期权的价值上升将部分（或全部）抵消债券价格的下降。投资者将继续收取债券支付的利息，且在债券必须被出售时，债券的亏损将被期权的收益所抵消。这种亏损的抵消意味着投资者降低了与利率变化相关的风险。

权　证

上述内容介绍了看涨期权和看跌期权。本章剩下的部分将介绍权证和配股。**权证**（warrant）是公司发行的在特定时期内以特定价格购买其股票的期权。这个定义包括了所有权证的基本要素，但也可能有细微的差异。例如，具体的执行价格可能以预先确定的时间间隔（例如，每 5 年）增加，或者公司可能有权延长到期日或赎回权证。

多数权证是买入一股普通股的期权或权利，然而有些权证是买入多于或少于一股股票的期权。这种条款可能是股票股利、股票分拆或并购的结果。例如，提供购买 0.4 股的期权的权证可能会通过并购而发生变化。权证最初表示购买一股公司股票的期权。然而，当这家公司与另一家公司合并后，并购条款为并购方（即存续公司）的 0.4 股换取被并购公司的 1 股。这样，权证就变为购买被转换为存续公司的 0.4 股的期权。

如果权证是购买多于或少于 1 股的期权，那么权证的执行价格和市场价格就可以方便地转换为每股价格。这种转换有利于促进权证之间的比较。例如，考虑一只赋予投资者以 10 美元的价格购买 0.4 股的权利，且现在售价为 4 美元的期权。权证的执行价格和市场价格除以权证有权购买的股数，得到每股执行价格为 25(=10÷0.4) 美元，每股市场价格为 10(=4÷0.4) 美元。换言之，以 25 美元的价格购买一股，需要 2.5 只权证。

权证通常是由公司结合其他融资手段一起发行的。它依附于其他证券，例如，债券或优先股，而且可以促使投资者购买证券。例如，美国 AT&T 公司和克莱斯勒公司发行了附有权证的债券和优先股。权证是购买证券的附加诱因。①

当权证被执行时，公司将发行新股并获得发行收入。因此，多数权证通常寿命都有限。到期日最终迫使持有者在执行价格低于股票的当前市场价格时执行期权。然而，如果执行价格超过了到期时的股价（即如果权证没有内在价值），那么权证将不会被执行且会到期。在到期日后，权证将一文不值。这就是伯克希尔不动产（Berkshire Realty）权证的情况，该权证是以 11.79 美元购买伯克希尔不动产股票的期权。到期日股票的售价为 9.625 美元。没有人会在可以用 9.625 美元购买股票时执行权证，即以 11.79 美元购买股票，因此权证到期了。

权证非常类似于看涨期权；它们的定义基本上相同。它们都为投机者提供了潜在杠杆，因为权证的价格随着标的股票的价格变动而变动。由于权证的售价低于标的股票，因此权证价格的增幅往往会超过股价的增幅。反过来也是正确的：权证价格的跌幅将超过股价的跌幅。再一次，杠杆的作用是双向的。

尽管权证类似于看涨期权，但它们有几个明显特征。第一，权证是由公司发行的，而看涨期权是由投资者或养老金计划等金融机构发行的。第二，权证的期限往往长于看涨期权的期限。权证的到期日可能是未来几年后。看涨期权的久期相对较短，为 3 个月、6 个月或 9 个月。（也有某些期限较长的看涨期权，见关于 LEAPS 的部分。）第三，当执行权证时，公司将发行新股并得到发行收入。然而，当执行看涨期权时，看涨期权的卖方不能发行新股，而必须在公开市场上购买股票或从个人持有的头寸中提供股票。当股票被用于执行看涨期权时，期权卖方而不是公司将获得收入。

小 结

在证券市场中，期权给予持有者在特定时期内以特定价格买卖股票（或股票指数）的权利。期权的价值部分取决于标的证券的价值，因此期权通常被称为衍生证券。看涨期权是投资者买入股票的期权。看跌期权是投资者卖出股票的期权。看涨期权卖方可以持有标的股票并卖出抛补看涨期权，也可以不持有股票，并卖出无担保看涨期权。如果看涨期权卖方不持有股票，那么当股价大幅上涨时，投资者将会面临大额潜在损失。

期权允许投资者购买和持有多头，而不用购

① 权证经常被用于新证券的私募。RCN 公司卖出了价值 5 000 万美元的附权证股票。股票的售价为 6.53 美元，这近似于股票出售时的当期市场价格。权证的执行价格为 12.93 美元，到期日为 4.5 年后。如果 RCN 公司的股价升至 12.93 美元以上，那么买方就可以执行权证，然后卖出股票获利。其影响是增加首次出售股票的潜在收益，而投资者不用在当期支出额外现金。（RCN 公司之后破产了，因此权证没有被执行。）

买股票。期权还允许投资者卖出和持有空头，而不用卖出股票。投资者预期价格将发生变化而购买期权。期权也是买方放大潜在利润并限制潜在损失的方法。期权卖方希望利用期权买方愿意为期权支付的时间溢价。期权可以被用于对冲价格变化。例如，股票所有者可以购买看跌期权，以保护自身免受股价下跌的冲击。

看涨期权的内在价值是股价与期权执行价格之差。当股价上升时，看涨期权的价值也上升。看跌期权的内在价值则相反，它是期权执行价格与股价之差。当股价下跌时，看跌期权的价值将上升。

期权的售价往往高于其内在价值，也就是说，它们要求时间溢价。这种时间溢价不利于期权所有者，因为它降低了期权的潜在杠杆。这种溢价随着时间的流逝而减少，因为在到期时，期权必须以内在价值出售。除非标的股票的价格变化足够大，否则时间溢价的消失将导致购买期权的投资者遭受损失。

在芝加哥期权交易所成立后，看跌期权和看涨期权开始在有组织的交易所中交易。这些二级市场让期权更加普及，因为投资者知道他们可以在市场上变现头寸。期权交易最初的成功导致不同类型的看跌期权和看涨期权的出现，比如股指期权。这种指数期权基于股市总体指标，而不是基于具体证券的看跌期权和看涨期权。股指期权允许投资者持有市场整体的头寸，因而为投资者提供了管理系统性风险的手段。

除了看涨期权外，权证也是公司发行的在特定时期内以特定价格购买股票的期权。尽管权证类似于看涨期权，但当期权被执行时，公司将发行新股并获得发行收入。

下表总结了使用期权的基本头寸所能获得的最大可能损益：

牛市	
购买股票	最大可能收益：无限
	最大可能损失：股票成本
购买看涨期权	最大可能收益：无限
	最大可能损失：看涨期权成本
卖出看跌期权	最大可能收益：看跌期权价格
	最大可能损失：看跌期权执行价格减去看跌期权成本
熊市	
卖空股票	最大可能收益：股票价格
	最大可能损失：无限
购买看跌期权	最大可能收益：看跌期权执行价格减去看跌期权成本
	最大可能损失：看跌期权成本
卖出看涨期权	最大可能收益：看涨期权价格
	最大可能损失：无限
中性市场	
抛补的看涨期权	最大可能收益：看涨期权的时间溢价
	最大可能损失：股票价格减去看涨期权价格

问 题

1. 什么是期权？如何确定期权的最小价值(或内在价值)？套利如何确保期权价格不低于期权的内在价值？如果你看到股价为 20 美元，购买该股票的期权的执行价格为 10 美元，且期权价格为 5 美元，你会怎么做？

2. 看涨期权的杠杆来源是什么？为什么期权可以被视为投机工具？

3. 芝加哥期权交易所是什么？为什么二级市场对期权的流行至关重要？

4. 卖出抛补看涨期权和卖出无担保看涨期权的区别是什么？为什么有人买入看涨期权而有人卖出看涨期权？

5. 如果投资者购买了看涨期权，且标的股票的价格下跌，那么期权会发生什么变化？投资者可能损失的最大金额是多少？

6. 看涨期权在哪些方面与权证类似？它们的区别是什么？

7. 为什么看涨期权的内在价值随着股价上涨而上升，而看跌期权的内在价值随着股价上涨而下降？

8. 当期权临近到期时，期权的时间溢价将会如何变化？价外期权在到期时将会如何变化？

9. 如果投资者卖出看涨期权或看跌期权，那么投资者应如何平仓？

10. 购买股指期权和购买股票期权相比，优点是什么？

11. 为什么保护性看跌期权降低了股票多头的潜在损失？

12. 你可以通过各种互联网资源追踪期权价格。请访问芝加哥期权交易所的主页（www.cboe.com），并选择一个基于标准普尔500股票指数和罗素1000指数的股指期权。选择具有相同到期日，且执行价格接近于每个指数当期价值的一只看涨期权和一只看跌期权。跟踪期权价格和每个指数2～4周。指数和看跌期权与看涨期权的变化幅度是多少？

关系题与基本习题示例

关系题

1. 股价上升将____看涨期权价格并____看跌期权价格。

2. 随着时间的流逝，为看涨期权支付的时间溢价将____，为看跌期权支付的时间溢价将____。

3. 购买看涨期权将____买方的风险。

4. 当投资者购买看跌期权时，对杠杆的使用将____。

5. 股价下跌导致该股票看跌期权的价格____，该股票看涨期权的价格____。

6. 股价上升将____期权的执行价格。

7. 如果看跌期权的价格下跌，表明相同执行价格和到期日的看涨期权价格将____。

8. 股利分配将____看涨期权的价格。

9. 如果股价____，抛补看涨期权卖方可能遭受损失。

10. 如果期权买方的收益增加，表明卖方的损失将____。

11. 一个投资者卖空某只股票。如果该股票价格上升，卖空头寸的损失将____。

12. 如果一个投资者购买了看跌期权，那么随着股价的____，该头寸的潜在利润将增加。

13. 如果一个投资者建立了保护性看跌期权头寸，并且股价下跌，最大可能损失将____。

14. 随着股市指数下跌，指数看涨期权的价值将____，指数看跌期权的价值将____。

15. 期权到期后股价上升将____期权价值。

16. 如果标的股票的价格____，权证的价格将下降。

17. 在执行看涨期权时，公司的流通股数量将____。

基本习题

1. 给定下列信息：

单位：美元

股价	102
6个月期看涨期权的执行价格	100
看涨期权的市场价格	6
6个月期看跌期权的执行价格	100
看跌期权的市场价格	3

请补充下列句子。

a）哪只期权在“价内”？____

b）为看涨期权支付的时间溢价为____。

c）如果投资者卖出看跌期权，得到的金额是____。

d）看跌期权卖方可能损失的最大金额为____。

e）（股票）卖空方可能获利的最大金额为____。

在期权到期时（即6个月后），股价为95美元。

f）卖空股票的利润（损失）为____。

g）卖出看跌期权的利润（损失）为____。

h）出售无担保看涨期权的利润（损失）为____。

i）购买看涨期权的利润（损失）为____。

j）到期时，看涨期权____。

2. 给定下列信息：

	单位：美元
股价	62
6个月期看涨期权的执行价格	60
看涨期权的市场价格	6
6个月期看跌期权的执行价格	60
看跌期权的市场价格	2

请补充下列句子。

a）看跌期权的内在价值为____。

b）如果投资者构建了一个抛补看涨期权，那么投资金额（现金流出）为____。

c）看跌期权买方可能损失的最大金额为____。

d）无担保看涨期权买方可能获利的最大金额为____。

e）无担保看涨期权卖方可能损失的最大金额为____。

在期权到期时（即6个月后），股价为79美元。

f）购买股票的利润（损失）为____。

g）卖出抛补看涨期权的利润（损失）为____。

h）买入看跌期权的利润（损失）为____。

i）到期时，为看涨期权支付的时间溢价为____。

3. 给定下列信息：

	单位：美元
股价	52
股票支付的季度股利	1
6个月期看涨期权的执行价格	50
看涨期权的市场价格	5
6个月期看跌期权的执行价格	50
看跌期权的市场价格	3

请补充下列句子。

a）看涨期权的内在价值为____。

b）为看跌期权支付的时间溢价为____

c）如果投资者构建了无担保看涨期权，那么现金流出或现金流入为____。

d）看涨期权买方可能损失的最大金额为____。

e）股票买方可能损失的最大金额为____。

在期权到期时（即6个月后），股价为56美元。

f）6个月后，看涨期权持有者收到的现金股利为____。

g）卖出抛补看涨期权的利润（损失）为____。

h）卖出看跌期权的利润（损失）为____。

i）提前6个月卖空股票的利润（损失）为____。

j）到期时，为看跌期权支付的溢价为____，而为看涨期权支付的时间溢价为____。

4. 给定下列信息：

	单位：美元
股价	71
6个月期看涨期权的执行价格	75
看涨期权的市场价格	2
6个月期看跌期权的执行价格	75
看跌期权的市场价格	6

请补充下列句子。

a）看跌期权的内在价值为____。

b）为看涨期权支付的时间溢价为____。

c）如果投资者建立了一个抛补看涨头寸，那么投资金额（现金流出）为____。

d）看涨期权和看跌期权买方可能损失的最大金额为____。

e）无担保看跌期权卖方可能损失的最大金额为____。

在期权到期时（即6个月后），股价为63美元。

f）卖空股票的利润（损失）为____。

g）卖出看涨期权的利润（损失）为____。

h）卖出抛补看涨期权的利润（损失）为____。

i）到期时，为股票支付的时间溢价为____。

习 题

1. 某只3个月期看涨期权是以20美元的价格购买股票的权利。现在，股票售价为22美元，看涨期权售价为5美元。你正在考虑购买100股股票（2 200美元）或一份看涨期权（500美元）。

a）如果3个月内股价升至29美元，每个头寸的损益是多少？损益百分比是多少？

b）如果3个月内股价跌至18美元，每个头寸的损益是多少？损益百分比是多少？

c）如果股价保持为22美元不变，看涨期权到期时的损益百分比是多少？

d）如果你比较购买股票与购买看涨期权，为什么盈利百分比和损失百分比不同？

2. 某只看涨期权为以25美元的价格购买股票的期权。它在6个月后到期，当股价为26美元时，期权的当期售价为4美元。

a）看涨期权的内在价值为多少？为看涨期权支付的时间溢价是多少？

b）如果股价为20美元、25美元、30美元和40美元，那么6个月后该看涨期权的价值是多少？

c）如果看涨期权到期后，股价升至40美元，那么看涨期权价值的增幅是多少？这个例子是否说明杠杆是有利的？

d）如果投资者购买股票并卖出该看涨期权，那么现金流出（即净成本）是多少？如果股价为10美元、15美元、20美元、25美元、26美元、30美元和40美元，那么6个月后该头寸的利润是多少？

e）如果投资者卖出该无担保看涨期权，若股价为20美元、26美元和40美元，那么6个月后该头寸的利润或损失是多少？

3. 下列期权的内在价值和为其支付的时间溢价是多少？

单位：美元

期权	期权价格	股票价格
看涨期权：		
XYZ公司，30	7.00	34
XYZ公司，35	2.50	34
看跌期权：		
XYZ公司，30	1.25	34
XYZ公司，35	4.25	34

如果上述期权到期时股票售价为31美元，那么期权卖方和买方的利润和损失是多少？

4. 某只股票的价格为1美元。你可以以5美元的价格购买执行价格为50美元的6个月期看涨期权，或者以2美元的价格购买执行价格为50美元的6个月期看跌期权。

a）看涨期权的内在价值是多少？

b）看跌期权的内在价值是多少？

c）为看涨期权支付的时间溢价是多少？

d）为看跌期权支付的时间溢价是多少？

e）如果股价下跌，看跌期权价值将如何变化？

f）通过卖出抛补看涨期权，你可能损失的最大金额是多少？

g）如果你卖空股票，最大可能利润是多少？

6个月后，股价为58美元。

h）看涨期权的价值是多少？

i）购买看跌期权的利润或损失是多少？

j）如果你提前6个月卖空股票，你的利润或损失是多少？

k）如果你卖出抛补看涨期权，你的利润或损失是多少？

5. 给定下列信息：

单位：美元

股价	101
6个月期看涨期权的执行价格	100
看涨期权的市场价格	5
6个月期看跌期权的执行价格	100
看跌期权的市场价格	4

请回答下列问题。

a）哪只期权是“价内”期权？

b）为看跌期权支付的时间溢价是多少？

c）如果投资者建立了无担保看涨期权头寸，那么将得到多少金额？

d）看涨期权买方最多损失多少金额？

e）（股票）卖空方最多损失多少金额？

当期权到期时（即6个月后），股价为93美元。

f）购买股票的利润（损失）是多少？

g）购买看涨期权的利润（损失）是多少？

h）卖出抛补看涨期权的利润（损失）是多少？

i）卖出看跌期权的利润（损失）是多少？

j）当期权到期时，为看涨期权支付的时间溢价是多少？

6. 一个特定的看跌期权为以40美元的价格卖出股票的期权。它在3个月后到期，现在的售价为2美元，此时股价为42美元。

a）如果投资者购买了该看跌期权，那么当3个月后股价为45美元、40美元和35美元时，利润将分别为多少？

b）如果股价为45美元、40美元和35美元，那么3个月后卖出该看跌期权将获得多少利润？

c）请比较a）和b）的答案。比较说明了什么问题？

7. 一只到期日为2年后的LEAPS看涨期权是以24美元的价格购买股票的期权。该股票当前的市场价格为35美元，LEAPS的市场价格为15美元。

a）期权的内在价值是多少？

b）为LEAPS支付的时间溢价是多少？

c）如果该股票在2年后的售价为50美元，那么LEAPS的价格将是多少？股价增幅和期权价值增幅是多少？

d）为什么时间溢价会消失？

e）如果2年后该股票售价为22美元，LEAPS的价格将是多少？股价降幅和期权价值降幅是多少？

8. 当前售价为47美元的股票有下列未清偿的6个月期期权：

单位：美元

	执行价格	期权市场价格
看涨期权	45	4
看涨期权	50	1

a）哪只（哪些）期权是价内期权？

b）为每只期权支付的时间溢价是多少？

c）给定不同的股价——30美元、35美元、40美元、45美元、50美元、55美元和60美元——如果投资者购买了执行价格为45美元的看涨期权，那么到期时的利润（损失）为多少？

d）给定不同的股价——30美元、35美元、40美元、45美元、50美元、55美元和60美元——如果投资者购买了执行价格为50美元的看涨期权，那么到期时的利润（损失）为多少？请比较你对c）和d）的答案。

e）如果投资者买入股票并卖出执行价格为50美元的看涨期权，那么股价在什么范围内将产生利润？

f）如果投资者买入股票并卖出执行价格为45美元的看涨期权，那么股价在什么范围内将产生利润？请比较你对e）和f）的答案。

9. 一个投资者以36美元的价格购买了一只股票。同时，一只以35美元的价格卖出股票的6个月期看跌期权的售价为2美元。

a）如果股价为30美元、35美元和40美元，购买股票的利润或损失是多少？

b）如果投资者也购买了看跌期权（即构建了保护性看跌期权），那么合并现金流出为多少？

c）如果投资者构建了保护性看跌期权，若看跌期权到期时股价为30美元、35美元和40美元，那么利润或损失是多少？股价为多少时投资者达到盈亏平衡？

d）该保护性看跌期权的最高潜在损失和最高潜在利润是多少？

e）如果6个月后股价为37美元，那么投资者的最高可能损失是多少？

10. 期权也可以被用于与其他证券一起来设计不同的投资策略。例如，一位投资者有下列不同的投资选择，其价格如下所示：

单位：美元

普通股	100
以100美元的价格购买100股股票的6个月期看涨期权	400
10 000美元的6个月期美国国库券	9 600

投资者有10 000美元，因此能购买100股股票或一只看涨期权加上国库券。6个月后，如果股价为110美元、105美元、100美元、95美元或90美元，那么投资者将在每笔投资上获得多少利润或损失（除去佣金）？哪种投资策略的风险较低？

11. 如果你预期股价将上升，那么你可以（1）买入股票；（2）买入看涨期权；（3）卖出抛补看涨期权；（4）卖出看跌期权。如果股价上升，所有四种头寸都会产生利润，但每个头寸的现金流入或现金流出、收益和潜在损失金额都不同。现在，股价为86美元；执行价格为85美元的4个月期看涨期权和看跌期权的交易价格分别为10.50美元和8.25美元。

a）四个头寸的现金流入或现金流出分别是多少？

b）请计算在下列股价上每个头寸的利润/损失：

股价（美元）	利润/损失			
	购买股票	抛补看涨期权	购买看涨期权	卖出看跌期权
110				
100				
95.50				
90				
86				

续表

股价（美元）	利润/损失			
	购买股票	抛补看涨期权	购买看涨期权	卖出看跌期权
80				
76.75				
75.50				
70				
65				

正如这些特征所说明的，每种策略都产生了收益，但收益金额和潜在损失不同。

c）产生每个头寸的盈亏平衡点的股价是多少？

d）请比较抛补看涨期权和卖出看跌期权的现金流入/流出、利润和潜在损失。如果你能将任何现金流入进行投资并赚取 1.25 美元，那么哪种期权更好？

e）哪种策略的潜在损失金额更小？

f）股价为多少时，会使全部四个头寸产生损失？

g）哪种头寸会产生最高的可能收益金额和收益率？

h）假设股价下跌，且看跌期权被执行（即你必须购买股票）。由于期权被执行，你的股票的成本是多少？请比较该成本与你最初购买股票而不是卖出看跌期权的成本。

12. 本题结合了第十二章讨论的道指狗股策略和卖出抛补看涨期权。道指狗股的价格及其截至 20××年 1 月 1 日的年股利如下所示：

单位：美元

	价格	年股利
AT&T	30.00	1.76
杜邦	46.00	1.64
通用电气	18.00	0.68
英特尔	24.00	0.84
强生	66.00	2.28
卡夫	37.00	1.16
默克	38.00	1.68
辉瑞	22.00	0.88
宝洁	67.00	2.10
威瑞森	41.00	2.00

当年你没有买入并持有道指狗股，而是对每只狗股购买了 100 股，并对每只狗股卖出了 1 年期看涨期权。由于多数期权的期限都短于 1 年，因此你必须卖出到期日为 1 年的 LEAPS（长期股权预期证券）。LEAPS 的执行价格和市场价格如下：

单位：美元

	执行价格	看涨期权价格
AT&T	32.00	1.00
杜邦	52.50	2.50
通用电气	20.00	1.00
英特尔	27.00	1.40
强生	72.50	1.50
卡夫	40.00	1.40
默克	40.00	2.00
辉瑞	25.00	0.70
宝洁	72.50	1.60
威瑞森	45.00	1.00

（由于道指狗股对每只股票的投资金额相同，因此上述策略不是对该策略的照搬。然而，对每只股票购买 100 股显然简化了回答下列问题所必需的工作。）

a）该策略的初始现金流出是多少？

b）当年收到的总股利是多少？得出该答案需要做出什么假设？

c）如果每只股票的价格上升 5 美元或 15 美元，那么该策略的利润或损失（包括股利支付）是多少？

d）如果每只股票的价格下降 5 美元或 15 美元，那么该策略的利润或损失（包括股利支付）是多少？

e）给定以上问题的答案，该策略是否可行？如果可行，对哪些投资者可行？

投资作业（第六部分）

期权是对头寸进行杠杆化并提高潜在收益的一种方法，但它也会放大损失的可能性。请从你的10只股票中选择2只，并找出这些股票及其看涨期权的价格。（许多网站上都有期权和股票的价格。）选择每只股票的3只看涨期权：

a. 执行价格高于股价的看涨期权（“价外”看涨期权）。

b. 执行价格接近于股价的看涨期权（“平价”看涨期权）。

c. 执行价格低于股价的看涨期权（“价内”看涨期权）。

请选择将在3～6周内到期的期权，并回答下列问题：

1. 每只期权的内在价值是多少？

2. 为每只期权支付的时间溢价是多少？

3. 如果你购买了每只期权，那么你能损失的最大金额是多少？

4. 如果你购买了标的股票，那么你能损失的最大金额是多少？这发生在3～6周内的概率是多少？

请追踪股票和3只期权的价格直到期权到期，并回答下列问题：

5. 在这段时期内，股价和每只期权的价格变化是多少？

6. 股票和每只期权的收益率为多少？

7. 假设你购买了股票并卖出了一只期权（即构建了抛补看涨期权）。你的收益率将是多少？

8. 为什么所有收益率都不同？

9. 回过头看，哪种头寸的绩效最差？哪种头寸的绩效最好？

理财顾问的投资案例

投机者的选择

科西玛·瓦格纳（Cosima Wagner）是一位喜欢投机的乐观主义者。她喜欢看着价格迅速变化，并认为她能通过明智地利用价格变化获取高额利润。因此可以很容易地看出，为何她被价格每天迅速变化的期权所吸引。她尤其喜欢与法索尔特和法夫纳（Fasolt and Fafner，F&F）建设公司有关的证券，这是一家大型建筑与工程公司，也持有大量的煤和石油储备。

现在经济正处于衰退期。F&F公司则是雪上加霜：经济衰退导致建设大幅下降，而商品价格，包括石油和天然气，也在下降。这两个因素都降低了利润率，因此在上一个财年中，该公司的每股利润从5.50美元剧跌至1.00美元。而该公司一度表现出众的股票的价格也从80多美元的高点跌至15美元的当前价格。

瓦格纳认为股市对利润下降的反应过度了。此外，有迹象表明经济衰退临近结束。零售额已经上升，而利率正在下降。更稳健的经济状况当然有助于恢复F&F的销售额和利润，瓦格纳认为这将导致股价升高。F&F的基本面是稳健的，因为该公司的利润率是该行业历史上最高的利润率之一。然而，该公司也有大量未清偿长期债务。尽管该公司不支付现金股利，但它必须发行长期债券，因为留存收益不足以为扩张和收购融资。

瓦格纳坚定地认为，该公司提供了获利的良机，但她也很不确定该采取何种正确的策略。除了股票以外，该公司还有息票利率为7.2%的10年期高收益债券。每1 000美元面值的该债券现在的售价为780美元，到期收益率为10.92%。该公司被一家评级服务机构评为BB级，但仅被另一家评级服务机构评为B级。

该公司股票期权的交易也很活跃。现在，可以获得下列期权及其价格：

单位：美元

执行价格	3个月期		6个月期		9个月期	
	看涨期权	看跌期权	看涨期权	看跌期权	看涨期权	看跌期权
15	2.00	1.50	3.50	2.25	5	3
20	0.75	5.50	1.50	6	2	6.25

为了帮助确定不同策略的潜在收益，瓦格纳认为下列问题的答案可能会有用。

1. 股票、债券、看涨期权和看跌期权提供的当期收益率是多少？

2. 用股票表示的债券价值是多少？

3. 每只期权的内在价值是多少？

4. 为每只期权支付的时间溢价是多少？

5. 如果在6个月后，基础经济情况没有变化，且股价维持在15美元，那么每只证券的价格将是多少？

6. 尽管瓦格纳认为F&F的情况不太可能进一步恶化，但仍存在6个月后该公司股价跌至10美元的可能性。这对不同证券的价格有什么影响？

7. 瓦格纳认为，在6个月后，每股价格将升至25美元。这种价格上升对不同证券的价格将有什么影响？

作为瓦格纳的外部理财顾问，你建议她如何处理F&F公司的证券？在你作答时，请考虑每种投资策略的优点和缺点，以及对每只证券有利的条件是什么。

第十八章

期权估值与期权策略

学习目标

学习完本章后，你应能：

1. 确定期权的价值和布莱克-斯科尔斯期权估值模型中规定的变量之间的关系。
2. 用布莱克-斯科尔斯期权估值模型计算看涨期权的价值。
3. 说明套利如何确保股市的变化传递到期权市场上，以及如何确保期权市场的变化传递到股市上。
4. 说明如何用对冲比率降低股票头寸的风险。
5. 确定期权策略的潜在损益。
6. 用期权区分投机策略与风险管理策略。
7. 说明激励式股票期权如何影响公司利润。

上一章介绍了关于期权的基本情况，包括期权的特征、投资者买卖期权的原因，以及如何将期权作为投机性投资或降低风险的手段。该章还说明了期权的时间溢价如何随着时间的流逝而消失，因此期权在到期时以内在价值出售。

本章继续讨论关于期权的内容，包括：(1) 讨论了布莱克-斯科尔斯期权估值模型；(2) 说明了股票、债券和期权市场之间的关联，以及一个市场的变化如何传导至其他市场；(3) 用期权说明了几项策略。期权是一个非常晦涩难懂的问题，可以从复杂的数学角度来解读。本章使用的方法试图在自由地解释概念时降低抽象性，因此即使个人投资者从未打算应用期权，也能理解期权估值的基本问题及其重要性。

布莱克-斯科尔斯期权估值模型

估值是金融学和投资学中的一个主要问题。债券、优先股和普通股估值组成了分析这些证券的章节的主要部分。期权估值也很重要，但比本书中介绍的大部分内容都难。本节简要介绍了最初由费希尔·布莱克（Fischer Black）和迈伦·斯科尔斯（Myron Scholes）提出的用于权证估值，后来又被用于看涨期权估值的模型。[1] 该估值模型通常被称为布莱克-斯科尔斯模型，它在关于看跌期权和看涨期权的文献中随处可见。它也适用于涉及期权的其他金融学领域。例如，如果公司有权在到期前赎回债券，那么该债券就有内置期权。通过为期权估值，并将该价值从债券价值中分离出来，财务分析师就能确定债券成本。

下面的讨论解释并说明了布莱克-斯科尔斯期权估值模型。(模型的推导过程并未给出，因此你必须信任该模型。) 图 18.1 说明了期权估值问题，该图基本上与图 17.2 相同，线 *AB* 和线 *BC* 表示期权的内在价值，线 *DE* 表示以不同价格购买股票的期权的所有价值。问题是："为什么线 *DE* 的位置在这里？为什么线 *DE* 不是更高或更低？哪些变量会导致该直线上移或下移？" 布莱克-斯科尔斯期权估值模型确定了在每个股价上的期权价值，因而确定了线 *DE* 的位置。

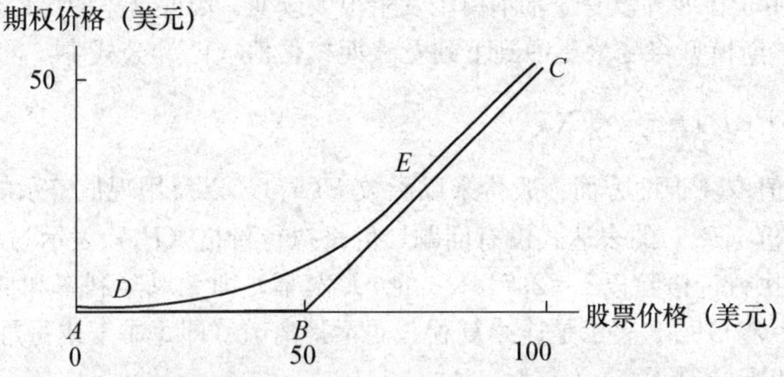

图 18.1　看涨期权买方在期权到期时的损益

资料来源：© Cengage Learning.

在布莱克-斯科尔斯期权估值模型中，看涨期权的价值（V_o）取决于下列所有因素：

P_s：股票的当期价格。

P_e：期权的执行价格。

T：期权距离到期日的年数（例如，如果到期时间为 3 个月，那么 $T=0.25$）。

σ：股票年收益率的标准差。

r：期限等于距离期权到期日时间的资产（例如，国库券）的无风险年利率。

看涨期权的价值（因变量）和每个自变量（假设其他变量都保持不变）的关系如下所示：

● 股价上升（P_s 上升）将提高看涨期权的价值（V_o）。这是事实，因为期权的内在价值随着股价的上升而上升。

● 执行价格上升（P_e 上升）将降低看涨期权的价值。执行价格升高降低了给定股价下期权的内在价值。

● 距离到期日时间的增加（T 增加）将提高看涨期权的价值。随着距离到期日的时间缩短，期权临近到期，它的价值也随之下降。

● 股价波动性增大（σ 增大）将提高看涨期权的价值。投机者将发现波动性更大的股票的期权比股价趋于稳定的股票的期权更有吸引力。波动性降低减少了期权的价值。

● 利率升高（r 升高）将提高看涨期权的价值。利率升高与看涨期权价值升高有关。

自变量和期权价值的大多数关系看起来都是合理的，除了利率变化外。在本书中，利率升高将会降低资产价值。利率升高降低了债券支付的利息和偿付的本金的现值，因此降低了债券

---

[1] 该模型最先由费希尔·布莱克和迈伦·斯科尔斯发表，参见"The Pricing of Options and Corporate Liabilities," *Journal of Political Economy* (May/June 1973)：637-654。注意，发表日在芝加哥期权交易所建立之前。

的价值。利率升高还提高了普通股的必要收益率，因此降低了普通股的价值。这种利率变化与证券价值的负向关系对于看涨期权并不成立。利率升高将提高看涨期权的价值。

尽管利率与看涨期权价值的关系看似违反常理，却能解释得通。前面曾提到，看涨期权的内在价值是股价与执行价格之差。然而，投资者不必立即执行看涨期权，而可以等它到期。执行期权所需的资金可以被投资于别处。利率升高意味着这些资金可以赚取更多利润。在更高的利率下，你只需投资较少的钱，就有足够的资金在到期时执行期权。因此，执行价格的现值（即执行看涨期权所需的资金）将随着利率的升高而下降。这种执行价格现值的下降将提高期权的价值。

应该指出，布莱克-斯科尔斯期权估值模型没有考虑股利。在最初的公式中，该估值模型是适用于不支付股利的股票期权的。因此，股利不影响期权价值的计算。后来，该模型被扩展到支付股利的股票。由于扩展并没有令基本模型发生很大改变，因此这里的讨论仅限于原始形式。

布莱克-斯科尔斯模型将变量集中到下列看涨期权估值（V_o）公式中：

$$V_o = P_s \times F(d_1) - \frac{P_e}{e^{rT}} \times F(d_2) \tag{18.1}$$

看涨期权的价值取决于两方面：股价乘以函数 $F(d_1)$，以及用现值表示的执行价格乘以函数 $F(d_2)$。尽管股价（P_s）的表达式没有问题，但将执行价格（P_e）表示为现值（P_e/e^{rT}）却需要解释。该式为执行价格除以 e＝2.718 28 的 rT 次幂，即无风险利率和期权距离到期日时间的乘积。使用 e＝2.718 28 表示是连续复利，而不是离散（即每季度或每月）时期复利。

函数 $F(d_1)$ 和 $F(d_2)$ 的定义式为：

$$d_1 = \frac{\ln\left(\frac{P_s}{P_e}\right) + \left(r + \frac{\sigma^2}{2}\right)T}{\sigma\sqrt{T}} \tag{18.2}$$

和

$$d_2 = d_1 - \sigma\sqrt{T} \tag{18.3}$$

股价与执行价格之比（P_s/P_e）被表示为自然对数（ln）。d_1 和 d_2 的数值表示正态分布下的面积。应用布莱克-斯科尔斯期权估值模型需要累积正态分布数值表。在统计学教科书中可以方便地查到该表，为方便起见，表 18.1 也提供了该表。一旦确定了 d_1、d_2 以及累积概率分布的数值，就可以将这些值用于布莱克-斯科尔斯期权估值模型［即代入式（18.1）中的 $F(d_1)$ 和 $F(d_2)$］。

从下面的例子中可以了解如何应用该模型。变量的值为：

股价（P_s）	52 美元
执行价格（P_e）	50 美元
到期时间（T）	0.25（3 个月）
标准差（σ）	0.20
利率（r）	0.10（年利率为 10%）

因此，d_1 和 d_2 的值为：

$$d_1 = \frac{\ln\left(\frac{52}{50}\right) + \left(0.1 + \frac{0.2^2}{2}\right) \times 0.25}{0.2\sqrt{0.25}} = \frac{0.039\,2 + (0.1 + 0.02) \times 0.25}{0.1} = 0.692$$

和

$$d_2 = 0.692 - 0.2\sqrt{0.25} = 0.692 - 0.1 = 0.592$$

表 18.1 累积正态分布

d	F(d)	d	F(d)	d	F(d)	d	F(d)	d	F(d)	d	F(d)	d	F(d)	d	F(d)	d	F(d)	d	F(d)	d	F(d)
−3.09	0.001	−2.51	0.006 0	−1.93	0.026 8	−1.35	0.088 5	−0.77	0.220 7	−0.19	0.424 7	0.39	0.651 7	0.94	0.826 4	1.49	0.931 9	2.04	0.979 3	2.59	0.995 2
−3.08	0.001	−2.50	0.006 2	−1.92	0.027 4	−1.34	0.090 1	−0.76	0.2236	−0.18	0.428 6	0.40	0.655 4	0.95	0.828 9	1.5	0.933 2	2.05	0.979 8	2.6	0.995 3
−3.07	0.001 1	−2.49	0.006 4	−1.91	0.028 1	−1.33	0.091 8	−0.75	0.226 6	−0.17	0.432 5	0.41	0.659 1	0.96	0.831 5	1.51	0.934 5	2.06	0.980 3	2.61	0.995 5
−3.06	0.001 1	−2.48	0.006 6	−1.90	0.028 7	−1.32	0.093 4	−0.74	0.229 7	−0.16	0.436 4	0.42	0.662 8	0.97	0.834	1.52	0.935 7	2.07	0.980 8	2.62	0.995 6
−3.05	0.001 1	−2.47	0.006 8	−1.89	0.029 4	−1.31	0.095 1	−0.73	0.232 7	−0.15	0.440 4	0.43	0.666 4	0.98	0.836 5	1.53	0.937	2.08	0.981 2	2.63	0.995 7
−3.04	0.001 2	−2.46	0.006 9	−1.88	0.030 1	−1.30	0.096 8	−0.72	0.235 8	−0.14	0.444 3	0.44	0.67	0.99	0.838 9	1.54	0.938 2	2.09	0.981 7	2.64	0.995 9
−3.03	0.001 2	−2.45	0.007 1	−1.87	0.030 7	−1.29	0.098 5	−0.71	0.238 9	−0.13	0.448 3	0.45	0.673 6	1.00	0.841 3	1.55	0.939 4	2.1	0.982 1	2.65	0.996
−3.02	0.001 3	−2.44	0.007 3	−1.86	0.031 4	−1.28	0.100 3	−0.70	0.242	−0.12	0.452 2	0.46	0.677 2	1.01	0.843 8	1.56	0.940 6	2.11	0.982 6	2.66	0.996 1
−3.01	0.001 3	−2.43	0.007 5	−1.85	0.032 2	−1.27	0.102	−0.69	0.245 1	−0.11	0.456 2	0.47	0.680 8	1.02	0.846 1	1.57	0.941 8	2.12	0.983	2.67	0.996 2
−3.00	0.001 3	−2.42	0.007 8	−1.84	0.032 9	−1.26	0.103 8	−0.68	0.248 3	−0.10	0.460 2	0.48	0.684 4	1.03	0.848 5	1.58	0.942 9	2.13	0.983 4	2.68	0.996 3
−2.99	0.001 4	−2.41	0.008 0	−1.83	0.033 6	−1.25	0.105 7	−0.67	0.251 4	−0.09	0.464 1	0.49	0.687 9	1.04	0.850 8	1.59	0.944 1	2.14	0.983 8	2.69	0.996 4
−2.98	0.001 4	−2.40	0.008 2	−1.82	0.034 4	−1.24	0.107 5	−0.66	0.254 6	−0.08	0.468 1	0.50	0.691 5	1.05	0.853 1	1.6	0.945 2	2.15	0.984 2	2.7	0.996 5
−2.97	0.001 5	−2.39	0.008 4	−1.81	0.035 1	−1.23	0.109 3	−0.65	0.257 8	−0.07	0.472 1	0.51	0.695	1.06	0.855 4	1.61	0.946 3	2.16	0.984 6	2.71	0.996 6
−2.96	0.001 5	−2.38	0.008 7	−1.80	0.035 9	−1.22	0.111 2	−0.64	0.261 1	−0.06	0.476 1	0.52	0.698 5	1.07	0.857 7	1.62	0.947 4	2.17	0.985	2.72	0.996 7
−2.95	0.001 6	−2.37	0.008 9	−1.79	0.036 7	−1.21	0.113 1	−0.63	0.264 3	−0.05	0.480 1	0.53	0.701 9	1.08	0.859 9	1.63	0.948 4	2.18	0.985 4	2.73	0.996 8
−2.94	0.001 6	−2.36	0.009 1	−1.78	0.037 5	−1.20	0.115 1	−0.62	0.267 6	−0.04	0.484	0.54	0.705 4	1.09	0.862 1	1.64	0.949 5	2.19	0.985 7	2.74	0.996 9
−2.93	0.001 7	−2.35	0.009 4	−1.77	0.038 4	−1.19	0.117	−0.61	0.270 9	−0.03	0.488	0.55	0.708 8	1.10	0.864 3	1.65	0.950 5	2.2	0.986 1	2.75	0.997
−2.92	0.001 8	−2.34	0.009 6	−1.76	0.039 2	−1.18	0.119	−0.60	0.274 3	−0.02	0.492	0.56	0.712 3	1.11	0.866 5	1.66	0.951 5	2.21	0.986 4	2.76	0.997 1
−2.91	0.001 8	−2.33	0.009 9	−1.75	0.040 1	−1.17	0.121	−0.59	0.277 6	−0.01	0.496	0.57	0.715 7	1.12	0.868 6	1.67	0.952 5	2.22	0.986 8	2.77	0.997 2
−2.90	0.001 9	−2.32	0.010 2	−1.74	0.040 9	−1.16	0.123	−0.58	0.281	0.00	0.5	0.58	0.719	1.13	0.870 8	1.68	0.953 5	2.23	0.987 1	2.78	0.997 3
−2.89	0.001 9	−2.31	0.010 4	−1.73	0.041 8	−1.15	0.125 1	−0.57	0.284 3	0.01	0.504	d_2→ 0.59	0.722 4	1.14	0.872 9	1.69	0.954 5	2.24	0.987 5	2.79	0.997 4
−2.88	0.002	−2.30	0.010 7	−1.72	0.042 7	−1.14	0.127 1	−0.56	0.287 7	0.02	0.508	0.60	0.725 7	1.15	0.874 9	1.7	0.955 4	2.25	0.987 8	2.8	0.997 4
−2.87	0.002 1	−2.29	0.011 0	−1.71	0.043 6	−1.13	0.129 2	−0.55	0.291 2	0.03	0.512	0.61	0.729 1	1.16	0.877	1.71	0.956 4	2.26	0.988 1	2.81	0.997 5
−2.86	0.002 1	−2.28	0.011 3	−1.70	0.044 6	−1.12	0.131 4	−0.54	0.294 6	0.04	0.516	0.62	0.732 4	1.17	0.879	1.72	0.957 3	2.27	0.988 4	2.28	0.997 6
−2.85	0.002 2	−2.27	0.011 6	−1.69	0.045 5	−1.11	0.133 5	−0.53	0.298 1	0.05	0.519 9	0.63	0.735 7	1.18	0.881	1.73	0.958 2	2.28	0.988 7	2.83	0.997 7
−2.84	0.002 3	−2.26	0.011 9	−1.68	0.046 5	−1.10	0.135 7	−0.52	0.301 5	0.06	0.523 9	0.64	0.738 9	1.19	0.883	1.74	0.959 1	2.29	0.989	2.84	0.997 7
−2.83	0.002 3	−2.25	0.012 2	−1.67	0.047 5	−1.09	0.137 9	−0.51	0.305	0.07	0.527 9	0.65	0.742 2	1.20	0.884 9	1.75	0.959 9	2.3	0.989 3	2.85	0.997 8
−2.82	0.002 4	−2.24	0.012 5	−1.66	0.048 5	−1.08	0.140 1	−0.50	0.308 5	0.08	0.531 9	0.66	0.745 4	1.21	0.886 9	1.76	0.960 8	2.31	0.989 6	2.86	0.997 9
−2.81	0.002 5	−2.23	0.012 9	−1.65	0.049 5	−1.07	0.142 3	−0.49	0.312 1	0.09	0.535 9	0.67	0.748 6	1.22	0.888 8	1.77	0.961 6	2.32	0.989 8	2.87	0.997 9
−2.80	0.002 6	−2.22	0.013 2	−1.64	0.050 5	−1.06	0.144 6	−0.48	0.315 6	0.1	0.539 8	0.68	0.751 7	1.23	0.890 7	1.78	0.962 5	2.33	0.990 1	2.88	0.998
−2.79	0.002 6	−2.21	0.013 6	−1.63	0.051 6	−1.05	0.146 9	−0.47	0.319 2	0.11	0.543 8	d_2→ 0.69	0.754 9	1.24	0.892 5	1.79	0.963 3	2.34	0.990 4	2.89	0.998 1
−2.78	0.002 7	−2.20	0.013 9	−1.62	0.052 6	−1.04	0.149 2	−0.46	0.322 8	0.12	0.547 8	0.7	0.758	1.25	0.894 3	1.8	0.964 1	2.35	0.990 6	2.9	0.998 1
−2.77	0.002 8	−2.19	0.014 3	−1.61	0.053 7	−1.03	0.151 5	−0.45	0.326 4	0.13	0.551 7	0.71	0.761 1	1.26	0.896 2	1.81	0.964 9	2.36	0.990 9	2.91	0.998 2

续表

d	F(d)	d	F(d)	d	F(d)	d	F(d)	d	F(d)	d	F(d)	d	F(d)	d	F(d)	d	F(d)	d	F(d)	d	F(d)
−2.76	0.002 9	−2.18	0.014 6	−1.60	0.054 8	−1.02	0.153 9	−0.44	0.33	0.14	0.555 7	0.72	0.764 2	1.27	0.898	1.82	0.965 6	2.37	0.991 1	2.92	0.998 2
−2.75	0.003	−2.17	0.015 0	−1.59	0.055 9	−1.01	0.156 2	−0.43	0.333 6	0.15	0.559 6	0.73	0.767 3	1.28	0.899 7	1.83	0.966 4	2.38	0.991 3	2.93	0.998 3
−2.74	0.003 1	−2.16	0.015 4	−1.58	0.057 1	−1.00	0.158 7	−0.42	0.337 2	0.16	0.563 6	0.74	0.770 3	1.29	0.901 5	1.84	0.967 1	2.39	0.991 6	2.94	0.998 4
−2.73	0.003 2	−2.15	0.015 8	−1.57	0.058 2	−0.99	0.161 1	−0.41	0.340 9	0.17	0.567 5	0.75	0.773 4	1.30	0.903 2	1.85	0.967 8	2.4	0.991 8	2.95	0.998 4
−2.72	0.003 3	−2.14	0.016 2	−1.56	0.059 4	−0.98	0.163 5	−0.40	0.344 6	0.18	0.571 4	0.76	0.776 4	1.31	0.904 9	1.86	0.968 6	2.41	0.992	2.96	0.998 5
−2.71	0.003 4	−2.13	0.016 6	−1.55	0.060 6	−0.97	0.166	−0.39	0.348 3	0.19	0.575 3	0.77	0.779 3	1.32	0.906 6	1.87	0.969 3	2.42	0.992 2	2.97	0.998 5
−2.7	0.003 5	−2.12	0.017 0	−1.54	0.061 8	−0.96	0.168 5	−0.38	0.352	0.2	0.579 3	0.78	0.782 3	1.33	0.908 2	1.88	0.969 9	2.43	0.992 5	2.98	0.998 6
−2.69	0.003 6	−2.11	0.017 4	−1.53	0.063	−0.95	0.171 1	−0.37	0.355 7	0.21	0.583 2	0.79	0.785 2	1.34	0.909 9	1.89	0.970 6	2.44	0.992 7	2.99	0.998 6
−2.68	0.003 7	−2.10	0.017 9	−1.52	0.064 3	−0.94	0.173 6	−0.36	0.359 4	0.22	0.587 1	0.80	0.788 1	1.35	0.911 5	1.9	0.971 3	2.45	0.992 9	3	0.998 7
−2.67	0.003 8	−2.09	0.018 3	−1.51	0.065 5	−0.93	0.176 2	−0.35	0.363 2	0.23	0.591	0.81	0.791	1.36	0.913 1	1.91	0.971 9	2.46	0.993 1	3.01	0.998 7
−2.66	0.003 9	−2.08	0.018 8	−1.50	0.066 8	−0.92	0.178 8	−0.34	0.366 9	0.24	0.594 8	0.82	0.793 9	1.37	0.914 7	1.92	0.972 6	2.47	0.993 2	3.02	0.998 7
−2.65	0.004	−2.07	0.019 2	−1.49	0.068 1	−0.91	0.181 4	−0.33	0.370 7	0.25	0.598 7	0.83	0.796 7	1.38	0.916 2	1.93	0.973 2	2.48	0.993 4	3.03	0.998 8
−2.64	0.004 1	−2.06	0.019 7	−1.48	0.069 4	−0.90	0.184 1	−0.32	0.374 5	0.26	0.602 6	0.84	0.799 5	1.39	0.917 7	1.94	0.973 8	2.49	0.993 6	3.04	0.998 8
−2.63	0.004 3	−2.05	0.020 2	−1.47	0.070 8	−0.89	0.186 7	−0.31	0.378 3	0.27	0.606 4	0.85	0.802 3	1.40	0.919 2	1.95	0.974 4	2.5	0.993 8	3.05	0.998 9
−2.62	0.004 4	−2.04	0.020 7	−1.46	0.072 1	−0.88	0.189 4	−0.88	0.382 1	0.28	0.610 3	0.86	0.805 1	1.41	0.920 7	1.96	0.975	2.51	0.994	3.06	0.998 9
−2.61	0.004 5	−2.03	0.021 2	−1.45	0.073 5	−0.87	0.192 2	−0.29	0.385 9	0.29	0.614 1	0.87	0.807 8	1.42	0.922 2	1.97	0.975 6	2.52	0.994 1	3.07	0.998 9
−2.60	0.004 7	−2.02	0.021 7	−1.44	0.074 9	−0.86	0.194 9	−0.28	0.389 7	0.3	0.617 9	0.88	0.810 6	1.43	0.923 6	1.98	0.976 1	2.53	0.994 3	3.08	0.999
−2.59	0.004 8	−2.01	0.022 2	−1.43	0.076 4	−0.85	0.197 7	−0.27	0.393 6	0.31	0.621 7	0.89	0.813 3	1.44	0.925 1	1.99	0.976 7	2.54	0.994 5	3.09	0.999
−2.58	0.004 9	−2.00	0.022 8	−1.42	0.077 8	−0.84	0.200 5	−0.26	0.397 4	0.32	0.625 5	0.90	0.815 9	1.45	0.926 5	2	0.977 2	2.55	0.994 6		
−2.57	0.005 1	−1.99	0.023 3	−1.41	0.079 3	−0.83	0.203 3	−0.25	0.401 3	0.33	0.629 3	0.91	0.818 6	1.46	0.927 9	2.01	0.977 8	2.56	0.994 8		
−2.56	0.005 2	−1.98	0.023 9	−1.40	0.080 8	−0.82	0.206 1	−0.24	0.405 2	0.34	0.633 1	0.92	0.821 2	1.47	0.929 2	2.02	0.978 3	2.57	0.994 9		
−2.55	0.005 4	−1.97	0.024 4	−1.39	0.082 3	−0.81	0.209	−0.23	0.409	0.35	0.636 8	0.93	0.823 8	1.48	0.930 6	2.03	0.978 8	2.58	0.995 1		
−2.54	0.005 5	−1.96	0.025 0	−1.38	0.083 8	−0.80	0.211 9	−0.22	0.412 9	0.36	0.640 6										
−2.53	0.005 7	−1.95	0.025 6	−1.37	0.085 3	−0.79	0.214 8	−0.21	0.416 8	0.37	0.644 3										
−2.52	0.005 9	−1.94	0.026 2	−1.36	0.086 9	−0.78	0.217 7	−0.20	0.420 7	0.38	0.648										

显著性水平	z的临界值		
	双尾	低尾	高尾
0.10	±1.65	−1.28	+1.28
0.05	±1.96	−1.65	+1.65
0.01	±2.58	−2.33	+2.33

正态分布的值为[①]：

$$F(0.692)\approx 0.755$$

$$F(0.592)\approx 0.722$$

这些值由图 18.2 中的 d_1 和 d_2 表示，它显示了正态概率分布曲线下 d_1 和 d_2 的面积。(总的阴影区表示 d_1，而棋盘格区域表示 d_2。)

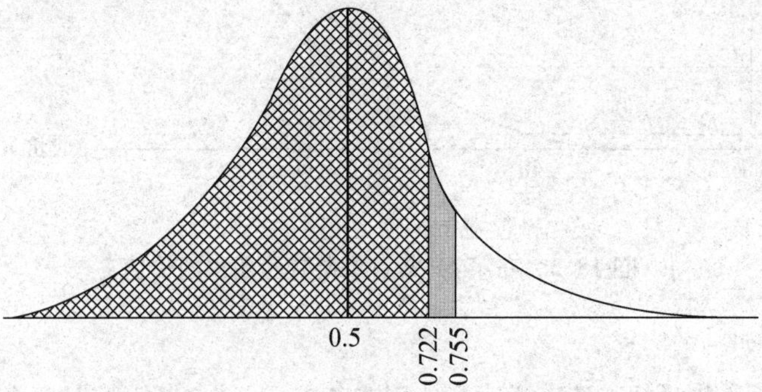

图 18.2　正态曲线中 d_1 和 d_2 的面积

资料来源：© Cengage Learning.

概率分布是为了衡量执行期权的概率。如果到期时期权的内在价值为正的概率很高，那么 $F(d_1)$ 和 $F(d_2)$ 的数值就接近于 1，且期权价值接近于股价减去执行价格的现值：

$$V_o=P_s\times 1-\frac{P_e}{e^{rT}}\times 1=P_s-\frac{P_e}{e^{rT}}$$

如果到期时期权的内在价值为正的概率很低，那么 d_1 和 d_2 的数值就接近于 0，且期权的价值很低：

$$V_o=P_s\times 0-\frac{P_e}{e^{rT}}\times 0=0$$

给定根据正态分布计算出的 $F(d_1)$ 和 $F(d_2)$ 的数值，看涨期权的价值为：

$$V_o=52\times 0.755-\frac{50}{2.718\,28^{0.1\times 0.25}}\times 0.722=4.400\text{(美元)}$$

如果看涨期权的售价高于 4.00 美元，那么它就被高估了。如果看涨期权的售价低于 4.00 美元，那么它就被低估了。

如果股价为 60 美元，那么布莱克-斯科尔斯期权估值模型将计算出期权的价值为 11.25 美元。如果股价为 40 美元，那么期权的价值为 0.04 美元。通过变换股价，可以算出不同的期权价值。如图 18.3 所示，不同的股价将产生图 18.1 中线 DE 展示的期权价值的一般模式。

如果另一个变量（例如，T、σ、P_e 和 r）发生了变化，而要使股价保持不变，那么表示期权价值的曲线也会移动。如果期权的存续期为 9 个月，而不是 3 个月，那么曲线将上移。价格波动性增大、执行价格降低或利率升高都会令布莱克-斯科尔斯期权估值曲线上移。期限缩短、利率降低、执行价格升高或波动性减小会令布莱克-斯科尔斯期权估值曲线下移。

---

① $F(0.69)=0.754\,9$，$F(0.59)=0.722\,4$，这近似于书中给出的值。

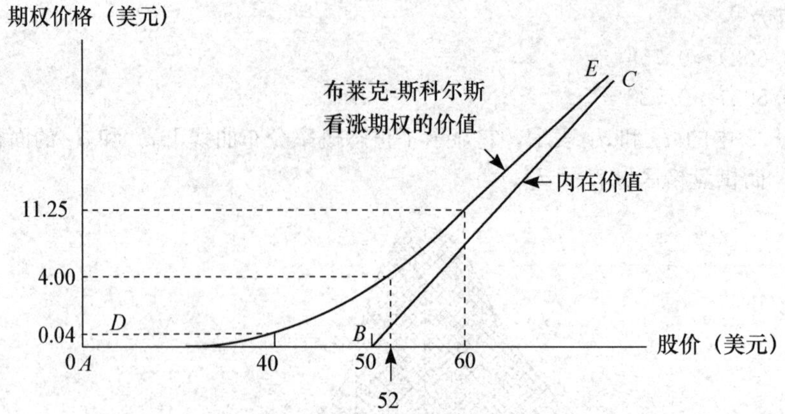

图 18.3　布莱克-斯科尔斯看涨期权的价值

资料来源：© Cengage Learning.

表 18.2 说明了这些关系，该表说明了使用布莱克-斯科尔斯模型时每个变量对看涨期权价值的影响。这个例子使用了前面的例子，并分为 5 种情况。在每种情况下，一个变量发生变化，而其他所有变量保持不变。每个例子都在初始例子算出的值下面标示了下划线。在第一种情况下，股价从 40 美元升至 70 美元，当股价上升时，期权价值也会上升。当期权处于价外时（即股票售价为 40 美元时），期权价值很低，为 0.04 美元。当股票售价为 60 美元时，期权价值升至 11.25 美元。当股价为 70 美元时，期权在价内，内在价值为 20 美元，用布莱克-斯科尔斯期权估值公式计算出的价值为 21.22 美元。

表 18.2　布莱克-斯科尔斯期权估值

初始价值：			
股价	52.00 美元		
执行价格	50.00 美元		
距离到期日的时间	0.25（3 个月，或 90 天）		
标准差	0.20		
无风险利率	0.10（年利率为 10%）		
布莱克-斯科尔斯估值	4.00 美元		
第一种情况：股价发生变化		第二种情况：执行价格发生变化	
股价（美元）	布莱克-斯科尔斯期权的价值（美元）	执行价格（美元）	布莱克-斯科尔斯期权的价值（美元）
40	0.04	40	12.98
45	0.55	45	8.18
50	2.62	50	4.00
52	4.00	55	1.37
55	6.50	60	0.31
60	11.25	65	0.03
65	16.22	70	0.01
70	21.22		
第三种情况：距离到期日的时间发生变化		第四种情况：标准差发生变化	
天数（天）	布莱克-斯科尔斯期权的价值（美元）	标准差	布莱克-斯科尔斯期权的价值（美元）
360	8.08	1.0	11.56

270	6.86	0.6	7.71
180	5.53	0.3	4.87
90	4.00	0.2	4.00
60	3.41	0.15	3.62
30	2.74	0.1	3.34
15	2.36	0.05	3.22
7	2.14	0.001	3.21
1	2.01		
第五种情况：利率发生变化			
利率	布莱克-斯科尔斯期权的价值（美元）		
0.20	4.91		
0.15	4.45		
0.12	4.18		
0.10	4.00		
0.08	3.83		
0.06	3.66		
0.04	3.50		
0.02	3.33		
0.001	3.18		

在第二种情况下，执行价格从 40 美元升至 70 美元。正如你所料，期权价值随着执行价格的升高而降低。尽管执行价格为 40 美元时期权的价值为 12.98 美元，但当执行价格为 70 美元时，期权实际上一文不值。

第三种情况说明了期权临近到期时的价值。在到期前一年，执行价格为 50 美元的期权在股票售价为 52 美元时，价值为 8.08 美元。在距离到期日还有 3 个月时，该价值降为 4.00 美元。当还有 2 周到期时，期权的价值为 2.36 美元；当期权到期时，期权价值仅为其 2.00 美元的内在价值。

在第四种情况下，标的股票的收益率波动性将会改变。波动性增大通常会降低证券的吸引力，但看涨期权的情况相反。波动性增大意味着标的股票价格上涨及期权内在价值增加的可能性更高。因此，波动性升高与期权价值增加相关，而波动性降低与期权价值减少相关。第四种情况反映了这种关系。当股票收益率的标准差下降时，期权价值也会下降。

在最后一种情况下，利率发生了变化。正如前面所说明的，利率升高降低了执行价格的现值，并增加了看涨期权的价值。这种关系见第五种情况。当年利率为 20%时，期权的价值为 4.91 美元，但当利率降低时，该价值将会减少。

尽管布莱克-斯科尔斯期权估值公式可能看起来很难，但它却很容易应用，因为人们设计了计算机程序来进行计算。（例如，可见 www.calkoo.com 或 www.mystockoptions.com。）除了一个变量外，所有变量都能被方便地观察到。遗憾的是，股票收益率的标准差无法被观察到，因此投资者必须找到一种获得该数据的方法，才能应用这个模型。

解决这个问题的一种方法是保留公式并解出标准差。如果投资者知道股价、执行价格、期权价格、期权期限和利率，那么布莱克-斯科尔斯期权估值公式就可以被用于解出收益率的标准差。然后，历史数据将被用于布莱克-斯科尔斯期权估值公式，以算出隐含的标的股票收益率的历史变异性。如果假设该变异性没有变化，那么就认为标准差的值是股票当前变异性的正确衡量指标，并用它来计算期权的现值。

将员工股票期权计为费用与期权估值

许多公司都向部分雇员提供股票期权，将其作为一种递延薪酬或“激励式薪酬”。例如，派克奇（Pactiv）公司的报告称，在该公司管理层和董事会的薪酬中，25%～55%为股票和期权。执行价格被设定为等于或高于股票市场价格的水平。由于没有正内在价值，因此收到期权的一方没有直接纳税义务。（如果执行价格低于股票的市场价格，那么期权就有正内在价值，此时收到期权的一方应该纳税。）如果公司绩效良好且股价上升，那么这些激励式期权的价值也会增加，而雇员将由于对公司的成功做出的贡献得到报酬。（期权收益将被征收长期资本利得税，税率低于雇员的边际税率。）

由于许多公司都为最高管理层提供激励式股票期权，于是产生了一个问题：这种做法对公司来说有成本吗？也就是说，这些期权有费用吗？第一个问题的答案似乎是否定的。期权没有内在价值，因此发行期权时公司没有现金流出。

即使期权没有正内在价值，公司没有现金流出，也不等于说价外期权没有价值。布莱克-斯科尔斯期权估值模型表明，期权价值不仅取决于股价和执行价格，也取决于无风险利率、距到期的时间和标的股票的波动性。价外期权有价值是因为股价和执行价格的现值之间存在差异。由于激励式期权通常距到期的时间为5～10年，因此执行价格的现值通常大大低于当期股价。由于期权接受方得到了该价值，因此期权对于发行公司来说有成本。（另一个得出激励式期权有成本的方法是进行下列推理：公司不是授予期权，而是卖出期权并用得到的收入给员工发工资。现在公司有现金流出，这是明显的成本。）

为什么得出激励式股票期权有价值，而且应该由发行公司负担期权成本的结论很重要？答案是它对公司利润的潜在影响。如果将期权现值计为费用，那么公司的利润将会降低。将期权计为费用降低了公司的报告利润。由于激励式期权是薪酬的一种形式，因此它是应该在当期确认并从当期利润中扣减的成本。会计业已经承认，激励式薪酬涉及成本。根据现有报告的要求，公司必须估计激励式薪酬的成本，并在利润表中提供它对利润的影响。

由于必须计算期权的成本，因此问题变为如何确定期权的价值。现在，布莱克-斯科尔斯期权估值模型是美国公司在为期权估值时被最广泛接受的模型。然而，该模型也有缺点。例如，应用该模型要求对股票未来价格的波动性做出假设。同样，期权接受方可以在期权到期前执行激励式期权。布莱克-斯科尔斯期权估值模型要求使用特定日期。（通常使用的是到期日，因为它是已知的，而实际执行期权的日期不可能是已知的。）这些问题降低了该模型作为员工股票期权估值方法的吸引力。（本章附录中将讨论另一个模型——二项式期权估值模型。）

看跌期权-看涨期权平价

一旦确定了看涨期权的价值，就能确定执行价格和距到期的期限相同的看跌期权的价值，因为股票价格、看跌期权价格和看涨期权价格都是相关的。① 其中一种证券的价格变化必然会

① 看跌期权-看涨期权确保如果确定了看涨期权的价值，那么必然也能确定看跌期权的价值。由于布莱克-斯科尔斯期权估值模型算出了看涨期权的价值，因此也就确定了执行价格和到期日相同的看跌期权的价值。因此，应用布莱克-斯科尔斯期权估值模型的软件包括执行价格和到期日相同的看跌期权的价值。

引发其他证券的价格变化。如果没有发生这种变化，那么就存在无风险套利的机会。由于投资者希望利用这种机会，因此在套利机会不再存在之前，价格都会发生变化。

看跌期权和看涨期权的价格、标的股票的价格和期权执行价格之间的关系被称为看跌期权-看涨期权平价。实际上，看跌期权-看涨期权平价认为一块大饼可以切成大小不一的小块，但饼的总大小不受影响。根据看跌期权-看涨期权平价，股价等于看涨期权价格加上执行价格的现值，减去看跌期权的价格：

$$P_s=P_c+\frac{P_e}{(1+i)^n}-P_p \tag{18.4}$$

在上例中，股价为 52 美元，看涨期权的执行价格为 50 美元，当年利率为 10%时，看涨期权的价值为 4 美元，且期权将在 3 个月后到期。该价值表明，以 50 美元卖出股票的 3 个月期看跌期权的价格为：

$$52=4.00+\frac{50}{(1+0.1)^{0.25}}-P_p$$

$$P_p=-52+4.00+48.82=0.82\text{（美元）}$$

在整理该式后，可以看出股价加上看跌期权的价格，减去看涨期权的价格和执行价格的现值必须等于 0。也就是说：

$$0=P_s+P_p-P_c-\frac{P_e}{(1+i)^n}$$

如果该式不成立，那么就存在套利机会。考虑下面的例子。一只股票的售价为 105 美元，看跌期权和看涨期权的执行价格均为 100 美元。看跌期权的价格为 5 美元，看涨期权的价格为 20 美元，两只期权均为 1 年期，利率为 11.1%［使用 11.1%的利率是因为当利率为 11.1%时，100 美元的现值为 100/1.111=90（美元），在本例中该数值更容易计算］。给定这些数值，公式成立：

$$0=105+5-20-90$$

如果看涨期权的售价为 25 美元，那么将存在套利机会。投资者（或计算机）认为市场是不均衡的，并执行下列交易：

单位：美元

1. 购买股票	现金流出	105
2. 购买看跌期权	现金流出	5
3. 卖出看涨期权	现金流入	25
4. 以 11.1%的利率借入 90 美元	现金流入	90

（注意，这里有一个重要假设，即投资者可以贷出资金，获得 11.1%的收益率，或者以该利率借入资金。）此时净现金流入为 5(=25+90−105−5) 美元，因此投资者不用付出现金，实际上将收到现金。

另一种了解套利执行过程的方法是建立如下公式：

$$P_s+P_p=P_c+P_b$$

在这种形式下，公式表明，股价加上看跌期权的价格必然等于看涨期权的价格加上债券价格。如果公式两侧不等，就可以卖掉较高的一侧并买入较低的一侧。因此，如果公式为：

$$105+5<25+90$$

你就可以买入股票和看跌期权，并卖空看涨期权和债券（例如，卖出看涨期权并借入资金）。现金流入高于现金流出，在这个例子中，投资者得到的是 5 美元的净现金流入。

如果股价为110美元、105美元和90美元，那么当一年后期权到期、投资者平仓时，该头寸的潜在利润是多少？该问题的答案如下所示：

单位：美元

股价	买入股票的利润	卖出看涨期权的利润	买入看跌期权的利润	支付的利息	净利润
110	5	15	−5	−10	5
105	0	20	−5	−10	5
90	−15	25	5	−10	5

在最高的价格（110美元）上，投资者以105美元购买的股票赚了5美元。由于看涨期权的内在价值为10美元，因此卖出看涨期权赚了15美元。由于看跌期权的内在价值为0美元，因此买入看跌期权亏了5美元。支付的利息为10(＝90×0.111）美元，因此所有头寸的净利润为5美元。在最低的价格（90美元）上，投资者的股票损失了15美元。由于看涨期权的内在价值为0美元，因此卖出看涨期权赚了25美元。由于看跌期权的内在价值为10美元，因此看跌期权赚了5美元。支付的利息为10美元，因此净利润为5美元。通过类似的推理，如果股价维持在105美元的水平上，那么该头寸的净利润为5美元。不管股价如何变化，投资者的净利润都是5美元。由于没有现金支出也没有风险，因此能确保获得5美元的净利润。

在上例中，看涨期权估值过高，这产生了套利机会。假设看跌期权估值过高，且售价为10美元。此时再次产生套利机会。下列交易将被执行：

单位：美元

1. 卖出股票（卖空）	现金流入	105
2. 卖出看跌期权	现金流入	10
3. 买入看涨期权	现金流出	20
4. 以11.1%的利率贷出90美元	现金流出	90

净现金流入为5(＝105＋10－20－90）美元，因此投资者不用再次支出现金，实际上收到了现金。

该头寸的潜在利润是多少？答案如下所示：

单位：美元

股价	股票利润（卖空）	买入看涨期权的利润	卖出看跌期权的利润	收到的利息	净利润
110	−5	−10	10	10	5
105	0	−15	10	10	5
90	15	−20	0	10	5

当股价为110美元时，投资者的股票损失了5美元。由于看涨期权的内在价值为10美元，因此购买看涨期权损失了10美元。由于看跌期权的内在价值为0美元，因此卖出看跌期权赚了10美元。这10美元是收取的利息，因此净利润为5美元。当股价为90美元时，投资者的股票赚了15美元，但看涨期权赔了20美元。由于看跌期权的内在价值为10美元，因此看跌期权没有损益，这10美元是收取的利息。净利润仍为5美元。不管股价如何变化，投资者都肯定能获得5美元的利润。

这两个例子都说明了无风险套利的机会。在这两种情况下，执行头寸的行为都将导致证券

价格改变，直到套利机会不再存在，且条件

$$0=P_s+P_p-P_c-\frac{P_e}{(1+i)^n}$$

得到满足。在第一个例子中，看涨期权估值过高，在第二个例子中，看跌期权估值过高。在实际中，如果任何一种证券估值错误，都会产生套利机会。

看跌期权-看涨期权平价还可以用来显示金融市场之间的关系，以及为何一个市场的变化必然会传递到另一个市场。假设美联储用公开市场操作来降低利率。美联储购买短期证券，从而抬高了短期证券的价格并降低了利率。这意味着上例中的均衡价格不再成立。利率降低增加了执行价格的现值。在执行价格上，投资者将以更低的新利率借入资金、购买股票、卖出看涨期权、买入看跌期权。执行这些交易产生了净现金流入，并确保投资者可以通过无风险套利获利。当然，试图同时买入股票和看跌期权并同时卖出看涨期权的行为会改变它们各自的价格，直到套利机会消失为止。美联储在一个市场上的行为的影响将会传递到其他金融市场上。

对冲比率

除了为期权估值和建立看跌期权-看涨期权平价关系外，布莱克-斯科尔斯期权估值模型还为希望对冲头寸的投资者提供了有用的信息。当投资者持有股票头寸和相反方向的期权头寸时(例如，持有股票多头和期权空头)，就出现了对冲头寸。遗憾的是，期权和标的股票的价格变化并不相等。表 17.3 就说明了这点。在该表中，当股价从 60 美元升至 70 美元时，看涨期权的价格从 15 美元升至 23 美元。看涨期权的价格增幅超过了股价增幅，且绝对价格变化也不相等。由于绝对价格变化不相等，因此投资者不能用看涨期权恰好抵消股价变化。因此，一个看涨期权的对冲头寸不能恰好抵消 100 股股票的价格变化。

为了恰好抵消股价变化，投资者必须知道期权的对冲比率。这是看涨期权价格变化与股价变化之比（即将图 18.1 和图 18.3 中的期权价格与股价联系起来的线 *DE* 的斜率）。对冲比率也被称为期权的 delta。对于看涨期权而言，delta 必须为正数。（看跌期权的 delta 为负数。）如果 delta 为 0.5，这意味着股价每上升 1.00 美元，每股期权价格将上升 0.50 美元。因此，如果投资者拥有 100 股股票，并卖出了 2 份看涨期权，那么股价上涨 1.00 美元将产生每股 1.00 美元的期权损失（即每份期权的价值增加 50 美元，对于卖出 2 份期权的投资者而言，总损失为 100 美元）。一个头寸（例如，股票多头）的 100 美元收益恰好被另一个头寸（例如，期权空头）的 100 美元损失所抵消。整笔头寸被完全对冲。

如果投资者或投资组合经理希望用期权恰好抵消价格变化，那么对冲比率就是关键信息。对冲比率的倒数为：

$$\text{用于对冲 100 股股票的看涨期权数量}=\frac{1}{\text{对冲比率}} \tag{18.5}$$

该式定义了每购买 100 股股票应该卖出的看涨期权的数量。（对于股票空头而言，该比率表明投资者每卖空 100 股股票，必须购买的看涨期权的数量。）因此，在上例中，为构建完全对冲而卖出的看涨期权的数量为：

$$\frac{1}{0.5}=2$$

投资组合经理每购买 100 股股票，就必须卖出 2 份看涨期权，以构建完全对冲的头寸。

对冲比率也可以被视为每卖出一只期权必须购买的股票数量。在上例中，0.5 的对冲比率表示每卖出一只看涨期权，就购买 50 股是一个完全对冲头寸。关于对冲比率的这两种观点基本相同。一种观点确定了买入每只看涨期权需要的股数，另一种观点确定了每卖出 100 股股票需要的看涨期权的数量。

幸运的是，对冲比率很容易获得。布莱克-斯科尔斯期权估值公式中 $F(d_1)$ 的数值就是对冲比率。在前面估值模型的例子中，$F(d_1)$ 等于 0.755。因此，当股价为 52 美元时，完全对冲股票头寸所需的看涨期权数量为 1.325(=1/0.755) 只期权。由于投资者不能买入或卖出 1.325 只看涨期权，因此对冲可以被表示如下：对于每只看涨期权，投资者都持有方向相反的股票头寸。因此，一只看涨期权对冲 76 股股票。

尽管对冲给出了每 100 股股票必须买入（或卖出）的看涨期权数量，但该比率的数值经常变化。通过观察图 18.1 中的曲线 *DE* 可以看出这点，该曲线表示不同股价下的期权价值。该曲线的斜率从股价较低时的相对平缓变为平行于表示期权内在价值的直线。由于曲线斜率随着股价的上升而增大，因此对冲比率的数值也增加了。这意味着构建完全对冲投资组合所必须卖出的看涨期权减少。为了维持完全对冲头寸，投资者必须经常调整看涨期权或标的证券中的头寸。

上面的讨论集中于使用看涨期权和对冲比率降低与特定股票头寸相关的风险。然而，投资者可能希望降低整个投资组合的风险，并可以用股指期权来对冲投资组合。为了用股指期权对冲投资组合，投资者必须考虑：(1) 投资组合的价值；(2) 投资组合的波动性；(3) 期权的隐含价值；(4) 期权的对冲比率。

投资组合的价值为投资组合中所有证券的价值之和。投资组合的波动性由投资组合的 β 值衡量。[不包括 β 值意味着投资组合与市场的变化相同（即 β 值=1.0)。] 期权的隐含价值为期权的执行价格和 100 美元的乘积。[如果标准普尔 500 股票指数期权的执行价格为 560 美元，那么期权的隐含价值就为 56 000(=560×100) 美元。] 对冲比率是根据布莱克-斯科尔斯期权估值模型得出的。

式 (18.6) 给出了对冲投资组合所需要的指数期权数量。

$$\text{指数期权数量}=\frac{\text{投资组合的价值}}{\text{期权的隐含价值}}\times\text{投资组合的}\beta\text{值}\times\frac{1}{\text{对冲比率}} \tag{18.6}$$

表 18.3 说明了投资者如何用卖出指数看涨期权对冲价值 200 000 美元的投资组合。标准普尔 500 股票指数为 550 点，执行价格为 560 点的价外股指看涨期权的售价为 800 美元。[金融媒体上报道的价格为 8 美元，但买方的成本和卖方的收入是 800 (=8×100) 美元。] 股指看涨期权的对冲比率为 0.4。

表 18.3　用股票指数看涨期权对冲 200 000 美元的投资组合

假设
投资组合的价值：200 000 美元
β 值：0.75
标准普尔 500 股指看涨期权价值：550
标准普尔 500 股指看涨期权的执行价格：560
标准普尔 500 股指期权的隐含价值：100×560=56 000（美元）
股指期权的价格：8 美元（800 美元）
对冲比率：0.4
对冲所需的看涨期权数量：(200 000/56 000)×0.75×(1/0.4)=6.7（份）
卖出的股指看涨期权数量：6（份）
卖出一份期权的收入：800（美元）
总收入：6×800=4 800（美元）

股市下跌 2%，降至 539 点

一份期权的价格：350 美元
回购期权的成本：350×6=2 100（美元）
卖出看涨期权的收益：4 800−2 100=2 700（美元）
投资组合的损失：200 000×0.02×0.75=3 000（美元）
净损失：3 000−2 700=300（美元）

股市上涨 2%，升至 561 点

一份期权的价格：1 100 美元
回购期权的成本：1 100×6=6 600（美元）
卖出看涨期权的损失：6 600−4 800=1 800（美元）
投资组合的收益：200 000×0.02×0.75=3 000（美元）
净收益：3 000−1 800=1 200（美元）

式（18.6）说明投资者应该卖出 6.7 份看涨期权。由于不能零卖期权，因此投资者以每只 800 美元的价格卖出 6 份看涨期权，并在计算佣金前收到 4 800 美元。在第一种情况下，市场下跌了 2%（标准普尔 500 股票指数从 550 点下降到 539 点）。股市下跌导致股指期权的价格从 8 美元跌至 3.50 美元。投资者以 2 100 美元的价格回购 6 份期权，并获得 2 700 美元的利润，这几乎抵消了投资组合 3 000 美元的损失。在第二种情况下，标准普尔 500 股票指数从 550 点升至 561 点，升幅为 2%，看涨期权的价格从 8 美元升至 11 美元。投资者卖出股指期权损失了 1 800 美元，并获得了 1 200 美元的净利润。

正如这些例子所说明的，在对冲头寸中使用股指期权可以降低损失风险，但对冲也会降低并可能消除投资组合的潜在收益。与卖出抛补看涨期权以利用随着期权临近到期而消失的时间溢价不同，对冲的目的是降低价格波动的影响。本例说明，股市下跌时对冲将使损失降低，但股市上涨时对冲将使收益降低，因为期权没有到期，仍要求时间溢价。[看涨期权的内在价值为 56 100−56 000=100（美元），但回购期权的成本为 1 100 美元。如果期权要求更高的时间溢价，且期权价格升高，那么利润甚至会更低。如果成本为 1 400 美元，那么即使股市上涨，该头寸也会产生 200 美元的损失。]

构建该对冲头寸要求进行积极的投资组合监管。构建对冲必需的数据包括投资组合的 β 值（该值随着投资组合的构成而变化）和期权对冲比率。正如前面所讨论的，当期权价格对标的股票的变化做出反应时，对冲比率也会变化。

维持充分对冲的投资组合要求进行持续监管，并经常重新平衡对冲中的指数期权数量。对于个人投资者而言，用股指期权对冲投资组合可能既费时间又费金钱（当考虑佣金时），而且可能并不可行。然而，当投资者不再看涨，又不希望变现投资组合时，在对冲头寸中使用股指期权是降低短期内损失的风险的可行方法。（另一种对冲股票或投资组合的可能是下一节关于其他期权策略的内容中考虑的领式策略。对于个人投资者而言，领式策略可能更实际，因为它避免了对投资组合进行再平衡，是一种消极策略。）

delta 和其他希腊字母指标

期权的 delta 是将期权价值变化与标的股票价格变化联系起来的一阶导数（直线斜率）。布莱克-斯科尔斯期权估值模型的其他变量都保持不变。然而，这些变量是可以变化的，它们的一阶导数也可能很重要。和 delta 一样，这些斜率可以用希腊字母表示。你可以不使用这些希腊字母指标，但知道它们能提高理解在投资学和投资组合管理文献中遇到的问题的能力。

“vega”指波动性变化下的期权价值变化。也就是说，股票收益率的标准差增加导致期权价值发生了什么变化？“theta”指时间变化下的期权价值变化率。随着期权临近到期，期权价值的下降有多快？“rho”是指利率变化下的期权价值变化率。随着利率的上升，看涨期权的价值增加了多少？

delta、vega、theta 和 rho 都是一阶导数。你可能会遇到“gamma”，它是指将期权价格变化与股价变化联系起来的二阶导数。表示看涨期权价值与股价关系的线（图 18.3 中的线 *DE*）是一条曲线，其斜率随着股价变化而变化。gamma 衡量了该斜率的变化率。

对冲比率是从将期权价格与股价联系起来的斜率中推导出来的。斜率的这种变化表示，当股价变化时，使用 delta 对冲头寸的投资者必须重新调整期权数量。由于 gamma 衡量了 delta 的变化率，因此老练的投资者可以使用它来调整期权数量。这种调整应该有利于其风险管理策略。

其他期权策略

即使套利使市场向均衡状态发展，使投资者无法利用错误估值，也仍可以在许多策略中运用公平估值的期权。例如，上一章介绍了如何用保护性看跌期权来降低潜在损失。投资者购买股票时也购买了看跌期权，因此如果股价下跌，看跌期权的价值将会上涨，至少会部分抵消股票的损失。

本节包括涉及期权的其他几项策略。这些策略包括抛补看跌期权和保护性看涨期权，它们恰好与上一章中介绍的抛补看涨期权和保护性看跌期权对应。接下来介绍的是跨式期权，它是指同时买入（或卖出）看跌期权和看涨期权，再下面介绍的是多头价差和空头价差，即以不同执行价格同时买入和卖出相同股票的期权。最后一种策略是领式期权，它涉及股票和看跌期权与看涨期权，是一种限制股价下跌的影响的方法。尽管这些策略并未穷尽所有使用期权的可能策略，但它们的确说明了使用看跌期权和看涨期权的各种现有可能策略。

抛补看跌期权

抛补看跌期权是抛补看涨期权的反义词。为了构建抛补看跌期权，投资者卖空股票并卖出看跌期权。如果执行了看跌期权（迫使投资者买入股票），那么投资者就可以用股票来抛补股票空头。这当然是抛补看涨期权的相反情况，抛补看涨期权则是在执行看涨期权时由卖方提供之前买入的股票。

和抛补看涨期权一样，抛补看跌期权限制了潜在利润，但也降低了风险。投资者构建该头寸是因为预期股价将保持稳定。如果投资者预期股价将发生较大变化，那么另一种策略可能优于抛补看跌期权。例如，如果投资者预期股价将大幅下降，那么如果股价真的下跌了，卖空股票或买入看跌期权将提供更高的潜在收益。为了了解抛补看跌期权的潜在损益，考虑以下例子：

单位：美元

股价（P_s）	52
看跌期权的执行价格（P_e）	55
看跌期权的价格	5.50

看跌期权为价内期权，因为它的内在价值为正 [$P_e - P_s = 55 - 52 = 3$(美元)]。它也以时间溢价出售 [$5.50 - 3 = 2.50$(美元)]。由于投资者预期股价将保持稳定或稍有下降，因此构建了以 52 美元的价格卖空股票，并以 5.50 美元的价格卖出看跌期权的抛补看跌期权。当看跌期

权到期时，该头寸在不同股价下的损益如下所示：

单位：美元

股价	空头利润（损失）①	看跌期权的内在价值	看跌期权的利润（损失）	净利润（损失）
40	12	15	(9.50)	2.50
45	7	10	(4.50)	2.50
50	2	5	0.50	2.50
52	0	3	2.50	2.50
55	(3)	0	5.50	2.50
57.50	(5.50)	0	5.50	0
60	(8)	0	5.50	(2.50)
65	(13)	0	5.50	(7.50)

①圆括号中数字表示损失，本章余下表格同此。

只要股价保持在低于 57.50 美元的水平，那么该头寸就会产生利润，但可能的最大净利润为 2.50 美元（看跌期权的时间溢价）。

图 18.4 说明了利润/损失的特征。横轴表示股价，纵轴表示期权损益。如图所示，最大可能利润为 2.50 美元［当股价等于或低于 55 美元（期权的执行价格）时］。如果股价上升，那么可能的损失没有限制。股票的盈亏平衡价格为 57.50 美元。

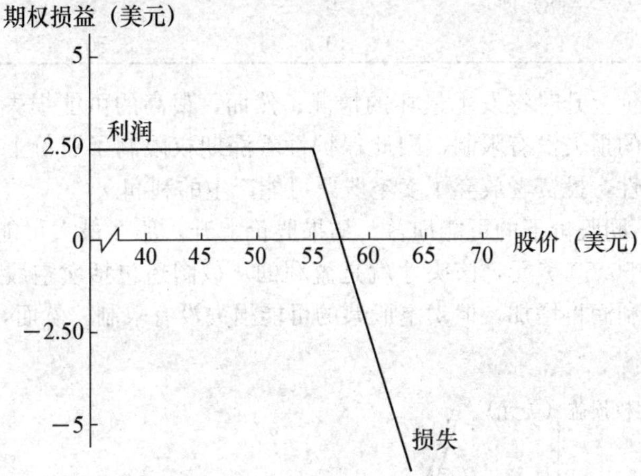

图 18.4　抛补看跌期权的损益

资料来源：© Cengage Learning.

保护性看涨期权

显然，如果投资者预期股价将大幅下降，那么上述策略就是不合适的，因为它限制了股价下降产生的潜在利润。相反，投资者将卖空股票（或买入看跌期权）。然而，如果股价上升，那么空头可能产生的损失是没有限制的。如果股价上升，投资者可以下达买入股票的限制指令并抛补空头，以限制损失。然而，限制指令可能导致投资者的头寸由于股价短暂飙升而被平仓。投资者的另一种策略是买入看涨期权。卖空股票与看涨期权结合起来就是保护性看涨期权策略。保护性看涨期权是保护性看跌期权的反义词，后者是指投资者买入股票和看跌期权。在这种情况下，股票的损失部分被看跌期权的利润抵消。为了了解保护性看涨期权策略如何运作，考虑对上例的下述扩展：

单位：美元

股价	52
看涨期权的执行价格	55
看涨期权的价格	1.50

在这个例子中，看涨期权为价外期权，因为其执行价格高于股价。期权以 1.50 美元的时间溢价出售。

为了构建保护性看涨期权，投资者以 52 美元的价格卖空股票，并以 1.50 美元的价格买入看涨期权。该头寸的可能损益如下所示：

单位：美元

股价	空头利润（损失）	看涨期权的内在价值	看涨期权的利润（损失）	净利润（损失）
40	12	0	(1.50)	10.50
45	7	0	(1.50)	5.50
50	2	0	(1.50)	0.50
52	0	0	(1.50)	(1.50)
55	(3)	0	(1.50)	(4.50)
60	(8)	5	3.50	(4.50)
65	(13)	10	8.50	(4.50)

在本例中，当股价上升时将发生最坏的情况；然而，最高的可能损失为 4.50 美元。由于理论上空头可能产生的损失没有限制，因此保护性看涨期权限制了股价上涨可能产生的损失。为了获得更高的安全性，投资者放弃了卖空股票可能产生的利润。

图 18.5 说明了不同股价下的可能损益。如果股价上升，那么最大可能损失被限制在 4.50 美元。只要股价低于 50.50 美元，该头寸就是盈利的。该图还包括卖空股票可能产生的损益。尽管股价下跌时潜在利润将增加，但卖空股票的可能损失没有限制。然而，保护性看涨期权的损失是有限制的。

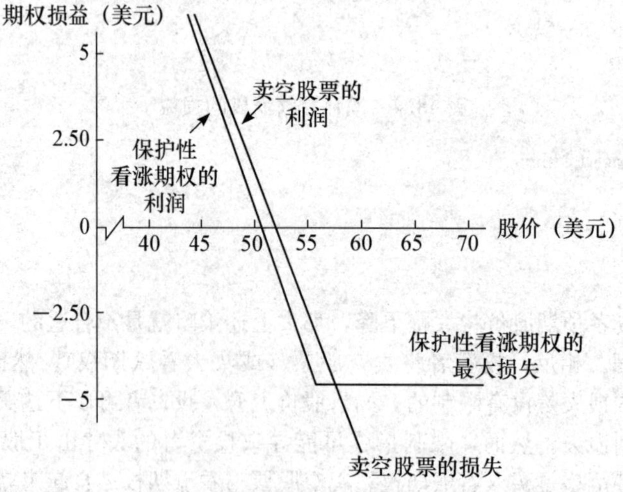

图 18.5 保护性看涨期权的损益

资料来源：© Cengage Learning.

跨式期权

跨式期权由买入（或卖出）执行价格和到期日相同的看跌期权和看涨期权组成。如果投资者同时买入两只期权，那么当股价上升或下降时就可能盈利。股价上升将使看涨期权盈利，股价下降将使看跌期权盈利。

如果投资者预期股价将会变化，但不确定变化的方向，那么就可以构建跨式期权。假设由于市场传言某家公司将被并购，该公司股票的交易价格变为 50 美元。如果的确发生了并购，那么股价将上升。这说明应持有股票多头。如果预期的并购没有出现，传言不真实，那么股价就可能下降。这说明应持有股票空头。

如果投资者选择了错误的头寸，那么多头或空头本身可能会遭受损失。为了避免这种情况出现，投资者可以同时购买看跌期权和看涨期权。任何方向的价格变化都会产生利润（如果价格变化弥补了两只期权的溢价），且最大可能损失为两只期权的成本。

为了了解这些潜在损益，以上例中的股票和两只期权为例进行说明：

单位：美元

股价	52
执行价格为 55 美元的看涨期权价格	1.50
执行价格为 55 美元的看跌期权价格	5.50

投资者没有买入或卖出股票，而是同时买入两只期权。期权到期时在各种股价下的可能损益如下所示：

单位：美元

股价	看涨期权的内在价值	看涨期权的利润（损失）	看跌期权的内在价值	看跌期权的利润（损失）	净利润（损失）
40	0	(1.50)	15	9.50	8
45	0	(1.50)	10	4.50	3
48	0	(1.50)	7	1.50	0
50	0	(1.50)	5	(0.50)	(2)
52	0	(1.50)	3	(2.50)	(4)
55	0	(1.50)	0	(5.50)	(7)
60	5	3.50	0	(5.50)	(2)
62	7	5.50	0	(5.50)	0
65	10	8.50	0	(5.50)	3
70	15	13.50	0	(5.50)	8

只要股价超过 62 美元或低于 48 美元，该头寸就会产生利润（即 48 美元$<P_s<$62 美元的股价范围将产生损失）。如果股价升到 62 美元以上或降到 48 美元以下，那么投资者就肯定能获利。最高可能损失为 7 美元，这发生在股价等于期权到期时的执行价格的情况下。在该价格上，两只期权都没有内在价值且均到期，因此投资者亏掉了投资于两只期权的全部资金。

图 18.6（a）说明了购买跨式期权的损益。如图所示，如果股价高于 48 美元且低于 62 美元，那么该头寸就将遭受损失，最大可能损失为 7 美元。如果股价升高，那么潜在利润没有限

制，且该头寸在股价跌至 0 美元这种不太可能发生的情况下能产生 48 美元的利润。

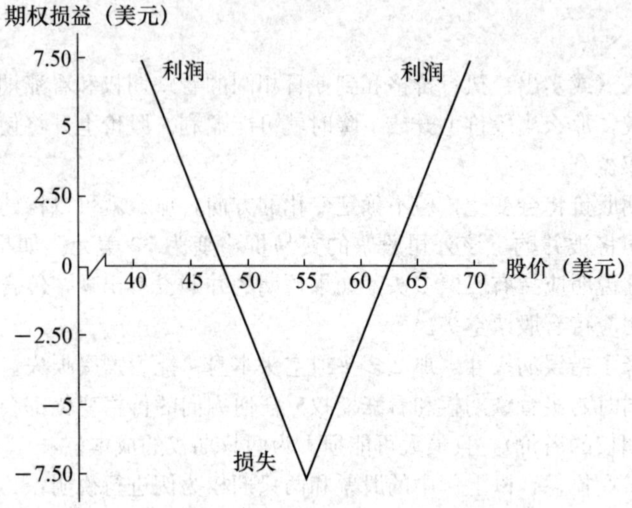

图 18.6（a） 购买跨式期权的损益

资料来源：© Cengage Learning.

为什么即使价格波动不足以弥补两只期权的成本，投资者也会构建一个可能遭受损失的跨式期权？答案是，投资者预期股价将发生很大的变化，但不能确定变化方向。当股价发生这种变化时，该头寸还能提供潜在利润，并限制没有发生预期变化时的损失。

如果投资者预期股价将保持稳定，那么他将卖出跨式期权，即卖出看跌期权和看涨期权。当然，该策略与买入跨式期权恰好相反，其损益特征也恰好相反：

单位：美元

股价	看涨期权的内在价值	看涨期权的利润（损失）	看跌期权的内在价值	看跌期权的利润（损失）	净利润（损失）
40	0	1.50	15	(9.50)	(8)
45	0	1.50	10	(4.50)	(3)
48	0	1.50	7	(1.50)	0
50	0	1.50	5	0.50	2
52	0	1.50	3	2.50	4
55	0	1.50	0	5.50	7
60	5	(3.50)	0	5.50	2
62	7	(5.50)	0	5.50	0
65	10	(8.50)	0	5.50	(3)
70	15	(13.50)	0	5.50	(8)

只要股价超过 48 美元且低于 62 美元，跨式期权的卖方就会获利。最高可能利润为 7 美元，这发生在股价为 55 美元时，此时两只期权都到期了并分文不值。当然，如果股价发生任何方向的大幅变动，卖方都可能承受巨大损失。

图 18.6（b）说明了跨式期权卖方的损益特征。注意，该图与图 18.6（a）恰好相反。卖方接受了较低的可能利润，但如果股价上升，可能的损失没有限制，而且如果股价跌至 48 美

元以下，也有可能产生高额损失。

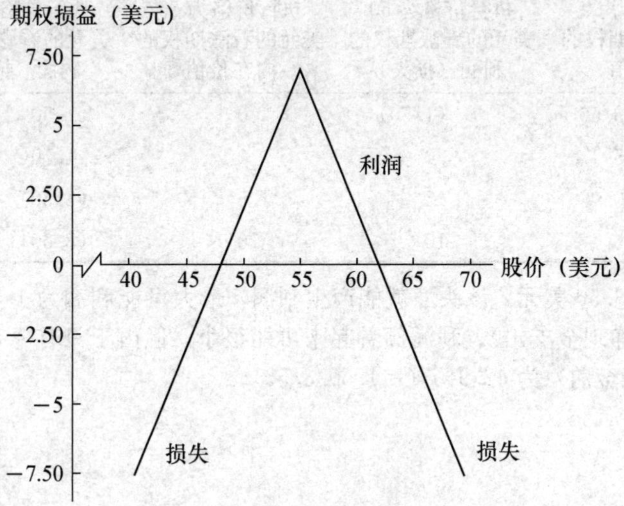

图 18.6（b） 卖出跨式期权的损益

资料来源：© Cengage Learning.

多头价差

抛补看跌期权、保护性看涨期权和跨式期权并没有穷尽使用看跌期权和看涨期权的全部可能策略。投资者还可以使用执行价格和（或）到期日不同的期权构建价差。在这种情况下，投资者将持有一只期权的多头和另一只期权的空头。考虑下列情况：

单位：美元

股价	52
执行价格为 50 美元的看涨期权价格	5
执行价格为 55 美元的看涨期权价格	1.50

投资者可以通过购买执行价格较低的看涨期权、卖出执行价格较高的看涨期权，构建多头价差。在本例中，投资者以 5 美元的价格购买了执行价格为 50 美元的期权，并以 1.50 美元的价格卖出了执行价格为 55 美元的期权。净现金支出为 3.50 美元（执行价格为 50 美元的看涨期权的成本 5 美元减去卖出执行价格为 55 美元的看涨期权收到的 1.50 美元）。当期权到期时，在不同股价下的可能损益如下所示：

单位：美元

股价	执行价格为 50 美元的看涨期权的内在价值	执行价格为 50 美元的看涨期权的利润（损失）	执行价格为 55 美元的看涨期权的内在价值	执行价格为 55 美元的看涨期权的利润（损失）	净利润（损失）
40	0	(5)	0	1.50	(3.50)
45	0	(5)	0	1.50	(3.50)
50	0	(5)	0	1.50	(3.50)

续表

股价	执行价格为50美元的看涨期权的内在价值	执行价格为50美元的看涨期权的利润（损失）	执行价格为55美元的看涨期权的内在价值	执行价格为55美元的看涨期权的利润（损失）	净利润（损失）
53.50	3.50	(1.50)	0	1.50	0
55	5	0	0	1.50	1.50
60	10	5	5	(3.50)	1.50
65	15	10	10	(8.50)	1.50

只要股价超过53.50美元，该头寸就能产生利润，最大可能利润为1.50美元。最大可能损失为3.50美元（净现金支出）。利润额看起来可能很小，但由于只有3.50美元有风险，因此收益率（在计算佣金前）为42.9%（=1.50/3.50）。

空头价差

投资者还可以将上述头寸反过来构建空头价差。此时，投资者以较高的执行价格买入期权，然后以较低的执行价格卖出期权。在本例中，投资者以1.50美元买入执行价格为55美元的期权，然后以5美元卖出执行价格为50美元的期权。这将产生净现金流入；然而，保证金要求不允许投资者取走整笔净收入。当期权到期时，不同股价下的可能损益如下所示：

单位：美元

股价	执行价格为50美元的看涨期权的内在价值	执行价格为50美元的看涨期权的利润（损失）	执行价格为55美元的看涨期权的内在价值	执行价格为55美元的看涨期权的利润（损失）	净利润（损失）
40	0	5	0	(1.50)	3.50
45	0	5	0	(1.50)	3.50
50	0	5	0	(1.50)	3.50
53.50	3.50	1.50	0	(1.50)	0
55	5	0	0	(1.50)	(1.50)
60	10	(5)	5	3.50	(1.50)
65	15	(10)	10	8.50	(1.50)

只要股价低于50美元，投资者就能获得最大利润3.50美元，而当股价为55美元或更高时，最大损失为1.50美元。

图18.7给出了不同股价下多头价差和空头价差的潜在损益。由于它们是相反的，因此图形也是彼此的镜像。如果股价下跌，那么在多头价差中，最大可能损失为3.50美元；在空头价差中，最大可能收益为3.50美元。相反，在多头价差中，最大可能利润为1.50美元；在空头价差中，最大可能损失为1.50美元。

这两种价差都是对冲头寸，因为它们都是由一个多头价差和一个空头价差组成的。这两种价差的作用都是限制潜在损失，与之对应的作用是限制潜在利润。如果投资者预期股价将沿特定方向发生大幅变化，那么这两种价差可能都不是合适的策略。而当投资者预期股价将沿特定方向发生小幅变化时，这些价差策略可能是合适的。如果投资者预期股价下降，那么投资者应卖出执行价格较低的期权，买入执行价格较高的期权（即构建空头价差）。相反，如果投资

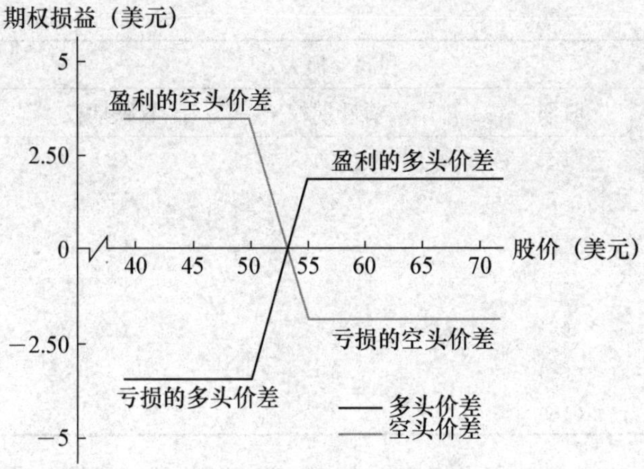

图 18.7　使用看涨期权的多头价差和空头价差的损益

资料来源：© Cengage Learning.

者预期股价小幅上升，那么应购买执行价格较低的期权，卖出执行价格较高的期权（即构建多头价差）。在任何一种情况下，如果股价沿预期方向变化，投资者都会以较小的支出赚取较少的利润。如果股价的变化方向与投资者的预期相反，那么价差可以保护投资者免受较大的损失。

领式期权

如果你观察一件衬衫，就能发现在脖子那里会有开口，而衣料覆盖在肩膀上。两个肩膀都被保护着，但是头部却没有被保护。投资中的领式期权与之类似。投资者在价格变化的两侧得到了保护。

当投资者拥有股票，并由于某种原因（后面将讨论可能的原因）希望对冲股价变动时，就可以构建领式期权。投资者卖出有着某个执行价格的看涨期权，并买入执行价格较低的看跌期权，从而构建起领式期权。由于这种策略既要买入，又要卖出，因此现金流彼此抵消，导致较小的现金流入，或者——在最差的情况下——较小的现金流出。考虑下列期权及其价格：

单位：美元

执行价格	看涨期权的价格	看跌期权的价格
45	NA	2
50	3	NA

股票现在的售价为 48 美元，投资者持有 100 股股票。领式期权要求投资者卖出执行价格为 50 美元的看涨期权，现金流入为 3 美元，并买入执行价格为 45 美元的看跌期权，现金流出为 2 美元。结果是净现金流入为 1 美元。（这笔较小的现金流入可能被用于弥补佣金，此时投资者没有净现金流出。没有净现金流出是选择期权建立领式期权时的考虑因素之一。）现在，投资者有三个头寸：（1）股票多头；（2）看涨期权空头；（3）看跌期权多头。

当期权到期时，这些头寸在不同股价下的损益情况如下所示：

单位：美元

股价	利润（损失）			净利润
	股票	看涨期权	看跌期权	
60	12	(7)	(2)	3
55	7	(2)	(2)	3
50	2	3	(2)	3
48	0	3	(2)	1
45	(3)	3	(2)	(2)
40	(8)	3	3	(2)
35	(13)	3	8	(2)

在本例中，如果股价上升，那么将产生少量收益。如果股价下降，那么将产生少量损失。投资者实现了避免遭受大额损失的目标。

领式期权的损益特征类似于多头价差的损益特征。然而，这两种头寸是不同的，且服务于不同目的。在领式期权中，投资者拥有股票，并试图避免股价下降的影响。在任何一个方向上的股价变化影响都很小或没有影响。在多头价差中，投资者买入执行价格较低的看涨期权，并卖出执行价格较高的看涨期权。投资者并不拥有股票。在多头价差中，投资者预期股价将会上涨，并希望以较小的投资获得较高的收益率。价差的目的是放大价格增幅，而限制股价下跌时的潜在损失。

为何投资者会构建领式期权？有几个原因，主要是关于卖出时间和对投资者出售能力的限制的。假设一个投资者以 20 美元的价格购买了上述股票，并希望以 48 美元的价格卖出股票。然而，这笔交易产生了资本收益，而投资者希望将其递延到下一个纳税年度。构建领式期权锁定了股价和利润，因为如果价格发生变化，不同组成部分的损益会彼此抵消。股票最初从 20 美元升至 48 美元的升值部分被保留下来，税款也被递延到头寸结算之时缴纳，这将发生在下一个纳税年度。

构建领式期权的另一个可能原因是，当投资者被禁止卖出股票时，保护投资者的收益。在首次公开募股之前，公司可能会向员工发放股票作为薪酬，或向员工提供购买股票的期权。例如，一家公司预期将上市并以 50 美元的价格卖出股票，该公司根据下列方式向现有员工提供股票。每个员工将得到股票，金额相当于该员工去年薪酬的 40%。然后，用股票金额除以 50 美元，即首次公开募股的初始预期价格，以得到在首次公开募股之前提供的股数。如果某个员工的薪酬为 80 000 美元，那么得到的股票将为 640[=0.4×(80 000/50)] 股。然而，该员工不能立即卖掉股份。股票是限制性单位，在接下来的三年中，该员工可以在每年的首次公开募股周年日出售三分之一的股份。该员工在接下来的三年中每年只能卖出 213 股。(这种限制的目的是避免在首次公开募股后出现股票抛售，尤其是当股价上升时。参见第二章中关于禁售期的讨论。)

假设在首次公开募股 6 个月后，股价为 72 美元。该员工希望卖出股票并实现 22 美元的利润，但他不能卖出股票。当然，股价继续上升更好，但如果股价下降，将会造成损失，至少会降低现有收益。通过构建领式期权，这个员工能冻结股价，直到他能卖出股票。尽管他放弃了获得更多收益的机会，但也锁定了现有利润。由于投资目标是对冲股价下跌，因此领式期权保护了该员工免受股价下跌的冲击。

构建领式期权的第三个原因基本上是前一种情况的变形。许多高管收到的额外薪酬都是股票期权而不是现金。(参见关于将期权计为费用的章节。)这种股票期权类似于看涨期权，并赋予高管在特定时期以特定价格买入股票的权利。尽管在芝加哥期权交易所和其他交易所交易的看涨期权的久期相对较短，但给予高管的期权通常在许多年后才被执行。

此时，使用领式期权再次保护投资者免受股价下跌的冲击。如果某个高管想执行有盈利的股票期权，那么可能由于法律或税收方面的原因，他无法立即卖出股票。通过构建领式期权，高管冻结了股票的当期价格，并保护了收益。

领式期权也被用于并购协议，以锁定特定价格或股价范围。当佐治亚太平洋（Georgia Pacific，GP）公司提出收购福特·詹姆斯（Fort James）公司的要约时，收购条款规定的最高价格为每股 40 美元。佐治亚太平洋公司出价 29.60 美元加上 0.264 4 股佐治亚太平洋公司的股票换购 1 股福特·詹姆斯公司的股票。如果佐治亚太平洋公司的股票售价高于 40 美元，那么股数就将减少。其结果是确定了佐治亚太平洋公司的最高成本和最低成本。如果佐治亚太平洋公司的股票售价高于 40 美元，那么股数的减少就将最高成本限制为 40 美元。因此，如果佐治亚太平洋公司的股票售价为 50 美元，那么福特·詹姆斯公司的股东就将收到 29.60 美元加上 0.208 股。这 0.208 股的价值为 10.40 美元，加上 29.60 美元就是总价格 40 美元。在另一种极端情况下，也就是佐治亚太平洋公司的股票暴跌这种不太可能发生的情况下，福特·詹姆斯公司的股东将得到 29.60 美元。其结果是确保福特·詹姆斯公司的股东能获得 29.60～40 美元的价格，并将佐治亚太平洋公司的收购成本限制在 29.60～40 美元。这种保证最低价格但限制最高价格的并购协议在并购公司提出用其股票换取被并购公司的股票时是很常见的。

VIX 和期权策略

正如关于指数和收益率的第十章所说明的，VIX（代码为^VIX）是指芝加哥期权交易所波动性指数，它是预期市场波动性的指标。由于波动性与市场不确定性有关，因此 VIX 也是投资者情绪指标，常被用来表示或衡量投资者的恐惧心理。

该指数是基于以标准普尔 500 股票指数为基础的各种价内与价外看跌期权和看涨期权的隐含波动性。VIX 是建立在正态分布（所谓的钟形曲线）基础之上的。例如，它的图形可能是峰值很高但不是很宽的钟形曲线。在这些条件下，VIX 的数值很小（例如，10～15），表示波动性较小。较平坦、较宽的钟形曲线会产生较大的 VIX 值（例如，40～50），表示波动性较大。如你所料，在市场信心相对较高的时期中，VIX 的历史数值相对较小。例如，在 20 世纪 90 年代中期，VIX 的范围为 10～20。2008 年出现了相反的情况，当时 VIX 几乎升至 90，但 2010 年 1 月，该数值回落到 20。在接下来的 2010 年 1 月—2015 年 1 月，VIX 表现出短暂的波动期，2011 年 10 月的交易值高达 47，而 2014 年 7 月的交易值低至 10.3。但是在整个交易期间，VIX 的平均值最高为 23.7，最低为 15.5。

你无法买卖指数，但你可以买入基于 VIX 的看跌期权和看涨期权。这给予你基于投资者预期进行投机或制定期权策略的可能。如果你预期波动性增大，你可以买入基于 VIX 的看涨期权或卖出基于 VIX 的看跌期权。如果你预期波动性减小，那么你可以卖出基于 VIX 的看涨期权或买入基于 VIX 的看跌期权。当然，如果你预期错误，你的头寸将遭受损失。

VIX 的期权也可以被用作风险管理工具。例如，你可以构建保护性看跌期权的变形。如果你预期波动性增大将导致股价下降，你可以买入基于指数的看涨期权。如果你预期正确，市场整体随着波动性增大而下跌，那么看涨期权的收益将至少抵消部分股票损失。

这种策略假设波动性增大与股价负相关。2008 年的确是这种情况，当时 VIX 显著增加，股价也显著下跌。然而，假设这种关系永远存在可能是危险的。在相对稳定的时期中，可能不存在这种负相关关系。例如，从 2004 年 12 月至 2007 年，VIX 基本上没有变化，而标准普尔 500 指数每年上涨约 8.7%。

芝加哥期权交易所报告，VIX 和标准普尔 500 股票指数在 88%的时间里反向变化，且两个指数收益率的相关系数为−0.67。然而，重要的是要指出，两个指数的变化是同时发生的（即同时变化）。一个指数并不领先于另一个指数。如果 VIX 的变化的确领先于标准普尔 500 股票指数的变化，你就可以利用该信息制定交易策略或投资策略。你还应该意识到，如果你制定了这种策略，其他投资者也可以制定这种策略，在这种情况下，有效市场假说表明，随着时间的流逝，该策略产生的较高收益率将会消失。

购买看涨期权及国库券与购买股票——保护性看跌期权的替代策略

除了保护性看跌期权外，还有一种比购买股票和看跌期权更优的策略，即购买看涨期权和国库券。（不应将这种策略与购买股票及看跌期权以及购买看涨期权及债券混淆。如果金融市场处于均衡状态，那么看跌期权-看涨期权平价表明，这两种头寸将产生相同的结果。参见习题 6。）假设股票售价为 100 美元，1 年后购买股票的看涨期权的价格为 6 美元。1 年期国库券的售价为 96 美元，收益率为 4.19%。投资者可以购买股票，也可以同时购买看涨期权和国库券。注意，两个头寸的成本不同。股票的成本为 100 美元，看涨期权加上国库券的成本为 102 美元。（你可能推断，以 100 美元卖出股票的 1 年期看跌期权的价格为 2 美元，因为看跌期权-看涨期权平价要求股票和看跌期权的成本之和等于看涨期权和国库券的成本之和。）

在不同的股价下，两个头寸的潜在损益是多少？下面的损益表给出了这个问题的答案。

单位：美元

股价	股票的利润（损失）	看涨期权的利润（损失）	国库券的利润（损失）	看涨期权+国库券的净利润
110	10	4	4	8
105	5	(1)	4	3
100	0	(6)	4	(2)
95	(5)	(6)	4	(2)
90	(10)	(6)	4	(2)

如损益表所示，看涨期权及国库券的组合在股价上升时的损益特征类似于股票，但限制了股价下跌时的损失。如果股价上升，那么国库券-看涨期权策略将产生几乎相等的利润。2 美元的差异是初始现金流出不同的结果。

如果将上述损益表与前一章的表 17.9 相比较，就能看出损益模式是相同的。因此，这种策略基本上是保护性看跌期权的另一个版本。两种策略都限制了股价下跌时的损失，但不限制股价上涨时的收益。如果股价没有上涨或下跌，那么看涨期权-国库券组合最坏的情况就是损失 2 美元，即初始现金流出。股票策略的最坏情况是投资者损失整笔 100 美元。这种潜在损失的降低表明，这种策略降低了投资者的风险，但风险降低对潜在收益的限制很小。

小 结

上一章介绍了关于期权的基本内容，而本章通过介绍布莱克-斯科尔斯期权估值模型，说明了股票、债券和期权市场间的相互关联以及一个市场的变化如何传导至其他市场，并说明了几种使用期权的策略，从而扩展了该内容。

布莱克-斯科尔斯期权估值模型具体说明了看涨期权的价值与标的股票的价格和波动性正相关。当股价上升时，期权的价值也上升。收益率的变异性也存在同样的关系，因为波动性高的股票期权要求更高的价格。看涨期权的价值也与期权存续期正相关。当期权期限减少、期权临近到期时，期权的价值将会下降。

尽管利率升高通常会压低金融资产的价格，但这种负向关系不适用于买入股票的期权。利率增加将提高期权的价值，因为利率升高降低了看涨期权执行价格的现值。执行价格降低将增加买入股票的期权的价值。

除了被用于为公开交易的看跌期权和看涨期权估值外，布莱克-斯科尔斯期权估值模型还可以被用于公司向部分员工，尤其是高管发行的期权。这些期权是激励式薪酬包的一部分。如果公司经营成功且股价升高，那么期权的价值也会增加。由于激励式期权是员工薪酬的一部分，因此产生了一个会计问题：期权成本是否应算作费用？计算费用需要进行估值，而布莱克-斯科尔斯期权估值模型经常被用于为激励式期权估值，以确定其成本。

布莱克-斯科尔斯期权估值模型也可以被用于计算对冲比率，它确定了完全对冲股票组合所需的期权数量。完全对冲的投资组合意味着一侧（例如，股票多头）产生的损失完全被相反方向（例如，期权空头）的收益所抵消。这种对冲策略由投资组合经理执行，以降低风险。个人投资者无法采取这种策略来降低风险，因为当对冲比率改变时，必须经常重新平衡投资组合。

看跌期权-看涨期权平价说明了金融市场之间的关系。在均衡时，标的股票的价格、股票看跌期权与看涨期权的价格和执行价格的现值（受利率的影响）必然平衡，否则就存在无风险套利的机会。当投资者试图执行套利时，不同证券的价格都会受到影响。看跌期权-看涨期权平价的含义是，一个市场上的变化（例如，股票需求增加）必然会传导至其他市场。

使用期权的策略包括抛补看跌期权和保护性看涨期权，这是抛补看涨期权和保护性看跌期权的相反策略。其他期权策略还包括跨式期权、多头价差和空头价差，以及领式期权。跨式期权和价差策略是指买入或卖出一只以上相同股票的期权。跨式期权和价差策略允许投资者持有股票多头、空头或对冲头寸，而不用实际拥有或卖出股票。领式期权允许拥有但不能卖出股票的投资者将股价锁定在当前价格。所有这些使用期权的策略都改变了投资者投资于金融资产的潜在收益和风险。因此，期权既是对标的股票预期价格变化投机的方法，也是管理标的股票实际价格变化风险的方法。

期权策略总结

第十七章介绍了几种策略，例如买入看涨期权或看跌期权，卖出无担保看涨期权或抛补看涨期权，以及保护性看跌期权。本章又介绍了其他几种策略。

（1）抛补看跌期权：卖空股票并卖出看跌期权。

（2）保护性看涨期权：卖空股票并买入看涨期权

（3）多头跨式期权：买入相同执行价格和到期日的看跌期权和看涨期权。

（4）空头跨式期权：卖出相同执行价格和到期日的看跌期权和看涨期权。

（5）多头价差策略：买入执行价格较低的看涨期权并卖出执行价格较高的看涨期权。两个期权的到期日相同。

（6）空头价差策略：卖出执行价格较低的看涨期权并买入执行价格较高的看涨期权。两个期权的到期日相同。

（7）领式期权：投资者拥有价格上升的股票；该投资者卖出看涨期权并买入看跌期权。

跨式期权和价差策略可以用看涨期权举例说明，但类似策略可以用看跌期权构建。跨式期权和价差策略可以进行扩展；习题 17 举例说明了剥离式期权（投资者买入一份看涨期权和两份看跌期权）以及带式期权（即投资者买入两份看涨期权和一份看跌期权）。习题 18 说明了蝶式期权，即投资者买入（或卖出）执行价格不同的两份期权，并卖出（或买入）执行价格位于买入的两份期权之间的两份期权。习题 19 说明了其他期权策略。

问　题

1. 根据布莱克-斯科尔斯期权估值模型，看涨期权的价值和下列各项的关系是什么？

a）由标的股票收益率变异性衡量的风险。

b）利率。

c）期权的期限（即距离到期日的时间长度）。

2. 根据布莱克-斯科尔斯期权估值模型和看跌期权-看涨期权平价，如果利率下降，看跌期权的价值将如何变化？

3. 如何用布莱克-斯科尔斯期权估值模型确定标的股票的风险？

4. 一个投资者在 7 月卖空了一只股票，且其价格在 11 月下跌——该头寸产生了利润。然而，这个投资者不希望平仓并在本纳税年度实现利润。相反，这个投资者希望维持头寸到明年 1 月份，这样收益就可以到下一年再纳税。如何用对冲比率降低与股价升高相关的风险，同时仍能将收益转移到下一个纳税年度？

5. 一个投资者预期股价将保持稳定，并卖出跨式期权。该投资者的风险是什么？投资者如何平仓？

6. 你预期股价将下跌，但不想卖空股票并承担股价可能大幅上升的风险。你如何运用空头价差策略来体现你对股价降低的预期？

7. 你卖空了一只股票。如果股价上升，你如何利用期权降低你的损失风险？

8. 领式期权、对冲比率、保护性看涨期权和保护性看跌期权如何帮助投资者管理风险？

9. 如果你认为一只股票的估值合理，且其价格不会变化，那么你如何用跨式期权来估值？如果你采用这种策略，且股价并未保持稳定，那么你是否提高了你面临的风险？

10. 布莱克-斯科尔斯期权估值模型证明，利率升高将导致看涨期权价值升高。利率和看涨期权的价值升高是否意味着看跌期权的价值也会升高？

关系题与基本习题示例

关系题

1. 根据布莱克-斯科尔斯期权估值模型，标的股票价格上升将____看涨期权的价值。

2. 根据布莱克-斯科尔斯期权估值模型，利率上升将____看涨期权的价值。

3. 根据布莱克-斯科尔斯期权估值模型，股票收益率变异性下降将____看涨期权的价值。

4. 随着期权内在价值为正的概率降低，看涨期权的价值将____。

5. 将员工股票期权计为费用将____公司的利润。

6. 随着股价的下降，抛补看跌期权策略的最大损失将____。

7. 如果股价上升，保护性看涨期权策略的最大损失将____。

8. 如果投资者构建了跨式期权，买入一份看跌期权和一份看涨期权，那么潜在利润将随着股价____或____而增加。

9. 股价上升将____卖出跨式期权（即卖出看跌期权和看涨期权）的投资者的损失。

10. 如果投资者构建了领式期权，那么股价额外上升将____初始股票收益。

11. VIX 增加表明股价波动性____。

12. 短期利率上升将____期权的执行价格。

基本习题

1. 现在，某只股票的售价为 98 美元。执行价格为 100 美元的看涨期权售价为 3 美元，执行价格为 100 美元的看跌期权售价为 4 美元。相同时间到期、价格为 100 美元的折价债券期权到期时售价为 96 美元。你会怎样做？请确定股价为 90 美元、95 美元、100 美元、105 美元和 110 美元时你的策略。

2. 现在，某只股票的售价为 100 美元。你预期价格将大幅变化，但不确定往哪个方向变化。以 100 美元的价格买入股票的看涨期权售价为 4 美元。以 100 美元的价格卖出股票的看跌期权售价为 3 美元。请构建一个旨在利用你的预期的跨式期权，并验证股价如下时的结果：90 美元、93 美元、95 美元、100 美元、105 美元、107 美元和 110 美元。股票的最大可能收益、最大可能损失和盈亏平衡价格是多少？

3. 现在，某只股票的售价为 100 美元。你预期股价将保持不变。以 100 美元的价格买入股票的看涨期权售价为 4 美元。以 100 美元的价格卖出股票的看跌期权售价为 3 美元。请构建一个旨在利用你的预期的跨式期权，并验证股价如下时的结果：90 美元、93 美元、95 美元、100 美元、105 美元、107 美元和 110 美元。股票的最大可能收益、最大可能损失和盈亏平衡价格是多少？

习　题

请用布莱克-斯科尔斯期权估值模型解答下列问题。

1. 一只股票的售价为 30 美元。如果当前债券的收益率为 10%，那么以 25 美元买入股票的 1 年期看涨期权的价值是多少？[假设 $F(d_1)=1$ 和 $F(d_2)=1$。]

2. 一只看涨期权拥有以每股 50 美元的价格购买股票的权利。现在，该期权距离到期日还有 6 个月，股价波动性（标准差）为 0.30，且利率为 10%（表 18.2 中的 0.10）。

a）如果股价为 45 美元、50 美元或 55 美元，根据布莱克-斯科尔斯期权估值模型，期权的价值是多少？

b）当股价为 50 美元且期权于 6 个月、3 个月或 1 个月后到期时，期权的价值是多少？

c）当股价为 50 美元且利率为 5%、10%或 15%时，期权的价值是多少？

d）当股价为 50 美元且股价波动性为 0.40、0.30 或 0.10 时，期权的价值是多少？

e）从这些问题的答案中你能得出什么一般性结论？

3. 用布莱克-斯科尔斯期权估值模型为看涨期权估值得出的一个有用信息是对冲比率，它给出了表示期权价格变化与股价变化关系的直线的斜率。

a）如果 delta 为 0.6，且投资者拥有 600 股股票，那么投资者如何用看涨期权对冲该头寸？

b）如果投资者买入 100 股股票的看涨期权，那么何种股票头寸和多少股股票能抵消期权价格的变化？

4. 习题 4～11 说明了套利。习题 5～8 使用了看跌期权-看涨期权平价，而习题 9～11 基于布莱克-斯科尔斯期权估值模型。

看跌期权-看涨期权平价实际上说明，看涨期权和无风险债券的多头加上看跌期权的空头必定与标的股票的价值相同。如果不同，那么至少一个市场将处于非均衡状态。所导致的套利将改变证券价格，直到三种证券的价值等于股票价值。现在，股价为 50 美元，执行价格为 50 美元的看涨期权价格为 3 美元，看跌期权价格为 1.50 美元，利率为 10%——因此投资者可以用 45.50 美元的价格购买 50 美元的折价中期债券。

给定这些价格，将存在套利机会。请通过建立无风险套利验证这个结论，并算出当期权到期时，股价为 45 美元、50 美元和 55 美元时的可能利润。

5. 在本章中，下列公式的不均衡表示存在无风险套利机会：

$$0=P_s+P_p-P_c-\frac{P_e}{(1+i)^n}$$

或

$$P_s+P_p=P_c+\frac{P_e}{(1+i)^n}$$

该式可以被解释如下。一只股票的售价为 105 美元；看跌期权和看涨期权的执行价格均为 100 美元。看跌期权的价格为 5 美元，看涨期权的价格为 20 美元，两只期权均为 1 年期。利率为 11.1%，因此 100 美元执行价格的现值等于 90 美元。给定这些值，下列公式成立：

$$0=105+5-20-90$$

或

$$105+5=20+90$$

然后，两种情况可以说明无风险套利机会，在一种情况下，看涨期权的估值过高（25美元）；在另一种情况下，看跌期权的估值过高（10美元）。对于下列每组值，请通过计算利润证明当股价升至110美元、跌至90美元或维持105美元不变时，是否存在无风险套利机会。

	股价（美元）	看涨期权的价格（美元）	看跌期权的价格（美元）	利率（%）
a.	105	10	5	11.1
b.	105	20	3	11.1
c.	105	20	5	5.263
d.	105	20	5	19
e.	112	20	5	11.1
f.	101	20	5	11.1

何时套利机会将消失？每种证券价格的含义是什么？

6. 看跌期权-看涨期权平价断言，如果市场处于均衡状态，那么股票和看跌期权多头将产生与折价债券和看涨期权多头相等的收益率（或利润/损失），该看涨期权与看跌期权行权价格相等。你获得了如下信息：

股价	50美元
利率	5%
面值为50美元的债券以当期利率贴现的价格	47.62美元
执行价格为50美元的看涨期权的价格	5.38美元
执行价格为50美元的看跌期权的价格	3.00美元

请用下列股价（60美元、50美元和40美元）验证上述说法。

7. 看跌期权-看涨期权平价的基本含义是，股票和看跌期权的组合产生了与看涨期权和无风险债券的可比头寸相等的收益率。如果不是这样，那么说明至少有一个市场处于非均衡状态。所导致的套利改变了证券价格，直到股价加上看跌期权的价格等于看涨期权的价格加上债券的价格。看跌期权-看涨期权平价还证明，股票空头可以用看涨期权和债券空头以及看跌期权多头模拟。现在，股价为100美元，而执行价格为100美元的看涨期权的价格为9美元；执行价格为100美元的看跌期权的价格为3美元，而折价债券的价格为94美元。请证明在下列股价（90美元、95美元、100美元、105美元和110美元）上，股票空头与看涨期权和债券空头加上看跌期权多头的表现相同。

8. 看跌期权-看涨期权平价断定股票与看跌期权的价格之和必然等于看涨期权和债券的价格之和。如果它们不相等，就存在套利机会，而投资者可以获得无风险收益率。给定下列信息：

股价	50.00美元
利率	5%
面值为50美元的债券以当期利率贴现的价格	47.62美元
执行价格为50美元的看涨期权的价格	4.38美元
执行价格为50美元的看跌期权的价格	4.00美元

现在存在套利机会。遗憾的是，你构建了错误的头寸（重新进行计算）。请证明当股价为40美元、45美元、50美元、55美元和60美元时，你都会产生损失。

9. 你得到了如下信息：

股价	26美元
执行价格为25美元的6个月期看涨期权的价格	2美元
执行价格为30美元的6个月期看涨期权的价格	4美元

投资者购买了执行价格为25美元的看涨期权，并卖出了执行价格为30美元的看涨期权。如果期权到期时股价为20美元、25美元、30美元和35美元，那么利润是多少？套利表明执行价格升高的看涨期权的价格将会如何变化？

10. 现在某只股票的售价为57美元，并有一只执行价格为55美元的看跌期权和一只执行价格为60美元的看跌期权。期权的价格分别为6美元和3美元。你会怎么做？请说明并解释你的做法。

11. 布莱克-斯科尔斯期权估值模型证明，距离到期日的时间越长，看跌期权的价值增加得越多。现在，股价为100美元，且有两只以100美元的价格卖出股票的期权。3个月期期权的售价为7.00美元，6个月期期权的售价为4.50美元。

a）你会怎样做？为什么？

b）当标的股票的价格如下（85美元、90美元、95美元、100美元、105美元和110美元）时，3个月后你会盈利或亏损多少钱？假设会发生最坏的情况。

c）是否有理由预期获得比你对b）的答案更高的收益率？

本章说明了不同的期权策略（例如，跨式期权）。下列问题应用了这些策略。

12. 一只看跌期权和一只看涨期权有如下条款：

看涨期权：	执行价格	30美元
	期限	3个月
	价格	3美元
看跌期权：	执行价格	30美元
	期限	3个月
	价格	4美元

当期股价为29美元。你卖空了股票。请说明如何使用看涨期权或看跌期权减少风险敞口。

a）该头寸的最大可能利润是多少？

b）该头寸的最大可能损失是多少？

c）股价在什么范围内能产生利润？

d）该头寸提供了什么好处？

13. 你获得了以下信息：

股价	18美元
执行价格为20美元的3个月期看涨期权的价格	2美元
执行价格为15美元的3个月期看跌期权的价格	5美元

a）如果股价为14美元、20美元和25美元，且投资者购买了执行价格为20美元的期权，然后卖出了另外一只期权，那么期权到期时的利润（损失）是多少？

b）请比较该策略与以18美元的价格卖空股票的利润（损失）。

c）如果股价为14美元、20美元和25美元，且投资者购买了执行价格为15美元的期权并卖出了另一只期权，那么期权到期时的利润（损失）是多少？

d）请比较该策略与以18美元的价格买入股票的利润（损失）。

14. 当投资者同时购买看涨期权和看跌期权时，就产生了跨式期权。当投资者预期价格将发生大幅变化，但不确定变化方向时，这种策略是有意义的。例如，一家公司可能是传言中的被收购对象。如果传言是错误的，那么股价就可能下跌，令看跌期权获利。如果传言是正确的，的确发生了收购，那么股价就可能上升，令看涨期权获利。也有可能（但可能性很小）股价先上涨然后下降，此时投资者的看涨期权和看跌期权都将获利。下列问题是关于跨式期权的。

给定下列信息：

股价	50美元
执行价格为50美元的6个月期看涨期权的价格	5美元
执行价格为50美元的6个月期看跌期权的价格	3.50美元

投资者建立了跨式期权（即每只期权都购买一份）。

a）如果当期权到期时，股价为60美元，那么该头寸的损益是多少？

b）如果当期权到期时，股价为40美元，那么该头寸的损益是多少？

c）如果当期权到期时，股价为50美元，那么该头寸的损益是多少？

15. 一个内部人在首次公开募股之前以每股10美元的价格购买了一只股票。股票一上市，就涨到每股55美元，但这个内部人在一年之内都不能卖出股票。由于存在看跌期权和看涨期权，因此这个内部人决定构建一个领式期权，以避免股价下跌造成损失的风险。关于期权的信息如下所示：

单位：美元

	执行价格	市场价格
看跌期权	55	3.00
看涨期权	55	3.00

a）请描述你建立的头寸。

b）请通过计算领式期权在股价升至60美元、保持在55美元或跌至40美元时的损益，证明该头寸是否实现了其目标。

c）为什么该头寸会起作用（即为什么该头寸会实现其目标）?

16. 作为一个高管，你得到了股票期权并在最近执行。然而，你在接下来的 6 个月不能合法地出售股票。现在，股票售价为 38.25 美元。以 40 美元购买股票的看涨期权的售价为 3.38 美元，以 35 美元卖出股票的看跌期权的售价为 1.94 美元。你如何用领式期权降低股价下降时出现损失的风险？请证明该领式期权确实达到了目标。

期权策略不仅限于抛补看跌期权和抛补看涨期权、保护性看跌期权和保护性看涨期权、跨式期权、多头价差和空头价差以及领式期权，还包括“剥离式期权”“带式期权”“蝶式期权”。下列问题说明了这些策略。（你也可以用看跌期权构建剥离式期权、带式期权和蝶式期权。）

17. 剥离式期权和带式期权是跨式期权的变形。投资者在预期价格将发生变动但不确定变动方向时，购买了一份跨式期权（即购买了执行价格和到期日相同的一份看跌期权和一份看涨期权）。剥离式期权是指买入执行价格和到期日相同的一份看涨期权和两份看跌期权。剥离式期权更强调股价下跌。带式期权是指购买两份看涨期权和一份看跌期权。它更强调股价上升。（另一种变形是异价跨式组合，即投资者购买到期日相同但执行价格不同的一份看跌期权和一份看涨期权。）假设股票的售价为 41 美元，且存在执行价格为 40 美元的 3 个月期期权。看涨期权的售价为 3 美元，且看跌期权的售价为 1 美元。

a）如果你构建了跨式期权、剥离式期权或带式期权，那么当股价为 30 美元、35 美元、38 美元、40 美元、42 美元、45 美元和 50 美元时，期权到期时的损益将是多少?

b）每种策略的最大可能损失是多少?

c）在每种策略下产生损失的股价范围是什么?

18. 蝶式期权结合了多头价差策略和空头价差策略，并涉及三只执行价格不同、到期日相同的期权。如果投资者预期股价稳定（蝴蝶“不扇动翅膀”），那么投资者将买入执行价格最高和最低的期权，并卖出两只执行价格处于中间的期权。如果投资者预期股价波动（即蝴蝶“扇动翅膀”），那么这个过程将相反。投资者将卖出执行价格最高和最低的期权，并买入两只执行价格处于中间的看涨期权。

例如，假设股票售价为 61 美元，且有执行价格为 57 美元、60 美元和 63 美元的 3 个月期看涨期权。期权价格分别为 6 美元、3 美元和 1 美元。

a）投资者预期股价将保持稳定。当股价为 50 美元、55 美元、57 美元、60 美元、63 美元、65 美元和 70 美元时，投资者通过构建合适的蝶式期权在到期时获得的损益是多少?

b）最大可能损失是多少?

c）最大可能收益是多少?

d）通过构建该蝶式期权产生收益的股价范围是多少?

e）根据股价将保持稳定的预期，该蝶式期权能否实现其目标?

19. DHM 股票的价格为 192 美元，且下列看涨期权和看跌期权的交易很活跃。

单位：美元

执行价格	看涨期权的价格	看跌期权的价格
180	17.45	5.50
190	11.43	8.45
200	6.35	15.15
210	3.20	21.50

你决定分析下列策略：

买入以 180 美元的价格买入股票的看涨期权，卖出以 190 美元和 200 美元的价格卖出股票的期权；

买入执行价格为 180 美元和 210 美元的看涨期权，卖出执行价格为 190 美元和 200 美元的看涨期权；

买入执行价格为 180 美元和 210 美元的看涨期权，买入执行价格为 190 美元和 200 的看跌期权；

买入执行价格为 180 美元的看涨期权和执行价格为 210 美元的看跌期权，卖出执行价格为 190 美元的看涨期权和执行价格为 200 美元的看跌期权；

买入执行价格为 180 美元的看跌期权和执行价格为 210 美元的看涨期权，卖出执行价格为 190 美元的看跌期权和执行价格为 200 美元的看涨期权。

a）每种策略导致的现金流入或现金流出是多少?

b）如果股价为 180 美元、190 美元、200 美元或 210 美元，当期权到期时每个头寸的利润或损失是多少?

c）如果你预期股价将上升，那么与买入股票相比，哪种策略最好？

d）如果你预期股价将保持稳定，并在期权到期时以192美元的价格出售，那么哪种策略或哪些策略会产生正收益？

理财顾问的投资案例

跨式期权的损益

朱利安·赫拉拉（Julian Herrara）是一个既愿意承担风险也能够承担风险的投资老手，他刚刚注意到，西行航空（Go-West Airlines）公司成为一宗恶意收购的目标。在宣布以每股72美元的价格购买股票的要约之前，该股票的售价为59美元。在要约发出后，股价立即升至75美元，产生高于要约价格的溢价。这种溢价通常表明投资者预期股价将进一步升高。如果爆发对该公司的竞购战，或者在管理层的主导下对公司进行员工收购或管理层收购，那么价格就会升高。当然，如果任何一种情况都没出现，那么股价就会跌回72美元的要约价格。此外，如果要约被撤销或被管理层否决，那么股价就会跌到初始股价之下。

赫拉拉没有理由预期上述任何一种可能将是最终结果，但他意识到股价不会保持在75美元。如果爆发竞购战，那么股价将很容易地超过100美元。相反，如果收购失败，他预期股价将降到每股55美元以下，因为他之前认为59美元的股价是被高估了。由于存在不确定性，因此赫拉拉不希望持有股票，但他认为价格肯定会发生变动，并对从中获利的可能性感兴趣。

现在，该股票有几只3个月期看跌期权和3个月期看涨期权在交易。它们的执行价格和市场价格如下所示：

单位：美元

执行价格	看涨期权的市场价格	看跌期权的市场价格
50	26.00	0.125
55	21.50	0.50
60	17.00	1.00
65	13.25	1.75
70	8.00	3.50
75	4.25	6.00
80	1.00	9.75

赫拉拉决定，最好的策略是同时购买一只看跌期权和一只看涨期权（建立跨式期权）。确定投资策略是一件事，而确定最佳执行方式则完全是另外一件事。例如，他可以买入执行价格最高或最低的期权（即执行价格为80美元的看涨期权和执行价格为50美元的看跌期权）。他也可以买入执行价格最接近72美元的初始要约价格的期权（即买入执行价格为70美元的看跌期权和看涨期权）。

为了确定不同头寸的潜在损益，赫拉拉对每个头寸填写了下表，从而明确了不同股价下的利润特征：

单位：美元

股价	看涨期权的内在价值	看涨期权的利润	看跌期权的内在价值	看跌期权的利润	净利润
50					
55					
60					
65					
70					
75					
80					
85					

为了控制计算量，他决定进行三种比较：（1）购买两只便宜的期权——购买执行价格为80美元的看涨期权和执行价格为60美元的看跌期权；（2）购买执行价格为70美元的期权；（3）购买执行价格最接近初始股价的期权（即购买执行价格为60美元的期权）。

请列出赫拉拉的利润特征，并回答下列问题。

1. 如果爆发竞购战，那么哪种策略的效果最好？

2. 如果恶意收购被否决，那么哪种策略的效果最好？

3. 如果初始要约价格成为最终价格，那么哪种策略的效果最好？

4. 在这三个头寸中，哪个头寸产生的结果最差？在什么情况下会出现这种结果？

5. 如果你是赫拉拉的理财顾问，那么你建议他采取哪种策略？你是否认为他不应该对这次收购进行投机？

附录 18 二项式期权估值

布莱克-斯科尔斯期权估值模型确定了欧式期权的价值，而看跌期权-看涨期权平价通过套利证明了看跌期权与看涨期权价格、标的股票价格以及贷款利率或借款利率之间的关系。本附录在此之外介绍了二项式期权估值模型。该模型被称为"二项式"期权估值模型，是因为它最初建立在只有两种可能结果的假设上。二项式期权估值模型的限制少于布莱克-斯科尔斯期权估值模型，因为它假设期权可以在到期前被执行。

说明该估值过程需要一个扩展的例子。考虑一只在一段时期（例如，1 年）末以 50 美元的价格购买股票的期权。为了简化分析，假设该期权只能在到期时被执行（即该期权为欧式期权）。现在，股价为 50 美元，因此期权为平价。股价可能升至 65 美元或降至 40 美元。这些价格为仅有的两种可能结果，其中之一是股价上升，另一种是股价下降。投资者可以买入或卖出股票，也可以买入或卖出看涨期权。由于卖出股票会产生现金流入，因此这笔钱可以按现行利率进行投资（即投资者可以购买 1 年期债券）。由于购买股票会产生现金流出，因此可以按现行利率借入这笔钱。假设借款利率和贷款利率均为 10%，且本金金额为 50 美元，即当期股价。给定该信息，看涨期权的价值应为多少？为了回答该问题，请考虑以下两种可能的结果：

单位：美元

当期股价	50	
未来股价	65	40
到期时期权的终值	15	0

如果股价升至 65 美元，那么期权到期时看涨期权的价值必然为 15 美元。如果股价降至 40 美元，那么看涨期权的价值必然为 0 美元。二项式期权估值模型提出了以下问题：股票和债券的何种组合能产生相同的结果？

为了回答该问题，建立表示可能结果的两个等式：

$$65S+55B=15$$
$$40S+55B=0$$

65 美元和 40 美元为股票的两个未来股价，55 美元为债券价格加上 10%的利息（即 50 美元加 5 美元）。由于两个未知数有两个方程，因此有解。首先，用第一个方程减去第二个方程，解得 S：

$$65S+55B=15$$
$$\underline{-40S-55B=0}$$
$$65S-40S=15$$
$$(65-40)S=15$$
$$S=15/25=0.60$$

其次，将该值代入第二个等式，解出 B：

$$40\times0.6+55B=0$$
$$B=-40\times0.6/55=-0.436$$

下一个问题是，0.6 和－0.436 的含义是什么？这个信息告诉我们，0.6 单位股票和－0.436 单位债券可以产生和买入看涨期权相同的结果。也就是说，如果投资者买入 0.6 股股票，并卖空 0.436 单位债券（投资者借入 0.436 单位债券），那么该组合将产生与投资者买入看涨期权相同的结果。

为了证明该说法，可计算现金流入与现金流出。也就是说，如果投资者购买了 0.6 股股票并借入了 0.436 单位债券，那么现金流将是多少？答案为：

股票：0.6×50＝30（美元）

债券：0.436×50＝21.80（美元）

购买股票为现金流出，借款为现金流入，因此净现金流出为 8.20(＝30－21.80) 美元。如该式所示，8.20 美元必定为以 50 美元买入 1 股股票的看涨期权价值。然而，在证明看涨期权价格必然为 8.20 美元之前，必须证明买入股票加上借款的结果和买入看涨期权相同。

考虑股价为 65 美元时的结果。股票价值为 65×0.6＝39（美元），但借入资金必须偿还并支付利息。该现金流出为 50×0.436＋0.1×50×0.436＝23.98（美元）≈24（美元）。现金余额为 15(＝39－24) 美元，这与购买看涨期权获得的结果相同。如果股价为 65 美元，那么到期时看涨期权的价值为 15 美元，因此在两种情况下，期末的现金均为 15 美元。

如果股价为 40 美元，那么投资者拥有价值为 40×0.6＝24（美元）的股票。当偿还了借入资金加上利息［50×0.436＋0.1×50×0.436＝23.98（美元）≈24（美元）］时，余额为 0 美元。这与购买看涨期权的结果相同。如果股价为 40 美元，那么到期时看涨期权将一文不值，在两种情况下，余额均为 0 美元。

上例说明，初始现金流出为 8.20 美元，且看涨期权的价值也必须为 8.20 美元。为了了解为何看涨期权的价值必须为 8.20 美元，考虑如果看涨期权价格不是 8.20 美元时将发生什么情况。例如，如果期权为 10 美元（即估值过高），投资者将卖出看涨期权（现金流入为 10 美元），买入 0.6 股股票（现金流出为 30 美元），并借入 21.80 美元。现金流入与现金流出之和为 1.80(＝10－30＋21.80) 美元。如果看涨期权到期时，股价为 65 美元或 40 美元这两种可能的结果，那么该头寸的损益是多少？答案为：

单位：美元

股价	利润（损失）		债券利息	净利润
	看涨期权	股票		
65	(5)	0.6×15＝9	－2.20	1.80
40	10	0.6×(－10)＝－6	－2.20	1.80

这两种最终结果中的任何一种，较高或较低的股价，都会产生 1.80 美元的利润。

如果期权为 5 美元（即估值过低），那么投资者的行动过程将相反。投资者将买入看涨期权（5 美元的现金流出），卖出 0.6 股股票（30 美元的现金流入），并贷出 21.80 美元。现金流入与现金流出之和为 3.20(＝－5＋30－21.80) 美元的现金流入。如果股价为 65 美元或 40 美元，该头寸的利润或损失是多少？答案为：

单位：美元

股价	利润（损失）		债券利息	净利润
	看涨期权	股票		
65	10	0.6×(－15)＝－9	2.20	3.20
40	(5)	0.6×10＝6	2.20	3.20

两种最终可能结果中的任何一种都将产生 3.20 美元的利润。

同时持有多头和空头的过程确保了期权价格必然为 8.20 美元。产生套利利润的机会再次使价格发生变化，从而消除了这种机会。根据本例中的假设，期权价值必然为 8.20 美元。此外，投资者可以使用股票和债券复制看涨期权。也就是说，投资者可以构建一个结果与看涨期权相同的股票和债券（借款）头寸。投资者可以以 8.20 美元的价格买入看涨期权，或买入 0.6 股股票并借入 21.80 美元，实现相同的最终结果。

在上例中，必须买入的股票数（0.6）和债券数（0.436）是通过解两个等式算出来的。进行下列计算可以解出这些值。0.6 是本章中讨论过的对冲比率，它表示股价每上涨 1 美元时看涨期权增加的金额。该值可以用看涨期权的两个可能结果之差除以期末股价之差算出来。因此，对冲比率为：

$$\frac{15-0}{65-40}=0.6$$

借入金额等于较低的股价（40 美元）与和该结果相关的利润（在本例中为 0）之差的现值。该值为：

$$\frac{0.6\times40-0}{1+0.1}=21.82\text{（美元）}$$

该值为当期股价的 0.436 倍。因此，如果投资者知道两个可能的结果（例如，65 美元和 40 美元）、利率（例如，10%）、股价（例如，50 美元）和执行价格（例如，50 美元），那么投资者就能确定看涨期权的价值。如果看涨期权的价格不等于该价值，那么投资者就能通过套利消除价格差。如果投资者知道股价、利率、看涨期权的价格和执行价格，那么投资者就能通过买入股票和借入适当的资金使两种结果相同，这样投资者就能复制看涨期权。

前面的讨论建立在只有两种可能的结果且期限为 1 年的假设上。如果有多于两种的结果，且期限不是 1 年，将会发生什么情况？考虑期限为两个 6 个月期，而不是一个 12 个月期的情况。下列决策树从相等的当期股价和初始收盘价开始，但在 6 个月后加入了两个可能的价格，在 12 个月后又加入了一个价格。

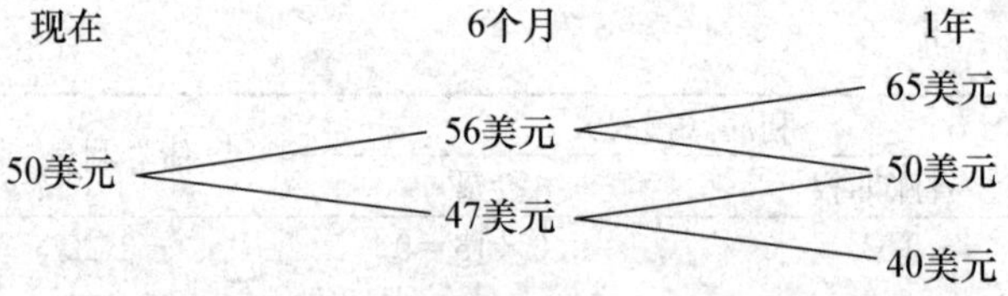

股价在 6 个月后可能从 50 美元变为 56 美元或 47 美元，然后在 1 年后又变为 65 美元、50 美元或 40 美元。给定该信息，可以确定看涨期权的价值吗？根据之前介绍的每个时期的过程，答案是肯定的。如果使用两种可能结果为期权估值的原理成立，那么就能扩展到三种可能的结果。期权的当期价值将可以确定，且套利确保价格是唯一的。

上例可以扩展为包括许多可能的结果和时期的情形。当时期变短时，结果的数量接近于无限。计算机应用程序可以处理大量可能的时期和结果，但没有必要这样做。当结果的数量增加时，二项式期权估值模型将接近于布莱克-斯科尔斯期权估值模型。布莱克-斯科尔斯期权估值模型将期权估值简化为一个应用方便的方程。

二项式期权估值模型的重要性不在于其应用性，而在于其对期权价值的基础解释。通过套利过程和复制使用标的股票与债券的多头和空头的期权，可以确定期权的价值。该模型还识别了对期权估值至关重要的因素。这些因素包括当期股价、期权的执行价格、距离到期日的时间、利率、可能的未来股价和风险。这种风险是由极可能出现的股价衡量的。如果极可能出现的结果较少，那么股票的波动性就较小，结果的风险也较低。注意，二项式期权估值模型（和布莱克-斯科尔斯期权估值模型）不包括投资者预期的未来股价和投资者对风险的厌恶程度。这意味着期权估值独立于投资者的预期和承担风险的意愿。这两者都基于一个简单的假设，即两种相同的头寸（看涨期权或股票和债券）必然有相等的价格。

第十九章

商品期货与金融期货

学习目标

学习完本章后，你应能：

1. 定义期货合约，并区分商品期货合约中的多头与空头。

2. 比较保证金在股市中的作用和在期货市场上的作用。

3. 区分投机者与对冲者，并描述他们在期货市场上各自所起的作用。

4. 找出确定商品期货合约价格的因素。

5. 说明投机者在金融期货和货币期货中如何获得利润或遭受损失。

6. 说明程序交易如何将期货市场与股票市场联系起来

7. 说明如何用期货和互换管理风险。

你想要刺激感和快速行动吗？你喜欢对猪胸肉（例如，熏肉）投机而不是投资于荷美尔食品（Hormel Foods）公司或史密斯菲尔德食品（Smithfield Foods）公司的股票吗？投资于商品期货可以满足这种投机欲望。这种期货合约是现有投资中风险最高的，因为它们的价格可能迅速变化并产生暴利或巨亏。

期货市场有两种参与者：由于预期价格将发生变化而建立头寸的投机者和运用期货合约降低风险的对冲者。对冲者是商品的种植者、生产者和其他使用者。他们试图保护自身免受价格波动的冲击，他们通过对冲将损失风险转移给投机者。期货合约的价格最终取决于对冲者和投机者对这些合约的供求。

本章是对未来交割商品的合约投资的基本介绍。本章介绍了买卖合约的机制、保证金的作用、投机者的多头和空头，以及对冲者如何用合约降低风险。接下来，本章讨论了金融期货，因为商品期货并不仅限于实物资产，还有买卖金融资产和外币的期货合约，甚至还有基于标准普尔500股票指数或纽约证券交易所综合指数的期货。接着，本章讨论了程序交易和股指期货，以及期货市场的变化如何传导到股市、股市的变化如何传导到期货市场。最后，本章简要讨论了互换，在互换中参与者同意交易（互换）支付。

尽管期货合约对于大多数投资者来说并不是合适的资产，但许多投资者会间接参与这些市场。有些公司的财务经理运用期货合约降低商品价格波动的风险、利率变化风险和汇率变化风险。投资组合经理也运用期货合约降低证券价格波动的风险。投资者从公司和共同基金收到的财务报表中通常会披露这种运用情况。因此，尽管个人投资者可能从未亲身参与期货市场，但如果他们具备关于这些合约的基本知识以及如何用这些合约进行投机和对冲的基本知识，那么他们将能更好地理解财务报表。

商品期货投资

投资者参与很多商品与服务市场，他们可能是买家或卖家。你可能购买或出售房子或汽车；餐馆可能卖给你汉堡包或比萨饼。许多商品和服务都存在市场，但它们没有期货市场。只有特定商品（例如，玉米、石油或黄金）有期货市场。当然，你可以购买玉米或汽油等商品，但这些是消费品而不是投资。即使购买黄金、珠宝也很少仅仅被视为投资。然而，购买玉米、石油或黄金的期货合约就是一种投资，即使这种投资被视为高风险投机。购买黄金珠宝与购买黄金期货合约的区别是什么?

答案在于，某些商品是彼此的完全替代品。资产是“可替代的”。在北美开采的黄金和在南非开采的黄金没有区别，只要它们纯度相同。相同的概念也适用于通过期货市场交易的所有商品。石油和石油、小麦和小麦，或者橙汁和橙汁没有区别，只要商品符合特定合约的具体规定。相同的概念也适用于货币和债券。在柏林购买的欧元和在巴黎购买的欧元没有区别。在纽约购买的 30 年期联邦政府债券和在芝加哥购买的 30 年期联邦政府债券没有区别。这些资产是可替代的，这种可替代性是建立期货市场的必要条件。

期货市场

玉米等商品可以现在购买、现在交割，也可以现在购买、未来交割。期货投资是指在未来买入或卖出（交割）商品的合约。由于这一原因，这些合约通常被称为期货。**期货合约**（futures contract）是买卖双方之间的正式合约和商品交换。在买入合约时，买方同意在特定月份接受符合特定质量的特定商品。在卖出合约时，卖方同意在指定月份交割特定商品。

投资商品期货被认为是非常投机的。因此，投资者只有在偿还了金融债务并实现基本理财目标后，才应参与该市场。投资者在买卖特定商品合约时，非常可能遭受损失。买卖商品合约而不想交易实际商品的投资者通常被称为投机者，这使他们区别于种植者、加工者、储存者和其他也买卖商品期货，但希望买卖实际商品的交易者。

商品合约对投机者的主要吸引力是内含于商品交易的杠杆产生高投资收益率的潜力。这种杠杆存在，是因为：（1）期货合约控制了大量商品；（2）投资者只需支付少量金额就可以买卖合约（即保证金要求较小）。本章后面将详细讨论这两点。

与股票和债券一样，商品期货在几个市场上交易。其中最重要的就是芝加哥商品交易所（Chicago Mercantile Exchange，CME 或“MERC”），它于 2008 年收购了芝加哥期货交易所（CBOT），并成立了 CME 集团（www.cmegroup.com）。CME 集团随后收购了纽约商品交易所（NYMEX）。CME 集团交易各种期货合约，例如玉米、黄豆，还有货币、债务和股权工具期货。其他商品（例如，糖、棉花和咖啡）则在洲际交易所（Intercontinental Exchange，网址为

www.theice.com）交易。

投资者通过在交易所中代表投资者买卖合约的经纪商购买商品期货。投资者签订要求合约得到担保的协议，并据此开立账户。由于交易商品合约被认为是投机行为，因此有些经纪商只在投资者证明其既有为账户提供资金的能力，又有承担损失的能力之后才会为其开立账户。

一旦开立账户，投资者就可以交易商品合约。商品合约的买卖方式与股票和债券很类似，然而使用买和卖这个词会令人误解。投资者不是买卖合约，而是签订合约进行买卖。买入合约规定，投资者将接受交割对象，因此“买入”了商品。卖出合约规定，投资者将进行交割，因此“卖出”了商品。

商品指令规定了合约是买入合约还是卖出合约、商品类型和单位数量，以及交割日期（即执行合约和买卖商品的月份）。投资者可以申请市场指令，并以当前市场价格执行合约，或以特定价格下达指令。这种指令可能是1天，也可能是直到投资者撤销指令为止（即指令在撤销前一直有效）。一旦指令被执行，经纪商就会为买入或卖出交易提供确认函，并对执行指令收取佣金。这种费用既包括买入合约的费用，又包括卖出合约的费用。

尽管期货合约看似涉及一个买方和一个卖方，但实际合约是在投资者和交易所之间进行的。如果投资者购买了一份合约，那么交易所将担保交割（卖出交易）的进行。如果投资者卖出一份合约，那么交易所将确保收取交割物品（购买交易）。当合约被创建时，交易所将同时与另一个投资者签订一份相反的合约。尽管交易所抵消了买卖合约，但其结果是保证了合约的真实有效。如果一方（例如买方）违约，那么卖方的合约将由交易所维持。

商品头寸

投资者可以购买在未来交割的合约。这是多头，如果商品价格上升，因而合约价格上升，那么投资者就能获利。投资者也可以卖出在未来交割的合约。这是空头，此时卖方同意在未来某个时间兑现合约（即交割商品）。如果商品价格下降，因而合约价格下降，该投资者就能获利。这些多头和空头类似于投资者在证券市场上持有的多头和空头。当证券价值上涨时，多头产生利润，而当证券价值下跌时，空头产生利润。

从一个简单的例子中可以看出每个头寸产生利润的方式。假设小麦的**期货价格**（futures price）为每蒲式耳3.50美元。如果买方购买了在6个月后以每蒲式耳3.50美元交割小麦的合约，且小麦价格上升，那么买方将从该多头中获利。如果价格涨至每蒲式耳4.00美元，那么买方可以进行交割，并支付每蒲式耳3.50美元，从而执行合约。然后，投机者可以以每蒲式耳4美元的价格卖出小麦，这将产生每蒲式耳0.50美元的利润。

当小麦价格下跌时，将发生相反的情况。如果小麦价格跌至每蒲式耳3.00美元，那么购买以3.50美元交割小麦的合约的投资者将遭受损失。但卖出交割小麦的合约的投机者（即空头持有者）将从价格下跌中获利。然后，投机者可以以3.00美元的市场价格［被称为**即期价格**（spot price）］买入小麦，然后以3.50美元的合约价格交割，并获得每蒲式耳0.50美元的利润。

如果价格上升，那么空头将遭受损失。如果价格从每蒲式耳3.50美元升至每蒲式耳4.00美元，那么卖出交割合约的投机者将遭受每蒲式耳0.50美元的损失，因为他必须对每蒲式耳3.50美元就能交割的小麦支付每蒲式耳4.00美元的价格，才能获得这些小麦。

实际上，不交割商品也会产生上述损益。当然，当投机者签订接受未来交割的合约时，总存在投资者收到商品的可能性。相反，如果投机者签订进行未来交割的合约，那么就存在必须供给商品的可能性。然而，这种交割并不经常发生，因为投机者可以在交割日前抵消合约。通过回购之前卖出的合约或卖出所持有的合约，就可以实现这一目的。

下面的例子说明了抵消现有合约的过程。假设一个投机者有一份在1月买入小麦的合约。如果这个投资者希望平仓，那么他可以签订在1月交割（卖出）小麦的合约。这两份合约彼此抵消，因为一份是买入合约，另一份是卖出合约。（这个过程类似于期权卖方回购期权。在两种情况下，投资者均进行了平仓。）如果投机者通过执行买入合约实际上获得了小麦，那么他可以通过执行卖出合约将小麦转手。然而，由于两份合约彼此抵消，因此没有必要进行实际交割和接下来的出售。相反，投机者的小麦头寸被平仓了，而没有发生实际的实物交割。

相应地，如果投机者有一份在1月卖出小麦的合约，那么可以通过买入在1月买入小麦的合约抵消这份合约。如果投机者就卖出合约被要求交割小麦，那么他可以执行买入小麦的合约。买卖合约将彼此抵消，而不会发生小麦的实物交割。投机者再次通过持有相反头寸对初始头寸进行平仓（即卖出合约被买入合约所抵销）。

由于这些合约被撤销，且不会发生实际交割，因此不应假设没有产生损益。这两份合约的执行价格不必相同。例如，投机者可以签订以每蒲式耳3.50美元的价格在未来买入小麦的合约。任何在未来交割类似小麦的合约都可以撤销买入合约，但在未来交割小麦的成本可能为3.60美元或3.40美元（或任何可以预料到的价格）。如果小麦价格上升（例如，从每蒲式耳3.50美元升至每蒲式耳3.60美元），那么拥有多头的投机者将获利。然而，如果投机者拥有空头（即卖出小麦的合约），那么投资者将遭受损失。如果小麦价格下跌（例如从每蒲式耳3.50美元降至每蒲式耳3.40美元），那么空头卖方将获利，但多头将遭受损失。

商品合约的单位

为了方便交易，合约必须是统一的。对于特定的商品，合约必须是一致的。除了规定交割月份，合约还必须规定商品的等级和类型（例如特定品种的小麦）以及商品单位（例如5 000蒲式耳）。因此，当投资者买卖合约时，对于义务性质没有疑问。例如，如果投资者买入了在1月交割的小麦，那么不应与买入在2月交割的小麦的合约混淆。这是两种不同的商品，就像AT&T普通股、AT&T优先股和AT&T债券是不同的证券一样。没有这种标准化合约，就不会有商品市场（或任何市场）的繁荣。

每种商品的交易单位都不同。例如，如果投资者购买了一份玉米合约，交易单位就为5 000蒲式耳。如果投资者购买了一份原木合约，交易单位就为110 000板英尺。尽管投资新手可能记不住合约单位，但投资老手肯定很熟悉它们。正如后面将说明的，由于许多商品合约的单位都很大，因此商品价格的小幅变动将产生合约价值和投资者损益的巨大变动。

期货交易报告

金融媒体会报告现有商品期货的价格和合约数量。典型的（存续期）报告格式如下：

	开盘价	最高价	最低价	交割价	变化	最高价	最低价	未平仓合约数量
5 000蒲式耳玉米；美分/蒲式耳								
1月	233.0	233.5	230.5	230.50	−3.00	243	210.75	36 790
3月	240.0	241.5	236.5	237.25	…	270	205.0	10 900
5月	244.5	244.5	241.0	241.75	+0.25	286	221.0	5 444

交易单位为 5 000 蒲式耳（bu），价格单位为美分。1 月交割期货的开盘价为每蒲式耳 233.0 美分（2.330 美元）。最高价、最低价和收盘价（交割价）分别为 233.5 美分、230.5 美分和 230.5 美元。该收盘价比前一天的收盘价低 3 美分。该合约存续期中的最高价和最低价（在报告交易日之前）分别为 243 美分和 210.75 美分。**未平仓合约数量**（open interest），即现在的合约数量，为 36 790 份。

该未平仓合约数量在合约存续期中会不断变化。最初，未平仓合约数量随着买卖双方建立头寸而增加。在临近到期日时，头寸被平仓，未平仓合约数量减少。图 19.1 说明了变化的合约数量，图中画出了买入堪萨斯城小麦的 9 月期货合约的即期价格、期货价格和未平仓合约数量。当合约在 11 月开始交易时，只有少量合约。到了 6 月，未平仓合约数量升至 10 000 多份。然后，当合约的剩余期限减少时，未平仓合约数量随着不同参与者平仓而下降。到了 9 月底，只有少量合约仍存在。

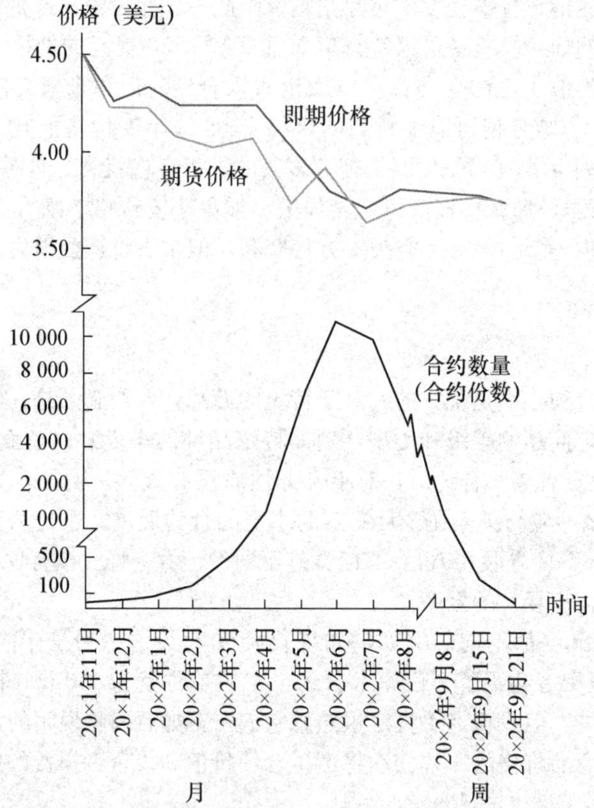

图 19.1　9 月堪萨斯城小麦合约的即期价格、期货价格和未平仓合约数量

资料来源：© Cengage Learning.

正如关于定价的部分所说明的，期货价格趋于超过即期价格。如果投机者预期价格上升，他们将买入在未来交割的合约。这种通货膨胀预期和储存商品的成本通常将提高期货价格与即期价格之比，因此期货价格将超过即期价格。

然而，图 19.1 说明这种关系并不总是成立。该图给出了堪萨斯城小麦的期货价格和即期价格。除了很短的一段时期以外，即期价格均超过期货价格。如果投机者认为商品价格将下降，那么就会出现这种关系的逆转。这些投机者现在卖出合约，以锁定更高的价格，这样他们就能以较低的价格回购合约。卖出期货合约将其价格压低到即期价格以下。

期货价格必然与合约临近到期日时的即期价格趋同。就像看跌期权和看涨期权等期权一样，期货合约的价值在到期时也仅为标的商品的价值。图 19.1 也说明了这种价格行为模式。在 3 月、4 月和 5 月，两种价格存在巨大的差异。然而，在 9 月底，期货价格和即期价格趋同，并消除了这种差异。

商品市场的监管法规

商品交易所和证券交易所一样，都要遵守监管法规。在 1974 年以前，关于商品交易所的美国联邦法律和商品交易法律都由美国农业部下属的农产品交易管理局负责实施。1974 年，美国国会建立了商品期货交易委员会（www.cftc.gov）以控制期货市场的准入与经营。和证券交易的监管法规一样，这些监管法规不保护投资者或投机者免受因自己的愚蠢而遭受的损失。相反，这些监管法规为每种商品建立了统一的标准。监管机构也控制交易程序、交易时间和允许的最大日价格变化。

杠　杆

商品在交割时支付价款。因此，在未来交割的合约意味着在投资者签订合约时，不必支付商品的价款，而是由投资者（买方或卖方）支付一笔被称为**保证金**（margin）的钱，以保护交易所和经纪商，并为合约提供担保。这笔保证金不应与用于购买股票和债券的保证金混淆。在交易股票和债券时，保证金代表投资者在头寸中的权益，然而商品合约的保证金是一笔存款，表示投资者的诚信，并保护经纪商免受商品价格不利变化的影响。

在股票市场上，必要的保证金金额随证券价格而变化，但在商品市场上，保证金金额不随交易金额而变化。相反，每份合约的最低保证金要求都是固定的。这些保证金要求是由商品交易所规定的，但不能低于美国商品期货交易委员会规定的最低金额。经纪商可能要求更高的保证金，尤其是对小账户而言更是如此。

保证金要求只占合约价值的一小部分。例如，可可合约的 1 400 美元保证金要求赋予合约所有者对 10 公吨可可的要求权。如果可可售价为每公吨 1 400 美元，那么该合约的总价值就为 14 000 美元。该保证金要求仅占合约价值的 10%（=1 400/14 000）。这么低的保证金金额是商品合约提供高潜在杠杆的原因之一。

商品期货投机的潜在杠杆可以用一个简单的例子解释。考虑一份以每蒲式耳 3.50 美元的价格买入小麦的合约。这种合约控制了总价值为 17 500（=5 000×3.50）美元的 5 000 蒲式耳小麦。如果投资者购买了该份合约，且保证金要求为 1 000 美元，那么他必须支付 1 000 美元。商品价格仅增加每蒲式耳 0.20 美元，就会使期货合约价值增加 1 000 美元。这 1 000 美元只是价格变化（0.2 美元）和合约单位数量（5 000 蒲式耳）的乘积。如果卖出合约，利润将为 1 000 美元。

该笔投资的收益率是多少？当保证金为 1 000 美元时，收益率为 100%，因为投资者存入了 1 000 美元，然后又获得了 1 000 美元。小麦价格上涨不到 6%，就能为投机者产生 100%的收益率。这种收益率来自低保证金要求和合约控制的大量商品的杠杆。

当然，杠杆的作用是双向的。在上例中，如果小麦价格下跌 0.10 美元，合约价值将为

17 000 美元。价格仅下跌 2.9%，就会使投资者的保证金从 1 000 美元降至 500 美元。为了维持该头寸，投资者必须在经纪商处存入更多保证金。对额外保证金的要求被称为**追加保证金要求**（margin call）。不能满足追加保证金要求将导致经纪商平仓。由于合约仅由初始保证金支持，因此价格进一步下跌意味着支持合约的担保品减少。如果投资者（即买方或卖方）对合约违约，那么交易所将负责执行合约。因此，追加保证金要求保护了交易所。

实际上，有两种保证金要求，第一种是最低初始存款，第二种是维持保证金。**维持保证金**（maintenance margin）规定了何时投资者必须在经纪商处存入额外资金，以弥补商品合约的价值下降。例如，小麦的保证金要求为 1 000 美元，维持保证金为 750 美元。如果投资者拥有购买小麦的合约，且合约价值降低了 250 美元，降至维持保证金的水平（750 美元），那么经纪商将要求追加保证金。这要求投资者再向账户中存入 250 美元，以维持初始的 1 000 美元保证金。

维持保证金既适用于买方，也适用于卖方。如果在上例中，小麦价格上升了 250 美元，那么卖空的投机者将发现他们的保证金从初始的 1 000 美元降至 750 美元。然后，经纪商将要求追加保证金，这要求空头卖方恢复 1 000 美元的保证金。这再次保护了交易所，因为合约价值已经上升，而空头卖方遭受了损失。

这种保证金调整每天都会发生。在收市后，每个账户的价值将被加总。在期货交易术语中，每个账户都是盯市的。如果头寸的价值上升，资金就会被转移到账户中。如果头寸贬值，资金就会被转出账户。其结果是将资金从遭受损失的账户中转移到获得收益的账户中。如果资金被转移后，账户不满足维持保证金要求，经纪商将要求投资者必须追加保证金，否则经纪商将平仓。

从下列 5 000 蒲式耳某商品（例如小麦或玉米）期货合约的例子可以了解盯市过程和日现金流。期货价格为 3.00 美元，保证金要求为 1 500 美元，维持保证金要求为 800 美元。有两个投机者，一个预期价格将上升并签订买入合约（即做多），另一个看空并签订卖出合约。两个投机者都支付了 1 500 美元的初始保证金，因此第一天结束时他们各自的头寸为：

第一天　　期货价格：3.00 美元
合约价值：15 000 美元
保证金头寸：

多头投机者（美元）	空头投机者（美元）
1 500	1 500

在第二天中，期货价格升至 3.05 美元，且保证金账户如下：

第二天　　期货价格：3.05 美元
合约价值：15 250 美元
保证金头寸：

	多头投机者（美元）	空头投机者（美元）
期初余额	1 500	1 500
余额变化	+250	−250
必要存款	—	—
主动提款	250	—
期末余额	1 500	1 250

注意，多头投机者获得了 250 美元收益，而空头投机者损失了 250 美元，当每个账户都盯市时，每天结束时将进行适当调整。由于两个账户的余额均多于 800 美元，因此两个账户都满

足维持保证金要求，不用再存入额外资金。然而，多头投机者可以取走 250 美元，因为该账户超过了初始保证金要求。这笔钱可以进行投资（例如，投资于货币市场账户）以赚取利息。

在第三天，期货价格继续升至每蒲式耳 3.20 美元，因此合约价值为 16 000 美元。每个账户的头寸现在为：

第三天　　期货价格：3.20 美元

　　　　　合约价值：16 000 美元

　　　　　保证金头寸：

	多头投机者（美元）	空头投机者（美元）
期初余额	1 500	1 250
余额变化	+750	−750
期末余额	2 250	500

多头投机者可以再取走 750 美元，因为账户余额再次超过了保证金要求。空头投机者的头寸现在低于维持保证金要求。他必须将账户恢复到初始保证金（1 500 美元），这需要再存入 1 000 美元。在发生这些变化后，账户将为：

	多头投机者（美元）	空头投机者（美元）
期初余额	1 500	1 250
余额变化	+750	−750
余额	2 250	500
必要存款	—	1 000
主动提款	−750	—
期末余额	1 500	1 500

注意，多头投机者的 1 000 美元收益等于空头投机者的 1 000 美元损失。如果期货价格从 3.00 美元降至 2.80 美元，那么现金流将逆转。空头投机者的账户中将有 2 500 美元，因此可以取走 1 000 美元，而多头投机者将只有 500 美元。多头投机者将收到 1 000 美元的追加保证金要求，以将账户恢复为 1 500 美元。

当然，投机者是否选择满足追加保证金要求是投机者的个人决定，但每日对所有头寸盯市的主要目的是让资金发生转移。如果某个参与者不能满足追加保证金要求，那么经纪商就将平仓，以使损失不会继续增加（让经纪公司面临风险）。由于投机者清楚地认识到他们的风险敞口，且经常迅速平仓，因此他们收到追加保证金要求的可能很小。这种投机者会迅速平掉亏损头寸，以限制损失。

尽管商品价格可能波动也的确在波动，但市场仍会对每天允许的价格变化量施加限制。**日限额**（daily limit）规定了与前一天相比的最大允许价格增加额或减少额。这种限制的目的是帮助维持有序市场，并降低期货合约价格每日大幅波动可能产生的破坏性影响。（日限额适用于许多期货价格，但不是全部期货价格，尤其是基于联邦政府债券和股指期货的金融期货。）

一旦期货合约的价格上升幅度达到日限额，就不能进一步上升。这并不一定意味着交易停止，因为如果商品价格走低，仍可能以最高价格或低于最高价格的价格发生交易。价格下降时也是同理。一旦降幅达到日限额，价格就不能继续下跌，但如果价格走高，仍能以最低价格或高于最低价格的价格发生交易。例如，当 1992 年的佛罗里达州橙子产量高于预期时，橙汁期货价格迅速下跌。1 月、2 月和 3 月交割的合约价格下跌了 5 美分的日限额。尽管可以继续在最低价格上交易，但交易仍停止了，因为没人愿意在该水平上买入，而且投机者预期价格将进一步下降。在2003年疯牛病肆虐时发生了相同的情况。尽管芝加哥商品交易所提高了日限额，但牛肉期货价格的降幅仍达到了新的日限额，交易停止。相同的原则适用于价格增加的情形。2011年，泰国的洪水威胁水稻产量。水稻价格提高的预期导致水稻期货大幅上升。价格达到日限额，交易停止。

对　冲

建立商品期货市场的一个主要原因是生产者希望通过价格波动降低损失风险。这种降低风险的过程叫作**对冲**（hedging），它是指同时持有相反的头寸。实际上，对冲者同时持有特定商品的多头和空头。

通过例子可以最清楚地说明对冲。在第一个例子中，一个种小麦的农民预期在特定时间收获作物。由于生产成本是确定的，因此这个农民知道获利所必需的价格。尽管不知道收获小麦时将支付的价格，但未来交割小麦的合约的当期价格是已知的。农民可以卖出合约，以在未来进行交割。这种合约是对冲头寸，因为农民持有一个多头（地里的麦子）和一个空头（未来交割的合约）。

这种头寸降低了农民在价格下跌时遭受损失的风险。假设生产小麦的成本为每蒲式耳2.50美元，且9月小麦期货合约在6月的售价为2.75美元。如果这个农民卖出了在9月交割的小麦，那么就能确保获得每蒲式耳0.25美元的利润，因为合约买方同意在9月交割时支付每蒲式耳2.75美元。如果小麦价格降至2.50美元，那么这个农民仍能确保获得2.75美元。然而，如果小麦价格在9月升至3.10美元，那么农民仍然只能获得2.75美元。多余的0.35美元收益被以2.75美元的价格购买小麦、但现在可以以3.10美元的价格卖出小麦的合约所有者获得。

这笔交易是不公平的吗？请记住，这个农民希望保护自己免受小麦价格下跌的影响。如果小麦价格降至2.40美元，且这个农民没有进行对冲，就要遭受每蒲式耳0.10美元的损失（2.40美元的价格减去2.50美元的成本）。为了获得保护，免受损失风险，这个农民接受了每蒲式耳0.25美元的低利润，并放弃了获得更大利润的可能性。购买合约的投机者承担了价格下降的损失风险，并在价格上升时获得回报。

小麦使用者的对冲方向相反。面粉生产者希望知道未来的小麦价格，以计划生产水平和向分销商收取的价格。然而，小麦的即期价格不一定能保持到未来，因此该生产者购买了一份在未来交割的合约，因而对冲了该头寸。这是对冲，因为生产者持有一个多头（未来交割小麦的合约）和一个空头（在未来生产面粉，这需要在未来交割小麦）。

如果生产者在6月签订了一份在9月以每蒲式耳2.75美元的价格交割小麦的合约，那么小麦的未来成本就是已知的。生产商不会因为小麦价格从2.75美元升至3.10美元而遭受损失，因为该合约将以2.75美元交割。然而，生产商放弃了小麦价格从每蒲式耳2.75美元降至2.40美元时的获利机会。

兴趣点 ☞

远期合约

除了期货合约以外，还有“远期合约”。这些合约与具有不同特征的期货合约基本相同。

期货合约是双方签订的标准化合约，它规定了商品金额和交割日期。由于合约是标准化的，因此期货可以通过有组织的期货市场买卖。远期合约也是双方签订的合约，但每笔交易都是量身定制的。每份远期合约的独特性让它可以适应各方的特定需求。

远期合约在普通商业过程中很常见。任何在未来交割商品或服务的合约都是远期合约。例如，订阅杂志或飞机票都是远期合约的例子。在每种情况下，一方都订立合约，约定在特定未来日期以特定金额交割一种商品（杂志）或服务（飞机旅行）。这笔钱可以在执行合约时或交割时支付。

如果没有一方同意在未来以特定价格提供某种商品或服务、另一方同意进行交割并支付特定价格的远期合约，许多企业就无法存在。公司、政府和家庭都会签订这种合约。每份合约都会产生双方的法律义务。

尽管远期合约规定了金额和交割日期，但其特征的独特性降低了合约的流通性。当卖出合约时，其目的是保留合约直至交割，因此没有有组织的远期市场。实际上，远期合约是低流动性的期货合约。然而，金融机构之间存在着某些场外远期合约交易。此外，如果公司拥有一份购买某种商品的远期合约，那么它就可以签订另一份交割商品的合约。实际上，两份远期合约彼此抵消了。

除了缺乏流动性之外，远期合约和期货合约的另一个重要区别是，期货合约每日进行交割，但远期合约不是。远期合约不是每日盯市，且资金不会在双方之间转移。当商品交割，并按照合约规定付款时，才发生最终的结算。

相反，小麦价格下降产生利润的可能性取决于持有卖出合约的投机者。如果小麦价格下降，那么投机者可以在9月以较低的价格买入小麦、交割小麦，并收取合约中规定的每蒲式耳2.75美元。然而，如果9月小麦价格升至2.75美元以上，那么这个投机者就将遭受损失。成本将超过合约规定的交割价格。

这两个例子说明了为何种植者和生产者会对冲。他们经常持有相反方向的对冲头寸。如果所有种植者和生产者就未来交割的价格达成一致，那么就不需要投机者；但情况并非如此。当存在超额供给或不足供给时，投机者将买入或卖出合约。如果上例中的农民不能找到一个生产者来买入未来交割小麦的合约，那么投机者就将买入合约并接受价格下降的风险。如果生产者找不到一个供给未来交割小麦的合约的农民，投机者就将卖出合约并接受价格上升的风险。

当然，农民、生产者和投机者将同时签订买入合约和卖出合约。没有人知道在特定时间中谁将买入、谁将卖出。然而，如果某种合约有多余或短缺，那么商品的期货价格就会变化，这将导致特定行为。例如，如果9月小麦的报价为每蒲式耳2.75美元，但没人愿意以该价格买入小麦，那么价格就会下跌。这导致某些潜在卖方从该市场中退出，而某些潜在买方进入该市场。通过该过程，消除了特定交割日期的合约供求不均衡。对冲者和投机者的互动确定了每种合约的价格。

商品期货合约的选择

和证券选择一样，商品期货合约的选择有两种基本方法：技术法和基本面法。技术法使用的方法与选择证券使用的方法相同。它对不同商品构建了不同的平均值、点线图、柱形图及其图形，用于识别当期价格变化和预测未来价格变化。由于第十二章介绍了这些内容，因此这里不再重复。

基本面法主要是关于影响不同商品供求的因素。尽管该方法类似于用经济数据选择证券，但具体方法不同。商品价格取决于该商品的供求对比。由于商品是被生产出来（例如，小麦）或开采出来（例如，白银）的，因此有可以识别的供给来源。相应地，也存在可以识别的需求来源。然而，也有许多可能影响特定商品供求的外生因素，这些因素可能对特定商品的价格有很大的影响。

为了说明这几点，考虑一种基本商品，例如小麦。生产小麦要花数月时间。它必须经过种植、生长和收获。种植的小麦数量是已知的，因为美国农业部保留了统计数据。这种数据对于政府经济预测是必要的，关心小麦产量的公司和个人也肯定能获得该信息。

然而，种植的产量和收获的产量可能大为不同。实际收获量取决于其他因素。尤为重要的就是天气，天气可能增加或减少收获量。适当时间的好天气可能导致丰收。而高于预期的小麦供给将会压低小麦的价格。此外，坏天气，例如干旱或多雨，将显著降低预期供给。供给降低将增加小麦的价格。

和供给一样，需求既取决于可预测的因素，也取决于不可预测的因素。小麦的需求取决于在产品中使用小麦的公司的需求。面粉和麦片生产商显然是潜在的小麦消费者。然而，总需求也包括出口。如果某个外国政府进入市场并购买大量小麦，那么这也可能导致其价格显著上升。

政府对市场的这种干预并不仅限于外国政府。美国政府也会买卖商品。有时美国政府购买某种商品以吸收多余供给，因而支持该商品的价格。有时美国政府可能卖出特定商品的多余库存。当然，这对商品价格的影响相反。供给增加趋于降低价格，至少会产生降低价格上升的趋势。商品市场上的这些外生力量恰好是投机者必须应对的另一种风险来源。

兴趣点 ☞

期货交易损益的税收

期货交易的实际利润按资本收益纳税。此外，所有期货头寸都被视为已在纳税年度的年底平仓。未平仓头寸必须在纳税年度最后一天盯市，账面利润将作为实际资本收益纳税。账面损失将作为实际资本亏损。

利润被人为划分为60%的长期资本收益和40%的短期资本收益。1 000美元的利润将被分为600美元的长期资本收益和400美元的短期资本收益，并根据适用的税率纳税。损失被作为资本亏损，并被用于抵扣期货交易的资本收益、其他证券交易的资本收益和其他来源的收入，抵扣限额如第四章所示。

显然，投机者需要在供求出现变化之前发现它们，以建立适当的头寸。预期价格上升表明应购买期货合约，而预期价格下降表明应卖出期货合约。遗憾的是，很少有人具备持续预测供求变化的能力。这是显而易见的！如果投资者能够预测未来，那么他就肯定能发财，不仅是在商品期货市场上，而且是在任何市场上。然而，普通人没有这种洞察力，这让他们只能将基本面分析和技术分析作为选择购买的商品期货的方法。

不管投资者使用的是技术分析还是基本面分析，都有一种重要的期货交易策略。投机者应限制损失，不应限制利润。成功的商品期货交易要求投资者具备识别坏头寸，并在它们产生大额损失之前将其平仓的能力。行为金融学认为许多投机者，尤其是新手，做法恰恰相反：他们在产生利润时只获得少量利润，但却在遭受损失时维持头寸。当价格改变产生追加保证金要求时，投机者被迫平仓遭受亏损，或存入更多资金。如果投机者通过存入更多资金满足追加保证金要求，那么投机者就违反了这一策略。他没有承担小额损失，而是用更多钱去冒险，希望价格反弹。

管理期货与交易所交易基金

投资期货风险很高，而且需要积极的投资组合管理和专业知识。投资者是否可以参与这些专业化市场并实现投资组合分散化？这些投资者能否避免与追加保证金要求相关的风险，并降低对积极管理的需求？答案是肯定的，方法是购买专业投资于商品的投资公司的头寸。

一种可能的解决方案是“管理期货”。管理期货是指专业资金经理管理的投资公司［商品交易顾问（commodity trading advisor，CTA）］。这些顾问选择买卖的特定期货合约。商品交易顾问专门投资于特定商品并拥有关于期货合约的广博知识。因此，管理期货让投资者可以避免积极管理期货投资组合并做出关于买卖特定商品的投资决策。

除了管理期货以外，另一种选择是投资于持有基于商品指数的投资组合的交易所交易基金。例如，巴克莱 iShares CGSI 商品指数信托（Barclays iShares CGSI Commodity-Indexed Trust，代码为 GSG）跟踪一个由 24 种商品组成的“篮子”。DB 商品跟踪基金（DB Commodity Tracking Fund，代码为 DBC）跟踪从玉米、小麦到石油、白银、黄金的商品。GSG 和 DBC 的份额价值跟随每个指数中标的商品价格的变化而波动。

期货定价

几项因素可能影响期货合约的价格。例如，预期是经常被讨论的投机者激励因素。价格升高预期促使投机者持有多头，而价格下降预期导致投机者建立空头。因此，未来价格反映出投机者对未来价格的预期。此外，未来价格和即期价格并非彼此独立。持有商品的成本等因素将即期价格和未来价格联系了起来。期货合约的定价也是经常涉及的问题。下面的内容只涉及基本方面，目的是使投资者了解期货合约的定价。更详细的讨论可参见专门介绍衍生工具的教科书。①

下列讨论是基于即期价格为 100 美元的商品；期货合约是在 1 年后交割的。假设投资者预期商品价格在 1 年后为 110 美元。1 年期期货合约的当期价格应为多少？答案是 110 美元。如果价格为 108 美元，那么投资者将如何反应？他们将买入期货合约，且在 1 年后，当商品价格为 110 美元时，他们将执行合约，以 108 美元的价格买入商品，并立即以 110 美元的价格卖出商品，获取 2 美元的利润。如果期货价格超过 110 美元（例如，113 美元），那么他们将采取相反的程序，卖出期货合约。1 年后，他们将以 110 美元的价格买入商品，以 113 美元的合约价格交割，并获得 3 美元利润。当期货价格不是 110 美元时，投机者将持有期货合约的头寸。只有当期货价格在未来等于预期价格时，市场才会处于均衡，投机者将不会采取

① 关于期货定价更详细的讨论，参见 Don M. Chance and Robert Brooks, *An Introduction to Derivatives and Risk Management*, 10th ed.（Mason, OH: South-Western Publishing, 2015）或 Robert W. Kolb and James A. Overdahl, *Futures, Options, and Swaps*, 5th ed.（Malden, MA: Wiley-Blackwell, 2012）。

行动。

因此，期货价格通常被认为是投资者、投机者和其他市场参与者现在对未来商品价格的预期。也就是说，当前期货价格是未来期货价格的指标。（这个概念之前曾出现在第十三章的附录中，该附录中介绍的利率预期理论认为，当前长期利率是当前短期利率和预期未来短期利率的平均值。）使用期货价格作为预测工具有时被称为“价格披露”。当前期货价格披露了市场参与者心目中的未来价格。

如果关于未来价格的预期发生变化，那么期货价格也必须变化。咖啡大幅减产预期将会提高未来的咖啡价格，因此对高价格的预期将抬高当期期货价格。当然，如果咖啡价格没有上升，那么预期价格上升而买入期货的投机者就会遭受损失，而预期价格不会上升而卖出期货的投资者将获利。

另一个影响期货价格的因素是持有商品的成本。在上例中，投机者只持有一侧的头寸，即他们出于对价格变化的预期签订买入合约或卖出合约，而期货价格反映出投机者的预期价格变化。假设投资者现在可以以 100 美元的价格买入商品，并以 110 美元的价格卖出期货合约。如果价格升至 110 美元，那么投资者就赢了，因为成本为 100 美元的商品可以以 110 美元的价格交割。如果价格超过 110 美元，那么该投资者仍能获得 110 美元，并获利 10 美元。如果价格低于 110 美元，那么利润仍为 10 美元，因为合约中规定价格为 110 美元。问题是什么？

问题是持有商品的成本。如果投资者以 100 美元购买商品，那么这些钱将不能获得利息（如果投资者用他自己的钱），或者需要支付利息（如果投资者借入资金）。假设利率为 8%。现在，投资者可以借入 100 美元，以 100 美元的价格购买商品，签订一份在 1 年后以 110 美元的价格交割商品的合约，并获利 2 美元。因此，如果期货价格超过即期价格加上持有商品的成本，那么就存在无风险套利机会。套利者将购买商品并卖出期货。他们将对商品做多并对期货做空。执行这些头寸的行为将抬高商品的即期价格，并压低期货价格。预期未来价格为 110 美元的投机者将很高兴地以低于 110 美元的价格买入期货合约，因为他们预期将获得 110 美元和他们购买合约的价格之间的差价。

如果利率为 12%，那么套利者的行为将相反。他们将以当前即期价格卖出商品（收到 100 美元），并以 110 美元的价格买入未来交割的合约。也就是说，套利者将对商品做空，并对期货做多。接下来，他们将以 12%的利率投资（贷出）卖出商品的收入。年末，套利者将收到之前卖出的商品，并就该笔交易获利 2 美元。尽管商品成本为 110 美元，套利者从交易中只收到 100 美元，但他们获得了 12 美元的交易收入和 2 美元的净利润。

执行这些头寸的行为再一次影响了商品价格。在即期市场上卖出商品将降低其价格，而买入期货合约将提高其价格。当期货价格上涨时，预期价格为 110 美元的投机者将很高兴地在期货价格升至 110 美元以上时提供（即卖出）合约。

在上例中，持有商品的成本仅限于利率。尽管该限制也适用于金融合约，但它不适用于商品合约。对于商品而言，持有成本包括利息费用、仓储费、保险费和运输费。

考虑上例，其中即期价格为 100 美元，期货价格为 110 美元，利率为 8%；套利者用借入资金购买商品，并卖出期货合约。然而，现在增加了 9 美元的商品仓储成本和运输成本。这些额外费用改变了潜在的套利利润。期货价格必须超过 117 美元，套利者才能获利。如果他们以 120 美元的价格卖出期货合约，那么他们将能在今天用借入资金以 100 美元的价格买入商品，支付 8 美元的利息，弥补 9 美元的其他费用，并获得 3 美元利润，而不用承担任何风险。然而，现在期货价格必然大大超过使套利机会存在的即期价格。

金融期货与货币期货

在前面的讨论中，商品合约是指实物商品的期货合约。然而，也有金融期货和货币期货。**金融期货**（financial futures）是在未来交割股票、国库券和债券等证券的合约。**货币期货**（currency futures）是在未来交割英镑或欧元等货币的合约。这些合约的市场，例如商品期货市场，有两种参与者：投机者和对冲者。双方的互动（例如，每种合约的供求）决定了期货的价格。

后面的内容介绍了金融期货和货币期货。这里先介绍股指期货，包括对股指套利和程序交易的讨论。股指套利很重要，因为它将期货市场和股票市场联系起来。如果股票的期货价格上升，那么套利将确保股价也上升。这个过程也会作用于相反方向。如果股票的期货价格下降，那么套利将确保价格下降传导至股票市场。在指数套利后，接着介绍了债券期货。最后是关于货币期货的内容。

股票市场期货

股指期货（stock index futures）是基于股票市场指数（例如，标准普尔 500 股票指数或纽约证券交易所综合指数）的期货合约。这种合约为投机者和对冲者提供了获利机会，或降低了通过购买个股不可能降低的风险。例如，标准普尔 500 股指期货合约的价值是该指数的 250 倍。因此，如果标准普尔 500 股票指数为 1 000 点，那么该合约的价值就为 250 000 美元。通过购买这种合约（即建立多头），如果股市上涨，持有者就能获利。如果股指升至 1 100，那么合约价值就会增加到 275 000 美元。这样，投资者就能获利 25 000 美元。当然，如果标准普尔 500 股票指数下降，买方就会遭受损失。（也有价值为标准普尔 500 股票指数 50 倍的“微型”合约。）

合约卖方也参与市场波动。然而，他们的头寸与买方相反（即他们是空方）。如果标准普尔 500 股票指数从 1 000 点跌至 900 点，那么合约价值就将从 250 000 美元降至 225 000 美元，卖空方将获得 25 000 美元的利润。当然，如果市场上涨，那么卖空方就将遭受损失。显然，如果投资者预期股市上涨，那么就应买入期货合约。相反，如果投资者预期股市下跌，那么就应该卖出合约。

标准普尔 500 股指期货合约类似于其他期货合约。买方和卖方必须存入信用保证金（即支付保证金）。和其他期货合约一样，该保证金金额（约为合约价值的 7%）相对于合约价值较小。因此，这些合约提供了巨大的杠杆。如果股价变化方向与投资者预期的相反，且他在头寸中的股票价值下降，那么投资者就必须在账户中存入更多资金以支持合约。由于合约存在着活跃的市场，因此投资者可以在任何时候通过持有相反头寸来平仓。因此，如果投资者签订了一份买入合约，那么就可以通过签订卖出合约平掉多头。如果投资者签订了一份卖出合约，那么就可以通过签订买入合约平掉空头。

股指期货合约和商品期货合约存在一个重要的不同：股指期货合约在合约到期日用现金结算。股指期货不会发生买卖小麦或玉米的期货合约可能发生的实物交割。相反，股指期货将加总收益和损失，然后从参与者的账户中加上或减去该金额，最后平掉多头和空头。

建立商品期货市场的一个原因是商品生产者和使用者用头寸对冲价格波动的需求。股指期货（和其他金融期货与货币期货）产生的原因与之部分相同。投资组合经理买卖股指期货，以对冲不利的价格变动。例如，假设投资组合经理拥有一个充分分散化的股票组合。如果股市上涨，那么该组合的价值也会上涨。然而，如果股市下跌，也存在着损失风险。投资组合经理可以通过卖出纽交所综合指数期货合约降低损失风险。如果股市下跌，那么投资组合遭受的损失至少可以部分由期货合约空头的价值上升所抵消。

为了进行这种对冲，投资组合经理使用了与投资组合构成相匹配的期货合约。纽交所综合指数合约适合于充分分散化的股票组合，但不适合于专门的投资组合。相反，负责小公司投资组合的投资组合经理更可能使用标准普尔中盘股指数，该指数赋予小公司更多权重。

为了用股指期货进行对冲，投资组合经理可以用投资组合价值除以合约价值，以确定卖出的未平仓合约数量。例如，如果投资组合的价值为 1 000 000 美元，期货合约价值为 85 000 美元，那么投资者将卖出 11 份至 12 份合约（1 000 000/85 000＝11.76）。恰好对冲投资组合或许是不可能的，因为可能无法获得理想单位的期货合约。在这个例子中，投资组合经理不能卖出 11.76 份期货合约，而必须卖出 11 份或 12 份合约。这个单位问题对于大型投资组合经理来说不是什么大问题。如果投资组合的价值为 100 000 000 美元，那么未平仓合约数量将为 1 176（100 000 000/85 000＝1 176.47）份，而 1 176 份和 1 177 份之间的差异并不大。该投资组合经理面临的问题是市场吸收这么多份合约的能力。在当前价格上，是否有足够的需求，以吸收价值 100 000 000 美元的期货合约？如果答案是否定的，那么价格就将发生变化（这将改变必要的合约数量），否则投资组合经理将不能完全对冲股票多头。

除了合约数量，投资组合经理还必须考虑投资组合相对于市场的波动性。上例隐含着这样一个假设，即投资组合价值恰好与期货合约标的指数一起变动。实际上，这个例子假设投资组合的 β 系数等于 1.0。如果 β 系数大于 1.0，那么就必须卖出更多合约，以对冲价格下跌，因为被卖空的合约价值的下降幅度将小于投资组合价值。如果投资组合的 β 系数小于 1.0，那么必须卖出的合约将较少，因为市场价值的下跌将大于投资组合的价值。

表 19.1 说明了整个对冲过程，其中两个投资组合经理希望对 2 000 000 美元的投资组合进行对冲，以避免价格下跌的影响。投资组合 A 的 β 系数为 1.25，而投资组合 B 的 β 系数为 0.75。由于投资组合的 β 系数不同，因此投资组合 A 要求卖出 9 份合约，而投资组合 B 只要求卖出 5 份合约。接下来，股市从 1 100 点跌至 990 点，跌幅为 10%。每个投资组合都遭受了损失，但期货合约空头产生的利润抵消了损失。除了单位问题，每个投资者都成功地进行了对冲，避免了价格下跌带来的损失，但也放弃了获利机会。如果股市上涨，那么合约价值增加将抵消股票的收益。用股指期货对冲的作用是双向的，它是投资组合经理预期价格将下跌但不愿卖出投资组合时最适合的策略。例如，投资组合经理可能希望在某段不确定性较高的时期进行对冲，但不希望卖出证券，产生应税资本收益。

表 19.1　使用股指期货对冲 2 000 000 美元的投资组合

	投资组合 A	投资组合 B
投资组合的价值：	2 000 000 美元	2 000 000 美元
β 系数：	1.25	0.75
标准普尔 500 股指期货合约的价值：	250×1 100＝275 000（美元）	250×1 100＝275 000（美元）
对冲所需的合约数量：	(2 000 000/275 000)×1.25＝9.09	(2 000 000/275 000)×0.75＝5.45
卖出的合约数量：	9	5

续表

	投资组合 A	投资组合 B
市场下跌 10%至 990 点时卖空期货合约的收益：	275 000×9－990×250×9 ＝247 500（美元）	275 000×5－990×250×5 ＝137 500（美元）
投资组合的收益：	[2 000 000×(1－0.1)－2 000 000] ×1.25＝－250 000（美元）	[2 000 000×(1－0.1)－2 000 000] ×0.75＝－150 000（美元）
净收益：	247 500－250 000＝－2 500（美元）	137 500－150 000＝－12 500（美元）

除了卖出股指期货合约（建立期货空头）以外，投资组合经理还可以通过卖出指数看涨期权（建立抛补看涨头寸）或购买指数看跌期权（建立保护性看跌头寸）进行对冲。每种策略的目的都是保护投资者免受市场整体下跌的冲击。每种策略都有潜在的优点和缺点，因此没有只使用一种策略的明确理由。卖出期货合约是很容易建立的一种头寸，而且往往交易成本较低。然而，如果股市上涨，那么期货合约的损失就将抵消市场收益。卖出期货消除了从价格上涨中获利的可能。

卖出看涨期权可以产生收入，但限制了对价格下跌时的保护。如果股市跌幅足以抵消卖出看涨期权的收入，那么投资组合就将遭受损失。此外，如果股市上涨，那么看涨期权的价值也将增加，这将抵消投资组合的收益。保护性看跌期权不会限制从价格上涨中获利的可能。如果股市上涨，那么投资组合的价值增加不会被等额看跌期权价格下降所抵消。但买入看跌期权要求支出现金，而且如果投资组合经理希望维持对市场下跌时的保护，就必须重复这个过程（现金支出将增加）。

兴趣点

单股票期货

有些期货合约是基于个别商品（例如小麦）的；有些期货合约是基于股指（例如标准普尔500股票指数）和更广泛的股票篮子的，有些期货合约是基于货币（例如英镑）的；甚至还有些期货合约是基于联邦政府证券（国库券）的。2001年年初，芝加哥期权交易所、芝加哥商品交易所和芝加哥期货交易所成立了一家交易单一股票期货的合资公司。

单一股票期货的原理和其他期货合约基本相同。参与者签订以当前期货价格买入或卖出特定股票的合约。如果股票的期货价格上升，多头将获利，而空头将亏损。这种合约的吸引力是保证金要求较少，因此参与者能获得大量杠杆。然而，与也能被用于获得杠杆的期权不同，单一股票期货逐日盯市，因此每日结算损益。期权成本也每日变化，但单一股票期货的保证金要求是固定的，不能随期货价格变化。这意味着，如果股价上升，因此股票期货价格也上升，买卖单一股票期货的成本将始终为规定的保证金要求。

程序交易与指数套利

程序交易产生于创建股指期货之后，它已经成为股市和期货市场的主要联系。通过程序交易和指数套利，当参与者在市场之间转移资金以利用价值差时，一个市场的价格变化被传导至另一个市场。

程序交易（programmed trading）是指整体证券组合的协同买卖。共同基金经理或金融机构经理不能下达买卖大量股票的实体订单。相反，如果满足特定条件，人们将通过计算机程序下达大额订单（因此被称为程序交易）进行交易。

正如本书前面所说明的，套利指同时确定多头和空头，以利用两个市场的价值差。例如，如果1英镑的价格在巴黎为2.46美元，在波恩为2.50美元，那么套利者将在巴黎买入英镑，同时在波恩卖出英镑。在巴黎买入的英镑可以在波恩交割；因此，投资者确保交易可以获得0.04美元利润。这种无风险套利头寸确保巴黎和波恩的英镑价格大致相同，其中的微小差异可以由交易成本解释。

从概念上讲，指数套利与此没有区别，除了套利者买卖的是指数期货和证券，而不是英镑。二者的原理是相同的。如果不同市场的价格有偏差，就产生了套利机会。套利的目的是利用价值差，通过套利行为，价值差将被消除。这种套利经常通过大量持有证券复制各种股价指数的共同基金进行。这些基金在股票和期货之间转移资金，以利用价值差。

程序交易指数套利结合了两个概念：人们利用计算机程序签订买卖大批证券的订单，以利用证券市场和期货市场上存在的套利机会。如果股指期货价格上升，套利者将卖空期货并买入指数中的股票。如果期货价格下降，套利者的做法将相反。他们将做多期货合约，并做空指数中的股票。

这就产生了三个潜在问题：(1) 有些交易成本必须得到弥补，因此期货合约和标的证券的价值差必须足以弥补该成本。(2) 买入或卖出广义指数中的所有证券存在一个明显的问题。由于标准普尔500股票指数使用500只不同的股票，因此必须持有所有500只股票的头寸。为了规避这个问题，套利者建立了较小的投资组合，它被称为“篮子”，如实反映了较大的指数。这些股票篮子的价格表现模拟了指数中的价格变化。(3) 为了让套利无风险，必须同时执行两个头寸。否则，就会出现一段投资者为多头或空头（即只持有一个头寸）的时期，因而使投资者面临风险。这种同时执行头寸的需求导致了使用计算机程序协调篮子的买卖的需求。使用计算机让套利者可以同时签订买卖多种股票的大额订单。

第十七章说明了为何期权的内在价值形成了期权价格的下限。如果价格降至内在价值以下，就存在套利机会。同样的概念也适用于股指期货，除了在股指期货中之外，期权被指数期货和股票篮子中的个股代替。

这个概念可以用一个简单的例子说明。假设标准普尔股票指数为300点，期货合约交易采用301.5。假设合约价值为指数的500倍，因此每份合约的价值为150 750美元。套利者卖空期货，买入价值150 000美元的指数中的股票（或者篮子中的股票）。实际上，套利者为价值150 750美元的股票支付了150 000美元，因为套利者已经通过期货空头签订了以150 750美元的价格卖出股票的合约。

如果在头寸被执行后，期货价格下跌或指数中的股票价格上涨，套利者将对两个头寸平仓（被称为“unwinding”）并获利。例如，假设股价升至足够高，使指数为301.5，而期货合约价值只升至302。套利者现在可以卖出股票，并回购期货合约。期货收益为－250（＝301.5×500－302×500）美元，而股票收益为750（＝301.5×500－300×500）美元。由于所有交易都可能在几分钟内发生，因此持有头寸的成本可以忽略不计。套利者只需弥补与交易相关的交易成本。

如果期货和指数的价值差没有迅速消除，套利者就可以维持头寸，直到期货合约到期。随着到期日临近，期货价格必然与当前价格（即即期价格）趋同。期权的价值仅为到期时的内在价值，而期货价格必然等于合约到期时的即期价格。因此，套利者知道期货合约和指数的价值差必然消失，以此确保获利。这种情况与前一种情况的唯一区别是持有股票的成本，它可以由证券产生的收入部分抵消。

如果价格逆转（例如，指数为 300 点时，期货交易采用 298.5），交易程序也将逆转。套利者将做多期货、做空股票。同时执行的多头和空头将锁定差价，并确保套利者获利。如果价值差迅速消失，头寸将被平仓，实现利润。即使价值差仍存在，套利者也知道到期时价值差必然会消除。

图 19.2 说明了这个指数套利过程。它表示一个交易日内期货合约和指数中标的股票的价值差。零点上的直线表示没有价值差，+0.1 和−0.1 上的直线表示执行指数套利的交易成本。一旦期货和指数的价值差超过+0.1 或−0.1，就存在可盈利的套利机会。

当价值差足以弥补交易成本时，计算机程序就将签订适当的买单和卖单。例如，上午 10：15，正号一侧的价值差足以使套利者卖空期货，买入股票。11：45，价值差消失，因此头寸被平仓，实现利润。下午 2：00，（负号一侧的）价值差再次增加，足以使套利者做多期货，卖空股票。下午 3：30，价值差再次消除，套利者平仓。

当然，随着价值差的消除，不同市场将会受到影响。期货合约相对于标的股票的需求增加产生了套利者对股票的需求，因此股价上升。类似地，股价上升将传导至期货市场。相反的情况也会发生。股价下降往往会使期货价格下降。

重要的是，意识到指数套利程序交易不依赖于股价水平或期货价格水平。相反，它取决于（1）即期价格与期货价格之比；（2）同步交易。指数套利程序交易不依赖于技术分析、对公司财务报表的基本面分析、利润或股利增加等信息变化或经济预测。

程序交易可能扭曲股价。股票可能获得基于基本面分析的公允定价，但如果进行程序交易，个股价格也可能出现大幅波动。由于套利者希望建立股票多头，因此指数或篮子中包含的证券价格可能迅速地大幅上升。当然，如果套利者希望平掉股票多头或建立空头，情况将会相反。因此，在一个交易日内，由于对套利者建立头寸或平掉头寸做出反应，个股价格可能遭受双重损失。如果个股价格偏离基本面分析显示的价值，那么这种价格波动性可能创造个股的买入（或卖空）机会。

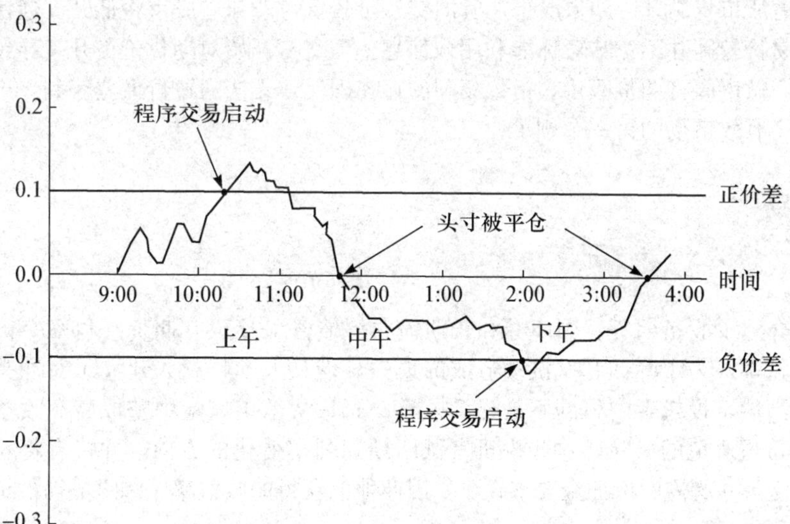

图 19.2　股指期货合约和标的股票的价值差

资料来源：© Cengage Learning.

在临近到期日时，这种价格波动性尤为引人注目，尤其是在一年中被称为“三巫聚首日”的四天内。在这些日子里，标准普尔500股指期货合约、标准普尔100股指期权合约和个股期权合约到期。到期日扎堆可能导致证券价格和证券交易量大幅波动。

三巫聚首日的时间非常短，以至于即使是小幅价值差也会产生套利机会。市场上的不同参与者（即期权合约的所有者和卖方，以及期货合约的投机者和对冲者）希望平仓，因此可能出现价值差，计算机会捕捉到它们。例如，如果期货价格稍高于标的股票价值，套利者将立即卖空期货、买入股票，因为他们知道价值差必然会在几小时内消失。相反，如果股价上升，套利者将卖出股票、买入期货，因为期货合约和标的股票的价值差必然在合约和期权到期时消失。当然，这种套利利润的可能性会增加交易量并推动价格，使价格差异消除。

如果股价被低估或高估，股价大幅波动可能会产生买入（或卖出）个股的机会。证据表明，三巫聚首日的大幅股价变化会在到期日后的交易日中迅速消失。当然，这与有效市场理论一致。如果由于某种原因，某只个股被错误定价，投资者将买入或卖出这只股票，使其价格显示出市场认为其应有的价值。对股指套利头寸平仓可能会短暂创造出这种机会。

股价波动性提出了程序交易受欢迎程度的问题。答案部分在于程序交易和指数套利被视为证券市场和期货市场上发生的其他事件的原因还是反应。考虑投机者认为美联储将放松信贷、利率将下降的例子。这些投机者希望持有多头，并购买股指看涨期权和期货合约。这些合约的价格升至标的股票的价值之上，引发程序卖出期货合约，并大量买入股票。股价显著上升。

如果投机者预期股价将下跌，则会发生相反的情况。他们卖出期货合约的影响将传导到证券市场上。期货价格下降将导致程序交易持有期货多头，并卖空股票头寸（即卖出股票）。当然，这些例子表明，程序交易和指数套利不是股价变化的原因，导致股价变化的是投机者，程序交易只是对初始原因做出反应。

指数套利的存在是投资者在股市开市前跟随指数期货的原因之一。如果股指期货的交易价较高，意味着股市将高开。如果股指期货的交易价较低，意味着股市将低开。遗憾的是，仅仅知道期货交易价较高并不意味着你能利用该信息。当交易开始对期货价格升高导致的需求增加做出反应时，做市商将调整股价。指数套利的存在确保你无法通过价值差获利，这也是为何金融市场被视为有效市场的另一个例子。

债券期货

上一节介绍了股指期货。国库券和长期债券等债务工具也有期货。利率变化影响借款成本和贷款收益率。为了降低利率波动造成的损失，借款人和贷款人建立了对冲头寸，以锁定特定利率。当然，投机者的目的不是降低风险，而是从承担风险中获取高额收益。投机者承担了对冲者希望避免的风险。这些投机者试图预期利率变化的方向，并持有将获得利润的头寸。由于建立头寸所需的保证金要求较少，因此他们获得的收益率（如果成功的话）被这种杠杆放大。

可以用一个交割美国国债的利率期货合约的例子来说明金融期货如何为投机者产生利润。假设一个投机者预期利率下跌，债券价格上升。这个投资者将买入在未来交割美国国债的合约。他建立了一个多头。（不要把自己搞糊涂；头寸很容易搞反，因为你预期利率下降，而

“下降”这个词意味着持有空头。）如果利率的确下降，且债券价格上升，那么该合约的价值将增加，因为投机者拥有以较低价格（即较高的收益率）交割债券的合约。然而，如果利率升高，那么债券价格将下跌，该合约的价值也将下降。合约价值下降导致在收益率较低时签订合约的投机者遭受损失。

如果投机者预期利率上升，那么他将签订未来卖出国债的合约（即建立空头）。如果利率的确上升，且债券价值下跌，那么该合约的价值必然也会下降，但投机者将会获利。卖空方可以以较低的价格买入债券，然后以合约中规定的价格交割债券。或者，投机者也可以以较低的价格签订买入合约，然后平仓并获利。当然，如果投机者是错的，且利率的确下跌了，那么债券价值将上升，导致投机者遭受损失，他现在必须支付更多的钱来购买债券，以兑现合约。

货币期货

货币期货是卖出并交割外币（例如，英镑）的合约。投机者由于预期某种货币相对于另一种货币的价格将发生变化而持有头寸。对冲者使用合约来降低由于价格变化而产生损失的风险。基本上，货币合约与商品期货合约、股指期货合约和债券期货合约的作用相同。

假设英镑的美元价格为 2 美元。预期英镑价格将上升的投机者建立了英镑多头。这个投资者签订了一份未来买入英镑的合约。期货价格可能为 2.02 美元或 1.96 美元。它不一定等于当期价格或即期价格。（如果许多投机者都预期英镑价格将上升，他们将通过竞价抬高期货价格，使其超过当期价格。如果投机者预期英镑价格将下跌，他们将压低期货价格。）如果该投机者签订价格为 2.02 美元的期货合约，且他是正确的（即英镑价格上升），那么这个投机者就将获利。如果英镑价值升至 2.20 美元，那么合约价值可能每英镑升高 0.18（=2.2−2.02）美元。（在到期时，期货价格和即期价格必须相等。因此，如果英镑在到期日的价格为 2.20 美元，那么合约价格必须为每英镑 2.20 美元。）当然，如果投机者是错的，英镑价格降至 1.80 美元，那么合约价值也会下降，而投机者将遭受损失。

预期英镑价值下跌的投机者将建立空头并签订卖出英镑的合约。如果投机者是正确的，英镑价值下跌，那么他可以平仓并获利。由于英镑现在的价值下降，因此投机者可以买入更便宜的英镑，并以合约中规定的较高价格交割。（实际上，投机者将通过买入未来交割英镑的抵消合约以平仓。）如果投机者是错的，英镑价格上升，那么投机者将遭受损失，因为按照合约要求，买入英镑并在未来进行交割的成本升高了。

货币期货和通过货币期货对冲降低风险

货币期货为投资者提供了一种对价格变化进行投机的方法，但它作为汇率波动对冲手段的作用可能更重要。购买外国证券的美国投资者和进行对外投资的美国公司必须承担与汇率波动相关的风险。货币期货提供了管理这种风险的手段。

如果货币价格稳定，那么投资于另一个国家的风险将很小。然而实际情况并非如此，如图 19.3 所示，该图画出了 1980—2014 年的英镑价格。考虑 2008 年价格下降的情况，当时英镑从 2.00 美元跌到 1.50 美元以下，跌幅超过 25%。如此规模的跌幅将很容易地抵消以英镑计值的资产获得的大部分正收益。如果持有资产的投资者或公司建立对冲头寸，那么对冲获得的收益将抵消（至少是部分抵消）英镑的美元价值下跌产生的损失。

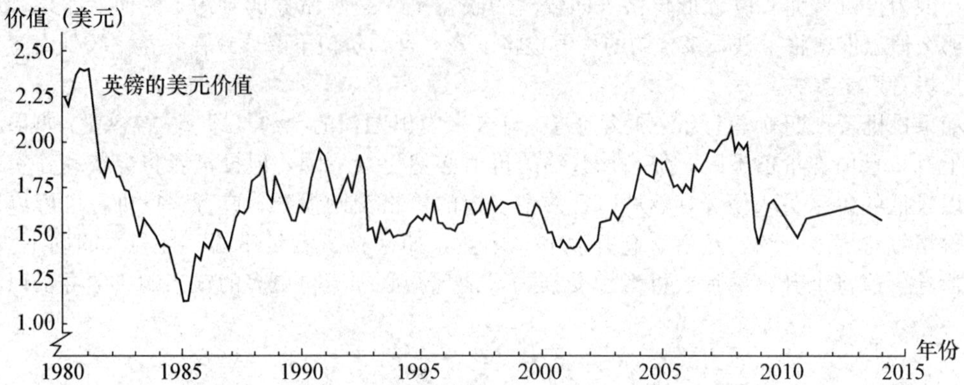

图 19.3　英镑的美元价值（1980—2014 年）

资料来源：© Cengage Learning.

为了理解这种对冲的机制，请考虑下面的例子。假设你以每股 50 英镑的价格购买了 100 股股票（5 000 英镑）。英镑当前的价值为 2.00 美元，因此股票的美元价值为 10 000 美元。由于你拥有股票多头（因而拥有英镑多头），因此如果你希望对英镑下跌进行对冲，就需要对期货做空（即卖空英镑）。英镑的期货价格为 2.02 美元，也就是说，1 美元＝0.495 1 英镑。（在这个例子中，期货价格高于当期价格或即期价格。相反的情况，也就是期货价格低于即期价格，也是可能的。）为了建立空头，你签订了一份以 2.20 美元的价格交割 5 000 英镑的期货合约。这份合约的价值为 5 000×2.02＝10 100（美元），这几乎与股票价值相同。

假设股价没有变化，但英镑价值跌至 1.90 美元。你的股票没有损失，其价格仍为 50 英镑，但 5 000 英镑的价值现在仅为 9 500(＝5 000×1.90）美元。如果你要卖出股票，并将英镑换回美元，那么你将损失 500 美元。然而，期货合约的价值也必然会下降。如果英镑价格为 1.90 美元，那么合约价值将为 9 500 美元。你可以以 9 500 美元的价格购买 5 000 英镑，以每英镑 2.02 美元的价格交割（10 100 美元），并在这笔交易上赚 600 美元。期货空头的收益抵消英镑美元价值下跌的损失后还有富余。

假设股价没有变化，但英镑价格升至 2.20 美元。你的股票没有损失，其价格仍为 50 英镑，但 5 000 英镑的价值为 11 000(＝5 000×2.20）美元。如果你要卖出股票，并将英镑换回美元，那么你将获利 1 000 美元。然而，期货合约的价值也会上升。如果英镑价格现在为 2.20 美元，那么合约价值将为 11 000 美元。你可以以 11 000 美元的价格购买 5 000 英镑，但只能收到 10 100(＝2.02×5 000）美元。你的期货合约将损失 900 美元。期货空头的损失消耗了英镑升值产生的大部分收益。

购买美国股票的英国投资者将采取相反的策略。假设该投资者以每股 50 美元的价格买入 200 股（即 10 000 美元）。如果美元价格为 0.50 英镑，那么股票成本将为 5 000(＝10 000×0.5）英镑。如果英镑价值上升（美元下跌），那么他将遭受损失。例如，假设股价维持在 50 美元，但英镑价值从 2.00 美元升至 2.20 美元。美元价值从 0.50 英镑（1/2 美元）降至 0.454 5(＝1/2.20）英镑。现在，200 股股票的价值为 4 545[＝(200×50)/2.20] 英镑。当美元被换回英镑时，英国投资者将遭受 455(＝5 000－4 545）英镑的损失。

为了对冲该损失，投资者签订了一份期货合约。该投资者持有美国证券的多头，并签订了美元空头（英镑多头）合约。也就是说，该投资者签订了购买英镑（交割美元）的合约。如果美元价值下跌，该合约的价值将上升。如果投资者签订了期货价格为 1.00 英镑×2.20 美元时卖出 10 000 美元的合约，那么合约价值将为 4 950(＝10 000/2.02）英镑。如果美元价值跌至 1.00 英镑＝2.20 美元，那么股票价值为 4 545[＝(200×50)/2.20] 英镑。然而，英国投资者可以以 4 545（＝10 000/2.2）英镑的价格买入 10 000 美元，并进行交割换取 4 950 英镑。这 405 英镑的收益几乎抵消了美元价值下跌产生的 455 英镑损失。

你应该注意到，在这些例子中，投资者没有完全对冲其头寸。在第一个例子中，投资者有净收益，而在第二个例子中，投资者有净损失。无法完全进行对冲可能是由于：(1) 即期价格和期货价格的差异；(2) 合约规模与外国证券投资金额之差。即使投资者无法完全对冲并恰好抵消潜在损失，对冲也降低了汇率变化导致的潜在损失。许多有外汇风险敞口的投资组合经理和在外国经营的公司的财务经理都经常用对冲降低与汇率波动相关的大量风险。

互 换

除了期权和期货以外，另一种衍生工具是互换。**互换**（swap）是约定交换（互换）支付的双方签订的协议。互换就好比我同意支付你的电费账单，而你同意支付我的电话账单。我们同意交换支付。个人很少互换支付，但公司和金融机构却经常参与互换市场。公司通过经营而不是通过对预期价格变化投机而盈利。为了降低价格变化产生损失的风险，管理者可以签订互换协议。由于会计披露要求在年报中讨论互换，因此投资者需要了解互换，以及公司如何用这些衍生工具管理公司的风险敞口。

货币互换与利率互换

公司之间有各种互换协议。例如，两家公司可以互换不同货币的支付（货币互换）。在另一种情况下，一家公司可以用一系列固定支付换取一系列可变支付。对方公司（被称为“交易对手”）换出可变支付并收取固定支付。

全球性公司的外国投资和外国业务的大幅增加使利用互换协议管理汇率风险的情况大为增加。以一家在英国有业务、需要用英镑支付的美国公司为例。如果英镑升值（美元贬值），那么支付的美元价值将上升，但如果英镑贬值（美元升值），那么支付的美元价值将下跌。对于在美国有业务、必须用美元支付的英国公司来说，情况相反。然而，利润可能由于外币价值的波动而增加或减少。

降低损失风险的一种方法是用本章前面讨论的货币期货进行对冲。互换支付是另一种降低汇率风险的方法。英国公司同意用英镑支付美国公司需要的款项，而美国公司同意用美元支付英国公司需要的款项。由于现在两家公司都用本币进行支付，因此任何一家公司都没有与汇率变化相关的风险。如果美元升值（英镑贬值），那么对两家公司都没有实质影响。

涉及从外国借入资金的互换也可以降低利息费用。假设一家美国公司在美国可以以优惠条件借款，但在英国需要资金，那里的贷款成本将较高。一家英国公司在英国可以以较低的利率借款，但在美国需要资金。在两种情况下，如果公司在本国市场上借款，都能节省利息费用。然而，由于在国外需要资金，因此这些钱必须兑换为当地货币。一旦进行兑换，公司现在就面临将资金换回本币清偿贷款的汇率风险。

如果美国公司能在美国借款，英国公司能在英国借款，并同意互换债务，那么每家公司都能拥有以本币计值的贷款。为了实现这种互换，公司可以利用收取服务费的互换交易商（通常是一家大型金融机构，例如一家大型商业银行）。美国公司发行美元债务，并将钱交给交易商。交易商再将钱交给英国公司。同时，英国公司发行英镑债务，并将钱交给交易商，交易商再将钱交给美国公司。

现在，英国交易商用英镑支付利息，而美国公司用美元支付利息。净结果是美国公司的资产负债表上有美元债务，但也能使用英镑。由于根据互换协议，债务是用美元计值的，因此没有汇率风险。此外，如果该公司能在国内以较低的利率发行债务，那么实际上可以降低利息费用。对于英国公司而言，则是相反的情况，它以英镑借款，但也能使用美元。

为了让这种互换发生，双方必须得到好处，且金额必须是可比的。互换的好处是：(1) 节省利息费用；(2) 降低汇率风险；(3) 既节省利息费用又降低汇率风险。互换交易商作为中介，促进了互换的产生。交易商对这种服务收取费用。

通过下面这个简单的例子，我们可以看到互换的潜在好处。假设一家美国公司需要625 000 英镑，而一家英国公司需要 1 000 000 美元。一英镑的成本为 1.60 美元。(反之，1.00 美元可以购买 0.625 英镑。) 给定该汇率，1 000 000 美元相当于 625 000 英镑。美国公司可以以 6%的利率从一家国内银行借入 1 000 000 美元，但如果从一家英国银行借入 625 000 英镑，则必须支付 7%的利率。利息将为 43 750 英镑，而贷款将由英镑计值。英国公司可以以 6%的利率在英国借入 625 000 英镑，但在美国借入 1 000 000 美元，必须支付 8%的利率。利息成本将为 80 000 美元，而贷款将以美元计值。

在这种情况下，如果两家公司互换债务，就能节约利息。由一家互换交易商安排互换，其中每家公司在国内市场上借入资金，并交换债务。美国公司花 37 500 英镑的利息成本使用了 625 000 英镑。节省的利息为 6 250 美元，按当前汇率折算为 10 000 美元。而英国公司花 60 000 美元的利息成本使用了 1 000 000 美元。节省的利息为 20 000 美元，按当前汇率折算为 12 500 英镑。互换双方都节省了净利息。

上例说明了各方以较低的利息成本在特定市场上借款时可能节省的利息。下一个例子说明了降低的汇率风险。假设借入金额和汇率与上例相同，那么两个市场上双方的利率均为 6%。(由于利率相等，因此不再有节省的利息，从而突出了汇率变化的影响。) 在这些假设下，美国公司以 6%的利率借入 1 000 000 美元（利息为 60 000 美元），而英国公司以 6%的利率借入 625 000 英镑（利息为 37 500 英镑）。两家公司互换了资金，因此两家公司都得以利用外币资金。

当 1 年后偿还贷款时，汇率为 1.00 美元＝0.50 英镑（1.00 英镑＝2.00 美元）。英镑的美元成本从 1.60 美元升至 2.00 美元，涨幅为 25%。如果美国公司必须买入英镑，其成本将显著上升。如果美国公司借入了 625 000 英镑，那么它的欠款为 625 000＋0.06×625 000＝625 000＋37 500＝662 500（英镑）。英镑的美元成本为 2×662 500＝1 325 000（美元）。互换节省的资金为 1 325 000－1 060 000＝265 000（美元）。

英国公司支付 625 000＋0.06×625 000＝662 500（英镑）。如果该公司借入了 1 000 000 美元，那么将必须偿还 1 060 000 美元贷款。由于贷款以美元计值，因此 1 060 000 美元的成本为 530 000(＝1 060 000/2) 英镑。英国公司丧失了从英镑升值中获得 662 500－53 000＝132 500（英镑）的机会。然而，英国公司也避免了美元对英镑升值时可能产生的损失。(美国公司也丧失了从英镑成本下降中获利的机会。)

由于公司通常是从经营中产生利润，而不是从汇率波动中产生利润，因此许多有国际业务的公司都会参与互换协议。例如，可口可乐公司在 2011 年向其股东的汇报中称，该公司使用期货合约、互换和其他衍生工具以降低汇率风险和利率变化与商品价格变化等其他风险。如果没有这些衍生工具，该公司暴露于汇率、利率和商品价格波动下的风险敞口就会扩大。

股票互换

除了利率互换和货币互换之外，还有股票互换，其中投资者互换基于股指的支付。假设有一个投资者 A，他拥有大量股票投资组合，预期其价格下跌，并希望转而投资债券。卖出股票将产生应税收益和交易成本（佣金）。投资者 B 持有大量债券，并预期股价将上升。投资者 B 希望卖掉债券并购买股票。然而，债券可能缺乏流动性（尤其是当它们为非应税市政债券时），且卖出债券将产生交易成本。这两个投资者将执行满足每个投资者需求的互换协议。

为了了解这种股票互换如何起作用，假设有一笔金额，例如 1 000 000 美元（名义本金）。如果利率为 10%，那么这 1 000 000 美元将每年获利 100 000 美元。想要债券的投资者 A 同意向投资者 B 支付标准普尔 500 股票指数的收益。如果该指数上涨 5%，那么投资者 A 就将向投资者 B 支付 50 000(=1 000 000×0.05) 美元。想要股票的投资者 B 同意每年向投资者 A 支付 100 000 美元。当每年互换协议生效时，投资者 A 都会从投资者 B 那里收到 100 000 美元，并根据标准普尔的收益率向 B 支付一笔钱。如果标准普尔 500 股票指数上涨 10%，那么投资者 A 就向投资者 B 支付 100 000 美元，而投资者 B 向投资者 A 支付 100 000 美元，因此两笔金额抵消了。下表列出了两个投资者基于股票指数收益率的其他可能的现金流。

投资者 A 的现金流			
标准普尔 500 股票指数的收益率（%）	向 B 支付的金额（美元）	B 支付的金额（美元）	净值（美元）
15	150 000	100 000	−50 000
4	40 000	100 000	60 000
−3	−30 000	100 000	130 000

投资者 B 的现金流			
标准普尔 500 股票指数的收益率（%）	向 A 支付的金额（美元）	A 支付的金额（美元）	净值（美元）
15	100 000	150 000	50 000
4	100 000	40 000	−60 000
−3	100 000	−30 000	−130 000

如果标准普尔 500 股票指数的收益率为 15%，那么投资者 A 将收到 100 000 美元，但必须支付 150 000 美元，因此有 50 000 美元的净现金流出流向投资者 B。如果标准普尔 500 股票指数的收益率为 4%，那么投资者 A 将收到 100 000 美元，但只需支付 40 000 美元，因此投资者 A 获得 60 000 美元的净额。当标准普尔 500 股票指数的收益率为−3%时，投资者 A 将从投资者 B 处收到 100 000 美元加上额外的 30 000 美元，因为指数收益率为负。

当然，投资者 B 的现金流恰好与投资者 A 的现金流相反。当标准普尔 500 股票指数的收益率超过10%时，投资者A向投资者B支付的金额将超过投资者B同意支付的100 000美元，于是投资者B得到净现金流入。如果标准普尔500股票指数的收益率低于10%，那么投资者B向投资者A支付的金额将超过收到的现金，于是投资者B产生净现金流出。实际上，支付的只有净现金流。如果股市收益率为15%，那么投资者A没有必要向投资者B支付150 000美元，投资者B也没有必要向A支付100 000美元。双方只支付净现金流，在这种情况下将是投资者A向B支付50 000美元。

这种互换为每个投资者提供了什么好处？答案是，互换类似于双方改变其投资组合时发生的情况。假设投资者A卖出价值1 000 000美元的股票，买入利率为10%的债券，且股市上涨15%。投资者将获得100 000美元利息，但也产生了150 000美元资本升值的机会损失。通过签订互换协议，投资者产生了50 000美元的现金流出，因此最后的结果基本相同，投资者避免了所有与出售证券相关的交易成本，并避免了所有与交易相关的税款。

从投资者B的角度看，卖出债券将导致其放弃100 000美元的利息，但购买股票将产生150 000美元的升值。净差异为50 000美元，这基本上与互换产生的50 000美元现金流入相同。通过执行互换，投资者B避免了交易成本和与卖出债券相关的任何流通性问题或流动性问题。

在本例中，当两个投资者希望将投资组合从股票投资变为债券投资（或相反）时，将会发生互换。如果投资者希望将投资从一个部门转移到另一个部门，或改变其外国证券的风险敞口时，会产生其他可能的股票互换。例如，一个投资者希望减少持有的大盘股，而偏好小盘股，而另一个投资者希望减少持有的小盘股，而偏好大盘股。在这种情况下，互换是基于大盘股指数和小盘股指数的。想要大盘股的投资者将收到基于大盘股指数的支付，并根据小盘股指数的表现进行支付。想要更多小盘股的投资者将进行并收到相反的支付（即收到基于小盘股指数的支付，并进行基于大盘股指数的支付）。

相同的基本原则也适用于涉及外国证券的股票互换。假设一个投资者希望通过加入外国证券进行分散化。同时，一个外国投资者希望通过持有美国证券进行分散化。每个投资者没有购买外国证券，而是安排了一项互换。美国投资者将收到基于外国证券指数的付款，并基于美国证券指数进行支付。外国投资者将基于本国证券指数进行支付，并收到基于美国证券指数表现的付款。如果外国证券指数产生更高的收益率，美国投资者将收到净现金流入，但如果外国证券指数的收益率较低，那么美国投资者将必须进行支付。这基本上与卖出美国股票、买入外国股票产生的结果相同。外国收益率升高将导致美国投资者的收益率升高，而外国收益率降低将导致美国投资者的收益率降低。互换协议实现了类似的结果，而投资者不必买卖个股。

信用违约互换

你购买房屋，然后购买保险。实际上，你和一家保险公司签订了合约。你同意定期支付款项，保险公司同意在出险时理赔。如果发生火灾等事件，保单买方将获得卖方（保险公司）的赔偿。

信用违约互换类似于你的房屋保险。它是一种合约，一方（买方）定期向供方（卖方）支付款项，以保护自身免受贷款人违约造成的损失。例如，你购买了面值为10 000美元、利率为10%的债券。该债券每年应向你支付1 000美元，但存在发行人违约的风险。为了降低损失的影响，你与第三方签订了一份合约，同意支付300美元。如果债券违约，你将从互换供方获得 1 000 美元。这种支付模式类似于你的房屋保险；你“互换”了支付。通过放弃部分利益（互换成本），你将在事件（违约）发生时获得赔偿。实际上，互换是另一种对冲。你接受了较低的收益率以降低损失风险。风险被转移给同意在初始债务人违约时进行支付的公司。

投资者很少参与互换市场，但是投资公司、捐赠基金或养老金计划可能使用互换市场。这些机构购买债券以产生收入，但必须承担投资风险。为了降低风险，它们与银行或保险公司等第三方签订互换协议。通过向第三方支付款项，养老金计划将风险转移给保险公司或银行。养老金计划接受较低的收益率，因为支付降低了投资公司产生的现金流。养老金计划为互换支付的价格是一种风险感受指标。随着风险的增加，支付金额也随之增加，因为卖方（例如，保险公司）要求为承担额外风险获得更多补偿。这种互换处于 2008—2009 年金融危机的核心位置，当时大量借款人对抵押贷款等贷款违约，而互换卖方无力履行互换协议。

尽管投资者购买信用违约互换作为一种对冲工具，但也可以买卖信用违约互换作为一种投机工具。假设你预期将会出现违约；你可以买入互换。你不必拥有互换的标的证券。以前例中的 10 000 美元债券为例。你预期该公司将违约，并同意支付 300 美元，但如果发行人违约，将收到 1 000 美元。由于你不拥有债券，因此该头寸不是对冲。它是对违约的投机。你支付 300 美元，以期在借款人违约时收到 1 000 美元。当然，如果你预期借款人不会违约，你可以卖出互换，收取买方支付的款项。互换双方不能都是正确的；违约要么发生，要么不发生。一方必然会遭受损失。

在互换协议产生后，就出现了互换协议的二级市场。如果一个投资者买入互换，他随后就可以将互换合约卖给另一个投机者。第二个买家现在承担付款义务并在借款人违约时得到补偿。互换的创建者也可以出售互换协议，此时卖方不再收到支付，但也不再有风险。这些二级交易的价格应该反映出交易时的风险，且价格可能不是最初创建信用违约互换时存在的价格。

如果双方进行完所有的支付，就没有问题了。信用违约互换卖方将从买方那里收到款项。买方的净收益率降低了，但由于风险也降低了，因此这是可以预期的。如果借方违约，出售“保险”的一方将向买方（债务工具所有者）付款，使这套体系运行。当互换卖方不按要求付款时，将会出现一个大问题。买入互换以降低损失风险的一方现在承担了两笔损失。该方不仅没有收到贷款人支付的利息，也没有收到互换卖方支付的补偿。由于互换卖方没有按要求付款且初始借款人没有支付利息，因此贷款人在两个方面都遭受了损失。

小　结

投资期货需要签订在未来交割的合约。投机者可能持有多头，即购买在未来交割的合约，也可能持有空头，即卖出在未来交割的合约。如果价格上升，多头就将获利。如果价格下跌，空头就将获利。

商品期货合约和金融期货合约是通过在商品交易所中有席位的经纪商进行的。这些合约由存款支持，这些存款被称为保证金，它标志着投资者的良好信用。保证金要求只占合约价值的一小部分，这产生了巨大的潜在杠杆。商品价格的小幅变化将产生相对于小额保证金的高额利润或损失。因此，商品合约被认为投机性很强。

对冲在商品期货市场上起着重要的作用。商品的种植者、开采者和使用者经常希望降低价格波动产生的损失风险，因此对他们的头寸进行对冲。生产者卖出在未来交割的合约，使用者买入在未来交割的合约。通常，投机者买入和卖出对冲者想要的合约。通过这种方式，对冲者希望降低的风险被转移给投机者。

除了商品期货之外，还有金融期货、货币期货和股指期货。金融期货是交割金融资产（例如，美国国库券和债券）的合约。货币期货是在未来交割外币（例如，日元或英镑）的合约。股指期货是基于广义的市场指标（例如，纽交所综合指数）的。预期利率、外汇或股市将发生变化的投机者可以通过持有相应的期货合约头寸对这些预期价格变化进行投机。和所有的商品合约一样，潜在收益率可能很高，但损失风险也很大。商品期货投机最好留给了解潜在风险并有能力承担这些风险的少数投资者去做。

股指期货和程序交易的诞生导致了股指套利。当股指期货合约的价值偏离股票指数中的标的股票价值时，就产生了套利机会。如果合约价值超过了股票价值，那么套利者就将卖空合约、买入股票。当合约价值低于股票价值时，将发生相反的情况，此时套利者买入期货、卖出股票。这些交易是当股指期货和股票指数之间产生差异时，通过使用计算机程序同时签订买卖订单进行的。

股指期货和程序交易的结合将证券与期货市场联系起来。一个市场的变化快速传导至另一个市场。这种联系导致当套利者签订大量买卖订单时，个股价格产生大幅变化。

互换是双方同意交换支付的协议。互换协议不是一种增加利润的方法，而是一种管理风险，尤其是汇率风险或利率风险的方法。在外国有业务的公司可以与该国的一家公司进行互换，以避免将一种货币兑换为另一种货币。需要进行固定支付但更愿意进行可变支付的公司可以用固定支付与一家需要进行可变支付的公司互换。互换的结果是，两家公司都能更好地匹配现金流入与需要进行的支付。

信用违约互换类似于保险合约。持有债券的一方希望转移违约风险。投资者签订一份向另一方进行支付的协议，后者同意在初始债务人违约时补偿买方。实际上，投资者进行支付是以收益率降低为代价换出风险的。如果没有违约，那么接受风险的互换协议卖方将获得支付作为补偿。除非出现大量违约，否则这种信用违约互换就是一方管理风险而另一方获得接受风险的收益的方法。然而，存在初始债务人和互换卖方均违约，导致信用违约互换买方遭受巨大损失的可能。

问　题

1. 什么是期货合约？什么是商品的即期价格和期货价格？什么时候两种价格必须相等？

2. 商品期货多头和空头的区别是什么？

3. 什么是保证金？为什么保证金是杠杆的来源？什么是追加保证金要求？期货保证金和股票保证金有何不同？

4. 为什么农民以及商品期货的其他使用者会对冲其头寸？

5. 如果一个投资者预期商品价格将下降，那么他会持有什么期货头寸？

6. 政府干预如何影响商品价格？商品期货市场是否受政府监管？

7. 什么是金融期货合约？如果你预期利率将上升，那么你应该买入还是卖出金融期货合约？

8. 如果你预期英镑价格将上升，并希望对该上升趋势进行投机，那么你应该买入还是卖出交割英镑的合约？

9. 在未来交割标准普尔500股票指数的合约的多头和空头有何区别？如果你预期股价将下跌，那么你应该买入还是卖出股指期货？

10. 股指期货市场的变化如何影响股票市场？为什么股指期货和程序交易会导致个股价格大幅变化？

11. 支付互换如何降低公司的风险敞口？何时投资者会愿意签订互换协议？

12. a）小麦在哪个（些）交易所交易？交易单位的大小是多少？保证金要求（或“履约保证金”）是多少？1个月期、3个月期和6个月期合约的即期价格和期货价格是多少？

b）1周以后，重复问题a）。标的商品和合约的价格变化是多少？如果你对每份合约持有一个多头，那么即期价格、合约价格和保证金收益率的变化率是多少？

c）基于标准普尔500股票指数的股指期权在哪个交易所交易？1个月期、3个月期和6个月期合约的即期价格和期货价格是多少？基于交易单位的合约价值是多少？

d）1周以后，问题c）中的合约即期价格和期货价格是多少？价格变化率是否大于即期价格或合约价格的变化率？

为了帮助你回答这些问题，请参考下列网站：

- 堪萨斯城交易所：www.kcbt.com；
- 芝加哥商品交易所：www.cmegroup.com。

关系题与基本习题示例

关系题

1. 商品价格上升将____商品期货合约空头的损失。

2. 价格上升将____玉米期货合约空头的收益。

3. 未平仓期货数量随着合约临近到期而____。

4. 期货平仓表明未平仓期货数量____。

5. 期货合约多头的收益将随着商品价格的上升而____。

6. 期货的保证金要求较低表明空头的收益率____大于商品价格的降幅。

7. 商品价格下降将____从多头转移到空头的资金。

8. 如果持有小麦多头的投机者收到维持保证金要求，这表明价格已经____。

9. 石油等商品的生产者使用期货来____价格____导致损失的风险。

10. 如果木材等商品的使用者预期价格将____，他们将签订期货合约以____损失风险。

11. 如果股价和指数____，标准普尔指数期货合约空头将获利。

12. 投资者的 β 系数增大要求股票期货合约数量____以对冲风险。

13. 在纽约证券交易所开始交易前，股票期货价格上升将____股价。

14. 由于利率上升将____债券价格，因此利率升高预期说明应持有利率期货空头。

15. 如果投机者对英镑做多，且美元价值下跌，那么这表明合约价值将____。

16. 英镑的美元成本增加将____英国投资者持有的美国股票价值。

17. 持有欧洲股票投资组合的美国投资者可以通过对冲欧元的美元成本____风险。

18. 如果一家美国公司与一家英国公司签订了互换协议，那么两家公司都可以____汇率风险。

19. 使用互换协议进行对冲将____风险。

20. 风险增加将____信用违约互换卖方收到的支付。

基本习题

1. 某种商品（例如小麦）的期货价格为 4.00 美元。合约中的商品数量为 10 000 蒲式耳。保证金要求为 2 000 美元，维持保证金要求为 1 000 美元。你预期商品价格将下跌，并签订了卖出合约。

a）合约价值是多少？你最初必须支付多少钱？

b）如果期货价格跌至 3.94 美元，合约价值是多少？你的账户中有多少钱？

c）如果期货价格升至 4.04 美元，合约价值是多少？你的账户中有多少钱？

d）如果期货价格继续升至 4.15 美元，你必须如何做？

2. 黄金的即期价格为每盎司 1 800 美元，但期货价格为每盎司 1 850 美元。由于每份合约为 100 盎司黄金，因此一份合约的价值为 100×1 850＝185 000 美元。每份合约的保证金要求为 10 000 美元。你预期黄金价格将上升，并签订了买入黄金的合约。

a）你最初必须支付多少金额？

b）如果期货价格升幅为 1%，升至 1 868.50 美元，那么你的账户中有多少钱？你的头寸损益百分比是多少？

c）如果期货价格下降 1%，降至 1 831.50 美元，那么你的账户中有多少钱？损益百分比是多少？

d）如果期货价格升至 1 900 美元，那么你必须如何做？如果期货价格跌至 1 750 美元，你的答案将有何不同？

e）你将如何平仓？

习　题

1. 玉米的期货价格为 2.00 美元。一份合约为 10 000 蒲式耳，因此一份合约的价值为 20 000 美元。保证金要求为每份合约 2 000 美元，维持保证金要求为 1 200 美元。一个投机者预期玉米价格将下跌，并签订了一份卖出玉米的期货合约。

a）这个投机者最初必须支付多少钱？

b）如果期货价格升至 2.13 美元，那么这个投机者必须怎样做？

c）如果期货价格继续升至 2.14 美元，那么这个投机者的账户中将有多少钱？

2. 黄金的期货价格为 1 250 美元。期货合约的标的为 100 盎司黄金，保证金要求为每份合约 5 000 美元。维持保证金要求为 1 500 美元。你预期黄金价格将上升，并签订了一份买入黄金的合约。

a）你最初必须支付多少钱？

b）如果黄金价格升至 1 255 美元，那么你的头寸的利润和收益率是多少？

c）如果黄金的期货价格降至 1 248 美元，那么该头寸的损失和收益率是多少？

d）如果期货价格跌至 1 238 美元，那么你必须怎样做？

e）如果期货价格继续跌至 1 210 美元，那么你的账户中将有多少钱？

f）你如何平仓？

3. 英镑的期货价格为 2.00 美元。期货合约金额为 10 000 英镑，因此合约价值为 20 000 美元。保证金要求为每份合约 2 000 美元，维持保证金要求为 1 200 美元。一个投机者预期英镑价格将下跌，并签订了一份卖出英镑的合约。

a）投机者最初必须支付多少钱？

b）如果期货价格升至 2.13 美元，那么投机者必须怎样做？

c）如果期货价格继续升至 2.14 美元，那么投机者在账户中有多少钱？

4. 你预期将在 6 个月后收到一笔 1 000 000 英镑的付款。英镑的当前价值为 1.60 美元（即 1 英镑＝1.60 美元），但 6 个月期期货价格为 1.56 美元（即 1 英镑＝1.56 美元）。你预期英镑价格将下跌（即美元价值上升）。如果该预期得以实现，那么当你在未来 6 个月后收到英镑并将其兑换为美元时，将遭受损失。

a）给定当期价格，你预期将支付多少美元？

b）给定期货价格，你将收到多少美元？

c）如果在 6 个月后，英镑价值为 1.35 美元，那么英镑价值下跌给你造成的损失是多少？

d）为了避免这种潜在损失，你决定进行对冲，并卖出以 1.56 美元的期货价格交割英镑的期货合约。这种保护你免受英镑价值下跌的冲击的合约的成本是多少？

e）如果对冲后，英镑价格跌至 1.35 美元，那么你的最高损失金额是多少？为什么你的答案不同于 c）的答案？

f）如果对冲后，英镑价格升至 1.80 美元，那么你的头寸收益是多少？

g）如果你没有进行对冲，且英镑价格升至 1.80 美元，那么你的答案和 f）的答案有何不同？

5. 一个美国投资组合经理拥有一只价值 2 000 000 美元的债券，该债券将于 1 年后到期。英镑的当期价格为 1.65 美元，1 年期期货价格为 1.61 美元。如果英镑价值下跌，那么投资组合经理将遭受损失。如果英镑价值上升，那么投资组合经理将获利。

a）基于即期汇率的预期支付是多少？

b）基于期货汇率的预期支付是多少？

c）如果 1 年后英镑的价值为 1.53 美元，那么英镑价值下跌导致的损失是多少？

d）如果 1 年后英镑价值为 1.72 美元，那么英镑价值上升产生的收益是多少？

e）为了避免 c）中的潜在损失，投资组合经理通过卖出以 1.61 美元交割英镑的期货合约进行对冲。保护投资者免受英镑价值下跌冲击的成本是多少？

f）如果在对冲后，英镑价格跌至 1.53 美元，那么投资组合经理的最高损失金额是多少？为什么这个答案不同于上面 c）的答案？

g）如果在对冲后，英镑价格升至 1.72 美元，那么投资组合经理能获得的最高利润金额是多少？为什么这个答案不同于上面 d）的答案？

6. 你预期股市将下跌，但你没有卖空股票，而是决定卖出基于纽约证券交易所普通股指数的股指期货合约。该指数现在为 600 点，且合约价值是该指数的 250 倍。保证金要求为 2 000 美元，维持保证金要求为 1 000 美元。

a）当你卖出合约时，你必须投资多少钱？

b）基于该指数的合约价值是多少？

c）如果经过 1 周的交易，该指数为 601 点，那么你的头寸将发生什么变化？你的损益是多少？

d）如果该指数升至 607 点，那么你需要怎样做？

e）如果该指数跌至 594 点（比初始价值跌了 1%），那么你的头寸的利润率或亏损率是多少？

f）如果你买入而不是卖出该合约，那么你应投资多少钱？

g）如果你买入该合约，且股指随后从 600 点涨至 607 点，那么你的必要投资是多少？

h）请比较你从 d）至 g）的答案。

i）当合约到期时，你会交割按合约应该卖出的证券吗？

7. 期货市场的一个用途是"价格发现"，也就是说，期货价格反映了现在对商品未来价格的一致看法。黄金的当期价格为 950 美元，但你预期价格将升至 1 000 美元。如果期货价格为 990 美元，那么你将怎样做？如果你的预期实现了，那么你的利润是多少？如果期货价格为 1 018 美元，那么你将怎样做？多高的期货价格将让你采取行动？为什么？

8. 小麦的当期价格为 3.70 美元，持有小麦的成本（仓储、保险、运输的综合成本）为价格的 20%。根据该信息，1 年后的小麦价格将是多少？如果期货价格为 4.55 美元，你将怎样做？

9. 两个机构投资者执行了价格为 10 000 000 美元的互换协议，其中一方同意向交易对手支付 EAFE 的收益率，这是一个欧洲、澳大利亚和远东股票的指数。交易对手同意基于标准普尔 500 股票指数进行支付。在接下来 4 个时期中，两个指数的收益率如下：

时期	标准普尔 500 股票指数收益率（%）	EAFE 收益率（%）
1	5	12
2	−5	8
3	15	0
4	−2	−7

在每个时期中双方之间的现金流是多少？

理财顾问的投资案例

用于延期纳税的期货

你最老练的投资者客户之一——约瑟夫·德卢卡（Joseph DeLuca）认为，股市将下跌，因此他的大部分投资组合将贬值。然而，他不想卖掉股票，因为这会在当前的纳税年度产生高额联邦资本收益税债务。他最近了解到，期货可以被用于降低价格变化产生的损失风险，也可以被作为对价格变化投机的工具。你已经当了他多年的私人理财规划师，他要求你建立一种使用期货实现保护收益而不用在当年卖出证券的策略。

由于德卢卡持有股票多头，因此你意识到他需要持有期货空头，以降低损失风险。由于他的投资组合金额很高又充分分散化，因此你决定将选择限定为指数期货。投资组合价值数百万美元，但你决定用 1 000 000 美元作为所有比较的基础，因为任何其他金额都可以以 1 000 000 美元的倍数表示。你注意到，市场指数为 100 点，且存在着价值为指数 500 倍的期货合约。保证金要求为每份合约 2 000 美元。你认为，说明期货策略最好的方法就是回答下面的一系列问题，以解释如何用期货满足德卢卡的递延到下一年度纳税，同时保护其收益的目标。

1. 用指数表示的合约价值是多少？

2. 德卢卡必须卖掉多少合约以对冲 1 000 000 美元？为什么德卢卡应该卖出而不是买入合约？

3. 德卢卡必须存入多少现金才能满足保证金要求？如果货币市场证券的年利率为 6%，那么如果必须维持 2 个月的头寸，保证金要求造成的利息损失是多少？

4. 如果股市下跌 5%，那么合约价值将发生什么变化？德卢卡能否将钱从头寸中取出，以减少利息损失？

5. 如果他的投资组合的 β 系数为 1.0，且股市下跌5%，那么他的价值1 000 000美元的投资组合将损失多少？

6. 如果投资组合的β系数低于1.0，那么德卢卡能否通过卖出较少的合约对冲头寸？如果β系数为0.75，那么需要多少合约来对冲投资组合？

7. 假设投资组合的β系数为0.75，且德卢卡卖出了15份合约。如果随后股市上涨了10%，那么该投资组合和合约的损益是多少？净利润或净损失是多少？

8. 当合约到期时，德卢卡是否必须交割他持有的证券，以抛补合约？

9. 使用期货合约的策略达到目标了吗？

第六部分
综　述

本书开头说明了理财规划的重要性、如何建立财务目标并构建充分分散化以实现这些目标的投资组合。投资组合将逐渐产生正收益，但这也要求投资者承担风险。尽管风险可以被管理，但不能被消除。收益率取决于投资组合中的各项资产以及投资组合中不同资产类别的配置。本章回顾了这些概念。本章没有新的内容，而是将零散的内容串到了一起。

第二十章

财务规划与有效市场中的投资

本杰明·布里顿（Benjamin Britten）在他的《青年管弦乐指南》（*Young Person's Guide to the Orchestra*）中分别说明了交响乐团的乐器。然后，布里顿每次改变一种乐器以重组管弦乐队，最后以结合了所有乐器的华丽赋格结束。投资者以类似于布里顿赋格曲的方式将各种资产结合起来，构建起一个投资组合。尽管投资者每次可以购买一种资产，但它们都被结合进一个投资组合，以实现投资者的理财目标。

投资组合的规划、构建与风险管理

从继承遗产等其他来源获得收入或现金后，你有两个选择：花掉这些钱或存起来。如果你选择存起来，就有另一个问题：如何投资这些钱。（当然，如果你选择花掉这些钱，下一个问题就是买什么。）如何投资这些钱要求你回答更多问题：投资目的是什么？或者财务目标是什么？可能的答案包括：

（1）用于满足应急需要的钱；

（2）用于未来买东西的钱，例如，房屋首付；

（3）用于交学费的钱；

（4）用于养老的钱。

在确定财务目标和可以投资的资源后，下一步就是构建一个旨在实现这些目标的投资组合。投资组合中的资产应能创造收益。收益来源为：

（1）利息或股利等收益；

（2）价格增值（资本收益）。

这些收益需要纳税，因此投资者的税收环境将在确定重点是投资收益还是增值时起到作用。税率差异会影响投资者的策略。例如，短期资本收益税和长期资本收益税会影响卖出决策的时机。

为了获得收益，投资者需要承担风险。风险有多个来源，包括资产特定风险，它通常被称为非系统性风险。非系统性风险的来源包括：

(1) 经营性质产生的风险（商业风险）；

(2) 财务决策产生的风险（财务风险）。

部分公司本质上风险更高。石油开采比石油零售产品的风险更高。石油开采商的商业风险更高。为了提高收益，某些公司的管理者使用更多债务融资（杠杆），这会增加财务风险。尽管本书中的讨论集中于与公司相关的非系统性风险，但这个概念也适用于政府和其他可能的投资（例如房地产）。评级为 AAA 级的市政府的风险不同于评级为 BBB 级的市政府的风险。

除了资产特定风险，投资者还承担一般风险，它通常被称为系统性风险。系统性风险的来源包括

(1) 市场风险；

(2) 利率风险；

(3) 再投资收益率风险；

(4) 购买力（通货膨胀）风险；

(5) 汇率风险；

(6) 主权风险。

并非所有投资都有这些系统性风险来源。例如，所有债券都有前四种风险，但不一定有后两种风险。然而，如果债券用外币标值，就存在汇率风险。如果债券是由政府发行的，就有主权风险。

区分系统性风险和非系统性风险很重要。非系统性风险可以通过构建分散化投资组合降低或消除。为了降低非系统性风险，不同资产的收益不能高度相关。分散化不仅适用于股票，还适用于不同类型的证券组成的投资组合。然而，系统性风险不会通过分散化降低。系统性风险可以通过风险降低策略进行管理（如果没有消除的话）。例如，如果利率升高，现有债券的价格将会下降。然而，这种风险是可以管理的。一种可能的策略是购买具有不同到期日的债券。这种阶梯式债券组合降低了但没有消除利率风险的影响。

除了构建分散化投资组合和采取措施管理系统性风险外，投资者还需要考虑自己的风险容忍度。可用于投资组合管理的时间和投资者的资源会影响投资组合决策。在追求积极或消极投资策略的决策中，这些非财务因素会起到重要的作用。

积极的投资策略要求投资者做出具体的投资决策并使用不同的分析工具。“基本面分析”适用于贴现现金流模型、财务报表分析和使用财务比率比较可能的投资。基本面分析既适用于“成长型”策略，又适用于“价值型”策略。成长型策略强调潜力出众的股票，以创造资本收益。价值型策略强调价值被低估的股票。在任何一种方法中，选择个股的方法都应该遵循有序过程：

(1) 经济环境与监管环境分析；

(2) 经济环境/监管环境对不同经济部门的影响；

(3) 宏观经济对每个部门内不同行业的影响；

(4) 对每个行业内具体公司的影响；

(5) 对具体证券进行估值，并选择提供更高增长潜力或价值最被低估的证券。

执行积极投资策略的另一种方法是根据价格和交易量做出决策。这种“技术分析”使用了移动平均值和价格模式图等价格变化指标。分析师希望了解证券的供求变化，并使用该信息确定何时买卖证券。

消极投资策略可能明显不同于积极投资策略。一个例子是购买资产并持有较长时期的买入

并持有策略。然而，买入并持有策略不意味着投资者永远保留证券。当需要资金时，投资者可以卖出股票。当公司不再能实现投资者的目标时（例如，股利降低）或公司的基本面发生变化时，投资者可以卖出股票。尽管买入并持有策略可能是一种消极策略，但也保留了某些积极管理。

其他消极投资策略可能要求投资者将做出财务决策的责任交给其他人。执行消极投资策略的可能方法包括：

（1）将所有投资组合决策交给财务顾问或理财规划师，由他们决定买卖哪种资产以调整投资组合；

（2）购买共同基金等投资公司的份额，由这些投资公司的专业经理做出买卖资产的决策；

（3）将投资组合限制为跟踪广义金融市场指数的共同基金和交易所交易基金。

然而，这些策略没有哪种是完全的消极投资策略，因为投资者必须选择财务顾问、投资公司和指数基金。

财务规划过程的最后一个方面是投资组合评估。在最复杂的情况下，评估需要考虑获得的与基准相比的收益率，并根据投资风险进行调整。然而，许多投资者可能将评估简化为回答一个基本问题："财务目标实现了吗?"如果答案是否定的，那么就需要采取一些补救行动。

投资策略选择及其对证券选择和风险的影响

可供选择的资产数量非常巨大，因此没人能了解或购买所有资产。投资策略也是一样。尽管某种方法可能被分类为基本面方法或技术方法，但你不能执行所有可能的策略。投资要求进行选择。如果你相对年轻、没什么债务，就可以选择小盘股成长型策略，这种策略的风险较高，但提供了较高的潜在收益。接下来你必须做出另一项决定：购买哪只小盘股。你也可以决定不购买个股，而是买入并持有小盘股组合的共同基金或跟踪小盘股指数的交易所交易基金。

在选择好策略（例如购买小盘股成长型股票）后，你必须承担风险。显然，资产存在风险。即使你分散掉了这种风险，小盘股策略仍存在风险。选择个股的方法也是如此。假设你根据内部人交易买卖小盘股。你买入内部人购买的股票，卖出内部人出售的股票。如果这种方法奏效，你应该也会获益。但如果这种方法无效，或者你应用不当，就可能出现相反的情况。

你对方法和策略的选择影响你必须承担的风险。通过构建充分分散化的投资组合，可以降低甚至消除特定资产风险。剩下的风险是非系统性风险，例如市场风险、通货膨胀风险或汇率风险。这种风险降低原则也适用于投资策略和选择资产的方法。遵循内部交易规则、投资于低市盈率或成长型小盘股，或者重点投资新兴市场的投资组合等策略需要投资者承担分析方法或投资策略的风险。除非你愿意接受这种风险，否则根据多种投资策略和分析方法构建投资组合将降低每种策略和方法的风险。不过，它也会降低每种策略和方法的潜在收益。

市场有效性的重要性

当你加入更多策略、投资方式、资产类别或资产选择方法时，它们各自对投资组合的影响将下降。你实际上分散掉了每种方法的潜在风险。投资组合变得更像指数组合，而投资组合的收益率将反映出市场收益率。这种反映市场的投资组合就是有效市场假说认为你在构建充分分散化的投资组合时将发生的情况。你的收益率基本上取决于投资组合的资产配置，而不是你选择资产的方法。

正如本书中多个地方所讨论过的，有些人认为金融市场是无效的。例如，有人认为最近产生的“泡沫”就是市场无效的证据。21 世纪初的互联网狂潮及其后来的崩溃，以及 21 世纪初的房价暴涨然后又暴跌、抵押贷款违约和丧失抵押品赎回权经常被当作泡沫的例子。有些分析师认为，泡沫的存在和证券价格的大幅波动就是金融市场无效的证明。

泡沫证明了有效市场假说无效的核心理由为下列几点：有效市场假说是建立在投资者理性，且价格是投资者正确处理当前信息并贴现未来现金流的结果上的。认为价格泡沫的存在证明市场无效的说法是建立在参与者采取非理性行动，且价格不是贴现现金流的结果的基础上的。

不能否认，存在着证券价格变化幅度极大的时期。投资者也可能采取非理性行动。“羊群效应”当然会影响担心自己落在后面的投资者，并使其采取非理性行动。在某些情况下，他们将推高股价。（例如，可参见第二章关于首次公开募股的部分中波士顿炸鸡公司、推特和雅虎的股价暴涨的例子。）股价也可能暴跌。例如，道琼斯工业平均指数曾从 2007 年的 14 280 点跌到 2009 年 3 月的 6 440 点，跌幅超过 50%。这表明典型的股票组合损失了约一半的价值。尽管无效市场假说的支持者将这些时期作为市场无效的证据，但有效市场假说的支持者回应说，当存在很大的不确定性时，有效市场上也会产生这种波动性。

即使金融市场并不总是有效的，有效市场假说也仍有一个重要的意义。投资者不能期望在经风险调整的基础上持续胜过市场。这里有一个基本的问题：谁负责证明金融市场无效的断言？你认为有效市场假说的支持者需要证明它存在，还是无效市场假说的支持者应该证明金融市场无效，而且有可能持续胜过市场？

即使是相信无效市场假说的人也承认，很难胜过市场。例如，罗伯特·A. 哈根（Robert A. Haugen）深信价值策略将产生更优的结果，但也承认“很难胜过市场，因为存在着不可预测的价格驱动波动性……”（参见 Robert A. Haugen，*The Inefficient Stock Market*，2nd ed.，Upper Saddle River，NJ：Prentice Hall，2002，p. 134。）安德鲁·W. 罗（Andrew W. Lo）和贾斯米娜·哈山豪兹克（Jasmina Hasanhodzic）在《金融异教徒》（*The Heretics of Finance*，New York：Bloomberg Press，2009）中采访了几个使用技术分析的成功投资者。多数人“一致认为，在 10%～50% 的时间中，他们的技术分析实践是基于直觉的”（p. xix），且“最成功的……是那些通过经验、对经济和市场运行形成深入认识的人”（p. xx）。根据这些引言，你可能会问自己：我是否拥有这种“直觉”、“经验”或“深入认识”？我是否拥有培养这些素质的时间、动机和毅力？

如果答案是否定的，那么你可能应该更多地了解自己，以及你可以采取的减少投资错误的措施。你可以先从阅读这两本书开始：约翰·诺夫辛格（John Nofsinger）的《投资心理学》第五版（*The Psychology of Investing*，5th ed.，Upper Saddle River，NJ：Prentice Hall，2013）或理查德·雷曼（Richard Lehman）的《远离随机》（*Far From Random*，New York：Bloomberg Press，2009）。认为你的投资决策独立于你的个人偏见和趋势是很天真的。了解自身有助于你避免犯错，并做出更好的投资决策，不论在有效市场还是无效市场中都是如此。

市场有效性的问题很可能无法回答，但你对市场有效性的相信程度将影响你的投资方法。越坚信市场无效性，就越有理由进行积极的投资组合管理。异常现象的存在提供了希望；某些投资者的自大和投资的兴奋感说明，有些人会采取积极的交易策略。

然而，对于有些投资者来说，市场有效性的例外可能是某种偏离。如果异常情况没有用，那么围绕着充分分散化的共同基金或交易所交易基金建立的消极策略可能会更合适。低换手率降低了佣金成本，较低的实际收益降低了投资者的资本收益税。对于确信金融市场充分有效的投资者来说，这种策略可能是实现其财务目标的最好方法。

那么，为什么人们如此关注那些看来打赢了市场的投资者？答案部分在于收益率分布。图20.1说明了某个时间段（例如，1年）的投资组合收益率。均值（15%）表示市场收益率。个人收益率既可能高于也可能低于市场收益率。该图表明，某些投资者和投资组合经理的确胜过了市场。当然，也有一些投资者和投资组合经理的表现不如市场。

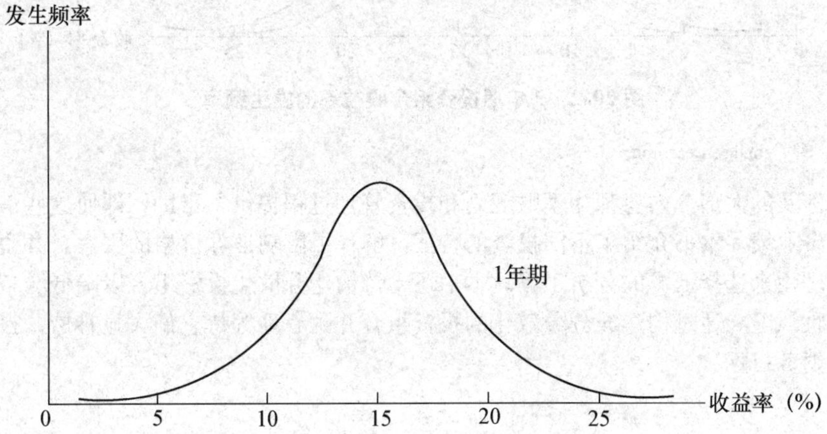

图 20.1　1 年期投资组合收益率的发生频率

资料来源：© Cengage Learning.

正尾部清楚地表明，某些投资者的表现必然在某段时期内胜过市场。如果某个投资组合经理的表现确实胜过市场，那么该信息将会被广为传播。资金将流入表现好的基金，投资组合经理的奖金通常也与绩效和所管理的资产金额挂钩。显然，投资组合经理和资金管理公司宣传其成功是有好处的。

答案也与金融媒体有关。绩效格外好的投资组合经理通常会被大肆宣传，并获得大众媒体的高度评价。《金钱》（*Money*）或《福布斯》（*Forbes*）上将出现介绍他们的文章。基金经理将在脱口秀中接受采访，他们管理的基金将被评为“五星级”。在有些情况下，投资组合经理将摇身一变成为超级明星。当然，表现差劲的投资组合经理不会得到如此的宣传。

图 20.1 给出了一段时期的分布曲线，而图 20.2 加入了更长时期的分布曲线。在短期内，正如较平坦的分布曲线所示，几个投资者和投资组合经理的确表现超群。但在长期内，他们的数量减少了。分布变得更狭窄、更高，这表明获得相当于所投资市场的收益率的投资者增加了，而获得超额收益率的投资者减少了。然而，正尾部仍然存在。少数出众的投资者获得了更高的收益率。可能正是他们的存在给了广大投资者错误的希望，但这些投资者和投资组合经理或许的确具备无法传授给普通投资者的超群技能。

然而，典型的投资者应该认真对待有效金融市场的概念。多数投资者不应试图效仿少数绩效超群的投资者，而是应该花时间制定财务目标，并构建充分分散化的投资组合以实现这些目标。相应地，他们应该少花时间去试图打赢市场，不要去追逐投资时尚或热门的共同基金。

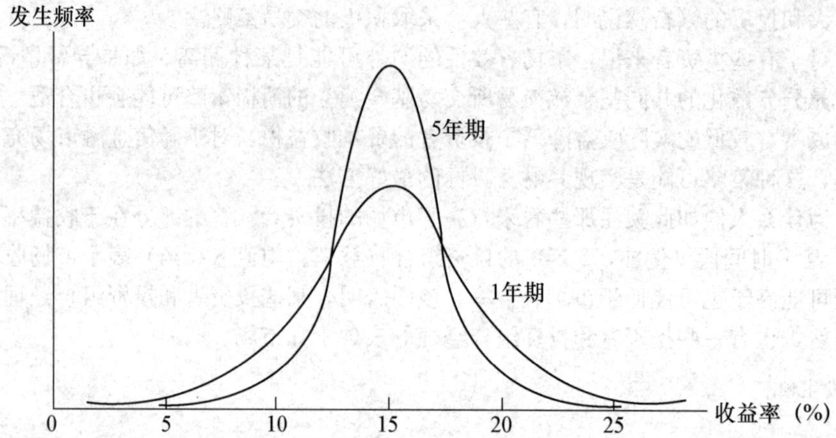

图 20.2　5 年期投资组合收益率的发生频率

资料来源：© Cengage Learning.

本书中涉及的大部分内容都为理财规划和投资管理过程提供了帮助，即使这些信息不能产生出众的投资业绩。本书介绍了不同投资的特征，解释了影响证券价格的因素，并说明了许多投资组合经理用来选择证券的分析工具。本书还支持构建分散化投资组合以降低与特定资产有关的非系统性风险。通过构建充分分散化的投资组合并耐心地等待它们大显神威，投资者可以实现他们的财务目标。

理财顾问的投资案例（一）

目标和投资组合选择

瓦内萨·阿沃雷塔（Vanessa Avoletta）是一个非常成功的爱情小说自由作家。她以写作速度快闻名，每年至少能写完四本书，每年每本书扣除费用后的净收入为 25 000～50 000 美元。对于这笔丰厚的收入，阿沃雷塔既关心收入避税，又关心退休计划。现在她 40 岁，离婚了，并有一个正在上高中的孩子。阿沃雷塔希望将孩子送到一所名牌大学攻读计算机学学位。

尽管阿沃雷塔很聪明而且知识渊博，但除了她在小说中用过的一般背景资料，她对金融和投资几乎一无所知。由于她并不打算永远为赚钱而写作，因此她决定请你帮助她进行财务规划。

当你们第一次见面时，你建议阿沃雷塔制订一项避税退休计划，并考虑对她的孩子进行赠与，赠与形式可以为写作中的某本书未来产生的版税。这些想法让阿沃雷塔深受启发，她想把这些钱存起来，进行投资以逐渐积累，并在她死后转移给继承人。尽管阿沃雷塔希望实现这两种想法，但她认为一次实现一种想法可能更现实，并决定首先制订退休计划。她就几种不同的做法征求你的意见，你提供了下列可能的策略：

（1）在一家银行开立个人退休账户，将钱存在可变利率账户中。

（2）在一家大型经纪公司开设自主基奥账户。

（3）在一家大型共同基金公司开设基奥账户。

（4）在一家经纪公司开立账户，积累有很高增长潜力但当期收入很少的普通股。

阿沃雷塔不能立即理解这些策略的含义，并问了你以下几个问题：

1. 在每种策略下应持有什么资产？

2. 与每种选择相关的当期应纳税款和未来应纳税款是多少？

3. 她能控制账户中的多少资产？

4. 需要个人进行多少监管？

你如何回答这些问题？你建议她采取什么做法？

最后，下列情况会如何改变你的建议？

（1）阿沃雷塔的健康记录很差。

（2）阿沃雷塔希望减少写作，并可能在本地大学教授创意写作课程。

（3）阿沃雷塔喜欢奢侈品，很难存起钱。

理财顾问的投资案例（二）

目标与资产配置

你有两个新顾客，艾力克·布鲁克纳（Erik Bruckner）和珊塔·布鲁克纳（Senta Bruckner）。他们 30 多岁，有两个孩子，6 岁的斯黛拉（Stella）和 8 岁的克洛伊（Chloe）。布鲁克纳夫妇的基本财务目标是为子女提供大学学费。他们的第二个目标是制订退休计划。他们拥有一座用抵押贷款买下的房子，家庭总收入为 100 000 美元。珊塔的雇主提供了医疗保险和寿险。她参与了雇主的 401（k）退休计划，现在计划中有 40 000 美元。该基金投资于她公司的股票。艾力克是一个自由职业者，在家工作。他没有制订退休计划。在扣除抵押贷款金额后，他们可以用来投资的总资产除了退休账户中的 40 000 美元外，还有 200 000 美元。

布鲁克纳夫妇想要流动性足够高的资产，他们希望这些资产的金额相当于 6 个月的收入，作为预防措施［0.5×100 000＝50 000（美元）］。在这 50 000 美元中，至少 20%应投资于流动性极高的资产，但只要资产能实现提供足够流动性的目标，剩下的 80%可以投资于任何其他地方。

剩下的资产（150 000 美元）可以用于其他投资。这些资金可以按多种方式进行分配。由于这对夫妇有收入，因此你预期布鲁克纳夫妇会认为收益型债券不是其投资组合的必要组成部分。然而，该结论并不一定正确。债券能分散化投资组合，而且可以作为延期纳税退休账户的一部分。利息收入不用纳税，直到从退休账户中取出利息收入，且利息收入将以复利计算。如果珊塔的雇主提供了一只债券基金作为退休计划的一部分，那么从整体资产配置的角度看，选择债券基金而不是公司股票将是合理的。

你决定举一个资产配置的例子。一旦布鲁克纳夫妇理解了这个概念，你就可以进一步进行详细配置。初始金额为 240 000 美元；其中，40 000 美元投资于退休账户，50 000 美元投资于流动性资产，还剩下 150 000 美元。你决定，退休账户应投资于债券，流动性资产应投资于以美国联邦政府国库券为主的货币市场共同基金。剩下的钱应该均等地投资于大型股和小型股。为了说明这种配置以及可能的结果，你回答了下列问题。

1. 每类资产分配到了多少资金？

2. 每种资产的预期收益率如下：

大公司股票	10%
小公司股票	12%
公司债券	6%
国库券	3%

当 10 年后孩子们该上大学时，每个账户中将有多少钱？

3. 给定上一个问题中的终值，投资组合的资产配置是什么？应该采取什么措施？

4. 第 2 问中的预期收益是基于历史收益率的，但 2008—2009 年这段时期证明了收益率可能要低得多。假设大盘股和小盘股的收益率分别仅为 1.4%和 3.2%。10 年后账户中将有多少钱？（假设公司债券和国库券的收益率分别保持在 6%和 3%。）

5. 如果布鲁克纳夫妇不需要这笔钱为他们的两个女儿交大学学费，那么按照初始分配，当他们 60 多岁临近退休时，每个账户中将有多少钱？（使用第 2 问中的预期收益率。）

6. 如果通货膨胀率为 3%，那么成本为 100 美元的商品和服务在他们退休时的成本将是多少？维持他们 100 000 美元的当前收入的购买力需要多少年收入？

7. 如果布鲁克纳夫妇退休时的预期寿命一共还有 15 年，他们拥有上面算出的资金，并且他们退休后的资金收益率为 7%，那么他们能否维持原有的生活水平？你的答案中假设未来的通货膨胀率为多少？该假设是合理的吗？

8. 根据上述答案，布鲁克纳夫妇应该考虑采取哪些做法？

附录 A

数学用表

1 美元的终值
1 美元的现值
1 美元年金的终值
1 美元年金的现值

1美元的终值

时期	1%	2%	3%	4%	5%	6%	7%
1	1.010	1.020	1.030	1.040	1.050	1.060	1.070
2	1.020	1.040	1.061	1.082	1.102	1.124	1.145
3	1.030	1.061	1.093	1.125	1.158	1.191	1.225
4	1.041	1.082	1.126	1.170	1.216	1.262	1.311
5	1.051	1.104	1.159	1.217	1.276	1.338	1.403
6	1.062	1.126	1.194	1.265	1.340	1.419	1.501
7	1.072	1.149	1.230	1.316	1.407	1.504	1.606
8	1.083	1.172	1.267	1.369	1.477	1.594	1.718
9	1.094	1.195	1.305	1.423	1.551	1.689	1.838
10	1.105	1.219	1.344	1.480	1.629	1.791	1.967
11	1.116	1.243	1.384	1.539	1.710	1.898	2.105
12	1.127	1.268	1.426	1.601	1.750	2.012	2.252
13	1.138	1.294	1.469	1.665	1.886	2.133	2.410
14	1.149	1.319	1.513	1.732	1.980	2.261	2.579
15	1.161	1.346	1.558	1.801	2.079	2.397	2.759
16	1.173	1.373	1.605	1.873	2.183	2.540	2.952
17	1.184	1.400	1.653	1.948	2.292	2.693	3.159
18	1.196	1.428	1.702	2.026	2.407	2.854	3.380
19	1.208	1.457	1.754	2.107	2.527	3.026	3.617
20	1.220	1.486	1.806	2.191	2.653	3.207	3.870
25	1.282	1.641	2.094	2.666	3.386	4.292	5.427
30	1.348	1.811	2.427	3.243	4.322	5.743	7.612

时期	8%	9%	10%	12%	14%	15%	16%
1	1.080	1.090	1.100	1.120	1.140	1.150	1.160
2	1.166	1.188	1.210	1.254	1.300	1.322	1.346
3	1.260	1.295	1.331	1.405	1.482	1.521	1.561
4	1.360	1.412	1.464	1.574	1.689	1.749	1.811
5	1.469	1.539	1.611	1.762	1.925	2.011	2.100
6	1.587	1.677	1.772	1.974	2.195	2.313	2.436
7	1.714	1.828	1.949	2.211	2.502	2.660	2.826
8	1.851	1.993	2.144	2.476	2.853	3.059	3.278
9	1.999	2.172	2.358	2.773	3.252	3.518	3.803
10	2.159	2.367	2.594	3.106	3.707	4.046	4.411
11	2.332	2.580	2.853	3.479	4.226	4.652	5.117
12	2.518	2.813	3.138	3.896	4.818	5.350	5.936
13	2.720	3.066	3.452	4.363	5.492	6.153	6.886
14	2.937	3.342	3.797	4.887	6.261	7.076	7.988
15	3.172	3.642	4.177	5.474	7.138	8.137	9.266
16	3.426	3.970	4.595	6.130	8.137	9.358	10.748
17	3.700	4.328	5.054	6.866	9.276	10.761	12.468
18	3.996	4.717	5.560	7.690	10.575	12.375	14.463
19	4.316	5.142	6.116	8.613	12.056	14.232	16.777
20	4.661	5.604	6.728	9.646	13.743	16.367	19.461
25	6.848	8.623	10.835	17.000	26.462	32.919	40.874
30	10.063	13.268	17.449	29.960	50.950	66.212	85.850

$P_a(1+i)^n=P_n$　利息系数$=(1+i)^n$

1 美元的现值

时期	1%	2%	3%	4%	5%	6%	7%	8%	9%	10%	12%	14%	15%
1	0.990	0.980	0.971	0.962	0.952	0.943	0.935	0.926	0.917	0.909	0.893	0.877	0.870
2	0.980	0.961	0.943	0.925	0.907	0.890	0.873	0.857	0.842	0.826	0.797	0.769	0.756
3	0.971	0.942	0.915	0.889	0.864	0.840	0.816	0.794	0.772	0.751	0.712	0.675	0.658
4	0.961	0.924	0.889	0.855	0.823	0.792	0.763	0.735	0.708	0.683	0.636	0.592	0.572
5	0.951	0.906	0.863	0.822	0.784	0.747	0.713	0.681	0.650	0.621	0.567	0.519	0.497
6	0.942	0.888	0.838	0.790	0.746	0.705	0.666	0.630	0.596	0.564	0.507	0.456	0.432
7	0.933	0.871	0.813	0.760	0.711	0.665	0.623	0.583	0.547	0.513	0.452	0.400	0.376
8	0.923	0.853	0.789	0.731	0.677	0.627	0.582	0.540	0.502	0.467	0.404	0.351	0.327
9	0.914	0.837	0.766	0.703	0.645	0.592	0.544	0.500	0.460	0.424	0.361	0.308	0.284
10	0.905	0.820	0.744	0.676	0.614	0.558	0.508	0.463	0.422	0.386	0.322	0.270	0.247
11	0.896	0.804	0.722	0.650	0.585	0.527	0.475	0.429	0.388	0.350	0.287	0.237	0.215
12	0.887	0.788	0.701	0.625	0.557	0.497	0.444	0.397	0.356	0.319	0.257	0.208	0.187
13	0.879	0.773	0.681	0.601	0.530	0.469	0.415	0.368	0.326	0.290	0.229	0.182	0.163
14	0.870	0.758	0.661	0.577	0.505	0.442	0.388	0.340	0.299	0.263	0.205	0.160	0.141
15	0.861	0.743	0.642	0.555	0.481	0.417	0.362	0.315	0.275	0.239	0.183	0.140	0.123
16	0.853	0.728	0.623	0.534	0.458	0.394	0.339	0.292	0.252	0.218	0.163	0.123	0.107
17	0.844	0.714	0.605	0.513	0.436	0.371	0.317	0.270	0.231	0.198	0.146	0.108	0.093
18	0.836	0.700	0.587	0.494	0.416	0.350	0.296	0.250	0.212	0.180	0.130	0.095	0.081
19	0.828	0.686	0.570	0.475	0.396	0.331	0.276	0.232	0.194	0.164	0.116	0.083	0.070
20	0.820	0.673	0.554	0.456	0.377	0.312	0.258	0.215	0.178	0.149	0.104	0.073	0.061
25	0.780	0.610	0.478	0.375	0.295	0.233	0.184	0.146	0.116	0.092	0.059	0.038	0.030
30	0.742	0.552	0.412	0.308	0.231	0.174	0.131	0.099	0.075	0.057	0.033	0.020	0.015

时期	16%	18%	20%	24%	28%	32%	36%	40%	50%	60%	70%	80%	90%
1	0.862	0.847	0.833	0.806	0.781	0.758	0.735	0.714	0.667	0.625	0.588	0.556	0.526
2	0.743	0.718	0.694	0.650	0.610	0.574	0.541	0.510	0.444	0.391	0.346	0.309	0.277
3	0.641	0.609	0.579	0.524	0.477	0.435	0.398	0.364	0.296	0.244	0.204	0.171	0.146
4	0.552	0.516	0.482	0.423	0.373	0.329	0.292	0.260	0.198	0.153	0.120	0.095	0.077
5	0.476	0.437	0.402	0.341	0.291	0.250	0.215	0.186	0.132	0.095	0.070	0.053	0.040
6	0.410	0.370	0.335	0.275	0.227	0.189	0.158	0.133	0.088	0.060	0.041	0.029	0.021
7	0.354	0.314	0.279	0.222	0.178	0.143	0.116	0.095	0.059	0.037	0.024	0.016	0.011
8	0.305	0.266	0.233	0.179	0.139	0.108	0.085	0.068	0.039	0.023	0.014	0.009	0.006
9	0.263	0.226	0.194	0.144	0.108	0.082	0.063	0.048	0.026	0.015	0.008	0.005	0.003
10	0.227	0.191	0.162	0.116	0.085	0.062	0.046	0.035	0.017	0.009	0.005	0.003	0.002
11	0.195	0.162	0.135	0.094	0.066	0.047	0.034	0.025	0.012	0.006	0.003	0.002	0.001
12	0.168	0.137	0.112	0.076	0.052	0.036	0.025	0.018	0.008	0.004	0.002	0.001	0.001
13	0.145	0.116	0.093	0.061	0.040	0.027	0.018	0.013	0.005	0.002	0.001	0.001	0.000
14	0.125	0.099	0.078	0.049	0.032	0.021	0.014	0.009	0.003	0.001	0.001	0.000	0.000
15	0.108	0.084	0.065	0.040	0.025	0.016	0.010	0.006	0.002	0.001	0.000	0.000	0.000
16	0.093	0.071	0.054	0.032	0.019	0.012	0.007	0.005	0.002	0.001	0.000	0.000	
17	0.080	0.060	0.045	0.026	0.015	0.009	0.005	0.003	0.001	0.000	0.000		
18	0.069	0.051	0.038	0.021	0.012	0.007	0.004	0.002	0.001	0.000	0.000		
19	0.060	0.043	0.031	0.017	0.009	0.005	0.003	0.002	0.000	0.000			
20	0.051	0.037	0.026	0.014	0.007	0.004	0.002	0.001	0.000	0.000			
25	0.024	0.016	0.010	0.005	0.002	0.001	0.000	0.000					
30	0.012	0.007	0.004	0.002	0.001	0.000	0.000						

$$P_a=\frac{P_n}{(1+i)^n} \quad 利息系数=\frac{1}{(1+i)^n}$$

1美元年金的终值

时期	1%	2%	3%	4%	5%	6%
1	1.000	1.000	1.000	1.000	1.000	1.000
2	2.010	2.020	2.030	2.040	2.050	2.060
3	3.030	3.060	3.091	3.122	3.152	3.184
4	4.060	4.122	4.184	4.246	4.310	4.375
5	5.101	5.204	5.309	5.416	5.526	5.637
6	6.152	6.308	6.468	6.633	6.802	6.975
7	7.214	7.434	7.662	7.898	8.142	8.394
8	8.286	8.583	8.892	9.214	9.549	9.897
9	9.369	9.755	10.159	10.583	11.027	11.491
10	10.462	10.950	11.464	12.006	12.578	13.181
11	11.567	12.169	12.808	13.486	14.207	14.972
12	12.683	13.412	14.192	15.026	15.917	16.870
13	13.809	14.680	15.618	16.627	17.713	18.882
14	14.947	15.974	17.086	18.292	19.599	21.051
15	16.097	17.293	18.599	20.024	21.579	23.276
16	17.258	18.639	20.157	21.825	23.657	25.673
17	18.430	20.012	21.762	23.698	25.840	28.213
18	19.615	21.412	23.414	25.645	28.132	30.906
19	20.811	22.841	25.117	27.671	30.539	33.760
20	22.109	24.297	26.870	29.778	33.066	36.786
25	28.243	32.030	36.459	41.646	47.727	54.865
30	34.785	40.568	47.575	56.085	66.439	79.058

时期	7%	8%	9%	10%	12%	14%
1	1.000	1.000	1.000	1.000	1.000	1.000
2	2.070	2.080	2.090	2.100	2.120	2.140
3	3.215	3.246	3.278	3.310	3.374	3.440
4	4.440	4.508	4.573	4.641	4.770	4.921
5	5.751	5.867	5.985	6.105	6.353	6.610
6	7.153	7.336	7.523	7.716	8.115	8.536
7	8.654	8.923	9.200	9.487	10.089	10.730
8	10.260	10.637	11.028	11.436	12.300	13.233
9	11.978	12.488	13.021	13.579	14.776	16.085
10	13.816	14.487	15.193	15.937	17.549	19.337
11	15.784	16.645	17.560	18.531	20.655	23.044
12	17.888	18.977	20.141	21.384	24.138	27.271
13	20.141	21.495	22.953	24.523	28.029	32.089
14	22.550	24.215	26.019	27.975	32.393	37.581
15	25.129	27.152	29.361	31.772	37.280	43.842
16	27.888	30.324	33.003	35.950	42.753	50.980
17	30.840	33.750	36.974	40.545	48.884	59.118
18	33.999	37.450	41.301	45.599	55.750	68.394
19	37.379	41.446	46.018	51.159	63.440	78.969
20	40.995	45.762	51.160	57.275	72.052	91.025
25	63.249	73.106	84.701	98.347	133.334	181.871
30	94.461	113.283	136.308	164.494	241.333	356.787

$$CS = l(1+i)^0 + l(1+i)^1 + \cdots + l(1+i)^{n-1} \quad \text{利息系数} = \frac{(1+i)^n - 1}{i}$$

1 美元年金的现值

时期	1%	2%	3%	4%	5%	6%	7%	8%	9%	10%
1	0.990	0.980	0.971	0.962	0.952	0.943	0.935	0.926	0.917	0.909
2	1.970	1.942	1.913	1.886	1.859	1.833	1.808	1.783	1.759	1.736
3	2.941	2.884	2.829	2.775	2.723	2.673	2.624	2.577	2.531	2.487
4	3.902	3.808	3.717	3.630	3.546	3.465	3.387	3.312	3.240	3.170
5	4.853	4.713	4.580	4.452	4.329	4.212	4.100	3.993	3.890	3.791
6	5.795	5.601	5.417	5.242	5.076	4.917	4.766	4.623	4.486	4.355
7	6.728	6.472	6.230	6.002	5.786	5.582	5.389	5.206	5.033	4.868
8	7.652	7.325	7.020	6.733	6.463	6.210	5.971	5.747	5.535	5.335
9	8.566	8.162	7.786	7.435	7.108	6.802	6.515	6.247	5.985	5.759
10	9.471	8.983	8.530	8.111	7.722	7.360	7.024	6.710	6.418	6.145
11	10.368	9.787	9.253	8.760	8.306	7.887	7.499	7.139	6.805	6.495
12	11.255	10.575	9.954	9.385	8.863	8.384	7.943	7.536	7.161	6.814
13	12.134	11.348	10.635	9.986	9.394	8.853	8.358	7.904	7.487	7.103
14	13.004	12.106	11.296	10.563	9.899	9.295	8.745	8.244	7.786	7.367
15	13.865	12.849	11.938	11.118	10.380	9.712	9.108	8.559	8.060	7.606
16	14.718	13.578	12.561	11.652	10.838	10.106	9.447	8.851	8.312	7.824
17	15.562	14.292	13.166	12.166	11.274	10.477	9.763	9.122	8.544	8.022
18	16.398	14.992	13.754	12.659	11.690	10.828	10.059	9.372	8.756	8.201
19	17.226	15.678	14.324	13.134	12.085	11.158	10.336	9.604	8.950	8.365
20	18.046	16.351	14.877	13.590	12.462	11.470	10.594	9.818	9.128	8.514
25	22.023	19.523	17.413	15.622	14.094	12.783	11.654	10.675	9.823	9.077
30	25.808	22.397	19.600	17.292	15.373	13.765	12.409	11.258	10.274	9.427

时期	12%	14%	16%	18%	20%	24%	28%	32%	36%
1	0.893	0.877	0.862	0.847	0.833	0.806	0.781	0.758	0.735
2	1.690	1.647	1.605	1.566	1.528	1.457	1.392	1.332	1.276
3	2.402	2.322	2.246	2.174	2.106	1.981	1.868	1.766	1.674
4	3.037	2.914	2.798	2.690	2.589	2.404	2.241	2.096	1.966
5	3.605	3.433	3.274	3.127	2.991	2.745	2.532	2.345	2.181
6	4.111	3.889	3.685	3.498	3.326	3.020	2.759	2.534	2.339
7	4.564	4.288	4.039	3.812	3.605	3.242	2.937	2.678	2.455
8	4.968	4.639	4.344	4.078	3.837	3.421	3.076	2.786	2.540
9	5.328	4.946	4.607	4.303	4.031	3.566	3.184	2.868	2.603
10	5.650	5.216	4.833	4.494	4.193	3.682	3.269	2.930	2.650
11	5.988	5.453	5.029	4.656	4.327	3.776	3.335	2.978	2.683
12	6.194	5.660	5.197	4.793	4.439	3.851	3.387	3.013	2.708
13	6.424	5.842	5.342	4.910	4.533	3.912	3.427	3.040	2.727
14	6.628	6.002	5.468	5.008	4.611	3.962	3.459	3.061	2.740
15	6.811	6.142	5.575	5.092	4.675	4.001	3.483	3.076	2.750
16	6.974	6.265	5.669	5.162	4.730	4.033	3.503	3.088	2.758
17	7.120	6.373	5.749	5.222	4.775	4.059	3.518	3.097	2.763
18	7.250	6.467	5.818	5.273	4.812	4.080	3.529	3.104	2.767
19	7.366	6.550	5.877	5.316	4.844	4.097	3.539	3.109	2.770
20	7.469	6.623	5.929	5.353	4.870	4.110	3.546	3.113	2.772
25	7.843	6.873	6.097	5.467	4.948	4.147	3.564	3.122	2.776
30	8.055	7.003	6.177	5.517	4.979	4.160	3.569	3.124	2.778

$$PV=\sum_{t=1}^{n}\frac{1}{(1+i)^{t}} \qquad 利息系数=\frac{1-\frac{1}{(1+i)^{n}}}{i}$$

附录 B

关系题与基本习题答案

第二章

关系题

1. 增加。
2. 减少。
3. 增加。
4. 增加。
5. 增加，增加。
6. 增大。
7. 不受影响（无变化）。
8. 增加。
9. 减少。
10. 增加。
11. 增加。
12. 减小。

基本习题

1. 收益为 20 美元；收益率为：

   20/50＝40％

2. 损失为 20 美元；收益率为：

   －20/50＝－40％

3. 由于保证金要求为 60％，因此你借入（1－0.6）×50＝20（美元），并投资 30 美元。收益仍为 20 美元，收益率为：

20/30＝66.7％

4. 由于保证金要求为 60％，因此你借入（1－0.6）×50＝20（美元），并投资 30 美元。收益仍为 20 美元，收益率为：

－20/30＝－66.7％

5. 由于保证金要求为 60％，因此你借入 0.4×50＝20（美元），并投资 30 美元。股票收益为 20 美元，但你必须对借入的 20 美元支付 2(＝0.1×20) 美元利息。收益率为：

(20－2)/30＝60.0％

6. 损失为 20 美元；收益率为：

－20/50＝－40％

7. 收益为 20 美元；收益率为：

20/50＝40％

第三章

关系题

1. 增加，减少。
2. 增加，减少。
3. 增加，减少。
4. 增加，增加。
5. 增加。
6. 增加。
7. 增加。
8. 增加。
9. 不影响（无变化）。
10. 减少；减少。
11. 降低。
12. 降低；减少。
13. 减少。
14. 减少。
15. 增加。

基本习题

1. 1 000×2.653＝2 653（美元）。

PV＝－1 000；PMT＝0；N＝20；I＝5；FV＝？＝2 653。

2. 1 000×33.066＝33 066（美元）。

PV＝0；PMT＝－1 000；N＝20；I＝5；FV＝？＝33 066。

3. 33 066/13.590＝2 433（美元）。

PV＝－33 066；N＝20；I＝4；FV＝0；PMT＝？＝2 433。

33 066/9.818＝3 368（美元）。

PV＝－33 066；N＝20；I＝8；FV＝0；PMT＝？＝3 368。

收益率为 8％使年取款额增加了 3 368－2 433＝935（美元）。

4. IF＝33 066/5 000＝6.613（美元）。

当利率为 4%时，6.613 位于 7 年和 8 年之间。

$PV=-33\ 066$；$PMT=5\ 000$；$I=4$；$FV=0$；$N=?\ =7.8$ 年。

当利率为 8%时，6.613 位于 9 年和 10 年之间。

$PV=-33\ 066$；$PMT=5\ 000$；$I=8$；$FV=0$；$N=?\ =9.8$ 年。

5. $50\times3.993+1\ 000\times0.681=880.65$（美元）。

   $FV=1\ 000$；$PMT=50$；$N=5$；$I=8$；$PV=?\ =-880.22$。

   （第十四章介绍了债券估值。）

6. A：$10\ 000=12\ 400\times(1+r)$。

   $IF=10\ 000/12\ 400=0.896\ 5$。

   $r=24\%$。

   $PV=-10\ 000$；$FV=12\ 400$；$N=1$；$PMT=0$；$I=?\ =24$。

   B：$10\ 000=15\ 609\times(1+r)$。

   $IF=10\ 000/15\ 609=0.640\ 7$。

   $r=16\%$。

   $PV=-10\ 000$；$FV=15\ 609$；$N=3$；$PMT=0$；$I=?\ =16$。

   由于选择 A 提供的收益率较高，因此选择 A 更优。（第十章介绍了收益率。）

7. $21.132x=100\ 000$（美元）。

   $x=100\ 000/21.132=4\ 634$（美元）。

   （$PV=0$；$N=15$；$I=5$；$PMT=?$，$FV=200\ 000$。$PMT=-4\ 634$。）

   当利率为 7%时，必要年供款减少了 $4\ 634-3\ 979=655$（美元）。

   $25.129x=100\ 000$（美元）。

   $x=100\ 000/25.129=3\ 979$（美元）。

   （$PV=0$；$N=15$；$I=7$；$PMT=?$，$FV=100\ 000$。$PMT=-3\ 979$。）

8. 当利率为 10%时：

   $x=10\ 000\times9.077=90\ 770$（美元）。

   （$PV=?$；$N=25$；$I=10$；$PMT=10\ 000$，$FV=0$。$PV=-90\ 770$。）

   如果这笔投资的成本为 100 000 美元，那么它就定价过高，不应该购买，因为它只值 90 770 美元。

   当利率为 7%时：

   $x=100\ 000\times11.654=116\ 540$（美元）。

   （$PV=?$；$N=25$；$I=7$；$PMT=10\ 000$，$FV=0$。$PV=-116\ 536$。）

   当利率为 10%时，投资定价过高，但当利率为 7%时，应该接受。

9. a) $100\times(1+x)^{30}=235$。

   $IF=235/100=2.35$。

   由于 2.35 稍低于利率为 $x\%$，年数为 30 年时 1 美元终值的利息系数（2.427），因此通货膨胀率稍低于 3%。

   （$PV=-100$；$N=30$；$FV=235$；$PMT=0$；$I=?\ =2.89$。）

   b) $100\ 000\times(1+0.04)^{10}=x$

   $100\ 000\times1.480=148\ 000$（美元）。

   （$PV=-100\ 000$；$N=10$；$I=4$；$PMT=0$；$FV=?$。

   $FV=148\ 024$。）

c) $50\,000\times(1+x)^{30}=250\,000$（美元）。

$(1+x)^{30}=250\,000/50\,000=5.0$。

房屋的升值率在5%～6%之间。

（$PV=-50\,000$；$N=30$；$I=?$；$PMT=0$，$FV=250\,000$。$I=5.5$。）

［其中，b）和c）说明，使用利息表计算利率或百分比常常只能得到近似答案，需要你学习其他解答时间价值问题的方法。］

10. 当利率为4%时：

$PVAIF=32\,000/3\,245=9.86$。

当利率为4%时，年数位于12年和13年之间。

（$PV=32\,000$；$I=4$；$PMT=-3\,245$；$FV=0$。$N=12.8$。）

当利率为6%时：

$PVAIF=32\,000/3\,245=9.86$。

（当年数为15年时，$PVAIF$ 为9.712。）

（$PV=32\,000$；$I=6$；$PMT=-3\,245$；$FV=0$。$N=15.4$。）

第四章

关系题

1. 减少。
2. 减少。
3. 不影响（无变化）。
4. 减少（虚售不允许用亏损抵扣税款）。
5. 减少。
6. 不影响（无变化）。
7. 增加。
8. 减少。
9. 减少。
10. 不影响（无变化）。

第五章

关系题

1. 增加，增加。
2. 不影响（无变化）。
3. 减少。
4. 减少。
5. 增加。
6. 不受影响（无变化）。
7. 不影响（无变化）。
8. 不影响（无变化）。
9. 增加。
10. 不影响（无变化）。
11. 减少。

12. 增加，增加。

13. 减少。

14. 不影响（无变化）。

基本习题

1. 加权平均预期收益率为：

$$0.2\times0.02+0.5\times0.06+0.3\times0.08+0.0\times0.15=0.058=5.8\%$$

$$0.05\times0.02+0.3\times0.06+0.5\times0.08+0.15\times0.15=0.0815=8.15\%$$

2. 加权平均预期收益率为：

$$0.6\times0.20+0.3\times0.07+0.1\times(-0.08)=0.133=13.3\%$$

3. 必要收益率$=R_f+(R_m-R_f)\beta$。

股票A的必要收益率=1.4%+(9.3%−1.4%)×0.65=6.535%。

股票B的必要收益率=1.4%+(9.3%−1.4%)×1.9=16.41%。

投资组合的β系数=0.3×0.65+0.7×1.9=1.525。

第六章

关系题

1. 增加。

2. 不影响（无变化）。

3. 不影响（无变化）。

4. 减少。

5. 增加。

6. 增加。

7. 不影响（无变化）。

8. 减少。

9. 减少。

10. 提高。

11. 增加。

12. 不影响（无变化）。

13. 减少。

14. 减少，增加。

基本习题

1. (165 000 000−10 000 000)/2 500 000=62(美元)。

2. (21.56−17.23)/17.23=25.1%。

3. (21.56+2.13−17.00)/17.00=39.4%。

4. 该基金的必要收益率为：

$$0.02+(0.088-0.02)\times1.2=0.1016=10.16\%$$

由于该基金的收益率为10.8%，因此它的α=10.8%−10.16%=0.64%，且风险调整后绩效优于市场。

5. 夏普绩效指数：

基金：S=(0.108−0.02)/0.25=0.352。

市场:S=(0.088−0.02)/0.2=0.340。

特雷诺绩效指数：

基金：$T=(0.108-0.02)/1.2=0.073$。

市场：$T=(0.088-0.02)/1.0=0.068$。

在两种情况下，该基金的指数均高于市场基准，这表明该基金的风险调整后绩效优于市场。

第七章

关系题

1. 增大。
2. 减少。
3. 不影响（无变化）。
4. 不影响（无变化）。
5. 不影响（无变化），增加。
6. 不影响（无变化）。
7. 减少。
8. 增加。
9. 增加。
10. 增加。
11. 减少。
12. 增加。
13. 减少。
14. 增加。

基本习题

1. 尽管净资产价值从 26.50 美元增至 31.24 美元，但这种增加并不影响投资者的收益率。该收益率取决于对股票支付的价格（25 美元）、股票的售价（30 美元）和投资者收到的分配额（1 美元）。收益率为：

   $(30+1-25)/25=24\%$

   该收益率为持有期收益率，而非年化收益率。第十章介绍了两种收益率的区别。

2. a）收益率为：

   $(50+2-46)/46=13\%$

   和习题 1 一样，该收益率为持有期收益率，而非年化收益率。

   b）资本收益率将成本基数从 46 美元降至 45 美元，这与出售股份时的 c）相关。所得分配的应纳税款为：

   $0.25\times0.70\times100=17.50$（美元）

   长期资本收益分配的应纳税款为：

   $0.15\times0.30\times100=4.50$（美元）

   总应纳税款为 17.50+4.50=22（美元）。

   c）成本基数为 45 美元，因为 1 美元分配额为资本收益。这笔交易的收益为 50−45=5（美元），因此 500 美元长期资本收益的应纳税款为：

   $5\times0.15\times100=75$（美元）

第八章

关系题

1. 增加。
2. 不影响（无变化）。
3. 下降。
4. 增加，降低。
5. 不影响，不影响。
6. 提高。
7. 降低。
8. 减少。
9. 不影响（无变化）。
10. 减少。
11. 不影响（无变化）。
12. 不影响（无变化）。
13. 不影响（无变化），减少，不影响（无变化）。
14. 不影响，不影响，不影响，不影响。
15. 不影响（无变化）。
16. 无变化，无变化。
17. 提高。
18. 提高。
19. 增加，不影响（无变化）。
20. 提高。
21. 不影响（无变化）。
22. 降低。
23. 不影响（无变化），降低。
24. 减少，增加。
25. 减少。
26. 增加，减少。
27. 不影响（无变化）。
28. 无变化，提高（应收账款增加）。
29. 降低（现金减少），提高（总资产减少），无变化。
30. 不影响（无变化），不影响（无变化），减少。

基本习题

1. a）两年的流动资产相同：

    20×1 年：19 000＋11 000＋20 000＝50 000（美元）。

    20×2 年：2 000＋28 000＋20 000＝50 000（美元）。

    增加的流动负债：

    20×1 年：12 000＋10 000＋10 000＝32 000（美元）。

    20×2 年：12 000＋10 000＋30 000＝52 000（美元）。

    增加的流动负债减少了流动比率和速动比率。

    流动比率：

20×1 年：50 000/32 000＝1.56。

20×2 年：50 000/52 000＝0.96。

速动比率：

20×1 年：30 000/32 000＝0.94。

20×2 年：30 000/52 000＝0.58。

b）由于销售收入保持不变而应收账款增加，因此应收账款周转天数增加［20×1 年：11 000/(300 000/360)＝13（天）；20×2 年：28 000/(300 000/360)＝34（天）］。

c）由于销售收入和存货均不变，因此存货周转率保持不变。

d）留存收益增加了 2 000(＝24 000－22 000）美元。

股利（分配的利润）为 5 000－2 000＝3 000（美元）。

分配利润所占比率为：

$$3\,000/5\,000=0.6=60\%$$

e）负债减少（从 32 000 美元减少至 10 000 美元）为现金流出。

2. 1 拆 4 的股票分拆使股价降至 61.50(＝246/4）美元。如果最后的股票交易价为 61 美元，那么当天的净变化为－0.50(＝61－61.5）美元。

3. a）负债为资产与权益之差：3 000 000－800 000＝2 200 000（美元）。

b）股票分拆影响流通股股数，但不影响留存收益。

c）1 美元现金股利使现金减少至 700 000(＝1 000 000－300 000）美元。总资产和留存收益也降低了 300 000 美元，分别降至 2 700 000 美元和 150 000 美元。

4. 计算公式如下：

流动比率：

$$\frac{\text{流动资产}}{\text{流动负债}}=\frac{82\,000}{41\,000}=2$$

速动比率（酸性测试）：

$$\frac{\text{流动资产}-\text{存货}}{\text{流动负债}}=\frac{40\,000}{41\,000}=0.98$$

存货周转率：

$$\frac{\text{销售收入}}{\text{平均存货}}=\frac{100\,000}{(42\,000+40\,000)/2}=2.4$$

或

$$\frac{\text{销货成本}}{\text{平均存货}}=\frac{60\,000}{(42\,000+40\,000)/2}=1.5$$

应收账款周转率：

$$\frac{\text{年赊账销售收入}}{\text{应收账款}}$$

或

$$\frac{\text{年销售收入}}{\text{应收账款}}=\frac{100\,000}{30\,000}=3.3$$

(赊账销售收入未给出；无法计算应收账款周转率的第一个定义。)

应收账款周转天数（平均收款期）：

$$\frac{\text{应收账款}}{\text{日销售收入}}=\frac{30\,000}{100\,000/360}=108\text{（天）}$$

营业利润率：

$$\frac{息税前利润}{销售收入}=\frac{25\ 000}{100\ 000}=25\%$$

净利润率：

$$\frac{税后利润}{销售收入}=\frac{16\ 800}{100\ 000}=16.8\%$$

资产收益率：

$$\frac{税后利润}{总资产}=\frac{16\ 800}{172\ 000}=9.8\%$$

股权收益率：

$$\frac{税后利润}{股权}=\frac{16\ 800}{116\ 000}=14.5\%$$

投资收益率：

$$\frac{利润}{销售收入}\times\frac{销售收入}{资产}=\frac{16\ 800}{100\ 000}\times\frac{100\ 000}{172\ 000}=9.8\%$$

债务/净值：

$$\frac{债务}{股权}=\frac{56\ 000}{116\ 000}=48.3\%$$

债务比率：

$$\frac{债务}{总资产}=\frac{56\ 000}{172\ 000}=32.6\%$$

利息保障倍数：

$$\frac{息税前利润}{利息费用}=\frac{25\ 000}{5\ 000}=5.0$$

优点

流动比率、酸性测试和存货与行业平均值类似，营业利润率超过了行业平均值。总体来讲，该公司的表现是可以接受的。

缺点

有两个基本缺点。第一，应收账款收款速度较慢，平均为 108 天，而行业平均值约为 75 天。该公司使用的债务融资也高于行业水平（32.6%，行业水平为 25%）。这种债务融资增加可以通过增加应收账款投资进行融资。如果公司可以更迅速地收取应收账款，就能偿还部分债务，因而降低债务比率。

第二，净利润率低于行业平均值，这可以由使用的债务增加来解释。由于营业利润率与行业类似，因此较低的净利润率不能用公司的经营来解释。利息费用或税款增加必然是净利润率降低的原因。如果净利润率降低是利息费用增加导致的，那么这就可能是持有过多应收账款的结果。

第九章

关系题

1. 增加。
2. 不影响（无变化，收益必须实现才需纳税）。
3. 不影响（无变化），减少。

4. 不影响（无变化）。
5. 不影响（无变化）。
6. 提高，减少。
7. 不影响（无变化）。
8. 不影响（无变化）。
9. 不影响（无变化）。
10. 降低。
11. 不影响（无变化）。
12. 降低。
13. 降低。
14. 降低，不影响（无变化）。
15. 不影响（无变化）。
16. 不影响（无变化）。
17. 无变化。
18. 减少。
19. 不影响（无变化）。
20. 不影响（无变化），不影响（无变化），降低。

基本习题

1. 基于股利增长模型的价值为：

$$V=\frac{D_0(1+g)}{k-g}=\frac{1.30\times(1+0.05)}{0.09-0.05}=34.13\text{（美元）}$$

2. 收益率为预期股利收益率与预期资本收益率（预期增长率）之和：

$$\frac{1.30\times1.05}{31.21}+0.05=9.37\%$$

注意，预期收益率超过了必要收益率，因为股票买价低于第 1 题中的股票价值。

3. 第 3 题基本上重复了第 1 题。两道题求的都是股票价值，但用词有差异。为了确定是否应该买入股票，需要确定其价值并将该价值与当前价格进行比较。使用股利增长模型，股票价值为：

$$V=\frac{1.60\times(1+0.04)}{0.1-0.04}=27.73\text{（美元）}$$

因为该价值超过股票价格（24.49 美元），因此应该购买股票。

4. 必要收益率为：

$$k=0.023+(0.090-0.023)\times0.92=0.0846$$

股票价值为：

$$V=\frac{D_0(1+g)}{k-g}=\frac{1.30\times(1+0.05)}{0.0846-0.05}=39.45\text{（美元）}$$

注意，β 系数小于 1.0，这表示系统性风险较低，并增加了股票价值。

5. 在本题中，β 大于 1.0，这表示系统性风险较高，这增加了必要收益率，降低了股票估值。必要收益率为：

$$k=0.023+(0.090-0.023)\times1.23=10.54\%$$

股票价值为：

$$V=\frac{D_0(1+g)}{k-g}=\frac{1.30\times(1+0.05)}{0.1054-0.05}=24.64(\text{美元})$$

6. 计算比率如下：

   市盈率：价格/每股利润＝20/(1500/1000)＝13.3。

   市账率：价格/每股账面价值＝20/(2000/1000)＝10.0。

   市销率：价格/每股销售收入＝20/(10000/1000)＝2.0。

   PEG 比率：市盈率/增长率＝13.3/6＝2.22。

   价值投资偏爱那些不同财务比率数值最低的公司。

第十章

关系题答案

1. 不影响（道琼斯指数调整了除数）。
2. 提高。
3. 提高。
4. 提高。
5. 不影响（无变化）。
6. 不影响（无变化）。
7. 降低，降低。
8. 降低，降低。
9. 不受影响（无变化），降低。
10. 降低。
11. 不受影响（收益率独立于股数）。
12. 提高。
13. 提高。
14. 降低。

基本习题

1. 持有期收益率为：(90－60)/60＝50%。

   年均收益率为：50%/5＝10%。

   年复利收益率为：

   $$60(1+r)^5=90$$

   $$(1+r)^5=\frac{90}{60}=1.5$$

   $$r=8.45\%$$

   $PV=-60$；$FV=90$；$PMT=0$；$N=5$；$I=?=8.45$

2. a) 价值加权平均值为：

价格（美元）	×	流通股股数	
30	×	1 000 000	＝30 000 000（美元）
25	×	8 000 000	＝200 000 000（美元）
30	×	5 000 000	＝100 000 000（美元）

   股数之和为：

1 000 000＋8 000 000＋5 000 000＝14 000 000

股票价值之和为：

30 000 000＋200 000 000＋100 000 000＝330 000 000（美元）

每股平均价值为：

330 000 000/14 000 000＝23.57（美元）

几何平均值为：

$(30\times25\times20)^{1/3}=24.66$（美元）

b）价值加权平均值为：

价格（美元）	×	流通股股数	
25	×	1 000 000	＝25 000 000（美元）
30	×	8 000 000	＝240 000 000（美元）
20	×	5 000 000	＝100 000 000（美元）

股数之和为：

1 000 000＋8 000 000＋5 000 000＝14 000 000

股票价值之和为：

25 000 000＋240 000 000＋100 000 000＝365 000 000（美元）

股票的平均价值为：

365 000 000/14 000 000＝26.07（美元）

几何平均值为：

$(25\times30\times20)^{1/3}=24.66$（美元）

价值加权平均值更强调有更多流通股的股票。这种股票对平均值的影响更大。几何平均值赋予相同的权重。计算式的一个含义是，标准普尔 500 指数等价值加权指数更强调 IBM 这种有大量流通股、价格高于指数中多数股票的股票。

3. $89.33=8\times IFPVA+100\times IFPV$。

选择一个收益率，例如 12%，然后解方程。如果两侧不相等，则重复该过程。在收益率为 10%时，

$8\times5.335+100\times0.467=89.38$（美元）

$PV=89.33$；$PMT=8$；$FV=100$；$N=8$；$I=?=10$。

第十一章

关系题

1. 增加。
2. 不影响（无变化）。
3. 减少。
4. 提高。
5. 增加。
6. 降低。
7. 提高。
8. 减少。
9. 增加。

10. 下降。
11. 提高。
12. 增加。
13. 减少，不影响（无变化）。
14. 增加。
15. 不影响（无变化），不影响（无变化）。
16. 增加；增加。
17. 降低。
18. 降低。

第十二章

关系题

1. 增加。
2. 增大。
3. 增强。
4. 减少。
5. 下降。
6. 提高。
7. 下降。
8. 提高。
9. 下降。
10. 降低。

第十三章

关系题

1. 提高。
2. 降低。
3. 减少。
4. 减少。
5. 增加。
6. 增加。
7. 减少；不受影响（无变化）。
8. 不影响（无变化）。
9. 降低。
10. 增加。

第十四章

关系题

1. 降低。
2. 提高。
3. 下降。

4. 上升。
5. 增大（较高）。
6. 减小（较低）。
7. 减少。
8. 不影响（无变化）。
9. 提高，下降。
10. 上升。
11. 上升，下降。
12. 不受影响（无变化）。
13. 下降（债券价格接近其面值）。
14. 下降（当期收益率不考虑随着债券临近到期的价值损失）。
15. 不受影响（无变化），上升。
16. 升高。
17. 减少。
18. 增大（更大）。
19. 降低。
20. 降低。

基本习题

1. 当利率为 7%时，当期价格为：

$$50\times7.024+1\,000\times0.508=859.20\text{（美元）}$$

$PMT=50$；$FV=1\,000$；$N=10$；$I=7$；$PV=859.53$

当利率为 5%时，当期价格为：

$$50\times7.722+1\,000\times0.614=1\,000.10\text{（美元）}$$

$PMT=50$；$FV=1\,000$；$N=10$；$I=5$；$PV=1\,000$

当利率为 3%时，当期价格为：

$$50\times8.530+1\,000\times0.744=1\,170.50\text{（美元）}$$

$PMT=50$；$FV=1\,000$；$N=10$；$I=3$；$PV=1\,170.60$。

2. 在前一题中，债券期限、息票利率和收益率均已给出。未知变量是债券价格。在本题中，债券价格（857 美元）和息票利息（40 美元）已给出，本题问的是到期收益率。

$$857=\frac{40}{(1+r)}+\frac{40}{(1+r)^2}+\cdots+\frac{40}{(1+r)^6}+\frac{1\,000}{(1+r)^6}$$

为了使用利率表解该式，选择一个利率，例如 10%。你应该自动放弃使用 4%或更低利率的想法，因为债券是以折价而非溢价出售的。如果支付额的现值低于价格，选择的利率就过高了。然后，你应该选择一个较低的利率，并重复计算，直到找到使等式两侧相等的 7%：

$$857=\frac{40}{(1+0.7)}+\frac{40}{(1+0.7)^2}+\cdots+\frac{40}{(1+0.7)^6}+\frac{1\,000}{(1+0.7)^6}$$

$$40\times4.766+1\,000\times0.666=857\text{（美元）}$$

因此，到期收益率为 7%。

$N=6$；$PMT=40$；$FV=1\,000$；$PV=-857$；$I=?=7.0$。

3. 在本题中，债券以溢价出售，表明利率已经下降。当期收益率为 70/1 222=5.73%。为了确认利率已下降，需要计算到期收益率。由于当期收益率为5%，因此该收益率可以用作起点：

$$1\,222=\frac{70}{(1+0.05)}+\frac{70}{(1+0.05)^2}+\cdots+\frac{70}{(1+0.05)^{20}}+\frac{1\,000}{(1+0.05)^{20}}$$

$$=70\times12.462+1\,000\times0.377=1\,249\text{（美元）}$$

因此，到期收益率稍高于5%。

$N=20$；$PMT=70$；$FV=1\,000$；$PV=-1\,222$；$I=?\ =5.2$

4. 当期收益率为：50/881=5.7%。

到期收益率为7%。

$50\times5.971+1\,000\times0.582=881$（美元）

$PMT=50$；$FV=1\,000$；$N=8$；$PV=881$；$I=?\ =7$

到期收益率比当期收益率高1.3%（=7%−5.7%）。

该债券以折价出售。当期收益率没有考虑债券存续期内折价消失时出现的收益。到期收益率不仅考虑了利息收入流，而且还考虑了债券存续期内的价格变化。

5. 零息债券以折价出售。当利率为7%时，当期价格为：

$1\,000\times0.623=623$（美元）

$PMT=0$；$FV=1\,000$；$N=7$；$I=7$；$PV=622.75$

距到期还有6年时，价格将为：

$1\,000\times0.666=666$（美元）

$PMT=0$；$FV=1\,000$；$N=6$；$I=7$；$PV=666.34$

然而，该价格假设利率不变，但在本题中，利率降至6%。价格将为：

$1\,000\times0.705=705$（美元）

$PMT=0$；$FV=1\,000$；$N=6$；$I=6$；$FV=704.96$

该价格产生的收益为705−666=39（美元），它是零息债券临近到期时产生的升值收益。

6. 优先股的估值方法与债券相同。如果优先股为永续优先股，则其价值为：

$5/0.08=62.50$（美元）

如果优先股在10年后以100美元赎回，则价值为：

$5\times6.710+100\times0.463=79.85$（美元）

$PMT=5$；$FV=1\,000$；$N=10$；$I=8$；$PV=79.87$

7. 本题说明了赎回特征的可能影响。当利率下降、公司通过发行利率较低的新债券对较早但更昂贵的债券再融资并使用发行收入清偿息票利率较高的债券时，就启动了赎回。如果利率上升，就不启动赎回。如果利率为9%，那么公司将不会赎回债券，且可赎回债券和不可赎回债券的价格相同：

$80\times9.128+1\,000\times0.178=908.24$（美元）

$PMT=80$；$FV=1\,000$；$N=20$；$I=9$；$PV=908.71$

如果利率为6%，则该公司可以在10年后赎回债券。不可赎回债券和可赎回债券的价格为：

不可赎回债券：

$80\times11.470+1\,000\times0.312=1\,229.60$（美元）

$PMT=80$；$FV=1\,000$；$N=20$；$I=6$；$PV=1\,229.40$

可赎回债券：

$80\times7.360+1\,000\times0.558=1\,146.80$（美元）

$PMT=80$；$FV=1\,000$；$N=20$；$I=9$；$PV=1\,147.20$

赎回特征降低了利率下降时债券价值上升的潜力。

第十五章

关系题

1. 增加。
2. 上升。
3. 下降，不受影响（无变化）。
4. 上升。
5. 提高，增加。
6. 下降。
7. 下降。
8. 增加。
9. 减少。
10. 无变化（无影响）。
11. 增加，减少，不影响（无变化）。
12. 增加。
13. 上升。
14. 减少。
15. 降低。

基本习题

1. 贴现收益率：

   $[(10\,000-9\,814)/10\,000]\times 360/90=7.4\%$

   单利年收益率：

   $[(10\,000-9\,814)/9\,814]\times 365/90=7.7\%$

   复利年收益率：

   $(10\,000/9\,814)^{365/90}-1=7.9\%$

   $N=-9\,814$；$FV=10\,000$；$N=90/365=0.246\,6$；$PMT=0$；$I=?\ =7.9$

2. $5.9\%\times(1-0.2)=4.72\%$。
3. $4.0\%/(1-0.25)=5.33\%$。
4. 使用 1 美元利息终值系数表：

   $675(1+i)^{10}=1\,000$

   $IF=1.481$；$i=4\%$

   $PV=-675$；$FV=1\,000$；$N=10$；$PMT=0$；$I=?\ =4.0$

5. 抵押贷款：面值为 200 000 美元，利率为 5%，期限为 20 年。

   a）抵押贷款要求的定期支付额：

   $200\,000/(PVAIF)=200\,000/12.462=16\,049$

   $(PV=200\,000$；$N=20$；$I=5$；$PMT=?$，$FV=0$；$PMT=-16\,049)$

   b）利息：$200\,000\times 0.05=10\,000$。

   c）本金偿付额：$16\,049-10\,000=6\,049$。

   d）所欠余额：$200\,000-6\,049=193\,951$。

   e）利息：$193\,951\times 0.05=9\,698$。

本金偿付额：16 049－9 698＝6 351。

f）第二年年底所欠余额：

193 951－6 351＝187 600

g）由于利息支付额是基于所欠余额的，因此之后支付的每笔利息都会减少。由于每笔支付额都保持相同，因此本金偿付额将会增加。

第十六章

关系题

1. 不影响（无变化）。
2. 减少。
3. 不影响（无变化）。
4. 减少。
5. 降低。
6. 增加。
7. 减少。
8. 减少。
9. 提高。
10. 提高。
11. 增加。
12. 降低。
13. 不影响（无变化）。
14. 提高。
15. 减少。

基本习题

1. a）1 000/50＝20（股）。

   b）20×55＝1 100（美元）。

   c）使用6%的收益率计算出债券作为债务的价值：

   40×7.360＋1 000×0.558＝852.40（美元）；

   PMT＝40；*FV*＝1 000；*N*＝10；*I*＝6；*PV*＝852.80。

   d）该债券必须至少以其作为股票的价值（1 100美元）出售；因此该债券不会以其作为债务的价值（853美元）出售。

   e）作为股票的价值之上的溢价：1 210－1 100＝110（美元）；

   作为债务的价值之上的溢价：1 210－853＝357（美元）。

   f）债券价格将上升，因为其作为股票的价值为73×20＝1 460（美元）。

   g）1 040美元，赎回价格。

   h）1 000美元，本金金额。

2. a）1 000/40＝25（股）

   b）债券作为股票的价值：25×30＝750（美元）；

   作为股票的价值之上的溢价：950－750＝200（美元）。

   c）债券作为债务的价值：

   35×9.712＋1 000×0.417＝756.92（美元）。

$PMT=35$；$FV=1\,000$；$N=15$；$I=6$；$PV=757.19$。

股票价值之上的溢价：950－757＝193（美元）。

d）最低价格为债券作为债务的价值：757 美元。

e）债券支付利息：35 美元；

25 股股票支付：0.20×25＝5（美元）；

债券的收入优势：35－5＝30（美元）。

f）如果股价为 60 美元，则债券售价至少为其作为股票的价值：60×25＝1 500（美元），而不是其作为债务的价值（757 美元）。

g）只要债券作为股票的价值低于赎回价格，债券就不会被赎回。基本上确保债券不会被赎回的价格范围为 0～41.40（美元）。

3. a）该债券可以转换为 1 000/10＝100（股）。如果股票售价为 13 美元，则该债券作为股票的价值为 13×100＝1 300（美元）。购买该债券（1 000 美元现金流出）并同时卖空 100 股（1 300 美元现金流入）。转换债券并抛补卖空行为将产生 300 美元净收益。（由于任何人都可以执行这些头寸，因此债券售价必须至少为 1 300 美元。）

b）股价超过转换价格（13 美元＞10 美元）。如果该公司赎回债券，债券持有者将进行转换。由于该公司不再需要支付利息或赎回本金，因此没有理由预期该公司将赎回债券。

c）你将收到本金加上赎回价格：1 000＋40＝1 040（美元）。由于该金额低于转换价值（1 300 美元），因此进行转换并收到股票是有利的。

d）由于基本概念适用于可转换优先股，因此答案不会变化。

第十七章

关系题

1. 提高，降低。
2. 减少，减少。
3. 增加。
4. 增加。
5. 提高，降低。
6. 不影响（无变化）。
7. 提高。
8. 降低（除息日的股价下降）。
9. 下降。
10. 增加。
11. 增加。
12. 下降。
13. 不受影响（无变化）。
14. 减少，增加。
15. 不影响（无变化）（期权已过期）。
16. 下降。
17. 不受影响（无变化）。

基本习题

1. a）看涨期权。

b）4 美元。

c）3 美元。

d）97 美元。

e）102 美元。

f）7 美元。

g）损失：2 美元。

h）6 美元。

i）损失：6 美元。

j）过期。

2. a）0 美元。

b）现金流出：56 美元。

c）2 美元。

d）无限制。

e）无限制。

f）17 美元。

g）4 美元。

h）损失：2 美元。

i）0 美元。

3. a）2 美元。

b）3 美元。

c）流入：5 美元。

d）5 美元。

e）52 美元。

f）0 美元。

g）5 美元。

h）3 美元。

i）−4 美元。

j）0 美元，0 美元。

4. a）4 美元。

b）2 美元。

c）69 美元。

d）2 美元，6 美元。

e）69 美元。

f）8 美元。

g）2 美元。

h）净损失：6 美元。

i）不适用（时间溢价只适用于期权）。

第十八章

关系题

1. 增加。

2. 增加。
3. 减少。
4. 减少。
5. 减少。
6. 不受影响（无变化）。
7. 不受影响（无变化）。
8. 上升，下降。
9. 增大。
10. 不影响（无变化）。
11. 增大。
12. 不影响（无变化）。

基本习题

1. 股价加上看跌期权的价格［98＋4＝102（美元）］不等于看涨期权的价格加上看跌期权的价格［3＋96＝99（美元）］。卖空（卖出）股票和看跌期权，并买入看涨期权和折价债券。不同股价上的头寸损益为：

单位：美元

	股票	看跌期权	看涨期权	债券	净值
90	8	(6)	(3)	4	3
95	3	(1)	(3)	4	3
100	(2)	4	(3)	4	3
105	(7)	4	2	4	3
110	(12)	4	7	4	3

如果股价没有正确匹配，就会存在套利机会。成功执行四个头寸确保套利商独立于股价变化而获利。

2 和 3. 第 2 题和第 3 题是对应的。在前一题中，你买入了一份跨式期权（买入每种期权），在后一题中，你卖出了一份跨式期权（卖出每种期权）。买入跨式期权的损益为：

单位：美元

股价	看涨期权的损益	看跌期权的损益	净值
90	(4)	7	3
93	(4)	4	0
95	(4)	2	(2)
100	(4)	(3)	(7)
105	1	(3)	(2)
107	3	(3)	0
110	6	(3)	3

卖出跨式期权的损益为：

单位：美元

股价	看涨期权的损益	看跌期权的损益	净值
90	4	(7)	(3)
93	4	(4)	0

续表

股价	看涨期权的损益	看跌期权的损益	净值
95	4	(2)	2
100	4	3	7
105	(1)	3	2
107	(3)	3	0
110	(6)	3	(3)

注意，这些头寸得到了恰好相反的结果。

如果股价上升，多头获得的最大可能收益是无限的。最大可能损失为 7 美元，这发生在股价为 100 美元且两种期权都没有价值时。股票的盈亏平衡价格为 93 美元和 107 美元。

空头的最大可能收益为 7 美元，这发生在股价为 100 美元且两种期权都没有价值时。股票的盈亏平衡价格为 93 美元和 107 美元。如果股价上升，最大可能损失是无限的。

第十九章

关系题

1. 增加。
2. 减少。
3. 减少。
4. 减少。
5. 增加。
6. 增幅。
7. 增加。
8. 降低。
9. 减少，降低。
10. 增加，减少。
11. 降低。
12. 增加。
13. 提高。
14. 降低。
15. 增加。
16. 减少。
17. 降低。
18. 降低。
19. 降低。
20. 增加。

基本习题

1. a）合约价值为 10 000×4=40 000（美元）。你最初必须支付的保证金为 2 000 美元。
   b）10 000×3.94=39 400（美元）。由于你持有空头，因此你的账户中转入 600 美元，现在账户价值为 2 600 美元。

c）10 000×4.04＝40 400（美元）。由于你持有空头，因此从你的账户中转出 400 美元，现在账户价值为 1 600 美元。

d）10 000×4.15＝41 500（美元）。由于你持有空头，因此从你的账户中转出 1 500 美元，现在账户价值为 500 美元。该金额低于维持保证金要求。必须恢复 2 000 美元的初始保证金要求，因此你必须再向账户中转入 1 500 美元。

2. a）你必须支付初始保证金 10 000 美元。

b）由于合约价值为 186 850(＝100×1 868.50）美元，因此你的收益为 1 850(＝186 850－185 000）美元。你账户中的金额为 11 850(＝10 000＋1 850）美元，保证金要求的收益率为 18.5%。

c）由于合同价值为 183 150(＝100×1 831.50）美元，因此你的损失为 1 850(＝185 000－183 150）美元。你账户中的金额为 8 150(＝10 000－1 850）美元，损失率为 18.5%。

d）当价格为 1 900 美元时，合约价值为 190 000 美元。你的收益为 5 000 美元，该金额被转入你的账户。如果价格为 1 750 美元，那么你的损失为 10 000 美元，这耗尽了你的保证金。你必须恢复 10 000 美元的保证金。

e）你通过签订抵消合约进行了平仓。由于你持有买入合约（多头），因此你签订了卖出合约（空头）。两份合约彼此抵消并平仓。

部分习题答案

第二章

1. a）当保证金为 25%时，收益率为：300%。

c）当保证金为 75%时，收益率为：100%。

2. b）当保证金为 50%时，收益率为：－50%。

3. a）12%。

b）－25%。

c）－100%。

4. b）112 美元。

5. 当股价＝40 美元且保证金要求为 60%时：

现金账户：－21.2%。

保证金账户：－42%。

当股价＝70 美元且保证金要求为 40%时：

现金账户：31.2%。

保证金账户：63%。

6. b）损失率为 150%。

7. 当股票价格为 36 美元时：27.8%。

第三章

你的答案与下列答案可能由于四舍五入而有所差异，尤其是当使用利率表时。使用财务计算器可能导致与使用利率表算出的结果不同。如果使用计算器得出的答案为 6.1%，而使用利率表得出的答案约为 6%，那么两者都是“对”的。

1. a）总利息为 1 191 美元。
   b）每年 40 美元；总计 800 美元。
2. a）61 493 美元。
   b）94 874 美元；多出的钱为 33 382 美元。
3. a）普通年金：6 903 美元。
   期初年金：6 391 美元。
   b）普通年金：7 950 美元。
   期初年金：7 572 美元。
4. 价值为 114 700 美元，比 120 000 美元少；不买。
5. 当利率为 2%时：66 868 美元。
   当利率为 4%时：98 601 美元。
   100 000 美元是足够的。
6. 19 714 美元。
7. a）87 729 美元。
   b）38 276 美元。
   c）12 619 美元。
8. 当利率为 6%时，选择 900 美元。
   当利率为 14%时，选择每年 150 美元。
   （当利率较高时，更快收到钱更重要，因为这样就能以更高的利率进行投资。）
9. a）每年复利一次：112 美元。
   每半年复利一次：112.40 美元。
   每月复利一次：112.70 美元。
   b）每年复利一次：89.30 美元。
   每半年复利一次：89.00 美元。
   每月复利一次：88.70 美元。
10. 汤姆：102 320 美元。
    琼：111 529 美元。
11. 12 年（由 12.18 年舍去小数点后部分得到）。
12. 年金支付的现值为 77 928 美元。如果年金成本为 75 000 美元，那么它就是定价过低。
13. 当利率为 9%时，现金流的现值为 849 美元，高于 800 美元。收益率必须高于 9%（10.125%），才能使现金流的现值回落到 800 美元。
14. 49 967 美元。
15. 60 795 美元。
16. 第 10 年的预算：4 805 550 美元。
    第 15 年的预算：8 607 060 美元。
    第 20 年的预算：15 400 665 美元。
17. 利率为 9%的抵押贷款的支付额：30 542 美元。
18. 4 年和 5 年之间（4.24 年）。
19. 他可以每年取出 16 021 美元。为了取出所需金额，他的收益率必须为 11%。
20. 从年末开始的年支付额：5 393 美元。
    从年初开始的年支付额：5 041 美元。

21. a）30 650 美元。
    b）308 750 美元。
22. 每年投资 3 167 美元。
23. a）每年支付贷款 8 657 美元；
    b）每年支付贷款 8 833.8 美元，则 a）更优。
27. a）1 795 美元。
    b）付息普通年金：1 828 美元。
       付息期初年金：2 503 美元。
    c）普通年金的现值：65 848 美元。
       期初年金的现值：71 392 美元。
    d）18.638%。
    e）年末的支付额：8 660 美元。
       年初的支付额：8 078 美元。

第四章

1. a）资本收益：4 700 美元。
      税款：1 316 美元。
   b）当年节省的税款：1 050 美元。
2. b）减去短期资本收益后的净长期损失：1 000 美元。
      节省的税款：330 美元。
   g）当年节省的税款：990 美元。
3. a）280 美元。
   d）不允许损失。
4. a）节省了 500 美元。
   b）0 美元。
5. b）8 050 美元。
7. a）10 000 美元增至 23 670 美元；所有账户的总价值为：172 406 美元（使用财务计算器算出的结果为 172 428 美元）。
   b）超过 25 年（28.3 年）。
   c）19 690 美元。
8. 鲍勃：60 247 美元。
   玛丽：77 037 美元。
   差异为 16 790 美元。
9. 鲍勃每年存款 1 500 美元，10 年后积攒起 23 906 美元。这笔金额在 10 年后增至 62 012 美元。鲍勃每年从最终这笔钱中取出 8 153 美元，共取了 15 年。迈克每年存入一大笔金额（2 000 美元），10 年后积攒起 31 874 美元；然而，他必须在 5 年后开始取钱，因此最终金额增至 51 349 美元。迈克每年从最终这笔钱中取出 6 031 美元，共取了 20 年。尽管迈克存入的钱多于鲍勃，但他必须提早取钱，这意味着每年收到的金额较少。这个问题指出应尽可能久地将资金留在延期纳税账户中，以利用延期纳税利息的增长的好处。

第五章

1. 所有三种情况下均为14%。
2. a）10.3%。
3. a）12.4%，

   标准差=3.12。
4. a）50%A/50%B：收益率=16%；标准差=3.14。

   c）25%A/75%B：收益率=18%；标准差=4.56。
6. 当β=1.5时为12%。
8. a）股票B的变异系数：0.132。
9. a）股票X：β=0.352。

   c）股票Y：R^2=0.82。
10. 1997—2001年：0.53。

第六章

1. 7.68美元。
2. 6.8%。
3. （持有期）收益率：40.6%。
4. 19.96%（或20%）。
5. a）171 825美元。

   c）153 480美元。
6. a）经风险调整的排序：E、D、C、A、B。

   b）经风险调整的排序：C、D、B、E、A。

第七章

1. a）27.8%。

   b）买价：1 050美元。

   销售收入：1 153美元，

   21.7%。

   d）21.2%。
2. 所欠税款：1 545美元（100股为1 545美元）。

第八章

1. a）第一年买入5.000股，

   第二年买入5.250股，

   第五年买入6.078股，

   共购买62.889股。

   b）第一年买入4.717股，

   第三年买入4.592股，

   第十年买入3.898股，

   头寸价值：10 280美元。

   c）在第一年买入4.858股，

持有的总股数：152.111 股。

2. a）现金和留存收益降低了 1 000 000 美元，分别降至 19 000 000 美元和 97 500 000 美元。

   b）发行了 100 000 股。

   普通股：1 100 000 股，面值为 10 美元；11 000 000 美元。

   实收资本（新数据）：300 000 美元。

   留存收益：97 200 000 美元。

3. a）实收资本：1 800 000 美元。

   新股价格：20 美元。

   b）实收资本：2 280 000 美元。

   新股价格：54.55 美元。

4. 20×2 年的速动比率：0.8。

   20×0 年的利息保障倍数：4.5。

5. 债务比率：70%。

6. 存货减少：75 000 美元。

7. 4 754 556 美元。

8. 公司 A 的营业利润率：15%。

   公司 B 的净利润率：4.5%。

   公司 A 的股权收益率：26.7%。

9. 获得的股利保障倍数：2.8。

10. 使用债务融资时的每股利润：2.80 美元。

    使用优先股融资时的每股利润：2.50 美元。

第九章

1. a）21 美元。

2. 21.40 美元，低于 25 美元。（不要买！）

3. a）20.80 美元。

4. 必要收益率：9.5%，则股票价值为 18.9 美元。

5. b）股票 A：7.78 美元。

   d）12.94 美元。

8. 股利支付的现值：8.07 美元。

   股票价值：61.34 美元。

10. 15.45 美元。

第十章

1. 2.5%。

2. 62.58%。

3. 1.8%。

4. 简单价格加权平均值：15 美元。

   价值加权平均值：15.60 美元。

   几何平均值：14.50 美元。

6. a）持有期收益率：61%。

b）实际年收益率：10%。

11. a）12%（12.38%）。

c）9%（8.88%）。

12. 价值加权收益率：18%～20%（19.3%）。

时间加权复利收益率：23.1%。

13. 当利率为12%时，现值＝35.56美元，低于40美元，因此收益率低于12%。

（年价值加权收益率＝9.16%。）

14. 9.4%。

15. b）85.74美元。

c）－1.7%。

18. 平均每股成本：34.55美元，则利润为545美元。

19. 平均收益率：159.3%。

第十三章

1. 第1年：49.91美元。

第3年：57.14美元。

2. 应纳税款：28.80美元。

第十四章

1. a）1 000美元。

b）853美元。

c）b的当期收益率：4.7%。

2. a）1 129美元。

b）1 037美元。

c）1 083美元。

4. 当期收益率：5.8%。

到期收益率：7.0%。

5. 到期收益率：14%。

7. a）利率为5%的息票债券：575美元（半年复利一次：571美元）。

8. 6.4%。

9. a）60美元。

b）75.48美元。

11. a）债券A：894美元（半年复利一次：892美元）。

债券B：1 000美元。

13. 636美元。

14. b）619美元。

16. a）876美元。

b）839美元。

19. 债券B：6.6年。

21. a）债券A：4.4年。

债券E：5年。

c) C、A、E、D、B、F。

23. b) 债券 A：(167 美元)。

26. a) 债券 A：848 美元。

b) 债券 A：857 美元。

第十五章

1. 折价收益率：6.5%；年利率：6.81%；年复利收益率：6.93%。
2. 应税收益率：4.583。
4. 债券 B：676 美元、508 美元和 386 美元。
6. 折价收益率为 3.12%。

   年复利收益率为 3.24%。
7. b) 指数化债券：1 100 美元。
9. 4 年后的赎回收益率：3.30%。
10. a) 支付的利息：5 000 美元。

    偿还的本金：2 095 美元。

    欠款余额：97 905 美元。
12. a) 10 955 美元。

    c) 4 年后的欠款余额：91 061 美元。
13. c) 支付的总金额：219 093 美元。

第十六章

1. a) 4.8%。

   b) 864 美元。

   c) 38.52 美元。

   d) 176 美元。

   e) 817 美元。

   f) 223 美元。

   g) 至少为 1 728 美元。

   h) 至少为 817 美元。

   i) 几乎为零。
2. a) 552 美元。

   b) 40 股。

   c) 1 200 美元。

   d) 1 200 美元（作为股票的价值）。

   g) 1 040 美元。
3. a) 17 美元。
4. a) 债券 A：1 070 美元。

   b) 债券 B：946 美元。

   d) 4×6.710=26.84（美元）。
5. c) A：75 美元。

   d) A：2.4 年。

e）股票：年收益率为 9%。

债券：年收益率为 10.7%。

6. c）39 美元。

f）1 240 美元。

i）债券：14%。

k）1 000 美元。

8. b）15 美元。

d）8.4%。

第十七章

1. a）股票：31.8%。

看涨期权：80%。

b）股票：损失率为 18.2%。

看涨期权：损失率为 100%。

c）看涨期权：损失率为 60%。

2. a）内在价值：1 美元；时间溢价：3 美元。

b）股价（美元）	看涨期权价值（美元）
20	0
30	5
40	15

c）275%。

d）现金流出：22 美元。

股价（美元）	利润（美元）
15	(7)
25	3
26	3
40	3

e）4 美元、3 美元和−11 美元。

3. XYZ 看涨期权：4 美元和 0 美元。

XYZ 看跌期权：0 美元和 1 美元。

如果股价为 31 美元，则看涨期权买方的损失为 6 美元和 2.50 美元。

如果股价为 31 美元，则看跌期权卖方的利润为 1.25 美元和 0.25 美元。

4. a）1 美元。

b）0 美元。

c）4 美元。

d）2 美元。

e）升高。

f）46 美元。

g）51 美元。
h）8 美元。
i）－2 美元。
j）－7 美元。
k）4 美元。

5. b）4 美元。
d）－5 美元。
f）－8 美元。
h）－3 美元。
i）－3 美元。

6. a）－2 美元、－2 美元和 3 美元。
b）2 美元、2 美元和－3 美元。

7. a）11 美元。
b）4 美元。
c）26 美元（LEAPS 增加 73.3%）。
e）0 美元（LEAPS 减少 100%）。

8. c）股价为 35 美元时的损失：4 美元。
股价为 50 美元时的收益：1 美元。
股价为 60 美元时的收益：11 美元。
d）股价为 35 美元时的损失：1 美元。
股价为 50 美元时的损失：1 美元。
e）任何高于 46 美元的价格。

9. b）净现金流出：38 美元。
d）－3 美元。

10. 如果股价为 110 美元，那么股票将赚 1 000 美元，而看涨期权和国库券的组合将赚 1 000 美元。如果股价为 90 美元，那么股票将亏损 1 000 美元，而看涨期权和国库券的组合将没有亏损。

11. c）买入股票：86.00 美元。
买入看涨期权：95.50 美元。
抛补看涨期权：75.50 美元。
卖出看跌期权：76.75 美元。

第十八章

1. 30－25÷(1＋0.1)＝7.27（美元）。

2. a）如果股价为 50 美元，那么看涨期权的价值为：5.45 美元。
b）如果期限为 6 个月，那么看涨期权的价值为：5.45 美元。
c）如果利率为 5%，那么看涨期权的价值为：4.82 美元。
d）如果标准差为 40%（即 0.40），那么看涨期权的价值为：6.79 美元。

3. a）10 份看涨期权。
b）60 股。

4. 3 美元。

5. 如果下列条件成立，那么将获利：
股价为 110 美元：10 美元；
股价为 105 美元：10 美元；
股价为 90 美元：10 美元。
6. 净现金流出：0 美元。
7. 股价为 95 美元时的利润：5 美元。
债券损失：6 美元。
看涨期权空头收益：9 美元。
看跌期权多头收益：2 美元。
净收益：5(＝9＋2－6) 美元。
9. 股价为 20 美元时的收益：2 美元。
股价为 35 美元时的收益：7 美元。
10. 股价为 60 美元时的利润：3 美元。
11. b) 2.50 美元。
12. a) 26 美元。
b) 最大损失：4 美元。
13. 最大损失：2 美元。
14. b) 1.50 美元。
15. 当股价为 40 美元时的收益或损失：0 美元。
16. 最大损失：1.81 美元。
17. 盈亏平衡股价：36 美元和 44 美元。
最大损失：4 美元。
18. b) 最大可能损失：1 美元。
c) 最大可能收益：2 美元。

第十九章

1. a) 2 000 美元。
b) 合约价值：21 300 美元；损失 1 300 美元。
c) 1 900 美元。
2. b) 10%的收益。
c) 4%的损失。
4. a) 1 600 000 美元。
b) 1 560 000 美元。
c) 损失 250 000 美元。
d) 40 000 美元。
e) 40 000 美元。
f) 0 美元。
g) 200 000 美元。
5. a) 3 300 000 美元。
b) 3 220 000 美元。
c) 损失 240 000 美元。

e）80 000 美元。

6. a）2 000 美元。

   c）损失 250 美元。

   e）1 500 美元的收益。

8. 价格为 4.44 美元。

9. 第一笔交易：交易对手 B 收到 700 000 美元。

术语表

A

加速折旧（accelerated depreciation）：每年分配的厂房和设备成本不等，使多数成本都在资产存续期的较早年份得以弥补。

应计利息（accrued interest）：已经获得但尚未收到的利息。

美国存托凭证（American Depository Receipts, ADR）：由受托人持有的外国证券的收款凭证。

年金（annuity）：一系列等额年支付。

期初年金（annuity due）：在每年年初进行的一系列等额年支付。

套利（arbitrage）：同时买入和卖出，以利用不同市场上的价格差异的行为。

拖欠股利（arrearage）：尚未支付的累计优先股股利。

B

气球型支付（balloon payment）：清偿债券所必需的一大笔最终支付。

银行承兑汇票（banker's acceptance）：由银行担保的短期本票。

柱形图（bar graph）：表示一只证券的最高价、最低价和收盘价的图形。

巴伦信心指数（Barron's confidence index）：用于识别投资者对证券价格水平和变化方向的信心的指数。

基点（basis point）：0.01%。

附有息票的无记名债券（bearer bond）：附有息票的债券或者占有权就表示所有权的债券。

看跌（bearish）：预期价格将下降。

尽力推销协议（best-efforts agreement）：投资银行不担保能卖出证券，但同意尽力销售债券的协议。

β 系数（beta coefficient）：一种风险指标；衡量特定股票的系统性风险的指标。

买价和卖价（bid and ask）：证券交易商买入和卖出股票的价格。

债券（bond）：有特定利息金额和特定到期日的长期债务。

市账率（book-to-price ratio）：股票会计价值除以股票市价的结果。

经纪商（broker）：处理投资者买卖指令的代理人。

看涨（bullish）：预期价格将上升。

商业风险（business risk）：与企业性质相关的风险。

公司章程（bylaw）：规定公司与股东的关系的文件。

C

赎回特征（call feature）：发行人在到期前清偿债券的权利。

看涨期权（**call option**）：在特定时期内以特定价格购买股票的期权。

赎回罚金（**call penalty**）：为执行赎回而支付的溢价。

资本收益（**capital gain**）：股票或债券等资产增加的价值。

资本亏损（**capital loss**）：股票或债券等资产减少的价值。

现金预算表（**cash budget**）：列出现金收入和现金支出的财务报表。

定期存单（**certificate of deposit，CD**）：有规定到期日的定期存款。

公司执照（**certificate of incorporation**）：创建一家公司的文件。

许可证（**charter**）：规定公司与公司注册地所在州之间的关系的文件。

芝加哥期权交易所（**Chicago Board Options Exchange，CBOE**）：第一家有组织的看跌期权和看涨期权的二级市场。

封闭式投资公司（**closed-end investment company**）：拥有固定数量的在二级证券市场上交易的份额的投资公司。

抵押担保债券（**collateralized mortgage obligation，CMO**）：由抵押贷款支持并以系列出售的债券。

商业票据（**commercial paper**）：最有信誉的公司发行的短期本票。

佣金（**commission**）：经纪商为执行指令而收取的费用。

复利（**compounding**）：对之前获得的利息支付利息的过程。

确认书（**confirmation statement**）：经纪商公司发出的说明证券买卖详情并规定交割日的声明。

逆市投资者（**contrarian**）：投资策略与市场共识相反的投资者。

转换价值（**conversion value**）：用债券可以转换的股票表示的债券价值。

可转换债券（**convertible bond**）：可以交换（即转换为）股票的债券。

可转换优先股（**convertible preferred stock**）：可以转换为普通股的优先股。

息票债券（**coupon bond**）：附有息票并在债券到期时出示撕下的息票以换取利息的债券。

息票利率（**coupon rate**）：债券支付的特定利率或利息金额。

卖出抛补期权（**covered option writing**）：卖出卖方拥有证券的看涨期权。

抛补卖空交易（**covering the short sale**）：购买证券以平掉空头。

信用评级体系（**credit rating system**）：用于表示与特定证券相关的风险的分类体系。

横截面分析（**cross-sectional analysis**）：对同一时点上相同行业内的多家公司的分析。

累计优先股（**cumulative preferred stock**）：如果没有支付股利，便累计股利的优先股。

累计投票制（**cumulative voting**）：一种允许每个股东将所有票投给公司董事会的一个候选人，从而鼓励选出少数股东代表的投票机制。

货币期货（**currency futures**）：在未来交割外汇的合约。

流动比率（**current ratio**）：流动资产与流动负债之比；一种流动性指标。

当期收益率（**current yield**）：证券的年收益除以当期价格。

D

日限额（**daily limit**）：商品期货价格允许的最大日变化金额。

股权登记日（**date of record**）：投资者必须持有股票以获得股利的日期。

当日指令（**day order**）：命令经纪商在当天结束时撤销未执行订单的指令。

应收账款周转天数（**平均收款期**）［**days sales outstanding**（**average collection period**）］：收取应收账款所需的天数。

交易商（**dealer**）：用自己的账户买卖证券的做市商。

信用债券（**debenture**）：无担保债券。

债务比率（**debt ratio**）：债务与总资产之比；一种债务融资指标。

违约（**default**）：债务人没有履行债务契约中的条款。

赤字支出（**deficit spending**）：政府支出超过政府收入。

贬值（**devaluation**）：一种货币相对于其他货币的价值下降。

稀释（**dilution**）：发行新证券造成的每股利润下降。

董事（**director**）：由股东选出的决定公司目标与政

策的人。

折价（discount）：以低于票面价值的价格出售。

(净资产价值的）折价［discount（from net asset value)］：封闭式投资公司的股价低于净资产价值的程度。

(债券）折价［discount（of a bond)］：债券价格低于其面值或本金的程度。

折扣经纪商（discount broker）：对证券买卖收取较低佣金的经纪商。

贴现率（discount rate）：美联储对银行借入的准备金收取的利率。

贴现（discounting）：确定现值的过程。

离散度（dispersion）：与平均值的偏离程度。

分配日（distribution date）：向股东支付股利的日期。

分散化（diversification）：积累不同证券以降低损失风险的过程。

股利（dividend）：对股东的支付，通常是现金，但也可以是股票或财产。

股利增长估值模型（dividend-growth valuation model）：用股利及其增长率恰当贴现回现在的估值模型。

股利再投资计划（dividend reinvestment plan, DRIP）：允许股东将现金股利再投资于股票而不是获得现金的计划。

美元成本平均法（dollar cost averaging）：以不同时间间隔买入证券，以降低价格波动的影响的方法。

价值加权收益率（dollar-weighted rate of return）：令现金流入和现金流出的现值相等的收益率；内部收益率。

道琼斯工业平均指数（Dow Jones Industrial Average）：30 家大公司的股价平均值。

道理论（Dow Theory）：一种基于道琼斯平均指数的技术方法。

久期（duration）：收取债券利息和本金偿付所需的平均时间。

E

每股优先股利润（earning per preferred share）：总利润除以流通优先股股数。

有效市场假说（efficient market hypothesis, EMH）：认为股价正确衡量了公司的未来利润和股利，且投资者的风险调整后绩效不能持续胜过市场的理论。

有效投资组合（efficient portfolio）：在给定风险下提供最高预期收益率的投资组合。

8-K 报告（8-K report）：公司向 SEC 提交的描述可能对其证券价值产生影响的文件。

新兴市场基金（emerging market fund）：专门投资于欠发达国家证券的投资公司。

均衡价格（equilibrium price）：令供给和需求相等的价格。

设备信托凭证（equipment trust certificate）：由特定设备担保的系列债券。

权益型信托基金（equity trust）：专门购买房地产以获取租金收入的房地产投资信托基金。

欧洲债券（Eurobond）：用美元标价但在国外发行的债券。

欧洲美元可转让存单（Eurodollar CD）：存在外国银行并用美元标价的定期存款。

欧洲美元（Eurodollar）：在外国银行的美元存款。

汇率（exchange rate）：用另一种货币表示的外币价格。

汇率风险（exchange rate risk）：外币价值变化的不确定性。

交易所交易基金（exchange-traded fund, ETF）：股份在二级市场上交易的一种共同基金。

除息（ex-dividend）：股票交易时不包括任何股利。

除息日（ex-dividend date）：股票交易时不含任何股利的日期。

执行价格［exercise（strike）price］：投资者可以通过期权买入或卖出股票的价格。

预期收益（expected return）：预期股利收益与资本收益之和。

到期日（expiration date）：必须执行期权的日期。

可展期证券（extendible security）：到期日可以延长到未来的债券。

超额股利（extra dividend）：公司除了固定股利以外分配的股利。

F

堕落天使（fallen angel）：质量下降的投资级证券。

联邦机构债券（federal agency bond）：联邦政府机构发行的债券。

联邦基金利率（federal funds rate）：一家银行对另外一家银行向其借入的准备金收取的利率。

联邦存款保险公司（Federal Deposit Insurance Cor-

poration, FDIC)：监管商业银行和为商业银行存款提供保险的联邦政府机构。

美联储（Federal Reserve）：美国的中央银行。

金融期货（financial futures）：在未来交割某种金融资产的合约。

金融中介（financial intermediary）：从某个群体借款，然后贷给另一个群体的金融机构（例如商业银行）。

财务杠杆（financial leverage）：使用借款购买资产。

金融生命周期（financial life cycle）：个人积累金融资产然后使用金融资产的生命阶段。

金融风险（financial risk）：与公司融资来源相关的风险。

全额包销协议（firm commitment）：投资银行同意以规定价格购买整笔证券，从而保证出售证券的协议。

财政政策（fiscal policy）：联邦政府的税收、支出和债务管理。

固定资产周转率（fixed asset turnover）：销售收入与固定资产之比；该比率说明了产生这些销售收入需要多少固定资产。

无息交易债券（flat bond）：交易时没有应计利息的债券。

外汇市场（foreign exchange market）：买卖货币的市场。

完全披露法（full disclosure law）：要求公共持股公司披露可能影响其证券价值的财务信息和其他信息的联邦法律和州法律。

年金终值（future sum of an annuity）：一系列等额年支付的复利价值。

期货合约（futures contract）：在未来特定日期交割某种商品的协议。

期货价格（futures price）：在未来交割某种商品的合约价格。

G

一般责任债券（general obligation bond）：利息不依赖于特定项目收入的债券；由发行人十足信用（即征税权）支持的政府债券。

吉利美债券（Ginnie Mae bond）：政府国民抵押贷款协会发行的抵押贷款转手债券。

全球基金（global fund）：投资组合包括国际业务遍布世界各国的公司证券的共同基金。

一直有效指令（good-till-canceled order）：向经纪商下达的在经纪商执行或投资者撤销之前一直有效的指令。

国内生产总值（gross domestic product, GDP）：在一国境内用国内生产要素新生产的全部最终商品和服务的总价值。

毛利率（gross profit margin）：扣除销货成本后的利润与销售收入之比。

H

头肩式（head-and-shoulder pattern）：一种技术分析工具；结合了头部和肩部的证券价格模式。

对冲（hedging）：持有相反头寸以降低风险。

高收益证券（high-yield security）：提供高收益率的非投资级证券。

持有期收益率（holding period return, HPR）：总收益（收入加上特定时期内的价格增值）除以投资成本的结果。

I

收入（income）：资产产生的货币或货币等价物；股利和利息。

收益债券（income bond）：只有当公司盈利时才支付利息的债券。

利率增加债券（increasing rate bond）：息票利率随时间推移而增加的债券。

契约（indenture）：规定债券条款的文件。

指数基金（index fund）：让投资组合复制股价指数的共同基金。

个人退休账户（individual retirement account, IRA）：一种为员工提供的个人退休计划。

无效投资组合（inefficient portfolio）：在给定风险水平下，收益率没有最大化的投资组合。

与通货膨胀挂钩的证券（inflation-indexed security）：本金和利息根据消费价格指数的变化进行调整的证券。

首次公开募股（发行）（initial public offering, IPO）：首次向公众发售普通股（份额）。

内部信息（inside information）：关于公司的保密信息。

利息（interest）：为使用资金而支付的金额。

利率风险（interest rate risk）：与利率变化相关的不确定性；利率上升导致损失的可能性。

内部收益率（internal rate of return）：令投资的现

金流入现值与其成本相等的收益率。

国际基金（international fund）：投资组合仅限于非美国公司的美国共同基金。

内在价值（intrinsic value）：期权作为股票的价值。

存货周转率（inventory turnover）：存货销售速度。

（经济学意义上的）投资［investment（in economics）］：购买厂房、设备或存货。

（一般意义上的）投资［investment（in lay terms）］：购买股票或债券等资产。

投资银行（investment banker）：承销商，向公众出售新发行证券的公司。

投资价值（investment value）：可转换债券作为不可转换债务时的价值。

不固定股利（irregular dividend）：不定期分配或者金额有变化的股利。

J

詹森绩效指数，α（Jensen performance index, alpha）：一种比较实际收益率与投资者在承担的风险下应获得的收益率之差的绩效指标。

K

基奥账户（Keogh account）：一种自谋职业者可以获得的退休计划。

L

杠杆（leverage）：对潜在投资收益率的放大。

限价指令（limit order）：限制经纪商以特定价格买卖证券的指令。

流动性（liquidity）：货币性；资产转换为现金的容易程度。

认购费（load fee）：共同基金收取的销售费。

有认购费共同基金（load fund）：对买卖其股份收取佣金的共同基金。

多头（long position）：为了获得收入和可能的价格增值而持有资产。

M

M1：活期存款、硬币与通货之和。

M2：活期存款、硬币、通货与银行储蓄存款之和。

维持保证金（maintenance margin）：保证金账户要求的最低金额。（提出追加保证金要求之前的最低必要资金水平。）

维持保证金（期货）［maintenance margin（futures）］：触发追加保证金要求的保证金账户最低资金水平。

保证金（margin）：投资者赊购证券所必须支付的定金。

保证金（期货）［margin（futures）］：买卖期货合约时存入的信用保证金。

追加保证金要求（margin call）：经纪商对投资者提出的在账户中存入更多资金或证券，作为借入资金的担保品或信用保证金的要求。

保证金要求（margin requirement）：投资者购买证券时必须支付的现金占总价格的最低百分比，由美联储规定。

边际税率（marginal tax rate）：对最后一美元应税收入缴纳的税率；个人适用的税级。

市场指令（market order）：以当前市场价格或报价买入或卖出的指令。

市场风险（market risk）：系统性风险；与股价随着市场波动的趋势相关的风险。

流通性（marketability）：买卖资产的容易程度。

到期日（maturity date）：债务到期，必须偿还本金的时间。

货币市场工具（money market instrument）：短期证券，例如国库券、可转让存单或商业票据。

货币市场共同基金（money market mutual fund）：专门投资于短期证券的共同基金。

道德担保（moral backing）：为债券提供的非义务性支持。

抵押贷款支持债券（mortgage-backed bond）：由定期收到利息和本金偿付额的抵押贷款支持的债券。

抵押贷款型债券（mortgage bond）：由财产尤其是不动产担保的债券。

抵押贷款型信托基金（mortgage trust）：专门发放由房地产担保的贷款的房地产投资信托基金。

移动平均法（moving average）：通过加入计算平均值之前最近的观察值，去掉最远的观察值计算出来的平均值。

市政（免税）债券［municipal（tax-exempt）bond］：州政府或其某个下属政治部门发行的债券，这种债券的利息不用向联邦政府纳税。

共同基金（mutual fund）：开放式投资公司。

N

卖出无担保期权（naked option writing）：卖出卖方不拥有标的证券的看涨期权。

纳斯达克（Nasdaq）：全国证券交易商自动报价系统；场外证券的报价系统。

可转让存单（大额存单）（negotiable certificate of deposit）：由银行和贷款人单独协商利率和期限，且可以买卖的存单。

净资产价值（net asset value，NAV）：一股投资公司股份的资产价值；总资产与总负债之差除以流通股数。

净利润率（net profit margin）：计算利息和税收后的利润与销售收入之比。

无认购费共同基金（no-load mutual fund）：不对买卖其股份收取佣金的共同基金。

非累计优先股（noncumulative preferred stock）：公司漏发股利时不对股利进行累计的优先股。

纽约证券交易所综合指数（NYSE composite index）：纽约证券交易所指数；在纽约证券交易所上市的股票的价格指数。

O

零股（odd lot）：小于一般交易单位的一种交易单位，例如22股。

开放式投资公司（open-end investment company）：一种共同基金；投资者可以买入这种投资公司的股份，然后再回售给它们。

未平仓合约数量（期货）［open interest（futures）］拥有特定价格、在特定月份到期的特定商品的现存期货合约数量。

未平仓合约数量（期权）［open interest（option）］：拥有特定执行价格、在特定日期到期的特定股票的现存看涨期权或看跌期权数量。

公开市场操作（open market operation）：美联储买入或卖出国债的行为。

营业利润率（operating profit margin）：对非经常项目、利息和税收进行调整前的利润与销售收入之比。

期权（option）：在特定时期内以特定价格买入或卖出某种标的的权利。

普通年金（ordinary annuity）：在每年年末进行支付的一系列等额年支付。

发起行（originating house）：与某家公司签订协议，卖出一笔新发行的证券，并组成辛迪加对其进行推销的投资银行。

场外（OTC）市场［over-the-counter（OTC）market］：未上市证券的非正式二级市场。

P

账面利润（paper profit）：未实现的价格升值。

合伙公司（partnership）：一家至少由两人组成的非法人企业。

股利支付率（payout ratio）：股利与利润之比。

PEG 比率（PEG ratio）：市盈率除以利润增长率。

点数图（X-O图）［point-and-figure chart（X-O chart）］：一种由X和O组成，用于技术分析，以总结价格变化的图形。

投资组合（portfolio）：投资者拥有的资产组合，目的是将购买力转移到未来。

投资组合风险（portfolio risk）：持有投资组合的总风险；系统性风险与非系统性风险之和。

优先认购权（preemptive right）：现有股东维持其在公司中的所有权比例的权利。

优先股（preferred stock）：对公司利润和公司清算重组时的资产的索偿权优于普通股的一类股票。

初步招股书［preliminary prospectus（red herring）］：详细说明一家公司财务状况的原始文件，该文件必须在证券交易委员会备案，以登记新发行的证券。

期权费（premium）：期权的市场价格。

（债券）溢价［premium（of a bond）］：债券价格超过其面值的程度。

（净资产价值）溢价［premium（over net asset value）］：封闭式投资公司的股票价格超过每股净资产价值的程度。

现值（present value）：将在未来收到的金额的当期价值。

年金现值（present value of an annuity）：一系列等额支付的现值。

初级市场（primary market）：证券首次发售的市场。

本金（principal）：所欠金额；债务的面值。

私募（private placement）：非公开证券销售。

程序交易（programmed trading）：由计算机协调投资组合买卖的交易。

购买力风险（purchasing power risk）：未来通货膨胀率将削弱资产和收入的购买力的不确定性。

可回售债券（put bond）：持有者可以在特定时间以特定价格赎回（即卖回给发行人）的债券。

看跌期权（put option）：在特定时期内以特定价格卖出股票的期权。

Q

速动比率（酸性测试）［quick ratio（acid test）］：

流动资产减去存货，然后再除以流动负债的结果；一种流动性指标。

R

收益率（rate of return）：投资实现的年收益百分比。

收益率（内部收益率）［rate of return（internal rate of return，IRR）］：令投资成本（现金流出）与投资产生的现金流入相等的贴现率。

房地产投资信托基金（real estate investment trust，REIT）：专门投资于房地产或抵押贷款的封闭式投资公司。

实际收益（realized return）：投资获得的收入与资本收益之和。

资本结构调整（recapitalization）：公司融资来源的变化，例如用长期债务代替股权。

应收账款周转率（receivables turnover）：公司收取应收账款的速度。

衰退期（recession）：失业率上升、国民产出下降的时期。

再融资（refunding）：发行新债务并用发行收入清偿现有债务的行为。

地区基金（regional fund）：专门投资于特定地区的共同基金。

记名债券（registered bond）：所有权登记在一家商业银行名下，由其分配利息、偿付本金的债券。

注册代表（registered representative）：为顾客买卖证券的人；经纪人。

登记（registration）：在证券交易委员会登记计划向公众出售证券的信息的过程。

固定股利（regular dividend）：定期分配的稳定股利。

再投资收益率风险（reinvestment rate risk）：以低于初始收益率的收益率对利润或本金进行再投资的风险。

回购协议［repurchase agreement（repo）］：卖方同意以特定价格回购短期证券的短期证券交易。

必要收益（required return）：促使投资者购买某种资产所必需的收益。

准备金要求（reserve requirement）：银行必须对其存款负债持有的现金比例。

重置债券（reset bond）：定期调整息票利率的债券。

留存比率（retention ratio）：未分配利润与利润之比。

收益（return）：资产投资获得的收入与资本收益之和。

资产收益率（return on asset）：利润与总资产之比。

股权收益率（return on equity）：利润与股权之比。

升值（revaluation）：一种货币相对于其他货币的价值上升。

收入债券（revenue bond）：只有当债务人获得足够收入时才支付利息的债券。

配股（right offering）：向现有股东出售新股票。

风险（risk）：损失的可能；未来收益的不确定性。

整股（round lot）：证券交易的一般单位，例如100股。

S

二级市场（secondary market）：买卖之前发行的证券的市场。

证券交易委员会（Securities and Exchange Commission，SEC）：执行联邦证券法的政府机构。

证券投资者保护公司（Securities Investor Protection Corporation，SIPC）：为投资者提供保险以防经纪公司破产的机构。

证券化（securitization）：将非流动性资产转化为可流通证券的过程。

半年复利（semiannual compounding）：每年支付两次利息。

系列债券（serial bond）：每年都有特定债券到期的一系列债券。

系列EE债券（series EE bond）：美国联邦政府发行的小面值储蓄债券。

股份平均法（share averaging）：投资者定期买入相同数量的股票，以积累股票的方法。

夏普绩效指数（Sharpe performance index）：一种经风险调整的绩效指标，该指数用投资组合的收益率标准差对超过无风险利率的收益率进行标准化。

空头（short position）：卖出借入资产以利用价格可能下降的趋势；卖空某种证券或商品。

卖空（short sale）：因为预期证券价格将下降而卖出借入的证券；在未来交割的合同。

偿债基金（sinking fund）：用于清偿债券的一系列定期支付。

主权风险（sovereign risk）：一国政府违约的风险。

投机（speculation）：有可能提供高额收益，但风险也很高的投资；投资将产生损失的合理可能性。

分息债券（split coupon bond）：初始息票利率为零或较低，但随后一段时期的息票利率较高的债券。

即期价格（spot price）：商品的当期价格。

价差（spread）：买价与卖价之差。

标准普尔 500 股票指数（Standard & Poor's 500 stock index）：一种包括 500 种股票的价值加权指数。

现金流量表（statement of cash flows）：一种列出某家公司现金流入与现金流出的会计报表。

股票（stock）：代表对公司的所有权的证券。

股票股利（stock dividend）：用股票支付的股利。

股指期货（stock index futures）：基于某种证券价格指数的合约。

股指期权（stock index option）：基于股价总体指标的买入与卖出权利。

股票回购（stock repurchase）：发行公司买入本公司股票的行为。

股票分拆（stock split）：影响流通股数、票面价值、每股利润和股价的资本结构调整。

依限买卖指令（stop order）：为限制投资者的损失或确保证券头寸的利润而下达的买入或卖出指令。

直线折旧法（straight-line depreciation）：在一段时期内每年分摊相等金额的厂房与设备成本的方法。

行号代名（street name）：以经纪公司的名称而非买方名称登记证券。

盈余（surplus）：收入超过支出。

互换（swap）：交换支付额的协议。

辛迪加（syndicate）：集中起来推销证券的销售集团。

系统性风险（systematic risk）：不可分散风险；与证券价格波动相关的风险。

T

赋税抵偿债券（tax anticipation note）：由预期税收收入担保的短期政府证券。

延期纳税年金（tax-deferred annuity）：保险公司出售的一种合同，根据这种合同，保险公司为一系列支付提供担保，其利润直到分配时才纳税。

免税债券（tax-exempt bond）：利息免缴联邦所得税的债券。

避税手段（tax shelter）：递延、减少或避免纳税的资产或投资。

技术分析（technical analysis）：对历史量价行为进行分析，以确定买入或卖出哪些资产，以及买卖这些资产的最佳时间。

10-K 报告（10-K report）：上市公司按要求向证券交易委员会提交的年报。

10-Q 报告（10-Q report）：上市公司按要求向证券交易委员会提交的季报。

三级市场（third market）：在交易所上市的证券的场外市场。

13-D 报告（13-D report）：股东购买上市公司股票市值超 5%时需向证券交易委员会提交的报告。

时间溢价（time premium）：期权价格超过期权内在价值的金额。

时间序列分析（time-series analysis）：对某家公司在一段时期内的分析。

时间加权收益率（time-weighted rate of return）：各持有期收益率的几何平均值。

股利保障倍数（times-dividend-earned）：利润除以优先股股利要求。

利息保障倍数（times-interest-earned）：息税前利润与利息费用之比；衡量债务安全性的偿债能力比率。

总资产周转率（total asset turnover）：销售收入与总资产之比；该比率说明了多少总资产被用于创造销售收入。

组别（tranche）：一笔债券的细分。

国库券（Treasury bill）：短期联邦政府证券。

长期国债（Treasury bond）：长期联邦政府证券。

中期国债（Treasury note）：中期联邦政府债券。

特雷诺绩效指数（Treynor performance index）：经风险调整的绩效指标，该指数用投资组合的系统性风险对超过无风险利率的收益率进行标准化。

受托人（trustee）：被指定负责监督债券契约条款遵守情况的一方，通常是一家商业银行。

12b-1 费用（12b-1 fee）：共同基金可能收取的用来覆盖营销和广告费的费用。

U

资本不足（undercapitalized）：股权融资不足。

承销（underwriting）：将证券卖给公众，投资银行向发行公司购买证券的过程。

单位信托基金（unit trust）：有自偿性固定资产组合的消极投资公司。

非系统性风险（unsystematic risk）：个别事件影响特定证券的风险。

美国国库券（U.S. Treasury bill）：美国联邦政府的短期债务。

V

估值（valuation）：确定某笔资产当前价值的过程。

价值（value）：某样东西所值的金额；未来收益的现值。

可变利率债券（variable interest rate bond）：息票利率随短期利率变化的长期债券。

风险投资公司（venture capitalist）：专门投资于小型新兴公司的证券的公司。

投票权（voting right）：股东对其持有的股份投票的权利。

W

权证（warrant）：公司发行的在特定时期以特定价格购买其股票的期权。

Y

收益率曲线（yield curve）：给定风险类别的债券距到期的时间和收益率的关系。

赎回收益率（yield to call）：从购买债券到公司赎回债券并清偿这段时期债券实现的收益率。

到期收益率（yield to maturity）：从购买债券至债券到期时债券实现的收益率。

Z

零息债券（zero coupon bond）：累计利息并在到期时支付利息，最初以折价出售的债券。

经济科学译丛						
序号	书名	作者	Author	单价	出版年份	ISBN
1	微观经济学(第九版)	罗伯特·S. 平狄克等	Robert S. Pindyck	93.00	2020	978-7-300-26640-4
2	宏观经济学(第十版)	N. 格里高利·曼昆	N. Gregory Mankiw	79.00	2020	978-7-300-27631-1
3	宏观经济学(第九版)	安德鲁·B. 亚伯等	Andrew B. Abel	95.00	2020	978-7-300-27382-2
4	商务经济学(第二版)	克里斯·马尔赫恩等	Chris Mulhearn	56.00	2019	978-7-300-24491-4
5	管理经济学:基于战略的视角(第二版)	蒂莫西·费希尔等	Timothy Fisher	58.00	2019	978-7-300-23886-9
6	投入产出分析:基础与扩展(第二版)	罗纳德·E. 米勒等	Ronald E. Miller	98.00	2019	978-7-300-26845-3
7	宏观经济学:政策与实践(第二版)	弗雷德里克·S. 米什金	Frederic S. Mishkin	89.00	2019	978-7-300-26809-5
8	国际商务:亚洲视角	查尔斯·W.L. 希尔等	Charles W. L. Hill	108.00	2019	978-7-300-26791-3
9	统计学:在经济和管理中的应用(第10版)	杰拉德·凯勒	Gerald Keller	158.00	2019	978-7-300-26771-5
10	经济学精要(第五版)	R. 格伦·哈伯德等	R. Glenn Hubbard	99.00	2019	978-7-300-26561-2
11	环境经济学(第七版)	埃班·古德斯坦等	Eban Goodstein	78.00	2019	978-7-300-23867-8
12	管理者微观经济学	戴维·M. 克雷普斯	David M. Kreps	88.00	2019	978-7-300-22914-0
13	税收与企业经营战略:筹划方法(第五版)	迈伦·S. 斯科尔斯等	Myron S. Scholes	78.00	2018	978-7-300-25999-4
14	美国经济史(第12版)	加里·M. 沃尔顿等	Gary M. Walton	98.00	2018	978-7-300-26473-8
15	组织经济学:经济学分析方法在组织管理上的应用(第五版)	塞特斯·杜玛等	Sytse Douma	62.00	2018	978-7-300-25545-3
16	经济理论的回顾(第五版)	马克·布劳格	Mark Blaug	88.00	2018	978-7-300-26252-9
17	实地实验:设计、分析与解释	艾伦·伯格等	Alan S. Gerber	69.80	2018	978-7-300-26319-9
18	金融学(第二版)	兹维·博迪等	Zvi Bodie	75.00	2018	978-7-300-26134-8
19	空间数据分析:模型、方法与技术	曼弗雷德·M. 费希尔等	Manfred M. Fischer	36.00	2018	978-7-300-25304-6
20	《宏观经济学》(第十二版)学习指导书	鲁迪格·多恩布什等	Rudiger Dornbusch	38.00	2018	978-7-300-26063-1
21	宏观经济学(第四版)	保罗·克鲁格曼等	Paul Krugman	68.00	2018	978-7-300-26068-6
22	计量经济学导论:现代观点(第六版)	杰弗里·M. 伍德里奇	Jeffrey M. Wooldridge	109.00	2018	978-7-300-25914-7
23	经济思想史:伦敦经济学院讲演录	莱昂内尔·罗宾斯	Lionel Robbins	59.80	2018	978-7-300-25258-2
24	空间计量经济学入门——在R中的应用	朱塞佩·阿尔比亚	Giuseppe Arbia	45.00	2018	978-7-300-25458-6
25	克鲁格曼经济学原理(第四版)	保罗·克鲁格曼等	Paul Krugman	88.00	2018	978-7-300-25639-9
26	发展经济学(第七版)	德怀特·H. 波金斯等	Dwight H. Perkins	98.00	2018	978-7-300-25506-4
27	线性与非线性规划(第四版)	戴维·G. 卢恩伯格等	David G. Luenberger	79.80	2018	978-7-300-25391-6
28	产业组织理论	让·梯若尔	Jean Tirole	110.00	2018	978-7-300-25170-7
29	经济学精要(第六版)	巴德,帕金	Bade,Parkin	89.00	2018	978-7-300-24749-6
30	空间计量经济学——空间数据的分位数回归	丹尼尔·P. 麦克米伦	Daniel P. McMillen	30.00	2018	978-7-300-23949-1
31	高级宏观经济学基础(第二版)	本·J. 海德拉	Ben J. Heijdra	88.00	2018	978-7-300-25147-9
32	税收经济学(第二版)	伯纳德·萨拉尼耶	Bernard Salanié	42.00	2018	978-7-300-23866-1
33	国际贸易(第三版)	罗伯特·C. 芬斯特拉	Robert C. Feenstra	73.00	2017	978-7-300-25327-5
34	国际宏观经济学(第三版)	罗伯特·C. 芬斯特拉	Robert C. Feenstra	79.00	2017	978-7-300-25326-8
35	公司治理(第五版)	罗伯特·A.G. 蒙克斯	Robert A. G. Monks	69.80	2017	978-7-300-24972-8
36	国际经济学(第15版)	罗伯特·J. 凯伯	Robert J. Carbaugh	78.00	2017	978-7-300-24844-8
37	经济理论和方法史(第五版)	小罗伯特·B. 埃克伦德等	Robert B. Ekelund. Jr.	88.00	2017	978-7-300-22497-8
38	经济地理学	威廉·P. 安德森	William P. Anderson	59.80	2017	978-7-300-24544-7
39	博弈与信息:博弈论概论(第四版)	艾里克·拉斯穆森	Eric Rasmusen	79.80	2017	978-7-300-24546-1
40	MBA宏观经济学	莫里斯·A. 戴维斯	Morris A. Davis	38.00	2017	978-7-300-24268-2
41	经济学基础(第十六版)	弗兰克·V. 马斯切纳	Frank V. Mastrianna	42.00	2017	978-7-300-22607-1
42	高级微观经济学:选择与竞争性市场	戴维·M. 克雷普斯	David M. Kreps	79.80	2017	978-7-300-23674-2
43	博弈论与机制设计	Y. 内拉哈里	Y. Narahari	69.80	2017	978-7-300-24209-5
44	宏观经济学精要:理解新闻中的经济学(第三版)	彼得·肯尼迪	Peter Kennedy	45.00	2017	978-7-300-21617-1
45	宏观经济学(第十二版)	鲁迪格·多恩布什等	Rudiger Dornbusch	69.00	2017	978-7-300-23772-5
46	国际金融与开放宏观经济学:理论、历史与政策	亨德里克·范登伯格	Hendrik Van den Berg	68.00	2016	978-7-300-23380-2
47	经济学(微观部分)	达龙·阿西莫格鲁等	Daron Acemoglu	59.00	2016	978-7-300-21786-4
48	经济学(宏观部分)	达龙·阿西莫格鲁等	Daron Acemoglu	45.00	2016	978-7-300-21886-1
49	发展经济学	热若尔·罗兰	Gérard Roland	79.00	2016	978-7-300-23379-6
50	中级微观经济学——直觉思维与数理方法(上下册)	托马斯·J·内契巴	Thomas J. Nechyba	128.00	2016	978-7-300-22363-6
51	环境与自然资源经济学(第十版)	汤姆·蒂坦伯格等	Tom Tietenberg	72.00	2016	978-7-300-22900-3
52	劳动经济学基础(第二版)	托马斯·海克拉克等	Thomas Hyclak	65.00	2016	978-7-300-23146-4
53	货币金融学(第十一版)	弗雷德里克·S·米什金	Frederic S. Mishkin	85.00	2016	978-7-300-23001-6
54	动态优化——经济学和管理学中的变分法和最优控制(第二版)	莫顿·I·凯曼等	Morton I. Kamien	48.00	2016	978-7-300-23167-9

经济科学译丛						
序号	书名	作者	Author	单价	出版年份	ISBN
55	用Excel学习中级微观经济学	温贝托·巴雷托	Humberto Barreto	65.00	2016	978-7-300-21628-7
56	国际经济学:理论与政策(第十版)	保罗·R·克鲁格曼等	Paul R. Krugman	89.00	2016	978-7-300-22710-8
57	国际金融(第十版)	保罗·R·克鲁格曼等	Paul R. Krugman	55.00	2016	978-7-300-22089-5
58	国际贸易(第十版)	保罗·R·克鲁格曼等	Paul R. Krugman	42.00	2016	978-7-300-22088-8
59	经济学精要(第3版)	斯坦利·L·布鲁伊等	Stanley L. Brue	58.00	2016	978-7-300-22301-8
60	经济分析史(第七版)	英格里德·H·里马	Ingrid H. Rima	72.00	2016	978-7-300-22294-3
61	投资学精要(第九版)	兹维·博迪等	Zvi Bodie	108.00	2016	978-7-300-22236-3
62	环境经济学(第二版)	查尔斯·D·科尔斯塔德	Charles D. Kolstad	68.00	2016	978-7-300-22255-4
63	MWG《微观经济理论》习题解答	原千晶等	Chiaki Hara	75.00	2016	978-7-300-22306-3
64	现代战略分析(第七版)	罗伯特·M·格兰特	Robert M. Grant	68.00	2016	978-7-300-17123-4
65	横截面与面板数据的计量经济分析(第二版)	杰弗里·M·伍德里奇	Jeffrey M. Wooldridge	128.00	2016	978-7-300-21938-7
66	宏观经济学(第十二版)	罗伯特·J·戈登	Robert J. Gordon	75.00	2016	978-7-300-21978-3
67	动态最优化基础	蒋中一	Alpha C. Chiang	42.00	2015	978-7-300-22068-0
68	城市经济学	布伦丹·奥弗莱厄蒂	Brendan O'Flaherty	69.80	2015	978-7-300-22067-3
69	管理经济学:理论、应用与案例(第八版)	布鲁斯·艾伦等	Bruce Allen	79.80	2015	978-7-300-21991-2
70	经济政策:理论与实践	阿格尼丝·贝纳西-奎里等	Agnès Bénassy-Quéré	79.80	2015	978-7-300-21921-9
71	微观经济分析(第三版)	哈尔·R·范里安	Hal R. Varian	68.00	2015	978-7-300-21536-5
72	财政学(第十版)	哈维·S·罗森等	Harvey S. Rosen	68.00	2015	978-7-300-21754-3
73	经济数学(第三版)	迈克尔·霍伊等	Michael Hoy	88.00	2015	978-7-300-21674-4
74	发展经济学(第九版)	A.P.瑟尔沃	A.P. Thirlwall	69.80	2015	978-7-300-21193-0
75	宏观经济学(第五版)	斯蒂芬·D·威廉森	Stephen D. Williamson	69.00	2015	978-7-300-21169-5
76	资源经济学(第三版)	约翰·C·伯格斯特罗姆等	John C. Bergstrom	58.00	2015	978-7-300-20742-1
77	应用中级宏观经济学	凯文·D·胡佛	Kevin D. Hoover	78.00	2015	978-7-300-21000-1
78	现代时间序列分析导论(第二版)	约根·沃特斯等	Jürgen Wolters	39.80	2015	978-7-300-20625-7
79	空间计量经济学——从横截面数据到空间面板	J·保罗·埃尔霍斯特	J. Paul Elhorst	32.00	2015	978-7-300-21024-7
80	国际经济学原理	肯尼思·A·赖纳特	Kenneth A. Reinert	58.00	2015	978-7-300-20830-5
81	经济写作(第二版)	迪尔德丽·N·麦克洛斯基	Deirdre N. McCloskey	39.80	2015	978-7-300-20914-2
82	计量经济学方法与应用(第五版)	巴蒂·H·巴尔塔基	Badi H. Baltagi	58.00	2015	978-7-300-20584-7
83	战略经济学(第五版)	戴维·贝赞可等	David Besanko	78.00	2015	978-7-300-20679-0
84	博弈论导论	史蒂文·泰迪里斯	Steven Tadelis	58.00	2015	978-7-300-19993-1
85	社会问题经济学(第二十版)	安塞尔·M·夏普等	Ansel M. Sharp	49.00	2015	978-7-300-20279-2
86	博弈论:矛盾冲突分析	罗杰·B·迈尔森	Roger B. Myerson	58.00	2015	978-7-300-20212-9
87	时间序列分析	詹姆斯·D·汉密尔顿	James D. Hamilton	118.00	2015	978-7-300-20213-6
88	经济问题与政策(第五版)	杰奎琳·默里·布鲁克斯	Jacqueline Murray Brux	58.00	2014	978-7-300-17799-1
89	微观经济理论	安德鲁·马斯-克莱尔等	Andreu Mas-Collel	148.00	2014	978-7-300-19986-3
90	产业组织:理论与实践(第四版)	唐·E·瓦尔德曼等	Don E. Waldman	75.00	2014	978-7-300-19722-7
91	公司金融理论	让·梯若尔	Jean Tirole	128.00	2014	978-7-300-20178-8
92	公共部门经济学	理查德·W·特里西	Richard W. Tresch	49.00	2014	978-7-300-18442-5
93	计量经济学原理(第六版)	彼得·肯尼迪	Peter Kennedy	69.80	2014	978-7-300-19342-7
94	统计学:在经济中的应用	玛格丽特·刘易斯	Margaret Lewis	45.00	2014	978-7-300-19082-2
95	产业组织:现代理论与实践(第四版)	林恩·佩波尔等	Lynne Pepall	88.00	2014	978-7-300-19166-9
96	计量经济学导论(第三版)	詹姆斯·H·斯托克等	James H. Stock	69.00	2014	978-7-300-18467-8
97	发展经济学导论(第四版)	秋山裕	秋山裕	39.80	2014	978-7-300-19127-0
98	中级微观经济学(第六版)	杰弗里·M·佩罗夫	Jeffrey M. Perloff	89.00	2014	978-7-300-18441-8
99	平狄克《微观经济学》(第八版)学习指导	乔纳森·汉密尔顿等	Jonathan Hamilton	32.00	2014	978-7-300-18970-3
100	微观经济学(第八版)	罗伯特·S·平狄克等	Robert S. Pindyck	79.00	2013	978-7-300-17133-3
101	微观银行经济学(第二版)	哈维尔·弗雷克斯等	Xavier Freixas	48.00	2014	978-7-300-18940-6
102	施米托夫论出口贸易——国际贸易法律与实务(第11版)	克利夫·M·施米托夫等	Clive M. Schmitthoff	168.00	2014	978-7-300-18425-8
103	微观经济学思维	玛莎·L·奥尔尼	Martha L. Olney	29.80	2013	978-7-300-17280-4
104	宏观经济学思维	玛莎·L·奥尔尼	Martha L. Olney	39.80	2013	978-7-300-17279-8
105	计量经济学原理与实践	达摩达尔·N·古扎拉蒂	Damodar N. Gujarati	49.80	2013	978-7-300-18169-1
106	现代战略分析案例集	罗伯特·M·格兰特	Robert M. Grant	48.00	2013	978-7-300-16038-2
107	高级国际贸易:理论与实证	罗伯特·C·芬斯特拉	Robert C. Feenstra	59.00	2013	978-7-300-17157-9
108	经济学简史——处理沉闷科学的巧妙方法(第二版)	E·雷·坎特伯里	E. Ray Canterbery	58.00	2013	978-7-300-17571-3

经济科学译丛

序号	书名	作者	Author	单价	出版年份	ISBN
109	微观经济学原理(第五版)	巴德、帕金	Bade, Parkin	65.00	2013	978-7-300-16930-9
110	宏观经济学原理(第五版)	巴德、帕金	Bade, Parkin	63.00	2013	978-7-300-16929-3
111	环境经济学	彼得·伯克等	Peter Berck	55.00	2013	978-7-300-16538-7
112	高级微观经济理论	杰弗里·杰里	Geoffrey A. Jehle	69.00	2012	978-7-300-16613-1
113	高级宏观经济学导论:增长与经济周期(第二版)	彼得·伯奇·索伦森等	Peter Birch Sørensen	95.00	2012	978-7-300-15871-6
114	微观经济学(第二版)	保罗·克鲁格曼	Paul Krugman	69.80	2012	978-7-300-14835-9
115	克鲁格曼《微观经济学(第二版)》学习手册	伊丽莎白·索耶·凯利	Elizabeth Sawyer Kelly	58.00	2013	978-7-300-17002-2
116	克鲁格曼《宏观经济学(第二版)》学习手册	伊丽莎白·索耶·凯利	Elizabeth Sawyer Kelly	36.00	2013	978-7-300-17024-4
117	微观经济学(第十一版)	埃德温·曼斯费尔德	Edwin Mansfield	88.00	2012	978-7-300-15050-5
118	卫生经济学(第六版)	舍曼·富兰德等	Sherman Folland	79.00	2011	978-7-300-14645-4
119	现代劳动经济学:理论与公共政策(第十版)	罗纳德·G·伊兰伯格等	Ronald G. Ehrenberg	69.00	2011	978-7-300-14482-5
120	宏观经济学:理论与政策(第九版)	理查德·T·弗罗恩	Richard T. Froyen	55.00	2011	978-7-300-14108-4
121	经济学原理(第四版)	威廉·博伊斯等	William Boyes	59.00	2011	978-7-300-13518-2
122	计量经济学基础(第五版)(上下册)	达摩达尔·N·古扎拉蒂	Damodar N. Gujarati	99.00	2011	978-7-300-13693-6
123	《计量经济学基础》(第五版)学生习题解答手册	达摩达尔·N·古扎拉蒂等	Damodar N. Gujarati	23.00	2012	978-7-300-15080-8
124	计量经济分析(第六版)(上下册)	威廉·H·格林	William H. Greene	128.00	2011	978-7-300-12779-8
125	国际贸易	罗伯特·C·芬斯特拉等	Robert C. Feenstra	49.00	2011	978-7-300-13704-9

金融学译丛

序号	书名	作者	Author	单价	出版年份	ISBN
1	投资学导论(第十二版)	赫伯特·B. 梅奥	Herbert B. Mayo	89.00	2020	978-7-300-27653-3
2	金融几何学	阿尔文·库鲁克	Alvin Kuruc	58.00	2020	978-7-300-14104-6
3	银行风险管理(第四版)	若埃尔·贝西	Joël Bessis	56.00	2019	978-7-300-26496-7
4	金融学原理(第八版)	阿瑟·J. 基翁等	Arthur J. Keown	79.00	2018	978-7-300-25638-2
5	财务管理基础(第七版)	劳伦斯·J. 吉特曼等	Lawrence J. Gitman	89.00	2018	978-7-300-25339-8
6	利率互换及其他衍生品	霍华德·科伯	Howard Corb	69.00	2018	978-7-300-25294-0
7	固定收益证券手册(第八版)	弗兰克·J. 法博齐	Frank J. Fabozzi	228.00	2017	978-7-300-24227-9
8	金融市场与金融机构(第8版)	弗雷德里克·S. 米什金等	Frederic S. Mishkin	86.00	2017	978-7-300-24731-1
9	兼并、收购和公司重组(第六版)	帕特里克·A. 高根	Patrick A. Gaughan	89.00	2017	978-7-300-24231-6
10	债券市场:分析与策略(第九版)	弗兰克·J·法博齐	Frank J. Fabozzi	98.00	2016	978-7-300-23495-3
11	财务报表分析(第四版)	马丁·弗里德森	Martin Fridson	46.00	2016	978-7-300-23037-5
12	国际金融学	约瑟夫·P·丹尼尔斯等	Joseph P. Daniels	65.00	2016	978-7-300-23037-1
13	国际金融	阿德里安·巴克利	Adrian Buckley	88.00	2016	978-7-300-22668-2
14	个人理财(第六版)	阿瑟·J·基翁	Arthur J. Keown	85.00	2016	978-7-300-22711-5
15	投资学基础(第三版)	戈登·J·亚历山大等	Gordon J. Alexander	79.00	2015	978-7-300-20274-7
16	金融风险管理(第二版)	彼德·F·克里斯托弗森	Peter F. Christoffersen	46.00	2015	978-7-300-21210-4
17	风险管理与保险管理(第十二版)	乔治·E·瑞达等	George E. Rejda	95.00	2015	978-7-300-21486-3
18	个人理财(第五版)	杰夫·马杜拉	Jeff Madura	69.00	2015	978-7-300-20583-0
19	企业价值评估	罗伯特·A·G·蒙克斯等	Robert A. G. Monks	58.00	2015	978-7-300-20582-3
20	基于Excel的金融学原理(第二版)	西蒙·本尼卡	Simon Benninga	79.00	2014	978-7-300-18899-7
21	金融工程学原理(第二版)	萨利赫·N·内夫特奇	Salih N. Neftci	88.00	2014	978-7-300-19348-9
22	投资学导论(第十版)	赫伯特·B·梅奥	Herbert B. Mayo	69.00	2014	978-7-300-18971-0
23	国际金融市场导论(第六版)	斯蒂芬·瓦尔德斯等	Stephen Valdez	59.80	2014	978-7-300-18896-6
24	金融数学:金融工程引论(第二版)	马雷克·凯宾斯基等	Marek Capinski	42.00	2014	978-7-300-17650-5
25	财务管理(第二版)	雷蒙德·布鲁克斯	Raymond Brooks	69.00	2014	978-7-300-19085-3
26	期货与期权市场导论(第七版)	约翰·C·赫尔	John C. Hull	69.00	2014	978-7-300-18994-2
27	国际金融:理论与实务	皮特·塞尔居	Piet Sercu	88.00	2014	978-7-300-18413-5
28	货币、银行和金融体系	R·格伦·哈伯德等	R. Glenn Hubbard	75.00	2013	978-7-300-17856-1
29	并购创造价值(第二版)	萨德·苏达斯纳	Sudi Sudarsanam	89.00	2013	978-7-300-17473-0
30	个人理财——理财技能培养方法(第三版)	杰克·R·卡普尔等	Jack R. Kapoor	66.00	2013	978-7-300-16687-2
31	国际财务管理	吉尔特·贝克特	Geert Bekaert	95.00	2012	978-7-300-16031-3
32	应用公司财务(第三版)	阿斯沃思·达摩达兰	Aswath Damodaran	88.00	2012	978-7-300-16034-4
33	资本市场:机构与工具(第四版)	弗兰克·J·法博齐	Frank J. Fabozzi	85.00	2011	978-7-300-13828-2
34	衍生品市场(第二版)	罗伯特·L·麦克唐纳	Robert L. McDonald	98.00	2011	978-7-300-13130-6

Investments：An Introduction，12e
Herbert B. Mayo

Cengage Learning Asia Pte. Ltd.
151 Lorong Chuan，#02-08 New Tech Park，Singapore 556741

北京市版权局著作权合同登记号 图字：01-2016-5105

图书在版编目（CIP）数据

投资学导论：第十二版/（美）赫伯特·B. 梅奥（Herbert B. Mayo）著；路蒙佳译. --北京：中国人民大学出版社，2020.2

（金融学译丛）

书名原文：Investments：An Introduction，12e

ISBN 978-7-300-27653-3

Ⅰ.①投… Ⅱ.①赫… ②路… Ⅲ.①投资经济学 Ⅳ.①F830.59

中国版本图书馆 CIP 数据核字（2019）第 248285 号

金融学译丛

投资学导论（第十二版）

赫伯特·B. 梅奥 著

路蒙佳 译

Touzixue Daolun

出版发行	中国人民大学出版社		
社　　址	北京中关村大街 31 号	**邮政编码**	100080
电　　话	010－62511242（总编室）		010－62511770（质管部）
	010－82501766（邮购部）		010－62514148（门市部）
	010－62515195（发行公司）		010－62515275（盗版举报）
网　　址	http://www.crup.com.cn		
经　　销	新华书店		
印　　刷	涿州市星河印刷有限公司		
规　　格	185 mm×260 mm　16 开本	**版　　次**	2020 年 2 月第 1 版
印　　张	39 插页 1	**印　　次**	2020 年 2 月第 1 次印刷
字　　数	1 038 000	**定　　价**	89.00 元

CENGAGE Learning

Supplements Request Form (教辅材料申请表)

Lecturer's Details（教师信息）			
Name: (姓名)		**Title:** (职务)	
Department: (系科)		**School/University:** (学院/大学)	
Official E-mail: (学校邮箱)		**Lecturer's Address / Post Code:** (教师通讯地址/邮编)	
Tel: (电话)			
Mobile: (手机)			

Adoption Details（教材信息） 原版☐ 翻译版☐ 影印版 ☐			
Title: (英文书名) **Edition:** (版次) **Author:** (作者)			
Local Publisher: (中国出版社)			
Enrolment: (学生人数)		**Semester:** (学期起止日期时间)	
Contact Person & Phone/E-Mail/Subject: (系科/学院教学负责人电话/邮件/研究方向) （我公司要求在此处标明系科/学院教学负责人电话/传真及电话和传真号码并在此加盖公章.） 教材购买由 我☐ 我作为委员会的一部份☐ 其他人☐[姓名:] 决定。			

Please fax or post the complete form to（请将此表格传真至）：

CENGAGE LEARNING BEIJING
ATTN : Higher Education Division
TEL: (86) 10-83435100
FAX : (86) 10 82862089
EMAIL: asia.infochina@cengage.com
www. cengageasia.com
ADD: 北京市海淀区科学院南路 2 号
融科资讯中心 C 座南楼 12 层 707 室 100190

Note: Thomson Learning has changed its name to CENGAGE Learning